選堂

饒宗頤 著

選堂集林

史學卷

上册

『十二五』國家重點圖書出版規劃項目

山東畫報出版社

圖書在版編目（CIP）數據

選堂集林　史學卷／饒宗頤著. —濟南：山東畫報出版社，2019.5
ISBN 978-7-5474-3019-4

Ⅰ.①選…　Ⅱ.①饒…　Ⅲ.①饒宗頤—文集 ②史學—文集　Ⅳ.①C53

中國版本圖書館CIP數據核字（2019）第016508號

選堂集林　史學卷
饒宗頤　著

項目統籌　韓　猛
責任編輯　韓　猛　郭珊珊
裝幀設計　王　芳

出 版 人　李文波
主管單位　山東出版傳媒股份有限公司
出版發行　山東畫報出版社
社　　址　濟南市英雄山路189號B座　郵編 250002
電　　話　總編室（0531）82098472
市場部（0531）82098479　82098476（傳真）
網　　址　http://www.hbcbs.com.cn
電子信箱　hbcb@sdpress.com.cn
印　　刷　山東臨沂新華印刷物流集團有限責任公司
規　　格　160毫米×230毫米　1/16
71印張　128幅照片　900千字
版　　次　2019年5月第1版
印　　次　2019年5月第1次印刷
書　　號　ISBN 978-7-5474-3019-4
定　　價　390.00元

如有印裝質量問題，請與出版社總編室聯系更換。
建議圖書分類：學術文化

饒宗頤先生（1917—2018）

目　録

上冊

中册

下册

談三重證據法

——十干與立主

目前要細談夏代文化，尚嫌太早。本人雖曾游歷豫、晋各地，在博物館看到一些古陶；但許多有關實物，尚未正式接觸，故談不到研究。所謂夏文化，從廣義説，可從文獻記載上的夏禮，結合出土資料加以探討。現在試從這一角度來談：

古《禮經》每記“夏祝”。夏、殷、周三代禮制的差别，儒家經典言之不厭其詳，現在衹談天干命名和喪禮立主二事，來考察殷人如何因襲夏禮的迹象。

夏末諸帝帝號有胤甲、孔甲和履癸（今本《紀年》無“履”字，衹稱癸）。胤訓嗣，孔訓嘉，履和禮二字互訓，諸帝號皆在天干上加一美名，這和殷王名號的戔甲、陽甲、沃甲等完全一樣。可以看出商人在王號制度上是有因循夏代的迹象。殷代先公先王名曰癸的衹有早於夏桀一些時候的示癸（卜辭稱示癸）一人。示癸即成湯的父親，其他無所聞。桀被放於南巢，死於亭山，國破身亡，自然無法取得廟號。這個癸字當是生稱，不能説他生或死於癸日，由後人依據他的忌辰爲之立廟號。如果夏主的甲、癸不是忌日，殷人當亦如之（紂稱帝辛，紂之子武庚，故“辛”與“庚”不可能是廟號，亦是這個道理）。

可是向來一般甲骨學者都采用三國譙周的説法（見《古史考》），把所有殷代先王的甲乙名稱説是忌日的廟號。卜辭所見的三匚六宗，説者都認爲是出於成湯所追定。其實祀典上從示壬、示癸才開始有用甲乙名稱的配偶，以前無之。示壬配曰妣庚，示癸配曰妣甲，庚和甲日干不相次，于省吾認爲是根據當日的典册，但非出自成湯時，因示癸、妣甲是成湯的父母，應該稱爲父癸和母甲，但卜辭所見是稱示癸和妣甲，可見必出於成湯以後禮官的典册。説甚有理。

《大戴記 · 誥志》:“天子，卒葬曰帝。”譙周言“死者廟主曰甲”，又云:“夏、殷之禮，生稱王，死稱廟主，皆以帝名配之，天亦帝也。”(《殷本紀》索隱引）按《禮記》:“措之廟立之主曰帝。”(《曲禮下》）鄭玄注:“同之天神。”這是説立爲木主放入廟内才可以有“帝”的稱號，那是把死者當天神來看待。李學勤綴合《庫方》九八五和一一〇六，舉出卜辭有一則:

> 乙巳卜，其示帝?
>
> 乙巳卜，帝日，(惟）丁? 叀乙? 又日叀辛? 又日。(以上一面)
>
> 乙巳卜，其示。弜。
>
> 乙巳卜，帝日，叀丁?

此條見《合集》一一〇六，收入《美國所藏甲骨集十、十一兩號綴合肋骨》的拓本。這正是卜立廟主以何日爲吉，起初有丁、乙、辛三日的選擇，最後才定在丁日。這條祇能説是立廟主號爲“帝”諏日之卜，而有三個日辰以供選擇。可見立廟主不一定是甲日，主要是加上帝號，同之於天神。廟主之名可以是甲，亦可以不是甲。既有丁、乙、辛三日之卜，便該没有如忌日那樣一定卒於某日。這樣看來，廟號出於忌辰之説就站不住了。

漢代經學家的意見，從《白虎通》至易緯《坤鑿度》及鄭玄注以至晋初皇甫謐，都一致認爲殷家質直，以生日爲名。祇有魏的譙周有點出入，《易緯》引孔子在解説前後二個帝乙同名的事實時説道:“殷録質，以生日爲名，順天性也。”(《永樂大典》度字號）這裏“録”字有它的特殊意義。據《禮記 · 檀弓下》:“銘，明旌也，以死者爲不可别已，故以其旗識之，愛之斯録之矣。……重，主道也。殷主綴重焉，周主撤重焉。”鄭注：“爲‘重’以存録其神。”古代立主的制度，在“措之廟立之主”之前，先立一根木頭，相當於銘旌的杠。士長三尺，天子長九尺，這根木叫做“重”，置重於中庭，把死者的名字寫在銘旌上，取銘置於重間，出殯時，重先行，及虞葬時，由甸人抗（舉）重依道左，既虞而將重埋之。（詳見《儀禮·既夕禮》）《禮記外傳》云：“重，未葬之前以代主也，猶以生事之，未忍作木主。”重是未有木主以前代替神主的東西，所以説“重是主（之）道也”。重在晋代稱爲凶門，又稱衰門。王肅《喪服要記》云：“魯哀公曰：‘衰門起於禹。’”（《御覽》引）可見重是夏時喪禮的用物，原是夏文化。殷人在重上聯綴木主，周人則撤去之。重上掛着銘旌，記録死者名字，所以説“重”以存録其神。記名可稱爲録，殷人以生日爲名，所以《易緯》説“殷録質”也。録即是“愛之斯録之”的意思。立木主是安葬後的事，虞祭的木主用桑，在未葬之前用代主之木名爲重，以爲死者神之所憑依。這原是夏制，殷亦因之，并綴木主於其上，即所謂“殷主綴重”。人但知立廟主，而不知立廟之前尚有代主之“重”，其作用與主相同，是一種臨時的“主”，其原亦出於夏禮也。重上懸銘旌記死者之名，殷録尚質，故但書生日之甲乙爲名而已。《白虎通》卷八《姓名》云：“不以子丑何？曰：甲乙者，干也；子丑者，枝也；干爲本，本質，故以甲乙爲名也。”我疑心殷人姓子氏，對“子”有所忌諱，故不以十二辰爲名而全用十干。衹有高祖亥一名見於卜辭。亥還是夏時人，乃用地支最末之亥爲號。卜辭亥亦作核，王觀堂謂亥乃其正字；若然，則夏世殷商的先人命名，亦曾一度雜用十二辰，後來乃統一之改用天干，以上甲微爲始。這是一項重要的禮制。

用天干甲乙爲號，周初方國猶行之。《齊世家》《古今人表》記齊太公之子丁公（伋），繼之爲乙公（得）、癸公（慈母）。丁、乙、癸都是天干，但不相次。宋亦有丁公，汪中謂“夏殷之禮相沿而未革，故猶有以甲乙爲號”(《述學·玎文正》)。朱駿聲云:“商質，二十八王皆以生之日名也，齊蓋用殷法。”周初在謚法未興之前，仍有以甲乙爲名號。

《尚書·益稷》說:“(禹)娶於塗山，辛壬癸甲，啓呱呱而泣，予弗子，惟荒度土功。”連續記着四個天干，自辛至甲。有的考古家把它説成婚配的對象，代表着人來看待，可是找遍先秦漢代的説法，都解説爲時日。延光二年在嵩山立的開母廟石闕銘説:“爰納塗山，辛癸之間，三□□入，實勤斯民。”《水經·淮水注》引《吕氏春秋》作:“自辛至甲，四日後往注水，故江淮之俗以辛壬癸甲爲嫁娶日。”這一説是正確的。禹生啓的故事，非常動人，且曾被譜爲樂章，在周武王翦商滅紂、獻俘的時候，籥人還奏着《崇禹生開(啓)》三終，王定。(見《周書·世俘解》)由《尚書》這段話，可能夏初已使用十干，且有諏吉日之事。癸與甲周而復始，古稱爲“十日”，觀晚期夏帝，不少以甲、癸爲名，殷人踵用之。辛壬癸甲自宜以指十日中的四個日子爲是。《史記·夏本紀》贊“孔子言行夏之時”，殷禮用天干記名和未葬時以重代主，原皆夏俗。殷因夏禮，這衹是其中之二事，姑妄言之。其他暫置而不論。

此外，我想藉此機會説一説有關研究夏文化的材料和方法的問題。現在大家都把注意力集中在田野考古中探索夏文化的遺存，這無疑是十分重要的。夏文化的研究能否出現决定性的突破，有賴於這方面的努力。但是就夏文化的整體而言，地下遺存畢竟有它本身的局限性，而且遺存也不一定有文字標志足以表明文化的内涵；所以，我們還得把考古遺存同傳世文獻結合起來進行考察和研究。儘管古籍中關於夏代的材料不多，但是許多零星的記載，却往往透露着夏代社會的消息，有待我們進一步去發掘。值得特别提出的是甲骨文。在甲骨文中有許多關於商代先公先王的記載，在時間上應該屬於夏代的範疇，可看作是商人對於夏代情況的實録，比起一般傳世文獻來要可靠和重要得多。我們必須而且可以從甲骨文中揭示夏代文化某些内容。這是探索夏文化的一項有意義的工作。總之，我認爲探索夏文化，必須將田野考古、文獻記載和甲骨文的研究，三個方面結合起來。即用“三重證據法”（比王國維的“二重證據法”多了一重甲骨文）進行研究，互相抉發和證明。倘能在這方面做出成績，那麼，我們對於夏代情況的瞭解，將會更加具體而全面。那時來討論夏文化的有關問題，就可説是適時了。我們期待着這一天早日到來。

1982 年 5 月香港夏文化探討會上致詞

補記

我所以强調甲骨應列爲“一重”證據，由於它是殷代的直接而最可靠的記録，雖然它亦是地下資料，但和其他器物衹是實物而無文字，没有歷史記録是不能同樣看待的，它和紙上文獻是有同等的史料價值，而且是更爲直接的記載，而非間接的論述，所以應該給以一個適當的地位。况且已出土的甲骨數量十分驚人，據胡厚宣先生統計，存在的甲骨總額已超過十萬片，如除去複出，實際有點誇大。目前因爲文字辨認的困難，所以還未能做到“物盡其用”，取得更完滿的論證結果，這正需要我們大家的加倍努力。目前甲骨研究的隊伍，年老者逐漸退休，年輕者以學力關係尚接不上，還要好好地培養接班人才來展開研究工作，發揮更大的收效。西亞泥板文字，從 1851 年 Rawlinson 印行他的釋讀成果，楔形文研究的基礎遂告奠定，至今已經取得極輝煌的成就。甲骨文發現比它衹遲了半個世紀，希望學者迎頭趕上。

所謂“三重證”還有另一講法，楊向奎先生提出：“民族學的材料，更可以補文獻、考古之不足，所以古史研究中的三重證，代替了過去的雙重證。”他所著的《宗周社會與禮樂文明》一書正好代表這一方面的見解和研究的成就。我個人認爲民族學的材料衹可幫助説明問題，從比較推理取得一種相關應得的理解，但不是直接記録的正面證據，僅可以作爲“輔佐資料”，而不是直接史料。民族學的材料，和我所采用的異邦之同時、同例的古史材料，同樣地作爲幫助説明則可，欲作爲正式證據，恐尚有討論之餘地。如果必要加入民族學材料，我的意見宜再增入異邦的古史材料，如是則成爲五重證了，其間相互關係有如下圖所表示：

- 古史五重證
  - 直接證據
    - 實物（考古學資料）
    - 文獻
      - 甲骨、金文材料
      - 經典材料
  - 間接證據
    - 民族學資料
    - 異邦古史資料

古玉證史

這一次的集會，是玉器研究凝聚力最出色的一次。討論範圍之廣，問題點之複雜與重要，提供資料之嶄新、豐富，論文之多樣性，可説是極有歷史意義的結集。

多年以來，南北各地出土玉器之夥，史無前例，經過專家的歸納整理，在這次大會中，給聽衆增加了許多聞所未聞的珍貴琬琰新消息，多麽令人忻悦和興奮。

本人企圖從文化史角度來看玉器工藝發展在中國歷史上引起的各種成就與影響，并對此作一簡單的綜述。吾國在西方考古學方法未入華以前，很早就有人肯定中國曾經歷過一個“玉器時代”的階段。(如《越絶書 · 寶劍篇》:“黄帝之時，以玉爲兵。”)古人對玉與石的差别，辨認的智識，表現在玉石取名上，有次玉、似石、玉屬、美石等等區分(見《説文 · 玉部》)，充分説明對於“玉”的研究，已有長遠的歷史和相當完滿的成果。

在印歐語系辭典之中，找不到“jade”這個詞。希臘文無“玉”字，“jade”是從西班牙“piedra de ijeda”(stone of the side)而來。拉丁文作“ilia”，法文的“jadéile”乃指硬玉的翡翠。印歐語中没有玉[1]，可是人類對玉的製作，是很普遍而長遠的，西伯利亞玉器告訴我

[1] 參 Carl Darling Buck 的 *A Dictionary of Selected Synonyms in the Principal Indo-European Languages*.

們，它的作坊創制，已有一萬年以上的歷史。[1]

關於古代玉的記録，見於古籍引述，有不少專著，值得一述：

《相玉書》

《離騷》："豈珵美之能當。" 王逸注："珵，美玉也。" 引《相玉書》："珵大六寸，其耀自照。" 洪興祖《補注》："珵，一曰佩珩也。"《楚語》下："趙簡子鳴玉以相，問於王孫圉曰：楚之白珩猶在乎？" 則珵乃白珩之類。珩即是璜。《小雅·采芑》："有瑲葱珩。" 多塊的璜，組成玉佩。[2]《禮記·玉藻》："君子必佩玉。""行則鳴佩玉。""佩玉有衝牙。君子無故，玉不去身。" 佩玉最下一串，左右有二牙，中間懸一片，與兩旁的牙相觸，發出有節奏的聲音，謂之"玉鏘鳴"。《玉藻》："天子佩白玉而玄組綬，公侯佩山玄玉而朱組綬。" 則白珩之珵，其大六寸，乃天子所佩者。

《古玉圖》

《藝文類聚·寶玉部》引。《御覽·玉部》引有《古玉圖》。

《玉經》

《抱朴子·仙藥篇》引《玉經》云："服玄真者其命不極。玄真者，玉之别名也。令人身輕舉。" 玄真是玉的别名。

《服玉方》（一卷）

見《隋書·經籍志》。古代迷信服玉可禦水氣辟不祥。木華《海賦》："群仙縹緲，餐玉清涯。" 服食玉英，可以延年益壽，《楚辭》

[1] 參俄國 Okladnikov, A. P.："Neolit i bronzovyi vek Pribaikal'ya" (The Neolithic and Bronze Age of the Cis-Baikal Area) (Part III). (M. L.: *Izdatel'stvo AN SSSR*, 1955) 的論文。

[2] 孫機：《周代的組玉佩》，載《文物》，1998（4）。

中有許多語句，可爲證明。

以上這些書是前代玉器智識的點滴記録，吉光片羽，可惜都已失傳了。

王孫圉説國之寶有六，玉是其一。“玉足以庇蔭嘉穀，使無水、旱之灾，則寶之。”（《楚語》下）觀於裨竈言：“用瓘斝玉瓚以救火。”（《左傳·昭公十七年》），而瓏是禱旱之玉（《説文·玉部》），可證王孫圉是説。夏桀之亡，敗於三朡（今定陶地），《書序》云：“俘厥寶玉，誼伯、仲伯作《典寶》。”古時《尚書》有《典寶》二篇，久已亡佚。傳説岷山夏桀時有二女，名曰琬、琰，斫其名於若（苕）華之玉。[1]《書·顧命》記載周成王臨終，新君入見，時在西序的陳列品，有：“赤刀、大訓、弘璧琬琰。”琬琰是長度尺二寸者。這是當時鎮國大寶器，即今日見到的巨型玉刀之類。[2]玉之爲寶，我們在《尚書》中可以體會到的。

古代何以對玉那麽重視？實際上有宗教、政治和經濟三重意義。

先説宗教、政治意義：祭祀是國之大事，施政的首務。楚國觀射父對子期説：“祀所以昭孝息民，撫國家定百姓也，不可以已。”他提出一純、二精、七事是祭祀的要素之説。什麽是一純？他説：“聖王正端冕以其不違心，帥其群臣精物以臨監享祀，無有苛慝於神者，謂之一純。”祭祀必齋，十分精潔來享神，純是專精潔净，故列於第一。一純之下是“二精”。他説：“玉、帛爲二精。”禹會諸侯於塗山，執玉帛者萬國。可見玉在政治上是須臾不可離的禮器。《堯典》説：“禹陟帝位以望於山川，遍於群神，輯五瑞。”五瑞是依照不同爵位執玉圭以爲信。虞時禮制是否有五等，很難證明。又説巡狩時：“修五禮五

---

[1]《太平御覽》卷八二引《紀年》。

[2]《周禮·大宗伯》：“以赤璋禮南方。”所謂赤刀，亦可能指塗朱之刀。鄭玄説赤刀是武王誅紂之刀。羅振玉《古玉墨本跋》云：“此刀建初尺三有六寸，上塗以朱。”

玉、三帛二生一死（指羔、雁與雉）贄。”在贄見時要修五玉三帛。五玉即是五瑞。三帛所以薦玉，受玉者以帛薦之，周人改用繅。“帛”可説是用作玉的包裝的。玉和帛被稱爲二精，在政治活動的會盟、贄見都需要用玉和帛。至於祭祀天地亦要用玉，祭於山川亦然。《山海經》五《藏山經》所記特别詳細。有瘞（埋）、嬰、祈（即衼，爲庋縣）諸祭禮。如招摇之山用一璋玉瘞；空桑之山，祈嬰用一璧瘞；薄山，嬰用吉玉，采之，饗之。羭山，祠之嬰以百珪百璧。郭注：“謂陳之以環祭也。”洞庭之山，其祠，皆肆瘞祈酒，嬰用圭璧十五，五采惠（飾也）之。郭璞注：“采言加繪彩之飾。肆，陳之也。”《説文》：“嬰，繞也。”嬰祭用玉以百數，是山祭用玉最多的禮。四川三星堆使用玉至四百件，我們推測，正是嬰祭的遺迹。祭山用玉，祭河亦用玉，祭曰沉。《穆天子傳》記穆王至陽紆之山見河宗氏：“河宗柏夭逆天子，勞用束帛加璧。”“天子授河宗璧，河宗柏夭受璽，西向沉璧於河。”殷代卜辭記“攸玨酌河”（《合集》一四三八八），自殷以來祭河沉璧其事習見。其祭先王燎，屢言“爯玉”，爯訓舉，言以玉奉獻。又言埋，如“燎於瀧，三宰。埋三宰一玉”，王宇信有專文討論。

再談經濟意義：至於玉在經濟上的價值，更爲重要。《管子·地數篇》説：“夫玉起於牛氏邊山，金起於汝漢之右……先王各用於其重，珠玉爲上幣，黄金爲中幣，刀布爲下幣。”又説：“至於堯舜之王，所以化海内者，北用禺氏之玉，南貴江漢之珠。”又《輕重甲》云：“懷而不見於抱，挾而不見於掖，而辟千金者，白璧也；然後八千里之禺氏可得而朝也，簪珥而辟千金者，璆琳琅玕也，然後八千里之昆侖之虚可得而朝也。”依管子之言，珠玉乃爲上等之幣，黄金次之。玉與璆琳琅玕出於八千里外之禺氏，及昆侖之虚。禺氏又作牛氏，此在八千里外，指新疆和闐玉，爲古代玉料之主要來源。殷墟玉器全爲軟玉，大抵皆新疆籽玉，婦好墓所出可爲證明，地在八千里外，故稱之曰邊山。齊桓公問管子，海内玉幣有七筴，禺氏邊山之玉即是其中之一筴。齊桓之能成霸業，有所謂“石璧之謀”與“菁茅之謀”。石璧之謀是出自管子所計劃，事情是於陰里築城，墻之重而門九襲，使玉人刻石爲璧。長尺者萬，八寸者八千，七寸者七千。珪中四千，瑗中五百。天下諸侯以布泉輸齊争收石璧，故天下財物流而之齊，齊因而致富（見《管子·輕重丁》）。齊之興起，由石璧作坊，以成霸業，這一故事，正可説明玉器在春秋時的經濟價值。

由《管子》所記製玉使堯舜王業興起，今證驗考古出土石器，龍山時期已相當發達，正當堯舜之世。玉的材料主要來自邊山遐陬，故自來玉器成爲貢品，觀《禹貢》所記，可知其概。試看下表：

青州　　怪石

徐州（淮夷）蠙珠（蠙本作“玭”。《大戴禮·保傅》：“玭珠以納其間。”）

楊州　　瑶琨

荆州　　礪砥

豫州　　磬錯

梁州　　璆、磬

雍州　　球琳琅玕（《説文》：“琅玕似珠者。”）

雍州所貢，即《爾雅·釋地》所稱爲西北之美。産地爲昆侖墟。“琅玕”之爲西北地區饋贈禮品，尚見於斯坦因記録出土於尼雅的隸書木札。殷時玉戈亦爲貢物，婦好墓出土玉戈上記：“盧方剮入戈五。”盧方亦稱盧伯漅。[1] 馬王堆《縱横家書》蘇秦獻書趙王章，綸山之玉與代馬、胡狗駢列爲三寶。昆侖山亦被簡稱作“綸山”。唐代宗時，楚

[1] 詳曹定雲：《殷商考古論叢》。

州刺史崔侁獻國寶一十二，多屬玉器，[1] 是貢物有名之一例。

古人頗注意産玉地理，《抱朴子 · 仙藥》稱得于闐白玉尤善。其次南陽徐善亭部界中玉，及日南盧容水中玉亦佳（《石雅》引作陶弘景語）。《水經注 · 温水》引康泰《扶南記》："從林邑至日南盧容浦口可二百餘里。" 其地與壽靈浦相近，馮漢鏞考證，葛洪曾去印支半島，故能知悉盧容水出産之玉。古代越南有他們的玉作坊，近時越南考古家已證實此説。

文獻上記載玉器名稱非常複雜，地下考古所得玉器以琮、璧、玦、璋、珪等爲普遍，然古書所記與新獲遺物許多未能對得上。玉器名稱有二字三字不等，二字如魯之璵璠，魯又有寶刀名曰孟勞。三字者如東北夷玉的珣玗琪，《説文》一作玗琪。又或只作二字，《穆天子傳》稱曰玗琪是。珣字亦作瑄，余疑珣者殆即紅山出土的玉雕龍，其爲物形狀與旬字契文之作相同，所謂形，旬是玉雕龍的象形字。東北遼西縣松嶺東北端醫無閭山之西北側，爲阜新查海文化遺址。古書所稱醫無閭出珣玗琪，即此地。《穆天子傳》所見玉名二字者甚多。如云：巨蒐之人獻"枝斯之英四十，珌佩百隻、琅玕四十"。巨蒐即《禹貢》西戎的渠搜。《武帝紀》應劭注"在金城河關之西"。突厥語稱玉曰 Gasah，有人謂即《管子》之牛氏及禺氏，其實發音亦與"枝斯"相近，枝斯或其異譯。

關於紅山文化勾雲形類的玉器，近日有熱烈的分析與討論。我們已知紅山文化的宗教傳統是在興隆窪文化與趙寶溝文化的基礎上形成而發展的。勾雲形玉是紅山文化第一重玉，其在建平牛河梁等地發現，有的放在死者胸前，惟凌源三旬子置於頭部乃一特例，知其必爲當時權貴之遺物。解説者各持一説。[2] 有謂其雲氣舒捲如《卿雲歌》之

[1] 見《册府元龜 · 帝王部 · 符瑞》及《酉陽雜俎》，其中有雷公斧。

[2] 杜金鵬：《紅山文化勾雲形類玉器探討》；劉國祥：《紅山文化勾雲形玉器研究》，載《考古》，1998（5）。

言，亦有謂爲紅山人禱雨所佩，或主張勾雲紋乃從獸面形佩所演化，表現的是龍而不是雲。其實，古代人的自然崇拜，雲和龍是分不開的，故有“雲從龍”之說。[1] 東北地區勾雲形玉的摹狀雲氣，可能與古代餐玉升遐之思想有關。《楚辭·遠游》云：

吸飛泉之微液兮，懷琬琰之華英。玉色頩以脕顔兮，精醇粹而始壯。…… 載營魄而登霞兮，掩浮雲而上征 …… 召豐隆使先導兮，問太微之所居。集重陽入帝宫兮，造旬始而觀清都，朝發軔於太儀兮，夕始臨乎於微閭。

於微閭即出夷玉的醫無閭。從《遠游》所説可知：

（一）餐玉　可以升天，使人肌膚光澤，表現出“玉色”之華采，精神充沛。（頩，訓美貌。脕，澤也。）

（二）升遐　上征掩浮雲，召雲師豐隆使爲前導。

（三）天的上神名曰旬始（王逸注：“旬始，皇天也。”一説旬始，星名）。如王説，旬始是至高的天神。

（四）在天上的行程，朝從太儀，夕到東北名山的醫無閭，即産美玉之地。

咀嚼玉英可以養神、升天，古代對“玉”的宗教信仰，尚保存於《楚辭》裏面，如《涉江》説“登昆侖兮食玉英，與天地兮比壽，與日月兮齊光”一類的引出後來的神仙家言。昆侖之玉與醫無閭之玉，西方與東方對峙。所以《爾雅·釋地》和《淮南子·地形訓》都有“東方之美者，有醫毋閭之珣玗琪焉。西北方之美者，有昆侖之球琳琅玕焉”的贊美之辭。東西産美玉，交相輝映，成爲古代人的地理常識。

自從紅山文化的玉器出土，我們對醫無閭的夷玉之美，才有真

[1] 孫守道、郭大順：《論遼河流域的原始文明與龍的起源》，載《文物》，1984（6）。

正的了解。勾雲形的形狀看作古人對雲氣升天的信仰，未嘗不可。字象龍形，珣字即以旬爲聲。其字亦作瑄，《詛楚文》云：“用吉玉瑄璧。”瑄璧即珣璧，《爾雅·釋器》：“璧大六寸謂之宣，字亦作瑄。”代表皇天之“旬始”。疑其得名或與玉器之“珣”有關。“旬始”後來變爲妖星《廣雅》及緯書。神能禍福人，勾雲玉器都帶人面紋雙眼及眉，分明是一神徽，如果這類龍形玉即是珣，其神徽所代表的天神，有至高無上的威力，把它看成旬始，亦不妨聊備一說。

玉器的花紋，已有不少人作專題研究。古代文學作品習慣將玉的紋理與顏色合稱曰符采。薛家岡文化的石鉞，上面用朱紅色，畫出花果形飾紋，是較早的特例。左思《蜀都賦》：“江珠瑕英，金沙銀鑠，符采彪炳。”劉逵注云：“符采，玉之橫文也。”

《文心雕龍》屢用符采一詞。亦有稱曰“孚尹”者，《禮記·聘義》：“孚尹旁達，信也。”鄭注云：“孚讀爲浮，尹讀如竹箭之筠。浮筠謂玉采色也。采色旁達，不相隱翳，似信也。”《玉篇·玉部》引作：“琈筍，玉采色也。”一說孚借爲膚。孚與符同音。何承天《纂文》作孚瑜，即通指玉之文飾采色。鄭玄《周禮》注：“於大山川則用大璋，加文飾也，於中山川用中璋，殺文飾也，於小山川用邊璋，半文飾也。”用璋大小視山川大小而異。《山海經》所謂“冢”即指主山。如《西山經》之首：“華山，冢也，其祠之禮：太牢。羭，山神也，祠之用燭。齋百日以百犧。瘞用百瑜，嬰以百珪百璧。”凡用百瑜、百珪、百璧。其隆重可見。用璋之等級，大、中、邊之分，及其文飾之隆殺，亦依山川之等級而定。華山之神曰羭，各地山神均有其專名。各地出土具神祖面紋者，吾懷疑各有它個别的神名，無法稽考。所謂橫文如弗利亞圭之有橫畫紋樣在神像之下，當即符采之類。

逸《論語》記：“孔子曰：美哉璵璠，遠而望之，奐若也，近而視之，瑟若也。一以理勝，一以孚勝。”此出《齊論語·問玉篇》。

徐鍇云："理謂文理也；孚音符，謂玉之光采也。"孚指文飾。《詩·大雅》："璱被玉瓚。"《説文》："璱，玉英華相帶，如瑟弦也。"瑟若即璱。婦好墓出土的柄形器多件，亦稱爲"琴撥"，上有琴弦紋，即横紋是也。

玉的光采以其玉質顔色爲人所稱道。三國魏太子《與鍾繇書》云："竊見《玉書》稱美玉白若截脂，黑譬純漆，赤擬雞冠，黄伴蒸栗。"

曹丕之文，載在《文選》，李善注引王逸《正部論》亦言及玉之四種顔色，謂爲"玉之符也"。三星堆出土數百件，單以玉璋論，乳白色爲編號 K84，青白帶褐色斑點爲編號 K213-1，黑色及灰黑色爲編號 K97 附 1、K94，已有人作過礦物學的分析。[1]

《文選》王元長《三月三日序》中有"文鉞碧砮之琛"一句。李善注引徐廣《晋紀》曰：鮮卑以碧石爲寶。王沈《魏書》曰："東夷矢用楛，青石爲鏃。"東北重視碧玉，由來已久。婦好墓出土一件被稱爲柄形器下部有勾雲形者實爲紅山文化遺物，在殷墓發現，當時已成爲古物。在現時所知二十餘件勾雲狀玉器中爲最早之一件。其柄上即有許多横文，可説是最古玉器上的符采。

最後一點，我想討論玉器文化南北交流的問題。關於良渚玉文化的南傳與西漸，在考察陝西、山西的龍山文化與齊家等文化遺存之際，發現它們的一些石陶器，基本上與石家河和良渚文化非常相似，甚至相同，幾乎考古界是衆口一聲認爲彼此之間有互相關涉與影響。楊建芳舉出七項事實，特别是鷹首玉笄與虎頭管狀器更饒趣味。石家河文化已被證明是代表三苗遺存。他們與陝西神木石峁的玉器，很明顯地是受到良渚文化的影響，楊君提出三苗被堯舜西竄於三危，正可印證南方良渚文化某些因素被連帶傳遞到遥遠的西北地區。[2]

[1] 蘇永江：《廣源三星堆出土玉器考古地質學研究》，見《四川考古論文集》。
[2] 楊建芳：《竄三苗於三危的考古學研究》，載《東南文化》，1998（2）。

我曾經考證及甲骨文中的危和上危，即是三危，地望去四川不遠，俞偉超君引用拙説，來談三星堆文化。現在我再舉出一條新的證據，證明在西北黑水附近確曾有玉石作坊，而且是三苗民的餘裔所經營的，出於《穆天子傳》中河宗氏柏夭的談話，非常重要，摘録如下：

> 庚寅，至於重䍃氏黑水之阿。……爰有采石之山，重䍃氏之所守。曰枝斯、璿瑰、玟瑶、琅玕、玪瓏、玗瓚、玗琪、徽尾，凡好石之器，於是乎出……
>
> 柏夭曰：重䍃氏之先，三苗氏之□……（據岳麓書社校點本）

《穆傳》中提到很多的美石，至今未見有人作精細研究，像璿瑰一名，郭璞注云："玉名。《左傳》：贈以璿瑰。"見《左傳·成公十八年》。《説文》璿字引《春秋傳》"璿弁玉瓔"，實見《左傳·僖公二十八年》，均有可徵。所謂"好石之器，於是乎出"，是有玉器作坊的最有説服力的記録。

三星堆蜀文化與三苗有相當密切的關係，以約屬4500年前的奉節老官廟遺存及三星堆遺址北部的西泉坎遺存，以大量的灰白陶爲特徵，且普遍流行一種鏤空圈足豆，這些遺物恰爲石家河文化之特徵，故此表示有一批長江中游龍山文化的居民西遷至蜀，論者謂即堯舜禹時期的三苗。[1]

> 銀雀山簡《孫臏兵法·見威王》云："……堯伐負海之國……舜擊讙收（兜）方（放）之宗（崇）；擊歸（鯀），方（放）之羽；擊三苗，放之危。亡有户（扈）是（氏）。有苗氏存蜀爲弘。"

[1] 俞偉超：《三星堆蜀文化與三苗文化的關係及其崇拜内容》，載《文物》，1997（5）。

此據李均明《兵家寶鑒》本。李讀“蜀爲弘”句，以蜀爲“獨”字。今據俞氏説三星堆蜀文化與有苗是同一族系，如是，三苗氏確曾竄徙至蜀，則此文正可連讀成爲“有苗氏存蜀爲弘”爲一單句。存蜀之蜀，自是指四川，三苗與蜀之關係，可取得更佳的論證。

至重䡅一名，其字很難確認。洪頤煊校云：䡅疑䍃字之訛，重黎、三苗皆顓頊之後，見《山海經》。如果洪説無誤，則重䡅即是重黎了。

據《尚書》説吕（甫）侯相周穆王而作《吕刑》，以遏絶苗民，乃命重黎絶地天通。“此即《楚語》觀射文所言”，“顓頊命重司天以屬神，命黎司地以屬民，使復舊章。無相侵瀆。是爲絶地天通。其後三苗復九黎之德”。穆王時代的苗民，自即三苗，重䡅氏居黑水之間，爲三苗族屬，其爲堯、舜所遷放三苗氏之遺裔甚明。重䡅氏在黑水之阿，證之《楚辭·天問》，“黑水玄阯，三危安在？”《尚書·禹貢》：“導黑水至於三危入於南海。”清陳澧解黑水即怒江上游，哈喇蘇，蒙古語哈喇爲黑。《史記·夏本紀》鄭玄引《地記》云：“三危山在鳥鼠之西，而南當岷山，則在積石山之西南。”是三危之地近於岷山。岷山産玉，《山海經》中次九經稱之爲白珉，珉即文石，汶川縣之尤溪玉是。在甘肅積石山新莊坪及永清縣秦魏家出土有類似良渚晚期之石璧[1]，證明這一地區受到良渚文化的影響。黎之遷徙至西北，《禹貢》有山名合黎，殷卜辭有伐利的記載。[2]山西長治縣旁的黎城出玉戚，所謂“黎城戚”[3]，是其物證。從龍山文化開始至西周晚期，苗民在西北的活動，没有間斷，正可證實三苗之民確曾被西遷，當日嘗有大量移民之舉，良渚玉雕藝術之西傳和黑水苗民之有製玉作坊，是可信的。

[1] 《考古》，1996（11），47頁，圖39。
[2] 拙作《甲骨文通檢》第五册《田獵·前言》。
[3] 《山西出土文物》，1980。

以前章鴻釗著《石雅》，以文獻結合科學的礦物地質等研究，對於玉的研究，篳路藍縷，貢獻良多。近歲地不愛寶，各地出土玉器之多，令人應接不暇，此次會議更是難能可貴。

玉在中國人生活中，佔一極重要地位。西方學人有以金與玉二者來區別歐洲與地中海以西的文化和中國藝術的分野，西方以金而中國以玉，漢人對玉的崇拜，形成了特出的玉文化。[1] 古代思想家對玉賦予嶄新的道德與美學的理論。配合玉之紋理符采的認識體驗，寫出許多經典性作品。“理”字原訓治玉，引申爲邏輯思維之“理”，影響更加遠大。本文提供文獻中一些關於“玉”的重要資料，作一綜括敘述，并提出一些問題，希望對於“玉”在吾國文化史上之重要性有進一步的瞭解，尤望專家多多指教。

1998 年 8 月 10 日

補記

古來玉器的出口問題，很值得研究。《魏書 · 酈範傳》記“青州鎮將伊利，表告（青州刺史酈範造船市玉，與外賊交通）”，這是山東自昔有玉器走私外銷的事實。

附　聞廣教授函

選老座右：

去年 11 月 23 日有幸聆聽宏論，近日又重讀會議論文集尊著，深

[1] 北京大學 1998 漢學研究國際會議論文提要，274 頁。

受啓發，獲益良多！常想中國大陸史前玉器文化似乎并不是各自孤立互不相關獨立發展的，類似西方將各文化分別畫地爲牢的畫圈法可能有問題，而尊著指出了其間的關係。試作幾點補充如下：

（1）《抱朴子 · 仙藥卷》："南陽徐善亭部界中玉"，大概即今南陽獨山玉，并非 nephrite（軟玉，閃玉），而是 saussurite（糟化石），即産在 gabbro（輝長岩）中的 anorthite（鈣長石），部分經 zoisitization 而變爲 zoisite（黝簾石），其中質量相對較好有時在市場上冒充翡翠者即後者。

獨山位於南陽市北九公里。

（2）同書同卷之"日南盧容水中玉"：全世界已知最主要的翡翠産地是今緬甸 Tawmaw 一帶，位於 R. Irrawaddy 支流 R. Chindwin 之支流 R. Uru（Uyu）河谷中。甚疑盧容即 Uru（Uyu）之音轉。

Tawmaw 一帶在明代及清代前期屬雲南騰越州管轄，英至緬甸後才實佔其地，見（清）檀萃《滇海虞衡志》卷二。又紀曉嵐《閱微草堂筆記》卷十五"姑妄聽之（一）"（1793）中記有："記余幼時，……雲南翡翠玉，當時不以玉視之……今則以爲珍玩，價出真玉上矣。"所以"雲南翡翠玉"之得名，并不是如西方許多寶石學書上所説爲緬甸翡翠運到雲南貿易而得名，而是本屬雲南管轄。李約瑟等認爲翡翠十八世紀之前未曾傳入中國，更是大謬不然。又翡翠之價高於軟玉也衹是近二百年來之事。

（3）"汶川尤溪玉"之"尤溪"應是龍溪之誤。此玉是 nephrite，似即古之岷玉。

恭賀

乙卯新禧！

晚　聞廣

一九九九年一月九日

論古史的重建

遠東地區居民，大抵爲漢藏語系及印歐伊蘭語系。以種族言，前者爲夷、越、戎、羌與諸夏所由構成。後者自昔統稱曰胡。漢、胡對立，爲漢、唐記載之所常見。

以宗教信仰言，後者即佛、祆、回諸教入華之媒介人物。百川匯合、萬匯交融，以形成今日中華民族文化之共同體。自紅山文化發現以來，又知遠古東胡琢製夷玉工藝之卓絶，其廟墓壇壝結合形態，具見天圓地方觀念之悠遠。女神形狀與西亞更多類似。余嘗舉哈拉發（Halaf）女神肩上之✠號，與甲骨文巫字及周原所出白色西域人頭部刻符之一致，中外遠古文化交流之迹，粲然可見，非一般想像始料所及。地不愛寶，出土文物上之文字記録，若甲、金、簡、帛等等，數量之富，與紙上文獻資料，可相匹敵。以甲骨文而論，若干萬片文字，誠爲古史之無盡藏，倘能細心尋究，有無數新知，正待我人之探測，其事有同於開礦。略舉其例：濮陽墓地之龍虎圖案，足以推證卜辭之侑祭龍虎，非星象莫屬。卜辭有河字而無江漢，實則滏即漾水，爲漢水之源。從卜辭零碎資料，可以重構殷代之日書。凡此種種，皆余近年之新見，有待高明之楊榷。余所以提倡三重史料，較王静安增加一種者，因文物之器物本身，與文物之文字記録，宜分别處理；而出土物品之文字記録，其爲直接史料，價值更高，尤應强調它的重要性。

有些未來主義者，着眼於將來，熱情去追求他所虚構的理想。其實，如果對過去没有充分清楚的認識，所得到的，徒然是空中樓閣。

“未來”必須建築在“過去”歷史的基礎之上，否則，所有的虚擬假設，其目標與方向，往往是不正確的誤導。反思過去史學界，從洋務運動以後，屢次出現這種過失，不免患了幼稚病。所有新與舊之争，僞經、疑古之争，本位文化與全盤西化之争，都是走許多冤枉路。回頭是岸，現在應該是納入正軌的時候了。以前許多錯誤的學説，像説古代衹有龜卜而没有筮卦、易卦是從龜的形體演變而來；説五行思想要到漢代才正式發生，把古代某些制度演進的碩果盡量推遲，使古籍上的許多美麗的記録完全無法理解而受到貶視。由於不必要的假設，把事物的年代推後，反而懷疑古書種種的可信性。國史是一條綿延不斷的長流，又吸收、匯合許多支流，蔚成大川。世界上没有其他國家像我們這樣長遠經過多民族融合而碩果僅存、屹立不動的時空體制。西亞、希臘已經過了無數次更易主人、歷盡滄桑的文化斷層。中國迄今還是那個老樣子。中國科學智慧的早熟，如音樂音階在六千年前已産生七孔笛，即其一例。近年大量豐收的出土文物，使古史景象完全改觀。我們不能不正視歷史的真實面貌。以前對於古史的看法，是把時間盡量拉後，空間盡量縮小。我們不能再接受那些理論。對歷史上事物的産生，如何去溯源、决疑，不能够再憑主觀去臆斷，不必再留戀那種動輒“懷疑”的幼稚成見，應該去重新估定。

我們今後采取的途徑有三：

（一）盡量運用出土文物上的文字記録，作爲我所説的三重證據的主要依據。

（二）充分利用各地區新出土的文物，詳細考察其歷史背景，做深入的探究。

（三）在可能範圍下，使用同時代的其他古國的同時期事物進行比較研究，經過互相比勘之後，取得同樣事物在不同空間的一種新的認識與理解。

現在，我們的視野擴大了，不再像以前祇局促在本國的闈閾内，作“同室操戈”式的無謂争論；我們不能再像以前那樣，僅停滯在幾本古書、在紙上文獻，翻筋斗式地去任意作先後的安排，來武斷事物出現的層次；或者祇赤手空拳打幾套玄學式的歷史學的猜拳游戲。須知，地下層出不窮、浪翻鯨掣似地出現古物，正要求我們須更審慎地、冷静地去借重它們以比勘古書上種種記録，歸納出符合古書記載原意的合理解釋，而尋繹出有規律的歷史條理。

我們要避免使用某一套外來的不切實際的理論去堆砌主觀架構，來强行套入，作出未能愜心饜理的解説，這是懶惰學究的陳腐方法。我們亦要避免使用舊的口號，像“大膽假設”之類，先入爲主地去作一些“無的放矢”的揣測工夫，這是一種浪費。總而言之，我們要實事求是，認真去認識歷史。今天三重資料充分提供寶貴資料記録，我們恍如走在山陰道上應接不暇，好像陳設滿漢筵席，讓我們好好去品嘗，時代要求我們去辨味、去咀嚼。我們現在可以見到的東西——古史文物，已超過束晳時代汲冢所出的若干倍。古史的重建運動，正在等候我們參加，新的成果正待我們去共同努力。揭諦（go）！揭諦（go）！莎婆訶！

劉起釪先生在他的《古史續辨》序言，劈頭兒便談到《古史辨》第8册的往事，我所擬的該書第8册目録，經於1940年在成都齊魯大學的《責善》第1卷第3期披露，至今已經歷了半個世紀。中間有些出版界人士要我照着該目録重新加以編印，我因爲工作關係没有暇晷答應。其實，主要是我的古史觀有重大改變了。

記起我在弱冠前後，尤其在中山大學廣東通志館工作的時候，館藏方志千餘種，佔全國的第二位。那時候，我深受顧先生的影響，發奮潛心，研究古史上的地理問題。曾經把古書所有與地名有關的記載抄録若干册，《楚辭地理考》即其時得以刊佈的一種。當日古代地理研究的討論文字集中在《禹貢》一刊物，該刊亦曾印行過一期《古代地理專號》，我和錢先生討論的文章亦發表在該期，我對顧老的“古史中地域擴張”論點，已有不同的看法。那些依據地名遷徙，作出推論，濫用同音假借來比附音義相近的地名，建立自己一套想象所考慮到的“地名層累”（“層累”二字可能取自顧先生的層累造成的古史觀），許多古史地名都給以重新搬家。於是西周建國改爲由秦遷晋，楚的洞庭、沅、湘不在湖南而移至湖北。這些論點從表面看來，似是言之成理，但經不起推敲。我認爲關於把古史地域的盡量縮小，同名的古史地名可作任意易位，這是不牢固的推理方法，這樣連篇累牘的討論是没有意思的。在我屢次比勘之下，覺得無法接受，衹有失望。所以我决定放棄第 8 册的重編工作，原因即在此，遂使《古史辨》僅留下衹有七册，而没有第 8 册，這是我的罪過。顧先生把我帶進古史研究的領域，還讓我參加《古史辨》的編輯工作，我結果却交了白卷。

我的思想改變，我不敢説是“入室操戈”，但真理在前面，我是不敢迴避的。古史記載出於後代許多增飾附會，王仲任謂之“虚增”，是應該加以廓清的，這無疑是《古史辨》工作的最大貢獻。但把古代文明過於低估（如説湘水流域漢初文化尚低之類），把古代空間縮得太小，反而離開史實。近期各地古物的出土，本身已作充分證明，應當重新論證。我的文集第 1 册開宗明義是討論古史問題，我所采用的方法和依據的資料雖然與顧先生有些不同，可是爲古史而嘵嘵置辯，這一宗旨老實説來，仍是循着顧先生的途轍，是顧先生的工作的繼承者。謹以此書敬獻給顧老，表示我對他的無限敬意。

記得陳寅恪老在《彰所知論與蒙古源流》一文中説過：

> （元代先世系統的構成）是逐層向上增建。其例原不限於蒙古史，其他民族相傳之上古史，何獨不然！

這無異説是層累造成。顧老過去何曾不是運用這一觀點來處理古史材料，可惜當時出土東西不多，但方法仍是正確的。

出土文物如果没有文獻作爲媒介説明的根據，直接的報導，衹有考古學上的數據。這和當時的人地關係無法取得某歷史事件的聯系與説明。僅有“物”的意義、没有“史”的實證。許多人輕視紙上記載，我認爲二者要互相提携，殊途而必同歸，百慮務須一致，才是可靠可信的史學方法。

古史的二元説

此文依據近年出土的大量新材料，參以傳世記載，對古史傳説中的炎、黄二帝二系之形成，進行了新的探索，提出了一些新看法。

一

吾國的古史系統，從文獻上看，非常秩然有序。《逸周書 · 嘗麥解》説："天誕二后爲赤帝與黄帝。"《國語 · 晋語》記大夫司空季子的話説："黄帝以姬水成，炎帝以姜水成。二帝用師以相濟，異德之故也。"如何去解釋"用師相濟"這一句話呢？韋昭注："濟，當爲擠。擠，滅也。"許多别的文獻都説到炎黄之争，總的來看，是炎、黄二系的對立，這個問題已有不少考古家和古史專家討論過。[1]

近年以來地下跑出了不少新資料，需要和舊材料結合，重新研討，所以我提出來，把我的看法向大家請教。

江陵王家台出土秦簡有《歸藏》，其繇辭云：

> 《同人》曰：昔者黄帝與炎帝戰□（《文物》1995 年第 1 卷）

這句話是出自殷代的《歸藏》。宋本《太平御覽》卷七十九《皇王部》引《歸藏》云："昔，黄神（帝）與炎帝争鬥涿鹿之野，將戰，

[1] 像嚴文明先生的《炎黄傳説與炎黄文化》等等。

筮於巫咸曰：果哉而有咎。”如果楚簡《同人》的繇辭，確爲周人占卜所用《三易·歸藏》，則炎、黄相擠之事，殷人已有此傳説，其由來遠矣。

銀雀山簡的《孫子》佚文有云：

〔黄帝南伐〕赤帝戰於反山（即阪泉）。

東伐〔青〕帝至於襄平，戰於平□。

北伐黑帝…… 至於武隧。

西伐白帝，至於武剛。已勝四帝，大有天下…… 天下四面歸之。

湯之伐桀也…… 戰於薄田。

武王之伐紂…… 至於菽遂，戰牧之野。

則言及黄帝平四方之帝。則似先有五色帝，繼乃有炎、黄二帝之争。

馬王堆漢墓帛書《經法》中《五政》云：

閹冉乃起黄帝曰：可矣。黄帝於是出其鏘鉞，奮其戎兵，身提鼓鞄，以禺（遇）之（蚩）尤，因而擒之。帝著之明（盟）曰：反義逆時，其刑之（蚩）尤。

又《正亂》云：

力黑（牧）曰：單（戰）數盈六十，而高陽未夫。…… 大（太）山之稽曰，可矣。於是出其鏘鉞，奮其戎兵，黄帝身禺之（蚩）尤。

因而禽（擒）之，剥其□革以爲干侯，使人射之。劓其髮而建之天。名曰之（蚩）尤之署（旌）…… 腐其骨肉，投之苦酭（醢），使天下誰（噍）之。上帝以禁。…… 其上帝未先而擅興兵，視之（蚩）尤，共工屈其脊，使甘其箭（俞）。

所記平蚩尤之事，以此最爲詳盡。炎黄之争，其他載籍所記尚多，略舉如次：

《左傳·僖公二十五年》：秦穆公卜勤王，使狐偃占之吉，遇黄帝戰於阪泉之兆。

《戰國策·魏策二》：黄帝戰涿鹿之野，而西戎之兵不至。

《莊子·盜跖》：然而黄帝不能致德，與蚩尤戰於涿鹿之野，流血百里。

《河圖》云：玄女出兵符與黄帝，戰蚩尤。（《巨宋廣韻》引）

《逸周書·史記解》：昔阪泉氏用兵無已，誅戰不休……至於涿鹿之野，諸侯叛之，阪泉氏以亡。（《北堂書鈔》卷一一三引《六韜》作“煩厚氏”，一作“煩原氏”。敦煌 P. 三四五四，周志二十八國，可參看。）

《山海經·大荒北經》：蚩尤作兵，伐黄帝，黄帝乃令應龍攻之冀州之野。……黄帝乃下天女曰魃，雨止，遂殺蚩尤。

以蚩尤即爲赤帝，與黄帝交戰，大概在先秦之世，其説已相當流行。然蚩尤之名，最早出現於《尚書·吕刑》：“蚩尤惟始作亂，延及於平民。……苗民弗用靈。制以刑。”似蚩尤是苗民的首長。《逸周書·嘗麥解》記黄帝與蚩尤之戰，較爲翔實：

命赤帝分正二卿，命蚩尤宇於少昊，以臨四方。……蚩尤乃逐帝，争於涿鹿之阿。……赤帝大懾。乃説於黄帝執蚩尤，殺之於中冀……名之曰絶轡之野。乃命少昊請司（嗣）馬（爲）鳥師，以正五帝之官。

殺蚩尤的地點，有阪泉、涿鹿之野、冀州之野、絶轡之野之異。馬王堆佚書《正亂》力黑（牧）談話提及“高陽”之名。

到了漢代，文帝初，賈誼《制不定》説：“炎帝者，黄帝同父母弟也，各有天下之半。黄帝行道而炎帝不聽，故戰於涿鹿之野，血流漂杵。”表明是時炎黄二系已正式形成。《大戴禮記》中的《五帝德》描寫黄帝與炎帝戰於阪泉之野，三戰然後得其志。太史公采其説以撰《五帝本紀》，接着説：“蚩尤作亂，不用帝命，於是黄帝乃徵師諸侯，與蚩尤戰於涿鹿之野，遂禽殺蚩尤。”把炎帝等於蚩尤，作爲一人。《經法》是戰國以來的《黄帝書》，司馬遷似曾參考，所以采用其説。

綜觀上引諸材料，由五色帝簡化爲炎、黄二帝，形成古史的二分法，此説在春秋非常流行，其由來已久。

二

炎、黄二帝的對立，春秋以來，曾獲得政治上的支持，實起於秦靈公時之作上下畤。《史記·封禪書》記秦人的祀典：

襄公	自以爲主少皞之神，作西畤祠白帝。	——白帝
文公	作鄜畤，祭白帝。	
宣公	作密畤於渭南，祭青帝。	——青帝
靈公	作吴陽上畤，祭黄帝。	——黄帝
	作吴陽下畤，祭炎帝。	——赤帝
獻公	作畦畤，櫟陽，祀白帝。	

秦僅有四帝，而白帝之祀獨多，以方位屬西方之故。而靈公作吴陽上下畤，以黄帝屬上，炎帝屬下。炎、黄之對立，見之官方禮制，得其

承認者，此爲首次。

秦無黑帝。漢高祖二年入關，說道：“吾聞天有五帝，而有四，何也？”莫知其說。於是高祖曰：“乃待我而具五也。”乃立黑帝祠，命曰北畤。至是，五色帝所屬的五畤，方才具足。高祖初起，以蚩尤釁鼓旗，又令祝官立蚩尤祠於長安。

秦靈公所以將黄帝、炎帝合爲上下畤，似受到殷至春秋流行的炎黄之争二分說之影響，分之爲上下。

這二分說，在祀典上具體反映出來。殷卜辭有上示、下示。曹定雲考證且乙以上稱上〒，且辛以下稱下〒，爲集合廟主之稱，與秦人以上下畤祀兩帝不同。

我們看近東的西方古史、史詩所載亦盛行二分說，似是出於造分天地區爲上下的道理，在語言學上取得一些論據。在我翻譯的《近東開闢史詩》，被戡平的對手 Tiamat 爲陰性，是代表深淵、溟涬，甚至地獄、陰間。

Tiamat ⟨ Tēhôm（the deep）/ Tam̂pu（ocean，sea）

{ Tēbēl（inhabited earth）
Shēôl（hell）

閃語 ensetu（earth）即由此而來。《正亂》所記蚩尤被擒殺後，受到的遭遇劗髮，醢其骨肉等等，和 Tiamat 情況相同，自古以來，失敗者淪於九淵之下，爲衆惡之所歸，中外傳說是一致的。

三

晉司空季子說：“昔少典娶於有蟜氏，生黄帝、炎帝。黄帝以姬水成，炎帝以姜水成。故黄帝爲姬，炎帝爲姜。”姬、姜之爲地名、水名見於殷代卜辭，羌之記録尤夥。又有洸字爲田獵地名。(《合集》三七二三三）證知劉家文化即以羌人爲其共同體。姬見於卜辭有姬菉（麓)…… 王其姬菉 …… 其臣。(《合集》二七五四七)《晋語》又説黄帝有子二十五人，得姓者十四人爲十二姓。(姬、酉、祁、己……等）惟青陽與倉林氏同於黄帝，皆爲姬姓。這些氏姓在殷代卜辭及其他銅器銘辭，多有可徵，見拙作《甲骨文通檢》第四册《職官人物·前言》。黄帝之後己姓——爲方雷之甥，其一夷鼓，則彤魚氏之甥。余考方雷、彤魚其地望尚有可徵。

方雷之名，見於《盠駒尊》，1955 年陝西郿縣出土，其銘有“方雷駱子”“方雷騅子”。殷卜辭亦有雷姓，及澑之地名。周原甲骨 H11 · 113 有“逐虘兕”記録，即《魯語》“幽（王）滅於戲”之地，在今臨潼東之戲河，考古發掘臨潼雷口之西段村即驪戎故疆。[1]

彤魚或爲複合地名，殷有魚氏。彤者，肇自夏世。《史記·夏本紀》夏后分封，有“彤城氏”。《世本》周有“彤氏”。《尚書·顧命》有“彤伯”。彤地望在陝西。《六國表》云:“商君死於彤。”華縣西南有古彤城曾出土遺物。《鹽鐵論》: 商君困於彭池。即其地。彤魚氏或即彤伯之先。

以上具見炎黄來歷有關地望與氏姓，已有若干文獻及考古遺物可以證實。

古史系統原有地域性之不同，史官、禮家衆説之外，又有星占家及兵家之説。

太昊、少昊、顓頊之名均被列入星占家之文獻，有如秦始皇元年記録之馬王堆《五星占》。

東方木爲“大浩”即“大昊”，北方“湍玉”，即“顓頊”。

是時天文上五星與五行結合。上引銀雀山簡黄帝與四色帝交兵之

[1] 參《遠望集》，234 頁。

記載，亦當出於金木水火土五行説盛行之後。

《正亂》於黃帝蚩尤前提及“高陽”名字。觀陝西出秦景公磬銘辭稱“高陽有靈，四方以鼏平”韻語，合之《離騷》之“帝高陽之苗裔”，是高陽在春秋初已被認爲秦、楚之共祖。王逸謂“高陽，顓頊有天下之號。”《大戴禮 · 帝系》云：“顓頊娶於騰隍氏女而生老僮，爲楚人之先。”玆比較諸書世系列表如下：

《國語· 晉語》司空季子説：

少典＋有蟜氏
- 以姜水成炎帝
- 以姬水成黃帝
  - 青陽、倉林　姬姓
  - 夷鼓、青陽　己姓

《大荒東經》：

犬戎＝白犬

黃帝
- 苗龍—融吾
- 禺號—禺京

《大戴禮 · 帝系》：

黃帝＋嫘祖（西陵氏）
- 昌濮蜀山氏女＋居若水、昌意 —— 騰隍氏＋高陽、顓頊 —— 老僮
- 玄囂
- 居江水

老僮之名，見於望山一號墓簡："先老禮、祝〔融〕（一二〇），嬞□各一牂（一二一），先老禮□（一二二），融各一羖（一二三）。"字從示作禮。《路史·蚩尤傳》有崽熊亦作仡熊。

頗疑《大荒東經》以黃帝爲犬戎之先，乃出西戎之人所依托。顓頊爲黃帝之後代，再證楚簡書寫之《武王踐祚》文云：

> 師上（尚）父曰不智（知）黃帝𧻚□（䚻）堯峑（舜）之道才乎[1]。

即以𧻚䚻爲顓頊，《五星占》作湍玉，分明列於黃帝之後，故爲五帝之一。《大荒東經》黃帝後代有禺京，《歸藏》有云"昔穆王子筮卦於禺强"，《莊子·大宗師》："禺强得之，立於北極。"釋文引簡文云："北海神也，一名禺京，是黃帝之孫也。"即采自《山海經》説。然《莊子》則黃帝、顓頊、禺强分列，不相統屬。

至若炎帝之名，長沙子彈庫戰國帛書云："炎帝乃命祝融。"以共工爲祝融之子。帛書亦見共工，字從[illegible]作[illegible]攻，文云："共工[illegible]步。"合而觀之，共工亦出炎帝系統。《山海經·海内經》炎帝世系如下：

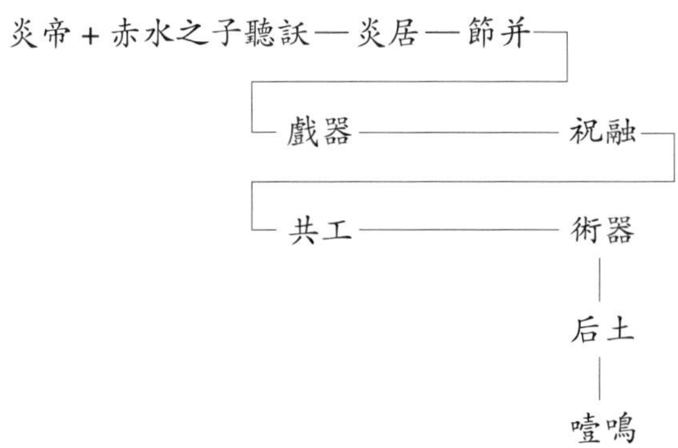

古史記載紛紜，至難殫理。玆益以近時新知，漸有頭緒可尋，但

[1] 上海博物館藏。

無法作最後之結論，俟他時有新發見，再行考證、訂定。

《晉語》記黄帝子有兩青陽，一與夷鼓同爲己姓，一與倉林同爲姬姓，傳聞多歧，令人難信。雷學淇謂其姬姓者不得在位，即西陵氏女嫘祖所生居於江水之玄囂。楚人獻青陽以西於秦，今長沙地。茶陵雲陽山有青陽冢，玄囂實國於此（《竹書紀年義證》二），只可備一説。

考《漢書·律曆志》引《考德》云："少昊曰清，清者，黄帝之子青陽也。"《考德》爲《逸周書》第42篇，已亡，此爲其佚文。《越絶書·計倪内經》：

> 臣聞炎帝有天下，以傳黄帝……故少昊治西方，蚩尤佐之，使主金。

《管子·五行篇》："昔者黄帝得蚩尤而明天道。"《鹽鐵論·結和篇》竟謂軒轅戰涿鹿殺兩暤（昊）、蚩尤而爲帝。此類以炎帝在先，黄帝在後，及蚩尤爲黄帝佐、黄帝殺兩昊諸後起之説，越説越遠了。

關於大暤、少暤兩暤傳説，余另有專文討論。[1]

譙周《古史考》以炎帝即大庭氏。《道藏·真靈位業圖》注："炎帝大庭氏，諱慶甲，天下鬼神之宗，治羅酆山。"見《酉陽雜俎》。四川酆都烟墩堡有舊石器時代遺址，很早即有居民，是炎帝又爲楚、蜀共同之大神。考大庭氏見《左傳·昭公十八年》"梓慎登大庭氏之庫"，地在山東。馬王堆《順道》黄帝問力黑（牧）曰："大茔氏之有天下也。"字又作茔，從艸。《莊子·胠篋》上古十二氏，爲"容成氏、大庭氏、伯皇氏……軒轅氏……祝融氏、伏羲氏、神農氏"。時代紛雜難理，其名已見於出土文獻，但謂爲炎帝，尚乏證據。

由譙周之説，使炎帝變爲酆都大司命帝君，殊覺離奇，吾人綜覽上列新、舊史料，可得到下面二點認識：

---

[1] 見《中國神話與傳説論文集》，台灣，漢學研究中心。

（一）舊載籍所列舉之古帝人名，均於地下出土文獻有記録可稽，非純出於子虛烏有。

（二）遠之殷之《歸藏·繇辭》，近之若漢初馬王堆之黄帝書、占星圖，戰國時代之簡帛，事實上炎黄二系對立互争、相濟之故事，流傳已久。

故知二元之説，乃出於史官之整理結果，殆先有神統，繼有帝統。秦人上下畤之祀，使黄帝、炎帝取得神統地位，人間之帝統亦逐漸形成。

歷史記録，在古代掌於禮官奠系世者之手。“世”之書存於今者，有《世本》。禮家之重要篇翰，若《武王踐祚》存於《大戴禮》者已在楚冢發現，知其書乃成於戰國之世，非如前此懷疑出於漢人之手，可信性不高。司馬遷撰《五帝本紀》論到黄帝、顓頊、帝嚳，十分謹慎，以《五帝德》爲依據，亦有取於禮家之記録；今以出土文獻證之，最少證知其所論述，乃先秦之舊説，非出漢人之妄作，可以肯定。

雖然，古史二元説不過爲紛紜衆説整理之結果。實際上古代地域性之帝王尚多。試舉一例，四川三星堆文化之發現，爲西南文明開一新局，過去習知者蜀有望帝，但常璩《華陽國志》説：

> 開明〔立〕，號曰叢帝，叢帝生盧帝，盧帝攻秦，至雍，生保子帝，帝攻青衣，雄張僚僰。

《風俗通》稱之曰“盧保”，蓋合“盧帝”與“保子帝”爲一。秦人伐蜀以前，蜀地稱帝者又有盧帝諸號。余曾考之殷卜辭，確有“盧帝”之名，殷人伐之。其辭云：

> 翌甲子伐盧……餗　　伐盧帝（《合集》三三〇八六）

□……卜□與虍□（屯南二一一八）

伐周、壹勴方（英二四二五）

盧字有三個寫法，一個僅存虍頭，一加皿旁，一增戈旁。殷時確有“盧帝”之名，可證常氏之説。此即非中原地區稱帝之明證。

本人蒙貴校邀請，遠道來京。講述問題，過於空泛，深感慚悚。此種不易有結論之題目，衹不過提出一種看法，爲彌補這個弱點，最後補談巴蜀古史上的盧帝，比較有確實的證據，聊博諸位同行前輩的莞爾。記得去年在三星堆博物館陳德安兄面告，當地出土有關盧方遺物尚有不少有待公佈。盧方稱帝的事實向鮮人知，也許是一新的發見，足爲常璩書之佐證。今年是甲骨文發現一百周年，所以連帶談及契文的材料。我一向提倡三重材料，其中一項是甲骨文，由於向來治古史注意出土實物，對於甲骨記録，采用者不多，此項資料猶未能盡其用，故爲補充於此，望賢達有以正之。

《首都師範大學學報》，1999（4）

西漢反抗王氏者列傳

鄞李杲堂先生，述深寧之遺意，補孟堅之缺略，成《西漢節義傳》凡若干人，人各爲論；淋漓悲痛，發潛德之幽光。全謝山亟稱之，以爲其書足以懸諸日月而不刊也。杲堂以明季遺儒，越在草莽，數遘禍難，息機文史，其孤懷怫鬱，故托是書以寄其微意。今讀其《翟文仲傳論》，詞旨慷慨，猶令人髮指而眦裂也。是書清初開雕，流行未廣，浸至失傳。光緒丙戌（十二年）間，郭傳璞晚香得其傳論二卷，刊於《金峨山館叢書》。[1] 雖傳文俱缺，而凡目粗具，原書義例，於焉可睹。予讀而悲之。

全氏爲是書題詞，補綴人物，頗爲詳核，然亦不無疏漏。考嚴君平《道德指歸論》有谷神子序，稱君平於王莽篡位，隱遁煬和，則君平非特抗節孝卿，且亦高蹈於巨君之時矣。李書既采鄭樸，不知何以見遺於君平耶？兹增補人物，於李書全目之外，吴章案補敬武公主、薛況二人；忤莽者，據粤黄佐《志》補何丹一人；與翟義之役者，據《儒林傳》補高康，據《周書》《新唐書》補令狐邁，據《抱朴子》補葛某共三人；其他討莽者，據孫建奏補劉曾、劉貴，又據《寰宇記》補賈萌，共三人；其隱居不仕，或避莽他去者，於莊遵外，據范曄《後漢書》補蔡茂、王良、荀恁、閔貢、任文公、劉宣、劉昆七人；據謝承《後漢書》補陳宣一人；據《華陽國志》補章明、侯剛二人；據《高士傳》補韓順、安丘望之、張仲蔚三人；據《三輔决録》補

[1] 光緒二十年刊本，鎮海邵氏藏版，又名《望三益齋叢書》。

二仲；據《晋書》之《束皙》《范平傳》補疏孟達、范馥；據《廣韻》補室中周、丘俊；據《唐書·世系表》補沈靖、韓騫，共二十二人。其莽之同姓兄弟，高節瑋行者，據《水經注》補王興一人，以南陽公主傳説附焉。此數十人者，高翔遠引，咸能全其高潔，終莽之世，可謂介然特立者也。雖所記一鱗一爪，而吉光片羽，彌覺可珍，亦發楊幽潛者所有事矣。[1] 往者李審言曾欲足成李書，有志未逮。予少服膺謝山，讀其題詞，深慨李傳之失傳，乃發憤補撰，思裨其缺。爰取興化傳稿而苴綴之，厘爲五卷。覽者取與李氏傳論，合而觀之，其於西京之遺芬餘烈，亦可得其概矣。昔孟軻氏有言，聞伯夷之風者，貪夫廉，懦夫有立志，然則讀斯篇者，倘亦知所激乎！

凡例

一、本編分五卷。第一卷爲忠諫之士，不滿於王氏攬權者。第二卷爲莽所黜戮者。第三卷爲舉義抗莽而死事者。第四、五卷皆清節之士不仕莽者。

二、凡李杲堂《西漢節義傳》原書所載人物，悉據史傳輯録。至全祖望題詞，暨翁元圻《困學紀聞箋》所補人名，亦爲撰傳。其他《後漢書》《華陽國志》《高士傳》尚有節士逸民，爲上列諸書所未及者，耳目所見，亦爲補入。

三、本編蓋祖王應麟、全謝山遺意，而補李杲堂已成而亡之作，故附載《困學紀聞》暨全氏題詞，與郭、李諸家傳論、序跋，以明吾書述作之所本。

四、《華陽國志》多載及公孫述時抗節之士。其同時不仕莽者，

[1] 李氏傳論原有而爲本書删去者，有馮衍、班彪、鄭興、杜林四人。

具爲論列。餘或不仕述而無由見其仕莽與否，則暫從略。

五、傳文集録故書雅記，綴比成篇，并揭根底，其有同異，則加考證，以供參考。

六、李氏《節義傳》論及兩《漢書》《華陽國志》并有論贊；故兹僅著其事實，不復撰贊，以免繁複。

七、李氏所撰《節義傳》已亡，惟傳論尚著其凡目，兹并附於後，存原書之内容。

目録

卷一

劉向

劉向，字子政，本名更生，陽城侯德子也。年十二，爲輦郎，既冠，以行修飭，擢爲諫大夫。宣帝循武帝故事，招選名儒俊材置左右，更生以通達能屬文辭，與王褒、張子僑等并進對，獻賦頌凡數十篇。後詔受《穀梁》，遷散騎諫大夫給事中。成帝即位，更名向。數上封事，遷光禄大夫。是時帝元舅陽平侯王鳳爲大將軍秉政，倚太后專國權，兄弟七人皆封爲列侯。時數有灾異，向以爲外戚貴盛，鳳兄弟用事之咎。帝方精於詩書，觀古文，詔向領校中五經秘書，向見《洪範》箕子爲武王陳五行、陰陽休咎之應，乃集合上古以來歷春秋六國至秦、漢符瑞灾異之記，推迹行事，連傳禍福，著其占驗，比類相從，各有條目，凡十一篇，號曰《洪範五行傳論》，奏之。[1]成帝心知向忠精，故爲鳳兄弟起此論也；然終不能奪王氏權。時帝無繼嗣，政由王氏出，灾異浸甚。向雅奇陳湯知謀，與相親友，獨謂湯曰："灾異如此，而外家日盛，其漸必危劉氏。吾幸得同姓末屬，累世蒙漢厚恩，身爲宗室遺老，歷事三主，上以我先帝舊臣，每進見，常加優禮。吾而不言，孰當言者！"遂上封事極諫曰："臣聞人君莫不欲安，然而常危；莫不欲存，然而常亡，失御臣之術也。夫大臣操權柄，持國政，未有不爲害者也。漢興，諸吕無道，擅相尊王，吕産、吕禄席太后之寵，據將相之位，兼南北軍之衆，擁梁趙王之尊，驕盈無厭，欲危劉氏，賴忠正大臣絳侯、朱虚侯等，竭誠盡節，以誅滅之，然後劉氏復安。今王氏一姓，乘朱輪華轂者二十三人，青紫貂蟬，充盈幄内，魚鱗左右。大將軍秉事用權，王侯驕奢僭盛，并作威福，擊斷自恣，行污而寄治，自私而托公，依東宫之尊，假甥舅之親，以爲威重。尚書、九卿、州牧、郡守，皆出其門，筦執樞機，朋黨比周。稱譽者登道，忤恨者誅傷，游談者助之説，執政者爲之言，排擯宗室，孤弱公族，其有智能者，尤非毁而不進，遠絶宗室之任，不令得給事朝省，恐其與己分權。數稱燕王、益主以疑上心，避諱吕、霍而弗肯稱，内有管、蔡之萌，外假周公之論，兄弟據重，宗族磐互，歷上古至秦、漢，外戚僭貴，未有如王氏者也。雖周皇甫，秦

[1] 向上《洪範五行傳》在河平三年。《漢書·藝文志》：向《五行傳記》十一卷。班固贊曰：《鴻範論》發明《大傳》。晋光禄大夫范喬曾撰《劉（向）楊（雄）優劣論》，見《晋書·範粲傳》。

穰侯，漢武安、吕、霍、上官之屬，皆不及也。物盛必有非常之變，先見爲其人徵象，孝昭帝時，冠石立於泰山，仆柳起於上林，而孝宣帝即位。今王氏先祖墳墓在濟南者，其梓柱生枝葉，扶疏上出屋，根垂地中，雖立石起柳，無以過此之明也。事勢不兩大，王氏與劉氏亦且不并立，如下有泰山之安，則上有累卵之危。陛下爲人子孫，守持宗廟，而令國祚移於外親，降爲皂隸，縱不爲身，奈宗廟何？婦人内夫家，外父母家，此亦非皇太后之福也。孝宣皇帝不與舅平昌、樂昌侯權，所以全安之也。夫明者起福於無形，銷患於未然；宜發明詔，吐德音，援近宗室，親而納信，黜遠外戚，毋授以政，皆罷令就第，以則效先帝之所行，厚安外戚，全其宗族，誠東宫之意，外家之福也。王氏永存，保其爵禄；劉氏長安，不失社稷。所以褒睦外内之姓，子子孫孫無疆之計也。如不行此策，田氏復見於今，六卿必起於漢，爲後嗣憂，昭昭甚明，不可不深圖，不可不蚤慮。《易》曰：‘君不密則失臣，臣不密則失身，幾事不密則害成。’惟陛下深留聖思，審固幾密，覽往事之戒以折中取信，居萬安之實，用保宗廟，久承皇太后，天下幸甚。”書奏，成帝召見向，嘆息悲傷其意，謂曰：“君且休矣，吾將思之。”[1]（《漢書·楚元王附傳》）以向爲中壘校尉。元延元年春正月，日食。秋七月，有星孛於東井。向上論灾異事，乞指圖陳狀，上輒入之，然終不能用。[2]（《資治通鑑》）三年正月丙寅，蜀郡岷山崩，雍江、江水逆流三日乃通。向以爲周岐山崩、三川竭而幽王亡，岐山者，周所興也。漢家本起於蜀漢，今所起地山崩川竭，殆必亡矣。（《漢書·五行志》七之一）向每召見，數言：公族者，國之枝葉，枝葉落，則本根無所庇蔭，方今同姓疏遠，母黨專政，禄去

[1] 《通鑑》：向上封事在陽朔二年。錢穆《劉向譜》云：時向年五十六。

[2] 向上論灾異，《通鑑》列在元延元年，荀悦《漢紀》謂在元年四月。按奏中星孛東井，顯係七月後事，當從《通鑑》爲是。王棻《柔橋文鈔》有《書劉向灾異封事後》。

公室，權在外家，非所以强漢宗，卑私門，保守社稷，固安後嗣也。向自見得幸，故常顯訟宗室，譏刺王氏，其言多痛切，發於至誠。成帝數欲用向爲九卿，輒不爲王氏居位者所持，故終不遷。年七十一卒。卒後十三歲而王氏代漢。(《漢書》本傳)

王章

王章，字仲卿，泰山巨平人也。少以文學爲官，稍遷至諫大夫，在朝廷名敢直言。成帝立，遷爲司隸校尉，大臣貴戚咸敬憚之。王尊免後，代者不能稱職，章以選爲京兆尹。時成帝舅大將軍王鳳輔政，章雖爲鳳所舉，非鳳專權，不親附鳳。(《漢書・王章傳》)會日有蝕之，鳳心不便定陶共王久在京師，因言："日蝕陰盛之象，爲非常異，定陶王雖親，於禮當奉藩在國，今留侍京師，詭正非常，故天見戒，宜遣就國。"章剛直敢言，以爲鳳議非是，乃奏封事。上召見延問，章對曰："天道聰明，佐善而灾惡，以瑞異爲符效。今陛下以未有繼嗣，引近定陶王，所以承宗廟，重社稷，上順天心，下安百姓，此正義善事，當有祥瑞，何故致灾異？灾異之發，爲大臣顓政者也。今聞大將軍猥歸日食之咎於定陶王，建遣之國，苟欲使天子孤立於上，顓擅朝事，以便其私，非忠臣也。且日蝕，陰侵陽，臣顓君之咎。今政事大小皆自鳳出，天子曾不一舉手，鳳不內省責，反歸咎於善人，推遠定陶王。且鳳誣罔不忠，非一事也。前丞相樂昌侯商本以先帝外屬，內行篤，有威重，位歷將相，國家柱石臣也。其人守正，不肯詘節隨鳳委曲，卒用閨門之事，爲鳳所罷，身以憂死，衆庶愍之。又鳳知其小婦弟張美人已嘗適人，於禮不宜配御至尊；托以爲宜子，內之後宮，苟以私其妻弟，聞張美人未嘗任身就館也。且羌胡尚殺首子以蕩腸正世，況於天子而近已出之女也。此三者皆大事，陛下所自見，足以知其餘，及它所不見者。鳳不可令久典事，宜退使就第，選忠賢以代之。"自鳳之白罷王商後遣定陶王也，成帝意不能平；及聞章言，感寤納之。謂章曰："微京兆尹直言，吾不聞社稷計，且惟賢知賢，君試爲朕求可以自輔者。"於是章奏封事，薦中山孝王舅琅邪太守馮野王，先帝時歷二卿，忠信質直，知謀有餘。野王以王舅出，以賢復入，明聖主樂進賢也。成帝自爲太子時，數聞野王先帝名卿，聲譽出鳳遠甚，方倚欲以代鳳。鳳聞之，稱病出就第，上疏乞骸骨，辭指甚哀。太后聞之，爲垂涕不御食。成帝少而親倚鳳，不忍廢，使尚書劾奏章，知野王前以王舅出補吏而私薦之，欲令在朝阿附諸侯。又知張美人體御至尊，而妄稱引羌胡殺子蕩腸，非所宜言。遂下章吏。廷尉致其大逆罪，以爲比上夷狄，欲絶繼嗣之端，背畔天子，私爲定陶王。章死獄中。(《漢書·元后傳》)自是公卿見鳳，側目而視，郡國守相刺史皆出其門。初，章爲諸生，學長安，獨與妻居。章疾病，無被，卧牛衣中，與妻决涕泣，其妻呵怒之，曰："仲卿，京師尊貴，在朝廷人，誰逾仲卿者？今疾病困厄，不自激昂，何鄙也！"後章仕宦歷位，及爲京兆，欲上封事，妻又止之，曰："人當知足，獨不念牛衣中涕泣時耶？"章曰："非女子所知也。"書遂上。果下廷尉獄，妻子皆收系，章小女年可十二，夜起號哭曰：平生獄上呼囚，數常至九，今八而止，我君素剛，先死者必君。明日問之，章果死。妻子皆徙合浦。大將軍鳳薨後，弟成都侯商復爲大將軍輔政，白成帝，還章妻子故郡。其家屬皆完具，采珠，致産數百萬。時蕭育爲泰山太守，皆令贖還故田宅。章爲京兆二歲，死不以其罪，衆庶冤紀之。(《漢書·王章傳》)

梅福

梅福，字子真，九江壽春人也。少學長安，明《尚書》《穀梁春秋》，爲郡文學，補南昌尉。後去官，歸壽春，數因縣道上言變事，求假軺傳，詣行在所，條對急政，輒報罷。是時成帝委任大將軍王鳳，鳳專勢擅朝，而京兆尹王章素忠直，譏刺鳳，爲鳳所誅。王氏浸盛，灾異數見，群下莫敢正言。福上書曰：“自陽朔已來，天下以言爲諱，朝廷尤甚，群臣皆承順上指，莫有執正，何以明其然也？取民所上書，陛下之所善，試下之廷尉，廷尉必曰非所宜言，大不敬。以此卜之一矣。故京兆尹王章資質忠直，敢面引廷争，孝元皇帝擢之，以厲具臣，而矯曲朝。及至陛下，戮及妻子，且惡惡止其身，王章非有反畔之辜，而殃及家，折直士之節，結諫臣之舌，群臣皆知其非，然不敢争，天下以言爲戒，最國家之大患也。願陛下循高祖之軌，杜亡秦之路，數御十月之歌，留意亡逸之戒，除不急之法，下亡諱之詔，博覽兼聽，謀及疏賤，令深者不隱，遠者不塞，所謂‘辟四門，明四目’也。且不急之法，誹謗之微者也。往者不可及，來者猶可追。方今君命犯而主威奪，外戚之權日以益隆，陛下不見其形，願察其影。建始以來，日食地震，以率言之，三倍春秋，水灾亡與比數，陰盛陽微，金鐵爲飛，此何景也？漢興以來，社稷三危，吕、霍、上官，皆母后之家也，親親之道，全之爲右，當與之賢師良傅，教以忠孝之道；今乃尊寵其位，授以魁柄，使之驕逆，至於夷滅，此失親親之大者也。自霍光之賢，不能爲子孫慮，故權臣易世則危。書曰‘毋若火始庸庸’。勢凌於主，權隆於主，然後防之，亦亡及已！”成帝絶不納。福居家，常以讀書養性爲事，至元始中，安漢公莽顓政，福一朝棄妻子去九江，世傳以爲仙。其後人有見福於會稽，變姓名爲吴市門卒云。（《漢書·梅福傳》）

朱雲

朱雲，字游，魯人也，徙平陵。少時通輕俠，長八尺餘，以勇力聞。年四十，乃變節從博士白子友受《易》，又事前將軍蕭望之受《論語》，皆能傳其業，好倜儻大節，當世以是高之。元帝時爲博士，遷杜陵令，坐故縱亡命。會赦，舉方正，爲槐里令。時石顯用事，雲與御史中丞陳咸抗節不附顯，數上疏言事，有司考立其殺人罪，雲亡入長安。復與陳咸計議，丞相具發其事，於是下咸、雲獄，減死爲城旦，雲遂廢錮，終元帝世。成帝時，丞相故安昌侯張禹以帝師位特進，甚尊重，帝曾以吏民所言王氏專政事示禹，禹度年老，子孫弱，又與曲陽侯王根不平，恐爲所怨，乃曰："新學小生，亂道誤人，宜無信用。"帝由是不疑王氏。（事見《漢書·張禹傳》）雲因上書求見，公卿在前，雲曰："今朝廷大臣，上不能匡主，下亡以益民，皆尸位素餐，孔子所謂'鄙夫不可與事君，苟患失之，亡所不至者'也。臣願賜尚方斬馬劍，斷佞臣一人頭，以厲其餘。"上問誰也？對曰："安昌侯張禹。"上大怒曰："小臣居下訕上，廷辱師傅，死罪不赦。"御史將雲下，雲攀檻，檻折。雲呼曰："臣得下從龍逢、比干游於地下足矣，未知聖朝何如耳？"御史遂將雲去，於是左將軍辛慶忌免冠解印綬，叩頭殿下曰："此臣素著狂直於世，使其言是，不可誅；其言非，固當容之，臣敢以死争。"慶忌叩頭流血，成帝意解，然後得已。及後治檻，帝曰："勿易。"因而葺之，以旌直臣。雲自是不復仕，年七十餘，終於家。（《漢書·朱雲傳》）

申屠剛

申屠剛，字巨卿，扶風茂陵人也。七世祖嘉，文帝丞相。剛質性方直，常慕史鰌、汲黯之爲人。仕郡功曹。平帝時，安漢公莽專政，朝多猜忌，遂隔絶帝外家馮、衛二族，不得交宦，剛常疾之。及舉賢良方正，因對策曰："臣聞王事失則，神祇怨怒，奸邪亂正，故陰陽謬錯，此天所以譴告王者，欲令失道之君，曠然覺悟，懷邪之臣，懼然自刻者也。今朝廷不考功校德，而虚納毁譽，數下詔書，張設重法，抑斷誹謗，禁割論議。罪之重者，乃至腰斬，傷忠臣之情，挫直士之鋭。殆乖建進善之旌，縣敢諫之鼓，辟四門之路，明四目之義也。臣聞成王幼少，周公攝政，聽言下賢，均權佈寵，無舊無新，惟仁是親，動順天地，舉措不失。然近則召公不悦，遠則四國流言。

夫子母之性，天道至親，今聖主幼少，始免襁褓，即位以來，至親分離，外戚杜隔，恩不得通。且漢家之制，雖任英賢，猶援姻戚，親疏相錯，杜塞間隙，誠所以安宗廟重社稷也。今馮、衛無罪，久廢不録，或處窮僻，不若民庶，誠非慈愛忠孝承上之意。夫爲人後者，自有正義，至尊至卑，其勢不嫌；是以人無賢愚莫不爲怨，奸臣賊子，以之爲便，不諱之變，誠難其慮。今之保、傅，非古之周公。周公之聖，猶尚有累，何况事失其衷，不合天心者哉？昔周公先遣伯禽守封於魯，以義割恩，寵不加後，故配天郊祀，三十餘世。霍光秉政，輔翼少主，修善進士，名爲忠直；而尊崇其宗黨，摧抑外戚，結實據權，至堅至固，終没之後，受禍滅門。方今師、傅，皆以伊、周之位，據賢保之任，以此思化，則功何不至！不思其危，則禍何不到？損益之際，孔父攸嘆，持滿之戒，老氏所慎。蓋功冠天下者不安，威震人主者不全。今承衰亂之後，繼重敝之世，公家屈竭，賦斂重數，苛吏奪其時，貪夫侵其財，百姓困乏，疾疫夭命，盗賊群輩，且以萬數，軍行衆止，竊號自立，攻犯京師，燔燒縣邑；至乃訛言積弩入宫，宿衛驚懼，自漢興以來，誠未有也。國家微弱，奸謀不禁，六極之效，危於累卵。王者承天順地，典爵主刑，不敢以天官私其宗，不敢以天罰輕其親。陛下宜遂聖明之德，昭然覺悟，遠述帝王之迹，近遵孝文之業，差五品之屬，納至親之序，亟遣使者徵中山太后置之别宫，令時朝見；又召馮、衛二族裁與冗職，使得執戟，親奉宿衛，以防未然之符，以抑患禍之端。上安社稷，下全保、傅，内和親戚，外絶邪謀。”書奏，大司馬安漢公莽令太后下詔曰：“剛所言僻經妄説，違背大義，其罷歸田里。”[1] 剛避地河西，轉入巴蜀，往來二十餘年。後漢建武七年詔書徵剛，剛與隗囂書，勸其歸漢，後仕至太中大夫。（《後漢書·申屠剛傳》）

[1] 王益之《西漢年紀》剛對策在元始元年。

卷二

彭宣

彭宣，字子佩，淮陽陽夏人也。治《易》，事張禹，舉爲博士。元壽元年，哀帝召宣爲光禄大夫，遷御史大夫，轉大司空，封長平侯。會哀帝崩，新都侯爲大司馬，秉政顓權。宣上書言：“三公鼎足承君，一足不任，則覆亂美實。臣資性淺薄，年齒老眊，數伏疾病，昏亂遺忘，願上大司空長平侯印綬，乞骸骨歸鄉里，俟置溝壑。”莽恨宣求退，故不賜黄金安車駟馬。宣居國數年薨，謚曰頃侯。（《漢書·彭宣傳》）子聖嗣。（《漢書·恩澤表》）

王崇

王崇，吉孫，駿之子也。自吉至崇，世名清廉。崇以父任爲郎，歷郡守刺史，治有能名。建平三年，以河南太守徵入爲御史大人，數月左遷大司農，後徙衛尉左將軍。平帝即位，新都侯莽秉政，大司空彭宣乞骸骨罷，崇代爲大司空，封扶平侯。歲餘，崇復謝病，乞骸骨，以避王莽，莽遣就國。歲餘，爲傅婢所毒薨，國除。（《漢書·王吉附傳》）

吴章　吕寬　敬武公主　薛況

吴章，字偉君，平陵人也。從許商受大夏侯《尚書》，以言語稱。（《漢書·儒林傳》）爲博士。平帝以中山王即帝位，年幼，安漢公莽秉政，以平帝爲成帝後，不得顧私親，帝母及外家衛氏皆留中山，不得至京師。莽長子宇非莽隔絶衛氏，恐帝長大後見怨。宇從章學，因與章謀，章以爲安漢公不可諫而好鬼神，可爲變怪以驚懼之。章因推類説令歸政於衛氏。宇使吕寬夜持血灑安漢公第門，若鬼神之戒，冀以懼之。事發覺，殺宇，誅滅衛氏，謀所聯及死者百餘人，章坐腰斬，磔尸東市門。初，章爲當世名儒，教授尤盛，弟子千餘人。莽以爲惡人黨，皆當禁錮，不得仕宦，門人咸更名他師。門人同郡雲敞時爲大司徒掾，自刻吴章弟子，收抱章尸歸，棺殮葬之，京師稱爲。車騎將軍王舜高其志節，比之欒布云。（《漢書·雲敞傳》）

吕寬，宇妻兄也。安漢公既殺其子宇，奏宇爲吕寬所詿誤，流言惑衆，系宇妻焉於獄，焉懷子，俟其産子已，殺之。（《莽傳》上）寬亡走，寬父素與齊樓護相知，護時爲廣漢太守，寬至廣漢，遇護，不以事實語，到數日，名捕寬詔書至，護遂執寬。（《漢書·樓護傳》）寬家屬徙合浦。（《莽傳》下）

敬武公主，孝宣帝女也（顔師古《漢書》注），初下嫁張臨，生子放，放嗣侯。[1]（《漢書·張湯傳》）敬武公主寡居。薛宣封高陽侯，妻死，成帝令宣尚公主。及宣免歸故郡，公主留京師。後宣卒，主上書願還宣葬延陵，奏可。宣子況前以罪徙敦煌，私歸長安，會赦，因留與主私亂。[2] 哀帝外家丁、傅貴，主附事之而疏王氏。元始中，新都侯莽爲安漢公，主出言非莽。而況與吕寬相善，及寬事覺，遂并治況，發揚其罪，使使者以太皇太后詔賜主藥。主怒曰："劉氏孤弱，王氏擅朝，排擠宗室，且嫂（按指元后）何與取妹披抉其閨門而殺之？"使者迫守主，遂飲藥死。況梟首於市。莽白太后云："主暴病薨。"太后欲臨其喪，莽固争，乃止。（《漢書·薛宣傳》）

何武　諸辛　鮑宣　許紺　二王　彭宏（彭偉）　杜公子

何武，字君公，蜀郡郫縣人也。中郎將霸（字翁君）弟。（《華陽國志》十二《士女目録》）成帝時，大司馬王根薦武，徵爲諫大

[1] 羅振玉《丁戊稿·武公主家銅銚跋》云："外戚恩澤世系表，載臨以初元二年嗣侯，十五年薨。此器署初元五年，疑爲主下嫁之年。"

[2] 周壽昌曰：此因主平日出言非莽，莽恨畏，誣衊之也。

夫，累官至大司空，封氾鄉侯。武爲人仁厚，好進士獎稱人之善。爲楚内史厚兩龔，在沛厚兩唐，世以此多之。哀帝後欲改易大臣，遂策免武罷黜就國，會高安侯董賢薦武，武復徵爲御史大夫，徙前將軍。先是，新都侯莽就國數年，哀帝以太皇太后故，徵莽還京師，有詔舉太常，新都侯私就武求舉，武不敢舉。後數月，哀帝崩，太后即日引新都侯入收大司馬董賢印綬，詔有司舉可大司馬者，莽故大司馬，辭位避丁、傅，衆庶以爲賢。又太后近親，自大司徒孔光以下，舉朝皆舉之。武爲前將軍，素與左將軍公孫禄相善，二人獨謀，以爲往時孝惠、孝昭少主之世，外戚吕、霍、上官恃權，幾危社稷。今孝成、孝哀比世無嗣，方當選立親近輔幼主，不宜令異姓大臣特權，親疏相錯，爲國計便。於是舉公孫禄可大司馬，而禄亦舉武，太后竟自用新都侯莽爲大司馬。莽諷有司劾奏武、公孫禄互相稱舉，皆免。武就國。元始三年，吕寬等事起，時大司空甄豐承安漢公風指，遣使者乘傳案治黨與，連引諸所欲誅，武在見誣中，大理正檻車徵武，武自殺，謚曰剌侯。子況嗣。（《漢書·何武傳》、《華陽國志》十上）

左將軍辛慶忌長子通爲護羌校尉；中子遵，函谷關都尉；少子茂，水衡都尉，出爲郡守，皆有將帥之風，宗族支屬至二千石者十餘人。元始中，安漢公秉政，見慶忌本大將軍鳳所成，三子皆能，欲親厚之。時方立威柄，用二甄以自助，豐、邯新貴，威震朝廷，水衡都尉茂自見名臣子孫，兄弟并列，不甚詘事之。時平帝幼，外家衛氏不得至京師，而護羌都尉通長子次兄素與帝從舅衛子伯相善，兩人俱游俠，賓客甚盛。及吕寬事起，安漢公誅衛氏，兩甄構言諸辛陰與衛子伯爲心腹，有背恩之謀，於是司直陳崇舉奏其宗親隴西辛興等侵陵百姓，威行州郡，遂按通父子，遵、茂兄弟，及南陽太守辛伯等，皆誅殺之。辛氏由此廢。（《漢書·辛慶忌傳》）時名捕辛興，興與上黨

鮑宣[1]、女婿許紺，俱過宣一飯去，宣不知情，坐系獄，自殺。（《漢書·鮑宣傳》）

前丞相王商子樂昌侯安，弘農太守王能亦以吕覽事見罪，自殺。（《漢書·王商傳》、《漢書·百官表》下）彭宏哀帝時爲漁陽太守，偉容貌，能飲飯，有威於邊。安漢公誅不附己者，宏與何武、鮑宣并遇害。[2]（《後漢書·彭宏傳》）又南陽杜公子及郡國豪傑坐死者，數百人（《漢書·何武傳》），海内震焉。（《莽傳》上）

毋將隆

毋將隆，字君房，東海蘭陵人。成帝時，大司馬車騎將軍王音奏爲從事中郎，歷冀州牧、潁川太守。哀帝即位，入爲京兆尹，遷執金吾。忤旨，左遷沛郡都尉，遷南郡太守。王莽少時，慕與隆交，隆不甚附。及爲大司馬秉政，使大司徒孔光奏隆前爲冀州牧，治中山馮太后獄，冤陷無辜，不宜處位在中土。中山之獄，本中謁者令史立、侍御史丁玄自典考之，但與隆連名奏事，莽皆免其官，徙合浦。（《漢書·毋將隆傳》）

孫寶

孫寶，字子嚴，潁川鄢陵人也。以明經爲郡吏。御史大夫張忠薦寶經明質直，宜備近臣，爲議郎，遷諫大夫。鴻嘉中，廣漢群盜起，選爲益州刺史。廣漢太守扈商者，大司馬車騎將軍王音姊子，軟弱不任職。寶到部，親入山谷，諭告群盜，非本造意渠率，皆得悔過自出，遣歸田里。自劾矯制，奏商爲亂首。商亦奏寶所縱或有渠率當

---

[1] 宣字子都，本渤海高城人，後徙上黨之長子田牧。

[2] 《宏傳》云："莽居攝，誅宏與何武。"按事在元始三年，范書誤。《後漢書集解》引洪頤煊曰：《何武傳》南陽彭偉即宏，按同籍南陽，未必爲一人，姑存其説以備考。

坐者。商徵下獄，寶坐失死罪免。益州吏民多陳寶功效，言爲車騎將軍所排。成帝復拜寶爲冀州刺史，遷丞相司直。時帝舅紅陽侯立使客因南郡太守李尚佔墾草田數百頃，頗有民所假少府陂澤，略皆開發，上書願以入縣官。有詔，郡平田與直，錢有貴一萬萬以上。寶遣丞相史按驗，發其奸，尚下獄死。立以故不得代兄商爲大司馬。後爲京兆尹，以附衛尉淳于長，長敗，免官。哀帝即位，徵諫大夫，遷司隸，後免爲庶人。哀帝崩，大司馬莽白太后，徵寶爲光祿大夫，與王舜等俱迎中山王。平帝立，寶爲大司農。會越巂郡上黄龍游江中，太師孔光、大司徒馬宫等咸稱大司馬功德比周公，宜告祠宗廟，寶曰："周公上聖，召公大賢，尚猶有不相説，著於經典，兩不相損；今風雨未時，百姓不足，每有一事，群臣同聲，得無非其美者。"時大臣皆失色。侍中奉車都尉甄邯，即時承制罷議者。會寶遣吏迎母，母道病，留弟家，獨遣妻子。司直陳崇以奏寶，事下三公即訊，寶對曰："年七十悖眊，恩衰共養，營妻子，如章。"寶坐免，終於家。（《漢書·孫寶傳》）

何丹

何丹，字伯張，韶州（今英德）人。成帝鴻嘉初舉茂才，爲含洭長，累遷中散大夫。（一作中大夫）以言忤莽，出爲松滋令。慈祥愷弟，愛民如子。卒官，邑人悲慟，擇河西勝地葬之。（阮元《廣東通志》卷二八八引黄佐《廣東通志》）

班穉　公孫閎　高固

班穉，越騎校尉況少子也。兄伯，水衡都尉；斿，右曹中郎將。穉少爲黄門郎中常侍，方直自守。哀帝立，出穉爲西河屬國都尉，遷廣平相。王莽少與穉兄弟同列友善，兄事斿而弟蓄穉。斿卒，修緦麻，賻賵甚厚。平帝即位，太后臨朝，莽以大司馬秉政，方欲文致太平，使使者分行風俗，采頌聲，而穉無所上。公孫閎者，琅邪太守也，言灾異於公府，大司空甄豐遣屬馳至兩郡諷吏民，而劾閎空造不祥，穉絶嘉應，嫉害聖政，皆不道。太后曰：“不宣德美，宜與言灾異者異罰；且後宫賢家，我所哀也。”穉懼，上書陳恩謝罪，願歸相印，入補延陵園郎，太后許焉，食舊禄終身。閎獨下獄誅。（《漢書·叙傳》）

時又有淮陽高固亦以不附莽而死。（全祖望《西漢節義傳題詞附記》引《陳留風俗傳》）

卷三

劉崇　張紹　劉禮

安衆侯劉崇，蓋長沙定王子安衆康侯丹之玄孫子也。（《王子侯表》上）平帝崩，安漢公莽居攝，崇與其相張紹謀曰：“莽專制朝政，必危劉氏，天下非之者，乃莫敢先舉，此宗室之耻也。吾帥宗族爲先，海内必和。”紹等從者百餘人。[1]遂進攻宛，不得入而敗。紹者，張竦之從兄也，竦與崇族父劉嘉詣闕自歸，莽赦弗罪，嘉因奏言：“宜如古制，豬崇宫室，崇社宜如亳社，以賜諸侯。”於是汚池崇宅。（《王莽傳》上）新亡，建武二年，以崇從父弟寵紹封，復其侯國。（《後漢書·王子侯表》）

劉禮，南陽人，崇同宗也。與崇俱起兵，事泄，死之。子隆年未七歲，得免。建武中封亢父侯，拜誅虜將軍。（《後漢書·劉隆傳》）

[1] 荀悦《漢紀》作合黨萬餘人。

劉信 弟璜 子章 鮪 匡 蘇隆 皋丹

莊鄉侯信者，東平王雲之子也。雲誅死，信兄開明嗣爲王，薨，無子，而信子匡復立爲王。東郡太守翟義舉兵，與信弟武平侯劉璜結謀，併東平，立信爲天子，義自號爲大司馬，以東平王傅蘇隆爲丞相，中尉皋丹爲御史大夫，移檄郡國。王莽遣孫建、王邑等擊破之，斬劉璜首。初信起兵，信二子穀鄉侯章、德廣侯鮪皆被捕殺。及破翟義於圉，義與信棄軍庸亡，義於固始界中捕得，卒不得信。（《漢書·翟方進附傳》）

信子東平王匡，初以居攝元年奉東平王開明嗣，父信起兵，併東平，及敗，俱爲所滅。（《漢書·諸侯王表》）

翟義 陳豐 劉宇 王翁 王孫慶 高康 令狐邁 趙明 霍鴻 葛□

翟義，字文仲，汝南上蔡人，丞相方進少子也。少以父任爲郎，稍遷諸曹，出爲南陽都尉。後坐法免，起家爲弘農太守，遷河南太守青州牧，所居著名，有父風烈，徙爲東郡太守。數歲，平帝崩，王莽居攝，義心惡之，乃謂姊子上蔡陳豐曰："新都侯攝天子位，號令天下，故擇宗室幼稚者以爲孺子，依托周公輔成王之義，且以觀望，必代漢家，其漸可見。方今宗室衰弱，外無强蕃，天下傾首服從，莫能亢捍國難。吾幸得備宰相子，身守大郡，父子受漢厚恩，義當爲國討賊，以安社稷，欲舉兵西誅不當攝者，選宗室子孫輔而立之，設令時命不成，死國埋名，猶可以不慚於先帝。今欲發之，乃肯從我乎？"豐年十八，勇壯，許諾。義遂與東郡都尉劉宇，莊鄉侯劉信，信弟武平侯劉璜結謀。及東郡王孫慶素有勇略，以明兵法徵在京師，義乃詐移書以重罪傳逮慶。於是以九月都試日，斬觀令，因勒其車騎材官士，募郡中勇敢，部署將帥。立信爲天子，義自號大司馬柱天大將軍，以東平王傅蘇隆爲丞相，中尉皋丹爲御史大夫，移檄郡國，言莽鴆殺孝平皇帝，矯攝尊號，今天子已立，共行天罰，郡國皆震。比至山陽，衆十餘萬。莽聞之，惶懼不能食，晝夜抱孺子禱告郊廟，會群臣而稱曰：“昔成王幼，周公攝政，而管、蔡挾禄父以畔，今翟義亦挾劉信而作亂，自古大聖猶懼此，況臣莽之斗筲？”群臣皆曰：“不遭此變，不章聖德。”於是改《周書》作《大誥》。（文見《漢書·翟方進附傳》）遣諫大夫桓譚等班行諭告，當反位孺子之意。遣王邑、孫建等八將軍擊義，分屯諸關，守厄塞。自擇除關西人爲校尉軍吏，將關東甲卒，發奔命以擊義焉。諸將東至陳留、菑，與義會戰，破之，斬劉璜首，遂圍攻義於圉城，義軍大敗。與劉信棄軍逃亡，至固始界中，捕得義，尸磔陳都市。初，義兄宣居長安，先義未發，家數有怪，夜聞哭聲，聽之不知所在。宣教授，諸生滿堂，有犬從外入，齧其中庭群雁數十，比驚救之，已皆斷頭，狗走出門，求不知處。宣大惡之，謂後母曰：“東郡太守文仲素俶儻，今數有惡怪，恐有妄爲而大禍至也。太夫人可歸，爲棄去宣家者以避害。”母不肯去。後數月，義敗。[1] 莽盡壞義第宅，污池之，發父方進及先祖冢在汝南者，燒其棺柩，夷三族，誅及種嗣。義母練，兄宣親屬二十四人，皆磔暴於長安市，至皆同坑，以棘五毒并葬之，下詔，取其鱷鯢，築武軍，封以爲大戮，薦樹之棘。（《漢書·翟方進附傳》《王莽傳》上）義既見害[2]，其門人作歌以怨思之。（《中華古今注》下）其辭曰：“平陵東，松柏桐，不知何人劫義公，劫義公在高堂下，交錢百萬兩走馬。兩走馬，亦誠難，顧見追吏心中惻。心中惻，血出漉。歸告我家賣黄犢。”（《樂府詩集》二十八，黄節《漢魏樂府風箋》）

王翁者，東郡聊城人，與義起兵，及義敗，餘衆悉降，翁獨守節力戰，遂爲燔燒。（《後漢書·張酺傳》）義黨王孫慶逋走，天鳳三年

[1] 《郡國志》：“萬人聚，王邑破翟義處。”《水經·渠水注》：“王莽之篡也，東郡太守翟義興兵討莽，莽遣奮威將軍孫建擊之於圉北，義師大敗，尸積萬數，血流溢道，號其處爲萬人散，百姓哀而祠之。”

[2] 宋范浚《文集》有《翟義傳》，管同《因寄軒文集》有《讀漢書翟義傳》。

捕得，使太醫尚方與巧屠共刳剥之，量度其五藏以竹筳導其脉[1]，知所終始，云可以治病。（《莽傳》中）

高康者，沛人也。父相，治《易》，其學亡章句，專説陰陽灾異，自言出於丁將軍，傳至相，相授子康，及蘭陵毋將永，由是《易》有高氏學。康以明《易》爲郎，永至豫章都尉。居攝二年，翟義謀起兵，事未發，康侯知東郡有兵，私語門人，門人上書言之。後數月，義兵起，莽召問，對受師高康，莽惡之，以爲惑衆，遂斬康。（《漢書·藝文志》）

又有令狐邁，故漢建威將軍，亦與義起兵討莽，事敗，死之。三子伯友、文公、稱，皆奔敦煌。伯友入龜兹，文公入疏勒，稱爲故吏所匿，遂居效穀。（《新唐書·宰相世系表》十五下）或謂稱避地河右云。[2]（《周書·令狐整傳》）初，三輔聞翟義兵起，自茂陵以西至汧二十三縣，盗賊并發。槐里男子趙明（《通鑑》作"用"）、霍鴻等自稱將軍，攻燒官寺，殺右輔都尉及斄令，劫略吏民，衆十餘萬，相與謀曰："諸將悉東，京師空，可攻長安。"火見未央宫前殿，莽恐，遣將軍王級、王奇、閻遷與甄邯、王晏西擊之。十二月，王邑破翟義於圉。三年春，邑等還京師。二月，復與級等合擊明、鴻，皆破滅。（《翟方進附傳》、《莽傳》上）

葛某，荆州刺史。莽篡位，棄官歸，與翟義共起兵，敗，遇赦，遂稱疾自絶於世。莽以其强宗徙之琅邪，其子浦廬起兵佐光武。（《抱朴子·自叙》）

[1] 俞正燮《癸巳類稿·四十二經脉名義略例》詳述古解剖之事例，引《西京雜記》秦咸陽有庫方鏡，廣四尺，高六尺九寸，人以手捫心而來，則見腸胃五藏，歷然無礙。

[2]《元和姓纂》謂邁避王莽亂，居敦煌，生稱。則似未死翟義之難。

劉快　劉都　劉曾　劉貴

徐鄉侯快[1]，膠東恭王子也。（《王子侯表》）始建國元年四月，結黨數千人，起兵於其國。快兄殷，故漢膠東王，時改爲扶崇公，快舉兵攻即墨，殷閉城門，自系獄，吏民拒快，快敗走，至長廣死。（《莽傳》中）

同年，真定劉都等亦謀舉兵，發覺，被誅。（《莽傳》中、《漢紀》三十、《畿輔通志·前事》）時諸劉舉義者，尚有楚思王子陵鄉侯劉曾、扶恩侯[2]劉貴（見《孫建奏廢諸劉文》），事迹無考。

張充

虎賁[3]張充等六人，初始元年，謀共劫攝皇帝莽，立楚王紆，發覺，被誅。（《莽傳》上）

馬適求

馬適求[4]，巨鹿人，地皇元年，謀舉燕、趙兵以誅莽，大司空士王丹發覺以聞，遣三公大夫逮治黨與，連及郡國豪傑數千人，皆誅死。（《莽傳》下、《畿輔通志·前事》）

賈萌

賈萌，河東人。（《豫章記》）漢末豫章太守[5]（《莽傳》下），與安成侯張普共謀莽，普背約，詣莽反告，萌遂伐普於新茨之野，莽攻

---

[1] 《王子侯表》作“炔”，字從火。

[2] 漢印有“扶恩相徒丞”。徒丞，莽官名。《十鐘山房印舉》有雛慮徒丞相，此即扶恩侯之相。（《輔仁學志》柯昌泗《漢官印跋》）

[3] 元始元年更期門曰“虎賁”。

[4] 按“馬適”爲複姓，見邵思《姓解》，《漢功臣表》有馬適育。

[5] 《莽傳》下稱：“萌，地皇四年九江連帥。”

萌而殺之。時人感嘆，爲立廟祀之。[1] 初，萌舉兵，有蜂附萌車衡，主簿嚴豐以爲不祥，萌果見殺。[2]（《御覽》卷九五〇“蜂”下引謝承《後漢書》）

附　張澍撰《賈萌考》

今南昌章江門外，蓋有漢賈萌廟云。按謝承《後漢書》賈萌爲豫章太守，王莽篡漢，舉兵誅莽，不克而死。雷次宗《豫章記》：賈萌，河東人，漢更始二年爲郡太守，謀王莽師敗死，即日顯靈於津，人爲立祠。酈善長《水經注》：賈萌與安成侯張普争地，爲普所害，即日靈見津渚。王孚《安成記》：豫章太守賈萌，與安成侯張普争戰於新茨之野。歐陽忞《輿地志》：漢豫章太守賈萌，與安成侯張普興兵討莽，普乃詣莽自陳，萌遂伐普於薪茨之野。據謝偉平、雷仲倫記賈萌事，乃漢之忠臣也。而酈道元、王烈之則不言討莽，以爲争地而死。《輿地志》則合兩事爲一，是從謝氏説矣。然班固《漢書·王莽傳》云：“傳莽首詣更始，縣宛市。曹部監杜普、陳定大尹沈意、九江連率賈萌，皆守郡不降，爲漢兵所誅。”是萌乃莽黨也。又謝承《後漢書》：豫章嚴豐字孟侯，爲郡主簿太守，河東賈萌與安成侯張普約舉兵欲誅王莽，師興之日，有飛蜂叢附萌車衡，豐曉占候，諫以爲不祥之徵，萌進兵不從，會張普負約無援，遂戰死。是萌果爲王莽所

[1] 《寰宇記》卷一〇六南昌縣龍沙廟下，同書一〇九安福縣新茨山下引王烈之《安成記》，及廢安福縣條下引《輿地志》，詳沈欽韓《漢書疏證》。

[2] 案萌事有三記：一謂其討莽而死，上引諸書是也。一謂與張普争地，《水經·贛水注》云：“贛水又逕郡北，爲津步，步有故守賈萌廟，萌與安成侯張普争地而死，爲普所害，即日靈見津渚，故民爲立廟焉。”一謂拒漢而死，《漢書·莽傳》下云：“九江連帥賈萌，爲莽拒漢而死。”全謝山於《困學紀聞三箋》集中《節義傳題辭》及集外篇，屢爲萌表章，而於《經史問答》，則從《莽傳》，而疑同時先後有兩賈萌。趙一清本《水經注》，又引全説，疑有二人。李詳《窳記》乃據《寰宇記》，考定賈氏爲死節，而譏謝山但據《莽傳》，非奬善之道。近陳垣復重核《寰宇記》，證謝山所言，《御覽》引《安成記》，應作《寰宇記》引，謂萌拒漢與討莽，雖傳聞異詞，然同名同時同地被殺，應爲一人，其説是也，今爲補傳於此。

誅也。然漢兵所殺之賈萌，又是何人？核而論之，蓋萌初附王莽，爲其連率，見人心不與巨君，因之携貳，乃與張普謀共起兵攻莽。既而普背約，與萌不協，自歸於莽，相與争地交攻，萌遂爲普所害。方其普初害萌也，則必報於莽，故雷謝諸人以爲莽殺之，普旋降漢，心讐於殺萌，又必上聞於漢，誣言萌之不肯反正，因而誅之，此班氏所以言爲漢兵所誅也。張普者，乃一反覆譎詐善觀時變之小人也。又緣謝書載萌起兵於莽篡國之年，班書載萌死於更始二年，年代有誤，或遂以爲二人同姓名者矣。在莽言之，則曰九江連率；自漢言之，則曰豫章太守，亦不得以官職有異而疑之。近人金谿王謨，乃以武帝時爲豫章太守之蒼梧賈雍當之。夫賈雍失首，尚能乘馬還營，與士卒胸語，誠爲靈響。然《録異傳》不紀後人之禋祀也，烏得以鄃侯欒布之社，指爲天士欒大之祠哉！（《養素堂文集》卷十二）

按畢亨（道光六年大挑一等）《九水山房文存》上亦有《賈萌考》，與張介侯此篇行文全同，似是剿襲之作，今不録。

卷四

鄭樸

鄭子真，名樸（《三輔决録》），褒中人也。玄静修道，履至德之行。其教曰：忠、孝、愛、敬，天下之至行也；神中五徵，帝王之要道也。（《華陽國志》卷十下）隱於谷口[1]，修身自保，非其服不服，非其食弗食。成帝時，元舅大將軍王鳳以禮聘之，子真遂不詘而終。楊雄著書，言當世士，稱其人曰："谷口鄭子真，不屈其志，耕於岩石之下，名震京師。"（《漢書·王貢傳序》）馮翊人刻石祀之，至今

[1] 《隸釋》卷十五有"故鄭子真，地中起舍，一區七萬"等語。

不絶。（皇甫謐《高士傳》中）

莊遵[1]

莊遵，字君平，蜀郡成都人也。姓莊氏，故稱莊子。[2]雅性澹泊，專精《老》《易》，隱居不仕，賣卜於成都市，日得百錢以自給。卜訖，則閉肆下簾，以著書爲事。楊雄少從之游，屢稱其德，杜陵李彊爲益州刺史，喜曰："吾得君平爲從事，足矣！"雄曰："君可備禮與相見，其人不可屈也。"王鳳請交，不許，恬淡自終，卒年九十。著有《道德指歸論》十一卷。[3]（《漢書·王貢傳序》、《華陽國志》卷十下）

戴遵

戴遵（《姓氏辨證》作自遵），字子高，汝南慎陽人也。平帝時爲侍御史，及莽篡位，稱病歸鄉里。家富，好給施，尚俠氣，食客常三四百人，時人爲之語曰："關東大豪戴子高。"（《後漢書·逸民·戴良傳》）孫伯鸞、叔鸞，有隱德。（《姓氏辨證》卷十九代）

龔勝　龔舍　邴漢　曼容　栗融　禽慶　蘇章　曹竟

龔勝，字君賓，楚人也。與同郡龔舍君倩相友善，并著名節，故世謂之楚兩龔。少皆好學明經，勝爲郡吏，舍不仕。久之，楚王入朝，聞舍高名，聘舍爲常侍，不得已隨王還國，固辭，願卒學，復至長安。而勝爲郡吏，三舉孝廉，又舉茂材，爲重泉令，病去官。哀帝

[1] 沈濤《銅熨斗齋隨筆》謂有三嚴遵。

[2] 據胡震亨《秘册彙函》本嚴遵《道德真經指歸》谷神子序，《道藏》本於君平説經目後，雙行小注云：東漢章、和之間，班固作《漢書》，避明帝諱，更之爲"嚴"。《法言問明》："蜀莊沈冥。"李軌注："蜀人。姓莊，名遵。"

[3] 胡本載《谷神子序》云：君平生西漢中葉，王莽篡漢，遂隱遁煬和，蓋上世之真人也。其所著《道德指歸論》若干卷，陳、隋之際，已逸其半。今所存者，止論德篇，獵其舛訛，定爲六卷。蔣錫昌《老子校詁》云：此序爲後人將注語易爲序文。

徵爲諫大夫，引見，勝薦龔舍，及亢父寧壽，濟陰侯嘉，有詔皆徵。舍、嘉至，皆爲諫大夫，寧壽稱疾不至。勝居諫官二歲餘，遷丞相司直，徙光祿大夫，出爲渤海太守；勝謝病，積六月，免歸，復徵爲光祿大夫。勝常稱疾卧，數使子上書乞骸骨。會哀帝崩，初，琅邪邴漢亦以清行徵用，至京兆尹，後爲太中大夫。安漢公莽秉政，勝與漢俱乞骸骨，自昭帝時涿郡韓福以德行徵至京師，賜策書束帛遣歸，於是依故事遣勝、漢，二人遂歸老於鄉里。（《漢書》本傳）漢兄子丹，字曼容，從同郡魯伯授施氏《易》。[1] 亦養志自修，爲官不肯過六百石，輒自免去，其名過出於漢。初龔舍以龔勝薦，徵爲諫大夫，病免，復徵爲博士，又病去。頃之，哀帝遣使者即楚。拜舍爲泰山太守。舍家居在武原，使者至縣請舍，欲令至廷拜授印綬。舍曰："王者以天下爲家，何必縣官。"遂於家受詔，便道之官，既至數月，上書乞骸骨，數徵不起。舍通五經，以魯詩教授。舍、勝既歸鄉里，郡二千石長吏初到官，皆至其家，如師弟子禮。舍年六十八，居攝中卒。莽既篡位，遣五威將帥行天下風俗，將帥親奉羊酒存問勝。明年，莽遣使者即拜勝爲講學祭酒，勝稱疾不應徵。後二年，復遣使者奉璽書太子師友祭酒印綬，安車駟馬迎勝，即拜秩上卿，先賜六月祿直以辦裝，使者與郡太守、縣長吏、三老官屬、行義諸生千人以上，入勝里致詔，使者欲令勝起迎，久立門外，勝稱病篤，爲床室中户西南牖下，東首，加朝服拖紳，使者入户，西行，南面立，致詔，付璽書，遷延再拜，奉印綬，内安車駟馬，進謂勝曰："聖朝未嘗忘君，製作未定，待君爲政，思聞所欲施行，以安海内。"勝對曰："素愚，加以年老被病，命在朝夕，隨使君上道，必死道路，無益萬分。"使者要説，至以印綬就加勝身，勝輒推不受。使者即上言，方盛夏暑熱，勝病少氣，可須秋凉乃發。有詔，許。使者五日一與太守俱問起居，爲勝兩

---

[1] 按朱起鳳《辭通》二冬誤以邴曼容與皮容同人，應訂正。

子及門人高暉等言:“朝廷虛心待君以茅土之封，雖疾病，宜動移至傳舍，示有行意，必爲子孫遺大業。”暉等白使者語，勝自知不見聽，即謂暉等曰:“吾受漢家厚恩，亡以報；今年老矣，旦暮入地，誼豈以一身事二姓下見故主哉？”勝因敕以棺斂喪事，衣周於身，棺周於衣，勿隨俗動吾家，種柏作祠堂。語畢，遂不復開口飲食，積十四日死。死時年七十九矣。[1] 使者，太守臨斂，賜複衾，祭祀如法，門人衰絰治喪者百數，有老父來吊，哭甚哀。既而曰:“嗟呼！薰以香自燒，膏以明自銷，龔生竟夭天年，非吾徒也。”遂趨而出，莫知其誰。勝居彭城廉里，後世刻石表其里門。(《漢書》本傳）光武即位，擢勝子爲上谷太守。(《後漢書 · 卓茂傳》）時，齊栗融客卿，北海禽慶[2] 子夏，蘇章游卿，山陽曹竟子期，皆儒生，去官，不仕於莽。新亡，更始徵竟以爲宰相。[3] 封侯，欲視致賢人，銷寇賊，竟不受侯爵。會赤眉入長安，欲降竟，竟手劍格死。(《漢書 · 鮑宣傳》）禽慶與河南向長遨游五岳名山，莫知所終。(《後漢書 · 逸民傳》）

楊寶

楊寶，弘農華陰人，後漢太尉楊震父也。習歐陽《尚書》，哀、平之世，隱居教授。居攝二年，與兩龔、蔣詡俱徵，遂遁逃不知所處。光武高其節，建武中，公車特徵，老病不到，卒於家。[4]（《後漢書 · 楊震傳》）

孔休

孔休，字子泉。(《後漢書 · 卓茂傳》）宛人也。(《漢書 · 莽傳》

---

[1] 汪之昌《青學齋集》十六有《楚二龔論》。

[2] 《姓氏辨證》二十一侵作“禽度”，非。

[3] 《後漢書 · 馮異傳》，竟爲左丞相，子翊爲尚書。

[4] 寶懷黄雀事，見《續齊諧記》，不録。

上顔注）初，新都侯王莽就國，南陽太守以侯貴重，時休爲門下掾，選守新都相。休謁莽，莽盡禮自納，休亦聞其名，與相答。後莽疾，休候之，莽緣恩意，進其玉具寶劍，欲以爲好，休不肯受。莽因曰："誠見君面有瘢，美玉可以滅瘢，欲獻其瑑耳。"即解其瑑[1]，休復辭讓。莽曰："君嫌其價耶？"遂椎碎之，自裹以進，休乃受。及莽徵去，欲見休，休稱疾不見。（《漢書·莽傳》上）後莽爲安漢公，秉權，休棄官歸家。及篡位，遣使賫玄纁束帛，請爲國師，遂歐血托病，杜門自絶。光武即位，求休子孫，賜穀以旌顯之。（《後漢書·卓茂傳》）

蔡茂　二郭

蔡茂，字子禮，河内懷人也，哀平間以儒學顯，徵試博士對策，陳灾異，以高等擢拜議郎，遷侍中。安漢公居攝，以疾自免，不仕新朝。會天下擾亂，茂素與竇融善，因避難歸之，與融俱徵，復拜議郎。建武中爲司徒。茂官廣漢太守，其主簿郭賀，字喬卿，洛陽人[2]，賀祖父堅，伯父游君，亦并修清節，不仕莽云。[3]（《後漢書·蔡茂傳》）

陳咸

陳咸，字子成（《北堂書鈔》卷五十五引謝承《後漢書》成一作威），沛國洨人也。成、哀間以律令爲尚書。平帝時，安漢公莽輔政，多改漢制，咸心非之。及莽因事誅不附己者何武、鮑宣等，咸嘆曰："《易》稱：君子見幾而作，不俟終日。吾可以逝矣。"即乞骸

[1] 《證類本草》三玉條，75頁孔休事。
[2] 賀事迹詳《華陽國志》十中。
[3] 《華陽國志》十二《士女目録》，堅官烏丸校尉。

骨去職。及始建國初，召咸爲掌寇大夫，謝病不肯應。[1]（《漢書·莽傳》中）時，三子參、豐、欽皆在位，乃悉令解官，父子相與歸鄉里，閉門不出入，猶用漢家祖臘。人問其故，咸曰："我先人豈知王氏臘乎？"其後復徵咸，遂稱病篤，於是收斂其家律令書文，皆壁藏之。[2]咸性仁恕，常戒子孫曰：爲人議法，當依於輕，雖有百金之利，慎無與人重比。建武初，欽子躬爲廷尉監。[3]（《後漢書·陳寵傳》）

卓茂

卓茂，字子康，南陽宛人也。元帝時學於長安，事博士江生，習《詩》、《禮》及曆算，究極師法，稱爲通儒。初，辟丞相府史，事孔光，光稱爲長者。（《後漢書》本傳）茂爲人，恬蕩樂道，椎實不爲華貌，行己在於清濁之間，與人未曾有爭競。（《東觀漢記》）以儒術舉爲侍郎，給事黄門，遷密令，勞心諄諄，視人如子，數年，教化大行，道不拾遺。是時安漢公王莽秉政，置大司農六部丞，勸課農桑，遷茂爲京部丞，密人老少皆涕泣隨送。及莽居攝，以病免歸郡，常爲門下掾祭酒，不肯作職吏。更始立，以茂爲侍中。光武即位，拜茂爲太傅，封褒德侯。[4]（《後漢書·卓茂傳》）

---

[1] 《漢書·莽傳》中：始建國元年，治者掌寇大夫陳成去官。按"成"爲"咸"字誤，錢氏《養新録》以《陳寵傳》與《莽傳》之陳咸各爲一人。全祖望《經史問答》曰：《范史》謂咸以莽未篡時已去尚書之任，莽篡，以掌寇大夫召之，不應。《范史》所據殆是《陳寵家傳》，或推崇其先世而過美其詞，恐是《莽傳》爲得實。

[2] 船山《讀通鑑論》曰："咸收漢律令書文壁藏之，豈徒以俟漢氏中興之求哉，誠有不忍者矣。臣之戀主也，閔其典章，典章者，即先王神爽之所在也，故以知咸有不忍之心也。"

[3] 《全漢文》卷五十五嚴可均云：始建國三年，沛郡陳咸爲講禮，蓋即其人。先是别有陳咸沛郡相人，卒於成帝時，見《陳萬年傳》，非此人。按咸或不應徵，如龔勝情形，亦未可知。

[4] 按《論衡·感虚篇》云：卓公爲緱氏令，蝗不入界。黄暉校釋言：傳云"爲密令"，此云"緱氏令"，因二地并在河南，傳聞而誤，《類聚》卷五十引司馬彪書，與《北堂書鈔》卷七十八引彪書作茂陵令，不足據。

蔡勳

蔡勳，字君嚴（章懷注引謝承《後漢書》），陳留圉人也。好黄老，平帝時爲郿令。始建國初，授以厭戎連率，勳對印綬，仰天嘆曰："我策名漢室，死歸其正，昔曾子不受季孫之賜，况可事二姓哉？"遂携家屬，逃入深山。（《後漢書·蔡邕傳》）初，勳與南陽卓茂、孔休、安衆劉宣、楚國龔勝、上黨鮑宣六人，同志不仕莽，并名重當時。（《後漢書·卓茂傳》）

郭欽

郭欽[1]，扶風隃麋人也。哀帝時爲丞相司直，奏豫州牧鮑宣舉錯煩苛，宣坐免，又奏免京兆尹薛修，以忤賢，左遷盧奴令。平帝時，遷南郡太守。莽居攝，去官，卒於家。[2]（《後漢書·鮑宣傳》、《全漢文》卷五十六）

劉茂

劉茂，字子衛，太原晋陽人也。少孤，獨侍母居，家貧，以筋力致養，孝行著於鄉里。及長，能習《禮經》，教授常數百人。哀帝時，察孝廉，再遷五原屬國候，遭母憂去官，服除，爲沮陽令。會莽篡位，茂棄官，避世弘農山中教授。建武二年，歸爲郡門下掾。（《後漢書·獨行傳》《儆居集·漢孝子傳贊》）

譙玄　費貽

譙玄，字君黄，巴郡閬中人也。少好學，能説《易》《春秋》，成帝永始二年，以敦樸遜讓舉，拜議郎，後遷太常丞，以弟服去職。

---

[1] 《水經·渭水注》卷十七作"歙"，蓋字近而誤，注謂其耻王莽之徵，遁迹隃麋。

[2] 《全漢文》嚴可均按語："《漢書·西域傳》下及《莽傳》下，别有戊己校尉郭欽封剿胡子。地皇末，拜七虎將軍，兵敗保京師倉，自莽死，乃降；更始義之，封侯。與此（指隃麋）之郭欽同時，非即其人也。"

元始元年，復舉拜議郎，遷中散大夫。繼爲繡衣使者，侍節與太僕王惲等分行天下，觀覽風俗，所至專行誅賞。事未及終，而王莽居攝，玄於是縱使者車，變姓名，間竄歸家，因以隱遁。後公孫述僭號於蜀，連聘不詣，述乃遣使備禮徵之，若玄不肯起，便賜以毒藥。太守乃自賚璽書至玄廬曰："君高節已著，朝廷垂意，誠不宜復辭，自招凶禍。"玄仰天嘆曰："唐堯大聖，許由耻仕；周武至德，伯夷守餓。彼獨何人，我亦何人，保志全高，死亦奚恨。"遂受毒藥。玄子瑛泣血叩頭於太守曰："方今國家東有嚴敵，兵師四出，國用軍資，或不常充足，願奉家錢千萬以贖父死。"太守爲請，述聽許之，玄遂隱藏田野，終述之世。(《後漢書·獨行傳》)後人爲之咏曰："肅肅清節士，執德實固貞。違惡以授命，没世遺合聲。"(《華陽國志》)時兵革累年，莫能修尚學業，玄獨訓諸子，勤習經書。建武十一年卒。明年，天下平定，玄弟慶以狀詣闕自陳，光武美之，策詔本郡祠以中牢，敕所在還玄家錢。(《獨行傳》)時亦有費貽，字奉君，犍爲南安人。(《華陽國志》卷十中)不肯仕述，漆身爲厲，陽狂以避之，退藏山藪十餘年。述破後，仕至合浦太守。(《獨行傳》)蜀中歌之曰："節義至仁費奉君，不仕亂世不避惡君"，修身於蜀，紀名亦足，後世爲大族。(《華陽國志》卷十中)

錫光

錫光，字長冲，漢中西城人(《華陽國志》卷十二《士女目録》)哀、平間爲交州刺史，徙交阯太守。王莽篡位，據郡不附，莽方有事海内，未以爲意，尋值所在起兵，遂自守。更始即位，正其本官，光武嘉其忠，徵拜爲大將軍，朝侯祭酒，封鹽水侯。(《三國志》二《漢中志》)光爲交阯，教人耕犁，便之冠履，爲設媒官，始知聘娶。(《三國志·吴志·薛綜傳》)

李業　王嘉　王皓　任永　馮信

李業，字巨游，廣漢梓潼人也。少有志，操行介特，習魯詩，師博士許晃。元始中舉明經，除爲郎。會王莽居攝，業以病去官。杜門不應州郡之命，太守劉咸强召之，業乃載病詣門。咸怒，出教曰："賢者不避害，譬猶彀弩射市，薄命者先死，聞業名稱，故欲與之爲治，而反托疾乎？"令詣獄養病，欲殺之，客有説咸曰："趙殺鳴犢，孔子臨河而逝，未聞求賢而脅以牢獄者也。"咸乃出之，因舉方正，莽以業爲酒士，病不之官，遂隱藏山谷，絶匿名迹，終莽之世。（《後漢書·獨行傳》）及公孫述僭號，素聞業賢，徵之，欲以爲博士，業固疾不起。數年，述羞不致之，乃使大鴻臚尹融持毒酒奉詔命以劫業，若起則受公侯之位，不起，賜之以藥。融譬旨曰："方今天下分崩，孰知是非，而以區區之身，試於不測之淵乎？朝廷貪慕名德，曠官缺位，於今七年，四時珍御，不以忘君，宜上奉知己，下爲子孫，身名俱全，不亦優乎。今數年不起，猜疑寇心，凶禍立加，非計之得者也。"業乃嘆曰："危國不入，亂國不居，親於其身爲不善者，義所不從，君子見危授命，何乃誘以高位重餌哉？"融見業辭志不屈，復曰："宜呼室家計之。"業曰："丈夫斷之於心久矣，何妻子之爲。"遂飲毒而死。述聞業死，大驚，又耻有殺賢之名，乃遣使弔祠，賻贈百匹。（《三國志》作賜錢百萬）業子翬逃辭不受。蜀平，光武下詔表其閭，《益部》紀載其高節，圖畫形象。（《獨行傳》、《華陽國志》卷十下）

初，平帝時蜀郡江原王皓，字子離，爲美陽令；王嘉，字公節，爲郎。王莽篡位，俱棄官西歸。及公孫述稱帝，遣使徵皓、嘉，恐不至，遂先系其妻子，使者謂嘉曰："速裝，妻子可全。"對曰："犬馬猶識主，况於人乎？"王皓先自刎，以首付使者。述怒，遂誅皓家屬。王嘉聞而嘆曰："後之哉！"乃對使者伏劍而死。（《三國志》卷十上）是時，犍爲任永，字君業，僰道人，長曆數。同郡馮信，字季誠。（《三國志》云：信郪郡人，三察孝廉，州舉茂才，公府十辟不詣。）亦好學博古，公孫述連徵命，待以高位，皆托青盲以逃世難。永妻淫於前，匿情無言，見子入井，忍而不救，信侍婢亦對信奸通。及聞述誅，皆盥洗更視，曰："世適平，目即清。"信取紙作書，婢因自殺。光武聞而徵之，會并病卒。[1]（《獨行傳》，《華陽國志》卷十上、中，惠棟《後漢書訓纂》引《益部耆舊傳》）

章明

章明，字公儒，蜀郡新繁人。漢末爲太中大夫。莽篡位，嘆曰："不以一身事二主。"遂自殺。（《華陽國志》卷十上）

侯剛

侯剛，字直孟，亦新繁人。爲尚書郎，見莽竊位，佯狂，負木斗守闕號哭，莽使人問之，對曰："漢祚無窮，吾寧死之，不忍事非主也。"莽追殺之。（同上）

文齊

文齊，字子奇，梓潼人。平帝末，以城門校尉爲犍爲屬國，遷益州太守，造開稻田，民咸賴之。王莽、公孫述時，齊據郡不服。述拘其妻子，許以公侯，招之不應。乃遣使由交趾貢獻河北。述平，光武嘉之，徵拜鎮遠將軍，封成義侯，南中爲立祠。[2]（《華陽國志》卷十下，又十二《士女目録》）

[1] 洪亮吉曰："《新津縣圖》載朱遵事，其節較業皓等尤烈，建武初下詔贈官，吴漢復表爲置祠，而《史略》不紀，固知如此類之失傳多矣。"

[2] 趙氏《金石録》十八《漢禮殿記跋尾》引《國志》作文參字子奇，與此同人。

王丹

王丹，字仲回，京兆下邽人也。哀平時，仕州郡，莽時連徵不至。家累千金，隱居養志，好施周急，每歲農時，輒載酒餚於田間，候勤者而勞之，其惰懶者耻不致丹，皆兼功自厲，邑聚相率以致殷富；其輕黠游蕩廢業爲患者，輒曉其父兄使黜責之；没者賻給，親自將護，其有遭喪憂者，輒待丹爲辦，鄉鄰以爲常，行之十餘年，其化大洽，風俗以篤。丹資性方潔，疾惡强豪。時河南太守同郡陳遵，關西大俠也，其友人喪親，遵爲護喪事，賻助甚豐，丹懷縑一匹，陳之於主人前曰："如丹此縑，出自機杼。"遵聞而有慚色，自以知名，欲結交於丹，丹拒不許。(《後漢書》本傳)更始時，遵爲大司馬，出使匈奴，過辭於丹，丹曰："俱遭反覆，惟我二人爲天所遣，今子當之絶域，無以相贈，贈子以不拜。"遂揖而别，遵甚悦之。(《東觀記》)會前將軍鄧禹西征，關中軍糧乏，丹率宗族上麥二千斛，禹表丹領左馮翊，稱疾不視事，免。後徵爲太子太傅。(《後漢書》本傳)

荀恁

荀恁(《姓氏辨證》作郇)，字君大，太原廣武人。少修清節，資財千萬，父越卒，悉散與九族，隱居山澤，以求其志。地皇末，匈奴寇廣武，聞恁名節，相約不入荀氏閭。光武征，稱病不至。(《後漢書·周燮傳序》《儆居集·漢處士傳贊》)

韓順

韓順，字子良，天水成紀人也。以經行清白，辟州宰，不詣。地皇末，隱於南山。及漢起兵於南陽，同縣隗囂等起兵，自稱上將軍，西州大震。惟順修道山居，執操不回。囂厚禮聘順，欲以爲師，順使謝囂曰："即欲相師，但入深山來。"囂聞，矍然不敢强屈。其後囂等諸姓皆滅，惟順山栖安然，以貧潔自終。(《後漢書·高士傳》)

陳宣

陳宣，字子興（《御覽》作子輿），沛國蕭人也。剛猛性毅，博學，明魯詩。遭王莽篡位，隱處不仕。光武即位，徵拜諫議大夫。（《續漢書·五行志》劉昭注引謝承《後漢書》，姚之駰輯本）

卷五

王霸

王霸，字儒仲，太原廣武人也。少有清節，及莽篡位，遂棄冠帶，絶交宦。建武中，徵到尚書，拜，稱名不稱臣。有司問其故，霸曰“天子有所不臣，諸侯有所不友”，以病歸。（《後漢書·逸民傳》）初，霸與同郡令狐子伯爲友，後子伯爲楚相而其子爲郡功曹，子伯乃令子奉書於霸，車馬服從，雍容如也。霸子時方耕於野，聞賓至，投耒而歸，見令狐子，沮怍不能仰視。霸目之，有愧容，客去而久卧不起，妻怪問其故，始不肯告，妻請罪而後言曰：“吾與子伯，素不相若，向見其子容服甚光，舉措有適，而我兒曹蓬髮歷齒，未知禮則，見客而有慚色，父子恩深，不覺自失耳。”妻曰：“君少修清節，不顧榮禄，今子伯之貴，孰與若之高，奈何忘宿志，而慚兒女子乎？”霸起笑曰：“有是哉！”遂共終身隱遁。（《後漢書·列女傳》）茅屋蓬户，連徵不至，以壽終。（《後漢書·逸民傳》）

王良

王良，字仲子，東海蘭陵人也。少好學，習小夏侯《尚書》，莽時，稱病不仕，教授諸生千餘人。建武三年，徵拜諫議大夫，後爲大司徒司直。（《後漢書》本傳）

向長

向（《高士傳》作尚）長，字子平，河南朝歌人也。隱居不仕，性尚中和，好通《老》《易》，貧無資食，好事者更饋焉，受之取足，而反其餘。莽時，大司空王邑辟之，連年乃至，欲薦之，固辭乃止。潛隱於家，讀《易》至損、益卦，喟然嘆曰："吾已知富不如貧，貴不如賤，但未知死何如生耳？"建武中，男女嫁娶已畢，敕斷家事勿相關，當如我死也。於是遂肆志與同好北海禽慶，俱游五岳名山，竟不知所終。[1]（《後漢書·逸民傳》）

逄萌 徐房 李曇 王遵

逄萌（《姓解》作逢，惠棟《後漢書補注》逢當作逄），字子慶（《東觀記》《群輔録》作字子康），北海都昌人也。家貧，給事縣爲亭長，時尉行過亭，萌候迎拜謁。既而擲楯嘆曰："大丈夫安能爲人役哉！"遂去之長安，學通《春秋》經。時安漢公莽殺其子宇，萌謂友人曰："三綱絶矣！不去，禍將及人。"即解冠掛東都城門，歸，將家屬浮海，客於遼東。萌素明陰陽，知莽必敗。有頃，乃首戴瓦盎哭於市曰：新乎！新乎！[2]因遂潛藏。及光武即位，乃之琅邪勞山，養志修道，人化其德，連徵不起，以壽終。（《後漢書·逸民傳》）

萌同郡徐房，平原[3]李子雲曇，王君公遵[4]，相善，并曉陰陽，懷德穢行，房與子雲養徒各千人。君公遭亂，獨去，儈牛自隱，時人爲之語曰："避世墻東王君公。"[5]（同上）

---

[1] 沈欽韓曰：《後漢書·向長傳》，用《高士傳》。按《英雄記》載向子平有道術，爲縣功曹休歸入山，擔柴賣以供食飲。

[2] 《東觀記》云："首戴齋器哭於市曰，辛乎辛乎！沈欽韓曰：此以齋器受辛，借辛爲新，於理相合。"

[3] 《群輔録》誤連"平原"屬上讀，以房字"平原"非也。

[4] 據《世説》字應仲，亦見黄式三《儆居集·漢處士傳贊》。

[5] 《後漢書》章懷注引嵇康《高士傳》："君公明易爲郎，數言事不用，乃自污與婦通，歸詐狂儈牛，口無二價。"又《群輔録》以逄萌、徐房、李曇、王遵號爲四子。

郭丹

郭丹，字少卿，南陽穰人也。父稚，成帝時爲廬江太守，有清名。丹七歲而孤，小心孝順，後母哀憐之，爲鬻衣裝買産業。後學長安，從宛人陳洮[1]買符入函谷關。乃慨然嘆曰："丹不乘使者車，終不出關。"既至京師，常爲都講，諸儒咸敬重之。大司馬莊尤請，丹辭病不就；莽又徵之，遂與諸生逃入北地。更始二年，徵爲諫議大夫，仕漢；永平三年爲司徒。（《後漢書》本傳）

宣秉

宣秉，字巨公，馮翊雲陽人也。少修高節，顯名三輔。哀、平間，見王氏據權專政，侵削宗室，有逆亂之萌，遂隱遁深山，州郡連召，常稱疾不仕。莽爲宰衡，辟令不應。及篡位，又遣使者徵之。秉固稱疾病。更始時，徵爲侍中，建武中仕至大司徒司直。（《後漢書》本傳）

周黨　譚賢　殷謨　閔貢

周黨，字伯況，太原廣武人也。少孤，游學長安。初，鄉佐嘗衆中辱黨，黨久懷之，後讀《春秋》，聞復仇之義，便輟講而還。與鄉佐相聞，期克鬥日，既交刃，而黨爲鄉佐所傷，困頓，鄉佐服其義，輿歸養之，數日方蘇。既悟而去。自此敕身修志，州里稱其高。莽時，黨托疾杜門，自後賊暴縱横，殘滅郡縣，惟至廣武，過城不入。建武中，徵爲議郎，以病去職，遂隱居黽池，著書上下篇而終，邑人賢而祠之。（《風俗通》四、《後漢書·逸民傳》）初，黨與同郡譚賢（《儆居集》作譚咸）伯升，雁門殷謨君長，俱守節不仕新室。建武中，并徵不到。（《逸民傳》）其時同郡閔貢字仲叔，亦以清節著稱，

[1] 四字據《東觀記》補。按惠棟曰：《御覽》《六帖》引記"洮"作"兆"。

與黨爲友，黨見其含菽飲水，無菜，遺以生蒜，貢曰：“我欲省煩耳，今更作煩耶。”受而不食。建武中，以博士徵不至，客居安邑，老病家貧，不能得肉，日買猪肝一片，屠者或不肯與，邑令聞之，敕吏常給焉。貢怪而問知之，乃嘆曰：閔貢豈以口腹累安邑耶？遂去，客沛，以壽終。（《後漢書·周燮傳序》《儆居集·漢處士傳贊》）

許楊

許楊，字偉君，汝南平輿人也。少好術數，安漢公莽輔政，召爲郎，稍遷酒泉都尉。及篡位，楊乃變姓爲巫醫，逃匿他界。莽敗，方還鄉里。建武中，太守鄧晨署爲都水掾，使治鴻却陂，百姓得其便。卒，吏民爲起廟，圖畫形像以祭祀之。（《後漢書·方術傳》上）

任文公

任文公，巴郡閬中人也。父文孫，官侍御史。（據《三國志·士女目録》）明曉天官風角秘要。文公少修父術，爲治中從事，後辟司空掾。[1] 平帝即位，稱疾還家。莽時，文公推數，知當大亂，乃命家人負物百斤，環舍趨走，日數十，時人莫知其故。後兵寇起，逃亡者少能自脱，惟文公大小負糧捷步，悉得完免。遂奔子公山中，十餘年不被兵革。（《後漢書·方術傳》上）

郭憲

郭憲，字子横，汝南宋人也。少師事東海王仲子（即横）。時莽爲大司馬，召仲子，仲子欲往，憲諫曰：“禮有來學，無往教之義。今君賤道畏貴，竊所不取。”仲子曰：“王公至重，不敢違之。”憲曰：“今正臨講業，且當訖事。”仲子從之。日晏乃往，大司馬問：“君來何遲？”仲子具以憲言對，莽陰奇之。及後篡位，拜憲郎中，賜以

[1] 《三國志·士女目録》以文公爲文孫弟，説較可信。

衣服，憲受衣焚之，逃於東海之濱。莽深忿恚，討逐不知所在。光武時，求天下有道之人，徵憲，拜爲博士，後爲光禄勳。（《後漢書·方術傳》上）

孔子建

孔子建，魯人。蘭台令史僖曾祖父也。少游長安，與崔篆友善，及篆仕新爲新建大尹，嘗勸子建仕，對曰："吾有布衣之心，子有衮冕之志，各從所好，不亦善乎？道既乖矣，請從此辭。"遂歸，終於家。（《後漢書·儒林·孔僖傳》）

薛方

薛方，字子容，齊人也。曾爲郡掾祭酒，累徵不至。莽以安車迎方，方因使者辭謝曰："堯、舜在上，下有巢、由，今明主方隆唐、虞之德，小臣欲守箕山之志。"使者以聞，莽説其言，不强致。方居家，以經教授，喜屬文，著詩賦數十篇。光武即位，徵方，道病卒。（《漢書·鮑宣傳》）

劉宣

劉宣，字子高，安衆侯崇之從弟也。知王莽當篡漢，乃變姓名，抱經書，隱避林藪。建武初，乃出。光武以宣襲封安衆侯。[1]（《後漢書·卓茂傳》）

蔣詡　二仲

蔣詡，字元卿，杜陵人也。哀帝時，爲兖州刺史，以廉直名。居攝間，稱病，免官，歸鄉里，卧不出户。（《漢書·鮑宣傳》）荆棘塞門，舍前竹下開三徑，惟故人羊仲、裘（一作求）仲從之游。二仲以

[1] 按《漢書·侯表》，建武二年，封安衆侯者爲劉寵，顧炎武曰：宣或即寵誤。

治車爲業，皆挫廉逃名不仕者。（《群輔録》、《三輔决録》、嵇康《高士傳》）

胡剛

胡剛，南郡人，胡廣六世祖也。清高有志節。平帝時，大司農馬宫辟之。值莽居攝，剛解其衣冠懸府門而去，遂亡命交阯，隱於屠肆之間。新亡，乃歸鄉里。（《後漢書·胡廣傳》）

鄭敬　郅惲

鄭敬，字次都，汝南人也。閑居不修人倫，新遷都尉（莽改新蔡曰新遷）遷爲功曹，廳事前樹時有清汁以爲甘露，敬曰：明府未能致甘露，此青木汁耳，辭病歸隱處，精學蛾陂中。陰就、虞延并辟不行，同郡鄧敬因折芰爲坐，以荷薦肉，瓠瓢盈酒，言談彌日，蓬廬蓽户，琴書自娱。（《後漢書·郅惲傳》注引謝承《後漢書》）地皇元年，汝南人郅惲上書説莽令就臣位。莽怒，系惲詔獄。逾冬，會赦，惲與敬南遁蒼梧。（《郅惲傳》《通鑑》）後歸，敬獨隱於弋陽山中，惲從敬宿止，漁釣自娱。惲志在從政，既乃喟然而嘆，謂敬曰："天生俊士，以爲人也；鳥獸不可與同群，子從我爲伊、吕乎？將爲巢、許乎？而父老堯、舜也。"敬曰："我足矣。初從生步重華於南野，謂來歸爲松子，今得幸全軀樹類，還奉墳墓，盡問學道，雖不從政，是亦爲政也。吾年耄矣，安得從子。"惲告别而去。敬清志高世，光武時，連徵不到。（《後漢書·郅惲傳》）

安丘望之

安丘望之[1]，字仲都。（嵇康《高士傳》）京兆長陵人也。少治《老子》經，恬静不求進宦，號曰安丘丈人。成帝聞欲見之。望之辭不肯

[1]《隋志釋文叙録》有"毋丘望之注《老子章句》二卷"，字作"毋丘"。

見，上以其道德深重，常宗師焉。望之不以見敬爲高，愈自損退，爲巫醫於民間，著《老子章句》。老氏有安丘之學，扶風耿弇父况及王莽從弟王伋皆師事之，從受《老子》。終身不仕，道家宗焉。(《高士傳》、《後漢書・耿弇傳》、《姓氏辨證》二十五歲）

張仲蔚

張仲蔚，平陵人也，與同郡魏景卿俱修道德，隱身不仕。明天官博物，善屬文，好詩賦，常居窮素，所處蓬蒿没人，閉門養性，不治榮名，時人莫識，惟劉龔知之。(《後漢書・高士傳》）

高容　子詡

高容，平原般人也。祖嘉，以魯詩授元帝，仕至上谷太守。容少傳嘉學，哀平間爲光禄大夫。子詡，字季回，以父任爲郎中，世傳魯詩，以信行清操知名。莽篡位，父子稱盲，逃不仕。光武即位，徵詡爲博士，官至大司農。(《後漢書・儒林・高詡傳》）

窪丹　桓榮　牟長　包咸　丁恭

窪丹，字子玉，南陽育陽人也。世傳孟氏《易》，莽時，常避世教授，專志不仕，徒衆數百人。建武初爲博士。稍遷爲大鴻臚，作《易通論》七篇。(《後漢書・儒林》本傳）同時儒者，如桓榮（《後漢書》本傳）、牟長、丁恭、包咸（《後漢書・儒林傳》），皆專志教授，不仕莽云。

劉昆

劉昆（《論衡・初禀篇》作琨），字桓公，陳留東昏人也。少習容禮，平帝時，受施氏《易》於沛人戴賓，能彈雅琴，知清角之操。新時教授弟子，恒五百餘人。每春秋饗射，常備典儀，以素木瓠葉爲俎豆，桑弧蒿矢以射菟首。每有行禮，縣官輒率吏屬而觀之。莽以昆多聚衆徒，私行大禮，有僭上心，乃系昆及家屬於外黄獄。尋莽敗，乃免。既而天下大亂，昆避難河南，負犢山中。建武五年，舉孝廉，不行，遂逃。教授於江陵，除爲江陵令，拜騎都尉。（《後漢書·儒林》本傳）

龍丘萇

龍丘萇（《郡國志》注、《元和姓纂》作長），吴人也。隱居太末[1]，志不降辱。莽時，四輔三公，連辟不到。[2]更始元年，南陽任延爲會稽都尉。掾吏白請召之，延曰："龍丘先生，躬德履義，有原憲、伯夷之節，都尉掃灑其門，猶懼辱焉，召之不可。"遣功曹奉謁，修書記，致醫藥。吏使相望於道，積一歲，乃乘輦詣府門，願得先死備録，遂署議曹祭酒。尋病卒。[3]（《後漢書·循吏·任延傳》）

任永君

任永君，武陽人。王莽篡位不仕，遂托清盲。其妻謂實盲，共人侄於目前，永君不言，見墮井者而不救。及莽敗，世祖中興，永君曰："世即平，目即明。"（敦煌卷斯坦因一三三三背）

室中周

室中周，莽時避地漢中，著書十篇。（《廣韻》一東、《姓氏辨證校勘記》下、《漢志拾補》）洪頤煊《讀書叢録》謂"室中周即《高祖功臣表》

[1] 《東觀記》：太末有龍丘山，在東，有九石，特秀色丹，遠望如蓮華。萇之隱處有一岩穴，如窗牖，中有石床可寢處。《南史·徐伯珍傳》：九岩山，萇隱處，山多龍鬚檉柏，望之五采，世呼爲婦人岩。

[2] 《姓纂》稱漢時博士，《通志》作高士，博士疑高士之誤。

[3] 《兩浙名賢録》：萇，太末人。《龍游縣志》列於人物之首。云：章懷注，太末縣屬會稽郡，今婺州龍丘縣，當時屬吴，《漢書》偶用古稱。明成化時，以其隱處析隸湯溪，今之龍游即其鄉里。

清簡侯室中同，‘周’爲‘同’字之訛”。然年代未合，洪説疑非。

疏孟達

疏孟達，漢太子太傅廣之曾孫。莽末避難，自東海徙居沙鹿山南。去疏之足，遂改姓氏，爲束氏之祖。（《晋書·束皙傳》）

丘俊

丘俊，代居扶風。漢末，持節江淮，屬莽篡位，遂留江左，居吴興。（《廣韻》十九尤）

沈靖

沈靖，字文光，御史中丞謙子，官湯陰太守。避莽之難，隱居桐柏山。[1]（《唐書·宰相世系表》）

韓騫

韓騫，龍頟侯增子，官河南尹，避莽亂，居赭陽。（《唐書·宰相世系表》）

范馥

范馥，本銍侯，避莽亂，適吴，遂家焉。（《晋書·儒林·范平傳》）

王興

王興，北平侯王譚子。譚不從莽政，子興。生五子，并避時亂，隱居涿郡故安縣閻鄉西山，世以爲五大夫城。光武即位，封爲五侯：元才，北平侯；益才，安憙侯；顯才，蒲陰侯；仲才，新市侯；季才，爲唐侯：所謂中山五王也。（《水經注》十一《易水注》）

[1] 《姓氏辨證》卷四十七寢作“沈静”。

附南陽公主

王氏秉政，公主避亂奔華山，得道仙去，嶺上遺一雙珠履。（見《檀几叢書》十四、張正茂《龜台琬琰》）

應翊

翊當莽居攝，以病告歸。後赤眉攻所居城，糧盡，翊以私穀數十萬斛賑城中。於時粟斛錢數萬，民莫不稱其仁。（《御覽》卷三十五又八百四十引應亨撰應翊《像贊序》）

吴羌

吴羌山在（德清）縣東一里，吴均《入東記》：昔漢高士吴羌避王莽之亂，隱居於此，後人名焉。（《嘉泰吴興志》卷四）

附録

一、王應麟《困學紀聞》

西漢末郭欽、蔣詡、栗融、禽慶、蘇章、曹竟，不仕於莽，卓茂與孔休、蔡勳、劉宣、龔勝、鮑宣同志不仕莽，時王皓、王嘉并棄官，《漢史》不能表而楊之爲《清節傳》，而僅附見其姓名。然諸君子清風肅然，立懦夫於百世之下，不待傳而彰。（卷十二《考史》）

按華嶠始論班固不叙殺身成仁之美，《通鑑》胡省之注曰："謂不立忠義傳。"此與深寧有同慨也。李鄴嗣撰《西漢節義傳》，萬季野撰《宋季忠義録》，皆此説有以發之。

二、全祖望《西漢節義傳題詞》

往者吾鄉宋大儒深寧王公，嘗以班史不叙殺身成仁之美，欲補撰

《西京節義傳》而不果，發其略於《困學紀聞》。近世長洲何氏義門頗爲班史佞臣，反言史臣表節義亦不在立傳與否，果爾，則史臣所當立傳者，是何等人也。吾鄉杲堂李丈，取其中四十二人爲一十五傳，又附以二十二人爲五傳，每傳爲一論，淋漓悲慟，足令百世而下張目，赤符殘焰，不覺爲之生色。其論《龔勝傳》末載父老語，是不知志士夭年，自足千古，非木石輩之壽。《翟義傳》末載黄鵠辭以昭天道，是豈史筆所忍書，今易之以黄犢之謡。於孔子建傳大書先聖累世子孫高節，不使見辱於褒成。於郭欽蔣詡傳必以其倫不使見辱於紀、唐一輩。此等正議，即令班史復生，無所申其三尺之喙。若其於東郡同義諸公，幸其潛竄不盡遭虎口；期門同義諸公，惜其姓氏之不傳；而尤喟然於公孫禄之晚節，斯僅爲西漢人言之邪？嗚呼！論其世以逆其志，斯其可爲太息流涕者也。先生仲孫世法開雕是書，予爲之題辭，顧尚有爲是書請益者，夫既以王章爲首，而附以力訟章冤之梅福爲一傳，又次之以劉向，又次之以朱雲各爲一傳，則次之者尚有棄三公以避莽之彭宣、王崇應爲一傳，然後次之以不附莽被殺之何武、鮑宣、王安、辛氏兄弟父子族屬，附之以彭偉、杜公子、許紺，而尚有漁陽太守彭宏同死是難（見其子《彭寵傳》），應合爲一傳。何、鮑、王、辛之禍，由於吴章，其欲以灾異脅莽，事雖未善，志則忠矣。應次之以吴章，附之以吕寬爲一傳。然後次之以避莽死節之龔勝，而合之以龔舍、邴漢爲一傳。其時尚有少不附莽之毋將隆應爲一傳。又有不頌莽功德被斥之孫寶應爲一傳。然後次之以不獻莽祥瑞被殺之公孫閎，而附之以班穉爲一傳。然後次之以避莽之孔休爲一傳。然後次之以討莽避莽之安衆侯劉崇兄弟，而合之以張紹，而尚有宗室劉禮（見其子《劉隆傳》），應合爲一傳。然後次之以討莽之嚴鄉侯劉信兄弟父子，而合之以翟義，附之以劉宇，陳豐、王孫慶、蘇隆、皋丹、王翁爲一傳。又次之以趙明、霍鴻爲一傳。其時宗室討莽者尚有陵鄉侯曾，扶恩侯賁（《漢書》作貴），見莽詔書中，應與徐鄉侯快合爲一傳。然後次之以討莽之張充，而尚有劉都、馬適求應爲一傳。然後次之以不仕莽之郭欽、蔣詡、薛方、逢萌，附之以向平、禽慶、栗融、蘇章、曹竟、周黨，而尚有王君公、李子雲、徐房、譚賢、殷謨應爲一傳。然後次之以孔子建爲一傳。然後次之以陳咸、楊寶、蔡勳、戴遵，而尚有高容（見其子《高詡傳》），郭堅、郭游君（見其孫《郭賀傳》），胡剛（見其六世孫《胡廣傳》），應爲一傳。然後次之以避莽死節之李業、譙玄、王嘉、王皓，而附之以任永、馮信、費貽爲一傳。於是以龍丘萇終焉。不知先生何以於彭宣、王崇、孫寶、吴章、劉都之徒，有略而勿收者。夫是書，固日月争光之文也。予以晚出，未得侍當日履絇之末，以備商榷，斯爲恨事。爰牽連及之，并載諸《困學紀聞注》中，庶以成深寧之志也夫。（《鮚埼亭集》三十一）

三、李厚建（杲堂七世孫）《西漢節義傳論跋》

杲堂先生《西漢節義傳》，詳見全謝山太史《題詞》，以是書已梓行，屢求之不得，求諸先生子孫，僅於殘帙中得目録一紙，繼從族人見杲堂雜文繕本，得所系論二十篇，録之，而更求其傳，終不可得。既憾是書之不獲盡傳，尤恐後之并是而亦失傳也。僅視所藏目次第之，仍存其故目，冠以謝山題詞，署之曰《西漢節義傳論》，志實也。當天地晦塞之交，知略無所施，勇力無所用，而此不忍言不可言之隱衷，怦怦然不能已，於是各行其志，以捐頂踵，以夷宗族，或遁迹山林，鬱鬱以没齒；幸而爲故君吐氣，臣之幸，宗社之福也；不幸而功無成，喪士卒，塗炭生民，以成其名曰節義，忍乎哉！班氏稱古良史，顧不叙殺身成仁之美，以是爲班氏罪，固已。然此數十人之意，誠使後世之人竟不知天壤間曾有此數十人者，則此數十人且相慰於地下也。君亡與亡，既不克成其志以底於亡，豈忍復有所存乎？國之已覆，何恤乎身？身之不恤，何論乎身後之名？雖然，陵谷變遷，不知紀數，而人不敝。有所以維之者矣，名之曰“節義”，豈僅爲此數十人而名之者哉！以此數十人之不叙於史氏，而深寧先生憾之，而杲堂先生補之，又豈僅爲此數十人而憾之而補之哉！茫茫世宙，治亂相仍，讀杲堂先生之書，論其世以逆其志，誠可爲太息流涕；推之深寧先生之志，而是杲堂哭者，且將爲深寧哭矣，推之諸節義之志，而爲深寧哭者，且將爲諸節義哭，爲西漢列帝哭，抑且爲天下後世同此覆轍者哭矣！則甚矣，諸節之不可不傳，而是書之不可不作也。獨是天之生材，期於有用，既生之而復挫折之，使賫恨以歿，豈誠天道不可知，人力不可恃耶？悲夫！

四、郭傳璞《西漢節義傳論序》

同治壬戌，予寓象山王氏翠竹軒，藏書頗富，翻閱之，見有《義闡》一書，紀周、秦以來忠臣孝子、俠客、義士、烈婦、貞女事甚備，肅然起敬，欲抄副本，未遑也。明年歸郡，省湖上李笙南丈，齋頭見其族祖杲堂先生《西漢節義傳論》上下卷。傳早散佚，鮚埼全氏言之詳矣。而論二十篇，秩然猶存，喜極假鈔。逮去冬，余將鋟諸版以永其傳，丈之文孫約齋上舍，以其尊人孝廉跋并自識請附卷尾。予諾之，詢其原本在否？則曰亡矣。後謝吏部廉始同年過我曰：“原本固在我處也。”覆之良是，爰屬約齋合校以授梓焉。光緒十有二年歲次丙戌正月元日，里後學郭傳璞謹序。

附《西漢節義傳論目》

卷上

王章梅福傳論第一　劉向傳論第二　朱雲傳論第三　龔勝傳論第四　翟義傳論第五　翟氏三門人傳論第六　孔休傳論第七　安衆侯崇、嚴鄉侯信、徐鄉侯快傳論第八　何武、鮑宣、王安、辛通傳論第九　張充、公孫閎傳論第十

卷下

鄭樸、逢萌、向長、薛方、楊寶、鄭敬、周黨、王霸傳論第十一　孔子建傳論第十二　陳咸、蔡勳、郭欽、蔣詡、戴遵、許楊傳論第十三　譙玄、李業、王皓、王嘉、任永、馮信、費貽、曹竟傳論第十四　龍丘萇傳論第十五　郅惲、馮衍傳論第十六　申屠剛、班彪、鄭興、杜林傳論第十七　卓茂、郭丹、桓榮、宣秉、郭憲、王丹、劉茂傳論第十八　文齊、錫光傳論第十九　劉昆、窪丹、牟長、丁恭、高詡、包咸傳論第二十

五、李詳《西漢節義傳序》

宋四明王厚齋先生《困學紀聞》言:“西漢末郭欽、蔣詡、栗融、禽慶、蘇章、曹竟不仕於莽，卓茂與孔休、蔡勳、劉宣、龔勝、鮑宣同志不仕莽，時王皓、王嘉并棄官,《漢史》不能表而楊之爲《清節傳》，而僅附見其姓字。”至本朝，其鄉人李鄴嗣承厚齋之説，撰《西京忠義傳》四卷。(原注云:“見全謝山《經史問答》卷十,《鮚埼亭集》卷卅一名《西漢節義傳》，余今從之。”)取四十二人爲一十五傳，附以二十二人爲五傳，每傳爲一論。其書僅及班、范二史，不采他書，謝山因欲傳之，著其説於《西漢節義傳題詞》，及《困學紀聞三箋》中，餘姚翁氏元圻又推全説，而别舉數氏，厚齋之意，於是彰矣。據謝山言，鄴嗣仲孫世法已開雕此書，就令此書尚存，亦爲不備；蓋謝山志在窮原竟委，以著新都之所由起，凡抗王氏者得入焉，此異於厚齋者也。故於鄴嗣之後，猶有所待。余以羸病，不復能致精思，暇乃治此以消短晷，編次詮合，率以己意爲斷，其有所見，歸之後論，思與鮚埼老胻蠻質證。若厚齋之言，特以寓其不事異姓，取類相況；所謂略舉其凡而自引其切，則鄴嗣、謝山與余有不讓焉。宣統元年十月興化李詳。(文載《國粹學報》)

按李著不全，僅有劉向、王章、梅福、翟義(附陳豐、劉宇、劉

信、劉璜、劉慶、蘇隆、皋丹、趙明、霍鴻）、令狐邁（子伯友、文公、稱）、何武、鮑宣、兩龔、彭宣、王崇、彭宏、孔休、孔子建諸人傳而已。

1955 年增訂

新莽職官考

上篇

漢承秦制，百官之號，因循而不革，以明簡易隨時宜也。其後頗有所改。至平帝世，王莽以安漢公總政，元始四年冬，更公卿、大夫、元士諸官名位次。（見《漢書·平帝紀》）及即位，慕從古官，大更名號。《書》載羲和四子，莽因置羲仲、羲叔、和仲、和叔爲四輔副；《書》載咎陶作士，於是更大理爲作士；《書》載垂作共工，於是更少府曰共工；《書》載益作朕虞，於是更水衡曰予虞；《書》載伯夷作秩宗，於是更太常曰秩宗；《書》載夔典樂，於是更大鴻臚曰典樂；《書》載龍作納言，於是更羲和曰納言。又《詩》有胥附、奔走、先後、禦侮之文，亦取以名太子四友。餘如《周官·王制》之言，復采之改易漢名焉。其意殆欲稽經傳，法古立制，遠系唐虞之德化，而近致周、召之太平也。然名號屢更，苛碎煩賾。吏民昏亂，莫知所從。（隗囂《檄文》）往者班固爲《百官公卿表》，記漢承秦置官本末，訖於新室，頗有條貫。（姚振宗《漢書藝文志拾補》，據《續漢書·百官志》序，著録班回爲《百官公卿表》，并謂回爲孟堅高祖，武宣時人。今按，姚氏蓋據誤本《續志》，紹興本、汲古閣本正作班固。固、回形近易訛。）惜其語焉不詳，今從兩《漢書》傳記，舉可考者著於篇。

攝皇帝

安漢公代政號位。元始五年，漢平帝崩，莽攝位，南面朝群臣，聽政事。車服出入警蹕，民臣稱臣妾，如天子制。祀宗廟贊曰假皇帝，民臣稱之曰攝皇帝，自稱曰予。平决朝事，以皇帝之詔稱制。朝見太皇太后帝皇后皆復臣節。居攝元年五月甲辰，太后詔安漢公朝見太后稱假皇帝。十二月以安漢公廬曰攝省，府曰攝殿，第曰攝宮。（《漢書 · 莽傳》上）

宰衡

古無此官，元始四年，有司奏采伊尹、周公號稱，加安漢公爲宰衡（見王舜奏）。四月甲子，遂拜爲宰衡。御史刻印章曰“宰衡太傅大司馬”，皷如相國。出從期門二十人、羽林三十人，又直事尚書郎侍御史謁者，前後大車各十乘。常持節，所止，謁者代持之。有掾史，秩六百石（《漢書 · 莽傳》上）。

元始五年，宰衡加九錫，署宗官、祝官、卜官、史官，虎賁三百人，家令、丞各一人，宗、祝、卜、史官置嗇夫爲佐。入則虎賁爲門衛，出則城門校尉將騎士以從。（見陳崇奏）居攝元年十二月，益安漢公宮家吏，置率更令、廟、厩、厨長、丞、中庶子、虎賁以下百餘人，又置衛士三百人。（以上見《漢書 · 莽傳》上）

上二者，并莽自定，以爲篡位之地，非尋常官制，故特著於首。

四輔

太傅、太師、太保、少傅，元始元年二月置，金印紫綬。太傅古官，漢初置，後省，哀帝元壽二年復置，此沿其舊。太師、太保、少傅皆古官（《帛書周易》卷後佚書有“黄帝四輔”句。《經法》“黄帝問四輔曰”。四輔官名，見《禮記 · 文王世子》，原指師、保、疑、丞），元始元年初置，位皆上公。時王莽爲太傅，干四輔之事（《漢書 · 莽傳》上、《百官表》、《西漢會要》），居攝元年三月，改少傅入四少秩，增太阿。加號曰太傅左輔（安陽侯驃騎將軍王舜爲之），曰太阿右拂（大司空甄豐爲之），曰太保後承（承陽侯甄邯爲之）。（疑有太師職，史缺無考。）四少秩曰：少師、少傅、少阿、少保，秩皆二千石（《漢書·莽傳》上、《通鑑》胡注）。及即真，更以太傅、太師、國師、國將爲四輔，位上公。始建國三年，四輔皆兼稱將軍。（太傅有戊曹。《漢書·莽傳》中，"戊曹士收系僕射"。應劭曰："莽自以土行，故使太傅置戊曹士。"又太保有屬臧鴻，見《漢書·莽傳》上。）（王先謙云：胡注，漢公府各有掾屬。莽置十一公，改掾爲士。見《漢書·莽傳》中。）

天鳳元年，依《虞書》之文，置太師羲仲、太傅羲叔，國師和仲、國將和叔，爲四輔屬官（《漢書·莽傳》中顏注）。疑時已省四少秩。（羲叔亦作"犧"叔，孫星衍《岱南閣集》二有《漢犧叔士孫喜印考》。）

三公

大司馬、大司空、大司徒。漢哀帝以前，大司馬或謂之太尉，大司空或曰御史大夫，數更易不定。元壽二年五月，始正三公官分職。（見《哀帝紀》）元始初，仍舊，三公皆冠大或兼輔職。（莽爲太傅，兼大司馬。居攝間，甄豐爲大司空，加太阿右拂。）始建國元年，以大司馬、大司徒、大司空正其職位爲三公，次四輔。三年，三公皆兼稱將軍。（《漢書·莽傳》中）

四將

更始將軍、衛將軍、立國將軍、前將軍。始建國元年，初置，稱四將。秦漢皆置前、後、左、右將軍，位上卿，金印紫綬，掌兵及四夷，或置或省。元始初，猶有左、右將軍，至是省。別置四將，位上公，與四輔三公，合十一公。始建國二年，改更始將軍爲寧始將軍，天鳳六年，復爲更始將軍。（《漢書·莽傳》《百官表》。以下材料據此者不注。）

二伯

左、右伯。始建國二年十二月，京兆大尹甄尋作符命，言新室宜分陝，如周、召故事，因置此官，旋罷。

三公司卿

大司馬司允、大司徒司直、大司空司若。始建國元年初置，位皆孤卿，屬三公。司直本武帝元狩五年置，掌佐丞相舉不法，此乃舊號（元始間，司直有陳崇）。

秩宗

漢太常，掌宗廟禮樂。始建國三年加將軍稱號，兼帶兵（地皇間，秩宗將軍陳茂），秩上卿。有太史令，典星曆。（漢故官，地皇間，宗宣爲令，見《漢書 · 莽傳》下）又有太卜。（《食貨志》）有博士，掌通古今，備議論。元始四年，起國學成，五經博士領弟子員三百六十。六經三十博士，弟子萬八百人。（《御覽》卷五百三十四引《黄圖》）又立樂經。益博士員，經各五人。（《漢書 · 莽傳》上）（始建國三年，博士有李充、袁聖，見《漢書 · 莽傳》中。）

食官長丞。（《漢書 · 莽傳》，按食官令見《馮參傳》）又漢氏成園丞（《漢印文字徵》六十五）爲莽時守陵官。王莽稱漢爲“漢氏”，見本傳。

宗伯

漢宗正，掌親屬。元始四年更今名（始建國元年，宗伯忠孝侯劉宏，見《漢書 · 莽傳》中），新并其官於秩宗。（《百官表》）有宗卿師。漢平帝五年郡國置，以主宗室。（《後漢書·李通傳》注。地皇四年，李守爲宗師。特尊之曰“宗卿師”。）

宗伯屬官有都司空，掌督造。（磚瓦有“居攝二年都司空”“始建國四年保城都司空”“始建國五年保城都司空”“天鳳四年保城都司空造官瓦”“始建國天鳳四年保城都司空”等瓦片，發現於未央大殿遺址。）

納言

漢大司農，掌穀貨。元始元年，大司農部丞十三人，人部一州，勸課農桑。（《漢書·平帝紀》）（《漢書·卓茂傳》注引《東觀記》作六部丞，茂爲京部丞。）同年二月置羲和官，秩二千石。（《平帝紀》）始建國元年，改大司農爲羲和。二年，羲和魯匡請榷酒酤，郡置酒士一人，乘傳督酒利。後改羲和爲納言。三年，加將軍稱號，秩上卿。屬官有掌貨大夫。（《漢書·莽傳》中、下）（洛陽匡賈、張長叔、薛子仲爲納言士，見《漢書·貨殖傳》。）

《封泥考略》八有“掌貨，中元士”，爲大司農屬官。

作士

漢廷尉，亦曰大理，掌刑辟。始建國元年更今名。三年，加將軍號，秩上卿。有掌寇大夫。（有陳成，見《漢書·莽傳》中。）

典樂

漢大鴻臚，掌歸義蠻夷。始建國元年更今名。三年，加將軍號，秩上卿。有掌樂大夫。（桓譚爲此官，見《後漢書》。）

共工

漢少府，掌山海地澤之税，以給供養。(《百官表》)元始元年，置海丞、果丞各一人。(《平帝紀》)始建國元年改今名。三年，加將軍號，秩上卿。(始建國地皇上戊二年候騎鉦銘，有掌共工大夫弘。)有尚方令，分左、右、中三尚方。仍漢制。(《善齋吉金録》五，有始建國四年中尚方銅鐘。)漢少府屬官有“大官令”，官署設在長樂宫内。樂浪出土漆盤“常樂大官。始建國元年正月受第千四百五十四至三千”。莽改長樂宫爲常樂室。《簠齋吉金録》五有銘“常樂衛士上次士”，即常樂宫之屬官。

子虞

漢水衡都尉。元鼎二年初置，掌上林苑。始建國元年，改今名。三年，加將軍號，秩上卿。(《漢書·莽傳》下，有掌牧大夫李棽，不知是否屬此官。)

以上與三公司卿凡九卿，分屬三公。每一卿置大夫三人，一大夫置士三人。凡二十七大夫，八十一元士，分主中都官職。(《漢書·莽傳》中。隗囂等爲七公幹士，見《漢書·莽傳》下。七公，四輔三公也。)陜西出土有“司徒中士張尚”印。(《文物叢刊》附圖)(三公屬官亦有士。)

司中

漢光禄勳，掌宿衛宫殿門户。始建國元年改今名。三年，加將軍號，秩上卿。有五官中郎將(《漢書·莽傳》下，劉疊地皇四年以五官中郎將，左遷中散大夫)，中郎將。(可考者，居攝二年有竇况，見《翟義傳》。黄顯，見《後漢書·李通傳》。出征匈奴中郎將，元始元年有韓隆、王昌、王萌，見《匈奴傳》。五年，有平憲，見《漢書·莽傳》上。始建國二年有藺苞，見《漢書·莽傳》中。）各有中郎（《漢書·莽傳》中有中郎區博，《漢書·莽傳》下有中郎儲夏）。侍郎（《漢書·莽傳》中，建國元年有侍郎王盱）。郎中（有李曼卿，見《後漢書·王昌傳》），如漢制。又有僕射，主虎賁郎，習射。（《漢書·莽傳》中："太傅平晏從吏過側掖門，僕射苛責不遜。"）虎賁本名期門，武帝（建元三年）置。元始元年更名虎賁，掌執兵送從，戴鶡冠。舊稱虎奔，言如虎之奔也。（《續漢百官志》引蔡質《漢儀》）（盧文弨《鍾山札記》謂：《周官》有虎賁氏、旅賁氏，皆以趨爲言，賁即奔也。《宋書·百官志》以爲王莽輔政，以古有勇士孟賁，故以奔爲賁。或言奔字形同莽，故避其名，此并不然。）

又有謁者掌賓贊受事。（新末謁者，有薛伯阿，見《論衡·吉驗篇》。地皇二年，遣中散大夫、謁者各四十五人，分行天下，見《漢書·莽傳》中）而騎都尉（掌騎士。居是職者，元始五年有逯并、侯輔，見《恩澤表》。居攝二年有王晏，見《翟義傳》。初始元年，有崔發，見《漢書·莽傳》上。始建國元年有□囂，二年，有丁隆，見《漢書·莽傳》中。又二年有王颯，見《漢書·匈奴傳》）、中散大夫（楊雄爲此官，見《文選·劇秦美新》）、中大夫（廬江許子威爲此官，見《光武紀》注引《東觀記》）、諫大夫（居此職者，居攝二年有桓譚，見《翟義傳》。始建國三年有趙襄；天鳳元年，有如普，見《漢書·莽傳》中）。皆屬之。始建國元年，諫大夫四人坐王路門，受言事，而諸劉爲郡守者，皆於是年徙爲諫大夫焉。（《漢書·莽傳》中）

太御

漢太僕，掌輿馬。始建國元年更今名。天鳳三年，改將軍號，秩上卿。

太衛

漢衛尉，掌宮門衛屯兵。新更今名。秩上卿。

奮武

漢執金吾，掌徼循京師。新更今名。秩上卿。

大贅官

始建國元年置，主乘輿服御物，後典兵。秩上卿。

都匠

漢將作大匠，掌治宮室。新更今名。

五司

始建國元年初置，曰司恭，曰司從（原作徒，據齊召南説改），曰司明，曰司聰，曰司中。（與光禄勳不同）各有大夫，主檢舉過失。（《漢書·莽傳》中有五司大夫劉棻，沈欽韓曰：即司恭等大夫是也。）

五威司命

始建國元年冬初置。司上公以下，凡不用命，大奸猾，鑄僞金錢，驕奢逾制，漏泄省中與尚書事，及拜爵王廷謝恩私門者，犯此六條，皆得劾之。（莽深畏備大臣，抑奪下權，故置此官，朝臣有敢擊大臣者，輒見信任。）居攝間有司威（陳崇爲之，居攝二年使監軍。初始元年，司威奏劾衎功侯光），掌舉不法（見《漢書·莽傳》上），與此職略同。後罷。

執法

漢御史。居攝元年正月，置柱下五史，秩如御史，聽政事，侍旁記疏言行。(《漢書 · 莽傳》上。按《唐六典》，周官有御史，以其在殿柱之間亦謂之柱下史，秦改爲御史。) 始建國元年更今名。有繡衣執法，如漢繡衣直指，出討奸猾，治大獄。(李賢《後漢書注》: “武帝置繡衣御史，新改御史曰執法，故曰繡衣執法。” 莽改繡衣爲繡衣執法，見《後漢書 · 伏湛傳》及《金石録》十六《漢金鄉守長侯君碑》。《十六金符齋印存》有“繡衣執法”印。又《吉金齋古銅印譜》亦有之，又有“繡衣執法大夫”印。) 三年，遣中郎繡衣執法各五十五人，分填緣邊大郡，督大奸猾擅弄兵者。(《漢書 · 莽傳》中) 天鳳四年，置執法左右刺奸，選用能吏，分督六尉六隊，如漢刺史。與三公士郡一人從事。(《漢書 · 莽傳》下)(天津市藏莽印有“中壘左執奸”。北京故宫博物院有“執法直二十二”銅印鼻紐。)

軍正

故中尉，掌督軍中不法。秩上卿。(見《漢書 · 莽傳》上，始建國元年。《百官表》，中尉秦官，掌徼循京師。武帝太初元年，更名執金吾，是中尉廢已久。又執金吾新時改名奮武，知初始時别有中尉一官，在上卿之列，劉攽以爲是中壘校尉，非也。考《漢書 · 莽傳》中，天鳳三年下詔曰，内置司命軍正，外設軍監，誠欲以司不奉命令軍人咸正也，此可明軍正職位。)

護軍

本秦官，武帝元狩四年，屬大司馬。哀帝元壽元年，更名司寇，比司直。平帝元始元年，更名護軍，新仍舊號。大司馬、更始將軍皆有護軍。(元始三年，有大司馬護軍褒；天鳳五年，大司馬護軍郭興；地皇三年，更始將軍護軍王黨；又四年，大司馬護軍王咸。見《漢書·莽傳》下。）

五威將

始建國元年置，將十二人，每將各置前、後、左、右、中帥。（可考者陳饒爲右帥，見《匈奴傳》。始建國二年二月，五威將帥七十二人還奏事，即每將置前、後、左、右、中五帥，合六十帥，與將十二人通七十二人將帥，見《漢書·莽傳》中。）衣冠、車服、駕馬，各如其方面色數。（《漢書·莽傳》中，有東通靈將劉棻。沈欽韓曰：“東通靈將，蓋五威將職東方者。”）將持節稱太一之使，帥持幢稱五帝之使，掌撫四方，頒符命。（可考者，始建國元年五威將有王奇，見《漢書·莽傳》中。同年有王駿，及帥甄阜、王颯、陳饒、帛敞、丁業等六人，入匈奴，見《匈奴傳》。天鳳二年，有伏黯；三年有王駿，見《漢書·莽傳》中。）有從事。（李通曾爲此職，見《後漢書》本傳。考敦煌漢簡，有始建國元年十月辛未入西簿書二封，一封文德大尹章詣大使五威將莫府，一封文德長史印詣大使五威將莫府，見王國維《屯戍叢殘考釋》簿書類。）

五威中將軍

始建國元年冬初置，主十二城門屯兵。居攝間，攝皇帝改長安十二城門名，十二城門各置校尉（居攝二年，有城門校尉趙恢，又有春王城門校尉王況，見《翟義傳》。春王城門即長安東出北頭第一門，漢名宣平門，王況蓋領十二城門之一也），而以城門校尉主十二門。中城將軍即舊城門校尉。（始建國元年，崔發爲此官。宋祁曰：中城或作關城，觀其策崔發文有曰“中德既成”，則作中城是。）漢平帝元始五年，陳崇奏城門校尉宜將騎士從安漢公，入有門衛，出有騎士。（《漢書·莽傳》上）屬官有城門令史，掌文書。（王興爲此官，以符命徵爲衛將軍。）

五威四關將軍

始建國元年冬初置。五威前關將軍司繞霤，南當荆楚。後關將軍司羊頭，北當燕趙。左關將軍司肴黽，東當鄭衛。右關將軍司汧隴，西當戎狄。（《漢書・莽傳》中）

九祭酒

太子師友祭酒（亦稱“保成師友祭酒”），侍中祭酒，諫議祭酒，又六經祭酒各一人（講《易》《詩》《禮》《書》《春秋》《樂》祭酒各一人，合爲六祭酒），始建國三年置，秩上卿。有大夫。（《新論》，陽城衡爲講學祭酒。《漢書・莽傳》中，孔秉爲講禮大夫。）

大長秋

秦曰將行，漢景帝六年更名大長秋，爲皇后卿，掌奉宣中宮命。或用中人，或用士人。新仍舊號。（地皇四年，張邯爲此官，見《漢書・莽傳》下。）（平帝時莽奏長秋宮未建，《漢書・莽傳》上。）〔廣州淘金坑十六號墓出有南越時“長秋居室”印（《考古學報》1974 年第一期，170 頁）則“長秋”一名，景帝以前已有之。〕

中少府

舊名長信詹事，掌太后宮。漢景帝時，更名長信少府。平帝元始間，更名長樂少府。（元始三年，有夏侯藩，見《孝平皇后傳》。五年有平晏，見《漢書・外戚恩澤侯表》。）居攝時，改今名。（居攝二年，中少府有王昌，見《翟義傳》。樂浪漆器，始建國元年有常樂大官，或用舊名。）

太子師友

四師曰師疑、傅丞、阿輔、保拂。四友曰胥附、犇走、先後、禦侮。秩大夫，皆始建國三年置。(《漢書・莽傳》中。《漢舊儀》云，太傅一人，直二千石。新更爲太子師，是太子師友祭酒即太傅。)

中更　翼子　中翼子

皆太子官屬。中更，漢率更令，此兼家令，主庶子舍人及倉穀。翼子，漢庶子舍人。中翼子，則漢庶子。新改今名。(《漢舊儀》)

侍中　左右曹　諸吏　散騎　中常侍

皆加官。所加或列侯、將軍、列大夫。侍中、中常侍得入禁中，諸曹受尚書事，諸吏得舉法，散騎并乘輿。《元后傳》及《漢書・莽傳》有“長御”，如淳及晋灼注引《漢儀》云“女長御比侍中”。

給事中

亦加官。所加或大夫、博士、議郎，位次中常侍。中黄門有給事黄門。皆漢制。(《百官表》)(《漢書・莽傳》中，始建國二年，侍中京兆太尹甄尋，侍中五司大夫劉棻，侍中騎都尉丁隆。始建國四年，有侍中大贅侯輔，侍中講禮大夫孔秉。又《傳》下，地皇元年，有侍中中常侍執法杜林。二年，有侍中掌牧大夫李棽。四年，有侍中王望、王睦，侍中五官中郎將劉疊。《漢書・莽傳》中，諸曹有右曹長水校尉劉泳。天鳳三年，有諸吏散騎司禄大衛□遵。《漢書・莽傳》下，天鳳五年，有中常侍𩑶惲。地皇四年，有中常侍王參。三年，有中黄門王業。)天鳳元年(三月)，省侍中諸曹兼官者。(《漢書・莽傳》中)

三老五更

居攝元年，正月，養三老五更。(《漢書·莽傳》上) 三老五更，三代所尊，皆取有道妻男女完具者爲之。天子父事三老，兄弟五更。(《通典·職官》。鄭玄曰:“三老五更，老人更知五事者也。”蔡邕曰，更當爲叟之誤。漢明帝以李躬爲三老，桓榮爲五更，新有郡三老。見下。)

風俗使者

掌巡行郡國，采覽風謡。不常置，元始四年，王惲等八人初爲是官。(《平帝紀》) 有風俗大夫。(地皇三年，司國憲爲風俗大夫，見《漢書·莽傳》下。)

誦詩工　徹膳宰

始建國元年初置。

將軍

掌征伐背叛。元始初，仍舊置左右將軍。始建國元年，始定更始、立國、前衛四將軍，稱曰四將。三年，令七公八卿號皆兼稱將軍，亦加“大”。(地皇元年詔曰:“皇初祖黄帝定天下，將兵爲上將軍，内設大將，外置大司馬五人，大將軍二十五人，偏將軍百二十五人，裨將軍二百五十人，校尉萬二千五百人，司馬三萬七千五百人，侯十一萬二千五百人，當百二十二萬五千人，士吏四十五萬人，士千三百五十萬人，應協於易，弧矢之利，以威天下。朕受符命之文，稽前人，將條備焉。”於是置前、後、左、右、中大司馬之位，賜諸州牧號大將軍，郡卒連帥大尹爲偏將軍，屬令長爲裨將，縣宰爲校尉，此可考見當時兵制。) 自居攝以來，從征伐者，加號無常，事訖皆罷。其雜號將軍可考者，列於下:

大將軍	不常置，居攝二年，翟義起兵，以甄邯爲大將軍，持節領天下兵（《漢書·莽傳》上），後罷。（蔡質《漢儀》云：大將軍驃騎，位次丞相。）入新，大將軍可考者二人。（陳饒，始建國元年使匈奴，還封，見《漢書·莽傳》中。陽俊，地皇三年守敖倉，見《漢書·莽傳》下。）
驃騎將軍	王舜。初始元年拜，後罷。（見《漢書·莽傳》上）
輕車將軍	孫建。居攝二年，擊翟義拜。（見《翟義傳》）（下諸是年拜將軍者皆同。）
步兵將軍	王駿。元始五年，以執金吾拜。（見《百官表》）又王邑，初始元年拜。（見《漢書·莽傳》中）
衛將軍	甄豐。初始元年（見《漢書·莽傳》中），四將之一。上四將軍，疑初始時四將之名。
車騎將軍	居攝二年，王惲。（《後漢書·翟義傳》）地皇四年，王巡。（《漢書·莽傳》下）
虎賁將軍	王級，居攝二年拜。（《後漢書·翟義傳》）王況，始建國元年拜，擊匈奴。（《漢書·莽傳》中）戴級，始建國三年使匈奴拜。（《後漢書·匈奴傳》）
城門將軍	居攝二年，城門校尉王恢。（《後漢書·翟義傳》）
折衝將軍	居攝二年，閻遷。（《後漢書·翟義傳》）
奮武將軍	居攝二年，孫建。（《後漢書·翟義傳》）始建國元年，王駿擊匈奴拜。（《漢書·莽傳》中）
虎牙將軍	居攝二年，王邑。（《後漢書·翟義傳》）始建國三年，藺苞使匈奴還拜。（《匈奴傳》）
强弩將軍	元始五年，孫建。（《後漢書·恩澤侯表》）居攝二年，王駿擊翟義拜，以無功免。初始元年，城門將軍趙恢遷

此。(《後漢書 · 翟義傳》) 士林故宫有“强弩將軍章”五字，龜鈕。(《銅器圖録》，204 頁)

震威將軍	居攝二年，王況。(《後漢書 · 翟義傳》)
奮衝將軍	劉宏。(《後漢書 · 翟義傳》)(居攝二年拜。下同)
中堅將軍	王昌。(《後漢書 · 翟義傳》)
奮威將軍	竇況。(如上)
積弩將軍	武讓。(如上)
横野將軍	逯竝。(如上)
楊武將軍	劉歆。初始元年正月歸故官。以王奇繼。(《後漢書 · 翟義傳》)
建威將軍	王晏。(如上)
厭難將軍	李棽。初始元年，擊趙萌拜。(《後漢書 · 翟義傳》) 陳欽，始建國元年，擊匈奴拜，後免。(《漢書 · 莽傳》中)
振武將軍	王嘉，始建國元年，擊匈奴拜。(《漢書 · 莽傳》中。下同)
五威將軍	苗訢。(如上)
震狄將軍	王巡。(如上)
立國將軍	孫建。(《漢書 · 莽傳》) 有“立國校尉丞”印。(見商承祚《契齋古印存序》)
平狄將軍	王萌。(如上)
相威將軍	李棽。(如上)
鎮遠將軍	李翁。(如上)
討穢將軍	莊(《漢書》作嚴，避明帝諱)尤。(如上)
誅貉將軍	陽俊。(如上)
定胡將軍	王晏。(如上)
平蠻將軍	馮茂，天鳳三年拜。(《漢書 · 西南夷傳》)

著武將軍　趙并，始建國三年，出填名郡拜。（《漢書·莽傳》中）

著威將軍　田豐。（《後漢書·馮衍傳》注引《東觀記》）

田禾將軍　趙并，始建國三年，使屯田北假助邊。（《漢書·莽傳》中）

捕盜將軍　孔仁，天鳳二年拜。（《漢書·莽傳》中）

填外將軍　郭欽，天鳳三年，以戊己校尉擊焉耆，還拜。（《漢書·莽傳》中）

南城將軍　廉丹，天鳳二年拜。（《漢書·莽傳》中）

北城將軍　王匡，地皇元年拜。（《漢書·莽傳》下。按《傳》原作兆域大將軍。劉奉世曰："兆域二字無理，當是北城，衍大字。前有南城將軍。"按劉説是；唯各將軍多可冠大，如司命大將軍、秩宗大將軍，大字未必爲衍也。）

波水將軍　竇融，地皇四年拜。（《後漢書·竇融傳》）

九虎將軍　地皇四年，將九人，以虎爲號。可考者有史熊、王況、郭欽、陳翬、成重五人。（《漢書·莽傳》下）

軍監

始建國二年置，凡十二人。是年十二月，遷立國將軍孫建領十二將，分十二部，同時出擊匈奴，設此官以監。殆一部一監也。（《漢書·莽傳》下）

理軍

天鳳六年，募有奇技可攻匈奴者，皆拜爲此官，賜以車馬。（《漢書·莽傳》下）

輕車校尉

即漢虎賁校尉，掌輕車。（《漢書·莽傳》下。輕車校尉居高廟中。）

壘尉

有長人巨無霸，長一丈，大十圍，以爲壘尉。（《後漢書·光武紀》。敦煌漢簡有“長羅侯壘尉史”，王國維《考釋》曰：“長羅者常惠所封之侯國，壘尉史者壘尉之史，今長羅侯所屬有壘尉史，則壘尉本漢官也。”）

長水校尉

漢舊官。掌長水宣曲胡騎。（爲是官者，元始元年王歆，見《匈奴傳》。始建國二年，劉泳，見《漢書·莽傳》中。）

西域都護

漢宣帝時置（《鄭吉傳》稱神爵中；《百官表》及《吉傳贊》作地節二年始置），以騎都尉諫大夫使護西域三十六國，有副校尉。新仍其制。居是職可考者，始建國二年但欽（見《西域》《匈奴》二傳），天鳳三年李崇（《漢書·莽傳》中及《西域傳》。沙雅裕勒都司巴克出土漢銅印一方六字存“□□李崇之印”。見黄文弼《塔里木河盆地考古記》），副校尉，元始元年甄阜、王尋，始建國二年戴級。（見《匈奴傳》）

戊己校尉

漢元帝初元年置，處西域。新仍之。（居是官者，元始中有徐普，見《西域傳》。始建國二年刁護，天鳳三年郭欽，見《漢書·莽傳》中。）有史（陳良、終帶爲史，見《匈奴傳》）、司馬及丞。（韓玄爲丞，見《匈奴傳》。）有右曲侯。（任商爲此官，見《後漢書·匈奴傳》。）

護羌校尉

護金城屬國降羌。（居攝二年，竇况居是官。見《漢書 · 莽傳》上）

游擊都尉

天鳳元年，罷匈奴諸將帥屯兵，但置此。（《匈奴傳》。又天鳳三年，是官有任萌，見《漢書 · 莽傳》中。）

捕盜都尉

地皇二年置。掌捕除寇盜。（《漢書 · 莽傳》下）

復土校尉

始建國五年，文母太后崩，置。司起墳。（原涉爲此官，見《游俠傳》。）後罷。

州牧

沿漢舊置牧。平帝元始五年，分天下爲十二州。始建國五年，復爲九州。天鳳元年定制，公氏作牧，見禮如三公，黄金印。（漢制，凡秩比二千石、二千石皆銀印；通侯、諸侯王皆金印。按《居延漢簡》有“州牧八命黄金印”，知是王莽依《周官》改制爲之，當在天鳳之後）地皇元年，賜號大將軍。二年正月，以州牧位三公，刺舉怠懈。更置牧監副，秩元士，冠法冠，行事如漢刺史。（《漢書 · 莽傳》下）

部監

天鳳元年，置州牧部監二十五人。（王國維《屯戍叢殘考釋》簿書類第四簡：“牧監之部，其勉於考績。”第五簡“始建國四年五月己丑”下考釋云：“始建國四年詔，已有牧監。《漢書·莽傳》系之天鳳，殆失之。”）監位上大夫，各主五郡。（《漢書·莽傳》中。按《後漢書·隗囂傳》注引《漢書》此文同。荀悦《漢紀》三十云：置州牧，其禮如三公，郡監二十五人，位上大夫，各主五郡，皆世其官。王念孫因謂今本《漢書》文有舛錯，以部監即郡監之誤。今按，《漢書·莽傳》下地皇四年有曹部監杜普。又，天鳳三年下詔，令百官保灾，有云“東方三州一部，南方二州一部，西方一州二部，北方二州一部”。《隗囂傳》亦云：“告州牧部監郡卒正連率大尹。”古封泥有東部監之印。則新制於州郡之外，確置有部，部確置監，傳文原不誤，王説非也。譚其驤曰：“所難解者，一監主五郡，百二十五郡便有二十五監，不得與州牧合計才二十五人也，疑州牧下脱‘十二人’三字，《傳》中、《傳》下有庸部牧史熊、李曄，係部牧，而非部監，豈部於監之外又置牧乎？抑置牧之部與置監之部，二而非一乎？又保史令四方合計才五部，中央寧得有二十部乎？亦不可解。”按，譚疑極是。《漢書·莽傳》部監爲杜普，而部牧爲史熊，《後漢書·西南夷傳》《後漢書·廉範傳》，均有庸部牧之名。則似部置監外間亦置牧部，有由牧統領故稱部牧。未能詳也。）二年置監副，秩元士。（《漢書·莽傳》）

郡

始建國元年，改郡太守曰大尹。天鳳五年，置卒正連率（即帥也），職如太守。卒正侯氏，連率怕氏，無爵曰尹。若連率每掌管二郡，封泥有“豫章南昌連率”（《封泥考略》八、六），虎符有“新與武亭□□連率”（《積古齋款識》十、七）、“新與壓戎西鎮連率”（《小校經閣金文》十四、九二），六尉六隊郡各置大夫。（時分三輔爲京尉、師尉、翊尉、光尉、扶尉、列尉爲六尉郡。河東、河内、弘農、滎陽、潁川、南陽爲六隊郡，六隊即六遂也，詳譚其驤《新莽職方考》。）河南大尹曰“保忠信”置卿，職俱如大尹。（《漢書·莽傳》、《封泥考略》八、八，有“河南大尹”封泥）又有樂浪大尹。（藤田亮策《樂浪封泥續考》）

郡有貳。（前隊貳嚴説，見《岑彭傳》。）地皇元年，郡卒正連率大尹拜賜號偏將軍。郡守有丞，邊郡又有長史。（《漢書·百官公卿表》。敦煌漢簡有“文德大尹文德長史”。王國維《屯戍叢殘考釋》曰：“據簿書類第六十簡，始建國元年，已改敦煌爲文德；又據簿書類第四十二簡，則地皇元年又稱敦德。”知簡文指敦煌太守與敦煌長史。）始建國元年，改郡都尉曰太尉。（《封泥考略》八、十一，有“雁郡大尉”封泥；《續封泥考略》五、五六，有“□武關大尉”封泥。）天鳳元年置屬令、屬長，職如都尉。屬令，子氏；屬長，男氏，無爵爲尉。（丁鴻父𬘭爲莽時潁陽尉，見《後漢書》。）又置屬正，六尉六隊郡之尉也。（伏湛爲後隊屬正，見《後漢書》本傳。）地皇元年，屬令長賜號裨將軍。緣邊又置竟尉，以男爲之。（《漢書·莽傳》中）漢制，邊郡都尉比二千石，下轄若干候官。候官六百石，規模仿縣而小，有丞尉（即障塞尉，二百石），令史士吏，下轄若干候長。候長比二百石，有秩候史，下轄若干隊長。有秩者，秩百石也。兹摘録漢簡數條以見例。“三十井候官塞庶士”（勞榦《居延漢簡考釋》二烽燧類）。“敦德步廣尉曲平望塞有秩候長，敦德亭閒田東武里五士王參，秩庶士”（王國維《屯戍叢殘考釋》簿書類）。“玉門候造史龍勒周生萌，伉健可爲官士吏”（王國維《考釋》烽燧類。以上并參日本藤枝晃《漢簡職官表》）。羅振玉《新莽爵跋》云：“符文曰新與廣有前精卒正爲爵翼。”上文曰“廣有郡右”，文字極精。……傳世虎符署連率者凡四見，曰河平郡，曰敦德，曰壓戎，曰武亭，則均爲虎符，而非爵符。（《丁戊稿》）

縣

始建國元年，改縣令長曰宰。（可考者：《後漢書》，歐陽歙爲長社宰，侯霸爲隨宰，衛颯新時歷仕州宰，各見本傳。）地皇元年，賜號爲校尉（公賓就爲都尉，地皇四年，見《漢書·莽傳》下），有丞。（《後漢書·李通傳》爲巫丞。）按《後漢書》劉曠爲菑丘長（見《劉平傳》）。岑彭爲南陽長（本傳），苗萌爲父城長（《馮異傳》），皆在地皇時，則新末長號尚沿舊，未曾改爲宰也）尹有丞。（天津藏莽印存"靈武尹丞印"）守分守丞，守右丞。又有掾、令掾史、守令史、護工史、卒吏及卒。（見樂浪漆器）按居攝間，有長安令田終術。（《漢書·莽傳》中）居攝元年，有武功長孟通。（《漢書·莽傳》上）居攝二年石刻，有上谷府卿，及（東海郡）祝其卿墳壇，卿即丞。見王昶《金石萃編》五、徐森玉《西漢石刻文字初探》〔《文物》，1964（5）〕。（王國維《屯戍叢殘考釋》云，莽時縣以亭名者三百六十，凡縣與郡同名者，皆加亭字以別之。）

縣有徒丞、馬丞。〔瞿中溶《集古官印考證》，按《十鐘山房印舉》有"餘昌縣徒丞，雛慮徒丞，和昌縣馬丞，圜陽馬丞"等印。傳世有治平（《漢志》誤作治平）馬丞印，見《文物》，1963（11），47頁。〕

都

天鳳元年，分常安西都爲六卿，置帥各一人。分義陽東都爲六州，置長各一人，人主五縣。（按《漢書·莽傳》中，益河南屬縣滿三十，置六郊州長。劉奉世曰：當爲六郊，衍州字。何焯曰：州長準《周官》，與前州牧準《虞書》不同，劉說誤；下文又稱六州，可證。）

鄉亭

鄉有三老，《後漢書·王景傳》，父閎爲郡三老，蓋新時官（按三老乃周文王時職官。《逸周書·大匡解》:“維周王宅程三年,……王乃召冢卿、三老、三吏、百執事之人朝於大庭。”此亦莽復周制之例),掌教化。又有鄉佐,主佐鄉收賦稅。(《後漢書·張宗傳》,新時曾爲陽泉鄉佐。)平帝元始元年二月,置外史閭師(秩六百石,見《平帝紀》),掌四郊之民,時其徵賦(應劭引《周禮説》),疑即是官。亭有亭長,主禁盜賊,并沿漢制。(虞延,地皇末爲户牖亭長,見《後漢書》本傳。又《漢書·莽傳》中,有奉常亭長失名。又《後漢書·皇后紀》下:“董卓令帝出奉常亭舉哀。”注引華延儁《洛陽記》曰:“城内有奉常亭。”此二奉常亭并在帝城,疑與掌宗廟禮儀之奉常官有關,與城内亭謂之都亭者相類似,非地方制之鄉亭也。)

又有巨人、從事、祭酒。(《漢書·莽傳》下)陶齋藏印有“巨董大年”“巨高萬匹”,巨或指巨人。

官秩

始建國元年,更名秩百石曰庶士,三百石曰下士,四百石曰中士,五百石曰命士,六百石曰元士,千石曰下大夫,比二千石曰中大夫,二千石曰上大夫〔河南唐河縣馮君畫像記郁平大尹秩上大(夫)。載《人文雜志》,99 頁〕,中二千石曰卿(《漢書·莽傳》中)。(陳夢家《漢簡所見奉例》引“甲渠侯□□始建國天鳳上戊二年年月吏□□至下士秩别名”。二一〇,三四。)新制推行至於邊郡〔1976 年内蒙古(漢右北平)出土始建國元年錢範曰“鐘官工褒造”〕。此時改訂秩名,而奉仍以錢。〔見《文物》,1963(5)。〕

“黄室私官右丞”印一紐,即始建國二年黄皇室主之食官。〔引方清霖:《集古官印譜》一五,載《文物》,1973(12)。〕

官俸

始建國初以國用未足，自公卿以下，一月之禄，十緵布二匹，或帛一匹。（孟康曰，緵八十縷也。韋昭曰，四秉曰筥，十筥曰緵，十緵爲秖，四百秉也。）至天鳳三年五月，下吏禄制度，以六月朔庚寅，始賦吏禄。四輔、公、卿、大夫、士，下至輿僚凡十五等，僚禄一歲六十六斛，稍以差增，上至四輔爲萬斛。（《漢書·莽傳》中）天鳳四年，詔諸侯侍於帝城者，調都内故錢，予其禄。公，歲八十萬，侯、伯，四十萬，子、男，二十萬。然復不能盡得。（《漢書·莽傳》下）漢以錢爲俸，莽之最後六年乃以穀爲主，此改奉錢爲穀斛，即東漢建武制度之所本。

流沙墜簡“始建國地皇上戊元年十月乙未，迹盡。二年九月晦，積三百六十日，除月小五日，定三百五十五。以令二日當三日，增勞百七十七日半日爲五月二十七日半日……”（簿書四三）功勞以日計，以爲賜錢之標準，積勞若干，即可於俸錢之外，多得賜額，謂之增勞。漢簡此條，爲王莽時邊卒候察敵騎蹤迹勞賜之實例。（參陳槃《漢簡賸義再續》）

居延簡釋文一，八二“九緵布三匹，匹三百卅五”，陳直云：以九緵布來比價，王莽時公卿以下月禄每月祇合六七百錢。（《漢書新證》，204 頁。）

下篇

新室百官制度，上已詳之。兹據萬斯同《新莽大臣年表》，補苴罅漏，系年條貫，譜爲宰輔表。自餘卿監牧尹，史無記載，僅就舊乘鈎索綴録，其不可考者，暫從蓋闕。

	四輔（上公）				三公			四將			
	太師	太傅	國師	國將	大司馬	大司徒	大司空	更始將軍	衛將軍	立國將軍	前將軍
始建國元年己巳	正月朔，太傅左輔驃騎將軍安陽侯王舜，爲太師。（下同日封拜）	大司徒就德侯平晏爲太傅。	少阿羲和京兆尹劉秀（歆）爲國師。	梓潼哀章爲國將。	太保後承承陽侯甄邯爲大司馬。	丕進侯王尋爲大司徒。（地皇四年戰死）	步兵將軍成都侯王邑爲大司空。	大阿右拂大司空衛將軍甄豐爲更始將軍。	京兆王興爲衛將軍。	輕車將軍成武侯孫建爲立國將軍。	京兆王盛爲前將軍。（地皇四年戰死）
二年庚午		十二月以符命言，當分陜，拜晏爲左伯，未行罷。						十二月以符命言當分陜，豐爲右伯，未行爲子尋言黄皇室主事自殺。更始將軍爲寧始將軍，以初睦侯姚恂爲寧始將軍。			
三年辛未	太師舜病悸死，以舜子襃新侯匡爲太師將軍。							恂免，以侍中崇禄侯孔永爲寧始將軍。			

（續前表）

	四輔（上公）				三公			四將			
	太師	太傅	國師	國將	大司馬	大司徒	大司空	更始將軍	衛將軍	立國將軍	前將軍
四年壬申					大司馬甄邯死，以寧始將軍孔永爲大司馬。			永遷大司馬，以侍中大贅侯輔爲寧始將軍。			
五年癸酉					永乞骸骨，以同風侯逯并爲大司馬。						
天鳳元年甲戌	置四輔副貳，置太師羲仲。	詔太傅晏勿領尚書事。置太傅羲叔。	置國師和仲。	國將哀章不清，爲選置國將和叔。	三月壬申，日食，大司馬逯并免，以利苗男苗訢爲大司馬，明年左遷司命。			侯輔免，以講易祭酒戴參爲寧始將軍。			
二年乙亥					二月日中見星，大司馬苗訢免，以延德侯陳茂爲大司馬。			寧始將軍戴參歸故官，以南城將軍廉丹爲寧始將軍。		孫建死，以司命趙閎爲立國將軍。	

（續前表）

	四輔（上公）				三公			四將			
	太師	太傅	國師	國將	大司馬	大司徒	大司空	更始將軍	衛將軍	立國將軍	前將軍
三年丙子					七月戊子晦，日食，大司馬陳茂免，以武建伯莊尤爲大司馬。						
四年丁丑											
五年戊寅									衛將軍王興坐妻王妨祝詛姑自殺。以直道侯王涉爲衛將軍。		
六年己卯		太傅羲叔士孫喜。（胡三省《通鑑注》以士孫爲複姓。孫星衍有孫憙印，謂喜憙古同用，士爲屬官，見《岱南閣集》二）			莊尤以言匈奴事免。以降符伯董忠爲大司馬。			詔復寧始將軍爲更始將軍，以順符命。			
地皇元年庚辰		太傅平晏死，以予虞唐尊爲太傅。									

（續前表）

	四輔（上公）				三公			四將			
	太師	太傅	國師	國將	大司馬	大司徒	大司空	更始將軍	衛將軍	立國將軍	前將軍
二年辛巳	太師羲仲景尚。		國師和仲曹放。								
三年壬午	二月赤眉殺羲仲景尚。							冬，更始將軍廉丹戰死無鹽。			
四年癸未	十月，漢兵拔洛陽，太師匡降漢，被誅。	十月，漢兵入宣平城門，太傅唐尊戰死漸台上。	國師劉歆七月謀反誅。以苗訢爲國師，十月，戰死漸台上。	十月國將哀章與太師俱降漢軍，被誅。	七月，大司馬忠謀反，族誅。王邑爲大司馬，十月，戰没。	六月，大司徒尋兵敗昆陽戰没，以大長秋張邯爲大司徒，十月，爲漢兵所殺。	六月，大司空邑兵敗昆陽，遷大司馬。以崔發爲大司空，十月降，爲漢軍申屠建所誅。	三月，以史皇后和平侯譚爲更始將軍，十月，降於漢兵，被誅。	七月，衛將軍涉謀反，覺自殺。以説德侯林爲衛將軍，十月，降於漢兵，被誅。	十月，立國將軍閎降於漢軍，被誅。	十月，前將軍盛戰死漸台上。

卿監（中）

大司馬司允	費興　天鳳五年，任荆州牧，以言事免。（《漢書 · 莽傳》下）
大司徒司直	陳崇　始建國元年冬，遷五威司命。
大司空司若	
五威司命 始建國元年冬初置，司上公以下，可考者四人。	陳崇　始建國元年，以統睦侯司直遷此。
	苗訢　天鳳二年二月，以大司馬左遷。（《漢書 · 莽傳》中）
	趙閎　天鳳二年，以司命遷立國將軍。（同上）
	孔仁　地皇四年，爲此官，以征赤眉格死。（《漢書 · 莽傳》下）
納言（羲和）	劉秀（歆）居攝間，爲羲和。始建國元年任國師。（《漢書 · 莽傳》中）
	魯匡　始建國二年，任羲和。（《後漢書 · 魯恭傳》《漢書 · 食貨志》）
	馮常　天鳳四年，任納言，以諫六筦免官。（《漢書 · 莽傳》下）
	莊尤　地皇三年，任納言。
作士	
都匠	仇延　地皇三年任。（《漢書 · 莽傳》下）
秩宗	劉宏　始建國元年爲宗伯。
	陳茂　地皇三年任。（《漢書 · 莽傳》下）
典樂	謝侯　（《新論 · 見徵篇》）
共工	宋弘　（《後漢書》本傳）
予虞	唐尊　地皇元年任，遷太傅。（《漢書 · 莽傳》下）
上諸司卿	
司中	孫伋　地皇四年任。（《漢書 · 莽傳》下）
	苗訢　同年七月任。（同上）
太御	
太衛	□遵　天鳳三年任。（《漢書 · 莽傳》中）
奮武	
軍正	

大贅官	侯輔	始建國四年任。（《漢書・莽傳》中）
	孫伋	地皇四年任。（《漢書・莽傳》下）
上六監		
執法	侯霸	天鳳四年，分督六尉六隊。（《漢書・莽傳》下）
	伏湛	（《後漢書》本傳）
	杜林	地皇元年任。（《漢書・莽傳》下）
城門校尉始建國元年改五威中城將軍。	趙恢	居攝二年任。（《後漢書・翟義傳》）
	崔發	始建國元年任五威中城將軍。（《漢書・莽傳》中）

牧守（下）

雍州	牧陳慶（《漢書・莽傳》下）地皇四年，爲隗囂所殺，見《後漢書・囂傳》。按元始五年并三輔凉州爲雍州。	
	西都京兆郡	大尹甄尋（《漢書・莽傳》中）始建國二年十二月，有罪誅。王嘉（繼尋職。三年遷太子太保）按始建國元年封拜輔臣，有少阿羲和京兆尹紅休侯劉歆，見《漢書・莽傳》中。
	師尉郡	大夫田況　地皇二年。（《漢書・莽傳》下）按郡領多舊馮翊屬縣。
	前輝光郡	樓護　元始中以廣漢太守徵爲此官。（《游俠傳》）謝囂（《漢書・莽傳》上、中）按元始中置前輝光郡，後更爲六尉郡之光尉郡。領縣東至藍田，西至武功。
	厭戎郡（漢隴西）	連率蔡勳（《後漢書・蔡邕傳》，未授官逃歸。）
	西海郡	太守程永（《漢書・莽傳》上）元始年間任。庫鈞　新末在任屬竇融。（《後漢書・竇融傳》）按元始中納羌豪獻地置西海郡，見《漢書・莽傳》上。
	填戎郡（漢天水）	大尹原涉（《游俠》本傳）

（續前表）

	阿陽郡 （分天水郡置）	治成紀，成紀大尹李育。（《漢書·莽傳》下）
	張掖郡 （漢武威）	竇林　融弟（《後漢書·王融傳》《唐書·世系表》）
	安定郡	大尹王向（《後漢書·隗囂傳》）
豫州	元始五年以司隸所部之河南弘農併入豫州。	
	右隊郡 （漢弘農）	大夫宋綱　地皇三年，爲鄧曄所殺。（《漢書·莽傳》下）
	左隊郡 （漢潁川）	大夫逯并（《後漢書·郅惲傳》）王吳　地皇三年。（《漢書·莽傳》下）
	賞都郡 （分汝南郡置）	大尹王欽　地皇四年降，更始封侯。（《漢書·莽傳》下）
	延城郡 （分沛郡置）	大尹黄□（蔡中郎《集西漢交阯都尉胡府君夫人黄氏神誥》）
	陳定郡 （漢梁國）	大尹沈意　地皇四年，爲漢兵所殺。（《漢書·莽傳》下）
冀州	元始五年，以司隸所部之河東河内，及并州所部之太原上黨併入冀州。	
	後隊郡 （漢河内）	屬正伏湛（《後漢書》本傳）
	魏成郡	大尹李焉　地皇三年，以讖書下獄死。（《漢書·莽傳》下）

（續前表）

	（漢魏郡）	
	和成郡	卒正邳彤（《後漢書》本傳）
	（分巨鹿郡置）	
	上黨郡	趙興（《後漢書·鮑永傳》）
	新博郡	屬長李忠（《後漢書》本傳）
	（漢信都國）	
	平河郡	大尹谷恭　長安人，後仕隗囂爲掌野大夫。（見《後漢書·隗囂傳》）
	（漢清河）	
兗州	牧王閎	地皇四年。（《漢書·莽傳》下。又《後漢書·張步傳》云，及莽篡位，潛忌閎，乃出爲東郡太守）
	良壽郡	卒正王閎　地皇四年。（《漢書·莽傳》下）
	（分東郡置）	
	濟平郡	大尹耿艾（《後漢書·耿純傳》）
	（漢濟陰）	
青州	牧田况	地皇二年，莽令田况領青徐二州牧事。（《漢書·莽傳》下）
	建信郡	大尹崔篆（《後漢書·崔駰傳》）
	（漢千乘）	
	翼平郡	連率田况　地皇二年。（《漢書·莽傳》下）
	（分北海郡置）	
	夙夜郡	連率韓博　天鳳六年，言巨無霸事賜死。（《漢書·莽傳》下）
	（分東萊郡置）	
徐州	牧宋仲翁（《新論》，亦見《文選》謝靈運詩注）田况（《漢書·莽傳》下）	
	沂平郡	大尹□□（《後漢書·劉盆子傳》）

（續前表）

	（漢東海）	
	魯郡	大尹雲敞（《後漢書》本傳，唐林薦敞可典郡）
	淮平郡	大尹侯霸（《後漢書》本傳，《隸釋侯成碑》）
	（漢臨淮）	
楊州	牧李棽	賜名聖，地皇二年。（《漢書·莽傳》下）馬餘（《後漢書·馬嚴傳》）
	廬江郡	連率李憲（《後漢書》本傳）
	九江郡	連率王述（《後漢書·馬嚴傳》引《東觀記》）賈萌　地皇四年。（《漢書·莽傳》下）按《漢書·莽傳》載賈萌爲莽拒漢，然據《寰宇記》引《安成紀》，《御覽》引謝承《後漢書》，萌實謀誅莽，姑系於此。
荆州	牧　陳級	京兆杜陵人。陳遵弟，爲司直陳崇劾免。（《游俠·陳遵傳》）費興　天鳳五年，以所對觸莽怒，免官。
	前隊郡	大夫范仲公（《顔氏家訓·書證篇》引《三輔决録》）甄阜　又屬正梁丘賜，貳嚴説。（《漢書·莽傳》下，《後漢書·岑彭傳》）
	填蠻郡	連率馮英　天鳳三年。（《漢書·莽傳》中）韓福　新末任，建武四、五年降漢。（《後漢書·岑彭傳》）
	（漢長沙國）	
	江夏郡	侯登
	九疑郡	田翕
	（漢零陵）	
	南平郡	張隆（《後漢書·安城侯傳》）
	（漢桂陽）	
	建平郡	王堂　以上四人俱新末任大尹，建武四年間降漢。（《後漢書·岑彭傳》）

（續前表）

	（漢武陵）	
益州	新成郡	大尹馬援（《後漢書》本傳）
	（漢漢中）	
	就都郡	大尹馮英　天鳳三年。（《漢書·莽傳》中）
	（漢廣漢）	
	導江郡	卒正公孫述　天鳳中任。（《後漢書》本傳）
	（漢蜀郡）	
	就新郡	大尹程隆　天鳳二年，爲蠻夷所殺。（《漢書·莽傳》中）文齊　新末據郡自守。（《漢書·西南夷傳》《梓潼士女志》）
	（漢益州郡）	
	子同郡	大尹□播　始建國五年（見樂浪漆器，譚表以子同爲就都郡屬縣，未確）。
庸部	牧　史熊　天鳳三年。（《漢書·莽傳》中）李曄　天鳳六年。（《漢書·莽傳》中）宋遵　爲公孫述將王岑所殺。（見《後漢書·述傳》）	
	集巂郡	大尹任貴（《水經·若水注》。越巂郡治邛都，王莽遣任貴爲領戎大尹守之，更名集巂。）枚根（一作牧根，又根一作稷，一作良）新末任，更始二年爲長貴所殺。（《西南夷傳》《廣韻》引《風俗通》）
	（漢越巂）	
	同亭郡	大尹周歆（《西南夷傳》作欽，此本《漢書·莽傳》中）始建國四年。
	（漢牂牁）	
幽州	《論衡·實知篇》有魏都牧淳于倉奏舉勃海尹方事。按漢勃海郡，莽改爲迎河郡，屬幽州。魏都則未詳所指，姑附記於此。	
	朔調郡	連率耿況（《後漢書·耿弇傳》）副貳景丹　新末任，光武未即位前降漢。（《後漢書》本傳）大尹郭伋（《後漢書》本傳）

（續前表）

	（漢上谷）	
	遼西郡	大尹田譚　始建國四年爲高句驪所殺。（《漢書·莽傳》中）
并州	牧	宋弘（《漢書·莽傳》中）郭伋　以上谷大尹遷任，至漢建武十一年復任。（《後漢書》本傳）
	增山郡	連率馬員　援兄，新末在位，建武初仍。（《後漢書·馬援傳》《水經·河水注》）
	（漢上郡）	
	獲降郡	卒正魯匡（《漢書·莽傳》下）
	（漢五原）	
	厭狄郡	趙永　新末任，光武未即位前降漢。（《後漢書·耿弇傳》）蘇竟　建武初遷郡守。（《後漢書》本傳）
	（漢代郡）	
交州	交阯郡	錫光　自漢平帝時任，歷新世，至建武初，奉貢留任。（《後漢書·循吏傳》）
	鬱平郡	大尹馮孺（久）天鳳五年十月。〔1978年出土唐河新店石刻，詳《考古學報》，1980（2）〕
	（漢鬱林）	

附元始居攝之際公卿表

漢平帝世，政自大司馬王莽出，其時三公九卿，《漢書·百官表》微有論列，玆特爲表出，至居攝間公卿黜陟，班書不具，亦揭櫫之，以補舊史之缺云。

1957年

元始居攝之際公卿表

	四輔				三公		
	太傅	太師	太保	少傅	大司馬	大司徒	大司空
元始元年	二月丙辰，太傅孔光爲太師大司馬，王莽兼太傅封安漢公。(《後漢書·百官表》)(按《漢書·莽傳》上書作正月丙辰。以正月爲是。)	二月丙辰，太傅孔光爲太師，至五年四月乙未薨。(《後漢書·百官表》)	二月丙辰，車騎將軍王舜爲太保車騎將軍，居攝元年三月，遷太傅左輔，初始元年，改驃騎將軍。(《漢書·莽傳》上、中)	左將軍光禄動甄豐爲少傅左將軍。	王莽 以元壽二年六月庚申拜大司馬。(《後漢書·百官表》、《後漢書·莽傳》上)	馬宫 自元壽二年二月，以光禄勳遷右將軍。九月，代孔光爲大司徒，至五年遷。	王崇 自元壽二年八月戊午，以右將軍爲大司空。
二年	王莽	孔光	王舜		王莽	馬宫	二年二月，大司空崇病免，四月丁酉，少傅左將軍甄豐爲大司空。
三年	同	同	同		同	同	甄豐
四年	同	同	同		四月甲子拜宰衡，刻印曰宰衡太傅大司馬。(《後漢書·王莽傳》上)	同	同

（續前表）

	四輔				三公		
	太傅	太師	太保	少傅	大司馬	大司徒	大司空
五年	明年稱攝皇帝。	四月乙未，太師光薨，大司徒宮代爲太師（《表》誤作代爲大司馬），兼司徒（《宮傳》），八月壬午免。	同		同	八月壬午，宮免，十二月丙午，長樂少府平晏爲大司徒。	同

	上公			四少秩					三公	
	太傅左輔	太阿右拂	太保後承	少師	少傅	少阿	少保	大司空	大司徒	大司馬
居攝元年	三月，太保王舜遷太傅左輔，始建國元年，遷太師。（《漢書・莽傳》中）（按《漢書・莽傳》上，初始元年，莽奏符命有云，臣與太保安陽侯王舜，考舜自居攝元年爲太傅左輔，至始建國元年始遷太師，此云太保，誤也。）	三月，大司空甄豐加太阿右拂，至始建國元年遷更始將軍。（《漢書・莽傳》上、中）	三月，輕車將軍甄邯爲太保後承，至始建國元年正月，遷大司馬。（《百表》，《莽傳》上、中）					甄豐 至始建國元年遷更始將軍。	平晏 自元始五年十二月，至始建國元年遷太傅。	缺

（續前表）

	上公			四少秩				三公		
	太傅左輔	太阿右拂	太保後承	少師	少傅	少阿	少保	大司空	大司徒	大司馬
二年										
三年						初始元年，羲和劉歆加少阿。明年（始建國元年），遷國師。（《漢書·莽傳》上、中）（按《翟義傳》羲和紅休侯劉歆爲楊武將軍，則居攝二年未加少阿之號。）				

	列將軍	
	右將軍	左將軍
元始元年	孫建 元壽二年六月，以執金吾遷右將軍。	甄豐 元壽二年，以光禄勳爲左將軍。
二年	右將軍建爲左將軍光禄勳，甄邯爲右將軍光禄勳。	四月丁酉，豐遷右將軍，孫建爲左將軍。

	列將軍			
	輕車將軍	步兵將軍	驃騎將軍	衛將軍
居攝元年	甄邯（《漢書·莽傳》上十二月太后詔），二年，以太保擊翟義拜大將軍，受鉞領天下兵。（《漢書·莽傳》上）尋還故職。	孫建（《漢書·莽傳》上，十二月太后詔），以强弩將軍遷。（按《恩澤表》元始五年，以强弩將軍封侯。《原涉傳》，居攝中，建爲强弩將軍。則强弩將軍當至居攝元年下半年始遷步兵。）	此二將軍元始居攝間所無，疑初始以來始置，與車騎、步兵二將軍秩并比公，即爲初始時四將，至始建國元年更驃騎、輕車、步兵三號爲“更始”“立國”“前”將軍，合“衛將軍”稱四將。（考《續漢百官志》，將軍不常置，比公者四，第一大將軍，次驃騎將軍，次車騎將軍，次衛將軍，又有前、後、左、右將軍，性質與此略同，特名稱改異耳。）	

	列將軍	
	右將軍	左將軍
三年	甄邯（見《外戚·孝平王皇后傳》）	孫建（《後漢書·王皇后傳》）
四年	同（《後漢書·王皇后傳》）	同（《後漢書·王皇后傳》）
五年	執金吾王駿爲步兵將軍。建遷强弩將軍（《恩澤表》），至居攝元年。（《原涉傳》）（按左、右將軍四年以後不見，《平帝紀》元始四年頗更官名位次，必是時所改。五年以降，有步兵、强弩、輕車等號，疑即廢左、右將軍而更置者。）	

	列將軍			
	輕車將軍	步兵將軍	驃騎將軍	衛將軍
二年	孫建（《翟義傳》，建以輕車將軍拜奮武將軍，又《漢書·莽傳》中，始建國元年有輕車將軍，則後還故官。）			
初始元年	孫建，明年以輕車將軍拜立國將軍，爲四將之一。（《漢書·莽傳》中）	王邑，明年以步兵將軍爲大司空。（《漢書·莽傳》中）	王舜，明年以太傅左輔驃騎將軍爲太師。（《漢書·莽傳》中）	甄豐，明年以太阿右拂大司空衛將軍爲更始將軍。（《漢書·莽傳》中）四將之一。

上宰輔。

	太常	光禄勳	衛尉	太僕	大理	大鴻臚	大司農	少府	執金吾	水衡都尉	宗正 將作大匠	京兆尹
元始元年	丙昌 自元壽二年，以博陽侯爲太常。	甄豐 元壽二年，以左曹中郎將爲光禄勳，是年，豐遷少傅。（《漢書·莽傳》中）以侍中奉車都尉甄邯爲光禄勳，三年遷。	黄輔 元壽二年，以建爲成侯衛尉。	王惲 元壽二年，以長樂衛尉爲太僕，五年遷。	梁相 元壽三年，以故廷尉爲大理，二年坐除吏不次免。	左咸 元壽三年，以復土將軍爲大鴻臚。	弘譚 元壽二年，以衛尉爲大司農，五年，復以中郎將蕭咸爲大司農，一年卒。	宗伯鳳	任岑 一年免。			金欽 一月，爲侍中光禄大夫。

（續前表）

	太常	光祿勳	衛尉	太僕	大理	大鴻臚	大司農	少府	執金吾	水衡都尉	宗正 將作大匠	京兆尹
二年	張宏 以安昌侯爲太常，二年貶越騎校尉。	甄邯	同	同	同	楊仁 （《後漢書·儒林傳》）	孫寶 以光祿大夫爲大司農，數月免。	同	尹賞 以左輔都尉爲執金吾，一年免。	辛茂 以中郎將爲水衡都尉。（《後漢書·辛慶忌傳》）《表》誤作辛成。		
三年	劉岑 以城門校尉爲太常，二年，徙宗伯。（按《孝平後傳》是年，劉歆以大中大夫行太常事。）				鍾光 以尚書令爲大理。（見《何并傳》）			同	尹賞 （《孝平后傳》）是年卒。王駿，三年遷。	茂以吕寬案誅死。（《後漢書·慶忌傳》）	劉宏 （《後漢書·孝平皇后傳》）	
四年						蕭育 徵入爲大鴻臚，病不到。（《後漢書·育傳》）					將作大匠謝逸遷右扶風。宗正容更爲宗伯，一年免。	鍾義

（續前表）

	太常	光祿勳	衛尉	太僕	大理	大鴻臚	大司農	少府	執金吾	水衡都尉	宗正 將作大匠	京兆尹
五年		太僕惲爲光祿勳（按《後漢書·翟義傳》，居攝二年常鄉侯王惲爲車騎將軍，則其時惲已免光祿勳職。）		惲遷		左咸，閎遷。（《後漢書·恩澤表》）	尹咸（《百官表》）			李翁（《恩澤表》）	太常劉岑爲宗伯。	
居攝元年						同	同					
二年		王邑。（《翟義傳》）明年遷步兵將軍。（《後漢書·莽傳》中）	王級（《後漢書·翟義傳》）	武讓（《後漢書·翟義傳》）		同（《後漢書·翟義傳》）	同				將作大匠逯并（《後漢書·翟義傳》），宗伯劉宏（《後漢書·翟義傳》）	
三年（初始元年）							劉歆爲羲和。		竇況九月有罪死。（《漢書·莽傳》上）			劉歆是年爲尹，明年遷國將。（《漢書·莽傳》中）
上諸卿。												

補宋史鄧光薦傳

鄧光薦，初名剡，字中甫，又字中齋，廬陵人。[1] 生於紹定五年 [2]，或云景定元年進士。[3] 咸淳初嘗爲縣尉。[4] 德祐二年丙子夏，避地入廣，寓家香山之潮居。[5] 冬，就廣東制置使趙溍辟，赴廣

[1] 元陶宗儀《輟耕録》卷五已記鄧中齋事。黄虞稷《千頃堂書目》卷二九《鄧剡中齋集》注云："字光薦，廬陵人，文文山客，景定元年進士。宋亡，以節行著。"按他書多云名光薦。所撰《浮虛山記》亦自名光薦，疑丙子後以字行。

[2] 劉須溪詞《洞仙歌壽》中甫云"但細數齊年幾人存"，是二人同歲也，須溪《百字令》自注云"僕生紹定之五年"（1232 年）。

[3] 《千頃堂目》云"景定元年進士"。按文文山《東海集序》但云"自爲舉子時已大肆力於詩"，楊德恩《文天祥年譜》引《廬陵志》云："屏居山中，屢薦不就，後贊天祥勤王。"皆不言其何年登第。

[4] 《文山先生全集》卷五有《回鄧縣尉中甫》書，楊譜以書中所云"前年足下以書議禮"，爲指文山"承心制"事，系於咸淳三年。黄培芳《香山縣志》卷一黄楊山條録光薦《至烏岩山贈趙承節詩》云"顧我早師梅子真"，即指曾爲縣尉，及棄官説。

[5] 《文文山全集》卷十四爲光薦作《東海集序》云："自喪亂後，友人（指光薦）挈其家避地，游宦嶺海。"黄培芳《香山縣志》卷一浮虛山條，録光薦《浮虛山記》全文，内云："光薦避地三年，崎嶇海岸，何所不至。丙子夏携家潮居，冬赴辟於廣，嘗過其下，……次年（丁丑），隨承節客香山數月。……今年（戊寅）既喪家，詣府城，始獲一拜殿廡。時暑方劇……"按此記作於戊寅仲秋，上溯至丙子，故云避地三年。明黄佐《廣州人物傳》卷二四《鄧光薦傳》（原注《厓山新志》修）謂：乙亥冬避地於閩，次年景炎閫帥趙總卿辟幹官，丁丑四月駕至，除宣教郎。元兵至，自虜圍中度嶺入廣，廣陷，避地香山云云。總與自述不合。

州。[1] 潛遁，隨承節郎趙時鏦居烏岩山。[2] 適强寇至，妻子十二口死之。[3] 景炎戊寅三月，廣州都統凌震復廣州 [4]，光薦因詣府城，過浮虛山，游焉。[5] 後赴厓山隨駕，除禮部侍郎。次年春，權直學士院。[6]

二月，厓山潰，光薦蹈海者再，爲北軍鈎致 [7]，張弘範命子珪師

[1] 《宋史・二王紀》略云："（景炎元年丙子）九月，東莞人熊飛聞趙溍至，即以兵應之，攻（元）雄飛於廣州，壬寅雄飛遁。壬子，趙溍入廣州。十月熊飛戰歿於韶州。十二月辛酉朔，趙溍聞（元）吕師夔將至，棄廣州遁。次年丁丑二月，郡人趙若岡以廣州降元。"光薦《浮虛山記》所云"冬，赴辟於廣"，當指丙子十月十一月溍在廣州時。《廣州人物傳》所謂閫帥趙總卿辟幹官，除宣教郎宗正簿，疑亦指此；但系其地於閩，與光薦自記不合。又《廣州人物傳》於厓山之後累請爲緇黄之前，謂"館於趙冰壺家教其次子"。按冰壺乃溍號，於時間上尤不合。又"教次子"事，厲鶚《宋詩紀事》屬之張弘範。按《元史》弘範衹有一子，并無次子，厲説誤。

[2] 即《浮虛山記》"隨承節客香山數月"也。香山縣《黄志》卷一輿地上黄楊山條云："上爲烏岩山，鄧光薦避兵於此，趙時鏦建金台精舍於山左，與龔竹卿三人隱焉。"又卷七列傳云："龔竹卿（原誤作行卿，兹據劉須溪詞及《廣州人物傳》改），南昌人，累官大理卿兼秘書監，與鄧光薦友善，同避地於邑，會帝在厓山，光薦偕之往，除權吏部侍郎兼侍講。"

[3] 即《浮虛山記》"今年（戊寅）既喪家也"。文文山《集杜詩》鄧禮部第一百三十七云："及廣陷，避地深山，適强寇至，妻子兒女等匿暗室，寇無所睹，焚其居，十二口同時死。"

[4] 《宋史・二王紀》：至元十五年（戊寅）三月，廣州都統凌震、轉運判官王道夫取廣州。閏十一月，王道夫、凌震先後遁。十二月，王道夫攻廣州被執，凌震兵繼至亦敗。

[5] 見上注與《浮虛山記》。按戊寅五月朔改元祥興，光薦詣府城時暑方劇，當是未知改元事；《記》末署景炎三年戊寅仲秋朔日，其時祥興帝已抵厓山三十餘日，疑光薦到府城未久即退居山僻，故仍無所聞。《香山縣志・寓賢・鄧剡傳》作"戊寅六月至厓山除秘書丞"，所記時日，與《浮虛山記》抵觸。

[6] 文山《集杜詩》鄧禮部一三七云："中甫隨駕至厓山，除禮部侍郎，己卯（祥興二年）春，除學士院權直，未數日，虜至。"按趙溍當祥興登極硇洲，祭吉天地時，職爲亞獻，地位僅次於張世傑。光薦初入溍幕，其再赴厓山或與溍有關係。

[7] 《文山集》卷十四《東海集序》："友人（光薦）倉卒蹈海者再，爲北軍所鈎致，遂不獲死，以至於今。"又《集杜詩》卷一七三："中甫赴海，虜舟拔出之，張元帥待以客禮，與余俱出嶺，別於建康。"

事之。[1]自廣之北，與文天祥同行，時相唱和，有詩名《東海集》，天祥序而書之[2]，且囑弟璧以墓銘托焉。[3]光薦至金陵，以病留天慶觀。[4]

[1] 虞集撰《淮陽獻武王廟堂之碑》云“在海上得宋禮部侍郎鄧光薦，禮之於家塾，以爲子師”（《道園學古録》十四）。又蔡國張公志銘：“得故宋禮部侍郎鄧公光薦而師事之，鄧公以《相業》授公曰：熟之後必賴其用矣。”（同上，卷十八）《元史》卷一五六《張弘範傳》：“獲宋禮部侍郎鄧光薦，命子珪師事之。”又卷一七五《張珪傳》：“宋禮部侍郎鄧光薦將赴水死，弘範救而禮之，命珪受學。光薦嘗遺一編書，目曰《相業》，語珪曰：熟讀此，後必賴其用。”《元史》乃采自虞集文。

[2] 《文山集》卷十四《東海集序》：“《東海集》者，友人客海南以來詩也。海南詩而曰《東海集》者何，魯仲連天下士，友人之志也。……余與友人年相若，又同里閈。……及居楚囚中，而友人在行，同患難者數月。其自五羊至金陵所賦，皆予目擊，或相唱和。時余坐金陵驛，無所作爲，乃取友人諸詩筆之於書，與相關者并附爲（焉），後之覽者，因詩以見吾二人之志，其必有感慨於斯。己卯七月壬申文天祥叙。”文山《送行中齋詩》有云：“嗟予抱區區，疇昔同里閈。過從三十年，知心不知面。零落忽重逢，家亡市朝變。”知二公相交，在《回中甫縣尉書》之十年前矣。又中齋與文山和王昭儀《滿江紅》，亦疑此行中作。

[3] 《文山集》卷一七《紀年録》辛巳附注：“夏，璧與孫氏妹婦，公剪髮以寄永訣。與弟書曰……自廣達建康，日與中甫鄧先生居，具知吾心事，吾銘當以屬之。若時未可出，則姑藏之。……”又卷十四《指南録·懷中甫詩》云“死矣煩公傳”，又《送行中齋》三首末云：“餘生諒須臾，孤感橫九縣。庶幾太尉事，萬一中丞傳。”皆以身後銘傳托中甫意。至《送行中齋》第一首云：“百年有時盡，千載無餘觀。明明君臣義，公獨爲其難。願持丹一寸，寫入青琅玕。會有撫卷人，孤燈起長嘆。”則又以記載君臣殉國史期諸中甫也。統計《文山集》卷十四《指南後録》卷之一下爲光薦所作詩，有：《和中甫端午韻》一首，《呈中齋》二首，《和中齋韻過吉作》一首，《再和》一首，《懷中甫》一首，《送行中齋》三首；又《東海集序》一首；其《念奴嬌·驛中言别友人》，亦指中齋也。吴師道《禮部詩話》載《光薦輓文山詩》，末云：“田横老賓客，白髮餘息假”，“非無中丞傳，殺青自誰寫？魂歸哀江南，千秋俎鄉社”，則正針對文山“煩公傳”“中丞傳”之所托以輓告故人。尹延高《玉井樵唱》有《阮民望惠東海》詩，自注云：“乃文丞相所書鄧中甫詩，卷中多酬和之作。”其人亦與中齋相接，《樵唱》有四庫珍本。

[4] 《文山集》卷十七《紀年録》附注引鄧光薦撰《文丞相傳》：“十二日至建康，十三日鄧光薦以病遷寓天慶觀就醫，留不行。”又卷十四《懷中甫》自注云：“時中甫以病留天慶觀。”

久之，放還。[1] 甲午三月，爲浮雲山聖壽萬年宫道士趙道一（全楊）所著《歷世真仙體道通鑑》撰序。[2] 大德七年卒，年七十二。[3] 先是，陸秀夫在海上時，記二王事爲一書，甚悉，以授光薦，曰：君後死，幸傳之。[4] 後，光薦以其書還廬陵。[5]《宋史》成[6]，其家始以《填海録》

[1] 《廣州人物傳》卷二十四有《鄧光薦傳》，用《厓山新志》修。嘉靖《香山縣志·流寓》亦有鄧傳。《廣州傳》云："累請爲緇黄，不許。後得放，還廬陵。"案《元史·張珪傳》："至元十六年師還，道出江淮，珪年十六，攝管軍萬户；十七年真拜昭勇大將軍管軍萬户，佩其父虎符治所統軍鎮建康。""十九年，太平宣徽盜起，行省檄珪討之。"似張弘範班師時，珪即與所部軍留駐建康甚久。迄至元二十九年還朝。是光薦遷天慶觀後，仍羈留金陵張氏軍中。其以《相業》一書授珪，當在此時。中齋詞《燭影摇紅》謂程雪樓行台時治金陵，亦此時所作。云：劉須溪詞有《摸魚兒·辛巳冬和中齋梅詞》，知光薦放還廬陵之年，最遲在辛巳冬日之前。即羈留之時爲己卯、庚辰、辛巳（至元十八年）三年也。須溪《洞仙歌壽》中甫云"六年春易過"，計由臨安陷落之丙子至辛巳，亦恰六年。又《須溪詞》爲中齋作者達十八首，止此一首題年干，其明説"米嘉榮共何戡在"者亦止此一首，似須溪有爲中齋放還紀年意。

[2] 正統道藏"咸"字號爲趙道一《歷世真仙體道通鑑》，前鄧光薦序，署"閼逢敦牂三月，中齋叟鄧光薦書於本一庵"。即甲午年（元世祖至元三十一年，1294年），時鄧氏六十三歲。

[3] 程巨夫《雪樓集》卷二十四《書鄧中齋名謝氏三子説後》云："至元戊子（二十五年），余官南台時，鄧公客於昇。别後十五年，聞訃於武昌。"由至元戊子推後十五年應是大德七年（1303年），則光薦當卒於大德七年。此從楊寶霖君説。溯生於紹定五年壬辰，凡七十二歲。《程雪樓文集》二十八《輓中齋詩》云："中齋吾所敬，一别幾飛螢。栗里藏名字，歐鄉有典刑。龍蛇那起起，鴻雁已冥冥。淚眼河汾述，猶占處士星。"《鳳林書院草堂詩餘》收中齋詞，次於文文山、劉須溪之間，厲、樊、榭諸詞人皆謂此書寓遺民深意，知當時士林之敬重中齋，與文、陸二公并有同見。

[4] 據《宋史》卷四五一《陸秀夫傳》。傳又云："厓山平，光薦以其書還廬陵。大德初，光薦卒，其書存亡無所知，故海上之事，莫得其詳云。"知修《宋史》者以不見其書爲可惜。

[5] 元黄溍《金華黄先生集》卷三《陸君實傳後叙》云："陸公秀夫之死，楚人龔先生開既爲立傳，且曰：'君實在海上，乃有手書日記，日記藏鄧禮部光薦家，數從鄧取之，不得。'"是龔開知陸秀夫有手書日記存鄧家也。

[6] 阿魯圖等進《宋史表》爲至正五年，光薦卒後幾五十年矣。

（《海上録》）等書上進。[1] 所著有《續宋書》[2]《德祐日記》[3]《祥興本紀》[4]《文丞相傳》《督府忠義傳》[5]《相業》《中齋集》《東海集》[6] 等。

論曰：中齋先生爲文文山客，厓山之潰，蹈海者再，黄虞稷稱其以節行著。黄佐撰《廣州人物傳》，次先生事，取資《厓山志》，頗多齟齬。夫中齋入元著書，猶曰《祥興本紀》，其不以存亡易節也審矣。爰據文山、須溪、黄文獻等集，及《香山縣志》録存先生詩文，撰爲此篇，以補《宋史》之缺。惜乎明人不能珍存先生遺著，遂使降二帝爲廣王、衛王之坊本，滋多異説，豈不重可慨也夫。

1959 年

[1] 黄溍《陸君實傳後叙》題下自注云："（宋）史既成，而鄧氏光薦家始以其《填海録》等書上進。"知所進不止《填海録》一種。《文山集》《紀年録》附注稱中甫所撰《海上録》，疑即《填海録》。

[2] 《續宋書》見《千頃堂目·史部》。黄溍《陸傳後叙》"陳寶降"下自注，有"《填海録》及其所撰《祥興本紀》"之語。知《祥興本紀》是光薦所撰，應是《續宋書》中之一篇；而《填海録》或即據陸秀夫書而撰之一種。宋文文山已以"願持一寸丹，寫入青琅玕"相期，陸君實又囑以"君後死幸傳之"，故《續宋書》之作，乃成二公之志，猶元遺山之欲成《金史》也。

[3] 《千頃堂書目·史部》有鄧光薦《德裕日記》，"裕"爲"祐"之訛。《危素文集》中《昭先小録序》，言及見過鄧氏《德祐日記》及《續宋書》。

[4] 見黄溍：《陸傳後叙》自注引。

[5] 文山《紀年録》附注云："宋禮部侍郎鄧光薦中甫所撰《丞相傳》《附傳》《海上録》。"所云《丞相傳》，即《紀年録》所引之《鄧傳》，所云《附傳》，即《文山集》卷十九附録之《文丞相督府忠義傳》，疑皆《續宋書》中文篇。

[6] 編授張珪之書曰《相業》，見本書 127 頁注 [1]。《中齋集》見《千頃目》，詳引在本書 125 頁注 [1]。《東海集》見本書 127 頁注 [2]。近人趙萬里輯有《中齋詞》十二首，見《校輯宋金元人詞》第三册。趙跋云："惜《中齋集》久佚，無由考見其行事爲可憾。"又《吴禮部詩話》有光薦撰文丞相畫像贊及輓文丞相詩，厲鶚《宋詩紀事》七九引《天下同文集》《青原山志》《遂昌雜録》等，共存詩八首。光薦事迹，又詳萬斯同《宋季忠義録》卷十。陳汝楨《廬陵縣志》卷三十、劉繹《吉州府志》卷三十四皆有《鄧光薦傳》。萬氏所撰《傳》誤謂"鄧光薦至燕，張弘範館之張冰壺家教其次子"。近日唐圭璋先生指出其誤，見《讀詞札記》（《大公報·藝林》新 208 期）。弘範祗有一子，見拙撰此傳注本書 126 頁注 [1]，唐氏蓋采予説。此文原見《九龍與宋季史料》附録一，兹略有增訂。

論《明史·外國傳》記張璉之訛

趙翼《廿二史札記》(卷三四)“明史海外諸番多内地人爲通事”條云:

> 萬曆中，有漳州人王姓者，爲浡泥國那督，華言尊官也。又有海澄人李錦及奸商潘秀、郭震，勾荷蘭人賄税，使高寀求借澎湖，爲互市之地，此皆内地民闌入外番之明據。然猶未至結隊聚黨也。三佛齊國爲爪哇所佔，改名舊港，閩、粤人多據之，至數千家。有廣東大盜張璉，爲官軍所逐，後商人至舊港，見璉爲市舶長，漳、泉人多附之，猶中國市舶官云。

自注“見《明史·外國傳》”，按此事見《明史》卷三百二十四“三佛齊”條，原文云:

> 張璉作亂，官軍已報克獲。萬曆五年，商人詣舊港者，見璉列肆爲蕃舶長，漳泉人多附之，猶中國市舶官云。

G. Schlegel 氏於所作“The Old States in the Island of Sumatra”曾譯此文如下:

> One of them, a certain Chang-Lien（張璉）had a great factory at Kukang and was master of all the native craft. He had under his orders a great many men from Chang-Chau and Chüan-Chau and he was like a Superintendant of trade in China. But, at the same time, he

was a ruthless pirate. (*T'oung Pao ser* II. vol II. 1901, p. 182)

對張璉爲三佛齊蕃舶長一事，未加辨正。

此説亦見《明史稿》，當是《明史》之所本。[1] 近世史家多據是謂張璉爲殖民之長，梁任公撰《中國殖民八大偉人傳》，以張璉爲其中之一。[2] 世多從之。[3]

考《明史·外國傳》，文多取材於何喬遠之《名山藏》中《王享記》,《王享記》不書此事。又明世有關南洋載籍，若嚴從簡《殊域周諮録》，鄭曉《吾學編·皇明四夷考》，黄省曾《西洋朝貢録》，張燮《東西洋考》以至崇禎間茅瑞徵《皇明象胥録》，各書三佛齊國，均不載張璉事。

惟明王圻《續文獻通考》卷二百三十六《四裔考》云:

> 嘉靖四十一年，廣東大盗張璉、林朝曦、黄啓薦等，築城紀元，建官攻劫。上以都督劉顯，參將俞大猷往剿。顯等陰賂璉，以脅從數百人就戮報捷，璉等遁入三佛齊國。萬曆丁丑，中國人見璉等在三佛齊列肆爲蕃舶長，泉漳人多主之，如中國市舶官體統云。

此似即《明史稿》所本之資料，乃當時民間之一種傳聞。萬曆丁丑即五年，查《明實録》是年不載張璉至三佛齊。官書如《世宗實録》，私修明史如何喬遠《名山藏》、談遷《國榷》、傅維鱗《明書》、

[1] 見《明史稿》卷三百三《列傳》一九八《外國傳》五，又乾隆欽定《續文獻通考·四裔考》卷二百三十八，嘉慶《一統志》卷三百五十六，三佛齊條皆本此。

[2] 見《飲冰室全集》第三十五册，記述文類傳記《中國殖民八大偉人傳》，三佛齊國王張璉，276 頁。

[3] 柳詒徵《中國文化史》、《人名大辭典》、劉繼宣《中華民族拓殖南洋史》(第五章，73 頁)、李長傳《中國殖民史》(第四章，140 頁)、繆鳳林《中國通史要略》(第九章，15 頁)，皆據《明史》，謂璉遁至南洋。

夏燮《明通鑑》皆記張璉被官軍擒戮，傳書《亂賊傳》尤爲詳悉，故於卷十四《世宗紀》書云“四十一年六月廣東盜張連伏誅”。（按《明史》無此文。）又卷一六五《四國傳·三佛齊傳》文字，與《明史》大體相同，惟無張璉遁入三佛齊一段。毛奇齡《後鑒録》記張璉事，似襲自《明書》。兹摘《實録》數種記載如下：

（一）世宗嘉靖實録

嘉靖四十年五月丙戌　總督浙直福建尚書胡宗憲及巡撫福建都御史劉燾言：廣東饒平大埔高鄉三縣賊酋張璉、蕭雪峰、林朝曦等，糾衆侵越汀漳，爲亂日久。乃賊巢在廣，兵至則退入巢穴，退則復肆剽掠，必須絶其盗源，然後禍患可息。請(程) 敕兩廣、贛、福建三省撫臣發兵會剿，兵部覆請從之。(卷四百九十六)

嘉靖四十年九月戊子　廣西（東？）三饒山賊張璉等襲攻福建南靖縣城，陷之，燔燒縣學倉庫，執縣丞金璧等去。(卷五〇一)

嘉靖四十一年二月己卯　提督兩廣侍郎張臬奏逆賊張璉勢甚猖獗，臣已調集狼兵十萬，與福建江西會兵進剿，分定信地，臣臬駐惠潮，巡撫福建都御史游震得駐漳州，南贛都御史陸穩駐永定；得旨如擬，仍會協力進兵，克期殲滅，不許延玩。張璉者，本饒平縣之烏石村人，以毆死族長懼誅，亡命入窖賊鄭八、蕭雪峰黨，後鄭八死，璉與雪峰分部其衆，而璉爲最强。知縣林叢槐，常親至其巢約降，給以冠帶。璉益驕甚，與雪峰兵合，縱掠汀、漳、延、建及江西之寧都、連城、瑞金等處，攻陷雲霄鎮、海衛、南靖等城，三省騷動。先是，守臣以璉巢介三饒之間，四面皆山，未敢訟言剿之，璉雖叛，猶楊言聽撫以緩我師，至是臬

等始議大征之。(卷五〇六)

嘉靖四十一年五月辛卯　先是，三月中，廣東三饒賊張璉率衆攻福建平和縣城，府知事胡期亨署縣事，與典史談蘊率鄉民出城迎戰。時方議剿，調兵未集，賊知平和單虚，故乘間驟發，不虞其能軍也。見其鼓行甚鋭，則以爲有大兵至，驚駭奔潰，蘊麾衆疾擊之，擒賊五人，斬首二十二級，南贛都御史陸穩以聞。提督兩廣都御史張臬亦報擒程鄉賊首王子雲、福寶等二十五人。(卷五〇九)

四十一年五月乙未　提督兩廣侍郎張臬等以閩、廣、江西兵剿三饒賊，平之，賊首張璉、蕭雪峰俱就擒，斬首一千二百有奇。(同前卷)

（二）何喬遠《名山藏·典謨記》

（世宗）四十年九月，廣東賊張璉等襲南靖，入之。(卷二十七)

四十一年，上憂南寇，南贛都御史張穩言：三月中，署平和縣者府知事胡期亨、典史談蘊領鄉兵與璉戰城下，賊少平和，期亨鼓行甚鋭，皆驚謂有大兵將至，蘊麾衆疾擊之，多所擒獲。

（六月）張臬以閩、廣、江西兵剿張璉、蕭雪峰等，平之。告郊廟社稷，百官表賀。

十月，廣東官兵追捕張璉餘黨賊首林朝曦等，獲之，潮寇悉平。

（三）談遷《國榷》（卷六十三）

嘉靖四十年，敕兩廣、南贛、福建會討饒平盗張璉。璉故廣東猾胥，盗帑敗入賊，僞刻飛龍傳國之寶，投入池中，漁出之，衆驚異。大埔盗蕭晚、林朝美等推璉爲長，自號飛龍人主，封曉（晚）等爲王，據詔安、和平，使晚據木窖，林贊據南靖，吕細斷汀漳道，楊舜、羅袍絶永定、連城，王伯宣入倭，導倭犯潮韶，牽我師，粤東大震。

八月庚辰，饒州賊陷南靖縣。

九月，張璉破南靖縣。

嘉靖四十一年二月，兩廣總督張臬請剿山賊張璉，以狼兵十萬與福建、江西夾剿，臣駐連縣，福建巡撫游震得駐漳州，南贛巡撫陸穩駐永定，從之。璉，饒平之烏石村人，毆族長死，亡命入窖賊鄭氏、蕭氏黨，璉與蕭氏分部，而强縱掠汀、漳及寧都、連城、瑞金，陷雲霄、鎮海衛、南靖等城。

五月壬辰，廣東盗張璉、蕭晚就擒，斬千二百有奇。

（四）傅維鱗《明書》卷一六三《亂賊傳》

……諸寇略平，猶程鄉巨寇梁寧、林朝曦、徐東州等，出没贛吉間。久之，陸穩檄參將俞大猷引兵夜襲寧巢，寧懼，先遁東州，走武平，官軍設伏擒之。朝曦復約河源賊首黄積山謀大舉，我兵乘積山無備，攻巢克之，斬積山首。惟朝曦未擒，御史類奏功次加賞。有廣賊張連者，狂恣日甚。連，饒平縣之烏石村人，毆死族長懼誅，亡命入窖賊鄭八、蕭晚黨，陰刻石曰“飛龍傳國之寶”，投諸池，僞泅水得之以出，衆視之，大驚，以爲帝王符也。相與歃血推爲長。後鄭八死，連與晚分部其衆，而連爲最强。知縣林叢槐，嘗親至其巢約降，給冠帶，連益横。與晚兵合，縱掠汀、漳、延、建，及江西之寧都、連城、瑞金等處，攻陷雲霄、鎮海衛、南靖等城。號稱改元，開科造曆，僞部署王、侯、丞相、總兵等官，所居黄屋、朱城二重，諸賊蜂起，推爲盟主，三省騷動。先是，守臣以連巢介三饒之間，四面皆山，未敢訟言剿之。連雖叛，猶揚言聽撫以緩我。至是，兩廣總督張臬疏至，始議大征。連乘間率衆攻福建平和縣。爲署印知事胡期亨，與典史談藴，率鄉兵出城迎戰。鼓行甚鋭，賊驚潰。藴疾擊，擒五人，斬首三十二級。廣東兵亦擒程鄉賊首王子雲、陳福寶等二十五人。時上深以南寇爲患，聞報大喜，諭兵部曰："剿賊功殊，荷上元感應，效勞人員，通查請賚，以勵衆心。"於是自臬、穩而下，賞賚有差。福建都御史游震得，檄指揮王豪，帥三衛軍先嘗失利，震得執豪笞之，斬隊長以下四人。三衛軍不服，遂大噪，格殺鄉兵，求殺登瀛不得，屯城南，久之乃散。於是張臬兵十萬，分五哨駐於潮。游震得以詔安哨駐於漳，江撫松駐建昌，穩兵可六萬駐於汀，刻期并進。劉顯總兵，俞大猷副之。大猷言連每離巢出劫，其妻子財寶乃在巢，若我以大軍迫其巢，彼必悉衆自救。譬之虎方捕鹿，熊據穴搏其子，虎安得不置鹿而還。還則奔命氣竭，因而蹙之，似拉朽矣。且三省會擊，其期已定，豈可以數萬之師從一夫團走哉。於是以兵萬五千人疾趨柏嵩嶺，連果奔還，我兵連破數巢，賊且守且敵。隱獨與江西兵逼賊壘而軍，止隔四五里許，望其城栅甚麗。周遭小巢，無慮數百。每戰輒勝。會頒賞格，誅止首惡，無論官兵賊黨，能獲連至，予萬金，授指揮使；獲晚者千金，授千户；餘皆不問。能殺别隊來降者并賞，咸與惟新。賊黨郭玉鏡投總兵俞大猷，願爲内應。五月十四，誘連出巢戰，斬獲二百餘，即陣上生擒連，并擒蕭晚，及斬獲僞封丞相都督蕭樂首七十餘級。朝曦遁入廣東，從銀場坑道出攻程鄉。知縣徐甫宰嚴兵待之。遣招安，因而説散其黨。朝曦窮急，官軍追擒於隱那山，并弟朝敬等。[1]

（五）夏燮《明通鑑》卷六十二《紀》六十二

世宗嘉靖四十年（1561）九月，戊子，廣東三饒山賊張璉等襲福建南靖縣，入之，燔燒縣學、倉庫。

嘉靖四十一年（1562）二月，己卯，提督兩廣侍郎張臬奏："逆賊張璉等勢甚猖獗，蔓延三省，請調集狼兵十萬，與福建、江西會兵進剿。"從之。

璉本饒平縣之烏石村人，以毆死族人懼誅，亡命入窖賊鄭八、蕭雪峰黨。後八死，璉與雪峰分部其衆，而璉爲最强。知縣林叢槐，嘗親至其巢約降，給以冠帶。璉益驕甚，與雪峰合兵縱掠汀、漳、延、建及江西之寧都、瑞金等處，又攻陷南靖等城，其巢介三饒之間，四面皆山，有司未敢訟言剿之。璉雖叛，猶楊言聽撫以緩我師，至是臬等始議大征之。

五月，乙未，提督兩廣侍郎張臬奏廣東三饒賊平。

初，閩、廣討賊，積年不能平，乃移鎮筸參將俞大猷於南贛，會兵進剿。時胡宗憲兼制江西，知張璉遠出，檄大猷急擊之。大猷謂："宜以潛師搗其巢，攻其必救，奈何以數萬衆從一夫浪走哉！"乃疾引萬五千人登柏嵩嶺。

俯瞰賊巢，璉果還救。大猷連破之，斬首千二百有奇，賊懼不出。復用間誘璉出戰，從陣後擒之，并擒蕭雪峰。散其脅從者二萬，不戮一人。是役也，廣人攘其功，而大猷不與之校，以是嘗獨薄云。

[1] 傳維鱗《明書》成於順治間，自謂搜求明代行藏印鈔諸書，與家乘、文集、碑志，聚書三百餘種。《四庫提要》卷十一《史部》六譏其體例舛雜，節節葉葉，凑合成編，動輒矛盾。惟記張璉事極詳盡。

六月，庚午，廣東捷聞。

兵部請“以賊首張璉、蕭雪峰械送京師，獻俘正罪”，上諭内閣：“獻俘一節，祖宗久不行，趙文華以假賊冒功，爲此欺飾耳。此等草賊，就地梟之，亦足以泄民憤。”自是遂罷獻俘。

（六）毛奇齡《後鑒録》（《西河合集》第六十四册）

廣東賊張璉者，饒平縣之烏石村人。殺家長亡命，投窖賊鄭八、蕭晚，先刻石璽一曰“飛龍傳國之寶”，投諸池，詭泅水得之以出，衆視大驚，曰此帝王符也，歃血推爲長。知縣林叢槐親往撫之，璉笑曰：“塵埃中亦知有天子哉。”僭帝號，改元造曆，開科，署王、侯、丞相諸官，所居有黄屋、朱城二重。聚衆十萬，縱掠汀、漳、延、建，及寧都、連城、瑞金，攻陷雲霄、鎮海衛、南靖諸城，三省騷動，福撫游震得檄指揮王豪，率三衛軍與福州通判彭登瀛領鄉兵進剿，敗績。登瀛歸罪豪，震得執豪笞之，斬隊長以下四人，三衛軍不伏……嗣後官軍不能剿，即調狼達兵征之，皆不利。上憂之，總督胡宗憲上疏言中風，願乞骸骨，言官劾宗憲規避，宗憲不顧。先奏以三月十六日進兵，既而改四月廿日，所徵狼兵十餘萬，日費餉給。上召尚書楊博議，博奏遣都督劉顯、參將俞大猷剿之。以萬五千人乘璉出寇搗其巢，璉環顧失據，乃分賊四隊，且守且禦，官軍逼賊營，望其城柵甚麗，旁環以小寨，無慮數百，遂進逼城柵，而遣别將以火攻左右，焚其寨，賊大潰。乃懸購獲璉者萬金，官指揮；獲晚者千金，官千户。賊黨郭玉（鏡）誘璉出，擒之，并擒晚。於是逋賊林朝曦、葉槐、李文彪、余大春等，皆前後被獲，合計擒斬共二萬餘級，俘獲解散共九萬，降者無算。因設平遠縣於程鄉之木平營，而設伸威營於興寧、程鄉、安遠、武平四縣間。……

據上記載，張璉爲其賊黨郭玉鏡所誘擒，即林朝曦亦被捕獲，各書言之鑿鑿。王圻謂“劉顯等陰賂璉，以脅從數百人就戮報捷”，恐未得其實。其他《明史》譚綸、俞大猷等傳、《天下郡國利病書》，及地方志乘，皆記張璉事，茲不具引。[1]

張璉在當地爲官軍擒獲，尚有若干旁證：

（一）林大春《循良奇績詩序》：“先是饒賊張璉既就擒，賊將王伯宣素梟黠難制，聞璉已爲官兵所縛，欲生劫以歸，乃僞射書城中，從公（按指何鏜）乞降，公佯許之，令同數騎入，遂以擒伯宣。”[2]（《井丹集》卷九）

又大春《賀督府張公平逆奏功序》：“璉以虛文妖書，徵禮儒士，以熒惑愚民，民愈搖動，乃督府大司馬進賢張公（按指張臬），實奉命往征之。以嘉靖四十一年四月移軍潮州，先是，師過潮陽，有上書戲下，言便宜事者，因言賊衆，甚未易與狀，公笑曰：予奉命從諸將擊東南反者，吾知以順討逆，衆寡非所論矣。聞者驚服，後一月，果得璉及其僞將伯宣、雪峰而下，凡若而人，餘黨悉平。”（《井丹集》卷十）

（二）陳一松《平寇詩序》：“賓岩何公守潮之再期，爲今歲壬戌（即嘉靖四十一年），朝廷命督臣提師十萬，會於潮，討逆賊張璉。……卒誅璉及其渠黨，民賴幸有寧宇，而頌聲作焉。於是潮邑博劉君，暨學士之能詩者，相與歌之，彙卷謁予言爲引。予實與士民共被

[1] 地方志乘如順治吴穎修《潮州府志》卷三，乾隆周碩勳修《潮州府志》卷三十八《征撫》，康熙《饒平縣志》卷十三《寇變》，康熙《惠州府志》卷五《郡事》上，雍正《海陽縣志》卷八《事集·兵事》，光緒《嘉慶州志》卷三十一，《重纂福建通志》卷二百六十七，及《江西通志》《廣東通志》等，均記張璉事，詳余舊作《張璉考》，茲不備録。

[2] 《井丹集》爲潮陽林大春撰，有郭泰棣重刊本。詳拙纂《潮州志·藝文志》。此序亦見乾隆《潮州府志》卷四十《藝文》，而嘉慶《潮陽縣志》卷十八亦載之，漏撰人姓名。

其休烈者，乃言曰：……自嘉靖戊午，倭寇入我潮，始苦兵。己未、庚申以來，倭數入，户户川血，所在無免者。其篙人之雄璉，乃遂乘我有外侮，起而爲亂，輒僭稱孤，勢張甚。公至按牒刺變，豫爲君興需甚備……比璉就誅，公奏記督府曰：周營洛邑以化殷，齊城楚邱以靖衛，璉已死，爲今之計，則爲增樹縣治，而益置戍守，庶可以遠無禍患……”[1]

（三）陳沅《饒平縣志補訂》卷十七。邑人宜山教諭吴繼澄（字少松）有《擒張璉回返車盤驛詩》記其事。

關於張璉事迹，有數事可補充説明者：

張璉私謚 各書皆作璉，《明實録》（卷五百九）作漣。（《韶州府志·陳璘傳》亦然）《明書·世宗紀》及《亂賊傳》《潋水志林》《豫章書》《香山志·麥揮傳》均作“連”。余曾至饒平烏石村訪張璉舊居，烏石《張氏族譜》稱璉號石琚，私謚英烈。此則方志及各書所未載。

張璉稱帝年號 李兆洛《紀元編》，僭竊有“龍飛”年號，注云“明廣州賊張璉”，又有“造曆”年號，云“廣東賊張璉改元造曆”。按“廣州”賊應是“廣東”之誤。據上引《國榷》《明書》所記，張璉陰刻石曰“飛龍傳國之寶”，又自稱“飛龍人主”，則“龍飛”宜作“飛龍”。至“造曆”一年號，據《明書》云“稱號改元，開科造曆”，造曆乃謂頒制曆法。而《後鑒録》據傅氏此文，易作“僭帝號改元造曆開科”，字句微顛倒，致被誤認“造曆”爲年號，不可不正。故《紀元編》“造曆”年號，應據删。[2]

張璉所建城址 《明書》謂張璉“所居黄屋、朱城二重”，俗傳張璉城在上饒筆架山前，距張家祠半里，田野低窪處。陳沅《饒平志

[1] 賓岩即何鏜，浙江麗水進士，事迹詳吴穎順治《潮州志》卷四《官師部》，又邑博名絨，泰和歲貢，時任訓道，見乾隆《潮志·職官表》上。

[2] 見何健民譯，日本藤田豐八：《中國南海古代交通叢考》序言。

補訂古迹》謂“該地低狹，前後山高，安能建城。璉陷踞縣地，止在縣東麒麟嶺東，餘皆在閩贛之境，《後鑒録》云黄屋、朱城則在漳南山中”。

璉黨導引倭寇 《國榷》謂“王伯宣入倭，導倭犯潮、韶，牽我師，粤東大震”。伯宣爲張璉黨，是曾勾引倭寇以牽掣王師。又如道光《瓊州志》卷四十四《雜志》，稱“陳在廷被賊林道乾執而鬻之倭，倭主通文墨，官爲明通事”。可見當日山盗海寇與倭實多所勾結，趙翼謂海外諸番多内地人爲通事，陳在廷事亦一例也。

張璉事迹，近世中外學者又有另一附會焉，即謂澳門葡人代爲蕩平之海盗 Tchang Si Lao，即張璉也。

日本藤田豐八於《葡萄牙人澳門佔據に至るまでの諸問題》第九章有“Li Ma Hong 及 Chang Si Lao は誰が”，略謂：

> 西班牙史家所傳之 Li Ma Hong 不外林（Lim）、鳳（Phong）之訛……此等海賊，可謂皆係張璉之遺孽。此時潮州海盜之元祖係張璉，故吾人疑 Fr. Juan de la Concepcion 之所謂 Chang Si Lao，捨張璉莫屬。（《東西交涉史の研究 · 南海篇》，483~487頁，玆據何健民譯本）

何健民譯此，於叙言中亦有相似之説。[1]

考 Henri Cordier 於 L’arrive des portugais en Chine（《葡萄牙人之入據中國》）文中稱爲 Tchang Si-Lao。其第六章“Arrivée des portugaisà Macao”（《葡萄牙之到達澳門》）有一段文云：

> Pendant les années Hong-tchi (depiuis l’an 1488 jusqu’ en 1491), les Européens faisaient leur commerce à Canton & à Ning-

[1] 説詳同上。

> po; dans les années dites Kia-tsing (elles ont duré depuis l'an 1522 jusqu'en 1566), un pirate, appelé Tchang Si-Lao, qui rodait sur les mers de Canton, s'empara de Macao, et assiègea la capitale de la Province. Les marchands Européens, que les mandarins appellèrent àleur secours, firent lever le siége, et poursuviirent le pirate jusqu'à Macao oùiesle tuèrent. (*Toung Pao* Ser II, Vol XII, 1911, p. 5256)

則謂弘治年間（1488—1491），歐人開始在廣州與寧波展開貿易。嘉靖時（1522—1566），有海盜名張西老（Tchang Si-Lao）者，剽掠廣州海上，踞澳門爲巢，圍攻廣東省城，當地官吏請歐洲商人援助，遂解其圍，海盜遁至澳門，殲之。

Andrew Ljungstedt, "An Historical Sketch of the Portugese Settlements in China"（《葡萄牙人中國殖民史》）1838, Boston, p. 12。亦述張四老事，其言曰：

> 根據 De Guignes 在其《北京之行》（*Voyage to Pekin*）一書所云，海盜在一五六三年，即葡萄牙人佔據澳門後六年，已告絶迹。據其他作者意見，有一名張西老（Chang Si Lao）之强悍海賊，"Kang he" 中，嘗入踞廣州省府。此張西老（Chang Si Lao）可能爲鄭成功父鄭芝龍（Chan Chi Lung）一名西文拼音之誤讀，Chin 誤作 Chang, Chi 誤作 Si, Lung 誤作 Lao? [1]

然鄭芝龍爲海寇，在天啓、崇禎間，去嘉靖尚遠。是説張維華亦持異議。因別推論西人所言之張四老，或即張璉之誤傳。其説云：

> 考其時廣東海寇爲禍最烈者，首推張璉。……明季東南海

[1] 此段譯文參看張維華《明史佛郎機傳考釋》，58 頁。原文 "Kang he" 年號，疑有誤，張維華譯作嘉靖，兹仍其舊。

> 寇之名其以“老”字稱者，凡屢屢見，疑張西老即張璉之別號，“西”字或作“四”。（按見龔柴《中國海島考略》）……張璉之亂，爲禍甚烈，頗爲時人所稱談，西人不察，僅就傳聞所及，遂以張璉即葡人助討之海寇，且以中國有厚賞夷目之事，遂思葡人據有澳門，亦即此時所讓予，實則誤矣。（張維華《佛郎機傳考釋》，58 頁）

按海賊張西老攘澳門圍困廣州，經葡人討平之，其年代向有二説之不同：

（一）據上引《北京之行》一書，稱在 1563 年，即嘉靖四十二年。

（二）據利類思《不得已辯》云：“嘉靖年間，廣東海賊張西老攘澳門，至圍困廣州，守官召西客協援，解困趕賊，至澳殲之。是時督臣疏聞，有旨命西客居住澳門，至今一百三十餘年矣。”《不得已辯》書成於清康熙四年乙巳，即西曆 1665 年，由此上推一百三十年，爲西曆 1535 年，適當嘉靖十四年。

考張璉作亂，在嘉靖三十八年，而被平定則在四十一年六月，各書所記皆無異詞。葡人助平張西老之年，無論在嘉靖四十二年抑十四年，皆與張璉之時乖迕。且張璉巢穴在饒平、平和間，其陷踞縣境，在粵、閩、贛交界山地，從未聞侵入廣州與澳門，更風馬牛不相及。張維華所推測者，亦想當然之論。是知 Tchang Si-Lao 者，當是別一海寇，與張璉無涉。伯希和在《通報》（1934—1935）“Un ouvrage sur les premiers temps de Macao”（《澳門之最早經營》），注中亦言及 Tchang Si-Lao，惟引 Antonio Bocarro 所記葡文材料，海盜之名不作 Tchang Si-Lao，而作 Charempum Litanquiem（78 頁），則當是曾一本與林道乾，惜伯希和未之考耳。

附一　龍飛與張璉問題辨正

陳榮照兄寄貽《新社季刊》第五卷第四期（總二十期）載有葉苔痕君著《馬六甲甲必丹李君常與青雲亭》一文，其中頌德碑豎立的年代一節，涉及“龍飛”二字的解釋云：

> 至於“龍飛”兩字，有人指明、清朝代并没有這個年號，可能是杜撰的。因爲明末清初，許多不願爲清朝順民的義士，紛紛南渡，因此，他們爲拒絶承認清廷之意，所以自創“龍飛”兩字，書於頌德碑之上；也有人説，“龍飛”是明代一些人所慣用，常書於年號之下，如“天啓龍飛甲子年”等是，因爲它是喻帝王御極之意，所以以折衷辦法，都不用明、清年號。（見《華人甲必丹》43頁附注）又有人對該頌德碑爲什麽要書上“龍飛”兩字，却有一些意見，因爲明末廣東人張璉（或作漣），曾糾集同志，作反清復明運動，嘗以“龍飛”二字爲年號。（《辭源》有類似的記載）依推測，初期來到馬六甲的華人，并不是單爲謀生的，其中必有不少知義明節的志士，鑒於“明季國祚滄桑”，同時又同情廣東張璉的反清運動，或過去曾加入張璉的組織，所以在李甲的頌德碑上，也用了“龍飛”的年號。惟據饒宗頤教授在他編的《星馬華文碑刻系年》書中指出“張璉自稱飛龍主人”，是“飛龍”而非“龍飛”，以飛龍爲年號實誤。

關於這一點有兩處錯誤。第一，張璉生存的時代，是在明朝嘉靖年間。根據官書及石刻，他在嘉靖四十一年六月已被誅了。他是明朝人，絶對不可能組織什麽反清運動。第二，他在饒平山地區作亂稱帝，是“自號飛龍人主”（見毛奇齡《後鑒録》，載《西河合集》），不是“飛龍主人”，“主人”應作“人主”。

張璉與南洋殖民糾葛的問題，多年以來嘗引起許多誤會。何健民氏在他翻譯日本藤田豐八的《中國南海古代交通叢考序言》有一段談及《明穆宗實録》卷十四中的海賊張老説：

> 所言張老，殆指賊首張璉，足證藤田説之不誤。再者國人或曰張璉被捕，或曰逃往南洋，莫衷一是。然據上文所載，則知初雖被獲，但後污吏索賂，未幾又被奪走。近聞馬六甲華僑葉華芬，於三寶山西坡發現一古墓，碑上有“龍飛”年號，近人考爲廣州海賊張璉，流竄南洋，據地爲王，以龍飛爲紀年，三寶井山上用龍飛字號之墓碑甚多。

他所説的馬六甲碑上有“龍飛年號”的資料，已詳見拙作《星馬華文碑刻系年》及葉君文中所引，兹不再述。

海外華人習慣用龍飛來紀年的，不僅見於馬六甲青雲亭的碑刻，越南河仙屏山鄭天賜一族墳場上的墓碑，共四十五事，其中刻有年號的，共十四碑。據陳荆和先生調查報告云：

> 屏山四十五件墓碑當中，載有年號者共有十四件，其中用清朝年號（乾隆）者一件，用黎朝年號（景興）者兩件，用“天運”者一件，而用“龍飛”者則有十件。按“龍飛”與“天運”均是明末遺民因不肯屈奉清朝正朔而擅自制訂之尊號，故鄭氏嫡系及其妻室之墓碑都用“龍飛”，由此可知河仙鄭氏由其政治立場雖順從阮主之法度，但另一方面則仍欲維持其以明遺民自居之傳統觀念。（《第一届國際華學會議論文提要》，166 頁）

其實“龍飛”一詞，本來用作皇帝登位的通稱，自漢代以來便成爲“慣語”。張衡《東京賦》云：“我世祖龍飛白水。”即指漢光武興起於南陽白水鄉。《魏志》臧洪在慷慨陳詞中，亦説：“昔高祖取彭越於巨野，光武創基兆於綠林，卒能龍飛中興，以成帝業。”這一類以“龍飛”代表皇帝登位的詞句，史書所記甚多，不能殫舉。海外華裔拿“龍飛”來紀年，和“天運”一樣，不是正式的年號，所以明清時代越南、馬來亞的華僑，都有同樣的紀年法，不能够説單獨限於明代。好像《李君常頌德碑》上記著“龍飛乙丑”，李甲卒於康熙二十七年戊辰，這個龍飛乙丑，當然應該是康熙二十四年的乙丑，而不會是六十年前明朝天啓五年（1625）的乙丑了。〔李甲生於萬曆四十二年（1614）甲寅，天啓五年乙丑，他才十一歲，不可能有三十七人爲他頌德立碑。〕

張璉本自稱“飛龍人主”，清李兆洛著《歷代紀元編》卷上，載著“龍飛爲明嘉靖中廣州賊張璉僭號”。按李書既誤張璉的名字作“漣”，復倒稱“飛龍”爲“龍飛”；而且張璉的活動範圍，祇在廣東饒平與福建的平和、雲霄等縣境，和廣州完全没有關係。許多辭書甚至日本人編的《大漢和辭典》（卷十二）都沿襲他的錯誤，這是應該訂正的。

將近三十年前，我在纂修《潮州志》時，嘗親到饒平烏石村張璉的故居作實地調查，所以對張璉的事迹比較清楚。有二件有關張璉極重要的碑刻，應該提出研究：

（1）潮安縣金山馬公墓前《平潮寇碑》

（2）平和縣俞大猷《討張璉碑》

前者我曾寫過一篇跋文，後者門人南華大學劉陶天君亦作有《平和訪碑記》。這二篇均載於民國三十六年拙編《方志旬刊》，事隔多載，海外無法見到，現在把它附録於後，以供參考。

張璉逃往南洋一事，見於《明史·外國傳》。《外國傳》出自詩人尤侗（西堂）之手。在此以前，似乎王圻的《續文獻通考》開始記載此事。最近，我見到明楊一葵所編的《裔乘》一書（有台灣影印本），在《三佛齊國》下亦云：

> 嗣嘉靖四十一年，廣東大盗張璉、林朝曦、黄啓薦等，築城紀元建官。上命都督劉顯、俞大猷往剿之，以捷聞。萬曆五年，中國人有到三佛齊者，歸言見璉等列肆爲番船長，泉漳人多主之，如中國市舶官體統，語具《續文獻通考》中。其他自廣州發舟南行，半月可到泉州，行月餘可至，番舶輻輳，土沃宜稼穡。

《續文獻通考》即王圻所著，可見這一説大家是本諸王圻的。

明朝官方的報告都説已把張璉等擒獲，并且泐石紀功。但另一傳聞，則説他逃往舊港。舊港在印尼蘇門答臘的詹卑，去馬六甲甚遠。如果説馬六甲在明季的華人活動和張璉有關係，是很難言的。若硬要把“龍飛”一年號作爲證據，那麽越南鄭氏的碑刻又將如何説呢？這是講不通的。

粤、閩有關張璉的石刻，向來不甚爲人注意，玆爲刊出，作爲澄清這一問題的根據，想是留心南洋史事的人們所樂聞的。

附二　平潮寇碑跋

潮安金山馬公墓前有石刻，俗訛爲馬墓碑文，《海陽志金石略》未之載。今歲（民國三十六年）元日，潮安文獻會舉行文物展覽，翁主任子光命石工拓本，懸諸座隅。余細審之，其題目有《平潮寇》三字，末系書者張臬，嘉靖四十一年，潮州知府何鏜立石。予謂潮郡兵事，是年有饒平張璉之亂，三省會剿，督府張臬奏調兵七萬六千進討，此碑所紀，當爲璉事也。衆猶未信，及將全詩辨認，其第二首有

“破虜三旬馘四雄”句，下小注張璉、林朝曦、蕭晚、王伯宣四人姓名，衆乃恍然大明。兹將原文録下：

> 蟒噬鯨吞禍不蠲，勢摇坤軸動星躔。堂堂天討聯三省，蹇蹇王臣豈獨賢。武出江城遵勝日，神籠海國靖蠻烟。幸從嶺表酬明主，稽首惟勤祝萬年。
>
> 曾向西川學掛弓，又從東粵溦長風。提兵十萬披千險，破虜三旬馘四雄。可信遐荒真盗藪，固應厚禄憫人窮。叨陪名鎮諸英傑，得解征袍敢論功。
>
> 欽差提督兩廣軍務兼理巡撫兵部右侍郎兼都察院右僉都御史鍾陵張臬書。嘉靖四十一年歲次壬戌□月吉日潮州府知府何鏜立石。

碑長六尺八寸（英尺），闊三尺一寸五分。考傅維鱗《明書》，謂張璉於嘉靖四十一年六月伏誅，《明史·俞大猷傳》《明紀》均書其爲官軍所獲，《天下郡國利病書》《後鑒録》記之尤詳。潮屬府縣志籍并載其始末，知張璉被捕磔死。惟《明史稿》及《明史·外國傳·三佛齊》下，別載“張璉作亂，官軍已報克獲，萬曆五年，商人詣舊港者，見璉列肆爲番舶長，漳泉人多附之”。近世言南洋史事者，因此孤文，遂謂璉爲殖民之長，梁任公始著其事，爲八大殖民偉人之一，學者多依以立説。日人藤田豐八，且以佔澳門圍廣州海賊之張四老（利類思《不得已辨》作張西老，西史原文爲 Chang Si Lao，一譯作張士流），即張璉，然其年代不合，蓋張四老爲葡人捕獲，至遲在嘉靖三十六年，時張璉猶未作亂，故日人矢野仁一以爲二者非一人，其説是也。（見《支那近代外國關係研究》）往歲曾至饒平烏石村，訪張璉故居，其鄉父老猶能道璉當日被戮之事，言之鑿鑿，而此詩言所馘四雄，璉居其一，知璉實爲官軍所擒，逃至三佛齊之説，自屬無稽。

其取與葡人所殲之張四老相混，更爲謬妄，今得此碑，可正其誤。此碑立石者知府何鏜，乾隆《周府志職官表》失載。順治《吴府志官師部》：何鏜，浙江麗水進士。列何寵前，不載居官之年。考陳一松《玉簡山堂集》，有《平寇詩序》云賓岩何公守潮之再期，爲今歲壬戌，與此碑所系之年相合。賓岩即鏜字也。林大春《井丹集》有《循良奇績詩序》，記張璉就逮後，復擒王伯宣事，又有賀督府張公《平逆奏功序》，備著張臬平璉始末，皆可與此碑事實相證。國人之治南洋史者，因《明史·外國傳》語，多以璉自潮逃出海外，亡命蘇島爲可能之事（見李長傅《南洋華僑史·中國殖民史》），今此新發見碑，更爲張璉當日就戮之堅證，用重加考正，以祛世之惑云。

吴穎順治《潮州府志》卷七《張璉之變》："璉與程鄉賊林朝曦等僭擬改號，大埔賊蕭晚等爲之掎角，流毒江西、福建、廣東三省。四十年八月，提督侍郎張臬、總兵平江伯陳王謨，調官兵七萬六千有餘，會同江閩二省官兵，以總兵王寵、參將鍾坤秀等統之；參議馮皋謨，僉事皇甫涣、賀溉、張冕監之。賊帥蕭晚就鹹，璉窮蹙，明年六月，其黨郭玉鏡縛之以降，斬首六千六百級，收降男婦一萬五千餘，捷聞璉磔於市，蕭晚黨羅袍、賴賜等，與小靖賊張公祐皆次第就戮，時潮州知府何鏜，帥兵擒海陽賊首王伯宣於城下磔之，海寇遁。"

附三　劉陶天《平和訪碑記》

6 月 13 日余往平和考張璉遺迹，途經茂芝，過嶺脚，繞饒和公路至嶺頭，經閩粵交界之柏嵩關，巍柱壁立，碑蘚斑翠，古香古色。過關數里面山，相傳張璉曾在此地營寨作亂。沿公路前行，又十餘里抵平和境。城西有亭，詢諸當地鄉老，指謂山土大石，有仙人留題字迹云。遂攀藤覓徑，直造山嶺，上有亭曰義和亭，其山曰徑子山，可瞰視平和縣城，與第一峰塔遥遥相對。山南面有赭色巨石，圍大數十丈，距地約二丈，平面積横可四尺五寸（英尺），直一丈四尺，上鐫正楷大字，每字大七英寸，共分四行，每行十五字，文曰：

明嘉靖肆拾壹年壬戌孟夏拾捌日，漳州南靖僉事金制都督俞大猷都司謝汝儀，帥師由此進征饒平逆賊張璉等，□□□□首從俱就擒殺，玖月盡班師。

字迹模糊，以手剔去苔蘚始得辨認，歷三小時許下山，入平和縣城，已黄昏矣。城狹小，行道頗整潔，未刻雨下如注。晚宿青年招待所。翌晨往縣府，再謁縣中林校長，及曾氏各祠宇，調查有關張璉史料，旋得縣中教導主任曾慶埏之介紹，訪服務社主任曾慶忠先生，借家藏縣志一閲，據云："平和屢經兵燹後，縣志多焚佚，僅存此一部。"查此志爲琅邪王相重修，卷之十二《雜覽 · 寇變》内載："庚申年二月被倭寇流劫，四月倭聚峰山縱掠，五月饒賊張璉僭稱僞號，衆二千餘襲陷雲霄城……"按當時倭寇流劫，乃從古雷頭港由漳江水道而來劫平和，縣城距出海口處僅百餘里。張璉僭號飛龍，改元造曆，已係在嘉靖三十九年五月事。至四十一年六月，朝廷遣都督俞大猷部，率二十萬大軍討平之，其事迹閩粤各州府縣志俱有載。縣志又云："辛酉，饒賊張璉夜謀縣城，官兵巡邏者疲倦熟睡，賊首自城外望見城上有黄傘官巡城，打板叫呼，遂驚惶宵遁，自殺東山潭没死甚衆，蓋本縣城隍神顯靈也。（詳見鄒人昌《城隍廟碑記》）是年，張璉復來攻城，知縣姜遂初協同官兵堅守，兵巡漳南道金坐鎮此地，提兵進剿，俞都督大猷屯扎柏崧嶺討平之。"所記與此次發現之碑文事實符合，可證張璉當時爲官兵所捉被磔於市無疑。璉當日被戮之事，除志乘所記載外，最近潮安金山馬公墓前所發見之《平潮寇》碑文（見饒宗頤先生《平潮寇碑跋》文）第二首有"破虜三旬馘四雄"句，下小注張璉、林朝曦、蕭晚、王伯宣四人姓名，可互爲比證。惟《明史稿》《明史·外國傳》，別記張璉潛逃三佛齊之説，實不可靠。因此孤文，遂謂璉爲殖民之長，梁任公始著其事，爲八大殖民偉人之一，致後之學者多依附此説，饒先生於此事曾有文詳加辨正，致現在初高中國史課本，均誤載張璉爲舊港番舶長者，自應修改。而此次新發見之碑，更可爲張璉當日就戮之堅證也。

1961 年

補志

劉陶天《白邨集》據平和九峰曾昭慶家藏札記載：張璉失敗後，從雲霄坐木船，與數十人逃出海，至三佛齊島。此即民間傳言張璉在三佛齊列肆爲番舶長一説的由來。又據烏石村樓棚上奉祀有“飛龍王爺”神像和磐石樓有飛龍廟。另一間名曰“最樂堂”有木牌記“伯太英烈石琚張公，妣太温懿夫人吴氏”，鄉人謂張璉居第五代。如果石琚是璉的别號，既諱其名，又稱爲英烈，則璉以身殉而非外逃。可知民間異説滋多，聊附記之，以供研究。2002 年補志。

維州在唐代蕃漢交涉史上之地位

維州地在今四川理縣西。[1] 自開元以來，吐蕃勢盛，至德後，河西隴右盡陷於蕃，祇維州獨存。州在岷山之孤峰，爲蜀地險要，吐蕃窺西川，必先攫取維州，故在當日爲必爭之地。牛李黨争之齟齬，維州亦爲問題之一，於中唐漢藏史上政治軍事關係甚巨。惜向來少有論及之者，去歲在巴黎，承石泰安教授（R.A.Stein）以開元十五年維州刺史焦淑平蕃《題記》拓本（圖一）見貽。拓本乃故馬季明（鑒）教授贈與石教授者，更荷轉贈，至紉厚誼。因爲撰考釋，草成此篇。李方桂先生邃於西藏語文歷史，謹以求教，并爲先生六十五榮壽之慶。

一、維州亦名無憂城

維州因姜維城得名。據《舊唐書》卷四十一《地理志》：維州以唐高祖武德元年白苟羌（鄧賢佐）降附，乃於姜維故城置維州。領金川、定廉二縣。（太宗）貞觀元年，賢佐叛，州縣俱罷。三年，生羌董屈占等内附，復置維州。始屬茂州都督府，爲羈縻州。麟德二年進爲正州。嗣降爲羈縻州。垂拱三年，又爲正州。玄宗天寶元年改爲"維川郡"，乾元元年復爲維州。此即本州唐初以來沿革之大概。州屬於茂州都督府，有時降爲羈縻州，有時升爲正州。《舊唐書·地理志》

[1] 理縣即舊理蕃縣，近年其地有史前遺物發現，參看《四川理縣汶川縣考古調查簡報》，載《考古》，1965（12）。

又云：

> 上元元年（760）後，河西隴右州縣皆陷吐蕃，贊普更欲圖蜀川，累急攻維州不下，乃以婦人嫁維州門者。二十年中生二子，及蕃兵攻城，二子內應，城遂陷；吐蕃得之，號無憂城。累入兵寇擾西川，韋皋在蜀二十年，收復不遂。至大中末，杜悰鎮蜀，維州首領內附，方復隸西川。

維州爲入蜀咽喉，贊普謀爲奪取，不惜使用女間諜，積二十年之苦心始取得之，故改名曰“無憂城”。無憂二字，以漢語解之，是高枕無憂。亦可能由梵語“無憂王”（Asoka）而來。[1] 無憂王在西藏神話中爲世主（Roi Universal），一如海龍王（Nāga dan un lac）、關老爺，後來雜糅成說。[2] 維州城之號“無憂”，設非爲漢名，則疑與無憂王不無關涉也。

樂史《太平寰宇記》卷七十八劍南西道維州條，及歐陽忞《輿地廣記》成都府路威州條，并鈔《舊唐書》吐蕃以婦人嫁維州門者一段。宋景德三年，改維州爲威州，明仍是稱。王象之《輿地紀勝》卷一四八《威州景物下》，無憂城下注“李德裕”三字，殆以其原出於德裕之報告也。顧祖禹《讀史方輿紀要》卷六十七《威州下》云：

> 州憑恃險阻，控扼要衝。唐史神龍中，州没於吐蕃，吐蕃號曰無憂城。開元二十八年復取之。李林甫等表賀言維州正當衝要，吐蕃憑險自固，恃以窺蜀。

按此條有二誤。吐蕃號維州曰無憂城，其事在上元以後，非在神龍間。又開元二十八年，李林甫賀表，文見《舊唐書·吐蕃傳》，原作

[1] 《翻譯名義大集》三六五三，梵文 Acokah；藏文 Mya nanmed-pa，漢譯無憂，阿育。
[2] 見 R.A.Stein: *Recherches sur L Èpopèe et le Barde au Tibet*, 230～232 頁。

“伏以吐蕃此城正當衝要”，乃指安戎城。[1] 當日安戎城之收復，乃出自益州司馬章仇兼瓊之策，又令中使李思敬曉諭羌族。顧氏誤以安戎城爲維州，此則不可不辨。

二、焦淑平蕃題記及玄宗、代宗時之維州

此碑拓本文云：

朝散大夫檢校維州刺史上
柱國焦淑，爲吐蕃賊候援
并董敦義投蕃聚結逆
徒數千騎。淑領羌漢兵
及健兒等三千餘人討除。
其賊應時敗散。
開元十五年九月十九日記
典施恩書（參圖一）

文共八行，原碑在茂汶雜谷腦鎮西之樸頭梁子山上，已載入同治《理番廳志》。字體近爨龍顔與鄭文公碑，古樸勁健，書寫者典施恩，未詳何人。此事《兩唐書·吐蕃傳》不載。《舊唐書·玄宗紀》：“開元十五年九月丙子，吐蕃寇瓜州，執刺史田元獻及王君㚟父壽，殺掠人吏。”又《舊唐書·吐蕃傳》上云：

[1] 亦見《全唐文》卷三四五，題稱《賀剋吐蕃安戎城請宣示百寮表》。

其年九月，吐蕃大將悉諾邏恭禄[1]及燭龍莽布支攻陷瓜州城，執刺史田元獻及王君㚟之父壽，盡取城中軍資及倉糧，仍毀其城而去。又進攻玉門軍，及常樂縣，縣令賈師順嬰城固守，凡八十日，賊遂引退。

董敦義於是時投蕃而史不書，此題記可補其闕。[2]維州舊領縣三，户二千一百四十二。天寶間領縣二，户一千一百七十九，口三千一百九十八。[3]觀此題記，開元十五年，刺史焦淑領羌漢兵及健兒三千餘人討賊。人數逾三千，天寶時户數減少一半，當與此戰役有關。《舊唐書·吐蕃傳》云：

開元二十七年七月，吐蕃寇白草安人等軍。……（益州司馬）兼瓊令知益州長史事，代張宥節度，仍爲之親畫取城之計。二十八年春，兼瓊密與安戎城中吐蕃翟都局及維州别駕董承宴等通謀，都局等遂翻城歸款，因引官軍入城，盡殺吐蕃將士。……其年十月吐蕃又引衆寇安戎城及維州，章仇兼瓊遣裨將率衆禦之。

此爲焦淑以後至開元末年，維州與吐蕃關涉之史實。李白《蜀道難》詩，北宋本有一注云："諷章仇兼瓊。"黄山谷在宜州，以雞毛筆爲

[1] 悉諾邏恭禄即開元十五年（727）任首相之巴·打札恭禄（dhás-stag-sgra-khon-lod）（《吐蕃歷史文書》），其人以龍年（戊辰，728）夏被誅。參王忠：《新唐書吐蕃傳箋證》，69、70頁。

[2] 董敦義似是羌人。貞觀三年，維州内附者有生羌董屈占，開元二十八年，維州别駕有董承宴（《舊唐書·吐蕃傳》）。韋皋所遣困維州之部將有董振（《新唐書·皋傳》），可見董氏爲維州當地之巨姓。《舊唐書·東女國傳》哥鄰國王董卧庭，弱水國王董辟和，又大首領董卧卿，諸董皆羌人也。參 R.A.Stein: *Les Tribus Ancients des Marches Sino-Tibétaines*, 45 頁。

[3] 《舊唐書·地理志》。

周維書《蜀道難》，下亦注曰“諷章仇兼瓊也”。沈括[1]、洪芻[2]、洪邁[3]均同是説。按兼瓊於開元二十七、二十八年討吐蕃，收復安戎城，李林甫有賀表[4]。蓋自開元十五年以來，吐蕃窺伺益州日亟，而維州有一長時期，吐蕃尚無法得手也。《舊唐書·地理志》不記維州陷蕃之年，《新唐書·地理志》則云：

> 廣德元年没吐蕃，大和五年收復，尋棄其地。

按廣德元年，京師失守，降將高輝引吐蕃入上都，皇帝車駕幸陝州，吐蕃居城十五日退，郭子儀收回上都。當是時，吐蕃之勢最盛，唐室幾遭傾覆之虞，維州之失，自意中事。《舊唐書》卷十《代宗紀》云：

> 廣德元年十二月吐蕃陷松州、維州、雲山城、籠城。

廣德元年，去上元元年衹三歲，而《舊唐書·地理志》云：“以婦人嫁維州門者二十年”，其事當遠在天寶之際，足見吐蕃之深謀遠慮，對於四川之進犯，竟使用女間諜，而維州在當日軍事上地位之重要，兹可見矣。

三、敦煌卷所見之維州

伯希和取去敦煌卷子列P·二五二二號，存殘紙二葉，葉四行，雙面書寫，共十六行，其文略記如次（參圖二、三）：

頁一（上）：

---

[1]《夢溪筆談》四。

[2]《駒父詩話》。

[3]《容齋隨筆》六。

[4]《全唐文》三四五。

下急州　歸城郡……　按歸城應作“歸誠”，“急州”，乃“悉”州之誤，參《舊唐書·地理志》

下柘州　蓬山郡……

下静州　静永郡……

頁一（下）：

下保州　大保郡

下霸州　静戎郡

頁二（上）：

下維州　維川郡　上三千七百四十　東三千九百四十　廢　薛城二下　小封二下　姜維城

下直（真）州　上三千六百　東三千八百　真符一下　維川（《舊志》作雞川）一下　照（昭）德一下　照（昭）遠一下　廢

下恭州　恭化郡……

下翼州　臨翼郡……

頁二（下）：

當恙（悉）、拓（柘）、静、直、恭、翼、保、霸、維等十州并廢。

下姚州　雲南郡　姚誠　長城　長明　瀘南

下協州……

下曲州……

此二葉，羅振玉影入《鳴沙石室佚書》(第三册)，羅氏與劉師培均據《元和郡縣志》，定當州至維州等十州并廢，蓋在代宗以後憲宗以前之地志，謂當即《貞元十道録》之屬。惟因未見原紙，以“當悉柘……等十州并廢”語爲首行[1]，實則非是。《舊唐書·代宗紀》：“大曆五年(770)徙置當、悉、柘、静、恭五州於山險要塞，備吐蕃也。”《通鑑》卷二二三廣德元年(763)記：

> 吐蕃陷松維保三州，及雲山新築二城。西川節度使高適不能救，於是劍南西山諸州，亦入於吐蕃矣。

胡三省注：“開元二十八年，以維州之定廉，置奉州云山郡，天寶八年徙治天保軍，更名天保郡，是年没吐蕃。至乾元元年(758)，嗣歸誠王董嘉俊以來歸，始更名保州。”[2]保州改郡置州，在肅宗乾元元年。至廣德元年陷吐蕃，在五年之後。此二葉略記十州之陷者，必至二十二年後貞元之頃。其中多鈔誤，如大保郡之“大”字，是“天保”之訛，直州應作真州，即其一例也。

四、維州與牛李黨争

《舊唐書·地理志》維州歷二十年始没蕃一説，乃本李德裕之封事。《舊唐書》一百三十四《德裕傳》云：

> (大和)五年九月，吐蕃維州守將悉怛謀請以城降。其州南界江陽岷山，連嶺而西，不知其極，北望隴山積雪如玉，東望成

[1] 見《雪堂校刊群書叙録》下，及劉師培《敦煌新出唐寫本提要》，收入王重民：《敦煌古籍叙録》，106～111頁。

[2] 參《舊唐書·地理志》保州。

都若在井底，一面孤峰，三面臨江，是西蜀控吐蕃之要也。至德後，河隴陷蕃，唯此州尚存，吐蕃利其險要，將婦人嫁與此州閽者二十年。後婦人生二子，成長，及蕃兵攻城，二子内應，其州遂陷。吐蕃得之，號曰無憂城。貞元中，韋皋鎮蜀，經略西山八國，萬計取之不獲。至是悉怛謀遣人送款德裕……盡率郡人歸成都，德裕乃發兵鎮守，陳出攻之利害。

《新唐書》卷一百八十《德裕傳》云：

吐蕃維州將悉怛謀以城降。維距成都四百里，因山爲固，東北繇索叢嶺而下二百地無險，走長川不三千里，直吐蕃之牙，異時戍之，以制虜人者也。德裕既得之，即發兵以守，且陳出師之利，僧孺居中沮其功，命返悉怛謀於虜，以信所盟，德裕終身以爲恨。

德裕接受蕃降事終爲牛僧孺所阻，牛議言新與吐蕃結盟，不宜背約，《舊唐書·僧孺傳》云：

（大和）六年，吐蕃遣使論董勃義入朝修好。俄而西川節度李德裕奏吐蕃維州守將悉怛謀以城降。德裕又上利害云：若以生羌三千出戎不意，燒十三橋，擣戎之腹心，可以得志矣。……僧孺奏曰：此議非也。吐蕃疆土四面萬里，失一維州，無損其勢。……比來守好約，罷戍兵……一朝失信，戎醜得以爲詞。聞贊普牧馬茹川，俯於秦隴。若東襲隴阪，徑走回中，不三日抵咸陽橋，而發兵枝梧，駭動京國，事或及此，雖得百維州亦何補也。[1]

[1] 參《新唐書》卷一百七十四《僧孺傳》。

由僧孺之奏，可見當日對吐蕃之怯懦，德裕與僧孺積怨至深，此事亦兩方意見齟齬之一例。帝卒詔西川不納維州降將，并詔德裕却送悉怛謀一部之人還維州，贊普得之，皆加虐刑。《新唐書·地理志》言：“大中五年收復，尋棄其地。”即指此也。至武宗會昌三年，德裕重論其事，乞朝廷對悉怛謀予以褒奬，略云：

（先帝）詔臣還却此城（指維州）兼執送悉怛謀，令彼自戮，……感歎前事，愧心終日。……維州據高山絶頂，三面臨江，在戎虜平川之衝，是漢地入兵之路。初河隴盡没，此州獨存，吐蕃潛將婦人嫁與此州門子。二十年後，兩男長成，竊開壘門，引兵夜入，因兹陷没，號曰無憂，因并力於西邊，遂無虞於南路。……受降之時，指天爲誓。寧忍將三百餘人性命，棄信偷安，累表上陳……竟令執還，加以體披桎梏，舁於竹畚，乃將就路，冤呼叫天。……送者便遭蕃帥譏誚曰：既以降彼，何須送來，乃却將此降人戮於漢界之上，諮行殘害，用固携離，乃至擲其嬰孩，承以槍槊……。[1]

當時李德裕接受維州之降，已先有一月之久。降者自悉怛謀以下凡三百餘人，因牛僧孺之阻撓，竟執降者送往蕃部，備受酷刑，且遭譏誚，德裕於心不安，惟格於詔旨，無可如何，故至武宗時，重爲伸冤。此一傳奇性之史事，發生於維州，而降將悉怛謀，乃因牛李黨争而遭無謂之犠牲，可謂無辜之至。維州之重要性，及吐蕃窺伺之久，因德裕之奏而益明，吐蕃以婦人嫁維州守關之内幕，亦因是而揭露，故劉昫特書於《地理志》，可見此事在當時之膾炙人口也。

吐蕃之攻唐，其用兵策略，乃驅羌人及蠻人爲前鋒。德裕接受維州之降，曾痛陳當時情勢，乃羌人對吐蕃征役之憎惡心理，其言曰：

[1] 《舊唐書》卷一百七十四。

臣即大出牙兵，受其降禮，南蠻在列，莫敢仰視。……諸羌久苦蕃中征役，願作大國王人。自維州降後，皆云但得臣信牒帽子，便相率内屬，其蕃屬合水栖雞等城，既失險厄，自須抽歸，可減八處鎮兵，坐收千里舊地。臣見莫大之利，乃爲恢復之基，繼具奏聞，請以酬賞。

惜此議不獲施行。先是韋皋於貞元元年爲劍南西川節度使，《舊唐書·皋傳》稱："蕃人入寇必以蠻爲前鋒，四年皋遣判官崔佐時入南詔蠻，説令向化，以離吐蕃之助。"韋皋之對策，主要在施行離間蕃、蠻之聯系，使南詔不爲吐蕃所利用，當日取得極大之成功。《新唐書》卷一百五十八《皋傳》云：

十三年，臯遣大將陳洎出三奇，崔堯臣趨石門無衣山，仇冕、董振走維州，……遂圍維州……

皋坐鎮西川共二十一年，吐蕃於蜀無從施展，然對維州，皋仍無法收回。《皋傳》記載貞元十七年對維州之争奪戰，有聲有色，文云：

十月破蕃兵十六萬……進攻維州，救軍再至，轉戰千里，……贊普遣論莽熱以内大相兼東境五道節度兵馬都群牧大使，率雜虜十萬而來，解維州之圍。[1]

於此可見"維州"之重要，贊普非力争取不可，韋皋終亦不克收復，故李德裕奏中有"韋皋鎮蜀，萬計取之不獲"之語。

《李文饒集》卷十八有《進西南備邊録狀》云："臣頃在西川，講求利病……因著《西南備邊録》十三卷……第四卷叙維州本末，尤以精詳……"德裕當日著有《備邊録》，第四卷即記維州實况也。

[1] 《舊唐書》卷一百四十。

五、維州之歸唐

吐蕃與漢，自長慶元年九月會盟以後，雙方互遣使者，《舊唐書·吐蕃傳》於大和五年，維州守將來降事，不加記載。《新唐書》則於會盟以後，蕃漢交涉事多有補述，其言云：

> （大和）五年，維州守將悉怛謀挈城以降，劍南西川節度使李德裕受之，收符章仗鎧，更遣將虞藏儉據之。州南抵江陽岷山，西北望隴山，一面崖，三面江，虜號無憂城，爲西南要扞，會牛僧孺當國，議還悉怛謀，歸其城，吐蕃夷誅無遺種，以怖諸戎。

《舊唐書》詳其事於《李德裕傳》，《新唐書》則撮記其要於此。維州至大中時杜悰鎮西川始歸唐，時蕃漢不復争奪，此地已失去重要性矣。《舊唐書·悰傳》云：

> 大中初，出鎮西川，降先没吐蕃維州，州即古西戎地也。其地南界江陽岷山，連嶺而西，不知其極，北望隴山，積雪如玉，東望成都若在井底。地接石紐山，夏禹生於石紐是也。其州在岷山之孤峰，三面臨江，天寶後河隴繼陷，惟此州在焉。吐蕃利其險要，二十年間設計得之，遂據其城，因號曰無憂城，吐蕃由是不虞邛蜀之兵。先是李德裕鎮西川，維州吐蕃首領悉怛謀，以城來降，德裕奏之，執政者與德裕不協，遽勒還其城，至是復收之，亦不因兵刃，乃人情所歸也。[1]

對維州形勢，描寫入微。吐蕃所以必欲得其地者，以其進可攻取西

[1] 《舊唐書》卷一百四十七。

川，退可以防邛蜀兵馬之襲擊。至以“無憂”名其城，可見此州在唐蕃交涉史上關係之巨。至大中三年二月吐蕃以秦、原、安樂三州，石門、驛藏、木峽、制勝、六盤、石峽、蕭七關歸唐。同年十月以維州來歸，十二月以扶州來歸，杜悰適出鎮西川，遂居收復之功。實則此際形勢已迥非昔比，杜氏可謂坐享其成。特當開元至大中以前，維州有其極重要之地位，故不憚煩，稍爲闡述，惟李德裕之《西南備邊録》原書不可復睹，爲可惜耳。維州問題，後人每用以作史論之題目，清人如袁枚外，汪之昌[1]、滿洲裕瑞[2]皆嘗著論云。

1966 年 5 月 1 日初稿於巴黎，越年 5 月改定於香港

[1] 《青學齋集》卷十九有《李德裕表請收復維州論》。

[2] 《萋香軒文稿》載《牛李維州論》。

圖一　開元十五年維州刺史焦淑討除吐蕃題記拓片

圖二　伯希和二五二二，唐代地志殘紙二葉

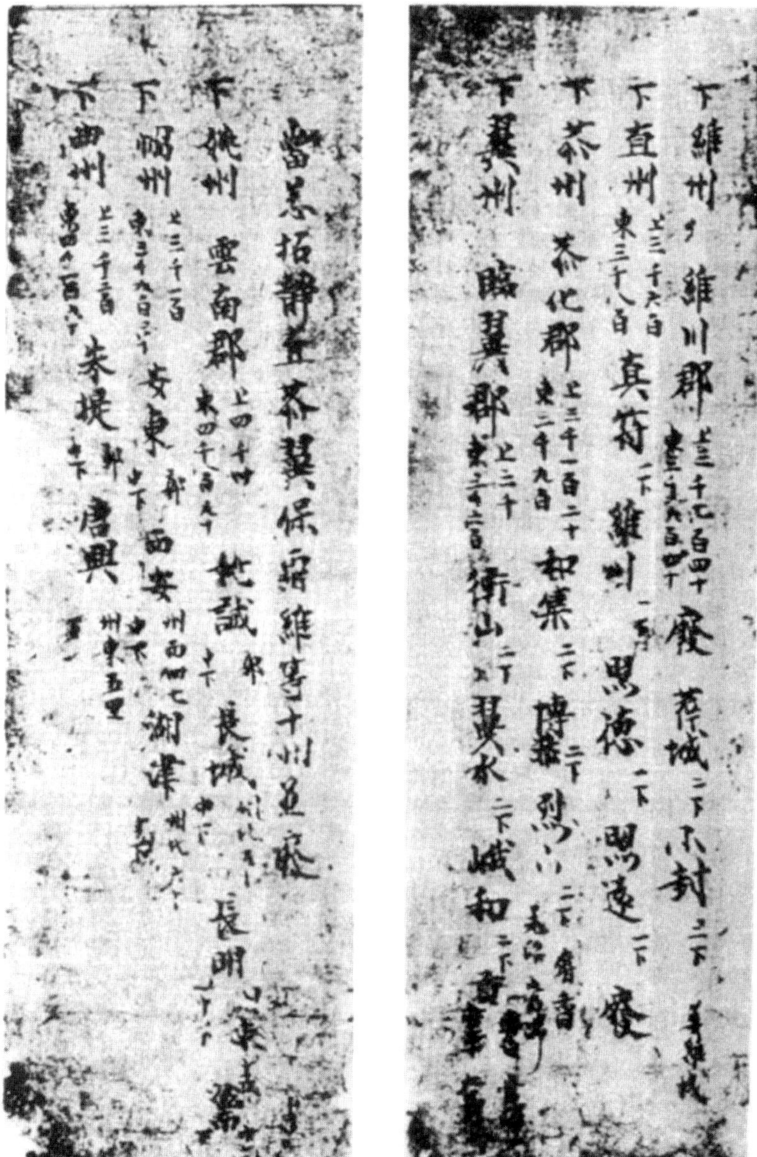

圖三　伯希和二五二二，唐代地志殘紙二葉

論敦煌陷於吐蕃之年代

伯希和取去經卷，列P·四六四六號，爲梵夾葉長方册，其中有《頓悟大乘正理決》，首“爲河西觀察判官朝散大夫殿中侍史王錫撰叙”。大英博物館藏列斯坦因目二六七二號殘卷，則爲是書之後半。其中述漢僧摩訶衍與婆羅門僧在吐蕃贊普前論諍之語，爲中古禪宗史上一大事。其中有云：“臣摩訶衍言：‘當沙州降下之日，奉贊普恩命，遠追開示禪門。’”又述摩訶衍與婆羅門僧講論年月云：“首自申年，停廢禪義，至戌年正月十五日，詔許重開禪門。”書中年月爲考證關鍵。戴密微（Paul Demiéville）教授主張沙州陷下在公元787年，即唐德宗貞元三年，以是時沙州始全部陷於吐蕃。而以申年爲公元792年，即貞元八年壬申，戌年爲公元794年，即貞元十年甲戌。[1]

吐蕃攻陷敦煌之歲，近年蘇瑩輝先生考證再三，列出五種不同之説[2]，惟對王錫此序，未曾引用。日本藤枝晃撰《吐蕃支配期之敦煌》，則主張《正理決》之戌年爲建中三年壬戌（782）。余因校訂舊稿《大乘正理決校記》，對此問題，細心考核，其間盤根錯節，費時多日，反覆推究，彌覺戴教授之説，誠無以易。兹略攄所見，析陳如次。

---

[1] 王錫殘卷研究，可參看Paul Demiéville之*Le concile de Lhasa*（Paris, 1952）及拙作《大乘正理決校記》，載《崇基學報》，1970。

[2] 蘇瑩輝：《論唐時敦煌陷蕃的年代》及《再論》，原載《大陸雜志》二三卷一一期及同雜志二九卷七期；後收入《敦煌論集》，215～230頁。

一、《唐書·吐蕃傳》記沙州陷落經過

宋祁《新唐書》卷二一六《吐蕃傳》下云:

> 始沙州刺史周鼎爲唐固守，贊普徙帳南山，使尚綺心兒攻之。鼎請救回鶻，逾年不至，議焚城郭，引衆東奔，皆以爲不可。鼎遣都知兵馬閻朝領壯士行視水草。晨入謁辭行。與鼎親吏周沙奴共射，彀弓揖讓，射沙奴即死，執鼎而縊殺之，自領州事。城守者八年，出綾一端，募麥一斗，應者甚衆。朝喜曰:"民且有食，可以死守也。"又二歲，糧械皆竭，登城而譟曰:"苟毋徙它境，請以城降。"綺心兒許諾，於是出降。自政城至是，凡十一年，贊普以綺心兒代守。

此事不見於《舊唐書·吐蕃傳》。所記沙州降蕃，在周鼎死後十年，即閻朝代守八年，又更二載而後出降。羅振玉撰《補唐書張義潮傳》既采此段入《義潮傳》中，而附注云:

> 案《吐蕃傳》不明記周鼎守沙州之年，而敘於元和十四年吐蕃寇鹽州之後，穆宗即位之前。若鼎之城守，在元和之初，閻朝之降，在元和之末者。考《隴西李府君修功德碑記》立於大曆十一年，中有"時節度觀察處置使開府儀同三司御史大夫蔡國公周公"云云，是鼎守沙州在大曆中之證。又據顔魯公《宋廣平碑側記》云:"公第八子衡因謫居沙州……與節度周鼎保敦煌僅十餘歲。……而北蕃圍城，兵盡矢窮，爲賊所陷。……大曆十二年十一月以二百騎盡室護歸"云云。《碑》言城陷，與《吐蕃傳》不合。當以史所記爲得實，而鼎之亡必在大曆十二年後，則可信也。由是年下數至八年，乃貞元元年。兹據李《記》宋《碑》補

其年月，并正《吐蕃傳》之疏誤。《西域水道記》謂沙州以建中二年陷，更不知何據。[1]

羅氏案語，引李《碑》以證周鼎守沙州在大曆時，宋衡得歸，在大曆十二年十一月。故斷周鼎之亡，必在大曆十二年之後。由是加上閻朝領城守八年，乃爲貞元元年。其爲此説，所以證徐松建中二年沙州陷蕃一説，與《唐書》之矛盾。彼固未考定沙州陷蕃之正確年代。如欲論降蕃之年代，則須再增加二年，應爲貞元三年，而非貞元元年。苟細讀羅書，必不致誤會也。自向達爲羅氏《張義潮傳補正》稱：

> 沙州陷蕃年代，（羅氏）《補傳》據《隴西李府君修功德記》及顔魯公《宋廣平碑側記》定爲德宗貞元元年（785），謂徐星伯《西域水道記》沙州以建中二年（781）陷之説爲無據。[2]

後賢因此，遂謂羅振玉主張沙州陷蕃在貞元元年一説，似緣向文而沿誤，不可不爲辨正。

蔣斧編《沙州文録》，於《吴僧統碑跋》，亦引《唐書・吐蕃傳》周鼎、閻朝之事。而於“自攻城至是凡十一年”一句，下注云“是年爲元和十四年”，實出誤解。觀羅振玉已云：“若鼎之城守，在元和之初，閻朝之降，在元和之末者”，所以指出《唐書》記載之含糊，故引李《碑》，即在澄清此一誤會也。按《舊唐書・德宗紀》云：

---

[1] 羅振玉：《補唐書張義潮傳》，初刊於《雪堂叢刻》，後印入《永豐鄉人雜著》八種，嗣復刊於《丙寅稿》，前後凡三易而後定稿。

[2] 向達此文，原爲《瓜沙談往》之四，作於民國三十七年，收入《唐代長安與西域文明》，417頁，1957。岑仲勉《隋唐史》，277頁，謂《新唐書・吐蕃傳》既誤叙沙州陷於憲、穆之間，則其他所言，亦未必盡信，故從《元和志》定沙州陷於建中二年，根本否定《新唐書》之記載。但未陳明原由，其説令人難信。

> 建中三年五月丙申詔：故伊西北庭節度使楊休明，故河西節度使周鼎、故西州刺史李琇璋、故瓜州刺史張銑，……以抗戎虜，殁身異域，多歷歲年，以迨於兹，旅櫬方旋，誠深追悼。……鼎贈太保。……皆隴右牧守，至德已來陷吐蕃而殁，故至是西蕃通和，方得歸葬也。

可見周鼎歸柩，須遲至建中三年。此點戴密微教授先已指出[1]，可補羅叔言之不及。周鼎大曆十二年仍守沙州，據《宋廣平碑》稱“宋衡爲行軍司馬與節度周鼎保守敦煌僅十餘載”，則周鼎之亡，必在大曆十二年之後，大曆十二年爲公元 777 年，戴教授假定其卒於是歲，再加十年，（即《唐書》記閻朝城守八年，又二歲而降，故共得十年）則爲公元 787 年（即貞元三年）。其論沙州陷蕃之歲，當在公元 787 年者，乃本羅叔言之説，進一步加以確證者。一般主貞元元年之説者，蓋從羅氏“由是年（指大曆十二年）下數至八年，乃貞元元年”一語。按此僅符《唐書》閻朝代周鼎城守八年，不悟《唐書》尚有“又二歲”，“請以城降”一句，故應再加二年，方與史合。

二、建中二年（781）陷蕃者爲壽昌縣

主建中二年沙州陷蕃説，原見《元和郡縣圖志》及《沙州地志》等書。

[1] 周鼎歸柩事，蘇瑩輝君以爲出自藤枝晃，按戴教授已先言之。周鼎歸櫬之年，蘇氏云：“可能是建中三年，自敦煌發引。”按《舊唐書·德宗紀》所述，明爲建中三年五月丙申詔，十分可信。《通鑑考異》引沈既濟《建中實録》記河隴之士，見韋倫歸國，皆毛裘蓬首，窺覷墻隙，望王師之若歲。當時忠義之徒，其心懷故國，激發之情，可以概見。不獨周鼎、閻朝而已也。

（一）《元和志》卷四十沙州條云："建中二年陷於吐蕃。"

（二）《沙州殘地志》壽昌縣云："建中初，陷吐蕃。"（S·七八八）

（三）晉天福十年寫本《壽昌縣地境》亦云："壽昌於建中初陷吐蕃。"

以上各書記載，向達早已列出，以駁羅叔言反對徐松之誤。徐松本取自《元和志》自有根據。然若謂沙州在建中二年即已爲吐蕃所奪，除非認《新唐書·吐蕃傳》所言周鼎及閻朝之事爲荒唐不稽，毫無可信。如依史書，則沙州不能於建中二年陷落。羅振玉、蔣斧皆以史所記爲得實，故始終不信建中二年陷蕃之説，有其絶對理由。考閻朝實有其人，S·五六九七文書云：

> ……閻使君等同行，安置瓜州，所有利害事由，并與閻使君狀諮申，因緣河西諸州，蕃渾温末羌龍狡雜，極難調伏。（下缺）

閻使君之爲閻朝，不成問題（藤枝氏已指出）。當日邊境緊張情況，此殘文所見，猶歷歷如繪。故吾人不能謂閻朝繼周鼎守沙州十年之事爲羌無故實。蘇瑩輝君謂建中二年蕃所陷者爲壽昌一縣，若敦煌重兵駐扎於第三道防綫之破羌亭，故沙州守軍一直到貞元元年（785）才放棄敦煌城。按所謂貞元元年一説，實無其事，依史言之，應是貞元三年（787），前已詳論。考自建中以來，河西諸州多已陷蕃。《舊唐書·德宗紀》云：

> 建中二年秋七月詔曰："……自關隴失守，東西阻絶，忠義之徒，泣血相守……自河隴陷虜，伊西北庭爲蕃戎所隔。"

又同《紀》云：

建中三年四月庚申，先陷蕃尼將士八百人自吐蕃而還。

所謂“忠義之徒，泣血相守”，如周鼎者，即其一例。吐蕃自建中前一歲冬，即大舉興師，以三道攻唐，一自靈武，一自山南，一自蜀，約蹤齊舉。[1]故建中之初，唐臣使蕃，後先接踵，韋倫、崔漢衡、嘗魯皆曾出使，至建中三年十月十五日會盟定界[2]，故周鼎旅櫬，得於建中是年歸唐，《德宗本紀》云：“至是西蕃通和，方得歸葬。”鼎爲閻朝所殺，足見是時沙州仍爲閻所固守，惟蕃圍既弛，且復通和，故得送櫬東歸。然則建中二年所陷者，乃沙州之壽昌，而非敦煌全境可知矣。

《正理决》云：“當沙州降下之日。”“降下”二字，似特强調者，以閻朝無法堅守，而向綺心兒請降。自周鼎死後，堅守且十年，在吐蕃方面認爲奇迹，故於其降也，特書曰“降下”，似非無故而然。王忠《新唐書吐蕃傳箋證》云：“沙州之陷蕃，以本《傳》上文高宗初，吐蕃取四鎮後‘絶莫賀延磧，以臨敦煌’，及此次贊普徙帳南山等語觀之，吐蕃於此城，勢在必得，因敦煌爲河西主要交通據點也。”

三、大蕃紀年之敦煌經卷

敦煌卷中所見吐蕃時期之經卷，以S·二七二九辰年之《牌子曆》爲最早。一九六七年夏，余在倫敦，曾抽取細讀，原卷極長，題云：“二月□十，使論悉諾囉接謨勘牌子曆。”内記龍興寺等人名，都計

[1] 《舊唐書·吐蕃傳》，《册府元龜》卷九八〇。
[2] 《元龜》卷九八一《外臣部·盟誓》。

僧一百卅九人，尼一百七十一人。[1]（圖一）又末題云：“辰年三月日僧尼部落朱净習牒。”下列造牌子後死者僧尼年月日，下書“吐蕃贊息檢”“薛董羅檢”等字樣。[2]（圖二）

又S·三四七五爲《净名經（集解）關中疏》，有題記云：“巨唐大曆七年三月廿八日沙門體清於虢州開元寺爲僧尼道俗敷演此經，寫此疏以傳來學。……又至辰年九月十六日，俗弟子索游巖於大蕃管沙州爲普光寺比丘尼普意轉寫此卷訖。”（圖三）

按此二卷皆爲辰年，在吐蕃統治下所鈔寫者。辰年即貞元四年戊辰（788），前卷記二月論悉諾囉接謨勘牌子曆，可見沙州最遲在公元788年二月以前，已全部爲吐蕃佔領。

又S·五八六九爲蘇嘉□舉錢契，末署建中八年（787）四月二十日。（圖四）按建中衹有四年，建中八年應爲貞元三年丁卯。時仍用建中紀年者，當是尚未陷蕃又與唐隔絶，不知已改元爲貞元，是時沙州仍書唐年號，由此一點觀之，沙州降蕃不會在本年之前。從S·三四七五卷有“辰年大蕃管沙州”一語，及S·二七二九有戊辰年（788）二月三日之吐蕃僧尼籍，合而觀之，則定公元787年至788年間，爲沙州全部降蕃之時，最爲恰當，前此僅有部分陷落而已。

S·三四八五號《金剛般若波羅經》題記云：“大蕃歲次己巳年七月，王吐渾爲合家平善，國不擾亂敬寫。”己巳即貞元五年（789）。

稍後則有S·二七二九（三）尾部爲《太史雜占曆書》題：“大蕃國庚辰年五月廿三日，沙州（下缺）。”按庚辰即貞元十六年（800）。[3]（圖五）

---

[1] 藤枝晃：《敦煌の僧尼籍》（載《東方學報》，京都，二九册）資料六，開首一句作“……十慶論悉諾羅”，頗有誤字，以未勘原物故也。該文亦定辰年牌子曆爲788年。

[2] S·二六六九亦爲僧尼籍，計聖光寺七十九人，大乘寺尼總二百零九人。

[3] 參L. Giles: Dated Chinese Manuscripts in Stein Collection. S.2729見*BSOS* IX，23頁。按劉銘恕編《斯坦因劫經録》，庚辰年誤作庚申年。

復次S・六五〇三亦爲《净名經（集解）關中疏》卷一，題記云："時蕃中歲次乙酉冬末月下旬二日，於報恩寺寫記，比丘神應記。"乙酉爲順宗永貞元年（805）。[1] 此後卷子有大蕃年號者以無關考證，兹不具記。[2]

S・二一八一《龍興寺毗沙門天王靈驗記》云："大蕃歲次辛巳閏二月二十五日……就龍興寺設樂，寺卿張閏子家人圓滿。"按辛巳即801年，比《太史雜占曆》遲一年。

由上列各卷，可知公元788年、789年、800年、801年各年均書大蕃年號。自戊辰年（788）以前之文書，則未見用大蕃紀年，故知須至公元788年之戊辰年，吐蕃始全部佔領敦煌也。

四、論建中貞元間書寫之經卷

（一）《觀心論》（庚申年）

S・二五九五爲《觀心論》一卷，末題"庚申年五月二十三日記"。此卷已收入《大正藏》第八五卷二八三三號。"觀心"爲大乘義，即摩訶衍《大乘正理决》所論之"看心"。藤枝晃定此庚申爲公元840年，即開成五年。然是時漢僧禪學在吐蕃已挫敗，故此庚申應移在摩訶衍之前，以列於建中元年（780）較合。

---

[1] S・六五〇三見*BSOS* IX，1023～1024頁。按乙酉年Giles謂爲公元806年，實則乙酉應是公元805年。藤枝晃録此卷，亦誤爲公元806年。

[2] 藤枝晃：《吐蕃支配期の敦煌》（載《東方學報》，京都，三一册），關於大蕃紀年之漢文寫本編年目録（該文之表八），真正有吐蕃字樣者，實以辰年之牌子曆爲最早資料。其他後期與吐蕃有關之文件，參看該表，兹不具論。

（二）道氤《金剛般若經宣演》

道氤撰玄宗御注《金剛經宣演》，乃在青龍寺開講。道氤者，曇曠稱之爲青龍大師。[1] 曠承其學，著有《金剛旨贊》。道氤卒於開元二十八年八月十二日。[2] 此書寫本，伯希和取去多卷，可以綴合。P·二一七三、P·二一七四爲卷上，P·二三三〇即卷一[3]，P·二一一三、P·二〇八四爲中卷，而P·二一三二爲卷下，其卷末題記云：

> 建中四年（783）正月廿日，僧義琳寫勘記《金剛般若宣演》卷。

又朱筆記云：

> 貞元十九年（803）聽得一遍。又至癸未年十二月聽第二遍訖。庚寅年十一月二十八日聽第三遍了。義琳聽常大德法師說。

此癸未即貞元十九年，庚寅應下至元和五年（810）。是時敦煌陷入吐蕃已久，如在沙州鈔寫，不得以貞元系年。故此建中四年至元和五年（庚寅）之義琳寫卷，應是長安寫本，其後流入敦煌者。藤枝晃定P·二一三二建中四年此卷爲吐蕃期漢文寫本，蓋非是；因是時如在吐蕃統治下，則不應以建中紀年，應題大蕃年號矣。

（三）曇曠《大乘二十二問》（丁卯年）

S·六二一九爲曇曠自序，稱："始在朔方，撰《金剛旨贊》。次

[1] S·二四六三曇曠：《大乘入道次第開決》。
[2] 《宋高僧傳》卷五。
[3] 見《大正藏》第八五卷，141～154頁。

於凉城，造《起信廣釋》，後於甘州，撰《起信》銷文，後於敦煌，撰《入道次第開決》，撰《百法論開宗義記》…… 其時巨唐大曆九年（774）歲次寅三月廿三日。”按此序作於 774 年，其時敦煌仍爲周鼎所固守。[1] S · 二四三六爲《大乘起信論略述》，卷上末記“寶應貳載（762）玖月初，沙州龍興寺寫訖”。S · 七二一《金剛般若經旨贊》有“廣德二年（764）六月五日釋普遵於沙州龍興寺寫訖”題記，此皆有年月可考者。曇曠他著若《大乘二十二問本》見於 S · 二六七四者，題云:“丁卯年三月九日寫畢，比丘法燈書。”[2] 丁卯應爲貞元三年（787），是年閻朝以沙州降吐蕃。此丁卯乃法燈書寫之時間。至曇曠撰此《二十二問》，究在何時？據上山大峻氏舉出 P · 二三一一《百法手記》内，已提及三菩提義，涅槃義，實爲《廣二十二問》中之具語。如是則《二十二問本》必撰於《百法手記》之前，故被其徵引。《百法手記》即《大乘百法論手記》，曇曠《自序》（大曆九年）已明言後於敦煌撰《百法論開宗義記》，知《百法論》應草創於大曆九年以前，則《二十二問本》自爲更早之作品，不能下至吐蕃佔領敦煌之世矣。上山氏謂《二十二問》爲曇曠對贊普之應對語録，恐無可能。故《大乘二十二問本》與《大乘正理决》必無關連。[3]

（四）《維摩詰所説經》（甲戌年）

S · 一八六四爲《維摩詰所説經》三卷，末題記云:“歲次甲戌年九月卅日，沙州行人部百姓，奉爲過往父母及七世先亡當家夫妻男女

[1] 鼎歿於公元 777 年，説見前文。

[2] 收入《大正藏》卷八五《古逸部》。

[3] 關於上山大峻氏《大乘二十二問本》事見其著《曇曠與敦煌之佛學》（載《東方學報》，京都，三五册，1964），其資料三過録《大乘正理决敘》，間有誤字，及句讀未明者，詳拙作《正理决校記》。

親眷及法界衆生，敬寫小字《維摩經》一部，普願往西方净土，一時成佛。”此甲戌可能爲貞元十年（794），即王錫序《大乘正理要决》之歲。

五、《大乘正理决》之申年及戌年應在何時？

王錫《正理决序》云：

> 首自申年，我師忽奉明詔曰：“婆羅門僧等奏言：漢僧所教授頓悟禪宗，并非金口所説，請即停廢。”至戌年正月十五日，大宣詔命曰：“摩訶衍所開禪義，究暢經文，一無差錯，從今已後，任道俗依法修習。”

是廢禪在申，恢復在戌。戴教授主申爲公元 792 年（貞元八年壬申），戌爲公元 794 年（貞元十年甲戌）。上山大峻氏於《曇曠與敦煌之佛學》一文中，則謂申爲公元 780 年（建中元年庚申），戌爲公元 782 年（建中三年壬戌）。今按《唐會要》卷九七吐蕃條，及《册府元龜》卷九八〇《外臣部·通好》并云：

> 建中二年三月，以萬年令崔漢衡爲殿中少監。持節來西戎。初，吐蕃遣使求沙門之善講者，至是遣僧良琇、文素二人行，每人歲一更之。

又《佛祖統紀》卷四一云：

> 建中二年，吐蕃遣使乞朝廷賜沙門善講佛理者，帝令良琇、文素往説法教化，歲一更之。

此爲唐國應吐蕃之請，遣僧衆前往講經之記録。據王錫《序》，起自申年詔從婆羅門奏，停止漢僧授教，至戌歲正月方恢復漢僧活動，如申爲建中元年，時方廢禪學，何得於建中二年，乞漢廷派遣衆僧莅蕃？故知以申爲建中元年之庚申，説甚難通。

結語

沙州陷吐蕃年代，近人討論甚繁，羅振玉補《張義潮傳》，三易其稿，蔣斧亦據《唐書·吐蕃傳》立論，惟誤作元和十四年，蘇瑩輝君兩度著論，而執貞元元年，似沿向達所撰《張傳補正》之説。

西方學人討論敦煌卷，涉及此問題者，L. Giles 曾列舉有年號之文件，而未暇問津。Paul Demiéville 教授著 *Le concile de Lhasa*（《拉薩諍論記》）刊行於 1952 年，其中歷史注釋部分詳細論此問題，共十頁之長（167～177 頁），其結論云：

> L'hypothèse la moins invraisemblable est que Tchéou Ting（周鼎）meurut en 777, et que Touenhouang tomba définitivement aux mains des Tibétains dix ans plus tard, en 787.

其説視羅叔言更進一步，惜國人多未注意及之。

日本藤枝晃及上山大峻二氏，皆專治吐蕃時期之敦煌經卷，惟過泥於建中二年陷蕃一説，又不信《唐書》周鼎之事，故定沙州降下之年爲公元 781 年。今按：如敦煌全境確於是時陷落，則諸卷之有大蕃紀年者，不應始見於戊辰年（戊辰即公元 788 年），何以在公元 781—788 年之間，不見有大蕃年號之經卷？又建中八年之題記，將不可理解，故知公元 788 年戊辰以前，沙州全境尚未陷蕃，當以貞元三年（787）一説，爲沙州陷於吐蕃之歲，較爲合理，勘校各有關資料，亦復圓融，無不愜之處。

附　建中元年至貞元十年經卷及敦煌大事略表

公元 780 年　建中元年庚申

五月二十三日,《觀心論》題記。

公元 781 年　建中二年辛酉

三月崔漢衡使吐蕃。

良琇、文素二僧自唐來蕃開講。[1]

七月（以前）（沙州）壽昌縣陷蕃。[2]

公元 782 年　建中三年壬戌

三月廿七日授百部田春曲曆[3]署"建中三年"。

四月庚申陷蕃僧尼將士八百人放還。[4]

五月丙申詔追贈至德以來歿蕃牧守，周鼎歸柩[5]。

十月十五日漢蕃會盟定界。

公元 783 年　建中四年癸亥

正月二十日僧義琳寫勘道氤之《金剛般若經宣演》下。[6]

---

[1] 《元龜》卷九八〇。
[2] S·七八八。
[3] M·一五七〇。
[4] 《舊唐書·德宗紀》。
[5] 同前注。
[6] P·二一三二，此應寫於長安。

公元 787 年　貞元三年丁卯（建中八年）

三月九日，比丘法燈書曇曠之《大乘二十二問》。[1]

蘇嘉□舉錢契，書建中八年。[2]

閻朝以沙州降蕃。[3]

沙州降下，摩訶衍奉贊普命，開示禪門，至邏娑。[4]

公元 788 年　貞元四年戊辰

二月，論悉諾囉勘牌子曆。三月，僧尼部落朱净謵牒。[5]

九月十六日，索游巖於大蕃管沙州爲普光寺比丘尼普意轉寫《净名經關中疏》。[6]

公元 789 年　貞元五年己巳

十月，王吐渾寫《金剛經》祈福，署大蕃己巳年號。[7]

公元 792 年　貞元八年壬申

拉薩婆羅門僧與漢僧摩訶衍論諍，吐蕃贊普廢禪。[8]

公元 794 年　貞元十年甲戌

正月十五日，贊普恢復漢僧開示禪門。王錫序《頓悟大乘正理决》。[9]

---

[1] S·二六九四。
[2] S·五八六九。
[3] 據《唐書·吐蕃傳》推。
[4] P·四六四六。
[5] S·二七二九。
[6] S·三四七五。
[7] S·三四八五。
[8] P·四六四六。
[9] P·四六四六。

九月三十日，沙州行人部百姓寫小字《維摩詰經》。[1]

後記

藤枝晃撰敦煌曆日譜[2]，其吐蕃期資料，公元801年以前，列四事：

（一）爲公元780年（即建中元年），S·二八五一戒牒，末署大曆十五年五月三十日，爲敦煌卷“大曆”年號最後之用例。

（二）爲公元782年（即建中三年），蘇聯藏列M·一五七〇“授百姓部田春苗曆”署“建中三年三月廿七日”，由此一例足證是時敦煌未陷蕃，故使用唐曆。

（三）爲同年S·五八七一《便粟契》，署大曆十七年閏三“月”。大曆十七年實即建中三年，藤枝氏以爲于闐文書，交通隔絶，故仍用唐年號。

（四）爲公元783年，即P·二一三二《金剛般若經宣演下》，署建中四年，按此當是長安寫本，前已論之。

合上四項，皆以唐曆紀年，不書大蕃，或僅寫干支不著年號爲吐蕃佔領期之習慣，可見敦煌在此期間，尚未陷蕃，足爲拙説佐證。

蘇瑩輝跋

饒選堂先生自星洲惠書，并以此文稿寄示，囑共同論定敦煌之陷蕃年代，蓋因近年余曾撰文探討此一問題也。然拙文兩篇先後刊佈於

[1] S·一八六四。

[2] 《東方學報》，京都，四五册，1973。

《大陸雜志》者，大抵根據地理形勢，加以揣度，縱有一二證據，迄亦不敢堅信，遑言定論？今讀饒先生之文，徵引宏博，見解精闢，得未曾有。其於《新唐書 · 吐蕃傳》記周鼎守沙州事，在“（閻朝）自領州事，城守者八年……”後，特別指出尚有“又二歲”一句，并引戴密微教授説，以證敦煌陷蕃之歲爲貞元三年（787），尤具卓識。

饒氏此文，於第一節論唐史説沙州陷落經過時，謂向達爲羅氏《補張議潮傳補正》稱“沙州陷蕃年代，（羅氏）《補傳》據《隴西李府君再修功德記》及顏魯公《宋廣平碑側記》定爲德宗貞元元年（785）”説，并不可靠。且引羅氏注文謂其未曾考定沙州陷蕃正確年代，以證向文之失察及諸家沿誤，最爲允當。惟結語謂“蘇瑩輝君兩度著論，而執貞元元年，似沿向達所撰《張傳補正》之説”，則與事實稍有出入。蓋向氏力主沙州（實即敦煌）於建中初陷蕃之説，亦即不信唐史而專憑《元和志》與石室寫本之記載。昔年拙撰《論唐時敦煌陷蕃的年代》一文，將羅説列入“主沙州於貞元元年（785）陷蕃”一類，雖據向達《羅叔言〈補唐書張議潮傳〉補正》而沿訛，但拙作及《再論唐時敦煌陷蕃的年代》一文，兩度皆主“壽昌陷於建中，而敦煌陷於貞元”。此説不特未嘗沿襲向説，且與向氏主張截然不同，是則不可不辨。

饒文附注第五條：“周鼎歸櫬之年，蘇氏云：‘可能是建中三年，自敦煌發引。’按《舊唐書 · 德宗紀》所述，明爲建中三年五月丙申詔，十分可信。”按周鼎歸柩之年，余因藤枝晃説而臆測，不僅未睹戴氏之文，且亦未檢《德宗紀》，其疏忽之咎無可辭，幸賴饒先生正之。

饒文第三節述大蕃紀年之敦煌經卷，引證綦詳。惟稱“自戊辰年（788）以前之文書，則未見用大蕃紀年，故知公元 788 年之戊辰年，吐蕃始全部佔領敦煌也”。以鄙意觀之，此點恐不可恃爲絶對之佐證。蓋石室所出經卷有書寫人姓名、書寫年月者，究屬少數，加以宗教寺觀多集中於敦煌（沙州治所）莫高窟一帶，其在壽昌者殊鮮。故壽昌陷蕃後之六年間，縱有寫經而無年月題記，似亦理之所有。何況其時（781—788）雖有寫卷但未入藏石室，抑或散佚於石室開啓之後耶？文皆不可知者。又按S·五八六九號《蘇□□舉錢契》寫卷，末署建中八年（787）年號，饒氏以爲此卷“當是尚未陷蕃又與唐隔絶”時所寫，是也。惟謂“是時沙州仍書唐年號，由此一點觀之，沙州降蕃不會在本年（787）之前”。按此卷如係在其他州縣[1]所寫，則不足以證明沙州陷蕃在貞元三年（787）之後，因沙州以西之龜兹、西州，公元787年均尚未陷蕃，但已與唐隔絶，故仍用建中年號，而不知中朝已兩度改元也。第四節，論建中貞元間書寫之經卷，定釋義琳《金剛般若宣演》卷爲長安寫本，并推論曇曠《二十二問》及《百法論開宗義記》之作成時代，可謂義據通深。

第五節標目爲“《大乘正理决》之申年及戌年應在何時？”不佞盥誦之餘，略抒管見於次：

上山大峻氏以申年爲建中元年（780）沙州全境陷蕃之歲，殊與事實鑿枘，因《正理决》述摩訶衍與婆羅門僧論諍事，有云：“臣摩訶衍言‘當沙州降下之日，奉贊普恩命，遠追開示禪門’。”又云：“首自申年，停廢禪義，至戌年正月十五日，詔許重開禪門（王錫《叙》文）。”細玩其詞意，“當沙州降下之日，奉贊普恩命”句，乃係追述往事，所謂“當……日”猶言“當……年”，此“當年”似應在“首自申年”之前。如依上山氏説申年即是公元780年庚申歲[2]，則此“當年”猶在建中元年以前，此時（公元780年以前）不但敦煌未卜，即壽昌亦尚未降。壽昌爲敦煌[3]外圍之第二度防綫；壽昌之陷蕃不與敦

[1] 伊吾或西州。
[2] 即建中元年。
[3] 沙州治所所在。

煌同時，其説雖昉於余，而建中二年（781）陷者爲壽昌縣，則非余之創論；最早見於《元和郡縣圖志》，其後石室寫本地志二種，亦有明文記載，驗諸饒文而益信！

昔年余撰《論唐時敦煌陷蕃的年代》兩文時，初因向達氏“沙州（實即敦煌）陷於建中二年”説之不足信，繼見蔣斧《敦煌吴僧統碑跋》有“碑叙僧統之祖希光定國難於奉天，可見興元之初（784），敦煌獨爲唐堅守，且能出餘力以勤王”之語。後又發現敦煌《李氏（明振）再修功德記》“於至德年，十郡土崩，殄絶玉關之路，凡二甲子，運偶大中之初，中興啓運……”云云，故疑建中二年（781）陷者爲壽昌縣，而貞元間陷者則爲敦煌縣。及再證諸地理形勢，亦無不合，於是對“敦煌後陷”説信心較堅。今獲戴密微教授與選堂先生之進一步考證，使余所臆測者得以證實，不勝欣幸！

饒文謂“建中之初，唐臣使蕃先後接踵……於是通和、歸櫬……三年十月十五日，漢蕃會盟定界”。余疑敦煌於壽昌降蕃後能固守六年之久者，或與此次會盟定界不無關涉。溯自建中二年以來，因通和而釋俘歸柩，於是有四年正月之定盟（議盟於前一歲）。因通和、定盟而蕃圍稍弛，於是沙州守軍得以從容長養生息，蓋亦敦煌陷蕃最晚因素之一。且吐蕃對唐國猜疑，雖肇端於建中四年四月（豐邑里會盟未果）間，然正式交惡則在貞元三年之平凉川毀盟背約，繼而釀成吐蕃大掠汧陽、吴山之役，故敦煌之逼降，即在是年，乃其仇視唐室之一貫策略。未審選堂先生以爲然乎？

1970年6月19日於吉隆坡斑苔谷

圖一　敦煌卷子S·二七二九《論悉諾囉接謨勘牌子曆》卷首

圖二　敦煌卷子S·二七二九《論悉諾囉接謨勘牌子曆》部分

圖三　敦煌卷子S·三四七五《净名經關中疏》題記

圖四　敦煌卷子S·五八六九《蘇嘉口舉錢契》卷首

圖五　敦煌卷子S·二七二九（三）《太史雜占曆書》題記

李白出生地——碎葉

這是一個文學史上的問題，亦是邊疆史上的問題，同時是一個枯燥的問題，亦是有趣的問題。

詩人李白，出生於中亞今吉爾吉斯斯坦（Kyrghyzstan）的碎葉（Suy-ab），已爲人所公認的事實。考是說的由來，李陽冰的《草堂集序》和范傳正的《李公新墓碑》對李白籍貫家世都有相同的說法。同樣地說他是“隴西成紀人”，爲“凉武昭王（李暠）”的九代孫。而前者說：

> 中葉非罪，謫居條支，易姓與名……神龍之始（705），逃歸於蜀。

後者則云：

> 隋末多難，一房被竄於碎葉，流離散落，隱易姓名，故自國朝已來，漏於屬籍。神龍初，潛還廣漢，因僑爲郡人。父客以逋其邑，遂以客爲名。……

兩說大致相同。三十許年前，陳寅恪著《李太白氏族之疑問》[1]，略謂隋末遠竄一說乃出於依托，惟據其生年推知“李白由西域遷居蜀漢之時，其年至少已五歲，是太白生於西域，不生於中國。……”又謂：“六朝隋唐蜀漢爲西胡行賈區域，其地有西胡人種往來僑寓，自

[1] 見《清華學報》，第10卷第一期，153~155頁（清華大學，1935）。

無足怪。”1940 年，李長之撰《道教徒的詩人李白及其痛苦》一書，依據陳説，肯定李白生於俄屬中亞細亞。“家庭遷廣漢的時候，他已經五歲，是中宗神龍元年（705）。明白他是華僑，就可了解他後來能够在朝廷作答蕃書。”[1] 以後詹鍈作《李白家世考異》，亦承認李白家世，“本或胡商，入蜀之後，以多貲漸成貴族，而自幼年所受教育，則中西語文兼而有之”[2]。

1950 年，Arthur Waley 刊行 *The Poetry and Career of Li Po*，對李白的家世有詳細的討論，大意如下[3]：

Li Po's grandson had inherited from his father Li Pai-chin〔伯禽〕some notes about the history of the family——according to which the ancestor was banished to Suyab, the modern Tokmak, in what is now the Soviet Republic of Turkestan…… Li Po must have been born at Suyab, or on the way from Suyab to China.

Waley 蓋取自沙畹之説。[4] 其他文學史家亦多雷同的説法。[5] 近年郭沫若著《李白與杜甫》，開頭就指出李白生於中亞的碎葉，可見這一説至目前已達致相同的結論了。

---

[1] 見《道教徒的詩人李白及其痛苦》（澳門海外圖書公司翻印本）。

[2] 見《李白詩論叢》24 頁（北京，作家出版社，1957）。

[3] 見 A. Waley: *The Poetry and Career of Li Po* (New York, 1950), additional note for page I, on page 103.

[4] 參看 E. Chavannes: *Documents sur les Tou-Kiue (Turcs)occidentaux* (St. Petersburg, 1903)，馮承鈞譯本《西突厥史料》（上海，商務印書館，1934）。

[5] 關於李白氏族有關的論文，尚有胡懷琛《李白的國籍問題》，孫楷第《唐宗室與李白》，麥朝樞《關於李白的姓氏籍貫種族的問題》等篇（收入《李白研究論文集》），又日人大野實之助著《李太白の研究》（昭和三十七年印）亦略有討論。近日 E. O. Eide 論李白之父客，子伯禽二名，都是突厥語。

一、碎葉地望

西域交通孔道，隋裴矩之《西域圖記》分北、中、南三道（《隋書》六十七本傳）。而《新唐書·地理志》所記，凡分南北二道。碎葉城處楚河，即碎葉川（Suy-ab）流域，遺址不在 Tokmak 原址，必在其附近。如以碎葉爲界限，其南道經行天山南，經拔達（Bédel）嶺（即凌山）至楚河南的 Tokmak（即碎葉城）但達呾邏私（Talas）。北道經迪化，從伊犁（Ili）河而達 Tokmak（碎葉）。《新唐書》卷四十三《地理志》：

> 安西至熱海（Issik-Kul）…… 至碎葉川 …… 又西四十里至碎葉城。城北有碎葉水，水北四十里有羯丹山，十姓可汗（On Oq）每立君長於此。

此爲西州至怛羅斯（呾邏私）中間必經之道路，《唐書》四十北庭都護府（Jimsa）下則記從輪臺以至碎葉界，又西行千里至碎葉城。這是從交河至碎葉的另一道，所有的碎葉城都指 Tokmak 而言。[1] 這條大路，玄奘（《西域記》）、杜環（《經行記》）[2]、賈耽都有詳細記録。其北道大體與漢代由車師後國通烏孫之道路相同。玄奘即取途於熱海道，經碎葉以入西域。[3] 最早考定碎葉水爲回教徒所謂 Suy-ab，即今之吹（Chi 或 Chu）河者，爲 Marquart 氏之説。[4] 這條通熱海的路綫，

---

[1] 碎葉在西北交通地理上的重要性，可參考沙畹《西突厥史料》第一篇路程，Samuel Beal 之 *Travels of Hiouen-Thsang*, Book I, pp.92-96，足立喜六《大唐西域記の研究》上卷跋禄迦國中凌山、大清池、素葉水城、千泉、呾邏私（怛羅斯）城等條。其間古迹，亦詳俞浩著《西域考古録》卷九。

[2] 杜環《經行記》有桑田六郎校本（《和田紀念東洋史論叢》，383 頁）。

[3] 參向達《熱海道小考》，載《西域見聞記》（《文物》1962，7、8 期合刊號），35 頁。

[4] 見桑原騭藏《張騫西征考》，楊鍊譯本，上海，商務印書館，77 頁，1934。

正是古來中西交通上行旅最頻繁的大道。[1] 何秋濤《朔方備乘》卷三十《烏孫考》引杜環《經行記》"教連嶺北行千餘里至碎葉川，其川東頭有熱海，又有碎葉城……川西接石國，約長千餘里，……川頭有城名怛羅斯……"一段注云：

唐碎葉水在伊麗河西。今伊犁河西之水最大者爲特穆爾圖淖爾，即熱海也。淖爾所受之水，有察察爾、哈奈和賴布拉克，其水分流西北爲吹河，行千有餘里入和什泊，所謂碎葉川，當指吹河言之。因此泊寒而不凍，故稱熱海。乃唐岑參《熱海行》詩："側聞陰山胡兒語，西頭熱海水如煮。"

注言特穆圖淖爾之水，詳徐松《西域水道記》卷五及附圖。彼云：

特穆爾圖淖爾亦曰圖斯庫爾[2]，河東西長四百餘里，南北廣處百二十餘里，狹處八十餘里。沿岸之河可煎鐵，故有特穆爾(Timur)之目。并引辨機《西域記》、岑嘉州《熱海行》，謂熱海皆斯水舊名。元長春真人之朝成吉思皇帝，按其程途往返皆經淖爾……自淖爾西以至吹没輦；吹没輦者，今吹河。自淖爾東南以連霍闡没輦；霍闡没輦者，今納林河。南岸山中有碑，松筠聞之土人名曰張騫碑，三度尋覓，終莫能得。

其實碎葉城在碎葉水上，亦譯作素葉水，原屬於西突厥所轄的地

[1] 白鳥庫吉《烏孫考》對《唐書·地理志》所記拔達嶺（Bédel）至頓多城，烏孫所治赤山城及碎葉城、碎葉水各地名，有詳細考證（詳見《白鳥全集》第六卷，27~28 頁，又 65~69 頁）。碎葉川及碎葉路，松田壽男氏於《古代天山の歷史的研究》，《補考》二，414 頁 ~ 432 頁討論甚詳。

[2] 考白鳥庫吉《烏孫考》(《全集》六，27 頁)。圖斯庫爾（Tus-Kul）者，圖斯訓咸，庫爾即湖，皆突厥語。

方。玄奘在貞觀二年間，從“清池（即熱海）循海西北行五百餘里，至素葉城，逢突厥葉護可汗，方事畋游，戎馬甚盛”[1]。他在《大唐西域記》卷一描寫着：

> 清池西北行五百餘里，至素葉城，城周六七里，諸國商雜居也[2]……素葉已西數十孤城，城皆立長……皆役屬於突厥。素葉城行四百餘里至千泉，突厥可汗每來避暑。千泉西行百四五十里，至呾邏私城。……南行十餘里有小孤城三百餘户，本中國人也，昔爲突厥所掠。……衣裳去就，遂同突厥；言辭儀範，猶存本國。

這是他目擊的碎葉及其附近漢人突厥化的情形。這時的素葉城，是尚在西突厥統治之下。[3] 碎葉川原名 Suy-ab 水，今稱楚河（Tchou 河），亦譯作吹河，亦曰垂河。《西域同文志》卷一《天山北路地名》：

> 吹，準語；水渾色黄之謂。唐爲西突厥别族，凡吹河南岸諸境同。《唐書·西域傳》：“細葉川長千里，有異姓突厥。”吹、三合切音：初烏衣。回字作[illegible]，藏文作[illegible]，蒙文作[illegible]。

各書譯名素葉、細葉、碎葉，均一音之轉，其水即今之楚河。阿拉伯史學家 Tabari 書中的 Suy-ab，即是水也，ab（ỤT）是波斯文的河。（梵語 ab 亦即水，此一語根之字，如生於水者曰 ab-ja，供水曰 ab-da，池沼曰 ab-dhi 是。）蒙古語水曰 usun，回回語河音“蘇”，西

[1] 見《大慈恩寺法師傳》，卷二。

[2] 此據敦煌寫本 S·二六五九號《大唐西域記》殘卷。宋刊《藏經》本作“諸國商胡雜居”，多一“胡”字。

[3] 參松田壽男《西突厥王庭考》，記統葉護可汗事，載《天山研究》，287 頁。

蕃語："楚，水也，河也，字作ཆུ。"[1]故素葉、碎葉、細葉、楚、蘇都是水、河、川的意義。[2]

由上知碎葉城乃緣碎葉水得名；焉耆未聞有碎葉城之存在，前人考證已明。碎葉城衹有一個，在今之 Tokmak。

二、碎葉城不在焉耆

《新唐書·地理志》卷四十安西大都護府下注云：

> 有保大軍，屯碎葉城。

又同書卷四十三下焉耆都督府下注云：

> 貞觀十八年（644）滅焉耆置。有碎葉城。調露元年，都護王方翼築，四面十二門，爲屈曲隱出伏没之狀。

這第二條材料，似乎是有問題的，很容易因此而令人誤解唐時有二個碎葉，以爲一在焉耆，而一在熱海。[3]這裏言焉耆的碎葉城是高宗調露元年王方翼所築。馮承鈞譯沙畹《西突厥史料》時，在此文下附

[1] ཆུ，西藏水名皆稱楚，如色爾楚（金水），姜楚（水源遠者），不勝枚舉（見《同文志》，卷二二）。

[2] 參足立喜大《大唐西域記の研究》，卷一，40 頁。

[3] 郭沫若在《李白與杜甫》書中開頭便謂"碎葉有二，一在焉耆。焉耆碎葉，其城爲王方翼所築。"似緣《唐書·地理志》，焉耆都督府下又有碎葉城，故分之爲二。日人大谷勝真在其《安西四鎮之建置及其異同》一文中，嘗討論過此點，謂不聞焉耆治下有所謂碎葉城之存在。《唐書·地理志》，於焉耆府下記碎葉城，乃指碎葉城列於四鎮時而言；仍以《舊唐書·地理志》無此文者爲正。"其説甚允。王樹枏《新疆圖志·職官》"碎葉鎮使"下云："長壽中，韓思忠爲碎葉鎮守使。謹案碎葉城在焉耆，與伊犁之碎葉川異。"此説即沿襲《新唐書》，實不可靠。

加按語云："似爲錯簡，而誤置於焉耆條下者。"[1] 可惜他没有説明理由。考王方翼當日是裴行儉的部屬。《新唐書 · 西突厥傳》稱：

> 儀鳳中，都支自號十姓可汗，與吐蕃連和，寇安西，詔吏部侍郎行儉討之。……詔行儉册送波斯王子，并安撫大食，若道兩蕃者；都支果不疑，率子弟上謁，遂禽之。召執諸部渠長，降别帥李遮匐以歸，調露元年（679）也。

方翼城碎葉，即是年之事。《新唐書》卷一〇八《裴行儉傳》記之尤詳，并云：

> 都支覘知之，不設備，行儉徐召四鎮酋長僞約畋，……（都支）率子弟五百人詣營謁，遂禽之。是日傳契箭召諸部酋長，悉來請命，并執送碎葉城。……遮匐乃降，悉俘至京師，將吏爲刻石碎葉城以記功。

張説撰《裴公神道碑》亦云：

> 裹糧十日，執都支於帳前；破竹一呼，鉗遮匐於麾下。華戎相慶，立碑碎葉。（《張説之文集》十四）

可見儀鳳、調露以前，原已先有碎葉城，裴行儉計擒都支，將吏爲刻石於碎葉，王方翼即其將吏之一也。（這個碎葉城，沙畹注云即 Tokmak。）王方翼所築的碎葉城應亦即在楚河的 Tokmak，不可能是在焉耆。焉耆（Karachar）去高昌不遠，從焉耆西行到龜兹（今庫車，唐安西都護府曾治於此），有一大段路，從龜兹再西經撥换城（今 Aksou），方可到碎葉。王方翼所建的城，據張説之《文集》十六《王

[1] 見馮氏中譯本，61 頁。

公（方翼）碑》云：

> 裴吏部（行儉）名立波斯，實取遮匐。偉公（指方翼）爲波斯軍副使，兼安西都護。以都護杜懷寶爲庭州刺史。公城碎葉，街郭迴互，夷夏縱觀，莫究端倪。三十六蕃，承風謁賀。（又見《全唐文》卷二二八）

波斯王之卒，其子泥涅師（Narsi），質於京師。裴行儉銜命册立波斯王，護送其子西還，時以方翼充副使。

《舊唐書》一八五《方翼傳》云：

> 會吏部侍郎裴行儉西討遮匐，奏方翼爲副，兼檢校安西都護，又築碎葉城，立四面十二門，皆屈曲作隱伏出没之狀，五旬而舉。（《新書》卷一十一稱："方翼碎葉城面三門，行還多趣，以詭出入，五旬畢，西域胡縱觀，莫測其方略。"）

《唐會要》卷七三：

> 調露元年（679）九月，安西都護王方翼築碎葉城，四面十二門，作屈曲之狀，五旬而畢。

自從高宗咸亨元年（670），吐蕃奪取龜兹的撥换城（今阿克蘇），安西四鎮并廢。時以薛仁貴爲邏娑道行軍大總管，出討吐蕃。[1] 因爲吐蕃的入寇，四鎮暫不設官，但碎葉城仍先已存在的。稍後裴行儉西征，是因爲突厥十姓可汗匐延都支和李遮匐勾結吐蕃，侵逼安西。朝廷用計以册封波斯王子爲名義，以裴行儉兼充安撫大食使者西行，出其不意，都支來謁，遂擒之。《舊唐書·裴行儉傳》記載此事，有聲

[1] 見《新唐書·吐蕃傳》。

有色，并云：

> 諸部酋長悉來請命，并執送碎葉城。
>
> 於是將吏已下，立碑於碎葉城以記其功。

王方翼乃裴行檢的副手，這些事情他當然幫忙策劃。擒送西突厥可汗都支及其別帥李遮匐是一樁戲劇性的行動，居然能獲得成功，所以要勒石於碎葉城以記其事。故王方翼在這次成功以後，便大興土木，把舊時的碎葉城大事興築，立十二門，我想不過是裝修刷新城門而已。玄奘所記素葉城周六七里，是一個大城。方翼以五旬之功築成，可見不是草創始築城時可能做到的。

如果認爲碎葉有城乃始自高宗調露元年，是不對的。過去一長時間，因吐蕃入侵，四鎮停設，至是又恢復之。故《册府元龜》云：調露元年以碎葉、龜兹、于闐、疏勒爲四鎮。這和調露元年，王方翼築碎葉城，正是符合。及永淳元年（682）突厥車薄、咽面復亂，王方翼襲破之，西突厥遂平。張說在《王公神道碑》上說道：

> 無何，詔公爲庭州刺史，以波斯使領金山都護。前使杜懷寶更統安西，鎮守碎葉。……公在磧西，捷無虚歲，蹙車薄於弓月，陷咽面於熱海。(《張説之文集》卷一六)

他又被調爲庭州刺史。《新唐書·地理志》卷四〇說："北庭大都護府本庭州。"他改充北庭都護，而杜懷寶則自金山移鎮守碎葉，"遂失蕃、戎之和"（《新唐書·方翼傳》）。他和突厥人轉戰於熱海一帶，可見碎葉城必然是離熱海不遠的 Tokmak。沙畹於所著《西突厥史略》八云："六七七年，裴行儉以册立波斯王送之歸國爲名，計禽（阿史那）都支於碎葉城 Tokmak 附近。王方翼乃於是時築碎葉城。六八二年，西突厥阿史那車薄帥十姓反，國弓月城，安西都護王方翼引軍救之，破虜衆於伊麗水（Ili），又破咽面於熱海。”[1] 可見擒送都支地方的碎葉，以及杜懷寶後來鎮守的碎葉，與王方翼所築的碎葉城，均在熱海附近的楚河 Tokmak 地方，亦即是中亞的碎葉。

《通鑑》卷二〇二調露元年記裴行儉平都支、遮匐事，末云：

遣波斯王自還其國，留王方翼於安西，使築碎葉城。

胡三省注：

碎葉城，焉耆都督府治所也。方翼築四面十二門，爲屈曲隱出伏没之狀。

此即誤采《新唐書·地理志》第二條之説。其以方翼所築之碎葉城，即焉耆都督府治所，有絶對不可能者，因焉耆所治原亦有城，《通鑑》卷一九七記貞觀十八年郭孝恪擊焉耆情形甚悉，略云：

會焉耆王弟頡鼻兄弟三人至西州，孝恪以頡鼻弟栗婆準爲鄉導。焉耆城四面皆水，恃險而不設備，孝恪倍道兼行，夜至城下，命將士浮水而渡。比曉登城，執其王突騎支。

可見焉耆城四面皆水，方翼所築之碎葉城，不可能在此，十分明瞭。

三、有關碎葉的新資料

近年來，西域考古的工作，逐漸有新發現。新疆的吐魯番，唐

[1] 見馮氏中譯本，203 頁。

時爲西州，安西都護府初治於此，在今吐魯番西二十里的雅爾（Yar-khoto）。其後徙治高昌故地，爲今的哈拉和卓（Kara Khojo）。吐魯番唐墓所出的古文書，對於研究碎葉鎮很有幫助。像泛德達墓所出武后永淳元年（682）泛德達的告身中稱："募一生（人）西州泛德〔達〕。"這裏所指的募人，正是裴行儉送波斯王兒子返國，途經西州（今吐魯番高昌故城）召募"豪傑子弟千餘"之事。又延載元年（694）的輕車都尉泛德達的告身，前面有文稱：

> 準垂拱二年（686）敕，金牙軍拔于闐、□□、〔疏〕勒、碎葉等四鎮。

可知是時四鎮中分明有碎葉，和員半千的《達奚思敬碑》言彼於："垂拱二年、充金牙道行軍司兵事。""設策請拔碎葉、疏勒、于闐、安西四鎮。"[1] 記載完全相同。[2] 金牙軍即是裴行儉的所部。告身上説敕拔于闐等四鎮，則垂拱二年，四鎮正陷於吐蕃，故"敕其拔之"。據清季宣統二年於吐魯番哈拉和卓出土之《張懷寂墓志》，懷寂是王孝傑的部將，卒於武周長壽二年（693）。志文有云："是日賊頭跛倫（藏語 blon）逆次拒輪，兵戈才衝，敗徒俄潰。""十箭安毳幙之鄉，四鎮復飛泉之埊（地）。"據説墓初發現時，土人掘出懷寂，尸身完好，修軀大首，覆以五彩絲緞，甚爲有趣。[3] 按金牙原是山名，賀魯曾獵於此。（金牙山在雙河附近）十箭即十姓部落，分居碎葉東西。[4] 長壽二年十一月一日，王孝傑克復四鎮[5]，正緣孝傑及張懷寂的

[1] 見《全唐文》，卷一六五。
[2] 參見《吐魯番縣阿斯塔那——哈拉和卓古墓群清理簡報》，載《文物》，1972(1)。
[3] 見黄文弼《吐魯番考古記》。又，日本龍谷大學藏有西域出土長壽二年張懷寂《中散大夫行戊州都督府司馬告身》，見《西域文化研究》（1960，日本，法藏館），第三，294 頁，又，35 頁。
[4] 俱見《新唐書 · 西突厥傳》。
[5] 見《唐會要》，卷七三。

戰績，故四鎮重新復置。這兩項考古材料，亦可幫助了解神龍以前碎葉的實際狀況。又蒲昌府文昌十一李思綰文件内有“被四鎮節度使牒令”。《唐會要》七八安西四鎮節度使，“開元六年三月，楊（湯）嘉惠除四鎮節度經略使，自此始有節度之號。十二年以後，或稱磧西節度，或稱四鎮節度”。此文書乃開元年以後之物。[1] 是時四鎮爲龜兹、于闐、疏勒及碎葉。

四、碎葉與吐蕃

王溥《唐會要》七十三云：

咸亨元年四月二十二日，吐蕃陷我安西，罷四鎮：龜兹、于闐、焉耆、疏勒。

《通鑑》卷二〇——咸亨元年（670）下云：

夏四月，吐蕃陷西域十八州，又與于闐襲龜兹、撥换城，陷之。罷龜兹、于闐、焉耆、疏勒四鎮。

此條温公認爲咸亨元年的四鎮，有焉耆而無碎葉，他是本諸《唐會要》的。但在咸亨後的調露元年（679）秋七月，却記裴行儉召四鎮諸胡首長及執都支送碎葉城，和留王方翼於安西使築碎葉城等事。又於永隆元年下記云：

秋七月……吐蕃盡據羊同党項及諸羌之地，東接涼松茂

[1] 見日比野丈夫《唐代蒲昌府文書の研究》（日本京都大學《東方學報》，第三十三册）。

巂等州，南鄰天竺，西陷龜兹、疏勒等鎮，北抵突厥，地方萬餘里，諸胡之盛，莫與爲比。

這是根據《舊唐書·吐蕃傳》。如是四鎮又於此時再陷於吐蕃。又《通鑑》卷二〇五長壽元年（692）下云：

（王）孝傑久在吐蕃，知其虛實。會西州都督唐休璟請復取龜兹、于闐、疏勒、碎葉四鎮，敕以孝傑爲武威軍總管，與左武衛大將軍阿史那忠節將兵擊吐蕃。十月丙戌，大破吐蕃，復取四鎮；置安西都護府於龜兹，發兵戍之。

是時再收復四鎮、中有碎葉。《舊唐書·吐蕃傳》：

長壽元年，武威軍總管王孝傑大破吐蕃衆，克復龜兹、于闐、疏勒、碎葉等四鎮。

知《通鑑》即本此，故繫於長壽元年。同書卷二〇五延載元年（694）下云：

二月，武威道總管王孝傑破吐蕃敦論贊，及突厥可汗俀子等於冷泉及大嶺各三萬餘人，碎葉鎮守使韓思忠破泥熟俟斤等萬餘人。

則延載時，碎葉尚有中國鎮守使之設。證之延載元年輕車都尉氾德達的告身，氾德達很可能即是韓思忠的部屬。

《册府元龜》記安西四鎮事頗有矛盾。在卷九六四外臣部封册第二高宗永徽下云：

先是太宗既破龜兹，移置安西都護府於其國城，以郭孝恪爲都護，兼統于闐、疏勒、碎葉，謂之四鎮。帝嗣位，不欲廣地勞人，復命有司棄龜兹等四鎮，故詗黎布失畢王其舊地。

《新唐書》卷二二一上《龜兹傳》：

拜布失畢左武衛中郎將，始徙安西都護於其都，統于闐、碎葉、疏勒，號四鎮。（《舊唐書》一九八文略同）

據此，太宗時郭孝恪所統四鎮，其中已有碎葉。但《册府元龜》卷九六七外臣部西突厥條云：

乾封二年，二可汗既死，餘衆附於吐蕃。調露元年，以碎葉、龜兹、于闐、疏勒爲四鎮。

則與同書卷九六四謂太宗時郭孝恪爲安西都護，所轄四鎮已有碎葉，前後互歧。沙畹於《西突厥史料》注中云：“《舊唐書》卷五，670 年（即咸亨元年）吐蕃與于闐合衆襲龜兹撥換城，陷之，罷安西四鎮。《通鑑》670 年下，謂當時之四鎮爲龜兹、于闐、疏勒、焉耆，然吾人不能保其說之不誤。”[1] 沙畹氏疑《通鑑》說爲非，而岑仲勉《隋唐史》則謂：“《舊唐書 · 龜兹傳》訛焉耆爲碎葉、須知西突厥之西部，貞觀末尚未内屬，唐不能就其地設鎮也。”則主四鎮之有碎葉，乃始在調露元年（679）王方翼築碎葉城，爲四鎮之再置。與前異者，即用碎葉代替焉耆。[2]

今按二說之中，《通鑑》蓋本諸《唐會要》。然《唐會要》七三引蘇氏（冕）記云：

咸亨元年四月，罷四鎮，是龜兹、于闐、焉耆、疏勒。至長

[1] 見馮氏譯本，87 頁。

[2] 見《隋唐史》，第二十五節，245 頁。

壽二年十一月復四鎮敕，是龜兹、于闐、疏勒、碎葉。兩四鎮不同，未知何故？（高似孫《史略》云：“唐蘇冕撰《唐會要》四十卷，起高祖，迄代宗。”此當出自蘇氏之《唐會要》。）

推測蘇冕的意思，他認爲二説不同，“不知何故”，不敢遽下斷語。惟此處引用長壽二年十一月復四鎮敕，然《舊唐書·吐蕃傳》及《通鑑》則均系其事於長壽元年。《新唐書·龜兹傳》亦同，謂：“始儀鳳時吐蕃攻焉耆以西，四鎮皆没。長壽元年（692）武威道總管王孝傑破吐蕃，復四鎮地。”則仍作元年，相差一年。

安西四鎮在開始時有無碎葉，是否至調露元年方才在碎葉設鎮？對於這個問題，日本學人極感興趣，且曾作過許多研究。大谷勝真氏撰《安西四鎮之異同》，指出：“《舊唐書·突厥傳》謂西突厥乙毗射可汗請婚，時太宗命割龜兹、于闐、疏勒之地爲聘禮，而不及碎葉。是以知太宗時之四鎮猶不包含碎葉。”[1] 岑仲勉從其説。[2] 又松田壽男氏最初寫《碎葉與焉耆》一文，只留心開元七年以後焉耆編入四鎮的原因。其後於昭和三十一年及四十五年其皇皇巨著《古代天山歷史地理學的研究》（第二次增補版）問世，作了如下的結論[3]：

670　**咸亨元年**　四鎮陷於吐蕃：龜兹、于闐、疏勒、焉耆。（《唐會要》七十三引蘇冕記，《通鑑》二〇一）

679　**調露元年**　王方翼築碎葉城，以碎葉、龜兹、于闐、疏勒爲四鎮。

692　**長壽元年**　敕復四鎮：龜兹、于闐、疏勒、碎葉。（《舊唐書·吐蕃傳》）

[1] 見《禹貢》，一卷十一期，21頁，中譯本。
[2] 見《隋唐史》。
[3] 參該書英文提要，500~502頁。

719　開元七年　十姓可汗移駐碎葉，四鎮爲龜兹、于闐、疏勒、焉耆。(《新唐書·西域傳》)

表中的出處，是我代爲注出的。但我仍認爲這問題尚不可作最後的論定。理由如下：

（一）兩《唐書·龜兹傳》分明記着，最初的四鎮内有碎葉，未必爲訛誤。

（二）《册府元龜》於《西突厥傳》既言調露元年以碎葉爲四鎮之一，但在《封册》門則謂郭孝恪所統四鎮内有碎葉，自身矛盾。

（三）《唐會要》蘇冕記咸亨元年罷四鎮中有焉耆而無碎葉，雖爲《通鑑》所采用，但蘇氏却自言“兩四鎮不同，未知何故？”他自己亦難以確定。

（四）儀鳳時，裴行儉執都支送往碎葉城，且立碑於此，是時如若碎葉不是“鎮”的所在地，何以要於此處立碑？可惜這碑已失傳，無從細考。

由於上述四點理由，碎葉成爲漢人控制西突厥的政治據點，在平龜兹、賀魯之後，擒都支以前，早已如此重要。故王方翼把原有的碎葉城加以修築起來，五旬而功畢，不是到他時候才開始來建築碎葉城，那是不成問題的。倘若能够獲得像汜德達的告身一類的文件，可證實調露元年以前的四鎮，是否包括碎葉在内；一如垂拱一年敕金牙軍拔四鎮，其中即有碎葉之名，證實員半千的《達奚思敬碑》所言之可靠，那就再好没有了。

新疆天山南北路出土文物特别豐富，他日或許有可以幫助我們解決這一問題的文件；此時尚無法斷定，有待於地下資料的發現。

關於碎葉在唐初的歷史情况，還得加以綜述。太宗貞觀初年，碎葉尚是西突厥的轄地，及高宗顯慶二年（657），“蘇定方攻西突厥賀魯於碎葉水，大破之。”[1] 賀魯既擒，西域平，乃以其西突厥本地置濛池、昆陵二都護府。濛池在碎葉（楚河）以西，昆陵在碎葉以東。[2] 碎葉地區自是遂屬於中國。乃於龜兹國徙置安西都護府，這時所轄的四鎮有二説：一説統有龜兹、于闐、碎葉、疏勒；一説有焉耆而無碎葉。至咸亨元年（670），吐蕃攻陷龜兹的撥换城，四鎮遂廢。儀鳳間，裴行儉計執突厥都支於碎葉城，調露元年（679），王方翼復築碎葉城，是時復置四鎮，其中一爲碎葉。惟是吐蕃與突厥勾結，屢屢爲患。《新唐書·龜兹傳》云：“始儀鳳（676～678）時，吐蕃攻焉耆以西，四鎮皆没。長壽元年（692），武威道總管王孝傑破吐蕃，復四鎮地，置安西都護府於龜兹，以兵三萬鎮守。”因吐蕃非常猖獗，四鎮受其蹂躪甚久。是時又有碎葉鎮守使韓思忠者，破吐蕃的泥熟没斯城。[3]《舊唐書·王孝傑傳》亦説他在長壽元年“克復龜兹、于闐、疏勒、碎葉四鎮”。惟時議者請廢四鎮，甚囂塵上。右使崔融曾獻議謂：

> 高宗時有司無狀，棄四鎮不能有，令孝傑一舉而取四鎮，還先帝舊封，若又棄之，是自毁成功而破完策也。

萬歲通天二年（697），吐蕃大臣論欽陵請和，欲得四鎮及益州通市。唐遣郭元振和他談判。[4] 同年（神功元年），狄仁傑上疏論百姓因戍四鎮極爲凋敝，請損四鎮以肥中國。[5] 吐蕃與唐争奪四鎮，前後將及百年。四鎮問題與吐蕃的糾葛，在唐初實爲極嚴重而傷腦筋之事。

---

[1] 見《舊唐書·西突厥賀魯傳》。

[2] 沙畹《中國在西突厥設置府州》。

[3] 見《新唐書·吐蕃傳》。泥熟没斯城，《通鑑考異》引《統紀》作萬泥勳没馱城，參岑仲勉《通鑑隋唐紀比事質疑》，119頁，“王孝傑戰冷泉大嶺”條。

[4] 見《通典》，卷一九〇，《吐蕃》。

[5] 見《新唐書》，卷一一五，《狄仁傑傳》。

郭元振曾云:“頃年(阿史那)忠節請斛瑟羅及懷道俱爲可汗,亦不能招脅得十姓,却遣碎葉數年被圍,兵士飢餒。又吐蕃頃年亦册俀子及僕羅并拔布相次爲可汗,亦不能招得十姓皆自磨滅。”[1]

考: 那斛瑟羅,武后垂拱詔襲繼往絶可汗。

懷道,長安四年册爲十姓可汗。

又俀子、僕羅、拔布三可汗,則吐蕃所立者。

以上爲武后末年所立之突厥可汗,其中有三人爲吐蕃所立。是時突厥十姓勢力已膨脹,漸與吐蕃成角逐之勢,唐人無力控制。碎葉在這兩重勢力的包圍下,情形至爲惡劣。

武后萬歲通天元年(696)三月,大食請獻獅子,姚璹反對。(《通鑑》二〇五系於是時。)《新唐書·姚璹傳》云:“大食使者獻師子,璹曰:是獸非肉不食。自碎葉至都,所費廣矣。”可見是時,碎葉和長安的交通仍是相當的困難。

五、碎葉與西突厥突騎斯

突厥建國本有二部。土門可汗(Tünän 萬= Bumin Gaan)之弟室點密可汗(Istämi)的牙帳有南北二庭:

(1)南庭——爲冬都,設於龜兹以北白山(阿羯田山 Aktay)山麓的 Youldouz 谷。

(2)北庭——爲夏都,設於石國(塔什干)以北碎葉河流域之千泉(Bing-bu-laq)。

[1] 見《舊唐書·郭元振傳》。

玄奘於貞觀二年（628）親眼看見突厥護可汗，在素葉城方事畋游，戎馬甚盛。自葉護可汗歿後，西突厥分裂爲二個，以碎葉川爲界：

（1）弩失畢五部，在碎葉川以西及西南方。

（2）咄陸五部，在碎葉川東北方。

自七世紀中葉西突厥衰落，唐分其地爲二都護府：

（1）昆陵都護府，在碎葉川以東，統五咄陸部落，以阿史那（Avsinas）彌射爲都督，封之爲興昔亡可汗。（顯慶三年册立。彌射子阿史那元慶，元慶子阿史那獻，爲十姓可汗。）

（2）濛池都護府，在碎葉川以西，統五弩失畢部落，以阿史那步真爲都督，封之爲繼往絶可汗。

此二都護皆隸屬於北庭都護府（其治在今新疆吉林薩爾縣以北），以君臨突厥十姓。

唐代勢力在西域之擴展，最重要爲安西、北庭二都護府之設立。安西都護府爲貞觀十四年（640）侯君集滅高昌（麴氏治吐魯番）後，改其地爲西州；同年九月，置安西都護府，目的在維持塔里木河盆地諸國之霸權，督察其交通貿易事宜。至高宗顯慶三年（658），平賀魯，乃移置安西都護府於龜兹（Kucha）。北庭都護府則爲武后長安二年（702）十二月於庭州（天山北麓濟木隆 Jimsa 地）置，以控制天山以北金山以西諸蕃落。安西都護府設立四鎮，在唐對西突厥大獲勝利之後，顯慶三年，蘇定方擒阿史那賀魯於石國（塔失干 Tashkend），於是唐以軍事勢力遠達熱海（Issyk kul）與吹河（Chu）地區，碎葉遂入中國版圖。

玄奘《大唐西域記》，書中記載貞觀二年（628），在素葉城中，目擊統葉護可汗爲西突厥之全盛時。統葉護死後，西突厥裂爲二部。

繼之，頡利可汗失敗，爲李靖所擒，唐遂奄有西突厥之地。《舊唐書·契苾何力傳》[1]：何力父居熱海之上。蘇聯人嘗於熱海東南岸發現古迹，故主張烏孫根據地之赤谷城應在熱海。該地，日人之説謂即賈耽記安西道之赤山城，即在 Syr-daryā 河之上游。故知熱海附近，自漢烏孫以後，即爲經濟政治之重心。

碎葉本爲西突厥疆域，唐雖於其地設鎮，然突厥仍於該地活動。《通鑑》二〇〇永徽六年（655）：

> 遣豐州都督元禮臣册拜頡苾達度設爲可汗。禮臣至碎葉城，沙鉢羅發兵拒之。

又《通鑑》二〇六久視元年（700）臘月：

> 以西突厥竭忠事主可汗斛瑟羅爲平西大總管，鎮碎葉。

同書一〇七同年秋：

> 阿悉吉薄露叛，遣左金吾將軍田楊名、殿中侍御封恩業討之，軍至碎葉。

碎葉自突騎斯（Türgis）勢力强大以後，已久被其控制。聖曆中，突騎斯首領嗢鹿州都督烏質勒移衙於碎葉，則天授以瑶池都督（《册府元龜》九六七）。長安中，烏質勒與諸番不和，舉兵相持，安西道絶，惟碎葉至是逐漸成爲突厥人聚集的中心。及蘇禄勢盛，十姓均依附之，衆二十萬。至開元七年（719），遂改以焉耆代碎葉。

松田壽男説謂以焉耆代碎葉爲鎮，祇見《新唐書·西域焉耆傳》：

> 開元七年，龍嬾突死，吐拂延立，於是十姓可汗請居碎葉，

[1] 契苾，二姓合名，即合契及苾利羽二部。

安西節度使湯嘉惠表以焉耆備四鎮。

以此爲唯一資料。自此唐遂放棄碎葉鎮。松田據《突騎施烏質勒傳》，記其：

屯碎葉西北，稍攻得碎葉，即徙其牙居之，謂碎葉川爲大牙，弓月城、伊麗水爲小牙。

定此事在武后天授元年事（按《册府元龜》事列聖曆），因斷言唐碎葉之鎮守，非喪失於開元七年，去此三十年前之天授元年已爲突騎斯所據。其後，自亦無碎葉鎮守使之存在，不過得保存其名目而已。[1]

然觀娑葛繼烏質勒爲王，娑葛於中宗神龍二年擒殺阿史那，闕啜忠節侵擾四鎮，《通鑑考異》十二引《景龍文館記》云：

娑葛……破滅忠節，侵擾四鎮，時碎葉鎮守使中郎周以悌率鎮兵數百人大破之，奪其所侵忠節及于闐部衆數萬口。奏到，上大悦，拜以悌左屯衛將軍，仍以元振四鎮經略使授之，敕書，薄責元振，宗（楚客）議發勁卒，令以悌及郭虔瓘北討，仍邀吐蕃及西域諸部，計會同擊娑葛。右臺卿史大夫解畹議稱不可，後竟與之和。

《通鑑》於二年十一月後書："復以郭元振代周以悌。"則是時，四鎮經略後，由郭元振負責與娑葛和議，不得謂碎葉全歸突騎斯所有，唐仍有控制力量存在。至娑葛爲東突厥默啜（爲骨咄禄之弟，武后封之爲遷善可汗）所殺，改立蘇禄，西突厥故地，包括碎葉等，乃復爲突厥所有矣。

[1] 見松田氏著《碎葉與焉耆》，收入楊鍊譯《西北古地研究》，18~37 頁。

《新唐書·突騎施蘇禄傳》:

> 蘇禄子吐火仙骨啜爲可汗，居碎葉城。引黑姓可汗爾微特勒保怛邏斯城，共擊（莫賀）達干。……磧西節度使蓋嘉運……擊蘇禄子，破之碎葉城。

《新唐書·阿史那彌射傳》云:

> 吐火仙之敗，(阿史那）懷道子昕爲十姓可汗。……遣兵護送昕至碎葉西俱蘭城，爲突騎斯莫賀達干所殺。

又《突騎斯傳》:

> 大曆（766—779）後，葛邏禄（Karluk）盛，徙居碎葉川，（黄黑）二姓微，至臣役於葛禄。

至德（756）以後，葛邏禄浸盛，與回紇争强，徙十姓可汗故地，盡有碎葉、怛邏斯。至是碎葉已入葛邏禄之手矣。[1]

自高仙芝敗於怛羅斯，附近康居等國轉而臣於大食。

《新唐書·康居國傳》云:

> 有碎葉者，出安西南地千里，所得勃達嶺，南抵中國，北突騎斯南鄙也。西南至葱嶺，贏二千里，水南流者，經中國入於海；北流者，經胡入於海北。三日行度雪海，春夏常雨雪。繇勃達嶺北行，贏千里，得細葉川。東曰熱海，地寒不凍，西有碎葉城，天寶七載，北庭節度使王正見伐安西毁之。川長千里，有異

[1] 葛邏禄事，參看内田吟風《初期葛邏禄（Karluk）族史の研究》一文，載《村田實造頌壽論叢》，57 頁，及前嶋信次《タラス戰考》本章，《東西文化交流之諸相》，160~192 頁。

姓突厥兵數萬，耕者皆擐甲，相掠爲奴婢。西屬怛邏斯城，石（國）常分兵鎮之，自此抵西海矣。

所記大概取自杜環《經行記》。蓋天寶七載以後，碎葉城已毀，而失去其重要地位。

王國維撰《西遼都城考》，論遼人不居碎葉城之緣故云：

考隋唐以來，熱海以西諸城，碎葉爲大。西突厥盛時，已爲一大都會。《慈恩傳》言至素葉水城，逢突厥可汗方事畋游，軍事甚盛。及唐高宗既滅賀魯，移安西都護府於龜兹，以碎葉備四鎮之一（《唐書·西域傳》）。調露中，都護王方翼築碎葉城，四面十二門，爲屈曲隱伏之狀（《唐書·地理志》《王方翼傳》），後突騎施烏質勒屯碎葉西北，稍攻得碎葉城，因徙居之（同《突厥傳》）。開元十年，十姓可汗請居碎葉城，安西節度使湯嘉惠表以焉耆備四鎮（同上《西域傳》《焉耆傳》）。嗣後突騎斯別種蘇禄子吐火仙復居之（同上《突厥傳》）。天寶七年，始爲北庭節度使王正見所毀（《通典》一九三杜環《經行記》）。後葛禄復據其地，唐中葉以後與西域隔絶，其地遂無所聞，及大石林牙既平西域，思復契丹故地，乃東徙於此。然不居碎葉而居其東四十里之裴羅將軍城者，蓋唐時碎葉故城已毀壞無餘故也。[1]

所論頗爲扼要。王氏以王方翼所築之碎葉城，即在熱海，不取胡注之説，極爲有識。至所謂裴羅將軍城，實即《新唐書·回鶻傳》天寶初骨力裴羅自稱毗伽闕可汗者所築。波斯人謂之八剌沙衮 Belasangun 城者也。[2]

[1] 見《觀堂集林》，卷一四。

[2] 張星烺《中西交通史料彙篇》，卷四，232 頁論之。

六、李白父自碎葉回蜀原因的推測

李白的先代，於隋末多難時，一房被流竄於碎葉。所謂隋末多難，其時群雄蜂起，其中不少憑藉突厥之勢力，互相勾結。《新唐書·突厥傳贊》云："隋季……四夷侵，中國微而突厥最强，控弦者號百萬，華人之失職不逞，皆往從之，惎之謀導之入邊。"如竇建德之流，皆甘爲突厥所利用，甚至接受突厥所賜可汗的名號。是時華人，往返西域者，實繁有徒。

武德三年，（竇建德）與蕭后同入突厥，……中國没入北蕃者，悉配之以爲部落，以定襄城處之。[1]

劉黑闥之敗，與范願以千餘人奔於突厥。[2]

貞觀十六年，（孝恪）拜凉州都督，改安西都護西州刺史，其地高昌舊都，流徙罪人，與鎮兵相雜，限以沙磧，隔絶中國。[3]

是安西一帶向來即爲流徙罪人之地，其例甚多：李白先世於此時竄居西域，非無可能。

李白家庭，寅老推測是營商。按胡商與突厥交易物品，主要是馬，而明珠尤奇昂。

時大亂之後，中州少馬，遇突厥蕃市牛馬，以資國用。（《舊唐書》五十七《趙文恪傳》）

突厥嘗與中國交市，有明珠一篋，價值八百萬，幽州總管陰

[1] 見《隋書·齊王暕傳》。
[2] 見《舊唐書·劉黑闥傳》。
[3] 見《新唐書·郭孝恪傳》。

壽白（獨孤）後市之。[1]

可見利之所在，衆多趨之。西域與蜀的貿易，北魏以來，絡繹不絶，如《南齊書 · 芮芮傳》：建元三年（魏太和五年）（481），芮芮獻師子皮袴褶，時有賈胡在蜀見之，云："此非師子皮，乃扶拔皮也。"又云："芮芮常由河南道而抵益州。"即其一例。[2] 自隋以來，入蜀之巨賈甚衆。而罪人之徙西域者，亦兼營商，如武后時，裴伷先自嶺南逃歸，復杖一百徙北庭，至徙所，殖貨任俠，常遣客詗都下事。[3] 李白父之必爲胡商，自屬可信。且西域與蜀之貿易，當日更受重視。[4] 吐蕃論欽陵請與唐和解，其談判重點，一是"益州通市"。李白父親既熟悉西域情形，他從碎葉遷回廣漢，自然是爲免除遭受吐蕃蹂躪的痛苦；另一方面，可能利用當日某種"益州通市"的機緣，遂得由西域回歸中國。

碎葉在西突厥轄下，當玄奘謁見葉護時，是西域一個非常重要政治經濟的樞紐。自入唐人控制以後，碎葉置鎮開始不管是何年，但在調露元年至於開元七年放棄爲止，在唐人統治下，前後不過四十年，李白父客於神龍初逃回蜀，正在長壽收復四鎮以後，其時吐蕃勢力稍弛，但突騎斯的勢力又告伸張，在神龍以前十餘年間，碎葉陷於吐蕃者不止一次，境内漢人，生活必相當困難，又可見李客之奔回廣漢，自有其客觀因素。

---

[1] 見《隋書 · 文帝獨孤后傳》。

[2] 岡崎敬《中央亞細亞發見之唐鏡》。文中記 Samarkand 之東 Pyanjikent 地方 Zarfshan 川之上流，即粟特人之都城，發見唐代海獸、葡萄、鏡等物（田村頌壽《東洋史論叢》，150 頁）。自八世紀以來，素葉城即在西突厥勢力範圍之内，該地已成爲西域絲路上商胡販賣之重鎮。

[3] 見《通鑑》，卷二一〇。

[4] 蜀與西域有交通商業關係，自三國南北朝以來，已頗繁榮。參見嚴耕望：《唐代岷山雪嶺地區交通圖考》，載香港中文大學《中國文化研究所學報》，第三卷，第一期；松山壽男：《吐谷渾遣使考》，載《史學雜志》，四八編，十一、十二號等文。

Waley 云[1]:

But in the autumn of 670 the whole of this area was overrun by the Tibetans. It is likely that the Li family then removed further north and turning west ultimately arrived at Suyab where, in 679 a Chinese general built ‘impregnable’ fortifications which were …… the wonder of the local inhabitants. Li Po’s grandfather no doubt thought this would be a safe place to settle in. But about 682 the local Turkic chieftain declared himself independent and Suyab was lost to China. The grandfather and father would then have lived among the Turks more or less as prisoners.

繪聲繪影，多爲推測之詞。670 年即咸亨元年，時吐蕃擾四鎮全境；679 年即調露元年，所謂“一將軍建 impregnable fortifications”當指王方翼築碎葉城；682 年即永淳元年，是時杜懷寶鎮守碎葉，王方翼陷咽面於熱海，遂平西突厥。[2] Waley 之説不知何據。然碎葉鎮淪於吐蕃不止一次，極爲複雜，已詳上述，非如 Waley 所述如此之簡單也。[3]

[1] 見 A. Waley: *The Poetry and Career of Li Po* (New York, 1950), additional note for page I, on page 103。

[2] 《唐會要》卷九四系於是年四月。

[3] 前嶋信次《タラス戰考》五《碎葉城の護り》(《東西文化交流之諸相》)，149 頁，謂 Waley 以爲唐失碎葉在高宗永徽元年（682）。按 682 年即永淳元年壬午，永徽乃誤植。前嶋此文，對當日唐與阿拉伯在西域爭奪霸權，及第三勢力之吐蕃，彼此勢力的消長，有詳細分析。

七、“奔流咸秦因官寓家”説

李白《上安州裴長史書》云:“白本家金陵，世爲右姓，遭沮渠蒙遜難，奔流咸秦，因官寓家。”郭沫若謂沮渠之難，即指宋武帝永初二年(421)李歆攻沮渠敗死，弟李恂繼立，沮渠破敦煌，恂自殺，西凉李氏因而國亡一事。至“咸秦”二字，郭氏謂當即“碎葉”之訛，但於字形相去甚遠。

鄙見從下文“因官寓家”一句看來，咸秦可能是官名，頗疑即是拓跋語的“咸真”。《南齊書》三八《魏虜傳》記拓跋語云:“國中呼内左右爲直真。……諸州乘驛人爲咸真。”白鳥庫吉《托跋考》對北魏官名語尾所附的真字，有很詳細的考證，認爲拓跋語之真，有如蒙古語的čin或či，či即蒙語之赤，因釋“咸真”一詞的語義，有如元代驛傳之稱“站赤”，故咸真(ham-čin)乃司驛傳者之謂。我想咸秦之與咸真正是同語的異寫，秦和真是一音，所云“奔流咸秦(真)，因官寓家”，意思是説奔走驛人之役，因官職而流寓。正可説明李氏先世自遭沮渠之難，曾一度淪爲驛傳小吏，到處奔走流離，寄居爲家。張掖沮渠氏，本爲羯族[1]，羯族亦用突厥語，像石勒小字“匐勒”[2]，匐字即是Türk語“族長”之bäg，西突厥君長常用“匐”字爲名，如本文屢次提到的阿史那匐延都支、李遮匐諸名號是。[3]李白先人嘗淪爲沮渠氏的低級驛人，奔竄流徙於西北，故亦習用拓跋的語言，到了李白述其先代，無意仍沿用“咸秦(真)”一胡語。這一假設，

[1] 參姚薇元《北朝胡姓考》，368頁。

[2] 見《魏書·羯胡傳》。

[3] 《北史·高車傳》:“國人號(王)曰‘侯婁匐勒’。”白鳥氏以爲匐勒即Osman語bejlik之對音;繆鉞《讀史存稿》在《北朝之鮮卑語》文中則持異議。然bäg即匐，爲突厥語族長之慣稱。參護雅夫《突厥之國家與社會》，102頁(《古代トルユ民族史研究》Ⅰ)。

如果成立，用來解釋李氏何以流竄西域遥遠地區的理由，亦是再好没有了。在别人説李白的先世是因罪謫居，而李白則自謂是“奔流咸秦（真）”，即是“奔走驛吏”，其中似乎有所諱言的。

至於李陽冰説，把碎葉改作“謫居條支”。《新唐書 · 地理志》四三西域府十六州七十二，其中有條支都督府，以訶達羅支國（Aroxaj）伏寶瑟顛城（Zabulistan）置。[1] 這個條支都督府是龍朔元年（661）所置，見王名遠進《西域圖記》，諸都督府名稱，多采用古名，無關實際，條支亦有同然。

漢代條支一名，古華語 dieu-tsie，即伊蘭語 (se)deukia 之省略。[2]《通典》一九九《西突厥傳》記高祖武德三年，突厥遣使貢條支巨卵，這一名在唐初尚被使用着。但李陽冰序所言的條支，分明是藉以泛指西域地方，不必確指某地，Waley 等亦有此説法。《新唐書 · 文藝傳》李白本傳稱：“其先隋來以罪徙西域。神龍初，遁還，客巴西。”雖采用范氏所撰《墓碑》之説，但改碎葉作西域，用泛稱的地名，這和用條支之以古名作爲泛稱，情形正相似。

新疆所出的回紇人坎曼爾手抄詩簽，末有元和十年題記。在第一首“憶學字”云：“古來漢人爲吾師，爲人學字不倦疲。吾祖學字十餘載，吾父學字十二載，今吾學之十三載，李杜詩壇吾欣賞，迄今皆通習爲之。”[3] 居然有李杜并稱的字眼，其時去李白之死才五十三年。我在法京見到敦煌卷子，亦有鈔録李白詩的，像 P · 二五四四長卷，録唐人作品頗多，其中有高適《燕歌行》及李白“君不見，黄河之水天上來”之《將進酒》，當日李白詩傳鈔的普遍，從敦煌到新疆邊陲之地區，諷誦及欣賞之多，可以概見了。

---

[1] 參岑仲勉《西域十六國都督府州治地通考》。

[2] 友人吴其昱先生近有此説。

[3] 見《文物》，1972(2)。

結語

本文討論重點，可得數事如下：

（一）碎葉衹有一處，在 Tokmak。《新唐書·地理志》及《通鑑》胡三省注，碎葉城在焉耆之説實不可信。

（二）王方翼築之碎葉城，據張説所撰《王公碑》及《裴行儉傳》，此碎葉城應在熱海。他所築的碎葉，以五旬之功畢事，衹是裝修刷新，而不是草創興建。玄奘所記素葉城，周六七里，决非五旬所能完工。

（三）四鎮成立經過，唐代各史書所記互有出入。蘇冕《唐會要》記咸亨所罷四鎮，其中有焉耆而無碎葉，其説雖爲《通鑑》所采用，然蘇氏却自作存疑之説，認爲有兩説不同，可以并存。日本松田壽南所著《天山歷史地理學之研究》，兩度增訂，折衷於《通鑑》，仍未可作最後的定論。

（四）新獲垂拱二年，敕金牙軍所拔四鎮，其中有碎葉之名，證實員半千之《達奚思敬碑》所説并非無據。調露元年以前四鎮之中是否有碎葉在内，希望他日發見新資料，再作斷定。

（五）李白父爲胡商，自碎葉回蜀，乃爲免除吐蕃蹂躪的痛苦，又可能利用當日吐蕃提出“益州通市”的機緣，遂返歸中國。

（六）李白《上裴長史書》言其先世“奔流咸秦，因官寓家”二句，咸秦是官名，即拓跋語的“咸真”，意指“奔走驛人小吏，因官職而流寓”。咸秦二字非“碎葉”之形訛。

附録　初、盛唐碎葉大事年表

太宗貞觀二年（628），玄奘謁西突厥統葉護可汗於素葉（水）城。（《大唐西域記》）

按統葉護於是年十二月爲其伯父莫賀咄所殺。

貞觀十二年（641），西突厥沙鉢羅咥利失可汗分國爲十姓，以碎葉爲咄陸五部及弩失畢五部之分界。（見《通鑑》，卷一九五）

按《胡注》於此條十姓五大啜居碎葉以東，五大俟斤居碎葉以西，下云："碎葉城在焉耆碎葉川，出安西西北千里至碎葉。杜佑曰：'碎葉川長千餘里，東頭有熱海，西頭有怛羅斯城。'"胡氏引杜佑説是。此碎葉川自是Suj-ab，故東有Issik-Kul，西有Talas城，胡注乃言"碎葉城在焉耆碎葉川"，焉耆二字，分明因《唐書·地理志》而有所誤解，因Suj-ab原不在Karashahr也。

高宗永徽六年（655）十一月，遣豐州都督元禮臣爲册命，拜頡苾達度設爲可汗。禮臣至碎葉城，沙鉢羅（Isbara）（賀魯）發兵拒之。（《册府元龜》九六四系於貞觀二十年，此據《通鑑》，卷二〇〇）

按《胡注》云："自弓月城過思渾川，渡伊麗河至碎葉界，又西行千里至碎葉城，屬焉耆都督府界。"此亦以碎葉屬於焉耆都督府，而所指之碎葉城，如所言則在伊麗河西千里，當是今俄屬Tokmak地，不應在天山南路之焉耆矣。

高宗顯慶二年（657）十二月，蘇定方攻賀魯於碎葉川，大破之。（《舊唐書·賀魯傳》）

賀魯平，十二月乙丑，分西突厥池，置濛池、昆陵二都護府。

濛池府居碎葉川西，昆陵府居碎葉川東。（《通鑑》，卷二〇〇及《胡注》）

三年（658）夏五月癸未，徙安西都護府於龜兹，以舊安西復爲西州都護府，鎮高昌故地。（《胡注》：貞觀十四年平高昌，置安西都護府於交河城，今徙於龜兹。）

咸亨元年（670）夏四月，吐蕃陷西域十八州，又與于闐襲龜兹撥换城，陷之，罷四鎮。（《通鑑》謂是龜兹、于闐、焉耆、疏勒四鎮。見《通鑑》，卷二〇一。）

調露元年（679），裴行儉計擒阿史那都支，執送碎葉城，立碑碎葉城紀功。（《新唐書·裴行儉傳》）留王方翼於安西，使築碎葉城。（《通鑑》，卷二〇二）

永淳元年（682），杜懷寶統安西，鎮守碎葉。（《張説之集》）

安西都護王方翼破三姓咽面、車薄於熱海，西突厥平。（《通鑑》，卷二〇三）

垂拱二年（686），敕金牙拔四鎮，内有碎葉。（《文物》，1972(1)）

按員半千《達奚思敬碑》，是年請拔四鎮，以碎葉居首。知垂拱二年前一段時間，又曾棄安西四鎮。

長壽元年（692），西州都督唐休璟請復取龜兹、于闐、疏勒、碎葉四鎮，敕以王孝傑爲武威軍總管。冬十月丙戌，大破吐蕃，復取四鎮，置安西都護於龜兹，發兵戍之。（《通鑑》，卷二〇五）

延載元年（694）二月，碎葉鎮守使韓思忠破（吐蕃）泥熟俟斤等萬餘人。（《通鑑》，卷二〇五）

萬歲通天元年（695）三月，姚璹上疏論大食獻師子，有“自碎葉至都，所費廣矣”之語。（《新唐書·姚璹傳》;《通鑑》，卷二〇五）

九月，吐蕃將論欽陵請罷安西四鎮戍兵，并求分十姓突厥之地。郭元振論四鎮十姓事。（《通鑑》，卷二〇五）

神功元年（697）冬，狄仁傑上疏，論宜立阿史那斛瑟羅爲可汗，委以四鎮，請捐四鎮以肥中國。（《通鑑》，卷二〇六；《舊唐書·狄仁傑傳》）

聖曆（698）中，突騎斯首領烏質勒移衙碎葉，則天授以瑶池都督。（《册府元龜》九六七）

久視元年（700）臘月，阿史那斛瑟羅爲平西大總管（《新唐書》，卷四，《本紀》），鎮碎葉城。（《册府元龜》，卷九六四）

長安元年（701），李白生於碎葉。

長安三年（703），烏質勒置都督二十員，各將兵七千人，屯碎葉西北，後攻陷碎葉，徙其牙帳居之。（《通鑑》，卷二〇七）

中宗神龍（705）初，李白父客自碎葉還廣漢。

景龍二年（708），四鎮經略使周以悌説闕啜忠節賂宰相宗楚客、紀處納，發安西兵及引吐蕃以擊突騎斯娑葛，求阿史那獻爲可汗以招十姓，使郭虔瓘發拔汗那兵以自助，爲金山道行軍總管郭元振所阻。（《通鑑》，卷二〇九）

按元振疏論郭虔瓘前此嘗與忠節擅入拔汗那發兵，不能得其片甲匹馬，而拔汗那不勝侵擾，南引吐蕃奉俀子，還侵四鎮。據杜環《經行記》："拔汗那國在怛邏斯南千里，東隔山，去疏勒二千里。"可見是時唐人兵力尚能控制及於 Talas 南拔汗那部落。

宗楚客等不從，建議遣馮嘉賓持節安撫忠節，侍御史吕守素處置四鎮。於是娑葛發五千騎出安西，五千騎出撥换，五千騎出焉耆，五千騎出疏勒入寇。元振在疏勒栅於河口，不敢出。（《通鑑》，卷二〇九）

按《舊唐書·郭元振傳》記："娑葛兵掩至，吕守素至僻城亦見害。乃陷安西，四鎮路絶。"即指此事。又《通鑑考異》引《景龍文館記》："娑葛破滅忠節，侵擾四鎮。時碎葉鎮守使周以悌率鎮兵數百人大破之，奪其所侵忠節及于闐部衆數萬口。"觀娑葛所出四路兵，其中并無指向碎葉，可知此時碎葉城，周以悌以鎮守使鎮守其地。

開元二年（714）三月己亥，磧西節度使阿史那獻克碎葉等鎮，擒斬（西突厥十姓叛酋）都擔，降其部落二萬餘帳。（《通鑑》，卷二一一）

開元三年（715），以郭虔瓘兼安西大都護四鎮經略大使。（《通鑑》，卷二一一）

開元五年（717），西安副大都護湯嘉惠奏突騎斯引大食、吐蕃，謀取四鎮，圍鉢换及大石城，已發三姓葛邏禄兵與阿史那獻擊之。（《通鑑》，同上）

開元七年（719），龍嫩突死，焉吐拂立，於是十姓可汗請居碎葉。安西節度使湯嘉惠表以焉耆備四鎮。（《新唐書·焉耆傳》）

突騎斯忠順可汗蘇禄請居碎葉，碎葉遂入於十姓可汗之手，因改以焉耆備四鎮。（《新唐書》，卷二二一）自此，碎葉遂不復列入四鎮，代以焉耆。如慧超《往五天竺國傳》所記四鎮爲安西（龜兹）、于闐、疏勒、焉耆。其書作於開元十五年，時已以焉耆代碎葉矣。

按《唐會要》七八節度使條："安西四鎮節度使，開元六年三月，〔湯〕嘉惠除四鎮節度經略使，自此始有節度之稱。十二年以後或稱磧西節度使。"然《舊唐書·玄宗紀》，阿史那獻於開元二年任磧西節度使。論者謂開元初設磧西節度使，最後遂以焉耆代替碎葉。日本學人對於此問題及四鎮關係，有下列諸篇可資參考：

松田壽南：《磧西節度使考》（《史潮》三，二、三）

佐藤長：《初代磧西節度使の起原と其終末——碎葉、焉耆更換事情の一考察》（《東洋史研究》，1942）

伊瀬仙太郎：《安西都護府の龜兹移徙と四鎮の創建についこ》（《史潮》四，1942）

又：《咸亨、長壽年間の安西四鎮》（《史潮》十二，1943）

又：《磧西節度についこ》（《歷史學研究》一一七、一一八，1944）

開元二十七年（739）秋七月，北庭都護蓋嘉運破突騎斯於碎葉城，殺蘇禄，威震西陲。（《舊唐書·玄宗紀》）

同年，蓋嘉運大破突騎斯於碎葉城之東賀邏嶺，擒可汗吐火仙等。（《册府元龜》，卷三五八）

開元二十八年（740），懷道子昕爲十姓可汗，册其妻凉國夫人李爲交河公主。昕至碎葉西俱蘭城，爲突騎斯莫賀達干所殺。（《新唐書》，卷二一五下，《册府元龜》册李氏爲交河公主，在開元二十八年）

按《太平廣記》二八〇引《廣異記》："上元初，豆盧榮爲温州别駕卒，榮妻即金河公主女也，公主嘗下嫁辟葉。"辟葉乃碎葉之字誤。詳岑仲勉《唐史餘瀋》，91頁，金河或交河公主條。

以後碎葉事從略，不復記。

本文蒙嚴歸田教授細閱一遍。事後又與其詳細討論，嚴先生認爲碎葉城不應置於相去遼遠之焉耆，《新唐書》爲第二手資料，往往有錯誤，不足爲據。承其指教，謹此附致謝意。（1974年）

説“瓦”

《説文》十二下：“瓦，土器已燒之總名；象形。”《慧琳音義》卷六瓦字注引《説文》：“土器也；象形，用以蓋屋，牝曰瓪，牡曰瓿。”按以牝、牡别瓦之説，出自顧野王《玉篇》。其卷十六瓦部云：“瓦，土器也。”周氏藏元本《玉篇》，瓪與瓿同訓牡瓦，必有一誤。據《集韻》應以瓪爲牝瓦。何謂已燒？《説文》土部壞下云：“一曰瓦未燒；瓦，謂已燒者也。”瓦字未見於古文字。林義光《文源》云：“瓦象鱗次之形，本義當爲屋瓦。”屋瓦之作成，亦經燒製。1975年安陽小屯村於祭坑中，發現人頭骨下置一鑄有銘辭之銅器蓋，銘文云：“王乍（作）㼾弄。”（拓本見《考古》，1976（4））此器現藏安陽陳列所，曾摩挲久之。余疑其聲符之亙，當是瓦字。按㼾從女者，殷時子姓有瓦；《路史·國史紀》四云：“黎、比、髦、扐、叚、瓦、鐵七國皆子姓，出《世本》。”（雷學淇校輯本。瓦列爲子姓，殷湯裔。）此銘謂王爲㼾國婦女所作之弄器。瓦字從女作㼾，乃殷之同姓；王字形則爲卜辭習見之晚期書體。1972年，河北藁城發現商代鐵刃銅鉞，證之殷時子姓有鐵，可見殷人對鐵已有相當認識，故取以爲姓。

瓦另一義爲紡磚。《詩·斯干》：“乃生男子……載衣之裳，載弄之璋。”又：“乃生女子……載衣之裼，載弄之瓦。”鄭注：“半圭曰璋。”“瓦，紡塼也。”上述小屯遺址發現石製小型藝品有石璋等。段玉裁謂紡塼，瓦中之一也。藁城台西村出土紡磚四種。[1]

[1] 參王若愚：《紡輪與紡磚》，載《文物》，1980（3）。

《周禮》太卜三兆，二曰瓦兆。鄭注引杜子春云："瓦兆，帝堯之兆；原兆，有周之兆。"賈公彥疏引近師及鄭説則以瓦兆爲殷。[1] 三兆皆有繇辭，其經兆之體皆百有二十，其頌皆千有二百。鄭注："繇，體有五色，又重之以墨坼。"今以殷墟出土之卜龜，其坼裂紋理及塗上黃朱墨等色觀之，信有五色。則察泥質燒製之物以視兆，可謂之瓦兆。杜甫夔州俳諧體詩："瓦卜傳神語。"元稹詩："巫占瓦代龜。"《岳陽風土記》："荆湖民俗，疾病不事醫，唯灼龜打瓦。"王洙曰："巫俗擊瓦，觀其文理分坼，以卜吉凶。"是古來有此習慣。

上述殷遺址耳室附近發現有陶瓾六件，均泥質，背面交錯繩紋，據稱爲搓洗之用具。[2]《説文》瓦部："瓾，瑳垢瓦石。從瓦爽聲。"此已爲實用洗滌之具。燒陶所現之舋兆，謂爲瓦兆，其事必甚早，可以推斷。

古有昆吾作陶瓦及桀爲瓦室之説。《史記·龜策傳》引傳云：衛平對宋元王曰："桀爲瓦室，紂爲象郎（廊）。"《集解》："《世本》曰：'昆吾作陶。'"張華《博物記》亦云："'桀作瓦'，蓋是昆吾爲桀作也。"昆吾爲夏時諸侯。《史記·夏本紀》："夏桀爲虐，政淫荒，而諸侯昆吾氏爲亂，湯乃興師，率諸侯，伊尹從湯，湯自把鉞以伐昆吾，遂伐桀。"《詩·長發》："武王（湯）載旆，有虔秉鉞，……韋顧既伐，昆吾夏桀。"此三國同黨於桀。《大戴禮·帝系》："陸終……產六子……其一曰樊，是爲昆吾。……昆吾者，衛氏也。"《史記·楚世家》："吴回生陸終。陸終生子六人……其長一曰昆吾……昆吾氏，夏之時嘗爲侯伯，桀之時湯滅之。"《集解》："虞翻曰：'昆吾名樊，爲己姓，封昆吾。'《世本》曰：'昆吾者，衛是也。'"《正義》引《括地志》云："濮陽縣，古昆吾國也。昆吾故城在縣西三十

[1] 《周禮正義》，卷四十七。
[2] 圖見《考古》，1976（4），271 頁。

里，台在縣西百步，即昆吾墟也。”説者將夏桀諸侯之昆吾與陸終子之昆吾，合而爲一。《史記·天官書》太史公曰“昔之傳天數者，……有夏昆吾，殷商巫咸，周室史佚、萇弘”，確認有昆吾其人。

《龜策傳》所引之傳，《索隱》謂“即太卜所得古占龜之説”，《漢志》有龜書五種，未知屬於何書。其以“象廊”與“瓦室”對言，對古者茅茨土階，而桀所作者，乃以瓦爲室，故人以爲侈。昆吾爲桀時諸侯，佐桀爲虐，桀之作瓦室，出於昆吾氏，故世傳昆吾作瓦。宋本《御覽》七六七雜物部瓦類第一條引（譙周）《古史考》云：“夏世昆吾氏作屋瓦。”而《史記集解》引張華《博物記（志）》云：“桀作瓦蓋。”合兩條觀之，是夏世昆吾氏所作者乃屋瓦，即瓦蓋，非“土器已燒總名”之瓦（《説文》）也。《世本》、《尸子》（《御覽》八三三）、《吕覽》、《説文》均言昆吾作匋，疑當云作“陶瓦”（Tile），方合事實。

傳説稱桀始作瓦屋。然近年考古學發掘之結果，殷代宫殿遺址，未見屋瓦。至西周客省莊遺址，方出現瓦片。（《灃西發掘報告》）扶風黄堆鄉及郿縣均出土捏製周瓦。[1]1954年在洛陽發掘漢河南故城，於東周及漢代遺址，發現多量板瓦、筒瓦、瓦當及瓦釘，詳細記録，具載《洛陽中州路》。

鄭州戰國城墻乃用鐵杵夯築而成。在戰國文化層中出土有板瓦、筒瓦及瓦當等。[2]西周前後期，鋪瓦於屋，已成習慣。

古書所載，《莊子》言“累瓦結繩”（《駢拇》），又佚文云：“師曠爲晋平公作《清角》，再奏而風雨墮廊瓦。”（《御覽》七六七引。《南齊書》五一《張欣泰傳》云：“屋瓦墜傷額。”事正同。）《史記》：秦攻韓，軍鼓噪，屋瓦盡震。《春秋》隱公八年有地名瓦屋。《左傳》

[1] 圖見《考古通訊》，1958（9），73頁。
[2] 《文物資料叢刊》，47頁，圖七六、七七。

云:“會於温，盟於瓦屋。”（張穆《月齋文集 · 瓦屋考》）定公八年:“會晋師於瓦。”説者謂即河南滑縣之瓦岡。春秋時屢見以瓦爲地名。故褚先生載古占龜之傳，有“世爲屋，不成三瓦而陳之”之語，以爲出於孔子，固不可信。然戰國以來，建築物之用瓦其普遍可知。日本關野雄氏著《半瓦當研究》，謂中國瓦之起源恐始於春秋時代，而普及於戰國，故有半瓦當之出現。（見《半瓦當略説》，載《中國考古學研究》，501 頁）證諸近年新發現，瓦非始於春秋明矣。

下至秦世，阿房宫之瓦尤著名。“自咸陽以南，濱渭而東，直抵驪山北麓，廢堡垝垣，往往得之，土人目爲阿房宫瓦。”（見《秦漢瓦當文字》）宋黄伯思《東觀餘論》卷上《古瓦辨》言長安民獻秦武公羽陽宫瓦十餘枚，若今筒瓦，首有“羽陽千歲、萬歲”字。王辟之《澠水燕譚録》八亦記其事。秦漢瓦當之夥，今不具論。〔1974—1975年於陝西咸陽市窑店發掘秦都咸陽宫殿遺址，發現極多外細繩紋内素面之板瓦片，及外繩紋内渦點紋筒瓦。各種不同紋飾之瓦當，圖版見《文物》，1976（11）。〕而最近廣州發現秦漢造船工場遺址，出土有雲樹紋瓦當。〔秦漢瓦當之文字與形制，陳直論之已極詳盡。《文物》，1963（11）〕《西京雜記》六:“袁盎冢以瓦爲棺槨。”《漢武故事》記“武帝起神明殿，砌以文石，用布爲瓦，而淳漆其外”。漢時用瓦，已極講究。獻帝之徙長安，董卓議云:“武帝時居杜陵南山下有成，瓦窑數千處。”燒瓦必有窑，西漢武帝有故陶處作磚瓦，見《魏志 · 卓傳》裴注。

《吴時外國傳》稱“大秦國以水精爲瓦”，自是益奢侈矣。《格致鏡原》十九引《郡國志》:“朔方太平城，後魏穆帝治也。太極殿琉璃台及鴟尾悉以琉璃爲之。”洛陽阿斗城殘瓦據稱即琉璃瓦之前身。[1]《魏書 · 西域傳》大月氏條言“其國人商販京師，自云能鑄石爲五色

[1] 《考古學報》，第九册，123 頁。

琉璃。……乃詔爲行殿，容百餘人”。由“詔爲行殿”語，應是建築裝飾。南齊東昏侯曾誚武帝不巧，其興光樓何不純用琉璃？是南方宫室有間用琉璃者。（《南史·齊紀五》）瓦之製作，李誡《營造法式》瓦作制度述之甚詳，板瓦有二種，一爲重脣板瓦，一爲華頭𤬪瓦，即加飾花紋者。中古形制，可於河南登封嵩岳寺見之。[1] 唐武后時崔融《聖母廟碑》：“周施璹瑁之椽，遍覆琉璃之瓦。”唐大明宫之瓦，有板瓦、筒瓦兩種，而琉璃瓦僅出土兩小片，全是緑色釉。（《唐長安大明宫》，39頁）可見至唐時用琉璃瓦仍甚矜貴。余於法國南部，見民居多瓦屋，人稱羅馬瓦。瓦屋古希臘、羅馬均盛行之。（Aegina之大理石瓦，Olympia之泥瓦均極有名。）至西班牙之Granada，其皇居亦多蓋瓦爲宇（Roof），頗覺珍異，穆然遥想昆吾氏之遺風，爲之流連久之。

昆吾己姓所出，爲衛之先。《左》昭十二年：“楚靈王曰：‘昔我皇祖伯父昆吾，舊許是宅。’（此在河南許昌）哀十七年，衛侯夢見人登昆吾之觀。”杜注：“衛有觀，在古昆吾之墟，今河北濮陽縣。”楚靈王稱昆吾爲皇祖伯父，以羋姓亦同出於陸終，而昆吾則衛之所自出也。（《滑縣志》沿革有《昆吾考》論其地望甚詳。）《山海經·中山經》陽山（見《伊水注》；《隋書·地理志》陸渾縣有陽山）又西二百里曰昆吾之山，其上多銅，郭璞注：“以銅作刀，切玉如割泥。周穆王時，西戎獻之。《尸子》所謂昆吾之劍也。”又《海内經》有九丘，其一曰昆吾之丘，當即衛侯夢登其地者也。此經郭注又云：“此山出名金。”引《尸子》曰昆吾之金。按《尸子·勸學》云：“昆吾之劍，可以切玉。”昆吾之地産銅，故有名劍，西戎獻之。《列子·湯問篇》：“周穆王大征西戎，練鋼赤刃，用之切玉如切泥焉。”此郭璞之所本也。字又從金作錕鋙。《列子·釋文》云：“昆吾，龍劍也。

[1] 《文物》1965年第七期記該寺發現瓦件。

《河圖》曰：‘瀛州多積石，名昆吾，可爲劍。’”此則以昆吾爲礦名。凡出産礦物之鋇鋙，其地可名昆吾，故西域亦有昆吾，《元和郡縣志·伊州》下云：“故稱昆吾國，轉爲伊吾。”昆吾爲銅，故冶者亦名昆吾。《墨子·耕柱篇》記“夏后開使蜚廉折金於山川，而陶鑄之於昆吾”。王念孫讀折字爲擿，引《說文》“晢”字解之。《逸周書·大聚解》：“武王乃召昆吾，冶而銘之金版。”孔晁注：“昆吾，古之利冶。”昆吾掌冶，世官。

漢魏洛陽城出土板瓦、筒瓦，有文字者甚多，記月日、姓名。有“師鄭科”“吏鄧永”銘，即監造瓦削之官吏[1]，制瓦時大抵先作筒坯，再加以修整，故稱削瓦，其較長文字有“長久削瓦人王口”，益以吉語。此外刻“昆”字之瓦計十一片，有刻“磨昆”者，昆爲名詞，必因古有“昆吾作瓦”之説，故省稱曰昆，如杜康造酒，故以杜康爲酒

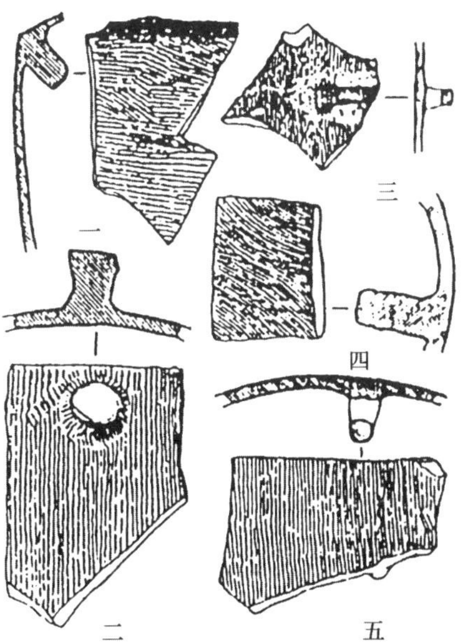

圖一　西周的瓦（客省莊）

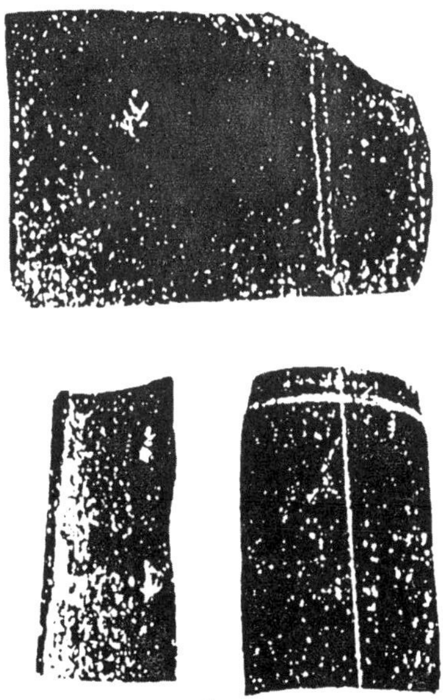
圖二　岐山早周之陶瓦

[1] 《考古》，1963（5），281 頁。

之代稱。黄士斌則謂昆吾爲圜器，瓦之製作爲圓筒狀，可以稱作昆吾，人名下單刻“昆”字，則磨昆人之簡稱，猶瓦削人之省作“削人”。[1] 其説亦通。余在洛陽博物館見北魏巨瓦，爲目睹瓦之最大者。又隋板瓦有鐫匠人名，如“匠唐子嵩”“匠張保貴”是。

瓦有以銅爲之者，五台山佛寺有之。紀昀《烏魯木齊雜詩》:“春冰片片陶家瓦。”自注:“惟神祠以瓦爲之，餘皆作瓦屋形，而覆以土，歲一圬之。”以磚瓦雜有沙礫，易於碎裂，此則貌爲瓦而實用土，則新疆之殊俗也。

日本唐寺廟建築皆用瓦，有鳳凰文磚瓦、五輪塔文瓦，式樣甚多；又有鬼面瓦作獠牙狀，用以辟邪，蓋傳自朝鮮。《日本書紀》崇峻天皇時有瓦博士之設。考古家研究瓦之文樣，爲時已久，近年有輯刊瓦磚圖録者。（京都博物館 1974 年，收瓦七十件，磚十件）中國歷代瓦之演變更繁，甚盼有好事者，纂成專著。

本文初稿，嘗寄巴黎戴密微教授，承其覆書，對西方“瓦”之歷史及琉璃瓦入華，略作考證，兹引述於下:

> The most interesting for me was the paper on tiles, because I had occasions in my youth to touch upon such a subject (in my reviews of Chang Hung-chao's Shih-ya, Lapidariun Sinicum, Befeo XXIV, 1924, pp.276-281, and of the Ying-tsao fa-shih, Befeo XXV, 1925, pp.257-263, the latter is reproduced in Choix d'études sinologiques, 1973, pp.619-625). In Greece the tiles for roofs seem to be attested as early as the Mycenian period (2nd millenium B.C.) and to owe nothing of their origin to the (Near) East.The word tile (French tuile, Latin tegula, from tegere “cover”, thence tectum “roof”,Greek stegein “cover” Sanskrit sthago “id.”) itself is clearly Indo-

[1] 《漢魏洛陽城出土的有文字的瓦》，載《考古》，1962 (9)。

European. Cheng Tê-k'un (Archit.in China, Ⅲ, p.17, 42-43) says there are roof-tiles from the Western Chou, but I suppose Sekino and yourself are right to assign them only to Chan-kuo. I see no reason whatever to establish any connection between Far West and Far East concerning the invention of roof-tiles.But there is undoubtedly such a connection concerning glazed tiles, what you call liu-li wa. Liu-li is an abbreviation of P'i (or fei)-liu-li, which stands for Sanskrit vaidūrya, which was applied originally to the lapis-lazuli, a precious stone from Badakshan, blue-green in colour, which served to make, or was imitated for making roof-tiles in the ancient palaces of the Near Eastern empires, Assyrian, Chaldean (Babylonian) and Persian (2nd and 1st millennia B.C.). From Persia the glazed tiles passed to China (Six Dynasties or T'ang) and later to Europe (Italy during the Renaissance, with the same blue-green tint).

戴教授曩撰章鴻釗《石雅》書評，頗留意及此。唯來書所言猶有未盡處。按長沙漢墓已出深綠釉之瓷珠。[1] 以綠釉施於陶器、明器，漢代十分流行。琉璃爲外來品，漢武使人入海市琉璃，魏晋而後，從海市輸入璧琉璃，乃借“琉璃”以名綠釉，謂之琉璃釉，而部分用於建築裝飾。後世山西實爲琉璃最重要之産地。晋祠在宋崇寧二年重建之聖母殿，尚保留早期之琉璃瓦，上有尹姓押記。[2] 其元代紀年之琉璃器物，陳萬里撰《山西琉璃》已詳述之。[3] 其以琉璃傳家，若太原蘇氏、陽城喬氏、河津吕氏，皆其著者。明代琉璃窑成爲專業，南京聚寶山，洪武間置琉璃窑燒造板瓦，其事見於《明會典》(卷一九〇)。明十三陵，皆綴以琉璃門，鋪以琉璃花磚。北京之琉璃廠，魏坤《倚晴

[1] 圖見《文參》，1956 (2)，73 頁。
[2] 參見《文物》，1962 (4) (5)，74 頁。
[3] 參見《文參》，1956 (7)。

閣雜鈔》謂“原爲燒殿瓦之用，瓦有碧黄二種，明代各廠俱有内官司之”。琉璃瓦之用，至是最爲發達，乾隆間琉璃瓦戳記，并寫明窑户配色匠、房頭、燒窑匠姓名，此世所共知，不具論云。

近年新發現之陶瓦，若戰國中山王墓有繩紋板瓦與筒瓦，瓦當圓形，瓦釘爲菱形花式，又有山形瓦脊飾，爲中山國特色。[1] 陝西岐山禮村西周遺址出土板瓦與筒瓦及瓦釘，其地説者謂可能即古公亶父所止之岐下。陶瓦之出現，可推前數百年。[2] 至於璧琉璃在華出土甚夥，尤以 1975 年寶雞茹家莊西周早中期墓出土琉璃管珠數近千件，其化學成分爲鉛鋇玻璃，與西方之爲鈉鈣玻璃者，頗有區别。因此令人益信琉璃亦有出於中國自創者。凡此種種新知，惜戴教授已下世，不及細與討論，附記於此。

附琉璃瓦有關論文如次：

蔣玄怡：《古代的琉璃》〔《文物》，1959（6）〕
陳萬里：《談山西琉璃》〔《文參》，1956（7）〕
高壽田：《山西琉璃》〔《文物》，1962（4）、（5）〕
南京博物院：《明代南京聚寶山琉璃窑》〔《文物》，1960（2）〕
祁英濤：《明陵的琉璃磚刻彩畫》〔《文物》，1956（9）〕
史樹青：《北京琉璃廠》〔《文物》，1959（9）〕
楊伯達：《關於我國古玻璃史研究的幾個問題》〔《文物》，1979（5）〕
又：《西周玻璃的初步研究》〔《故宫院刊》，1980（2）〕

1982 年

[1] 參見《文物》，1979（1）。
[2] 參見《文物資料叢刊》二，39 頁。

宋帝播遷七洲洋地望考實兼論其與占城交通路綫

宋季帝昰播遷海裔，由潮而惠、而廣，轉徙於官富場及其附近（即九龍新界轄境）者凡九閱月，然後南走秀山，舟次井澳。元軍追至七洲洋，帝欲奔占城不果，遂駐於化之碙洲。無何，駕崩。帝以弱齡，自井澳驚悸得疾，遂乃“海桴浮避，澳岸栖存”[1]。雖淩震有復廣之訊，馬南寶曾賦詩志喜，時帝舟實次於碙洲[2]，故遺詔謂“沙洲何所，垂閱十旬”。蓋帝仍泊舟中，有謂其至廣，如《二王本末》說，蓋讕言也。

帝昰自淺灣（《新安縣志山水略》：“淺灣山在縣南九十餘里。”）走秀山，旋至七洲洋，蓋欲往占城未果，故駐於化之碙州。秀山亦名虎頭山，《籌海圖編·廣東沿海山沙圖》有大小虎頭山，俗又名虎頭門。[3] 自宋至明，船舶南往諸蕃，出虎頭門，乃入大海。由粤航海，向分中路及東西路。

明王在晋《海防纂要》記廣東中路云：

> 日本諸島入寇，多自閩趨廣。柘林爲東路第一關鎖，使先會兵守此，則可以遏其衝，而不得泊矣。其勢必越於中路之屯門、雞栖、佛堂門、冷水角、老萬山（按即大嶼山）、虎頭門等澳，

[1] 陸秀夫《景炎帝遺詔》語。

[2] 參黄佐《香山縣志·馬南寶傳》。

[3] 見陳伯陶《東莞志·山川》。

而南頭爲甚，或泊以寄潮，或據爲窠穴，乃其所必由者；附海有東莞大鵬戍守之兵，使添置往來，預爲巡哨，遇警輒敵，則必不敢以泊矣。其勢必歷峽門、望門、大小横琵山（按即横琴山）、零丁洋、仙女澳、九竈山（按應作三竈）、九星洋等處而西，而浪白澳爲甚，乃番舶等候接濟之所也，附海有香山所戍守之兵，使添置往來，預爲巡哨，遇警輒敵，則亦不敢以泊此矣。其勢必歷厓門、寨門海、萬斛山、硇州（按即碉州）等處而西，而望峒澳爲甚，乃番舶停留避風之門户也，附海有廣海衛、新寧、海朗所戍守之兵，使添置往來，預爲巡哨，遇警輒敵，則又不敢以泊此矣。[1]

此記廣東沿海險要戍所甚詳，蓋本胡宗憲《籌海圖編》卷三《廣東事宜》中路條。《方輿紀要》（卷一〇一）廣東“海”條引《海防考》文略同，而字作“硐洲”，當是“碙州”之誤。關於香山綫之仙女澳等處，宋帝自秀山南奔，曾經其地。

黄佐嘉靖《香山縣志·山川》云：

九星洲山，九峰分峙，多石岩石屋，靈草石上，溜水甘美，爲番舶往來所汲，曰天塘水。

零丁山，下有零丁洋。

小横琴山，下有雙女坑。大横琴山，幽峻，爲寇所伏。

深井山，即仙女澳也，亦名井澳，在横琴下。宋端宗御舟嘗至此。（注云：“景炎二年十二月，帝舟入海，至仙山澳；丙寅，風大作，舟敗幾溺，帝驚悸得疾，曾一却元兵於此。”）

三竈山，三石形似名。與横琴相對，皆抵南番大洋。

[1] 日本蓬左文庫藏修德堂萬曆刊本。

考《籌海圖編·廣東沿海總圖》，東莞縣虎頭山南有九星洋，而吴川縣南有七星洋，實爲二地。又同書《沿海山沙圖》，九星洋在官富山東南，大小虎頭山之北。檢羅洪先《廣輿圖》一“廣東輿圖”，東莞以南，香山之北，有“七星”及“虎頭”二名并列，“七星”當是《山沙圖》之“九星”。以“九星洋”與“七星洋”，自明以來即易淆混，故元將劉深追帝昰所至之七洲洋，向來因有二説：

（1）以爲“七星洋”

《厓山志》云：“丁丑，劉深追（帝）至七星洋，大戰洋中，奪船二百艘。”黄佐《粤志》同。廣東《阮通志·海防略圖》説“七星洋在遂溪縣南，與硇洲爲犄角之勢”。《明一統志》卷八十二《瓊州府山川》：“七星山在文昌縣東濱海，山有七峰，狀如七星連珠，亦名‘七洲洋山’。”《文昌縣志》因謂：“七洲洋山在縣東百餘里大海中，七峰連峙，與銅鼓山相屬，俱有石門，上有山，下有泉，航海者皆於此樵汲。元劉深追宋端宗獲俞如圭（珪）於此。”[1]張燮《東西洋考》考卷九《西洋針路》烏猪山，下條爲七州山七州洋，引《瓊州志》亦云：“在文昌東一百里，海中有山，連起七峰。内有泉，甘冽可食。元兵劉深追宋端宗執其親屬俞廷珪之地也。”此《瓊州志》乃萬曆以前所修者。

（2）以爲“九星洋”

《讀史方輿紀要》香山縣井澳條云：“九星洋在縣西南，宋景炎二年，元將劉深襲井澳，帝至謝女峽，復入海至九星洋，欲往占城不果。《一統志》‘海中有九曜山羅列如九星’，洋因以名。”按明《一統志》卷七八：“九曜山在（廣州）府城西海中，羅列如九星。宋郭祥正詩：番禺城西偏，九石名九曜。”此九曜山實在番禺西，若香山縣乃有“九星洲山”（見黄佐《香山志》），顧祖禹引番禺九曜山以附

[1] 道光《瓊州府志》卷四上“山川”引。

會“九星洋”，實誤。

按九星洲山在香山縣，近仙女澳，具見上引黄佐嘉靖《香山志》。然黄氏於此條不書宋帝事。“七星洋”與“九星洲山”至易相混。“七洲洋山”據《明統志》地在文昌縣，然元《經世大典》云:“二十三日，沿海經略使行征南左副都元帥府丘追昰昺世傑等至廣州七洲洋，及之，戰海洋中，奪船二百艘，獲昰母舅俞如珪等。”則以此七洲洋在廣州，然《經世大典》所記時地，多極虚泛，如謂昰遁海外碙洲，即接言十四年九月五日福建宣慰使唆都言“南劍州安撫司達魯花赤馬良佐，遣人於福泉等處密探得，殘宋建都廣州改咸熙元年”云云。咸熙年號之誤，自不待論，至謂其建都廣州，亦非事實。尋彼所謂“廣州”可能泛指廣東境，故謂“廣州七洲洋”一語。“廣州”二字亦極空泛，恐不能執此以定七洲洋必屬廣州境也。

又考帝昰自井澳至七洲洋，各書所記，時地亦復多歧。

《宋史·二王紀》云:“十二月丙子，昰至井澳，颶風壞舟，幾溺死，遂成疾。旬餘，諸兵士始稍稍來集，死者十四五。丁丑，劉深追至七洲洋，執俞如珪以歸。”

黄溍《番禺客語》自注云:“遇風之日，新史（指《宋史》）以爲丙子，《填海録》以爲丙寅。”余考遇颶事，應以《填海録》所記“丙寅”爲正，黄佐《香山志》深井山條亦以爲“丙寅”（參看拙作《九龍與宋季史料》，33 頁），如是與《宋史》經旬餘兵士稍集正相符合。

《客語》自注又云:

（御舟）入海，至七洲洋，欲往占城不果，遂駐碙洲鎮。碙洲屹立海中，當南北道，隸化洲。

此云入海，至七洲洋，則此七洲洋當遠在海外，非香山縣在井澳附近之九星洲山。黄培芳《新會縣志》卷一三《事紀》據《方輿紀要》改作“九星洲”，而云：

> 此云“九星洋”不知所本。……《紀要》引《一統志》海中有九曜山，羅列如九星，洋因以名。又云九星洋在香山縣。據此，則九星洋與《經世大典》所云七洲洋之地正同，或因七九形近，故作七洲洋耳。

案《宋史·二王紀》《經世大典》均作“七洲洋”，《厓山志》、黄佐《通志》則俱作“七星洋”。黄培芳之説實不可信。九星與七洲實爲兩地，《方輿紀要》之九星洋，誤以爲番禺之九曜山當之，自不待論。至據其改“七洲洋”爲“九星洋”，殊屬不必。

考“七洲洋”向來爲往占城之要道。黄佐《通志》“海寇”條云“中路自東莞縣南頭城山佛堂、十字門、冷水角諸海澳”，其子注引（黄衷）《海語》云：“自東莞之南亭門放洋，至烏豬、獨豬、七洲三洋。星盤坤未針；至外羅坤申針，入占城。”《真臘風土記》總叙云：“自温州開洋，行丁未針，歷閩廣海外諸州港口，通七洲洋，經交趾洋到占城。”

自粤泛海至占城，明正統間行人吴惠有日記（惠字孟仁，東吴人）書其事，見《震澤紀聞》及嚴從簡《殊域周諮録》卷七“占城”條，而黄佐《通志》亦載其日記略云：

> 正統六年七月，奉使占城立嗣王。十二月，某日，發東莞，次日過烏猪洋；又次日過七洲洋，瞭見銅鼓山；次至獨猪洋，見大周山；次至交趾洋，有巨洲横截海中，怪石廉利，風横舟礙之即糜碎，舟人不勝恐。須臾，風急過之，次日至占城外羅洋、校

> 柸墅口。廿九日，王遣頭目迎詔寶船象駕，笳鼓填咽。…… 五月六日回洋。十五日，瞭見廣海諸山，遂收南門，以還廣東。……[1]

此七洲洋可望見銅鼓山，當在文昌縣。《明一統志》七星山亦名“七洲洋山”，次條即爲銅鼓山，云：“在文昌縣東一百里，俗傳民嘗於此山得銅鼓，因名。”吴惠所言之七洲洋，以銅鼓山證之，自即文昌縣之七洲洋，亦即黄衷《海語》所謂烏潴、獨潴、七洲三洋之一也。前人於“七洲”與“九星”兩地，不能詳辨；最可笑者，如陳伯陶《東莞志前事略》云：

> 按文昌東海有七洲洋，然劉深追宋師，必無捨廣州而直抵瓊州之理。惟《方輿紀要》引《一統志》云：“九星洋在香山縣南。”又云：“海中有九曜山羅列如九星，洋因以名。”然則亦廣州地也。今考《方輿紀要》：“東莞縣西南有烏猪海洋。”吴惠《日記》：“正統六年，奉詔使占城，放東莞，次日過烏猪洋，又次日過七洲洋，瞭見銅鼓山。”則七洲洋去東莞不遠。

此條有二大錯：一是不知《明一統志》九曜山乃在番禺，與九星洋無關。一是既引吴惠日記，則此已過烏潴之七洲洋，且可望見銅鼓山，自不能屬於東莞，應在文昌。彼蓋昧於西洋航路，亦不能深責矣。

考現存可據而較早之航海圖，應推茅元儀《武備志》卷二百四十所附之“自寶船廠開船從龍江關出水直抵外國諸番圖”，近人考證爲鄭和舟師集體之作，製成於洪熙元年至宣德五年間（見周鈺森著《鄭和航路考》），乃明初航海圖。圖中“九星”與“七洲”，明爲兩處（詳

[1] 亦見《方輿紀要》一百一“三門海”條。

看插圖），不容混亂。今再綜合言之：余所以斷劉深追至七洲洋之地望應在文昌者，其理由有五：

（1）《宋史》《經世大典》稱“七洲洋”，《厓山志》、黄佐《通志》稱“七星洋”，正與七星山及七洲洋山名稱形狀符合。

（2）香山之“九星洋”絕無“七洲”之名，鄭和航圖但稱“九星”，可證。

（3）黄佐嘉靖《香山志》於九星洲山下不書劉深追帝昰事。

（4）《東西洋考》引萬曆以前《瓊州志》，記劉深此事於文昌七洲洋下，可見萬曆以前，説者咸認爲帝昰到過七洲洋。（可見顧祖禹之説爲後出，且誤九曜山爲九星，故不可信。）

（5）帝昰意欲往占城，故經七洲洋。

有此五大理由，七洲洋應在文昌，可成定讞。

一般疑七洲洋不宜在文昌者，因其路途太遠，此則不明當日針路里程，有以使然。考北宋時自屯門南至占城爲時僅十日，《武經總要·前集》卷二十一《廣南東路》云：

> 從屯門山用東風西南行，七日至九乳螺州，又三日至不勞山（在環州國界。按即《唐書》之占不勞山，在占城），又南三日至陵山東。

再按之針路，《海國廣記》所載：

> 自東莞南亭“用坤未針，五更，取烏猪山”。
>
> 自廣州往暹羅針路。自烏猪山“用坤未針，十三更，平七洲山”。又廣州往爪哇，自烏猪山“用坤未針，亦十三更，取七洲洋山”。

十三更合31小時12分，五更合12小時，是自東莞南亭起航，至七洲洋山，需時共43小時12分（參看周鈺森《鄭和航路考》）。循針路而行，不過三日而已。

證以自瓊州與廣來往時間，據牛天宿康熙十五年修《瓊州府志》云：

> 外路：徐聞可半日到。若達廣州，由裏海行者，順風五六日，大海放洋者，三四日。福建則七八日，浙江則十三日，西至廉州四日。自儋州西行，二日可達交趾萬寧縣；三日可抵斷山雲屯縣。崖州南行，二日接占城國。[1]

是瓊州至廣放洋者，三四日可達，與吴惠所記發東莞，越兩日可抵七洲洋，日程正合。牛津藏舊鈔本《順風相送》有1639年（崇禎十二年）大主教（Arch. Laud）題贈款，蓋明人航海針經，次七洲山七洲洋，次於烏猪山、獨猪山之中間。其福建往交趾針路："坤未針五更平烏猪山，用單坤針十三更平七洲山。"浯嶼（即金門島）往大泥（Patani）吉蘭丹（Kelantan）針："用單坤五更取烏猪山，用單坤及坤未針十三更平七洲洋，用坤未七更平獨猪山。"此七洲洋以七洲得名，即今海南島以南之西沙群島，爲赴南洋必經之險地。吴自牧《夢梁録》所云"去怕七洲，回怕昆侖"者也。帝昰於景炎二年十二月丙寅，移井澳遇颶，是月陳宜中先往占城。丁丑，元將劉深追至七洲洋，是時帝殆欲往占城，故南趨七洲洋，則此七洲洋當爲銅鼓山附近之七星山，可無疑義。硇洲去七洲洋不遠，黄溍稱："至七洲洋，欲往占城，不果，遂駐硇洲鎮。"此由七洲洋可確定硇洲應即化州之硇洲，或當時聞王道夫入廣，遂中止前往占城而留居硇洲耶？《厓山志》云："帝欲往居占城不果，遂駐次於化之硇洲。遣兵取雷州，曾淵子自雷州來。"又云："雷州既失守，而六軍所泊居雷化犬牙處，

[1] 道光《瓊州志》卷三《疆域》引。

非善計……遂以己未發硇洲，乙亥至厓門駐蹕。”其自硇洲遷厓門，正因雷州失守，南往占城，有所不便。時士卒方散處雷、化二州之間。綜觀是時人地種種情形，硇洲自非在化州莫屬矣。《武經總要》前卷二十一記宋時硇洲形勢，謂：“自化州下水至海口四日程。從州東至海三十里，渡小海，抵化州界，地名硇洲。入思廣州，通江浙福建等路。”硇洲地形之重要於此可見。帝昰所以暫次於此島者，意存觀望，進而可回廣州，退則可往占城。迨王用降元，沓磊浦爲元兵控制，雷州又告陷落，供給路斷，遂東折往厓門。誠如《新會志》云“取給於廣石諸郡”，形勢漸迫，不得不爾也。

餘論

（一）硇洲異文

明羅洪先《廣輿圖》卷一《廣東輿圖》吴川對岸有小島曰“礴洲”，當是“硇洲”之誤。隆慶刊本《籌海圖編》稱“萬斛山綱州”，《海防纂要》作“硇州”，《方輿紀要》又作“硐州”，皆誤。

（二）楊太后帝昺圖像

南薰殿所藏宋代帝后圖像有軸及册多種，自宣祖至度宗，自宣祖后至寧宗后。弘治刊《歷代古人像贊》，但至寧宗。萬曆刊王圻《三才圖會》亦至度宗而止。苦茶庵主人藏有碧江趙冕玉家傳《趙宋一代帝后遺像》，内有帝昺，作僧像；又楊淑妃像，爲各書所無，惟帝昰像缺。未審果如周密所言：“鋭下，一目幾眇，未由勘驗，是可惜也。”

（三）廣州灣楊侯王廟

由黄佐《廣東通志》觀之，大嶼山非宋帝駐蹕之地，明儒已有定論。故今大嶼山地區，西至昂坪，東極梅窩，絶無宋室遺迹，非若九龍之有二王殿，可以稽考。若東涌有楊侯王廟，建自清乾隆時（見《大嶼山志·名勝》）。蓋“侯王廟”廣地多有之，而以廣州灣之“楊侯王廟”建築最爲瑰偉。周密記厓山之敗，陸秀夫、楊亮節皆溺海死焉，謂亮節道卒九龍，此乃陳伯陶之臆測，了不足信。廣州灣亦有楊侯王廟，殆因二帝曾播遷化之硇洲，非偶然也。

附　宋王事迹略談

九龍有宋王台，關於宋季史迹，兹分（1）宋季三幼主（帝㬎、帝昰、帝昺）及其外戚，（2）宋帝行宫論述之。

三幼主年歲相若。帝㬎即位僅四歲，失位時年六歲。帝昰在福州即位，年九歲，崩於硇州，時十一歲。帝昺在硇州登極，年八歲，厓門墜海時，年九歲。（《三朝政要》則以昰、昺同年所生，似不可信。）此三幼帝向來每被人混誤，如《二王本末》一書即誤稱“廣王昺”作“廣王”（按昰應稱益王）。後人圖繪帝后遺像，或以帝昺作僧服，疑因帝㬎而誤。《元史·世祖紀》：“二十五年，趙㬎學佛法於土番。”宋舊宫人鄭惠真詩云“唐僧三藏入天西”，即指其事。三帝皆不同母所生。帝㬎爲全皇后出，故賈似道主立嫡，得嗣度宗爲帝。昰則楊淑妃所生。昺乃俞修容所生。淑妃即琴學大家楊守齋之女，趙氏族譜謂淑妃爲楊鎮長女，非是。守齋子楊亮節，原爲福州觀察使，帝㬎之立，亮節以母舅居中秉權（《宋史》卷四五〇）。厓山敗，亮節與陸秀夫皆溺海死（見《癸辛雜識》）。陳伯陶作侯王廟聖史牌記，謂九龍楊侯王廟即祀道病卒之楊亮節，余曾證其誤，已得學人之同意。若帝昺舅即俞如珪，井澳之敗，於七洲洋爲元將劉深所俘。

《嘉慶一統志》卷四四二："端宗（即帝昰）自閩入廣，行宫凡三十餘所。"其詳不可悉考。據《厓山志》及《新安縣志》勝迹，"梅蔚山有景炎行宫"。官富場（今九龍一帶）舊有二王殿村，後人於其附近建爲宋王台。《新安志》宋王台條稱"昔帝昺駐蹕於此"，實誤"昰"爲"昺"。九龍舊有宋街、帝街、昺街。其實當端宗駐今九龍之時，昺衹得稱爲"衛王"而已。又"二王"之號，因元人所修宋史，在《瀛國公本紀》之下附"二王"之事，可知"二王"乃沿元人之貶稱。據《填海録》所載，端宋於景炎二年四月次官富場，六月次古墐（《厓山志》作"古塔"），至十二月，自淺灣移秀山，前後居九龍一帶約有九個月，所經各地行宫，今亦莫考。其至秀山，元《經世大典》書中云："山上民萬餘家，有一巨富者，昰買此人宅作殿闕，屯駐其兵。"此出於當日探報，行宫在何處，亦不可知。自是帝遂入海，至井澳，因元兵南下追迫，唆都既大會師於官富（《元史·唆都傳》），劉深又於井澳進襲，帝復因颶風，驚悸成疾。先是井澳之敗，丞相陳宜中欲奉帝走占城，乃先往占城諭意，知事不可爲，遂不復歸（《宋史·宜中傳》），帝因此不得往占城，乃留駐於硇州。無何，復薨於硇州。硇州所在，宋元人記載，如黄溍之《陸君實傳後叙》、鄧光薦之《文丞相傳》、周密之《癸辛雜識》等書所記，乃在化州與雷州犬牙相錯之處。其他孤懸海外，帝滯於此小島者，目的欲往占城也（惟陳仲微《二王本末》作"硇川"，謂屬廣東之東莞縣，與衆説異）。硇州今屬湛江市，1918 年，法人 H.Imbert 曾在該地調查，發表一文曰《宋末二王駐蹕硇州之研究》，載於《印度支那書評》（*Revue Indochinoise*）第二一卷第三號。據云該地有宋王村、宋王井及宋王碑，是其古迹之多，正可與九龍之二王村宋王臺互相媲美。對於硇州一地望，可作最後之論定。衛王昺在硇州繼位，改元祥興，遂升硇州爲翔龍縣。其年宋將王用叛降元，硇州乏糧，時雷州又失守，張世傑以爲泊居雷化犬牙處，非善後之計，遂自硇州徙居新會崖山。崖山地屬廣州，因升廣州爲翔龍府。在厓山之行宫，據《二王本末》一書所記，起行宫三十間，内正殿以楊太妃故立名慈元殿。以上即二帝在沿海播遷，經過各地建立行宫及其遺迹之可考者。

1962 年在香港西區扶輪社講

按拙作《九龍與宋季史料》，主硇州不在大嶼山應在吴川説。嗣見清吴宣崇亦撰《硇州即碙洲考》，末段云："《元史·世祖紀》(十五年)行中書言張世傑據硇州，攻旁郡未易平。" 蓋世傑時攻雷州，惟在吴川之碙州，故攻雷最近。且六軍泊居雷化犬牙處，非吴川之碙洲又何處乎？《香山新會志》乃執陳仲微吴萊之誤説，力争硇州屬廣州之東莞縣，與州治相對第隔一水，真通人之蔽也（文獻《廣東文徵》卷三六）。宣崇吴川人，爲懋清之孫，著有《友松居文集》。

法人在硇州調查所得，譯述如下：

> 在硇洲島赤麻村之前門，猶存宋王碑。不幸因千載之風雨青苔剥蝕之故，碑上文字已不可辨。[1]

宋末二王駐蹕於硇州之地在馬鞍山之下，此地今猶稱曰宋皇村。於赤麻村之附近，有井曰宋王井，其水甚甘。

[1] H. Imbert: "Recherches sur le se'jour a l'ile de Nao-tchesus des Jeruiers empereurs de la Dynastie des Song", *Revue Indochinoise*, XXI (1918, Mars), n.3. A Nao-tcheou, il y a devant le village de 赤麻 une stèle nommée 宋王碑, que la plinè. les cmbruns salins.

土人謂有於田地底掘獲巨大之木梁（poutre en bois），相傳即宋室遺物。

又安南史籍有關南宋夫人事迹，兹附録二則：

（1）《大越史記全書》黎正和十八年歲在丁丑仲冬刊本（1697·12·13—1698·1·11）《本紀》，陳英宗興隆二十年，元皇慶元年（公元1312），卷六，二九b—三〇a：

> 六月帝還自占城。……加尊先帝先后徽號，及加封各處名神。立芹海門神祠。先是帝親征，至芹海門（注：前曰乾。避諱改爲芹）。〔仲俠按：李仁宗（1072—1128）諱乾德是也。〕駐營，夜夢神女泣曰："妾趙宋妃子，爲賊所逼困於風濤至此，上帝敕爲海神久矣。今陛下師行，願翼贊立功。"帝覺，召故老問事實，祭然後發，海爲無波，直到闍槃（即占城），克獲而歸。至是命有司立祠，時祭焉。

（2）《大南一統志》（維新三年：1909年，印本），卷十五，《義安省下·祠廟》：

> 芹海神祠在瓊琉縣香芹社。宋祥興年間師潰於崖山，楊太后與公主三人赴海，忽颶風大作，漂泊於乾海門，顔色如生，土人爲之立祠。陳《史記》興隆二十年英宗親征占城，舟抵乾海門，夜夢神人曰……〔仲俠按：後與《史記全書》同〕……大捷，及還命加封贈國家南海大乾聖娘，增廣祠宇。
>
> 黎洪德元年（公元1470），聖宗親征占城，舟過乾海門，詣祠密禱，風恬浪帖，直抵占境，克之。師還帝舟已過汴海，忽東風回帆，舟復至祠下，遂命登秩，增建祠宇，因名回舟處爲東回村。
>
> 此後屢著靈應，遞年臘月有競舟會，觀者如堵。本朝加封。今通國多有祠祀之。

楊淑妃像

宋帝昺像

（楊淑妃、帝昺兩像俱見碧江趙冕玉家傳《趙宋一代帝后遺像》，黄繩曾先生藏）

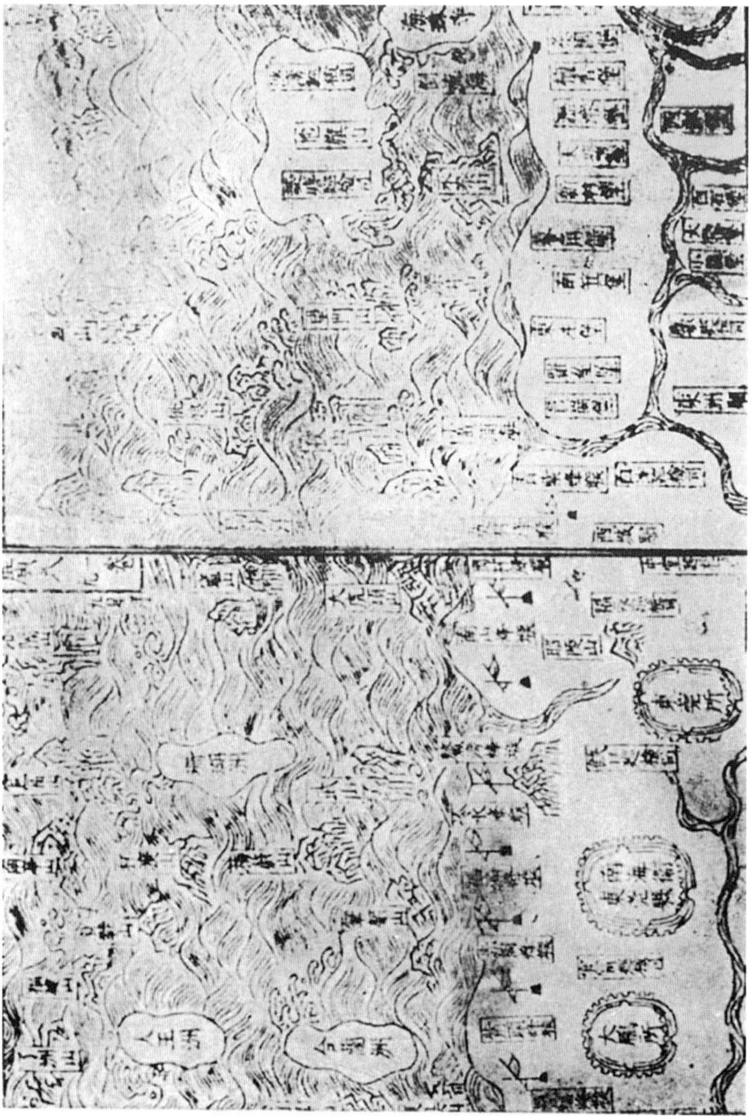

明刊《籌海圖編》廣東沿海山沙圖之一

《籌海圖編》廣東沿海總圖

黃佐嘉靖《粵通志》所記宋季二帝由官富場南遷路綫示意圖

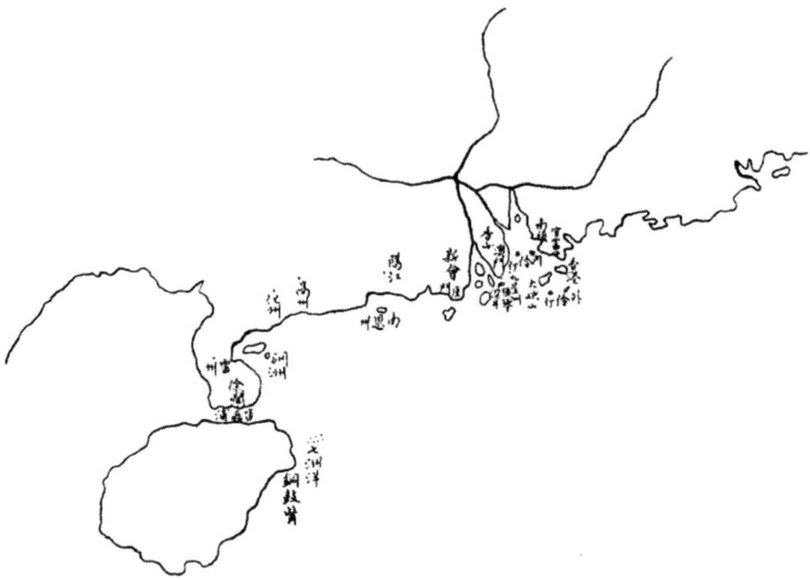

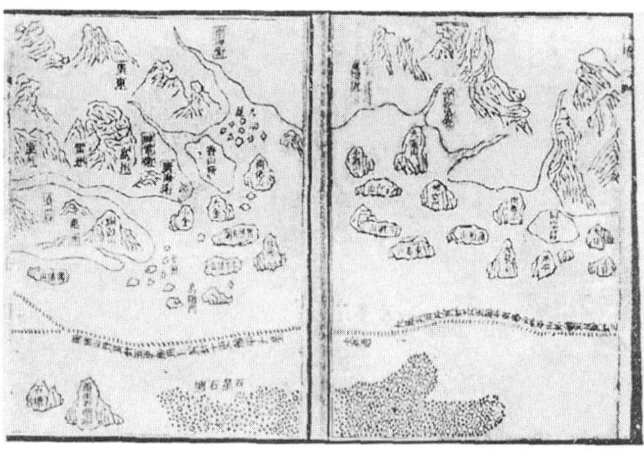

明洪熙至宣德間航海圖之一段（見《武備志》）

説䑩及海船的相關問題

一、䑩與海䑩

新加坡的清代石刻木牌題記，上面記着一些船的名目，對於太平洋航海歷史的探討，提供相當重要的資料。碑記上捐款人題名，有的用船舶作爲店户來看待。在拙作《星馬華文碑刻系年》的引言中[1]，曾略述之云：

> 閩有下列諸名：船，如陳合益船，金益順船；䑩，如沈成仁䑩，廣德䑩，瑞鵬䑩；雙層，如協利雙層；甲板，如澄源甲板。以上據道光三十年（公元 1850）《天福宫碑》。瓊則稱爲裝，如沈成泰裝，同利裝史文開，益盛裝黄學弼。以上據光緒六年庚辰（公元 1880）《瓊州會館碑》。

《天福宫碑》所見各“䑩”字，所從的“舟”，下無一點，不見於字書。上年陳荆鴻博士來星洲，調查當地文物，與筆者相值，曾詢及“䑩”字有何根據，一時不能置答。後來見到更早的道光二十七年（公元 1847）峨嶆（星洲地名）《大伯公廟碑》，其中一行云“嗎哌金長發䑩捐銀五大元”。其字分明從鳥從舟，方敢確定“䑩”字亦即“䑩”，只是俗寫欠了一點。

䑩字用作船名，已出見於南朝時代。《梁書 · 王僧辯傳》云：

[1] 新加坡大學中文學會《年刊》第十期。

> 侯子鑒等率步騎萬餘人於岸挑戰。又以鵃䑠千艘并載士，兩邊悉八十棹。棹手皆越人，去來輒襲，捷過風電。

此事又見《通鑑》卷一六四《梁紀》承聖元年（公元 552），作“以鵃䑠千艘載戰士”。《通鑑考異》引《典略》作“烏鵲舫千艘”[1]。

越人長於水戰，舟師有“習流”之稱[2]。這一傳統，下至六朝，相沿未替，故《王僧辯傳》的鵃䑠，棹手都是越人。宋曾慥《類説》云：

> 越人用海鶻於水軍。

《老學庵筆記》：“建炎中造船四艘海鶻船，長四丈五尺，爲錢三百二十九貫。”《格致鏡原》戰船門引《海物異名記》：

> 越人水戰，有舟名海鶻，急流俗浪不溺。

茅元儀《武備志》《三才圖會》《四庫全書》中，都有海鶻圖[3]，宋時的海鶻，必是梁時鵃䑠的演變，從文字學上加以解釋，鵃即是鶻。《説文·鳥部》：“鵃，鶻鵃也。”又鶻字下注云：“鶻，鶻鵃也。”《玉篇·鳥部》：“鵃，止遥、丁交二切，鶻鵃。”《爾雅·釋鳥》：“鷗鳩，鶻鵃。”舍人注：“鷗鳩一名鶻鵃，今之斑鳩。”張揖《廣雅》：“鶻鵃，鴟鳩也。”鳥名的鶻鵃，即莊子《逍遥游》的鷽鳩，《經典釋文》引崔譔云：“鷽讀爲滑鳩，一名滑雕。”字書像《説文》把鶻與鵃二字分開解説，單言鶻時，可指鶻鵃，單言鵃時，亦即指鶻。可見海鶻即是鵃䑠。所以稱船爲海鶻者，以其船頭低尾高，前大後小，如鶻之形，舷上左右置浮板，形如鶻的翼翅（《三才圖會》四器用）。

[1] 胡三省《通鑑注》鵃䑠云：“蓋今之水哨馬，即其類。”

[2] 《吴越春秋》徐天祐注。

[3] 各圖均載凌純聲先生《中國古代與印度太平兩洋的戈船考》（《民族學研究所集刊》二六）。

這是以象形來定名，那麽䑽之名䑽，取義亦有同然，故䑽與海鶻應是一物。

《類篇》亦云："䑽舸，船長貌。" 宋丁度《集韻》上聲二十九條："䑽，䑽舸，船長貌。" 以前的字書不説䑽是船名，這裏才見䑽舸一詞，乃是采自《梁書》。《玉篇》又有舸字，訓"小船也"。《正字通》云："船小而長者䑽舸。" 顯然是合《玉篇》的小船及《集韻》《類篇》的"船長"二義以立訓。許多船名往往是聯綿字，像艒艆、舴艋、舧艫、艕艞之類，越的䑽舸正屬同樣的詞性。安南人稱舟曰 thuyên-luó'n，依松本説，也許即是䑽舸，䑽舸可能是古越語。[1]

自明以來，戰船的制度，有廣、福之分。鄭若曾的《籌海圖編》卷十三兵船類，有廣東船及大福船。福船高大如樓，可容百人，底尖上闊，尾設柁樓三重。廣船視福船尤大，且以鐵爲之，福船不過松杉而已。[2] 清時行走太平洋的福州帆船，高桅，船頭圖繪鷁首。[3]《厦門志》卷五《船政》：其桅高篷大者利於走風，謂之"舢仔頭"。各省船隻，本以顔色爲識别。雍正五年（公元 1727）從高其倬奏，允開南洋貿易，九年，着各省船塗色，規定福建用緑色，廣東用紅色，浙江用白色。閩船緑色；峨嶆大伯公廟及天福宫碑文的䑽，是福建人商號航行閩海的船隻，自然是緑頭船了。

陳鐵凡先生於 1975 年前後在馬來亞一帶訪古，承知告曾得一木雕飾物，懸於廟門之前，初不知其名，後於其他碑刻見到其中有"善信祈福製仙䑽捐緣"事，因聯想此飾物或爲䑽。兹附他所贈此船狀飾物圖片，以供參考。

新加坡福建人墳山最早團體的恒山亭，有道光丙申年（公元

[1] 松本信廣《東亞民族文化論考》，355 頁。
[2] 廣船及福船插圖，見凌純聲《中國古代與太平洋區的方舟與樓船》（《民族學研究所集刊》二八）。
[3] 圖見田汝康《一七——一九世紀中葉中國帆船在東南亞洲》。

1836）該亭“重議規約五條”木牌記，有一段云：

> 恒山亭之香資，和尚於每月朔望日落坡捐化，而逐年唐船、暹船、安南船及外州郡舲舨船、雙層船等，平安抵叻者，公議唐船凡漳、泉者，每隻捐香資宋（呂宋）銀四大元。其船中人客募化多寡，隨其發心。如暹船、安南船及外州郡之舢舨船、雙層船暨各號等船，不論船之大小，但屬漳、泉者，議定每隻船捐香資宋銀二大元。若屬本坡之船，每年捐化香資一次……

這裏所見的船名，又有舲舨船、舢舨船等。詳見下文。

圖一

圖二　馬來亞仙艕（木雕）

二、中國船名與太平洋語系

清洪亮吉在《卷施閣甲集》卷三有《釋舟》一篇，網羅宏富，從語意觀點來看，正是一篇有關船名研究的重要文獻，可惜自來學人甚少注意。友人松本信廣老教授對於船的歷史研治多年，著有《船名及其傳説》《古代之船》《論舶》《論舢板名義》等文，收入《東亞民族文化論考》中。松本先生之説有略可補充者，兹述如次：

舶——舶字之出現，《御覽》卷七六九引《南州異物志》"外域人名船曰船"，伯希和訂正作"外域人名舶曰船"。按《北堂書鈔》引此實作"外域人名船曰䑸"。《莊子逸文》"以木爲舟稱衛舟大白"，司馬彪注"大白，亦船名也"。《一切經音義》引彪注"海中大舩曰舶"。舶字亦省借作白。《華陽國志》記司馬錯率巴、蜀衆十萬，大舶船萬艘（伐楚）。《一切經音義》二大舶注云："音白。《埤蒼》：大船也，大者長二十丈，載六七百人者是也。"《華嚴》第五十卷船舶注云："音白。《埤蒼》：舶大船也。《通俗文》：吴船曰艑，晋船曰舶。"《埤蒼》爲魏張揖所作，《通俗文》則晋李虔作。（《顔氏家訓·書證》篇引阮孝緒、李虔，《初學記》亦引李虔《通俗文》，兩《唐志》有李虔《續通俗文》二卷，洪亮吉《覆臧鏞書》辨李虔與伏虔同作《通俗文》事甚詳。《華嚴經》此處所引《通俗文》晋船曰舶，自是李虔而非伏虔。）可見這裏所謂晋船是指晋時的船名，但"舶"字的出現，遠在其前。《日本書紀》皇極天皇紀元年，仍賜大舶與同（即舸，見《廣雅》）。扶桑亦用"舶"字。

艨艟——《三國志·吴志·吕蒙傳》卷："蒙至尋陽，盡伏其精兵艨艫中，使白衣摇櫓作商賈人服，晝夜兼行至羽所。"（宋本《御覽》卷七七〇引《吴志》作"艟艑"。）張揖《廣雅》：艁艟，舟也。《集韻》：艁艟，大艑也。吴楊泉《物理論》云："夫工匠經涉河海，爲舸艞以浮大川。” 舼艞、訶艞與艒艫字通。這一名出現自吴地，南印度 Tamil 語呼船曰 kalam 或 kalan。[1] 馬來語舟小亦名 kōlek，特指獨木舟，可能由 kalan 稍變。艒艫、舼艞和 kalan 語音或者有關係。元阿拉伯人拔都他記當日所有印度和中國間的交通，皆操於中國之手，中國船舶共分三等，大者曰鎮克（junk），中者曰曹（zao），第三等曰 kakam。[2] 按 junk 即艅，曹即艚，而 kakam 向不知爲何譯名，疑是 kalam 之轉音。

帛蘭——《後漢書·公孫述傳》:“聚名甲數十萬人積糧漢中。又造十層赤樓帛蘭船。” 章懷太子注:“蓋以帛飾其蘭檻。” 似乎望文生義。《真臘風土記》小舟以巨木鑿成槽，兩頭尖無篷，可載數人，名爲“皮闌”。[3] 安南話稱船爲 plong、pluk，可能即是皮闌。梵語 plova- 爲 raft（筏），音亦相近。

八櫓—— 八櫓一名始於趙宋。（徐玉虎君謂八櫓爲西晋之制，所據爲《御覽》引《義熙起居注》: 盧循作八櫓船。[4] 今按宋本《御覽》卷七七〇舟部三艦條引《義熙起居注》實稱:“盧循新作八槽艦九枚，起四層，高十餘丈。”《宋書》卷一《武帝紀》亦云:“別有八艚艦九枚，起四層，高二十丈。” 洪亮吉《釋舟》亦同，惟作八艚艦，又引大艚及方艚，加以解釋。是盧循所作者實是“八槽艦”，不是“八櫓船”，徐君引誤。）《夢粱録》稱大小八櫓或六櫓，每船可載百餘人。《宋會要輯稿》: 四百料（一料即一石）八櫓戰船每隻通長八丈（《食貨》五〇之一一）。祝允明《前聞記》有大八櫓、二八櫓，又詳《東西洋考》。《老學庵筆記》:“建炎中平江造戰船，八艣戰船長八丈，爲

[1] 參 S. Singaravalu 氏 *Social Life of the Tamils*, p.65 Means of transport。

[2] 注釋家或謂 Zao 爲舟之轉音，Kakam 爲貨航之訛。

[3] 《古今圖書集成·考工典》卷一七八引《真臘風土記》。

[4] 徐玉虎《鄭和時代航海術語與名詞之詮釋》“八櫓船”條（輔仁大學《人文學報》第一期，259 頁）。

錢一千一百五十九貫。”亦作八艕，可見八櫓名稱之晚出。馬來語船曰 pěrahu，説者或謂是八櫓的對音，恐未確。[1]

⿰舟合舨——⿰舟合舶船一名，見新加坡《恒山亭木牌記》，亦作甲板。（《玉篇》：⿰舟合，船動貌，字又作⿰舟及。《廣雅》：舺，舟也。）傜語船曰 kebang，印尼語曰 kabang，都和⿰舟合舨是一音。

舲——《楚辭·九歌》：乘舲船余上沅兮。《淮南子·俶真訓》之越舲蜀艇，舲又作⿰舟霝，見《廣雅》《玉篇》。又《玉篇》：“艆，海船也。”緬甸語呼舟曰 lai，泰語曰 lu'a，long。

須慮——古越語船曰須慮，松本謂即儸儸語之 s'le。[2]

兹將漢語船名，和太平洋各地語言中可比對的，表列如下，以待進一步的研究。

	Th	K	K.p	pl	l	s
太平洋語系	Thuyen- Luo'n	Kalam Kalan Kōlek	Kebang Kabang	plong pluk plova-	lai lu'a long	s'le
古漢語	⿰舟鳥舠	⿰舟冓艫，⿰舟句⿰舟鹿	⿰舟合舨	帛蘭，皮蘭	舲，艆	須慮

印度人對行船的知識，在 pāṇini 的文法書中所記，有 nau，udavāhana，Kāśika pañcha nau（五船），dasā-nāu。[3]

尚有 Bhastra（inflated 膨脹 skins）、Pitaka（coracle）、Utsanga（cumba）、Bharata（float of wood）等。見圖三。[4]

[1] 日人《馬來語辭典》認爲 pěrahu=prahn，源於梵語 bahtěra。

[2] 邱新民君改《越絶書》“須慮”，謂爲“須慮”之誤，以“須慮”當馬來語 Perahu，謂即“八櫓”（《東南亞古代史地論叢》，94 頁）。按《越絶書》不誤。

[3] 有關印度古代船名，參 V. S. Agrawala: *India as Known to Pāṇini*, pp.156-157。

[4] Coracle 爲一種圓形舟，外面蒙獸皮或油布，Wales, Trcland 有之。參 Hornell: *Primitive Types of Water Transport in Asia*, F.R.A.S.1946，pp.124-142。

圖三

Types of Boats:Bhastra(inflated skins)、Pitaka(coracle)、Utsanga(cumba)、Bharata(float of wood)

按 Bhastra 乃所謂皮筏，中國記載用革囊渡水的故事頗多。

《水經・葉榆水注》："不韋縣（今雲南保山縣）故九隆哀牢之國也。……漢建武二十三年，王遣兵乘革船南下水，攻漢鹿茤民。"這些最早乘革船的，乃是哀牢人。《北史・附國傳》："用皮爲舟而濟。"（附國，今四川、青海間）《舊唐書・女國傳》："其王所居，名康延川，中有弱水，南流用牛皮爲船以渡。"東女國在今昌都地區，此種用皮爲船之習慣，通行於西南。其後元世祖征大理至金沙江乘革囊與筏以渡江（《元史・世祖紀》）。頗疑此俗先行於印度，西南邊民沿襲之。黃河流域蘭州至今尚以牛羊皮筏爲渡河工具，謂之吹牛皮，顧頡剛詳爲記載[1]，不知此俗在古印度及阿富汗、古波斯均有之。（此種

[1] 顧頡剛《史林雜談初編》"吹牛拍馬"條，及蘭州皮筏國。按清黎士弘《仁恕堂筆記》（《古學叢書刊本》）已言之。

floats-of-skin，亦稱 mashkākhuvā，大流士時代〔Darius〕已用之。）

Bharata 即桴，古謂之箄，中國周秦時習用之。《後漢書 · 哀牢夷傳》:“建武二十三年，其王賢栗，遣兵乘軍船南下江漢（應作之瀾滄）。”李賢注:“箄縛竹木爲箄，以當船也。”《水經注》作“革船”。

三、船與考古學

近歲考古發掘及研究，對於船的知識，頗多增益。史語所之戰國水上戰迹圖像鑒，人所熟知。以中國本土東南及西南各地區而論，有若干新資料，可供討論，兹分域略記於下:

吴　武進奄城遺址，1957 年發見刀、鐮兩鐵器在泥炭層之下，與幾何形印文陶罐同出，有獨木舟一隻，長 11 公尺，乃春秋時物。見《江蘇省出土文物選集》圖九七説明。現藏北京歷史博物館。

越　浙江河姆渡漆器有刻花木槳，則七千年前已有船。鄞縣甲村石秃頭，1976 年出青銅鉞，上有羽人划船紋樣。二物均藏杭州博物館。

湘　長江發掘第 203 號漢墓中有十六槳船模，船之兩側邊沿平板上皆有釘眼。

鄂　1974 年，湖北江陵鳳凰山西漢墓發現船模長 71 公分，寬 10.5 公分，有五槳。又竹簡上書“大舟皆□廿三槳”。

粵　廣州皇帝崗西漢木槨墓發掘所得。陶船模型艙船左右兩邊各有走道。自前艙至後艙兩側，有木板兩塊，左右對稱。包遵彭在《漢代樓船考》中曾加以討論。Joseph Needham 在 Science and China's Influence on the World 中有實物攝影兩張。[1]

[1] *The Legacy of China*, pp.294-299, p1.27.

廣州漢代城磚，劃繪樓船形狀。其船頭低尾高，船尾有一大舵，與漢墓陶船相同。船身左邊，連底艙有多層，爲樓船極重要材料。[1]

蜀　四川於 1954 年在巴縣冬筍壩及廣元寶輪院發見數十座船棺葬，以楠木鑿成獨木舟狀，以爲葬具。冬筍壩戈紋所見舟形作形。[2]

滇　雲南石寨山發見銅器（鼓）殘片，上有划船羽人。棹手排坐船上，頭戴長羽，耳帶圓環，左右兩邊，操槳而進，每排如圖四已不止七人。惜殘缺無法知其棹手總數。越的艄舠，兩邊有棹子，可於是圖想象其情狀。附拓本如圖四、五。[3]

圖四　羽人划船銅器殘片（拓片之一約 1/3）

圖五　羽人划船銅器殘片（拓片之二約 1/3）

[1] 漢廣州城磚樓船拓本，羅香林先生藏，見凌純聲氏《中國古代與太平洋區的方舟與樓船》圖版五。

[2] 馮漢驥《四川古代的船棺葬》（《考古學報》1958 年第二期），四川博物館《四川船棺發掘報告》1960 年。

[3] 《雲南晉寧石寨山古墓群出土銅鐵器補遺》（《文物》1964 年第十二期，44 頁）。

古文字學上的舟字，像殷墟甲骨文字中所見舟及從舟之字甚多，和舟字連在一起意義比較明顯的，有“來舟”（《屯》乙七二〇三）、“得舟”（《綴合》一二三）、“矢（）舟”（《屯乙》七七四六，義是陳舟）、“王其舟於滴”（《後嗣》上一五，八）等記載，舟的字形皆作。

四川大學博物館所藏萬縣發見的錞于，及《小校經閣金文》拓本的“三巳錞于”，其上都有船紋，其形如圖六[1]：

川大錞于　　　錞于

圖六 《小校經閣》

其一很像繪人操楫，懸有風帆等形狀，和 Wādi Hamniāmat 石壁的船形很相像。甲骨文有、等字[2]：

庚午卜㠯貞，弱衣，河，亡若？十月。（《京都》三二二〇）

貞勿令，，取舟，不若。（《綴合》三〇三）

這些動詞，都是駕舟的意思，從字形可以看出來。《盤庚》中說：“若乘舟汝弗濟，臭厥載。爾忱不屬，惟胥以沈。” 殷人對於行舟，是多麼小心的啊！

西亞在公元前三千年已使用船，蘇末印章及其圖形文字與楔形文，見於 Uruk 各地的泥板，字形有如圖七、圖八。[3]

---

[1] 川大錞于，載 1936 年《華西學報》五期，此據徐中舒摹寫。

[2] 島邦男《卜辭綜類》，462 頁。

[3] 采自 G. Q. Driver: *Semitic Writing*, p.48。

圖七

Uruk Shuruppak Umina Entemena Cudea Babylonian Assyrian

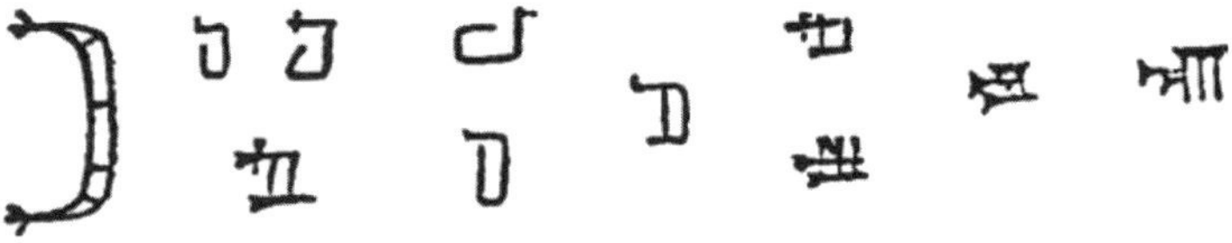

圖八

A ship on a Sumerian seal c 3200 B.C. and the cuneiform sign for "ship"

蘇末古文獻的 Gilgamesh 詩中有云：

> After the Magan-boat had sunk,
> After the boat "The Might of Magilum" had sunk.[1]

蘇末楔形文記録言及大 mgilum 船自黑種人之 Me-luh-ha 國，運貨物至 Akkad guay。又言及 man of meluhha ship，據近人考證 meluhha=meleecha（梵文）、milāca, milakka（巴利文），在 Satapathabrāhmaṇa 書中，meleccha 乃指南印度黑種之 Dravidian 族。[2]

---

[1] S. N. Kramer: *The Sumesiens* p.227. 此根據他的英譯。

[2] 參 Asko Paropla 等：*Decipherment of the Proto-Dravidian Inscriptions of the Indus Civilization* (first announcement, 1969)。

這是西亞與印度航海船舶往來的最早記録。

四、伍子胥水戰法之戰船與後來海舶之進步

楚有水師,《左傳·昭十九年》云:"楚爲水師以伐濮。"楚《繒書》六月云:"曰𧇖,不可出帀(師)。水帀(師)不銜(率),元(其)㰤。"可見楚國已有水軍,相傳伍子胥有一套水戰法,《太平御覽》卷三百一十五引《越絶書》云:

伍子胥《水戰法》。大翼一艘,廣丈六尺,長十二丈,容戰士二十六人,棹五十人,舳艫三人,操長鉤戈矛四吏僕射長各一人。九十一人當用長鉤矛長斧各四,弩各三十二,矢三千三百,甲兜鍪各三十二。

又七百七十引《越絶書》云:

闔閭見子胥:"敢問船運之備何如?"對曰:"船名大翼、小翼、突冒、樓舡、橋舡,今舡軍之教,比陵軍之法,乃可用之。大翼者當陵軍之車,小翼者當陵軍之輕車,突冒者當陵軍之衝車,樓舡者當陵軍之行樓車也,橋舡當陵軍之輕足剽定騎也。"

《文選·七命》"浮三翼"句,李善注引《越絶書》伍子胥《水戰兵法内經》云:

大翼一艘長十丈,中翼一艘長九丈六尺,小翼一艘長九丈。

《漢書·藝文志》兵技巧家,有伍子胥十篇,圖二卷,其《水戰法》必在其中。從這些記載,可以推知春秋時戰船的構造和設備的

情形。

自漢以後，船舶的製造，日益進步，以下是歷史上的重要文獻：

漢："越欲與漢用船戰逐，乃大修昆明池，列觀環之，治樓船高十餘丈，旗幟加其上，甚壯。"（《史記 · 平準書》《漢書 · 食貨志》同）

東漢：（公孫述）"造十層赤樓帛蘭船"。（《後漢書 · 公孫述傳》）

吴："扶南國伐木爲船，長者十二尋，廣肘六尺，頭尾似魚。……大者載百人，人有長短橈及篙各一，從頭到尾，約有五十人作或四十二人。……"（《御覽》卷七六九引《吴時外國傳》）外域人名舡曰舡，大者長二十餘丈，高去水三二丈，望之如閣道，載六七百人。（《御覽》卷七六九引《南州異物志》）

晋：王濬伐吴，"乃作大船連舫，方百二十步，受二千餘人，以木爲城，起樓櫓，開四出門，其上皆得馳馬來往，又畫鷁首怪獸於船首"。（《晋書 · 濬傳》）。"晋船曰舶，長二十丈，載六七百人。"（《華嚴》第五十引《通俗文》）

宋：盧循"新作八槽艦九枚，起四層，高十餘丈"。（《御覽》引《義熙起居注》）"（宋）公還東府，大治水軍，皆大艦重樓高者十餘丈。"（《宋書 · 武帝紀》）

陳："湘州賊陸納造大艦，一名三王艦。……又造二艦，一青龍，一白虎，衣以牛皮，并高十五丈。"（《南史 · 王僧辯傳》）

隋："楊素居永安，造大艦，名曰五牙，上起樓五層。高百餘尺，左右前後，置六拍竿，并高五十尺，容戰士八百人，旗幟加於上。"（《隋書 · 楊素傳》）

唐："貞觀廿年六月，於劍南道伐木造舟艦，大者或長百尺，其廣半之。"（《資治通鑑》卷一九九）

宋："國（宋）初，兩浙獻龍船，長二十餘丈。……歲久腹敗欲修治，而水中不可施工。熙寧中，宦官黄懷信獻計，於金明池北鑿大澳，可容龍船，其下置柱，以大木梁其上，乃决水入澳，引船當梁上。即車出澳中水，船乃笐於空中，完補訖，復以水浮船。”（《夢溪補筆談》二權智類）

近年在長江流域發現一些唐、宋、明船隻的實物。

楊州施橋鎮，在1960年3月，發現古代木船及獨木船各一隻，約爲宋時物。木船以楠木製成，長24公尺，有五個大艙，船舷由四根大木以鐵釘成排釘合而成。又唐獨木船全長13.65公尺，存楊州博物館（《文物》1961年第六期）。又鄭和寶船舵杆，在中保村發現，地點即是明朝寶船廠舊址（《文物參考資料》1957年第十二期）。此杆全長11.07公尺，有人引用《明史》推測鄭和寶船的長度爲44丈，寬18丈。又據江蘇外海沙船身長及落艙深度的比例，證明寶船廠舵杆所配合的船舶長應爲48丈至53丈6尺（見周世德所擬鄭和寶船示意圖）[1]。然據《南京静海寺碑》，鄭和下西洋的船，應是二千料海船和一千五百料海船，比《明史》記載較爲合理，陳高華等即主是說。

由以上記載，可列成一表如下：

時代	船名	船長	船寬	船高	可容人數	棹手
楚	大翼	12丈	1.6丈			50人
漢	樓船			10丈餘		
東漢	帛蘭			10層		
吴		20丈	2至3丈		600人	50人
晋	八槽舶	20丈	方120步	四層10丈餘	2000人	
隋	五牙艦			100餘尺	800人	

按以人數論，晋船可容2000人實爲最多。長度則晋舶有長至20丈者，與宋木船長20餘丈者相彷彿。從上表觀察，當西晋時候，造

[1] 周世德《從寶船廠航杆的鑒定推論鄭和寶船》（《文物》1962年第三期）。

船業已有飛躍的進步。

J. Needham 先生曾寄貽所著 *Abstract of Material Presented to The International Maritime History Commission at Beirut* 一文，對於海上交通史論述至詳。然近年新發見之材料，若泉州灣宋代海船之發掘及復原（《文物》1975 年第十期），廣州秦漢造船工廠遺址之發現（《文物》1977 年第四期），使過去對船舶的看法，爲之改觀。從廣州秦漢造船遺址之兩個船臺、滑板中心間距，推知當日常用船之長度爲 20 公尺左右，載重約 500 斛至 600 斛（合 25 至 30 噸）（《文物》1977 年第四期）。泉州宋船則全船殘長 24.20 公尺，殘寬 9.15 公尺，殘深 1.98 公尺，而推知本船之排水量爲 374.40 噸上下，估計此船水手在 50 人以上，與《宣和奉使高麗圖經》所記每舟篙師水手可 60 人，最爲接近（《文物》1975 年第十期，30 頁）。可能即福船類型之前身。

余嘗旅行印尼各地，登 Borobudur 佛廟，壁間雕刻 Ramayana 故事，描寫帆船破浪渡海，船上複雜構造，可據以考察 9 世紀之船舶制度。又 Jogjakata 博物館中，陳列古代船筏遺型甚多，對於研究太平洋古代船舶的形制 [1]，尤有重大之幫助。

唐代海運，已極發達。唐刻石中，如《輕車都尉强偉墓志》，記“貞觀十年將作大匠閻立德江南造船，召爲判佐。廿一年，副處部員外郎唐遜造海舩一千艘”。《新唐書 · 閻讓傳》:“字立德，復爲大匠，即洪州造浮海大航五百艘，遂從征遼。”可見唐初造船術之情形。敦煌所出有《水部式》殘卷，羅振玉撰跋，舉出十一事，論唐代海師拖師水手之制，可補史志之缺（見《永豐鄉人乙稿》，新印本《雪堂全集》初編一，283 頁）。《欽定福建省外海戰船圖則例》一書，述後期之戰船甚爲詳悉。又日本平户松浦史料博物館藏唐船之圖，爲江户時

[1] C.Edwards: “New World Perspectives on Pre-European Voyaging in the Pacific.” 見 *Early Chinese Art and Its Possible Influence in the Pacific Basin*, vol.III, pp.843-887。

代關於中國商船之資料，所有廣東、福州、廣南、厦各船圖像，及暹羅船、咬嚁吧船等，均有詳細説明（大庭修有專文研究，見關西大學東西學術研究所《紀要》五）。作者對此一問題，愧未能作深入研究，謹舉出涉獵所及之零星材料，借供同好作進一步之參考。

1972 年

印度、緬甸

——達嚫國考

法顯《佛國記》中所涉及地理，各家考證，問題尚多。兹舉達嚫國爲例。顯師自言："達嚫國以道路阻難未往。"是彼未親履其地。惟印度人撰 daccan 史，即靠顯師所記爲漢土惟一史料，實則漢籍中仍有不少關於達嚫之記載。

（一）道宣《釋迦方志·中邊篇》言"水"部分，謂："此洲中心有一大池，名阿那陁答多，唐言無熱惱也，即經所謂阿耨達池，在香山南，大雪山北。……此一池分出四河，各隨地勢而注一海，故葱嶺以東，水注東海，達儭（一作嚫）以南，水注南海，雪山以西，水注西海，大秦以北，水注北海。"所記達儭與大秦，分明一南一北，不容淆混。按此爲四河説之引申。四河説出《長阿含經》《世紀經》《起世經》等。阿耨達池（Anavatapta）之位置，世親《俱舍論》以爲在大雪山北，香醉山（Gandhamādava）間，香醉山已被認爲西藏喜馬拉雅山脉中之 Kailasa 山系，唐人即本世親之説加以演繹，而以阿耨達池（按即今 Wanasarawar 湖）爲宇宙之中心，道宣資以成立其地理學之中邊説。《阿含經》原謂阿耨達池南有新頭（Sindū）河，即獅子口，以入南海。道宣則云達儭以南，水注南海。蓋以達儭爲南印度之總稱也。[1]

（二）又《釋迦方志·游履篇》（第五）搜括傳記，列十六事，其第三云："後漢獻帝建元（應作建安）十年，秦州刺史遣成光子從烏

[1] 另參拙作《論釋氏之昆侖説》。

鼠山度鐵橋而入，窮於達嚫。旋歸之日，還踐前途，自出《别傳》。”[1]方志引成光子云“中天竺國東至振旦國五萬八千里，南至金地國五萬八千里”，疑即出所著《别傳》。所謂《别傳》，未審何書。此説果可信，則東漢末自蜀至印，即後來所謂牂牁天竺道，實已暢通，故可從秦州，以至南印度之達嚫。《史記·大宛傳》張騫上書云：“今身毒國又居大夏東南，數千里有蜀物，此其去蜀不遠矣。”又言：“聞其西可千餘里有乘象國，名曰滇越，而蜀賈奸出物者或至焉。”是漢時蜀賈人足迹已至天竺，當取永昌道。徵之《高僧傳》慧叡西行紀：“慧叡（劉宋時人）嘗游方而學，經行蜀之西界，爲人抄掠，游歷諸國，乃至南天竺界。”其經行所至，必循永昌道可知。義净《大唐西域求法高僧傳》云：“有唐僧二十許人從蜀川牂牁道出白莫訶菩提禮拜。”此即自蜀經永昌道至南天竺。慧琳《一切經音義》卷八十一已詳説之。可參李根源所編《永昌府文徵》記載卷一。故漢末成光子由秦州至達嚫，必由蜀出永昌，以入南印度，可以推想而知。

（三）敦煌卷中亦言及達嚫。倫敦大英博物院敦煌經卷斯坦因目二一一三號爲一長卷，内書白佛瑞像記，略云：“中印度有寺，佛高二丈，額上懸珠。……此像經憍賞彌（按即拘睒彌）飛往于闐。”又云：“釋迦牟尼佛真容，白檀身，從國王舍城騰空來于闐海眼寺。”此文爲有關印度佛像記録之珍貴資料。另有一段文云：

> 南天竺建嚫國，北有迦葉佛寺，五香磐石爲之。今見在山中。
>
> 北天竺國泥婆羅國有彌冠櫃，在水中。

泥婆羅即尼泊爾，建嚫當是達嚫（見附圖）。同卷下文“大目楗連”之“楗”字，所從之建，與“嚫”上一字相同，是敦煌卷乃誤寫達嚫

[1] 《大正》卷五一，969頁。

爲建嚫，以達與建二字形近故也。此卷後段爲《宕泉創修功德記》，末署“唐乾寧三年丙辰歲四月八日畢功”。則其前段文字，當寫於乾寧以前。

史語所藏拓片一四九三六號，爲《旃檀瑞像》及《題記》，略記：“佛成道後，嘗升忉利（天）爲母氏説法，數月未還。時優填王以久闊瞻依，乃刻旃檀像佛聖表以佇翹想之懷。……自填王像刻之初，至今泰定乙丑，凡二千三百餘歲矣。……昭文館大學士紫禄大夫宣徽使大都護脱因，以積善深餘慶慕上乘……恭就麗正門西觀音堂内模刻於石。……泰定丁卯至萬曆己丑又二百六十四年，今聖安寺欽依僧録司左覺義通月號印空重刻於石。越山陰弟子諸臣表齋沐書，秦應瑞畫。”佛像向來以檀像爲貴。于闐佛像，莫高窟C〇四七＝T二三一號龕頂周圍西題“于闐故城瑞像”，又龕頂南釋迦瑞像，題“于闐媲摩城中雕檀瑞像”，玄奘作媲摩城，俱見普林斯頓大學美術史系藏羅寄梅所攝照片。可與二一一三卷所記互相參證。

（四）《初學記》二十三“寺”條引《佛游天竺本記》曰：“達親國有迦葉佛伽藍，穿大石山作之。有五重，最下爲雁形，第二層作獅子形，第三層作馬形，第四層作牛形，第五層作鴿形，名爲波羅越。”注：“波羅越，蓋彼國名鴿。”

金趙城藏《法顯傳》第三十二張至第三十四張云：“伽藍悉有僧住。自鹿野苑精舍西北行十三由旬，有國名拘睒彌。其精舍名瞿師羅園，佛昔住處。今故有衆僧，多小乘學。從是東行八由延，佛本於此度惡鬼處。亦常在此住。經行、坐處，皆起塔，亦有僧伽藍，可百餘僧。從此南行二百由延，有國名達嚫。是過去迦葉佛僧伽藍，穿大石山作之，凡有五重，最下重作象形，有五百間石室。第二層作獅子形，有四百間。第三層作馬形，有三百間。第四層作牛形，有二百間。第五層作鴿形，有百間。最上有泉水循石室前，繞房而流，周圓迴曲，如是乃至下重。順房流從户而出，諸僧室中，處處穿一石作窗牖，通明室中朗然，都無幽暗。其室四角穿石，作蹄蹬上處。今人形小，緣蹄上，正得至昔一脚躡處。因名此寺爲波羅越者，天竺名鴿也。其寺中常有羅漢住。此土丘荒，無人民居。去山極遠方有村，皆是邪見不識佛法，沙門婆羅門及諸異學。彼國人民常見飛人來入此寺。於時諸國道人欲來禮此寺者，彼村人則言：汝何以不飛耶？我見此間道人皆飛。道人方便答言：翅未成耳。達嚫國嶮道艱難，難知處，欲往者要當賫錢貨施彼國王，王然後遣人送，展轉相付，示其徑路。法顯竟不得往。承彼土人言，故説之耳。”

《法顯傳》所述，比《佛游天竺本記》爲詳。金藏本穿字一作穿，與高麗本同，穿爲穿别體，日本延喜寫本《河渠書》穿正作穿。又蹄蹬，他本作梯。波羅越者句，他本多“婆羅越”三字。法顯描寫達嚫國之伽藍，乃根據傳聞，頗有失實。玄奘《西域記》十憍薩羅國（Kosala）云：“國西南三百餘里，至跋邏末羅耆厘（唐言黑峰）岌然特起，峰岩峭險。既無崖谷，宛如全石，引正王（Sadvaha）爲龍猛菩薩鑿此山中建立伽藍。”《敦煌遺書慧超往五天竺國》傳，中南天竺國有云：“於彼山中有一大寺，是龍樹菩薩便（使）夜叉神造，非人所作，并鑿山爲柱，三重作樓，四面方圓三百餘步。”藤田豐八《箋釋》謂：“龍猛即龍樹，《法顯傳》以爲伽葉（Kāsyapa），蓋傳聞之誤。《高僧傳·玄奘》條云：‘至憍薩羅國即南印度之正境也，王都西南三百餘里有黑蜂山，昔古大王爲龍猛菩薩造立斯寺。’Beal 氏云：‘《西域記》注黑峰，殆蜂之訛。’黑蜂即 Bhrāmara，乃 Durgā 若 Pawati 之異名，國都爲 Bhadak。諸丘爲 Durgā 足迹所印，殆是引正王造寺之山也。《法顯傳》波羅越（Paravata）解云‘鴿’，亦係傳聞。”[1]

[1] 參藤田書，19 頁。

按：達嚫爲梵語 dakṣiṇa 之音譯，義指南方，亦訓爲右。《西域記》稱“達嚫拏者，右也。”《内法傳》則云：“特崎拏即是右。……故時人名右手爲特畸拏手。”按“特崎拏”應是印度俗書（Prakrit）之 dakkipṇa，巴利文變 Ksin 爲 kkiṇ，故達嚫拏寫作特崎拏。

達嚫國現指南印度之 Deccan 高原，余於 1963 年讀書於蒲那（Poona）之“班達伽東方研究所”（Bhandankar Oriental Research Institute），參謁達嚫附近佛教聖地，若 Kanheri、Karli 等石窟，顯師所未到者，多曾履及。班達伽爲印度大儒，著有 *Early History of the Dakkan*，收載於其論文集，第三版則於 1928 年印行於加爾各答（Calcutta）。其書開首即引及《佛國記》，文云：

> Since in the beginning of the fifth century of the Christian era, Fahhian, the Chinese traveller, was told at Benares that there was a country to the south called Ta-Fhsin which corresponds to the Sanskrit Dakshina.

《佛國記》自 1836 年有 Abel Rémusat 之法譯，1869 年有 Samuel Beal 之英譯，其後 H. A. Giles（1877）、James Legge（1886）皆有修訂英譯本，班達伽得從英譯本采摭其説。然漢籍有關達嚫之記載，《法顯傳》外，尚有上列數條，因爲舉出，以備他日印人續撰 Dakkan 史者之參考。

梵語“達嚫拏”，漢譯亦作“多瑳那”。Lalitavistara 經中列舉各國文字，其第十四爲 Daksinya-lipi。西晉法護及唐時地婆訶羅（Divākara）皆有漢譯。[1] 法護譯《普曜經》作“施與書”[2]，地婆譯作“多瑳那書”，均是譯音。考《普曜經》中別有大秦書，列於第七，此大

[1] 唐譯稱《方廣大莊嚴經》。

[2] 似略去 Dā 音，參日本山田龍藏《梵語佛典之諸文獻》，10 頁。

秦乃是東羅馬。可見 Dāksin 與大秦分明爲二地。“多瑳那書”應是指南印 Deccan 地區流行之文字，即達嚫國文字是也。

達嚫與大秦，史家每混淆爲一，實宜細加釐別。伯希和《交廣印度兩道》考云：“大秦指地中海東部，又因音類之關係，佛教徒有時以大秦爲昔之 Daksinapatha，今之 Deccan 之對音。”是説也，東南亞史家多受其影響，馮承鈞《中國南洋交通史》、岑仲勉《水經注卷一箋校》[1]、日本杉本直治郎[2]皆采是説。

《後漢書 · 哀牢夷傳》説西域幻人“能變化吐火自支解，易牛馬頭。又善跳丸，數乃至千。自言我海西人，海西即大秦也。撣國西南通大秦”。此處大秦，《通鑑》胡注謂即拂菻。近年宮崎市定撰《條支と大秦と西海》一文[3]，以大秦即羅馬，西海即地中海，跳丸之技藝，古羅馬之折繪（diptych）尚可見之，圖中作玩七丸之狀，拉丁語稱爲 pilarius。[4]

羅馬與南印度及扶南之交通，近歲考古發掘所知，早在公元初期，越南南部 Go Oc Oe 所出古物，不少爲羅馬時代銀幣。南印度 Pondicherry 河邊，1939 年發掘亦獲羅馬 August 時代遺物。[5]可證《後漢書 · 西域大秦傳》桓帝延熹九年（公元 166）大秦王安敦（即 Antonius，公元 121—180）遣使自日南徼外，獻象牙犀角等之説爲可靠。《梁書 · 中天竺傳》孫權黄武五年（公元 226）有大秦賈人字秦論來到交阯，交阯太守吴邈遣送諸權，權問方土風俗。此爲羅馬賈人至吴交往之事實。

唐人碑刻每言大秦：南詔《德化碑》云：“爰有尋傳，疇壤沃饒，

[1] 《中外史地考證》，218 頁。
[2] 《東南アヅア研究》，494 頁。
[3] 《史林》二四之一。
[4] 見 Rich : *Dictionary of koman and Greek Antiquities*, Iqoo。
[5] 1963 年，曾於該地法國印度學研究所見之。

人物殷湊，南通北海，西近大秦。”按尋傳即《蠻書》中之尋傳蠻。《新唐書》一二〇《張柬之傳》，其論姚州云：“姚州古哀牢國，域土荒外，山阻水深。漢世未與中國通。……光武末始請內屬，置永昌郡統之，賦其鹽、布、氈、罽，以利中土，其國西大秦，南交趾，奇珍之貢不闕。”此二條之大秦，向來説者均以指遠道之東羅馬之大秦。

惟唐時別有“大秦婆羅門國”之稱，樊綽《蠻書》云：“乃西渡彌諾江水（Chindwin）千里至大秦婆羅門國。又西渡大嶺三百里，至天竺比界個没盧國（Kamarāpa）。”個没盧爲今之 Gauhati，8 世紀其地在東孟加拉（Bengal）與阿薩密（Assam）之間。[1] 吴承志撰《唐賈耽記邊州入四夷道里考實》卷四有極詳盡考證，謂：“《大唐西域記》迦摩縷波（即個没盧）周萬餘里國，東山阜連接，無大國都。境接西南夷，詳問土俗，可兩月行入蜀西南之境，即大秦婆羅門道。蜀西南境，謂會川。”（《求恕齋叢書本》）按此大秦婆羅門，與西海之大秦，含義不同。

元張道宗《記古滇説》原傳云，“唐册王（皮羅閣）爲特進雲南王越國公。……自唐進封之後，永昌諸郡，緬羅、暹羅、大秦皆西通之國；交阯、八百、真臘、占城、撾國，此皆南通之國，俱以奇珍重寶……歲進於王不缺。”（《玄覽堂叢書》本）此條大秦與暹羅、緬羅等駢列，應指大秦婆羅門國，即東印度之 Assam 地方爲是。

至若道書言大秦者，若《樓觀本紀》言化胡所至地名云：“道君令下化西域，條支、安息、昆吾、大秦、罽賓、天竺，周流八十一國，作浮屠之術，以化胡人。”[2]《太清金液神丹經》：“自天竺月支以來，名邦大國，若扶南者十有幾焉。且自大秦、拂林地各方三萬里。”又贊曰：“青木天竺，郁金罽賓，蘇合安息，薰陸大秦。”以

[1] 參 Anthong Chriatre《大秦婆羅門國》, *B.S.O.A.S.*1957, vol 20, p.160。
[2] 《一切道經音義》“妙門由起”引，《道藏》儀字上，七六〇册。

大秦與拂林、安息、天竺等并列。《神丹經》中記大秦國一段，文字最長，間有與《晋書·大秦傳》記載相同。此大秦則當非達嚫國。故宜細加辨别。

由於道宣將達嚫與大秦，區爲南北。《普曜經》中各種書，其多瑳那書與大秦書亦有絶對分别，則達嚫與大秦，實不容混而爲一。伯希和謂釋氏未加區别，亦不盡然也。

炳靈寺第一六九窟内有法顯題名及願文。此法顯稱恒州道人似另是一人。

結論

（1）達嚫國一名，除《佛國記》所載外，漢籍資料，尚有《釋迦方志》及《方志》引《别傳》，敦煌卷 S·二一一三號，與《初學記》引《佛游天竺本記》等條。

（2）梵語 Dāksina 之音譯，除“達嚫拏”外，又有譯作“多瑳那”者。其作“特崎拏”，乃從巴利文譯出。釋氏書中，如《釋迦方志》所記，達嚫與大秦，方向截然不同。

1974 年

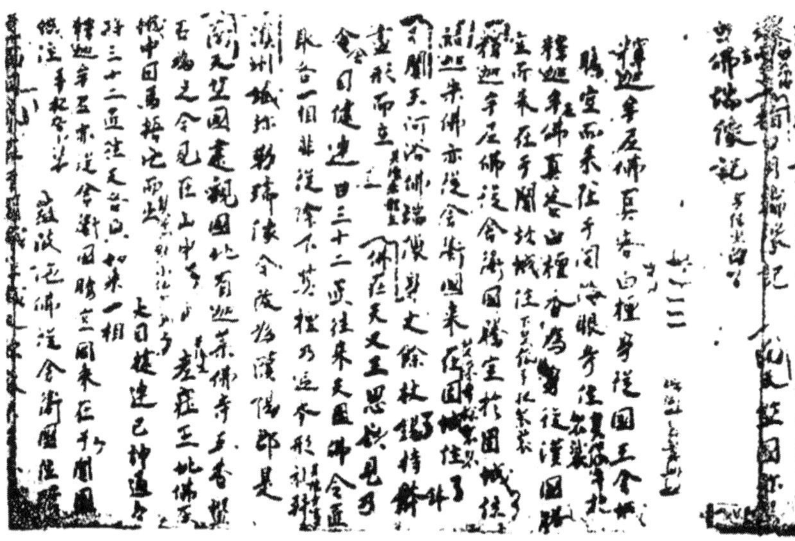

S·二一一三　敦煌卷所見達嚫國

蜀布與 Cīnapaṭṭa

—— 論早期中、印、緬之交通

近讀桑秀雲女士《蜀布邛竹傳至大夏路徑的蠡測》一文[1]，主張當日交通路綫是取途於雲南經緬甸以入孟加拉。這一説法，向來中西學人意見多相同。伯希和謂緬甸路乃由大理出發，經永昌渡高黎貢江入緬，至 Irrawaddy 地區。國人夏光南頗申其説。[2] 1956 年，Walter Liebenthal 撰 "The Ancient Burama Road —— a Legend?" 指出 "This commerce passed along the route, which led from Shu（蜀）to Lhasa（拉薩）Kāmarūpa"[3]，則主中、印早期交通，乃循牂牁路入藏，以至阿薩姆（Assam）之迦摩波（Kāmarūpa），極力反對伯氏之説。同年 Buddha Prakash 別撰 Pūrvavideha 以調停之。[4] 諸家於漢文資料，考索未周，兹不揣固陋，重爲研討如次。

一、僄越與盤越、剽國

常璩《華陽國志・南中志》永昌郡下云：

[1] 《漢代西南國際交通路綫》，載《史語所集刊》41，10。

[2] *Befeo*, IV, 1904, p.143；馮承鈞譯《交廣印度兩道考》；夏光南《中印緬道交通史》，15 ～ 24 頁；季羨林《中國蠶絲輸入印度問題的初步研究：緬甸道》(《中、印文化關係史論叢》，176 ～ 178 頁）。

[3] W. Liebenthal, *Journal of Greater India Society*, vol.XV, no.1, 1951.

[4] B. Prakash 之 Pūrvavideha 刊於上舉 *J.G.I.S.* 雜志，1956，no.2, pp.93-110。後收入所著 *India and the World*, 1964, Hoshiarpur。按 Pūrvavideha 漢譯弗婆提，即四大部洲之東勝神洲。詳玄應《一切經音義》一二，馮承鈞譯 S. Levy《正法念處經閻浮提洲地志校勘録》。

> 明帝乃置郡，以蜀郡鄭純爲太守。屬縣八，户六萬，去洛六千九百里，寧州之極西南也。有閩濮、鳩獠、僄越、裸濮、身毒之民。

僄越一名始見於此。異本或作漂越。身毒即印度，這説明東漢明帝時新置的永昌郡境内，雜處的種民，其中有印度人及僄越人。

同書《南中志》寧州下云：

> 武帝使張騫至大夏國，見邛竹、蜀布，問所從來。曰：吾賈人從身毒國得之。身毒國，蜀之西國，今永昌是也。

這條最可注意的是説張騫所言的身毒國，即指漢的永昌郡。魚豢《魏略》稱："盤越國一名漢越王，在天竺東南數千里，與益部相近。蜀人賈似至焉。"（《魏志》三十《裴注》引，易培基《補注》本）《後漢書·西域傳》作"磐起國"，《梁書》卷五十四文同，惟作"槃越"。兹比較其文於下。

《後漢書》：

> 天竺國……從月氏高附國以西，南至西海，東起磐起國，皆身毒之地。

《梁書》：

> 中天竺國……從月支高附以西，南至西海，東至槃越。列國數十……皆身毒也。

兩文全同，《梁書》之槃越，同於《魏略》，而范蔚宗獨作盤起，起與越形近易訛。證以常璩之作僄越，三占從二，則"起"字自是"越"之誤。沈曾植云："《唐書》驃國即常璩《華陽國志》永昌所通之僄

越，今之緬甸。”（《海日樓文集》上《蠻書校本跋》據王蘧常撰《沈寐叟年譜》引）

向達《蠻書校注》以爲槃越或漢越，即《華陽國志》的僄越，亦即《廣志》之剽國。剽國爲公元後四世紀時緬甸古國之名，至唐代漢譯作驃（234頁）。其説甚是。伯希和《交廣印度兩道考》云：《御覽》卷一七七引魏晋人撰之《西南異方志》及《南中八郡志》謂傳聞永昌西南三千里有驃國（據馮承鈞譯本，34頁）。馮氏《諸蕃志校注》蒲甘國注一亦云驃國，見《太平御覽》一七七引上列二書。惟覆查《御覽》卷一七七爲居處部“臺”上，并無此條。又檢《太平御覽引得》亦無《西南異方志》一書。按驃國此條實出《御覽》卷三五三兵部，其文詳下。伯氏誤記。向達引其説（《校注》十，237頁）而未辨，故爲糾正於此。

考《廣志》言及剽國，計有下列各條：

（1）《後漢書》卷一六六哀牢國“梧桐木華”下，章懷太子注引《廣志》云：“梧桐有白者，剽國有桐木，其華有白毳，取其毳淹漬緝織以爲布也。”

（2）《太平御覽》三五九兵部引郭義恭《廣志》：“剽刃國出桐華布、珂珠貝、艾香、雞舌香。”（宋本，下同）

（3）《御覽》九八一香部引《廣志》曰：“雞舌出南海中及剽國，蔓生，實熟貫之。”

（4）《御覽》九五六桐下引《廣志》：“剽國有白桐木。其葉有白毳，取其毳，淹漬緝績，織以爲布。”（按與李賢引同）

（5）《法苑珠林》三六引《廣志》：“艾納香剽國。”（此條據伯希和引）

《廣志》各條皆作剽國，又有作剽刃國者，馬國翰《佚書》輯本亦然，必是刃字因與剽字偏旁相似而誤衍。《御覽》兵部引稱郭義恭

《廣志》。義恭晋時人，《隋書 · 經籍志》子部，雜家類著録《廣志》二卷，郭義恭撰，次於張華《雜記》之後。《御覽引用書目》郭義恭《廣志》列於魏張揖《廣雅》之下。《廣志》馬國翰輯存二百六十餘條。《水經 · 河水注》引郭義恭《廣志》記甘水石鹽及烏秅西懸度，知其人頗諳熟印度地理。

又《御覽》三五三兵部引《南中八郡志》云：

> 永（原誤作宋）昌郡西南三千里有剽國，以金爲刀戟。（據宋本）

按緬甸産金，此剽國自即驃國，伯希和誤引者，即是此條。《馬可 · 波羅游記》卷一一九，離大理西向騎行五日，抵 Zardandan 州，即波斯語之金齒，其都會名爲永昌（Yochan），民以金飾齒，其貨幣用金。以《元史 · 地理志》所載曲靖路歲輸金達 3 550 兩一事觀之，元時産金之豐富如此。故漢時永昌地區，以金爲兵器，自屬可信，殆指所含金的成分特多。

《南中八郡志》一書，《太平御覽》《北堂書鈔》屢引之。如記南安縣出好枇杷（《御覽》卷九七一引。南安縣，漢置，《晋書 · 地理志》屬犍爲郡），永昌不韋縣之禁水（《御覽》卷八八四），雲南之銀窟。（《御覽》卷八一三云："雲南舊有銀窟數十，劉禪時歲常納貢，亡破以來，時往采取，銀化爲銅。"）文廷式《補晋書藝文志》云："詳其文，當是晋人作。"言及劉禪亡破，殆成書於晋初。《後漢書 · 哀牢夷傳》貊獸下章懷注引《南中八郡志》云："貊大如驢，狀頗似熊，多力食鐵。"左思《蜀都賦》："戟食鐵之獸，射噬毒之鹿。"劉逵注云："此二事魏宏《南中志》所記也。"則《南中志》即是《南中八郡志》矣。（汪師韓《文選理學權輿》上分《南中八志》與魏完《南中志》爲兩書，張國淦《古方志考》716 頁亦然，恐不可據。）章宗源《隋書經籍志考證》及王謨《漢唐地理書鈔》重訂本目録，均謂魏宏《南中志》即《南中八郡志》。高步瀛《文選李注義疏》亦謂當即一書。作者魏宏始末不詳。《文選》袁褧本作魏宏，尤袤本作魏完。其人當在常璩之前。常璩書叙事終於晋永和三年，其《華陽國志》之《南中志》必根據魏宏之資料。劉逵《蜀都賦注》既引其《南中志》，逵爲晋侍中，與張載、衛權同注《三都賦》(《隋書·經籍志》總集類)。逵欲奉梁王肜，以誅趙王倫(事在倫傳)，其人與左思同時。則《南中八郡志》成書，更在逵之前，可見晋初剽國名稱早已存在。Liebenthal 疑驃國一名之晚出，此處考證，可釋其疑，且亦可補苴向達之忽略。

《御覽》卷七九七引《魏書》云:“盤越國一名漢越王，在天竺東南數千里，與益部相近。”(《魏書》即《魏略》)是其地與雲南相接。《魏略》云:“盤越國一名漢越王……蜀人賈似至焉。”考《史記·大宛傳》:“昆明之屬無君長。……然聞西可千餘里，有乘象國，名曰滇越，而蜀賈奸出物者或至焉。”而《華陽國志》二《漢中志》云:“張騫特以蒙險，遠爲孝武帝開緣邊之地，賓沙越之國，致大宛之馬，入南海之象。”尋勘數文，滇越、漢越、沙越，字皆從水，自是一名之異寫。張守節《正義》云:“昆、郎等州，皆滇國也。其西南滇越、越嶲，則通號越。”西南夷人都以越爲通號，遠至雲南邊境尚且如此。《魏略》作漢越。《華陽國志》作沙越，書較晚出，或有誤寫，而《史記》實作“滇越”爲乘象之國。晋寧石寨山發現有金質“滇王之印”，疑漢時所謂“滇越”(即滇王國)，其勢力範圍遠達徼外乘象之國，今之緬甸當在其統屬之内。盤越，既即剽越，而盤越一名漢越(疑當作滇越)爲乘象國，則其包有緬甸，自不待言。

張星烺以盤起爲孟加拉之對音[1]，然孟加拉明時稱榜葛剌（《瀛涯勝覽》）。印度古地志稱爲 Vaṅga。[2] 此國文字，在《普曜經》中謂寫 Vaṅga-lipi，唐時《方廣大莊嚴經》漢譯，其對音實作“央瞿書”，以央瞿譯 Vaṅga，未聞譯作“盤起”者。“央瞿”乃孟加拉在唐代的漢譯名稱。

Liebenthal 氏以爲驃國名稱始於唐，引《南詔野史》中王號有驃苴低（公元 167—242），傳説謂爲阿育王（Asoka）的第三子，顯然受到佛教的影響。認爲在此以前，緬甸道的交通實無確證，故强調宜由牂牁路，經西藏以入印度。按西藏道，見《釋迦方志》所述甚詳，足立喜六在其所著《大唐西域記之研究》下卷後編“唐代之吐蕃道”繪有精細地圖，此路山嶺稠疊，實不如緬甸出阿薩姆之方便。關於驃苴低一名的梵化，伯希和已詳論之（《兩道考》上南詔王父子聯名制）。驃爲種族之稱，藏緬族系中有 Pyū，緬甸文或作 Prū。唐時漢籍所記之驃國，指緬北民族，有時兼謂南詔。[3] 而雲南境内之東爨，亦有以驃爲人名的，如《蠻書》四豐巴部落貞元中大鬼主驃傍，即《唐書・韋皋傳》謂唐封驃旁爲和義王者也。[4] 南詔王自稱曰驃信。尋閣勸立自稱驃信（事在公元 808 年），《新唐書・南蠻傳》云：“驃信，夷語君也。”亦書作嘌信，加漢名的皇帝合稱曰“皇帝嘌信”。

---

[1] 張星烺《中西交通史料彙篇》第六册，41 頁鈔《後漢書》注二云：磐起國，據古音考之，似即孟加拉（Bengal）。又同册 43 頁鈔《三國志》卷三十（按當作裴注引《魏略》，非陳壽本文也）。盤越國，注云：原作越字，據《後漢書》更正，欲徑改爲盤起，尤爲武斷。丁謙謂盤越其國當在東印度，今孟加拉地。張氏蓋因襲其説。

[2] D. C. Sircar: *Studies in the Geography of Ancient & Medieval India*, p.84. 參 Raj Bali Pandey: *Indian Paleography*, p.27。

[3] G. H. Lace:“Note on the Peoples of Burma in the 12th-13th Century A.D.”(*Journal of the Burma Research Society*, vol.XLII, Part I, 1959, p.55)

[4] 事在唐德宗貞元四年（公元 788），雲南王異牟尋時，亦見《通鑑》卷二三三，《唐紀》四九。

大理國張勝温畫梵像卷上分標題字，有“奉爲皇帝驃信畫”一款。日本有鄰館藏《南詔國傳題記》有“驃信蒙隆昊”。美國加州 San Diego 美術館藏雲南觀音像銘文云“皇帝驃信段政興”[1]。驃信據謂即緬語的 Pyū-shin，寫作 Prū-rhang。今知晉初已有剽國之號，又稱僄越。《唐書·驃國傳》凡屬國十八，其一曰渠論。考《御覽》卷七九〇引吴萬震《南州異物志》有無倫國，《道藏太清金液神丹經》稱無論國在扶南西二千餘里，《通典》一八八無論國文相同。以對音來之，可能即緬甸之 Prome。[2] 渠論國疑即無論國。伯希和謂驃國名稱之來歷，有取於 Pyū 的譯音之説，是即爲蒲甘建都以前，以 Prome 爲都城時統治緬甸種族之名稱。如是無論又爲吴人自扶南所傳來的古驃國之譯名，可見以 Pyū 作爲緬甸之古稱，由來已久，真是淵遠而流長。附表如下：

	盤越國	魏　魚豢《魏略》[3]
	無論國	吴　萬震《南州異物志》，晉·葛洪《神丹經》《通典》。
Prū	剽國	晉　郭義恭《廣志》
Pyū	剽國	魏宏（完）《南中八郡志》
Prome	僄越	常璩《華陽國志·南中志》
	磐起	宋　范曄《後漢書》
	槃越	唐　姚思廉《梁書》
	驃國	唐　樊綽《蠻書》，賈耽《邊州入四夷道里》

[1] 唐徐雲虔所著《南詔録》記其至善闡城遇驃信事甚詳，見《通鑑》二五二。參李霖燦《南詔大理國新資料的綜合研究》附載各圖。

[2] 參拙作《〈太清金液神丹經〉（卷下）與南海地理》。日本山本達郎説，亦主張無論國＝Prome。見太田常藏《撣、無論、陀洹は就いて》（《和田古稀東洋史論叢》，223 頁）。

[3] 魚豢，魏郎中。《史通·正史》篇云：魏時京兆魚豢私撰《魏略》，事止明帝。

二、Kauṭilya 書中之 Cīna 及其年代

印度文獻，許多地方提及脂那（Cīna）。《法苑珠林》一一九《翻譯部》云："梵稱此方，或曰脂那，或曰震旦，或曰真丹。"最早言及 Cīna 的書，要算 Kauṭilya 的《國事論》（*Arthaśāstra*），其中有云：

> Kauséyam（蠶絲）[1] Cīna（脂那）Paṭṭās（絲）ca（及）
> cīnaṁ bhuṁi（脂那地）jah（出產）。（chapter XI, 81）

同章七九又言及 Cīna si 的 skin（織皮），色爲紅黑或黑而帶白，和 Sāmūra、Sāmūlī 的皮，都從 Bāhlava 一地所取得。Bāhlava 爲喜馬拉雅山邊境的國名。由上可知在 Kauṭilya 書中言及脂那的物產，有絲及織皮二種。[2]

大詩聖 Kālidāsa 亦用 Cīnaṁśuka（脂那絲衣）一詞設喻，作爲詞藻。[3] 在 Manusmṛti 法典 X, 44 中，以脂那人（Cīnas）與希臘人（Yavanā）、塞種人（Sakās）及印度境内之異種民族，若 Odra、Draviḍās、Kāmbōjā Kirātā 等并列，其律曰："以其忽於神聖祭祀，不得與於婆羅門之列，此輩常服兵役，已漸由刹帝利（Kṣatriya）而淪

[1] 玄奘《大唐西域記》："憍奢耶者，野蠶絲也。"憍奢耶即 Kauśeya 的譯音，可參 Pāniaī 書 IV.3.42。見 V. S. Agrawaia: *Indis as known to Pāninī*, p.137。

[2] Arthaśāstra，據 R. Shamasastry 的譯注本，此數句英譯云："The fabrics known as kauśaya, silk-cloth and chīnapaṭṭa, fabrics, of China manufacture." 1961, Mysore, p.83。同章七九譯文見上書，83 頁。

[3] 此詩見 Abhijnānasākuntalam 31，據 M. R. Kale 校本，原句英譯云："Forward moves my body backward runs the restless heart, like the China-silk cloth of banner borne against the wind." (Bombay, 1961, p.55) 茲試譯爲漢詩如下："進移我體兮，退馳我不止之心。如脂那絲衣之旖施兮，迎風而飄舉。"（《説文》段注：旖施，旗貌。《上林賦》作旎施，張揖曰：猶阿那也。）

爲賤民（Vṛṣala）。”[1]

兩大史詩皆言及脂那，在《大戰書》（Mahabharata）中，所見尤爲頻數[2]，脂那（Cīna）人每與Kirātās書同時出見，被目爲蠻族，其人蓋爲Prāgjyotisa（在今阿薩姆）王Bhagadatta之軍隊。在Sabbāparvan26.9載是王爲Kirātās及Cīnas人與無數居於海濱之兵士所圍繞。同書謂Cīna人及群夷住於林中，與Himalayam（喜馬拉雅）人Haimavatas人Nipas（尼泊爾）人最爲親近。在Bhiṣmaparvan書V，亦謂Bhagadatta王之軍士有黄種之Kirātās及Cīnas人。在Vanaparvan書中，據謂Panḍava兄弟越過Cīna國，以其牛車經艱阻之喜馬拉雅山（Himalaya——雪山）地，Badri之北而抵Kiratā王Subāhu之區域。Kirātas者，爲印度蒙古人種居於藏緬交界喜馬拉雅山與印度東部地帶之狩獵民族。Kirāta一字乃源Kirānti或Kirati，實爲東尼泊爾種人之名稱[3]，他們有自己的文字，在漢譯的《方廣大莊嚴經》稱爲罽羅多書（梵言Kirattā-lipi）。

Virapurusadatta之Nāgārjuṇikoṇdā碑文亦稱Cīna位於Himalayas，在Kirata之側。據巴利文史料Mahāvaṁsa XII, 6, Haimavatas（即Himalaya）地相當於西藏或尼泊爾，故其人與Cīna人甚接近，印度史詩中所言之Cīna，其地正在藏緬交界之印度東部，由此可至華界。

Ramayana史頌在臚列各國族名中，Cīna之外，又有apara-cīna一名，可説是“外脂那”，似乎已認識中國版圖之廣，故分爲内外脂

[1] Vṛṣala義爲mean fellow，後來稱爲Sūdra，印度之第四階級，此據Nārānan校訂本，*The Manusmṛti*, p.434, 1946, Bombay。

[2] 《大戰書》可參Pratan Chandra Roy之英譯本，Calcutta。書中言及Cīna人者，略舉如次Vol.I p.403, V.II p.64, p.115, p.118, V.III p.378, V.IV p.32, p.165, p.182, V.V p.24,V.VIII p.146,V.X p.499重要資料，可看*Pūrvavideha*文pp.101-104。

[3] 見S. K. Chatterji, Kirāta-jana-kṛti, *Journal of Roval Asiatic Society of Bengale* (Letters), vol.XVI, 1953, p.169。

那。[1]

印度極東部 Assam[2] 地方，在史詩及《古事紀》(Purāṇās)，其原始住民即是 Niṣādas, Kirātas；Cīnas 通常被稱爲 Mlecchas 和 Asūras。他們操着一種蒙語系的印度支那語。在古 Assam 的軍隊裏有 Cīna 人，史詩記載至爲詳悉。Assam 與不丹國毗鄰，史詩時代稱爲 Prāgjyotisa，在詩人 Kālidāsa 作品中稱爲 Kāmarūapa（即《蠻書》中之個没盧國）。

Assam 地區，唐時有大秦婆羅門國。《蠻書》十云：

> 大秦婆羅門國界永昌北，與彌諾國江西正東。
>
> 乃西渡彌諾江水千里。至大秦婆羅門國。又西渡大嶺，至天竺北界個没盧國。[3]

《御覽》七八九引《南夷志》云：

> 小“婆羅門國”在永昌北七十四日程（按《南夷志》即《蠻書》別名）。

此婆羅門國[4] 與雲南永昌接壤，又近 Kāmarūpa(今 Gauhati 地)，地正在 Assam 間。這一地區，印度史詩所載，即 Cīna 人居住之所，秦即 Cīna，唐人習慣稱呼中國帝京曰摩訶脂那[5]，在秦之前冠以大

---

[1] 此據 Hippolyte Fanche 之法文譯本 Rāmayāna p.285。

[2] Sahitya Akadenri, *History of Assamese Literature*(pp.1-2) 謂 Assam 之名起於 13 世紀，Assam 古文作 Acham = a+cham，cham 字義爲 to be vanquished（征服），故 Acham 的意思是 Peerless 或 unequalled，猶言無敵，無比。參 B. K. Barua: *Early Geography of Assam, Nowgong*, 1951。

[3] 向達《蠻書校注》疑大秦婆羅門國的“秦”字爲衍文。

[4] 參 A. Christre《大秦婆羅門國》(*B.S.O.A.S.* vol.20, 1957, p.160)。

[5] 贊寧《宋高僧傳》，廣州制止寺極量傳自注云：“印度俗呼廣府爲支那，名帝京爲摩訶支那也。”

字，摩訶脂那義即大秦。《蠻書》稱此地名大秦婆羅門，以梵語書之，猶言 Mahā CīnaBrahman，以史詩時代原屬 Cīna 人所居故也。

梵文地理文獻有 ṣatpaňcāśddeśavibhāga 殘卷，凡記五十六國，在印度邊境有 Cīna 及 Mahā Cīna 兩地名，據 D. C. Sircar 氏研究，Cīna-deśa 位於喜馬拉雅北部 Mānasesaeśa 之南東，Maha Cīna 則從 Kailāsa-giri（山名，在喜馬拉雅山脉）Sarayu 河（今 Ghogra）遠至 Moṇga（蒙古），則指中國本部。[1] 又引 AbulFazl 的 *Ain-i-Akbori* 説，緬甸都城的 Pegu（白古）亦稱曰 Cheen，以證 Cīna 可能包括緬甸之地。按《蠻書》記西渡彌諾江，便到大秦婆羅門國，彌諾江（R. Miro）即緬甸的 Chind win。Chind win 的意思是 Hole of the Chins。Chins 爲緬甸民族的一支，係緬人專指居於緬甸與 Assam 間一帶區域的人民。據 G. H. Luce 調查 Chin Hill 山地的語言，謂 Chins 與 Chind win 之名，始見於 13 世紀的蒲甘碑銘，又云 Chin 是緬甸字，義爲 fellow, companion, friend。今按 Chin 的音義，與漢語“親”字完全相同，又 Chin 語中借字如 Skin 音 pé，當即漢語之“皮”，足見 Chin 地語言，自昔即與漢語有密切關係。[2]

Chin 人自稱爲 Lai。[3] 這一地區與永昌郡爲鄰，漢時可能屬於哀牢國範圍。“哀牢部落甚繁，在在有之，皆號曰‘牢’。”[4] 故疑 Lai 爲牢的音變。而 Cheen、Chin 也許是“秦”，雖 Chin 一名在碑銘上出現較晚，但必有其遠源。又據郭義恭《廣志》稱剽國有白桐木，《後漢書·哀牢傳》亦言永昌出桐木，永昌與緬甸接壤，所以印度文獻中的 Cīna，似可兼指漢時的永昌郡而言。

---

[1] D. C. Sircar: *Srnbies in the Geography of Ancient and Medieval India*, 1960.

[2] G. H. Luce: “Chin Hills-Linguistic Tour”（*Journal of The Burma Research Society*, vol.XLII, 1959）.

[3] 姚枬 G. E. Harvey《緬甸史道言》注四。

[4] 松本信廣《哀牢夷の所屬は就いて》引阮薦《輿地志》。

Cīna 一字所代表的意義，向來被認爲是“秦”的對音。B. Laufer 輩却持異議，伯希和和他們辯駁，指出 Martini 的舊説，以 Cīna 指“秦”最爲可據，又引用佛典後漢録《報恩經》譯支那爲秦地，及《漢書》顏師古注，秦時有人亡入匈奴者，今其子孫尚號秦人等例，以爲佐證。[1] 1963 年，我在印度 Poona 的 Bhandarkar 研究所，見印人 Manomohan Ghosh 君發表《支那名稱稽古》一文，重新討論這一問題，認爲 Cīna 自當指“秦”無疑。惟始皇帝統一衹三十三年，而秦立國甚早，故梵文 Cīna 一字不會遲過公元前 625 年 [2]，惜彼於中國史事，僅據馬伯樂的《古代中國》一書，所知至爲貧乏。

佛典 Mahāavastu 中列舉世界各種文字，第十五爲 Cīna，第十六爲 Hūna（匈奴）。4 世紀初西晉法護譯的《普曜經》（*Lalitavistara*），其中《太子答師問》有六十四種異書 [3]，其第二十爲秦書，第二十一爲匈奴書（《大正》三，498 頁）。秦書梵文即是 Cīna-lipi。7 世紀唐地婆訶羅譯是經稱爲《方廣大莊嚴經》，共六十五種書，其第十九爲支那書，二十爲護那書；支那爲秦，護那則爲匈奴，這是唐時人的音譯。但西晉時却稱之曰秦，可見 Cīna 正是秦的對音，Professor V. G. Paranjpc 在他的 Kālīdasa《詩劇選本》導言中，論及 Kālīdasa 詩中出見 Cīna 一名，乃謂“The name is probably to be derived from the word

[1] Laufer 文見《通報》，1912 年，719 ～ 726 頁。Pelliot 説見《交廣印度兩道考》中《支那名稱之起源》，列出其他異説，如 Von Richtfon，以 Cīna 爲日南，Lacouperie 以 Cīna 對滇，而讀滇爲真，均不可從。Pelliot 又有一文，馮承鈞譯出，收入《西域南海史地考證譯叢》，41 ～ 55 頁。B. Laufer 後於 *Sino-Iranica* p.588 The Name China 章，對波斯古文字所見 China 一名，及中國古代與希臘關係之事，有詳細討論。惟主張秦字漢音 initial 當爲 dž，始與伊蘭語無聲齶音（palatal）之 č 可以對音。

[2] M. Chosh: “Origin and Antiquity of the Sanskrit Word Cīna as the Name of China.”（*Annual of the Bhandarkar Oriental Research Institute*, vol.XLII, 1961, Poona）可參陳登原《國史舊聞》v.10“秦與支那”。

[3] 關於六十四種書異名，可參山田龍城《梵語佛典の諸文獻》，10 ～ 11 頁。

Ta Tsin（大秦）”。但我們看西晋法護所譯六十四種書中，其第七爲大秦書，和第二十的秦書，截然分開（唐譯則第七爲葉半尼書，即Yāvanī，乃指希臘文）。可見《普曜經》的作者，對於秦（= Cīna）與大秦，分别十分清楚。Prof. Paranjpc 之説非是。《普曜經》三國時已有蜀譯本，其書東漢末已流入中國了。

《大戰史詩》及《Manu 法典》的著作年代相當晚出，故 Cīna 一名之出現，自以 Kautalya 之書爲最早。Kautalya 的時代，向來不能十分確定，據 Damodar Dharmanand Kosambi 説："Cīna (Chin) was the name of a kingdom centuries earlier, which controlled the land trade-route to India, and traded in silk" [1]。但彼不知此 Chin 究爲何國。近年 Romila Thapar 專研究阿育王及印度孔雀王朝的歷史，在他所著 *The Date of the Arthaśastra* 云[2]:

> that the Arthaśastra was originally written by Kautalya, the Minister of Candragupta.
>
> The original text was written at the end of the fourth century B.C.

他又説:

> The cīna of the term cīnapaṭṭ a is generally believed to refer to the Ch'in Empire（秦）, which came into existence later than the Mauryan empire.

按司馬錯滅蜀，在秦惠王時（公元前 316）。是時蜀已歸秦，故蜀産之布，自可被目爲秦布，故得以 Cīna-paṭṭa 稱之。至張騫使西域

[1] Kosambi: *An Introduction to the Study of Indian History*, p.202.

[2] R. Thapar: *Asoka and the Decline of the Mauryas*, 1961，附録一。

時，秦王朝已爲漢所代替，故秦布一名，不復存在。《國事論》撰成於公元前 4 世紀，是時周室已東遷，秦襄公盡取周岐之地，至秦穆公稱霸西戎，在西北邊裔民族的心目中衹有秦，故以秦爲中國的代稱。以此推知中印之交往，早在《國事論》成書之前。

Cīna 一名，唐以後東南亞印度化的國家，亦習慣用來稱呼中國。見於碑刻者，像 10 世紀 Khmer 碑言及“Cīna 之境，與柬埔寨相接”[1]，此處之 Cīna，乃指南詔。又錫蘭 10 至 11 世紀在 Anurādhapura 之 Abhayagiri 廟中發見碑銘[2]有云“Jīna-rajas（脂那大王）及 Prādatsa jina-dūtasya navam”（以船獻與脂那使者）等語，是時之脂那，應指宋主。蘇門答臘有地名 Kota Cīna，去棉蘭不遠，說者謂即義净書中之 Bokkasin（Mohosin），其地出宋元瓷片甚多。華人曾居於此，故有 Cīna-Kota 之號，猶今之稱 China Town。

三、氐罽、蜀細布與哀牢桐花布

《國事論》所記又有 Cīna 所出之皮。《大戰書》中言及贈以鹿皮千，購自 Cīna（vol.IV, p.183）。

按古梁州産織皮，見於《禹貢》，說者謂即罽之屬。四川的氐罽，亦很有名，屢見於記載。《說文》：“紕，氐人罽也。”《纂文》：“紕，氐罽也。”《周書·王會》伊尹四方獻令：“正西……以丹青白旄紕罽爲獻。”梁州的織皮，氐罽之紕，自在其列。《後漢書·西南夷傳》，記汶山郡冉駹夷云：“其人能作旄氈、斑罽、青頓、毞毲、羊

[1] 原見 G. Coedés: *L'inscription de Baksei Chamkron*（*J.A.*1909），茲據 Jean Rispand: *Contribution ā Ia Geographie Historique de Ia Haute Birmanie* 文中引用。（*Essays Offered to G.H.Luce*, vol.I.）

[2] 見 S. Paranavitana: *Ceylon and Snī Vijaya*（*Essays Offered to G.H.Luce*,vol.I, p.205）.

羖（《華陽國志》作羖）之屬。”毞字即紕，羌人及藏族使用的氈皮之屬，即是此類。在《説文》書中，紕、罽與絣三字列爲一組，都是氐人的出産。

《説文》：“絣，氐人殊縷布也。”

《華陽國志》：“武都郡有氐傁殊縷布者，蓋殊其色而相間織之。”

《魏略·西戎傳》：“氐人……其衣服尚青絳，俗能織布。”（《三國志·魏志》注引）

這種用不同顔色相間織成的絲布，其名曰絣。所謂縷者，繅絲將四五根絲綰在一起，合爲一縷曰糸，二糸再合成一縷曰絲（《説文系傳》糸字）。氐人殊縷布之絣，有他們的特殊織造方法，且加以煉染，配上顔色，故很出名。氐居武都郡，在蜀的北部，氐人的絣當然亦是蜀布的一種。

張騫在大夏所見的蜀布，據顔師古注，引服虔云：“布，細布也。”蜀地的細布，漢人所記，又有𦄒、繐、緆等名目。

《説文》：“𦄒，蜀細布也。從糸彗聲。”《一切經音義》八引《説文》：“𦄒，蜀白細布也。”多一白字。

《御覽》八二〇引《説文》：“繐，蜀布也。”

《説文》：“緆，細布也。”字又作𪎊，從麻。《淮南子·齊俗訓》：“弱緆羅紈。”高誘注：“弱緆，細布。”

緆是細布的通名，而𦄒則是蜀細布的專名。張騫所見的蜀布，如是細布，當即是𦄒。漢時人又稱蜀布爲黄潤。

司馬相如《凡將篇》：“黄潤纖美宜製禪。”

楊雄《蜀都賦》：“爾乃其人，自造奇錦，紌繏緸緢，縿緣盧中。發文楊采，轉代無窮。其布則細都弱折，綿繭成衽。……筒中黄潤，一端數重。”（《古文苑》章樵注：蜀錦名件不一，此其尤奇者。）

左思《蜀都賦》：“黄潤比筒。”《文選》劉逵注：“黄潤謂筒中細布也。”

常璩《華陽國志·巴志》：“黃潤細粉，皆納貢之物。”

又《蜀志》：“蜀郡安漢，上下朱色，出好麻黃潤細布。有姜筒盛。”

所謂細布，是指十升以上的細薄布。凡八十縷叫做一升，升亦曰緵或稯。漢代最細密的布可達三十升，即 30×80 ＝ 2400 縷。這種細布，可用以製弁冕。長沙出土的楚國麻布，經專家鑒定爲平紋組織，每平方厘米經綫二十八縷，緯綫二十四縷，細度超過十五升。漢蜀地的細布，究有若干升，尚待研究。據楊雄賦，西漢蜀地紡織業的發達，蜀錦名件的繁多，尤爲特色。[1]

漢代哀牢地方亦出細布。《後漢書·哀牢傳》云：

> 土地沃美，宜五穀蠶桑，知染采文繡。罽毲、帛疊、蘭干細布，織成文章，如綾錦。有梧桐木華，績以爲布，幅廣五尺，潔白不受污。

《御覽》卷七八六哀牢下引樂資《九州記》（高似孫《史略》：資，晋著作郎，有《春秋後傳》）：

> 哀牢人皆儋耳穿鼻，其渠帥自謂王者，耳皆下肩三寸。……土地沃美，宜五穀蠶桑，知染彩文繡。有蘭干細布。（原注：僚言紵也。）織文章如綾錦。有梧桐木華，績以爲布，幅廣五尺。潔白不受垢污，先以覆亡人然後服之。……地出……水精、琉璃、軻蟲、蚌珠……

[1] 楚麻布見《長沙發掘報告》。蜀布遺物唐代文書像吐魯番所出，有記着來自四川的絲織品，如“益州半臂”“梓州小練”等名目，見日本《正倉院寶物》，染織下圖版三三、三四。

文與范蔚宗書相同。《御覽》卷八二〇布下引華嶠《後漢書》云：

> 哀牢夷知染彩細布，織成文葦，如絞絹。有梧木華，績以爲布。

與《九州記》相同。[1] 桐華布亦作橦華布。《文選》左思《蜀都賦》云：

> 布有橦華，面有桄榔。邛杖傳節於大夏之邑，蒟醬流味於番禺之鄉。

劉逵注云："橦華者樹名橦，其花柔毳，可績爲布，出永昌郡。"郭義恭《廣志》、常璩《華陽國志》稱述尤多，見於《御覽》徵引者。

《廣志》："黑僰濮，在永昌西南山居。……婦人以幅巾爲裙，或以貫頭。……其境出白蹄牛、犀、象、武魄、金、鋼（一作桐）華布。"（《御覽》卷七九一引）

又："木棉濮，土有木棉樹，多葉。又房甚繁，房中繩如蠶所作，其大如捲。"（《御覽》卷七九一引）

又："梧桐有白者，剽國有白桐木。其葉有白毳，取其毳，淹漬緝績織以爲布。"（《御覽》卷九五六桐下引）

又："木綿樹，赤華，爲房甚繁。……出交州永昌。"（《御覽》卷九六〇引）

《華陽國志》："益州有梧桐木，其華彩如絲，人績以爲布，名曰華布。"（《御覽》卷九五六桐下引）

又："永昌郡博南縣，出橦花布。"

劉逵之説同於郭義恭，謂橦（桐）華出於永昌郡，而《廣志》所

[1] 參藤田豐八《古代華人關於棉花布之知識》（何健民譯《中國南海古代交通叢考》，450頁）。清俞正燮《癸巳類稿》卷十四《木棉考》，已極詳盡。一般認爲波斯灣植棉歷史最早，東傳入亞洲。或謂梧桐即Kutun的音譯。梧桐木、橦木意指棉株。

記則永昌附近諸濮及剽國皆產之，即哀牢的地區。哀牢人能養蠶，而且曉得煉染，其出名蘭干細布，乃指古代僚族語的紵，樂資、常璩都有此說。以苧麻（Boehmeria nivea）織成的東西名曰紵，纖維長而細，韌性甚強，極適宜用作衣着原料。哀牢的桐布，特出的地方是“幅廣五尺”。《說文》:“幅，布帛廣也。”敦煌出土漢代任城亢父所製的殘縑，上面寫着“幅廣二尺二寸，長四丈”。《漢書·食貨志》上:“布帛廣二尺二寸爲幅，長四丈爲匹。”鄭玄注《禮記》說:“令官布幅廣二尺二寸。”這是漢代布帛的通例。[1]而哀牢的桐布，幅廣五尺，闊度倍之，其織造技術，良有足稱。我們看雲南晉寧山出土銅鉞和銅戈的紋飾一類複雜的圖案，很像織錦一般（見圖一）。漢初以來，滇地的織造工藝已有相當的造詣。

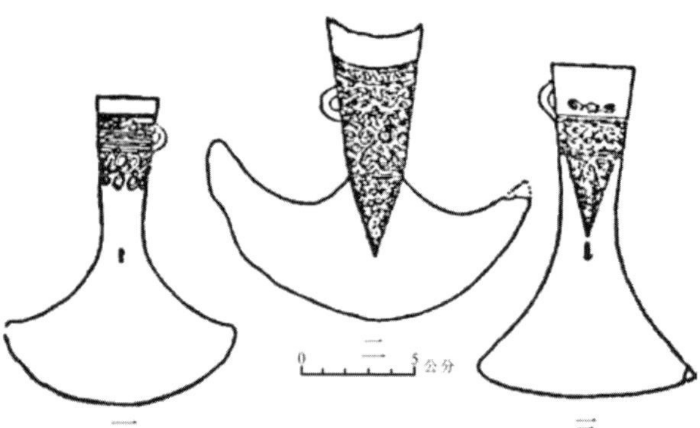

圖一　雲南晉寧石寨山出土銅鉞和銅戈

哀牢的織造物，有罽毲、帛疊、蘭干細布等，桐華布衹是其中的一種。晉樂資謂其俗桐華布先以覆亡人。藤田豐八曾取東晉之《佛說泥洹經》及《河水注》引支僧載《外國事》，佛涅槃後，以新白緤

[1] 孫毓棠《戰國秦漢時代紡織技術的進步》(《歷史研究》1963，3)。

（《泥洹經》作新劫波 ＝ 吉貝）裹佛纏身一事以説之。[1] 謂爲佛在世時的印度風俗。若然，則哀牢在漢時已受到印度文化的濡染了。又帛疊一名，應是 Patta 的音譯。根據方國瑜的看法，蜀布即《後漢書 · 哀牢傳》之帛疊，問題在何以會稱之爲蜀布，他説：這是由於漢初蜀賈們從哀牢區購出，然後販運往各地，人祇知爲蜀賈所賣，故稱之爲蜀布。[2] 其實四川自昔即以產布出名，西漢時書《鹽鐵論 · 本議》云“非獨齊陶之縑，蜀漢之布也”。自秦惠王併巴中，巴氏納賦，歲户出幏布八丈二尺。漢興，仍依秦時故事（《後漢書 · 南蠻傳》）。《説文》：“幏，南蠻夷布也。”《隸釋》馮緄碑：“南征五溪蠻夷……收逋賨布卅萬匹。”這是徵收夷布的一項重要記録。巴地的幏布、賨布、氐人之紕，蜀細布之絬，都是漢代四川的出産，安知當日不會流到國外？所謂蜀布乃是極廣泛的名詞，後來綿州巴歌亦有“織得絹，二丈五”之句。不必一定是哀牢的白疊。四川麻織業在漢代已極馳名，雲南的紡織技術向來是要向蜀人學習的，《蠻書》七：“自太和三年寇西川，擄掠巧兒及女工非少，如今悉解織綾羅也。”這是南詔吸收蜀工經驗的一例。滇地許多東西來自四川，近年雲南發掘漢代鐵器，上面鎸有蜀郡、蜀郡成都等標記，正是從四川輸入的物品。所以漢代的蜀布，自然亦可指蜀郡的細布。

哀牢出産又有銅、鐵、錫、鉛、金銀、光珠、琥珀、水精、琉璃等物。Schayler Van R. Cammanu 氏論及合金白銅之出自永昌一事，認爲乃漢代中、印交通的物證。惟氏以爲蜀布邛杖乃是賤物，何勞遠

[1] 參松本信廣《木綿の古名について》（《東亞民族文化論考》，659 頁）。《史記 · 貨殖傳》有榻布一名，注引《漢書音義》云：“白疊也。”此爲最早之記載。高昌稱細棉曰白疊子（《梁書》五十四）。清曹籀有《釋罽》一文，載《石屋文字》籀書續一。近年新疆阿斯塔那唐墓出土文書有“疊布袋”的記録。參沙比提《從考古資料看新疆古代的棉花種植和紡織》（《文物》1973，10）。

[2] 尤中《漢晋時期的西南夷》文中引方氏説（《歷史研究》1957，12，25 頁）。又方國瑜《雲南與印度緬甸之古代交通》（《西南邊疆》，12）。

販，疑張騫所言不是事實。[1] 然觀 Cīnapaṭṭa 在印度之被珍視，而“秦布”且成爲一美名，則蜀布及永昌細布之遠至印度，自不成問題。無論蜀布之意義，是指蜀地之細布，抑爲永昌之細布，但必經過蜀販之手。《魏略》言：“盤越國，蜀人賈似至焉。”《史記 · 大宛傳》云：“蜀賈奸出。”《梁書》中天竺國：“漢世張騫使大夏，見邛竹杖、蜀布，國人云：市之身毒。”（《諸夷傳》）是蜀之商賈，足迹遠至緬甸，遂及中亞；印度東部爲必經之地，事至明顯。

常璩《南中志》記漢武時通博南山，渡蘭倉水、濇溪，取哀牢夷地，置巂唐、不韋二縣。行人作歌云：“漢德廣，開不賓。渡博南，越蘭津。渡蘭倉，爲他人。”班固《東都賦》云：“遂綏哀牢，開永昌。”李善注引《東觀漢記》云：“以益州徼外哀牢率衆慕化，地曠遠置永昌郡也。”《後漢書 · 哀牢傳》：“顯宗以其地置哀牢、博南二縣，割益州西部都尉所領六縣，合爲永昌郡。”又同書《郡國志》永昌郡巂唐縣下引《古今注》云：“永平十年置益州西部都尉，治巂唐。”《郡國志》永昌郡八城爲不韋、巂唐、比蘇、楪榆、邪龍、雲南、哀牢、博南。有户二十三萬一千八百九十七，口一百八十九萬七千三百四十四。八城人口近二百萬。《華陽國志》稱永昌郡内有僄越之民。産於永昌之桐木，《廣志》謂出於剽國，常璩且目身毒即永昌。蓋雲南與緬甸及阿薩姆一帶，地相毗接，民復雜居，漢晋以來，載事之書，遂亦混淆，可以互指。漢時永昌太守幾乎都是巴蜀人士。（《華陽國志》所記太守，蜀郡鄭純，其後有蜀郡張化、常員，巴郡沈稚、黎彪。蜀章武時太守爲蜀郡王伉。）第一部西南夷史籍《哀牢傳》，作者楊終，是蜀郡成都人。（終字子山，永元十二年拜郎中。《論衡 · 佚文》篇：“楊子山爲郡上計吏，見三府爲《哀牢傳》不能成，

[1] S. Van R. Cammanu: *Archaeological Evidence for Chinese Contacts with India during the Han Dynasty*, Sinologica (Switzerland) ,vol.5, no.1, 1956.

歸郡作上。孝明奇之，徵在蘭臺。”嘗删《太史公書》。）作《華陽國志》的常璩，亦是蜀郡人。漢代雲南的統治階層多爲蜀人，故蜀人對於雲南的智識，特爲豐富，域外地理，可能出於蜀賈報道。蜀郡漢時治成都，成都人口和首都長安相等。據《食貨志》，成都在西漢末年，爲全國五大商業都市之一，王莽以爲西市，貿易之盛，當然與域外有密切的交通關係，可想而知。

四、雜論中、印、緬古代交通

以物産論，中、印古代交通，尚有可得而言者。印度一向被誤認爲米的原産地，然後傳入中國，許多植物史家，多如是説。可是一般認爲梵語稻字 vrīhi 最初出現於《阿闥婆吠陀》（*Athavaveda*），時代甚晚。據近年考古發掘智識，華北在仰韶期已種稻。印度最早種稻的考古學資料，祇相當於中國史前晚期的吴興錢山漾與杭州水田畈[1]，故中國稻米的種植，實早於印度。近歲雲南劍川海門口戰國初期遺址，據説有四處發現穀物帶芒的稻、麥、稗穗及小粟殼，可見洱海附近的居民，很早就從事種植了。又梵文小米一名是 Cīnaka 或 Cīnna，孟加拉語小米的異名是 Bhutta，反映着傳自不丹國。印度小米的命名，或謂即表示由脂那傳入。梵語桃稱“至那你” = Cīnani（義爲脂那持來）。梨稱“至那羅闍弗呾邏”，Cīna-rājaputa（義爲脂那王子）。雖然近年的研究，知道桃和梨原爲印度的土産，但玄奘《西域記》中卷

[1] N. I. Vavilor: *Phytogeographic Basis of Plant Breeding in Bot*, Chron.vol.15, p.29: “Even though tropical India may stand second to China in the number of species, its rice, which was introduced to China.” 但近年所得考古資料，已否定此説，詳何炳棣《黄土與中國農業的起源》，147 頁。按印度《梨俱吠陀》中 anna 指熟米（cooked rice），見 R. L. Turner 之 *Indo-Aryan Languages*, p.395。則“米”非始見於《阿闥婆吠陀》，仍須詳考。

四至那僕底國（玄奘自注此名唐言漢封）所載，唐時有此二物譯名，係由漢土移植之傳説。所謂“至那”即是 Cīna（參看足立喜六《大唐西域記の研究》，300 頁）。

A. H. Dani 氏在 *Prehistory and Protohistory of Eastern India* 書中，指出有肩石錛及尖柄磨製石斧，在印度東部分佈的情況，前者似由華南沿海以達阿薩姆、孟加拉，後者乃由四川雲南經緬甸以至阿薩姆等地。這説明在史前時代，中國與東部印度地區已有密切的交往。

以海道論，巴利文《那先比丘經》(*Milindapañha*)記彌鄰陀王（希臘名 Menandros，公元前 125—前 95）和龍軍（Nāgasana）和尚問答，龍軍曾舉一個例説到運貨船遠至支那等地[1]，這是公元前 1 世紀的事情。1963 年我到過南印度 Mysore，得悉該地曾出土中國古錢，地點在 Cand ravallii 地方，據印人考古報告，最古漢錢爲公元前 138 年即西漢時代，這可與《漢書·地理志》王莽於元始間與黄支國海上交通之記録，互相印證。[2]

東漢時撣國王雍由調受安帝封，爲漢大都尉，賜印綬金銀彩繒（見《後漢書·西南夷傳》）。按雲南晋寧石寨山發見滇王印章，則撣國之有印，諒無疑問。撣族至 1229 年，建阿洪（Ahom）王國於東印度之阿薩姆（Assam），勢力及於頓遜（Tenasserin）。1294 年襲 Arakan 北部，廣及全緬，代蒲甘國爲王，統治阿瓦（Ava）凡二百年。但當東漢時，已受漢封。

[1] 此巴利文資料據季羡林書 167 頁。參 P. Demiéville: *Les Versions Chinoises du Milindapañha*, Befeo, XXIV, Hanoi, 1924。

[2] 參 *Mysore Archaeological Report*, 1910,p.44。又“A Chinese coin from Sirpur”見 J. Numismatic: *Society of India*, 1956, vol.XVIII, p.66。Nilakanta Sastri 在他的 *A History of South India*: “Intercourse between China and South India by sea as early as the second Century B.C. is attested to by the record of Chinese embassy to Kānchi（黄支）and the discovery of a Chinese coin of about the same date from Chandravalli in Mysore.”（1958, p.27）可參藤田豐八《前漢時代西南海上交通記録》。

至於緬甸與 Assam 之關係，後來史事，值得叙述者，如上述之阿洪撣邦國境，沿雅魯藏布江而伸展，緬王孟隕（Bodawpaya）於 1816 年間，緬軍兩度進入阿薩姆境，故八莫附近，有五百 Assam 僑民。而 Assam 境内之 Lakhimpur 及 Sihsagar 兩縣，至今尚有緬甸村落。[1]

《後漢書 · 哀牢夷傳》記永元六年（公元 94）永昌郡徼外敦忍乙王莫（官本作慕）延慕義遣使譯獻犀牛大象。夏光南《中緬印交通史》云："上緬甸太公城發現古碑銘，年代爲公元 46 年，并有梵文，志太公爲訶斯帝那補羅（Hastinapura 即 Delhi）移民所建。故方國瑜氏以爲敦忍乙係太公城（Tagaung）附近舊蒲甘王國之王名"。[2] 按敦忍乙一名他處無徵，莫由比對。據 G. E. Harvey《緬甸史》第一章注七四謂 1894 年 Führer 考證，稱其曾在太公發現一石板，上鐫年月爲公元 416 年，并有梵文碑銘。又謂此碑未曾公開發表，是不甚可信，且係公元 416 年，夏氏誤爲公元 46 年，應正。

緬文碑銘，最古者可上溯至 1053 年，爲阿奴律陀（Anawratha）征克直通之後一年（見 1913 年《碑銘彙輯》）。字體爲得楞文（Telingana）之一種。[3] G. H. Luce 謂驃國碑銘有三：存於蒲甘者，一爲自 Halingyi 移至 Shwebo 縣之殘片，爲 7 世紀蒲甘國以前物。一爲 Myazedi 寶塔石柱碑銘，建於公元 1113 年（當北宋政和三年。1115 年蒲甘曾入貢南詔，見《南詔野史》），爲開辛他（Kyanzitha）王晚歲所立。[4] 一在蒲甘博物院内，碑具兩面，一爲驃文，一爲漢文，年代約爲 1287 年至 1298 年之間。時元蒙古相答吾兒（Asän-tämür）已

[1] 見 Harvey《緬甸史》第七章注二一八引 E. A. Gait 之 *A History of Assam*。

[2] 夏光南書，23 頁。

[3] 見 Harvey《緬甸史》，姚譯本，14、36 頁。

[4] 摩耶齊提柱銘已譯成漢文，見姚枬譯《緬甸史》，47 頁。
驃文碑詳 A. H. Dani: *Indian Palaeolography*, pp.241-250。

佔領蒲甘矣。[1] Luce 氏近著 *Old Burma-Early Pagán* 三巨册，現已問世，關於蒲甘興起歷史，論述至爲詳盡。謂 7 世紀 Srī Keṣetra，Pyu Script，乃取自西印度之北 Canarese 文（見 96 頁）。其所引漢籍，止溯至《嶺外代答》及《諸蕃志》，間涉及《蠻書》，未能遠稽《華陽國志》等資料。

宋趙汝適《諸蕃志》蒲甘國條，稱其“國有諸葛武侯廟。皇朝景德元年來貢”。作者於 1963 年游蒲甘國（Pagan），未聞其地有武侯祠。在 Nyaug-u 地方，曾瞻仰 Kyanzitha 王（1084—1112）所建之 Nathtaung 廟，廟爲磚砌成，壁間繪有蒙古貴族及武士，蓋元兵於 1287 年曾據此城。又憑吊蒲甘末帝 Narathihapate（1254—1287）於 1284 年落成費時六載所建之 Mingalazcdi 塔。〔帝於至元二十二年（公元 1285）詣雲南納款乞降。〕又在緬北孟德勒見華人所建之觀音寺，有道光二十三年（公元 1843）匾額，題曰：“漢朝商賈熏沐敬獻。”復有咸豐四年（公元 1854）甲寅“華藏莊嚴”匾，據廟祝云，有老尼自滇騰冲來此始建廟宇。此處有雲南同鄉會，華人爲數不少。印滇緬交界地方，人民雜居，由來已久，我人可想像東漢時永昌郡内僄越、身毒群居之情形。或謂常璩所言之身毒，即指阿拉干民族（Arakanese），尚乏明證。[2]

或疑蜀布傳至大夏，道途遼遠，恐無可能。然以近年考古所得資料而論，如長沙木槨墓出土刺繡二件，黏在外棺内壁東端及南壁板上，作連環狀的龍鳳圖案（圖二），與蘇聯西伯利亞烏拉爾河流域公元前 5 世紀的巴澤雷克五號墓所出刺繡，作風相同（圖三）。[3] 雲南石寨山發見之銀帶鈎，鑲嵌緑松石珠飾，爲西漢遺物，紋飾作翼虎握

[1] Chen Yi-sein: *The Chinese Inscription at Pagan*（Bbhc vol.I, ii, 1960, p.153）.

[2] 夏光南説，《中印緬交通史》，22 頁。

[3] 高至喜《長沙烈士公園三號木槨墓清理簡報》，又魯金科《論中國與阿爾泰部落的古代關係》（《考古學報》1957 年第二期）。

樹，與内蒙古之漢帶鈎相同。説者舉出漢將軍郭昌，曾駐朔方，後至昆明，作爲佐證。[1] 鳳凰連蜷的圖案，在楚墓的漆奩，時常見到，長沙出土的繡緞，原産地可能出自楚國，但在春秋時代却已輸入阿爾泰族區域，在古代屬於北狄的地帶；而内蒙古式樣的帶鈎，在西漢時，遠道輸入滇池。可以看出南北與域外交通的情形，以此例彼，蜀布的輸入大夏，自然不成問題了。

圖二Ａ　長沙：木槨墓外棺東向擋板上刺繡摹本

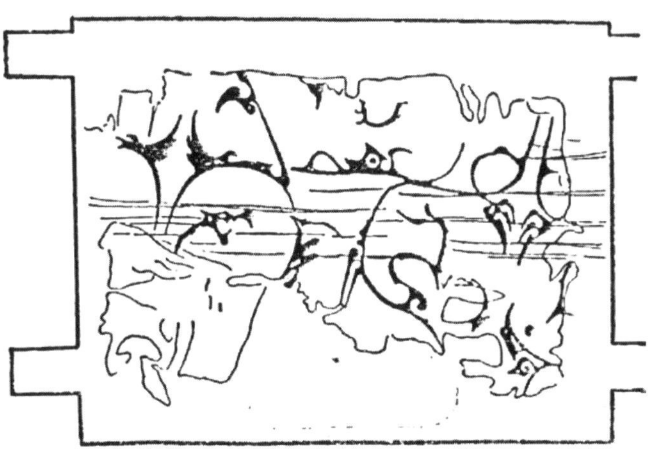

圖二Ｂ　長沙：外棺南向壁板上刺繡摹本

[1] 參 E. C. Bunker: “The Tien Culture and Some Aspects of Its Relationship to the Dongson Culture”，圖一七，*Early Chinese Art and It’s Possible Influence in the Pacific Basin*。

圖三　西伯利亞巴澤雷克第五號墓出土的刺繡花紋結構

補記

沙畹於《魏略·西戎傳箋注》（通報，1905年）“盤越國下與益部相近”句下云：“益部疑爲益郡之訛。”（馮譯本97頁）按《續漢·郡國志》，永昌郡爲屬益州刺史部十二郡國之一，原文作“益部”無誤。

岑仲勉於《上古中印交通考》“盤越”條，主丁謙、張星烺説，而以盤越爲Pun（dra）vard（dhana）＝《西域記》之“奔那伐彈那”之略譯（《西周社會制度問題》附録二，174頁），但從對音立説，又未徵引《華陽國志》細加比勘，説不可從。兹仍依沙畹説，定此盤越國應在今之阿薩姆（Assam）與緬甸之間。

日本杉本直治郎著《魏略に見えんる盤越國》（《東方學》二九），又以盤越國爲“越の盤の國”，謂盤即Brahma之音譯＝梵＝婆羅門，猶言Brahmadesá，盤之國，猶言梵土，即指身毒之地，以其地久已梵化。然割裂“越”字，於對音未甚吻合。

杉本氏又著《西南異方志與南中八郡志》一文（《東洋學報》四七，三，1964），蓋已先我著論，彼對《南中八郡志》成書年代，據《御覽》八一三引銀窟條，有“劉禪亡破以來”之語，定其書爲晋始初之作，蓋本文廷式補《晋書·藝文志》之説，仍未稽及張氏《古方志考》。余則據劉逵年代，定其成書當在梁王彤、趙王倫以前。知《南中志》爲晋初史書，彼此意見均合。故驃國之名，在晋初實已出現，可無疑問。按《唐會要》一〇〇驃國條云“魏晋間有著《西南異方志》及《南中八郡志》者云：‘永昌，古哀牢國也。傳聞永昌西南三千里，有驃國。君臣父子長幼有序，然無見史傳者。’今聞南詔異牟歸附，心慕之，乃因南詔重譯，遣子朝貢”云云（樂史《太平寰宇記》卷一七七驃國文同）。則王溥早已確定《南中八郡志》爲魏晋間書，左思《三都賦》序所稱：“其鳥獸草木，則驗之方志。”此即太冲所引用方志之一種也。伯希和謂《御覽》卷一七七引魏晉人《西南異方志》及《南中八郡志》，實則出於《唐會要》。杉村指出所謂“《太平御覽》卷一七七”應是“《太平寰宇記》卷一七七”之誤，其説是也。

近日王叔武輯著《雲南古佚書鈔》已刊行（1978，昆明），其第二種即爲《南中八郡志》，考定《南中志》與《南中八郡志》確爲一書。稱作者魏完，不知完亦作宏，又不能證明其成書應在晉初。惟采輯頗備，足供參考。

1974年

蒲甘國史事零拾

—— Gordon H. Luce's *Old Burma — Early Pagán* 書後

緬甸唐代爲驃國（Pyu），建都於室利悉坦羅（Sri Ksetra），居Irrawaddy河流域。宋初，復建國於蒲甘（Pagán），其地與大理毗鄰，有蒲甘國之號。宋時屢緣大理以入貢，《宋史》特爲蒲甘立傳（卷四八九），但僅記徽宗崇寧五年致貢一事，詔禮秩視大食、交阯，如是而已。

余於1963年，自錫蘭漫游緬甸，嘗躑躅於蒲甘之故墟，其地林木伐盡，爲建廟之用。雖烈日麗天，酷熱中人，而叢塔數十所，僧皆黄衣[1]，令人發懷古之幽思，徘徊而不忍去。既返，發篋尋繹舊籍，頗有弋獲。

近世宇内治緬甸史者，以Gordon H. Luce教授最爲巨擘。彼既譯緬甸史籍《琉璃宫史》（*The Glass Palace Chronicle of the Kings of Burma*, London, 1923）及樊綽《蠻書》爲英文，且撰有巨著《古緬甸——早期蒲甘》（*Old Burma —— Early Pagan*）三大册，於1969年由紐約大學爲《亞洲美術研究》（*Artibus Asiae*）出版。上册分History，Iconography，Architecture三部分，共422頁；中册爲圖版目録説明，及書目索引，與緬甸古曆，共337頁；下册爲圖版，共有455頁。是書利用諸廟殘銘，重建新史，發楊幽潛，足嘆觀止。惟其徵證漢籍，除偶及《蠻書》而外，衹援引周去非《嶺外代答》、趙汝適《諸蕃志》而已。（如8頁First mention引《諸蕃志》景德元年（公元

[1] 見《嶺外代答》。

1004）入貢，27 頁 Ta-li Kingdom 引《蠻書》卷六神農河栅。52 頁引《蠻書》説 Mañ 爲王。58 頁 Embassy to Kai-Feng（1106）提出蒲甘入貢於宋之原因。95 頁 Sung References to Pū-Kan 但轉録《嶺外代答》及《諸蕃志》兩段關於蒲甘國之譯文。）Luce 教授不諳漢語，余於古 Mon、Pyu 文字又非夙習，難盡溝通之效。惟漢籍資料，尚有點滴可爲涓埃之助者，請略陳之。

近人治緬甸史事可稱述者，有李根源、方國瑜二氏。李氏著《永昌府文徵》，民國三十年六月印行於昆明。其記載部分卷一爲三代至宋：輯録有關蒲甘之史科，有龔鼎臣《東原録》蒲甘進表、《南詔野史》中緬貢大理國二則、《嶺外代答》之蒲甘國、趙汝適《諸蕃志》之蒲甘傳、《宋史 · 蒲甘傳》、《宋會要輯稿》蒲甘入貢、周致中《異域志》等條。方氏著《宋史蒲甘傳補》，載《文史雜志》第二卷第十一、十二期（南洋專號）。正文外附注二十三條，民國三十二年重慶出版，資料大致襲取李書。（此文作於民國三十一年十月，在李書之後，又引龔鼎臣《東原録》，可以知之。）實際祇增《玉海》一則而已。李、方二氏有一重要共同錯誤，即誤引《東原録》。按《東原録》作者龔鼎臣[1]，景祐元年進士。没於元祐，生年不可能下及紹興之世。余檢《東原録》各本，若寶顔堂秘笈本、函海本、藝海珠塵本、十萬卷樓叢書本、涵芬樓印本（有夏敬觀跋），皆無此條。而紹興丙辰大理蒲甘入貢一事，實見於《可書》十萬卷樓本。《可書》與《東原録》同在第十九册，知李氏迻録時，誤記其書名。方氏又未覆檢，故沿其訛。《可書》者，據葉寘《愛日齋叢鈔》[2]引司馬光與文彦博論僧换道流事，稱爲張知甫《可書》，其作者即張知甫。陸心源重刊《可書》序稱，此從穴硯齋抄本傳録，較《大典》多六十餘條，猶是宋時

[1] 《宋史》有傳（卷三四七）。

[2] 此書作者，本余嘉錫《四庫提要辨證》説。

原本。按《可書》蒲甘入貢條原文甚長，李氏、方氏祇摘前段，又有抄失。於貢品悉略去。兹具録於下，全文云：

紹興丙辰夏，大理國遣使楊賢明彦賁，賜色繡禮衣、金裝劍，親侍内官副使王興誠。蒲甘國遣使俄托菜摩訶菩，進表兩匣，及寄信藤織兩個，并系大理國王封號。金銀書《金剛經》三卷，金書《大威德經》三卷，金裝犀皮頭牟一副、犀皮甲一副，細白氈一十六番，金銀裝安邊劍一張，内有小刀一張，素裝劍五張，象牙五株，犀角二株，青白氈一百二十番，麝香二百九十八臍，牛黄七十八毬，象一頭，馬五百匹及鞍。安南差武翼郎充特進使范鎮，著作郎充特進副使周公明，送到章表一匣，金厮羅三面，銀厮羅二十面，象牙五十株，犀角五十株，箋香五十斤。

李書所引奪去大理國遣使“楊賢明”以下十七字，漏去正使楊賢明名。按《可書》又有《守山閣叢書》本，惟無此條，蓋爲不全本。

紹興丙辰即六年也。《玉海》卷百五十三，蕃夷奉朝貢者四十二國，列太祖以下各朝入貢蕃名，神宗朝有大理，徽宗朝有蒲甘，中興以來有大理、蒲甘。又云：

紹興六年九月癸巳，翰林學士朱震言：大理國本唐南詔，藝祖鑒唐之禍，棄越嶲諸郡，以大渡河爲界，欲寇不能，欲臣不得，最得禦戎上策。今南市戰馬，通道遠夷，其王和譽，遣清平官入獻方物，陛下詔還其直，却馴象，賜敕書，即桂林遣之，亦藝祖之意也。

證之《宋會要》卷一九九蕃夷云：

（紹興）六年七月二十七日，大理、蒲甘國表貢方物。是

> 日，詔大理、蒲甘國所進方物，除更不收受外，餘令廣西經略司差人押赴行在。其回賜令本路轉運提刑司，於應管錢内取撥付本司。依日來體例計價，優與回賜，内章表等，先次入遞投進，令學士院降敕書回答。

蓋當時詔還其直，却馴象而賜敕書，其經過如此。《會要》又記：

> 政和六年十二月二十三日，大理國遣使李紫琮、楊苛樣，坦綽李百祥，來貢方物。(蕃夷七之四四)

又《會要輯稿》第八册云：

> 政和七年，大理國進奉使天駟爽彦賁李紫琮、副使坦綽李伯祥，見於紫宸殿。

是徽宗時，大理正副使均蒙召見。大理與宋交往頗密，時大理國爲段氏時代，蒲甘屢入貢於大理，不啻爲大理國之附庸。故紹興六年，蒲甘與大理共入貢於宋；貢物“并系大理國王封號”，其故可知。大理正使曰楊賢明彦賁，按彦賁乃官銜。政和七年使彦賁李子琮，大理石刻墓幢均見此號。明政（段素順）三年（宋開寶四年）之三十七部盟碑文下方小字，有“彦賁〔段〕宇覽，楊連永，楊求（永）彦”[1]。元亨十一年，“大理圀拮□揄郡彦賁趙興明爲亡母造尊勝幢”[2]，均著“彦賁”一官銜（元杜昌海幢亦叙其八世祖杜青爲大理國彦賁），此“彦賁”官號之可考者也。

《宋史·藝文志》有檀林《甄治舍遺》一卷，又《大理國行程》一卷，宋《秘書省續四庫書目》地理類著録檀林《大理國行程》一卷，

---

[1] 拓本見李家瑞《大理國與三十七部會盟碑》，載《考古》1962年六期。

[2] 拓本見《考古》1963年第六期孫太初文。元亨爲大理段智興第四個年號，元亨十一年相當南宋慶元元年（公元1195）。

下有《蒲甘國行程略》一卷，闕。宋神宗以崇文院爲秘書省，徽宗更《崇文總目》之號爲《秘書總目》，廣求書籍。《玉海》云：“紹興初改定《崇文總目》，有續編四庫闕書。”《直齋書録解題》：“《秘書省四庫書目》一卷，亦紹興改定。其闕者注‘闕’字於逐書之下。”今觀是目於《蒲甘國行程》下注云闕，則紹興時已無此書，惟《大理國行程》則有之。崇寧間蒲甘嘗入貢，則此《蒲甘國行程》當是徽宗時秘書省所收之書。

徽宗崇寧共五年，繼之爲大觀四年，政和八年，此時蒲甘王朝先爲 Kyanzitha（1084—1113，即宋之元豐七年至政和三年），繼爲 Cañsu 第一（1113—1155 或 1160，政和三年至紹興二十五年或三十年）；大理王朝則先爲後理國第一皇帝段正淳（1096—1108，即紹聖三年至大觀二年），繼爲第二代段和譽（又名正嚴）。崇寧五年（公元 1106），蒲甘入貢者當爲 Kyanzitha 王，而大理則尚爲段正淳時代。Luce 書中解說蒲甘於 1106 年入貢開封之原因云：

> What was the “Object” of the embassy?—Perhaps Nan-Chao, jealous of Aniruddha’s success in Upper Burma, was planning a counter raid on the plains of Burma after his death—to sack the Burmese Capital as it had sacked the Pyu in 832 A.D.; and so Kyanzitha to win allies in its rear, sent this embassy (probably by sea) to Káifêng in 1106. The Sung however, under their Artist-emperor Hui Tsung, must have been too busy with their northern invaders to give any help in the south.

所謂 832 年之役，即《蠻書》卷十所記：“蠻賊太和六年（832 唐文宗時），劫掠驃國，虜其衆三千餘人，隸記柘東，令之自給。”Luce 因見在 Taungbŷors 之塔 Hlédauk 碑銘——碑去孟德勒

（Mandalay）之北六里——稱其時有 Taruk（指 Chinese）之兵入侵："......in the battle, the son of the Taruk General was killed." Hlédauk 之年代爲 1111，Luce 以爲入貢開封在 1106，故牽連爲説。[1] 按 1111 爲宋徽宗政和元年，於大理國爲段正嚴嗣位之三年（即文治二年），時高泰明爲相。據王崧《大理世家》，高氏第四代泰明（升泰子），於崇寧政和中，立段氏正淳，自爲相，討平三十七蠻部，使四子明清鎮守。[2] 時政出高氏，征討諸夷，侵及蒲甘，自有可能，而 Luce 氏謂求援於宋，則鞭長其何能及？據楊慎《南詔野史》1103 年（崇寧二年），"緬人波斯昆侖三國進白象及香物"（《段正淳傳》）。波斯即下緬甸之勃生，昆侖應在今那悉林 Tenass-erim。[3] 按《蠻書》卷十，昆侖國正北去蠻界西洱河八十一日程，乃與大理爲毗鄰之國。又 1115 年（政和五年），緬人進金花犀象（《段正嚴傳》）。如上所述，則在 1111 年前後，蒲甘屢入貢於大理，仍時求好於大理也。《南詔野史》上記南泰升之《大中國》云："宋哲宗紹聖三年，泰升在位二年。寢疾，遺命必返政於段氏。及卒，其子高泰明遵其遺言，求段氏正明之弟正淳立之。段氏復興，號曰後理國。高氏世爲相，政令皆出其門，國人稱爲高國主。波斯、昆侖諸國來貢大理者，皆先謁相國焉。" 可見其時高氏當權，蒲甘入貢亦必通過"高國主"焉。[4] 高氏事迹，大理有碑數種，爲重要史料，詳徐嘉瑞《大理古代文化史》（366 頁）、《高氏世系表》，今不具論。

當日大理入貢，乃取陸道，先是熙寧九年（公元 1076），遣使貢金裝碧玕山、氈罽、刀劍、犀皮甲、鞍轡。自後不常來，亦不領於鴻臚（《宋史》卷四八八《大理傳》）。至政和三年，又有重議入貢於宋

[1] Luce 書，58 頁，注六三。
[2] 據《大理文化史》，367 頁。
[3] 方國瑜《宋史蒲甘傳補》附注一九，并參向達《蠻書校注》，241 頁。
[4] 參《金石萃編》一六〇《護法明公德運碑贊》王昶考證。

之計劃。當時入貢之情形,《宋史·大理傳》記之甚詳，摘録如下:

> 政和五年（1115乙未），廣州觀察使黄璘奏:“南詔大理國慕義懷徠，願爲臣妾，欲聽其入貢。”詔璘設局於賓州，凡有奏請，皆俟進止。
>
> 六年（1116丙申），遣進奉使天駟爽彦賁李紫琮、副使坦綽李伯祥來。詔璘與廣東轉運副使徐惕偕詣闕。其所經行，令監司一人主之，道出荆、湖南，當由邵州新化縣至鼎州。而璘家潭之湘鄉，轉運判官喬方欲媚璘，乃排比由邵至潭，由潭至鼎一路。御史劾其當農事之際，而觀望勞民，詔罷。方紫琮等過鼎，聞學校文物之盛，請於押伴，求詣學瞻拜宣聖像。邵守張察許之。遂往遍謁，見諸生。又乞觀御書閣，舉笏扣首。
>
> 七年（1117）二月至京師，貢馬三百八十匹，及麝香、牛黄、南氈、碧玕山諸物。制以其王段和譽爲金紫光禄大夫、檢校司空、雲南節度使，上柱國，大理國王。朝廷以爲璘功，并其子暉、昨皆遷官。少子晪爲閤門宣贊舍人。已而知桂州。周穜劾璘詐冒，璘得罪。自是大理不復通於中國，間一至黎州互市。

黄璘事件，可謂大理入貢之一插曲。其使者道經鼎州，謁孔廟，可證大理之入貢宋國，乃由内地經湖南而北上，紹興時入貢有象一頭，馬五百匹，如此架重貢物，絶不可能經海道，Luce疑由海路入貢，恐非事實。關於貢象道路，詳見李元陽《雲南通志》卷十六。又宋時宋如愚《劍南須知》[1]記熙寧七年買馬事，兼叙大理國四境；大理與宋交涉，馬政爲極有關係之事，不可不知。

紹興六年，大理、蒲甘貢物。又有金銀書《金剛經》三卷，金書

[1] 見《蜀中廣記》九三，嘉慶《四川通志》一八四引，張國淦《古方志考》，663頁。

《大威德經》三卷。按《大威德經》，疑即《大威儀經》之形訛。[1] 大理寫經多爲厚紙墨書，就中釋道常之《薦舉七代先亡寫疏》末有題記一行署保天八年，即紹興六年。此與《可書》所記大理使者楊賢明致貢正爲同一年之事。大理、蒲甘均爲佛國，故以寫經卷入貢。紐約都會博物館藏有大理國之《維摩經》卷，爲紫色絹地金書，上題："大理囶相囶公高泰明，致心爲大宋國奉使鍾〔震，黄漸〕造此《維摩經》一部。……（段正嚴）文治九年戊戌季冬旦日記佛頂寺主僧尹輝富監造。" [2] 其金書經卷，亦施於饋贈使臣，此《維摩經》卷即宋徽宗重和元年（即段正嚴文治九年，公元 1118），高國主之遺物。自 1004 年至 1136 年，蒲甘與宋之交往，附表如下頁。[3]

大理時期寫經，目前所知，最早者爲《智顗之護國司南抄》（即仁王經疏）殘卷，有崇聖寺主密教主賜紫沙門玄鑒集一叙，題云"時安國聖治六載甲寅歲末夏之季月抄"，據考相當於唐昭宗乾寧元年（公元 894）。大理佛法盛行，段氏有國用僧爲相。僧復讀儒書，一時有釋儒之目（《文物》1979，12）。

台灣士林"故宫"藏大理國描工張勝温畫梵像長卷，紙本，末有釋妙光題記署盛德五年（公元 1180），爲段智興之第二年號，即南宋孝宗淳熙七年。記云："大理國描工張勝温摠諸聖容。"摠即皃（貌）字，俗書從手，敦煌圖像習見，摠爲貌真之貌，《秘殿珠林》續編著録作摠，恐誤。

---

[1] 敦煌佛經 P · 三九一九有《大威儀經請問説》；S · 五六四九有《大威儀經請問經》一卷，Giles 目五三七九號之（二）；文見《大正》卷八五，一五二六，録自 S · 一〇三二。

[2] 參羅振玉《松翁近稿 · 大理相國高泰明寫經跋》，云："紺紙，泥金書。" 又李霖燦《南詔大理國新資料的綜合研究》。

[3] 本表段氏年號，請參李家瑞《用文物補正南詔及大理國的紀年》（《歷史研究》1958 年第七期）。

公元	宋	蒲甘王朝	大理王朝	事迹	來歷
1004	真宗景德元年	Aniruddha（1004—1077）	段素英廣明十九年	蒲甘遣使同三佛齊大食來貢於宋。	《諸蕃志》（按《代答》無此條）
1052	仁宗皇祐四年		段思廉保安八年	僧楊義隆寫經，背鈐大理國□□□印。	現藏雲南省圖書館（《文物》1979，12）
1076	神宗熙寧九年	Sawlu（—1084）	段連義上德元年	大理來貢於宋。	《宋史·大理傳》
1103	徽宗崇寧二年	Kyanzittha（1084—1113）	段正淳天正元年使高泰運奉表入宋求	緬人、波斯、昆侖三國進白象、香物於大理。	《南詔野史·段正淳傳》
1106	徽宗崇寧五年二月		段安淳文安二年	蒲甘入貢於宋。	《宋史》四八九《蒲甘傳》，《嶺外代答》，《諸蕃志》
1115	徽宗政和五年	Cañsū I（1113—1155/1160）	段正嚴（和譽）文治六年	緬人進金花犀象於大理。	《南詔野史·段和譽（正嚴）傳》
1116	徽宗政和六年十二月		文治七年	大理遣使李紫琮入貢於宋。	《宋會要》
1118	徽宗重和元年冬		文治九年	大理高泰明贈宋使鍾震黄漸金書《維摩經》卷。	紐約都會博物館藏原卷

續前表

公元	宋	蒲甘王朝	大理王朝	事迹	來歷
1136	高宗紹興六年七月		段正嚴保天八年	大理蒲甘國表貢方物；大理正使楊賢明、副使王興誠，蒲甘使爲俄托萊摩訶菩。	《可書》《宋會要·蕃夷》
1173	孝宗乾道九年冬			大理人李觀音得、董六斤黑、張般若師二十二人至廣西橫山寨議市馬，邕寧人得到大悲經寫卷，有爲坦綽趙般若祈禳目疾題記。	李孝友大理寫本佛經引《桂海虞衡志》（檢原書未見此文）

抗戰期間，吴乾就在大理發現太和龍關趙氏族譜，其背有題記云："大理國灌頂大阿左（闍）梨趙泰升敬造大般若經一部，天開十九年癸未歲中秋望日大師段清奇識。"天開爲段智祥年號，此當南宋寧宗嘉定十六年（公元 1223）。此皆現存宋代大理國寫卷之足記者。

緬人本呼大理爲 Gandhālarāj（犍陀羅王）。《琉璃宫史》卷一三四載 Anawrahta 王遣使至 Gandhala 求佛牙故事，即云：

In the Tarop country of the Kingdom of Gandhala, there is an holy tooth. If I ask that holy tooth from the Tarop Utibwa and make it an object of worship to all being, the religion will shine exceedingly......so he gathered his elephants, horses, and fighting men throughout the Kingdom, and marched to the Tarop country......(p.80)

此處稱曰 Tarop 國，又稱爲 Tarop Utibwa。Utibwa 一名，據伯希和考證，即梵語 Udaya，爲 sunrise 之意，即因漢語翻譯吐蕃賜豫南詔王號之“日東王”而來。關於 Tarop 之記載，Luce 在其書中論 Pagan founded 章引緬甸史家 Shin Sīlananics（1455—1520）之說云：

......The kingdom of Pagán was established for 1128 years. The kings were 50, beginning from Pyumandhī, i.e. Pyusawhti, down to Taruppreñmaṅ. (Tarok-pyemin, the king who fled from the Turks.)

由此處 Taruppreñman 一名 Tarup-Turks，以指唐土似無問題。至於 Pyumandhī, Pyusawhti，漢史實作驃苴低。試就此名加以分析，Pyu 即驃國，maṅ 與 saw 皆指王。緬人兼用之，其語源并見《蠻書》，謂“茫是其君之號”。“呼其君長爲壽”，壽即詔也。[1]

案蒲甘國諸王名號，見於 Luce 書所引碑銘。若 Aniruddha 以前，其王曰 Caw Rohan。Caw 即詔也，Rohan 疑即由漢語“羅漢”轉來。南詔人名，多以“觀音”爲號，如高觀音、李觀音得是。[2] 據《白古通紀》其地流行觀音七化之神話。Saw lu 號曰 man Lulan (King Young), Kyanzittha 號曰 Tilum (=Htilaing)maṅ。樊綽稱“蠻呼茫詔”，即合 maṅ 與 chao 爲一名。在蒲甘國王號中，maṅ 與 chao 可以互用，故驃苴低之苴在《琉璃宫史》中，既作 maṅ，間又作 saw，稱曰 Pyusawhti。

《蠻書》十稱：“驃國（蠻）在永昌城南七十五日程，閣羅鳳所通

[1] 見《蠻書》卷四各類，及卷一〇彌諾國向達注《校注》，231 頁。
[2] 大理李觀音得來求《文選》，以馬交換，見《宋史·兵志》一九八。

也。”是南詔與緬交往始於閣羅鳳。蓋在唐玄宗時（公元 748 即玄宗三十七年，時閣羅鳳初立），自驃國與南詔交通，南詔文化多被其吸收。南詔古史祖先神話，以阮元聲之《南詔野史》所記最有系統，其説實取自元代本爲僰文之《白古通紀》。試列其名如下表：

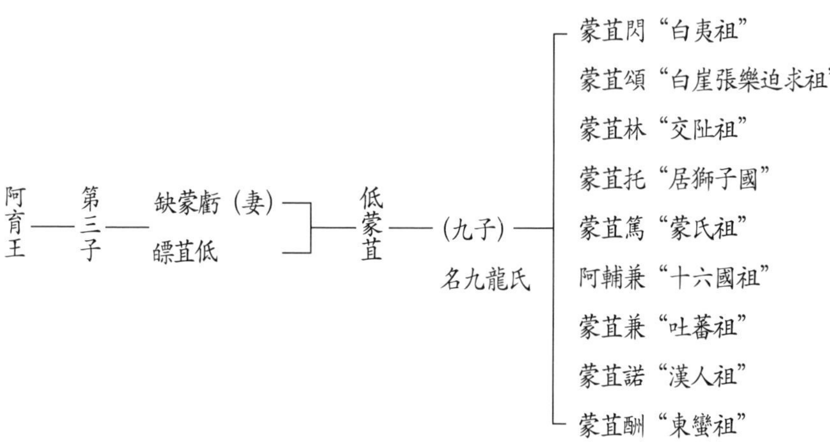

南詔因信仰佛教，故其祖先托始於印度之阿育王（Asoka）。[1] 嘌苴低 =Pyusawhti 方算爲其真正之始祖。由其誕生九子所代表之地區論之，幾乎即是東亞人類之共同始祖。在緬甸《琉璃宫史》中，其祖先乃有 Pyusawhti 者，正爲糅合南詔神話之事實。嘌苴低之子名低蒙苴，此爲父子連名制；然蒙苴二字連稱，又即 maṅ 與 saw 合用之證，《蠻書》所謂“蠻呼茫詔”者是矣。

尚有進者，元平蒲甘後，於其地置邦牙宣慰司。元人征緬，其事

[1] 此説道光《雲南通志》駁之，辨其不足信，沈曾植録此，自云：“喜尋古文神話，比於宋均《緯書》、羅泌《路史》。”見《海日樓札叢》卷二“白國爲阿育王後”條。惟沈氏誤謂蒲甘即曼谷，不可不訂正。近年南詔考古新資料，可參《雲南巍縣巄嶼山南詔遺址的發掘》（《考古》1959 年第三期）。《白古通紀》爲白族古史，自楊慎删訂譯爲《滇載記》書，志乘多采之。近王叔武輯《雲南古佚書鈔》（昆明印，1978）列爲第十種，謂其成書不能早於元初，九龍氏名號，各書頗多異文，參看王輯校語。

詳《至元征緬録》。至元十四年三月，其主帥有大理路總管信苴日。前此憲宗三年平大理，以段氏爲大理都元帥府總管，第一任即信苴日段實（見《滇載記》，《紀録彙編》本）。《南詔野史》云：“信苴日即段實”。李京《雲南志略》白人風俗條：“其稱國主曰驃信，諸王曰信苴。”[1]元代段氏十一代總管皆稱信苴。以“信”爲王，蓋南詔之方言也。《元史》有《信苴日傳》。其時蒲甘與元對壘之大將名曰釋多羅。趙子元《賽平章德政碑》云：“（至元）十四年春，蒲甘遣大將釋多羅伯，副以裨將五人，士卒象馬以萬計，剽掠金齒。飛書求救，公命萬户忽都總管段信苴等釋圍，而蒲兵始解。自後蒲甘不敢犯風。”（康熙范承勳《雲南府志》卷十九）又李源道《崇聖碑》亦云：“武定公破釋多羅十餘萬衆於洱水之濱。”（見《永昌府文徵》卷二引）此雖爲漢籍史料，或可供治蒲甘史之參證。前文論列《可書》記紹興蒲甘入貢一事，Luce 書所未載。此資料極爲重要，望他日能加以迻譯，作爲補充。

又緬人與師子國之關係，Luce 嘗撰“Some Old Reference to the South of Burma and Ceylon”[2]。僅記其事始於 11 世紀，惟漢籍記録有唐大中十二年（公元 858）豐佑遣段宗榜救緬，敗師子國。榜，陽（雲南宜良縣地）人，佑之勇將。事見《南詔野史》上《豐佑傳》（胡蔚本）。此爲最早中緬與錫蘭關涉史事，似尚可補述也。

此文 1975 年在東京東南亞史學會宣讀，後印入《東南アジア歴史と文化》第五期。1980 年據新出大理寫經資料，略作校訂。

[1] 段政興自稱“皇帝𠠇信”。見 Helen B. Chapin: “Yünnane Images of Aualokites'vara” (*H.J.A.S.* 1944, 8, pp.131-186)。

[2] 見 *Felicitation Volumes of Southeast Asian Studies*, pp.269-282。

附　引用書目

《宋史》卷四八九《蒲甘傳》，卷一九八《兵志》。
《宋會要輯稿》卷一九九册蕃夷。
《玉海》卷一五四。
樊綽《蠻書》，向達校注本。
周去非《嶺外代答》。
趙汝適《諸蕃志》，馮承鈞校注本。
楊慎《南詔野史》，乾隆四〇年胡蔚增訂本。
　又《滇載記》，《紀録彙編》本。
《元文類》四一，《經世大典序録》。
李元陽《雲南通志》。
康熙范承勳《雲南府志》卷一九。
佚名《至元征緬録》，《守山閣叢書》本。
《元史·緬甸傳》。
屠述濂等光緒二三年《騰越州志》"師命"部。
王昶《征緬紀聞》，單刊本。
李根源《永昌府文徵》，民國三〇年昆明印本。
夏光南《元代雲南史地叢考》。
馬長壽《南詔國内的部族組成和奴隸制度》。
龔鼎臣《東原録》，《藝海珠塵》本。
張知甫《可書》，《十萬卷樓叢書》本、《守山閣叢書》本。
宋《秘書省續四庫書目》。
范成大《桂海虞衡志》。
趙與時《賓退録》。
郭松年《大理行紀》。
王昶《金石萃編》卷一六〇《護法明公德運碑贊》。

沈曾植《海日樓札叢》。

羅振玉《大理相國高泰明寫經跋》(《松翁近稿》)。

《緬甸諸夷考略》，台北“中央圖書館”藏乾隆金箋精寫本。

徐嘉瑞《大理古代文化史》,《高氏世系表》。

李家瑞《用文物補正南詔及大理國的紀年》(《歷史研究》1958 年七期)。

又《大理國與三十七部會盟碑》(《考古》1962 年六期)。

李霖燦《南詔大理國新資料的綜合研究》。

孫太初《大理囷捁囗揄郡彥賁趙興明爲亡母造尊勝幢》(《考古》1963 年第六期)。

又《雲南古代官印集釋》(《考古學會第二次年會會刊》1980 年)。

《雲南巍縣巄嶼山南詔遺址的發掘》(《考古》1959 年第三期，157 ～ 160 頁)。

張增祺《大理國紀年資料的新發現》(《考古》1977 年第三期)。

冶秋《大理訪古記》(《文物》1961 年第八期)。

王叔武《雲南古佚書鈔》。

王家祐《巍山祠廟記》。

李孝友《南詔大理的寫本佛經》(《文物》1979 年第十二期)。

Helen B. Chapin: “Yünnane Images of Aualokites’vara”（*H.J.A.S*.pp.131-186）.

（注二五、三四引驃信。南詔圖卷中言及驃信蒙隆昊。(署中興二年，觀音像上銘“皇帝嘌信段政典……”）

羅常培 “The Genealogical Patrongnies Linkage System of the Tibet-burman Speaking Tribes” (*H.J.A.S*.pp.349-363)。

原載《選堂集林 · 史林》中，中華書局香港分局，1982 年

安南

——安南古史上安陽王與雄王問題

安南古史，與中國載籍，頗可互證，而大體相符，鄂盧梭（L. Aurouseau）論之詳矣。[1]顧其古代傳説，史料缺乏，令人感到棘手。其中有兩個異文歧出極不易解决之問題：一爲雒王與雄王之異文，一爲伐雒越之蜀王子安陽王，是否爲實録。關於前者，法儒 E. Caspardone 曾撰“Champs Lo（雒）et Champs Hiong（雄）”一文，刊於 1955 年《亞細亞學報》（*J.A*.p.462），所論容有未盡。關於後者，日本藤原利一郎氏有《安陽王與西嘔》一文，主張蜀王之蜀字，可能爲“嘔”字之訛，蜀之征駱，實爲西嘔之征駱，此説既出，頗博得東南亞史專家之同意[2]；惟細核之，實難憑信。因漢籍言及安陽王者不一而足，而《日南傳》尤爲重要。《日南傳》爲向來談安南古史者所未徵引，不可不詳論。又“雄”王之稱，在安南後出史書，别有其意義，不可概目爲“雒”王之訛。因撰此篇，爲治東南亞古代史者進一新解焉。

---

[1] 見鄂氏《秦代初平南越考》*La Premjere Conquete chinoise des Pays annamiles*（馮承鈞譯本）。鄂氏文章，引起不少討論，除法儒馬伯樂於 1924 年《通報》爲撰書評外，中國學人有下列各文：

(1) 吕思勉《秦代初平南越商榷》，見《國學論衡》第四期，又見《燕石札記·秦平南越》上下。

(2) 岑仲勉《評秦代初平南越考》，見中山大學《史學專刊》第一卷第三期，1936，後收入《中外史地考證》。

(3) 饒宗頤《秦代初平南越辨》，見《南洋學報》第六卷第二輯，1950。

[2] 見許雲樵主編《東南亞研究》第三卷，27 頁，1967。

一、史源之檢討

向來討論雒越問題，僅知利用兩處材料，作爲研究之依據。

（一）《水經注》卷三十七《葉榆河注》：“水自麊泠縣東逕封溪縣北。”《交州外域記》曰：

> 交阯昔未有郡縣之時，土地有雒田，其田從潮水上下，民墾食其田，因名爲雒民，設雒王，雒侯，主諸郡縣，縣多爲雒將，雒將銅印青綬。後蜀王子將兵三萬來討雒王、雒侯，服諸雒將，蜀王子因稱爲安陽王。後南越王尉佗舉衆攻安陽王。（中略，文見後。）越遂服諸雒將。

（二）《史記·南越傳》“索隱”姚氏按語引《廣州記》：

> 交阯有駱田，仰潮水上下，人食其田，名爲駱人。有駱王、駱侯，諸縣自名爲駱將，銅印青綬，即今之令長也。後蜀王子將兵討駱侯，自稱爲安陽王，治封溪縣。後南越王尉佗攻破安陽王，令二使典主交阯、九真二郡人。尋此駱，即甌駱也。（《廣雅叢書》本《史記索隱》卷二十五）

此兩書所引，鄂盧梭於《秦代初平南越考》注云：“可參照黄恭《交廣記》及《安南志異》所引的《交阯城記》。姚氏所引之《廣州記》，撰者未詳。”考晉裴淵、顧黴，宋劉澄之俱著有《廣州記》，不知屬於何家。王謨輯《漢唐地理書鈔》，列爲裴淵之書，其謂安陽王治封溪縣，前漢志交阯郡無封溪。《續漢郡國志》封溪建武十九年置。《舊唐書·地理志》：“武平下云：吴置武平郡。本漢封溪縣。後漢初，麊泠縣女子徵側叛，攻陷交阯，馬援率師討之，三年方平。光武乃增置望海、封溪二縣，即此也。”封溪，東漢初馬援始請置縣，非南越時所有。曾釗跋劉欣期《交州記》，謂“封溪，晋志屬武平郡，宋志無，則劉欣期當爲晋時人”。不知封溪建縣於馬援平越之後，《宋志》武平太守領縣六，文缺，衹存三名，不必無封溪也。

《索隱》引《廣州記》末有“令二使典主交阯、九真二郡人”一句，勘之《葉榆河注》麊泠縣下云：

> 《交州外域記》曰：越王令二使者，典主交阯、九真二郡民。後漢遣伏波將軍路博德討越王，路將軍到合浦，越王令二使者賫牛百頭、酒千鍾及二郡民户口簿詣路將軍，乃拜二使者爲交阯、九真太守，諸雒將主民如故，交阯郡及州，本治於此也。

如是“二使”一語亦見於《交州外域記》，足見其與《廣州記》有互鈔復出之處。《漢書 · 地理志》交趾郡麊泠縣下云“都尉治”，蓋麊泠即漢時交趾郡治之所在。

又《索隱》所引《廣州記》，别本《索隱》或作“姚氏按《益州傳》”。關於《交州外域記》及《益州記》二書之來歷，有加以檢討之必要，試詳論之：

（一）《交州外域記》

此書作者不明，《水經注》曾引用多次：

《温水注》	九德縣下	見楊守敬《注疏》卷三十六，52頁下
《葉榆河注》	麊泠縣下	同書卷三十七，12頁上
	封溪縣下	同書卷三十七，14頁上
	羸𨻻縣下	同書卷三十七，17頁下
	九德縣下	同書卷三十七，18頁下

再查《太平御覽》徵引交州有關各史籍，未見《交州外域記》一名，是其亡佚已久。張燮《東西洋考》卷十二逸事考引作《交阯外域記》，“交州”作“交阯”；又同書卷一《形勝名迹·雒王宫下》，引作《交州異域記》，此據惜陰軒本“外”字作“異”，書名微有不同。《安南志略》越王城條引作《交州外域記》，此據陳荆和校本。陳校引内閣文庫本作《交阯外城記》，静嘉堂本及大英博物院鈔本間有異文。知鄂盧梭所謂“交阯城記”，即出於此，“城”乃“域”字形近之誤，非别有一史源也。

章宗源《隋書經籍志考證》史部著録有《交州外域記》，作者未詳。其撰寫年代據《水經注》九德縣下云《交州外域記》曰：“交阯郡界有扶嚴究。”究者，竺枝《扶南記》云：“山溪瀨中謂之究。”究即川也。按《宋書·州郡志》武平郡吴建衡三年討扶嚴夷，以其地立。此書言及扶嚴事，是應作於吴建衡以後，殆爲晋人所撰。

（二）姚氏按語引《益州傳》

《史記索隱》中引用各注家之説，有“姚氏云”及“姚氏按”等注，如：

> 落下閎下“姚氏按《益部耆舊傳》”（《天官書》）。
> 公玉帶下“姚氏按云云”（《武帝紀》）。

《高帝紀》“鴻門”下“按姚察云”，《孝文帝紀》“元元”下“按姚察云”，可見姚氏乃指姚察。《隋書·經籍志》有姚察《漢書訓纂》三十卷，《索隱》即采自此書。察仕梁陳至隋，卒於大業二年，事見《陳書》本傳。[1]

有關益州之著述，姚察之前，實有多家[2]，詳張氏之《古方志考》。《蜀中廣記》卷九十六李膺《益州記》條，先是譙周、任豫、劉欣期各有《益州記》。查劉欣期又著《交州記》，言及安陽王事。《吴都賦》注引其一條“一歲八蠶繭出日南”。其人頗熟悉南中及交廣事迹，疑姚氏所引之《益州傳》即劉欣期之《益州記》，但稱“記”爲“傳”耳。地書名曰“傳”者，如燕蓋泓撰之《珠崖傳》，是其例。

二、早期漢籍中之安陽王史料——《日南傳》及其他[3]

有關安陽王事迹之漢籍，鄂盧梭謂《交州外域記》一書乃最古之記録。又謂與此相近之文，又有《安南志略》引之《交阯城記》。[4]其所知資料，至爲貧乏，其實“交阯城記”即“交州外域記”，非爲二書，説已見前。余考上述諸書外，又有《日南傳》、劉欣期《交州記》、宋沈懷遠《南越志》、梁劉昭《續漢郡國志注》、李石《續博物志》等書。其中《南越志》爲人所悉知，E. Gaspardone 曾加討論，其餘較少人注意，尤以《日南傳》爲新發見資料，兹分述如次：

(一)《日南傳》文云：

> 南越王尉佗攻安陽王。安陽王有神人臯通，爲安陽王治神弩一張，一發萬人死，三發殺三萬人。他（佗）退遣太子始降安

[1] 鄂盧梭以“姚氏按”之姚氏，即撰《交州記》之姚文咸，實誤。岑仲勉已辨之，詳岑著《中外史地考證》，56 頁。

[2] 有關益州著述，參何守度《益州談資》，《學海類編》本。

[3] 本節内容曾以“《日南傳》考 —— 安南古史上安陽王資料”爲題，由陳荆和譯成日文，載於慶應大學《史學》，1970 年 2 月。又載《選堂集林·史林》，中華書局香港分局，1982 年。

[4] 見鄂氏《秦代初平南越考》注八九。

陽，安陽不知通神人，遇無道理，通去。始有姿容端美，安陽王女眉珠悦其貌而通之。始與珠入庫，盗鋸截神弩，亡歸報佗。佗出其非意。安陽王弩折兵挫，浮海奔竄。

此文見《太平御覽》卷三四八兵部弩所引，陳禹謨刊本《北堂書鈔》卷一二五神弩亦引用之。考《隋書 · 經籍志》，兩唐書《經籍志》《藝文志》著録均有《日南傳》一卷，撰人未詳。《御覽》卷八九〇引有萬震之《南洲日南傳》。（文云“扶南王善射獵，每乘象三百頭，從者四五千人”。）又同書卷十一天部引《扶南日南傳》（文云“金陳國入四月便雨……”），一於《日南傳》前益“南洲”二字，一益“扶南”二字。萬震吴人，丹陽太守，著有《南州異物志》，近年小川博有輯本。[1]《日南傳》如爲萬震所作，則爲吴時作品，是時吴與扶南通使，康泰朱膺并有撰記。《日南傳》之載安陽王事，蓋吴時傳入中土者。有關安南史籍源流，法人考核至詳[2]，惟對《日南傳》則未之及。

（二）《水經 · 葉榆河注》云：

……後南越王尉佗舉衆攻安陽王，安陽王有神人名皋通，下輔佐爲安陽王治神弩一張，一發殺三百人。南越王知不可戰，却軍住武寧縣。按《晋太康記》，縣屬交趾。越遣太子名始降服安陽王稱臣事之，安陽王不知通神人，遇之無道，通便去，語王曰：“能持此弩王天下，不能持此弩者亡天下。”通去，安陽王有女，名曰媚珠，見始端正，珠與始交通。始問珠，令取父弩視之，始見弩便盗，以鋸截弩訖，便逃歸報南越王。南越進兵攻之，安陽王發弩，弩折遂敗。安陽王下船，逕出於海。今平道

[1] 小川博《南州異物志》輯本稿，在《安田學園研究紀要》第二、三號。

[2] 關於安南史籍源流，可參 E. Gaspardone 著 *Le Ngan-Nan Tche-yuan et son Auteur*，見《安南志原》卷首，該書 1931 年河内遠東醫院版。

縣後王宫城，見有故處。《晋太康地記》縣屬交趾。越遂服諸雒將。馬援以西南治遠，路遥千里，分置斯縣治。

此文前引《交州外域記》，記雒王、雒侯、雒將，而接書安陽王故事，終以“越遂服諸雒將”句，似全文皆出自《交州外域記》。惟中間插入按語二條，兩引《晋太康記》以説明武寧縣、平道縣皆屬交趾郡。王先謙《合校本水經注》引全氏（祖望）按語云“九字注中注”，以此爲《水經注》中之夾注。兹因原文起訖難明，故但題其出處爲酈注。《東西洋考》十二逸事考引此亦作《水經注》文。按前漢《地理志》交趾郡縣十，無武寧及平道二縣。《水經注》引《太康地記》謂兩縣并屬交趾，然《晋書·地理志》交趾郡有武寧而無平道。《宋書·州郡志》交趾太守下武寧令，吴立。又九真太守下亦有武寧令，云吴立，何志：武帝立。《太康地志》無此縣而交趾有。總之，武寧乃吴時所置縣，晋初屬交阯郡，與《太康地記》合。畢沅於《經訓堂叢書》輯《晋太康三年地記》，采“平道縣屬交阯郡”一條，即據酈注。《南齊書·州郡志》平道縣在武平郡，武寧縣在交阯郡。《舊唐書·地理志》云貞觀初，以武寧入龍編，又云：“平道，漢封溪地。”故知酈注所記安陽王宫城在今平道縣，實即後漢之封溪也。

酈注此條，記安陽王故事，比《日南傳》爲詳。倘其材料果出於《交州外域記》，則與劉欣期之《交州記》同屬於晋時人之作。

神弩之神話，在印度支那一帶，自昔已頗盛行，如 Ramayana 頌所記十車王子能折濕婆（Siva）之巨弓，即其一例。

安陽王故事涉及南越王趙佗，《史記·南越傳》但記趙佗之孫名“胡”，《日南傳》等則載其太子名“始”，《交州記》又稱趙曲爲佗之孫。凡此均不見於《史記》，尤可珍異。

（三）劉欣期《交州記》文云：

安陽王者，其城在乎（平）道縣之東北。林賀周相罣通徐作神弩。趙曲者，南越王佗之孫，屢戰不克，矯托行人，因得與安陽王女婿媚珠通，截弦而兵，既重交一戰而霸也。

此見《北堂書鈔》卷一二五神弩條引。孔廣陶校注云《水經注》卷三十七《葉榆水注》引劉《交州記》其城十三字作“有神人名”四字。“罣”作“皋”，“徐”作“治”，無“趙曲”以下。陳本改引《日南傳》，事同而文異。按劉欣期《交州記》有曾釗輯本，刊於《嶺南遺書》，此條失收，可補其缺。欣期書中言及李遜征朱厓事，當爲東晋太元以後人所作（詳曾釗跋文）。

（四）梁劉昭《續漢郡國志注》文云：

交阯郡，武帝置，即安陽王國，雒陽南一萬一千里。

按《安南志原》城郭故址引此。文云：“越王城……又名可縷城，古安陽王所築也。……故址猶存。”劉昭云“交阯即安陽王國”是也。

（五）李石《續博物志》文云：

交州安陽王有神人名皋通，爲安陽王治弩一張，一發殺三百人。[1]

（六）元王惲《秋澗大全集》卷十《下瀨舡歌》自注引《南越志》：

尉佗時安陽王治交趾，有神人曰皋通造神弩事。

由上知安陽王事，始見於《日南傳》。各書均有明確記載，安陽王實有其人，不成問題。姚氏（察）之按語，非采用《廣州記》，即引自《益州傳》，安陽王爲蜀王子，故《益州傳》得記其事，是蜀王

[1] 《古今圖書集成·邊裔典》卷九五亦引《續博物志》此條。

之“蜀”原自無誤。

太史公《南越傳》贊云:“隆慮離濕疫，佗得以益驕；甌駱相攻，南越動搖，漢兵臨境，嬰齊入朝。”此段爲韻語。“甌駱相攻”乃趙佗以後之事，故南越衹得繫頸俯首，蓋言其内亂也。藤原氏説蜀王原爲句王，句即西區，按篆文蜀字與句字形相去甚遠，既無異本可資佐證，且對《史記》本文殊覺難解，故其説不易成立。

三、雄王及其有關問題

《交州外域記》言雒田、雒王,《索隱》引《廣州記》及《益州傳》其字略異，作駱田、駱王。至劉宋沈懷遠《南越志》乃作雄田、雄王。

《南越志》共八卷,《隋書·經籍志》著録，原書久佚。[1]見於他籍徵引，言及雄王事者，有《舊唐書》《太平廣記》《太平寰宇記》。

(一)《舊唐書》卷四十一《地理志》安南都護府平道縣下引《南越志》云:

> 交阯之地，最爲膏腴，舊有君長曰雄王，其佐曰雄侯，後蜀王將兵三萬討雄王滅之。蜀以其子爲安陽王，治交阯。其國地在今平道縣東，其城九重，周九里，士庶蕃阜。尉佗在番禺，遣兵攻之。王有神弩，一發殺越軍萬人。趙佗乃與之和，仍以其子始爲質。安陽王以媚珠妻之，子始得弩毁之。越兵至，乃殺安陽王，兼其地。

[1] 沈懷遠見《宋書·沈懷文傳》，前廢帝時爲武康令，後坐事徙廣州，所著《南越志》，原八卷，見《隋書·經籍志》著録，久佚。商務印《説郛》本，衹收二條，王仁俊《玉函山房輯佚書補編》、葉昌熾《轂淡廬叢稿》皆有輯本，馬伯樂(Maspero)著有《論沈懷遠南越志》，見河内《遠東校刊》1916(1)及1918(3)。

（二）《太平廣記》卷四八二交阯條：

交阯之地，頗爲膏腴，徙民居之，始知播植。厥土惟黑壤，厥氣惟雄。故今稱其田爲雄田，其民爲雄民，有君長亦曰雄王，有輔佐焉，亦曰雄侯。分其地以爲雄將。（自注出《南越志》）

（三）《太平寰宇記》卷一七〇《嶺南道平道縣下》引《南越志》與《舊唐書》，所引全同。惟多“以其田曰雄田”一句，又作“後蜀王之子將兵三萬討雄王滅之”（據乾隆萬廷蘭刻本）。同書同卷交阯縣下安陽故城下引《南越志》云：

交阯之地，最爲膏腴，有君長曰雄王，其佐曰雄侯，其地爲雄田。後蜀王將兵討之，因爲安陽王，治交阯。尉佗興兵攻之。安陽王有神人曰皋通佐之。（中略）安陽王御生文犀入水走，水爲之開。《抱朴子》云通天犀一尺以上刻爲魚形，御以入水，水當開三尺。故神弩之事出於南越也。

按安陽王御生犀入水事，亦見《越史略》卷一“國初沿革”。《御覽》卷八九〇犀部引《抱朴子》云“通天犀角南人名爲駭雞”，不及安陽王事。惟《大南一統志》卷一五乂安下，“安陽王廟”引《越史外紀》云：“王諱泮，巴蜀人，在位五十年，因失龜爪神弩，爲趙佗所敗，南奔持七尺文犀入海。世傳高含社暮夜山，是其處也。”猶能確指其地，此種古迹，殆出後人所假造。

《南越志》諸書所引均稱雄王雄田，且對雄田二字，予以特別解釋。

按古書“雒”與“雄”二字混淆，由來已久，如吴王孫雒，亦作王孫雄，清人考證多認“雄”爲“雒”之誤，《墨子·所染》篇即其一例。盧文弨云：“今外傳吴語王孫雄，舊宋本作王孫雒，《墨子·所染》同。”孫詒讓《閒詁》云：

> 隸書“雄”字或作“䧺”，與“雒”相似，故“雒”訛爲“雄”……《韓子·説疑》篇有吴王孫頟，“頟”即“雄”之訛，則其字本作雒，益明矣。

此與雒田雒王之作雄田雄王，正同一情形。

越南史籍，記述此事，大都作雄王；亦有作雒王者。《大越史記全書》卷一《鴻龐紀》云：

> 貉龍君……封其長爲雄王。

《雄王紀》云：

> 雄王之立也，建國號文郎國。……文郎王所都也。置相曰貉侯，將曰貉將。……世主皆號雄王。

《蜀紀》安陽王云：

> （安陽）王既併文郎國，改國號曰甌貉國。初，王屢興兵攻雄王……雄王謂王曰：或有神助，蜀不畏乎。

又《徵紀》：

> （王）姓徵，諱側，本姓雒。峰州麊泠縣雒將之女。

又卷四前《李紀》，夜澤王附注：“世傳雄王時，王女仙容媚娘事。”（據日本明治一七年埴山堂翻印本）

吴士連《大越史記》於“雄王”概作“雄”，與《南越志》同；於雒侯雒將，則不作“雄”，而作“貉”，且附注云：

駱將後訛爲雄將。

但於雄王，則如舊，不云有誤。

其他越南史籍，如潘清簡《欽定越史通鑑綱目》，黎崱《安南志略》《越甸幽靈集》等均稱雄王。亦有作貉王雒田者。《安南志原》:

雒王宮，交阯有貉王，築文郎城。

同書引《西越外紀》云:

交州土地古稱雒田，其實沃壤（原作壞，誤）。

“雄”與“雒”并見，說者咸謂“雄”字即“雒”之訛，“雒”字他處異文尚有作頟、碓及雌者，實亦形近之誤，附辨如下。

各書所引“雒”字，計有三誤:

（一）誤作“頟”

陳荆和《交阯名稱考》，謂《東西洋考》卷一形勝名迹及金溪究兩條所引“雒”字均作“頟”，“頟”字非“雒”之轉誤。彼力證“頟”與“鰐”通，主張雒民即頟民，亦即鰐民，古所謂鮫人也。[1] 查陳先生所依據者，乃《叢書集成》排印本，《集成》所據則爲惜陰軒本，余檢李錫齡校刊之《東西洋考》（即惜陰堂叢書本）雒王宮條引《交州異域記》各字均作“雒”，又金溪究條下引《水經注》并作“雒”，無作“頟”者，此《叢書集成》排印時，刻字錯誤，不足爲據。

（二）誤作“碓”

《大越史略》於雄王作碓王（《守山閣叢書》本，《皇朝輿地叢書》本），碓爲雒之誤，杉本直治郎已詳辨之。[2]

---

[1] 《交阯名稱考》，見《台灣大學文史哲學報》第四期，79～130頁。按頟字同額，五陌切，與雒無關。

[2] 碓王爲雄王之誤，杉本直治郎氏有詳辨，見《東南亞細亞史研究》，713頁。

（三）誤作“雌”

戴裔煊《僚族研究》引《太平寰宇記》卷一七〇平道縣下，誤雄侯爲雌侯，按余所見乾隆刊本《太平寰宇記》，原作雄侯，無誤。[1]

以上爲顯而易見者，雒之作頟，作碓，及雄之作雌，均爲一誤再誤。

附表：

雒田，雒民，雒王，雒侯，雒將	《水經注》引《交州外域記》
駱田，駱人，駱王，駱侯，駱將	《史記·南越傳索隱》姚氏引《廣州記》，及《益州傳》
雄田，雄王，雄侯	沈懷遠《南越志》（《舊唐書·地理志》引，《太平廣記》卷四八二引，《太平寰宇記》卷一七〇平道縣引）

（以上中文史料）

雄王	黎文休《大越史記》（1272）
雄王	黎崱《安南志略》（1307—1339）
碓王	《大越史略》（1380）
雄王貉侯，貉將	吴士連《大越史記全書》（1479）按此處“雄”“貉”并見
雄王	《嶺南摭怪鴻龐傳》（1492）[2]
雄王	潘清簡《欽定越史通鑑綱目》（1844）

（以上安南史料）[3]

自《南越志》將雒王、雒侯、雒將，寫作雄王，其後越南史籍及神話著述似本諸《南越志》，大都稱推其長者爲雄王，故相傳十八世皆稱爲雄王，其名有如下列：

[1] 戴裔煊《僚族研究》，見《民族學研究集刊》第六期。

[2] 《嶺南摭怪列傳》，前者黎朝洪德二十三年（公元 1429）序，余於法京所見者，爲 P. Demiéville 教授藏舊鈔本，近有開智書局排印本。

[3] 關於安南後出史書、沿革，可參杉本直治郎《東南亞細亞史研究》（增訂本），89 頁，《安南正史系統表》。

涇陽王（陸陽王）	雄賢王（貉龍君）	雄國王（雄麒）
雄曄王	雄犧王	雄暉王
雄昭王	雄暐王	雄定王
雄曦王	雄楨王	雄武王
雄越王	雄英王	雄朝王
雄造王	雄毅王	雄璿王

（共十八世，至璿王爲蜀所滅）

此一系列雄王之名，見於《鴻龐紀》，當出於假托，不成疑問。然考《嶺南摭怪》記其祖先所自出之《鴻龐傳》云：

> 炎帝神農氏三世孫帝明，生帝宜，南遷五嶺……生禄續……帝明奇之，使嗣帝位，禄續固讓於兄，明帝立帝宜爲嗣，以治北方，封禄續爲涇陽王，以治南方，號其國爲赤鬼國。涇陽能入水府，娶洞庭君女，曰龍女，生崇攬，是貉龍君。……貉龍君教民衣食，始有君臣尊卑之序。……帝宜傳帝來以治北方，天下無事，因念及祖帝明南巡狩，接得仙女之事，乃命蚩尤作守國事，而南巡赤鬼國。……帝來北還，傳帝榆罔，與黄帝戰於板（阪）泉，不克而死，神農遂亡。……龍君久居水府……思歸北國……黄帝聞之懼，分兵禦塞，母子不得北歸……生得百男……將五十男歸水府，分治各處，五十男……居地上分國而治……嫗姬與五十男居於峰州，自推尊其雄長爲王，號曰雄王，國號文郎國[1]。其國東夾南海，西抵巴蜀，北至洞庭，南至狐孫精國（自注今占城）……世相傳皆號雄王而不易……乃令以墨刺爲水怪之狀；自是蛟龍無咬傷之患。百越文身之俗，實始於此。……蓋百男乃百越之始祖也。

[1] 文郎國，《太平寰宇記》作文狼國，見卷一〇七峰州條云："峰州古文狼國，有文狼水。秦屬象郡。"《水經注》三六："朱吾以南，有文狼人，野居無室宅。"文郎當即文狼。《越史略》卷一稱越有十五部落，文郎九真居其一。

此段神話，雜糅中國古史各方面傳説而構成。13 世紀黎文休所編，15 世紀（1479）潘孚先、吴士連等補修之《大越史記外紀全書》卷一鴻龐氏，19 世紀（1844）阮朝《欽定越史通鑑綱目》，并存此説。據稱吴士連即依《嶺南摭怪》編寫《鴻龐紀》。茲就此一傳説，試加以分析如下：第一，禄續讓兄，類似虞仲與吴太伯故事。第二，帝明南巡狩而接仙女，類似帝舜與湘夫人。第三，雄王世世以雄爲號，有如楚人世系皆以熊爲號，雄即是熊。第四，其國境北届洞庭，正是古三苗氏的地區。第五，百男即附會百越之百。考中國古史分爲炎黄二大系統，越南神話托始於神農氏，屬於炎帝系統，一如楚與吴越，故其古史乃襲楚吴越舊説加以改易揑造而成。其龍君神話，則以越人崇拜蛟龍之故。《淮南子·主術訓》云："昔者神農氏之治天下也……其地南至交阯。"中國古史已言交阯在神農氏版圖之内。

由是言之，安南史家所以據《南越志》稱曰雄王、雄田，一因《南越志》言"厥土惟黑壤，厥氣惟雄。故今稱其田爲雄田"。既給予雄字以新穎之解釋，而《鴻龐傳》則云"自推尊其雄長爲王，號曰雄王"。故十八世皆以雄爲號。楚國歷代之君，自熊繹以下皆稱熊，熊與雄同音。苗人自稱曰雄，疑受楚熊氏之影響，如湘西紅苗自稱曰果雄（Ko бioŋ）[1]，嚴如熤《苗防備覽》云："呼苗曰果雄。"果爲字頭，如句吴之句，乃語詞，雄即是熊也。越南先代史家疑以雄王比附楚之熊氏，楚人世世稱熊，彼亦世世（十八世）稱爲雄某，仿效楚國歷史，將雄王與楚史混而爲一。雄王世系之構成，疑越南史家受到楚世系之暗示。

尚有進者，《嶺南摭怪》企龜傳，記歐貉國安陽王爲巴蜀人，命其臣作弩。以安陽王屬於歐貉國，弩之文化與越發生甚密切之關係。沈懷遠《南越志》又載："（粵）龍川有營澗，有銅弩牙流出……父

[1] 見凌純聲《湘西苗族調查報告》。

老云越王弩營處。”（《御覽》卷三四八弩部引）弩之産生源於楚國，楚人陳音述弩的故事云：“楚有弧父，生於楚之荊由，習用弓矢，以其道傳於羿，羿傳逢蒙，逢蒙傳於楚琴氏。琴氏傳之楚三侯，所謂句亶，鄂，章，人號麋侯，翼侯，魏侯也。”（《吴越春秋》卷九《句踐陰謀外傳》）是楚弩之興，已在熊渠時代。近年長沙發見弩機極多，一般人已相信弩起源於楚的説法之可靠。[1] 故歐貉之神弩，亦屬楚所傳來。雄王若干代之名稱，既仿楚之熊氏，由是可見古代雒越文化，和楚文化關係之深。

四、駱越考

（一）駱（雒）越——名之始

駱的名稱，説者每舉《史記·南越尉佗傳》爲初見資料。[2] 然《吕覽·本味》已言“越駱之菌”。

高誘注云：“越駱，國名；菌，竹筍也。”《史記·南越傳》言趙佗事云：“財務賂遺，閩越西甌駱役屬焉。”（《漢書》卷九五《南粤傳》同）

舊注如《史記》裴駰《集解》云：“案《漢書音義》曰駱越也。”

司馬貞《索隱》云：“鄒氏云又有駱越。”按鄒氏即指鄒誕生。

顔師古《漢書》注：“西甌即駱越，言西者以别於東甌也。”

《後漢書·馬援傳》：“自後駱越奉行馬將軍故事。”又云：“得駱

[1] 神弩問題，參唐美君《台灣土著之弩及弩之分佈與起源》（台大《考古人類學刊》第一一期，5～34頁，1958）。又楚弩詳高至喜《記長沙常德出土弩機的戰國墓》（《文物》1964年六期）。

[2] 杉本直治郎《東南亞細亞史研究》一，28頁，《西甌駱的分析》。

越銅鼓。”李賢注：“駱者，越别名。”

《輿地志》(《國策·趙策》高誘注引)：“交阯周爲駱越。”

故《安南志略》十一謂“駱即交趾”，即本是説。《吕覽》稱“越駱”以越字居前，漢時則習稱駱越，以越字列後。

《漢書·賈捐之傳》“駱越之人，父子同川而浴”，與《馬援傳》同稱爲駱越。

（二）甌越聯稱

《國策·趙策》：“夫翦髮文身，錯臂左衽，甌越之民也。”此語亦見《史記·趙世家》。《索隱》引劉氏（伯莊）云：“今珠崖，儋耳謂之甌人，是有甌越。”此以甌在今之海南島。《山海經·海内南經》：“甌居海中。”《周書·王會》：“正南甌、鄧、桂國、損子、産里、百濮、九菌。”

又有倒稱越漚者。《周書·王會》：“越漚鬋髮文身。”字又作“漚”。

（三）西甌駱與甌駱

《尉佗傳》稱“西甌駱”，依顔注即爲駱越，佗與漢文帝書云：“其西甌駱裸國亦稱王。”（按裸國爲通稱。如《吕覽》謂禹南至裸國之鄉，即其例。）

《漢書》則作：“蠻夷中西有西甌，其衆半羸（贏），南而稱王。”不再加“駱”字，是西甌駱亦即西甌。《淮南子·人間訓》言秦兵殺西嘔君譯吁宋，西嘔自即西甌。高誘注：“西嘔，越人；譯於宋，西嘔君名也。”

西甌駱又稱甌駱。《史記·南越傳》："越桂林監居翁諭甌駱屬漢。"《漢書·南粵傳》稱"粵桂林監居翁，諭告甌駱四十餘萬口降，爲湘成侯"。又《建元以來侯表》："湘成侯監居翁以南越桂林監，聞漢兵破番禺，諭甌駱民四十餘萬降侯。"（《漢書》卷十七《侯表》同）

《漢書·景武等功臣表》："下鄜侯左將黄同，以故甌駱左將斬西於王功侯。"（亦見《史記·侯表》）此若干條僅稱曰"甌駱"。

（四）小結

玆析言之，甌駱越之名稱，由上討論結果，可得要點如下：

（1）稱西甌者以别於東甌，西甌亦作西嘔。（《淮南子》）

（2）漢時稱駱越，秦稱越貉。駱越一地，以賈捐之、馬援著名。

（3）越爲大名。

加甌於前後曰甌越（《國策》）或越甌（《王會》）。

加駱於前後曰駱越或越駱（《吕覽》）。

以甌代越，再加駱號，則曰甌駱（《南越傳》），或西甌駱（《史記·趙佗傳》）。

聯二名則稱西甌駱越（《舊唐書·地理志》）。

東漢時駱越一名，似泛指越南地，可視爲交阯之别名。《水經·葉榆河注》稱朱鳶（縣）雒將子名詩索，麊泠（縣）雒將女名徵側爲妻……攻破州郡，服諸雒將。此指徵側夫婦原爲雒將也。又同書記安陽王（蜀王子）來討雒王、雒侯，服諸雒將。雒於此處皆作爲大共名；《廣州記》字作駱。故《索隱》云"尋此駱，即甌駱"也。《資治通鑑》卷四十三記馬援平徵側事云："嶠南悉平。援與越人申明舊制以約束之，自後駱越奉行馬將軍故事。"此數語即本《後漢書·馬援傳》。胡注引《林邑記》曰："日南、盧容浦通銅鼓外，越銅鼓即駱越也。”此條勘以《水經·温水注》引《林邑記》原文應是:“浦通銅鼓外,越安定黄岡心口,蓋借度銅鼓,即駱越也。”胡注删節,幾不成語,標點本《通鑑》亦有錯誤(1394頁),安定乃漢晋交阯郡所統之一縣。《郡國志》作“定安”,吴將吕興督交阯軍事封定安侯,即此“越安定”句,越應訓跨越與通字均是動詞,非地名之越。盧容稱浦者,《交州記》云有采金浦温水注引康泰《扶南記》曰:“從林邑至日南盧容浦口可二百餘里。”盧容乃漢晋日南郡所轄之一縣(《晋志》云“象郡所居”)。此處《林邑記》指銅鼓一地亦爲駱越之所在。《馬援傳》云“善别名馬於交阯,得駱越銅鼓,乃鑄爲馬式”可證。建武十九年馬援上言:“往麊泠出賁古,擊益州,臣所將駱越萬餘人,使習戰鬥者二千兵以上。”(《水經·葉榆水注》)此非通指交阯内民族不可,與《馬援傳》《通鑑》“自後駱越”句用法正同。《水經·夷水注》引此文正作“馬援上書臣謹與交趾精兵萬二千人”,足見駱越即交阯之異稱。故知東漢時駱越一名,與原來雒田、雒將之雒,固無二致也。

西甌,有人認爲即“西于”,杉本直治郎及陳荆和皆持此説。惟有可疑者,黄同以甌駱左將斬西于王,西于自當别於西甌駱,因西甌駱即甌駱,乃一大名,西于則爲一小區域也。西于在《漢書·地理志》爲交阯郡十縣之一,見《水經·葉榆水注》云“西南逕西于縣”。《馬援傳》援奏言西于縣户有三萬三千。李賢注:“西于縣屬交阯郡,故城在今交州龍編縣東北。”黄同之時,西于王所轄,當與漢之西于相等。是“西于”不能同於西甌,毋庸深論。

結語

從上文研究結果,可得要點如下:

（1）《史記索隱》姚氏按引《廣州記》一文，又作“見《益州傳》”。

（2）鄂盧梭所言之《交阯外城記》，即《交阯外域記》，亦見《交州外域記》，非别有一史源。

（3）安陽王事迹，以《日南傳》所記爲最早，其次又有《水經注》（引《交州外域記》）及劉欣期《交州記》。

（4）安陽王事，見於《益州傳》《日南傳》，不得以蜀王之蜀乃區（嘔或甌）字之訛。

（5）劉宋沈懷遠《南越志》開始將雒田、雒王寫成雄田、雄王，其説甚早，故唐宋地理志書皆沿之，作雄王。

（6）安南史籍最早如《大越史記》，成於1272年，據《南越志》作雄王，其後《安南志略》《大越史記全書》均從之，其《鴻龐紀》且造爲雄王十八世之名稱。

（7）漢籍於雒王之雒字，有誤雒爲頟（如《叢書集成》本之《東西洋考》），爲碓（如《守山閣叢書》本之《大越史略》），俱爲一誤再誤。

（8）雒越爲百越之一，越爲楚滅，故吸收楚文化。十八世俱稱雄王，實受楚世系名熊所影響。又弩爲楚文化特徵，雒越有神弩，亦受楚文化濡染之證。

（9）駱越名稱，非始見於《尉佗傳》，最早出《吕氏春秋·本味》篇，惟稱爲越駱。

（10）加甌字於越之前後，可稱甌越，字亦作漚，倒稱曰越漚。以甌代越，再加貉號，則曰甌駱，或西甌駱。

駱田、駱王見於《交州外域記》爲較早史料，當然爲甌駱之駱。自《南越志》誤作雄王以後，安南史家已視如楚國之熊王，以熊與雄同音故也。

《南越志》言蜀王將兵三萬討雄王而滅之，戰國時蜀爲西方大國，故其王能統兵三萬遠征交阯（參徐中舒《巴蜀文化初論》），此似因秦人破郢，係先入蜀，然後由蜀出兵取巫黔中郡，卒以滅楚，故交阯傳説，以爲蜀王滅取雄王，此雄王正爲影射楚熊王，從可知矣。故越南古史傳説，部分取自楚國歷史，加以渲染。由是言之，謂越南古文化，亦即楚文化之旁流支裔，自無不可也。

本年六月杪，余在香港，與陳荆和先生談及安陽王問題，曾舉出《日南傳》一書資料，陳先生謂此發前人所未發。返星以後，因將早期漢籍中安陽王記録，撰一短文寄之。彼即譯成日文，於 1970 年 2 月份慶應大學《史學》第四十二卷第三號刊出，讀者可取本文與之互參。

1969 年 10 月下旬，附識於星洲。1978 年 9 月改定

附一　論安陽王與西于、西甌

陳荆和先生於慶應大學《史學》第四十三號發表《安陽王の出自について》一文，論安陽王來歷，謂可能由西虧訛寫作蜀。甚感興趣。經細心尋繹，仍覺有難通之處，茲再縷陳如次。

（一）西虧與蜀

藤原教授之説，主張西句→西嘔→西甌，由蜀訛作蜀。今陳博士新説易西句爲西于，以爲西于→西虧→雩→蜀，亦從形訛立論。按蜀字見於晚期金文如蜀堊戟字作（《三代吉金文存》二〇，二上），上部從横目，謂其上半從西，殊乏證據。

（二）西甌不等於西于

陳先生往年在《交阯名稱考》(《文史哲學報》第四期）中，從杉本直治郎教授之説，謂西甌相當於漢代交阯郡所屬之西于縣，以“于”與“甌”音相近故也。按《漢書·地理志》西于縣僅爲交阯郡十縣之一。至若西甌即爲甌駱,《史記索隱》引姚氏(察）按語《廣州記》:“後有南越王尉陀攻破安陽王，令二使典主交阯、九真二郡人，尋此駱即甌駱也。”是安陽王甌駱地區，最少應包有漢交阯、九真二郡之地，與西于僅爲交趾郡之縣，大小不侔。

《舊唐書·地理志》貴州條云:“黨州，古西甌所居。”郁平縣云:“古西甌駱越所居。”潘州茂名云:“古西甌駱越地。”可見廣東西江南部貴縣茂名一帶，尚爲甌雒雜居之地，則西甌何得衹爲狹小之西于?

西于一名，最早見於《史記·建元以來侯者年表》:

> 下鄘侯。元封元年四月丁酉侯左將黄同。元年，以故甌駱左將，斬西于王功，侯。

《漢書·景武等功臣表》略同。

由上文黄同原爲甌駱故將，因征伐西于王有功，可見西于之異於甌駱。西于乃南荒一小國，黄同既斬其王，漢遂以之置西于縣。《後漢書·馬援傳》奏言西于縣户三萬二千請分爲封溪望海二縣，許之。黄同當（武帝）之時，西于王所轄，宜與西漢置郡後之西于縣及馬援所言之西于縣相若。西于,《晋書·地理志》屬交阯郡（漢置）十四縣之一，在羸𨻻之下，武寧之上。《宋書·州郡志》西于令屬交阯太守十二縣之一。然《舊唐書·地理志》愛州,“無編，漢舊縣，屬九真郡。又有漢‘西于縣’，故城在今縣東所置也”。是漢之“西于縣”，乃在無編縣之東境。

章懷注謂西于故城，在龍編縣東。據《郡國志》，龍編、西于二縣俱屬交阯郡，無編則屬九真郡。當以李賢説在龍編東爲是。東漢初，交阯郡共十二城，據馬援上表，時西于一縣，户已有三萬二千。顧西于衹是一縣，其疆域當不同於擁有四十餘萬兵之西甌甚明。

（三）西甌之區域及其歷史

顔師古《漢書》注云："西甌即駱越，言西者以别於東甌也。"觀《史記·南越傳》趙佗稱："其東閩越千人衆，號稱王，其西甌駱裸國亦稱王。"其東其西相對爲文。方言："西甌毒屋黄石野之間曰穆。"郭璞注："西甌，駱越别種也。"又："東甌之間謂之蔘綏。"可見西漢時，西甌與東甌厘然有别。故西甌正所以别於東甌，顔説甚是。

西甌之衆甚盛。《史記·建元以來侯者年表》："湘成侯居翁，以南越桂林監，聞漢兵破番禺，論甌駱兵四十餘萬降，侯。"其封在武帝元鼎六年五月壬申，《史記·南越傳》記：

> （元鼎五年）使馳義侯，因巴蜀罪人，發夜郎兵，下牂牁江，咸會番禺。
>
> （元鼎六年冬）樓船（楊僕）居前，至番禺。……會暮，樓船攻敗越人，縱火燒城。……城中皆降伏波（路博德）。……蒼梧王趙光者，越王同姓，聞漢兵至，及越揭陽令定，自定屬漢。越桂林監居翁諭甌駱屬漢，皆得爲侯。……馳義侯所發夜郎兵未下，南越已平矣，遂爲九郡。

居翁本爲南越之桂林監，番禺既破，遂曉諭甌駱降漢，時甌駱擁有兵四十餘萬衆（《漢書》作"三十餘萬口降漢"）。西甌在南越降漢後，即相繼投降，俱在元鼎六年。若西于王一名，至武帝元封元年始出現，在甌駱降漢之後若干年。西于在建武時僅有户三萬二千。而甌駱當南越末期有兵四十餘萬，故從名稱出見之先後，及户數之多寡、地域之廣狹觀之，西于之非西甌，其事固甚顯然也。

方趙佗之盛，“閩越、西甌、駱皆投屬，東西萬餘里”。此爲《史記 · 南越傳》語。佗攻破安陽王，必在此時。故《索隱》鈔姚氏（察）按語，引《廣州記》“後南越王尉佗攻破安陽王”，即系於此語之下。安陽王之滅亡年代，安南史家列於秦二世二年（公元前208），似出於推測。然《南越傳》“西甌役屬”，次於吕后崩後，則未必在二世時。又“其東閩越，其西甌駱裸國皆稱王”二句，乃爲孝文帝元年後事。陸賈使南越，趙佗上書與文帝，原文如下：

> 且南方卑濕，蠻夷中間，其東閩越千人衆號稱王；其西甌駱裸國亦稱王，老臣妄竊帝號，聊以自娱。

此際安陽王已爲趙佗破滅，佗亦竊稱帝號，南越王國遺物近年已有發現，若廣州華僑新村、淘金坑西漢墓所出，有趙安瑪瑙印、趙望之銅印，李嘉孫熹玉印，其人必南越之臣僚。又有“食官第一”之陶鼎、刻“常御第廿”之陶罐，趙氏僭號後之制度，可窺見一斑。今由趙佗此書，知西甌駱在佗滅安陽王之後，盤踞於番禺之西，勢力强大，爲一大國，與東之閩越遥遥相對。趙佗全盛時且役屬之，但西甌駱仍是一獨立國。安陽王之破滅，在趙佗上書文帝之前，故趙佗書中所舉之西甌，與安陽王了不相涉，自不得謂安陽王即西甌之王或其王子也。《漢書 · 趙佗傳》作“蠻夷中，西有西甌，其衆半羸（裸），南面稱王”，少一“駱”字，西甌即是西甌駱，自無問題。

近年廣西平樂銀山嶺出土戰國墓葬，考古學家謂其地即屬西甌（《考古》1980，2）。隨葬品有成套兵器，以銅扁莖短劍集中最多，爲其特色，可證越俗之“好相攻擊”（《漢書 · 高祖紀》），故“其民好劍，輕死易發”。《漢書 · 地理志》謂銀山嶺於戰國屬楚與百越交界之境，秦爲桂林郡地（見《通典》卷一八四）。長沙漢墓出土有洮陽長印，楚懷王時之鄂君啓金節作𨛬陽，《漢書·地理志》謂洮陽屬零陵郡，觀金節所載交通路綫，楚人之驛傳關卡，已達桂林，即西甌部落，早已在楚控制範圍。秦滅六國，置桂林郡，此地必爲西嘔君譯吁宋所領，故監禄鑿靈渠與越人戰，越人皆入叢薄中。《淮南子》記其殺西嘔君譯吁宋，而秦尉屠睢亦被殺，兩敗俱傷。銀山嶺所出兵器有刻江（江國）魚（魚復）銘文之戈，及孱陵（《漢書·地理志》屬武陵郡）銅矛，説者謂此一戈一矛乃秦軍往楚地帶至嶺南之兵器，可能是西甌之戰利品（詳《從銀山嶺戰國墓看西甌》一文），此即秦與西甌交戰之物證。秦亡後，桂林又屬南越，故居翁爲南越之桂林監，監即沿秦之官號，史稱是時西甌役屬於趙佗，説自可信。

（四）安陽王與甌駱

安陽王與蜀之關係，《水經·葉榆水注》引《交州外域記》稱爲“蜀王子將兵三萬討雒”。《史記索隱》姚氏（察）按語引《廣州記》或《益州傳》字作駱，有斷語云：

> 尋此駱，即甌駱也。

蜀王子討服駱王、駱將，據有其地，因自稱爲安陽王。如姚察説，雒等於駱，亦即甌駱，亦即西甌駱，是此討服西甌駱之安陽王，其原必非西甌王子可知，否則何必將兵來討西甌，自己攻擊自己，於理難通。駱即駱越，秦以前已有其國。《吕氏春秋·本味》篇云“越駱之菌”是也。（《逸周書·王會》作“越漚，鬋髮文身”。）《淮南子·人間訓》：“秦尉屠睢所殺之西嘔君譯吁宋。”其事在始皇三十三年（公元前 214），亦在趙佗破安陽王之前。謂安陽王爲西嘔君譯吁宋之後嗣，殊無明證。[1]安陽王所攻之駱，即是駱越，當即《吕覽》及《淮南子》之越駱及西嘔，《王會》之“越漚”。況《交州外域記》《益州傳》《廣州記》及沈懷遠《南越志》均稱安陽王原爲蜀王子，皆無異説，雖後世安南史家爲立《蜀紀》，又言安陽王姓蜀諱泮，不知何據；然蜀爲秦滅，安知無餘裔負隅於西南，如楚既滅，尚有莊蹻之留在滇池者乎？

依上辨證，可得結論如下：

（1）以蜀爲西虧之合文，在字形上缺乏根據。

（2）西于一名，始出見於武帝元封元年，已在安陽王破滅之後。

（3）西于王故地，漢置西于縣，爲交阯郡十縣之一，與西甌之廣大地區不合。

（4）“西甌駱裸國亦稱王”一語，出於趙佗致漢文帝書，知安陽王滅後，西甌仍是一王國。

（5）安陽王攻駱（西甌），據有其地，可見彼必非西甌王子。

由是言之，西甌不等於西于，安陽王亦不可能是西甌王子。如是，謂“蜀王子”之安陽王，即“西于王子”，其説恐難成立。從《史記·南越傳》史實觀之，既多違異，不敢苟同，故不殫覼縷，再爲申辨如上。

附表：

周	越漚（名見《王會》）廣西平樂銀山嶺戰國墓應即其遺址之一。
秦	越駱之菌（名見《吕覽》）
始皇三十三年	西嘔君譯吁宋爲監禄所殺，秦尉屠睢亦被越人所殺。（《淮南子·人間訓》）

[1] 藤原氏云：“如曰蜀爲西嘔之誤，《交州外域記》所載的征駱，就當成西嘔之征駱，與《史記》‘甌駱相攻’一句相符。”徑以安陽王諒係譯吁宋之子。按蜀征駱須在趙佗稱霸以前，而甌駱相攻乃在南越垂亡之際，時代不合。

漢	秦滅後，趙佗自立爲南越武王。高后崩後，佗以財物遣閩越、西甌駱役屬，東西萬餘里。佗攻破安陽王當在此時，與“甌駱役屬”語相符。
孝文帝元年	是時越南之西甌駱裸國亦稱王（見《趙佗與文帝書》）。西甌亦爲一王國。
武帝元鼎六年	南越桂林監居翁諭甌駱兵四十萬降漢。
元封元年	故甌駱左將黄同斬西于王，“西于”一名出見始此。

1980 年改訂

附二　秦代初平南越辯

法人鄂盧梭（Aurouseau）撰《秦代初平南越考》（馮承鈞譯本），謂秦人初次用兵南越之年代，在公元前 221 年，即始皇二十六年，平定天下之歲，首命尉屠睢略取越地。此事初見《淮南子·人間訓》，爲中原與嶺南交涉最早之記載。關於尉屠睢伐越之年，百粤方志皆冠於前事略之首，與各書系年略有出入。兹就諸書所載，加以評釋如下：

（一）異説

（1）始皇二十六年

此説法人鄂盧梭主之，他書所未載，辯詳下。

（2）始皇二十九年

郭棐萬曆《廣東通志》，系屠睢攻越於是年，系越人殺屠睢於始皇三十二年。（原書未見，據光緒《廣州府志·前事略》轉述）

（3）始皇三十二年

張鏡心《馭交記》云：“始皇三十二年，秦師及南越人戰，秦師敗績。後遣趙佗任囂擊平之，置三郡。《淮南子 · 人間訓》：尉屠睢將樓船之士，攻越，監祿鑿渠運糧，深入越地，越人擊之，秦兵大敗。至是遣囂等略取陸梁地，爲桂林，南海，象郡。”（《粵雅堂叢書》本）

（4）始皇三十三年

《大越史記外紀》卷一：“丁亥，始皇三十三年，秦發諸道逋亡人贅婿賈人爲兵，使校尉屠睢將樓船之士，使監史祿鑿渠運糧，深入嶺南，殺西甌君譯吁宋。略取陸林地，置桂林，南海，象郡。越人皆入叢薄中，莫肯爲秦虜，相置桀駿以爲將，而夜攻秦人，大破之，殺尉屠睢，秦乃以任囂爲南海尉，趙佗爲龍川令，領謫徒五十萬人戍五嶺，囂佗因謀侵我。”

（5）始皇三十四年

光緒《廣州府志 · 前事略》，案云：“屠睢事不知在何年，而系《淮南子 · 人間訓》文於始皇三十四年，築長城及南越地語之下。”

（二）評議

屠睢事，《淮南子 · 人間訓》載之最詳，原文云：

> 秦皇挾録圖，見其傳曰：“亡秦者，胡也。”因發卒五十萬，使蒙公楊翁子將修城，西屬流沙，北擊遼水，東結朝鮮，中國内郡，挽車而餉之。又利越之犀角象齒，翡翠珠璣，乃使尉屠睢發卒五十萬，爲五軍，一軍塞鐔城之嶺，一軍守九疑之塞，一軍處番禺之都，一軍守南野之界，一軍結餘干之水。三年不解甲弛弩，使監禄無以轉餉。又以卒鑿渠而通運糧，以與越人戰，殺西嘔君譯吁宋。而越人皆入叢薄中，與禽獸處，莫肯爲秦虜，相置桀駿以爲將，而夜攻秦人，大破之，殺尉屠睢，伏尸流血數十

萬。乃發適戍以備之。

此事亦載《史記 · 主父偃傳》，文云：

> 使蒙恬將兵，以北攻胡，闢地進境，戍於北河，蜚芻挽粟，以隨其後。又使尉佗屠睢，將樓船之士，南攻百越，使監祿鑿渠運糧，深入越，越人遁逃，曠日持久，糧食絶乏，越人擊之，秦兵大敗。秦乃使尉佗將卒以戍越。當是時，秦禍北構於胡，南掛於越，宿兵無用之地，進而不得退行十餘年。（《漢書 · 嚴安傳》文同）

《漢書 · 嚴助傳》云：

> 臣聞長老言，秦之時，嘗使尉屠睢擊越，又使監祿鑿渠通道，越人逃入深山林叢，不可得攻，留軍屯守空地，曠日持久，士卒勞倦，越乃出擊之，秦兵大破，乃發適戍以備之。

《淮南子》所記事，《史記 · 始皇本紀》不載。伐越年代，諸書均出臆測，人各一説，紛紜難究。竊謂淮南雖未明言其年，然有一事足爲考證之關鍵者，即伐越與伐胡，其事并提在“見河圖亡秦者胡”一語之後。考《始皇紀》，“三十二年始皇從上郡入。盧生奏録圖書曰：‘亡秦者胡也。’乃使蒙恬發兵三十萬人，北擊胡”。録圖爲三十二年事，以勘《人間訓》，則屠睢伐越，决不能在是年以前所云二十六年及二十九年，兩説可不攻自破。至蒙恬擊胡事，《史記 · 蒙恬傳》《史記 · 匈奴列傳》，俱未明言何年。《始皇紀》於奏録圖書下云“使蒙恬發兵三十萬人北擊胡”，似爲三十二年事。然《六國表》三十三年叙略取陸梁爲嶺南三郡下，即書“築長城河上，蒙恬將三十萬”，是知伐胡伐越，同爲三十三年事，《始皇紀》因河圖語連帶叙及耳。即令三十二年始皇見河圖遂有伐胡伐越之令，部署出兵，必經相當時間之準備，可能遲至明歲三十三年。《馭交記》系屠睢事，於三十二年，據《淮南子》立説。《大越史記》系於三十三年，則參《史記》立論，二説較近是，而所差一年，何者爲確，惜書缺簡脱，故記不書月日，一時難以證實。惟屠睢伐越，必與伐胡同時，則可以斷定。《廣州府志·番禺縣志》前事略據《史記·主父偃傳》嚴安上書，謂"蒙恬攻胡，事在始皇三十三年，則屠睢攻越似亦三十三年事"，殊爲有見。則屠睢伐越不能爲三十二年以前事，可無疑義。乃引據淮南語者，截去上文，言其果而置其因於不顧，難怪於年代諸多悖謬，如鄂盧梭之説，即其一例也。

鄂氏之言云：

> 《淮南》此文，是中國初平安南最古記録，此次遠征，分爲五軍，應爲公元前 221（始皇二十六年）始皇派往平服百越。統領主將，名稱屠睢，秦兵開始勝利，後停頓三年。此三年是前 221 至前 219（始皇二十八年）。屠睢以糧道不通，進取不易，所以三年不解甲弛弩，鑿興安渠。……據史漢記載，適戍爲逋亡人贅婿賈人，其事在前 214 年（始皇三十三年），而於同年設置三郡，如是第一次遠征期間，從 221 年至 214 年。（二十六年至三十三年）（據馮承鈞譯本删節）

鄂氏所提證據，有二事值得討論者。

（1）《始皇紀》："二十六年，地東至海，暨朝鮮。西至臨洮羌中，南至北向户。"鄂氏據沙畹《史記譯注》説，北向户即日南，因謂秦對五嶺以南至安南之侵略，於二十六年至二十八年，已在進行。

（2）《史記·尉佗傳》云："秦時已併天下，略定楊越，置桂林南海象郡，以謫徙民，與越雜處，十三歲。"此表示始皇在前 221 年

（二十六年）時，已開始略取南越，并謫徙民，在前 214 年（三十三年）設置三郡。

鄂氏執此二事，爲二十六年屠睢已南來攻越之證，至前 214 年（三十三年）始設置三郡。苟如是説，則秦兵自二十六年伐南越，至三十三年置郡，前後經略凡八年。無論《史記·始皇記》不載二十六年屠睢南來事，而《淮南子·人間訓》明言伐越爲始皇於覽河圖之後，且與蒙恬伐胡同時。鄂氏據《淮南子》爲證，而未細察原書上下文，割裂其語，殊爲失考。至《尉佗傳》秦併天下略定楊越置嶺南三郡事，乃史文簡略，將定楊越與置三郡兩事一筆帶叙。前人曾誤據此，謂嶺南三郡置於二十六年，説見附辯。抑此楊越乃會稽，非嶺南之陸梁地。《史記·王翦傳》云："秦因乘勝，略定荆地城邑。歲餘，虜荆王負芻，竟平荆地爲郡縣。因南征百越之君。"下文接言"二十六年盡併天下"。《始皇紀》云："二十五年，王翦遂定荆江南地，降越君，置會稽郡。"是秦併天下時所定之楊越，即王翦平荆江南地所降之越，其地後爲會稽郡，與南海無關係。誠如鄂氏之説，以秦併天下所定之楊越爲屠睢所略之南越，然伐楊越之主帥，爲王翦，而非屠睢。且楊越之君已降，故得以其地爲會稽郡，非如南越之桀驁不馴，至殺屠睢，流血漂鹵，其非一事彰彰明矣。吕思勉曾駁正鄂氏説，亦謂"《尉佗傳》略定楊越，乃指秦滅楚後平江南地"，其説是也（吕駁文見《國學論衡》第四期）。至北向户之説，則更不可爲據，古人每侈陳疆界之廣博，聲教之遠被，如《堯典》云"羲叔宅南交"，《五帝紀》言"南至於交阯"，所謂北向户，亦作如是觀，不足爲始皇於二十六年時已經略嶺南之證。

綜上論之，鄂氏定秦初平南越在始皇滅六國之年，其誤自不待論。秦擊越，《吕成公大事記》亦言在始皇三十三年，與鄙説合。郭棐萬曆《廣東通志》系其事於二十九年，當是據《淮南子》"三年不解甲弛弩”一語，加以推測，以三十三年平南越置三郡，假定越人殺屠睢在其前一年，如是再上推三年即爲二十九年。不悟依《淮南子》定説，則擊越當在三十二年見河圖之後，自身矛盾，無怪《廣州府志》譏郭氏爲臆斷之詞也；而《廣州府志》系於三十四年，比三十三年遲一載。考阮元《廣東通志》，雖録《淮南子》文於三十四年下，然於三十三年已書趙佗與屠睢同來攻越，則三十三年是，而三十四年非也。

《史記·始皇紀》：“三十三年，發諸嘗逋亡贅婿賈人，略取陸梁地，爲桂林象郡南海，以適遣戍。”《六國表》《通鑑·秦紀》同。又云：“三十四年，適治獄吏不直築長城及南越地。”《集解》引徐廣曰：“五十萬人守五嶺。”按《淮南子·人間訓》，尉屠睢發卒五十萬，分五路以攻越。徐廣引屠睢五軍之數，以説謫戍之數，徐氏之意，蓋以兩者爲同一事也。按《漢書·嚴助傳》，淮南王諫伐閩越書載此事，而無發卒五十萬之語。《人間訓》發卒攻越與攻胡，人數均爲五十萬，然《始皇紀》稱蒙恬發兵三十萬，相差二十萬，以彼例此，伐越五十萬之數當爲溢辭甚明。

《晋書·地理志》：“交州，禹貢楊州之城，是爲南越之土。秦始皇既略定楊越，以謫戍卒五十萬人守五嶺，後使任囂趙佗攻越，略取陸梁地，遂定南越以爲桂林南海象郡等三郡，非三十六郡之限，乃置南海尉以典之，所謂東南一尉也。”按此條以謫戍卒五十萬人，符屠睢所領之數，又以五嶺即五路兵，蓋用徐廣説，惟將謫戍與使任、趙攻越分爲二事，則因《淮南子》記屠睢敗後，有“乃使尉佗將卒戍越”一語，從爲之辭耳。

又伐越將帥，各書所記，有三説：

（1）尉佗屠睢——《主父偃傳》：“秦使尉佗、屠睢攻越。”

（2）尉屠睢——《淮南子·人間訓》《漢書·嚴安傳》：“使尉屠睢

攻越，使監禄鑿渠……秦兵大敗，使尉佗將卒以戍越。”

（3）任囂趙佗——《晋書 · 地理志》：“秦使任囂、趙佗攻越。”

諸説頗有出入。注家有謂《主父偃傳》“尉佗屠睢”佗字衍文，如錢大昕《考異》是也。（王先謙《漢書補注》及《番禺志》從之。）有謂《嚴安傳》“尉佗將卒戍越”尉佗爲任囂之誤，使囂戍越，因爲南海尉，佗應以偏裨與行。如沈欽韓《漢書疏證》是也。有據《主父偃傳》，謂攻越乃趙佗與屠睢，而非任囂與佗，如阮元《廣東通志》是也。考趙佗雖真定人，然來粤已久。（《番禺志》云：“漢文帝元年佗上書云‘老夫處粤四十九年’，自文帝元年上數四十九年，爲始皇二十年。”則屠睢攻越，佗或曾與其役。《史記 · 主父偃傳索隱》，佗及屠睢二人分注，則《史記》文無誤，謂佗字爲衍文，尚無的證。梁玉繩《史記志疑》云“南越無尉佗攻越事，乃尉屠睢”，説亦未可信。屠睢敗，乃以佗將卒戍越，佗來粤已久，時蓋以佗代將耳，非睢死後始遣其南來也。）吕思勉云：“《尉佗傳》，佗秦時僅爲龍川令，及任囂病且死，召佗，被佗書行南海尉事，佗因以自王，安得有將兵攻戍越之事，更安得當始皇時，即止王不來？”按吕氏徒依佗本傳，以佗官南海龍川令，必在南海置郡後，故有是説。不悟據佗上書，佗來粤已久，攻越自爲可能之事。吕氏又謂“略地遣戍同在一年，即適築亦在明年，安得有所謂三年不解甲弛弩者乎？淮南諫書，自言聞諸長老，明非信史”。（按《嚴安傳》但云“曠日持久”，則《人間訓》所云“三年”三者仍約辭耳。）

附論　南海置郡之年

南海置郡之年有二説：

（一）始皇三十三年。

（二）始皇二十六年。

《始皇本紀》《通鑑》并云："始皇三十三年，略取陸梁地，置桂林南海象郡。"是此三郡置於始皇三十三年，史有明文。錢大昕乃云："前所置之三十餘郡，與後置之三郡，統以三十六郡該之，因謂南海三郡，亦在二十六年始併天下時置。"引《尉佗傳》"與越雜處十三年"，及《王翦傳》"南征百越"語爲證。廣東志書如郭棐萬曆《廣東通志》亦以南海置郡在始皇二十六年，光緒《廣州縣志》《番禺縣志》前事略爲之解云："《尉佗傳》言秦併天下略定楊越，不言某年，但云與越雜處十三歲。其下文云'至二世時，南越（按應作南海）尉任囂死'云云，自二世元年上數十三歲，爲始皇二十六年，正合秦併天下之歲，故舊志以爲始皇二十六年置南海郡也。"

按以二十六年置南海郡，説殊難成立。故洪亮吉《與錢少詹書》，早持異議，謂"秦分三十六郡，在始皇二十六年；而嶺南三郡之置，則在三十三年，相距尚八年，必不預爲計及"（《卷施閣甲集》）。而錢氏所引《王翦傳》南征百越，談氏階平云乃指會稽郡，其説甚確。故知南海三郡實置於始皇三十三年，不獨非二十六年所置，且亦不列於二十六年所置三十六郡之數也（參看劉師培《秦四十郡考》）。

錢穆曰："三十五年除直道，道九原，抵雲陽，塹山堙谷，直通之。九原之名，始見。然蒙恬於三十二年取河南，三十三年斥逐匈奴，而九原置郡，蓋有待於三十四年，或遲至三十五年。可知九原之置郡既然，桂林象郡南海，亦無不然。史言三十三年，略取陸梁地，爲桂林象郡南海三郡者，特終言其事，未必其事之竟於是年也。三十四年謫戍南越，即繼略地而來，然則此桂林象郡南海三郡者，抑或陸續置，在三十四年，乃竟遲至三十五年。"（《秦三十六郡考補》）此説亦無的據。考明黄佐《廣東通志》以屠睢爲南海尉，史禄爲南海監，列於職官。吴穎順治《潮州府志》亦云“南海尉屠睢”。然《淮南子》及《漢書·嚴助傳》但稱曰尉屠睢，曰監禄，僅著官名。故阮元《通志》駁之云:“《漢書》但云尉屠睢監禄，不知爲何郡之尉監，但引《淮南子》屠睢爲越人所殺，則置南海郡時，屠睢已死，焉得有爲海南尉之事乎？”今按，屠睢攻越，是否以他郡之尉，領銜前來？抑三十三年攻越時，越雖未平，然時已置郡，而以屠睢即行南海尉事？惜書闕有間，難以遽斷，姑闕疑。

談印度河谷圖形文字

（印度 V. V. Paranjpe 題辭）

1. I have seen with great interest Prof. Jao Tsung-Yi's pioneering paper on the "pictographic characters of the Indus Valley Script ".

2. It is a significant contribution to the researches being done on the Indus Valley script which has defied a convincing solution so far. Some of the characters in the Indus Valley script undoubtedly seem to be pictographic and it would have been the most natural thing to compare them with the leading pictographic script of the world, the Chinese. If no such attempt has been made in the past it is presumably because there are few scholars who have the necessary knowledge of both cultures and writings.

3. Prof. Jao has the unique qualification of being both an eminent Chinese scholar as well as a scholar of Sanskrit. His scholarship in Chinese needs no introduction but very few are perhaps aware of the fact that he has been an equally interested student of Indology and particularly Sanskrit. I know this for a fact because I had myself the good fortune of exchanging Sanskrit with his Chinese during my stay in Hong Kong in the mid 60's when we worked on a translation of the Gita into Chinese. Later on, Prof. Jao visited India and spent considerable time in Poona at the Bhandarkar Oriental Research Institute and in Pondicherry at the French Oriental Centre.

4. By working on a comparative study of Indian and Chinese source

materials, Prof. Jao has blazed a new trail which opens interesting vistas for future research. Of particular interest and value to scholars would be the material he has collected on Swastik from Indian as well as Chinese sources.

V. V. Paranjpe (白春暉)
Ambassador of India, Seoul.

一、學者在研究印度河谷圖形文字的成果

印度河谷（Indus Valley）的古代文化遺址，自從 1920 年 Sir John Marshall 發現以後，Ernest Mackay 在 1930 年和印度、巴基斯坦跟美國考古家相繼發掘了幾處遺址。這一個在雅利安人入侵印度以前（公元前 2500—前 1800 年）久已被人遺忘的古文化，分佈在印度河沿岸，計有 Harappa、Mohenjo daro 等處。另一方面，在 Narmada 及 Tapti 兩河流域勘查所得，距離 Mohenjo daro 南面 600 英里 Surat 附近的 Bhagatray 河口，發現的一所遺址，亦屬於這個古文化，足見它的分佈地區相當廣泛。在現代的 Gujarat 地區，於 1953 年亦發掘出 Lothal 城遺址，相距不遠的 Rangpur 也有重要的古物出土（參考所附地圖）。Gujarat 就是《諸蕃志》所載的胡茶辣國，亦即是玄奘《西域記》卷十一所說的瞿折羅國。有人認爲當雅利安人入據印度以後，胡茶辣這個地區，可能是印度河谷文化的最後堡壘。

最近幾十年間，學者對印度河谷文物的研究漸趨踴躍，一時成爲顯學。印、歐學者的著述，車載斗量。[1] 這方面的成就，很可以跟中國

[1] 這方面的著述，見法國 L. Renou 之 *Bibleographie Vedique*，印度友人 R. N. Dandekar 教授著 *Vedic Biblography*, Poona，第一：1946，281~302 頁；第二：1961，655~684 頁；第三：1973，788~982 頁。

的甲骨學相互輝映。那些遺址有若干是磚造的建築，其中以穀倉、浴室最令人矚目。古物包括有印章、銅片和陶器殘片，上面都有圓形的符號刻鏤着。那一批印章，大抵用蠟石、滑石、瑪瑙或陶泥製成的。印模裏往往附有動物的形象作爲標志，有時并具有兩行至三行圖形符號。這一項資料，到目前爲止大概有 2000 件，現在且將出土地點和數量作簡略的介紹：

（一）Mohenjo daro：1350 Inscriptions 1931、1938

（二）Harappa：990 Inscriptions 1940

（三）Chanhu daro：140 Inscriptions 1943

（四）Lothal，Kalibangan，Alamgipur 及其他有 120 Inscriptions。

（五）美索不達米亞及伊蘭璽印所見，亦有 30 Inscriptions。[1]

上列的圖形文字，至今還未有人能够通讀，但據學者研究所得，歸納起來有下面幾種說法：

（一）Dravidian Origin 説

（二）Sumerian 或埃及 Origin 説

（三）Indigenous Origin 説 [2]

---

[1] 印度河谷文化的主要考古報告，有下列幾種：

A. John Marshall: Mohenjo-daro and the indus civilization, London 1931, vol.III, Plates cii-cxviii.

B. E. J. H. Mackay: Further excavations at Mohenjo-daro, Delhi, 1937-38, vol.II, Plates lxxii-ciii.

C. M. S. Vats: Excavations at Harappa, Delhi, 1940, vol. II, Plates lxxxiv-civ.

[2] 請參閱下列書籍：

A. Rav. B. Pandey: *India palaeography*, p.31.

B. Ahmad Hasan Dani: *Indian palaeograhy*, 1936, Oxford.

這些説法當中，仍然没有人敢肯定某一項才符合事實。直至 1953 年，H. Heras 神父在孟買刊行了 *Studies in Proto-Indo-Mediterranean Culture* 一書，用南印度 Dravidian 語爲橋梁，來窺測印度河谷圖形文的秘奥，於是他的學説逐漸受人所重視。

1963 年我曾經在印度蒲那（Poona）、班達伽（Bhandarkar）東方研究所遍讀 Marshall 等人的考古報告。其後，在新加坡大學授課之餘，又於星大圖書館重新閲讀考古學者在印度的發掘報告及 Heras 所撰寫的書籍。在這一段期間，適逢 Sir Mortinner Wheeler 的綜合性著作亦第三次出版了[1]；Asko Parpola 等合著的 *Decipherment of the Proto-dravidian Inscriptions of the Indus Civilization* 和 *Progress in the Decipherment of the Proto-dravidian Indus Script* 在 1969 年先後印行。1973 年，*Materials for the Study of the Indus Script I*（*A concordence to the Indus inscriptions*）數百頁的巨著，亦在芬蘭出版了，而且還獲得 Asko Parpola 惠寄，因此我在這一方面的知識就比以前更全面化，還有，記得在 1971 年春天，我在普林斯頓大學藝術史系圖書館内，亦偶然檢得 *Ancient India Bulletin of the Archaeological Survey of India*, No. 18 &19（1962—1963），細讀了 *Excavation at Rangpur and Other Exploration in Gujarat* 報告，我對 Rangpur 出土陶器上的刻文，大致有了基本的認識。

最令我感到興趣的，中國近二十年來亦有爲數不少的陶文出土。年代最久遠的有半坡、樂都、二里頭這些地點。出土的陶文符號，除了幾個數字之外，其他幾乎不能辨識，但它們的刻劃形狀，有許多跟 Rangpur 和 Harappa 陶印上的 Graffiti 十分類似。關於這一方面的事實，尚未爲人所注意，現在我嘗試提供出來，向研究古文字的學者求教，希望收到切磋的效用。

[1] Sir Mortinner Wheeler: *The Indus civilization*, 1968, Cambridge.

在未把印度陶文和中國陶文作出比較之前，讓我先將印度 Rangpur 陶片上的 Graffiti-Marks 簡略地介紹。那些符號合計有 222 個，圖版刊載在報告内的附圖 xxv 至 xxviii。由於摹本的圖形較爲清晰，謹附録在後面，以供參考。那些符號大致上可分做三類：

（1）Human and animal figures（人、獸圖形）

（2）Strokes and plant-motifs, geometric designs（幾何圖形）

（3）Misellaneous symbols（其他符號）

根據報告的分析，屬於第一類的佔 26 種，屬第二類的有 188 種，屬第三類的僅得 8 種。上述三者之中，最值得注意的是第二類的綫形符號。這些符號或作簡單的垂直綫（Vertical strokes），或作矢形（Arrow-Mark）與三叉形（Trident）等。從附圖所見的資料看來，除了 Rangpur 之外，還有其他的遺址；所引用的陶文，并注有出處，請參考該文附載的考古報告簡稱表。那些材料大抵是 Harappa 和 Mohenjo daro 各處所出土的印章與圖片上的刻文。這一批圖形符號，究竟有什麽涵義，至今仍然很難確定。唯一可以肯定的是印度河谷圖形文字，跟印歐系統的語言結構完全相違背。此外，在若干説法當中，有一説認爲印度河谷印章上系有纖維物，這種情況與曾在伊拉克（Iraq）史前遺址的發見相似，從而推斷這一類印章必然是商品及財物的印信（參考 Discovery Art vol. 3, No. 34）。這一現象跟漢人施用封泥，也很相似。

二、從古文物的資料窺測中印古文化某些類似的迹象

在史前時期，中印文化是否有接觸過，詳細情形還是未能知悉。但是，從肩斧及段斧的分佈看來，可見古代越族文化傳播範圍的廣

泛。肩斧和段斧輸入 Assam，主要是循陸道，但由孟加拉以至 Santal Parganas 所發現的，可能是沿海路傳播。[1]

從上面這一個事例去窺探，中印文化也許可能有若干程度的接觸。即就 Rangpur 的陶文跟半坡陶文相與比較，彼此相同的有九個符號。倘若再拿華僑新村的陶文及明刀背文勘比，相同的符號也相應增加。現在分述如下：

---

[1] 印度東部 Assam 及 Bengal 山區地帶的史前文化，頗受到緬甸及南中國的影響；例如 Daojali Hading 發掘所得的肩斧和有段的石斧（見附圖），顯然是越族的遺物。Bridget & Raymond Allchin 在他們所著的 *The Birth of Indian Civilization* 有以下的一段話：

But the rich deposit, included large numbers of stone axes, bones, and quantities of sherds of cord-impressed and striated beater-impressed pottery. Among the stone tools were large numbers of small ground axes of rounded form, and numbers of small shouldered adzes with angular outline. Both these are types not encountered in the northern or southern groups. They are types which have an extensive distribution in China and Southeast Asia and a long and respectable ancestry there. So too has the pottery, in so far as it can be identified. Its affinities seem to be with South China, recalling the pottery of the neolithic sites around Hong Kong.

Bridget & Raymond Allchin 在 *The Birth of Indian Civilization* 一書又有下列的結論：

The eastern border regions, represented by the hills of assam and bengal, show many profound influences from Burma and South China, and it is not surprising that neolithic culture known from surface collections of stone implements and from the solitary excavation of Daojali hading should reflect culture traits deriving from the same direction. These traits are also to be found, though mixed with those of India, in the surface collections of neolithic tools from the eastern parts of the central region……. In this context one may note that Indian contacts with China, when they developed in the first millennium A.D., did so primarily via the western routes across afghanistan and central Asia.

雲南跟緬甸接壤，漢代嘗有身毒（印度）人入住該處（見《華陽國志》），印度文化傳播入滇可能很早。又近年雲南晉寧石寨山所發掘西漢中期（公元前 125—前 118）第 13 號墓中，發現了蝕花肉紅石髓珠（Carnelian），可參《考古》1974 年第 6 期夏作銘先生文。這些髓珠是否由本地製造，抑或從外地輸入，學者仍未清楚。然而，印度河谷之 Chanhu-daro 曾發現此類石珠的工場，這是否跟雲南墓葬品物有關係，尚難確定。

（1）Rangpur 陶文跟半坡陶文相同的：

（依據半坡文編號）[1]

（2）它跟華僑新村陶文相同的：

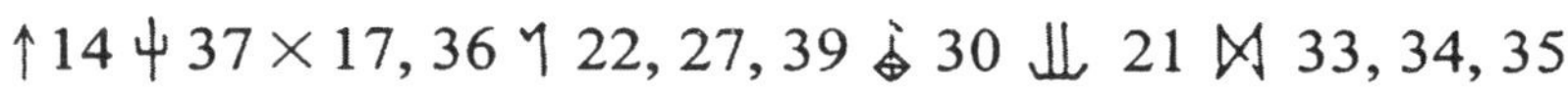

（據華僑新村陶文編號）[2]

（3）它跟明刀背文相同的：

（據刀幣背文編號）[3]

上面所列舉的符號僅在形狀方面偶然地相同，而特地拈出來提供給大家參考，至於個別符號的涵義是否仍然有聯系，有關這一方面現在正待致力探索，且讓我就下列幾個符號，特別談談。

（一）卍形符號在中國古文化遺址的發見和它的字義

卍形符號，歷向被認爲自東漢以後佛教傳入中國來，我國才有這個符號。但是，從最近所知的事實顯示，它老早就在中國古文化地域的陶器上普遍存在了。青海樂都縣柳灣墓地，考古學家認爲是黄河上游原始文化的淵藪。自 1974 年至 1975 年間發掘的墓葬，計齊家文化類型的有 102 座，半山類型的有 144 座，馬廠類型的有 318 座。這 300 多穴的墓地，出土的陶器共達 4,705 件，其中彩陶即有 208 件。彩陶以黑色和紅色爲主，花紋較爲繁縟。最惹人注目的，這批彩陶壺上繪寫有各種符號，書寫的位置多在陶壺下股部分及底部。據考古報告所載，搜集到的符號有 50 多種，其中以“十”“一”“卐”最爲習

[1] 參《西安半坡》考古報告集，197 頁。
[2] 參《考古學報》，1958（2），50 頁。
[3] 參《考古》，1973（1），36~37 頁。

見。而後面的一個符號分作卍、卐形狀[1]。但是，這種符號在半山型和齊家型的陶器上仍然未有發現。馬廠這個“卐”符號有什麼意思，雖然還未能臆測，但最有趣的，Susa 出土的彩瓶上亦有卍號，印度 Harappa 印章上也屢屢發現這個符號。這個符號有卍和卐兩種寫法，所包含的意思并無分別，而且在公元前 2000 年已在印度出現。

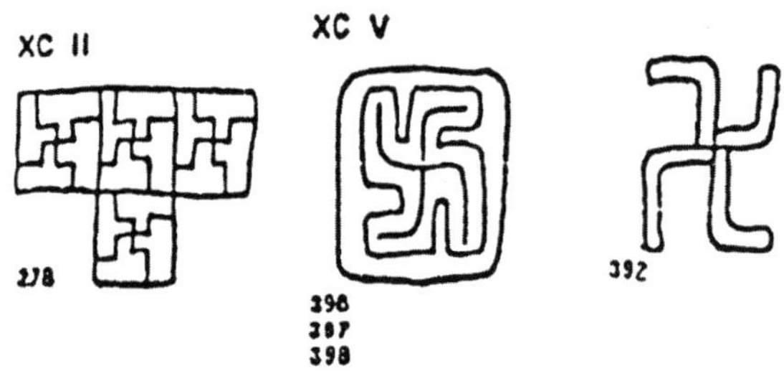

這個卍字在南北朝的造像及佛典又廣泛地出現。慧琳《一切經音義》說：“卍字之文……唐云吉祥相也。……大福德之相。”可知卍是代表吉祥。梁劉勰記敘剡山石城寺在天監十五年造成的一尊彌勒石像，有一句是作“當胸萬字”，另一方面元魏菩提流支譯《十地經論》記，也有“菩薩胸中，有功德莊嚴金剛萬字相”的句子。大概南北朝期間工匠及佛教徒已經用“萬”字去代替卍了。

佛教僞經有《胸有萬字經》一卷，苻秦釋道安録定爲僞疑經。唐明佺等《武周刊定衆經目録》云：“一名胸現萬字經。”這本書雖然被鑒定爲僞冒，但一直亦流傳至唐代，而“卍”這個符號，至今仍念作“萬”字了。

在器物方面，近年河南陜縣劉家渠唐開成三年墓出土銅鏡上刻卐字，旁鎸“永壽之鏡”四文[2]，即見唐時習以卐字作爲紋飾。

卍代表生命之輪（Wheel of life），所謂“Swastika”即是此義。此一符號遍及區宇，亞洲及哥倫布以前之美洲，各處都有發現。這個

[1] 參《考古》，1976（6），376 頁。
[2] 《考古通訊》，1957 年 4 月，17 頁。

符號共有四種形式：卍、卐、卍、卐，表示男女及其後世的兒女。[1]

雲南麗江摩些文字也有卍（見李霖燦書 1710）：它的意義爲“好”，音 **m˩**：而表示好的星宿，字形作⌖（參李書 64），音 **km m˩**。這個字的構成大概是合卍（好）與⌖（星）兩字而成，屬於漢字六書中的會意。

西藏喇嘛教也有這個符號。卐號有作“右旋”的，而鉢教（Bon-pa）則用卍，符號是作“左旋”的。這兩種寫法在漢人往往是混雜了。摩些文的卍形，很可能是從西藏傳去，年代也許較爲晚近。清末葉德輝的《郎園書札》據梵語來將這個字加以解釋[2]，但有許多附會的地方。至於考古學上的新資料與摩些文的資料，可惜他看不見，所以無法再作進一步的分析了。

後代瓷器亦每用卐字爲紋飾，有單用一字者，如惠陽新庵三村瓷二祀底下有卐字（《考古》1964年第4期，198頁，圖八之一一）

[1] 見 Hugh A. Moran & David H. Kelley: *The alphabet and the ancient calendar signs*, p. 22。

[2] 葉德輝在《郎園書札》有下面一段的考證：“《大寶積經》言佛身有卍字文。慧琳《一切經音義》云：梵云室哩未蹉二合。唐云吉祥相也。有云萬字者，謬說也。《華嚴經》花藏世界品之一；慧琳《音義》𠔁下云：梵書萬字，卍下云：室利靺瑳，此云吉祥海雲。夫所謂室利靺瑳，即前經云室哩未蹉，梵之本音也；所謂吉祥海雲，唐之譯義也。景教碑額之十字，旁繞五雲，即卍字之變體，以中文劃之則成十矣。”案文中所說的室利靺瑳，即梵語的 Śrīvatsa 一字，而葉氏將卍附會爲基督教的十字架，實屬不必。有關卍字的詳細資料，請參考王錫昌《釋卍》一文，《文學年報》1939 年第 5 期。

（二）從符號來窺探古文化的圖文取象之相同

印度哈拉巴（Harappa）印文有一紐的背面是作形狀的（Vs. 3526），看起來是一束絲。同時，這個符號又有時跟代表吉祥的卍符號駢列一起。在我國的古物資料，類似這一個形狀的符號也屢次發現，試列舉下面幾項來説明：

哈拉巴印文背文有作上圖者，乃象束絲之形。又有以此與代表吉祥之卍字駢列者。此一符號見於漢俗考古資料不一而足，列舉如次：

（1）殷墟小屯甲二三〇七與二三〇三之綴合（劉淵臨君摹本見《中國文字》38 冊），有似者三文，又繪兩猿頭部。

（2）四川漢墓（R. C. Rudolph 書，26 頁）有形，魯氏謂爲 Endless design of seven loops.

（3）旅順李家溝西漢貝墓陶奩亦有近似之紋樣[1]，象三束絲狀，作形。

馬廠期彩陶有∞及一束或兩束絲之符號。

[1] 《考古》，1965（3），155 頁。

另一方面，埃及象形文有字[1]，在形方面是代表 Looped rope，在義方面是 Plan，用作（Snt）的 Det.（義符）。這個字的字形，也就是從束絲的。從比較古文字學來説，這個束絲形的符號是最值得注意的。絲的編織和絲織品的製造是以中國爲最早，這些物品遠傳至域外，也極有可能。可惜胡厚宣近年所撰《殷代的蠶桑和絲織》一文[2]，尚未有注意用其他古文字資料來作比較，這裏順便提出來，有待碩學共同致力探討。

馬來亞與中國的海外交通，現在還未知從哪個時候開始。但是，殷墟發見的巨龜，根據科學的鑒定，證實是馬來種的。又柔佛州出土的古代陶片，與百越地區有許多類似的地方。即就馬來當地流行的巫術來説，如 Pělěsit 符咒使用 Birth spirit（生神）的圖録，跟小屯卜骨文字、旅順西漢貝墓出土的陶奩、四川漢墓的紋樣如出一轍，并作絲捆交絡的形狀如。就這些綫索看來，古文化的傳播，未知是否自中國傳往外地而一直流存至現在，這是值得繼續研究的。馬來族的掌夢、招魂的巫術，跟中國古代楚風俗亦多相似。最有趣的就是竹王的神話，它顯然是與西南夷的信仰同出一源。[3]

[1] 見 Gardiner 著《埃及文法》，522 頁 Sign-list，原見 Pyr. 644。

[2] 《文物》，1972（11）。

[3] 生神符見 W. W. Skeat: *Malay Magic*，紐約，1967，320 頁。據凌純初、芮逸夫的《湘西苗族調查報告》（12~14 頁）所載，湘西紅苗祭祀白帝天王兄弟三人。《永綏廳志》指出最尊貴的一位是在竹山嶼，而神話中的竹王亦有三子。中國的典籍對竹王的事迹也曾記載，例如《後漢書》卷七十六《西南夷傳》，記有夜郎縣竹王三郎神；同時《水經注》三十六《郁水》注所記大致相同，足見這種信仰在中國西南部普遍流行。馬來半島人對竹王的崇拜，過往相當流行，所以黄遵憲在新加坡的雜詩有“便拜竹王神”來記述當地風俗。日本人在這一方面也有專著，例如《竹取物語》，及松本信廣《竹中生誕譚の源流》，見 1968 年的《東亞民族文化論考》，157 頁；此外，尚參 Skeat & Blagden: *Pagen Races of the Malay Pennimsula* vol. II pp. 334-344 及 Skeat: *Malay Magic*。

（三）印度古圖形文與甲骨文的初步比較——周字的出現

印度印章上的絲狀物圖形，跟殷墟甲文資料與四川漢墓所發見的符號相類似，在上文已經介紹過了。現在特別將甲骨文的“周”字提出來談談。甲文的“周”字是作的；1977 年 10 月陝西扶風縣周原發見了大批甲骨，其中計甲 127 片有文字，同時也出現了“周方白（伯）”一名。奇怪的很，字在印度古圖形文資料在多處有發見[1]，略舉如下：

現在且從底下一項着手。Asko Parpola 等人以爲符是表示女性，同時在一面古印度的銅牌上面，也鐫刻上：

符可能是神名，在 Marshall 氏所編纂的字表中亦有作爲（81）形狀的；這個符號很像男性的“性器官”，而在古印圖文書出現了 873 次；又據 Asko Parpola 等人的統計，左讀而放在末端位置上的，共有 627 次。印度習慣，人民有對“性器”Linga 的崇拜，所以看作神名

[1] 根據 Asko Parpola 等人所撰 *Materials for the Study of the Indus Script I* 與“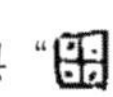”字有關的，合計有下列七條：

11042	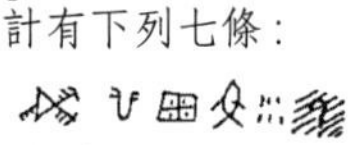	p. 45，312，321，432
603511040	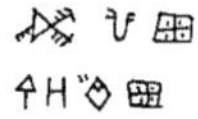	p. 171，302，500
144423099	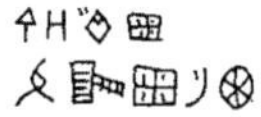	p. 188，249，273，321
363123099	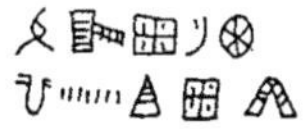	p. 209，321
342079699		p. 230，321，368，477，518
301311040		p. 236，321，432
209411099		p. 321，426，510

去解釋也很妥帖。Asko Parpola 引用蘇美爾文將釋爲船形[1]，但是不能將前後連串的符號一起解釋。第二項的“入”字，與吳城陶文的入字又相似，似可釋作“入周”。如果字確爲周字，那麽我們可以推想到哈拉巴在古代對周人已經有認識。

田和在古印圖文是同一字（Sign list 5），而甲骨文的田字亦作、等形，像田地阡陌縱横的形狀（《甲骨文編》，522 頁）。符 Asko Parpola 釋作 King，但從甲文去比較似可以作爲且（祖）字。因此，印度古圖文的“”，也就是“田祖”。又有另一符號作，又作（275），亦應該釋爲祖字（像《藏龜拾遺》一·一四沮丁）。這個字上面從冖，Asko Parpola 引用埃及古文字的“天”寫作“”形去分析，并由此推論古印圖文也可能利用它來作爲 Determinative 符號；同時，Hittite 文的及是解釋作 Great king（II p. 6）的，Asko Parpola 認爲的含義也是一樣，是代表“偉大的君主”的。然而，我却認爲它是神名。在甲文裏“”字也借用爲“祖”字。古印圖文的“”也就是田祖；（459）即是火祖；（H 256）的字，也極似甲文的“齊”字，可能是表示“植物之祖”了。

自從殷墟甲骨出土以後，在本世紀的 20 年代，印度河谷又發現了一種世界上古老的圖形文字；它與契文可算是東方文字的瑰寶，所不同者，它仍舊是有待於開發的礦藏罷了。50 年來，不少考古學家、史學家、古文字學家都致力鑽研，所以有不同的著作相繼問世。但是，這一方面的學問尚未爲中國學者所注意，本文撰作的目的，就是把它向大家介紹，以求引起共同探討、共同研究的興趣。

印度河谷圖文，雖然還在探索階段，究竟它屬於哪一個語文系統，至今仍未能確定，但是始終未有人嘗試將漢語系統的資料，跟它

[1] Decipherment of the Proto-dravidian Inscriptions of the Indus Civilization No.1, p. 21.

作比較。就 Asko Parpola 等人編纂的古印圖文看來，雖然有若干部分保留着圖畫的面貌，但有許多資料已經是符號化了。當然，這些符號的構成，總不能離開事物的形狀；倘若我們循着這個途徑去探求，恐怕也不會走錯方向。即使是拼音語系，學者在字母學的理論雖然衆說紛紜，但有不少人從個別字母的形貌及其演變過程去求證。從字形方面着手，甲骨文固然是一種很好的材料。另一方面，彼此的年代也很接近，文化的程度也可能距離不遠，甚至互有交往和影響也難逆料，所以我們不妨在這一方面，開闢一條新的途徑。

中國在近年的考古收穫也十分豐富，而出土陶文爲數亦不少，其中大部分未爲人所認識，我個人認爲這些資料很值得拿來和域外陶文作一個初步的比較，藉以尋求古文化演進的綫索和他們的交互關係。要完成這項工作，經歷的路程既遥遠而又艱巨，絶非單憑個人的才智能够勝任，正有待大衆的努力。

不過，在未搜集到充分的資料以前，我們絶不能憑空臆斷。若干西方學者很容易犯上這個毛病，信口就認爲中國文化是從西方傳來，如 I. J. Gelb 教授，他在所著 *Origin of the Alphabet* 的文字樹當中，就把 Chinese pict. 的年代列爲公元前 1400，把 Proto-indic pict. 列爲公元前 2200，并且將 Chinese pict. 放置在 Proto-indic pict. 之下。（見 Study of Writing 卷首的圖表）I. J. Gelb 又懷疑中國象形文是出自印度，如果采用碳素鑒定資料年代去研究[1]，他的觀點殊不可靠，應該加以訂正的。

[1] Harappa 文化的年代，根據放射性碳素測驗的結果（參 Bridget & Raymond Allchin 所撰的 *The Birth of Indian Civilization* 333~338 頁附載的記録）所得，在 Kalihangan，Rajastham 的 Harappa 文化，其年代爲 3075±100 年，而 Pre-Harappa period 可至 4195±115 年；在 Lothal 及 Gujarat 的年代，大抵是介乎 3405±125 年至 3915±130 年之間。Rangpur 陶器多數是屬於 Period IIA 及 Period III 的器物，所以它的年代大約爲 3405±125 至 3820±120 年之間。從上面看來，可知中國殷墟器物的年代（1384 B.C. + 1978 A.D. = 3362 年）跟印度河谷文化年代頗爲相近；而印度河谷文化則比半坡文化又遲了 2000 多年了。

黑龍江社會科學期刊 2001 年第 6 期發表希臘文專家劉以煥的《賡楊四堂又一堂——甲骨學五氏同堂》一文指出饒宗頤："從世界範圍審視應合羅王董部爲五堂。尤其對二十世紀二十年代在印度河谷發現的印章圖形文字着手進行破譯與考釋，這許是域内學人治這門學問的嚆矢。"

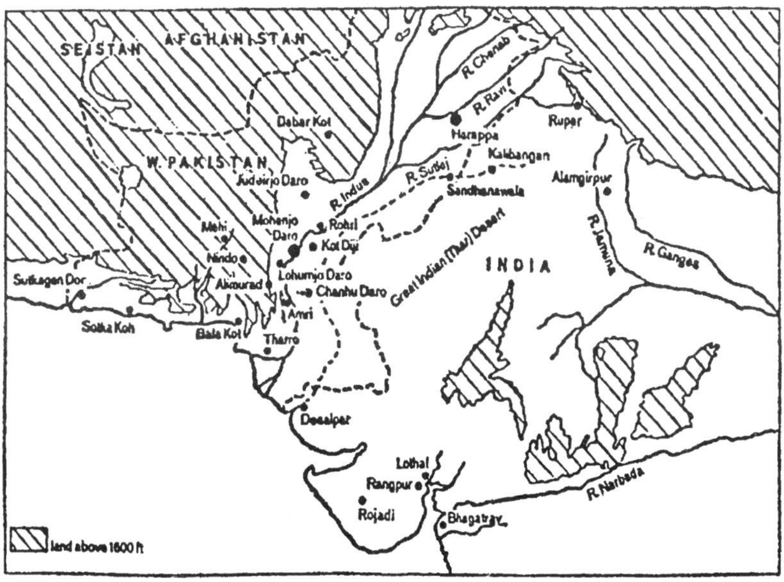

印度河谷文化主要遺址分佈圖
Map of principal sites of the Harappan civilization

The graffiti

Abbreviations in figs. 47-49: FMD=Mackay, *op.cit.,* (1938); HP=Vats, *op.cit.*, (1940); MD=Marshall, *op.cit.*; RJD=Rojdi; SMN=Somnath; SRG=Saragwala (Lothal)

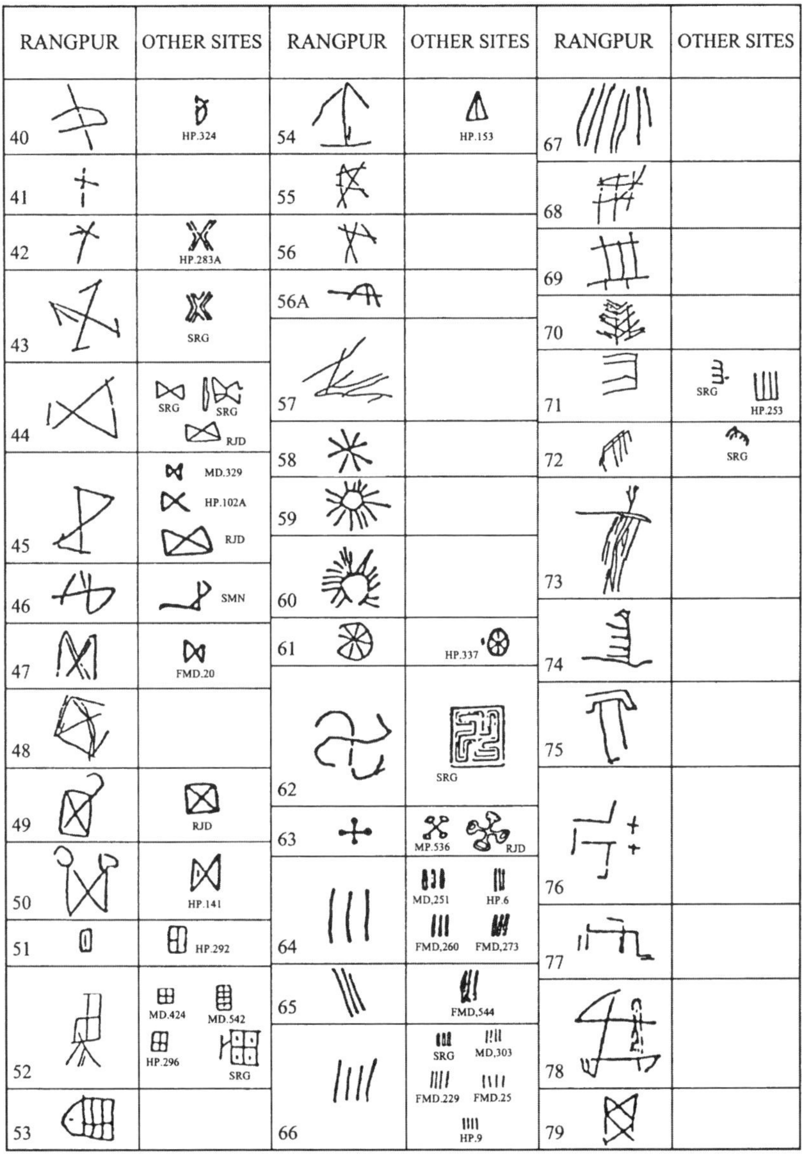

The graffiti

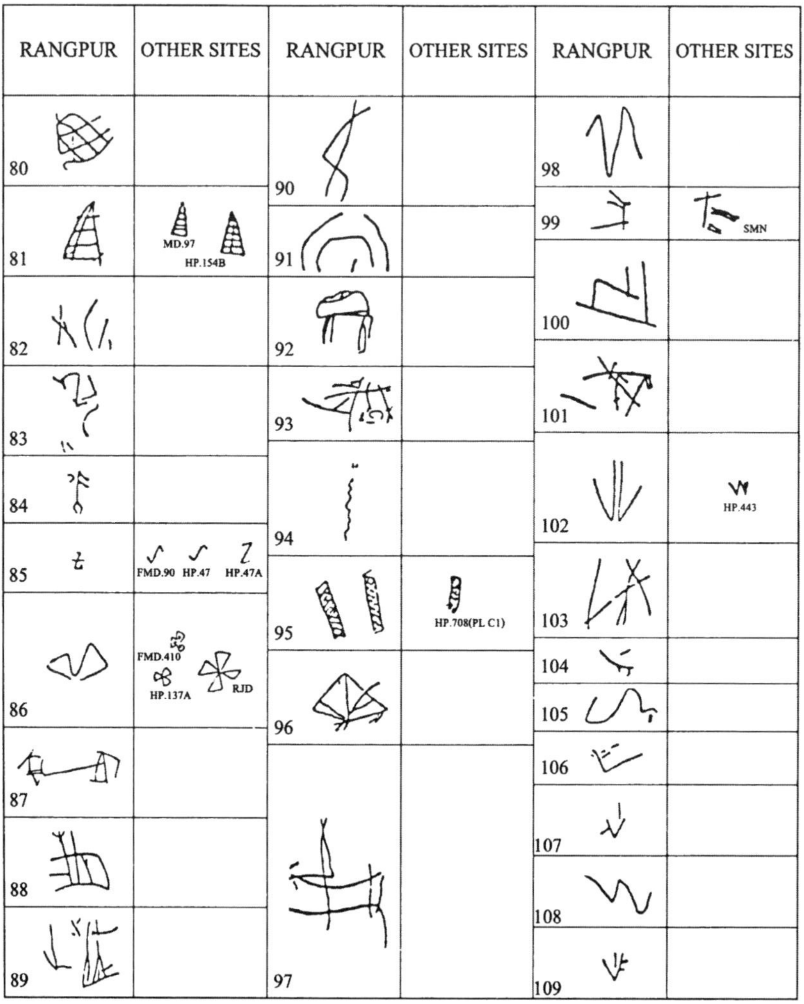

The graffiti

※Sign list

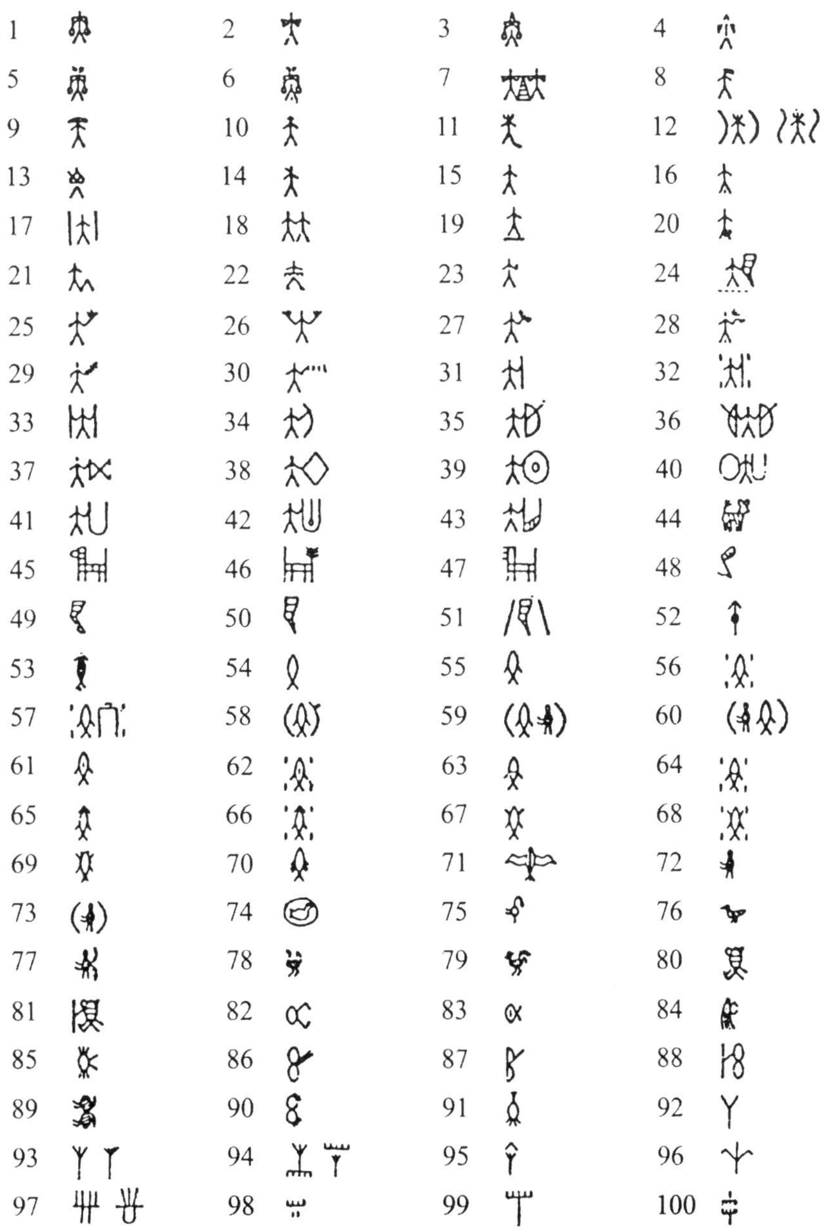
1
2
3
4
5
6
7
8
9
10
11
12
13
14
15
16
17
18
19
20
21
22
23
24
25
26
27
28
29
30
31
32
33
34
35
36
37
38
39
40
41
42
43
44
45
46
47
48
49
50
51
52
53
54
55
56
57
58
59
60
61
62
63
64
65
66
67
68
69
70
71
72
73
74
75
76
77
78
79
80
81
82
83
84
85
86
87
88
89
90
91
92
93
94
95
96
97
98
99
100

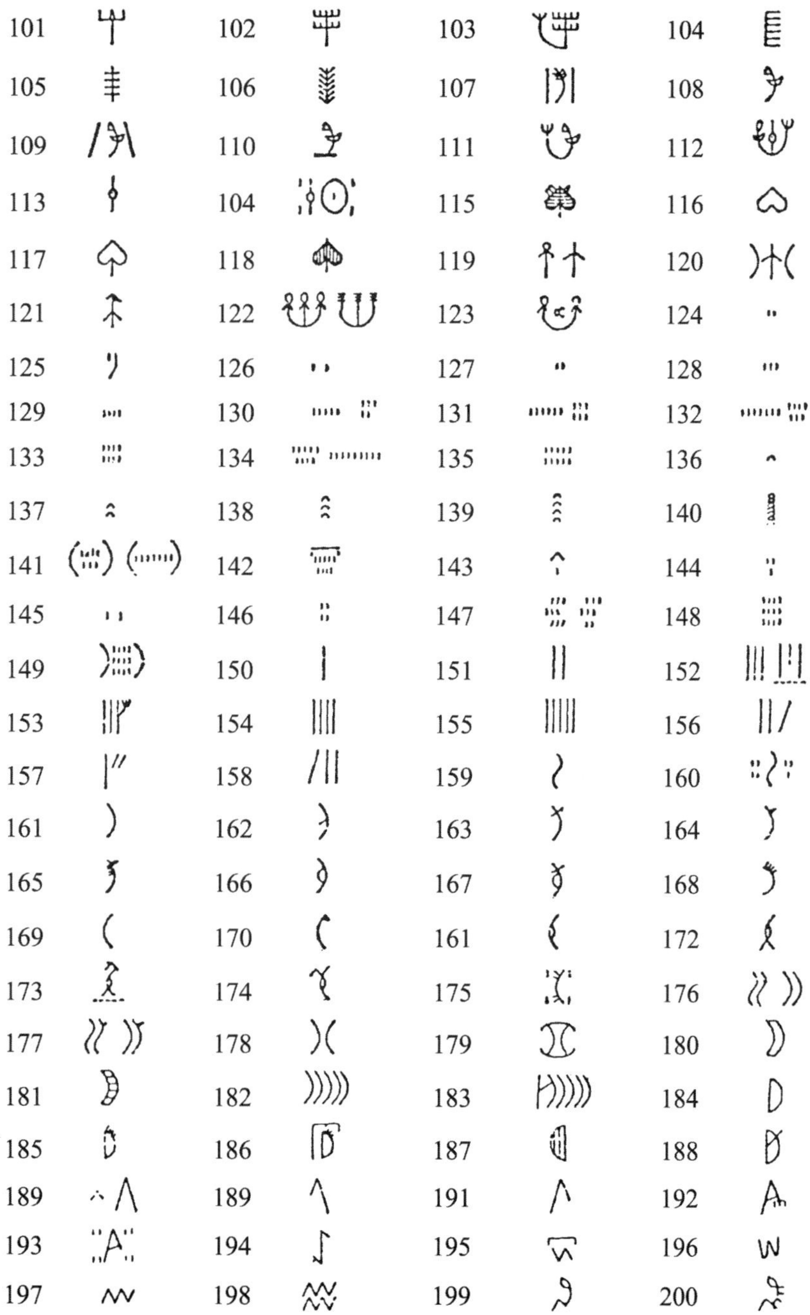
101 102 103 104
105 106 107 108
109 110 111 112
113 104 115 116
117 118 119 120
121 122 123 124
125 126 127 128
129 130 131 132
133 134 135 136
137 138 139 140
141 142 143 144
145 146 147 148
149 150 151 152
153 154 155 156
157 158 159 160
161 162 163 164
165 166 167 168
169 170 161 172
173 174 175 176
177 178 179 180
181 182 183 184
185 186 187 188
189 189 191 192
193 194 195 196
197 198 199 200

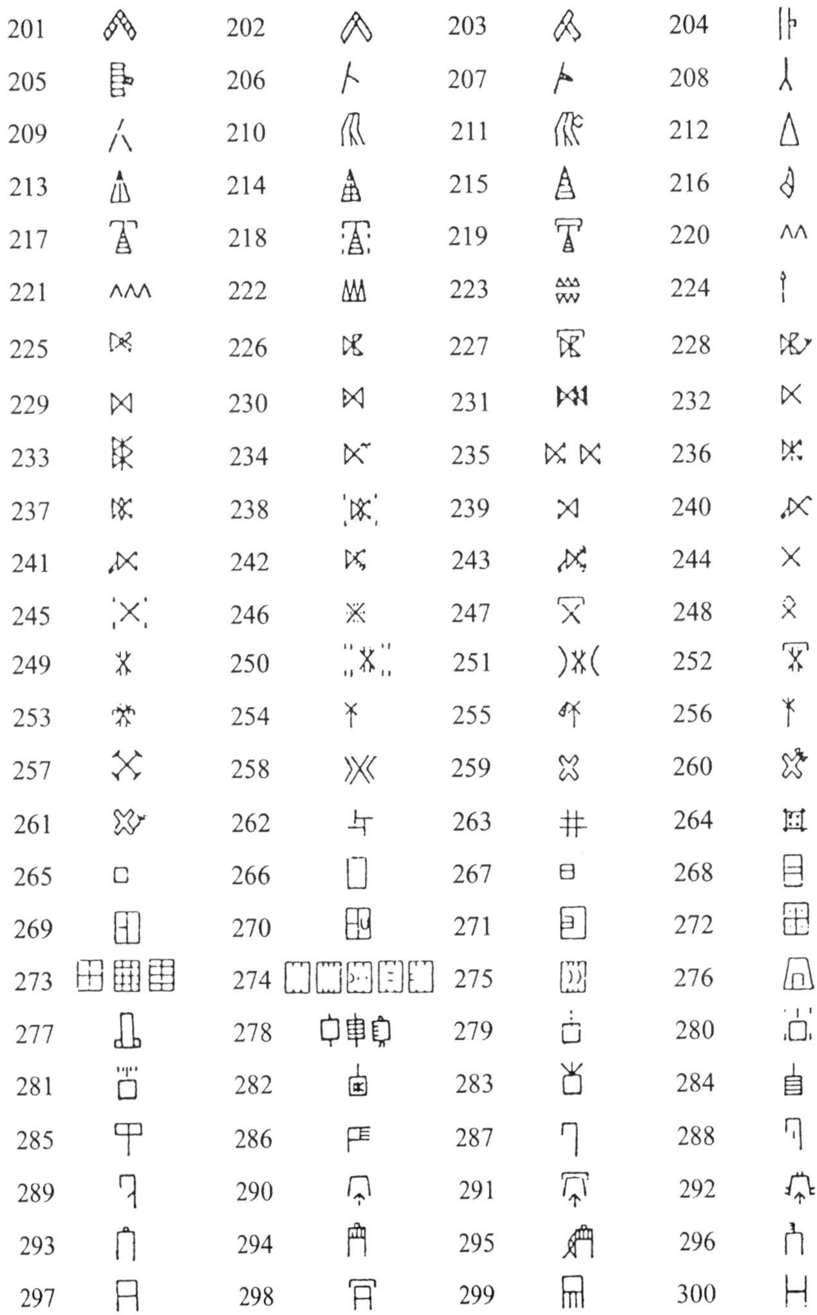
201 202 203 204
205 206 207 208
209 210 211 212
213 214 215 216
217 218 219 220
221 222 223 224
225 226 227 228
229 230 231 232
233 234 235 236
237 238 239 240
241 242 243 244
245 246 247 248
249 250 251 252
253 254 255 256
257 258 259 260
261 262 263 264
265 266 267 268
269 270 271 272
273 274 275 276
277 278 279 280
281 282 283 284
285 286 287 288
289 290 291 292
293 294 295 296
297 298 299 300

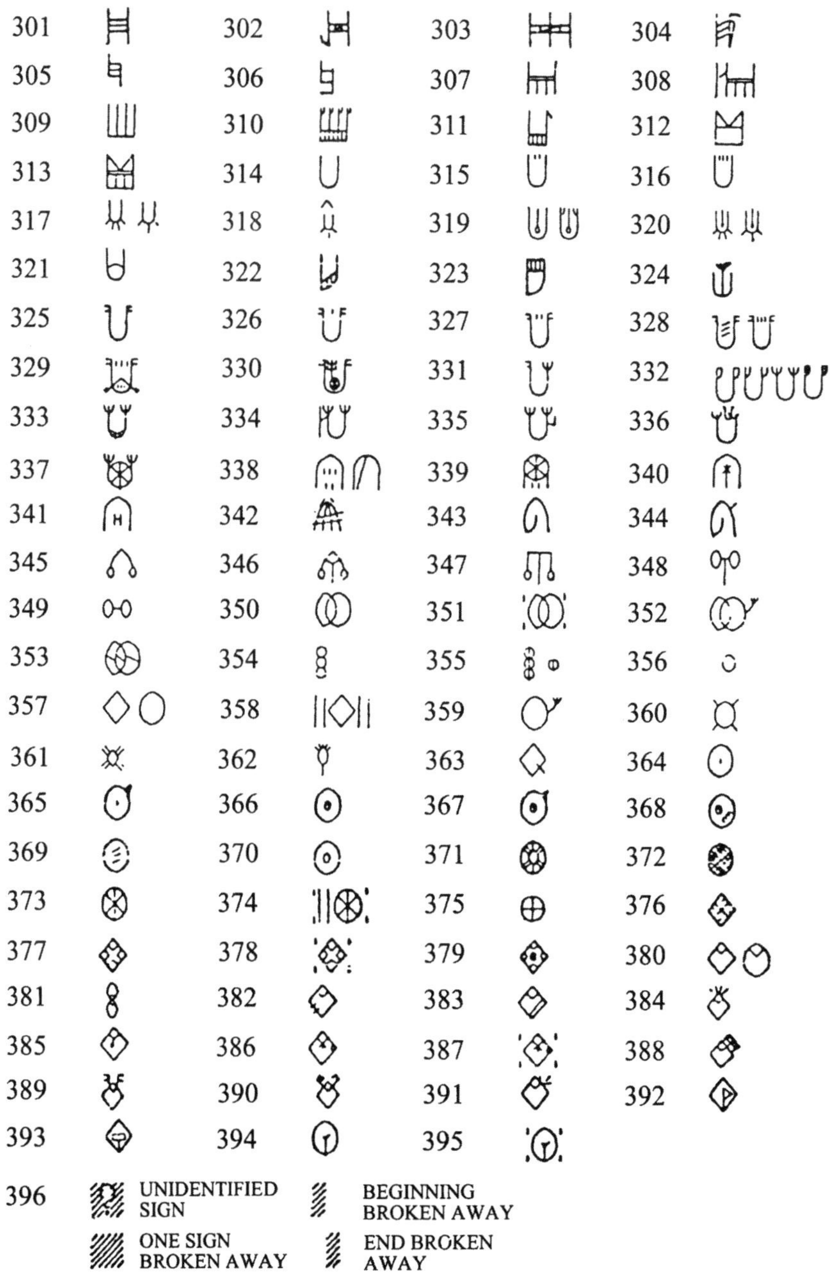
301 302 303 304
305 306 307 308
309 310 311 312
313 314 315 316
317 318 319 320
321 322 323 324
325 326 327 328
329 330 331 332
333 334 335 336
337 338 339 340
341 342 343 344
345 346 347 348
349 350 351 352
353 354 355 356
357 358 359 360
361 362 363 364
365 366 367 368
369 370 371 372
373 374 375 376
377 378 379 380
381 382 383 384
385 386 387 388
389 390 391 392
393 394 395
396
UNIDENTIFIED SIGN
BEGINNING BROKEN AWAY
ONE SIGN BROKEN AWAY
END BROKEN AWAY

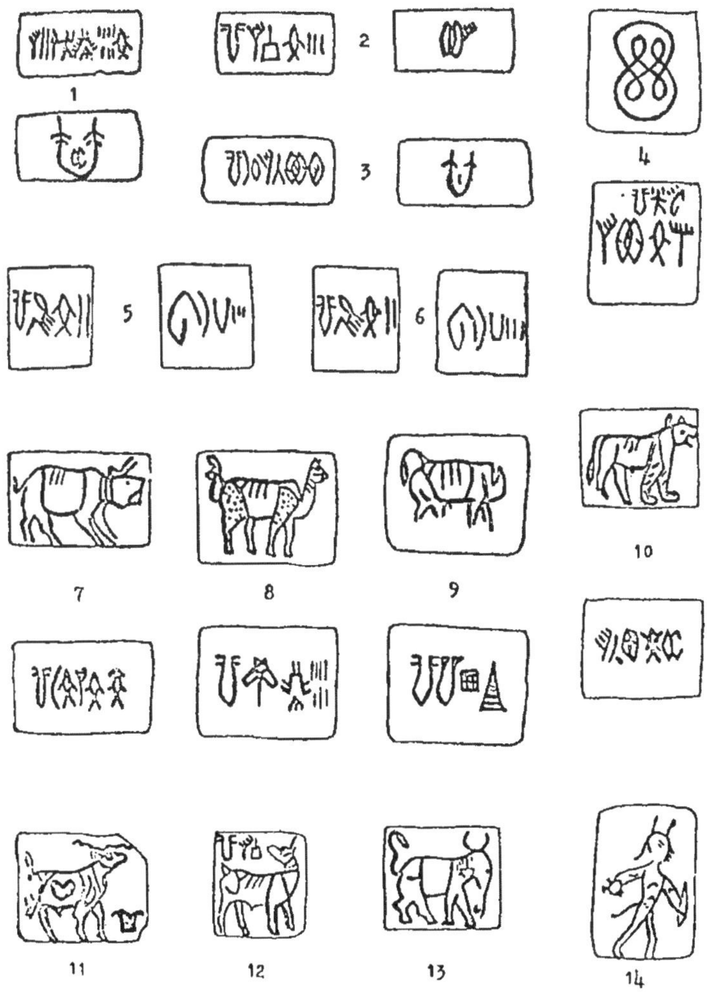
1
2
3
4
5
6
7
8
9
10
11
12
13
14

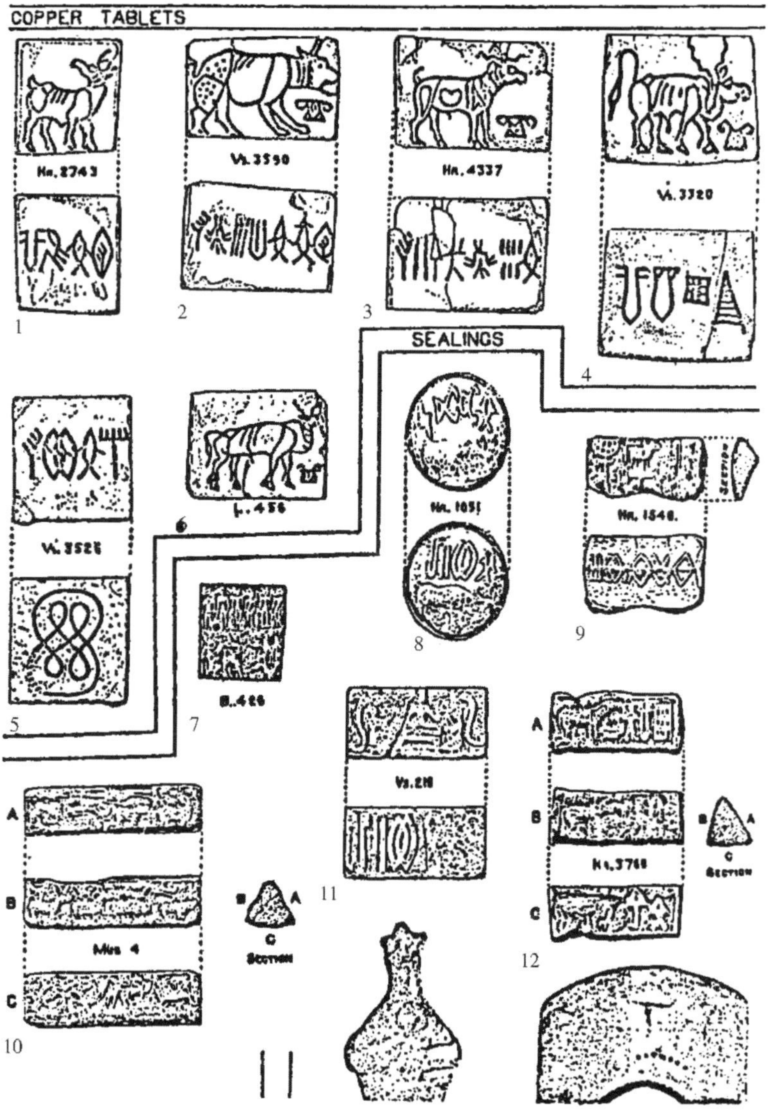
COPPER TABLETS
SEALINGS
1
2
3
4
5
6
7
8
9
10
11
12
A
B
C
Section

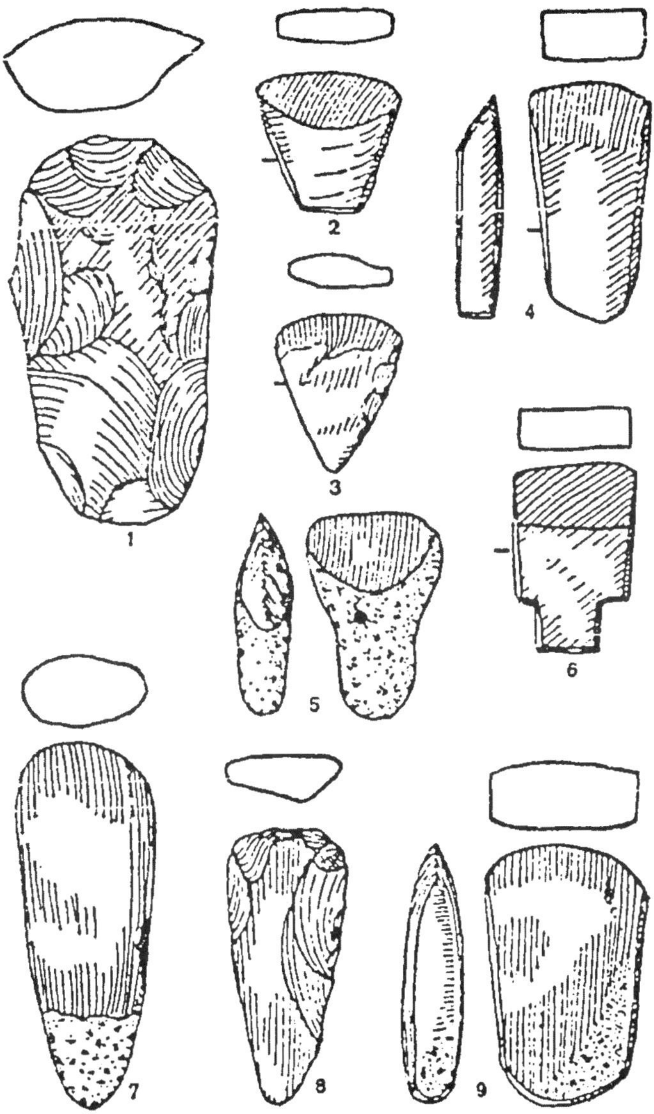

Stone axes from Assam. 1 : 3

1.North-East Frontier Ageary ; 2, 3 and 6, Cachar hills ; 4 and 8, Garo hills ; 5, 7 and 9, Nags hills.

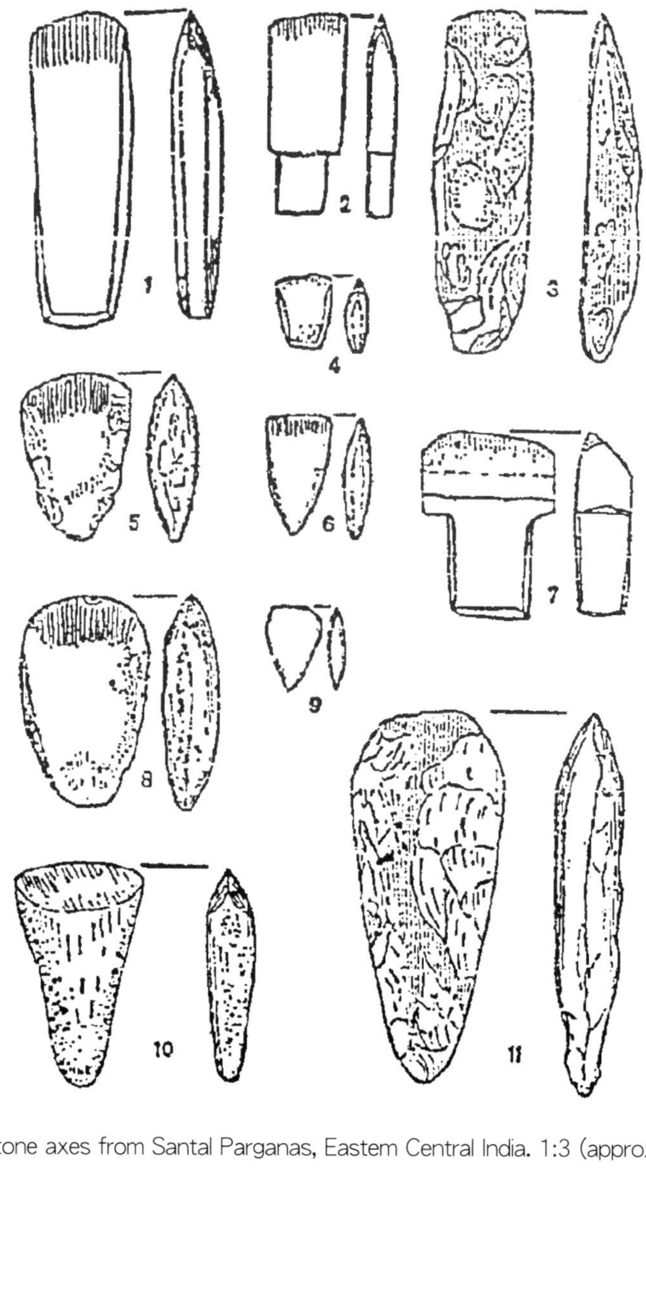

Stone axes from Santal Parganas, Eastem Central India. 1:3 (approx.)

海道之絲路與昆侖舶

近年西北新疆地帶，考古發見之資料甚夥，對於絲路在漢唐以來交通情形，已有豐富實物可爲證明，世所共悉。如高昌縣殘紙有“在弓月舉取二百七十五匹絹向龜（兹）”之語（《文物》1972年第三期），尤覺有趣。

沙畹於《西突厥史料》中云:“絲路有陸、海二道:北道出康居，南道爲通印度諸港之海道，以婆盧羯泚（Broach 據馮承鈞譯本采用義净《大孔雀咒王經》譯名）爲要港。”又稱羅馬 JustinII 謀與印度諸港通市，而不經由波斯，曾於531年（梁中大通三年）遣使至阿剌伯西南 Yémen 與 Himyarites 人約，命其往印度購絲，而轉售之於羅馬人，緣其地常有舟航至印度（馮譯本，167頁，據注云，見 Procope 著 *de bello Persice, I*）。從波斯的史料，可看出六朝時候，羅馬與中東國家，對中國絲織品貿易的競争，而且特別開闢海道作爲絲路運輸的航綫。

《南齊書·南蠻傳》贊説:“商舶遠届，委輸南州，故交、廣富實，牣積王府”，衹言及商舶自遠而至的事。自三國以後，海路交通發達，王室及官吏，掌握特殊的權利，喜歡從事這種厚利的海外貿易。像東晋義陽成王司馬望的孫奇，“遣三部使，到交、廣商貨”（《晋書》卷三七《宗室》），即是較早的例子。《南齊書》廣陵人《荀伯玉傳》云:

世祖（齊武帝蕭賾）在東宫，（伯玉）任左右。張景真使領

> 東宫，主衣食官穀帛，賞賜什物，皆御所服用……又度絲錦與崑崙舶營貨，輒使令防送過南州津。

這條極重要。費瑯（Gabriel Ferrand）所作《崑崙及南海古代航行考》徵引漢籍四十二條，未嘗及此（馮承鈞譯及近年陸峻嶺《補注本》）。印度 Mysore 曾發現漢銅錢，足證黄支國即印度西漢與華已有往來。[1]崑崙舶一名，向來止采用唐代的記載，像武后時的《王綝傳》，“遷廣州都督，南海歲有崑崙舶，市外區琛琲”（《新唐書》卷一一六《王綝傳》）。又《王方慶傳》:“廣州每歲有崑崙乘舶，以珍物與中國交市。”（《舊唐書》卷八九）這二事屢見稱引。但從《荀伯玉傳》，可知南齊時已有崑崙舶在海上行走，且以絲錦爲主要商品，由皇室的親信兼營這種海上貿易。《梁書·王僧孺傳》:

> 天監初……出爲南海太守。郡常有高凉生口及海舶，每歲數至，外國賈人以通貿易。舊時州郡以半價就市，又買而即賣，其利數倍。僧孺乃嘆曰:“昔人爲蜀郡長史，終身無蜀物，吾欲遺子孫者，不在越裝。”

可見當日海舶與外國賈人交易情形，及蜀貨向來爲人垂涎的程度。越裝之與蜀物，都是與外國互市的物品，才有這樣厚利可圖。越裝的“裝”，後來亦用作船隻的名稱，如瓊州人的貨船，都叫作“裝”（參拙作《説鵃及海船的相關問題》,《民族學集刊》三三期）。南齊時期，崑崙舶載絲錦出口，這和羅馬人於 531 年由海路輸入絲物，年代完全

[1] 參 *Mysore Archaeological Report*, 1910, p.44。又 “A Chinese coin Sirpur”，見 J. Numismatic *Society of India*, 1956, vol.XVIII, p.66。Nilakanta Sastri 在他的 *A History of South India*: “Intercourse between China and South India by sea as early as the second Century B.C is attested to by the record of Chinese embassy to Kanchi（黄支）and the discovery of a Chinese coin of about the same date from Chandravalli in Mysore.”（1958, p.27）

饒宗頤 著

選堂集林

史學卷

中冊

『十二五』國家重點圖書出版規劃項目

山東畫報出版社

符合。中西史事，正可以互相印證。昆侖舶中有黑種的骨倫人充當水手。慧琳《一切經音義》:“海中大船曰舶……入水六尺，驅使運載千餘人除貨物，亦曰昆侖舶。運動此船多骨倫爲水匠。”骨倫即昆侖的音轉，人皆知之。慧超《往五天竺傳》記波斯國，“亦泛舶漢地，直至廣州取綾絹絲錦之類”。則唐時波斯人亦循海道從事絲絹貿易了。日僧元開撰《唐大和尚（鑒真）東征記》,（天寶八年至廣州，）“江中有婆羅門、波斯、昆侖等舶，不知其數，并載香藥珍寶，積載如山，舶深六七丈。獅子國、大石國、骨唐國、白蠻、赤蠻等，往來居住”。當日船舶之盛，可以概見。

海道的絲路是以廣州爲轉口中心。近可至交州，遠則及印度。南路的合浦，亦是一重要據點，近年合浦發掘西漢墓，遺物有人形足的銅盤。有陶器提筒，其上竟有朱書寫着“九真府”的字樣（《考古》1972，5）。九真爲漢武時置的九真郡。東漢建武十九年十月馬援入九真，至無切縣，渠帥朱伯棄郡亡入深林巨藪，時見象數十百爲群。援又分兵入無編縣至居風縣，斬級數十百，九真乃靖（《水經·葉榆河注》）。無切、無編、居風都是九真郡的屬縣，皆馬援士卒足迹之所及。這個陶筒必是九真郡所製的，而在合浦出土，可見交、廣二地往來的密切。合浦漢以來是采珠的地區,《漢書·王章傳》稱章死獄中，“妻子皆徙合浦。其後王商白成帝，還章妻子故郡。其家采珠，致産數百萬”。《梁書·諸夷傳》:（晋）簡文咸安元年，“交州合浦人董宗之采珠，没水於底，得佛光豔”。佛的金身，沉在海底，竟爲采珠人所獲得，中、印海上往來，合浦當然是必經之地。而廣州自來爲衆舶所湊，至德宗貞元間，海舶珍異，始多就安南市易（《通鑑》卷二三四）。

蜀布中細布的黄潤，在漢代很出名，亦作爲貢品。楊雄《蜀都賦》謂“綿繭成衽……筒中黄潤，一端數重”，它是很精細，而需要盛以筒來保護的。司馬相如的《凡將篇》且說“黄潤纖美宜製襌”，《説文》:“襌，衣不重也。”《釋名·釋衣服》:“襌衣，言無里（裏）也。”長沙馬王堆一號墓出土單衣三件，極爲纖細精美，即是所謂襌。該墓所出遣策竹簡，有二處言及閨字。一是第二七六號，文云:“瑟一越。閨綿衣一赤掾（緣）。”一是第二七七號，文云:“竽一越。閨錦衣，素掾（緣）。”其字作“閨”，“王”上有一横筆，釋者謂是黄潤的潤之變體。細布的閏，可以製爲内衣的襌，亦可作樂器竽、瑟的綿套。馬王堆瑟衣，係以兩重三枚經綫提花方法織成圖案（見該墓《報告》，51頁，圖四四）。長沙的黄潤細布，是否出自巴、蜀，尚無法證明。但長沙和廣州乃咫尺之地，這樣精美的絲錦，在漢以後一定是外國人采購的目標，成爲昆侖舶和越裝經營的貨品，自然不成問題。由於馬王堆墓所出絲織品的繁複及精緻，令人想到楊子雲《蜀都賦》所描寫的蜀地絲織品質料之美，倍覺可信。難怪羅馬人要開闢海道的絲路輾轉往印度輸入彼土。當日昆侖舶之爲海上重要交通工具，從六朝到唐，一直是負起運輸的任務，可想而知。

印度海上船舶形狀，見於 Ajantā 第二石窟所繪者，爲 6 世紀物（見附圖）。又吴哥窟壁畫所見船舶，圖樣至夥。P. Paris 著 *Les Bateaux Des Bas-reliefs Khmèrs*（見 Bulletin De I'École Française D'Extrème-Orient, Tome XLI-1941.pp.355-361），所收圖版，不一而足。Khmer 人之船，即是昆侖舶，此類實物資料，更足珍視。

中、印海上交通，Basham 已有詳細討論，兹不復贅。[1]

原載《歷史語言研究所集刊》四十五本四分册，1974 年 6 月

[1] 參看 A. L. Basham: *The Wonder that was India*, p.226, "Sea Trade and Overseas Contacts"。

印度：海上船舶形狀，見 Ajantā 壁畫

古代香藥之路

姜伯勤君談敦煌與香藥之路，舉出莫高石窟文書之乾元寺科香帖（P・三〇四三號）及香藥方（S・四三二九號）二事，進而談及香料入華歷史應推前：香藥之路雖以南宋及元代爲極盛，但應追溯到漢代與月氏人的交往。

余之看法更有不同。五千年前之紅山文化，已發見有香爐一件，似國人對“香”的使用，施於祭祀，在古代已相當普遍。

香料入華之歷史應再推前。香料來自印度及海外諸國，如《金液神丹經》言及香藥産地，所記大致如下：

鬱金——罽賓	白附——師漢
蘇合——安息	雞舌——社薄
薰陸——大秦	沉木——日南
萎蕤——月支	青木——天竺

又，《翻譯名義大集》卷二四三，載有諸香名目共十三種：

（1）草河草 Vayanam

（2）零陵香（松香、甘松）Tagaraṃ

（3）栴檀（檀香）Candanaṃ

（4）丁香（沉香）Agaruḥ

（5）蘇合香（兜羅香）Turuṣkaḥ（後漢時已有蘇合香輸入）

（6）沉香 Kṛṣnāgaruh

（7）翟葉香（多磨羅葉）Tamālā paṭṭram

（8）蛇心檀 Uragovsāra-Candanam

（9）隨時檀 Kālānusāri-Candanam

（10）龍腦香（樟腦）Karpūram

（11）鬱金香（紅花）Kmikuman

（12）薰陸香 Kundüruḥ

（13）白膠香 Sarjarasah

圍繞古代香藥之路問題，我在本文試提出兩個問題來討論。

一、鬱方與鬱金香

鬱金香爲外來貢品，《說文 · 鬯部》鬱字下云：

鬱，芳草也。十葉爲貫，百廿貫，築以煮之爲鬱。……一曰：鬱鬯，百草之華，遠方鬱人所貢芳草，合釀之以降神。鬱，今鬱林部也。

《周禮 · 肆師》鄭注："築鬱金煮之，以和鬯酒。"《水經 · 温水注》云：

又東至鬱林廣鬱縣，爲鬱水。
秦桂林郡也。漢武帝元鼎六年，更名鬱林郡。

鬱水即古西江之名。酈注引應劭《地理風俗記》曰：

周禮鬱人掌祼器，凡祭醊賓客之祼事，和鬱鬯以實樽彝。鬱，芳草也，百草之華，煮之合釀黑黍，以降神者也。或說今鬱金香是也。(一曰鬱人所貢，因氏郡矣。[1])

《御覽》卷九八一香部引應説至“是也”，文同。應説乃雜采《周禮》及許慎語。漢儒都説鬱金香是遠方鬱人所貢。

周初彝銘像《叔卣》説：“賞叔䒾鬯。”小子生尊説：“易（賜）金、䒾鬯。”即是鬱鬯。九錫之賞賜，䰞鬯一卣爲其中之一。鬯是以“䰞釀鬱草芬芳攸服以降神”（《説文》許慎語）。《禮記·郊特牲》言：“周人尚臭，灌用鬯臭，鬱合鬯，臭陰達於淵泉。”這樣用鬱草和酒來灌祭，殷人已如此。卜辭鬯字多見，繁形有合匕（柶）鬯爲一字作□的，有從示作□的，像兩手奉鬯以祭。而鬱字亦見於卜辭，于省吾已指出甲文䒾字作□，同於《叔卣》，證明即是鬱字，其説可信。東漢武梁祠石刻山左次一獸衹存後二足，右題一行云：“皇帝時南夷乘鹿來此巨暘。”證之《宋書·符瑞志》：“黄帝時，南夷乘白鹿來獻鬯。”皇帝即黄帝，巨暘即䰞鬯，指鬱鬯。則南夷進鬱金香由來已久，且見之漢代畫像石上。卜辭所見䒾字異形甚多，最可貴的是出現鬱方一地，玆録其文如下：

乙丑，王□䒾方（《合》二〇六二四）

……方……刞……䒾方（《合》一一二五二）

□方……一月（《合》二〇六二六）

又有往鬱之文：

戊午卜寵貞　呼雀往於鬱，戊午〔卜〕寵貞；勿乎雀往於鬱（六九四六正大龜）

貞：王勿往於□（《合》八一八五正）

[1] 《水經注疏》本，2982頁。

貞：……令往[illegible]（《合》五四二六）

貞：令往[illegible]（《合》八一八二）

貞：令往[illegible]（尋）

貞：令往[illegible]（《東》六三七）

據説近時研究，證明殷代銅器原料不少取自雲南，詳細報告，尚待公佈。而英國所藏龜甲，實爲緬甸龜（詳《英國甲骨録》下册）。殷人與西南地區關係，有如此密切。如果這鬱方是指漢的鬱林郡，則殷人的足迹已及西南出産鬱草的地區了。

《宋書》記范曄撰《和香方》，其序有云："蘇合安息，鬱金、奈多和羅之屬，并被稱於外國。"吴萬震《南州異物志》："鬱金者，出罽賓國，國人種之。"殷代已有鬱方的地名，可推知鬱金的傳入甚早。蓋從西南路綫，由印度（身毒）輸進吾國，證之殷墟出土龜甲，雜有棉布即土盧布，相當榜葛剌所謂兜羅棉。西南中印交通路綫之陸道，既是古代絲綢之路，亦是古代的香藥之路。乳香藥物主要産於紅海沿岸。廣州南越文王墓及廣西貴縣漢墓均有出土遺物。《貴縣羅泊灣漢墓》一書中從器志木櫝詳著其事，其器物上刻畫"布山"二字地名，布山即今之貴縣。

二、香爐原始

美國萊恩（Ellen Johnston Laing）氏曾研究敦煌壁畫和畫幡中的多件香爐。萊恩氏以爲中國以外的地方很少有香爐的實例。又以爲佛教徒借用了道教徒禮拜儀式用的博山爐，更換紋飾，直到魏隋時代，又流行矮脚香爐。[1]

其實，人類使用香爐，在西亞先史時代已甚流行。近東的詩頌有云：

> He hath prepared his spell for my mouth with a censer for those Seven, for clean dicision......A hawk, to flutter in thine evil face.

他們慣用一個香爐和七字的咒文來趕除邪魅。西亞咒語詩中言及右手執鷹隼（hawk），又有神鴉（raven）作爲 god 之助手，以驅邪魅。廟底溝出黑陶鴞尊，殷墟出土有石鴞，阜新縣出土有玉鴞有羽，此類鴞鳥，殆亦神鳥相佐辟邪之意。raven 亦如金鳥，西亞之俗或燃火執炬致祭。而殷人亦用，像人執火炬之形。西亞詩頌咸稱神鳥、香爐及火炬（torch）之屬，皆大神所賜貽我等者。

吾國紅山文化有壇、廟、冢，祭器有豆形鏤孔熏爐（如圖一），是中國熏爐最早資料可推至五千年前。且當時已使用薰香。《廣雅·釋天》："天子祭以鬯，諸侯以鬱，卿大夫以苣蘭，士以蕭，庶人〔以〕艾。"這是古逸禮《王度記》的佚文，見《白虎通》卷五《考黜》及《周禮·鬱人》賈疏。《正義》稱："禮緯有秬鬯之草，《中候》有'鬯草生郊'，皆謂鬱金之草也。"《左傳·僖四年》記晋獻公卜娶驪姬，其繇有云："一薰一蕕，十年尚猶有臭。"薰即香草，《陳藏器本草》謂即零陵香。《御覽》卷九八三香部薰香下引《魏略》："大秦出薰草。"又引《蘇子》："薰以芳自燒。"以薰香焚燒，故有熏爐之制。馬王堆出西漢熏爐，透雕孔，灰陶敷色加彩。[2] 南越文王墓出土豆形陶熏爐，形制略相近。

---

[1] 參見萊恩《中國的供佛香爐和有關的供案陳設》，載敦煌研究院 1990 年《敦煌學國際學術討論會論文縮寫文》。

[2] 見《世界陶瓷全集》。

佛經中亦見有香爐。梁扶南僧伽婆羅譯《孔雀王咒經》，後有“結咒界法”，言及五尺刀五口、五色幡五枚、鏡五面、安息香、薰陸香等，并附有壇法圖（見圖二）。壇法圖之中央即香爐。考印度火祭，神壇以磚砌成飛鳥形狀，又以蘇摩（Soma）酒致祭，正如周人用鬱鬯，均富有刺激性，意正相似。

圖一

圖二

連雲港尹灣漢簡，其（成帝）《永始四年（公元前13）車器雜簿》中，木牘的反面第四欄記載着：

薰毒八斗

又甘肅敦煌懸泉置遺址出土大量文書，内記藥名的有編號T·〇二一二四，一書“付子”，一書“薰力”，一書“細辛”。

薰力應譯爲薰陸（Kundürut），不成問題。薰毒之“毒”爲“毒”之省筆。亦宜釋“薰陸”。[1]

以上二事，可證薰陸香之東來，有陸路及海道二途。薰陸香亦稱乳香，宋掌禹錫《嘉祐本草》：“薰陸出大秦國。”《南方草木狀》

[1] 參看張顯成《西漢遺址發掘所見“薰毒”“薰力”考釋》，長沙吴簡國際學術論文。

上言："薰陸出大秦國，其木生海邊沙上，盛夏木膠出沙土，夷人取得，賣與賈客。"乳香藥物，在南越文王墓及貴縣漢墓均有出土。

西漢皇室宮中，大量使用乳香，且有專人司其職。漢宣帝時，有披香博士淖方成者。當趙飛燕入宮，成帝悦其歌舞，召入宮大幸，其女弟復召入。淖在帝後，唾曰："此禍水也，滅火必矣。"《通鑑》著其事於成帝鴻嘉三年（標點本，996 頁）。胡三省注："披香博士，後宮女職也。"

漢世學人，且有關於宫方著述，如經師鄭玄即有《漢宫方注》(見《墨莊漫録》)，宋洪駒父曾集古今香法。

上述鬱邑及薰陸等香之傳入，古代中外香料，往來甚早，西漢時已極爲普遍，濱海之尹灣木簡有"薰毒"之記録，至於懸泉與西域之關係，更不必論矣。

附 《回回藥方》題辭

《回回藥方》之受世界學人矚目，由於其書對中外文化交流具有獨特之意義。本書編者江潤祥教授此一研究成果，必受到學術界高度重視，無待余之揄楊。江君以余喜談中外瑣事，囑題數語，試拈一事論之。

《回回藥方》卷三十"雜證門"談及先賢札里奴西所造藥物，據考證即指《醫典》第五卷第一章所記伽里奴斯製之"鬱金藥膏方"，札氏即羅馬帝國希臘醫生蓋侖（Galen，約 129—200）。回回方中有兩個與鬱金膏藥有關之禄其方劑（Lakki，指松香樹膠）。鬱金，梵音爲 Künkuman，題葛洪撰之《金液神丹經》稱"鬱金出罽賓國"。其實中國西南亦産之。廣西鬱林郡，漢武時置，本秦之桂林郡。《説文》："鬱，芳草也。遠方鬱人所貢，今鬱林郡也。"即以鬱金得名，其水曰鬱水，即今之西江也。東漢應劭《地理風俗記》："（周禮）鬱人所貢，因氏郡矣。"（見《水經·温水注》）殷卜辭有地名曰鬱方，字作[illegible]，余年前著《談古代香藥之路——鬱方與古熏香器》一文已細論之。廣西貴縣羅泊灣漢墓出土漆杯，題識勒"布山"二字，布山即鬱林郡治所在，今之貴縣，足見其地久屬漢郡管轄之内。今檢馬王堆出土之《五十二病方》，中有一則云：

用鬱，求□三物治胻炙傷

是漢初已使用鬱香製藥以治傷口。《本草》謂鬱金主血漬，下氣生肌止血。從長沙病方證知以鬱金製藥，遠在羅馬蓋侖以前。《吐魯番文書》：高昌國粟特康姓人買鬱金。是原爲漢産，回回藥方更瞠乎後矣。

因知中外醫學史藥劑問題，仍有待於考古新資料之佐證，不易貿然定其先後。唐段成式記唐玄宗頒賜安禄山品物名單，内有"金石淩湯一劑及藥量就宅煎"，賜藥且可就宅煎吃，亦云奇矣。漢土文獻豐富，好學深思之士如江君者，可致力者尚多。牢籠今古，發微闡幽，企予望之。

丙子重陽，饒宗頤
1996 年

釋儒

——從文字訓詁學上論儒的意義

一

什麼是“儒”的原始意義？一般談中國學術史的和提倡儒學的人們，似乎都還没有給我們一個較滿意的答案。過去曾經有不少文章討論到這個問題，最重要的有章太炎的《原儒》和胡適之氏的《説儒》（日人狩野直喜亦有《儒の意義》上下篇，見《支那學文藪》）。他們都根據許慎的《説文解字》來尋求“儒”字的古義。《説文》人部説：“儒，柔也。術士之稱。從人，需聲。”

章氏看中了“術士”一辭，把原始的儒説成“方術”之士，因而把儒字區别爲達、類、私三個不同的意義，即謂從方術之士的儒，和類名的《周禮》所説的“師”“儒”，演變爲狹義的儒家的“儒”。胡氏的文章却看中了“儒，柔也”這一句，認爲“柔弱”才是“儒”的本義。《禮記》的《儒行》篇上説：“孔子衣逢掖之衣，冠章甫之冠。”孔子曾自稱爲殷人，因此胡氏竟推想到儒服即是殷服，便説道：“儒的第一意義是一種穿戴古衣冠，外貌表示文弱迂緩的人。”又因受到章氏“儒”是“方術之士”一説的影響，復誤會到“儒是殷民族的教士，他們的宗教即是殷禮，他們的人生觀是亡國遺民的柔遜人生觀”。胡先生文章發表以後，已有許多人提出反對，現在不必多事徵引。

二

本來此事無重提之必要，可是最近還有人采用胡氏儒的本義是“文弱迂緩”的説法（如友人徐亮之所寫的《孔子評傳》），可見他的學説入人之深。我們認爲拿文字來推證歷史，本來也是考據的一種方法，但稍一不慎，很易引起誤會，所以邏輯上每每以字源爲戒（fallacy of etymology）。《説文》一書，多雜漢人讖緯之説，有時還含有些講經訓、義理的話，并非完全説字源。許氏訓儒爲柔，這個柔字，是不是訓爲柔弱？它的本義又是什麽，這是最值得研究的基本問題。我的意見以爲要了解“儒”是什麽，應該先從明了柔字的意義入手。柔字見於《説文》木部，許君解云：“柔，木曲直也。從木矛聲。”《尚書》的《洪範》説：“木曰曲直。”段玉裁注：“凡木曲者可直，直者可曲曰柔。《考工記》多言揉。許作煣。云：‘屈申木也。’必木有可曲可直之性，而後以火，屈之申之。此柔與煣之分别次第也。柔之引申，爲凡耎弱之稱，凡撫安之稱。”從上可見柔本來是揉字，原是動詞，後來才引申爲柔耎，因此作形容詞用，有如剛柔對立的柔。我們更從許君對柔字所下的定義，知道他是采取《洪範》的，那麽他對於“儒”的見解，當然可能依據旁的經訓。他説“儒，柔也”，這一柔字應該另尋解釋，我們不應該魯莽地因我們習知“柔”是“柔弱”“柔軟”，便把柔字説成軟弱，從事文字研究的人們稍一疏忽，便會鑄成大錯，這是一個很重要的例子。

許慎以前的字書有《爾雅》。《釋詁》第一上説：“豫、寧、綏、康、柔，安也。”這個解説是從《尚書》和《詩經》歸納得來的。兹試舉“柔遠”一辭來做例子：

> 《尚書·堯典》：“惟時柔遠能邇，惇德允元。而難任人，蠻夷率服。”

又《顧命》:“柔遠能邇,安勸小大庶邦。”(《淮南子·主術訓》:“治亂之機。”高誘注云:“言當安遠如邇,安教小大衆國。”即解釋這句話。)

又《文侯之命》:“柔遠能邇,惠康小民。無荒寧,簡恤爾都,用成爾顯德。”

《詩·大雅·民勞》:“柔遠能邇,以定我王。”傳云:“柔,安也。”(劉向《説苑·君道》:“是以近者親之,遠者安之。”亦即以安説柔。)

“柔遠能邇”,漢督郵碑作“渘遠而邇”,柔字加水旁作“渘”。此處柔字,不是形容詞,而是外動詞,和剛柔的“柔”字,性質不同。《中庸》上説:“柔遠人,則四方歸之。”又説:“送往迎來,嘉善而矜不能,所以柔遠人也。”在《中庸》裏,“柔遠”是治天下國家的九經之一。“柔遠能邇”同時也是古代一句常用的習語,屢見於銅器上的銘辭。而柔遠字作顫遠。

大克鼎:“諫薛(乂)王家,惠於萬民,顫遠能釱。”(《三代吉金文存》四)。孫詒讓曰:“釱讀爲暬,《楚語》韋注:‘暬,近也’,猶《詩》言:柔遠能邇。”金文以釱爲邇字。番生簋:“虔夙夕,尃求不朁德,用諫四方,顫遠能釱。”(《三代吉金文存》九)

其他銘辭又有“康顫”“顫燮”等辭。

晋姜鼎:“用康顫妥褱遠釱君子。”(薛氏《鐘鼎款識》十)

秦公鐘:“盭盭文武,鎮静不廷,顫燮百邦於秦執事。”(薛氏《鐘鼎款識》七)

這些“顫”字,都是假借用作“柔”的。(參看孫詒讓《論古籀二書》及《王静安先生遺書》。）克鼎是西周後期的彝器（參容庚《商周彝器通考》），已有“柔遠”之語，可見訓“安”的柔字，春秋以前已經盛行了，故經典上“柔”和“擾”兩字每每互相通用。例如《尚書·皋陶謨》：“寬而栗，柔而立。”《史記·夏本紀》“柔”作“擾”。應劭云：“擾音柔，擾馴也。”《周禮》：“大宰之職二曰教典以安邦國，以教官民，以擾萬民。”鄭注云：“擾，猶馴也。”又《地官·司徒》：“使帥其屬而掌邦國教，以佐王安擾邦國。”鄭注：“教所以親百姓，訓五品；擾亦安，言饒衍之。”這裏“安”“擾”連文同義。故“擾民”亦作“柔民。”如《國語·齊語》：“寬惠柔民。”是其證明。《詩經》還有許多地方説到“柔”字。

《大雅·抑》云：“敬爾威儀，無不柔嘉。”箋云：“柔，安；嘉，善也。”（馬瑞辰云：“《國語》‘無亦擇其柔嘉’，肉之善曰‘腬嘉’；出話威儀之善，亦得謂之‘柔嘉’，柔嘉皆‘善’也。……《晋語》‘君父之所安也’，韋注‘安猶善也’。則安與善亦同義。”見《毛詩傳箋通釋》七十五下。）

《周頌·時邁》：“懷柔百神，及河喬岳。”（《荀子·禮論》引此。《淮南子·泰族訓》引此解云：“故聖人者，懷天心聲，然能動化天下者也。故精誠感於内，形氣動於天。”）又《絲衣》：“旨酒思柔。”箋：“柔，安也。”（馬瑞辰云：“《詩》蓋言奉旨酒則思嘉德。”）

這些柔字，《詩傳箋》并解爲“安”，或説爲“善”，因爲“善”與“安”一義亦近。

從上面所引經典、銅器銘文各柔字通用作擾看來，“柔”的意義是“安”而不是“柔弱”，《爾雅》的解説是極對的！我們看東漢大儒鄭玄在《禮記目録》的《儒行》篇上説道：“儒之言優也，柔也；能安人，能服人。”這是《禮記正義》所引。在鄭注本上作“儒之言優也，和也”。鄭君的解説，能“安人的”便叫做儒，因爲儒的意義是“柔”，而“柔”的意義即是“安”。他又説“儒”的意思是優。克鼎諸器上正把柔字寫成優字。又《禮記》鄭注另一本“柔”作“和”，因爲柔與和意義亦相同。《左傳·昭公二十年》引仲尼説：

> 善哉！政寬則民慢，慢則糾之以猛；猛則民殘，殘則施之以寬；寬以濟猛，猛以濟寬，政是以和。《詩》曰：“……柔遠能邇，以定我王。”平之以和也。

此處用“和”來説“柔”，與鄭君把“和”來説“儒”，正是同一道理。《説文》夊部“憂”字下説：“和之行也。”《爾雅·釋訓》：“優優，和也。”憂即優游的優字，故云“儒之言優也”。優即是和，上舉秦公鐘的“擾燮百邦”句法正與《堯典》“協和萬邦”一樣。知柔與憂、優、擾相通，并得訓爲“和”，可見鄭説的正確。《説文》訓儒爲“柔”，必和鄭玄一樣，跟着《爾雅》把柔字説成安，一定不會把它解成“柔軟”的。下面我可以再提出一個補充證據。

漢碑多把“儒”字寫成“濡”，如衡方碑“少以濡術”，堯廟碑“濡術之宗”。上舉詩《時邁》“懷柔百神”，《釋文》“柔”本作“濡”，郝懿行《爾雅義疏》云：“某氏引詩此句，定本作柔，《集注》作濡。”馬瑞辰云：“柔、濡雙聲，故通用。《宋書·樂志·明堂歌》‘懷濡上靈’，正本此。《詩》柔通濡，猶《説文》訓儒爲柔也。”這説極是，以“柔”訓“儒”，也是聲訓的一例。清儒訓詁精核，甚爲可從，即此可以糾正時人之説。儒訓柔的意義既非柔弱，那麽，那些從“柔弱”一義所推想出來對於儒的種種説法，自然不用多辯了。（可參閲錢穆先生《駁胡適〈説儒〉》一文。）

三

柔與儒的意義既明，我們可以進而討論儒家起源的舊説。劉歆《七略》云：

> 儒家者流，蓋出於司徒之官，助人君順陰陽，明教化者也。（見《漢書·藝文志》。《隋書·經籍志》作“儒者，所以助人君明教化者也”。）

這一説顯然是根據《周禮》。《周官·冢宰》：“三曰師，以賢得民；四曰儒，以道得民。”鄭注：“師，諸侯師氏有德行以教民者；儒，諸侯保氏有六藝以教民者。”師以德行，儒以道藝。鄭君之意殆謂儒即是保氏。《周官·司徒》：“以本俗六，安萬民；其四曰聯師儒。”注云：“師儒，鄉里教以道藝者。”把“師”和“儒”并列。在《周禮》中，師氏下面即是保氏。可見師是師氏，儒即保氏。師、保二名，古每對言，如《禮記·文王世子》云：“師也者，教之以事而喻諸德也；保也者，慎其身以輔翼之而歸諸道也。”把“德”與“道”分開。“保”的責任是“教人歸諸道”，這與“儒以道得民”，事正相符。又保氏的“保”，鄭注：“安也，以道安人者也。”與“儒”字訓“柔”義爲安，也很融合。

《堯典》上説：“帝曰：契！百姓不親，五品不遜。汝作司徒，敬敷五教，在寬。”我們可以由此推想古代負教育責任的是屬於司徒之官。《周禮》大司徒所司曰施十二教，曰佈教於邦國都鄙，曰以鄉三物教萬民。從《周禮》本身找證據，儒亦即保氏之變名（參看賈公彦《疏》）。保氏與師氏同掌教職，它的目的是安民；它的工作是教民；它的地位，進則爲鄉大夫，退則爲鄉先生（參看劉師培《儒家出於司徒之官説》）。它設教的工具是“道”“藝”。這些師保有教世子、國子的，有教於鄉里的，雖地位不同，但它的性質却同樣是掌教；所不同的是一種負責貴族教育，一種負責鄉村教育而已。

《周官》疏對“聯師儒”一語説云：“以其鄉立庠，州、黨及遂皆立序。致仕賢者使教鄉閭子弟，皆相連合，同就師儒，故云：‘連師儒’。”我們推想這和漢以後退職的大官在自己的鄉里施教一樣。鄉里子弟和那些有道德有才能而致仕的師儒聯系起來，受到人格的感化及陶冶，這種鄉村教育是最基層的政治工作。欲使人民相安無事，先從教育入手，那是最扼要的。中國古代的政治理論，見於《尚書·皋陶謨》中，施政的雙軌是：“在知人，在安民。”“知人則哲，能官人；安民則惠，黎民懷之。”官人是施政者本身知人之明的訓練。（“哲”字《史記》作“智”，“官人”是説如何去任用人。《逸周書》有《官人》篇，《大戴禮》作《觀人》，是古代對官人問題的專門著作。）安民是施政的唯一方針。能使人民心悦誠服地自動歸向，而不致陷於罪過，相安以處，這是最高的政治理想；欲達到這個目的，必須向一般人民施行德育和生活技能的訓練，所謂“以道得民”，“以道安人”，便是這個意思；道衹是一個諢名而已。所謂“師氏以德行教民”，“保氏以六藝教民”，把“德行”“藝能”分開，我疑心這應該像現代學校把訓育和其他科目的課授分開一樣。“師氏以賢”正表示古代對於道德行爲的重視，和給以特别的訓練。（孔子設教分德行、政事、言語、文學便是進一步的分科。）古代的鄉學和國學都有師保負責來推行教育工作，師保也叫做師儒，可見“儒”的原來亦就是負責推行教育工作的人。孔子所以爲“儒之所至”（《韓非子·顯學》語），便是他將這種神聖工作給以擴展和充實；他把官學發展爲私學，有教無類地去進行平民教育，毫不厭倦地去教人和充實自己的學問，統一了“師”“儒”的工作，揭出“志於道，據於德，依於仁，游於藝”的教育宗旨，都是他的絶大貢獻。他是歷史上最偉大的教育家。推行教育工作的是“儒”，所以孔子被尊爲儒宗。保氏以禮、樂、射、御、書、數六藝設教，儒家以六經爲六藝，也是脱胎於保氏的。（《大戴禮·保傅》篇：八歲就外舍學小藝，束髮就大學，學大藝。《尚書大傳》謂：“公卿之大子，大夫元士嫡子，年十三始入學，見小節而履小義；二十而入大學，見大節而踐大義。”可見古代貴族教育分“小藝”和“大藝”二個階段。古時能曉得六藝的人，可稱爲儒。例如養由基射白蝠應矢而下；尹儒學御，三年受秋駕。《吕氏春秋·博志》篇上稱他們是“皆六藝之人也”。《左傳·哀公二十一年》：“齊人責稽首，因歌之曰……唯其儒書，以爲二國憂。”由上可見，能射、御的人都可有六藝之目；談禮的典籍，得稱爲“儒書”。照這樣看來，儒者所定經籍的六藝，顯然是本於保氏禮、樂、射、御、書、數的六藝，不過保氏的六藝是初級的課程，所以叫做小藝；六籍講高深的理論，是高級的課程，所以叫做大藝。同樣稱藝，這即是“六經”亦稱爲“六藝”的原因。）

由上可見舊説儒家出於司徒，和《周禮》所説，并没有什麽可疑之處。我們不能因《周官》的晚出，便把這段事實抹殺。（古代司徒與教育的關係，可看《禮記·王制》篇，此不具引。）

四

現在，我們可以把章太炎“儒是方術之士”一説重新加以檢討。他根據漢人的書，如《史記·儒林傳》，説“秦坑術士”就是坑儒；《論衡》裏面徵引了許多“儒書”，却是術數一類；并附會《莊子·田子方》篇言“儒者冠圜冠，知天時”，因謂古的儒即通曉天文占候的人，故通稱爲術士。其實《説文》上言“儒，術士也”，這個“術”字未必是指術數，許慎没有明白説明，很難確定。我們認爲有若干點説不

過去:

（一）秦漢時候方士喜歡假借“儒”的名稱來文飾自己。（友人陳槃庵先生列有很詳細的證據，見他所著的《秦漢間方士考論》中《以儒學文飾》一節。）

（二）儒的名稱在秦漢以後被人濫用，像《漢書 · 司馬相如傳》説:“列仙之儒。”神仙家也被人給以“儒”的稱呼，便是一例。

（三）漢代儒生和方士有明顯的界限，像《封禪書》上説:“諸儒及方士言封禪……”可見二者之間，大有區别。因此，我們對於術士的“術”字應另找解釋,《説文》云:“術，邑中道也，從行，術聲。”術的本義是道路，故亦可引申爲“道”。古書上“術”和“道”二字的用法有時幾乎没有多大區别，有時也合稱爲道術。“術數”是“術”的别義，“道術”是“術”的通義。《墨子 · 非儒下》及《樂記》都有“心術”之名（亦見《史記 · 樂書》）。《非命上》作“心涂”（即塗）;《樂記》又言“性術”，術是路徑。（《漢書》顏師古注:“術，道徑也，心術之所由也。”所由曰術。正如韓愈《原道》所説“由是而之焉之謂道”，意思一樣。）其他如《王制》言:“樂正崇四術，立四教，順先王詩書禮樂以造士，春秋教以禮樂，冬夏教以詩書。”稱詩、書、禮、樂四者爲“四術”。《史記》《漢書》常稱儒家學説爲儒術。（如《封禪書》及《禮樂志》云:“竇太后好黄老言不説儒術。”）推而廣之，法家之説也稱“法術”（見《韓非》的《奸劫弑臣》《孤憤》等篇）。莊子每言“道術”“方術”（見《天下》篇，他如云“人相忘於道術”），賈誼《新書》有《道術》篇。這些“術”字都含着極廣泛的意義。有時“道術”也倒稱爲“術道”,《禮記 · 鄉飲酒義》:“古之學‘術道’者，將以得身也，是以聖人務焉。”注云:“術，猶藝也。”術字可訓“道”或“藝”，則《説文》所稱儒是術士，乃泛指“有道藝之人”，和《周禮》“儒以道得民”一義，可相印證。

《周禮·地官》言六藝，六藝即六經。(《説文》:“埶，種也，從坴，丮持亟種之。”段玉裁注:“唐人樹埶字作藝，‘六埶’字作藝，説見《經典釋文》。周時六藝字蓋作‘埶’，儒者之於禮、樂、射、御、書、數，猶農者之樹埶也。”）藝和術同義，詩、書、禮、樂是六藝中的四種基本課程，在《王制》稱爲四術。那麽通四術的儒者可以叫做術士，故術士不必指别義的方士。通經的人亦得有“術士”之稱。《莊子》説:“其在於詩、書、禮、樂者，鄒魯之士，搢紳先生多能明之。”(《天下》篇)鄒魯之士即指儒者。《管子》説:“魯邑之教，好邇而訓於禮。”(《大匡》篇）魯邑猶言魯國，“邇”應讀作“藝”。(藝與邇二字古通用，如上舉“柔遠能邇”一語，金文作能犾，“犾”即古“埶”字，今作“藝”。《堯典》“藝祖”,《大傳》“藝”作“禰”,可看于省吾《管子新證》。戴望讀邇爲遜，非是。)即是説魯國之教，好藝而訓於禮。所謂“好藝”無異説能通六藝。證之《論語·述而》“子所雅言，詩書執禮”，這便是魯國之教。章太炎在《小學答問》有一段話説:“六藝者，六術也。漢世以六經爲六藝者,《保傅》篇:‘古者年八歲而出就外舍，斆小藝焉，履小節焉；束髮而就大學，斆大藝焉，履大節焉。’是禮、樂、射、御、書、數爲小藝，六經爲大藝；漢世六藝之稱，非苟爲之也；特古經未必止六，而以教者，不過詩、書、禮、樂，又不盈六爾。”這處所見甚是。他既知“六藝”即六術，那麽凡嫺習六藝的人，當然可稱爲“術士”。何必拘泥莊子説，儒者冠圜冠，漢人稱爲術氏冠，遂把術士二字説成方士呢?

術士一名見於《史記·淮南王安傳》:“昔秦絶先王之道，殺術士，燔詩書。”同書《始皇本紀》稱爲“文學方術士”。後世謂之“坑儒”。秦所坑者實爲方士者流。故“術士”一名，亦得爲“方士”的别稱。陳槃庵云:“術士有廣狹二義，自古凡道藝學説皆曰術，此等人士亦得曰‘術士’，此爲廣義。戰國秦漢間大都以怪迂方士爲‘術士’，是爲狹義。《説文》所謂‘術士’是狹義，即方士是也。漢儒多與方士同化，故《説文》云爾。其實儒家自有其本來面目，《説文》此言乃全稱肯定。然依其説，是凡儒皆方術士。”又云：“儒者以術士之冠爲冠，儻亦不無其事，然不可謂凡儒皆然，蓋儒者本分二派，孔子以爲有‘君子儒’‘小人儒’是也。古之‘小人儒’冠術氏之冠，此可視爲依附方術之一種行爲，而戰國以後之術士則又轉而以儒學爲文飾。此類方術士，假以爲文飾之儒學，即孔子一派之正統儒者，以鄒衍而與孟、荀合傳，與始皇所坑之術士而曰‘諸生皆誦法孔子’，此其例顯而易見。”陳君所論甚爲通達，唯《説文》簡質，僅云“儒，術士之稱”，秦漢之間，儒者雖與方術士同化，至武帝崇儒術以後，儒者與方士已經有明顯的分界，許君生於東漢，六藝與術數，及經與緯間的畛域甚明，他所説的術士不一定指方術之士，而是指廣義的通道藝之人，和鄭玄所説“師儒，鄉里教以道藝者”相似，這正可以代表東漢人的見解。

由上知近人從《説文》對“儒”字解釋所推論得到的儒的古義，事實祇是一種誤會。那麼儒的古訓還是以鄭君之説爲確當。不幸甲骨和銅器上没有見過儒字，因爲“書闕有間”“文獻不足徵”的緣故，對於儒的發生與殷遺民有無關係，此時無從研究。但關於“柔”的觀念，在金文及《詩》《書》均可找到，絶不是殷亡國以後遺存的文化，此點却可以論定。

五

“儒”字在經典出現的，除《周禮》外，以《論語》爲最早。孔子對子夏説：“女爲君子儒，毋爲小人儒。”（《雍也》篇）可見孔子對於“儒”，已有等差的看法。劉寶楠《正義》説：“君子、小人以廣狹分，不以邪正分。”這句話非常重要，應該如何解釋呢？我的意思，孔子對於“士”同樣亦有小人之論，正可參照。

子貢問曰：“何如斯可謂之士矣？”子曰：“行己有耻，使於四方，不辱君命，可謂士矣。”曰：“敢問其次？”曰：“言必信，行必果，硜硜然小人哉！抑亦可以爲次矣。”（《論語·子路》）小人的反面是大人，“從其大者爲大人，從其小者爲小人。”後來《孟子》和《禮記》《大學》對於大人之學都有詳盡的發揮。《易經》象辭言君子最多，是從各卦象上教人如何做一個君子。君是群的意思，凡能領導群倫具備智、仁、勇三達德的，可以叫做君子。君子和大人二者的意義應該是相近似。（《易·乾·文言》“大人者，與天地合其德，與日月合其明”一節，對於大人的資格，有最具體的説法。）

《論語》有一段對於君子的重要説明：

> 子路問君子，子曰：“修己以敬。”曰：“如斯而已乎？”曰：“修己以安人。”曰：“如斯而已乎？”曰：“修己以安百姓。修己以安百姓，堯舜其猶病諸！”（《子路》）

這段話可説是“君子儒”的確切解釋。儒即“柔”，所以安人；安人必先修己，單獨修己，衹可内敬其身，談不到安人，更談不到安百姓。真正的君子，要内克修己，外能安人和安百姓。“仁者，己欲立而立人，己欲達而達人。”這樣才可算爲“君子儒”。要明德新民，内外兼備，止於至善，才是大人之學。譬如佛家，獨覺禪而没有覺他，便不能成佛。同樣的，僅能修己而不能安人，是不配稱爲君子儒的。

至於“小人”，那衹是堅執不通的硜硜小器，也即就是孔子所譏的“匹夫匹婦之爲諒，自經於溝瀆而莫之知”的人。君子則“直而不諒”，事存濟時濟世。借孟子的話來解釋，小人儒是“獨善”，君子儒該是“兼善”。孔子告誡子夏要作爲君子儒，即是勉勵他“立夫其大”“爲大人之學”呢！（君子、小人之區別，在《論語》或以義利分之，孟子則以勞心勞力分之。更早的《尚書·無逸》以小人勤勞稼穡，即《左傳·襄公十三年》“君子尚能而讓其下，小人農力以事其上”之意。《詩經·小雅·角弓》：“毋教猱升木，如塗塗附；君子有徽猷，小人與屬。”君子是役人者，領導者；小人是依附者，被役者。這是以社會地位來分。孔子所謂“君子儒”“小人儒”，與上面所舉的，意義完全不同。）

“儒”的解説，到了荀子又給它一個擴大的意義。他還著有專論詳細地發揮。他的《儒效》篇説：

> 志忍私，然後能公；行忍情性，然後能修；知尚好問，然後能才；公修而才，可謂小儒矣。志安公，行安修，知通統類，如是則可謂大儒矣。大儒者，天子、三公也。小儒者，諸侯、大夫、士也。

又説：

> 大儒者，善調一天下者也。其言有類，其行有禮，其舉事無悔，其持險應變曲當。

他的意思，認爲儒有“大儒”“小儒”之别。能通方達用的是“大儒”，能公、修而有才的，衹是“小儒”。换句話説，能兼濟天下的，才算是大儒。他在《勸學》篇又論儒有散儒及陋儒等。不能隆禮，僅能辨察的是散儒；徒能學雜識志讀詩書，而不能隆禮的是陋儒。其他尚有俗儒、雅儒之論，不能盡舉。他對於儒的評騭，比孔子更進一步。（《亢倉子·君道》篇：“今夫小人多誦經籍、方書，或學奇技通説，而被以青紫章服，使愚者聽而視之，正爲君子，明者聽而視之，乃小人也。”徒習方書奇技的，乃小人之流，與方士同出一轍。是即荀子所譏的陋儒，亦即孔子所稱“小人儒”之一種。於此，我們對於儒中君子與小人的分野，可得更深切的認識。）春秋戰國之際，刑名説興，且很受到時人的重視，一部分變質的儒家走入法家。其他徒講繁瑣的禮節而偷儒無能的没落的儒士，遂成爲一般異學攻擊和揶揄的對象。在《莊子》《墨子》書中有很多對儒家譏諷的記載。我們看《禮記》中的《儒行》篇，雖不知作者爲誰（蒙文通疑爲漆雕氏之儒所作），大概即爲對抗當日異學的嘲刺而作，因而托諸孔子之言的。儒家末流有許多的毛病，自不待論。但《儒行》篇發揮儒以求仕致用爲職志，雖時勢不許，猶不忘百姓之病。這和孟子所謂：“志士不忘在溝壑，勇士不忘喪其元。”自任天下之重的精神，可相表裏。即要隨時隨處不忘安人安百姓，這是儒家精義之所在。

六

儒字，古書曾因同音假借而作“懦”。《荀子·修身》篇“偷儒轉脱”楊倞注：“儒謂懦弱畏事。”漢碑如魯峻碑云：“學爲偄宗。”《隸釋》：“偄即儒字。”這是古人習慣假借之例，并不是説“儒”即是“懦”或“偄”。

六朝以後，學者始有解“儒”字爲“偄弱”的。《一切經音義》二十四：“《説文》，儒，柔也，謂柔懦也。”徐鍇《説文系傳》：“儒，柔弱也。又儒之言懦也。《禮》曰：‘君子難進而易退。’《老子》曰：‘知其雄，守其雌。’似乎懦也。”但段玉裁注《説文》，對上列訓柔爲懦，却均無所取，獨采用《禮記》鄭《目録》之義，最爲卓識。清代廣東學者曾釗有《釋儒》篇，乃謂：“凡人躁則急不能待，柔則從容自持。哀公問儒行，以大讓始，以尊讓終，讓則不躁矣。惟無争故能讓，讓故能柔；惟柔而後成爲儒。此儒訓柔之旨。”於是徐灝在《説文段注箋》因云：“人之柔者曰儒，因以爲學人之稱。”這些是前代文字學家對於“儒”何以訓爲“柔”的説法，實在皆不明白柔字應該訓爲安，故勉强解釋。

因爲儒家并不主張柔，專主“柔弱”的却是老子。（如説：“專氣致柔。”“以天下之至柔，馳騁天下之至剛。”是。）孔子説：“剛、毅、木、訥，近仁。”（《論語》）言剛而不及柔。孔門弟子中，有結纓而死的子路，有以矛入齊師的冉有，有率衆逾溝的樊遲（見《哀公十一年》傳），有從微虎三踴幕庭的有若（《哀公八年》傳），有不色撓不目逃的漆雕開，都表現着剛健的精神。他如《中庸》言“强矯”，《儒行》篇且以剛猛爲儒，可見儒家并不以柔立教。實則孔子主中道，是“剛”“柔”兼濟的。《尚書·洪範》言：“沉潛剛克，高明柔克。”《詩·大雅·烝民》贊楊仲山甫，説他“柔亦不茹，剛亦不吐”。又《商頌》：“不競不絿，不剛不柔，佈政優優。”《左傳·昭公二十年》：“仲尼曰……又曰：‘不競不絿，不剛不柔，佈政優優，百禄是遒，和之至也。’”《韓詩外傳》説：“孔子，聖人之中者也。《詩》曰：不競不絿，不剛不柔，中庸和通之謂也。”剛柔兼用，以致中和，這是孔子的中道，顯然本於《詩》《書》。剛與柔二者的和諧，正是周人的傳統觀念，而由孔子加以祖述而發楊的。

七

（一）《論語》所謂“君子安人安百姓”；（二）師儒即師保，保即以道安人者；（三）儒之言柔，即能安人能服人。今綜合各點觀之，意義正是互相融貫。由上列的論證看來，無可否認的，“儒”訓“柔”，它的意義并非柔弱迂緩，而是“安”，是“和”。但怎樣才可達到安、和的境界呢？在儒家特別提出禮、樂二者，因爲“樂者天地之和，禮者天地之序”（《禮記·樂記》）。人與人間的相安，有待於禮來維持；人與人間的和諧，有待於樂來調節。禮、樂二者，是求安的最好工具，所以儒家非常重視。真正的君子儒，是要立己立人，達己達人；修己之後，還要安人和安百姓。無論施之教育或行於政治，都要能安。賈誼是標準的儒家，在《過秦論下》述他們的政治哲學道：“先王見終始之變，知存亡之機，是以牧民之道，務在安之而已。”提出一“安”字作爲政治的最高法則。“安”即是儒的意義。由於“安”的哲學的建立，長治久安，遂爲中國歷來政治家和老百姓的共同目標，且形成了普遍的民族觀念。至今我們的日常生活，都希望平安。見客和給人寫信，總是要請一個“安”，即就是這種意識的表現。中國數千年歷史的綿延，可説是靠着“安”這一觀念的維系。“安”的人生觀是中國民族融合與團結的核心力量，是中國文化真精神的流露。這無疑地應歸功於儒家思想之所孕育。可是話説回來，慣於求安，其流弊反會造成文化的阻滯和癱瘓。没有别的文化來挑戰（challenge），幾乎變成麻木了。數十年來許多新的文化連續地給我們以無情的衝擊，我們所産生的必須正視現實而不能逃避的反應也許是我們未來的新生文化的源泉。平心而論，儒家對“安”的追求，是一個很正常而又有價值的人文思想。這個合理而美滿的希冀，其實該是人類生存的共同鵠的。

八

現代哲學家懷德黑 A. N. Whitehead 在他的名著 *Adventures of Ideas* 一書中提出文化的幾點特質是：真理、冒險、藝術、美以及安和（peace）。對於 peace，他認爲是“諸和諧的和諧”（“for that harmony of harmonies”），“它寧息了那破壞性的暴亂，把文化完成起來”。他又説：

> 這兒指出的安和，并不是麻醉的消極觀念，而是一種積極的情感，涵蓋籠罩靈魂的生命與活動。它是不易給以説明及形容的。它并不是爲着未來的一種願望，也不是對當前事業的一種興趣；而是一個博大無垠的情感，此情感乃由深厚的形上的慧觀而湧現。
>
> 它是一種對美的效能之信賴。更確切地説：它保存那能力的源泉，同時主宰着它們使避免癱瘓的紛擾。當理性失去啓迪之效時，這美的自證即導引出信仰。

懷氏學説博大精深，他對於“安和”一義，還有許多意見，這裏不便繁引。他的哲學，有些地方和儒家甚接近。他所描寫的“安和”的含義，雖帶了濃厚的形上學及宗教的氣味，但可作我們的參考和有價值的啓示。他對“安和”給以積極的意義；同時，更指出“安和”是産生博愛和正義的廣大園圃，可説包括“仁”“義”“克己”諸概念在其中。這與孟子言“居天下廣居”“集義而生”諸意思很相似。同時，他論美的性質，極可與《易經·坤·文言》“君子黄中通理，正位居體，美在其中，而暢於四肢，發於事業，美之至也”這段話的道理互相證發。觀於懷氏提出“安和”對於人類文化關係的深切，那麽，儒者對“安和”境界的倡導和努力，其重要性正不容泯視。衹是我們應該對它給予現代的積極意義，這倒是當前的學者們應該共同擔當的工作呢！

後記

近讀郭店楚簡有和安與安字若干則：

> 譢人之舉然可與和安者
>
> 知而安之仁也，知君子所道▨
>
> 安之者〔仁〕氣也
>
> 安而行之，義也，既安之矣，而儆然行之，義氣也

一方面安與和連言，一方面講安是仁氣與義氣。此春秋以來儒家重視“安”，視爲修養達於仁義的境界。故知“柔”當訓“安”，從《詩》《書》故訓既可證明“和”而“安”的概念，在儒家訓典有其深意，所謂“儒，柔也”，柔之訓安，是合情合理的。

1954年

由卜兆記數推究殷人對於數的觀念

—— 龜卜象數論

一、引言

甲骨上鍥刻的文字，除了卜辭以外，尚有若干成組數字，作有系統之排列，大半隨辭左右對稱，或縱行或橫行。就殷墟第十三次發掘於 YH 一二七坑所出一七〇八七板觀之，其中完整大龜，往往衹在甲首或甲橋、甲尾左右兩邊刻幾行卜辭，而腹甲的上下，却臚列着若干組的數字，如《小屯乙編》三三九九、四五三八，即是顯著的例子。這類數字，向來都目爲貞卜的次數，那是從一至十，每每按照"數纙"[1] 順次記下來，故張秉權稱它作"序數"[2]。但它究竟是代表着什麽意義呢？張氏説：

序數是一種甲骨上的數目字，即一、二、三、四、五、六、七、八、九、十等數字在甲骨上，它們是用來標記卜兆的占卜次序的，是用來標明某一卜兆屬於某一事件的貞卜之中的第若干次占卜的。它們并不是卜辭，但與卜辭有着十分密切的關係。

張秉權以爲："序數的鍥刻，在灼兆以後，刻卜辭以前；大概每灼一兆，便刻一序數字，以標明這是第幾次占卜的卜兆。"照他的意見，這些數字是跟着卜兆而刻上的。没有兆便不需要數，離開了卜兆，這些成組數字便失却它的意義了。

在整龜腹甲中，十分之八，是數和兆相隨的，但有許多例外。而

[1] 數纙即 series of numbers，亦譯作"數串"。

[2] 參見張秉權：《卜龜腹甲的序數》，載《史語所集刊》，第二十八本。

數纚的排列，甚多變化，其間關係，極有研究的價值。本篇擬從這方面作嘗試的探究，希望對殷人在龜甲序數上表現着的數的觀念，得到一個初步的認識。

二、鑽鑿、兆、數、辭的連帶關係

龜甲上有四件東西，保持着連帶的關係，即是龜背的鑽鑿孔，和經燒灼之後腹面所呈的兆象，及刻在兆位的數字，與鍥刻在腹或背面的卜事記録的卜辭或記事刻辭。

我們知道必先鑽鑿然後灼龜，才可得兆，有了兆乃在兆位記數。故可以説是由鑽灼以得兆，再由兆而得數。可是小屯所出龜甲，有時是經過鑽鑿而不燋灼的，故背雖鑽孔，而面却無兆；有時則雖灼而未必呈兆，或雖有兆而暗晦不明。舉例言之：

《屯丙》圖版第 55 頁，即 No.58，大腹甲，背有三十個鑽鑿，雙聯凹穴，其中有八穴未灼，灼過的有二十二穴，而腹甲記序數衹有二十個，有二個卜兆没有記數。

又《屯丙》圖版第 62 頁，即 No.66，大背甲的右半，鑽孔累累，其上有四十三個雙聯凹穴未曾灼用，所以許多地方没有呈兆，亦没有記數。

同書中圖版第 49 頁 No.52，第 51 頁 No.54，第 64 頁 No.68，第 75 頁 No.82，第 77 頁 No.84，第 84 頁 No.91 都有同樣的鑽而不灼的情形。

相反的有時記數和兆、辭，及龜背的鑽鑿完全相同。例如《屯乙》四五三四整龜，有辭六組，每組都刻上一個“四”字，因爲是卜用第四隻龜的緣故；同時背面有鑽孔六個，腹面現兆亦是六個。這是鑽鑿、兆、數、辭四者完全一致的例子。

關於鑽鑿的手續，據董彥堂先生的研究，是（一）預先鑽鑿，然後施灼；（二）鑽孔的多寡，視龜的大小而定。[1] 至鑽灼的情形，始終保持着左右對稱的形式。鑽鑿的對稱，可以不論，而灼兆有時還看已灼的和未灼的互相對稱，以爲定奪。像《丙編》五五（五八）有二個無序數的卜兆灼穴，它的對稱部分，正是兩個不對稱的未灼之穴。張秉權說："也許那兩個已灼之穴，在灼卜的時候，發現有什麽不合規矩的地方，所以作廢了。因此，它們底對稱部分的那兩穴，也就不用了，這現象，似乎表現出殷人的灼龜，是有相當的規律和嚴格的限制。"[2] 這説法是對的。

我們上面説過，數每每跟着兆，有些時候，因爲要依隨鑽孔和兆位，不得不破壞了對稱的行列。這種情形，最習見的是表現在整龜上衹有左右兩直行的序數，時常發見其中有一個不照順序而跳行地移刻在中間内腹甲的部位。試舉些例子，像《屯乙》六三七〇、六七四八、六八八一、七一二八的"二"字，七七八一的"一"字，六七二三的"三"字，六六九六的"六"字，都是單獨跳行，脱離行列，另刻在内腹甲部位的。下面舉《屯乙》六三七〇爲例：

一		一
	二	
二		三
三		四
四		五
五		六
六　七		七

[1] 參見《安陽發掘報告》中《商代卜龜之推測》及《大龜四版考釋》之三。
[2] 《殷虛文字丙編考釋》，93~94 頁。

此片正面有對貞辭一組云："乙巳卜，㱿貞：我其㞢令戠，兇用王。乙巳卜，㱿貞：我勿㞢令戠，弗其兇用王。"板上兆極明顯，數皆隨兆。

關於鑽灼、現兆、記數三者的一致性，較爲常見。刻辭則每因龜甲刻識兆數以後，所餘空隙無多，不能多作鍥刻，衹得從略，有時衹記着所卜的事，作左右對貞而已，不復重沓地記載，故雖鑽孔、兆、數完全相符，而卜辭僅存兩句，試舉兩個整甲記卜受年的來作例子：

一			一
二		一	二
三	一	二	三
四	二	三	四
五	三	四	五
六	四	五	六
七	五	六	七
八	六	七	八
	七	八	

(《屯乙》六六四二)

(一)			(一)
二		(一)	二
三	一	二	三
四	二	三	四
五	三	四	五
六	四	五	六
七	五	六	七
八	六	七	八
	七		

(《屯乙》四六五八)

上舉二片六六四二的數、兆，與鑽孔皆符，正面衹鍥對貞辭一組云：“辛巳卜，争貞：戠不其受年？貞：丏不其受年？”背衹有“受年”二字。四六五八上端及下方殘缺。唯兆、數、孔皆符，正面有對貞辭一組云：“以𡧊不其受年？𠂤不其受年？”背有“受年　受年”兩語，這些是辭不隨着兆數的顯例。

本來卜龜主要衹是看兆，據《周禮 · 占人》及《洪範》與後來注家所解釋，兆有兆象、兆氣、兆廣、兆璺之别。

兆象——體

兆氣——色{雨、霽（濟）、圛（驛）、霁、克}

兆廣——墨

兆璺——坼

《周禮 · 太卜》：“其經兆之體，皆百有二十，其頌皆千有二百。”鄭注：頌謂繇（辭）……“每體十繇，體有五色，又重之以墨、坼也”。賈疏：經兆者，謂龜之正。“經云體者，謂龜之金、木、水、火、土五兆之體。”卜兆分五行，《左傳 · 哀公九年》傳：晋趙鞅卜救鄭，遇水適火，則《春秋》已有之。孔疏引服虔説：“兆南行適火，卜法：横者爲土，直者爲木，邪向經者爲金，背經爲火，因兆而細曲者爲水。”《唐六典》十四太卜令職云：“凡兆以千里徑爲母，兩翼爲外，正立爲木，正横爲土，内高爲金，外高爲火，細長芒動爲水。兆有仰伏倚著落起發催折斷動之狀，而知吉凶。又視五行十二氣，凡五兆之策三十有六。”是所謂兆體即指兆紋横直斜曲之象。[1] 殷人是否配以五行，尚不得而知。《詩·衛風·氓》“爾卜爾筮，體无咎言。”《書·金滕》：“乃卜三龜，一習吉，啓籥見書，乃并是吉。公曰：體，王其罔害。”體即通指兆象。這即是“君占體”的例子。從兆的横直諸象來定吉凶，周初猶是如此。

其次關於兆氣五項，《孔傳》都有解説，亦即《太卜》鄭注所謂“體有五色”。其説如下：

雨——“兆之體氣和雨氣然”。

霽——“如雨止雲在上也”。

圛——“言色澤光明也”。

雺——“氣不澤，鬱之冥冥也”。

剋——《孔傳》云：“兆相交錯。”“如祲氣之色相犯入也。”[2]

宋趙彦衛《雲麓漫鈔》二：“嘗詢諸灼龜者，云：龜版以中心脉爲主，旁分部有上鄉、水、火、木、金、土等兆；即《龜策傳》所謂鄉也。順鄉作卦即呈兆，拗鄉作卦即横兆。”又云：“色是兆氣也。就兆中視其氣色，似‘雨’及‘止’等是也。”“雨”及“止”即本鄭注。故知“色”即指兆所現明暗的程度，絶無疑義。例如“圛”是兆的色澤光明，所以最吉。像《屯乙》七三三六整甲，背施鑽鑿，每邊有孔五個，腹甲呈兆每邊亦有五個，兆紋異常明顯；右方刻一至五數字，皆依兆位，這樣的兆色，説它是圛，大概不成問題的。[3]

[1] 胡煦《卜法詳考》别謂體即俯仰倪弁之類，參見《周禮·龜人》疏。《隋書·經籍志》五行類有《龜圖五行九親》各四卷，又《龜卜五兆動摇決》；《宋史·藝文志》有史蘇《五兆龜經》，今不傳，胡氏書時引《龜經》，解釋兆象。

[2] 《史記集解·宋微子世家》及《周官太卜疏》引。《左傳·襄公二十八年》：“示子之兆，□或卜攻仇，敢獻其兆。子之曰：‘克，見血。’”此克字可能指兆氣之剋。

[3] 王引之《經義述聞》卷三取《周禮·太卜》作龜八命的雨、霽、剋釋之。然八命指卜事，與此之言龜兆氣色，毫不相涉，説不可從。

明顯的兆，亦叫做“昭兆”。《左傳 · 定公六年》：“文之舒鼎，成之昭兆。”《正義》曰：“成公新得此龜，蓋以灼之出兆，𪚰兆文分明，故名曰昭兆。”龜有不現兆的，古時謂之𪚰，《説文》：“𪚰，灼龜不兆也。《春秋》傳曰：龜𪚰不兆。讀若焦。”《左傳 · 哀公二年》：“卜戰，龜焦。”《定公九年》：“衛侯將如五氏，卜過之，龜焦。”龜焦不呈兆，是不吉的。《屯乙》四八二二＋四七四一，左甲橋有“貞𪚰”二字，右甲橋有“卜𪚰”二字，細審甲面，皆無坼兆，這是灼龜不兆的證明。

兆廣爲墨，《洛誥》：“我乃卜澗水東，瀍水西，惟洛食。”《孔傳》言：“卜必先墨，畫龜，然後灼之，兆順食墨。”[1] 今觀龜甲填墨填褐的極多，它和卜兆的關係，詳細如何，須有人專作研究。

兆璺即旁枝的兆象。《龜策傳》説：“卜法：大者，身也；小者，枝也。”像《屯乙》三二八七有ᚴ兆形，《寧滬》一、一九四（《拾掇》一、四五七，《京津》四五四二重）亦有同樣兆象二個，一注大吉，一注吉。可見枝出的兆，未必是凶[2]，像《國語》中史蘇所説“逢齒牙以猾其中”，“諸夏從戎，非敗而何”，以龜所呈兆爲離散，故不吉，這衹能代表對兆象的一種解釋。（韋注：“齒牙謂兆端左右釁坼。”）這些仍是值得研究的。[3]

唐李華《卜論》謂：卜龜“脱其肉，鑽其骸，精氣復於無物，而貞、悔發於焦朽”。貞、悔本指筮得《易》卦的内卦與外卦而言[4]，非

[1] 《禮記 · 玉藻》言“史定墨”，陳祥道《禮書》以爲：“卜師作龜，致其墨，則後墨也。孔以爲先墨畫龜，乃灼之誤。”江永、孫詒讓皆從其説。今驗之龜甲，多是後來填墨。

[2] 《晋語一》史蘇占，“其云：‘挾以銜骨，齒牙爲猾’，我卜伐驪，龜往離散以應我。”韋注：“其兆離散不吉也。”

[3] 羅振玉《殷虛書契考釋》曾將兆形列舉，但未詳加分析。

[4] 貞、悔不止一説。朱子《語録》又謂揲蓍成卦，則本卦爲貞，之卦爲悔。亦有謂爲再筮所得之兩卦者，見《蛾術編》卷七十四，《説制十二》。

龜卜所宜有，這不過是借用它來説説罷了。

《周禮》言經兆之禮百有二十，其頌皆千有二百，其義向不能明。清迮鶴壽注《蛾術編》爲之解云：

> 劉彝謂將卜，則開龜之下體，去其外甲而存其下甲有横直之文者以卜也。其下甲有直文者，所以分左右陰陽也；横有五文，分十二位，象五行與辰次也；其上下不可以爲兆，可開而燋者，左右各二，故曰四兆也。兆有體、有色、有墨、有坼。……龜之中直文謂之千里路。灼契之坼，以近千里路者爲首，稍遠爲中，近邊爲尾。凡坼之見，皆有首、中、尾焉。合三節言之，則有雨雨雨、雨雨霽、雨雨蒙、雨雨驛、雨雨剋；有雨霽雨、雨霽霽、雨霽蒙、雨霽驛、雨霽剋；又雨蒙有五，雨驛有五，雨剋有五，而二十五具矣。除純體無生剋者不占，則二十四，五兆各二十四，則百有二十之經兆具矣。頌千有二百者，更以十干之日加之也。卜龜之法，大略如此。[1]

他所説的，雖對《周禮》而言，但殷代龜卜，必有許多地方可以適用，尚需和實物作比較研究，方能證實。

張秉權從卜兆的角度，去觀察殷人怎樣去判斷吉凶。他認爲殷時人對占卜吉凶的斷定，除了卜兆角度以外，還有其他的因素。[2] 像兆的體、色、墨等等，都是應該作進一步的研究的。但這非根據實物精細觀察分析，無以爲功，希望有人再加探討，獲得較滿意的答案。

[1] 《蛾術編》卷七十四，《龜法久亡惟當闕疑》。

[2] 參見張秉權：《殷墟卜龜之兆卜及其有關問題》，載《史語所集刊》，第二十八本。

三、龜腹甲上數字性質的分析

龜腹甲上的數字，試歸納之，共有四大類：

（一）同數　同一龜板上，衹記着相同的某一數字，這類數字，衹是由一到五而止。

（二）等數　在同一龜板上，隨着對貞刻辭，左右兩組的數字，完全相等。

（三）差數　和等數相類，左右對貞，兩組數字排列，但不相等。

（四）變數　所記左右數字，不盡對稱，而無規則。

兹先論同數：

若干龜板記着相同的數字，向來認爲是一事多卜。（胡厚宣在《卜辭同文例》已舉出許多例子。）

（一）通記"一"字的

例一：《屯乙》七七四六，整龜。有辭四組，其一貞而伯伐霍事。背鑽孔，每邊各五個，腹面左右共有四個兆，必有些没有灼過。兆位各記着"一"字。這片凡四兆、四辭，故記四個"一"字，可以説兆、辭、數皆一致。（背左鍥"丁未卜争"，右鍥"癸亥卜賓"，知是武丁卜辭。）

例二：《屯乙》七七七三，整龜。左右有辭兩組。（賓貞：王㞢不正，王亡不正。）衹見二兆，兆位各記"一"字，此亦兆、數、辭一致。（背面無拓本，不知鑽孔有多少。）

例三：《屯乙》七七四八，整龜，左右有辭兩組。（卜翌庚寅雨不雨，無卜人名。）各記"一"字於兆位。背鑽孔十三，左右兩邊各六，中間鑽孔一，略現兆，但不記數，這片衹是數隨辭，有些兆并没有記數。

例四:《屯丙》八八,整龜。有辭,左右各兩組。(皆丙寅日争卜,一貞王夢事,一貞王步逐鹿事。)有兆位六,共記六個“一”字,但背(《屯丙》八九)則有鑽孔十個,每邊五個,不知是否未灼過。甲尾祇有兆及數,而辭則刻在背面。合而觀之,辭、兆、數皆六。

例五:《屯乙》三三二三,整龜。左右有辭各三組對貞。(㱿貞王入及莅黍等事。)共六辭,有六兆,兆位各記“一”字。(背無拓本,故鑽孔之數未明。)這是第一卜,兆、辭和數皆一致。按《屯乙》三一五二+三七三三(殘存下半)與此同辭隨兆與辭各記“二”字,是爲第二卜;《屯乙》二八三二+三三四一,及三二七四辭并同,前者記着六個“三”字,是爲第三卜;後者記着六個“四”字,是爲第四卜;數皆隨兆隨辭,與三三二三悉同。又第五卜記着六個“五”字,由若干殘片綴合,詳《屯丙》三八。(參見《同文例》附圖二一〇,二一一,二一二;及《屯丙》圖版三一,三二,三三,三四,三五。)

(二)通記“二”字的

例一:《屯乙》三三五〇,整龜。拓本上半不明。記着數字“二”,多隨兆,但無辭;下半數字隨辭,但不見兆。是片所記乃卜人㣈所貞問者。(《屯乙》四五〇七整龜子所貞卜的與此同時,亦記着“二”字,或隨兆或否。)

例二:《屯乙》四五〇四,整龜。有辭三組。(爲戊子日卜“帚㣈等又子”事。)隨辭記着三個“二”字,但不見兆。這是數字隨辭不隨兆之例。惜背無拓本,鑽鑿未明。以上兩例,“貞”字并作䏌,乃屬同時,當并是第二卜。

例三:《屯乙》七一七一,整龜。辭左右各三組對貞。(㱿卜帝冬(終)兹邑,及舞雨事。)背鑽孔左右各三,故腹面呈兆凡六,兆位皆記“二”字,共六個“二”字,這是第二卜。尚有第四卜,見《屯乙》

四五三四及四五三五（《屯丙》圖版六七），鑽灼、兆、辭、數，四者皆一致。

例四：《屯乙》七七六四，甲尾殘，存辭左右對貞，各四組。（爲争卜𠭰𢀛化及𠂤事。）背可見鑽孔共十個，呈兆亦十，兆位皆記“二”字，這亦鑽灼、兆、數、辭一致之例，當是第二卜。（《屯丙》圖版六九有新綴。）

例五：《屯丙》三九（圖版三六），由八片殘甲綴成，全板皆記“二”字，衹有上端右方刻一個無所統屬的“三”字。張秉權謂係出於筆誤。細審此甲背鑽孔（《屯丙》四〇）甲尾部分記數字之兆位與鑽灼、數符合；甲心及上端則不符，甲心有現兆而不記數者，上端則鑽孔頗多，或現兆或否。但不記數，其中是否鑽而未灼，惜張書未有詳細記録，未由尋究。這一板則是兆、數、辭非一致之例，但爲卜用多龜的第二卜，則無疑義。

（三）通記“三”字的

例一：《屯乙》三四一一，整龜，衹有辭三組。（㱿卜㞢伐於甲事。）各記“三”字，隨辭及兆，這亦兆、數、辭一致。

例二：《屯乙》四六四一，整龜，有辭三組。（㱿卜尞於岳事。）各記“三”字，隨兆與辭，與上例同。

例三：《屯丙》七八（圖版七一），由六碎片綴成，全甲有辭十四組。（㱿卜𠭰𢀛化事等。）背鑽孔應有十六（有二個在腹心，今殘缺）。皆記數字“三”，當是第三卜。唯衹有十二個“三”字，因右橋“貞：方其𢦏我史”句，兆位失刻“三”字。又近右橋下方，原有二兆，衹記其一，其一不刻數，其他數皆隨辭隨兆。

例四：《屯乙》六六九二，整龜。左右及甲尾共有辭十三組。（辛丑、壬寅、甲辰㱿貞：子䆑𡝩基方事。）背（《屯乙》六六九三）鑽孔共十三，數字記於兆位，亦共十三個。凡十二個“三”字，知此爲第三次卜，其中在右甲橋下方，另記一“六”字，然對貞辭則記“三”字，想“六”字係誤刻。是板鑽灼、兆、數、辭皆一致，最特異的，是左右甲尾鑽灼不呈對稱，左五而右二，例殊罕見。

（四）通記“四”字的

例一：《屯乙》七二七，整龜。左右對貞辭各二組。（戊寅㱿貞沚戠及當𡨦來不來事。）背（《屯乙》七二八）刻王固曰兩辭，分占兩人事。有鑽孔六，而腹面衹現兆四個，於兆位記“四”字，隨辭，有六鑽，而兆、數、辭各得四。下兩孔是否未經灼過，須審視原物，方能清楚，此爲第四卜。尚有第二卜，記“二”字的，見《續存》三八八、三八九（背），及第三卜記“三”字的，見《屯乙》六八七七、六八七八（背），腹面兆、數、辭皆同，背王固辭略同，均有鑽孔六，情形一樣。

例二：《屯丙》四七（圖版四四）由殘片四板綴成。（主要爲《屯乙》五三八六。）共有辭二十八組。卜人爲㝡，所卜事甚繁。全板皆記“四”字，有一先誤刻爲“五”，後自行改刻。背（《屯丙》四八）鑽孔凡三十二，兩邊對稱，數字皆隨兆隨辭。腹心有兩個卜兆，記着數字“四”，但没有記録卜辭；又有兩個卜兆，但不記數。

例三：《屯乙》二九四八，甲尾，殘存辭左右共七組。（爭貞帚好比沚戠伐巴方及而伯龜比伐事。）隨辭記着“四”字，共八個，其一辭缺，數皆隨兆位。（背無拓本。）此當是卜用多龜的第四卜。

例四：《屯丙》二二（圖版二一），整龜。共辭十四組，左右對貞。（乙卯㱿貞：望乘伐下㱿，及丁巳㱿貞王學（教）衆等事。）通板記“四”字，共十四個，俱隨兆及辭。背鑽孔亦十四，此鑽灼、兆、數、辭皆一致。

例五：《屯乙》四〇六七，整龜。有兆無辭，兆皆不明，有雺剋之氣色，且兆多細曲。但記“四”字，左二右一，用意未明。

（五）通記“五”字的

例一:《屯丙》二〇（圖版一九），甲尾缺。爲辛酉㱿貞望乘伐下㱿事，與此同文的龜板，可見者凡五片。（釋文及摹本詳見張氏龜腹甲的序數九～十三。）以《屯丙》一六所綴第三卜一片最爲完整。此第五卜之龜，背鑽孔較多，腹心多記兩“五”字，隨兆而無辭。又“㞢犬於父庚”兩組辭，則不記數字“五”。再以第三卜之龜記“三”字比較之，此片在甲心有十二個“三”字，左右兩組分列，但兆位無卜辭。又在右邊殘缺地方，尚應有兩個“三”字。這裏有十四個數字“三”，如果連背面九條卜辭配合起來，還有六個卜兆和數字，没有卜辭。（張秉權的意見是：“大概它們所卜的主題，没有被記録下來。”但除這第三卜龜板之外，其他第一、二、四、五的卜辭完全相同，可見没有别的主題。）

例二:《屯乙》三七九七，整龜。唯甲橋殘損，有辭左右對貞，共十二組。每一辭皆鍥一“五”字，又中間及下方各加鍥“五”字，但其旁都没有辭。是板共有十四個“五”字，其中十二個數字隨着辭，衹有兩個數字獨立鍥刻。全片所刻的“五”字，和卜辭雜在一起，如果不明了記數之例，很容易混讀入卜辭中。片中有許多兆，兆位没有記數，我們從這裏，可以見出“同數”的數字記法，有時是隨辭而不隨兆的。

總括來説，同數是一事卜用多龜，在每龜記着第幾次卜，亦即用第幾隻龜數字，因爲殷人普通卜用五龜，故到五數而止，自“一”至“五”即是所謂龜數。這類記數法的常例，是鑽灼、兆、數、辭完全一致；有時數可隨辭，而不依兆位的。至於變例，有時若干同數的加外鍥刻，和卜辭不相統屬，或單獨地加刻於腹心，（像《屯乙》七七六四的數字“二”，《屯乙》五三八六的數字“四”，都與辭不相統屬。）或作成組對稱的排列，（像《屯乙》六七〇〇的巨龜的“三”

字，參上五項例一。）這種不隨辭的“同數”，疑爲着對稱排列的美觀，故多記數字來填補空隙。或者記着現兆情形，從現兆的有無多寡明晦等等來定吉凶，亦未可知。

次論等數：

同一龜板上，因左右對貞關係，兩邊鑽灼之數相同，故現兆亦一致；因之兆位記數左右相等，是謂等數。

自一至三

例一：《屯乙》三三九八，整龜。爲貞人永卜雨之辭，甲尾部分刻數字若干組，皆自一至三之數，多作橫列。最奇者，自甲橋以上現兆齊整明顯，而無一數字，此爲兆不記數之例。

例二：《屯乙》八八一七，整龜。僅甲尾中間，有庚申卜見𢀛二組辭對舉，左右方各記一、二、三，橫列對稱。左方上端亦鍥一、二、三，右方無之，全甲兆象不甚明。

例三：《屯乙》八八九五，整甲，略缺左𩩲，近甲尾有一、二、三兩組數，橫列對舉，與例二形式相同。

自一至四

例一：《屯乙》八八一五，整龜。記數自一至四而止。數的排列很不齊整。

自一至五

例一：《屯乙》三三九四，整龜。爲丁丑寊卜左多子事。兩辭左右對貞，呈兆甚明，數字左右兩行，自一至五，皆循兆位直行鍥刻，頗有對稱之美。

自一至六

例一:《屯乙》七一九九，整龜。甲尾略損。爲“丙午𠭯貞”事。甲背鑽孔累累，上半不大現兆，中間則循兆刻數，自一至六，如下排列:

二	一	一	二
四	三	三	四
六	五	五	六

例二:《屯乙》三三七九，整龜。辛巳争卜㞢來齒事。左右對貞，背爲朱書雜契刻，云:“王固曰:吉!亡來齒。”甲背鑽鑿共三十七個，呈兆明晦不一;甲橋以下，記數有自一至六，共兩組，上半則爲差數。排列如下:

一			
二		五	⋮
三	五	六	⋮
四	六	七	四
一	一	一	一
二	二	二	二
三	三	三	三
四	五	五	(四)
	六	六	

右方第一行“三”下，原缺“四”字，必是漏列。

上半左方，自一至六，右方則至七，是謂差數。

自一至七

例一：《屯乙》三四二八，整龜。有辭七句，分三組排列如下：

（一）貞：王〔省南〕　　（二）〔戠〕其商（賞）。　（三）貞：我……日牛✢羊，#✢犬。

勿省南，不若。　　戠弗〔其〕商。　　勿……

每一組辭間，均有一界綫，故序數隨辭劃分。全板共有數字七組如下：

		（未明）	……	五	
	二	一	一	二	
五	四	三	三	四	五
	七	六	六	七	八
三	二	一	一	二	三
	五	四	四	五	六
	七	六			〔七〕
		一	一	二	
	〔二〕				
				〔四〕	
	四	三	三		
	六	五	五	〔六〕	
		七	七		

序數自一至七，左右兩行，相對列舉。

自一至八

例一：《屯乙》四六二八＋四八二六，卜辭爲散卜妥氏巫，及争卜雨兩事。全板記數多組，多作横列，如下式：

	二	一	
		三	
	五	四	
八	七	六	五
四	三	二	一
四	三	二	一
	一	一	
	三	二	一

此僅爲左方，右方殘缺。相信尚有同樣序數。

自一至八兩行，乃自下向上逆讀，例屬少見。

例二：《屯乙》四六九九，上半序數左右各兩組，亦自一至八。爲寓卜受東室事。

自一至九

例一：《屯乙》三四二六，整龜。爲寓卜辭，左右兩組，背有固辭。其序數排列如下：

			一	二	
	二	一	三		
	三		四	五	
〔八〕	五	四	六	七	〔十〕
	七	六	八	九	
一	十	九	一	二	三
	……		一	〔二〕	〔三〕
	五	四	四	五	
	九	六	六	七	
	七	八	八	九	

下半自一至九，序數左右相對。

例二：《屯乙》三二八五，整龜。爲𠂤卜辭，左右分四組，序數排列如下：

	一	二	
	二	一	
四	三	四	三
六	五	六	五
二	一	一	二
四	三	三	四
六	五	五	六
八	七	七	八
	九	九	

序數皆依兆位，共分兩截。上半由一至六，下半由一至九，均左右對稱。

例三:《屯乙》五三〇七，下腹甲。下半近甲尾序數亦由一至九，左右對稱，不復列出。

自一至十

《屯乙》三三九九，整甲尾，即爲一至十序數，兩組左右對列。

又次論差數:

由於甲背鑽孔，左右多寡，小有出入。故呈兆及記數，祇有小差。通常以相差一數，最爲習見。

例一:《屯乙》六六八五，整龜。序數如下式:

	一	
一		二
二		三
三		四
四		五
五		六
六		七

是片正面無卜辭，祇記“小吉”“不啚黽”一類習語。背鑽孔共四行，中間兩行，鑽孔左六右七，與序數相符。卜辭蓋刻於背面，即“㞢於大甲”一事。近邊緣兩行，鑽孔各九個，間或呈兆，似未經全灼，故不記卜辭。

例二：《屯乙》四五一三，甲尾缺。序數如下：

	二	一	一	二	
	三		三	四	
	四			五	
七	六	五	六	七	八

是片正面無刻辭，僅記兩“上吉”，貞辭刻在甲背。鑽孔達四十三個之多，而兆僅十五，集中左甲之上端。甲心背有鑽，而面全無兆，或未經灼過。

例三：《屯乙》六七四八，整龜。序數如下：

一		一
	二	
二		三
三		四
四		五
五		六
六		七
七		八

背鑽孔左八右七，與兆數相合。甲面有對貞辭一組，爲“丙辰㱿卜今舌我其自來”事。(《屯乙》六七九四殘片略同此。)

例四：屯乙六八八一，序數如下：

一		一
	二	
二		三
三		四
四		五
五		六
六		七

背鑽孔左七右六，與現兆及序數相符。對貞辭一組云：“辛巳卜，亘貞：祀岳，米來歲受年。”“貞：來歲不其受年。”又記“二告”及“不㕣黽”共三處。

例五:《屯乙》七四五六,序數排列如下:

	二	一	一		
				二	
	三		三		
				四	
六	五	四	五	六	七
九	八	七	八	九	十
	〔二〕	一	一	二	三
	四	三	四	五	
	六	五	六	七	
	〔八〕	〔七〕	八	九	
		九	十		

是板有對貞辭一組,曰:“貞:隹帝壱我年。貞:不隹帝壱我年。”背有一辭云:“王固曰:〔不隹〕帝〔壱〕,隹吉。”背鑽孔與兆數大致略合。序數左九而右十,是其差數。

例六:《屯乙》七七七一:

一		一		一
二			二	三
四	三		四	五
二	一		一	二
四	三		三	四
二	一		一	二
四	三		三	四
	五		五	

全甲有鑽孔三十三,左右各十六,對稱,又甲心一。除上端五

處，有孔無兆無數，其餘鑽、兆、數皆吻合。數分左右三組對稱，唯上方左四右五爲其差數。最特異的，是甲心隨兆位另加刻孤立的“一”字。

再論變數：

變數爲不規律的刻記序數。大抵因同一龜中卜事多起；刻辭不同時，又不同事，故數多隨辭，分爲多組，故變例較繁。

例一:《屯乙》六八一九，整龜。

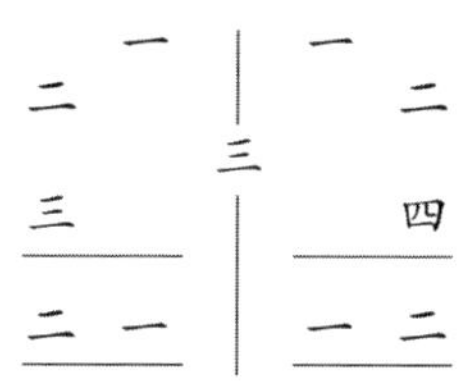

上板背有鑽孔四十七，左二十三，右二十三及甲心一。自甲橋至下端祇有對貞辭左各三組；上方有兆數而無辭。左甲方有三兆，無數字；右甲方，有一兆，未刻數字。是板特色的是加刻“一、二”數字左右對舉，但看不出與辭有何關聯。

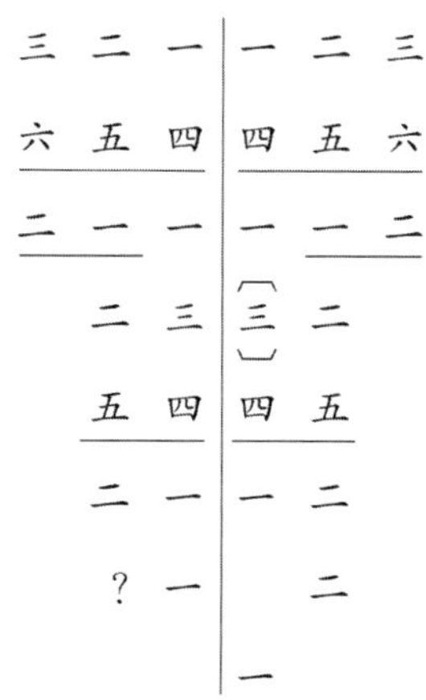

例二：《屯乙》六七二三：

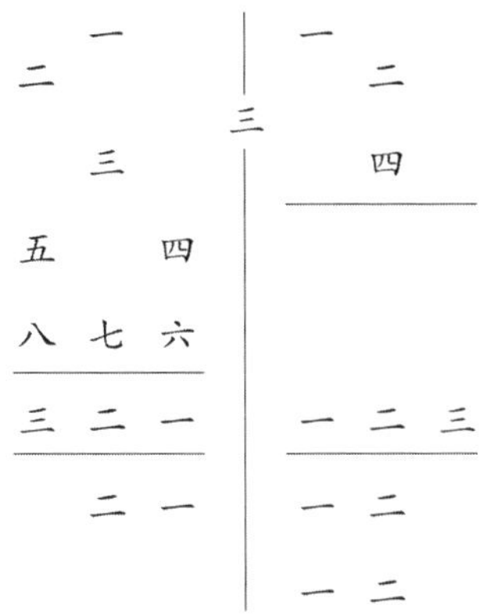

全板有鑽孔三十七，左右各十八，對稱；又甲心一。下半之十有八處，有孔無兆無數；又右方上端，有三處，有孔有兆無數。正面有辭四組，其中三辭爲卜雨，另一爲卜祭唐。背有囗辭數組。是板特徵是上端左右兆數，不相對稱。

例三：《屯乙》六六九六：

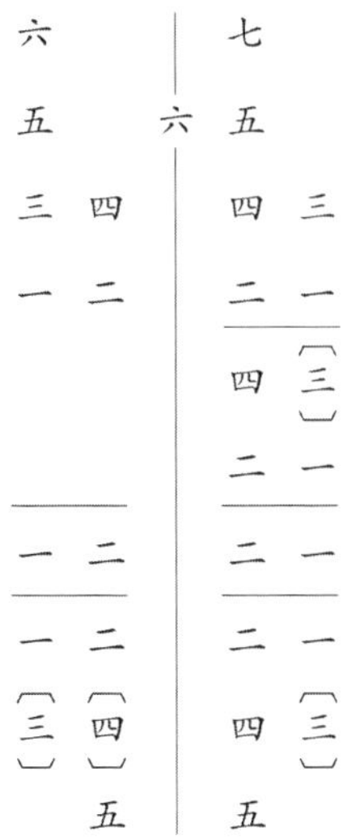

是板特徵是上端序數自下而上；又横行，自外趨内，頗異常例。

背面無拓本，兆不明顯，無從研究它的鑽孔和兆數的關係。

例四:《屯乙》七一二八:

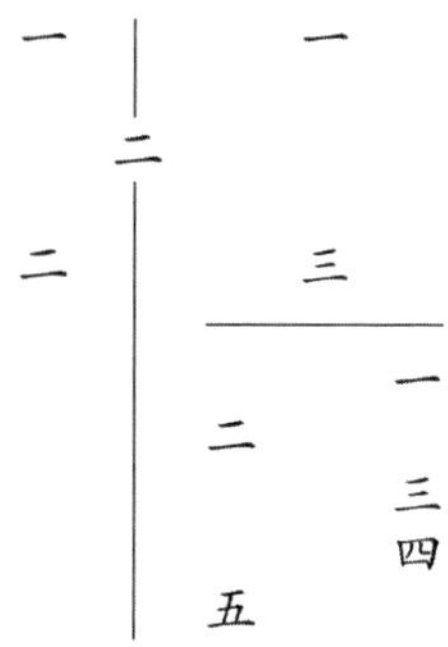

上板序數分三組，刻辭亦僅三行，似辭隨數。背鑽孔凡十五對稱，與甲面之數不符，左方下半有五鑽，有兆而無數。背面辭云“癸巳卜争，允用”，知是武丁時卜辭。

《屯乙》七七八一:

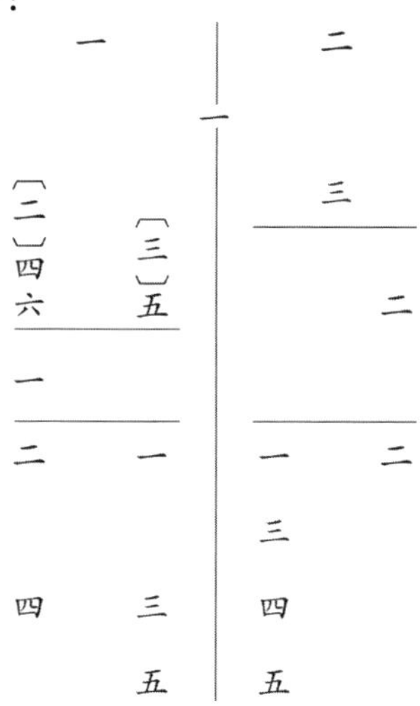

此亦武丁時所卜，面有卜人㱿，背有卜人争記名。全龜有鑽孔二十二，左十二，右九，甲心一，極不對稱。孔與兆、數除兩處外，餘悉相符。此二處一在左甲下方邊緣，有孔無兆無數；另一位於左甲上邊，有孔有兆而無數。

四、數字排列的通例

數字系列，根據龜的上下左右的地位和鑽孔的排比，大抵可分爲對稱和不對稱二類。對稱的是二組數字左右駢列，以數配着辭；不對稱的衹是有數字一行或二行，偏列於龜的左方或右方。

駢列的由序數組合，在左右兩方作對稱的排列，此類在龜甲上佔絶大多數，可以不必於此多舉例來討論。

偏列的僅有一二組序數，刻於一邊，爲例較少。

例一：屯乙三一〇六：甲上半殘，下半隻右方刻着一、二、三、四、五的序數，略依兆位；左方無記數，兆位亦不明顯。

例二：《屯乙》六六八八：整龜上端左云“戊寅卜王貞”，右方云“貞允……”右邊刻數作如下排列：

二　一
三　四
五　六

左方無數字。背鑽鑿極多，有“王固曰：俞！允吉，在玆”語。腹甲上數字，皆不隨兆，又不隨辭，很不規列。

例三：《屯乙》七一二八：整甲，刻序數如下：

一　一
二　二
　　一
　　二
　　三
　　四
　　五

右邊數依兆位鍥刻，左邊下方雖呈兆，但不刻數。

此甲背有鑽孔十五個，排列很對稱，而腹面辭衹有三組。辭及數均不對稱，兆及數不相應。

例四：《屯乙》七三三六：整龜。背鑽孔，每邊各有五個，而甲腹呈兆，每邊亦五個，兆紋非常明顯；右方刻序數一至五，皆依兆位，左方有兆，而不刻數。

至於駢列的序數，有縱行横行之别。大抵左右對貞辭，各有一組而僅卜一事，其序數多隨兆作縱行；若辭有多組，所卜不止一事，序數多作横行，是其通例。

五、論數止於十和龜數爲五

龜甲記數慣例，是記着序數由一至十而止，又再重複地由一起計算下去，很少見過作十一、十二、十三合文的數字。（《乙編》五三九九腹甲有十一合文，是偶然之例。）可見龜甲序數是從一到十。説者以爲這指殷人卜事有十次之多，但卜用多龜之例，目下所知，僅到“五”數而止。

自一至五，向來目爲龜數，又認爲是“本數”。《周禮·占人》賈公彦疏云：

> 《左氏·僖公四年》傳：初，晋獻公欲以驪姬爲夫人，卜之不吉，筮之吉，公從筮。卜人曰：“筮短龜長，不如從長。”是龜長筮短之事。龜長者，以其龜知一、二、三、四、五，天地之生數，知本；《易》知七、八、九、六之成數，知末。

然《左傳·僖公四年》正義則云：

> 龜以本象金、木、水、火、土之兆以示人，故爲長；筮以末數七、八、九、六之策以示人，故爲短。

這裏稱龜爲本象，筮爲末數，係用春秋時韓簡“龜，象也；筮，數也”之説。分别龜屬象，而筮屬數。龜固然以兆象爲主，其實龜亦有數，這是殷墟大龜出土以後告訴我們的事實，這是向來一般經學家所不知道的。

《周禮·天府》賈疏又云：

> （《易·系辭》）注云：精氣謂七、八，游魂謂九、六。則筮之神，自有七、八、九、六成數之鬼神。《春秋》傳云：龜象，筮數，則龜自有一、二、三、四、五生數之鬼神。則知吉凶者，自是生成鬼神，龜、筮直能出外兆之占耳。

他從數的生成，説到鬼神的生成。他所引的《易》注是出於《易緯·是類謀》。照這種説法，無異謂韓簡所言的龜和筮二者，皆有數，而龜是生數，筮即成數。自一至五是生數，故謂爲本；自六至九是成數，故謂爲末。數有生、成、本、末之分，龜數是本數、生數，筮數是末數、成數，龜重於筮，因此春秋時人有龜長筮短之論。我們看《莊子·天下》篇言及“本數”“末度”，足證這種説法是有很長遠的根據的。

五是龜數，有殷人卜用五龜，可以證明。又卜辭所見殷人記牲數，含有“等比”概念，而以五爲倍數[1]，五數的重要性，於此可以

---

[1] 《殷虚書契前編》三，二三，六。

五十犬	五十羊	五十豚	$50-30=4\times5=2^2\times5$
三十犬	三十羊	三十豚	$30-20=2\times5=2^1\times5$
二十犬	二十羊	二十豚	$20-15=1\times5=2^0\times5$
十五犬	十五羊	十五豚	

説見李儼：《中國古代數學史料》，5頁。

概見。龜既以一至五爲它的本數，五的倍數便是十了，所以龜兆的序數，到十而止。古代數以十進，《漢書·律曆志》："一曰備數。數者，一十百千萬也，所以算數事物，順性命之理也。" 中國數字十進法比巴比倫尤早。[1] 十是五的倍數，這種認識，是近取諸身，本乎自然的。其理由是人有兩手，手各五指，分則爲五，合而爲十[2]，故"五"爲生數，倍之便成十。宋程大昌論易數，區別數有本數、用數、衍數三類，自一至十謂之本數。（參見《易原》卷三）從前所謂本數，是指一至五，他更擴大起來說是由一至十。

龜甲上記數，由一至十，復返於一，這是古代記數用十進法，故用來記兆數。希臘哲人畢達哥拉斯（Pythagoras）認爲數是第一原理，全宇宙都是數目，他有一結論說："無論何種人，皆數至十而即復返於一（count up to ten and then over again）。這是依照自然的。" [3] 這說明數止於十的道理，中外是一致的。

六、論數的順逆

龜甲卜兆記數，都是依照數纙由一、二、三、四以至九、十而止，張秉權稱它作序數。我們已經指出龜數是本數，筮數是末數，龜數是一、二、三、四、五，而筮數是七、八、九、六。七、八、九、六是不按着數序的（依數序應是六、七、八、九），七、八、九、六

[1] 巴比倫人數學書用同樣的兩個＜符號來表示 20，20/60，他們最初用的是一種六十進法，到公元前 2000 年左右，巴比倫才用十進法，使他們得以有效的去研究分數，其十進法的產生應較中國爲遲。參看 V. G. Childe 的 *Man Makes Himself*，第八章。

[2] 人類無古今，對於記數法是基於 5、10、20 的級數（scale），20 則是由十指再加上十趾。參看 F. Cajori，*A History of Elementary Mathematics*.

[3] J. Burnet, *Early Greek Philosophy, Science & Religion*, p.103.

是筮法所用的數理關係，用來占卦，和序數用來記兆，是兩個不同的系統。七、八、九、六在《易傳》上叫做“逆數”。《説卦》云：

> 數往者順，知來者逆；是故《易》，逆數也。

關於“《易》，逆數”的解説，古今解《易》各家，極其紛紜。現在姑且舉馬其昶在《周易費氏學》上的説法來示例，他説：

> 天下之數，始於一，一而二，二而三，自是以往，至於十百千萬之無窮；由少而多，其勢順，是之謂數往者順。若《易》之數，用七、八、九、六，當其始於萬有一千五百二十策内[1]，不知其爲七爲八爲九爲六也；則先用大衍五十之數，以得二十八、三十二、三十六、二十四之策數；再由策數以得七、八、九、六之數，而陰陽老少以分。自多而少，其勢逆，《易》以逆知來事，故其數亦用逆數也。[2]

這指揲蓍求卦的方法，是用逆數的，而特别指周《易》的筮法。周《易》筮法的産生，當然較遲，我認爲筮法出於龜數。七、八、九、六是《易》所以成爻的，而一、二、三、四則七、八、九、六所從出，又是《易》所以生爻的。[3]所以一種是本數、生數，另一種是末數、成數。七、八、九、六在古筮法上的分别，是卦遇七、八者

---

[1] 萬有一千五百二十策者，《系辭》云：“乾之策二百一十有六，坤之策百四十有四，凡三百有六十，當期之日；二篇之策，萬有一千五百二十，當萬物之數也。”以算式表之：

《易》二篇之爻，陰陽之爻各半＝192，陽爻 36×192 ＝ 6912，陰爻 24×192 ＝ 4608，陰陽總合即 6912+4 608 ＝ 11520，此即全《易》老陽老陰少陽少陰之總策數。

[2] 策數之二十八、三十二、三十六、二十四之不齊，是“錯”；皆以四約之，而成七、八、九、六，是“綜”，這即《系辭傳》所謂“錯綜其數”。

[3] 參見成瓘：《篛園日札》卷一，《十數之圖考》《古筮法占七八考》《乾鑿度所載古易義》。

占象，卦遇九、六者占爻，占象的用其不變，取全卦的彖辭；占爻的用其變，取某爻的爻辭。[1] 七、八、九、六是由過揲時，二十八、三十二、三十六、二十四諸數以四除之而得到的數。所以向來説蓍之法是“四”。

$$\frac{28}{4}=7 \qquad \frac{32}{4}=8 \qquad \frac{36}{4}=9 \qquad \frac{24}{4}=6$$

據《系辭傳》説“揲之以四，以象四時”，卜辭未見四時之名，這種説法，顯然是後起的。

筮法是從多來求少，其勢逆，故稱“逆數”。我們看龜甲上的記數，自一以下至十，都依照着數序，絶無例外；可知龜所用的，是“順數”，和《易》所用的“逆數”，恰恰相反。筮數從象數加以推衍，故後人稱龜數爲生數，筮數爲成數，兩者間的相互關係，得以闡明。向來衹知有“逆數”，現在由地下資料的發現，知道龜甲上用的數是“順數”。兹將二者作一比較表之如下：

龜數	順數	生數	本數	一　二　三　四　五	長
筮數	逆數	成數	末數	七　八　九　六	短

七、論以“一”爲共數

整龜所見的數字，有左右兩組，中間以第一字的“一”爲兩行所共用。例如《屯乙》三二八七、三四七五兩片最爲特異。兩甲所刻序數，左右皆自一至七，而“一”字爲左右兩組所共用；數字鍥刻，略依兆位，前者爲甲午日，迮卜東土受年事，後者爲壬戌日，𠀠卜王夢事，兩片記數，形式全同。

---

[1] 參見《看易圖明辨》卷一,《大衍之數》。

這種“一”字共用的現象，不知是否另一組數字的省略，抑别有含義。後來筮法大衍之數，虚一不用，因“一”是數之母，《老子》説：“一生二，二生三，三生萬物。”《漢書 · 律曆志》：“《傳》曰：龜，象也；筮，數也。物生而後有象，象而後有滋，滋而後有數。是故元始有象，一也；春秋，二也；三統，三也；四時，四也；合而爲十，成五體，以五乘十，大衍之數也。而道據其一，其餘四十九所當用也，故蓍以爲數。”道據其一，故一虚而不用。東漢人如馬融以天文解釋大衍的意義，視一爲北辰。[1]《律曆志》又言：“經元一以統始，《易》太極之首也。”龜數以“一”爲左右對貞序數之共數，當亦有取於“一以統始”之意。

附記

亞歷山大在他的《哲學家的師承》（*Successions of Philosophers*）中，説及關於畢達哥拉斯的《回憶録》有下列的思想云：“萬物始於一元（monad or unit），從一元生出二元（dyad）。‘二元’是從屬於‘一元’的不定的質料，一元則是原因。從完滿的‘一元’與不定的‘二元’中，產生各種的‘數’。”[2] 這和“一生二，二生三”及“太極生兩儀”，意思完全一樣。又畢達哥拉斯學派所傳的“神聖三角數”（holy tetractys）

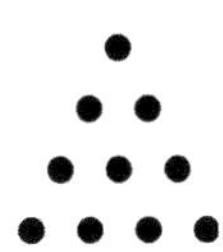

[1] 馬融説大衍之數，有如下的公式：

1 + 2 + 2 + 4 + 5 + 12 + 24 = 50

（北辰）（兩儀）（日月）（四時）（五行）（十二月）（節氣）

[2] 參見 Diogenes Laertius，*Lives of Eminent Philosophers* Ⅷ .pp.341, 343.

代表十數的三角數（the tetraktys of the dekad），象四的三角形，表示

1+2+3+4=10[1]

這與《漢書·律曆志》由一元加春秋之二、三統之三、四時之四合而爲十完全暗合。馮友蘭《哲學史》曾指出，中國象數之學與希臘哲學畢達哥拉斯派之學説頗多相同。兹揭出十數的三角數，與《漢書·律曆志》雷同之處。

八、三三方陣式與《洛書》九宮

關於殷代龜數中三三方陣式的排列，在《小屯乙編》有兩個整龜，可以見到，這是很有趣的材料。

一個是《屯乙》四七〇一號，甲尾殘缺，餘皆完整，腹甲有辭六組[2]，這甲的背面，鑽孔累累，中間刻“王固曰……”兩句。它所鍥的序數，有左右共四組，兩兩相對，這兩組序數：一是從一到十，又續記一、二兩數，分四行排列。另一是從一至九，作三三方陣式的排列，有如下圖：

三	二	一	一	二	三
六	五	四	四	五	六
九	八	七	七	八	九

[1] 參見 Burnet，*Early Greek Philosophy*，pp.102，103 及《大英百科全書》Pythagoras 條。

[2] 是片近甲橋處，是庚寅日㞢貞㱿化疋𢦏𩵦事。近甲尾處，是乙丑日𠯑貞𢦏某方事。頂端右方刻着王固之辭，左方小字刻“貞王亡𡆥”。戊子前三日，是乙酉，乙酉後於乙丑二十日，這是乙丑日𠯑卜伐𢦏方，以後隔了二十天，王再行占問，又過了二日的庚寅，㱿再貞問𢦏𩵦事。

另一塊整甲，是《屯乙》六六六八號，腹甲部位有辭七組[1]，這龜衹甲尾有鑽鑿，故見兆較少；腹甲上半，有辭六組，左右對貞，鍥刻序數，衹是把一、二、三左右隨辭分記。甲尾部分，不作對貞語句，衹有右方一辭，故僅刻自一至九的序數，亦作三三方陣式，和上舉《屯乙》四七〇一相同。所異的，是缺少左邊一組，因爲沒有卜辭記録，故不刻序數，從這裏可以看出記數和刻辭的相互關係。大概殷人很注重對稱美，以數隨辭，使排列得更爲好看。

上揭兩片龜甲上三三方陣式的數字，也許出於一時的齊整排列，但這種方陣和中國古算學的縱横圖，應有密切的關聯，縱横圖亦稱幻方，或奇平方（magic squares），古時謂之九宫圖。《大戴禮·明堂》篇云："二九四七五三六一八。"北齊盧辯注："記用九室，謂法龜文；故取此數，以明其制。"[2]《乾鑿度》謂"太乙取其數，以行九宫，四正四維，皆合於十五"，即指此圖。試將龜數此三三方陣式縱横斜三數相加，恰爲十五，和九宫圖正可印證。而以"五"數居於中央，深符後來"中五立極"之義。明堂九室之制，兹不具論，但以殷墟第十次發掘侯家莊西北岡亞形墓室殉葬人畜的位置觀之，其中央埋一人一犬，四方四隅各埋一人一犬，八方及中央共殉九人九犬[3]，這恰是正四維及中央合成的"九"數。據此可見殷代九宫的觀念，已甚完備。這兩個三三方陣的記數款式，想非出於偶然，可以視作九宫數的雛形，并反映盧辯九宫出於龜文一説，有他的堅强根據。

北周甄鸞注《數術記遺》云："二四爲肩，六八爲足，左三右七，戴九履一，五居中央。"亦與龜文説同。宋人劉牧所傳圖書，以戴九

[1] 此卜辭係十三月丙戌日，𣪊貞問𢦏來不來事。甲背頂端左方，有"王固曰：甲申，𢦏亡田來"一句。甲申在丙戌之前兩日，是王先固之，𣪊再卜問。
[2] 朱子引盧注，誤作鄭玄撰，辨見《四庫提要》子部術數《洪範皇極》内篇。
[3] 參見董作賓：《殷代的宫室及陵墓》。

履一爲《河圖》，朱子改易它稱爲《洛書》，乃用蔡元定説。[1] 宋楊輝在《續古摘奇算法》（卷上）縱横圖，有《洛書》一項，排列如下式[2]：

殷龜甲上的九宫數，與上舉的第二式最接近，但九子均正排，不作斜排，而且順數排列。至戴九履一的款式，上下左右，頗有對易，和它比較，可以看出兩者間演變的迹象。這兩片上的縱横圖之發現，對中算史上方陣的産生，提前到了殷代，增加我們對於九宫數的一些新的認識。

九、對稱與對應在龜甲上表現之數的意義

龜甲上所鍥刻的卜辭，大抵作左右對貞，數既隨兆，亦復隨辭，故數的刻記，亦是左右兩兩相對。這種對稱關係（symmetrical relations）藴藏着數理的意味[3]，同時表現着審美的觀念。我們看原始藝術的主要形式，每取象於對稱，這是起於對自然物的模擬。[4] 龜甲本身具有兩𩪘，循着它的形體，來刻記文字，行款排列，自然隨之作對稱的狀態。

[1] 參見錢大昕：《十駕齋養新録》一，《河圖洛書》。

[2] 參見李儼：《中算史論叢》（三），《中算家之縱横圖研究》。

[3] 畢達哥拉斯認爲人們喜歡對稱，是由於潛意識中見出它的數理關係。參見朱光潛：《近代實驗美學》“論形體美”。

[4] Ernst Grosse, *The Beginning of Art*.

另從數的觀念的産生來説，初民計數分别多寡，主要的是采用“一一對應”方法（one-to-one correspondence），即是憑藉物品的刻畫或堆聚，接着它的多少來區分，使排列成序，而構成一組的數[1]，因而生出基數（cardinal number）的概念。由這樣的排列，即成爲序數（ordinal number）。龜甲上的序數，左右方面兩兩相對，正充分表現着“對應”的意義。（希臘畢達哥拉斯派學者以小石（pebble）排爲各種形式，來表示數理關係，其實仍未脱却對應的原始方法。）

序數多半隨兆隨辭刻記，卜辭語法習慣爲左右對貞，一正一反，例如：

丙辰卜，㱿貞：今𠂤，我其自來?

丙辰卜，㱿貞：今𠂤，我弗其自來?

一句用肯定語氣（affirmative mood），一句則用否定語氣（negative mood）。老子説：“正言若反。”正言和反言的同時使用，殷代對貞卜辭，完全是這樣。真所謂“體植必兩，辭動有配，左提右挈”，“自然成對”[2]。有時“隔行懸合”，而偶意則同，這可説是吾國最古的儷語駢體。

對貞辭既有正反，隨辭的數，可能也含有正負的意思。我們看隨辭左右的數纚，有等數及差數之别，我疑心可能從兩邊的數的交差，求其陰陽奇偶，來定吉凶。此中也許含有“正負術”[3]的意味。古龜數必有一套算法，可惜無從詳悉。徐岳《數術記遺》述天目先生言云：“隸首注術，乃有多種……六曰《八卦算》，七曰《九宫算》，九曰《了知算》，十曰《成數算》，十一曰《把頭算》，十二曰《龜算》……

[1] L. E. Boyer，*Mathematics A Historical Development*, pp.4-6.

[2] 《文心雕龍·麗辭》篇。

[3] “正負術”見《九章算術》方程章。古算籌正算赤，負算黑，赤黑相取，左右相推求。參見錢寶琮：《古算考源》。

而《九宫算》尤爲簡捷。九宫者，即漢儒所創之三行縱横圖也。”九宫算出於九宫，龜算則出於龜數，都是由占卜的算法發展爲一種數術的[1]，像筮數發展爲大衍數術一樣。（參見秦九韶的《數書九章》卷一《大衍類蓍卦發微》。）

十、揲策定數與灼龜見兆

龜甲因兆陳數，復隨對貞卜辭分爲兩邊，很像揲蓍分兩之意，又以灼龜現兆，就所得兆數，視其等差，來决吉凶，這種不妨叫它做“兆算”，這和筮法意思很是接近。我們想起《莊子·外物》篇記宋元君有一句話説：

殺龜以卜吉，乃刳龜七十二鑽，而無遺筴。

成玄英疏云：

算計前後鑽之，凡經七十二，算計吉凶曾不失中。

他解“筴”字爲“算計”，因爲鑽灼呈兆，依兆位記數，來作計算。“策”字本訓“數”，《史記·五帝紀》：“迎日推筴。”《集解》引晋灼曰：“策，數也；迎數之也。”“迎數”猶言推算，那麽“無遺筴”，應該解作“没有算錯”。“遺”是遺失的意思。《史記·龜策傳》云：

[1] 《隋書·經籍志》有《五兆算經》一卷。《唐書·藝文志》有孫思邈《龜經》一卷又《五兆算經》一卷、《龜上五兆動揺經訣》一卷。古龜兆數術，必保存一些材料於此。《唐六典》卷十四：“凡五兆之策三十有六。用三十六筴，六變而成卦……用五行相生相剋，相扶相抑，大抵與《易》同占。”法京敦煌卷伯二九〇五爲《五兆經法要訣第卅七》一册，略云：“凡學兆之法，用算子三十六，先以兩手停擘，然後五五除之，各覓本位。”唐人求五兆之法，合以五行，此可見其大略。

夫摓策定數，灼龜觀兆，變化無窮，是以擇賢兩用占焉。

下文歷舉許多占例，都是龜卜的事。摓策的“摓”字，《索隱》云：“摓，謂兩手執耆，分而之，故云摓策。”然《廣韻》去聲《三用》云：

摓，灼龜視兆也。《説文》父容切，奉也。

《説文》手部作拲。《説文校録》引《玉篇》云：

拲，扶容切，灼龜觀兆也。[1]

錢坫《説文斠詮》説：“《補史記》‘摓策定數’，《左傳》：‘奉龜而泣’，應爲此字。”可摓字亦作拲，與捧相同。《玉篇》即是用《龜策傳》語，是“摓策定數”非指佈蓍，乃指察龜之數。前人但知蓍有數，而不知龜兆亦有數呢！

《韓非子·飾邪》篇：

鑿龜數策，兆曰大吉，而以攻燕者，趙也。鑿龜數策，兆曰大吉，而以攻趙者，燕也。

《秦策》：

（趙）襄王錯龜數策，占兆以視利害。

從這兩處所言，鑽龜還要數策，都是龜卜的事。亦可與《莊子》“七十二鑽而無遺策”一語互證謂鑽灼龜呈兆之後，加上計算兆數，然後定其吉凶。自從後來將龜兆和筮數分料，如《論衡·筮篇》言：

[1] 元本《大廣益會玉篇》卷六手部無“灼龜”以下三字。

俗信卜筮，謂卜者問天，筮者問地。蓍神龜靈，兆數報應……故鑽龜揲蓍，兆見數著。[1]

把兆專屬於龜，數專屬於蓍，兩者劃分。我們現在看小屯所出大龜背面鑽孔累累，而腹甲除現兆刻辭外，還記着許多數字，證明龜亦有數，數因乎兆。那麽古書所記，鑿龜、數策、占兆，原都是龜卜的事，與佈蓍無關，這一相沿的混淆觀念應加修正。

十一、筮法創於殷代説，兼論筮數出於龜數

上面討論過筮數本於龜數，龜數順而筮數逆，由最新考古資料，甲骨刻辭實已見過卦名。近人多謂："殷人有卜而無筮，筮法乃周人所創，以替代或補助卜法者。卦及卦爻等於龜卜之兆，卦辭爻辭等於龜卜之繇辭。"自余永梁倡此説，言哲學史者多從之。[2] 考殷代卜辭，爻字常見，有用作地名的（"……自爻……"見《後編》下四一，一），有用作動詞的，如：

丙寅卜，充貞：翌丁卯，王其爻，不冓雨。（《殷契卜辭》五〇一）

丙子卜，充：多子其征畀，瓬，不冓大雨。（《林》二·二十五，十九；《珠》三〇四重。）

爻象佈爻形，而畀爲爻的繁形，像兩手佈爻於宗廟之下。即《儀

[1] 《論衡》言："卜者問天，筮者問地。"按卜是用生數的順數，筮是用成數的逆數。如以生數屬天，成數屬地，那麽龜是天數，筮是地數了。這和《系辭》的"天數五，地數五"，把奇數屬天，偶數屬地，又復不同。

[2] 參見《史語所集刊》，第一本第一分册；《古史辨》，第三册。

禮》所謂“筮於廟門”，後來孳乳爲“學”字。殷器有“××× 母辛”卣（《嘯堂集古録》上），爻字作 ×××，與《説文》訓“爻，交也，象《易》六爻頭交也”，形義全合。

筮法的發明，傳説謂始於巫咸，《世本·作篇》及《吕覽·勿躬》均言“巫咸作筮”。《史記·天官書》云：“昔之傳天數者……殷商巫咸。”《周禮·龜人》賈疏云：“伏羲未有揲蓍之法，至巫咸乃教人爲之。”巫咸爲大戊時人[1]，卜辭亦見巫咸之名[2]，如上列諸説可信據的話，則筮法的産生，乃在殷大戊之世，當然不會早過龜卜，這亦可證筮數是因於龜數。龜卜比筮更有長遠的歷史。“武王伐紂，卜筮之，逆，占曰大凶。太公推蓍蹈龜而曰枯骨死草，何知而凶？”這一件事《六韜》《説苑》《論衡·卜筮》都詳記之，既卜且筮，與《洪範》命卜兼命筮，正可以互證。

卜辭所見的巫字，以《詛楚文》的巫咸及《齊巫姜殷》的“巫”字證之，確是巫字。卜辭中有四巫（《續編》一，二，四，《佚存》八八四重），及東巫（《粹》一三一一），北巫（《鄴中》三，四六，五）。又巫覡的人名，計有巫先（《南北·明》一〇三）、巫禾（《寧滬》二三三）、巫夋（《屯乙》八八七八）、巫姢（《鄴下》三七，六）、巫妹（《拾遺》一一，一一）等，其字皆宜讀爲巫。

巫有用作動詞的，舉例如下：

……勿……巫（《殷契》二八八背）

貞：弗希，王亩巫。（《金璋》五三〇）

壬午卜，朿土，祉巫帝乎……（《拾遺》一，一）

丙戌卜□貞：巫曰：集貝於帚，用，若。五月。（《零拾》二十三）

[1] 參見《尚書·君奭》及《殷本紀》。
[2] 羅振玉《殷虚書契考釋》上十三謂卜辭之咸戊即巫咸。

巫字古與筮通，《周禮》“簭人辨九簭。”九簭都以巫爲名，如巫更、巫參等。鄭注此九巫讀皆爲筮，即其明證。所以“勿巫”即“勿筮”，“王甶巫”即“王惟筮”，“祉巫”即“延筮”，和前舉的“祉爻”語例正相同。“巫曰”即“筮曰”，義皆通暢。史懋壺的“路筭”，楊樹達讀作“露筮”，謂即《漢書·張禹傳》的“露蓍，立筮”。（《積微居金文餘説》二）

凡此種種，可以證明殷人應有筮法，卜辭屬於占龜，和揲蓍本截然爲二事。《侯馬盟書》發現有關卜筮的三件，是寫在圭形或璧形玉片上面，其一云：“癸二仝五，卜㠯吉，簭……”這裏卜和筮并見。其他兩片具見“簭”字（原書 288、289 頁）。又巫覡一詞亦同出現，如云：“而敢不巫覡祝史。”甲骨上衹見到少數卦象，因爲龜與筮係分開舉行的緣故。以前有人曾舉出商器紋有卦象，《嘯堂集古録》所載[1]如下圖：

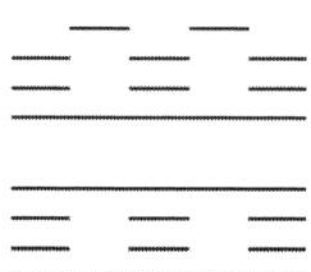

（蓋）

（器）

王俅稱爲“商卦象卣”。這圖像不屬於某一卦，不過表示卦爻的連與斷，及積陰陽爻畫的特徵而已。類似這種情形，用卦象作爲器物圖紋的，在考古學上的遺物，尚有可爲證明的。安特生在甘肅洮河所得新石器時代陶片，有刻紋作若干☰形，駢列在網紋之上，如圖一[2]。亦有減作⚌的刻紋，如圖二[3]。又辛店期彩繪陶器的頸部，亦有綴以▭畫爲花紋的[4]。這種花紋，均可名之爲卦爻紋。關於伏羲傳説

[1] 據景宋刊本《四部叢刊續編》卷上，32 頁；亦見《博古圖》九，一六；薛氏《鐘鼎款識》三，二。
[2] 參見安氏書 p1.124 之 1，2。
[3] 參見安氏書 p1.135。
[4] 參見安氏書 p1.136。

的地望，向來有山東（雷澤）及甘肅（成紀）兩說，現在從陶器上的卦爻紋可以推想，畫卦傳播及於甘肅，它的確切年代雖難遽定，但由此可反證商代不能說是没有“卦象”的存在。把卦象作爲紋飾的，又和酒泉文殊山石窟寺北凉田弘塔，四側分刻乾父坤母及他卦中男少男等（《文物資料叢刊》一，182頁），雖事屬後起而流行於西北，極可注意。

圖一

圖二

吴姚信云：“歸藏氏得《河圖》，商人因之曰《歸藏》。”其說不知何所本。《禮運》載孔子云：“吾得坤乾焉。”鄭玄注：“得商陰陽之書，其存者有《歸藏》。”桓譚《新論》謂：“《歸藏》藏於太卜。”其書有《本蓍》篇、《啓筮》篇、《齊母經》、《鄭母經》，見於群書所徵引，真僞暫且不論。《御覽》引《歸藏》文字，記載着蓍以何者爲吉，朱彝尊《經義考》謂即《本蓍》篇語。《史記·龜策傳》云：“夏、殷欲卜者，乃取蓍、龜，已則去之。”如是殷人當然曉得用蓍，可惜蓍草易朽，早與糞土同盡，不若龜骨仍有重新發現之日，故無從獲得實物，以供研究。

由於上述各點，近人所持商代有卜而無筮一說，自然未易成立。殷墟所出大龜，以武丁時期爲多，觀YH一二七坑所出的，其上鍥刻序數，及其各種排列配置，使我們對殷代的“龜數”有了嶄新的認識。龜甲所見的都是順數，分明是龜數，而不是筮數。可是筮法揲蓍的手續，以周《易》求卦的手續而論，是（一）分、（二）掛、（三）揲、（四）歸，第一個步驟的"分兩"，據説是效法兩儀，其實龜甲上數的排列，隨着辭的左右對貞，已分而爲兩。同時辭、數、兆左右相對，具有正負陰陽的意義，所以認爲筮法的分兩，在區别陰陽，是從龜數對稱法而生，這是"兩儀"説很古的數理根據。筮數與龜數，基本上同以"兩儀"爲出發點，可知兩者本是同源，故筮法可能出於龜卜，無疑地筮數是龜數進一步的推衍。

十二、極數知來之占可包括卜與筮

《易・系辭》云："極數知來之謂占。"《正義》謂："窮極蓍策之數，豫知來事，占問吉凶，故云謂之占也。"又《系辭》云："以卜筮者尚其占。"依據《周禮》，"占"是包括卜和筮的。《周官・占人》云：

> 占人掌占龜，以八筮占八頌，以八卦占筮之八故，以眡吉凶。凡卜筮：君占體，大夫占色，史占墨，卜人占坼。

疏云：

> 此君體已下，皆據卜而言，而兼云筮者，凡卜皆先筮，故連言之。

申明經文説卜，而合稱爲卜筮的道理。《詩・衛風・氓》云："爾卜爾筮，體無咎言。"體是兆象，本指龜而言，這裏亦統謂之卜筮。疏言"凡卜皆先筮"一語，原見《周禮》：

凡國之大事，先筮而後卜。

鄭注云：

當用卜者，先筮之，即事有漸也。於筮之凶，則止不卜。

這或者指周制言之。賈疏云：

“即事漸也”者，筮輕龜重，賤者先即事，故卜即事漸也。云“於筮之凶則止”者，《曲禮》云：“卜、筮不相襲”。若筮不吉而又卜，是卜襲筮，故於筮凶則止，不卜。《洪範》云：“龜從筮逆。”又云：“龜、筮共違於人。”彼有先卜後筮，筮不吉又卜，與此經違者，彼是箕子所陳，用殷法；殷質，故與此不同。

他指出殷筮與周的差異。從這裏，我們可以看出：（一）殷人先卜後筮，（二）或卜而不筮。周時則卜重而筮輕。《管子·中匡》篇云：

夫鳳鳥鸞鳥不降，而鷹隼鴟梟豐庶；神不格，守龜不兆，握粟而筮者屢中。

尹注云：

長者不告而短者告，是德之不至。傳曰：龜長筮短。

《詩·小宛》云：

握粟出卜，自何能穀。

筮本來是賤於兆的，再用粟來筮，比較用蓍，又更下一等了。《周禮·春官》，龜人與筮人各有所掌，而占人則占龜外，同時亦占筮。鄭注云：

占人亦占筮，言掌龜者，筮短龜長，主於長者。

春秋時，卜人亦掌筮。《左傳·僖公十五年》：

秦伯伐晋，卜徒父筮之，吉。

顧炎武云：

卜徒父，秦之卜人，兼掌筮者。《周禮》太卜掌三《兆》三《易》三《夢》之法，是古之筮，皆兼掌於卜人也。

又《僖公十五年》傳："卜右，慶鄭吉。"《疏》引《周禮·筮人》八曰筮參，謂筮御與右。[1] 這亦筮由卜人兼掌的證據。

殷墟卜筮每言占及固，舉例如下：

戊戌卜，𡆥占：妫。(嘉)。(《之餘》二，二；《續編》五，七，四重)

戊子卜葉：…… 亦㞢聞？葉固曰：聞……(《京津》一五九九)

丙申，王宿固。光卜曰：不吉，㞢希。兹……(《珠》六二〇背)

王臣固曰：䒳首，若。(《屯乙》六三八五，甲背即六三八六)

王叚固曰：……(《京津》一六〇〇)

其他言"王固曰"之辭，多至不勝枚舉。這是王親占龜的體兆，來定吉凶，但看貞人𡆥與葉亦都有占，可知臣工亦可固。倘如《周禮》所說，占的任務，掌龜又復掌筮，那麼殷人的占，可能包括龜與筮二

[1] 參見劉文淇：《春秋左氏傳注疏證》。

者兼行了。如是《系辭》所謂“極數知來謂之占”，“極數”照理可説是合龜數筮數而言的。

十三、從龜數論古代思想幾個主要觀念

（一）數與陰陽

數有陰陽，大抵奇數是陽，偶數是陰。《荀子·王制》篇云：

> 相陰陽，占祲兆，鑽龜陳卦，主攘擇，五卜知其吉凶、妖祥，傴巫跛擊之事也。

楊倞注云：

> 陰陽，謂數也。

《管子·揆度》篇云：

> 桓公曰：何謂事名二？對曰：天筴，陽也；壤筴，陰也，此謂事名二。（《輕重》十一）

天筴、壤筴，應即《易傳》所謂天數、地數。即天一地二，天三地四，天五地六，天七地八，天九地十。天數奇，地數偶，亦即陰陽之義。

《屯乙》三二八五，整龜腹甲，㞢的卜辭，兆象最爲明朗，序數即刻在每個兆位之上，十分齊整。中間“千里路”兩旁至邊緣，各有兆二行，又分爲上下兩部分，上半爲自一至六，兩組相對。下則爲自一至九兩組，每組二行，各依數之奇偶分開排列，如下式：

二	一	一	二
四	三	三	四
六	五	五	六
八	七	七	八
	九	九	

這正是分陰分陽，把天數、地數分系排列，故特別覺得井然有序。

從數的奇偶系列，可看出殷人的陰陽思想。卜辭雖未見陰字，但有易、陽等字。[1] 殷代已有明堂。[2]《尸子》云“殷人曰陽館”[3]。《禮記·祭義》:“郊之祭，大報天而主日配以月。夏后氏祭其闇，殷人祭其陽，周人祭日以朝及闇。”殷人郊天祭於陽，鄭讀陽爲暘，謂日中時。從這些都可看出殷人不特有陰陽觀念，還且用在典禮的實踐方面。

陰陽觀念的產生，最初是對於自然物的體會，《易傳》所謂“立天之道曰陰與陽”。推而至於奇偶數的對立，故乾坤實即奇偶數的別名。亞里士多德的《形上學》(*The Metaphysics*, Book Ⅳ.7) 引述畢達哥拉斯的十項矛盾表，奇偶和動靜、明暗、男女等相比次，正是同樣的道理。

(二) 本末與數度

《禮記·大學》言:“物有本末，事有終始。”“本末”這一觀念，

[1] 卜辭易爲地名，如易伯𡿭(例如《前》四，三，四；《珠》五七一；《京津》一三三六，資料極多不備舉)。陽字作，《前編》五，四二，五云:“……多射衔…從阩……八月。”商氏《殷虛文字類編》一四，五釋“陽”，謂與楊之從早同。葉玉森云:“諦察影本，之右下隅，仍從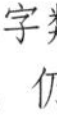，疑爲敭之繁變。”(《前編集釋》五，四七)

[2] 參見石璋如:《殷代地上建築復原之一例》，載《院刊》，第一輯。

[3] 《尸子》語見《唐會要·明堂下》顏師古議引。

實亦源於古的數學。《莊子·天下》篇云：

> ……以參爲驗，以稽爲決。其數一、二、三、四是也。百官以此相齒。……古之人其備乎！配神明，醇天地，育萬物，和天下，澤及百姓，明於本數，系於末度。……其明而在數度者，舊法世傳之史，尚多有之。

又《天運》篇云：

> 吾求之於度數，五年而未得也；求之於陰陽，十有二年而未得。

度數即是本數末度的省詞，陰陽乃鄭玄所謂商陰陽之書。其實本數便是一至五的龜數，末度即是筮法的末數。一切變化云爲，無不有賴於蓍龜來決定，所以本數、末數，在人事上有極大的重要性。向來對於"本末""數度"等概念，都從事態及制度方面去解釋，不知它是出於術數。明乎此，而後《天運》篇一語才可獲得恰當的瞭解。[1]

以上兩點，由於龜數的新認識，所引出的解說，對於古代哲學史的研究或不無點滴的幫助。

《左傳·韓簡》說："龜，象也；筮，數也。象數物生而後有象，象而後有滋，滋而後有數。"以爲龜主兆象，筮主蓍數，其實龜兆兼記數，如殷代龜卜，象中亦有數，象和數是相麗而行的。龜卜的象是指兆體，即兆所呈的紋理；和《易》卦的卦象不同，又另是一事。

龜筮現在看起來是迷信，在古代却是科學。它對宇宙事物企圖給

[1] 從數起論，而構成哲學體系的，像印度最古的數論派，梵文 sāṁkhya，即計算的意思。《唯識述記》云："梵云僧佉，此翻爲數：即智慧數、數度諸法，根本立名，從數起論，名爲數論。"以數統攝諸法，與《莊子》所謂度數，内涵固不同，而從數爲出發點，則頗相似。《洪範》九疇的五行、五事、八政、五紀、三德等項目，以數統攝，當即所謂數度。

以一個有系統的解釋。象數的概念，在龜卜盛行的殷代，不過是指兆象兆數。到周《易》的時代，給予擴大起來。“聖人有以見天下之賾而擬諸其形容，象其物宜，是故謂之象。”則由卦象變成廣泛象徵着各種物宜的事象。而筮數則取法天文曆法，製成一套十八變成卦的筮法。龜卜上數的對稱，辭的對貞，不過具有兩儀的意義；到了《易》筮，則由兩儀推演到掛一以四揲之而成的七、八、九、六，即一行所謂四象[1]，比前複雜得多了。

馮氏説畢達哥拉斯派“以數入象”，“中國《易》學之講象數，正是如此”。其實畢氏一派原謂自數生點，由點生綫，由綫生平面，由平面生固體，再生可感覺之物，即火、水、地、風四元素。[2]他是説由數生“點”，所謂點綫平面（立）體等，都是幾何學名詞，如把這比作“象”來看，衹是（抽象的）形象。但《易》學所説的象，是指具體的事象，和他不同。畢派把數入象，因此繪有四的三角形及長方數、正方數等圖形，把他引導入了數學領域；我們的象數，是拿來説明人事，依舊流於術數，這是兩種象數思想最基本的差別。

十四、餘論

《世本》説：“隸首作數。”可知中國數學之起源甚古。《莊子·天下》篇云：“其明而在數度者，舊法世傳之史，尚多有之。”數的舊法尚存於史官，可是到現在都已湮没了。我們從卜辭上知道殷人計數用十進法，且已有等比概念。我們還從殷代龜甲上能看到成組數字

[1] 僧一行《大衍論》：“三變皆剛，太陽之象。三變皆柔，太陰之象。一剛二柔，少陽之象。一柔二剛，少陰之象。”

[2] 畢派所謂“象”，此字希臘文原有 mark、sign、omen、heaven、star 等義。英譯本謂由數生點、由點生綫、由綫生平面等等，純以幾何名詞譯之，義較明晰。

的排列，且有種種的不同方式，可以約略看出殷人對於數怎樣運用。可是這些數是和兆象混在一起，是術數而不是數學。我們雖是從它的數字排列，推導出其中有三三方陣式的雛形，由於方陣和《洛書》及九宮意思相近，可以看出兩者間的關係。可是這些數字的排列，主要作用仍在於占筮，所以刻在龜甲（及少數卜骨）之上。本來通常的占法有星、時、數、辭四種，而數又從陰陽奇偶的從違來定吉凶。蘇洵說："一、三、五、七、九是陽家之晝，陰家之夜；二、四、六、八是陽家之夜，陰家之晝。晝詞多休，夜詞多咎。"[1]殷人的筮法必另有繇辭，方能從數求辭，以斷休咎。可惜所謂《歸藏》及《陰陽之書》，已不可見。甲骨上的刻辭，祇是卜事，而不是占書，由於材料比證之缺乏，祇能暗中摸索。本文之作，將龜甲上數字的排列情形，指出大概，喚起一般人士之注意，這是甲骨學上一個研究課題，其重要性并不在卜辭之下。這兒祇是舉出一些事實，未敢云已握到鎖鑰。抉微發隱，尚有待於博學深思之士呢！

附論　上代之數字圖案及卦象以數字奇偶表示陰陽之習慣

從近年出土新石器時代之陶器紋樣，上代人的數學智慧，可透露端倪。

（一）以數字作成塔狀，似表示等邊三角形

半坡陶器花紋有用小圈累疊成三角形，最下層爲 8，漸次由 7、6、5、4、3、2 而至於 1，構成三角形，每邊數字皆 8。半坡博物館的説明，特別指出這是幾何上等邊三角形的萌芽。

---

[1]　蘇洵：《嘉祐集》卷七，《太玄論總例 · 占法》。

（二）用同一數字，組成數字的花紋

辛店期彩陶上有二二紋一圈，這是疊用若干個“二”字。甘肅四壩的六耳罐，繪上三三紋，連續用十四個≡形，據説是屬於夏代遺物。

半山期廣河的彩陶壺，口沿上記着八個⧖（五）字。

以上俱藏甘肅省博物館。

大汶口的玉骨梳，花紋刻“卜”字，四圍八方繞以≡形，似像卦象，似是連用三畫，配成一圖案。此種特殊花紋，山東省博物館及中國歷史博物館均有藏品。

早商梅圓莊第一期在後崗圓坑出土的刻花骨器上分别刻着八個⧖字。三組兩行，中間記兩個五字，作單行。（原物藏安陽研究所）

從上列這些例子，可見古代人們很喜歡連續使用同一的數目字，作爲紋飾的花樣，這是一種用數字排列的圖案。

（三）以數字的奇偶，來表示陰陽

用筮法來占卜，在少數民族留下的習俗，像金川彝族用牛毛繩八根，擲地以占吉凶，于省吾説是古代“八索”之占（《周易尚氏學》序言）；松花江的赫哲族，用蒿草四十九根，有如揲蓍分配於左手的四個指間共三次，剩下的蒿草，奇數爲吉，偶數爲凶。以三、九、十五之數爲上吉。（見凌純聲《松花江下游的赫哲族》上册，139 頁）這分明是筮卦的老辦法。殷人諒已曉得筮，故其遺俗猶保存於東北。

考古資料見到不少用數字的奇偶來表示陰陽爻的，殷代的陶片及甲骨均有之：

1958 年在殷墟發掘的陶片拓本，其一上刻七七八六六七，其一作兩卦并列狀，左爲六六七六七五，右爲六六七六六八。（《考古》，1961（2））

1961 年山東平陰縣朱家橋殷代遺址所出陶器，上刻有一八八六一一

的記號（《考古》，1961（2）），如圖一。

四盤磨所出一巨胛骨，上端鑽有三孔，文字部分刻數字凡三處，中間正刻，兩邊倒刻，如圖二。

圖一

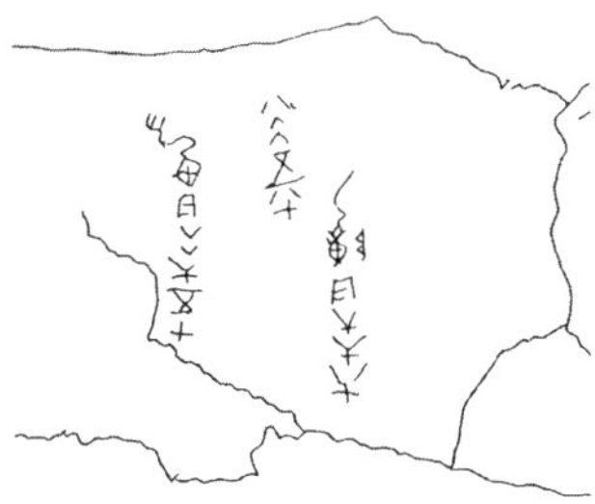

圖二

以上三件陶文，考古家認爲是殷代晚期的。四盤磨的骨文，說者或因爲所刻的五字作⧖，故疑其很是晚出。我個人以爲上海馬橋下層最早期陶器已有⧖字，早商之後崗圓坑骨器上刻許多⧖的符號。在殷代卜辭中“五日”的五字，均作⧖，不作 ×，可見不能够說它的時代在殷商以後。

我嘗初步研究以數字代表陰陽的材料，所得結果，祇限於使用一、五、六、七、八幾個數字，又曾仔細觀察戰國天星觀楚簡中所見的用數字所表示之卦，都是以一表陽，而以∧表陰，∧即是六。近日張政烺先生搜集所得共三十二個卦名，更加完備，其中使用的數字，正以“六”字爲最多，其次是一字，而二、三、四諸數皆不見。又天星觀卦象，據張氏統計，皆集中於一與六兩數（“一”共出現 37 次，“六”共出現 49 次），而二、三、四、五、七，均被取消不用，這一事實，已獲得證明。

按用奇偶表示陰陽，已見殷代遺物，雖無陰陽聯稱，却有陰陽之實，正可證明楊倞的《荀子》注，訓“陰陽爲數也”一說之確。至於何以用一表陽，用六表陰，我想這可能與古人以一至五爲生數，六至十爲成數之説有關。生數之首是一，而成數之首是六，故以一表陽以六表陰。料殷人已有此一習慣。

四盤磨骨板上面列三個卦名，一個是八六六五八七，坤＋乾＝明夷。其二皆有“曰”字：

七五七六六六　（乾＋坤＝否）　曰　畏！
七八七六七六　（離＋坎＝未濟）　曰　隗。

曰之上既是卦名，則曰下一字不應該再是卦。

周原另有一片亦有曰字，據摹本如下：

七六六七一八（蠱）曰其孚既魚。

這片“（蠱）曰”以下，很像後來的爻辭。四盤磨的“否曰畏，未濟曰隗”，有人認爲畏與隗（危）可視作斷詞，有如彖辭，這樣解釋，似乎比較合理。

周原甲骨尚未完全公佈，據稱其中大片卜骨卦象已有“九”字，其有“九”字的卦，則不見“七”字，是周人必用“九”，故後來有“九爲老陽”之説。殷人占卦，必不重視三、九之數，周人則反是。孔穎達《周易正義》云：“九、六有二義，其一者陽得兼陰，陰不得兼陽；其二者老陽數九，老陰數六，二者皆變用，周《易》以變者占。”《周禮·太卜》所掌之三《易》，《連山》《歸藏》皆以七、八爲占，專論卦而不及爻。七、八占彖，彖以卦爲主。殷晚期及周初的卦名由數字組成的，其中特别以六來表陰爻，這一點非常重要，下至戰國，見於天星觀簡册，楚俗尚且如此。

以∧（六）代陰，當是殷人主陰首坤，故以六爲本，專以論卦而占用不變；至周人改爲主陽，首乾，故用九，兼以論爻而尚變，强調老陽之九。殷、周《易》卦之不同，其損益之故，可以推知。

在《周禮》中記着：三《易》“經卦皆八，其別皆六十有四”。證之殷代陶器卜骨，刻有益、歸妹、豫、明夷、否、未濟諸卦，可見重卦已甚早。《帝王世紀》稱：“文王廣六十四卦，著九六之爻，謂之周《易》。”此説必有根據。宋楊繪論重卦之始，在於上古，引《書》龜、筮協從爲證（見《周易義海》卷十二）。殷代有《易》卦，是不成問題的。

1961年

戰國西漢的莊學

魏晋以來，莊子成爲顯學，注解之書，至今爲數計得二百種以上。宋高似孫撰《子略》，有“晋人好言老莊”一則，首引阮籍《達莊論》。明焦竑的《莊子翼》附刻一卷，列《史記 · 莊子傳》，阮籍、王安石《莊子論》。（按王安石有《莊周》上下，見《臨川文集》卷六十八，謂“孔子所謂隱居放言者，周殆其人也”。）蘇軾《莊子祠堂記》，潘佑贈别（按《南唐書》卷十三《潘佑傳》言其酷好老莊言，有文名曰贈别，引莊子“安時處順”爲説）。王雱《雜説》，李士表《莊子九論考》等文。史遷以降，論莊之文，亦以阮籍爲首。晚近湯用彤爲《魏晋玄學流别略論》則引嵇康《卜疑》“寧如老聃之清净微妙，守玄抱一乎？抑如莊周之齊物，變化流連而放逸乎？”作爲玄學的開端。錢賓四《莊子纂箋》云：“兩漢治黄老學，魏晋以後始轉重老莊，阮籍開其端。阮書有達莊論。”這些説法，都是以阮、嵇爲莊學的前驅。其實漢初黄、老并稱，而淮南王安書中，“老”“莊”亦并稱，正當文、景之世。蓋自荀子而後，莊子文句每見徵引，莊子書鑽研者大有其人，不能以阮籍爲開始。本文將戰國和西漢各思想家言及莊子之資料，提出加以討論。

一、戰國

（一）《荀子·解蔽》篇云：“莊子蔽於天而不知人。”

在《大宗師》裏，莊子極論“天”“人”間的關係，最標準的人叫做“真人”，他説：“不以人助天，是謂真人。”“天與人不相勝也，是之謂真人。”他重天而輕人，主張毋以人滅天，而要還人於天。他對天的深刻理解，是有根據的，下面試舉出一些例證：

（1）《逍遥游》云：“天之蒼蒼，其正色耶？其遠而無所至極耶？”按《晋書·天文志》漢郗萌引宣夜書云：“天了無質，仰而瞻之，高遠無極。眼瞀精絶，故蒼蒼然也，譬之旁望遠道之黄山而皆青，俯察千仞之深谷而窈黑，夫青非真色而黑非有體也。”宣夜是古代天文三家之一，其法早已絶滅（見晋虞喜《安天論》）。《逍遥游》這句很不易懂，該是對蒼蒼是否爲天之正色提出質問，似乎即根據宣夜而來的。

（2）《莊子·則陽》篇引容成氏曰：“除日無歲，無内無外。”容成是什麽人呢？淮南高誘注：“黄帝時造曆者”，他是曆法的創始人，楊文會解釋這二句謂：“除日無歲，破時量也；無内無外，破方量也。”意思是説破除時間和空間的約制，而衹是一個無限，這是否爲莊子的本意，是很難説的，但他對時空的觀念，乃自容成氏領會到，却是很明顯的。

（3）《莊子·天運》篇：“天其運乎？地其處乎，日月其争於所乎？孰主張是？孰維綱是？孰居無事推而行是？”一段，對於天有無主宰，加以追詰，很像《楚辭》的《天問》。《史記·孟荀傳》：“楚有長盧（子）”，他的著作保存一點在《列子·天瑞》篇，是討論“天地不得不壞，而終歸於壞”的問題。可見天地的究竟，乃向來楚國哲學上討論的主題，莊子很可能受到他們的影響。

（4）又《天下》篇云："南方有倚（畸）人焉曰黄缭，問天地所以不墜不陷雷霆之故……"這一段和《列子》中的杞人憂天故事很相似，亦是出於南方之學，倚人即《大宗師》的畸人，言其"畸於人而侔於天"，謂不耦於人，而有合於天，是謂畸人。

莊子和墨子一樣是博極群書的，《逍遥游》中引志怪的《齊諧》，又引湯問於夏革之語（《列子》有《湯問》），"古之道術有在於是者，莊周聞其風而悦之"。他的見解是有很多來歷的。他對於天的探索，特別有興趣。太空的形狀、起源、歸宿等問題，他很留心窮究。他偏重於天，成爲一邊倒的"天"底哲學。荀子一言加以道破，可見他對於莊子思想瞭解的深度。

（二）《吕氏春秋》 吕不韋編集十二紀八覽六論，對《莊子》時有采用，兹舉出二三例：

（1）《求人》篇云："昔者堯朝許由於沛澤之中。曰：'十日出而焦火不息，不亦勞乎？夫子爲天子，而天下已治矣，請屬天下於夫子。'許由辭曰：'爲天下之不治與？而既已治矣，自爲與？啁噍巢於林，不過一枝；偃鼠飲於河，不過滿腹，歸已君乎！惡用天下？……'"（卷二十二）這段是《逍遥游》中有名的故事。其間有一些異文。莊云"爝火"，此作"焦火"，"鷦鷯"此作"啁噍"；莊云"請致天下"，此作"請屬天子於夫子"；莊云"歸休乎君"，此作"歸巳君乎！"好像加以意譯，有點似《史記》之譯《尚書》一樣。

（2）《精通》篇云："宋之庖丁好解牛，所見無非死牛者，三年而後見生牛，用刀十九年，刃若新劘研，順其理，誠乎牛也。"（卷九）這出於《莊子·養生主》。生牛，莊子作全牛。《論衡·訂鬼》篇云："宋之庖丁學解牛，三年不見生牛，所見皆死牛也。"即本諸《吕覽》，新劘研句亦與莊子不同。《淮南子·齊俗訓》云："庖丁用刀十九年，而刀如新剖硎。何則？游乎衆虚之間。"亦用吕書。"順其理”，莊作“依乎天理”。

（3）《必己》篇“莊子行乎山中”至“胡可得而必”一段，即采《莊子·山木》篇。祗一二處小異，如莊“以和爲量”，“和”此作“禾”；莊“尊則議”句，此作“尊則虧”。又多“直則骫”“愛則隳”句，餘全同。

他處引莊尚多，《吕覽·不二》篇中舉十人爲天下豪士，道家爲老聃、關尹、列子、陽生，而不數莊子，吕不韋是現實主義者，和莊子氣味自然是不甚接近的。

二、西漢

（一）**賈誼**　賈生是一個充分接受莊子思想的人，在他所作的《鵩鳥賦》文中，幾乎鎔冶老、莊、列思想於一火。他提到“萬物變化”，“天地爲爐”，“愚士係俗”，“至人遺物”，“釋智遺形”等主題，李善注概引《莊子》一一指出它的來歷。其他“其生若浮”，“其死若休”，“泛泛乎若不系之舟”，完全襲用《莊子》的原句，這可看出他如何把《莊子》讀得滾瓜爛熟，臨文時加以活用。後來孔臧寫《鴞賦》，是模仿《鵩鳥賦》的（賦中有云“昔在賈生，有志之士，忌兹鵩鳥，卒用喪己”），却說道：“栖遲養志，老氏之儔。”《隋書·李士謙傳》：說《鵩鳥賦》中表現有佛教的輪迴思想，有點牽强。文中主要還是演繹莊子的意思。

（二）**枚乘**　《七發》最末一段云：“客曰：將爲太子奏方術之士，有資略者，若莊周、魏牟、楊朱、墨翟、便蜎、詹何之倫，使之論天下之釋微，理萬物之是非。……此亦天下要言妙道也。太子豈欲聞之乎？於是太子據几而起曰：涣乎！若一聽聖人辯士之言，涊然汗出，霍然病已。”聖人辯士之言，居然可以起太子的沉痾。枚乘列舉諸賢，而莊周排在第一名。可見莊子在文、景時候學人的心目中，有極崇高的地位。

（三）**淮南王和他的《莊子略要》** 淮南王劉安對道家典籍，浸淫甚深，《道應訓》中有明文引《莊子》的，如云：

> 盧敖游乎北海。…… 見一士焉 …… 悖若有喪也。曰：吾比夫子，猶黃鶴與壤蟲也。終日行不離咫尺，而自以爲遠，豈不悲哉？故莊子曰："小年不及大年"，"小知不及大知"，"朝菌不知晦朔，蟪蛄不知春秋"，此言明之有所不見也。

劉安對莊子寫有專書，清俞正燮在《癸巳存稿》卷十二有《莊子司馬彪注集本跋》後云：

> 《經典釋文》言司馬彪注本二十卷五十二篇，是彪本《莊子》爲《漢志》全本。…… 彪本五十二篇中淮南王《略要》。《漢志》五十二篇爲淮南本，入秘書仇校者，今知所缺十九篇目，畏累虛，惠施（按《北齊書》杜弼傳，弼注《莊子 · 惠施篇》，未見）。淮南王《略要》而已。

是淮南王著有《莊子略要》，收入司馬彪注本之《莊子》，惜已失傳。《莊子略要》，惟見《文選》李善注引之，共有四處：（1）《文選》"入華子岡詩""且申獨往意"句下李善注云："淮南王《莊子略要》：'江海之士，山谷之人，輕天下，細萬物，而獨往者也。'司馬彪曰：'獨往任自然，不復顧世也。'"這段話又見（2）江淹雜體詩許詢"資神任獨往"句，及（3）《文選》任昉"齊竟陵王行狀""山字初構，超然獨往"句下李注，并言出淮南王《莊子略要》。惟（4）陶淵明《歸去來辭》，"懷良辰以孤往"句下李注引《淮南子要略》曰："山谷之人，輕天下，細萬物，而獨往者也。"司馬彪曰："獨往任自然，不復顧世也。”（據《文選》胡克家刻本，文字悉同，而書名作《淮南子要略》，不作《莊子略要》，當是奪誤。查《淮南子·要略訓》并無此文，此誤“略要”爲“要略”）。

《文選》注所引另有淮南王《莊子後解》。張協《七命》“爭寶之訟解”李善注云：“淮南子《莊子後解》：‘庚市子，聖人無欲者也。人有爭財相鬥者，庚市子毀玉於其間，而鬥者止。’”（哈佛燕京社刊《文選注引書引得》漏此《莊子後解》。）是淮南王安對於莊子原著有《莊子略要》及《莊子後解》，唐時尚存，李善猶及見之。安曾作《離騷傳》（即《史記·屈原傳》所采者），他的《莊子略要》及《莊子後解》，疑同樣是一篇學術文章，不是一部書，但無論如何，是早於阮籍的《達莊論》。他喜歡屈原，又喜歡莊子，屈、莊都是通過他的游楊而著稱，他才是解莊的開山人物。

《淮南子》書中引用《莊子》的地方極多，例如《俶真訓》開頭就説：“有始者，有未始有始者，有未始有夫未始有始者……”一段，即取自《齊物論》而加以發揮。《泰族訓》論王喬赤松，“可謂養性而未可謂孝子”一節，後來引述“可乎可，而不可乎不可；不可乎不可，而可乎可”數句，亦是襲用《齊物論》，他在書中直接地或間接地發楊莊子的思想（參看王叔岷教授《淮南子與莊子》，《清華學報》新二卷第一期）。最後於《要略訓》上説：

> 道應者……近觀往古之迹，察禍福利害之反。考驗乎老莊之術，而以合得失之勢者也。

這是老、莊并稱在西漢初期已出現的證據。（淮南王安爲高帝之孫，孝文十六年，封淮南王。）

（四）**司馬相如** 《大人賦》云“載雲氣而上浮”“與真人乎相求”“呼吸沆瀣兮餐朝霞”等句，和《逍遥游》的“吸風飲露，乘雲氣，御飛龍，而游乎四海之外”，正是一鼻孔出氣。《大人賦》的辭藻取之《楚辭·遠游》，而宗旨與後來阮籍的《大人先生傳》，全是出自《莊子》。

（五）**東方朔**　這位滑稽突梯如脂如韋的人物，他是受過莊子洗禮的，他的作品中，可以見到，試舉二例：

（1）《誡子》：“……依隱玩世，詭時不逢，是故才盡者身免，好名者得華。有群者累生，孤貴者失和，遺餘者不匱，自盡者無多。聖人之道，一龍一蛇，形見神藏，與物變化，隨時之宜，無有常家。”（《藝文類聚》二十三引）

這是從《莊子·山木》篇“一龍一蛇，與時俱而不肯專爲”脱胎而來。東漢初馮衍的《顯志賦》云：“大人之德……風興雲蒸，一龍一蛇，與道翺翔，與時變化。”仍舊是這一套思想。

（2）《隱真銘》：“……處天地之先，不以爲長，在萬古之下，不以爲久，隨時應變，與物俱化。”

此文見釋法琳《辯正論》引，如果真是出於東方朔之手，那是很明顯地模仿《大宗師》“在太極之先而不爲高”“先天地生而不爲久”等句。東方朔的人生觀，是傾向莊子一路的。

（六）**司馬遷**　他在《史記》列傳中，首爲莊周立傳，合稱老莊，和淮南《要略》的見解一樣。

（七）**劉向**　他很重視《莊子》寓言部分。《史記索隱》引《别録》云：“莊子，宋之蒙人也，……使相與語，是寄辭於其人，故《莊子》有《寓言》篇。”他在《列子書録》上説：“孝景皇帝時貴黄老術；此書頗行於世，及後遺落，散在民間，未有傳者，且多寓言與莊周相類，故太史公司馬遷不爲列傳。”又《關尹子書録》云：“列禦寇、莊周皆稱道家。……辭與老列莊異，其歸同。渾質崖戾，汪洋大肆，然有式則，使人泠泠輕輕，不使人狂。”他指出莊列性質相同，都富於寓言，關尹與莊，歸趣同而表現不同。雖然他没有寫過《莊子書録》一類的文章，可是屢次提及莊子。

（八）**嚴遵（君平）**《漢書·王貢傳序》："嚴君平卜筮於成都市。……博覽無不通。依老子嚴周（按嚴即莊，避明帝諱改）之指，著書十萬餘言。楊雄少時從游學。"君平所著《老子指歸》十四篇，即云："莊子曰：昔者老子之作也，變化所由，道德爲母。"即援引莊子之説，他亦是莊氏的信徒。

（九）**楊雄**　他是嚴君平的門人，他所以好玄，未曾不是受到君平的影響。他在所著《法言》中，屢次談及莊子。

（1）《問道篇》："莊周申韓，不乘寡聖人而漸諸篇，則顔氏之子閔氏之孫其如台？或曰：'莊周有取乎？'曰：'少欲。''鄒衍有取乎？'曰：'自持。'至周罔君臣之義，衍無知於天地之間，雖鄰不覿也。"

（2）《問神篇》："或問：'鄒、莊有取乎？'曰：'德則取，愆則否。''何謂德愆？'曰：'言天地人經德也；否，愆也。愆語，君子不出諸口。'"

（3）《五百篇》："莊、楊蕩而不法，墨、晏儉而廢禮，申、韓險而無化，鄒衍迂而不信。"

他對莊子，把他和鄒衍相提并論，稱爲"鄒、莊"，祇是有取他的少欲，與淮南子《莊子後解》言聖人無欲相同。但攻擊他"罔君臣之義"，又有"愆德"。又説他"蕩而不法"。他站在儒家立場來説話。能通天地人纔是儒，貫通三才方是全德，這和《莊子·德充符》的"德"，意義完全不同，可説是"道不同不相爲謀"了。從楊雄的理論，可以看出董仲舒有崇儒以後，莊子思想到了西漢末期已被排斥，反不如漢初的流行。

（十）**班嗣**　嗣是班固的從伯父。《漢書叙傳》云："彪與從兄嗣共游學，家有賜書，内足於財，好古之士，自遠方至，父黨楊子雲以下，莫不造門。嗣雖修儒學，然貴老嚴（按即莊）之術。”桓生欲借其書，嗣報曰：

> 若夫嚴（莊）子者，絶聖棄智，修生保真，清虚淡泊，歸之自然。獨師造化，而不爲世俗所役者也。漁釣於一壑，則萬物不奸其志，栖遲於一丘，則天下不易其樂，不絓聖人之罔（網），不嗅驕君之餌，蕩然肆志，談者不得而名焉，故可貴也。今吾子已貫仁誼之羈絆，系名聲之强鎖，伏周孔之軌躅，馳顔閔之極摯，既系攣於世教矣。……恐似此類，故不系名聲之强鎖。

這封信寫得非常動人，可看出他對莊子瞭解的深度，和儒與道二種思想的矛盾，他所以不把《莊子》書借給桓譚，就是因爲他知道桓君山已“系攣於世教”，沉溺在儒家的圈子。這樣，何必去讀《莊子》。所以索性不借給他。（班嗣的時代，嚴可均列於西漢末是對的。）

我們從上面所述十家，可以看到莊子在西漢開始時，便不斷受到人們的尊重。他的思想被賈誼所吸收，而寫成那篇劉勰譽爲“致辨於情理”的《鵩鳥賦》。枚乘舉出方術之士，把他列首。劉安撰《莊子略要》，在《淮南子》中屢屢稱引《齊物論》，又言“老莊之術”，把他和老子并稱。以後司馬遷據以立傳，嚴君平、班嗣都把“老莊”合稱。楊雄説他“蕩而不法”，這時候已是儒家思想支配着的天下，莊子當然不免要受到貶抑。最可注意的是文景之世，黄老盛行，劉安正是在這一時代的學術界領導層的主要人物，他已經提出“老莊”一詞，把他們并列起來，可見道家在那時無論莊子列子都同樣是被人歡迎的，劉向的書録中正透露這一消息。這些事情的認識，對於研究早期玄學及漢代哲學史的人們，也許有些幫助。

三、辨疑

聞一多寫過一篇文章叫《莊子》的，時常被人稱引，已收入《古典新義》中，文中很多地方值得檢討：

（1）他説“西漢人講黄老不講老莊”，從《淮南子》“考驗乎老莊之術”一句，可以知其不然。

（2）他説“兩漢竟没有注《莊子》的”。淮南王明明寫過《莊子略要》，俞正燮已提出了，這應算是解莊的作品。

（3）他説“桓譚連《莊子》都没見過”，按桓譚《新論》第一篇是“本造”，其中有云：“莊周寓言，乃云堯問孔子。”又云：“莊周等雖虚誕，故當采其善，何云盡棄耶？”（《太平御覽》卷六百二引）似乎他被班嗣拒却借書以後，後來仍是見到《莊子》的。

（4）他説“崔譔首先給（莊子）作注”。按《隋書·經籍志》“崔譔是東晋議郎”。而向秀與嵇康、吕安爲友，秀傳言其注《莊子》，及成，以示二友。安乃驚曰：“莊周不死矣。”嵇、向皆魏時人，在崔譔之前。《隋志》云：“《莊子》二十卷，晋散騎常侍向秀注本二十卷，今闕。梁有《莊子》十卷，東晋議郎崔譔注，亡。”向秀乃列於崔譔之前，甚是。（劉孝標《世説新語注》引向秀傳末有“聊應崔譔所注，以備遺忘”語，姚振宗據此謂崔注在向注之前。此應是孝標按語，非秀傳文，故當從《隋志》以向秀爲注莊之第一家。）

由是觀之，聞氏在《莊子》文中所論各點，細加考察，很有問題，附爲辨正於此。

1970 年 1 月於星洲

《説郛》新考

——明嘉靖吴江沈瀚鈔本《説郛》記略

自伯希和撰《説郛考》(*Quelques remarques sur le chouo-fou*)，刊於《通報》(1924)，《説郛》一書遂爲世界學人所注意，從事研究者有下列各家:

1927 年　張宗祥爲涵芬樓輯刊《説郛》一書，撰有序記。

1938 年　渡邊幸三撰《説郛考》(《東方學報》京都 N · 三)。

1945 年　景培元撰《説郛板本考》(中法漢學研究所《圖書館館刊》N · 一)。

1950 年　倉田淳之助撰《説郛板本諸説研究》(京都大學人文科學研究所《二十五周年紀念論文集》)。

1962 年　昌彼得撰《説郛考》，分上下二篇:《源流考》及《書目考》，共二七六頁。

上列各篇，以昌氏之作最後出，考證《説郛》一百卷，所收各舊籍，自卷一洪邁之《經子法語》，迄卷一百洪邁之《隨筆》，逐一紀述，最爲詳盡。昌氏書目序次所據爲張宗祥本，并云“涵芬樓排印，海寧張宗祥校一百卷本，其本則出明鈔，頗存南村之舊，故本目悉依涵芬樓本，參校‘中央’圖書館藏明鈔本及舊鈔殘本，每書考其源流存佚”云云。按張氏輯刊此書，當時所見明鈔，計有六種。而次序大致乃依涵芬樓之明鈔本(殘存九十一卷)，其目具見於張元濟《涵芬樓燼餘書録》子部第五十七頁。是本張氏亦云“意者其猶爲廬山真面目”，向來以此百卷本可能保存南村之舊貌，此説實大有可疑。何則？見於《説郛》卷首之楊維楨序，雖云“纂成一百卷，凡數萬條”，但楊氏此序，不載於《東維子集》，及弘治間朱昱所編《鐵崖文集》。陶宗儀友人孫作撰小傳，亦云："有《説郛》一百卷。"惟據都穆父卭所作《三餘贅筆》，則稱：

> 《説郛》本七十卷。後三十卷乃松江人取《百川學海》諸書足之。

《四庫提要》引此條，因謂其與孫作、楊維楨所説又異，豈卭時原書殘闕，僅存七十卷耶？原書本爲七十卷，抑爲百卷，此一問題，殊難論定。緣《説郛》實爲未完成之作，明時藏家鈔録多不分卷部（詳下），謂其原有百卷，後來散佚，缺去卅卷，殊無證據。

所謂"七十卷"之《説郛》，因乏明鈔本可以徵信，故説者咸信爲百卷之説。昌君研究所得，其結論云：

> 吾人對於《説郛》之源流，似可獲得下列之結論：《説郛》原本百卷，宗儀卒後，稿藏其家，後佚三十卷。據葉盛《水東日記》卷六《陶九成説郛》條云："近聞《説郛》百卷尚存其家，九成塗改，去取處不知如何？其亦未成之書歟？"葉氏，淞江之崑山人，正統十年進士，卒於成化十年。《水東日記》紀撰於天順、成化間，是其時卷尚存，闕佚之時期，當在成化初葉。成化十七年郁文博返鄉後，獲得其稿，然佚三十卷。於是取《百川學海》等書以足之。

按據葉盛云《説郛》"經九成塗改"，乃"亦未成之書"，至云"聞《説郛》百卷尚存其家"，此僅出於傳聞，非曾目睹。百卷之數與孫作及楊維楨之説相同，安知非九成原意初擬編成百卷，後屢經塗改，僅得七十卷。其書本爲未完之稿，卷數前後更動，自極尋常之事，謂其歿後佚去三十卷，似爲想當然之語。郎瑛《七修類稿》卷十八義理類，言"《説郛》百卷，蓋仿曾慥之類説而爲者"。此條引及《水東日記》，是其説乃襲諸葉盛也。

一

香港大學馮平山圖書館所藏善本書，數年前暑假間，曾略加整理，撰爲書録初稿。館藏有明鈔《説郛》六十九卷二十四册，沈瀚所鈔，爲盧氏址抱經樓舊藏，後歸南潯劉氏嘉業堂，晚近始爲港大所得。

此書葉昌熾曾見之。《緣督廬日記》十六丙辰七月初六日，記閲盧抱經書於鈔本《穆伯長集》及鈔本《詩話總龜》後，續云：

> 次於二書者，有陶南村《説郛》，據前有陸樵雲祥題云共二十五厚册，尚未經坊間增竄。有嘉靖乙未進士沈瀚藏印，則尚是嘉靖以前寫本，可謂舊鈔矣。

此本每册首題"説郛卷第"，"第"字下多不書數字，疑原有卷第，并未確定。書每半葉十四行，行二十二字，烏絲欄，白棉紙，每葉板心有"沈"字，每册首葉皆鎸"嘉靖乙未進士夷齊沈瀚私印"一章（按此印亦見北平圖書館藏《明唐愚士詩鈔本》），蓋沈氏之鈔本也。

沈瀚字原約，吴江人。（見《浙江通志》卷一百一十九，《職官》九；同書卷二百三十五《陵墓門》）《蘇州府志》卷六十《選舉表》"嘉靖十四年乙未進士，有吴江沈瀚原約，廣東副使"，道光《廣東通志》卷二十《職官表》十一："沈瀚，江南吴江人，進士，（嘉靖）三十年任廣東（按察司副使）。"其仕履可考如此。

此本第一册卷前有陸樵跋題四篇，玆録如次：

第一跋："陶九成《説郛》未經鏤板，藏書家録本俱不分卷部。此係吴興氏故物，每帙圖記現存，後歸姬水氏，今屬余家收貯。乃信文史流傳，自有分緣。昔劉子駿家傳《漢紀》，止甲乙。[1] 此書共廿五帙，以便觀覽，僅數記面葉。若近日坊間增加蕪穢，妄置次第，却愧王維舊圖矣。[2] 約計二千三百餘葉。"（按跋首有"甫里清風"印，按謂爲陸龜蒙之後人，末有"雲祥之印""嘉卿"二章。）

第二跋："琴水毛子晋跋《輟耕録》云：'陶九成著書四種，《説郛》百卷，未能卒業。'據此則當年真本無出兹編外耳。陸樵又跋。"

第三跋："此書據首行卷第，共得六十九卷，必欲凑足百卷，便續貂矣。又跋。"

第四跋："此得於吴氏，己丑八月廿三日，索其分授書籍底簿，在五號櫥内，《説郛》一部，計廿五本，相傳無失。"

沈瀚此本，應是鈔於嘉靖之間。陸樵跋語以爲《説郛》真本，無出兹編之外，其價值可見。此本分六十九卷，與都邛所云"本七十卷"頗合。足見郁氏之説，極堪重視。九成之稿，原未編定，故沈鈔不全著卷數。據陸氏跋，此本曾歸姬水氏，即黄省曾之子。其第三跋云："必欲凑足百卷，便續貂尾矣。"即譏郁文博補成百卷之無謂也。

港大所藏衹有二十四本，勘其葉數，視陸氏第一跋所記二千三百餘葉，尚差若干葉。證以葉昌熾云二十五厚册，則應缺少一册。又知原本實衹六十九卷。

二

郁氏之百卷本，在嘉靖間，亦有傳鈔本，台灣"中央"圖書館所

[1] 《西京雜記》六："（葛）洪家世有劉子駿（歆）《漢書》一百卷，無首尾題目，但以甲、乙、丙、丁記其卷數。"

[2] 顧復《平生壯觀》卷六云："王弇洲題惠崇畫曰，五代宋初山水之稍清潤者，概謂之王摩詰。"知王維山水僞品之多。此借用以譏坊間郁文博重刊之《説郛》，已失本來面目。

藏明鈔《説郛》卷第一題云：

天台南村陶宗儀纂，上海後學都（應作郁）文博校正。

即出自郁本。昌彼得君云：“此本較涵芬樓校印明鈔本略少數種，分卷大抵相同，復與培林堂書目所著録之舊鈔《説郛》，及‘中央’圖書館所藏舊鈔殘本《説郛》，無甚差異。”由是可推知百卷鈔本之《説郛》，實多出自同源，皆出弘治初郁文博重編之本，即徐秉義之培林堂鈔目亦然，均非陶南村原本。百卷本《説郛》，明清之間，藏家所記，册數多不一致：

祁承爜藏本　《澹生堂書目》：“《説郛》六十册一百卷。”

鈕石溪鈔本　新刊《北京圖書館善本書目》：“一百卷存。世學樓鈔本，七十册。”

季振宜藏本　見《季滄葦書目》，鈔本一百卷，四十本。

錢曾藏本　見《述古堂書目》，鈔本一百卷，三十二本。

惜各原書未獲寓目，不審與郁氏百卷本是否相同。

張宗祥重編之《説郛》，所據凡六種明鈔本，除涵芬樓所藏者外，出於傅氏增湘之雙鑒樓者三種，據《雙鑒樓善本書目》所記，其明鈔本乃爲弘農楊氏本、弘治乙丑（十八年）本、叢書堂本（即吴寬鈔本。寬，成化八年進士，此本或較前）。與張氏跋云洪武本不合。所謂弘治本實亦出自郁本也。又一種爲前京師圖書館殘卷（計存第三、第四、第二十三至三十六），見於《京師圖書館善本目》著録。張氏云“似隆（慶）萬（曆）間寫本”。另一則爲孫詒讓玉海樓藏本。（《圖書館季刊》第二卷陳準編《玉海樓藏書目》，内有《説郛》殘鈔本十八册，即此。）《札迻》卷十一《列仙傳》，即據其所藏此本入校，而來源未詳。

三

張宗祥所編《説郛》，用力未深，且雜入明人作品。（如卷八十四《錢譜》，卷八十七《格古編》，卷九十七《勸善録》，《效顰集》是，渡邊幸三已曾指出。）若干年前，晤黄雨亭君，出示張宗祥自浙江與彼函，内云："彼後來續見之《説郛》不下十二三種，於台州見一汲古閣鈔本，引書止二百多種，而以文體分類，尤爲特出。"按增訂《四庫簡明目録》標注孫詒讓批云："黄岩舉人王詠霓得有一部汲古閣《説郛》鈔本六十卷，附有毛斧季考證，辛未在京師借讀之，完全與尋常本不同，誠罕見之本。"此與張氏所見者，同出自汲古閣，又復不同。凡此足見明時《説郛》傳鈔本種類之夥。

若沈瀚此六十九卷本，固向來之所未詳，今以勘諸張氏《涵芬樓本》，序次尤爲乖異，沈鈔第一册所收爲《學道玄真經》《感應經》《養魚經》《相鶴經》《相具（貝）經》《土牛經》《打馬圖經》《酒經》《讀北山酒經》《醉鄉日月》。涵芬樓本卷一則爲《經子法語》，而《感應經》在卷九，《養魚》《相鶴》《相貝》《土牛》等經在卷十五，《打馬圖經》在卷十九，《酒經》《讀北山酒經》在卷四十四，《醉鄉日月》在卷五十八。沈本末卷爲《蟹略》《諸夷風俗》《真臘風土記》。而《蟹略》張本在卷三十六，《真臘風土記》張本在卷三十九，兩本序次，無從勘對，殆郁氏增補時頗多移置，誠如陸樵所言"增加蕪穢，妄置次第"者也。

細審沈鈔所收各書次第，頗能以類相從，不如張本之紊亂，如沈本《品茶要録》《宣和北苑貢茶録》《北苑别録》《大觀茶論》同在一卷，張本前三種在卷六十，後一種在卷五十二。沈本《墨娥漫録》分爲上、下，其上卷皆地記之類，起《風土記》而迄《仇池筆記》，張本大抵相同。沈本第八册《諸子隨識》，起《文子》迄《論衡》，凡一二八種，多有重出（如《論衡》是），而張本卷六爲《讀子隨識》，衹有《尹文子》至《淮南子》十一家，其他雜入各卷，如《論衡》竟列於卷一百，即最多之第二種，尤無倫次。沈本第九册題曰“諸傳摘玄”，起《高僧傳》，而終《無名公傳》。張本始《神仙傳》而迄《韓詩外傳》，以《韓詩外傳》入此，殊爲乖謬，而沈本無之。故以分類而論，應以沈本較勝，必陶氏原稿大致如此，未經郁氏重編之竄亂，惜乎理董《説郛》諸學者，未睹此本，咸視張本爲真，可謂以蕪菁而唐突人參矣。

此沈鈔本《説郛》，分册題卷，而竟書卷數，足證陶氏原未成稿，誠如陸樵所言，可謂最接近於原書面貌，良爲《説郛》板本之無上資料，特爲表彰，倘亦留心《説郛》板本源流者之所樂聞歟？

四

陶宗儀撰《説郛》，以鈔書爲著述，明人頗援其例，如祁承㸁有《説集》，王志堅有《説删》，成爲一時之風尚。志堅（1576—1633），字淑士，亦字聞修，萬曆進士，官至湖廣提學僉事，以編《四六法海》一書聞名於世。（《明史》卷二百八十八有傳）此《説删》一書，《千頃堂書目》所無。香港大學馮平山圖書館藏有是書，乃劉氏嘉業堂舊物，明鈔稿本共十六册，摘鈔自唐至明筆記雜著一百二十種，起《尚書故實》而終《焦氏筆乘》，有乾隆時程穆衡序，略稱：“崑山先生《説删》十六册，蓋與《表異録》同纂者，今《表異録》已刊行，而是書未也。……余名之曰王氏説删。”知此亦未定之稿，説删之名，則程氏所號者，序中所言之《表異録》，當即《千頃堂書目》（卷十二）之《名句文身表異録》二十卷。日本内閣文庫有其書，康熙間序刊。此《説删》原未成書，與《説郛》情形相似。其書世所罕聞，因附記之以備好書者之稽覽。原稿分十六册，以“無念爾祖，聿修厥德，永言配命，自求多福”四句，每字按册標題，蓋出後人所銓次，非其朔云。

附　列仙傳序《説郛》本校記

沈鈔	張宗祥本	孫詒讓《札迻》引本。
淮南王安	同	無“安”字，孫校《御覽》有“安亦”二字。
鴻寶秘密	誤作“密秘”	“密秘”孫校《御覽》無此二字。
神仙相見	見無“相見”二字	無。
先是安謀反	下多“伏誅”二字	有“伏誅”二字。
向父德	作“向以文德”，誤“父”爲“文”	
向幼而從之	“幼”誤作“紉”	“從”作“好”。
向與王褒張褒張子喬（按“張褒”二字誤衍）	不衍	
有俊才俊侍左右（“俊”字誤）	進侍左右	進侍。
及見淮南王	無“王”字	無“王”字。
兄隱爲安成侯上書乞入國户半	同沈鈔	“兄安成侯安民乞入國户半”，有誤字。
復徵爲黄門侍郎	同沈鈔	徵下多一“詔”字。
乃知鑄金	同沈鈔	作“及知”；“及”字恐誤。

此篇原用法文發表，爲戴密微教授七十頌壽而作。刊於 1966 年巴黎出版之 *Mélanges de Sinologie offerts a Monsieur Paul Demiéville*，87 ～ 104 頁，略去王氏《説删》目録。

說郛卷第

學道玄真經

大道不振其來已久 述道德

弥縫百代學者　周平王時人也著書一十二篇史記

云文子亦曰既然范蠡師之姓辛名析字文子蔡丘濮上

人其先晉公子也尚南游蘇得而事之老子弟子也平王

問文子曰聞子得道於老君今賢人雖有道　而

遭淫亂之世以一人之權而欲化久亂之民其能庸乎文

子對曰道德匡邪以為正振亂以為理使聖德復生天下

安寧要在一人故積德成王積怨成亡堯舜以是昌桀

紂以是亡平王信其言而用之時天下治然安危成敗匪

降自天在乎居王任賢而已故聖人休休為天下也孩其

人同於赤子欲以興利去害而安之非故有私已也其書

上述皇王帝霸興亡之兆次叙道德禮義衰殺之由莫不

圖一

上極玄機傍通庶品其旨博而奧其詞文而貞故有國者
雖淫敗之俗可返至樸於太素有身者雖愚魯之質可使
至命於自然大矣哉君子不可不剸心焉洎我唐十有一
葉皇帝垂衣布化均和育物柔懷庶邦殊俗一軌故在顯
位者咸盡其忠蓄幽居者亦安其業默希子以元和四載
挨迹衡峯之表考室華盖之前洎經八稔夙熟樸素之風
竊味希微之旨今未能緘默強為注釋是量天漢之高邈
料滄溟之淺深者亦自以為難矣默希子序并注

道原

老子曰有物混成先天地生惟象無形窈冥寂寥淡漠不
聞其聲吾強為之名字之曰道夫道者高不可極深不可
測苞裹天地稟受無形源流泏泏沖而不盈濁以靜之
徐清施之無窮無所朝夕表之不盈一握約而能張幽而
能明柔而能剛含陰吐陽而章三光山以之高淵以之深

圖二

論《古文尚書》非東晉孔安國所編成

古書裏著作版權的筆墨官司，打得最動人而又歷時最久的，要算經典上的《古文尚書》，自從宋代吴棫、朱熹開始懷疑，經過明清學人絞盡腦汁，搜出很多證據，來確定它是僞作，清初閻若璩著《尚書古文疏證》[1]，總共列舉一百二十八項，已經成爲定案了。至於作僞者，向來有三個嫌疑人物，即是魏的王肅、晉的皇甫謐與梅頤。陳夢家在他所作《古文尚書作者考》一文中，重把舊案加以審查，認爲上舉三人有所冤枉，因此另行提出一個新的嫌疑犯——便是東晉時山陰人氏的孔安國。[2] 這一斷案，自然是一個很有趣味的假設，他找出一個和西漢孔安國同姓同名的人物，來做本案的主犯，可是尚未得到學術界的同意。有人却支持這一説法，而且説："筆者一直相信《尚書》古文部分，是東晉時孔安國得到殘缺不完整的《古文尚書》，將它彙輯在一起，爲了連綴成文，字句間可能有所添改，以致改變了本來面目，使人生疑。"[3] 這位可憐的孔安國先生，無端端被人加以罪名而坐實之。有些朋友問我，東晉的孔安國到底是怎麽樣的一個人，我亦覺得他陷於無辜，真是飛來横禍，因此特地寫這篇文章，來代他申辯。

[1] 《皇清經解續編》本。
[2] 參見陳夢家：《尚書通論》，第二部，114~135 頁，上海，商務印書館，1957。
[3] 《明報月刊》，第 6 卷第 10 期。

一、東晋孔安國的身世

東晋孔安國，字安國，是浙江的會稽山陰人，孔愉的第六子（一作第三子），晋孝武帝太元十三年（公元388年）官侍中，隆安四年（公元400年）爲尚書，仕終散騎常侍、左僕射，義熙四年（公元408年）卒。《世説新語·德行》有一段關於他的記載：

> 孔僕射爲孝武侍中，豫蒙眷接烈宗山陵，孔時爲太常，形素羸瘦，著重服，竟日涕泗流漣，見者以爲真孝子。

這是他一個很有名的故事，故劉義慶把他的事迹列入德行，《晋書·孔愉傳》末附有他的傳記[1]。其他劉孝標注《世説》引《續晋陽秋》述他的略歷，他的名字又見於《晋書·安帝紀》，晋、宋二書《禮志》。各書中都没有説及他和《尚書》發生什麽關係。他深於禮，但并不是一個有著述的經學家。嚴可均《全晋文》一百二十六有孔安國小傳云：

> 安國字安國，愉第三子。孝武時爲侍中太常，安帝時再爲會稽内史，遷領軍將軍，領東海王師，歷尚書左右僕射，義熙四年卒，贈左光禄大夫。

大概依據《晋書》。又據《宋書·禮志》收他的《殷》《啓》二篇。據《晋書》他的傳説“隆安中領東海王師”，查《晋書》卷五十九東海王越傳云：“隆安初，安帝更以會稽忠王次子彦璋爲東海王。”孔安國出爲東海王師，此東海王當即指彦璋。

山陰孔氏在晋至六朝，人物輩出，蔚爲盛族，像謝靈運有名的

---

[1] 《晋書》卷七十八。

《九日從宋公（劉裕）戲馬台集送孔令》詩的孔令，即是當日辭讓不做尚書令的孔靖（《愉傳》靖作静），乃孔愉長子誾之子，即安國之侄。友人 Hans Frankel 撰有《山陰孔氏》一文[1]，對這一望族從漢末到唐二十世系一共八十人有詳細的研究，孔安國的略傳亦在其中。

陳夢家認爲孔安國可能爲《古文尚書》作者的原因，是從僞《孔叢子》下《連叢子》的叙述，及《與侍中從弟安國書》二文中得到啓發。這二篇稱侍中安國（西漢的孔安國不官侍中），故聯想到孔愉的兒子安國。他從僞書加以附會，證據相當薄弱。此外别無更可靠的資料。

二、晋代的《尚書》學

晋自開國以來，對《尚書》的研究，非常熱鬧，孔穎達在《堯典正義》中引《晋書》有二事：

（一）引《晋書·皇甫謐傳》云："姑子外弟梁柳邊，得《古文尚書》，故作《帝王世紀》，往往載孔傳五十八篇之書。"

（二）引《晋書》云："晋太保公鄭冲，以古文授扶風蘇愉，愉字休預，預授天水梁柳（字洪季），即謐之外弟也。季授城陽臧曹（字彦始），始授郡守子汝南梅頤（字仲真），又爲豫章内史，遂於前晋奏上其書而施行焉。"

那些有關人物，列表如下：

皇甫謐

|

鄭冲——蘇愉——梁柳——臧曹——梅頤

[1] Hans H. Frankel, The K'ung Family of Shan-Yin（山陰孔氏），載《清華學報》，第 2 卷第 2 期，291~319 頁。

這裏所引的《晉書》,《四庫提要》以爲出自臧榮緒的《晉書》,這些人物都有可考。[1] 鄭冲官太保，見《晉書》卷三十三；蘇愉扶風武功人，見《魏志·蘇則傳》；梁柳官城陽太守，見《晉書·皇甫謐傳》；梅頤,《世説》稱他爲豫章太守，劉孝標注謂字仲真，汝南西平人，見《世説·方正》篇。他們的仕履，都和孔穎達《正義》所説符合。

皇甫謐似曾經見過孔安國的《尚書注》，他的《帝王世紀》有一段説：

《帝王紀》曰：案《孟子》：桀卒於鳴條，乃東夷之地；或言陳留平丘今有鳴條亭也；惟孔安國注《尚書》云鳴條在安邑西。考三説之驗，孔爲近之。(《後漢書·逸民傳》野王二老李賢注引。近人徐宗元的《帝王世紀輯存》，第60頁。)

這裏引用三條材料，一條分明是孔安國的《尚書注》。這位孔安國，當然不會是東晉末年的孔安國。

晉武帝初，司馬彪(字紹統)上《駁祀六宗表文》，内已引用(孔)安國説云：

安國案祭法爲宗，而除其天地於上，遺其四方於下，取其中以爲六宗。(此條劉師培已指出。)

文見《續漢書·祭祀志》卷中注語引之，又嚴可均《全晉文》卷十六。是彪亦見過孔傳，在西晉初年。又《晉書》卷七十五《荀崧傳》云：

[1] 參見陳夢家:《尚書通論》，第二部第一,《古文尚書作者考》。日人小林信明《古文尚書の研究》第四章《梅頤本〈古文尚書考〉》(222~244頁)論述頗詳。

> 元帝踐阼……轉太常，時方修學校，簡省博士，置周《易》王氏，《尚書》鄭氏，《古文尚書》孔氏，《毛詩》鄭氏，《周官》《禮記》鄭氏，《春秋左傳》杜氏、服氏，《論語》《孝經》鄭氏，博士各一人，凡九人。

可見東晋初泰興時候，置群經博士九人，《古文尚書》孔氏傳已在其列，立於學官。又荀崧在争論置鄭《易》博士疏中，言及晋武帝時置博士十九人，中有孔氏，不知是否即孔安國？（陳漢章以爲即孔傳。）

《隋書·經籍志》所載晋人對於《尚書》的著作，有下列各種：

謝沈　《尚書》十五卷
李顒注　《集解尚書》十一卷　又《尚書新釋》二卷
范寧注　《古文尚書舜典》一卷
徐邈　《古文尚書音》
伊説　《尚書義疏》四卷

前幾家亦見於《經典釋文》。這一些書可惜現在都已失傳。謝沈亦會稽山陰人，與孔愉之子孔安國正是同鄉，他是另一部《晋書》的作者。李顒字長林，江夏人，他的父親是文學批評名作《翰林論》的著者李充。《新唐書·藝文志》又説李顒著有《尚書要略》二卷。《晋書·李充傳》説充有注《尚書》及《周易旨》六篇，則顒的經學淵源於乃翁。顒對《尚書》便有三部著作，孔穎達的《尚書正義》在《泰誓》篇疏下云：

> 李顒集注《尚書》，於僞《泰誓》篇每引孔安國曰，計安國必不爲彼僞書作傳，不知顒何由爲此言。梁王兼而存之，言本有兩《泰誓》。

照這段話所言，李顒應是參考過孔安國的《尚書·泰誓》注的。梁王殆指蕭衍，他在齊時，曾論姚方興所造《舜典》之不可靠。[1]

范寧與徐邈所著書名，都稱《古文尚書》，可見他們亦是采用《古文尚書》的。陸德明《經典釋文·序録》説：“江左中興，元帝時豫章内史梅賾（即頤）奏上孔傳《古文尚書》，亡《舜典》一篇，購不能得，乃取王肅注《堯典》……分爲《舜典》篇以續之，學徒遂盛。後范寧變爲今文集注，俗間或取《舜典》篇以續孔氏。”是范寧又把古文翻成當時文字。

陸氏又在《經典釋文·尚書音義舜典》第二下云：“王氏注：相承梅頤上孔傳《古文尚書》，云（應作‘亡’）《舜典》一篇，時以王肅注頗類孔氏，故取王注從‘慎徽五典’以下爲《舜典》，以續孔傳。徐仙民（即邈）亦音此本。今依舊音之。”和同書敘録的記載相同。則《古文尚書·舜典》一篇，經過范寧作注，徐邈撰音，都是根據梅頤所上之本。陸德明言之鑿鑿。徐邈即徐廣之兄，對群經《論語》《莊子》都有注音[2]，卒於隆安元年，年五十四（公元 344 ～ 397 年）。照陳夢家説，《古文尚書》爲晉孝武帝時侍中孔安國所作，孔安國爲侍中在太元十三年（公元 388 年），在徐邈卒前九年，邈既爲作《舜典音》，他和范寧當然相信孔傳是真的。

陸德明《經典釋文·序録》云：“爲《尚書》音者四人：孔安國、鄭玄、李軌、徐邈。案漢人不作音，後人所托。”他認爲孔安國音是不可靠的，但對孔傳則信爲真。他在《尚書》序下注：“今依舊爲音。”所謂舊音，徐邈自然包括在其中。范寧、徐邈都是大經學家，范寧曾和安國兄孔汪討論喪禮的問題（見《通典》九十六），他的大著《穀梁集解》，後來列爲十三經注之一；他的《舜典》注語，有零星數條，

[1] 王鳴盛《尚書後案》云：“方興所獻，梁王既黜其謬。”此梁王指蕭衍甚明。

[2] 參見《經典釋文》。詳陸志韋：《古反切是怎樣構造的》，載《中國語文》，1963（5）。

見於《續漢・祭祀志》的注中。如果侍中孔安國在太元十三年編出一部《古文尚書》，他們哪里輕易相信，又爲它作注呢？

伊説事迹，《隋志》但題曰“樂安王友”，考《晋書・文六》王傳，樂安平王鑒，武帝踐祚封，其他不詳，伊説殆是晋初時人。

晋代各家的《尚書》著述，李顒、范寧、徐邈都和孔傳有關係，李氏注僞《泰誓》每引孔安國語，范寧爲翻成今文，徐邈爲作音訓，皇甫謐之撰《帝王世紀》，又得孔傳之助，可見他們都視《古文尚書》爲新出資料，才那麽重視。這是晋時學術界對《尚書》研究的狀況，所以丁晏認爲皇甫謐親見古文，而主張王肅僞造古文之説。（見《尚書餘論》）

劉知幾云：“王肅亦注《今文尚書》，而大與古文孔傳相類，或肅私見其本而獨秘之乎？”（《史通》外篇第二《古今正史》，劉説同於陸德明《經典釋文・序録》。）陸德明亦説：“王肅注頗類孔氏。”又云：“今以孔氏爲正，其《舜典》一篇仍用王肅本。”

《四庫提要》論閻若璩“定從孔傳爲孔穎達”之誤，謂“定從孔傳者乃陸德明，非自穎達”。其説甚允。《古文尚書》到底是誰所僞作？經王肅至鄭冲、皇甫謐、梅賾，中間編成的過程，説者紛紜[1]，已無法確知。晋初學人，司馬彪亦引用過孔傳，可見《古文尚書》的編成時代，不可能晚至東晋末年的太元之際，從晋時的《尚書》著述，便可説明這一假定的難以成立了。

[1] 陳漢章著《西晋有書孔傳説證》（載《國故》，第四期），吴承仕謂：“傳自鄭冲，較爲可信；剽竊（王）肅注，冲之徒所爲也。”丁晏則以僞孔傳出自王肅，參見張西堂：《尚書引論》六，《尚書之考證》章。

三、敦煌所出的《古文尚書》孔傳目録

我在法京見過敦煌卷子，其中列伯希和二五四九號的是《尚書》目録，全文如下：

《古文尚書》

《古文尚書》虞、夏、商、周《書》目録

《堯典》一 《舜典》二 《大禹》三 《咎繇謨》四 《益稷》五

右《虞書》五篇

《禹貢》一 《甘誓》二 《五子之歌》三 《胤征》四

右《夏書》四篇

《湯誓》一 《中虺之誥》二 《湯誥》三 《伊訓》四 《太甲上》五 《太甲（中）》六 《太甲下》七 《咸有德》八 《盤庚上》九 《盤庚中》十 《盤庚下》十一 《説命上》十二 《説命中》十三 《説命下》十四 《高宗肜日》十五 《西伯戡黎》十六 《微子》十七

右《商書》十七篇

《太誓上》一 《太誓中》二 《太誓下》三 《坶誓》四 《武成》五 《洪範》六 《旅敖》七 《金縢》八 《大誥》九 《微子之命》十 《康誥》十一 《酒誥》十二 《杍材》十三 《召誥》十四 《洛誥》十五 《多士》十六 《亡逸》十七 《君奭》十八 《蔡仲之命》十九 《多方》廿 《立政》廿一 《周官》廿二 《君敶》廿三 《顧命》廿四 《康王之誥》廿五 《畢命》廿六 《君牙》廿七 《臩命》廿八 《吕刑》廿九 《文侯之命》卅 《粊誓》卅一 《秦誓》卅二

右《周書》卅二篇

凡虞、夏、商、周《書》五十八篇

孔國字子國，又曰孔安國，漢武帝旹（爲）臨
淮太守，孔子十世孫

共存二十二行，是石窟中所保存的《古文尚書》篇目表，這是關於《古文尚書》的新資料，它的特色有二：

（1）所列篇名篇數，和宋以後孔傳刊本完全相同。

（2）卷末附有孔安國小傳二行。

查鄭樵《通志·藝文略》中有劉炫《尚書孔傳目》一卷，敦煌這張目録恰是《尚書》孔傳目，是否即劉炫之書，尚不敢斷定。《史通·古今正史》説“隋學士劉炫遂取（姚方興於大航購得《舜典》）一篇，列諸本第”，敦煌此目，内列《舜典》，最低限度是依據劉炫的《孔傳目》而做成。[1] 又此卷内十世孫的世字不避太宗的諱，更可能不是唐人寫本，也許是唐以前的抄本。《尚書》篇名衹有數字保存隸書古文。

最有趣的是目録的末尾稱：“孔國字子國，又曰孔安國，漢武帝旹（時）爲臨淮太守，孔子十世孫。”孔安國又名孔國，衹作單名，他書不載。而孔子十世孫一説，陳鐵凡先生據《漢書·孔光傳》及《唐書·世系表》加以考證，認爲恰巧相符。陳先生云：“孔子世系，自孔子以下以迄孔忠，十四世間皆以單字爲名，以此例類推，安國初名，或衹作一‘國’字，或即‘子國’之省。”[2] 這可備一説。

從敦煌這目録可以看出《古文尚書》的作者，絶是西漢臨淮太守的孔安國，而不是東晋的山陰孔安國。

陸氏《經典釋文·序録》，孔安國《古文尚書傳》十三卷。在馬融、鄭玄注之前，當是指西漢時人。《隋書·經籍志》在目録亦云：

[1] 今本僞孔傳本到劉炫才完成。在篇目上自可與僞孔傳并論，至内容則劉炫據姚方興本，多“濬哲文明”以下十六字。故陸德明《釋文》用王肅本，孔穎達《正義》用劉炫本。此可於唐寫本《尚書·舜典》釋文見之。又參日人狩野直喜《君山文》中《釋文舜典十二字答問》。

[2] 陳夢家：《尚書敦煌卷序目題記》，見《包遵彭先生紀念論文集》。

“《古文尚書》十三卷，臨淮太守孔安國傳，《今文尚書》十四卷，孔安國傳。”顯然寫明是臨淮太守的孔安國。至於《尚書》序，據《經典釋文·序録》稱：齊明帝建武中，姚方興進孔傳《舜典》一篇，“梁武時爲博士，議曰孔序稱伏生誤合五篇，皆文相承接”。[1]

南齊時博士蕭衍已引孔氏《尚書序》以議《舜典》。後來，他的兒子蕭統編《文選》時，亦收録這篇序，題曰“孔安國”。李善注引《漢書》云：“孔安國以治《尚書》，爲武帝博士，臨淮太守。”

《隋書·經籍志》乃出李延壽之手（《北史》序傳記其祖父大師撰南北各史未畢卒。貞觀十七年褚遂良奉敕修《隋書》十志，召延壽撰録，知《隋志》乃李延壽具稿，嗣又經令狐德棻過目，再由魏徵審定者。）可見唐初的學者李延壽、李善都承認《古文尚書》是出於臨淮太守的孔安國，和敦煌的《尚書》孔傳目，并没有什麽不同。

四、小結

由上述的事實看來，東晋山陰的孔安國，始終没有和《尚書》這部書發生任何關係，如果要説他是《古文尚書》的編者，他决不敢承受，説他是《古文尚書》的僞造者，則他更不該負起這莫須有的罪名。在九泉之下，他一定感到啼笑皆非。陳夢家的新説，雖然有點新奇，可是却未盡合乎事實。梅頤上《古文尚書》在東晋初年，《古文尚書》孔氏立爲博士在元帝時，比山陰孔安國的年代還早了近百年。

范寧把《古文尚書》的隸書古字變成今文，徐邈爲《古文尚書》撰“音”。他們二人都根據《古文尚書》。這些事實，陳夢家亦早已曉得，他偏要懷疑陸德明、孔穎達和《隋書》作者誤把西漢孔安國的

[1] 所謂孔序誤合五篇問題，參見浦起龍：《史通通釋》三外篇，《古今正史》注。

《古文尚書》和東晋孔安國的《古文尚書》混爲一談。我想，他們未必會這樣張冠李戴。

孔安國《尚書》序的末段，不獨孔穎達《正義》本子有之，《昭明文選》所録亦有之。陸德明《釋文》所收《尚書》序亦相同，注云："此孔氏所作。"陳夢家却認爲自"書序"至"不復以聞"，疑是齊、梁、隋、唐間人所竄入。這些論斷是站不住的。東晋的孔安國雖然係出望族，做過大官，曾經議禮，却不是個出色的經學家，祇因他與西漢的孔安國姓名偶爾相同，就説他僞造《古文尚書》，簡直是莫須有的無頭公案。故我爲他提出抗議！

1971 年 10 月，新加坡

記李贄《李氏紀傳》

李贄（1527—1602）的著作很多，以《藏書》及《續藏書》最著名。李氏在萬曆、天啓間，迭遭疏劾，被目爲怪誕不經、惑亂人心。顧炎武《日知録》在卷二十“李贄”條，盡攻擊之能事，至目之爲人痾。若干年來，李贄的地位逐漸爲人所重視；時移代異，評價與前大相徑庭。他的《藏書》原取“藏諸名山”之義，其初是不預備付印的。萬曆十八年（1590），李贄將《焚書》在麻城刊成，於自序中已提及《藏書》。又其《續焚書》卷二《老人行》的叙言道及將該書稿本交與焦竑，一任付梓，托爲序引以傳；遲至萬曆二十七年（1599），《藏書》始得在南京刊行。

可是《藏書》的具體寫作情況，向來不很清楚；近人研究，亦未掌握到基本材料。[1] 近日於香港獲見一部二十四册明精鈔本的書，名叫《李氏紀傳》，原爲盛宣懷家中藏籍，書上鈐有“愚齋圖書館藏”一印記，并標籤。文云：

> 《李氏紀傳》，史部載記類。不分卷，二十四本。第三十號，明鈔本。

第一册目録起“南北兵争、南朝立國”，終“元華夷一統”。書上無撰人名姓，不知出於誰氏。馮平山圖書館從私家（衛漢先生藏）取來，屬爲鑒定。細觀卷前《紀傳總目論》起句云：“李生曰：人之是

---

[1] 包遵信：《明代著名的法家代表李贄——讀藏書筆記》，載《文物》，1974（5）。

非，初無定質；人之是非人也，亦無定論。無定質則此是彼非，并育而不相害；無定論則是此非彼，亦并行而不相悖矣。”文中又有云：“起自戰國訖於宋元，分類别目，用以自怡，名曰《李氏藏書》。”初疑李氏即李贄，及取《藏書世紀列傳書目》前論勘之，正爲同一篇，然後知此《李氏紀傳》實即《藏書》的未刊刻以前稿本之一種，可惜缺少卷一至卷四共四卷。這一鈔本，并未編上卷數，目録和内容有時不統一，像《近臣傳·方士》下，目有“伶人”二字，但傳則無之，今本則缺“伶人”一目。中華書局標點本的《藏書》，主要是根據萬曆二十七年本。卷三十七《詞學儒臣》内目録記著“東漢張衡，傳見”，附注云“原闕”。故中華本633頁《劉向傳》以下，即接崔駰等傳。檢《李氏紀傳》鈔本，則《張衡傳》完整無缺。又鈔本《列女》（今本卷六十四）多出董祀妻、吕母，吴孫翊妻徐氏，晋姚氏婦楊氏、楊烈婦、李新聲各傳，今本無之，必是删去。又鈔本鄒陽在二枚之前；鈔本司馬相如、王褒之間并無伍被，而今本有之，疑是後增。又鈔本曹植之下接張華，而無王粲；最奇者華後附有《梁陸澄傳》。鈔本第十四册目録上有“曹子建、左思及魏王仲宣”，劉公幹附語：目有王粲而書却無之，今本不見《陸澄傳》，當是後來删去。

本書終卷於《吏隱馮道傳》，鈔本文字“其視喪君亡國未嘗屬意”句下，即接“卒時年七十三”句，全書至此已完；但并無“當是時”以下各句及“卓吾曰”一段。鈔本視今本爲簡略，姑舉《直節名臣傳》爲例，鈔本原目如下：

楚屈原　趙藺相如　齊魯仲連　魏公子無忌　趙虞卿

漢魯朱家　汲黯　蘇武　霍光　蓋寬饒　龔勝

東漢嚴光　井丹　梁鴻　李固　陳蕃　李膺　范滂　李善　范武　王允　田疇　孔融

晋周處　祖逖　劉琨　嵇康　陶潛

唐安金藏　顔真卿　辛讜　劉蕡

宋劉安世　陳東　陳瓘　胡銓　洪皓　汪立信　陸秀夫　文天祥　謝枋得

今本《直節名臣》包括卷二十七、二十八、二十九、三十、三十一，共五卷之多，增入人物甚夥，於此可見《李氏紀傳》一書鈔本還是未定稿，而且其時還未確定書名稱爲《藏書》。因爲是一家之言，本名《李氏藏書》。鈔本每有朱批，未詳何人。如《藺相如傳》批云：

言有重於泰山，相如是矣。

一夫決死，萬乘莫當。秦王愛璧，而相如欲碎璧，故入其許也。

相如真丈夫、真男子、真大聖人、真阿羅漢、真菩薩、真佛祖，千載如是也。

《藺相如傳》，今本《藏書》列入《忠誠大臣傳》（中華本，186 頁），傳末“卓吾曰”即係結合“言有重於泰山”及“相如真丈夫”二段文字，而“一夫決死”一段則删去。可見鈔本上朱批，即是李贄加批的，可能還是他自己的手筆呢！

萬曆本《藏書》未見，僅就《文物》（1974 年 6 月，28 頁）刊出書影，和鈔本卷前的《紀傳總目論》比勘，僅是這一篇便有許多不同，兹列舉如下：

鈔本	萬曆二十七年刊本
《紀傳總目論》	《衡鑒紀傳總目論》
李生曰	李氏曰
予一己之是非	予李卓吾一人之是非
謂千萬世之公是非	謂爲千萬世大賢大人之公是非

顛倒古人之是非	顛倒千萬世之是非
是亦可也	是焉亦可也
千有餘年	千百餘年
雖孔子	雖使孔夫子
老來多暇，爰集前人	老來無事，爰覽前目
起自戰國	起自春秋
分類別目	分爲紀傳總類別目
名曰《李氏藏書》	名之曰《藏書》
恐儒者驚駭，以爲不當，欲殺老儒，無益於身，故欲謹藏之耳。	藏書者何？言此書但可自怡，不可示人，故名曰藏書也。
而一二好事者索觀	而無奈一二好事友朋索覽
戒曰觀則任君觀之	戒曰覽則一任諸君覽觀
慎勿以	但無以
行罰賞也	行罰賞也則善矣

最值得注意的是鈔本“起自戰國”，而萬曆本云“起自春秋”。今觀原書卷一《世紀》，分明起於“九國兵爭”；九國是指東周、西周、燕、田齊、魏、趙、韓、楚、秦，則以作“起於戰國”爲是。萬曆本此篇題名稱《衡鑒紀傳總目論》，而鈔本原但作《紀傳總目論》；萬曆本云：“名之曰《藏書》。”藏書之上無“李氏”二字，顯然是後來刪去的。

李贄的《藏書》，本名《李氏藏書》，書中祇有紀與傳二部分，故目録家稱之爲《李氏紀傳》。這一明鈔本，應該是《藏書》初次寫定本，後來復有刪益，許多朱批還可追查出李氏評語的真面目。關於傳目的互見與刪併，在研究《藏書》寫成的經過詳細情形，這一明鈔本應算是無上的第一手資料。該書匆匆閱過，未能詳細比勘，謹舉其大略，作初步介紹，以供他人作深入研究的參考。

《藏書》有清初粵刻本，共六十八卷，白紙，每半葉十行，行二十二字，有圈點，行間偶附一二評語，是康熙戊子（1708）滿洲圖爾泰所鐫刊。卷首《圖氏序略》云：

> 重鐫《藏書》
>
> 按卓吾先生立品放逸，賦性奇奧。凡所著作，其構思撰格，獨闢流俗，能發人所未發，是非衡量，任其胸臆，自成一家，特出新裁。宜乎當世之所推，迄於今日數十年猶有耳熟其名者。尤取《藏書》六十八卷，能於二十一史中，略其繁，撮其要，準其輕重端委，……誠古今之一大鑒也。余甚愛之，賴有家傳，披閱已久。數十年來，銜命馳驅，過都越國，輿中馬上，則其書無不携焉。第以字多魯魚，蠹齧破缺，欲校對一新，而願不遂。丁亥夏，奉簡粵鹺，至值政事之暇，再爲開卷，顧安所得原板校正以歸至當。……是以進諸史列傳於案前……校其所以疑，正其所以似。……兹特於窮宦澀囊，勉力措資而重鋟之。……時康熙歲在戊子仲秋兩粵鹺御史兼佐領長白山郎圖爾泰書於五仙官署。(有“圖爾泰印”“履吉父”二巨印。)

次爲舊序（即萬曆己亥焦竑、同年沁水劉東星、同年豫章祝世禄三篇），卷前李氏曰題作《藏書紀傳總目前編》，亦與他本不同。

是本法國國家圖書館所藏，未爲人所注意，故樂爲之介，以見李氏書在清初已有人加以欣賞，爲之重刊，且爲滿洲人，尤屬難得者。

1977年6月

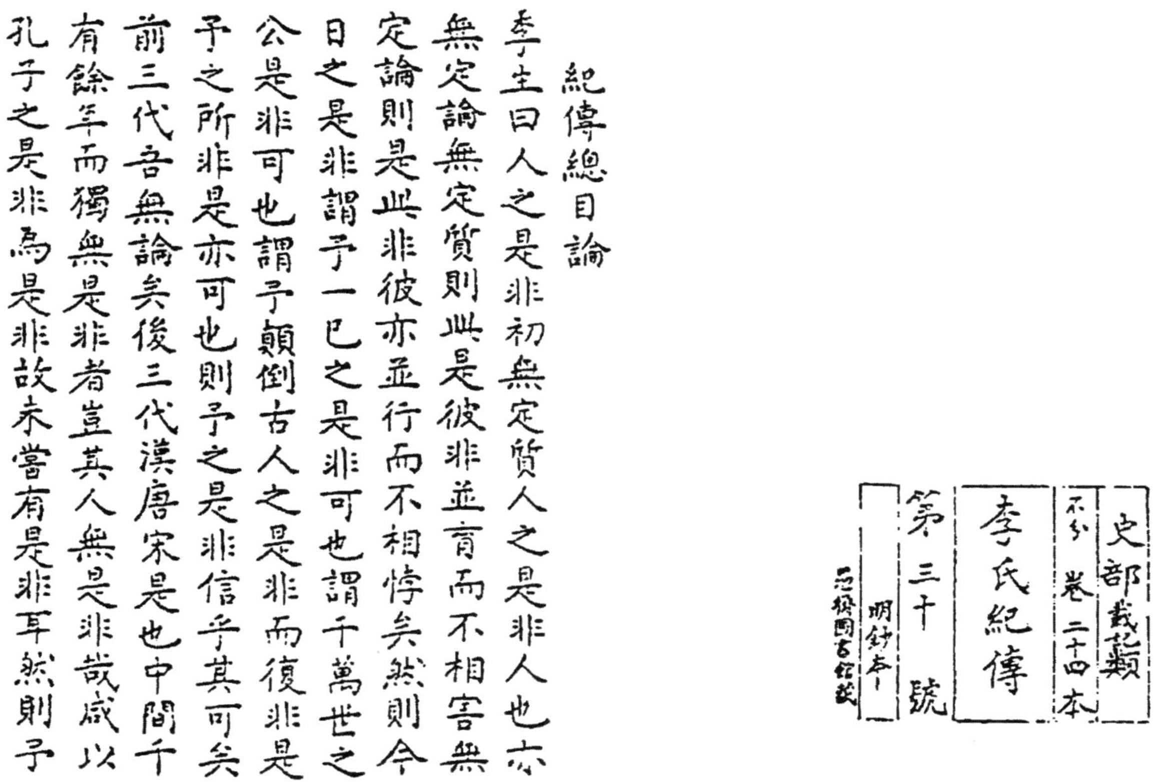
史部載記類
不分卷 二十四本
李氏紀傳
第三十號
明鈔本一
[illegible][illegible]圖書館藏

紀傳總目論

李生曰人之是非初無定質人之是非人也亦無定論無定質則此是彼非並育而不相害無定論則是此非彼亦並行而不相悖矣然則今日之是非謂予一己之是非可也謂千萬世之公是非可也謂予顛倒古人之是非而復非是予之所非是亦可也則予之是非信乎其可矣前三代吾無論矣後三代漢唐宋是也中間千有餘年而獨無是非者豈其人無是非哉咸以孔子之是非為是非故未嘗有是非耳然則予

圖一

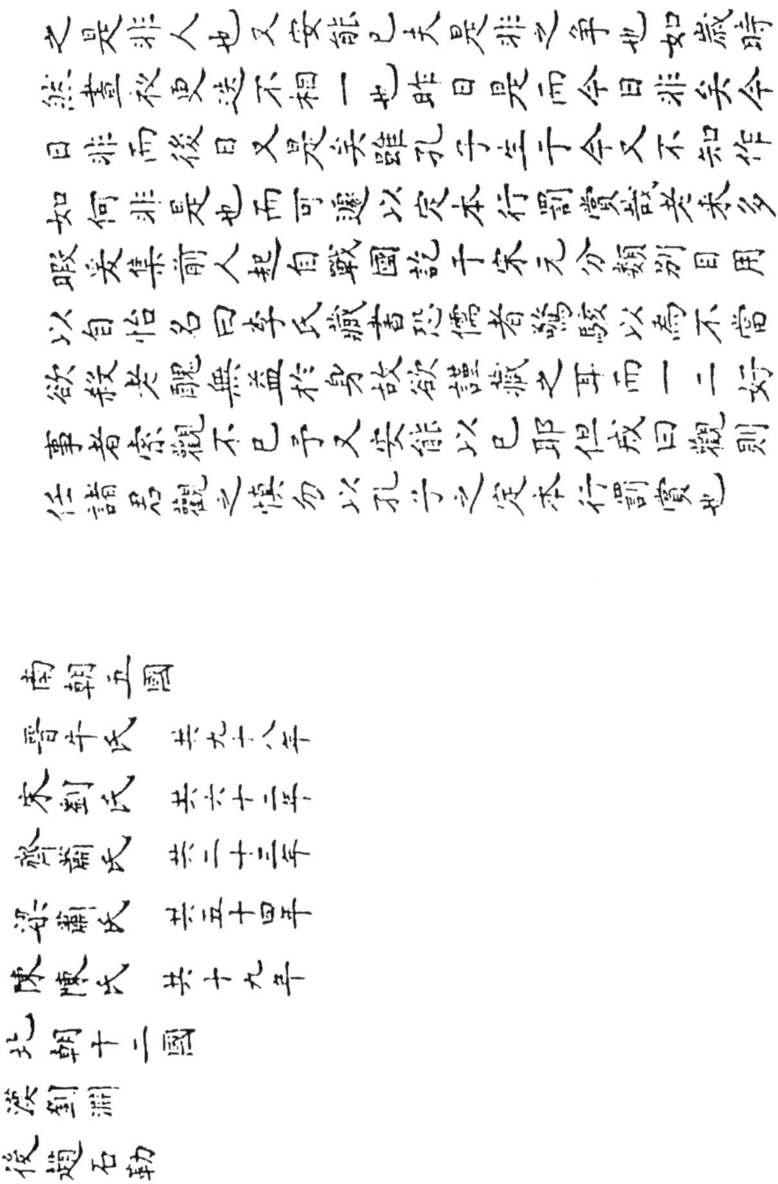
之是非人也又安能已夫是非之爭也如歲時
然晝夜更迭不相一也昨日是而今日非矣今
日非而後日又是矣雖孔子生于今又不知作
如何非是也而可遽以定本行罰賞哉老來多
暇爰集前人起自戰國訖于宋元分類別目用
以自怡名曰李氏藏書恐儒者驚駭以為不當
欲殺老醜無益於身故欲謹藏之耳而一二好
事者索觀不已予又安能以已耶但戒曰觀則
任諸君觀之慎勿以孔子之定本行罰賞也

南朝五國
晉牛氏　共九十八年
宋劉氏　共六十二年
齊蕭氏　共二十三年
梁蕭氏　共五十四年
陳陳氏　共十九年
北朝十二國
漢劉淵
後趙石勒

圖二

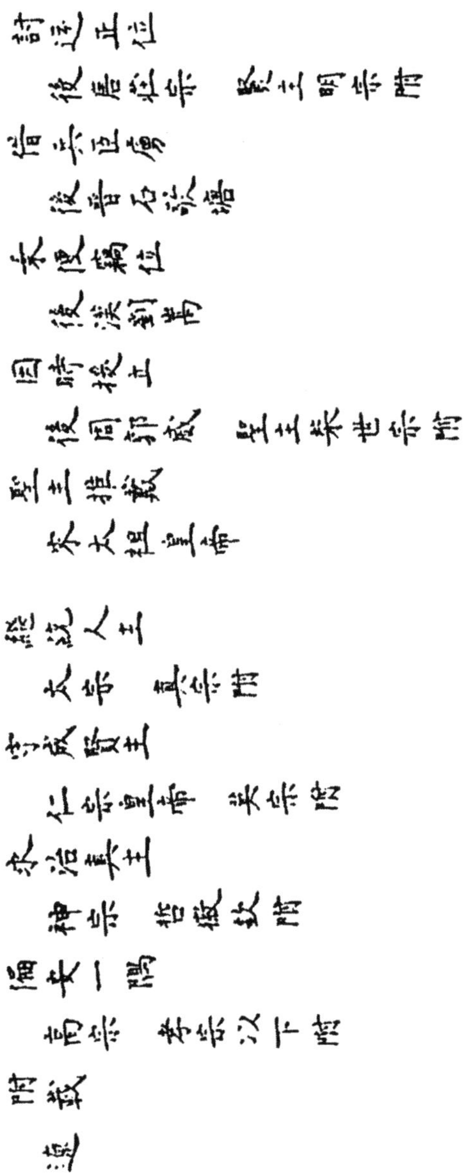
討逆正位
後唐莊宗　賢主明宗附
僭兵臣虜
後晉石敬瑭
乘便竊位
後漢劉嵩
因時援立
後周郭威　聖主柴世宗附
聖主推戴
宋太祖皇帝
繼統人主
太宗　真宗附
守成賢主
仁宗皇帝　英宗附
求治真主
神宗　哲徽欽附
偏安一隅
高宗　孝宗以下附
附載
遼

圖三

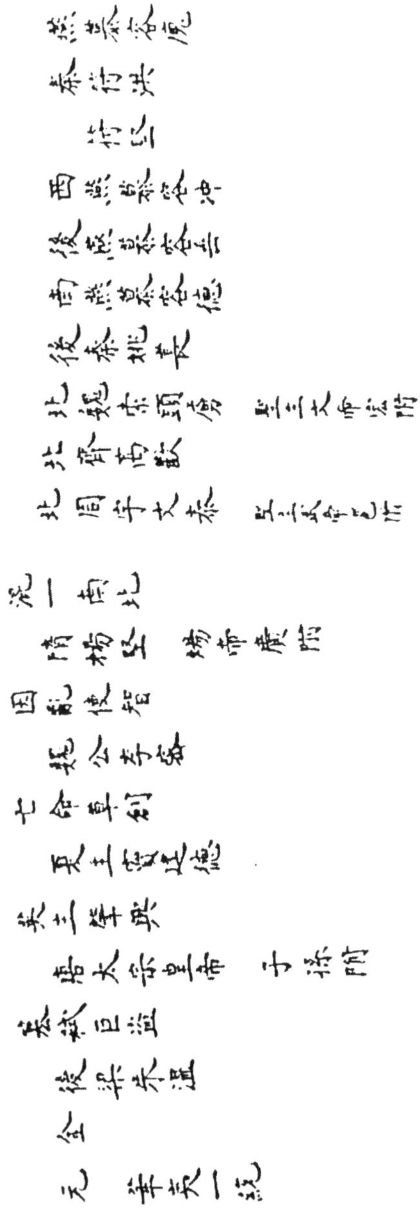

圖四

南北兵爭

南朝晉牛氏

元帝宣帝曾孫琅琊恭王之子也初用王導計出鎮建鄴以顧榮為軍司馬賀循為參佐王敦王導周顗刁協等侍左右懷帝被虜愍帝嗣立進位丞相都督中外諸軍事及西都不守群臣因請即帝位既而王敦內叛四方貢獻多入其府將相岳牧皆出其門帝遂憂憤成疾崩在位六年初玄石圖有牛繼馬後故宣帝深忌牛氏為二榼共一口以貯酒帝先飲佳者而以毒酒鴆其將牛金而恭王

圖五

不死 (a-mṛta) 觀念與齊學

—— 鄒衍書别考

丙齋撰輯先秦丙部佚書八家十五種，發楊幽潛，匣正前人之失，其自叙言之詳矣。屬爲弁言，余於鄒衍遺文，最感興趣，瀏覽其書，喜行世之有日，爰舉一二事試論之曰：戰國以降，騶子主運之術，披靡一時。秦一統天下，履行其説，以水德王，故咸陽瓦當多雲龍之象，蓋以水爲紀也。[1]

鄒子言五德終始，迹其所自，古緯書云：“《河圖》，命紀也；圖天地帝王終始存亡之期，録代之矩。”[2] 友人陳槃庵先生，當代治讖緯之巨擘也，謂此處“終始”二字之拈出，《河圖》與鄒書關係之深，可思過半。[3] 余謂“終始”一詞，亦子思子遺説，存於馬王堆《老子》甲本後之佚書，尤可珍貴。其言曰：

> 德之行五和胃（謂）之德。四行和胃之善。善，人道也；德，天道也。

又云：

> 五行皆刑（型）於闕（厥）内，時行之胃之君子。
>
> 君子之爲善也，有與始，有與終；言與其體（體）始，與其體終也。君子之爲德也，有與始無〔與終〕。……無與終者，言

---

[1] 《文物》，1976（11）。

[2] 《文選·永明十一年策秀才文》，李注引《尚書璇璣鈐》。

[3] 見陳槃：《論早期讖緯及其與鄒衍書説之關係》。（《史語所集刊》第二十本上册）

舍其體而獨其心也。

雖（唯）有德者，然後能金聲而玉辰（振）之。[1]

荀子責子思、孟子："案往舊造說，謂之五行。"楊倞注："五行、五常：仁、義、禮、智、信也。"以證佚書，其說正合。其四行屢見，即仁、義、禮、智。又區别善爲人道，德爲天道，以爲爲善有始有終，爲德則有始不必有終，有德而後能臻於金聲玉振之域。合以孟子所謂始條理、終條理之語，則此佚書必思孟遺説，從可知矣。其所言之五行終始，本指五常天道之德，此子思之五德終始説也。鄒衍著書，蓋睹有國者日益淫侈不能尚德，其終始大聖之篇要其歸止於仁義節儉，君臣上下六親之施（《史記·孟荀傳》），故鄒子乃因子思"五行和謂之德"之説，推而擴之，定德運、徵符應，以成一家之學。若夫《河圖》之書，實較晚出，當導源於鄒。故馬王堆佚書所録，不特可補子思子，且可明鄒氏之所本，足以提供新資料，未知丙齋以爲何如也？

象教[2]東傳，不始於東漢明帝。張衡《西京賦》以展季、桑門并稱[3]，實則漢初長安已有浮屠。陶隱居《難均聖論》及沈約答并云："禹迹所至，不及河源；越裳白雉，尚稱重譯，則天竺罽賓，久與上國殊絶。衰周已後，時或有聞，故鄒子以爲赤縣於宇内，止是九州中之一耳。漢初長安乃有浮圖，而經像眇昧。"（《廣弘明集》五）謂中印接觸，昉自衰周以後，援據鄒書，以爲佐證；此六朝人之公言也。神州

[1] 《老子甲本及卷後古佚書釋文》，7頁，北京，文物出版社，1974。

[2] 《文選》王簡栖《頭陀寺碑》："正法既没，象教陵夷。"李善注引曇無讖云："釋迦佛正法住世五百年，像法一千年，末法一萬年。"

[3] 《文選·西京賦》："展季桑門，誰能不營。"李善注："桑門，沙門也。《東觀漢記》制楚王曰：以助伊蒲塞桑門之盛饌。《説文》曰：營，惑也。"

止是九州[1]之一（《初學記》引作“所謂中國者，於天下八十一分居其一分耳”），其大九州之名，今尚存於《淮南子 · 地形訓》《河圖括地象》（《後漢書 · 張衡傳》注引），名稱頗懸異。隋初受命，國子祭酒辛彦之議定祀典，以神州、九州入從祀之方位[2]（《隋書 · 禮儀志》一）；辛氏本傳[3]稱，著《新禮》一部，語諒在其中。其在道書，稱之爲昆侖九土，若《道門經法相承次序》[4]，所記最近《隋志》。《太上老君虚無自然本起經》（《續道藏》本，14 頁），亦記九州名號。此鄒説爲後代禮制所采用，且爲道教徒所吸收，影響之巨，可概見矣。

《晋書 · 束皙傳》記汲冢所出書，其一曰：“《大曆》二篇，鄒子談天類也。”衍書汪洋無涘，齊人頌曰談天衍；《大曆》早佚，鄒子書今亦不可見。史公稱其“先列中國名山大川通谷禽獸，水土所殖，物類所珍，因推之及海外，人之所不能睹”。鄒子以博學著聞，《北堂

[1] 《論衡》之《談天》《調時》《難歲》諸篇并述大九州説，《禮記 · 曲禮》正義引《地統書》《括地象》亦言九州。

[2] 隋定大九州從祀方位，據《隋書 · 禮儀志》表之如下：

[3] 見《隋書》卷七十五，《儒林傳》。

[4] 《道門經法相承次序》云：“昆侖九土，東信土陽州，南潑土迎州，西坼土拾州，北成土玄州，中面土冀州，東北鹹土威州，東南農土神州，西南陷土成州，西北肥土柱州。”見《道藏》太平部“諸”字號上。

書鈔》九十七“博學”條兩引劉晝[1]《鄒衍别傳》，稱其“博識善敘事，有禹益之鴻才，道深東海，名重西山”，固知北齊時鄒書尚存。如晝言，以禹益相況，而許慎《五經異義》：“按古《山海經》、鄒子書云：騶虞獸。”（《周禮·鍾師》疏引）亦以鄒子與《山經》駢舉，則其書固儼然《山海經》之流亞也。

漢時，鄒衍入《方士傳》。《御覽》五四谷部引劉向《别録》曰：“《方士傳》言鄒衍在燕有谷吹律而温，今名黍谷。”[2]（《御覽》八四二、《藝文類聚》卷九引《别録》文同）《方士傳》，《隋志》未著録，古必有其書也。姚振宗《漢書·藝文志拾補》收《方士傳》，引劉歆《七略》云：“《方士傳》言鄒子在燕，其游，諸侯畏之，皆郊迎而擁以彗。”且謂“《方士傳》當作於戰國時，《書鈔》引《衍别傳》當出是書”，則甚難斷言。

《漢書·劉向傳》言：“淮南王安有鄒衍《重道延命方》。”《抱朴子·遐覽篇》著録作《鄒生延命經》一卷。《封禪書》稱：“自齊威、宣、燕昭，使人入海，蓋嘗有至者，諸仙人及不死之藥皆在。”又言：“宋毋忌等爲方仙道形，解銷化。”《索隱》：樂産（一作彦）引老子《戒經》[3]云：“月中仙人宋無忌。”《白澤圖》云：“火之精曰宋無忌。”《魏志·管輅傳》：“輅爲王基解卦，占一男兒墮地便走入竈中死事。云：兒生便走，非能自走，直宋無忌之妖將其入竈也。”管輅直以宋無忌爲火精。《急就篇》顔注：“古有仙人宋無忌。”戰國季世，燕齊海上方士，争傳鄒衍之術，“延命”必爲不死之方。

[1] 晝原作畫，誤。又引劉晝：《莊周傳》。李詳《媿生餘録》二謂劉晝著《高才不遇》三篇，此疑皆傳中人物。

[2] 阮籍奏記詣蔣公云：“鄒子居黍谷之陰。”（《文選》卷四十）《北史·文苑傳》序：“漆園、黍谷、名、法、兵、農之别。”以黍谷與漆園并列。

[3] 老子《戒經》未知何書。《道藏》有《太上老君戒》經一卷，見《洞神部·戒律類》。無樂産所引文。

不死者，印度《梨俱吠陀》謂之 a-mṛta[1]，其句云 (Vii63，5)：

yatrā cakrur amṛtā ga-tum asmai, syeno na dīyann anu eti pāthaḥ.

(Where the immortals have made a way for him, like a flying eagle he follows his path.)[2]

《楚辭·遠游》："從羽人於丹丘兮，留不死之舊鄉。" 梵語 dīyant 訓飛，猶羽人也；ca krā，訓車（wheel），此頌乃詠日神 Sūrya（cakrur amṛtā 即指日車），辭意與《遠游》相彷彿，蓋仙人有如飛鳥上天，故謂之升遐。後期《吠陀》，有以死與不死對言。如 x，129，2 云：

na mṛtyur āsīd, amṛtaṁ na tarhi.na rātriā ahna āsīt praketaḥ ānīd avātaṁ. svadhayā tad ekaṁ tasmād dhānyan na paraḥ kiṁ canāsa.

(There was not death nor immortality then. There was not the beacon of night, nor of day. That one breathed, windless, by its own power. Other than that there was not anything beyond.)

mṛtyur 與 amṛtaṁ，華言即死與不死；此辭爲創造之頌，謂泰初之際，未始有始；無死，亦無不死，無陰無陽（辭稱無日月之指標），得一（eka）而不假於他（para），不調氣而自爲呼吸。（a-vata = windless），莊子所謂 "咸其自取"（《齊物論》），"真人" "其息深深" "自本自根，未有天地，自古以固存"（《大宗師》），非此意而何耶？《老子》及《古黄帝書》俱云："谷神不死。"（《列子·天瑞篇》）引《吠陀》之 amṛta 亦指神言。如 i 35，2 nivesayann amṛtaṁ martiam ca 句，amṛtaṁ martam ca 即 gods and men 是其例。故 a-mṛta 直譯即不

[1] 姊崎正治《上世印度宗教史》謂："不死即庵摩羅 (a-mṛta)。" 然《翻譯名義集》六庵摩羅，此云清净識。恐非。

[2] 《吠陀》英譯據 A. A. MacDonell: *A Vedic Reader*，1960，India。

死或無死（mṛta＋否定詞之a），音譯則後代通行《往生咒》之阿密哩哆也。[1]

amṛta一字佛書每譯作“甘露”，義爲永生。印度《奧義書》中有Amṛta-bimdy Up.亦作Amṛta-nāda Up.前者可譯爲《甘露滴奧義書》，後者可譯爲《甘露音奧義書》。書中言及吐納静坐，又言觀身如槁木，與《莊子·齊物》之“形固可使如槁木”相近。

殷代已見“不死”之語，卜辭云：

貞：不𣦵。（《綜類》414頁）

己酉卜王：弜，隹𣦵。（《前》五、四一、三；《綜類》415頁）

己酉卜王：弜不隹𣦵。（《後》下四、十六）

不𣦵，子𠂤曰：弜𣦵。（李棪藏甲，字細小，見拙著《殷代貞卜人物通考》卷十四引）

己酉一詞爲對貞，殆是殷王疾篤而占卜。《易·恒卦》：“疾恒不死。”自殷以來，已有“不死”之成語。弜即弗，“弜死”與不死同義。

毋死一詞，見於齊國樂器《𡍮鎛》云：

用祈壽老毋死，保盧兄弟，用求考命，彌生……保盧子姓。（楊樹達謂即鮑叔之孫所製器）[2]

毋死、彌生即長生觀念。近出西周《史墻盤》云：“黄耇彌生，龕（堪）事厥辟。”又《孟姜殷》亦言“彌厥生”，即《詩·卷阿》之“俾爾彌爾性（生）”。《説文》彌字作镾，久長也。故彌生即長生，

[1] 沈寐叟《海日樓札叢》五：“《梨俱吠陀》無有之歌云：‘其時無死無不死，無晝（原誤作盡）無夜，獨一之靈之存在，無息而自呼吸。’無死無不死者，無量壽也。無晝（亦誤作盡）無夜者，無量光也。不死之梵音(a-mṛta)，則《往生咒》之阿密哩哆也。”所引其時無死無不死，即此數句。

[2] 詳楊樹達：《積微居金文説》卷四，及容庚：《商周彝器通考》𡍮鎛條，509頁。

《老子》所云長生久視之道，其義西周已有之。《左》昭二十年載齊景公問晏子古而無死之樂。《戰國策》方士向荆王獻不死之藥。蓋神仙不死之説，久已流行於齊土，不始於威、宣之世矣。

仙人即amṛta；不死之藥即甘露，漢人若《淮南子·覽冥訓》、張衡《靈憲》均稱"羿請不死之藥於西王母，姮娥竊以奔月"。不死藥所以與月有關，説者皆謂緣於印度soma之神話。《梨俱吠陀》viii，48，3云：

apāma somam; amṛtā abhūma; aganma jyotir; avidāma devān.

(we have drunk soma; we have became immortal; we have gone to the light; we have found the gods.)

服soma之汁[1]，即可以長生不死。古印度火之精曰agni，月中仙人則爲soma，婆羅門經典中soma is identified with the moon god，此盡人皆知之。其仙人(Rishi)有曰somaka，後世王者每取爲名；火神宋無忌既爲月中仙人，亦如Somaka之比。Soma爲不死之藥，究爲何物，論者頗異其説，或謂爲《楚辭》之桂漿。[2]近時R. Gordon Wasson著*Soma——Divine Mushroom of Immortality*，則確定Soma爲菌類[3]，可備一解。"顧兔在腹"語見《天問》,《古詩十九首》"三五蟾兔滿"。月中有兔，見於印度之《梨俱吠陀》，梵語所謂śaśa，義即兔也。《本生經》中有《兔王本經》，説者謂其來自印度。（季羡林先生説）

莊子《逍遥游》引《齊諧志》大鵬鳥。《御覽》九二七異鳥類引

[1] a-mṛta義爲immortal。又一義爲nectar，神酒（借用希臘神話）即因soma而來。印度俗語（pk）作amiya，義爲very sweet。

[2] 見藤田豐八:《中國史乘取傳二三神話考》，何健民譯:《中國南海古代交通叢考》，498頁。

[3] 此書爲*Ethno-Mycological Studies* No.I，意大利出版。

《苻子》曰："齊景公時，晏子言琬琰之外，有鳥曰金翅。"[1] 此金翅鳥亦見《南齊書 · 南郡王子夏傳》[2]，即 garuda，其神話產生之地域亦在於齊。

頗疑燕齊方士當日與印度思想容有接觸。以近日廣州掘得船塢觀之，秦漢造船業已非常發達，海外交通非如往日想像之困難。延命之方既爲鄒學之一端，鄒書屢推及海外，方士所以嚮往於海上，而始皇百端以求之者，唯不死之物。《山海經 · 海内西經》記諸巫操不死之藥，又《大荒南經》有不死之國，《梁書 · 劉杳傳》："（沈）約又云：'何承天《纂文》奇博，其書載長頸王事，此何出？'杳曰：'長頸是毗騫王，朱建安《扶南以南記》：古來至今不死。'"朱建安即朱應，此不死王之國指扶南，其地向來習於印度文化。不死觀念即來自梵典。《梁書 · 諸夷傳》稱其王"亦能作天竺書，書可三千言，説其宿命所由"，可以爲證。《吠陀》思想最具誘惑性者無如 a-mṛta（不死）之義，與月神之 soma 息息相關；燕齊方士取名爲"宋無忌"，即以月中仙人自號，於此可窺古之齊學，庸有濡染於《吠陀》者，此則有待吾人之尋繹矣。

本文原題爲《鄒衍書別考——阮廷焯先秦諸子考佚題辭》，首刊於《新亞書院學術年刊》，第十九期，1977 年 9 月。後收入《選堂集林 · 史林》，122～130 頁。

[1] 《苻子》，東晋員外郎苻朗撰。《隋志 · 道家》記《苻子》二十卷，《唐志》作三十卷。朗爲苻堅從兄子，事見《晋書 · 苻堅載記》，嚴氏《全晋文》輯得五十事，有篇名者二，一曰《方外》，此金翅鳥一條或出於此。

[2] 《南齊書》卷四十《武十七王 · 南郡王子夏傳》："初世祖夢金翅鳥下殿庭，搏食小龍無數，乃飛上天。永泰元年，子夏誅。年七歲。"

樂産及其著述考

《史記·封禪書》宋毋忌下，司馬貞《索隱》云："按樂産引老子《戒經》云月中仙人。"（據《史學叢書》印汲古閣本）樂産生平，向來未詳。《索隱》除《匈奴傳》引樂彦《括地譜》外，其餘概作樂産。南宋黄善夫本及嘉靖汪諒本《史記》所見則均作樂彦。近日中華標點本《史記》則全改作樂産，無一作彦者；他本則或稱産，或稱彦，頗不一致。《索隱》引樂産説，始見於《孝文本紀》。

《律書》"置一而九三之以爲法"句下《索隱》引樂産云："一氣生於子，至丑而三，是一三也。"惠棟注《後漢書·律曆》云："樂産謂之該數。"又《司馬相如傳》："千金之子，坐不垂堂。"《索隱》引樂産説。此皆其重要者。《孝文本紀》下有一條云："樂産引如淳，以（代）頃王後别封陰安侯。"如淳爲魏陳郡丞[1]，知樂氏必三國以後人。又《封禪書索隱》昭明下，樂産引《河圖》云："熒惑星散爲昭明。"又填星下，《索隱》云："樂産、包愷并作旗星。"愷著《漢書音》十二卷。考《隋書·儒林傳》，東海包愷字和樂，大業中爲國子助教。小司馬次樂産於包愷之前。《唐書·藝文志》子部兵家有樂産《王佐秘書》五卷，列於後周齊王憲《兵書要略》前[2]，又五行類有樂産《神樞靈轄》十卷，在柳彦詢、柳世隆《龜經》之前。宋吴曾《能改齋漫録》卷五云："嘗考唐左拾遺李鼎祚所修梁元帝、陳樂産、唐吕才六壬書，名《連珠集》。"則樂産乃陳人，其年代正合。鼎祚即

[1] 《漢書叙例》。
[2] 《經籍志》列蕭吉後。

著《周易集解》者，其《連珠集》見《新唐志》所載，原名《連珠明鏡式經》十卷，注云："開耀中上之。"李氏引樂産説，必出其《神樞靈轄》也。《宋史·藝文志》五行類有陳樂産《神樞靈轄經》十卷（206頁），今標點本以陳樂産爲一人名（5255頁），蓋《宋志》編者，已不知樂産爲陳時人而誤以陳爲姓，不可不訂正。日本古籍《諸道勘文》引樂産之《神樞靈轄》五條，見新美寬氏輯本。又藤原明《新猿樂記》有云："君夫者，陰陽先生賀茂道世也。《金匱經》《樞機經》《神樞靈轄》等，無不審察。"是樂産此書，早已流入東瀛。宋祝泌《六壬大占》課體九宗門提及曹氏定章與樂産、李淳風，《靈轄》《連珠集》《靈肘後》等書，則《靈轄》一書在宋時爲言六壬者所必讀之書。唐王希明《太乙金鏡式經》序末云："若筆削後於孔明，用賢則子房升堂，風後入室，宋琨、樂産、李淳風屬，可座廊廡之下。"書中《推太乙所在法》引樂産云："能使日月無光，五緯孛現，山崩地震，川湧江竭者也。"又《推九宮所主法》引樂産曰："太乙寄理以明人事，後王得之以統一天下，故蹉一宫以就乾位。"[1]此樂産論太乙之遺説，王希明承之，謂太乙知未來，故聖人爲之蹉一位以示先知之義。李淳風《乙巳占》自序云："錢樂其末也。"樂即指樂産。卷十《風角書》屢引樂産。又一條引樂産論祭日月以大室少牢。[2]《宋景祐樂髓經》亦引樂産説。樂産爲唐以前之太乙家，其説如零璣斷璧，尚可考也。（若宋琨撰《太一經》二卷，見《隋志》。《日本見在書目》亦著録，兩《唐志》作《式經》一卷。王希明於上元積年，譏宋琨置元，似童兒戲。）

《史記·匈奴傳》，《索隱》引樂彦[3]《括地譜》云："夏桀無道，湯放之鳴條，三年而死，其子獯粥妻桀之衆妾，避居北野，隨畜移

---

[1] 《四庫珍本》。

[2] 原見《封禪書索隱》。

[3] 《索隱》惟此條作樂彦，中華本改作樂産是也。

徙，中國謂之匈奴。”以證《史記》匈奴爲夏后苗裔之説。南宋本、明本并作樂彦著，清王謨《漢唐地理書鈔》於《括地圖》末記樂彦《括地譜》一條，蓋即此也，作者應作樂産爲是。《括地譜》一書，《隋志》《唐志》不收，張其淦《古方志考》不録[1]，似應補入其目。元中統本《史記》樂氏引《老子戒經》作《道德經》，恐誤。

樂産著述，今不可見，各史藝文志著録復多歧訛，而誤産作“彦”，又誤爲“陳樂産”，今一一爲之是正。王希明引樂産遺説，必其論式法之語。式本作栻，《史記·日者列傳》：“旋式正棋。”《索隱》：“式即栻也。”《龜策列傳》：衛平對宋元王“乃援式而起，仰天而視月之光，觀斗所指，定日處鄉”。安徽阜陽漢文帝時夏侯竈墓近年出土六壬栻盤及大一九宫盤[2]，知太乙九宫之術，淵源甚早。《宋志》及《玉海》所收“式法及六壬”之書，可三數十種，而樂産書在其前列。知樂産蓋唐以前斯學之巨擘也。

原載《選堂集林·史林》中，中華書局香港分局，1982年增訂

[1] 見《括地圖》下，52頁。
[2] 《文物》，1978（8）。

有虞氏上陶説

《儀禮·燕禮》云："司宫尊於東楹之西，兩方壺。左玄酒，南上。公尊瓦大，兩有豐。冪用綌若錫，在尊南，南上。尊士旅食於門西，兩圜壺。"所記天子司宫及公、卿大夫、士所用陶器，各有差第，表之如次：

（天子）	司宫	尊	兩方壺	在東楹西
	公	尊瓦大	兩有豐冪	
	卿大夫	尊	兩圜壺	門西

瓦大者，鄭注云："瓦大，有虞氏之尊也。《禮器》曰：君尊瓦甒，豐形似豆，卑而大。"按據《禮器》，瓦大即瓦甒，《明堂位》則省稱曰泰。

《禮器》云："門外缶，門内壺，君尊瓦甒，此以小爲貴也。"鄭注："壺大一石，瓦甒五斗。"甒小於壺，故甒比壺爲貴。

《明堂位》云："泰，有虞氏之尊也；山罍，夏后氏之尊也；著，殷尊也；犧象，周尊也。"

鄭注："泰用瓦，大音泰，有虞氏上陶，故用瓦大。"

鄭注用《燕禮》"瓦大"一名以釋《明堂位》之泰；瓦大應讀爲瓦泰，形容詞置於名詞之後，其例特異。泰即瓦泰之簡稱。《經典釋文》："瓦大，音泰，尊名。"

瓦大，《禮器》又稱之曰"瓦甒"。《方言》："甒，罌也；周、魏之間謂之甒。"鄭注："《既夕禮》：甒，瓦器。古文甒作廡。"按從無聲有“大”義。《説文》:“無,豐也。”《尸子·廣澤》篇、《爾雅·釋詁》:“幠,大也。”郭璞注引《詩》“亂如此幠”。《方言》亦云:“幠,大也。”郝疏云:“通作膴。”《儀禮·公食大夫禮》及《周禮·腊人》,鄭注并云:“膴,大也。”而甒又作廡。韋昭《晋語》注:“廡,豐也。”故知瓦大之即瓦甒、瓦廡,以廡亦訓大也。

鄭注云“有虞氏上陶,故用瓦大”者,蓋引述《考工記》語。記云:“搏埴之工陶瓬,有虞氏上陶,夏后氏上匠。”可證。鄭注:“舜至質,貴陶器。甒,大瓦棺是也。”《檀弓》云:“有虞氏瓦棺。”鄭注:“有虞氏上陶。”亦引《考工記》爲説。《御覽》禮儀部引譙周《古史考》云:“舜作瓦棺。”孫詒讓謂:“甒,大瓦棺;并虞制。”甒即罌,《説文》:“甕,罌也。”《方言》五:“甕,罌也。”許君本此。按甕大口,容一斛;其小口者曰罌。

綜上而論,瓦大、瓦甒,原爲大口尊,除爲盛器外,復兼作瓦棺用,是爲虞制,故禮書稱爲有虞氏之尊,又云:“有虞氏上陶。”蓋三代以來傳述如此。

唯有虞氏之絶對年代,今不可知。西安半坡遺物,近日依碳素測定去今可六七千年,仍早於虞。半坡所出陶器至夥,大口之甕尤多(《西安半坡》圖版一三九～一四三皆甕屬),而甕棺葬竟有四十九座,由兹二事觀之,其大口尊即有虞氏尊之瓦大,而瓦棺又即有虞氏大瓦棺之甒。是瓦大與瓦棺,其使用遠在有虞氏之先。意者,虞時特盛,故被目爲虞制乎?

半坡所出陶尊,其用途未明,今以《儀禮》釋之,此類之尊,與《燕禮》《射禮》當有密切關係。《燕禮》:“尊瓦大,兩有豐。”《禮器》云:“豐形似豆,卑而大。”《儀禮·大射禮》:“膳尊兩甒在南,有豐,冪用錫若絺。”鄭注:“豐以承尊也。説者以爲若鹿盧,其爲字從豆䜌聲,近似豆,大而卑矣。”豐似豆,卑而大,所以承尊。《説

圖一

文》："豐，豆之豐滿也。"胡玉縉《許廎學林》三有《儀禮大时儀豐考》謂豐有二種，一以承尊，一以承觶。

半坡亦有陶壺（見《西安半坡》圖版一二四～一二六）。據《燕禮》，士用兩圜壺。圜壺無冪亦無玄酒，等級較卑。按《說文》："壺、昆吾，圜器也。象形從大，象其蓋也。"是昆吾應是圜壺之本名。殷卜辭有壺字，其形作（《存》一二三九）、（《前編》五，五，五）、（《燕》八五背），有蓋。篆形之，即由此演變，大形正爲蓋也。半坡之陶壺多爲小口，作或，唯皆爲圜壺。甘肅秦安出土半坡期陶器有葫蘆作形（甘肅省博物館藏）。方以智《通雅》云："昆吾、昆侖，古皆以爲渾淪之稱。"王筠《說文釋例》謂昆讀如渾，與壺雙聲，以昆吾爲壺之緩讀，如疾黎爲茨之例。昆吾是雙音節之謰語，圜器之稱。《爾雅·釋器》康瓠郭注：瓠，壺也。是李巡本作光瓠。光猶廣也。則康瓠乃大壺。康瓠爲壺，以昆吾例急讀之，則音正如瓠。故知昆吾、康瓠原爲圜器之通名。《吕氏春秋·君守》篇記古代發明家六人，倉頡作書以下有昆吾作陶、夏鯀作城之說。高注："昆吾，顓頊之後，吴回之孫，陸終之子，己姓也。爲夏伯製陶冶，埏埴爲器。"梁玉繩謂作陶者當是陸終之子，非爲夏伯之昆吾氏，注誤會爲一人。古代傳說，以陶器製作屬之昆吾，有如以作書歸於倉頡。昆吾既有夏時爲侯伯之昆吾，又有陸終氏之子之昆吾。今觀半坡時代已有圜器陶壺之應用，陶器之作，非待夏時始有，不必置論。是器之發明在前，而昆吾一名之采用在後矣。韓非《十過》篇引由余云：

> 臣聞昔者堯有天下，飯於土簋，飲於土鉶，其地南至交趾，北至幽都，東至於日月之所出入者，莫不賓服。堯禪天下，虞舜受之，斬山林而財之，削鋸修之迹，流漆墨其上，輸之於宫，以爲食器，諸侯以爲益侈，國之不服者十三。舜禪天下，而傳之於禹，禹作爲祭器，黑漆其外，而朱畫其内，縵帛爲茵，蔣席頗緣，觴酌有采，而樽俎有飾，此彌侈矣，而國之不服者三十三。

《御覽》七五六引《韓子》云："舜作食器……流漆墨其上。"食器塗以漆墨，已始於舜。此段文字必采自由余之書。《漢書·藝文志》雜家有由余三篇，"戎人，秦穆公聘以爲大夫。"又《兵形勢》有繇叙二篇，疑即由余。《十過》篇言祭器"黑漆其外，而朱畫其内"二語，向來皆取以解釋彩陶。半坡出土器皿皆彩陶，遠在有虞氏前且二千年。由余以爲墨染其外，朱畫其内，乃出於禹。其出於戎俗之傳説乎？（《荀子·大略》篇言禹學於西王國。禹爲羌戎崇拜之中心，由余之説或得自西戎，可想而知。）

《説文》缶部云："匋，瓦器也。古者昆吾作匋。"《詩·綿》正義引作："匋，瓦器竈也。"多一竈字。《廣雅》："匋，窰也。"半坡已有竈之遺迹，可能即當時埏埴之工場。六千年前已有竈與陶器，則匋之作，非肇於夏之昆吾，不辨自明。

《左傳·襄公二十五年》，子產曰："昔虞閼父爲周陶正以服事我先王，我先王賴其利器用也。……而封諸陳，以備三恪。"杜注："閼父，舜之後。當周之興，閼父爲武王陶正。"閼父，《史記·陳杞世家》《索隱》作遏父；《索隱》云："遏父爲周陶正。遏父，（虞）遂之後。陶正，官名，生滿。"滿即胡公。閼父即虞舜裔虞遂之後，此有虞時陶人之可考者也。《列仙傳》載寧封子，黄帝時人，爲黄帝陶正，是古有陶正之官，專司埏埴之事。《御覽》八三三及《廣韻》六豪引《周書》："神農作瓦器。"具見陶業之興甚遠，明非夏時昆吾氏之所肇造也。

《史記·五帝紀》：“舜陶河濱，作什器於壽丘。”又云：“河濱器皆不苦窳。”此言取材製作之精良。是以舜后虞氏，歷周世而爲陶正。《尸子·明堂》篇：“舜之方陶也，不能利其巷，及南面而君天下，皆被其福。”（平津館本）《三倉》云：“陶，作瓦家也，舜始爲陶。”（《小學鈎沉》本）舜以陶利天下，先秦諸子久有此説，故禮家遂推言“有虞氏上陶”矣。

原載《選堂集林·史林》
1982 年

歷史家對薩滿主義應重新作反思與檢討

——“巫”的新認識

巫字見於殷契有二個不同的字形，大多數作☩，有一個作☩（《殷虛書契後編》二、四二、四）。☩字所以可釋爲巫，由於字形同於《詛楚文》中的“丕顯大神☩咸。”☩咸即是巫咸。☩之即巫，久已成爲定論。

在薩滿主義流行的今天，許多學人，解釋古史上的問題，差不多習慣喜歡采用“巫”的觀點來處理，不免運用過濫。本文重點在利用甲骨文上所見關於☩的記載，結合文獻，以尋求合理的解釋，據以瞭解殷代巫字所表現的歷史真相，提供古史家的參考。

一、從巫咸說起——巫爲官名、氏名與巫的神格

《說文》訓巫爲祝，又云：“古者巫咸初作巫”，這一説分明是采自《世本》的。《尚書·君奭》云：

> 在大戊時，則有若伊陟、臣扈，格於上帝。巫咸乂王家。在祖乙時，有若巫賢。

這二位以“巫”爲氏的重要人物：巫咸與巫賢有人説是父子，一是大戊時的名臣，一是祖乙時的大官員。事實上巫咸并非神話人物，確有

其人且見於甲骨刻辭。但不稱爲巫咸而作“咸戊”。秦簡《日書》巫咸作巫減。有時衹稱其私名曰咸。戊是官名，戊與巫兩字古音相近（陳夢家《綜述》，365 頁）。《白虎通 · 姓氏篇》則稱巫咸作“巫戊”。清王引之謂巫戊是今文（《經義述聞》）。按之卜辭稱戊者又有戊陟、戊叏、叏戊、盡戊等人名。歸納起來，有下列四例：

咸——衹稱其私名

巫咸——官名＋私名

咸戊——私名＋官名

巫戊——兩稱其官名，而略去私名

可見巫是官名，可無疑問。江陵王家台十五號秦墓簡：歸藏曰：昔者殷王貞卜其邦，尚毌又咎。而殳占巫咸，咸占之曰：不吉。⿰其席投之亦𣪠，⿰在北爲犯（牝）（二一三簡）。殷時確有巫咸其人，或但稱其私名曰咸。

巫由官名演變爲氏名，以巫爲氏。

巫是屬於“以事爲氏”的一類。（宋本）《太平御覽》卷三六二人事“姓”項下引《風俗通》云：“以事：巫、卜、陶、丘也。”可證。《史記 · 燕世家 · 正義》：“巫咸，吴人。今蘇州常熟縣西海隅山有巫咸冢及巫賢冢。”

《世本》及《説文》以巫咸爲開始作巫的人物，這一説由今觀之，是很有問題的。

二、絶地、天通的意義與巫

《周書 · 吕刑》説“乃命重黎，絶地、天通”，這一句話在《國語·楚語》中楚昭王問觀射父，把它直譯作“重黎實使天地不通”。“不”字即針對“絕”字而言。“絕地天通”意思是説把天與地劃分，置官以主之，使神民異業。

神——天——南正重

民——地——火（北）正黎

“重黎世敘天地”，重是南正、黎是火（北）正，是把天地劃分，職掌各有所司。觀射父的議論之中，牽涉到巫覡之事，他説：

> 古者民神不雜。民之精爽不携貳者戴古，而能齊肅衷正，其智能上下比義，其聖能光遠宣朗，其明能光照之，其聽能聽徹之，如是則明神降之，在男曰覡，在女曰巫，是使制神之位次。……及少皥之衰也，九黎亂德。民、神雜糅，不可方物，夫人作享。家爲巫史，無有要質，民匱於祀。……

《史記·曆書》又復述這一樁事。這段話古史家無不熟悉，屢屢見於專家徵引。它究竟是講什麽？很值得仔細尋繹。巫覡是民人之中最精爽又能專心一志的，他具有特殊的智力，所以明神看中他，降靈於其身，他變成神和人的中間媒介（medium），到了後來，家家户户都有巫史，老百姓疲於祭祀，神和民的關係給弄亂了。重黎負責斷絕地與天的溝通，是對苗民過度迷信和濫用巫術的一種糾正措施，目的可説是在於澄清“神治”。在神道設教的古代蒙昧時期，“絕地天通”便是要使民與神劃分清楚他們的業務，所謂“神民異業”，劃分神屬天而民屬地的兩個不同的層次，復置官以統治之，使各就其序。雖然巫覡是能溝通神人的角色；而絕地天通，即在禁止巫術的泛濫，使天與地各就其位，神、民分開，不至於混亂不清。這是“絕地天通”一語的真正意義。《吕刑》説：“苗民弗用靈，制以刑。”絕地天通是對付苗民的一種手段，劃清神與民的界限，可以看做古代一種宗教整肅運動，目的在消除“家爲巫史”的習俗。

古時巫與醫不分。《山海經》的十巫，其中巫彭傳説是被認作（發明）“醫術”的人，這些巫都與醫藥有關係，而巫咸在《詛楚文》中稱爲大神巫咸，已經具有神格。最緊要的是所謂“靈巫”是以玉“事神”，見於《説文》，靈字，原本從玉，又或從巫作靈。這説明巫和玉二者的密切關係。我們看新石器時代玉器分佈之廣，從東北紅山至東南的良渚，夷玉與越玉大量出土，大反山玉器上刻畫神像，足證使用玉器的靈巫很早就已經存在了，我們先明白這一點，可知卜辭中的巫，有的應是神格。所以甲骨刻辭中的巫每每作爲祭祀的對象。

巫咸到了戰國被稱爲“大神巫咸”（《詛楚文》）。《離騷》云：“巫咸將夕降兮，懷椒糈而要之。百神翳其備降兮，九疑繽其并迎。”屈原去國的判斷最後取决於大神巫咸，百神同來迎迓，具見其地位之崇高。司馬遷《封禪書》説：“巫咸之興自此始。”他不説巫之興自巫咸始，而説“巫咸之興”，他是把巫咸看作巫官的通稱。關於巫咸一名稱的演化，顧炎武有很詳確的考證。[1]

殷代官名借戊字爲巫，必有它的特别含義。戊爲中宫（見《説文》）。天干的戊，自昔便被看成吉日，因爲戊者茂也（古訓詁書皆同）。《詩經》：“吉日惟戊。”《毛傳》：“惟戊，順類乘牡也。”後讀戊爲牡，故戊爲剛日。匈奴之俗，亦以“日上戊己”（見《史記·匈奴傳》）。故其官稱爲戊己校尉。因爲“陰陽和調，物乃茂成”[2]。戊的意義是“茂成”，故爲吉日。借戊爲巫，或以巫占尚吉，因以戊爲名，故知借戊字爲巫，不止巫與戊同音的關係，尚有其深層意義。

關於“神”與“民”的區别，保持不混亂的秩序，到了戰國中期

[1] 參游國恩《離騷纂義》，377 頁引。
[2] 壺關三老上書給漢武帝中話，見《漢書·戾太子傳》。

的文獻，像現今藏在 Sackler Gallery 的《楚帛書》裏面有一段說：

群神五正，四□堯（饒）羊（祥），建恒褐（屬）民，五正乃明，神是言（享）。

《史記·曆書》記黄帝“建立五行，起消息，正閏餘，於是有天地神祇物類之官，是謂五官，各司其序，……民是以能有信，神是以能有明德”。群神五正即指五官（謂司五行之神），由於建立恒道，使其民有所屬（褐，即屬字），故五正乃有明德，而神得享於其位。這樣便是使神、民各就其序。《楚帛書》對這一件事亦復叮嚀再三。再看銀雀山漢簡的《晏子》（七）亦云：

是以神、民俱順，而山川入（納）彔（禄）。

神與民俱順，即各依其位而不亂，山川百物自然亦納入軌道了。

三、說《周禮》“巫恒”、《商書》“恒舞”與巫的職掌

《周禮·春官》有“司巫”一職，云：“國有大灾，則帥巫而造巫恒。”以“巫恒”作爲衆巫之首。巫恒之名，在巫字之下加一“恒”作爲形容詞，鄭玄訓恒爲久，説巫恒如巫先之例。古代語彙可以相比況的又有所謂“恒舞”，恒訓常，恒舞意思是指經常舉行樂舞之事，商代對於濫行樂舞視爲禁條，《墨子·非樂》引“湯之官刑”說：

其恒舞於宫，是謂巫風。其刑：君子出絲二衛（遂）。

古文尚書《伊訓》十愆指爲三風之一亦言：

敢有恒舞於宫，酣歌於室，時謂巫風；敢有殉於貨色，恒於游畋，謂之淫風。

巫以舞降神，故譏恒舞爲巫風，這裏“巫風”是貶辭。湯的官刑對於過度的樂舞，施以甚輕的刑罰，衹科以二遂（用孫詒讓説）之絲於君子，而小人則否。《墨子》引用之作爲他的《非樂説》的佐證。我們看殷卜辭中的舞字出現次數之多，知湯刑是無效的！

舞字有時衹寫作“無”，《周禮・地官・鄉大夫》，《興舞》下鄭注云：“故書舞爲無”引杜子春云：“無讀爲舞。”銅器銘文有“於大無司折（誓），於大司命用璧”之語（齊洹子孟姜壺），“大無”即是大巫，此即借無爲巫之明證。

《周禮》中“司巫”之職，屬於春官，請看下文：

大卜，下大夫二人……
龜人，中士二人……
華氏，下士二人……
占人，下士八人……
筮人，中士二人……
占夢，中士二人……
大祝，下大夫二人……
喪祝，上士二人……
甸祝，下士二人……
詛祝，下士二人……
司巫，中士二人、府一人，史一人、胥一人、徒十人
男巫無數、女巫無數、其師中士四人……
大史，下大夫二人……

鄭玄注：“司巫，巫官之長。”從上列記載看來，司巫和男、女巫的官職的位次是“中士”而已。比大卜、大祝、大史之職位稍低，至於一般之巫，地位更低。《周禮》“女巫舞雩”用於天旱之時，《左傳》記“大旱，公欲焚巫尪”（僖二十一年），《禮記·檀弓》記歲旱，欲以愚婦人暴巫，無論舞婆娑以降神，或者暴以求雨，都是比較下層的人物。以前有人嘗說“巫以事神”即女妓之始（明時楊慎《升庵全集》卷七十一），近時且有人說“九歌女巫，與希臘古代之廟妓相似”[1]。故巫之職甚卑，至於後代或有用女巫祠神之俗。天水秦簡有云：

> 辰，蟲也。……其爲人：長頸，小首，小目，女子爲巫。男子爲祝名。[2]

巫的地位不高，由此可以概見。

天旱烄女巫以祈雨及舞雩之事，殷代卜辭所見記載不少，如“貞：勿烄婞，亡囗從〔雨〕”（《前編》六，二七，一）、“癸卯卜㕯真：乎多老〔舞〕、王占曰，其有雨”（《前》七，三五，二）。女婞正是被暴焚的女巫，故其名字從女旁，呼多老舞雨，多老亦是男覡之屬，後代南中能懂夷經的巫師尚有“耆老”之稱。（見《華陽國志·南中志》）

祈雨而暴巫是以巫作爲犧牲，古書記湯禱雨於桑林是一樁非常動人的故事，向來有許多不同的説法，最值得討論的是有人把湯亦看成巫，這是錯誤的。唐武則天時候，北門學士之一的閻朝隱爲要諂媚武后，亦嘗以身作犧牲伏在俎上[3]，我們不能以此把閻朝隱説成爲巫！湯禱於桑林把自己扮演巫尫的角色，目的在博得人民的愛戴，他與閻氏情形是一樣的。卜辭中祈雨舞雩之事，許多是由王來親占，故屢見

[1] 姜亮夫説，見《説屈賦中之巫》，見《楚辭學論文集》，343頁。
[2] 《文物》，1989（2）。
[3] 參拙作《從石刻論武后之宗教信仰》，見《選堂集林》中册。

“王固曰”一類的詞句，我們不能因爲王親占便説這些王都是巫。巫本身有他的職掌與身份，《周禮》所記大卜、大祝與司巫各有所負責的事務，司巫衹是中士而已。一般談古史的學人每每作連類推理，説商代重視巫術，遂把商王説爲“群巫之長”[1]，或者説他“身兼大卜大祝大巫”，這樣囫圇吞棗的看法是没有根據的！

四、由《封禪書》所記秦漢之際對祀典的調整——論巫的身份及其地域性

《史記》的《封禪書》是記載先秦至漢初有關宗教情況最可信的記録，尤其對秦人的巫祝事務有很詳盡而有趣的説法，我們通過《封禪書》知道秦制仍是上承《周禮》，秦稱“祭”爲“祠”，秦的祠官屬於大祝，而巫則應由祠官來管理的。

秦始皇與齊魯的儒生討論封禪之事於泰山之下，没有成功而自作决定。據説：“其禮頗采大祝之祀雍上帝所用，而封藏皆秘之。”雖然當日文件没有公開，但顯然是采取大祝所掌的禮儀，特别是雍地所行祭上帝的制度。秦置“大祝”之官，仍是沿用周制。秦居關中，地理上和周不同。《封禪書》説：“三代之君皆在河洛之間，故嵩高爲中岳。”“其禮損益世殊，不可勝記。”每一朝代的禮制都有因襲和損益，秦地不及河洛，不能舉行中岳之祭，所以秦人對於山川之祀典必須另行調整。[2]《封禪書》説：

[1] 張秉權説古代巫術往往操在國君之手。引陳夢家説以巫咸爲商王之咸，《周禮》的恒巫是王恒（《甲骨文與甲骨學》，411 頁），這種過分的推論是很危險的。

[2] 參看周勳初《九歌新考》秦漢宗教一章。

> 及秦併天下，令祠官所常奉天地名山大川鬼神，可得而序也。於是自殽以東，名山五，大川……自華以西名山七、名川四。

這是當日調整後的祀典情形，山川諸祀實際都由祠官所掌，有的地方，皇帝不能親往致祭，“諸此祠皆由大祝常主，以歲時奉祠之”。故知大祝是秦的禮官，有些地方是由他來主持祭事的。《封禪書》又說：“遠方神祠者，民各自奉祠，不領於天子之祝官，祝官有秘祝，即有菑祥，輒祝祠，移過於下。”這是說遠方有它的神祠，不屬於大祝所管理，則由百姓自己去致祭。如果碰到有灾祥發生，方才令祝官往祭。祝官屬下有所謂秘祝，他們往往把過失的責任推諉給下級的官員和老百姓。《説文》：“秘，神也。”這些神秘的祝官，也許是“巫”。

漢高祖即位以後，宮廷裏面，供養許多不同地區的巫祝。大致沿襲前代禮制。《封禪書》説：

> 悉召故秦祝官。復置太祝、太宰，如其故儀禮。因令縣爲公社。（李奇云：“猶官社也。”）
>
> 令祝官立蚩尤之祠於長安。長安置祠祝官、女巫。其梁巫，祠天地、天社、天水、房中、堂上之屬。
>
> 晉巫　祠五帝、東君、雲中、司命、巫社、巫祠、族人、先炊之屬。[1]
>
> 秦巫　祠社主、巫保、族累之屬。
>
> 荊巫　祠堂下、巫先、司命、施糜之屬。
>
> 九天巫祠九天。
>
> 皆以歲時祠宮中。

[1] 《漢書·郊祀志》文字約略相同。惟晉巫下作“巫社、巫祠、族人炊”。顏師古云：“巫社、巫祠皆古巫之神。族人炊古之炊母之神也。”文字有點出入。

其河巫祠河於臨晉；

而南山巫祠南山秦中。

漢高祖對於祝典的安排，大有所更張，是行集中政策，把各地不同的巫官羅致於長安宮中。我們看上列各地之巫所祭祀的對象，何等廣泛與複雜，《楚辭·九歌》的東君、雲中、司命，事實是出自晉巫。這些巫官所掌的祀典，富有地方色彩。所以班固在《漢書》的《高帝本紀》贊說："及高祖即位，置祠祀官，則有秦、晉、梁、荆之巫。"他特別欣賞漢高祖這一措施。顏師古注引文穎曰："巫，掌神之位次者也。"梁晉諸巫皆屬於長安的祠、祝之官，他們是管理神祇的種類、位次和禮節的各項神事的人物。雖然當日的詳細記録没有留傳下來，我們還可從許多文獻的點滴中鈎索出一些陳迹。

觀以上諸巫，祭祀的對象有天地、五帝、九天及河、岳、社之神。河岳及社之祭祀均可追溯至殷代。就中荆巫所祠的巫先一名，亦見於甲骨刻辭，卜辭又有"寶巫"，似可看作巫保。這些巫的名目，都亦有它的遠源的。上引這段文字十分重要，是漢初神學上一篇極有歷史性的記録，可以看出所有祭祀的各種禮儀，都是由大祝來負責。大祝是周的官名，於《周禮》僅屬下大夫之官秩。漢高祖在國都所在地的長安置祠官、祝官和女巫。雲夢秦簡"祭"都叫作"祠"，故知"祠官"是秦的官名。女巫則殷、周以來都有之，至於梁、晉、秦、楚各地方性的巫，亦都被請到宮中來主持祭事。由於各地都有不同的儀式和祭品，故非由該地的巫官來負責不可。

由《封禪書》所記秦漢之際各地諸巫，是由祝官所掌轄。這些巫事實是政府承認的官職，而不是民間那些借神附體作魔法的小巫。

五、甲骨文中有關巫的記載之分析

甲骨文所見的巫，非常複雜，玆就目前所見材料[1]，歸納爲下列各項：

（一）巫先

甶（惟）巫先。（《合集》二一八八〇＝南明一〇三）

巫先一名，與《封禪書》“巫之巫先”相同，《漢書·郊祀志》顏師古注云：“巫先，巫之最先者也。”司馬貞《史記索隱》：“巫先謂古巫之先有靈者，蓋巫咸之類也。”都把巫先説是通名。[2]鄭玄注《周禮》“司巫”中提及“巫恒”一詞，注云：玄謂：“恒，久也。巫久者，先巫之故事。”則作先巫。《靈樞經》：岐伯曰：“先巫者，因知百病之勝。”則作先巫。卜辭的巫先是否和上述的巫先屬於通名，因衹有一條，很難確定。時有貞人先，先即是有侁氏之侁，侁亦借作莘，《周語》：“有神降於莘”。巫先亦可能即莘地之巫。[3]

（二）帝巫與“旁招”

卜辭云：

癸亥貞今日，小帝於巫，犭土一犬（《合》三四一五五）

癸巳卜，其帝於巫（《合》三二〇一二）

[1] 考李孝定《集釋》，1595 頁。姚孝遂《類纂》，1119 頁，大抵參照島邦男之《綜類》，418 頁列出三項。

[2] 周策縱引聞一多説有人先祠。見《史記索隱》。今本《史記》無之，查《廣雅》叢書三十卷本之《索隱》云：“按《漢書儀》云：祭人先於隴西縣人先山，山上皆有土人，山下有畤埒。”

[3] 參拙作《殷代貞卜人物通考》，647 頁。

辛亥卜，小帝北巫（《合》三四一五七）

帝東巫（《合》五六六二）

帝是祭名，小帝似指小型的禱祭，故用牲衹有一犬，有的稱爲東巫、北巫，可以推知應尚有西巫和南巫，這必是祭於四方之巫。卜辭四方巫每與燎土同見於一片。有時帝巫亦作“巫帝”。卜辭云：

壬午，賁土，延巫帝（《合》二一〇七五）

巫帝一犬（《合》二一〇七四）

庚……巫帝，二犬（《合》二一〇七五）

帝二犬（《合》二一〇七六）

壬午卜，巫帝（《合》二一〇七八）

巫帝一犬一豕，賁土（《合》二一〇七八）

巫帝一犬（《合》三四〇七四）

丁酉卜巫帝（《合》三四〇七四）

甲子卜巫帝（《合》三四一五八）

庚戌卜，巫帝，一羊一犬（《合》三三二九一）

上列有二條同在壬午日卜巫帝，同時亦卜燎於土，土是社神，則所謂帝於東巫、北巫，正如他辭之言燎於東土、北土，故知東巫北巫，即是東土北土之巫。即《詩經》所云“與我犧羊，以社以方”（《小雅·甫田》）[1] 實爲方社之祭。今韓國巫俗用木頭寫四方帝逐鬼諸名號，湖北穀城縣的春秋賽祭，擺五張桌子，上供五方之神，謂之“跑五方”。[2] 殷代祭四方之巫，尚可想像它的大概情形。

余謂“帝四方之巫”，當即《周禮》所謂“旁招”。《周禮》云：

[1] 參金泰坤：《韓國巫俗圖録》（集文探版）106 圖。

[2] 杜棣生：《穀城縣端公舞源流初探》，見《楚史論叢初集》，252 頁。

“男巫掌望祀、望衍、授號，旁招以茅。”延巫帝的意思可説是指“望衍”。鄭玄説：“衍讀爲延，聲之誤也。”“望祀謂有牲粢盛者，延，進也，謂但用幣致其神。”卜辭正作延，此句不言犬數，是不用牲的，故云“延”。“旁招”者，張衡《東京賦》薛綜注云“旁四方”，《月令》“命有司大儺旁磔”，鄭注“旁磔於四方之門”，孫詒讓《正義》稱“旁招，招四方所望祭之神”。又云：“此所謂望祭者蓋廣賅四方衆神；與‘四望’專屬於大山川者異。”今觀卜辭言及四方曰東巫曰北巫，其爲古代的“旁招”甚明，旁即四方，故知巫帝之巫，證之《周禮》，應屬“男巫”之所掌。且言一犬二犬，明爲旁“四方磔”犬之事。此類之辭其禳用茅，《晏子·内篇》記“台成有鴞，柏常騫，齊之巫也，請禳而去之”，《晏子》所説的柏常騫，正是男巫的例證。

卜辭所載又有四戈之禮，可能即是如《周禮·方相氏》的“入壙以四戈擊四隅，驅方良（即魍魎）”來逐疫趕鬼的動作。但卜辭所見另有“四☩（巫）”一名，見於《戩壽堂甲骨》一，九（《佚存》八八四），由於該片上文有二示、三示，此處當作“四示”，作四☩者乃是四〒的筆誤。（王國維説，李孝定從之，甚是。）

（三）伐巫

乙丑卜，酌，伐於巫（《合》三二二三四；《掇》二五〇；《存》一，一七七八）

丙寅卜，酌，伐於兇（《合》三二二三四；《掇》二五〇；《存》一，一七七八）

戊寅卜，巫又伐（《庫》九七二）

戊寅卜，又伐巫（《庫》一〇三二）

此處巫與兇并列，知巫亦是巫神，作爲祭祀的對象。伐是祭名，卜辭常見。安大略甲骨 M ○○五九號有“[illegible]T（宗）”一詞，見許進雄所撰《索引》（一）。

（四）曾巫

王辰卜，互貞：有曾巫，乎取[illegible]。（《合》五六四七正）

這是第一期卜辭，其骨臼由㱿署名，曾告於巫，而呼“取”。卜辭又云：“叀[illegible]言舌、㢸舌。告言舌”（《合》三〇五九五）。什麽是取和㠯，詳下文的“取巫”及“㠯巫”兩條。

（五）取巫與用巫

……周取巫於[illegible]（《合》八一一五）

……取巫（《乙編》六一〇九）

甲戌……執，三叀（惟）巫，……母庚（《合》二〇三六五）

乙亥，[illegible]（扶）：用巫，今興母庚，允史（使）。（《合》一九九〇七）

此二條都有祀母庚之卜，甲戌是乙亥之前一日。

……其用巫……賁，且（祖）戊，若。（《後編》上五，二二；《合》二五六〇七）

《易 · 巽卦》九二爻辭：“巽在床下，用史巫紛若，吉。”馬王堆本作“用使巫，忿若，吉”，這一“用”字，如果釋爲用人之用，則殷時有以巫來作人牲者。

（六）氏（以）巫

甲子，卜㱿貞：妥氏（㠯）巫、二告。（《合》五六五八正）

貞：妥以巫。（同上）

貞妥不以巫。（同上）

貞伐……巫以。（同上）

貞：周氏巫，二告。（《合》五六五五、五六五六、五六五四＝《屯乙》七八〇一、四一一〇）

……以巫

貞：再以巫（《合》九四六正＝《屯乙》八一六五）

貞再弗以巫（同上）

再以巫

貞𠕁以巫　其以巫（《合》五七六九正＝《屯》二七六一）

以上句例多相同。妥即子妥，此爲第一期武丁時刻辭，周原所出月氏人頭骨上刻巫字，合上引辭證之，周方國之有巫，已遠在殷武丁之世。故知周前期的歷史，有借於殷代刻辭之助。殷、周交往事迹，更可推前一段時期。

（七）降巫（《合》五六五七）

此字待考，所從之夊應是降字省，殆指巫降之禮，《離騷》：“巫咸將夕降兮。”

（八）巫吒

隹（惟）巫言舌（《合》三〇五九五）

吒即咤。《尚書·顧命》：“王三宿、三祭、三咤。”宿，進也；

祭，酒至地也；咤，奠酒爵也。此爲祼獻之禮，殷時巫（祝）亦參預其事。《周禮》司巫“凡祭事守瘞”。孫疏云：“陰祀之瘞埋，自在正祭時既瘞之後。尚有薦獻之禮節，故以司巫守之。”舌示，薦獻之事也。

（九）新巫

乙巳卜……貞其……新巫。（《合》五六五三）

（十）寶巫

㠯子寶巫（《合》五八七四）

子字可能指貞人子，寶巫當是“保巫”，《詩·楚茨》三言神保，馬瑞辰説保與寶同，引《金縢》“無墜天之降寶”，鄭注：“寶猶神也”，秦巫有巫保，殷時稱爲保巫。[1]

（十一）巫寧風

癸巳……巫寧……土、河、岳（《合》二一一一五=《京》二九二六）

癸酉卜，巫寧風（《合》三三〇七七=《後》下四二，四）

辛酉卜，寧風，巫、九豕（《合》三四一三八=《庫》方一一二）

巫有寧風之術，殆指用磔以祭。

[1] 姜亮夫有《靈保説與神保考》（《楚辭學論文集》，309 頁）可參。

（十二）女巫

貞巫姘不𢓊（御）（《合》五六五二=《鄴》一，三八，六；《京》七五七）

……巫妹弁子（《拾》一一，一一）

丁亥卜𡧊貞：巫妟（如）（《合》五六五〇）

巫姅𢀛（《合》二一五六八）

這些巫之名字都從女旁，若姘、妹、如、姅等，當是女巫。“在男曰覡，在女曰巫。”御者，他辭有云：“丙申卜巫，𢓊不𢓊”（《合》五六五一），《周禮·女巫》“旱暵則舞雩”卜辭烄婞之事。婞即是“女巫”。從甲骨材料，知殷代之巫實兼指男巫與女巫，與《周禮》相同。

（十三）地方之巫

卜𡆥：巫……至，曰巫（《合》二〇一五二）

乙巳卜，巫𠙵（由）瀘（《合》二〇三六四=《乙》一五二）

丙午卜，巫瀘（《合》二六四一二=《乙》一〇六）

瀘地名，卜辭有睿方（《寧》一，二三三；《屯乙》八六七八）巫由瀘者，謂由瀘地來之巫。

殷代有不同地區的巫，與漢初情形正相同。古代的巫有它的地域性。《山海經·五藏山經》記載各地區山川神祀的儀式和祭品的不同，覩於殷代有從某地來的巫，正可證明這一點的正確性。

六、巫與筮（路筭與露筮）

《史懋壺》云：

親（親）令史懋路⿳⺮☩廾，咸。

⿳⺮☩廾字一般多釋爲“筭”字，但此字其中間實是從☩而不是從玉，所以楊樹達用方濬益説，另行指爲“筮”而讀路筮爲露筮。《漢書·張禹傳》：“擇日潔齊露蓍，正衣冠，筮畢。”服虔注：“露筮，易蓍於星宿下，明日乃用，言得天氣也。”是訓路，☩爲露天用筮舉行卜卦之事。[1]

筭是算字的異寫，《史懋壺》這字應當隸定作筭而不是筭，但是許多古史家及神話學者解説這字時，從筭（算）一義加以推論的便不能成立了。[2]

馬王堆本《易經·巽卦》寫作筭，爲八宫的第一卦，筭即筮卦的籌策。

侯馬盟書中關於卜筮有數件，是寫在圭形或璧形的玉片之上面，文云：“癸二仝五，卜以吉，筭。”文中卜與筮二字并見。其他 283、289 頁都出現筭字。

我一向認爲殷代的占卜已具備卜和筮二者兼用的習慣，古文獻和卜辭都有它的堅證，可以支持這一説法。近年來周原出土的遺物，小屯西地的卦數陶設殘片、殷墟南地的卜甲卦數，和苗圃的卦數磨石，一一見諸考古報道，證知當時的易卦是用數字的奇偶來表示陰陽爻，不特刻畫於石製器物，有時還鍥刻在龜甲的上面。

[1] 《積微居金文餘説》卷二，247 頁。
[2] 日本森安太郎在他的《黄帝的傳説》，王孝廉譯本，239 頁，《數、巫、越》一章中之説。

過去古史的記載都説筮法始於巫咸，例如：

> 巫咸作筮。(《世本·作篇》《吕氏春秋·勿躬篇》)
> 昔之言天數者……殷商巫咸。(《史記·天官書》)
> 殷時巫咸善筮。(譙周《古史考》、《御覽·方術》引)

現在看來，上列之説是可信的。《尚書·洪範》云：

> 擇建立卜筮人。乃命卜筮。

卜與筮二者同時進行，可以做到神、人協從，在多樣的占卜手續之下取得一致的決斷。

巫咸也許是對於筮術有開拓性的貢獻，故《世本》把他列爲筮的作始者。

巫覡祝史，四者并列，侯馬《盟書》習見。《禮記·禮運》："祝嘏辭説，藏於宗祝巫史，非禮也，是謂幽國。""王前巫而後史，卜筮瞽侑，皆在王左右。"馬王堆帛書易傳《要》："吾與史巫同途而殊歸。"蓋巫在前而史在後。《荀子·王制》又稱"傴、巫，跛、擊之事也"，擊即覡。侯馬字作覡，增口旁。

關於占卜的事情，一般都視爲巫術的一種，而把它看成薩滿教那類有神靈附體的巫術。其實，貞卜的貞，意思是"問事之正曰貞"。其中含有價值意味，即是否屬於正當的決定。我已指出占卜在《大禹謨》中所説"先蔽志而後命龜"，好像占卜者預先已有初步的主意，然後問卜，故《洪範》云"人謀鬼謀"，人謀還是第一位，不是完全依靠神的意旨。占卜是借用神力，來 confirm 人謀先前的決定。這樣不能説占卜純是一種巫術，它在政治上執行任務時，却是一種手段。

七、巫九备與夏舞

殷卜辭晚期常見的套語有曰"今田，巫九备"一句，向來有許多不同的解說。[1] 我認爲于省吾的說法比較合理。我們看許由亦作許田，以此爲例，备讀爲繇或由，是可信的。备字可定爲從夊從田（由），或讀爲遥。（《集韻》："遥"；《說文》："行遥徑也。"）夏啓有九代之舞，亦稱爲舞九招（《山海經·大荒西經》注引《竹書》），楚人的九歌、九辯，據說即由九招衍生而來（見《啓巫》及《天問》）。九代之樂，《吕氏春秋·古樂篇》："大樂之野，夏后啓於此舞九代……左手持翳，右手操環。"在隨縣曾侯乙墓出土五弦琴的彩繪，作十二鳳鳥，即夏后開神話的圖像。[2] 按九代疑即九备，從繇之字，若繇字亦作囮（《集韻》卷四），化與代形近易誤，夏后氏九代（化）之舞，在殷代後期，可能成爲一種武舞，在出師之前舉行，以示威武而助勘敵之用。有如周人之大武及武宿夜（《禮記·祭統》鄭玄注：武宿夜，武曲名也。）卜辭所見的巫九备，大都記於伐人方出師以前巫師作此舞。故說"九备（繇）"即九代，是合理的。

八、巫步與巫醫

巫步

楊雄說過："昔者姒氏治水土，而巫步多禹。"（《法言·重黎篇》）由於傳說大禹是因有病足疾而行跛。即《荀子》所云"禹跳"（《非相篇》）。古代以廢疾的人主持巫祝之事，故自來有"巫跛擊偪"

[1] 參屈萬里《小屯甲編考釋》2877號、3659號二條。
[2] 馮光生：《珍奇的"夏后開得樂圖"》，載《江漢考古》，1983（1）。

(《王制篇》)的説法。後代道教科儀中有所謂“禹步”者，即淵源於此。漢代人謂稱之爲“巫步”，近年考古資料對於“禹步”可追溯至雲夢秦簡[1]及馬王堆七十二方。甘肅天水秦始皇八年上邽簡日書所載有一條説：

> 得擇日出邑門，禹步。三鄉（嚮）北斗，質，畫地視之曰，禹有直，五横，今利行。(《簡甲》六六)

這是秦日書所載《禹須臾行》中非常重要的一段證明[2]，朝拜北斗而作禹步，秦時西北風俗已是如此。漢以前已流行各處。“禹步”至今道士圈内尚行之。民間舞蹈猶多存其遺俗，湖北穀城的“端公舞”，即其一例，端公之舞，進一步，退一步，左旋右轉，正是禹步典型。端公是貶詞（因被人目爲異端），但其巫師原自稱爲“高公師”，高公應是“高功”，知其原出於道教。[3]

巫醫

古時巫與醫無分别，至今少數民族尚然。良醫都是巫師，故醫字從巫作“毉”，《山海經·海内二經》：“開明之東有巫彭、巫抵至巫相。”郭璞注云“皆神醫也”。此醫而給以巫之名。郭璞又有《巫咸山賦》序云：“巫咸以鴻術爲帝堯醫”，此并以醫爲巫。即巫咸亦被給以醫之名。

《公羊傳·隱公四年》“於鍾巫之祭”何休注云：“巫者事鬼請禱解，以治病請福者也。”故後來祝由科爲巫之支流，《論語》説：“人而無恒不可以作巫醫。”巫與醫二事古時每連言。

《山海經》裏巫山一名常見，於《大荒南經》上面有“帝藥，八

[1] 詳拙作《雲夢秦簡日書研究》。

[2] 何雙全：《天水放馬灘秦簡綜述》，載《文物》，1989（2）。

[3] 杜棣生：《穀城縣端公舞源流初探》，見張正明主編《楚史論叢》，252頁。

齋”，郭璞注説“天帝神仙藥在此”，《大荒西經》有靈山，巫咸巫即至巫羅共十巫：“從此升降，百藥所在。”靈字或從玉作靈，巫以玉事神，故靈山即是巫山（袁珂《校注》，367頁）。巫與醫自古以來即有不可分的關係，近人論之至詳，今不多及。[1]

天水秦簡裏有二條涉及巫醫。

九、巫的新發現與胡巫

在陝西扶風召陳村的西周宫殿乙區遺址，發現蚌雕的人頭像，頭戴尖帽，頭部祇存大半，高2.8公分，其人高鼻深目，係白色人種，頭頂刻有一☩字，説者謂是大月氏烏孫人種，居留於今甘肅寧夏之間，與周人常有來往，頭部刻☩字可能是充任巫的職司。另外周原建築的板瓦繩紋陽面亦刻有☩（巫）字。這二事都是新近關於巫的資料。[2]

這白色人種的族屬，已有一些人研究，由於人頭像頭戴尖帽，故被認爲是希臘史家Herodotos筆下的尖帽塞（Sakes）人。[3]林梅村則認爲吐火羅(Toxri)人亦有這種帽子，在塔里木盆地及樓蘭、尼雅一帶有大量發現。他舉出的佐證是1918年阿富汗的西伯爾汗金丘發現公元前1世紀月氏人的遺存，其金器中有一件金劍鞘的邊緣便鏤刻許多個☩字符號作爲裝飾，對於探索帶有這個符號☩的頭像族屬，提供一個依據。我嘗細讀V. I. Sartanidi的報告，這一金器上面鏤刻的却

[1] 參周策縱文《中國古代的巫醫與祭祀、歷史、樂舞及詩的關係》，載《清華學報》，新1、2期合刊，1979，1~60頁），唯周氏必欲把《山海經》的十巫，逐一用音訓方法加以確定種别與性質，由於材料不够，推測的成分太多，不易爲人接受。

[2] 圖見陳全方：《周原與周文化》，20頁，又同書陶文概論部分，189頁；伊盛平：《西周蚌雕人頭種族探索》，載《文物》，1988（2）。

[3] 林梅村：《開拓絲綢之路的先驅——吐火羅人》，載《文物》，1989(1)，72頁。

是卍的符號，并不是✠，卍是 Svastika，不等於✠，林君似乎没有弄清楚。[1]

漢代文獻每每提到"胡巫"一名稱。武帝時有兩樁有名的事件，都由胡巫擔當主角，一是江充的巫蠱案，"充將胡巫掘地求偶人，以捕蠱"（《漢書·江充傳》）者。而戾太子造反，"炙胡巫上林（苑）中"（《戾太子傳》）。一是李廣利投降匈奴，衛律"飭（令）胡巫言：'先單于怒曰：胡故時祠兵，常言得貳師（即李廣利）以社。'（謂以李作爲人祭以祭地神）今何故不用？於是收貳師。"（《漢書·匈奴傳》）李廣利即因胡巫之言而被匈奴用作爲祠兵的犧牲。西域有巫祝埋牛羊以詛軍事的習俗（見《漢書·西域傳》渠梨城條）。胡地之巫，一般以爲即薩滿的前身。

荆巫有九天巫，祀九天。胡亦有之。《史記索隱》引《三輔故事》云："胡巫祀九天於神明臺。""九天"一名亦見於《楚帛書》。《離騷》云："指九天以爲正。"則戰國時，九天之名已出現，漢、胡同有祭九天之俗。突厥呼天爲 Tengre，即蒙古之騰格里（Tengri），匈奴謂之撐犂，皆一音之轉。[2] 九天形象在漢銅鏡中久習見之。《海内十洲記》："祠上帝於北河，歸大功於九天。"祭九天之事，由胡巫司之，漢代胡巫不少服官於中土。周原出土頭部刻巫字的戴尖帽的塞種人，正爲周初的胡巫提供一物證。

納西文字有✠，音門，乃借自漢語（李霖燦説）。

[1] V. I. S: The Treasure of Golden Hill, *Journal of Archeology*,1980.

[2] 杜而未記突厥與蒙古皆祀九天，見《中國古代宗教研究》，30、34 頁。

十、關於“巫教”問題

什麽是“巫”的内涵？至今似乎還没有正確的答案。現在通過上面從文獻結合甲骨文的記載看來，殷、周之世，“巫”已是一種官職，《禮記·禮運》：“王前巫而後史，卜、筮、瞽、侑，皆在左右。”鄭玄注：“侑，四輔也。”又《喪大記》兩次言及：“巫止於門外，君釋菜，祝先入，升堂。”鄭玄云：“君行必與巫，巫主辟凶邪也。釋菜，禮門神也。”是巫必常在君主的身邊，因他有能力辟除凶邪，在禮門神時，祝可先入，而巫必止於門外。這樣説明巫的地位和他對人君所負責的任務。巫專掌祀神的事務。他和大祝、大卜在周時可以并列。

大祝官名見於西周的“禽鼎”“司卜事”之職，見於《舀鼎》。《大戴禮·千乘篇》：記四時的四佐。司徒典春，有“日、曆、巫、祝，執伎以守官，俟命而作”。巫與祝并列，屬於春官之司徒，與周禮符合。“執伎”一名，亦見《禮記·王制篇》。《説文》訓巫爲祝，是有道理的。秦漢之際很明顯地巫是屬於祠祝官下面一種負責神事的專業人員。在遠古的中國，曾施行過禁止“家爲巫史”的神、人關係的整肅事宜，把巫的職掌與一般老百姓劃分清楚，祠祀之事由巫官來負責，“巫”已成爲一種管理神事而屬於政府的專門職業。卜辭所見，巫的職掌範圍和性質，和秦漢之際幾乎没有太大的差别。我們不能拿民間原始性魔法形態的借神附身所謂 Ecstatic 的薩滿式的巫術來任意加於三代之上，特别是與殷周有關祭祀的典制來作種種的比附。

在古代埃及，法老是降臨人間的神，而蘇美爾的王（ŝannum），不是神而是人，是維系神與人的和諧關係；中國的君主亦是人而不是神，他們衹是代天行道的王權掌握者，但不是降臨人間有神靈附體的所謂“巫王”。“巫王”一名是毫無根據的！近時宋兆麟著《巫與巫術》一書，把殷周説成巫教的黄金時代，又説戰國以後，巫教才趨向没落，他把凡與祭祀及鬼神有關的事情都登記入巫術的賬目裏面，還製造出“巫教”這一題榜，巫術與魔法及宗教涇渭不清地混在一起，是很不科學的。西亞以占卜術影響各地，人神交往，但“巫”的觀念則絶迹。[1] 以色列《聖經》譴責巫術（《使徒行傳》），印度的 Athava Veda 屢屢見到“against Katudhana (Soncarars)”的偈頌。湯的官刑指出“巫風”的滋長，是要給予刑罰加以遏止的，邪道的巫術，爲宗教所不容許，中外是没有不同的。

Hars Küng 在回答秦家懿談中國古代宗教時，指出巫與先知不同。《聖經》中的祭司不同於占卜者。他説：“魔法的餘波可以保留於宗教裏面，魔法與宗教今天同時共存，而互相滲透。”但魔法决不等於宗教，殷周有他們立國的禮制，巫卜祇是其龐大典禮機構中負責神事的官吏。巫，從殷以來成爲官名，復演變爲神名。——爲大神巫咸之名，從屈原所問卜的巫咸和《詛楚文》中的大神巫咸，均可看出戰國時與巫有關的神明仍有很崇高的地位而爲國與國間外交上和知識分子所崇奉，巫在社會的需要，還是以其能够維系人心。巫咸是殷的名臣，他能“乂（治理）王家”。《書序》説：“伊陟贊於巫咸，作《咸乂》四篇。”《咸乂》四篇是他的政治理論，可惜已經失傳了。巫咸是大政治家，證之卜辭，確有其人。他死而爲神，故屈原引以爲重。我們不能用一般巫術的例子來看待他，説巫咸是薩滿，説屈原請教於巫咸，亦是一種薩滿的行爲。在屈原心目中巫咸應是一位代表真理（truth）的古聖人，和巫術毫不相干！對於“巫”字在古代中國的真相，和使用巫術遺存在民間宗教的陳迹，泛濫而毫不加以思索地來比附古代歷史，這一方法是否正確？我認爲很值得歷史家再去做反思！

---

[1] A. Leo Oppenhein 在他的 *Ancient Mesopotamia* 説：“Noteworthy is the absences of Shamanistic Concepts in Mesopotamia”（222 頁）。

如果說三代的政治權力完全依靠占卜者、巫術和自稱能够與神靈溝通的手段來建立，而把古人所記録下來的典章制度，一筆抹殺，把整個中國古代史看成巫術世界，以“巫術宗教”作爲中國古代文化的精神支柱，我想：在目前不斷出現的地下文物其本身已充分提供實證，去説明古代“禮制”的可靠性，和糾正這種理論的輕率、混雜、缺乏層次的非邏輯性。春秋以來的學人無論儒家和其他的學派，都用一個“禮”字來概括三代的典章制度。我寫這篇文章的主要目的，希望大家對“巫”一概念的正視，可否采用舊觀念的“禮”，和有關的制度去細心地探討來代替“巫”的看法，换句話説，從制度史觀點來整理古史，或者比較合理，或許可以避免誤入歧途，我這種態度是否值得深長考慮，還望大家加以指正。

1992 年

明代經學的發展路向及其淵源

明代經學一向被人目爲空疏，從清人考證學的立場來看，自容易作出這樣的評價。須知考證學的目的在求真，着力於文字訓詁上的詮釋，明人則反是，他們治經盡量避開名句文身的糾纏，而以大義爲先，從義理上力求心得，爭取切身受用之處，表面看似蹈虛，往往收到行動上預期不到的實效。

先是明太祖取婺州，召見宋濂、范祖幹、葉儀，他們都是金華人。范祖幹持《大學》以進，祖問治道，對曰："不出是書。"因命知府王宗顯聘儀及濂爲"五經"師。葉、范皆師許謙，葉語學者道："聖賢言行盡於《六經》《四書》。"（《明史·儒林傳》以二人列首）其後宋濂官江南儒學提舉，命授太子標經（《明史》卷一一五《興宗傳》）。其時明室尚未有天下，已用儒書作爲儲君必讀功課。宋濂嘗被召講《春秋左氏傳》，進曰：

> 《春秋》乃孔子褒善貶惡之書，苟能遵行，則賞罰適中，天下可定也。

太祖御端門，口釋《黃石公三略》，濂曰：

> 《尚書》二典三謨，帝王大經大法畢具。願留意講明之。

嘗問以帝王之學何書爲要。濂舉《大學衍義》（詳《明史》卷一二八《濂傳》）。

凡濂所揭櫫《春秋》《尚書》，皆切於實用之政治哲學。以宋濂地位，對明開國時期之學術方向起了决定性作用，濂初從聞人夢吉通《五經》，後從吴萊學，受吴氏濡染最深。萊殁，濂撰《淵穎先生銘碑》，又有《謚議》一篇，解釋“淵穎”二字之取義，云：

> 經義玄深，非淵而何？文辭貞敏，非穎而何？於是私謚曰淵穎。

萊所著書屬於經術的有《尚書標説》（上卷）、《春秋世變圖》（二卷），在他的《文集》卷十二中有關於“春秋後題”五篇，特别是《春秋通旨後題》，發揮元趙復著作大旨，暢談如何讀胡氏《正傳》云：

> 欲觀《正傳》，又必先求之通旨，故曰史文如畫筆，經文如化工。若以一例觀之，則化工與畫筆何異？惟其隨事而變化，則史外傳心之要典，聖人時中之大權也。

點出“史外傳心”的不二法門。“化工”一語，見蔡沈《書集傳》序：“文以時異，治以道同。聖人之心見於書，猶化工之妙着於物，非精深不能識也。”學問淵微之處正在史外傳心，文外見旨，所以“要求之通旨”，不能膠着於事相，經文不同於機械的畫筆，故與徒記事的史文不同。這是治經頓悟的終南捷徑。宋人開其竅，元儒因之。

吴萊在上文的下面，詳細記述趙復當日被髮投水被姚樞救出的經過。洪武元年，濂與王禕主修《元史》，於卷二一〇《儒學傳》中，列趙復爲第一人。傳中文字與吴萊完全一樣，對讀起來，知濂即采自其師之文，據以立傳。

趙復後來稱爲江漢先生，他是一位傳奇性人物。元代崇儒，老實説，他是開山祖。他把所記程、朱著作經注，盡録以付姚樞。關鍵是楊惟中以行中書省事的地位之大力提倡“立宋大儒周敦頤祠，建太極書院，延儒趙復、王粹等講授”（見《元史》一四六《惟中傳》），當時姚樞即於“拔德安，得名儒趙復，始得程頤、朱熹之書”（《元史》一五八《樞傳》），後來樞刊印諸經，才帶起了許衡。没有楊、姚二人的倡導，北方根本就没有儒學。明開國的經學，經術與政治的深度結合，照樣走着這一方向，趙復的路徑影響到劉因，及於許謙，由是金華亦盛行其學。《劉因傳》稱：“初爲經學，究訓詁疏釋之説，輒嘆曰：‘聖人精義，殆不止此。’又曰：‘邵，至大也；周，至精也；程，至正也；朱，極其大，盡其精，而貫之以正也。’”（《元史》一七一）從正大精微處入手，用今語來説，以宏觀爲重要，不太重視微觀。宋濂的路徑，正是如此。

值得注意的是宋濂主修《元史》，特别削去《文苑傳》，他提出的理由説道：

> 前代史傳皆以儒學之士，分而爲二：以經藝顓門者爲儒林，以文章名家者爲文苑，然儒之爲學一也。《六經》者，斯道之所在，而文則所以載道者也。故經非文無以發明其旨趣，而文不本於六藝，又烏足謂之文哉？由是而言，經藝、文章不可分而爲二也明矣。

宋濂力主“經”“文”合一的道理，他在《淵穎先生碑銘》中有極精彩的言論，他説：“自文氣日卑，士無真識，往往倚人之論，以爲低昂。惟淵穎經義淵深，文辭貞敏，足以藥其病。”他把道與文合而爲一，反對世間把文學與道的隔離分割，可謂極端的“文以載道”論者。明代文學趨向，偏於復古，和宋濂揭櫫其師淵穎經文合一的相兼之説，不無關係。取消《文苑傳》，把文與經盡量掛鈎，這是明代學術新的總路向。

“道在六經”是明人的通旨，降至季世，文家的歸有光，思想家的費密，無不皆然。永樂時，《大全御纂》序云：

> 聖人之道在六經……使天下之人獲睹經書之全，由是窮理以明道，立誠以達本。

道在六經之内，捨經無從知道，道學即是經學。元人爲《宋史》立《道學傳》，明人却認爲多此一舉，以後亦不再標榜了。經外無學，成爲明代士人學者的共同認識。“明太祖起布衣……而儒之功不爲無助也，制科取士，一以經義爲先。”（《明史·儒林傳》總序）明代因承元人的舊規，以經義作爲天下考試的教材。

成祖永樂十二年，遂命胡廣、楊榮等纂《五經　四書　性理大全》（《明史·金幼孜傳》）。由於成書太快，只有十二年九月至十三年九月幾個月的工夫。成祖十二年北征瓦剌，皇長孫從，命廣與榮、幼孜軍中講經史（《明史·胡廣傳》），可能是時《大全》正開始策劃。胡廣乃以左春坊大學士作爲此書的負責人。記得成祖初即位，翰林坊局至講書太子東宮的講座人物爲：

解縉	《書》
楊士奇	《易》
胡廣	《詩》
金幼孜	《春秋》（進《春秋要旨》，見《明史》一四七《金幼孜傳》）

解縉列於其首。縉於洪武二十一年上封事萬言書，力勸太祖不宜觀看《説苑》《韻府》諸雜書及《道德經》《心經》之類，宜專心儒學，願集一二志士儒英……隨事類别，勒成一經。（《明史》卷一四七《縉傳》）《大全》的編纂，和他先時的倡議，不無因緣，他又爲姚廣孝主修《永樂大典》（《明史》卷一四五《廣孝傳》）。他於八年得罪，修

《大全》在十二年，他仍在囚中，是役他不能參與，此書因而馬虎成事，十分可惜！

胡廣雖爲修撰，乃善諛之人物。永樂十四年，進文淵閣大學士。帝征烏思藏僧作法會，廣獻《聖孝瑞應頌》，帝綴爲佛曲，令宫中歌舞之（見《廣傳》）。按此曲爲一厚册，原本尚存，港、台均有其書。廣似爲詩較專門，實非通儒，以生性縝密，故得到信任。《大全》之編製，因陋就簡，剿襲成書，與唐人《五經正義》相去萬里，故深爲後儒詬病。顧炎武譏“弘治以後，經解皆隱没古人名字，竊爲己説”，因有“《大全》出而經義亡”（《日知録》中《書傳全選》條）之嘆。向來以明經取士，把經學弄成教科書式的工具，作爲士人入仕的“敲門磚”，漢、宋皆然，明人取士，仍循這一老套，只是不遵古義，往往自標新解。王安石説：“本欲變學究爲秀才，不謂變秀才爲學究。”八股文的弊病，最後只剩下舞文弄墨的伎倆，既不成爲秀才，又够不上學究，但養成一班有巧妙的高度表達能力的文章作手。現代的專家式教育，通過考試制度培養出來的人物，往往只曉得查書，而未必真能讀書，連文字表達技巧，有時都辦不到，制度害人，古今是一樣的！

以上但就官修《大全》所造成的流弊論之。然明代經學家亦不無豪傑特出之士，不能像皮錫瑞在《經學歷史》中一概加以抹殺。其時特出的著述，在方法上表現有若干特點，大略可稱述者：

一、重旨義

注重經書的内涵意義，即吴萊所謂“求其通旨”。故著述每用“義”或“旨”字標出作爲書的名稱，以《春秋》爲例，如金幼孜的《春秋要旨》、丞相高拱的《春秋正旨》。高書以爲“朱子以來，説《春秋》

多穿鑿，欲尊聖人而不知所以尊，推論《春秋》乃明天子之義，非以天子賞罰之權自居，非聖人自書其功”，深斥胡《傳》以天子自處之非。直抒胸臆，足破向來誤説者的痼疾。

其以“義”爲書名的，有姜寶的《春秋事義全考》十六卷、高攀龍的《春秋孔義》、卓爾康的《春秋辨義》。談《春秋》要分其事、其文、其義三方面。作者認爲《春秋》多直書而其義自現，未必盡以一字求一義。康書則分義爲經義、傳義、書義，兼及時義、地義，持論頗平正。又如熊過的《春秋明志録》（十二卷）、徐學謨的《春秋億》，熊氏信經而不信傳，其序稱“道存乎志，志明諸言，故以明志爲名”。以上各種均見《四庫》著録。

二、尚稽疑

明人富有懷疑精神，自王室，以至布衣，都善於采取這種治學方法。其以“稽疑”爲書名的，像周藩、朱睦㮮的《五經稽疑》（八卷）、《春秋諸傳辨疑》（四卷），著《天中記》與《正楊（慎）》之陳耀文的《經典稽疑》是。睦㮮五世祖有爌著《道統論》數萬言。㮮承家學，取《易》《書》《詩》《禮》四經，有疑者參訂諸家而折中之。

《尚書》有正德時馬明衡的《尚書疑義》。衡爲王守仁門人，説經不免闌入時事，濫發一己之見，而以心學爲主，如云：“人心即人欲，道心即天理。人欲易肆，故危；天理難見，故微。”仍有取於蔡沈《書集傳》序“治本於道，道本於心，得其心則道與治固可得而言”之論。

關於蔡沈《書集傳》，元初有張葆舒之《訂誤》、黄景昌之《正誤》、程直方之《辨疑》、余芑舒之《讀蔡傳疑》，袁仁之《考證》攻錯者多。元延祐三年，陳櫟著《書傳折衷》，亦論蔡氏之失。及明太祖考驗天象，知其不合，著《七曜天體循環論》，以斥其非（《全明文》，148 頁）。洪武十年三月，與群臣論蔡《傳》之誤，劉三吾乃奉詔撰《書傳會通》六卷，於二十七年四月丙戌，詔修其書，以九月己酉，五閱月而成（《四庫提要》）。對《古文尚書》多所考證，引起後人之重視。明初諸帝留心天文，對經書關懷切至，太祖有以啓之。仁宗洪熙元年三月，賜三公六部尚書《天元五曆祥異賦》，其書保存重要天象記録，日本内閣文庫有明抄本。

自宋吴棫、朱子、吴澄對《古文尚書》懷疑其僞，梅鷟因著《尚書譜》（有清抄本）及《尚書考異》，近賢多已從事深入研究（傅兆寬且爲之《證補》），不必多贅。與梅氏同時連江陳第特著《尚書疏衍》四卷，與之論難。焦竑報書，賞其段段愜心，言之破的，引證諸多有據，而排其深詆前人。是梅書在當時反應不佳，平心而論，梅氏斷鄭冲未見過《古文尚書》，謂出自皇甫謐。清崔述疑古最勇，竟謂《古文尚書》傳授有關蘇愉、梁柳、梅賾三人，皆子虛烏有，今經學人仔細考索，諸人均見諸記載，崔氏未深考，遽作是説，不免空疏。郭璞注《爾雅》，明引《尚書》孔《傳》，《孔叢子·論書》篇引“孔曰”六宗説，同於劉昭注引司馬紹統取“安國按”之語，不能謂晋時無孔《傳》，故《古文尚書》及孔《傳》問題，還是一個問題點，還有待更好的研究（參李學勤説，見《冰繭彩絲録》，491 頁）。

三、《春秋》爲刑書

自宋濂推重《春秋》，對太祖云：“苟能遵行，則賞罰適中。”《春秋》的實用價值有如斷案，明儒因之有《春秋》即刑書之説，湛若水著《春秋正傳》三七卷主之。其言曰：“《春秋》，聖人之刑書也，刑與禮一，出禮則入刑，出刑則入禮。禮也者，理也，天理也。理也者，天之道也，得天之道，然後知《春秋》也。”明人治《春秋》，以胡《傳》爲主，明初駁胡之論遂夥。湛若水謂：“《春秋》一書與所以褒貶去取之意，除非起孔子出來，方得原意。”宋儒論書法偏於理而忽於事，鑒戒多出於主觀。所有經部著述，以《春秋》與《易》爲最繁雜。《易》道廣大，無所不包，宇宙一切事物，無不可援《易》以立論。《春秋》具列事實，人人可治，一知半解，設論滋多，夫子删述，何由知其是非？無案可稽，則言《春秋》等於射覆矣。以二經論著之多，其故即在此。

四、《樂經》論著特出

明代治禮不多，《四庫》著録，《禮記大全》之外，只收黄道周《月令》《表記》《坊記》《儒行》數種，禮圖則收劉績及黄佐《鄉禮》，如是而已，餘皆入存目。唯樂類最爲特出，穎異奇瑰之作，且邁越前古，《四庫》著録：韓邦奇《苑洛志樂》、倪復《鐘律通考》、黄佐《樂典》（三三卷），《明史》佐傳贊是書泄造化之秘。《四庫》則譏其以一聲列爲一調之非。其最爲振奇之論著，無如朱載堉之《樂律全書》，彼從數理發明十二平均律，論者稱其大有造於科學史，至今攻治者極多，其言“信其可信，疑其可疑，是其所是，而非其所非”（《審度》篇），誠學術上之讜言。載堉爲鄭王厚烷子，王以罪削爵，錮於鳳陽，載堉痛父之見係，築土室宫門外，席稿獨處者十九年，成斯巨著。其苦心孤詣，發憤而作，故能獨絶於世。此外，《四庫》樂經存目亦有二十六種之多。足見當時對樂律研究，成就之卓越。

《四庫》經部開端提要論歷代經學之弊，自宋至明，有悍（如吴澄、王柏之改經）、黨（如王柏删《國風》三十二篇，許謙、吴師道以爲非）、肆（如王守仁之末流）。以上三失，皆流於蹈虚，故清儒救之以實，引古義爲參决，而其弊也瑣。按上列三失，明人即因趙宋之舊習，誠中其要害。至若徵實，明人未嘗無之。明太祖以蔡《傳》證之天文，知其差失，即其著例。余謂明代經學家最大毛病，無如妄改及作僞。王柏删《詩》，太祖删《孟》，其《孟子節文》日本内閣文庫有明寫本，令劉三吾刊削文句，令人啼笑皆非。作僞之例，如豐坊諸《世學》，錢謙益早已揭出爲坊所僞。又若孟經國之僞本《孟子外書》，乃據姚士粦僞本，林慶彰君言之甚悉。其他應指出的，如楊時喬之《周易古今文全書》二一卷，香港大學有其書，所記古文字，依據《六書統》《六書精蘊》《同文備考》，企圖恢復古文舊觀，其意可嘉，而其術至劣，容當另論。

“義理”一詞，本出於禮，所謂“義理之文”原義是指禮之實行而有光輝成就者（參拙作《史與禮》），非謂抽象的理論，清人區别學術作三分法，分爲考據、義理、詞章之學，考據僅是一種分析方法，非學問的本身。依宋濂所説，道與文不能分割爲二，則詞章只是繡其鞶帨，爲“道”的外面包裝而已。清人三分説，衡以宋濂的見解，是難以成立的！

元明人治經，最重要還是實踐工夫。薛瑄説：“考亭以還，斯道大明，無須著作，只須躬行耳。”（《明史·儒林·瑄傳》）王陽明所以主張知行合一。宋濂門人方孝孺，名其讀書之廬曰正學（本傳），不肯草詔而走上求仁得仁的道路。嘉靖議禮一役，直臣死於杖下而貶逐，皆爲正義而不顧任何犧牲。明儒講道，隨時可以殉道。李自成陷京師，倪元璐自縊，自言“死，吾分也”（《明史》卷二六五本傳）。劉宗周獻祈天永命説，南都亡，絶食死，自言：“獨不當與土爲存亡乎？”（《明史》卷二五五本傳）黄道周舉義旗而死，自言：“此與高皇帝陵寢近，可死矣。”凡此皆正學、正氣之所寄托，明儒爲貫徹義理，在實際行動上表現可歌可泣的犧牲精神，這種殉道而捨生取義的行爲，彷彿西方教會史上的聖者。明人所殉的道，確實是從經學孕育出來，是經學與理學熏陶下放射出的“人格光輝”，在人類史上寫出悲壯的一頁。明亡時候殉道的人數，蕭山來鎔撰《江東紀事·應天長》十首，其第十小序云：“諸生……俱以國變，或水或兵，慷慨赴義，蓋不可盡數也。”（見《全清詞》，214頁）可惜没有人做過統計。其可怖的程度，簡直足以令人髮指而眦裂的！

近世提倡新儒學的朋友們，似乎太偏重“知”的部分，勤於造論，而忽於篤行，知與行不免有點脱節，缺乏親證，造詣與明儒之純立於其“大”與“正”的精神，相去甚遠。明儒是直接受到經學的熏陶的，明代經學的偉大地方，不在表面的道問學層次，這一點似乎應該作進一步的認識的。

1996年

史與禮

一、引言

吾國人習慣，時間觀念特强，屈原自言庚寅以降，孔子生辰，歷來論者只差一日。非如印度之含糊恍惚，詩聖 Kalidasa 的年代，考證家差距可有千年之譜。殷代已習用六十甲子以紀日，循環往復而不間斷，且極强調春（萅）、秋（龝）二季。故古代史書，魯《春秋》與百國《春秋》之記事，大都“以事系日，以日系月，以月系時，以時系年”。杜預稱：“史之所記，必表年以首事，年有四時，故錯舉以爲所記之名也。”自汲冢所出紀年，暨晚近出土之雲夢大事紀，莫不皆然。史家注重記時，爲吾華史書傳統之特徵，謂之爲編年一體。温公之著《通鑑》，即承《春秋》之遺規而發展爲新體制者也。

二、奠系世説——太史公書與禮家言

《舊約·創世紀》記洪水以後，諾亞三個兒子的後裔（第十章），又詳述閃族的系譜（第十一章），足見古代希伯來人的譜學萌芽甚早。

中國譜牒記録，遠在三代已相當成熟。司馬遷在《五帝本紀》中説：“孔子所傳宰予問《五帝德》及《帝系姓》，儒者或不傳。”又云：“余觀《春秋》《國語》，其發明《五帝德》《帝系姓》，彰矣。”二篇文字都保存於《大戴禮》及《孔子家語》的《帝系姓》和《世本》之中，又有許多小出入地方，是古代譜學最原始材料。清代儒者或以爲非聖人之言，事實不是完全没有根據。司馬遷《三代世表》，記載夏、殷世系，全部加以采用。自甲骨出土以後，證明殷代自上甲以下，大體完全可靠。

《禮》書屢稱及“世”與“系”，《周禮·春官》：小史“掌邦國之志，奠系、世，辨昭穆”。鄭玄注云：鄭司農（衆）云：“志，謂記也。《春秋》所謂《周志》，《國語》所謂《鄭書》之屬是也。史官主書，故韓宣子聘於魯，觀書太史氏。系、世謂《帝系》《世本》之屬是也。小史主定之，瞽蒙諷誦之。……故書奠爲帝。杜子春云：帝當爲奠，奠讀爲定，書帝或爲奠。”《周禮》古文作“帝系世”。陸氏《釋文》：“奠音定。”奠亦訓定，三字音義相同。其另作帝者，章太炎云：“《説文》：帝，諦也。諦，審也。《詩》傳曰審諦如帝，則‘帝系世’者，謂審系世也。”意思是説很審諦地來定“世”與“系”，這正表示記録世系要非常謹慎與負責。世與系是二件事，《魯語》：“工、史書世。”工指臣工，謂工祝一類官員，史是負責記録之人物，特别《周官》所述之小史，奠系與世，即是他們之任務。

今考之甲骨刻辭，所見史吏甚繁，有王史、寑（寢）史、大史、三大史、小史及東、西、南、北四方史等名目。兹摘舉大史、小史辭句如下：

大史：

壬辰卜，㱿貞：立（蒞）三大史，六月（《合集》五五〇六）
貞：叀（惟）大史夾令，七月（《合集》五六三四）
己卯，卜貞：叀（惟）大史（《小屯南地》二二六〇）

小史：

> 甶（惟）小史（《合集》三二八三五）
>
> □卯卜貞：小史（《南地》二二六〇）

雖卜問的内容不詳，但顯然有小史一官職，故殷代先公先王世系在卜辭中見到的非常完整，和史公據帝系所追記者大體吻合。由於殷時有正式負責世系之專門官吏小史，所以記録非常審諦，可證周官所言的小史，是可信據的。所謂奠系世，意思是審諦地去厘定世系，這有如後代禪宗燈譜之慎重處理。古代有這樣的專職，應該説是譜牒學的萌芽。大英博物館藏殷代巨骨有《倪家譜》一板，是其著例。

《帝系》一篇，雖然有不少神話意味，但近年出土新史料，像湖北包山楚簡記着：

> □禱楚先老僮、祝融、㜲酓（熊）各兩羖，亯祭。

老僮顯然是楚人的先世。《帝系》上説："顓頊娶於滕氏，滕氏奔之子謂之女禄氏，産老童。"於《山海經》郭璞注《世本》："顓頊娶於滕墳氏，謂之女禄，産老童。"完全一致。老童之名，《山海經·西山經》云："騩山，神耆童居之。"郭注："耆童，老童，顓頊之子。"《史記·楚世家》言："高陽生稱，稱生卷章。"裴駰《集解》引譙周云："老童即卷章。"證以包山簡之老僮，則以作老童者爲是，耆童與卷章乃形相近致訛，由老童之見於楚簡，可見《帝系》所説之可信。

小史之責爲奠世系，世與系是二件事，世可以説是譜牒學，系是姓氏學，二者在中國後代有極豐富之材料，發展而成爲專門之學。由於自春秋以來"世"是王室的主要教材，《國語·楚語》記申叔時説道："教之'世'而爲之昭明德而廢幽昏焉。"賈誼《新書·傅職》："教之語，使明上世，而知先王之務。教之故志，使知廢興者而戒懼焉。"故志即是《周禮》鄭注所謂"志"。使人從過去歷史中取得教訓。唐柳芳《族譜總論》云:“氏族者,古史官所記也。昔周小史,定系世,辨昭穆,故古者有世本。”(詳《茆泮林輯本》)今觀《世本》之《帝系》篇,記諸帝王子孫相繼相當翔實。《史通·書志》篇:“‘周撰《世本》’,式辨諸宗。”又《雜述》:“《世本》辨姓,著自周室。”《世本》另有《姓》篇,下至東漢王符的《潛夫論》特立《志氏姓》一篇,這些都是姓氏學的經典材料,不必具述。

司馬遷對古代譜牒之書,持極慎重態度。他在《三代世表》序上說:

> 余讀牒記,黄帝以來皆有年數,稽其曆牒,終始五德之傳,古文咸不同,乖異。

可見他所看到的資料,是多麽歧異而混亂,雖然有年數,但各説完全不同。他又在《十二諸侯年表》序説道:“曆人取其年月,數家隆於神運,譜牒獨記世謚,其辭略,欲一觀諸要難。”由於過於簡略,無法盡信,故對於曆人、數術之説,不能采用,唯有割愛。他只采取世系部分,所以《五帝紀》即根據《帝系》而寫成。其慎重態度正值得後人師法,談譜牒的來源,是不可不加以注意的。

自秦人以水運自居,漢初五德所屬,諸多争議,人各爲説。丞相張蒼著《五德之書》且有《曆譜》。《史記·十二諸侯年表》序云:“漢相張蒼譜《五德》。”是其證。《索隱》云:

> 案張蒼著《終始五德傳》也。

此事《史記·丞相傳》不載,但揭其與公孫臣論漢非土德事。由史公不采曆人之説一事觀之,雖張丞相之《曆譜》,史公亦摒而不録。章太炎謂:“《十二諸侯年表》所系,有《左傳》所未詳者,或得之張蒼《曆譜》。”則仍有待於尋繹也。

又古史荒邈，戰國以來，諸子各家均盛道伏羲、神農、黄帝。兹揭其事如次：

（一）法家

《商君書》首篇《更法》云：“公孫鞅曰：伏羲、神農教而不誅，黄帝、堯、舜誅而不怒，及至文武，各當時而立法。”

《趙策》二：趙武靈王欲用胡服，群臣以爲不便。王獨曰：“古今不同俗，何古之法。帝王不相襲，何禮之循。宓戲、神農教而不誅，黄帝、堯、舜誅而不怒。及至三王，觀時而制法。”即沿用商鞅之言。

（二）道家

《楚帛書》：“曰故□熊雹戲（伏羲），出自□霆，厥□僬僬，□□□女（如），夢夢墨墨，亡章弼＝，□每（晦）……風雨是於（謁）。”

《文子·上禮》：“及世之衰也，至於伏羲氏，昧昧懋懋……及至神農、黄帝，核領天下，紀綱四時，和調陰陽。”

《淮南子·俶真訓》：“及世之衰也，至伏羲氏，其道昧昧芒芒。……乃至神農、黄帝，剖判大宗，竅領天地……提挈陰陽。”

（三）儒家

《易·系辭傳》：“古者戲是（氏）之王天下也……□戲是（氏）没，神戎（農）是作……神戎是没，黄帝、堯、舜是作。”（馬王堆寫本）

孔安國《尚書》序："伏羲、神農、黄帝之書，謂之三墳，言大道也。"

楊雄《羽獵賦》："或稱羲、農，豈或帝王之彌文哉？"（成帝永始三年上）又《解難》："是以宓犧之作《易》也，系絡天地，經以八卦。"

馬王堆本神農氏作神戎，與銀雀山簡《孫臏兵法》相同，諸氏字皆借作是。

上列法、道、儒三家之書，論到遠古聖哲，都在黄帝之前凸出伏羲、神農二代。伏羲又作雹戲、宓戲（《趙策》），只是字形之異，足見自春秋秦孝公以來，伏羲、神農之名久爲人所共識，其事遠在《大戴禮·五帝德》成書之前。太史公於伏羲之事，非無所知。其《自序》云："余聞之先人曰：慮羲至純厚，作《易》八卦。"而其論次《五帝本紀》，以爲"百家言黄帝，其文不雅馴，搢紳先生難言之"。乃獨取宰予問《五帝德·帝系姓》，而摒伏羲、神農而不書，取顓頊而遺兩昊，本《魯語》及《祭法》舉黄帝、顓頊、帝嚳、堯、舜五人爲一系列。史公蓋用禮家言，此與劉歆《世經》依《易·系辭》以伏羲、神農、黄帝先後相繼大異其趣。《系辭傳》一向被認爲漢人所作，今馬王堆本已出土，顯爲戰國以來之撰著。《荀子·成相》篇言："文武之道同伏戲。"此亦儒家對伏羲贊美之語，足與《易傳》相表裏，顧史公皆棄而不論，獨取孔子所傳之《五帝德》，雖不免於泥，其是非曲直，仍有待於論定。而其墨守禮家之説，於古史持極謹慎之態度，異於向、歆父子及班固，則昭然若揭矣。

三、史以禮爲綱紀

史所以記人事，故史必以禮爲其紀綱。《荀子·大略》篇歷舉諸禮之種别，而稱“禮以順人心爲本；故亡於“‘禮經’而順人心者，皆禮也”。陳夢家叙武威漢簡，因謂“禮經”一名出於荀子，實則《左傳·隱公十一年》已言：

凡諸侯同盟，於是稱名，故薨則赴以名，告終稱嗣也，以繼好息民，謂之“禮經”。

劉文淇以爲杜預注之五十凡即是《禮經》，周公之所制也，出於周之舊典，則殊乏根據。今按禮經二字但指禮之大經，不必遠溯周公之舊章，更不必是後代所厘定之五十凡。《隱公十一年》譏桓王之失鄭云：“恕而行之，德之别也，禮之經也。”又言：“滅不告敗，勝不告克，不書於策。”明禮經皆當書於策，不合書法則不書之。禮之經，與德之則互相系聯，禮之經即以德爲其基礎，下以順人心，上以合天時者。《禮器》云：

先王之立禮也，有本有文。忠信，禮之本也；義理，禮之文也。無本不立，無文不行。禮也者，合於天時，設於地財，順於鬼神，合於人心，理萬物者也。……故必舉其定國之數，以爲禮之大經，禮之大論。

又云：

禮：時爲大，順次之，體次之，宜次之，稱次之。

《大戴禮·本命》云：

女者如也；子者，孳也。好者言如男子之教，長其義理者也。

故知“義理”一詞，實本諸禮。禮有時、順、體、宜、稱諸含義，“順”是其中之一項，制禮要以行爲恰當合理爲主體。《禮運》言養生送死、事鬼神之常爲“大順”，能修禮以達義，體信以達順，則爲順之實。發揮禮裏面“順”之道理，更進一步。

故禮者實爲“理”之同義詞，故曰“禮，理萬物者也”。《喪服四制》云：“理者，義也。”行而宜之之謂義。人能主忠信，禮之本基已立，發揮而爲事業，處處合於義理，可謂禮之文采充分表現於外，故《禮器》謂“義理是禮之文”。宋人講義理之學，揆之禮經本旨，實指禮之文采光華在行爲上有真切著明之成就，非謂抽象空洞之理論，所重在行而不在知。《禮》所謂“無文不行”，即謂其人之行動於義理不合，無足觀采者。由此一義之理解，更可認識“博文”“約禮”二句之真義，實與《春秋》有密切關係。太史公引董子云：“《春秋》者，禮義之大宗也。”《鄭志》云：“《春秋》經所譏所善，當按《禮》以正之。”劉文淇批語：《哀公十四年》疏稱賈逵、服虔、潁容皆以爲孔子修《春秋》約以《周禮》。《春秋》是據禮來判斷是非，《春秋》之義法即是約禮的事例。“義理爲禮之文”，明乎《春秋》列舉之事例，便可取得博文之實效，所謂博文之“文”，實際是禮所表現的“美”——包括忠信的内美與行爲的外美，皆道德禮法之事。《周語》云：“以文修之。”韋昭注：“文，禮法也。”一般以文采或廣泛之文化説之，遠非孔子之原意。故知博與約二者乃《春秋》宣喻表達之手段。史原於《春秋》，必以禮爲依歸，此禮經一義之真精神，《禮器》所以稱之爲“禮之大經，禮之大倫”也。

司馬温公於《通鑑》中所建立之史理，即以禮爲核心。代表其書法之精義，莫如開宗明義一章，論析三家分晋一事，其言曰：

> 天子之職，莫大於禮。禮莫大於分，分莫大於名。何謂禮？紀綱是也。何謂分？君臣是也。何謂名？卿大夫是也。……天子

> 之職，莫大於禮。夫禮，辨貴賤，序親疏，裁群物，制庶事，非名不著，非器不形……

温公論正名之重要，且認爲講禮是天子之天職，天子失職，由於不能正名分。晋三卿竊權，周王不唯不能誅之，且從而反命之爲諸侯，是助長其惡也。《通鑑》一書所以肇始於三家分晋，即爲謹名分以立史之鑒戒。温公於此事有禮亡之嘆，指出三晋之列於諸侯，非三晋之壞禮，乃周天子自壞之也，先王之禮，於斯盡斬，過在周天子，言之十分沉痛。“謹名分”僅爲禮之一端，其惡果竟造成天下以“智力相争雄長”之局面。其對最高統治者責備之切至，不以其位高而有所寬假，洵可謂盡史官之職。孔子作《春秋》爲人君説法，使政治家及所謂領袖者知所鑒戒，此即爲中國史學之精神所在。

《春秋》一書目的在於聳善抑惡。此説之傳統由來已久。西周史官勒銘之史惠鼎云：

> 惠其日就月匠（將），禍化誣（惡）□〔臧〕。

降及楚國申叔時云：“教之《春秋》之聳善抑惡焉。”（《國語·楚語》）以後賈誼《新書·傅職》亦言：“或稱《春秋》，而爲之聳善抑惡，以革勸焉。”莫不諄諄懸爲告誡。足見《春秋》之功用，非全爲記録史事而已。以之視爲單純記録史迹之史書，分明過於看其表面，殊不切於實際，而漠視《春秋》之深層意義。

“綱紀”一詞，《文子》已言“紀綱四時”。西漢人更恒言之，首推陸賈。匡衡疏謂“孔子論《詩》以《關雎》爲始，此綱紀之首，王教之端也”（《史記·外戚世家》）。而劉歆更論綱紀之宇宙義，其《鐘律書》云：“玉衡杓建，天之綱也；日月初纏，星之紀也。綱紀之交，以原始造設，合樂用焉；律吕唱和，以育生成化，歌奏用焉。”發揮天文之綱紀以配音樂，律呂賴以形成（見《漢書·律曆志》）。又楊雄《法言》亦論綱紀云："或苦亂，曰：綱紀。曰惡在於綱紀？曰大作綱，小作紀。"（《先知》篇）降及東漢《白虎通》言三綱六紀，云："何謂綱紀？綱者，張也；紀者，理也。大者爲綱，小者爲紀，所以張理上下，整齊人道也。" 此即引申楊子云之説。禮之文爲義理，説見於《禮器》。王莽亦言義理，天鳳四年六月，授諸侯茅土於明堂曰："予制作地理建封五等，考之經藝，合於傳記，通於義理，論之思之，至再至三。" 可見"義理"一義，漢人皆已習用之，而其原蓋本諸禮，非至宋人始楬櫫之。

馬王堆漢墓出土古逸書有《九主》一篇，據《殷本紀》説，蓋伊尹爲湯言素王及九主之事，是篇依以立説。《九主》之中所肯定者爲能法天地之則之法君，自餘八者，爲專授之君、勞君、半君、寄主及破邦之主、滅社之主各有其二，通稱曰八商（謫）。商之言謫，所以責其過也。上代之立言者於人主譴責，不遺餘力，敢爲犯上不諂之論，《九主》斯篇，尤其翹楚者。文中提出天乏（範）、天綸二義，其言曰：

> 禮數四則：立法天，佐法地，輔臣法四時，民法萬物。此謂法則。
>
> 禮數四則曰天綸……謂天之命四則，四則當□，天綸乃得。

所稱禮數四則爲天綸，按，"綸者，倫也，作之有倫理也"。（《釋名·釋采帛》）此與《禮》篇所稱"禮之大經，禮之大倫"，其義固無二致。禮必合乎天時，設於地理，大與天同義，天綸正猶大倫也。《九主》篇之思想，循正名之旨，斥人君之失，亦足垂千古之鑒戒，雖文中時滲入法家思想，禮與法固有共通之處，其述禮數四則，亦本諸禮以立論。

史不能離乎禮，禮可以釋回邪，增美質，其在人也，如竹箭之有筠，松柏之有心（見《禮記·禮器》），吾華重人學，史記人事，必以禮爲綱紀，此温公之歷史哲學，以禮字貫串整部歷史，其説所以歷久而不磨者也。

原爲《補資治通鑑資料長編》總序，台北，新文豐出版公司，1995 年

宋學的淵源

——後周復古與宋初學術

一、問題的提出

當前新儒學的討論成爲熱潮，國際學術界對於宋學特別重視，因此對於宋學如何形成應有重新認識之必要。法國 L.Vandermeersch 教授曾問我宋代儒學是怎樣産生的，這一演講即對他的發問提供一些個人的看法。

記得陳寅老在審查馮著《中國哲學史》的第三報告書中曾約略提出一點意見，他認爲智圓提倡中庸、自號“中庸子”，均在司馬光寫《中庸廣義》之前，似應爲宋代“新儒學”的先覺。馮先生亦采用其説。宋代已有所謂“新儒學”是寅老首先提出來的，他把宋代新儒學的先覺人物的美譽頒給智圓，然而智圓是否真的能擔當得起呢？這還是有問題的。

我們仔細考察歷史，宋代初年以“中庸子”爲號的實際上最早是陳充。《宋史》卷四四一《文苑三》:

> 陳充字若虚，益州成都人。……唐牛僧孺著《善惡無餘論》言堯、舜之善，伯、鯀之惡，俱不能慶殃及其子。充因作論以反之，文多不載。……自號中庸子。上頗熟其名，以疾故不登詞職。臨終自爲墓志，有集二十卷。

牛文見《全唐文》卷六八二，充文反不傳。《全宋文》卷一〇一據《藤縣志》録陳充《子思贊》，有句云“憂道失傳，乃作《中庸》。力扶墜緒，述聖有功”，足見其揭櫫“中庸”年代在智圓之前。[智圓卒於宋真宗乾興元年（公元1021年），陳充則卒於大中祥符六年（公元1014年），年七十。充於太宗雍熙中登進士，乃智圓的前輩。]宋初儒者邢昺於景德間曾指壁間《尚書》《禮記》圖，指《中庸》篇而言（《宋史·儒林·邢昺傳》），所以不能説重視《中庸》是出於釋氏的提倡。

二、貶佛與崇儒

唐代三教平行，彼此之間并無軒輊，在朝廷上可以一起講論。五代之季，周世宗最重要的措施是貶佛。

顯德二年（公元959年）敕天下寺院非敕額者悉廢之。又禁私度僧，禁僧俗捨身，令兩京及諸州每歲造僧賬。是年天下寺院存者2694，廢者303360（《通鑑》，9257頁），是時統計僧數42444，尼數18756。世宗對佛寺予以種種限制，命民間銅器可銷佛像爲之，給釋教以極大的打擊。

周世宗是一位極端破除偶像的人物，他曾對群臣説道：“勿以毀佛爲疑。”他説：“佛以善道化人，苟志於善，斯奉佛矣。彼銅像豈所謂佛耶？”唐代三教平行之局面遂被打破。他好像很信任王樸的規劃，遂大舉制禮作樂，有幾件大事值得一述：

> 顯德三年八月，端明殿學士王樸、司天監王處納撰《顯德欽天曆》。
>
> 顯德四年正月庚午，詔有司更造祭器祭玉等，命國子博士聶崇義討論制度爲之圖。(9564頁)

同年九月，中書舍人竇儼上疏，請令有司討論古今禮儀，作《大周通禮》，考證鐘律，作《大周正樂》。(9571 頁)

顯德五年十一月，敕竇儼編集《通禮》《正樂》二書。

顯德六年正月，王樸疏稱："陛下武功既著，垂意禮樂。以臣嘗學律吕，宣示古今樂録，命臣討論。"

廣順三年六月丁巳，《九經全書》刻版完成，共二百七十七卷，歷時二十八載。

由上述諸事，可見世宗提倡儒學，注重禮樂的熱忱，可惜他短祚，還没有完成這些工作就發生了陳橋兵變，緊接着太祖御宇，這些工作成果就都轉爲宋人所有，成爲宋代的業績。上述這些人物如聶崇義、竇儼等，都變爲宋的臣子了。

三、儒學史上最重要的一件事——《九經》刻版的完成

先是田敏於周廣順元年以尚書左丞身份出使契丹（9457 頁）。《通鑑·後周記二》云：

自唐末以來，所在學校廢絶，蜀毋昭裔出私財百萬營學館，且請刻版印《九經》，蜀主從之，由是蜀中文學復盛。初唐明宗之世，宰相馮道、李愚請令判國子監田敏校正《九經》，刻版印賣，朝廷從之。廣順三年六月丁巳版成，獻之。

胡注云：

雕印《九經》，始二百七十七卷，唐明宗長興三年，至是而成，凡涉二十八年。

按《通鑑》云：

長興三年（公元932年）春二月辛未初，令國子監敕定《九經》，雕印賣之。（9065頁）

由是可知，田敏負責此事歷時凡二十八載。

自五代至宋初，《九經》有雕版刊行，并以《九經》施教、考試。乾德中，孫奭、孔維即以《九經》及第。

四、宋初之禮學

北宋禮學盛行，承後周未竟之業。《宋史·禮志》云："即位之明年，因太常博士聶崇義上書重集《三禮圖》。"《宋史·儒林》："崇義於顯德間，論禘祫之禮，宋初張昭奏與聶氏討論祭玉尺寸，引及隋牛弘之《四部書目》，内有《三禮圖》十二卷，開皇中奉敕撰。"崇義此書蓋顯德四年正月庚午奉詔撰集。今新定《三禮圖》前有序，末云："其新圖凡二十卷，附於《古今通禮》之中。是書纂述之初，詔（竇）儼總領其事。"儼即於周時撰《大周通禮》者。

宋初禮學著作可記者有下列諸書：

《通禮義纂》一百卷，見《太平御覽引用書目》，即此。

《開寶通禮》二百卷，建隆三年表上，有竇儼序，即依《大周通禮》增修。

以後陳祥作《禮書》，集其大成，書今尚存。

五、宋學淵源之地域性——蜀學與南唐學術

五代之際，西蜀與南唐有一段時間略可休養生息，文風亦盛，人才輩出。宋有天下，衆之所歸——蜀士與唐儒相繼仕爲宋臣，如張鎰、張洎及徐鉉，其尤著者。

竇儼校正《三禮圖》序稱："博采《三禮》舊圖，凡得六本。"據李至《三禮圖記》，此六本者乃"張鎰、洎諸家所撰，凡六本"。

張洎博覽群書，長於考據，《宋史》記其讀"亢龍有悔"，徵引碑記傳贊，以作證驗，讀之正如清人臧鏞之著述，開漢碑徵經之先例。

來自蜀者如句中正（益州人），孟昶時館其相毋昭裔，昭裔奏授崇文館校書郎，中正精字學，太平興國二年，被詔詳定《篇》《韻》，四年副張洎使高麗，與徐鉉重校定《說文》，模印頒行（《文苑》卷三）。蜀人林罕著《說文》二十篇，目曰《林氏小說》，刻石蜀中。故知宋學中實包含蜀學與南唐之學。

六、宋學中的漢學

初期之宋學不是全講義理，反而注重文字、聲韻、校勘之學，與清代乾嘉學風很是接近，而這方面的著作，在北宋的學術界却大放異彩。舉例言之，太宗雍熙三年，徐鉉奉敕與句中正、葛湍、王惟恭同校正《說文解字》。吴淑云："取《說文》有字義者千八百餘條，撰《說文五義》三卷。"徐鍇有《說文系傳》《說文解字韻譜》，鉉爲序（見《徐鉉傳》）。其後神宗與太原王子韶（聖美）論字學，留爲資善堂修定《說文》官（《宋史》卷三二九《王子韶傳》），可見北宋君主對《說文》之留心與提倡。影響所及，鄰邦高麗亦有《說文正字》的刊行。

該書有高麗國十四葉辛巳年號，即肅宗六年，相當於徽宗建中靖國元年（公元 1101 年）。

以韻書論，宋重修《廣韻》，凡 26194 言，191692 字（景德四年十一月敕）。景祐中，復詔爲《集韻》,《太平御覽引書》有《集韻》，似其書先成。

治平四年，司馬光上《類篇》，其序云："字書之於天下，可以爲多矣，然而從其有聲也而待之以《集韻》…… 從其有形也而待之以《類篇》。天下之字，以聲相從者無不得也；天下之字，以形相從者無不得也。"《類篇》即"以《説文》爲本"，編制全仿許書。

七、《四書》學的發軔

最近學人每每説，唐代《五經正義》没有完成任務，宋儒用《四書》代替《五經》（任繼愈説）。《四書》是否果真能够代替《五經》，是很成問題的。由於周之貶佛，佛門大德亦有不少攻習儒書，且有著作，像僧贊寧（《宋高僧傳》作者）便有《論語陳説》一書（《經義考》五二），後來若智圓有《中庸子傳》（《閑居編》）、釋嵩著《中庸解》（《鐔津集》四），馮著《中國哲學史》已經提及，認爲是《四書》學的先導。我個人則以爲《學》《庸》二書的獨立研究，似乎由司馬光開始倡導。光著《大學》及《中庸廣義》二書，朱彝尊云："取《大學》於《戴記》講説，而專行之，實自温公始。"（《經義考》一五六，參拙作《固庵文録》，156 頁。）我覺得北宋人似乎對《小戴記》特别發生興趣，可以宋庠一故事證之。庠的母親鍾氏夢一道士授以一書，并説以遺爾子。這本書便是《小戴記》，道士即是許真君（或即許遜，見《宋史》卷二八四《宋庠傳》）。其實把《禮記》裏面的某一篇取出來單行的，始作俑者是宋太宗，他曾令以《儒行》篇刻於版，即賜近臣及新第舉人，張洎得之上表稱謝，此事見《宋史》卷二六七《張洎傳》。

八、餘論——官學與私學之分合

宋太宗對經學的提倡，詳見《李至傳》。太宗本人是一個大學者，他貫通三教，著有《朱邸集》《御集》等。現存日本弘教書院重經刊《大藏經》保存有他的《逍遥詠》十一卷、《緣識》五卷，俱見他的思想之含弘廣大、融儒合道；他又有《蓮花心輪》迴文偈頌，遠播及於邊郡敦煌（見 S. 四六四四、P · 三一三〇）。自著《注語》，具大悲願，合歸善道。此類長篇巨制，已收入《全宋詩》首册卷二十二至三十八。又有《佛牙贊》一律。他本人雖兼通三教，而朝廷却仍然是注重儒術的。

談學術史的人們，每每注意的是某一個重要的人物，而忽略了他周遭的種種關係，重視個人的某種成就，好像朱子在生前被目爲僞學，直到理宗以後才給予平反，他的學術逐漸爲若干時代的政府所采用，歷元、明、清三個朝代而不衰，成爲官學，因而才會對後代産生如此重大的影響。

周濂溪的學問也是經過朱子的肯定才確立下來，以至位居宋五子的首領地位，事實上他在當時并没有什麽影響（參鄧廣銘説）。

我們再看宋初儒術的形成。在建隆與太平興國已成爲官學，《九經》列入考試題目，爲士人必修的科目，《禮記》自五代以來，即有"《禮記》博士"之設，《中庸》《儒行》在太宗時已出單行本（《大學》篇早已出現於敦煌寫經卷中）。因此我們不能認爲《中庸》是出於釋氏的提倡。《禮記》列入官學，是北宋尊重禮學的表現。官學的影響自然要比私學更爲重大，可見私學如果没有官學的推動，那是很難得到什麽巨大的影響力的。

2000 年

安荼論（aṇḍa）與吴晋間之宇宙觀

中國古代言天文者有三家：曰蓋天，曰渾天，曰宣夜。宣夜失傳（俞正燮《癸巳類稿》有《宣夜論》）。蓋天即《周髀》。渾天之説，興起較晚。東漢以後，渾天家言，大致謂天地之初，狀如雞卵，水環其外。考此説，楊雄《難蓋天八事》及王充《論衡·談天》篇俱不載，知東漢初年，尚無是説。至張衡《渾天儀》始暢言之，時佛教已入中國，經典傳譯甚多。"天如雞子"之論，三國晋初學者每樂道之，成爲一時風尚，尤以吴人爲衆。是説之興，與婆羅門之"金胎"（Hiraṇyā-garbhā），似不無關係。

婆羅門經典，雖未譯爲漢語，然初期來華僧徒，多屬婆羅門種姓，漢明帝時，第一位來華之迦葉摩騰（kāṣyapa mātanga）即婆羅門（《歷代三寶紀》49頁稱之爲"婆羅門沙門"）。

漢、魏、西晋之間，來華僧徒，多通《吠陀》、五明之學，《高僧傳》所記，班班可考，舉例言之：

（一）安世高——安息國王正后之太子。……好學，外國典籍及七曜五行醫方異術，乃至鳥獸之聲，無不綜達。[1]

（二）維祇難（Vighna）——本天竺人，世奉異道，以火祠爲正，時有天竺沙門，習學小乘……沙門以咒術變火令生，難一睹其神力……乃捨本所事，出家爲道，依此沙門，受學三藏，妙善四含（《阿鋡》）。[2]

[1] 梁慧皎《高僧傳》卷一，《大正史傳部》，323頁，世高以漢桓帝建和二年來洛陽。

[2] 《高僧傳》卷一，《大正》，326頁，難以吴黄武三年來武昌。

（三）曇柯（摩）迦羅（Dharmākola）——此云法時，本中天竺人……善學《四圍陀論》，風雲星宿，圖讖運變，莫不該綜。[1]

（四）月支國沙門曇摩羅 （Dharmaraṣka）——晋言法護，本姓支，歷游西域，解三十六國語及書，從天竺國大賫梵本婆羅門經，來達玉門，因居敦煌，遂稱竺氏，後到洛陽及江左。[2]

維祇難以火祠爲正，能變火令生，則原爲崇奉火神（Agni）可知。法時善學《四圍陀》，當亦婆羅門也。下至鳩摩羅什，亦曾博習五明[3]，蓋初期佛徒，亦非否定《吠陀》者，玆可見矣。[4]

佛典中與天文有關，最早譯成漢語者，爲《摩登伽經》（Śārdūlakarṇāvadāna）[5]，本爲 Divyāvadāna 之第三十三章，漢譯凡三次：

（一）後漢安世高譯稱《佛説摩鄧女經》(《大正》一四，895 頁）。

（二）吴竺律炎與支謙共譯，稱《摩登伽經》上下卷（《大正》二一，1300 頁）。

（三）西晋月氏竺法護譯稱《舍頭諫太子二十八宿經》（Śardūlakarnāvadāna）(《大正》二一，1301 頁）。

此經之傳入，已自東漢，安世高以公元 147 年（或作 148、149）至洛陽，170 年至吴之會稽郡；竺律炎於公元 224 年與維祇難同至（吴）武昌；支謙本月支人，其先世自公元 168—189 年來華，支謙於 220 年留吴，譯經多至數十種，對於吴人影響尤深；竺法護亦曾至

[1] 《高僧傳》卷一，《大正》，324 頁，迦羅以魏嘉平中來洛陽。

[2] 《歷代三寶紀》卷六，《高僧傳》卷一作“大賫梵經還歸中夏”。

[3] 《晋書·列傳·藝術傳》(鳩摩羅什)：“博覽五明諸論，及陰陽星算，莫不必盡。”《高僧傳》卷二作“博覽四圍陀典及五明諸論”。

[4] 參沈曾植《海日樓札叢》卷五，“釋迦非否定吠陀者”條。

[5] 參林屋友次郎之《摩鄧女經異譯經類の研究》，524—543 頁，載《東洋文庫》，昭和二十年，善波周之《摩登伽經の天文曆數について》，載《東洋學論叢》，昭和二十七年。

江左，將此經再譯一次，南北流佈。是自147—313年間，此經前後凡三譯。吳、晉之際，言天文頗多新説，疑即因印度天文思想輸入刺激所引起。此輩僧衆，皆曾至吳，或由洛陽南下，似吳人對於印度思想，較發生興趣，故僧衆多趨之。

本文所欲討論者爲吳晉間之天文思想，其與婆羅門之金卵（Hiraṇya-garbhā）理論可能有關涉者凡三事：

一、渾天説

義净《南海寄歸傳》序云："比渾沌於雞子，方晦昧於孩嬰，斯皆未了。"此義出於道家。《老子河上公注》"非常名"句下云："常名如嬰兒之未言，雞子之未分，明珠在蚌中，美玉處石間，内雖昭昭，外如愚頭（頑）。"（據宋本）中國古代之宇宙論（Cosmology），見於《天問》，《淮南子》之《原道訓》《天文訓》，僅述鴻蒙混沌之狀，未有以某種物象比擬之者。三國之際，注緯書者，采用是説，宋均注《春秋命曆序》，即其一例也。《命曆序》云：

> 冥茎無形、蒙鴻萌兆，渾渾混混。

魏宋均曰："渾渾混混，雖卵未分也。"（《文選·江賦》"類胚渾之未凝"句下，李善注引；《玉函山房佚書》本作"渾渾沌沌，雞卵未分"。作"雞"爲是。）

其他如東漢張衡、吳虞聳、王蕃皆有相同之説。

> 張衡《渾天儀》："渾天如雞子，天體圓如彈丸，地如雞中黄，孤居於内，天大而地小，天表裏有水，天之包地，猶殼之裹黄，天地各乘氣而立，載水而浮。"（《開元占經》引作《渾儀

圖注》)

又一本《渾天儀》云:“天如雞子,天大地小,天表裏有水,地各乘氣而立,載水而浮,天轉如車轂之運。”(《類聚》天部引,宏達堂本)

虞聳《穹天論》:“天形穹隆當如雞子,幕其際,周接四海之表,浮於元氣之上,譬如覆奩,以抑水而不没者,氣充其中故也。”(《晉書·天文志》,又《宋書·天文志》引)

王蕃《渾天説》:“前儒舊説,天地之體,狀如鳥卵,天包地外,猶殼之裏黄也。周旋無端,其形渾渾然,故曰渾天也。”(《晉書斠注》十一,《書鈔》一四九引)

《晉書·天文志》:“丹楊葛洪釋曰:《渾天儀》注云,天如雞子,地如雞中黄,孤居於天内,天大而地小,天表裏有水,天地各乘氣而立,載水而行。”(《類聚》一引)

以上所引,爲漢末至吴晉時渾天説之大概。故《隋書·天文志》云:“前儒舊説,天地之體,狀如鳥卵,天包地外,猶觳之裹黄,周旋無端,其形渾渾然,故曰渾天。”按觳字見《廣韻》一書,卵也。

《破邪論》下引《帝系譜》:“天地初起,狀如雞子,盤古在其中。”(《大正》五二,486頁)

考佛典中聖提婆(Āryadeva)(170—270)之《釋楞伽經》中“外道”《小乘涅槃論》,其第二十外道爲“安荼論”師。“安荼”即梵語:Aṇḍa音譯,義爲雞卵。提婆之書,其第二十外道本生安荼論師説云:

本無日月星辰,虚空及地,唯有大水。時大安荼生如雞子,周匝金色,時熟破爲二段,一段在上作天,一段在下作地,彼二中間生梵天,名一切衆生祖公,作一切有命無命物。

（《大正》三二，158 頁）

此段言大安荼生如雞子，按其說早見於《奥義書》。

Chāndogya Upaniṣad III 19, 1（此章記天地開闢）云：

asad evadam agra āsīt tat sad āsīt, tat samabhavat, tad āṇḍam niravartata

太初無有，既而爲有。萌兆變化，雞子出焉。

（參 *The Principal Upaniṣads* by S.Radhakrishnan, p.399）

下文言此“卵”殼破後分而爲二：一銀一金，銀（rajatan）爲地（pṛthivi），而金（suvarnaṁ）爲天（dyanḥ），其外膜（outer membrane）爲山，内膜爲雲霧，其脉爲河流，其液爲海洋。古希臘神話（orphic cosmogony）謂 Chronos 與 Adrastea 産巨卵，破而爲二，上半爲天，下半爲地，與此相同。

又 Maitri Upaniṣad VI 36, p.849 云：

Antaryāṇḍopayogād iman Sthitān ātmaśuci tathā

此頌大意則謂雞子爲宇宙外殼，而神我（atman）居其中，如燈之蕊，得膏油而燃。婆羅門經典所重在雞子中之神我，故爲有神論，渾天説僅用其雞子之喻，以比擬天體耳。

此外婆羅門經典，若 Śatāpatha-Brāhmana XI.16.1-3; Mahā-bharata XII 312.3，XIII，154；Manu-Saṃhita Book I Verses 5, 8, 9, 12, 13, 16，皆有神卵之説，兹不具引。（參看 R.D.Ranade：*A Constructive Survey of Upanishadic Philosophy*，p.83 “Not-Being and the Egg of the

Universe”[1]。)

此說起源甚早，見於《梨俱吠陀》(Ṛgveda) X121 及 129 等篇。卷十之 129 起句，大意云:“太古之初，金卵始起，生而無兩，作萬物主。奠彼昊天，復安大地。”此說成爲婆羅門宇宙開創論之神話中心。東漢渾天說，謂天體如雞子，水包其外，正相類似。

二、天地開闢説

《五運曆年記》云:“元氣蒙鴻，萌芽兹始，遂分天地，肇立乾坤……首生盤古，垂死化身，氣成風雲，聲爲雷霆。左眼爲日，右眼爲月，四肢五體，爲四極五岳，血液爲江河，筋脉爲地理，肌肉爲田土，髮髭爲星辰，皮毛爲草木，齒骨爲金石，精髓爲珠玉，汗流爲雨澤，身之諸蟲，因風所感，化爲黎甿。”(馬驌《繹史》卷一引)此書作者未明，然以徐整及任昉所記比較之，可能是出於一源。

後期緯書亦有此說，《遁甲開山圖》云:“有巨靈胡者，遍得坤元之道，能造山川，出江河。”(《文選·西京賦》李善注“巨靈”下引)

又《太平御覽》一引同書云:“有巨靈者，遍得元神之道，故與元氣一時生混沌。”《御覽》引無“胡”字，疑出後人鈔脱，又“坤元”作“元神”。按所以加一“胡”字者，明此說非出於中國。

《奥義書》中，此類相似之神話，不一而足，試録《大森林書》第一頌(Bṛhad-āraṇyaka Upaniṣad I, 1)與《五運曆年記》比較，其辭云:

[1] 參中村元《初期のウエヘタヘンタ哲學》, 及同氏 (Nakamura Hajime) Upanishadic Tradition & the Early School of Vedānta as Noticed in Buddhist Scripture Hjas XVIII, p.74, 1955。

aum, uṣā vā aśvasya medhyasya siraḥ, sūryas cakṣuḥ, vātaḥ prāṇaḥ vyāttam agnir vaiśvāna raḥ; samvatsra ātmāśvasya medhyasya, dyauḥ pṛṣṭham, antarikṣam udaram, pṛthivi pājas yam, diśaḥ pāṛśve, avāntaradiśaḥ pārśavaḥ, ṛtavóngāni, māsās cārdhamāsāś ca parvāṇi, ahor ātrāṇi pratiṣṭhāḥ, nakṣatrāny asthini, nabbo māṁsāni;

ūvadhyaṁ sikatāḥ, sindhavo gudāḥ yakṛc ca klomānaś ca parvatāḥ, oṣadhayaś ca vanaspata yaś ca lomāni, udyan pūrvārdhaḥ, nimlocañ jaghanārdhaḥ yad vijṛmbhate tad vidyotate, yad vidhūnute tat stanayati, yan mehati tad varṣati; vag evāsya vāk.

唵！惟此朝曦，乃神駒之首。日，其睛也；風，其息也；火，其張口也；年歲，則神駒之體矣。天，其背也；大氣，其胃也；地，其蹄也；四極，其邊緣也；極之中，其筋脉也；四時，其肢體也；月與半月則其關節也；晝夜，其足也；星辰，其骨骼也；雲，其肌肉也；沙，其腹中之食物也；江河，其血液也；山岳，其肺肝也；草木，其毛髮也。日升於前而沈於後，嘘則爲電，震則爲雷，溺則爲雨。

漢籍不言神馬（aśva）而稱造物主爲巨靈，或名之曰“盤古”。《大森林書》復言及 Mahato bhūta 一切音聲之主，義爲“大物”，亦猶漢籍之“巨靈”也。此種觀念，在印度應推原至《梨俱吠陀》（Ṛv）之巨人 puruṣa（X 90.129）。此神具有千手千眼千足（sahāsraśirṣa, sahasrākṣáḥ, sahāsrāpāt）塞乎天地（sábhūmiṁ viśvāto vṛtvā）爲一切主（pūruṣa evédam sārvaṃ）。此與中國所謂“遍得坤元之‘巨靈胡’，能造山川出江河”之神話，正復相同。是説晚出，東漢以來始有之。張衡《西京賦》用“巨靈”字眼入賦，恐與渾天儀之言雜子，并滲入外來思想也。

其後徐整《三五曆記》言天地混沌如雞子，亦雜用安荼論之説，其言曰：

> 天地混沌如雞子，盤古生其中，萬八千歲，天地開闢，陽清爲天，陰濁爲地，盤古在其中，一日九變，神於天，聖於地，天日高一丈，地日厚一丈，盤古日長一丈，如此萬八千歲，天數極高，地數極深，盤古極長，後乃有三皇。數起於一，立於三，成於五，盛於七，處於九，故天去地九萬里。（《藝文類聚》卷一引，宏達堂本）

徐整[1]，字文操，豫章人，吴太常卿。其書已佚，《隋書·經籍志》，梁有《三五曆説圖》一卷，亡，不著撰人，未知是否即其書。

《御覽》一天部“元氣”引《三五曆記》文略異：“未有天地之時，混沌狀如雞子，溟涬始牙，蒙鴻滋萌，歲在攝提，元氣肇始。”

又曰：“清輕者上爲天，濁重者下爲地，冲和氣者爲人，故天地含精，萬物化生。”按此段與安荼論師之説極相似。彼謂天地中間生梵天，爲衆生之祖，此則參用三才説耳。

《山海經·海外北經》：“鍾山之神。名曰燭陰，視爲晝，瞑爲夜，吹爲冬，呼爲夏。”任昉《述異記》，文字略同。其文云：“昔盤古氏之死也，頭爲四岳，目爲日月，脂膏爲江海，毛髮爲草木。秦漢間俗説，盤古氏頭爲東岳，腹爲中岳，左臂爲南岳，右臂爲北岳，足爲西岳。先儒説，盤古泣爲江河，氣爲風，聲爲雷。目瞳爲電。古説，盤古氏喜爲晴，怒爲陰。吴楚間説，盤古氏夫妻，陰陽之始也。……”按其中秦漢間俗説及先儒説，與《摩登伽經》極相似。

吴竺律炎與支謙共譯《摩伽登經》，其《明往緣品》第二云：“又汝法中，自在天者，造於世界，頭以爲天，足成爲地，目爲日月，腹

[1] 參《經典釋文·序録》，整又著《毛詩譜》，詳侯康、姚振宗《三國藝文志》。

爲虚空，髮爲草木，流淚成河，衆骨爲山，大小便利，盡成於海。斯等皆是汝婆羅門妄爲此説，夫世界者，由衆生業而得成立，何有梵天能辦斯事？”（《大正》二一，402 頁本經。此段梵本尚存）

是品之論《圍陀》經典，無有實義，所謂自在天，即 siva，在印度，其説較晚，然在中國，此段文字之翻譯，約於 224 年以後（因譯者竺律炎於 224 年至武昌，支謙則於 220 年至吴）影響於吴晋人士者深，《三五曆記》《述異記》《五運曆年記》諸説後出，自當與此有關。

後魏菩提流支譯龍樹門人提婆之《釋楞伽經》中“外道”《小乘涅槃論》亦云：

> 第十五外道摩醯首羅論師作如是説，“果”是那羅延（Nārāyana），所作梵天是因，摩醯首羅一體三分。所謂梵天、那羅延、摩醯首羅；地是依處，地主是摩醯首羅天。於三界中，所有一切命非命物，皆是摩醯首羅天生。摩醯首羅身者，（Māheśvara, 按即 śiva 之名）虚空是頭，地是身，水是尿，山是糞，一切衆生是腹中蟲，風是命，火是暖，罪禍是業，是八種是摩醯首羅身。自在天是生滅因，一切從自在天生，從自生天滅，名爲涅槃。（《大正》三二，157 頁）。

此則五世紀以後所翻譯者，雖屬後出，亦足參證。

道教思想多竊自釋氏，道家之天地開闢説亦復如是，北周甄鸞《笑道論》第一《造立天地》章云：

> 太上老君，造立天地，初記稱：“……老子遂變形，左目爲日，右目爲月，頭爲昆侖山，髮爲星宿，骨爲龍，肉爲獸，腸爲蛇，腹爲海，指爲五岳，毛爲草木，心爲華蓋，乃至兩腎合爲真要父母。”

又第二十五章《延生年符》章云：

> 《文始傳》云："萬萬億億歲一大水，昆侖飛浮，有仙飛迎天王，善人安之山上，乃至前萬萬歲，天地混沌，如雞子黄，名曰一劫。"（《全後周文》卷二〇）

以上二事，甄鸞均加駁斥，迹其淵源，實出自婆羅門也。

唐神清《北山録》卷一爲《天地始》，其文云：

> 厥初未兆，馮馮翼翼，澒澒洞洞，清濁一理，混沌無象。殆元氣鴻蒙，萌芽資始，粤若盤古，生於其中，萬八千歲。天地開闢，天日高一丈，地日厚一丈。頭極東，足極西，左手極南，右手極北。開目爲曙，閉目爲夜，呼爲暑，吸爲寒，吹氣成風雷，吐聲成雷震。四時生焉，萬物生焉。……（《大正》五二，573頁）

此又後期佛家之言天地開闢，剿襲前人之説，更不足論。

三、水在天外説及"天臍"説

《晋書·天文志》引《黄帝書》云：

> 天在地外，水在天外，水浮天而載地者也。

《黄帝書》亦見《列子·天瑞》篇徵引，年代未明，當是較早之記載。

《管子·水地》篇："水者……萬物之本原也，諸生之宗室也。"

《史記·封禪書》："齊之所以爲齊，以天齊也。"《索隱》："顧氏案解道彪《齊記》云：'臨菑城南有天齊泉，五泉并出，有異於常，言如天之腹臍也。’”此以天臍說天齊，則後出之說。吴時楊泉《物理論》云：

所以立天地者，水也，成天地者，氣也，水土之氣，升而爲天，天者，君也。……言天者必擬之人，故自臍以上，人之陽也，自臍以下，人之陰也，自極以南，天之陽也，自極以北，天之陰也。（明孫瑴《古微書》《尚書考靈曜》引；又孫星衍輯本，錢保塘重校）

印度《吠陀》中以“水爲一切之母，邃古之初，唯‘水’而已”，見於最有名之《創造之歌》云：

ambhaḥ（water）kim āsīd, gāhanaṃ gabhīram（RVX 129, 1）
何處非水，深不可測，
tāma āsīt tāmasā gūḷhām āgre; apraketām salilām
太初惟玄（Tāma），復潛於玄；一切皆水（salilām），
sārvammā ā idām（RVX 129, 3）
莫窺其際。

《阿闥婆吠陀》（Atharvaveda）中言“水”爲宇宙萬物之源，極言水之用，謂在水中可以不死（amṛta）（一之四）（W.D.Whitney 英譯本 p.5），故於水之頌贊，其語特多。

漢桑欽《水經》云：

天以一生水，故氣微於北方，而爲物之先也。（酈道元《水經注·序》）

此說與《吠陀》相似，漢譯《釋楞伽經中外道小乘涅槃論》引安荼（aṇḍa）論師說謂古初無物，“唯有大水”，亦復相同。

宋何承天《渾天象論》云：

> 詳尋前説，因觀渾儀，研求其意，有以悟天形正圓，而水居其半，地中高外卑，水周其下。言四方者，東曰暘谷，日之所出，西曰濛氾，日之所入。《莊子》又云："北溟有魚，化而爲鳥，將徙於南溟。"斯亦古之遺記，四方皆水證也，四方皆水，謂之四海，凡五行相生，水生於金，是故百川發源，皆自山出，自高趣下，歸注於海。（《隋書・天文志》上引，《宋書》作水周其下。無居其半二句。）

其論四方皆水，以闡渾天之象，説極新穎，以印度古説考之，亦多吻合。

《内經素問》十九《五運行大論》篇云：

> 帝曰："地之爲下否乎？"岐伯曰："地爲人之下，太虚之中者也。"
>
> 帝曰："馮乎？"岐伯曰："大氣舉之也。"

天地中間有大氣支住，此大氣猶《奧義書》之 antarrikṣa（atmosphere）。至論天之爲積氣，見於《列子・天瑞》篇言"杞人憂天"一故事，略謂：天積氣耳，無處無氣，若屈伸呼吸，終日在天中行止，奈何憂崩墜乎？（參《列子集釋》，19 頁）此説見於漢譯世親（Vasubandhu）之《阿毗達磨俱舍論》（Abhidharmakośaśāstra）有一段稱：

> 日月衆星……依風（氣）而住不停墜。（《大正》二九，59 頁）

風即氣，印度四大之風[1]梵文爲 Vāyu.Vedānta-sāra 中所謂人體之五風，其首即 Prāṇa，實即氣也。風之爲氣，中印之説悉同，《齊物論》云："大塊噫氣，其名曰風。"是矣。

《列子》書爲晋人僞造，其中多襲佛典，可以灼知者，如：

《湯問》篇（第五事）與《生經》（卷三）、《佛説國人五人經》相同。（季羡林指出）

《楊朱》篇與《長阿含經》（卷十七）、《沙門果分經》相同。（陳旦指出）

其餘如"幻"，當即 Yama，言老聃徂西（《穆王》篇）即化胡事之先河。故此段疑亦與佛典不無相關之處。

楊泉《物理論》中最感興趣者，爲以人體之臍，比擬天體之"極"，謂人體自臍以上爲陽，自臍以下爲陰。按緯書《春秋命曆序》亦云：

有人黄頭大腹，出天齊……上下天地，與神合謀。

天齊即"天臍"，《列子·湯問》篇言"齊州"，又《穆王》篇言"四海之齊，謂中央之國"。《爾雅·釋言》："齊者，中也。"（參《經義述聞》二十七）古時中國，"齊州"爲天下之中心[2]，《列子》即以"臍"説"齊"字，此則以人體之臍喻地之"中"。《列子》爲晋人書，與吴時楊泉之説，可以參證，清朱筠《笥河集》有《天齊廟》詩云："天下喻吭背，齊曰天之臍。泰山地腹中，出母兒初啼。"試觀印度神話，有 Puruṣa Sūkta（R.V.10, 90）言其"臍"生出空界（antarikṣa），天界由其頭化成，地界由其足所生，正以臍居中央。上引《奥義書》言虚空爲腹（udaram）。佛經如《大智度論》（116 頁）言："韋紐

[1] 參 Prof J.Filliozat：*The Classical Doctrine of Indian Medicine*, p.1 論四大一段。

[2] 參劉盼遂：《齊州即中國解》，載《禹貢》第一卷第五期。

（Viṣṇu）臍中生出蓮花。”對“臍”部位之重視，似出印度人之觀念，《封禪書》對天齊二字，尚未明指爲天臍，惟楊泉之説，以臍分陰陽。豈亦曾受梵書之説所影響耶？

吴晋時天文説獨盛於江左，本文所引論天文各家，茲試表之如次：

時代	作者	作品
晋	徐　整 虞　聳 王　蕃 姚　信 楊　泉	《三五曆記》 《穹天論》 《渾天説》 《昕天論》 《物理論》
吴	葛　洪 虞　喜	《渾天儀注》 《安天論》
宋	何承天	《渾天象論》

以上各家，多爲吴人，徐整與姚信，在吴官至“太常”。虞聳字世龍，爲《易》學大師虞翻之第六子（見《吴志·虞翻傳》引《會稽典録》），入晋爲河間相。虞喜爲其族孫，至晋成帝咸康中，因宣夜之説，作《安天論》，雖别持異議，亦具見其家學淵源。王蕃者，廬江人，吴爲中常侍，與楊泉并居江左。其後葛洪引《渾天儀》注，亦采雞子説，洪籍丹陽，亦吴人也。至劉宋時，何承天撰《渾天象論》，引《莊子·逍遥游》，以説四方皆水。凡此渾天一派，皆盛行於江南，而吴人之著述尤夥。此輩造論，固非正式之天文學，然一時風氣所趨，所以獨盛行於此地域者，當是受印度思想刺激所引起。昔陳寅恪論天師道與濱海之關係，其説久膾炙於士林，蓋學風所漸，往往系於地域性，因緣和會，有非偶然者矣。

初期來華僧衆，多出婆羅門，故婆羅門思想，由於佛徒之介紹，不少輸入中國，安荼論師雞卵説，在吴晋間對於江左學術思想，所産生之影響，正爲一重要之例證也。

前撰《安荼論與吴晋間之宇宙觀》，於道教資料僅舉甄鸞《笑道論》一段，然道教之宇宙論頗爲具體，若《無上秘要》第四卷 45 頁記九地名稱及里數，即其一例。其説乃出《洞真外國放品經》，玆更録數例於下：

大人 《靈寶無量度人上品妙經》四十三卷 13 頁云："眼爲明，頭爲昆侖，眉爲華蓋，髮爲山林，腸胃江海，呼吸風雲，聲爲雷霆。"（又同書三卷，第 16 頁）

雞子 《太上妙始經》："天地之合，其外如雞子，又如車輪，元氣從之，如日之暈……"（第 2、3 頁）元俞琰《陰符經注》："天虚空而與雞卵相似，地局定於天中，則如雞卵中黄……云聞之隱者……"按俞氏駁《隋書》日入水中，妄也。

物載氣 《天皇至道太清玉册》一卷第 3 頁："地乘氣而立，載水而浮……地常不止，譬人之在舟中，閉牖而坐，舟行而不知。……"

《上清黄氣陽精三道順行經》第 2 頁："日月星宿，游於虚氣。初不休息，皆風之梵其綱也。"

又《上清外國放品青童内文》上第 4 頁："如今日月星辰，風所持也。……"

又《洞玄靈寶諸天世界造化經》："大風持地，使無墜落。……"

《太上妙經》記："九地下有一重水，水下有風，如是風水之地各有九重，更相擎持。"

《太上中道妙法蓮華經》八卷第 1 頁："下有無極大風，載其大地，地不傾摇。"

以上摘録道書，皆晚出之著作，因襲前人之迹，至爲顯然。

東巴的"人類原始説"中金卵爲人類由其孵化而生，其象形文作〇，讀如古，即像蛋之形。顯然是受到金胎説之影響。

《日本書紀》卷一“神代”上云:

古天地未剖，陰陽不分、渾沌如雞子，溟涬而含牙。及其清陽者，薄靡而爲天，重濁者淹滯而爲地。精妙之合摶易，重濁之凝竭難。故天先成而地後定，然後，神聖生其中焉。故曰：開闢之初，洲壤浮漂，譬猶游魚之浮水上也。

其説蓋采自《三五曆記》，《藝文類聚》《太平御覽·天部》所引俱可覆勘，又襲取《淮南子·天文訓》清陽、重濁兩句組綴成文。[1]

金卵有人譯作金胎。李翊灼曾譯《吠陀》卷十之一二九起二句云:“有金胎兮，出太古之初。是惟一之大原兮，爲萬有之主。”拙譯則用四言體。三國之天文學，W.Eberhard & R.Müller 著 *Contribution to the Astronomy of the San-kuo Period*（Ms II, 1936）討論綦詳，可以參看。

原載《清華學報專號——慶祝李濟先生七十歲論文集》，台北，1965 年。收入《選堂集林·史林》，311—328 頁。

[1] 《日本書紀補注》二、三，見《日本古典文學大系》，544 頁。

論釋氏之昆侖説

往讀錢謙益《贈愚山子序》，言堪輿之大地理，舉阿耨達池之水，自香山南大雪北，流爲四河（《有學集》卷二二），心甚壯之。繼讀其《釋迦方志二辨》(《有學集》卷四三），遠則正荀濟之妄論，近則糾吴萊之附會，又嘆前賢於梵土智識，茫昧竟如斯也！

"玉出崑岡"，語見《千文》，今日已成童騃之常識。《管子·輕重》甲篇："昆侖之虛不朝請以璆琳琅玕爲幣乎！……簪珥而辟千金者，璆琳琅玕也。然後八千里之昆侖之虛可得而朝也。"《意林》三十一引《尸子》云："取玉甚難，越三江五湖，至昆侖山之下，千人往，百人反，百人往，千（疑當作十）人至。中國覆十萬之師，解三千之圍。"《鹽鐵論·力耕》："美玉珊瑚，出於崑山，珠璣犀角，出於桂林，此距漢萬有餘里。"言雖誇侈，然昆侖產玉之富，徵之《爾雅》，有璆琳琅玕；《西山經》稱其玉膏，《穆傳》記其玉榮，《九章·涉江》："登昆侖兮食玉英。"戰國以來，對於昆侖之嚮往，舂山珠澤之寶，令人心醉，由來久矣。

《禹貢》："織皮昆侖。"屬於西戎，以昆侖與析支、渠搜并舉。《逸周書·王會》言"正西昆侖"。古實有此地名。究其地所在，後人已不能質言。《漢書·地理志》金城郡臨羌有西王母石室，西有弱水昆侖山祠。又敦煌郡廣至縣有昆侖障，爲西北小山。東漢延光中敦煌太守張璫上書，以酒泉屬國吏士二千餘人集昆侖塞，擊呼衍王（《後漢書·西域傳》），李賢注引前志昆侖障證之。《晉書》八十六《張駿傳》："酒泉太守馬岌上言：酒泉南山即昆侖之體也。周穆王見西王母樂而忘歸，即謂此山。此山有石室玉堂，珠璣鏤飾，焕若神宫。宜立西王母祠。”以此比擬《禹貢》之昆侖地望，未曾不可；若取以解釋《山海經》《穆天子傳》《楚辭》《淮南子》所記神話中之昆侖，則似難吻合。

漢人所見《禹本紀》，其言昆侖，更涉荒誕。司馬遷於《大宛傳》論之云：“《禹本紀》言河出昆侖，昆侖其高二千五百餘里，日月所相避隱爲光明也。其上有醴泉瑶池。今自張騫使大夏之後也，窮河源，惡睹本紀所謂昆侖者乎？”史公持極謹慎之態度，於語不雅馴者，未敢采摭。（史公此論，謂漢之窮河源，始自張騫使大夏之後，非謂窮河源者即張騫也。司馬貞《史記索隱》誤讀《史記》，直以張騫爲窮河源者，清人黄承吉已辨正之，見《夢陔草堂文集》二《張騫窮河源辨》。）

自佛教東傳，對於昆侖之認識，又邁進一步，最重要之記載，應推吴之康泰，及晋之釋道安。其説并見引於酈道元《水經·河水注》，録之如次：

（1）康泰《扶南傳》云：“恒水之源，乃極西北昆侖山中，有五大源，諸水分流皆由此五大源，枝扈黎大江出山西，北流東南注大海。枝扈黎即恒水也。”

康氏以昆侖山爲印度恒河河源，且述及五水神話，其印度地理知識，當得自扶南。

（2）釋道安《釋氏西域記》云：“阿耨達大山其上有大淵水，宫殿樓觀甚大焉。山即昆侖山也。《穆天子傳》云：‘天子升於昆侖，觀黄帝之宫而封豐隆之葬。’豐隆，雷公也，黄帝宫即阿耨達宫也。其山出六大水。山西有大河曰新頭河。……”（又云：“新頭河經罽賓，犍越摩訶剌諸國，而入南海是也。阿耨達山西南有水名遥奴，山西南水東有水名薩罕，水東有水名恒伽，此三水同出一水，俱入恒水。”）

道安對於阿耨達山已有詳細記載，亦目爲恒水之源，且確定阿耨達山即昆侖山。酈道元於印度方域，不能深辨，遂謂“釋氏之言，未爲佳證”。“阿耨達六水，葱嶺于闐二水之限，與經史諸書，全相乖異。”蓋釋氏之説，在六朝時，仍未爲人所接受。惟《河水注》備記佛圖調以《山海經》所言昆侖，比合阿耨達山。又書來華梵僧，依《扶南傳》定阿耨達山即爲昆侖，爲《西域圖》以語法汰。而法汰以爲漢以來學人不知昆侖之所在，深引爲怪。此華、梵開始接觸時，地理知識互相印證之事實，賴酈氏記之，足爲後人深思，尤有助於古地理之探討者也。

阿耨達者，梵文 Anavadapta，唐言無熱惱。世親於《俱舍論》（《大正》二九，58 頁、215 頁）謂在大雪山之北，香醉山之間。按香醉山（Gandhamādana）即位於西藏之喜馬拉雅山脉之 Kāilāsa。阿耨達池地望，S.Hedin 實地考察，認爲即 Manasarowar 湖（S.Hedin 著 *Southern Tibet*, vol.1, 1917, p.113）。

考《翻譯名義大集》（Mahāvyutpatti）四一五三云：“梵：Kāilāsah；藏：Ti—se—hi Gaṅs，Gaṅstise；漢：昆侖山，雪山。”此條極重要，由此得知清聖祖所以定昆侖爲岡底斯山之根據。岡底斯即藏語之 Gaṅs ti-se，義即雪國，魏源謂西番語謂雪爲岡是矣。《大清一統志》：“西藏有岡底斯山，在阿里之達克喇城東北三百十里……即阿耨達山也。”（《衛藏通志》三岡底斯山條，亦謂即梵書所謂阿耨達山）其實岡底斯即代表西藏高原，天下衆山皆祖於此。

《南史・中天竺國傳》：“國臨大江，名新陶，源出昆侖，分爲五江，總名恒水。”玄奘《大唐西域記》卷一：“瞻部洲（Jamba）之中地者，阿那婆答多池（Anavadapta）也（原注唐言無熱惱，舊曰阿耨達池，訛）。在香山之南，大雪山之北。”又謂“阿那婆答多池，流出四水，爲：殑伽河、信度河、縛芻河、徙多河。而徙多河或曰潜流地下，出積石山。徙多河之流，爲中國之河源云。”奘師説，原本《長阿含》及《大毗婆沙論》。《長阿含·世記經》言阿耨達池四方河流，大要如下：

阿耨達池：
東——恒伽河（Gaṅgā）牛口
南——新頭河（Sindhū）獅子口
西——婆義河（Vakṣu）馬口
北——斯陀河（Sīta）象口

《大毗婆沙論》：尊者造此發智論時，住在東方，故引東方所共現見五河爲喻。而實在此瞻部洲中有四大河，眷屬各四，隨其方面，流趣大海。謂即於此瞻部洲中，有大池名曰無熱惱，初但注彼出四大河。（《大正》二七，21122頁）

《阿毗曇毗婆沙論》：“造此經時在於東方，此五大河在於東方，故以爲喻。復有四大河從阿耨達池出，流趣大海。”（《大正》一八，14頁）

奘師親譯《大毗婆沙論》，故著其説於《西域記》之首。印度佛教經典中，有四河及五河兩説，四河各有四獸。法藏部系經書，如《長阿含·世記經》《大樓炭經》《起世經》《起世因本經》主四河説。一切有部經典之中《阿含經·世間福經》（《大正》一，428b）、《中阿含·七日經》（《大正》一，428c）、《雜阿含經》一六·三六（《大正》二，113c）、《四分律》三六（《大正》二二，824b）則主五河説。茲大略比較異名異譯如下：

四河		四獸	五河	漢譯名
東 Gangā (Gangas)	殑伽	牛	Gaṅgā	殑伽
南 Sindū (Judus)	新頭	獅子	Yamunā	夜摩那，閻母那
西 Varsū (Oxus)	縛芻，博義	馬	Aciravatī	阿氏羅筏底，頞氏羅筏底
北 Sītā (Tarim)	斯陀，徙多	象	Sarabhū	薩牢，薩羅由，薩剌諭
			Mahī	莫醯，莫呬

此一問題，日人海野一隆（《昆侖四水説の地理思想史の考察》，《史林》）、春日井真也（《四頭獅子像冠柱飾盤四周に現あれたゐ四獸について》，見《冢本頌壽佛教史學論集》）已有詳盡討論，兹不復贅。錢謙益引傳稱南印度爲象主，東脂那爲人主，西波斯爲寶主，北獫狁爲馬主，亦四獸説之推演，益爲汗漫者矣。

印度傳説中阿耨達池爲四河所出，其史源如此。知康泰之五大源説，乃本諸一切有部系。而釋道安謂阿耨達山出六大水，則爲六河説。考印度耆那教書又有七河説。此皆出於後來逐漸之演化。

長阿含（《世記經》），東晋時由佛陀耶舍譯出（僧祐《出三藏記集·傳十四·佛陀耶舍傳》：即以〔後秦〕弘始十二年……并出《長阿含經》）。今據康泰書，吴時人已知昆侖有五河之説矣。晋時僧人即確定昆侖相當於阿耨達大山，疑其説傳入，必更在其前。《意林》引晋人王嬰《古今通論》有一條云："昆侖東南方五千里，謂之神州，州中有和羹鄉，方三千里，五岳之域，帝王之宅，聖人所生也。"（又《御覽》一六六"京都"下亦引之）此不知何據。惟《河圖括地象》（《御覽》引）亦有類似之文。《括地象》云："地中央曰昆侖"，"昆侖，地之中也。"《水經·河水注》："昆侖墟在西北，去嵩高五萬里，地之中也。"昆侖爲地之中央，與印度以須彌盧山爲世界之中心相同。佛經如《華嚴經》《大樓炭經》《大智度論》《正法念處經》等，載蘇迷盧甚詳，世所悉知。稽之印度古籍，大迷盧之名（Mahāmeru）

實始見吠陀文學之 Taittiriya Avanyaka 書（見 Weber, Indische Studien I, 78, 3, 123）。須彌山神話在中國民間流行極普遍。《隋書・音樂志》設有須彌山、黄山、三峽等伎；且已施之圖繪，敦煌卷伯希和三五三八號記寺内圖畫云："又於四角各畫寶須彌山，畫四大海水。"唐代畫家王陀子，寫須彌山海水在僧伽和尚外壁（《歷代名畫記》），則以專畫須彌山著名於世。武后時，沙門明佺所定《僞經目録》中有《須彌像圖山經》，《貞元釋教目録》謂此疑與《須彌四域經》文同名異。佛經演其説更爲踵事增華，而大致認迷盧爲天地之中心，此地理觀念，在東南亞印度化國家尤爲普遍流行。柬埔寨吴哥窟之 Bakheng 建築，即仿效三十三天，J.Filliozat 已詳論之（見所著 *Le Symbolisme de Monument au Phnom Bakheng*, B.E.F.E.O.XIIV, p.527）。須彌盧訓妙高山（梵語 Su 義爲美），故在某地域中最崇高之山峰，均得以"迷盧"爲名。吾人飛越印尼東部至 Bali 島，必經其國境最高之 Semeru 山，此印尼文 Semeru 之名，即剽自 Sumeru 也。

Kailāsa 山在印度文獻中據稱亦位於印土之中央。其名初見於《大戰書》(Mahabrata III, 503 及 1697）。Williams 氏《梵英大辭典》解説云:

> Name of a mountain (fabulous residence of Kubera and paradise of Siva; placed in the Himalaya range and regarded as one of the loftiest peaks to the north of the Mānasa lake).

此山在喜馬拉雅山脉，梵文 Hima-laya 意爲雪山，即上帝濕婆之樂園，財神亦居之。故 Hima-laya 山＝ Kubera-giri（Kubera 山）。Kūbera 原意爲 chief of the evil being or the Spirit of Darkness（繼爲 the god of riches & treasure）。Kailāsa，在東南亞神話中有極重要之地位（參 Jean Filliozat 著 Kailāsaparamkarā，載 *Felicitation Volumes of Southeast Studies*，*Presented to*〔暹羅親王〕*Kromamun Bidyalabh Bridhyakorn*）。

Kailāsa 即岡底斯山，亦即雪山，中國人稱爲昆侖者也。

昆侖在中國神話中，爲最高之寶山，下有瑶池，故以比附岡底斯山及阿耨達池，最爲適合，唐道宣《釋迦方志》三《中邊》篇嘗舉五義以立中，其第四言水，云“此洲中心有大池名阿那陀答多，唐言無熱惱，即經所謂阿耨達池”，亦依佛經牛象馬獅四河口說，謂“案此實録，以尋河源；窮至無熱池所，方爲討極”。此從中央觀念出發，目此池爲世界中心，道宣僧徒者流，自執是說。張守節《史記正義》於《大宛傳》弱水下云：“先儒多引《大荒經》言弱水，云有二源俱出女國北阿耨達山……阿耨達山即昆侖山。”又於身毒國下引《括地志》：“阿耨達山亦名建末達山。亦名昆侖山。水出，一名拔扈利水，一名恒伽河。”此皆襲釋氏之說。

清桐城宋潛虚有《窮河源考》一文，記康熙四十三年遣使尋河源。時宋在京師訪得其詳，稱“群山四周土番名曰庫而棍，即昆侖也”（《潛虚先生集十一》）。康熙五十八年，《皇輿全覽圖》告成，諭内閣學士蔣廷錫與九卿細勘，群臣奏稱，尋源溯委，纖悉畢載，西南西北，直達番回諸部，以至瑶池、阿耨絶域之國。及平定西藏，於五十九年十一月辛巳，諭學士九卿有云：“今大兵得藏，三藏阿里之地，俱入版圖，其山川名號，番、漢異同，當於此時考證明核，庶可傳言於後。”此諭論河源江源，文極長，兹摘其一段如次：

……又雲南邊境有檳榔江者，其源發自阿里之岡底斯東，達木朱喀巴卜山，譯言馬口也。……而岡底斯之南有山名郎千喀巴卜，譯言象口也。……岡底斯之北，有山名僧格喀巴卜，譯言獅子口也。有泉流出西行，亦至桑南地，二水合而南行，又折東行，至拉克拉蘇母多地，與岡底斯西馬卜家喀巴卜山所出之水會。馬卜家喀巴卜者，譯言孔雀口也。其水南行，至那克拉蘇母多地，會東行之水，東南流至厄納忒可克國，爲岡噶毋倫江，即佛法所謂恒河也。…… 梵書言四水出於阿耨達山，下有阿耨達池。以今考之，意即岡底斯是。唐古特稱岡底斯者，猶云衆山水之根，與釋典之言相合。岡底斯之前，有二湖連接，土人相傳爲西王母瑶池，意即阿耨達池。……（清《聖祖實録》卷二百九十。《衛藏通志》卷三引此全文，系於康熙六十年。又分列四口山名漢藏譯語，可參看。）

此處四河之馬口、象口、獅子口、孔雀口諸地名，直是《阿含經》等説之翻版；惟易牛口爲孔雀口耳。昆侖之即岡底斯山亦即阿耨達山，自道安以來，至此竟成定讞，此釋氏昆侖説，遂獲得政治上之支持矣。惜康熙諭旨，只謂與釋典之言相合，而未詳其來歷，今據《翻譯名義大集》，可見其遠有所本（《大集》之説，定漢昆侖即藏之岡底斯，據云其説可能出於 Grya-Bod-Yig-Tshaṅ）。全州謝濟世著《西北域記》云："烏思藏（吐蕃）西南二千里，有阿耨達山（今名岡底斯山），懸崖峭壁，積雪凝冰，山之巔清泉百道。…… 四面兒孫羅列，如獅如象，如馬如禽如人 …… 此非昆侖，孰爲昆侖者？然廣袤不二百里，高才五百丈，舊稱萬餘里者，臆説也。"（《梅莊雜著》）則於是説作懷疑論者也。周藹聯《竺國紀游三》云："余在西藏，見岡底斯圖，實有獅馬象孔雀之形，其地在阿里之西 …… 有卡契自岡底斯來，携得阿耨達池水少許 …… 又西藏曲水之上流，即岡底斯發源，番人渡者必以水沐頂，云最吉祥也。"此類迷信，正如印度人之於恒河也。

古帝留心河源及昆侖者，康熙之前有元世祖，嘗置郡河源，創撰《河源志》（《輟耕録》二十二引柯九思元統元年作《河源志序》）。更前有漢武。《史記 · 大宛傳》稱："天子按古圖書名河所出山曰昆侖。"《漢書 · 溝洫志》："齊人延年上書言河出昆侖，經中國注勃海，是其地勢西北高而東南下也。可案圖書觀地形。"延年上書在漢武末年，彼輩所據者爲古圖書。考史公但引《禹本紀》爲説。《禹本紀》一書，後來群籍徵引，又有《禹大傳》《禹受地記》《禹受地統書》諸異稱。

《禹本紀》——《史記·大宛傳贊》《水經·河水注》引。

《禹大傳》——《離騷王逸注》洧盤水條。

《禹受地記》——《尚書益稷疏》引（“弼成五服”句下），崔靈恩《三禮義宗》引。

《禹受地統書》——杜佑《通典》注引。

以上各書，皆依托禹以爲名。《漢書·藝文志》有《大禹（禹）》三十七篇。《山海經》稱禹言五藏山數。《爾雅·釋水》云：“從釋地以下至九河，皆禹所名也。”《尚書·禹貢》正記禹平水土，主名山川之事，與《吕刑》説符合。古代地理著作，自戰國至漢，皆附會於禹。《荀子·大略》篇謂禹學於西王國，則昆侖一名之傳入，意者禹及其族人之羌戎爲之媒介。章太炎《禹廟碑》云：“學於西王國，故識流沙之外。”亦非無稽之語。《玉海》五十七引《禹受地記》云：“昆侖東南五千里之地即神州。”《禮記·曲禮》注引《括地象》文相同，説者因謂《括地象》與《禹受地記》應是一書（參王謨《漢唐地理書鈔》《禹受地記跋》）。道宣《釋迦方志》言，案《河圖》云“昆侖山東方五千里名曰神州”，文亦相同。蓋《括地象》原稱《河圖括地象》，其言昆侖，略舉如下：

> 昆侖山爲天柱，氣上通天。昆侖者，地之中也，地下有八柱，柱廣十萬里，有三千六百軸互相牽制，名山大川，孔穴相通。（《初學記》五引）

昆侖之山爲北首，上爲握契，滿爲四瀆，橫爲地軸，上爲天鎮，立爲八柱（《御覽》卷三八引）。然則漢武所見之圖書，或即《河圖括地象》《禹受地記》一類之書乎？類書所引，庸有後人踵益之文；

然以昆侖爲地之中，考《淮南子·地形訓》亦云：“昆侖之丘……蓋地之中也。”西漢時已如此説。又《地形訓》，白水出昆侖。《離騷》云：“朝吾將濟於白水兮，登閬風而緤馬。”洪氏補注引《河圖》：“昆侖山出五色流水，其白水入中國，名爲河也。”證之康泰，恒水之源出昆侖山有五大流；《山經·西次三經》昆侖丘四水爲河水、赤水、洋水、黑水，此與佛家四河、五河説若合符節。《括地象》言“崑山滿爲四瀆”。四瀆説與印度之四河亦復類似。最可注意者，爲昆侖天柱説，同於《長阿含·世記經》言須彌山之天柱，溯其遠源，諒出諸《阿闥婆吠陀》（容當另論）。是知古圖書中之昆侖，已不乏印度神話之成分。豈由羌戎自西北傳播而入中國，未可知也？此則遠在佛教之前矣。

唐人言昆侖有二，區爲大昆侖及小昆侖。《史記·司馬相如傳·大人賦》“西望昆侖之軋沕洸忽兮”句下，張守節《正義》：“《括地志》云：‘阿傉達山亦名建末達山，亦名昆侖山，恒河出，其南吐師子口。’……此謂大昆侖；肅州（酒泉南山）謂小昆侖也。”蓋爲折衷之論。

昆侖之謎，時賢討論頗繁。兹但取其出於佛氏之説，若阿耨達山四河之地望及神話，細爲剖析，以見所以定昆侖爲岡底斯山一説之來龍去脉。藉知藏人説襲自佛典，模仿須迷盧，以構成其地理觀念，因試撰爲《論釋氏之昆侖説》如右。

李約瑟在其 *Science and Civilization in China* vol.III 引巴比倫之 discoidal map 以證其與 Mt.Meru（Khun-lun）之關係（p.589）。牽涉頗廣，暫從蓋闕，不復論及云。

後記

本文成後，檢張穆《㐆齋文集》卷一《昆侖虛異同考》，謂古今之説昆侖者五：于闐也，肅州也，大荒也，青海也，西藏岡底斯也。穿穴古今，援據浩博，力辨昆侖不在青海，以訂齊召南《水道提綱》之説。又謂：漢武名于窴山爲昆侖，已確知昆侖之在西南，吐蕃自言昆侖在其國西南，已確知昆侖在今衛藏。而折衷於康熙定岡底斯山爲昆侖之説。裴景福於《河海昆侖録》卷四，仍主魏源岡底斯非昆侖説，惜其未見張氏此文也。乾隆四十七年紀昀奉敕撰《河源紀略》，辨古今各書所記昆侖之誤。書中辨訛部分，聞出王念孫之手。於前人著論，若俞安期之《昆侖積石二山辨》，萬斯同之《昆侖辨》，頗有詰難，其書重點在河源，故不復細論，讀者可參閲之。

王沂暖譯《西藏王統記》第一章世界之成因，舉須彌山居宇宙之中，有四大洲，此藏人地理學之常談也。方以智《東西均》云："山則根一而枝分，昆侖而入中國，分三枝以千萬枝。""總須彌以北，是其應北極之頂也。""各海皆吸入地心，地心轉經絡而上升，各沁於名山之頂，而總須彌之頂，亦一頂也。源而流，流復爲源，乃一輪也。"方氏演繹爲地心一源之論。明人文集涉及昆侖者，豐城游潛之《夢蕉存稿》，其第三册爲《博物志補》上曾論之，又其《夢蕉詩話》上亦有河源昆侖條。

以須彌入畫，來源甚遠；如雲岡第十一窟太和七年題記，及司馬金龍墓石棺床雕像（《文物》，1972（3））。李白《金銀泥畫西方净土變相贊》云："眉間白毫，向右宛轉，如五須彌山；目光清白，若四海水。"是其例。

某些文中昆侖山稱巨那茹羅山。

（山＝ndo　大＝Na　$\frac{\text{Zwa rwat}}{\text{山名}}$）字形作象三成之狀。

《西域同文志》二十“西番山名二”岡底斯里下云：“西番語雪謂之岡，底斯即梵語‘得色’，亦指雪而言也。蓋合梵語西番語而名之者，在漢語則雪山也。山體大，地勢亦絶高，番地山川皆發脉於此。《水經注》《西域志》曰阿耨達太山，其上有大淵水，宫殿樓觀甚大焉。按今岡底斯里之前，有二湖相連，土人相傳爲西王母瑶池，意即阿耨達池，其上爲阿耨達山也。”岡底斯里藏文作གངས་ཏི་སེ。

《選堂集林·史林》，446—458 頁
1973 年

從石刻論武后之宗教信仰

唐初人已嗜古碑，《唐會要》五云："韓王元嘉愛古碑、古迹，多得異本。"[1]宋楊文公《談苑》，記王溥薦何拱爲鳳翔帥："拱思所以報，問溥所欲？溥曰：長安故都多前賢碑版，願悉得見之。拱至，遣督匠摹打，凡得石本三千餘以獻。溥命善書者分録爲《琬琰集》，凡百卷。"[2]此事在歐、趙以前。是對石刻之愛好和搜集，已不始於宋人。自宋以來，即盛行著録之事，以貞石證史，衆所熟悉。爲碑志考據者，校録文字而外，以考證人名、地名、官名爲多。以一碑作孤立之處理，此爲金石學家之職，非史家之要務也。史家之貢獻，在能提出歷史問題，以碑爲旁證，尋求解答，此以碑證史，與金石家以史證碑不同。

本文以武后之宗教信仰問題爲重點，討論較爲廣泛。可能牽涉武后與佛教、道教及景教、儒術關係等問題。我人或將聯想到陳寅恪先生《武曌與佛教》一文。該文討論重心有三：一爲武后先世楊隋皇室之佛教信仰，陳先生指出武后受其母楊氏宗教信仰之熏習。二爲武后以佛教爲符讖，又證明《大雲經》非僞造。其三從唐人詔令看唐初佛教地位之升降。關於第一點，陳先生據《蕭瑀傳》及外戚《楊仁恭

[1] 《舊唐書》卷一一五："韓王元嘉，高祖第十一子也。少好學，聚書至萬卷，又采碑文古迹，多得異本。"《新唐書》卷七九："少好學，藏書至萬卷，皆以古文字參定同異。"貞觀初，石經已有相承傳拓之本，存在秘府。見《封氏聞見記》，現存於巴黎之《温泉銘》拓本，末有永徽年號一行，可能即現存最早之唐拓。唐代宏文館、崇文館均設有拓書手，故知碑拓之搜集，唐初已盛行之。

[2] 羅振玉《昭陵碑録》札記已引此事。

傳》與《廣弘明集》等資料，證明楊氏必爲篤信佛教之人物。按陳先生全未利用石刻材料，故求證十分辛苦。其實武后母氏生平，見《唐書·楊執柔傳》，又有武三思撰相王旦所書之《順陵碑》，長達四千餘言（長安二年六月立）。顧炎武《求古録》、孫星衍《續古文苑》及陸徵祥《八瓊室金石補正》四十五已録其全文，羅振玉亦有校正本，載《石交録》卷四。文叙楊氏先世及其信佛經過甚詳。又武后在嵩山少林寺永淳二年九月王知敬書之《御製詩書碑》云："從駕幸少林寺，睹先妃營建之所，逾凄遠慕。"詩中已有"金輪轉金地，香閣曳香衣"之句，後來於長壽二年加號"金輪"，此時經已先用是語，形諸吟詠。唐高宗晚年兩度幸嵩山，一在調露二年，一爲永淳二年，此詩即是時從幸所作。后母楊氏以咸亨元年八月薨，年九十有二，加贈太原王妃，故詩稱曰先妃。楊氏在少林寺有所營建。后見後甚爲感動。武后之信佛及以後對佛教興造寺像，謂與母氏有關，自不成問題。又隋楊氏與佛教淵源，見於碑刻者又不少。如大業三年《栖岩道場舍利塔碑》（見《山右石刻叢編》卷三），即陳文中所述"其栖岩寺即是太祖元武皇帝之所建造者"，均有碑可證。至蕭瑀信佛事，見於濟度寺比丘尼法樂法師《墓志》。法樂爲瑀之長女，自幼出家（李宗蓮《懷岷精舍金石跋》），見於龍朔三年《尼法願墓志》（《金石萃編》五十四），法願則瑀之第三女。蕭氏一家對佛教信奉之篤，雖經太宗之反對，其女削髮爲尼者，不止一人。可見蕭氏家庭信佛之程度，賴有碑刻可以見之。凡此可補陳先生文中所未及。

因鑒於陳先生於石刻資料未加利用，本人讀碑之餘，對武后宗教信仰問題，深感興趣，由石刻領會到有一些不同看法。

（一）武后之宗教信仰，前後有極大轉變，在其與薛懷義接近時期，由於利用佛教，而崇信佛教。及至晚年常游幸嵩山，則興趣轉移於道教。

（二）雖於天授二年頒佈釋教先道之制，但此爲一時之舉。后欲造巨大佛像亦因人諫阻而中止。後來大雲寺亦且改回原名，稱“仁壽寺”。

（三）武后有若干涉及宗教性之行動，如嵩山封禪之類，乃承接高宗之遺軌。又明堂之制，則隋以來各皇帝未完成之鴻業。天樞之立，集萬國蕃長落成之，則又天可汗精神之表現。

以下將利用碑志，加以詳細討論：

一、武后與佛教

《舊唐書 · 則天皇后本紀》載初元年七月：“有沙門十人，僞撰《大雲經》，表上之，盛言神皇受命之事。制頒於天下，令諸州各置大雲寺，總度僧千人。”“九月九日壬午，革唐命，改國號爲周，改元爲天授。……乙酉，加尊號曰聖神皇帝。”二年四月，“令釋教在道法之上，僧尼處道士女冠之前”。按此天授二年制中有“大雲闡奧，明王國之禎祥；方（等）發揚，顯自在之丕業。……爰開革命之階……以申自我之規”，借用釋氏辭句，作爲符應之憑藉。以《大雲經》中“即以女身爲王國土”爲女子稱帝之理論根據。《大雲經》非爲僞造，只可說是僞托。武后登位之過程，先是於垂拱四年，由魏王武承嗣僞造瑞石，文云“聖母臨人，永昌帝業”。令雍州人唐同泰表稱獲之洛水，號其石曰《寶圖》。五月，則天由皇太后加尊號曰聖母神皇。七月，改《寶圖》爲《天授聖圖》。十二月，神皇拜洛水，受《天授聖圖》，勒石曰《天授聖圖之表》。及革唐命，改國號曰周，改元爲天授。天授一名，即由洛水之《天授聖圖》而來。此一製造符應而登極之辛苦歷程，與王莽時哀章等上金匱而即真完全相似。登位手段主要仍是采取傳統符應之舊式方法[1]，《大雲經》僅是輔助手段而已。據《新唐書·武后傳》：“載初中，拜薛懷義輔國大將軍，封鄂國公，令與群浮屠作《大雲經》言神皇受命事。”又宋敏求《長安志》：“武太后初，光明寺沙門宣政進《大雲經》，經中有女主之符，因改爲大雲經寺，遂令天下每州，置一大雲經寺。”[2]則稱寺名曰“大雲經寺”。此一幕趣劇當然出於薛懷義及僧徒所策劃。《舊唐書·薛懷義傳》：“懷義與法明等造《大雲經》，陳符命，言則天是彌勒下生，作閻浮提主，唐氏合微。故則天革命稱周，懷義與法明等九人（按《懷義傳》稱‘與洛陽大德僧法明、處一、惠儼、棱行、感德、感知、静軌、宣政等，在内道場念誦’。合懷義恰爲九人）并封縣公，賜物有差，其僞《大雲經》頒於天下，寺各藏一本，令升高座講説。”據此，諸沙門亦援《彌勒下生經》立説，與隋時之彌勒教及後來之白蓮教無異。則此諸僧必有净土宗者流。《增一阿含》第四十二品言彌勒應三十劫成無上正真等覺。《法住記》述彌勒應正等覺出現世間時，南贍部洲廣博嚴净。此爲彌勒下生作閻浮提主之根據。東晋釋道安於彌勒前立誓，北魏太和始造彌勒像。齊傅大士自稱係彌勒菩薩分身世界，濟度衆生。隋時宋子賢及桑門向海明均自稱彌勒佛出世（《隋書·五行志》）。法明等持此爲説，亦卑之無甚高論。敦煌經卷亦見懷義監譯之名。英倫 S·二二七八號爲《寶雨經》，達摩流支宣譯梵本。其題記云：“大周長壽二年歲次癸巳九月丁亥朔三日己丑佛授記寺譯。大白馬寺大德沙門懷義監譯。”

《舊唐書·姚璹（令璋，思廉孫）傳》：“時武三思率蕃夷酋長請造天樞於端門外，刻字紀功，以頌周德，璹爲督作使。證聖初，加秋

[1] 武后革命，實出武承嗣之謀，《新唐書》卷二〇六《承嗣傳》云：“初后擅政，中宗幽逐，承嗣自謂傳國及己，武氏當有天下，即諷后革命，去唐家子孫，誅大臣不附者。”

[2] 見《經訓堂叢書》本《長安志》卷十南懷遠坊，東南隅大雲經寺條下注。

官尚書同平章事。是歲明堂灾（按在證聖元年正月丙申夜）。則天欲責躬避正殿。璹奏曰：此實人火，非曰天灾。……臣又見《彌勒下生經》云：當彌勒成佛之時，七寶台須臾散壞。睹此無常之相，便成正覺之因。……况今明堂乃是佈政之所，非宗廟之地，陛下若避正殿，於禮未爲得也。”“則天乃依璹奏，先令璹監造天樞。至是以功當賜爵一等。”又《舊唐書》卷二十二《禮志》：“（明堂既灾）舍人逄敏奏稱：當彌勒初成佛時，有天魔燒宫，七寶樓台須臾散壞，斯實諂妄之邪言。”即針對姚璹之奏，可見當時大臣亦以則天比之彌勒下生，雖明堂之火，亦借彌勒爲詞，豈不可笑！

又《新唐書·武后傳》：“時春官尚書李思文詭言《周書·武成》爲篇，辭有‘垂拱天下治’爲受命之符。后喜，皆頒示天下。”可見其時言受命符應之多，僧徒之表上《大雲經》，特其一端而已。但當時有反對之者，《新唐書·岑長倩書》：“和州浮屠上《大雲經》，著革命事，后喜，始詔天下立大雲寺，長倩争不可，繇是與諸武忤。”長倩是岑文本從子，因反對立武承嗣爲皇太子及《大雲經》事而被斬於市。岑是此一事之犧牲者，兹特爲之表彰。《舊唐書》不載此事，《新舊唐書合鈔》引新書“和州浮屠上《大雲經》”句補之。按諸僧皆洛陽大德，和州二字必誤。《舊唐書》本紀云：“殺豫章王亶，遷其父舒王元名於和州。有沙門十人僞撰《大雲經》表上之。”此處和州乃《新唐書》涉上文舒王之貶所而誤讀，故以爲“和州浮屠”。《地理志》和州屬淮南道，有和州歷陽郡，與洛陽無關，附爲訂正。

徐松《兩京城坊考》録自《長安志》，均稱“大雲經寺”；考之碑刻，但作“大雲寺”，無“經”字，如：

（1）而�（天授）二年，大雲寺彌勒重閣碑，杜登撰（見《山右石刻叢編》卷五）。前有一行“大周大雲寺奉爲聖神皇帝敬造温（涅）槃變碑像一區”。碑在山西猗氏縣仁壽寺。

（2）大足元年辛丑建大雲寺之□文，賈應福撰書，太原武盡禮（武后族屬）勒上，額題“大雲寺皇帝聖祚之碑”，碑長二千餘字，多殘泐，見《金石萃編》六四，碑在河南河内，原爲隋之長壽寺。

《天授碑》末又一行“而�二穭二　二十四　凖制置大雲寺，至三年𠀑（正）　十八　凖制回换額爲仁壽寺”。是至翌年，大雲寺已可换額回復舊稱。獲鹿縣本願寺《心經》周長安時石幢末行有“恒州大雲寺□道僧慧……”字樣（見沈濤《常山貞石志》七）。所有石刻均作“大雲寺”，不稱“大雲經寺”。《唐會要》:“天授元年十月二十九日，兩京及天下諸州各置大雲寺一所。至開元二十六年六月一日并改爲開元寺。”後來開元寺固由大雲寺所改名，然山西猗氏之大雲寺，天授三年即已准復原稱仁壽寺，且著之於碑文矣。

《集古録》載有“長安二年司刑寺大脚迹敕并碑銘二，閻朝隱撰”（《金石録》: 后碑范元悊撰）。歐公謂“自古君臣事佛，未有如武氏時之盛也，視朝隱寺碑銘可見矣”。惜原文不可畢睹。至於造佛像之事，明堂既成，后命僧懷義作夾紵大像，殺牛取血，畫大像首高二百尺，據謂懷義刺膝血爲之。佛像小指甲猶可容數十人，其大可知。及懷義火燒天堂延及明堂，暴風裂血像爲數百段。

后又欲於洛陽北邙山造白司馬阪巨佛大像，當日諫諍者有狄仁傑、李嶠（《新唐書》卷一二三嶠傳）、張廷珪（《舊唐書》卷一五二廷珪傳）多人（參《唐會要》四九），乃罷其役。張廷珪於後來中宗神龍時諫白馬阪營大像第二表云:

> 天后朝，懷義營大像，并造天堂安置，令王宏義、李昭德等，分道采斫大木，虐用威勢。……凡所營構，并爲災火。懷義之徒，相次伏法而死。自此之後，停寢十年。……

關於建白司馬阪巨佛像事，日人松本文三郎考證甚詳（《則天武后の白馬阪大像に就いて》,《東方學報》，京都五）。自懷義寵衰被誅，武后對佛像營建已不如前之熱心，亦接納群臣之諫。《新唐書·蘇瓌傳》:“武后鑄浮屠，立廟塔，役無虚歲。蘇瓌以爲糜損浩廣。……請併寺，着僧常員，數缺則補。后善其言。”聖曆元年正月頒制:“佛道二教，同歸於善，無爲究竟，皆是一宗。”對二教已無輕重之别。可見後來后對佛教之信仰已衰，未能貫徹到底。由是觀之，武后不得謂爲佛教之真正信徒。

武后臣下，如前營繕大匠王璿，於長安三年七月，有石龕《阿彌陀像銘》(《萃編》卷六十五)。姚元之有長安三年九月《造像記》(《萃編》卷六十五)，然元之[1]後來反對佛教最爲劇烈。《新唐書·姚崇傳》，對玄宗請絶佛道營建。又言:“佛不在外，悟之於心，行事利益，使蒼生安穩，是謂佛理，烏用奸人，以汨真教。”崇又戒子孫令云:“抄經鑄像之無益，緣死喪、造經像以追福，兒曹慎不得爲。”似有鑒於武氏之失，此是一種覺醒。

二、武后與道教及封禪之典

泰山封禪之典，高宗時已舉行。《舊唐書》:高宗麟德二年“十月戊午皇后請封禪，司禮太常伯劉祥道上疏請封禪”。三年春正月戊辰,“車駕至泰山……己巳，帝升山行封禪之禮”，改元乾封。“兖州界置紫雲、仙鶴、萬歲觀、封巒、非烟、重輪三寺，天下諸州置觀、寺一所。”因至泰山，遂命附近亦置道觀。

高宗封禪之舉，實出天后所請。《金石録》有《白鶴觀碑》，中宗時立。然山西長子縣有《白鶴觀碑》，文中有云:“白鶴觀者，垂拱

[1] 《唐書·姚崇傳》，字元之，長安四年九月以後始稱元之。

二年之所立也。”又云：“垂拱二年，長子縣宰朝散大夫高同營創基宇，造立尊容，建此豐碑，旌以功德。”則碑琢於武后時，而追樹於中宗之後（《山右石刻叢編》卷五）。武后嘗召天台道士司馬承禎。《舊唐書》承禎傳：“（承禎）師潘師正，傳其符籙及辟穀導引服餌之術。……止於天台山，則天聞其名，召至都，降手敕以贊美之。及將還，敕麟台監李嶠餞之於洛橋之東。”嵩山老君洞有王適撰序，司馬承禎書之《潘尊師碣》，題“弟子中岩道士獄（司）馬（马）[illegible]（籀文子）桀（微，出《碧落文》）書（子微即承禎之字）”，此《潘尊師（師缶）碣》，大周壂（聖）曆（？）二年己亥二月立。《舊唐書·隱逸傳》潘師正師事王遠知，居於嵩山之逍遥谷。高宗與天后甚尊敬之，尋敕所司於師正所居造崇唐觀。（《雲笈七籤》載敕置奉天觀，令於逍遥谷特開一門，號曰仙游門。見《玉海》卷一百“唐太一觀”。）《舊唐書·高宗紀》：“調露二年二月丁巳，至少室山，賜故玉清觀道士王遠知謚曰升真先生。己未，幸嵩陽觀及啓母廟并命立碑（按此碑崔融撰，沮渠智烈書）。又幸逍遥谷道士潘師正所居。永淳元年秋七月己亥，造奉天宫於嵩山之陽，二年正月朔，幸奉天宫，遣使祭嵩岳、少室。”此碣記永淳元年正月乙未，帝駕幸奉天上謁虚室（本紀作二年，誤）。又記天册金輪聖神皇帝之眷問，有云：

> 神皇雅尚仙圖，永懷秘訣。每灑心諮道，探賾求真，帝步景於青元，想餐霞於紫府。嘗致書曰，九宫神秘，頗已通其大綱，太一紫房，猶未解其深旨。尊師微言答，秘世莫聞。

尊師卒於永淳元年，年八十九，時后猶爲太后也。

《舊唐書·則天皇后紀》：“證聖元年，加尊號天册金輪聖神皇帝（碣稱武后，用此尊號），改元爲天册萬歲。萬歲登封元年臘月甲申，上登封於嵩岳，丁亥，禪於少室山。二年癸巳，至自嵩岳。春一月，重造明堂成，改元爲萬歲通天。”是時武后屢嘗駕幸嵩山。故司馬子微特爲其先師潘師正立碣。潘尊師與高宗及武后交誼之深，於此可以見之。

自此以後，武后活動多在嵩山地區。《舊唐書·則天皇后本紀》：聖曆二年（二月）戊子，幸嵩山，過王子晋廟，丙申幸緱山。丁酉至自嵩山。三年正月造三陽宫於嵩山。四月戊申幸三陽宫。五月癸丑，上以所疾康復，改元爲久視，停“金輪”等尊號。大足元年夏五月，幸三陽宫，七月甲戌至自三陽宫。近年嵩山峻極峰頂發見金簡一枚，長 36.3 公分，雙鈎鐫文六十三字云：“上言：大周國主武曌，好真道，長生神仙。謹指中岳嵩高山門，投金簡一通，乞三官九府，除武曌罪名。大歲庚子七囸（月）甲申朔七日甲寅小使臣（臣）胡超稽首再拜謹奏。”按歲庚子即聖曆三年也。此時期中，后已醉心道術，即向取自佛家之金輪尊號亦復停用，而改采《道德經》長生久視爲年號。《説嵩》云：“聖曆二年，后不豫，遣給事中閻朝隱禱少室山，朝隱身爲犧牲，沐浴，伏俎上，請代太后命，太后厚賞之。”（事見《舊唐書》卷二五〇《文苑》本傳）其媚主卑躬，令人失笑。后末年多病，改事道教，冀求長生，亦非偶然。

《新唐書·武三思傳》云：“二張方烝蛊。三思痛屈節，爲懷義御馬，倡言昌宗爲王子晋後身，引公卿歌詠淫污，醜然如人而不耻也。后春秋高，厭居宫中，三思欲因此市權，誘脅群不肖，即建營三陽宫於嵩山，興泰宫於萬壽山，請太后歲臨幸，已與二張扈侍馳騁，竊威福自私云。”是嵩山之營建，殆出於三思之計謀。（聖曆二年，置控鶴府，以張易之爲控鶴監。久視元年，改控鶴府爲奉宸府，又以易之爲奉宸令，員半千等爲奉宸供奉，諛者謂昌宗是王子晋後身。按控鶴二字，出自神仙家言。孫登《天台賦》“王喬控鶴以衝天”，蓋丹家飛升之常語，藉以爲喻。）此時期之石刻，重要者有下列各碑：

（1）萬歲登封元年正月，《升中述志碑》，武后自撰，相王旦正書。已毁。

（2）萬歲登封元年十二月，《封中岳碑》，薛稷正書。目見《金石録》。

（3）萬歲登封元年十二月（即天册萬歲二年），《封祀壇碑》，梁王（武）三思撰，薛曜書。（據《金石文字記》）在登封縣西萬羊岡。下截剥蝕。

（4）聖曆二年六月，《升仙太子碑》，題“太周天册金輪𦤼神皇帝御製御書”，𦤼（聖）曆二年己亥六匨甲申朔建。碑陰御製《游仙篇》，薛曜書及諸臣名銜。按此與《潘尊師碣》同年所立，潘碣立於二月。碑在偃師縣南二十里府店緱氏山仙君廟。

（5）久視元年五月，《夏日游石淙詩碑》，御製，薛曜書。在嵩山石淙北崖上。

（6）大足元年五月，《秋日宴石淙序》（顧炎武謂張易之撰），在嵩山石淙南崖。

《舊唐書 · 禮儀志》：高宗既封泰山，又欲遍封五岳。……永淳二年七月，下詔將以其年十一月封禪於嵩岳，詳定儀注，於是議立封祀壇如圓丘之制。尋屬高宗不豫，遂罷封禪之禮。則天證聖元年將有事於嵩山。……至天册萬歲二年臘月甲申，親行登封之禮，改元萬歲登封。三日丁亥，禪於少室山。則天封於嵩山，即本高宗遺志，壇制亦沿高宗詳定之規而行之。《禮儀志》於禮畢之後，載有則天自製《升中述志碑》，樹於壇之丙地。按“升中”取《覲禮》“祭山丘陵升”“因名山升中於天”之語。嵩高爲地之中，故取爲名，以碑述志，古所罕見，足見后襟抱之大。高宗封禪之事，實由后所請，至是卒告成功，故泐碑記之。

《金石録》有《道藏經序碑》，高宗、則天撰，王懸河行書，弘道元年十二月（參《六藝之一録》卷八十）。是天皇、天后嘗出名爲《道藏》製序，可見其向來對道教之尊重。武后御製御書《升仙太子碑》長文，據文中“敬陳嚴配之典，用展禋宗之儀”，實指登封之禮。《舊唐書·禮儀志》：“丁亥，禪於少室山，己丑，御朝覲壇，朝群臣。（案武后見崔融《啓母廟碑》文，嘉之，命作《朝覲壇記》，詔刻碑。則天封中岳，〔員〕半千撰《封禪·四壇碑》十二首以進，見《舊唐書·文苑傳》。）……則天以封禪日爲嵩岳神祇所佑，遂封神岳天中王爲神岳天中皇帝。……王子晋亦被封爲升仙太子。”王昶謂：“武氏之先出自姬周，周家之升化者有子晋，因而崇奉之。碑云‘山鳴鸞鷟，爰彰受命之祥，洛出圖書，式兆興王之運’，可證也。至於附會張昌宗事，以昌宗爲王子晋後身，雖出武三思言，然爲久視元年以後之事，升仙立廟不得謂因昌宗而作。”其説甚是。碑陰御製《游仙篇》中有“仙儲本□諒難求，璧迹奇術秘玄猷，願□丹□賜靈藥，方期久視御隆周。”竟欲求長生之藥，是時后之心情，與稱金輪尊號時，已大不相同，後來果用“久視”二字以爲年號。及久視元年，夏日游石淙御製詩并序，有云“幽栖無滯，泉石不孤，彷彿崑閬之境”。應制和作者，自皇太子以下十六人，狄仁傑句“老臣預陪懸圃宴，餘年方共赤松游”，全作神仙家言。可見晚年之武后，在嵩山游幸中，其精神已完全陶醉於道教之中矣。

自高宗封泰山後，泰山地位亦崇，顯慶六年，儀鳳三年皆嘗建醮於泰山東南麓王母池之岱岳觀。其後天授二年、萬歲通天二年、聖曆元年、久視二年、長安元年、四年，均有道士建醮造像之記。後來各代，皆於此磨崖爲記，至建中而止。碑凡二，上施石蓋，合而束之，其字每面作四五層，每層文一首或二首。如長安四年文略云：“設醮奏章，投龍薦璧，以本命鎮采物，奉爲皇帝敬造石天尊皇上天尊一鋪十事□壁畫天尊一鋪十三事，敬寫《本際經》一部，《度人經》十卷，欲兹功德，奉福聖躬。”是時武后多疾，故敕道士爲祈禱。至寫《本際經》事，今敦煌石窟所出《本際經》殘卷，不少爲武后時物，有大周年號，英法均有之。

三、武后與景教

武后與景教本絶無關係。惟波斯《阿羅憾墓志》中云：“又爲則天大聖皇后，召諸蕃王建造天樞。及諸軍立功，非其一也。”事在長壽三年八月，其年五月，改元延載。(《舊唐書》系於是年八月，《新唐書》在翌歲證聖元年四月，明堂灾後，蓋指完成之時，由《舊唐書·姚璹傳》可以證之。)

羅香林先生撰《景教徒阿羅憾爲武則天皇后營造頌德天樞考》，收入所著《唐元二代之景教》書中。以爲天樞之造，出於景教徒之手。

按唐室接受波斯教入華傳教，已始於太宗貞觀時准許波斯僧阿羅本於義寧坊建寺一所，度僧二十一人（《唐會要》卷四九，又見陸心源《全唐文拾遺》卷一）。此唐人立國之涵蓋精神，異教均加寬容絶不排斥之原則，太宗之遺訓也。關於天樞另外一極重要石刻材料，而羅先生所未引者，爲《泉獻誠墓志》，稱“天授（按天授疑有誤。應在延載元年，或證聖元年）二年二月，奉敕充檢校天樞子來使”（參羅振玉跋，《後丁戌稿》，45 頁）。泉獻誠爲高麗蓋蘇文孫，泉男生之子，於高宗時歸附。《新唐書》卷一百一十有傳，稱：“獻誠，天授中以右衛大將軍兼羽林衛。”所謂“天樞子來使”必臨時之職，“子來”即庶民子來之意。天樞之建，旨在頌武周功德，武三思率蕃夷諸酋及耆老共爲之。其時納言姚璹實董其役，刻百官及四夷酋長名於其上，武三思爲文，武后自書其榜曰“大周萬國頌德天樞”[1]。所以示四海攸同，萬邦各教，其子民罔不來朝。天樞建成之日，東而高麗臣服之人，西至大秦波斯傳教之士，無不贊襄其事。故云召諸蕃王，共建造之。佛教、景教均在我后化育之下，此事與高宗乾陵之下葬，諸蕃來助之情形相同，不得單獨歸功於景教徒。

武后撰中宗書之《述聖記碑》，即述高宗聖德。碑立於乾陵。王昶云：“宋敏求《長安志》：乾陵在奉天縣西北五里，有于闐國所進無字碑，即《來齋金石考略》所稱碑石來自于闐者也。來齋又云：此碑填以金屑，照耀陵園。據宋趙楷記稱乾陵之葬，諸蕃來助者衆，武后欲張大誇示來世，於是録其酋長六十一人，各有其形，可見當時乾陵規模，異乎常制。宜乎此碑之金屑照耀也。”於陵前立《述政記》，有如墓表，與高宗爲太子宏撰《睿德記》爲同一例（《萃編》卷六十）。天樞之鐫諸蕃名字，亦同此制。武則天以神皇、天后之尊，君臨萬國，此即天可汗之精神，自太宗、高宗以來，至武后而更充分加以發揮者也。

四、武后與明堂

《舊唐書·則天皇后本紀》：“垂拱四年春二月，毀乾元殿，就地造明堂。”《新唐書·武后傳》：“詔毀乾元殿爲明堂，以浮屠薛懷義爲使督作。”“又度明堂後爲天堂。”《舊唐書》：十二月“還宫，明堂成”。《新唐書》同紀云：“辛亥改明堂爲萬象神宫。”載初元年

[1] 波斯《阿羅憾墓志》，見羅氏《芒洛遺文》，參羽田亨：《史學論文集》下卷，385頁。《泉獻誠墓志》亦見羅氏《海東藩閥志存》。天樞事又詳《太平廣記》二四〇引《大唐新語》，見《續唐詩話》李休烈條。《唐詩紀事》《全唐詩》諧謔門同。

春正月“神皇親享明堂”。其後每年於春正月必親祀明堂。證聖元年正月丙申，明堂災。考明堂之制，自隋以來即謀恢復，至武后乃完成之。《隋書》六十八《宇文愷傳》:“自永嘉之亂，明堂廢絶。隋有天下，將復古制，議者紛然，皆不能决。愷博考群書，奏《明堂議表》。”極爲詳博。會有遼東之役，事不果行。《舊唐書》:“唐高宗麟德三年正月丙寅，以明堂制度歷代不同，漢魏以還，彌更訛解。遂增古今，新製其圖。”是高宗已有新制之明堂圖。《舊唐書·禮儀志》二備載當日之詔，其具制廣狹甚悉。又稱則天臨朝，儒者屢上書言請創明堂（如員半千即撰《明堂新禮》三卷上之，見《舊唐書·文苑傳》）。則天以高宗遺意與北門學者（指元萬頃輩）議其制。不聽群言，垂拱三年春，毀東都之乾元殿，就其地創之。四年五月明堂成。凡高二九四尺，四方各三〇〇尺，分三層，上層法二十四氣，中層法十二辰，下層象四時，又於明堂後造天堂，以安佛像，高百餘尺，此武后明堂之規模也。

《新唐書·禮樂志》三:“高宗時，改元總章，分萬年置明堂縣，示欲必立之。而議者益紛然。或以爲五室，或以爲九室，而高宗依兩議，以𦅾幕爲之。……乃下詔率意班其制度。至取象黄琮，上設鴟尾，其言益不經。而明堂之不能立。至則天始毀東都乾元殿，以其地立明堂。……其後火焚之，既而又復立。”是明堂之建，高宗已下最大决心，至分長安萬年置乾封、明堂兩縣，分理於京城之中。武后明堂，正是承接高宗遺旨而實行之。石刻中有《唐明堂令於大猷碑》，在陝西三原縣北。大猷爲于志寧之孫，立政之子。碑前云“其惟明堂縣令東海于公”。後云“聖曆二年，制除雍州明堂縣令”。據《新唐書·地志》明堂縣在長安二年始省併於萬年（《寰宇記》云“二年六月”，《舊唐書》作三年廢）。大猷即於未省併前任明堂縣令。證聖二年一月，重造明堂成，改元萬歲通天。二年四月復鑄九鼎成，置於明堂之庭前。《新唐書 · 后妃傳》:“懷義寵稍衰，而御醫沈南璆進，懷義失望，因火明堂。……改明堂爲通天宫，鑄九州鼎，各位其方，列廷中。”《唐會要》十一:“武后立九鼎，有圖畫，尚方署令曹元廓圖之。武后自製《曳鼎歌詞》。”《歷代名畫記》:“武后鑄九鼎，備九州山川物産，詔命曹元廓畫樣，鍾紹京書，時稱絶妙。”《封氏見聞記》，載武后九鼎，都用銅，共 560 712 斤，其豫州之鼎最高達一丈八尺（餘八州鼎高一丈四尺）。以豫州爲天下之中故也。大抵武后作明堂、九鼎，皆取自傳統觀念，以誇耀其成功而已。武后之作品，以石淙詩爲有名。《全唐詩》存其樂章四十餘首。《舊唐書 · 音樂志》有《大享昊天樂章》十二首、《享明堂樂章》十二首、《大享拜洛樂章》十五首，半爲明堂而作。

五、武后著述與儒術

《舊唐書 · 則天皇后本紀》:“太后嘗召文學之士周思茂、范履冰、衛敬業令撰《玄覽》及《古今内範》各百卷,《青宫紀要》《少陽政範》各三十卷,《維城典訓》《鳳樓新誡》《孝子》《列女傳》各二十卷,《内軌要略》《樂書要録》各十卷,《百僚新誡》《兆人本業》各五卷,《臣範》兩卷,《垂拱格》四卷，并《文集》一百二十卷，藏於秘閣。”日本《東域傳燈録》有《則天大聖皇后集》十卷、《金輪萬歲集》一卷（《大正》卷五五，1165 頁）。

《新唐書 · 武后傳》，高宗末年與后共稱二聖。“后乃更爲太平文治事，大集諸儒内禁殿，撰定《列女傳》《臣軌》《百僚新誡》《樂書》等大抵千餘篇。”可見后在高宗季年，乃篤志於儒術。從其早期著述，可窺見其原來思想之一斑。其著作見於兩唐書《經籍》《藝文志》者，子、集各部均有之，尤以儒家類爲多，今不備列。

武后又撰《字海》一百卷,《新唐書》注云:“凡武后所著,皆元萬頃、范履冰、苗神客、周思茂、胡楚賓、衛敬業等撰。”按此指所謂北門學士,《新唐書·文藝》上《元萬頃傳》:“武后諷帝召諸儒論撰禁中,萬頃與左史范履冰等撰刊《列女傳》《臣軌》《百僚新誡》《樂書》等九千餘篇。”(乾隆四年刊本)按《后傳》作千餘篇(《舊唐書·文苑》萬頃傳作凡千餘篇。《新唐書》九字乃“凡”之誤)。惟《臣軌》尚存。

《唐會要》三六:“垂拱二年,太后撰《百僚新誡》及《兆人本業記》。”《玉海》二十八:“凡武后書皆元萬頃等撰。”

今敦煌所出有P·五五二三號卷,寫於武后時。王重民爲題作《天訓》,予則疑是武后《訓記雜載》十卷中之文。(《舊唐書·藝文志》子部《武后訓記雜載》十卷,注云《采青宫紀要》《維城典訓》《古今内範》《内範要略》等書爲《雜載》云。)

武后早期本崇尚儒術,其能取得一般文士所擁戴者,此未始不爲主要之原因。

六、《三教珠英》撰述之意義

《舊唐書·禮儀志》二:“(載初二年)則天又御明堂,大開三教。内史邢文偉講《孝經》,命侍臣及僧、道士等,以次論議。”“武后開國之初,即於明堂舉行三教講論。”《新唐書·張昌宗傳》:“詔昌宗即禁中論著,引李嶠、宋之問、富嘉謨、徐彦伯等二十有六人,撰《三教珠英》。”

聖曆元年元月,《頒條流佛道二教制》云:“佛道二教,同歸於善,無爲、究竟,皆是一宗。……自今僧及道士,敢譭謗佛道者,先决杖,即令還俗。”(《唐大詔令集》一一三)已視佛道爲一家,惟至

睿宗景雲二年，始制僧、道齊行并進。（同集同卷）

《唐會要》："大足元年，十一月十二日，麟台監張昌宗撰《三教珠英》一千三百卷成，上之。"時預修者四七人，此四七人即所謂"珠英學士"者也。巴黎P·三七七一及英倫S·二七一四即是《珠英學士集》殘卷，存五十一行。《新唐書·藝文志》："《珠英學士集》五卷，崔融集武后時修《三教珠英》學士李嶠、張說等詩。"《文獻通考·經籍考》有崔融《珠英學士集》五卷，此書元時尚存。《新唐書·李適傳》"武后修《三教珠英》書，以李嶠、張昌宗爲使。……"又《富嘉謨傳》："與吴少微號'吴富體'。預修《三教珠英》。"《新唐書·徐彦伯傳》："武后撰《三教珠英》，取文辭士，皆天下選，而（徐）彦伯、李嶠居首。"又《朱敬則傳》："易之等集名儒撰《三教珠英》，又繪武三思、李嶠、蘇味道、李迥秀、王紹宗等十八人像以爲圖，欲引敬則，固辭不與。"《三教珠英》，爲書一千三百卷，煌煌巨帙，參加其事者，據《會要》所記共四十七人，主要分子二十六人。從其書名稱曰"三教"觀之，必是選録儒、道、釋三教有關之詩文，張昌宗負責編纂，會通三教以成書，可見武后自始至終即有混合三教之傾向，有如梁武後期之思想。故以三教爲書名，可惜此書今已失傳，無從窺測其内容，然武后之宗教思想後來愈趨向於綜合方面，此一巨著無疑地正是重要之證明（開元二年十月敕改此書名爲《海内珠英》，見《唐會要》卷三十六）。

七、略論武周石刻

清人注意武周石刻者，首推顧炎武（《求古録》中録《岱岳觀雙碑》及《大周無上孝明高皇后碑銘》全文）。其《金石文字記》著録武后有關之碑，自永淳二年《天后御製詩碑》，垂拱二年王徵君《臨終口授銘》，訖《上騎都尉相景瑞碑》，共二十二事，可謂有識。

葉昌熾《語石》，記其所見武周碑，不下數百通。邊遠之地，文教隔絶，而碑刻記年月，皆周武后新制之字，點畫不差累黍。（西如敦煌之《柱國李公舊龕碑》，南至廣西上林三畔嶺之廖州刺史韋敬辯智城碑，雲南昆陽之《王仁求碑》，皆然。）葉氏於清季到陜西，所撰《邠州石刻録》，其中收武周石刻獨多，共十四事。而張維《隴右石刻録》、羅叔言《西陲石刻録》收武周三碑及續出一碑。然其中有重刻者，如武威之《大雲寺碑》，首行題"凉州衛大雲寺古刹功德碑"竟用明代衛名（見張維書）。近年墓志出土特多，屬於武周時代者，《北平圖書館墓志目》及羅氏《墓志目》所著録，可見其概。墓志中以張柬之一家爲重要。《唐會要》卷七六："證聖元年張漪及第。"張漪爲張柬之子，詳襄陽所出張氏一家九墓志[1]，羅振玉已輯《襄陽冢墓遺文》一書。章懷太子賢廢死於巴州，在武后嗣聖元年三月。邵王李重潤及永泰郡主婿武延基（承嗣之子）爲張易之讒構，令自死，事在武后大足元年九月。近年來章懷墓及懿德太子（重潤）、永泰公主墓先後出土，三墓皆陪葬墓。李賢及妃房氏有墓志二，此皆最新之材料。武后時，嘗禁立碑，聖曆二年製："州縣長吏非奉有敕旨，毋得擅立碑。"故周時德政碑一類絶少[2]，此事至中唐而復盛。

史書中往往記立碑事，散見各篇，未有輯録之者。台灣"中央圖書館"藏清毗陵陸雅浦《諸史碑銘録》一本手稿未刊。但僅録《晋書》、元魏、新舊《五代史》部分，令人失望。現存古碑，爲數不多，故已佚之碑目，對於考史亦有絶大幫助。

武周時碑刻，以嵩山地區而論，據康熙間嵩人景日昣所作《説嵩》卷十四金石類，又有下列各碑，爲上所未舉者：

[1] 參李宗蓮《懷岷精舍跋尾》中襄陽《張氏九墓志跋》。

[2] 史語所藏〇〇九三四號爲唐宣州刺史陶大舉《德政碑》，僧靈廓撰，陶德凱正書，在安徽當塗。永昌元年三月十三日立。即一例外。

（一）**《周封中岳碑》** 見鄭樵《金石略》。相王旦書。屠隆《辨帖箋》云："《同封中岳碑》，薛稷書。"

（二）**《降禪碑》**《嵩山志》："《大周降禪碑》，立於嵩頂，李嶠撰，今亡。"

（三）**《石記》** 歐陽修《集古録》："武后封禪處，有《石記》，戒人游龍潭者，勿妄語笑以黷神龍。"

（四）**《朝覲壇記》** 后命崔融作，今碑不存，文亦無傳。

（五）**《中岳靈廟碑》** 在中岳廟内。有"大周聖命……遣金台觀主馬元貞往五岳四瀆□□作功德"語。

（六）**《幽林思》詩石** 歐公《金石録》："《幽林思》，武后時廬山林藪人韓覃撰。"鄭氏《金石略》："《幽林思》，嵩山詩，韓覃作。"

兹附記以備考。

武周重要碑碣，唐宋以來，多被人摧毁。《舊唐書·則天皇后本紀》："封洛水神爲顯聖，加位特進，并立廟。"《新唐書·后妃傳》："勒石洛壇左曰'《天授聖圖之表》'。及玄宗開元五年四月，以則天拜洛受圖壇及碑文，并顯聖侯廟初因唐同泰僞造瑞石文所建，令即廢毁。"（《舊唐書·玄宗記》上）他若武士彠碑（長安元年十二月立，李嶠撰，相王旦書。武后追尊士彠爲無上孝明皇帝），高大非人力所及，唐時已傳言碑上"武"字爲人鎸去（《金石録》）。

若《升中述志碑》，據《説嵩》十四於武后《緱山碑》條之下，引《宣政雜録》云："在嵩山下。政和中，河南尹上言請碎其碑，詔從之。今碎碑在府店西，或曰即《升中述志碑》（此武后自撰，相王旦正書），土人相誡不敢移動，予於康熙三十五年丙午歲，至碑所，觀其制度，與嵩陽《紀聖德碑》相類，其高大亦相仿，字爲八分書。"（武億《偃師金石志》同）又武后之《述聖紀碑》（武后御製，中宗正書），立於乾陵，明時倒仆，折爲數段（《石墨鎸華》）。此碑以七大石疊成，俗稱七節碑，共四六行，行一二〇字，共八千字，其石來自于闐，填以金屑（林侗《來齋金石刻考略》）。1957 年，陝西文化局已將該石復原，現存文字，賀梓城有文詳記之（《文物》，1961(3)）而《順陵碑》亦毁於明代。（碑首曰“《大周無上孝明高皇后碑銘》”。《鐫華》云：“碑已仆於乙卯之地震，而亡於縣令之修河。”）此武周碑刻之厄，亦唐代文化史之損失也。[1]

八、結語

綜觀武后爲人，有特殊之生理及過人之精力，而又好大喜功。其重視禎祥封禪，喜更易年號，有似漢武；而屢加尊號（如由聖神皇帝至加“越古金輪”之稱）[2]，改正朔，重時日，則甚似王莽，蓋兼有漢武王莽之雙重性格。以文學、書法、著述而論，才調之高，古今更罕有其匹。[3]

其人本無堅定之宗教信仰。先以神皇自居，繼又自比於轉輪王，特攘借釋氏之號，妄自尊大而已。早年重儒術，登極時，利用佛典爲符讖，雖出僧徒輩與薛懷義等之謀，然后之思想早已有“金輪”二字，形之吟詠。晚歲多病，轉而好言長生久視之術，嵩山、緱嶺遂成游幸之地。武承嗣求爲皇子之策，終不接受，實仍心存唐室，故卒能“復子明辟”，於高宗遺志，始終恢皇而張大之。觀《述聖之記》，

[1] 參《唐順陵勘查記》，載《文物》，1964(1)，中華書局印有明拓順陵碑全本。

[2] 加尊號事，見《封氏聞見記》卷四：“秦漢以來，天子但稱皇帝，則無徽號。則天垂拱四年得瑞石於洛水，文曰：‘聖母臨人，永昌帝業。’號其石爲寶圖，於是群臣上尊號，請稱‘聖母神皇’，後加‘慈氏越古天册金輪聖神’等號……則天以女主臨朝，苟順臣子一時之請，受尊崇之號，自後因爲故事。”

[3] 清陸繼輅有題武后自書夜宴詩墨迹句云：“煌煌萬歲通天字，天假長年竟何意。若論剖决萬幾才，孱子誠難付神器。”（《崇百藥齋文集》卷八）所評極是。

及繼爲明堂封禪之制，皆高宗未竟之業。其《升中述志碑》，立於嵩山之頂，惜爲宋人所毁碎，遂使后之本志，不能大明於後代，爲可慨也。又所著各書，如《三教珠英》等，均已失傳，無從詳考后之三教思想，更爲可惜。然后之舉措，規模宏大，如明堂、封禪、九鼎之類，仍秉承儒術之傳統。晚歲至欲牢籠三教，其思想及信仰，自非釋、道之所能囿也。

補記

近年（1954）四川廣元縣皇澤寺發見孟昶廣政二十二年《蜀利州都督府皇澤寺唐則天皇后武氏新廟記》，文云："父士彠爲督於是□□（按疑所缺即'州生'二字）后焉。"《蜀中名勝記》引《九域志》："武士彠生武后於此。因賜寺刻其真容。"[1]武后生於四川，父士彠時正在利州（廣元）任内。岑仲勉認爲皇澤寺之修建，不足爲武后早歲曾爲尼之證。（見岑著《通鑑隋唐紀比事質疑》"則天壽八十二"條。）武威喇嘛灣出土唐武氏墓志，可考武后去世以後武氏在西北之宗族。

原載《選堂集林·史林》，香港，中華書局，1982年

吐魯番出土《武周康居士寫經功德碑》，近時榮新江研究，對探討武周政權，與在華胡人關係頗有裨益，附記於此。

[1] 《文物參考資料》，1956（5）。

天神觀與道德思想

本文是一種嘗試，題目雖然是“天神觀與道德思想”，但討論牽涉所及，相當廣泛，可能是中國古代思想史上“從宗教到哲學”（from religion to philosophy）的主要問題。過去探討西方思想的起源（origion of western speculation）權威的著述，像F. M. Cornford的著作，從希臘文獻中片段的記録，整理出一條綫索，指出西方思想上科學的（scientific）與神秘的（mystical）兩個傳統，和自然、神、靈魂幾個重要觀念的來歷，可給我們作爲借鏡。他的書中，有時談到中國的陰陽資料，可惜只限於De Groot，*Religion of the Chinese*（New York, 1910）一書，可以説完全没有用處。我們現在研究這一方面的問題，有時亦不得不借取一些西方的資料來作比較。對於某種抽象問題，易於明了和掌握到重點，在采用上必須比較謹慎。同時，本國方面的文獻，尤其是經典的材料，鑒於過去一些學人往往有斷章取義的毛病，本文對於原文語義上的了解，力求其妥當，盡量避免誤解，像引用《尚書》《左傳》上的文字，每拈一義，必求其在上下文裏得到貫串，經過多次反覆斟酌，才確定它的含義。因此，一些材料有許多説明和看法，都和過去不同，這一寫作態度，應該事先加以説明的。

西方道德起源的問題，像命運（destiny）和法則（law）的關聯性，一般研究的結果，以希臘人思想爲例，可追溯到泰勒斯（Thales）的水爲萬物源之説。“水中有靈，神無不在。”已提出上帝（God）或精神（spirit）、靈魂（soul）兩個觀念[1]，按《管子·水地》篇已説：“水者何也？萬物之本原也。”《水經注》酈道元序，認爲水爲物先。又引（郭□）《玄中記》：“水之爲物，澤合靈宇，神莫與并。”其説可相比方。

希臘第一位宗教詩人 Hesiod 屢屢言及“自然是道德的”（Nature is moral）。他告訴我們，爲善則受福利，爲惡必獲天譴的道理。Oedipus 的亂倫，終受到巨大的灾害。民之失德，天降荼毒。[2] 古代希臘哲人的信念，認爲“天秩”正是一個道德規範。[3] 這和我國古代“天道福善禍淫”（《湯誥》）的思想，是非常接近的。

在吾國，德字已在殷代文獻中出現。《書·盤庚》説：“肆上帝將復我高祖之德，亂越我家。”“高祖”是指成湯而言；祖德的恢復，是出於上帝的意旨與力量，可見當時已認識德和天帝的堅强聯系。這種道德與天神結合的觀念，發軔於很早的時期了。

一、帝與天神崇拜的起源

至高無上謂之天。人既有知識，舉目所見，莫大於天，因而發生敬天思想。對於天的敬畏，是出於自然的。東西各地之上世宗教，莫不以拜天爲共同信仰。[4] 殷代卜辭所見帝字極多，皆指天帝而言。帝賦有全能，日月星辰、風雲雷雨，都出於帝的命令；至於水旱豐歉，亦

[1] 原文英譯大意：The ultimate “nature” of all things is water, and that the universe is alive-has soul in it-and is full of spirits or gods.（F.M.Cornford，*From Religion to Philosophy*,p.4.）

[2] All nature is poisoned by the offence of man.（同前，p.5。）

[3] Order of nature is a moral order.（同前，p.6。）

[4] 文廷式《純常子枝語》二十八（21 頁）：“東西各邦宗教，上世同以拜天爲宗旨。”文氏又云：“人生既有知識，則舉目所見，莫大於天。即使不出一源，而敬天祭之，必無異議。”

由帝所控制。帝是殷代最高的統一至神，可説當時已有很具體的神明思想。《商頌 · 玄鳥》:“古帝命武湯，正域彼四方。”這裏的帝，自然指天帝而言。王位的更替，亦由帝的命令所指使；人間世的政治和自然界一樣，都要本着帝的命令來決定的。[1]

卜辭所見風雲，有時亦加以帝號。如雲稱帝雲[2]，風稱帝風或帝史(使)風[3]。“帝”同時是祭名；帝祭四方謂之“方帝”[4]。帝是最高的神明(Super God)，撫有四方。殷人祭於四方的風神，亦舉行“帝祭”。可見殷卜辭的最高天神是“帝”。帝的威力左右人間的禍福。自然界在氣象上的變化和農作物的豐歉，都可由帝的命令來決定。帝是負有保護和破壞二方面的職能的。

卜辭所見諸殷王，像高祖王亥，但稱爲王。到了後期才有文武帝、文武帝乙(陝西周原近出卜甲)、帝辛等號。卜辭中稱上帝的，只有下列諸條：

卜爭□上帝降莫。[5](武丁卜辭)

兄……(貞)上帝……出。[6](庚甲卜辭)

叀(惟)五鼓上帝，若。王〔受〕又二。[7](廩康卜辭)

有稱“王帝”的，見於祖庚、祖甲卜辭：

□□壬卜曰：兹下若，丝𣎳於王帝。[8](庚甲卜辭)

---

[1] E.O.James《史前宗教》中 Sky-religion 章，204~227 頁。

[2] “貞帝於帝雲。”見《續》二，四，一。

[3] “辛未卜帝風不用雨。”見《佚》二二七。“帝史(使)風。”見《通》三九八。

[4] “方帝”見《前》七，一，一；《前》四，一七，五。

[5] 《南 · 師》一，三一；《續存》上一六八。

[6] 《後》上二八，一四；《通》三六八。

[7] 《甲》一一六四。

[8] 《續存》上一五九四。

貞：隹王帝人不若。

……爯王帝，今曰……[1]（廩康卜辭）

帝在第二、三期的卜辭中，已由天帝轉移到人帝身上，因而出現了“王帝”一名。

“天”的觀念在甲骨文中所見，没有“帝”的地位那麽重要。有人統計“天”字，在卜辭中出現很少，以證“天”的地位之提高，乃出於周人，有如羅馬之以 Jupiter 代替希臘之 Zeus。[2] 殷代後期像武乙之射天，爲偶人謂之天神，仰而射之。[3] 似乎可以作爲對“天”輕蔑的旁證。雖然周人對天的崇拜加强，但對上帝的觀念并没有貶低。西周文獻中，上帝與天有時可以换位，師訇毀“肆皇帝亡哭，臨保我氒雩四方”句，毛公鼎作“肆皇天亡斁”；《文侯之命》：“惟時上帝集厥命於文王。”而毛公鼎云：“惟天𦭢集厥命。”一作“上帝集命”，而一作“天集厥命”。周人仍祀上帝；武王時器天亡毀云：“事喜上帝。”昭王時㝬鐘：“隹皇上帝百神，保余小子朕猷，有成亡競。我隹司配皇天王。”同一器銘中“皇上帝”與“皇天王”同時出現。而周公毀銘云：“克奔走上下帝。”上下帝應該是指天上的上帝和地下的王帝。其他樂器像猶鐘説：“先王其嚴，在帝左右。”郤王義楚鍴云：“用亯於皇天及我文考。”文考配天，可以在天帝的左右，所以上下帝都是人們奔走祭享的對象。天帝和王帝合起來便是上下帝。周器有“上下帝”的稱謂，可見他們并不是把“天”來代替“帝”。在西周人的

[1] 《續》四，三四，八；《南·誠》七五；《寧滬》一，五一五。

[2] H.G.Creel 即持此説，見 *The Origins of Statecraft in China*。黄俊傑譯《天神的源流》（載《大陸雜志》四五，四）。

[3] 《殷本紀》記帝武乙無道，爲偶人謂之天神，與之博，令人爲行。天神不勝，乃僇辱之。爲革囊盛血，卬而射之，命曰射天。Granet 曾揭舉此一例，同樣的情形，如達拉斯人，每逢閃電行雷，便含恨向天亂射，欲以箭使上帝服從。法國蒙田 Michel de Montaigne 在他的《散文集》中謂靈魂缺乏真正對象時，把情感附托在假的對象之上，便拿這個道理來解釋。

觀念裏，帝與上帝支配着人們，地位仍是非常重要。不特彝銘所見如此，周初誥命所見帝庭、上帝命、上帝耿命、皇天上帝、敬事上帝、上帝監民一類的詞句，層見疊出。[1]《康誥》説出由於文王修西土，冒聞於上帝，所以上帝降休，天乃大命文王，殪戎殷誕受厥命。《立政》述成湯陡大厘上帝之耿命，後來帝降罰之，乃以周式商受命。朝代的更迭，都是秉承着上帝的意旨。從周初文誥上所見“上帝”告誡的情形來看，周人立國，并没有對最上神的“帝”加以蔑視，可以斷言。上帝和天，在後來儒家經典注釋者都認爲“上帝者，天之别名也。”這一説法是没有問題的。[2] 陝西臨潼縣新出西周最早武王時器的利簋上説：“珷征商，隹甲子朝，歲鼎（貞）克聞，夙有商。”“克聞，夙有商”一句，和《康誥》的“冒聞於上帝……殪戎殷”意思很是相近的。伐商之舉，爲上帝所聞知，故甲子一戰，遂很早得有商地。殪戎殷正由於上帝的命令。可見周人秉承上帝的情形，上帝和天二者并無軒輊於其間。

二、殷周文字中所見的“德”

“德”字原已見於殷卜辭。新訂本《甲骨文編》重定“”及“”爲德字[3]，蓋據羅振玉説，謂借爲得失字。甲骨刻辭所見習語像“㞢（有）德”[4]，“亡德”[5]，讀爲有得、亡得，似無不可。卜辭如“庚辰卜

[1] 參見本文附録一：《周初誥命所見“上帝”表》。

[2] 帝與天同義同用説，參池田末利氏《釋帝與天》。《封禪書》裴駰《集解》引鄭（玄）《孝經注》：“上帝者，天之别名也。”

[3] 新《甲骨文編》，74 頁。

[4] 《屯乙》九○七。

[5] 《屯乙》三七五。

王貞，朕德㫄。六月”[1]，這德字從行；㫄字下從方，可以釋爲旁字[2]，旁義爲“溥”(《説文》)、爲“大”(《廣雅》)，此辭讀爲“朕德溥”，亦自可通。

《盤庚》三篇，屢見“德”字，如荒德、爽德、凶德，皆違背德的反面語；而實德、積德、敷民德，則是對“德”的肯定；又説上帝將恢復高祖之德，把德推到先王之上，顯然和周人的恒言“型先文祖共明德”一類辭句正是銜接的。而《高宗肜日》言“若德”“正厥德”和盂鼎的“正德”，毛公鼎的“先王若德”，亦是同樣的成語。德的觀念在殷代應該出現，我們實在没理由加以否認的。

“德”字在西周金文中，重器如克鼎、盂鼎、班毀均已見之。在西周初期，“德”字亦使用作人名。成王時器皿德鼎，形制龐大，其中三件鐫着周王對德賜貝的銘文，一件是對叔德的賞賜。德和叔德，可能是同一人。如周公旦亦稱叔旦，叔德正以“德”爲名，可以反映周初對德觀念的重視。

西周經典，每每以“德”叮嚀地儆戒人們，《康誥》《召誥》《君奭》《立政》諸篇[3]，言之再四。而金文所見德字[4]，尤不一而足，其間套語、慣語與經典可以互證，有如下列：

	經典	彝銘
中德	《酒誥》:“作稽中德。”	蔡侯鐘
元德	《酒誥》:“玆亦惟天若元德。”	番生毀、曆鼎
經德	《酒誥》:“經德秉哲。”	者沪鐘（作“瀊德”）、陳曼簠
敬德	《召誥》《無逸》《君奭》	班毀

---

[1] 《屯甲》二三〇四。

[2] 《説文》古文旁字有作[illegible]的。

[3] 參見本文附録二:《商、周〈書〉所見“德”字摘録表》。

[4] 參見本文附録三:《金文“德”字表一、二》。

秉德	《君奭》	善鼎、伯㦰𣪘、晋公𥂴
明德	《多方》《梓材》《文侯之命》	叔向𣪘、大克鼎、秦公𣪘、虢叔鐘

由上可見“秉明德”一成語，在周的舊疆到春秋時仍很盛行，虢國、秦國、晋國都習用之，秉承先王的明德，一點也不敢荒寧懈怠。至“穆穆秉德”一慣語，則已見西周井人妄鐘了。

齊、徐器上“政德”一詞，則因襲盂鼎的“玟王正德”，政即是正。《晋姜》稱“巠雍明德”，和盂鼎的“敬雍德”當有關係，雍是和的意思。“巠德”，越鐘作“𣻍德”，陳簋作“經德”，即是常德，“𣻍”爲巠的繁體，《左傳 · 哀公二年》之“經德義”，《孟子 · 盡心》之“經德不回”，“經德”二字，有其長遠的來歷。嗣子壺的“屯德”出伯㦰𣪘的“前文人秉德共屯（恭純）”。屯德，即是純德，即《詩》所云“文王之德之純”也。

三、畏天威與敬德觀念的確立

敬和德二字聯成一詞，屢見於《周書》。《召誥》：“嗚呼！天亦哀於四方民，其眷命用懋，王其疾敬德。……王先服殷御事，比介於我有周御事。節性，惟日其邁。王敬作所，不可不敬德。……唯不敬厥德，乃早墜厥命。……王乃初服。嗚呼！若生子，罔不在厥初生，自貽哲命。今天其命哲、命吉凶、命曆年。知今我初服，宅新邑，肆惟王其疾敬德。王其德之用，祈天永命。”《無逸》：“嗚呼！厥亦惟我周太王王季，克自抑畏。文王卑服，即康功田功。徽柔懿恭，懷保小民，惠鮮鰥寡。……自殷王中宗，及高宗、及祖甲、及我周文王，兹四人迪哲……則皇自敬德。”《君奭》：“其汝克敬德，明我俊民在讓，後人於丕時。”西周班𣪘：“隹民亡徣，才（在）彝。丕（昧）天令（命），故亡。允才（哉）顯唯敬德，亡逌（攸）遠。”這些都是周人的名言。昧天命則可招致滅亡，故必保持敬德。

大盂鼎：“今余隹令女盂，卲燮敬雝（雍）德，巠敏，朝夕入（納）讕（諫），亯（駿）奔走，畏天畏（威）。”則稱“敬雍德”；雍，和也。毛公鼎：“女毋敢家（墜）在乃服，圝夙夕，叀（敬）念王畏（威），不賜。”《周書·顧命》：“在後之侗，敬迓天威，嗣守文、武大訓，無敢昏逾。”這裏則云“敬念王威”“敬迓天威”。建立王威，是必須敬畏天威的。

董仲舒《對策》嘗説道：“天人相與之際，甚可畏也。”《春秋緯》亦云：“天之與人昭昭著明，甚可畏也。”漢代天人相與之説十分發達，這種“畏天”的思想，萌芽甚早，《詩》《書》及金文所見，材料尤多。《雅》《頌》中言及畏天的，如：

> 旻天疾威。……如何昊天……胡不相畏，不畏於天。（《小雅·雨無正》）
>
> 旻天疾威，敷於下土。（《小旻》）
>
> 昊天已威，予慎無罪。（《巧言》）
>
> 不愧於人，不畏於天。（《何人斯》）
>
> 我其夙夜，畏天之威，於時保之。（《周頌·我將》）

西周訓誥，上天降威之語，尤不一而足。現摘録如下：

> 今我民罔弗欲喪，曰：天曷不降威；大命不摯，今王其如台。（《西伯·戡黎》）
>
> 予不敢閉於天降威。用寧王遺我大寶龜，紹天明。……天降威，知我國有疵，民不康。（《大誥》）
>
> 惟天降命，肇我民，惟元祀。天降威，我民用大亂喪德，亦

罔非酒惟行。（《酒誥》）

我有周佑命，將天明威，致王罰，勑殷命終於帝。……惟我下民秉爲，惟天明畏。（《多士》）

我亦不敢寧於上帝命，弗永遠念天威越我民；罔尤違，惟人。……有殷嗣天滅威……後暨武王，誕將天威，咸劉厥敵。……告汝，朕允保奭，其汝克敬，以予監於殷，喪大否，肆念我天威。（《君奭》）

天惟求爾多方，大動以威，開厥顧天。（《多方》）

簡孚有衆，惟貌有稽。無簡不聽，具嚴天威。……今天相民，作配在下。……永畏惟罰，非天不中，惟人在命。天罰不極，庶民罔有令政在於天下。（《吕刑》）

漢人認爲“敬”是殷教，《白虎通·三教》篇云：“殷人之王教以敬，其失鬼，救鬼之失莫如文，周人之王教以文。”又云：“殷人教以敬，故先祭器，敬之至也。”《殷本紀》引《湯征》：“湯曰：汝不能敬命，餘大罰，殛之，無有攸赦，作《湯征》。”以敬爲殷教，似亦非無所本。《周本紀》記武王入紂宫，尹佚策祝曰：“殷之末孫季紂，殄廢先王明德，侮蔑神祇不祀，昏暴商邑百姓，其章顯聞於天皇上帝。”一本作“皇天上帝”，《逸周書·克殷解》作“昊天上帝”。此時“天”與上帝結合爲一。廢除明德被列爲紂的大罪。《墨子·非樂上》引湯之官刑，尹佚責殷：“上帝弗常，九有以亡；上帝不順，降之百殃。”九有的意思，正如九州、九縣[1]，指的是天下。《墨子》所引如果真出於殷人的刑書，則上帝對有國者的懲戒，早已著之殷人的簡册了。

《大戴禮·武王踐祚》謂黄帝、顓頊之道，在於丹書，引道書之

[1] 參見范曄：《光武紀贊》。

言云：“敬勝怠者吉，怠勝敬者滅；義勝欲者從，欲勝義者凶。”《尚書緯·帝命驗》云：“季秋之甲子，赤爵銜丹書入於豐，止於（姬）昌户，其書曰：敬勝怠者吉云云。”又見《六韜·明傳》篇，可見“敬”一詞來源之遠。《楚語》：“敬恭明神，以爲之祝……天地……各司其序，不相亂也。民是以能有忠信，神是以能有明德。民神異業，敬而不瀆。”民之主敬，所以與神保持距離。至“遠乎鬼神”，而仍須持敬。若《論語》云：“務民之義，敬鬼神而遠之。”即其明證。《楚繒書》云：“毋弗或敬，隹天作福，神則各之；隹天作𠂆（祆），神則惠之，□敬隹儀，天像是惻。成爲天□，下民之戚，敬之毋戈（忒）。”其告誡尤爲殷切，是知“敬”之觀念，與事神有莫大關係。

《詩》大序：“成孝敬。”孝與敬二者相對爲文。敬與祭祀關係之深，在《禮記》亦有明文。《祭義》云：“（祭）煩則不敬。”《祭統》云：“天子、諸侯，莫非耕也；王后、夫人，莫非蠶也。……身致其誠信，誠信之謂盡。盡之謂敬，敬盡然後可以事神明，此祭之道也。”又云：“天子藉千畝，婦繅絲養牲爲祀，以祭先王、先公。”《鄉飲酒義》：“聖立而將之以敬曰禮，禮以體長幼曰德。德也者，得於身也。”以得訓德，以敬德爲禮的基本。

周人的克殷，正是一股新勢力，有如波斯之滅巴比倫；周人有他們立國的新觀念，“敬德”便是把殷教推進了一步。“敬”是對“天”的尊崇，而德爲立人的本體；敬是畏天威的表現，盛德是完美的威儀，亦是效法於天帝的。班固在《典引》上説：“洋洋若德，帝者之上儀。”雖語出自漢人，其義必遠有所受，可無疑義。

《周頌》有《敬之》一篇云：“敬之敬之，天維顯思，命不易哉！無曰高高在上，陟降厥士，日監在兹。”老天時時在看着人們的行動，不可不“敬之敬之”。《召誥》且言：“節性，惟日其邁。王敬作所，不可不敬德。”性是生之理，節制血氣之性，而邁進於德。敬德須節其性，方有進德之日。召公再三垂誡，認爲夏、殷二代因爲“不敬厥德，乃早墜厥命”，“王其德之用，祈天永命”。故能敬則得天佑，否則遭殃。從《詩》《書》的資料看來，“敬德”是西周道德哲學的中心觀念。

“敬”字的意義，根據《周書·謚法》，解作“夙夜警戒”的意思。《大學》引《湯之盤銘》：“苟日新，日日新，又日新。”清儒多説“苟日新”的“苟”字，即是《説文》訓自急敕的苟[1]；金文盂鼎的[illegible]，即是“敬”的省體，所以湯盤的“苟”即“敬”字。“苟日新”即“敬日新”。《説文》：“敬，肅也。”肅下云：“持事振敬也。”《釋名》：“敬，警也；恒自肅警也。”“敬日新”即是日惟肅警，不敢縱逸之意。可知殷人本亦主敬。敬是舊義，周人更加强調起來。敬應當是在行動中保持警惕，所以敬亦作儆。《魯語下》云：

> 夫民勞則思，思則善心生；逸則淫，淫則忘善，忘善則惡心生。沃土之民不材，淫也；瘠土之民莫不向義，勞也。是故天子大采朝日，與三公九卿，祖識地德，日中考政，與百官之政事，師尹惟旅、牧相宣序民事。少采夕月，與太史、司載糾虔天刑。日入監九御，使潔奉禘郊之粢盛，而後即安。諸侯朝修天子之業命，晝考其國職，夕省其典刑，夜儆百工，使無慆淫，而後即安。卿大夫朝考其職，晝講其庶政，夕序其業，夜庀其家事，而後即安。士朝而受業，晝而講貫，夕而習復，夜而計過無憾，而後即安。自庶人以下，明而動，晦而休，無日以怠。

這一席話出自魯大夫公父文伯歜之母穆伯妻敬姜之口，爲千古名

[1] 參見孫志祖：《讀書脞録》，阮元：《揅經堂續集·釋苟》，陳立：《釋苟》，薛壽：《學詁齋文集·釋苟》，陳槃：《經義紀聞·苟日新》條等。

言，可看作《無逸》篇的注脚。她解釋朝日是要習（祖）知（識）地德，夕月是要共（糾）敬（虔）天刑（法）。據韋昭注“地德所以廣生”：“言天子與公卿，因朝日以修陽政而習地德，因夕月以治陰教而紀天刑。日照晝，月照夜，各因其明以脩其事。”大采朝日，服用五采，在春分舉行；少采夕月，服用三采，在秋分舉行。大采、少采的服色，向來有不同的説法，今不深論；但卜辭已見大采、小采之名[1]。敬姜所謂朝日識地德，日中考政；夕月敬天刑（法），此天子之事。而諸侯亦要晝考、夕省、夜儆，“惟日孳孳”，明動晦休，“自朝至於日中昃，不遑暇食”。這樣勤勞認真的工作，即是《召誥》所謂“敬德”。是周人所提倡的勤勞的“敬”，和宋人主静的敬，實在是不相同的。春秋很多名人對“敬”都有精警的解説，如云：

敬，德之聚也；能敬必有德，德以治民，君請用之。（白季贊冀缺語，《左傳·僖公三十三年》）

又每每把“禮”與“敬”對待爲言，例如：

禮，國之幹也；敬，禮之輿也；不敬則禮不行，禮不行則上下昏，何以長世？（内史過責晋侯受玉惰，《左傳·僖公十一年》）

又：

禮，身之幹也；敬，身之基也。（孟獻子責郤錡不敬語，《左傳·成公十三年》）

[1] 《小屯》乙編一二：“大采日，各云自北。”又一六：“大采雨自北征……”《佚》二七六：“今日小采，允大雨。”可證。大采、小采乃春、秋分行朝日、夕月之禮，而有雲、雨，故記其異。

不敬便是惰,(《説文》:“惰，不敬也。”)周人認爲不但對上要敬，對下亦要敬，所以説:

> 敬，民之主也；而棄之，何以承守！(穆叔論敬不可棄，《左傳·襄公二十八年》)

敬是德的基礎；人身以禮、敬爲本，“無禮則身不立，不敬則身不安”。(《漢書·五行志》顔師古注)這些可説是對西周“敬德”的進一步的闡釋。可見“敬”之爲教，沾溉之遠了。

四、天命説下的政治與道德之關聯

“帝命”即是天命，帝王興替即決定於天命。自周代殷以後，天命與王位遂成爲密切的聯系，於是有“受命説”之興起。《召誥》云:“嗚呼！皇天上帝，改厥元子兹大國殷之命。惟王受命，無疆惟休，亦無疆惟恤。嗚呼！曷其奈何弗敬！”《大誥》:“矧曰其有能格知天命……敷賁。敷前人受命，兹不忘大功。……已！予惟小子，不敢替上帝命。天休於寧(文)王，興我小邦周，寧王惟卜用，克綏受兹命。……爽邦由哲，亦惟十人迪知上帝命。……爾亦不知天命不易。……肆朕誕以爾東征。天命不僭，卜陳惟若兹。”三監及淮夷之叛，周公奉成王命東征，作此以申天命。這説明周所以應當代殷而有天下的道理，在《詩》《書》及彝器，屢見這種告誡之詞。《酒誥》之“明大命於妹邦”，毛公鼎、單伯鐘云“勞堇(勤)大命”，及“醽貉(恪)大命”，大命即是天命。《書·盤庚》云:“恪謹天命。”已成爲一種套語。由於帝位的轉移，故有“天命靡常，匪懈”之説，像“帝命不時”，“侯服於周，天命靡常”(《文王》),“天命匪解”(《周頌·

桓》），“維天之命，於穆不已”（《詩 · 清廟》），見於《雅》《頌》，不一而足。至漢人更造爲王者受命之論。班彪著《王命論》稱漢高祖之興有五因，東漢傅幹著《王命叙》[1]，論世祖之興有四事，下至隋李德林作《天命論》，已是陳陳相因了。

“天命靡常”的道理，在春秋戰國時有重要的發揮。《左傳 · 僖公五年》宫之奇諫伐虢：“臣聞之。鬼神非人實親，惟德是依。”故《周書》曰：“皇天無親，惟德是輔。”杜注：“《周書》，《逸書》。”屈原作《離騷》，有云：“皇天無私阿兮，覽民德焉錯輔。夫惟聖哲以茂行兮，苟得用此下土。”王逸謂：“皇天神明，無所私阿。觀萬民中有道德者，因置以爲君，使賢能輔佐以成其志。”是惟有德者乃能奄有天下。《康誥》警告小子封曰：“惟命不於常，汝念哉！無我殄。”故必須踐德，乃克獲天之助。人主承受天命，是因爲他有德，而且還不懈地去實行，故天與之助力。班𣪘言：“惟民之徣，在彝。”“在彝”一語，可以《詩 · 大雅 · 烝民》“民之秉彝，好是懿德”解之。彝是“常”，所謂“彝倫攸叙”（《洪範》），是道德的秩序。此彝德不特人主爲然，一般臣民亦應該具有之。不敬的結果，是“棄命而取禍”，即失去他受到天地生育的和氣，而不能定命。《左傳 · 成公十三年》劉康公對成子受脤於社之不敬行爲，且有一段議論云：“吾聞之：民受天地之中以生，所謂命也，是以有動作禮義威儀之則，以定命也。能者養之以福，不能者敗以取禍。是故君子勤禮，小人盡力，勤禮莫如致敬，盡力莫如敦篤。敬在養神，篤在守業。國之大事，在祀與戎；祀有執膰，戎有受脤，神之大節也。今成子惰，棄其命矣，其不反乎！”劉康公所説“民受天地之中以生”，即是所謂“命”。“中”即《書 · 湯誥》“降衷有恒性之衷”，《廣雅 · 釋詁》：“衷，善也。”[2]

[1] 傅燮子，入魏。文見《全後漢文》卷八一。
[2] 王念孫説。參見《春秋左氏傳舊注疏證》，884 頁。

定命的條件，是行爲上動作威儀之則。所謂“則”，亦是《大雅》“天生烝民，有物有則”之則，可説是人的紀律。在君子方面，要勤禮去致敬以養神。養神的任務便是祭祀，這是國之大事的一端。《後漢書》荀爽對策：“昔者聖人建天地之中而謂之禮，所以興福祥之本，而止禍亂之源也。”荀氏用《左傳》此文而説“天地之中而謂之禮”。致敬在於養神，可見敬是本於祭祀，此其所以爲禮也。不敬即惰，成子惰，故有棄“命”之譏。

“定命”一詞，原見於《詩》。《抑》云：“有覺德行，四國順之。訏謨定命，遠猶辰告。敬慎威儀，維民之則。”劉康公説“動作禮義威儀之則”以“定命”，《抑》詩言遠大謨略以定命，亦必本於敬慎威儀，然後可爲民之楷則，意思是相承的。

春秋以來，“天命觀”每每從政治轉移到道德行爲方面。《穀梁傳》云：“人之於天也，以道受命；於人也，以言受命。不若（順）於道者，天絶之也；不若（順）於言者，人絶之也。臣子大受命。”（《莊公元年》）《穀梁傳》提出對於天則用“道”來受命，於人則用“言”來受命。“道”與“言”的重要性，正是貫徹“命”的兩種工具，這是很新鮮的説法了。把“命”的含義從“天”擴展到“人事”和“言辭”方面來，這是進一步的發揮。古有“受命”之禮，《周禮·大宗伯》云：“王命諸侯則儐之，是來受命。”故人臣以受命之禮爲重大之事，王命有如天命，不可輕怠視之。不順於道，則天絶之；不順於言，則人絶之。天以道天命，故天道是絶對的。吴王闔廬之被弑，吴季札至曰：“苟先君無廢祀，民人無廢主，社稷有奉，國家無傾，乃吾君也，吾誰敢怨？哀死生事，以待天命。”（《左傳·昭公二十七年》）處大難之中，既非人力所能爲，乃抱一種安命無怨的態度。後來《中庸》引孔子言：“居易以俟命，無入而不自得。”居易是處常，和季札居危的情形正相反，但期待“命運”的決定則是相同的。郲文公卜遷於繹，其史曰："利於民而不利於君。" 邾子曰："苟利於民，孤之利也。天生民而樹之君以利之也；民既利矣，孤必與焉。" 左右曰："命可長也，君何弗也？" 邾子曰："命在養民；死之短長，時也。民苟利矣，遷也，吉莫如之。"（《左傳 · 文公十三年》）杜注："文公以百姓之命爲主，百姓之命乃傳世無窮。" 邾子不理對己之不利，認爲一己之命不足計較，而養民實爲天命之所在，能捨私命而求大命，可謂真能知命者。後來孔子因言 "知天命"，"樂天知命故不憂"，而孟子亦言："夭壽不貳，修身以俟之，所以立命。" 己命之修短不足計較，但修身以待之，則兼有季札、邾子之精神。這是春秋時人對於命的理論，因舉二事，以見其對儒家思想影響之一斑。

命運觀念，希臘人謂之 moira。在古詩人荷馬（Homer）史詩所述，天神乃要受到命運（destiny）的決定（moira above the God），而命運仍舊是要依據道德的（moira as moral），命運是超越於衆神能力之上的，神的行爲如果犯了錯誤，連 Zeus 也不能違反命運規定，亦要受到道德制裁的。

希臘在多神教孕育之下，其命運思想，是作爲限制所有無論神、人之個體力量的、負有道德任務的法令[1]。在吾國銅器彝銘所見天命的詞句，像 "勞勤大命" "豒恪大命" "惠弘天命" 等，如昧天命，則招致滅亡。叮嚀再四，充分表示一由上天確定的命運是絶對的，是出於上帝意旨而不可侵犯的。希臘人以多神立教，神與神之間尚有矛盾與鬥争，而殷、周之際，早已形成泛神，甚至超神的意識。上帝、皇上帝、皇天神、皇天上帝等名稱，都是一神的尊號，而 "天" 無異即上帝的别名。在發揮天命的力量，更富有權威，而天帝與道德配合起來，更爲鞏固而有意義。

---

[1] Moira as an ordiance which limits all individual power, whether human or divine; and moreover, that this ordiance is even more a decree of moral obligation.（同前，p.14 Cornford。）

《詩·周頌》:“維天之命，於穆不已；於乎不顯，文王之德之純。假以溢我，我其收之；駿惠我文王，曾孫篤之。”《毛傳》引孟仲子曰:“大哉天命之無極，而美周之禮也。”《箋》云:“天之道，於乎美哉！”訓穆爲美,《毛傳》訓純大。《箋》云:“純，亦不已也。溢，盈溢之言也。於乎不光明與！文王之施德，教之無倦已，美其與天同功也。以嘉美之道，饒衍與我，我其聚斂之，以制法度，以大順我文王之意，謂爲《周禮》六官之職也。”“純德”金文作“屯德”，善鼎及伯𢦚簋俱云:“虓（效）前文人秉德共屯。”其語略同“於穆”，見於金文，亦重言穆穆，或釋穆爲深奥（profound），謂天道深不可測，於義亦通。此頌的主要意義正在把天命與純德緊扣起來。新出土周共王器的師𩛥鼎云:“臣朕皇考穆穆王，用乃孔德□屯（純），乃用𢘅弘正乃辟安德。”又有“孔德”及“安德”二詞，德字在銅器出現十分多，原因是古代“賜祭器，正所以章有德”呢！[1]

五、作《易》之憂患心理與修德的建立

人類宗教的産生，源於對自然物的恐懼、驚異和失望，在心理上需要安慰與寄托，故宗教生於情，而學術出於智。宗教最普遍的意義是信仰。例如對於天象的敬畏，和人事的怵惕戒懼，都是這種心理的表現。《文中子·周公》篇云:“《易》之憂患，業業焉、孜孜焉，其畏天憫人，思及時而動乎？”這數語頗能道出作《易》的精神。《易·卦·系辭》之製作，説者謂出於文王。孔氏《周易正義》第四《論卦爻辭誰作》下云:

[1] 《史記·衛世家》:“成王舉康叔爲周寇，賜衛寶祭器，以章有德。”

> 其周《易·系辭》凡有二説：一説所以《卦辭》《爻辭》，并是文王所作。知者，案《系辭》云：“《易》之興也，其於中古乎？作《易》者其有憂患乎？”又曰：“《易》之興也，其當殷之末世，周之盛德耶？當文王與紂之事耶？”史遷云：“文王囚而演《易》。”即是作《易》者其有憂患乎？……二以爲驗《爻辭》多是文王後事……《左傳》韓宣子適魯，見《易》象云：“吾乃知周公之德。”周公被流言之謗，亦得爲憂患也。

無論其辭作者爲文王抑或周王，都是生於憂患而著文垂訓。孔《疏》云：“若無憂患，何思何慮？不須營作。”“身既患憂，須垂法示於後，以防憂患之事，故《系》之文辭，明其失得與吉凶也。”故《系辭》下云：

> 《易》之爲書，不可遠爲道也。……唯變所適。其出入以度，外内使知懼。又明於憂患與故。無有師保，如臨父母。

外内使知懼，所以朝夕警惕，以求無過。《系辭》又云：“子曰：危者，安其位者也；亡者，保其存者也；亂者，有其治者也。是故君子安而不忘危，存而不忘亡，治而不忘亂，是以身安而國家可保也。《易》曰：其亡其亡，系於苞桑。”六十四卦都是修德防患的事，《系辭傳》於“作《易》者其有憂患”句下，列舉九個基本卦，皆以修德爲主：

履	德之基	和行
謙	德之柄	制禮
復	德之本	自知
恒	德之固	一德
損	德之修	遠害

益	德之裕	興利
困	德之辨	寡怨
井	德之地	辯義
巽	德之制	行權

這九卦卦義可以修德避患，故特指出，明爲德之所用。《周語》芮良夫曰："夫王人者，使神人百物無不得其極（正），猶曰怵惕，懼怨之來也。"曰怵惕者，《易·乾卦·九三爻辭》云："君子終日乾乾，夕惕若厲，无咎。"《疏》謂："君子在憂危之地，故終日乾乾，言每恒終竟此日，健健自强，勉力不有止息。夕惕者，謂終竟此日，後至向夕之時，猶懷憂惕。"這種怵惕的心理，正在養成"臨事而懼"的好習慣。讀《易》可以無過，必須保持内外使知懼之心，故能免咎。周公在《大誥》警告幼冲人應該"永思艱"，成爲永久的敕戒。

文中子言《易》有畏天憫人之心，畏天之降灾，致罰於人，故修德以防患。先憂而後樂，這種憂患心理，富有宗教情緒，但并非對神發生恐懼。S.Kierkegaard 著 *The Concept of Dread*，説明帶着原罪（original sin）的人類，對天灾的殘酷，在上帝面前怖慄地懺悔。中國古代無"原罪"的意識，故《易傳》的憂患心理與 dread 之心，有很大的距離。

《震》卦是重雷，爲十分驚怖的天象，故云："君子以恐懼修省。"不止恐懼，而是因恐懼而自我修省。《既濟》爲已渡到彼岸，但始終不認爲滿足，其《象辭》仍云："君子以思患而豫防之。"對於防患，始終不渝，這才是《易》的憂患心理。

《易》象的作者，在解釋各卦時，屢屢以"德"爲言，如《坤》象云："以厚德載物。"《蒙》象云："以果行育德。"《小畜》象云："以懿文德。"《否》象云："以儉德辟難。"《豫》象云："以作樂崇德。"《蠱》象云："以振民育德。"《大畜》象云："以多識前言德行，以畜其德。”《坎》象云：“以常德行習教事。”《晋》象云：“以自昭明德。”《蹇》象云：“以反身修德。”《夬》象云：“以施祿及下，居德則忌。”《升》象云：“以順德積小以高大。”《漸》象云：“以居賢德善俗。”《節》象云：“以制數度議德行。”六十四卦的《象辭》中有十四卦提到德字，大抵以進德、積德爲主，在不好的卦象，則意存警惕。《否》之儉德，《坎》之常德，《蹇》之修德，《節》之議德皆是。

《乾·文言》論乾，元、亨、利、貞爲四德。“四德”之名，見於《左傳·襄公九年》，史官解説穆姜筮得《艮》之隨䷐卦，謂穆姜“而與於亂，固在下位。而有不仁，不可謂元；不靖國家，不可謂亨；作而害身，不可謂利；棄位而姣，不可謂貞。有四德者，隨而無咎；我皆無之，豈隨也哉！”由其取惡，不能無咎。稱元、亨、利、貞爲四德，春秋時人已有此説。至於《乾卦》各爻的層次，《初九》保其龍德，《九二》言“德博而化”，《九三》言“忠信進德”，《九四》言“進德修業欲及時”，處處以德爲主題，故云：“君子以成德爲行，日可見之行也。”君子之成就在乎德行。《易·十翼》的作者結合“德”義來發揮《易》的真諦，以建立《易》的道德學。

六、時義思想的形成

“時”的觀念，在周《易》中有極重要的地位。《乾·彖》言：“六位時成。”六爻構成的層次，代表着不同的時會。《彖辭》上每説：“時之義大矣哉！”又如《既濟·九五》爻，象曰：“東鄰殺牛，不如西鄰之時也。”王弼注：“在於合時，不在於豐也。”所以時有“合時”之義。如何才能合時，是要“先天而天弗違，後天而奉天時”，“與四時合其序”。當然須依天行的規則來進行。

古者“日中爲市，致天下之民，聚天下之貨，交易而退，各得其所”（《系辭傳》），故“日中”是一日中最重要的時間。《豐》的卦辭説：“豐亨，王假之，勿憂，宜日中。”王之所至，以日中爲宜。《禮記·祭義》鄭注：“殷人大事以日中。”《書·無逸》説：“自朝至於日中、昃，不遑暇食。”周公自晨、午、昏，連吃飯都没有充分的時間，想見忙碌之至。殷代卜辭又作“中日”，如“中日至郭兮（曦）啓。”（《林》五四七）“中日至昃，其雨。”（《掇》，三九四）《墨子·經説》：“日中，缶（正）南也。”日中這一時刻，是太陽當值正南的時候，故被認作一日的中間定點。

“民之大事在農”（《周語》），故《堯典》以“敬授民時”爲重。希臘希西阿（Hesiodos）著《工作與時令》，爲 Boeotia 樸實農人之實地工作與日常生活的寫照。在吾國則有《月令》及《夏小正》一類之書。

甲骨文旹字，説者謂爲“之日”合文。《説文》：“古文時，從之日。”經典“時”字，除指 time 者外，尚有與“是”同用之例。《孟子》引：“夏諺：時日曷喪，予及汝偕亡。”時日即是日。《堯典》：“惟時柔遠能邇。”“惟時懋哉。”《詩·文王》：“有周不顯，帝命不時。”鄭注：“時，是也。”《般》：“敷天之下，裒時之對，時周之命。”時均訓是，可作指示代詞之“此”用。惟時 = 惟是，則時又可作係詞的“是”用。這種現象，近東亞述語（assyrian）在連接詞，每以 cī 字用爲 when，while。cī 正如漢語之“時”。希伯來的第五字母ה（Hē）用作指定冠詞（definite article）之“the”，亦作疑問詞，説者謂其與動詞“be”（音 ha-iah）有關[1]。這一情形和中國的時字用爲“是”=the 及 be，最爲相似。

“時”由“之日”二字會意。“時”字用作“是”，在語法上具有

[1] 參見 Hugh A.Moran & David H.Kelley，*The Alphabet and the Ancient Calendar Signs*, p.76。

冠詞的 the（此）和係詞的 be 兩種重要意義，因其具有肯定及指示作用。《尚書·皋陶謨》云：“百僚師師，百工惟時。撫於五辰，庶績其凝。”百官必依“時”去工作。《洪範》：“王省惟歲……歲月日時無易，百穀用成。……日月歲時既易，百穀用不成。”時間是不可改易的，宜順其常，否則農事的收穫便發生問題了。“時”一觀念之所以重要，是與農事有密切關係。《周語》虢文公曰：“民之大事在農：上帝之粢盛於是乎出，民之蕃庶於是乎生，事之共給於是乎在。……是故稷爲大官。古者大史順時覛土……民用莫不震動，恪恭於農，脩其疆畔，日服其鎛，不解於時。”百姓是要“不懈於時”，而王者亦要“使民以時”（《論語》）。“時”有它的實際生活意義，儒家重視“時”的觀念，其故在此。

孟子稱孔子爲“聖之時者也”（《萬章下》），以其“時行則行，時止則止”（趙岐注），“可以速而速，可以久而久，可以處而處，可以仕而仕。”（《萬章下》，又《公孫丑上》），一切因時制宜，無不得其正。趙《注》云：“孔子聖人，故能量時宜，動中權也。”趙說“量時宜，動中權”，即是孔子讀《易》所體會到的“時中”的道理。孔、孟都言“權”，孔子云：“可與言，未可與權。”孟子云：“權然後知輕重。”又云：“執中無權，猶執一也。”《公羊傳》論權最精：“古人之有權者，祭仲之權是也。權者何？權者反於經，然後有善者也。權之所設，捨死亡無所設。行權有道，自貶損以行權，不害人以行權。殺人以自生，亡人以自存，君子不爲也。”《桓公十一年》權是“稱”、是“秤”，所以別輕重，祭仲知“國爲重君爲輕”，犧牲一己以存國，故《春秋》美之。焦理堂云：“（《易》）《系辭傳》云：‘巽以行權。’又云：‘巽稱而隱。’又云：‘巽，德之制也。’稱即是權，制即‘謙以制禮’之制。”焦氏又云：“盈則以反經爲權；失道則以制禮辨義爲權，用以自救其過。執一則害道，變通則道不窮。行權者，變而通之也。"（《易通釋·權》）又焦氏釋"時"云："（《易》）於《隨》贊云：'天下隨時於升。'贊云：'柔以時升。'於《遁》贊云：'剛當位而應與時行也。'於《无妄》贊云：'茂對時育萬物。'於《家人》之通。《解》則贊云：'待時而動。'於《革》之通。《蒙》則贊云：'以亨行時中。'於《蹇》之通。《睽》則兩卦皆云：'時用大矣哉！'可謂詳矣。……凡稱時用、時義各有所鈎貫，非泛言也。《賁》傳云：'觀乎天文，以察時變。'明《賁》通《困》也。《豐》傳云：'天地盈虛，與時消息。'明《豐》通《渙》也。《經》舉一隅，傳已不憚遍舉諸隅。而於《系辭傳》總揭其義云：'變通配四時，不煩言而决矣。'"（《易通釋》）焦氏把《易傳》上的"權"與"時"的含義，同以"變通"解釋之，可謂得其肯要。所以了解《易經》的"時"義，需要配合"權"的道理，要懂得"變通"去衡量，以取得至當而中正，這是《大易》的至理。古代許多哲人莫不認識"時"的重要性。《孟子》引齊諺："雖有鎡基，不如待時。"范蠡亦講究"隨時"，他說："夫聖人隨時以行，是謂守時。天時不作，弗爲人客；人事不起，弗爲之始。今君王未盈而溢，未盛而驕，不勞而矜其功，天時不作，而先爲人客；人事不起，而創爲之始，此逆於天而不和於人。"（《國語·越語》）時機未到，而先時發動，自然要失敗的。"隨時以行，是謂守時。"説明"時"的把握在處事上非常重要，千萬不能忽視的。

相反的，時運不來的，或兩求亦莫能致；時際不合，則士有不遇之嘆。屈原的"哀朕時之不當"，及"願竢時乎吾將刈"，只能够期待，他只能够藉文辭來發泄他的生不逢時的感慨，歸之於命運的不偶。故辭賦家每每把"時"和"命"二者聯結起來，稱之曰"時命"。莊忌有《哀時命》之作，其辭云："哀時命之不及古人兮，夫何與生之不遘時！""不遘時"便是不合時宜的了。

C.N.Callahan 曾論西方古代哲學中"時"（time）有四義。Joseph

Needham 著《時與東方人》(*Time & Eastern Man*)一文，對古代《墨經》、道家之論“時”諸觀念，已有詳細發揮。本文只就儒家淵源於《易》的“聖之時”一義與“時變”二者的不可分關係加以説明，他暫從略。《易》由卦爻所組成，王弼已説過：“卦以存時，爻以示變。”又云：“卦者，時也；爻者，適時之變者也。”(《易略例》)故知構成《易》體系基本元素的卦、爻，即代表着時與變的意義。

總之，“時”有“是”義，“是”引申爲實(real)、爲正(rightness)。時雖指 time，但已進而指示：此際此事之“是”，又爲是非之“是”，可説是由 must be 而成爲 ought to be，在這種情形下，“時”便發展爲時中(timely mean)，其意義已入於道德的範疇了。

附録一　周初誥命所見“上帝”表

《金縢》	乃命於帝庭，敷佑四方。
《大誥》	予惟小子，不敢替上帝命……爽邦由哲，亦惟十人，迪知上帝命。
《康誥》	越我一二邦，以修我西土惟是怙冒，聞於上帝。帝休，天乃大命文王。
《召誥》	嗚呼！皇天上帝，改厥元子兹大國殷之命。惟王受命，無疆惟休，亦無疆惟恤。……王來紹上帝，自服於土中，……其自時配皇天，毖祀於上下。
《多士》	惟帝不畀，惟我下民秉爲，惟天明畏。我聞曰：上帝引逸，有夏不適逸，則惟帝降格，向於時夏。……殷王亦罔敢失帝，罔不配天其澤。……惟時上帝不保，降若兹大喪。……今惟我周王，丕靈承帝事，有命曰割殷，告勑於帝。
《君奭》	我亦不敢寧於上帝命，弗永遠念天威，越我民罔尤違惟人。……時則有伊陟臣扈，格於上帝。……公曰君奭！在昔上帝割申勸寧王之德，其集大命於厥躬。……乃惟時昭文王迪見冒聞於上帝，惟時受有殷命哉。
《多方》	惟帝降格於夏……不克終日勸於帝之迪，乃爾攸聞。……惟我周王，靈承於旅，克堪用德，惟典神天。
《立政》	亦越成湯陟丕厘上帝之耿命。……帝欽罰之，乃伻我有夏，式商受命，奄甸萬姓，亦越文王、武王，克知三有宅心，灼見三有俊心，以敬事上帝。
《吕刑》	上帝監民，罔有馨香德，刑發聞惟腥。
《顧命》	保乂王家，用端命於上帝。
《文侯之命》	惟時上帝，集厥命於文王。

附録二　商、周《書》所見“德”字摘録表

《盤庚上》　非予自荒兹德，惟汝含德，不惕予一人。

汝克黜乃心，施實德於民，至於婚友，丕乃敢大言，汝有積德。

《盤庚中》　故有爽德，自上其罰汝，汝罔能迪。

《盤庚下》　用降我凶德。……今我民用蕩析離居，罔有定極，……肆上帝將復我高祖之德，亂越我家。……式敷民德，永肩一心。

《高宗肜日》　民有不若德，不聽罪。天既孚命正厥德，乃曰其如台！

《微子》　我用沉酗於酒，用亂敗厥德於下。

《洪範》　人無有比德，惟皇作極。

曰予攸好德，汝則錫之福。

於其無好德，汝雖錫之福，其作汝用咎。

六、三德：一曰正直，二曰剛剋，三曰柔剋。

九、五福：四曰攸好德。

《金縢》　今天動威，以彰周公之德。

《康誥》　惟乃丕顯考文王克明德慎罰。

今民將在只遹乃文考，紹聞衣德言。

若德裕乃身，不廢在王命。

朕心朕德惟乃知。

乃非德用乂，汝亦罔不克敬典。

我時其惟殷先哲王德，用康乂民作求。

用康乃心顧乃德。

《酒誥》　天降威，我民用大亂喪德。

飲惟祀，德將無醉。

越小大德，小子惟一。

作稽中德，爾尚克差饋祀。
茲亦惟天若元德。
經德秉哲。
惟助成王德顯。
弗惟德馨香，祀登聞於天。
《梓材》 先王既勤用明德……作兄弟方來，亦既用明德。
肆王惟德用，和懌先後迷民。
《召誥》 王其疾敬德。
曰其稽我古人之德。
王敬作所，不可不敬德。
惟不敬厥德，乃早墜厥命。
王其德之用祈天永命。
其惟王位在德元。
越友民，保受王威命明德。
《洛誥》 公稱丕顯德，以予小子揚文、武烈，奉答天命。
乃單文祖德。
萬年厭於乃德。
其永觀朕子懷德。
《多士》 惟天不畀不明厥德。
非我一人奉德不康寧。
予一人惟聽用德。
《無逸》 則皇自敬德。
《君奭》 弗克經歷，嗣前人恭明德。
我道惟寧王德延。
惟茲惟德稱，用乂厥辟。
在昔上帝割申勸寧王之德。
亦惟純佑秉德迪知天威。

惟冒丕單稱德。

惟文王德丕承無疆之恤。

其汝克敬德，明我俊民在讓。

乃惟知民德亦罔不能厥初，惟其終。

《多方》 惟我周王，靈承於旅，克堪用德，惟典神天。

非我有周秉德不康寧，乃惟爾自速辜。

爾尚不忌於凶德，亦則以穆穆在乃位。

《立政》 上帝迪知忱恂於九德之行。

謀面用丕訓德，則乃宅人。……其在四方，用丕武見德。

……文王惟克厥宅心……以克俊有德。

亦越武王率惟敉功，不敢替厥義德，率惟謀從容德，以并受此丕丕基。

用憸人，不訓於德，是罔顯在厥世。

《吕刑》 德威惟畏，德明惟明。

穆穆在上，明明在下，灼於四方，罔不惟德之勤。

惟克天德，自作天命，配享在下。

惟敬五行，以成三德。

今往何監非德於民之中，尚明聽之哉。

《文侯之命》 丕顯文武，克慎明德，昭升於上，敷聞在下。

簡恤爾都，周成爾顯德。

附録三

（一）金文“德”字表一

器名	套語	銘文	出處
德鼎		王易（賜）𢓊（㣛=德）貝廿朋。	《上海·銅器》二七
德方鼎		自蒿（鎬）咸，王易㣛（德）貝廿朋。	同上二八
德簋			二器在美國，《文物》1959（7）
大盂鼎	正德	今我隹即井（型）宣於玟王正德……	《上海》二九
	敬雍德	紹揆敬雍德，巠（經）敏，朝夕入諫。	
毛公鼎	若德	告余先王若德，用邛邵皇天，𤔲𤕌（恪）大命。	《窸》四，二
叔向簋	明德	余小子司（嗣）朕皇考，肇帥井（型）先文且（祖），共明德，秉威儀，用𤔲貉奠保我邦我家。	《大系》一二九
番生簋	誓德	不顯皇且考，穆穆克誓氒德，嚴在上，廣啓氒孫子於下。	《陶》二，一六
	元德	不敢弗帥井（刑），皇且考不秠元德，用𤔲𤕌（恪）大令，甹王位，虔夙文，専求不暜德。	《大系》一三〇
大克鼎	悊德	悤䜌（讓）氒心，宝静於猷，盄（淑）悊（哲）氒德。易賚（厘）無彊，永令於氒孫辟天子，天子明悊（德）覭考於申（神）。	《上海》四七

梁其（基）鐘	悊德	不顯皇且（祖）考，穆穆異異（翼）克悊。	《上海》六〇
	氒德	農臣先王，得屯（純）亡敃。	
井（邢）妄人鐘	質德	䫹盄（淑）文且皇考，克質氒德。貢（得）屯（純）用魯永（冬）於吉……妄不敢弗帥用。	《上海》六一
		秉德　文且皇考，穆穆秉德。	
善鼎		唯用妥福，唬（效）前文人秉德共屯。	《小校》三，三〇
師望鼎	哲德	小子師望曰：不顯皇考寃公，穆穆克盟氒悤，悊（哲）氒德，用辟於先王㝵屯亡敃。	《金匱》五八
師訇（詢）毀	首德	哀哉今日天疾畏，降喪，首德不克妻。	《薛》一四
		故亡承於先王。	《大系》一三二
伯㦰簋	秉德	隹用妥神，褱唬前文人秉德共屯，隹匃萬年。	《攈》二，三
班毀	敬德	允才（哉）顯唯敬德，亡逌（攸）違。	《文物》
曆鼎	元德	肇對元德，孝友隹井（刑）。	《代》三，四五
𢿙録光鬲	寶德	𢿙録光康□□孝永寶德。	《薛》一六，一七六

（二）金文“德”字表二

國别	器名	套語	銘文
虢	虢叔鐘	明德	穆穆秉元明德……敢啓帥井（型）皇考威儀。
蔡	蔡姞簋		用妥多福於皇考德尹惠姬，用蘄匃眉壽，綽綰永令，彌氒生靈冬。

	蔡侯鐘	氒德	有虔不惕，𨌲（左）右楚王，隺隺爲政，天命是遥，定均無邦，休有成慶，既志（協）於忌，乍中氒誌（從言）。
晋	晋姜鼎	明德	余不叚妄（荒）寧，巠雍明德，宣邲我猷。
	晋公盦	秉德	敢帥井（刑）先王，秉德𪑇𪑇，智燮萬邦。
	嗣子壺	屯德	犀犀康盄，承受屯惪，旂無彊至於萬意（億）年。
曾	曾伯陭壺	爲德	爲德無叚，用孝用亯，用賜眉壽。
齊	叔夷鐘	政德	𥳑（肅）成朕師旟之政德，諫罰朕庶民左右毋諱，夷不敢弗儆戒。
陳	陳曼簠	經德	不敢逸康，肈勤經德。
	陳侯因脊錞	楊德	其惟因脊，楊皇考邵緟高祖黄啻（帝），佅詞桓文，朝問諸侯，合楊氒德。
越	者沪鐘	瀊德	女亦虔秉……余其念訇乃有瀊惪，吕克糸光䑔唈。
徐	王孫遺者鐘	政德	肅悊聖武，惠於政德，思於威義……余恁詷心，誕永餘德。
秦	秦公毁	明德	……余雖小子，穆穆帥秉明德，剌剌桓桓邁（萬）民是敕……
	秦公鐘	明德	……小子穆穆帥秉明德，睿専明井（刑），虔敬朕祀，以受多福。

附録四　金文所記“天命”略表

器名	套語	銘文
大盂鼎	天……大令	……丕顯文王，受天有大令（命），在珷王嗣玟作邦。……古天翼臨子……
周公毁	無終命	……克奔走上下帝，無冬令（終命）丂右周追孝……
乖伯毁	受大命	……朕丕顯祖玟、珷雁（膺）受大命。乃且克桒先王，異（翼）自也（他）邦，又芇於大命。（此器直作大命，不以令爲之。）
毛公鼎	受大命	皇天弘猒氒德，配我有周，雁受大命。……唯天𨟭集氒命，亦
	集命	唯先正，𡿤辪（襄乂）氒辟，勞堇（勤）大命。肄皇天亡臭，臨保我
	配命	有周，丕鞏先王配命。……告余先王若德，用邛邵皇天，𪓑貈（恪）大命（此器亦逕作“命”）。
單伯鐘	大命	逑匹先王，勞堇大令（命）。
師訇毁	天命	丕顯文武，孚受天令（命），亦𠛬殷民。……克左右先王，乍氒厶殳（肱股），用夾邵氒辟，奠大命。
番生毁	大令	……丕杯元德，用𪓑貈大令。
師嫠毁	𩫖乃命	今余隹𪓑𩫖乃令（命）（按此成語亦見𨟻毁、師兑毁二）。令女𤔲乃且舊官，小輔眔鼓鐘。
録伯𢦏	恵弘天命	……自乃祖考，又勞於周邦，右辟四方，叀𢐗天令（恵弘天命），女肇不㒸（墜）。
班毁	昧天命	……隹民亡徣才（哉）！彝悉（昧）天令（命），故亡。
沈子毁	受命	敢臤邵告朕吾考令（命）……克成妥（綏）吾考臣子顯顯受令（命）……用氣霝令，用妥公唯壽。

蔡侯鐘	天命	天命是遅，定邦庶邦。
叔夷鐘	天命	……尸箕其先舊，及其高祖。赫赫成湯，又敢在帝所，尃受天命，删伐頣（夏）司（祀）。……不顯朕皇且，受天命，鼏宅禹責，十又二公，在帝之圻，嚴龔夤天命，保嬖乓秦，虩事蠻夏。
秦公鐘	天命	受天命，竈又下國，十又二公。

上文初刊於《中研院史語所集刊》第四十九本第一分册（1978年），爲李濟主編"上古史"之一篇。先是1975年10月，余有 *The Character Tê in Bronze Inscriptions* 一文，在澳洲銅器與考古學會議提出宣讀，已由 Melbourne, National Gallery of Victoria 印行，與上文諸多複出，故兹從删汰。近時新出土銅器銘辭涉及"德"字綦夥。若豩公盨之提倡"厥沫惟德"，與墨子書中引述之夏書逸篇《禹之總德》遺文，可互相印證。"德"的觀念，西周認爲禹時已盛行，另有文詳之。附記於此。

1978年

神道思想與理性主義[1]

一、神、民地位的升降

《周書·吕刑》云:“遏絶苗民,無世在下。乃命重、黎絶地天通,罔有降格。”又云:“上帝不蠲,降咎於苗,苗民無辭於罰,乃絶厥世。”上帝對於苗民加以懲罰,使他們無嗣於後。在政治措施上,是使重、黎氏把地與天隔開,使二者不得互相侵犯。據《楚語》觀射父對楚昭王的對答,在少昊衰世,九黎亂德,家爲巫史,使得神和民上下同等而雜糅。本來神屬於上,而民屬於下。因此使南正重司天以屬神,火正黎司地以屬民,重新劃分起來。《魯語》記着仲尼的説話:“山川之靈足以紀綱天下者,其守爲神,社稷之守者公侯。”《史記集解·魯世家》引王肅云:“守山川之祀者爲神,謂諸侯也。”韋注謂:“主山川之君爲群神之主,故謂之神也。”是在古代諸侯主山川之祀,以“人”的身份而得被稱爲神。楚人重巫術,人、神仍舊糅合,故屈原稱其君曰靈修,無異視之爲神。《左傳·僖公五年》:“虢公曰:吾享祀豐潔,神必據我。”以爲祭祀豐,則神可以依於人,仍是神、民未能完全分隔的舊習慣。

可是,《皋陶謨上》已説:“天聰明自我民聰明,天明畏自我民明畏,達於上下,敬哉有土。”上謂天,下謂民。明、畏指賞、罰。把天和民對舉而言。民本來是要“畏天威”的,現在却説天的明、畏是

[1] 本文爲《中國上古史》待定稿第四本之一章,審閲人爲陳槃先生。

由於民的明和畏。《泰誓上》對民亦很重視，好像“民之所欲，天必從之”。（《左傳·襄公三十一年》及《國語·鄭語》引）“天視自我民視，天聽自我民聽。”這無異説天的一舉一動是和民脱不了關係，而且民有所要求，天必定聽從他們。民的地位可以左右天，這分明是一很重要的轉變。到了東周，才有民爲神之主的説法。《左傳·桓公六年》隨季梁説：“所謂道，忠於民而信於神也。上思利民，忠也；祝史正辭，信也。……夫民，神之主也。是以聖王先成民，而致力於神。故奉牲以告曰：‘博碩肥腯。’謂民力之普存也。於是乎民和而神降之福，故動則有成。今民各有心而神鬼乏主，君雖獨豐，其何福之有！”這段話是説能對民忠而對神信，才是“所謂道”。必須先使民豐足，國力充裕，然後有肥美無疾的牲畜可以事神。民不餒則神才降福，否則在君是“逞欲”，在祝史是“矯舉”，這樣對民是“不忠”，對神是“不信”的。季梁説：“民，神之主也。”意思應該是説祀神之先務，主要是在於民力充足，并不是説民可以爲神的主宰，和民的地位可以代替了神的。漢西岳華山碑上云：“深達和民事神之義。”事神必以和民爲先務，漢人亦深明此旨。《莊公三十年》傳，史嚚曰：“虢其亡乎？吾聞之：國將興，聽於民；將亡，聽於神。神，聰明正直而壹者也，依人而行。虢多涼德，其何土之能得？”這是説神是“依人而行”的。人君爲國，宜以民爲重；失民，則神無由享。神是聰明而正直的。又《僖公十九年》傳，司馬子魚曰：“古者六畜不相爲用；小事不用大牲，而况敢用人乎！祭祀以爲人也。民，神之主也；用人，其誰饗之？”這是指斥宋公以人（鄫子）爲祭牲的不合理。亦引用“民，神之主也”一句，可見這一説在東周已極通行。“祭祀以爲人也”，而不是“爲神也”，這是很進步的理論。民人的地位，至此已提高了。

《左傳·僖公二十四年》，富辰曰：“大上以德撫民，其次親親以相及也。昔周公吊二叔之不咸，故封建親戚，以蕃屏周。……召穆公思周德之不類，故糾合宗族於成周（而作《棠棣》之詩）……庸勳、親親、昵近、尊賢，德之大者也。”“以德撫民”是第一義，其次封建尊賢，亦是德之大者。因爲“非賢無與興功，非親無與輔治”。（《魏志》曹冏《上書》）西周立國的政策，於此可見其端倪。富辰稱“太上以德撫民”，後來叔孫豹論三不朽：“太上有立德，其次有立功，其次有立言。”（《襄公二十四年》傳）《禮記·曲禮》亦説：“太上貴德。”以德居首的重德思想，即是周人的教訓。因此，神之對人，亦“惟德是依”。《僖公五年》宫之奇言：“鬼神非人實親，惟德是依。”引《詩》：“黍稷非馨，明德惟馨。”“民不易物，惟德繄物。”如是則非德之人，其民不和而神不享。神所憑依，將在於德。這一説法，在古《劍銘》曰：“帶之以爲服，動必行德。行德則興，倍德則崩。”（亦見《北堂書鈔》一二二引《太公金匱》）可見行德與否，是有國者興亡的關鍵。周初已成爲格言。這種以民爲重點的尊德思想，顯然是對人主的一種警戒。

又《左傳·宣公三年》，楚（莊王）問鼎，周大夫王孫滿對曰：“在德不在鼎。昔夏之方有德也，遠方圖物，貢金九牧……用能協於上下，以承天休。桀有昏德，鼎遷於商，載祀六百，商紂暴虐，鼎遷於周。德之休明，雖小，重也；其奸回昏亂，雖大，輕也。天祚明德，有所底止。”休美的德，雖小必獲天的重視。至於巨惡，則當然天不直有所爲。所以，有明德者必得到天的福祚。天是眼睛雪亮（聰明）而公正的，故云：“天祚明德，有所底（致）止。”王孫滿把德遠推到夏代，可見尊德必爲天佑的思想，是有其遠源的。

金文及經典屢屢言及“明德”。春秋之世，明德成爲王室一般的教育宗旨。《國語·楚語》，莊王使大夫士亹傅太子箴（恭王名），士亹的對答指出堯、舜、啓、湯、文王，是五王者皆“元德”也。“元德”一詞已見金文的曆鼎：“肇對（答）元德，孝友隹刑（型）。”元，大也。元德指的是盛德的大君。士亹問於申叔時，叔時又指出可以用各種故書來設教，大都和明德有關係，如云：

教之《春秋》而爲之聳善而抑惡焉，以戒勸其心。
教之《世》而爲之昭明德而廢幽昏焉。
教之《詩》而爲之道廣顯德，以耀明其志。
教之《語》，使明其德而知先王之務，用明德於民也。

《世》是“先王之世系也”，即是《世本》;《語》是“治國之善語”，即是《國語》之屬。《周禮·小師》：“諷誦詩，世奠系。”故書奠或作“帝”，鄭注《周禮·小史》：“《系世》謂《帝系》《世本》之屬。”這些都是歷史教科書，是當時以誦習史册爲入德之門，即是以歷史教育作爲昭明德的武器。

二、德的類型與禮、樂

周人以“修德”“立德”爲開國訓典。《周語》祭公謀父曰：“先王之訓也，有不王，則修悳。”韋昭注：“修文德以來之。”又《周語》單襄公引《時儆》與《夏令》二篇，闡釋有關“使民以時”的辦法云：“此先王所以不用財賄而廣施悳於天下者也。”如是對百姓及遠人都用“德”來收服人心。對遠人佈德，又稱文德，像《詩》《書》云：“矢其文德，洽此四國。”“帝乃誕敷文德，舞干羽於兩階。”

“文”字在春秋時嘗被給予統攝諸德的意義。《周語》單襄公對其子頃公解釋文王所以獲得“文”的稱號，有很精闢的解釋，其言曰：

周將得晉國，其行也文。能文則得天地，天地所胙，小而後國。夫敬，文之恭也；忠，文之實也；信，文之孚也；仁，文之愛也；義，文之制也；知，文之輿也；勇，文之帥也；教，文之施也；孝，文之本也；惠，文之慈也；讓，文之材也。象天能敬，帥意能忠，思身能信，愛人能仁，利制能義，事建能知，帥義能勇，施辯能教，昭神能孝，慈和能惠，推敵能讓。此十一者，夫子皆有焉。天六地五，數之常也，經之以天，緯之以地，經緯不爽，文之象也。文王質文，故天胙之以天下。

所謂文王“質文”，即謂他質有其文。他把敬、忠、信、仁、義、和、勇、教、孝、惠、讓十一種“德”，都作爲某種“文”的表現。

恭——敬	“文”統攝一切德；文是經天緯地，有它的“宇宙義”。
實——忠	
孚——信	
愛——仁	
制——義	
輿——知	
帥——勇	
施——教	
本——孝	
慈——惠	
材——讓	

“文”字在周初彝銘上，屢屢見之。

“明德”見於《堯典》，謂“克明俊德，以親九族”。金文師望鼎云：“穆穆克盟（明）氒心悊氒德。”悊德亦即是明德。《左傳》中言

“明德”者凡十數見，録四事如下：

《左傳·宣公三年》，王孫滿曰：“天祚明悳，有所厎止；成王定鼎於郟鄏，卜世三十，卜年七百，天所命也。”説已見上。

《左傳·宣公十五年》，羊舌職曰：“此之謂明悳矣，文王所以造周，不是過也。”

《左傳·昭公七年》，臧孫紇有言曰：“聖人有明悳者，若不當世，其後必有達人。”

《左傳·定公四年》，“昔武王克商，成王定之，選建明悳，以藩屏周，故周公相王室以尹天下，於周爲睦。”

春秋以來，德的理論異常發達，舉其要者：

（一）九德説

晋大夫成鱄曰：“《詩》曰：‘唯此文王，帝度其心，莫其悳音。其悳克明，克明克類，克長克君。王此大國，克順克比。比於文王，其悳靡悔，既受帝祉，施於孫子。’心能制義曰度，悳正應和曰莫，照臨四方曰明，勤施無私曰類，教誨不倦曰長，賞慶刑威曰君，慈和徧服曰順，擇善而從之曰比，經緯天地曰文。九悳不愆，作事無悔，故襲天禄，子孫賴之。”

《左傳·文公七年》，郤缺曰：“九功之悳，皆可歌也。”

按《皋陶謨》所言九悳，就是：寬而栗，柔而立，願而恭，亂而敬，擾而毅，直而温，簡而廉，剛而塞，彊而義。

（二）楚莊子武有七德説

《左傳·宣公十二年》，楚子曰：“夫武有七悳，禁暴、戢兵、保大、定功、安民、和衆、豐財者也。”

（三）《周禮·地官·大司徒》六悳説

知、仁、聖、義、忠、和。

又《地官》師氏三德説：

至德、敏德、孝德。

（四）三德、四德説

《洪範》次六曰乂用三德，即正直、剛克、柔克。

《周語中》："夫義，所以生利也；祥，所以事神也；仁，所以保民也。……古之明王，不失此三德者，故能光有天下，而和寧百姓。"

《左傳·僖公十四年》慶鄭曰："背施無親，幸灾不仁，貪愛不祥，怒鄰不義，四德皆失，何以守國？"

而一以義、祥、仁爲三德；一以親、仁、祥、義爲四德。其實"親親而仁民"，"親"和"仁"意思是一樣的。所以《左傳·僖公十四年》的四德，減去"親"一項，剩下只有三德，表列如下：

三德：
- 義——生利
- 祥——事神
- 仁——保民

三德中事神的"祥"，仍佔重要地位。《左傳·成公十六年》，申叔時亦言"詳以事神"，祥字作詳。

又《左傳·襄公三年》云："恤民爲德，正直爲正，正曲爲直，參和爲仁。"杜注："德、正、直三者備乃爲仁。"這雖是後起義，但"仁"的觀念的提出，和被人重視而作爲統攝德的要目，在《左傳》、《國語》二書中，仁字屢屢被提及。《左傳·成公二年》有云：

“神、福、仁而禍淫。”居然用“仁”字來代替“善”與“德”，這時“仁”在德目上地位的提高，很可以看出了。

在德上系以數目字，《周書》所見很多，像《立政》云：“尊上帝迪，知忱恂於九德之行。……兹惟後矣。謀面用丕訓德。”這九德可能是《皋陶謨上》的“行有九德”。《吕刑》云：“惟敬五行，以成三德。”這三德有人以《洪範》的正直、剛克、柔克説之。（曾星笠《尚書正讀》）德的理論不限於人的行爲，又推演及於自然物。尸子之説，水有仁、義、勇、智四德（《君治》篇）。禮家、法家都説玉有仁、義、智、勇、潔五德（《荀子·法行》篇、《管子·水地》篇、《禮記·聘義》、賈誼《新書·道德説》；《孔子家語》有《問玉》篇等）。陰陽家説鬲象三德（《漢書·郊祀志》：“黄帝作寶鼎三，象天、地、人。其空足曰鬲，以象三德。”顔注以《洪範》三德説之）。這些都是重要的例子。

合神、人的音樂，謂之德音：

《左傳·昭公四年》：“先王務修悳音，以享神、人。”可見德音是可以交通人、神之際的。德音即是樂。《禮記·樂記》在文侯問二章指出：“弦歌詩頌，此之謂‘德音’。”一部《詩經》，就是“德音”的教材。《詩經》中提及“德音”凡十七次。“貊其德音，其德光明。”即是説有了“德音”，即充分表現其人之有明德，如“威儀抑抑，德音秩秩。”威儀是禮，德音是樂；行動能合乎禮與樂，方算有這種造詣的。

古代重視以樂爲教，欲用樂音來測量人性，以樂德、樂語來培養善人。《周禮》記大司樂成均即以此設教。《堯典》記虞廷命樂正夔以四德教胄子，“直而温，寬而栗，剛而無虐，簡而無傲。”四者都借樂音來作調節；人性有這四種，音樂亦然。證之《樂記》亦有相通之處：

聲之直者　《樂地·樂本》章云：“其敬心感者，其聲直以廉。”

聲之寬者　“其樂心感者，其聲嘽以緩。”

音之剛者　《樂記·樂言》章云：“廣大憤怒之音作，而民剛毅。”

音之簡者　“繁文簡節之音作，而民樂康。”

魏絳論樂與德的關聯，見《左傳·襄公十一年》。絳曰：“夫樂以安悳，義以處之，禮以行之，信以守之，仁以厲之，而後可以殿邦國，同福禄，來遠人，所謂樂也。”必先以樂和其心，能以和且平的精神與人協力爲善，諸德既備，乃爲真樂。不獨器樂之娱心，這樣才是真正的快樂。《樂記》説因不同的樂器而異聲，而所立之事亦異，聽之即有不同的感受，表之如下：

樂器之聲別	隨聲引起之事	聞聲而生之臣德
鐘聲鏗	鏗以立號，號以立橫，橫以立武。	君子聽鐘聲，則思武臣。
石聲磬	磬以立辨，辨以致死。	君子聽磬聲，則思死封疆之臣。
絲聲哀	哀以立廉，廉以立志。	君子聽琴瑟之聲，則思志義之臣。
竹聲濫攬	濫以立會，會以聚衆。	君子聽竽笙簫管之聲，則思畜聚之臣。
鼓鼙之聲讙	讙以立動，動以進聚。	君子聽鼓鼙之聲，則思將帥之臣。

因爲樂是德音，到了後來漢初諸樂舞皆以“德”爲名。《房中歌》十七章言德者，有休德、秉德、孝德、承德、教德、明德等稱。《宋書·樂志》建平王宏議，祖宗廟樂總以德爲名。可見樂和德關係的密切。

禮的構成是“本於天”的。《禮記·鄉飲酒》中，賓主象天地，介僎象陰陽，三賓象三光。《鄉飲酒義》云：“立賓以象天，立主以象地，設介僎以象日月，立三賓以象三光，古之制禮也。經之以天地，紀之以日月，參之以三光，政教之本也。”禮以祭爲最重要。祭在禮有正負二義：漢白石神君碑云：“蓋聞經國序民，莫急於禮。禮有五經，祭，祭有二義：或祈或報。報以章德，祈以弭害。”祈是消極的避免禍，莫重於害；報是積極的，所以表章盛德。《魯語》言殷先公：“上甲微能帥契者也，殷人報焉。”《孔叢子· 論書》篇引《書》曰：“惟高宗報上甲微。”殷報乙、報丙、報丁諸先王，卜辭作匚乙、匚丙、匚丁，借匚爲報。有德者必獲報，《詩 · 抑》云：“無言不仇，無德不報。”這一語，《墨子》書每加以引用，而多所證發。報的意義，從人神的關係，引申到人與人方面。《墨子 · 兼愛下》引此語，說明“愛人者，人必愛之；惡人者，人必惡之”。《荀子 · 致仕》篇言：“水深而回，樹落則糞本。”亦引此詩句論弟子必報師恩。《禮記 · 表記》引此云：“子言之仁者，天下之表也，義者，天下之制也，報者，天下之利也。”上述諸條，正說明人與人的相互關係，以德相往來乃有其必然的因果存在。從功利言，報是“天下之利”。故禮家亦以報義來說禮。《樂記》云：“樂也者，施也；禮也者，報也。樂，樂其所自生，而禮反其所自始。樂章德，禮報情，反始也。”又云：“樂也者，動於内者也；禮也者，動於外者也。故禮主其減，樂主其盈。禮減而進，以進爲文；樂盈而反，以反爲文。禮減而不進則銷；樂盈而不反則放，故禮有報而樂有反。禮得其報則樂，樂得其反則安。禮之報，樂之反，其義一也。”《樂記》又云：“禮樂不可斯須去身，致樂以治心，則易直子諒之心油然生矣；易直子諒之心生則樂，樂則安，安則久，久則天，天則神。天則不言而信，神則不怒而威，致樂以治心者也。致禮以治躬則莊敬，莊敬則嚴威。心中斯須不和不樂，而鄙詐之心入之矣。”禮施於人，而樂通乎天。這一段精湛議論，又重見於《祭義》篇中。兹將“禮”與“樂”内外報、反之義，以表示之如次：

内	外
樂	禮
治心	治躬
和	順
主盈而反	主減而進
以反爲文	以進爲文
以反	以報
天	人

所謂“禮樂不可斯須去身”，同於《中庸》所謂“道不可須臾離”。須臾即 Kierkegaard 所謂 The moment God in time。道在每一 moment 之間不可離開。儒家之道有雙軌，即爲禮、樂，其精義如此。

三、德與刑

西周尚德，但穆王時的《吕刑》篇却言：“王享國百年耄荒度作刑，以詰四方。”該文又説道：“上帝監民，罔有馨香德，刑發聞惟腥。”（言上帝下視，并没有馨香的氣升聞於天，所發聞到的只是刑殺的腥氣。）所以皇帝要請問下民，并指出“德威惟畏，德明惟明”。這二句十分重要。“惟畏”“惟明”，分開來説即是《臯陶謨》的“天明、畏”。“明”指賞而“畏”指罰。《禮記·表記》引《甫刑》這二句，鄭注云：“德所威，則人皆畏之，言服罪也；德所明，則人皆尊之，言得人也。”這樣説來，德是可以包含威和明二方面：一是消極性的刑罰，一是積極性的獎勵。前者如竄三苗，後來如命三后；威與明都可放於德之範疇之内。所以《吕刑》又説：“士制百姓於刑之中，以教祗（敬）德。穆穆在上，明明在下，灼於四方，罔不惟德之勤。”大家都勤於德，而制刑之目的，所以教民得到祗德，納刑於德教之內。故德威與德明二者兼施。《吕刑》又云："朕敬於刑，有德惟刑。"言有德於民，惟刑爲重，慎刑則民被其德，濫刑則民蒙其害，故必敬於刑。是敬於刑者，亦敬德之一端。

在《皋陶謨中》論安民之道，在以人代天工。牧民之官，無曠其職。天的任務，由人代行之。因之有天叙、天秩、天命、天討諸事，來完成"政事懋哉"的效果。綱目如下：

天叙有典

天秩有禮

天命有德

天討有罪

故有五典、五禮、五服、五刑。服曰天命，是謂有德而得到褒賞的；刑曰天討，是謂有罪而應受到懲罰的。天命是"德明惟明"，天討是"德威惟畏"。至於天叙的典，天秩的禮，都本於天道的自然規範，這種倫類和秩序，似都被認爲出於天意。

這裏典、禮、德、刑（罪），雖然區别爲四事，但刑與德仍非完全對立。刑是敬德的一種不得已的手段而已。後來《論語》上説導以德而齊以刑，用刑遠不如導德而用禮來得要緊。又説"爲政以德，譬如北辰"，却特别把"德"加以强調起來。

刑與德的運用，亦有遠近之别。《左傳 · 僖公二十五年》，晋啓南陽，陽樊不服，不肯屬晋。陽樊人倉葛呼曰："德以柔中國，刑以威四夷，宜吾不敢服也。"這説明對中國諸夏當用德，對外夷才用刑，而晋侯臨之以兵，陽樊爲近畿之地，故其民不服，因爲兵者是刑之一也。申叔時亦言"德、刑"爲戰的武器。（《左傳 · 成公十六年》）

到了戰國，兵、刑成爲一般治國主要武器。荀子憧憬往古，在《議兵》篇中分析兼人之術有三：

有以德兼人者

有以力兼人者

有以富兼人者

唯“以德兼人者王”，可以達到“威厲而不試，刑錯而不用”。仁義之兵，不血刃而遠邇來服，“德盛及此，施及四極”。德與力之分，便是王、霸之辨了。（孟子故云：“以德行仁者王，以力假仁者霸。”）荀卿弟子韓非説明主制臣之法有二柄：刑與德而已矣。（《二柄》篇）特别把刑與德對立化，故有二柄之目。又論世代的演進分“上古、中世、當今”三個階段，而以“德”系於上古。如《五蠹》云：“上古競於道德，中世逐於智謀，當今争於氣力。”又《八説》篇：“古人亟於德，中世逐於智，當今争於力。”以“德”屬之上世，在韓非心目中，不啻視爲落伍之觀念了。然秦雖以兵刑得天下，但仍不忘“德”。觀其名河曰“德水”，可以見之。秦蓋采用鄒衍之説。（《封禪書》云：“自齊威、宣之時，騶子之徒論著終始五德之運。及秦帝而齊人奏之，故始皇采用之。”是其明徵。又《始皇紀》：“始皇推終始五德之傳，以爲周得火德；秦代周，德從所不勝。方今水德之始，改年始朝賀，皆自十月朔。衣服旄旌節旗，皆上黑。數以六爲紀，符法冠皆六寸，而輿六尺；六尺爲步，乘六馬。更名河曰‘德水’，以爲水德之始。”）刑、德觀念後來與陰陽觀念結合起來，馬王堆新出黄帝帛書中《觀》篇論刑、德語甚多，如云“贏陰佈德”“宿陽脩刑”，其言曰：

不靡不墨（纆）而正之以刑與德。春、夏爲德，秋、冬爲刑。先德後刑以養生。姓生已定，而適（敵）者生争，不諶（戡）不定，凡諶之極，在刑與德。刑、德皇皇，日、月相望，以明其當，而盈□無匡。

把刑、德分配四時，春、夏爲德，秋、冬爲刑，和《管子·四時》篇："德始於春，長於夏；刑始於秋，流於冬。"正是一樣。《四時》篇將刑、德加上一個"和"來配合三光的日、月、星；刑與德是相對的"正"與"反"，星之和可説是"合"了。《四時》篇説：

> 日掌陽，月掌陰，星掌和。陽爲德，陰爲刑，和爲事。……是故聖王日食則修德，月食則修刑。德生正（政），正生事。

表之如下：

陰	陽	和
月	日	星
刑	德→政→事	

《史記·天官書》云："日變德修，月變省刑，星變結合。"《漢書·藝文志》有《刑德》七卷，列在"五行家"。《淮南子·天文訓》陰、陽、刑、德有七舍，五行家歲月皆有刑、德。德在室則刑在野；德在堂則刑在術。《尚書緯》亦有《刑德放》，長沙馬王堆第三號墓出土另有《刑德》殘文，可見漢初此説之盛行。

刑、德説亦施用於兵家，依托於黃帝。《尉繚子·天官》篇："梁惠王問曰：黃帝刑、德，可以百戰百勝。"《天文志》引（黃帝）《五星傳》："日者，德也；月者，刑也。"漢人以生、殺爲刑、德。《淮南子·天文訓》："冬至爲德，夏至爲刑。"因冬至陽萌爲始生，夏至陰生爲始殺。《大戴禮·易本命》謂"山爲積德，川爲積刑"，則以刑、德來解釋山與川形成的原因。這些都是後來陰陽家刑德觀念逐漸推演的新説。

四、五行思想與“德禮”之宇宙義

春秋時流行着樸素的五材説（five elements），《左傳·襄公二十七年》，子罕論兵之重要性，所以用五材而昭文德，其説曰：

> 天生五材，民并用之。廢一不可，誰能去兵。兵之設久矣！以威不軌而昭文德也。聖人以興，亂人以廢。

用兵來戡亂和振威，正是宣楊經天緯地的文德。《吕刑》所謂“德威惟畏”是也。五材，杜《注》：“金、木、水、火、土也。”這五種原料，爲人民生殖之本。《國語》稱：“地之五行，所以生殖也。”五材和糧食合稱“六府”，屬於九功。《左傳·文公七年》，郤缺對趙宣子論德禮云：

> 非威非懷，何以示德？無德何以主盟？子爲正卿，以主諸侯，而不務德，將若之何！……九功之德，皆可歌也，謂之九歌。六府三事，謂之九功。水、火、金、木、土、穀，謂之六府。正德、利用、厚生，謂之三事。義而行之，謂之“德禮”；無禮不樂，所由叛也。若吾子之德，莫可歌也，其誰來之？

此文原亦引《夏書》。今《大禹謨》作“德惟善政，政在養民，水、火、金、木、土、穀，惟脩；正德、利用、厚生，惟和；九功惟叙，九叙惟歌。”九叙即九功，合六府與三事言之。六府指六種物質，三事同於三才。《周禮·大司樂》亦有九德之歌，鄭司農引此傳六府三事説之。《疏》謂正德，人德；利用，地德；厚生，天德。按《易傳》：“天地之大德曰生。”故厚生可爲天德，而合稱爲德禮。表之如下：

德禮
- 三事
  - 天德——厚生
  - 人德——正德
  - 地德——利用
- 六府：水、火、金、木、土、穀。

《禹貢》亦言："六府孔修。"六府當然是指水、火、金、木、土、穀六種職司。古代必定在官府設有專職以司之。穀爲民食之原，所以在五行之外增加這一項目。六府一名，并見於《禹貢》《大禹謨》《左傳》。可見九功之歌，事屬可信。五行與六府爲民生要務，厚生之本，莫重於此。是古人重視生産，故把厚生、利用與正德聯在一起，成爲德禮的三大鵠的。六府之有專司，徵之《左傳·昭公二十九年》，蔡墨曰：

> 夫物，物有其官；官修其方。……失官不食。官宿其業，其物乃至，若泯棄之，物乃坻伏，鬱湮不育，故有五行之官，是謂五官。

可以證明五行本有官司負責，采集這五大類的物資，增加生産（厚生），爲人民衣食日用之資（利用）。《夏書·甘誓》始見"五行"一名。有扈氏有"威侮五行，怠棄三正"的罪狀，可能即是責備他濫用物資和失時之過失。後來《洪範》提出"敬用五行"，專論五行物質之用途。這些屬於六府的五行、五材，即較早的樸素五行説，其性質可謂唯物論。但在正德、利用、厚生三事看來，它是屬於"德禮"的。這是春秋五行和"德"關係説的第一階段。

"德禮"既成爲一專詞，在春秋之世"禮"被賦予新的天地意義，和周初的"文"一詞同等重要。《左傳》有許多重要的話言：

> 禮以順天，天之道也。（《左傳·文公十五年》）

禮，上下之紀，天地之經緯也。（《左傳·昭公二十五年》）

夫禮，天之經也，地之義也，民之行也。天地之經，民實則之。（《左傳·昭公二十五年》）

禮……與天地并……先王所稟於天地以爲其民也。（《左傳·昭公二十六年》）

把禮與天地相準，這簡直是“文”的翻版了。

《禮記·禮運》說到禮的成立，必先本於天，後法乎地，復取法五祀、四時（參鄭注）。所謂“禮義”，既是“人之大端”，亦是“事鬼神之大端”。把禮和天地、鬼神的關係説明得非常透徹，這是進步的禮論。王静安《釋禮》謂禮古文作豐，本爲祀神之物，推之奉神人之事通謂之禮（《觀堂集林》六）。從禮之器而推及禮之用，其說可取。關於禮的問題，非常複雜，這裏不欲深論。

《鄭語》中史伯說：“先王以土與金、木、水、火雜，以成百物……建九紀以立純德，合十數以訓百體。”這裏可注意的有二事：

（一）以土爲主，以雜百物。春秋時史墨說：“天有三辰，地有五行。”（《左傳·昭公三十二年》）展禽說：“天之三辰，所以瞻仰也；地之五行，所以生殖也；及九州名山川澤，所以出財用也。”（《魯語上》）他們都把五行隸屬於“地”，因爲五行是以土爲主，金、木、水、火皆在地上孕育孳長的。[1]

[1] 馮友蘭《中國哲學史新編》引《尚書大傳》：“武王伐紂，至於商郊，停止宿夜。士卒皆歡樂達旦，前歌後舞，格於上下，咸曰：‘孜孜無怠。’水、火者，百姓之所飲食也；金、木者，百姓之所興生也；土者，萬物之所資生；是爲人用。”他認爲這是五行思想發生於西周初期的證據（原書55頁）。案此條見孔穎達《尚書正義·洪範》篇引《書傳》，只有“水、火者，百姓之求飲食也；金、木者，百姓之所興作也；土者，萬物之所資生也，是爲人用。”《書傳》共三十三字，陳壽祺《大傳》輯本卷三相同。馮氏不知何據？這裏特别説明“土”爲萬物之所資生，和《鄭語》史伯之説相符。也許伏生所記雜入後期的思想。唯史伯説：“先王以土與金、木、水、火雜，以成百物。”歸之先王，則其説必遠有所承。

（二）以九紀爲純德。《洪範》中有五紀，指歲、月、日、星辰、曆數，實爲記時的標準，可能即《堯典》敬授民時的事物。九紀和五紀，應該有密切關係。建立九紀（包括五紀之類），以定時間標準，使民事不會失時，來充分發展生産，這樣叫做“純德”，與《左傳》所謂“德禮”意思亦符合。

上述樸素的五行、五材説，是從物體形質方面加以分析，而以三事爲目的。這樣的德禮，是以民生爲主，而不是個人道德修養的意義。

德的反面爲祆，《史記·殷本紀》：帝太戊時，亳有祥，桑穀共生於朝，一暮大拱。太戊懼，伊陟曰：“祆不勝德，帝其修德。”而祥桑枯死而去。德是可以勝“祆”的；人主修德，則祆孽自絶。這是秦漢所保存殷人遺説。這件事見於《吕氏春秋》《韓詩外傳》《書》序《尚書大傳》劉向《説苑》，及《漢書·五行志》《郊祀志》。各書所述發生的時代，有成湯、太戊、武丁諸説。孔安國以爲二木合生爲不恭之罰，劉向以爲草妖，今不深究。唯以德可勝祆，則漢人之論，無不皆然。

馬王堆《十大經·立命》篇：“唯余一人（指帝王）乃肥（配）天，乃立王、立公、立國，置君之卿。數日、曆月、計歲以當日月之行。”這指出置官正所以法天。《五行大義》卷五引《帝王世紀》，殷湯問伊摯立三公九卿大夫元士的道理，伊摯説：“三公智通於天地，應變於無窮，故三公之事常在於道。九卿通於地理，能通利不利，故九卿之事常在德。大夫通於人事，行内舉繩，故大夫之事常在仁。元士知義而不失期，事功而不獨專，故元士之事常在義。道、德、仁、義定，而天下正矣。”（《帝王世紀》輯存《殷商》第三）這樣把道、德、仁、義來分説三公以下各官職，據稱亦是殷代的事情。也許是道家《伊尹》四十一篇的遺説，而由皇甫謐所保存的。（《海日樓札叢》

四説）

天秩（order of nature）是依據道德的，所以上天佑善而懲惡，這即是天道。試看經典的一些名言，有如下例：

(1) 曹劌答莊公："小信未孚，神弗福也。"（《左傳·莊公十年》）

(2) 王孫滿對楚子："天祚明德，有所底止。"（《宣公三年》）

(3) 司馬侯論楚："天或者欲逞其心以厚其毒而降之罰，未可知也。"（《昭公四年》）

(4) 叔向對韓宣子曰："天之假助不善，非祚之也，厚其凶險，而降之罰也。"（《昭公十一年》）

(5) 宮之奇對虢公曰："鬼神非人實親，惟德是依。"（《僖公五年》）

(6) 寧武子與衛人盟曰："有渝此盟，以相及也，明神先君，是糾是殛。"（《僖公二十八年》）

(7) 貞伯曰："神福仁而禍淫。淫而無罰，福也；祭其得亡乎？"（《成公五年》）

(8) 申叔時言德、刑、詳、義、禮、信六者爲戰之器。是以神降之福，時無災害。（《成公十六年》）

(9) 天道賞善而罰淫。（《周語中》）

(10) 天道皇皇，日月以爲常，明者以爲法，微者則是行。（《越語》下《范蠡》）

(11) 天道無親，常與善人。（《老子》）

再看下表：

正（善）	反（惡）
天福（《襄公二十六年》,《昭公三年》）	天殃（《晋語》三）
天祚（《晋語》四）	天罰（《昭公二十六年》,《晋語》五）
天禄（《詩》;《昭公二十五、二十八年》;《成公八年》）	天禍（《周語》;《左·隱公十一年》禍許;《僖公二十八年》禍衛;《成公十三年》禍晋;《襄公九年》禍鄭;《昭公二十八年》禍魯）
天常（《文公十八年》;《哀公六年》）	天疾（《穀梁·昭公二十年》）
天法（《昭公二十六年》）	天誘（其衷。《僖公二十八年》;《襄公二十五年》;《成公十三年》）
天贊（《昭公元年》，穀禾熟）	
天授（《桓公六年》授楚;《成公十六年》晋）	
天相（《昭公十三年》天方相晋）	

上面所列舉一些禍福的字眼，都和“天”字聯在一起。這説明禍福的由來，是天所主宰的。到《易》的理論，便説自天佑之，吉無不利了。天如明鑒，時時在察人的善惡。善的則予福，惡的則降禍。人的行爲受到天的監視，天反映的好壞是和人的行爲的善惡有互相感應的，於是有吉凶妖祥説的興起。《宣公十五年》:“天反時爲灾，地反物爲妖，民反德爲亂。”三者的産生，都是反常的:

天——灾（反時）

地——妖（反物）

人——亂（反德）

妖祥問題都是人所引起的。《左傳》所記如：

(1) 鄭申繻論二蛇鬥，謂："妖由人興也，人無釁焉，妖不自作；人棄常則妖興，故有妖。"(《左傳·莊公十四年》)

(2) 周叔興論隕石，"陰陽之事，非吉凶所生也，吉凶由人。"(《僖公十六年》)

(3) 晋伯宗論恃才與衆必亡："亂則妖灾生。"(《宣公十五年》)

(4) 閔子馬對公鉏曰："禍福無門，唯人所召。"(《襄公二十三年》)

上舉諸例，皆謂吉凶祆祥由人的行爲所影響而生，這樣慢慢形成了漢人的天人感應説了。《漢書·藝文志》雜占亦引申繻之語，謂"惑者不稽諸躬，而忌'訞'之見"乃是捨本而憂末，可見這一説的深入人心。

唐代柳宗元却持天人不相應説。他以爲：

(1)"受命不於天，於其民。""休符不於祥，於其仁。"

(2)"以天人爲不相知，以禮樂爲虚器。"禮樂只爲少數人所利用。

而劉禹錫則主張"天人交相勝"，以天與人處於同等地位。他的理論重點：天與人互有影響，是陰騭之説；天與人實相異，是自然之説。天之能在能生殖，其用在强弱；人之道在法制，其用在辨是非。故"人能勝天者，法也"。這種天人相需的思想，是有它的遠源的。春秋以來，對於"天道"的懷疑，最著名的人物要算鄭國的子産。占星術者裨竈，因天象而預言鄭國將要大火。子産説："天道遠，人道邇，非所及也，何以知之？竈焉知天道？是亦多言矣，豈不或信？"

（《左傳 · 昭公十八年》）子產提出人道和天道對立的看法，顯然是一種進步。子產其他反對鬼神的行動，又如論禜之無益於疾病（《昭公六年》），懲罰巫祝因旱而砍伐樹木（《昭公十六年》），都載在《左傳》。後來孔子不甚言性與“天道”，他對天道避開，不喜歡和門弟子多談，又不語怪力亂神，似乎很受到子產的影響。

五、天法與德法

馬王堆《老子》甲本後面附抄一些已逸文字，除較後部分爲《伊尹 · 九主》之外（《文物》1974〔11〕），尚有論德之行及引《世子》（即《世碩》）等。其中論“德”頗有新義，摘録如次：

> 德之行五和胃（謂）之德，四行和謂之善。善，人道也；德，天道也。

認爲善是人道，而德是天道。他所謂行五者，依楊倞注《荀子》言子思、孟子“索往舊造説，謂之五行”。“五行，五常；仁、義、禮、智、信是也。”四行在下文是“仁、義、禮、智”。寫本又説：

> 君子之爲善也，有與始也，有與終也。君子之爲德也，有與始也，無與終也。金聲而玉振之，有德者也。金聲，善也；王言，聖也。善，人道也；德，[天]道[也]。[唯]有德者然笱（後）能金聲而玉振之。

“金聲玉振”一説，見於《孟子 · 萬章》篇，故我疑心這一段言善與德皆有終與始，正如《孟子》所謂始條理與終條理，故這一章也許是荀子所述子思、孟子言及五行的逸文，這裏把善看作人道，而視德爲天道，把德與善對立起來，看成天、人的關係。下面且說："聞君子道，恖（聰）也；聞而知之，聖也。聖人知天道，知而行之，聖也。"能够聞君子之道而能行之即是聖，這顯然是儒家思想。鄒衍的五德終始，說不定和這些理論多少有關係，尤其把"德"看成天道，更值得注意。

鄒衍把五行講成五德，拿來解釋人事，尤其說明帝王應運而興的道理，構成他的一套新的歷史哲學，他把握三個原則：

（一）確定每一代的帝王的運命，有他五行上所屬先天的德性。

（二）根據五行相勝，互相生剋，推演爲五德終始，創爲帝王更迭的循環說。

（三）把一年的"紀"，擴大爲歷年的"紀"，成爲大型的終始說。

考五行相勝說，由來甚遠，《左傳》史墨有火勝金、水勝火之言（《昭公三十年》及《哀公九年》傳），已被墨家、兵家、名家所采用。墨子《經說》之論五合，《貴義》篇之五龍，孫子《虛實》篇之論五行無常勝（山東臨沂新出《孫臏兵法》有五壤之勝，"青勝黃，黃勝黑，黑勝赤，赤勝白，白勝青"之語，見《地葆》篇）。公孫龍子《通變》之引證木賊金。當日之言五行者，有常勝與毋常勝二系（參欒調甫《梁任公五行説之商榷》）。鄒衍執常勝之説來解釋歷史，不沾沾於名實，從極大處落墨，故有其成就。《史記·孟荀列傳》云：

> 騶衍睹有國者益淫侈，不能尚德，若《大雅》整之於身，施及黎庶矣。乃深觀陰陽消息，而作怪迂之變，《終始》《大聖》之篇……稱引天地剖判以來，五德轉移，治各有宜，而符應若茲……要其歸必止乎仁義節儉君臣上下……

鄒氏仍以儒家倫理爲基本，而主張尚德。《封禪書》說他以"陰陽主運"，顯於諸侯。主運者，應如《禮記》的《禮運》，如淳在"主運”一名下注:“五律相次轉用事,隨方面爲服。”應如《禮運》所謂:“五色、六章、十二服還相爲質。”服指服色,秦漢以來大家討論“改正朔易服色”,似即承襲鄒氏主運之觀點。若“《終始》《大聖》之篇”,大聖者,明指帝王,《周書》謚法解稱“德象天地爲帝”。如何方配稱爲帝?似乎是戰國季世學者討論的主題。今觀《大戴禮》書中,有《五帝德》《盛德》《虞戴德》諸篇可以見之。《盛德》論聖王之盛德,而提出“明堂者,天法也。禮度,德法也。所以御民之嗜欲好惡,以慎天法,以成德法也”。分析天法及德法二者,顯然是反對法家的專以刑法御民之失的。

> 夫民善其德,必稱其人。今之人稱五帝三王者,依然若猶存者,其法誠德,其德誠厚。夫民思其德,必稱其人。朝夕祝之,升聞於皇天。上帝歆焉,故永其世而豐其年。

這是《盛德》篇所描寫的德法,是要依循天法而行的。鄒子主張“尚德”,先整之於身,然後施及於民,想必和《盛德》之篇,不太違背的。《大戴禮·五帝德》所描寫之黄帝、顓頊諸帝王,都是德合天地的領導人物,述黄帝一段説他:

> 治五氣,設五量,撫萬民,度四方,教熊、羆、貔、貅、豹、虎以與赤帝戰於阪泉之野。三戰然後得行其志。黄帝黼黻衣,大帶黼裳,乘龍扆雲。以順天地之紀,幽明之故,死生之説,存亡之難。時播百穀屮木,故教化淳鳥獸昆蟲,曆離日月星辰,極畋土石金玉,勞心力耳目,節用水火材物。生而民得其利百年,死而民畏其神百年,亡而民用其教百年,故曰三百年。

他對人民的貢獻是民得其利,畏其神而用其教,這是帝德的標準,這樣才是大聖。《易·文言》所謂:“與天地合其德,日月合其明。”《堯典》云：“光被四表，移於上下。”《尚書緯》釋稽古即同天，俞正燮以法天去解釋（《癸巳類稿》一）；這種與天地合德的人物，唯大聖之帝，才可以勝任。

《吕氏春秋》對鄒説更發楊光大。《封禪書》云：“自齊威、宣之時，騶子之徒論著終始五德之運。及秦帝而齊人奏之，故始皇采用之。”秦人學術，部分是接受鄒説的。《史記·始皇紀》李斯等議古教不同一段，證以嚴安上書引用鄒衍語：“政教文質，所以救世。當時則用，過時則捨之，有易則易也。”是鄒氏主張變通。秦人在政教上主張“五帝不相復，三代不相襲，時變異也”。可易則易之，故始皇推鄒衍“終始五德之傳”，以秦爲水德，以代周之火德。其色上黑，名河曰“德水”，以爲水德之始，而事皆决於法，刻削毋仁恩和義，以合五德之數（見《始皇本紀》）。他一方面采用鄒子五德之理論，一方面則去掉儒家“止乎仁義”的“尚德”部分，專尚刑法，而非“德法”，可説是修正的鄒學了。

六、 道、德的先後和天、人的分合問題

《吕氏春秋·季春紀·先己》篇：“五帝先道而後德，故德莫盛焉；三王先教而後殺，故事莫功焉；五霸先事而後兵，故兵莫彊焉。”下至三國高貴鄉公甘露元年，博士馬照對曰：“太上立德，謂三皇五帝之世以德化民；其次報施，謂三王之世以禮爲治也。”（《魏書·少帝紀》）五帝是先道而後德的，三王則隆禮。德在先而禮在後，這一説法，事實上是戰國以後道家思想發展的結果。老子説失道而後德，失德而後仁、義、禮，把禮列在很後。司馬彪《戰略》傳幹説馬騰曰：“古人有言：‘順道者昌，逆德者亡。”（《三國志·鍾繇傳》裴注引）胡三省注出新城三老董公之言。他把道與德分開來説，亦是

先道而後德的。

最近馬王堆三號墓發現的《老子》寫本帛書，甲、乙本都是從“上德不德”章開始，把《德經》列前，而乙本（一）《德經》末有“《德》：三千卌□”一行；（二）《道經》末有“《道》：二千四百廿六”一行。這一卷漢初寫本，是先德而後道；《韓非子·解老》篇首先即解《德經》第一章，然後釋《道經》諸章，戰國時，《道經》《德經》分開，不分章，只題曰“道”與“德”，而排列先後不一定。楚墓所出的確是《德經》在前，《道經》在後的。然“道”“德”一複合詞的組成，在漢初已是通言“道德”，而不曰“德道”。賈誼《新書》中有《道德説》一篇，可以爲證。唯董仲舒《春秋繁露》乃有“德道”一名，見於卷十《深察名號》篇，他説：“事各順於名，名各順於天，天人之際合而爲一，同而通理，動而相益，順而相受，謂之德道。《詩》曰：‘維號斯言，有倫有迹。’此之謂也。”這樣説德道，更具另一番意思。主要意義應該是指德之道，二者不是平列關係，有點像太史公所謂的“王道”。《史公序》贊：“天之際，承敝通變，作八書。”而《自序》云：“補弊起廢，王道之大者也。”能够通“天人之際”，莫過於“補弊起廢”；這樣可以説是“德道”，亦可説是“王道”。意思又深一層了。

道與德的結合和先後問題，先秦諸子有不同的説法：

（一）道家　道→德

像《莊子·天地》篇：“故通於天地者，德也；行於萬物者，道也。上治人者，事也；能有所藝者，技也。技兼於事，事兼於義，義兼於德，德兼於道，道兼於天。”這裏雖然他把德列在先，而道列在後，可是他是以道來兼德，德爲道所包。

《管子·四時》篇：“道生天地，德出賢人。道生德，德生正，正生事。”則以德爲道所生。

（二）法家　道→法

《經法・道法》篇云："道生法。"法是道的產物。又《名理》云："道者，神明之原也。"

（三）儒家　至德要道

《孝經》云："先王有至德要道。"

劉劭《人物志》云："《孝經》以愛爲至德，以敬爲要道。《易》以感爲德，以謙爲道；《老子》以無爲爲德，以虛爲道。"這樣的次序是先德後道；德是本質，道是作用。

上舉諸例，對於道與德安排的先後，有許多異説。

《老子》經上云："孔德之容，惟道是從。"德是要遵從道的。經下："道生之，德蓄之。"實在是把道放在德之前，《老子》作者心目中，是道先而德後。至於《莊子》，在内篇《德充符》提出"全德爲至人"的標準。他訓德爲和：至人"游心乎德之和"，而要才全而德不形。他説："何謂德不形？曰：平者，水停之盛也。其可以爲法也，内保之而外不蕩也。德者，成和之修也。德不形者，物不能離也。"德充於内，而不形於外；遺其形骸，而與物爲春。修養到（大）和的境界，便是全德。《莊子》外篇時時把道與德相提并論，《庚桑楚》云："道者，德之欽也；生者，德之光也。"按《謚法解》："威儀悉備曰欽。"這無異説德的總和便是道。《徐无鬼》云："故德總乎道之所〔不〕一。""道之所一者，德不能同也。"德者，得也；有所得則道之所一者已破而不完。失道而後德；道之所不一的才算是德；而道之所一者，德便不能同。道的層次，居德之上。又《繕性》篇云："夫德，和也；道，理也。德無不容，仁也；道無不理，義也。"把德與道并舉，説德爲仁，指道爲義，這似乎是後期儒家對《莊子》的解釋。文中先德後道，可見在行文上先德後道，有時可以任意。雖然老莊之學主張先道而後德，基本上道的層次是在德之上，而在做文章的時候，可以把德放在道的上面；《天地》篇的先德後道正是同樣的例子。《繕性》篇對世與道交相喪的理論，有深入的發揮；他的歷史觀是先道而後尚德，德又越來越衰，所以一代不如一代。他説："逮德下衰，及燧人、伏羲始爲天下，是故順而不一。德又下衰，及神農、黄帝始爲天下，是故安而不順。德又下衰，及唐虞始爲天下，興治化之流，澆淳散樸，離道以善，險德以行，然後去性而從於心。心與心識知而不足以定天下，然後附之以文，益之以博；文滅質，博溺心。"世愈下而道彌薄，德愈衰，以至離道而標榜以善，險德而博之以文。這無異説周不如殷，殷不如夏。《吕覽·先己》篇所説先道後德，完全是道家的理論，和《莊子》并無二致。

金文如散盤，"道"字凡六見，皆作道路用。其字從首從行，其下或從止，又有從又的。其從又的如𠫑鼎，曾伯簠亦相同。石鼓文有衜字，《作原章》言𢻮衜；《遨水章》云"遨衜既平""遨其周衜"，都指道路。漢簡采《古文尚書》，道字有衍、衜二體。漢封泥有"衍人令印"。吴式芬等《封泥考略》謂即《漢書·地理志》之代郡道人縣，以衍爲道字。道字用作"原則""道理"的意義，在西周彝銘上可説是一無所見，僅是訓爲道路而已。後來由道路之義引申爲道理，在《左傳》常見天道、人道一類的字眼。到了道家，更把道字的意義擴大起來。從思想發展史來説，道的觀念的誕生，應當在德的觀念確立之後，所以德在先而道在後，才是思想發展的實際情形。

儒家及早期法家都喜歡用"道"字，《論語》説"志道、據德、依仁、游藝"（《述而》），已把道列於德之前。《論語》言道的地方極多；道的重要性在儒家思想亦佔第一位。《孝經》所言"至德要道"只是行文的方便。至於法家管子之言道生天地，與老子同；《道法》篇言道生法，因爲法家正是掌握道做總原則；法家"主道"的理論乃是采自道家的。

所以用道德二字作爲聯詞的時候，事實應該是先道而後德，這是儒、道、法三家思想共同的地方。《老子》書《道》《德》二篇，照理仍應是先《道》後《德》，所以《史記·老聃傳》云："老子修《道》《德》。""著書上下篇言道、德之意。"馬王堆所出《老子》甲、乙本，《德經》放在前、《道經》放在後，乃是偶然的。

楚墓乙本《老子》卷前逸書四篇:《經法》《十大經》《稱》《道原》，這都是戰國由道入法的重要文獻。對於道法相資爲用，及法源於道的理論，有極重要的論證。

書中論道爲太虛，能懂得太虛的道理，便"能通天下之精，得道之本，在握少以知多"（《道原》篇）。又說："陽法天，陰法地。"地德尚柔，所以主張守雌（《稱》篇）。

《黄帝四經》亦時時言"德"，《君正》篇云："一年從俗，二年用德，三年民有得。"《大分》篇云："天下大平，正以明德，參之以天地，兼覆載而無私。"强調用德的重要性。《四經》主要是以老學爲基礎，主張"玄德";《老子》曰："玄德深矣、遠矣！"故此書在《大分》篇説："王天下者有玄德。"理論重點是守雌，所以在《雌雄》篇上説雄節是散德，而雌節則爲絝德。因爲雄是盈（浧）之徒而雌是兼（謙）之徒。又云："德積者昌;〔殃〕積者亡。觀其所積，乃知〔禍福〕之鄉。"仍是春秋以來的老調。

荀子對"天人之際"是主張分而不主張合的。他説："故明於天人之分，則可謂至人矣。"（《天論》篇）他把天與人的界限劃分起來。他説："天行有常，不爲堯存，不爲桀亡。"（《天論篇》）正是針對天人行爲相應説而開炮。他提出"天職""天功""天養""天政"諸論點來解釋自然運行的功用，并解釋禍福的産生是對"類"（可説是自然律）的順、逆，完全把天與人隔開。這和儒家思孟一派主張的五行和合——德（天道）與善（人道）之統一，墨家的天志，道家莊周的“天德”，不以人滅天，與天爲徒諸説，完全反腔背調，殊不易取得一般人的同情。再加上鄒衍“五德終始、天人相應”説得到政治上的强有力支援，秦漢以來，“天人之際”論，甚囂塵上，復主合而不主分。於是荀卿的《天論》遂成孤掌難鳴；要到了柳宗元、劉禹錫，才是荀氏的同路人。《黄帝四經》上亦談到“天道”“天極”。《四度》篇説：“失天則兒（饑），失人則疾。周遷動作，天爲之稽，天道不遠。”可説是對子産見解“天道遠”的否定。在《國次》篇説：“禁伐當罪當亡，必虚（墟）其國。兼之而勿擅，是謂天功。”同篇又説：“過極失當，天將降央（殃）。”篇末説：“唯聖人能盡天極，利用天當。”天極一詞，亦見於《管子·勢》篇。這裏的天極、天當、天功，完全和荀子意見相反。《四經》解釋“文”“武”二字,《君正》篇云：“因天之生以養生謂之文，因天之殺以伐死謂之武。”又《四度》篇：“動静參乎天地謂之文，誅□時當謂之武。”都是從天道觀點來解釋人文現象。《黄帝四經》是戰國前期末、中期初法家接受道家思想後的作品，和荀卿時代不相上下，可見在這個時代天道觀仍不輕易接受荀學的觀點。

七、結語

理性主義在西方的興起甚遲，亦是從神道中解放出來，但是古代希臘是以客觀知識爲中心。中世紀教權掌握一切，人的地位屈膝於神的威靈之下；人之理性，無獨立價值。個人的道德心，純爲教權所支配，只有他律，没有自律的可能。到了後來才有個人的發現。我的自覺，使“理性我”的自律説緩緩抬起頭來，方才形成哲學上的理性主義。中國在西周貴族提倡明德、敬德的道理，在上則配合天命，在下則踐履純德，天與人相資爲用。由春秋的“德禮”（以德合禮）發展到戰國的“德法”（以德配法），從禮治到法治，都是一貫地以“德”作它的內涵。

天神是輔導人，而不是控制人、約束人的；在中國，人没有原罪，不必在神的面前贖罪。人如果能自覺地遵從德禮去行事，已可說是自我肯定（self affirmation）了。可是天（神）對人，仍有所預感，有所儆戒的。天會示人以“祥”“異”。祥有吉與凶的雙面性——即是德祥和灾祥。人君有至德，則瑞物出現；有凶德，則山崩川竭日食……灾異發生，表示天對其有所警告，《易》所謂“視履考祥”，後人謂之“卜徵考祥”（張衡《東京賦》），都是這個意思。把德與符應的關聯連起來講，正構成鄒衍政治道德學的基本骨幹，發展成爲秦漢以來的新的生命說和德運論。

自春秋以來，民人的地位提高，人道與天道可以對立看待。天道遠而人道邇，孔子言“道”，而少言天道；從切近的人事方面着力，渺茫的天和不可知的鬼神，逐漸爲儒家所略視。原有的畏天、尊天的思想，發展爲儒家的則天、同天、順天。到了荀子遂以制天爲主；天神的地位反屈居人之下，人本的理性主義，可謂發展至最高峰。可是另一方面，陰陽家的興起，承接原來的敬天傳統。“序天地四時之大順”（司馬談《論六家要旨》），以天律人，而道家的莊子，反對以人滅天、天與人分的理論，復變而趨於“天人相合”，鄒衍一派之說，得以風行。春秋以來理性主義的發軔，其特别成就在於思辨的推理方面。名家在這方面的努力，爲儒、墨、法各家所吸收。陰陽家亦主張符驗，但所驗的不在事物的自身，而在“天人之際”的驗證。鄒衍的方法，是“必先驗小物，推而大之，至於無垠”。驗小以推大，好像很接近科學方法了。《黄帝·素問·舉痛論》：“五帝問曰：‘余聞善言天者必驗於人。’”又《氣交變大論》：“余聞之：‘善言天者，必應於人；善言古者，必驗於今；善言氣者，必彰於物；善言應者，同天地之化。’”這種“驗”變而爲“事徵”，鄒衍論“驗”之意義，變而爲“符應”之先兆（omen），後世讖緯即由此而興。《説文》云：“讖，驗也。”緯書亦多以驗爲名，如《易通卦驗》《尚書帝命驗》，即其著例。荀學之失敗，變質的理性主義遂爲陰陽家氣氛所籠罩。鄒衍之學，部分爲秦漢政治階層所接受，進一步而讖緯之説復披靡一世。秦漢以來的“天人相應”論，“人”仍舊爲“天”所限制；天與人的感應，其神秘性質，一如歐洲中古的“人神和合”，距離理性主義遂越來越遠了。

參考書目

阮元：《詩書古訓》。《釋敬》，見《揅經堂續集》。

傅斯年：《性命古訓辨證》。

劉復：《帝與天》，見《古史辨》，第二册。

胡厚宣：《殷代的天神崇拜》，見《甲骨學商史論叢》初集。《殷代的天帝與王帝》，見《歷史研究》，1959（9）。

唐文治：《易憂患卦解》。

吕思勉：《皇帝説探源》，見《古史辨》，第七册中編。

楊向奎：《三皇考》，見《古史辨》，第七册中編。《中國古代社會與古代思想研究》上。

繆篆：《顯道——中國固有之道德》上册。

錢寶琮：《太一考》，載《燕京學報》。

徐炳昶：《五帝起源説》，見《中國古史的傳説時代》第五章，增訂本。

唐君毅：《先秦思想中之天命觀》，載《新亞學報》二，二。《中國哲學原論——原道篇》。
陳槃：《春秋時代的教育》，載《史語所集刊》，第四十五本。
關鋒、林聿時：《春秋哲學史論集》。《老子甲本及卷後古佚書》。《老子乙本及卷前古佚書》，載《馬王堆漢墓帛書》壹，綫裝二册，1974。《老子》，見《馬王堆漢墓帛書》，附釋文，1976。《經法》，見《馬王堆漢墓帛書》，1976。《孫臏兵法》，見《銀雀山漢墓竹簡》，1975。
津田左右吉：《上代支那人の宗教思想》，見《全集》，二十八卷，又《左傳思想史の研究》。
池田末利：《釋帝與天》，載廣島大學《文學部紀要》，第三卷，1953。《天道與天命》上下，載廣島大學《文學部紀要》，第二十八卷、二十九卷，1968，1970。《春秋合理主義の再檢討》，載廣島大學《文學部紀要》，第二十七卷，1967。《中國固有の宗教と陰陽思想》，載《宗教研究》182號。《配天考》，見福井博士《頌壽集》。
山口義男：《春秋王道に關する一考察》，載廣島大學《文學部紀要》，第六卷，1954。
重澤俊郎：《支那古代に於ける合理的思惟の展開》。
小島祐馬：《古代支那研究》。
伊藤道治：《中國古代王朝之形成》。
鴛淵一：《滿洲實録所見滿洲族の天地との崇拜》（滿文）。
高田真治：《支那思想の研究——天の思想》。
S.Kierkegaard. *Philosophical Fragments*.
E.O,James. *Prehistoric Religion*.
J.Needham. *Time and Eastern Man*.
H.G.Creel. *The Origins of Statecraft in China* vol.I（《西周帝國》，1970）《天神的源流》（黄俊傑譯，《大陸》四五，四）

張鐘元，The Concept of Tao in Chinese Culture.See：*The Review of Religion* 1953.
陳榮捷，*The Evolution of the Neo-Confucian Concept Li* 理 *As Principle*，載《清華學報》，新四，1964。
S.N.Kramer. *Mythologies of the Ancient World*.
F.M.Cornford. *From Religion to Philosophy*.1912.
G.Murry. *Five Stages of Greek Religion*.1951.

本文與《天神觀與道德思想》合爲上下篇，參考書目乃兩篇所共用。1978 年

三教論及其海外移植

馬一浮《爾雅台答問》云:“三教同源之説,始於明季閩人林三教,不可據信。”按林三教即著有《聖學統宗三教歸儒集》之林兆恩,其事迹近賢頗多考述。[1] 明代三教思想實始於太祖之提倡,《御製文集》中有《三教論》之作,可爲證明。[2] 三教匯合之主張,唐宋君主頗樂道之。敦煌本《皇帝感新集孝經》十八章,其中一首云:

歷代以來無此帝,三教内外總宣楊,先注《孝經》教天下,又注《老子》及《金剛》。[3]

一、三教論與宋金學術

法京所藏列P·二七二一號後題《珠玉新抄》一卷,有開元皇帝贊《金剛經》句云:

《金剛》一卷重須彌,所有我皇偏受持,八方法門皆□達,恵眼他心逾得知。皆讀新歌是舊曲,聽唱《金剛》般若詞;開元皇帝親自注,志氣頂禮莫生疑。……非但兩京諸寺觀,十方世界

[1] 間野潜龍:《明代たおける三教思想——特た林兆恩を中心としこ1》,載《東洋史研究》十二之一。
[2] 酒井忠夫:《明太祖の宗教政策と三教思想》,見《中國善書の研究》,227—234頁。
[3] 任二北:《敦煌曲校録》,88頁。

亦如然。惚是《金剛》深妙義，弟子豈敢謾虛傳。

以下即接抄《新集孝經》十八章，詠其注《金剛經》與注《孝經》，二事并列，此唐玄宗會通三教之事也。《湘山野録》記宋真宗有御制釋典文字之《法音集》，學僧二十一人爲作箋注。而《宋史·藝文志》著録有《太宗、真宗三朝傳授贊詠》二卷，即張商英所編。今《道藏》中有商英《金籙三洞贊詠儀》，當是其書，此宋真宗亦兼通道釋者也。南宋淳熙中，孝宗嘗作《原道辨》，大略謂三教本不相遠，特所施不同，至其末流，昧者執之而自爲異耳，以佛修心，以道養生，以儒治世可也，又何惑焉。頗非議韓愈之説，時史浩及程泰之侍講席，勸其竄定末章，乃易名《三教論》(《建炎以來朝野雜記》乙集三)，先是唐肅宗曾作《三教聖像贊》，宋太宗太平興國二年(977)泐於長安國子監。金大安元年(1209)高烈夫等助緣重刻之，立《三教聖像》碑於嵩山少林寺，碑今尚存。

自元以來，三教思想更表現於藝術方面：黄公望曾開"三教堂"於蘇州之文德橋[1]，向來稱其"通三教"。畫人之參興三教團體，以彼最有名，後世傳爲佳話。

元時琴譜有《三教同聲》一書，用《大學》《道德經》《普庵咒》代表儒、道、釋三教，以一字當一音，作成琴曲。凡四曲。[2]此僅表示三教之結合，未見有何深切之意義。

元制，人有十等，九儒十丐，故謝枋得云：

> 管儒者益衆，食儒者益繁，豈古之所謂獸相食者歟？抑亦率獸而食人者歟？儒不勝其苦，逃而入僧入道入醫入匠者十九。建安科舉士餘二萬户，儒者六百。儒貴歟？賤歟？榮歟？辱歟？可

[1] 夏文彦《圖繪寶鑒》本傳、朱謀垔《畫史會要》及温肇桐編《黄公望史料》。
[2] 《琴曲集成》第一輯，原書提要第二三(中華書局本)。

以發一慨也。[1]

儒地位之低，於此可見。儒之所以逃而入僧入道者，蓋出於時代之壓迫，此可爲太息也。同時鄭思肖有《三教記序》云：

> 我自幼歲世其儒，近中年闖於仙，入晚境游於禪，今老而死，至悉委之。第邇來三教淒凉甚矣，不覺數數爲之動心。各因其意作《三教記》，何夙習之尚未忘邪？然期望天下後世之心則深矣切矣，吾其絶筆於斯文乎！

所謂《三教記》，即《早年游學泮宫記》《十方道院雲堂記》《十方禪刹僧堂記》三篇，俱載於《所南文集》。思肖之事三教，乃始儒而道而釋，凡三次轉變，亦有其不得已之苦衷與潛伏之政治意識。

思肖之三教説，就諸記觀之，如云：

> 儒：“我自三十六歲科舉既斷之後，絶不至於學校。又三十一年，終不能忘其爲儒也。”
>
> “自古有用之才爲君子儒者，盡出於學校，當知學校乃禮義廉耻所自出之地，豈徒有用而已？切勿謂向之學校，儒者惟業科舉時文，腐而無用，何補世道？然科舉時文，其所講明，皆九經諸史，諸子百家，天地陰陽，五行萬象；（中略）析理則精微，論事則的當，亦多開發後學。其爲人物典型，氣節議論，初未嘗亡也；特行之有至有未至，多成空言。今言空言者亦罔聞，更三十年，舊儒無矣。”
>
> “不能自具儒者之道而新之，乃抱此拳拳空意，欲以被之將來，可哂也已。惟吾夫子之道，無古無今，無變無異，無斷無

[1] 《疊山集》卷六《送方伯載歸三山序》。

續，無窮無極，遂述此意，名之曰《早年游學泮宫記》。”

道：“我夙慕長生，甚欲創道院。中年後化爲頑物，不復作神仙夢想乃止。（中略）邇來仙佛之居，數倍多於三十年前，而率皆富者蔽身，貧者竊食焉，非真心出家，通身俗氣，厭罵貧者，安有真心供養於人也。”

“不可身外求道，道不在於身外。決不可心外求道，道不在於心外。此心不真不定，不純一，不空玄，有想有存，有意有方，所有運用有希望等事，盡是妄想。才有纖塵，即生魔業。於深定中假有一切祥異，皆爲魔幻，勿喜勿怖勿視，當自然消滅，始契至妙。”

“道院過數百所，不如以一點真心，盡情供養一切道人，盡力利益一切衆生；若以此爲道院，始入神仙境界，敢以我夙誓真心，盡誠吐露，向者所參道家精蘊，冒禁破戒，説而爲文。平等供養十方三世，一切神仙，一切道人，一切世人，願一一先以德行爲本，仍以此道，壽其自然清浄之天，終以此道，同挾乎天地人而同超於無無有有，有無無有之表，豈不了其無所了之了而了也邪？遂以此文曰《十方道院雲堂記》。”

僧：“昔不憂飯，今憂無飯；昔不憂師，今憂無師。江南禪教諸刹，連年遭水遭荒，（中略）十方叢林，古意今盡不存，竟無十方本色衲子，處處僧亦皆少。逆料此後，法門愈其難矣。”

“昔創此僧堂爲大衆設，非使我獨安於辦道也，安其身所以安其心，安其心所以安其道；苟不安於道則不安於心，不安於心則不安於身，不安於身則心生萬夢，失却自己，何以爲佛法棟梁？何以爲衆生表率？僧固亦人也，爲其清浄慈悲了達自心而得僧之名。若以落鬚髮，披袈裟爲僧，九間萬椽爲僧堂，此世間見也。”

“第佛法至此亟矣，必先速得數十人，肉身大士大闡神通，應化天下諸刹，使一切衲子，外不壞於一毫，賂賄酷虐，内不犯於一塵，淫殺貪傲。（中略）我今苦告諸佛子，各各述入大回心三昧。但言之至此，我亦罔知所措，諸佛菩薩，寧不動心焉，我遂嘔我心中無憂聲而爲誓，銘之曰《十方禪刹僧堂記》。”

可見宋季道院梵刹，經亂以後，流弊叢生，無復清凈之場，徒爲落髮之所，故鄭氏不覺而有三教淒涼之嘆。其言夫子之道，亙今古而不變，則仍是以儒爲皈宿，道釋不過爲寓所，聊作隱遁之鄉而已。鄭氏仍從世間法來看道釋，所論頗有關當日社會實際情況。是時以儒道雜糅，爲荒唐之説者，如元趙道一撰《歷世真仙體道通鑑》，鄧光薦[1]序後跋語，竟謂孔子爲廣桑山主。[2]至明時朱國楨《湧幢小品》，遂有孔子爲水精子之説[3]，廣演仲尼列入仙籍，肆爲謬妄[4]，不可紀極。

三教如何調諧，六代以來，已成宗教上之主要論題，向來有齊、不齊之異論。北周衛元嵩著《齊三教論》七卷，見《新唐書·藝文志》道家類；《廣弘明集》七言：“元嵩陳表狀及佛道二論，立主客，論大小。”元嵩斥佛，自加冠巾，必抑佛楊道可知。[5]《新唐志》楊上善有《三教詮衡》十卷，其書未詳。[6]敦煌所出有劉晏《三教不齊論》殘卷，見S·五六四五，日僧最澄、空海傳入扶桑之佛典，内有《三教不齊論》，殆即此書。其言以爲“佛法與周孔政乖，釋典共孔經殊制”。

[1] 鄧氏事迹見拙作《補宋史鄧光薦傳》。
[2] 此事亦見《神仙感遇傳》（《太平廣記》一九引）及《三洞群仙録》卷一八引。
[3] 《湧幢小品》廿九“儒釋”條。
[4] 如葛洪《抱朴子·辨問》篇之周孔升仙，陶弘景真靈位業列孔丘在第三級。《酉陽雜俎》以孔子爲元官。《道藏》《玉清無極總真文昌仙經》謂孔子主文昌，封太極上真治九嶷山，亦見《枕中記》《元始上真衆仙記》等書。
[5] 余嘉錫：《衛元嵩事迹考》，見《論學雜著》，262頁。
[6] 《集古今佛道論衡》，敦煌本有之，見大淵忍爾文，《岡山大學法文學部紀要》13號。《三教詮衡》意其書之性質，諒有相似之處。

主張僧人不必跪拜王者。云："受一人之貴，理化閻浮，何屈折僧尼，盤擗法服。"[1] 此自老生常談，無甚高論。中唐以來，朝野奉佛，而三教且有道場，《金石萃編》載資州刺史《叱于公三教道場文》，首佛次道又次爲儒[2]，與隋李士謙評三教高下，以佛爲日，道爲月而儒爲五星[3]，如出一轍，姚䛒有《三教優劣不齊論》，列舉三教不齊之項目凡十有三。[4] 夫"物之不齊，物之情也"(《孟子》)，"執齊則不壹，衆齊則不使"(《荀子·王制》)，故曰："維齊非齊"(《書·吕刑》)，三教固不能强齊，然發爲不齊之論者，多意存軒輊，非會通之旨也。

《宋史·藝文志》雜家類，周朴有《三教辨道論》一卷，宋初有長樂人爲黄巢所害者，名周朴[5]，或即此人。此書内容無聞，金時董國華有《論道編》，《歸潛志》稱其參取佛老二家。同時郝大通有《三教入易論》，俱見《金史·藝文志》，而李純甫著書，曰《鳴道集解》，貫通三教，尤爲人所稱述。周樸之書稱曰《辨道》，而董國華所著曰《論道》，李純甫則曰《鳴道》。金人著述又有《道學發源》一書，王若虚爲後序，略云：

> 義理之真，而不専於傳疏，其所以開廓之者至矣；而《鳴道》之説未甚行，三數年來，其傳乃始浸廣，好事者往往聞風而悦之。……此《發源》一書所以汲汲於鋟木也。(《滹南遺老集》)

《鳴道》應指李純甫之《鳴道集解》。可見其影響之大。

《宋史》卷四二七爲《道學傳》，其序論云："道學之名，古無是

[1] 牧田諦亮：《劉晏の三教不齊論たツいて》，見《冢本頌壽佛教史學論集》，614—714頁。

[2] 《金石萃編》卷九六。

[3] 《隋書》卷七十七。又參山崎宏：《隋朝の文教政策》(《論三教并立》)，見林友春編：《近世中國教育史研究》。

[4] 姚䛒：《三教優劣傳》，京都大學本作"姚功言"，非。

[5] 參余嘉錫：《四庫提要辨證》卷二四，1574頁《唐僧宏秀集》。

也。”“道學盛於宋。”首周濂溪、二程、張載、邵雍及程門弟子及朱熹、張栻。《道學傳》爲《宋史》所特有。（明修《元史》改名曰《儒學傳》。）自宋南渡，程源爲伊川嫡孫，著《道學正統圖》（見葉紹翁《四朝聞見録》；《東城雜記》稱源嘗鬻米於臨安新門草橋）。道學之統系，於以確立。趙秉文於《道學發源》引且謂：“（張）載之《東銘》《西銘》，子翬[1]之《聖傳論》，譬之户有南北東西，由之皆可以至於堂奥。總而類之，名曰《道學發源》。”（《閑閑老人滏水文集》十五）“道學”之名，亦成熟於是時。《宋史》總裁有張起岩者，熟於道學原委。《元史》六九《起岩本傳》云：

> 詔修遼、金、宋三史，復命入翰林爲承旨充總裁官，積階至榮禄大夫。起岩熟於金源典故，宋儒道學原委，尤多究心。史官有露才自是者，每立言未當，起岩據理竄定。深厚醇雅，理致自足，史成，年始六十有五。

由此知《宋史·道學傳》之設立，必出於起岩之主張。至於道學之昌大，與金人學術亦有密切關係。此前人所未措意者，故略爲引申。

李純甫在金儒中，最爲重要，《金史·文藝傳》（卷一二八）云：

> 李純甫字之純，弘州襄陰人。（章宗）承安二年（1197）經義進士。爲文法莊周、《列禦寇》《左氏》《國策》（下略）。卒於汴，年四十七。雖沉醉亦未嘗廢著書。然晚年喜佛，力探其奥義。自類其文，凡論理性及關佛老二家者，號“内稿”，其餘應物文字爲“外稿”。又解《楞岩》《金剛經》《老子》《莊子》《中

[1] 子翬即劉彦冲，朱熹父友。《宋史》熹傳：“父松病亟，命熹往事三人，即胡憲、劉勉之及劉子翬也。”

庸集解》《鳴道集解》，號《中國心學》《西方父教》，數十萬言。以故爲名教所貶云。（按“父教”或誤作“文教”。）

元遺山《中州集》小傳云：

（之純）三十歲後，遍觀佛書，能悉其精微。既而取道學書讀之，著一書，合三家爲一，就伊川、横渠、晦庵諸人所得者而商略之，毫髮不相貸，且恨不同時與相詰難也。（中略）迄今論天下士，至之純與雷御史希顔，則以中州豪傑數之。（卷四）

屏山又著《金剛經別解》，耶律楚材爲之序，有云：

屏山居士取儒道兩家之書，會運奘二師之論，牽引雜説，錯綜諸經，著爲《別解》一編，莫不融理事之門，合性相之義，折六如之生滅，剖四相之鍵關，謂真空不空，透無得之得，序圓頓而有據，識宗説之相須，辨因緣自然，喻以明珠，論諸佛衆生，譬如圓鏡。若出聖人之口，冥契吾佛之心，可謂天下之奇才矣。嘻！此書之行於世也，何止化書生之學佛者，偏見衲僧，無因外道，皆可發藥矣。

又《書金剛經別解後》云：

退之屈論於大顛，而稍信佛書，《韓文公別傳》在焉；永叔服膺於圓通而自稱居士，《歐陽公別傳》在焉。是知君子始惑而終悟，初過而後悛，又何害也？屏山先生初年作《排佛説》，殆不忍聞。未幾翻然而改，火其書作二解以滌前非，所謂改過不吝者，余於屏山有所取焉。[1]

[1] 兩篇俱見《湛然居士文集》卷十三，前者作於乙未元日。

屏山《鳴道集説》，亦楚材爲序。謂：

(屏山) 居士年二十有九，閲復性書，知李習之亦二十有九參藥山而退著書。大發感嘆，日抵萬松，深攻亟擊，退而著書，會三聖人理性蘊奧之妙，要終指歸佛祖而已。江左道學，倡於伊川昆季，和之者十有餘家，涉獵釋老膚淺一二。(中略) 屏山哀矜，作《鳴道集説》，廓萬世之見聞，正天下之性命。[1]

此序作於甲午冬十五日，先於《金剛經別解》序一年。元時，念常撰《佛祖歷代通載》，其凡例云："屏山居士《鳴道集説》，凡二百一十七篇，今録一十九篇，蓋彰其識見耳。"即録於卷第二十[2]，系之宋嘉泰四年。屏山於宋儒辟佛之語，一一爲之辨正，自伊川、横渠，至南軒、晦庵，均無得免者。清汪琬責其立説太過，謂"彼衛浮屠如是之誠，而翦吾儒之羽翼，如是之嚴且力，流弊甚大"。惟稱譽其論學，内有三疵，外有四孽，爲深中學者之病[3]。

三疵：(1) 識、鑿之而賊
(2) 氣、馮之而亢
(3) 才、蕩之而浮
四孽：(1) 學、封之而塞
(2) 辨、嘩之而疑
(3) 文、甘之而狂
(4) 名、錮之而死

[1] 全祖望：《鮚埼亭集外編》三十四，《跋李屏山唱道集》説作"唱道"，"唱"字恐誤。
[2] 《大正藏》本，册四九，659—699 頁。野上俊静有《金李屏山考》，載《大谷學報》一六之三，已收入《遼、金佛教》書中。
[3] 汪琬：《堯峰文鈔》二十五《鳴道集説序》。

此即三疵四孽之論，足爲百世針砭。

大抵屏山之學，奉老、莊、孔、孟與佛爲五聖人，其宗旨蓋欲“洗人欲而白天理，剗伯業而扶王道，發心學於言語文字之外，索日用於應對灑掃之中。治性則以誠爲地，修身則以敬爲門。大道自善而求，聖人自學而至。接千古之絶學，立一家之成説”。雖語有偏激，不可謂非豪傑之士。南宋學人，罕有倫比，重以耶律氏之吹嘘，於北方之學，影響至深。趙秉文序《道學發源》，可爲明徵。河汾諸老，若應人曹之謙兑齊，房祺稱其“自客汴梁，北渡居平陽者三十餘年，發明道學，爲文楷式，指授後進”[1]。金元遺逸，於道學切磨之深，可以概見。即以“心學”而論，亦屏山所啓迪，故薛玄有《聖經心學篇》。元人著述，俞長孺有《心學淵源》、王文焕有《道學發明》等書（見《元史·藝文志》），皆接其餘緒。顧亭林《日知録》二十《心學》條，引澄海唐伯元辟陽明新學之説，而不知“心學”之名，早起於金、元之際。竊謂梨洲、謝山於宋、元、明學案，鈎沉表微，貢獻甚巨，獨金元學術語焉不詳，是宜補撰《金儒學案》，若屏山者，其尤錚錚者矣。屏山學佛，蓋自史肅（舜元）發之（《中州集》卷五《肅小傳》）。其爲劉汲（伯深）之《西岩集》撰序，稱其“頗喜浮屠，邃於性理之説，凡一篇一詠，必有深意”（《中州集》卷二）。屏山所與游者，皆有道之士，曾撰《屏山故人外傳》，元遺山多采入《中州集》，微言深意，可嘗一臠。[2]

朱子辟佛之語，曩者友人 Dr.Yalen E.Sargent 曾加以譯述，著成朱熹與佛教一篇（*Tchou Hicontre le Boudhisme*）（法文本）[3]，惟於屏山

---

[1] 之謙本大同人，詳《河汾諸老集》房祺後序。參中華書局本《河汾諸老集》出版説明。之謙爲學宗旨，可於其《送梁仲文》一詩見之。

[2] 《中州樂府》王玄佐《洞仙歌題》云：《賦榛實屏山所録》。玄佐却金宣宗之招，高節凛然，和屏山所與游，無非獨立特行之士也。

[3] Melanges Publies par L'institut des Hantes Etudes Chinoises，Tome I pp.1-156.

批評朱子之精語，尚未涉及，亟盼西方學人於屏山之説，能加以移譯探討。

三教之論，清代學人尚恒言之。[1] 其三教消融之説，若宋之《三教萬善同歸論》，以孔子、老子皆爲菩薩（見《捫虱新語》），實同嘲戲。《永樂大典》卷二〇三〇八“一”字號“萬法同歸”引三教同元圖，以儒道釋爲一元，陳義甚淺。李屏山持論，漸造淵奧；而林兆恩則徘徊於俗諦之間，非可同日而語。清初程雲莊倡教吴鄣之門，梨洲稱其“修飾林三教之餘術，而别自出頭地者”[2]。林氏之學，流衍而爲一貫道之屬，至今尚膾炙人口，若屏山則暗晦不彰。元明間道學心學之興，屏山與有力焉，故樂爲闡發幽潛，對於中國宗教學術史之研究，或不無涓埃之助乎。

續記

前文所論，意猶未盡，兹再補述：

著《三教入易論》之郝大通，號太古。廣寧人。卒於金季，乃全真教祖王喆七弟子之一也。[3] 又著《示教直言》，具見其弟子范圓曦《太古集序》。

[1] 如孫星衍《問字堂集》有三教論，謂“征烏斯藏，得其咒文，了無意義。佛之教，中國好事者增飾成之”。頗有見地。

[2] 《鮚埼亭集外編》卷三十四“書程雲莊語鈔後”“再題雲莊語録”。

[3] 《甘水源録》卷二，東平徐琰撰《郝宗師道行碑》，及陳垣《南宋初河北新道教考》。補沈曹植《海日樓札叢》，258 頁：“馬遠有‘三教圖’。怪怪道人題‘三聖卷’，趙吴興稱‘三教弟子’，顧阿瑛像題曰‘三教像’。”又云：《道藏》“此”字號，《太極祭煉内法》三卷有圖像注云：“天師張宇初序，内煉法三外老夫鄭所南集。”全氏補成《宋元學案》，卷一百爲《屏山鳴道集説略》。目爲王（荆公）蘇（蜀學）餘派，詆其敢爲肆無忌憚之言，如狂風怪霧。録《鳴道集説》僅四條而已，謝山旨在争學統，辟禪學，故持論如此，不知鳴道之重要，在其標揭“中國心學”，而佞佛亦時代風氣所使然，全氏書，凡學之雜於禪者概稱爲“略”，置於學案之末，以示斥之之意。

全真教祖即以三教垂訓，金源璹之《重陽子王真人碑》云：

皇圖啓運，必生異人。大定隆興，道圓賢哲。夫三教各有至言妙理，釋教得佛之心者，達磨也，其教名之曰禪；儒教傳孔子之家學者，子思也，其書名之曰《中庸》；道教通五千言之至理，不言而傳，不行而到，居太上老子無爲真常之道者，重陽子王先生也，其教名之曰"全真"，屏去妄幻，獨全真者，神仙也。

其以《中庸》代表儒教，與李屏山之著《中庸集解》，見解正是一致。

又記王喆：

於文登建"三教七寶會"。

寧海周伯通邀住庵，榜曰"金連堂"，就庵建三教金連會。

至福山縣又立"三教三光會"。

在登州建"三教玉華會"。

至萊州起"三教平等會"。

凡立會必以三教名之者，厥有旨哉。先生者，蓋子思達磨之徒歟，足見其冲虛明妙，寂靜圓融，不獨居一教也。王氏之建"全真"，不居一教，郝廣寧蓋承師説，其《三教入易論》，以意揣之，蓋以《易理》融匯三教爲説也。

金人之主道學心學者，諸家《金史·藝文志》所舉有：

（一）董國華《論道編》。董字文甫，潞州人，官河南府治中。《歸潛志》云："其學參取佛老三家，不喜高遠奇異，循常道，於六經、論、孟諸書，凡一章一句，皆深思而有得，必以力行爲事，不徒誦説而已。得所著一編，皆論道之文，迄今藏余家。"《宋元學案》一百列爲趙秉文同調，又稱文甫者亦滏水之亞也。

（二）薛玄《聖經心學篇》、《金志》經部著録《易解》，華陰薛元微之撰。

按薛玄當即薛元，字微之，華陰人。《困學齋雜録》稱爲庸齋先生者也。《程巨夫集》有薛氏碑，謂其日與女兒辛願、柳城姚樞、稷山張德直、太原元好問、南陽吴傑、洛亞劉繪、淄川李國維、濟南杜仁傑、解梁劉好謙講貫古學，且以淑人。薛元蓋元初逸民也。

郝、董、薛諸人之年代，當與李屏山相接，論道之風氣甚盛。“心學”一名詞，已盛行於此時，非肇於明可知。

説者又謂：“自趙復至中原，北方學者，始讀朱子之書。”柯劭忞《新元史·儒林傳》序此乃本姚燧之説。《牧庵集》（卷四）序江漢先生事實及卷十五姚文獻公（樞）《神道碑記》言：趙江漢被俘至燕，傳程朱性理之學，謂“北方經學自兹始”。然李屏山《鳴道集説》中糾擿晦庵已不一而足，可見朱子之書，早已傳入金。而姚樞與薛元講貫古學，薛著有《聖經心學篇》，則經學亦當日姚、薛諸人所重視，不待江漢先生而後興起也。惟江漢所貢獻者，實有二事，一爲程朱著作之刊佈，廣其流傳。（姚文獻《神道碑》云：“（江漢）汲汲以化民成俗爲心，自版《小學》，書《語》《孟》《或問》《家禮》，俾楊中書版《四書》，田和卿版《尚書》，《聲詩折衷》，《易程傳》《書蔡傳》《春秋胡傳》，皆脱於燕。又以《小學》書流佈未廣，教弟子楊古爲沈氏恬版，與《近思録》《東萊經史説諸書》，散之四方。”）一爲金之道術心學，原雜糅二氏，至江漢使許衡摒去雜學，化爲醇儒。（姚文獻《神道碑》云：“時先師許魏國文正公魯齋，在魏，出入經傳子史，泛濫釋老，下至醫卜筮、兵刑、貨殖、水利、算數、靡所不究。公過魏，與竇漢卿相聚茅齋，聽公言義正粹，先師遂造蘇門，盡録是數書以歸。其徒曰曩所授受皆非，今始聞進學之序。若必欲相從，當盡棄前習，以從事於《小學》《四書》爲進德基，不然，當求他師。衆皆曰惟先生命，則魏國公由窮理致知，反躬踐實，爲世大儒者，又公所梯接云。”）此則江漢先生對北方經學所啓迪者，有不可廢没之功績也。

《宋史·道學傳》序稱：“孔子没，曾子獨得其傳，傳之子思以及孟子，孟子没而無傳。”理宗淳熙間，撰《道統十三贊》，起伏羲、堯、舜，訖於子思、孟子，立碑於杭州國子監（《金石萃編》卷一五二）。《宋史·理宗紀》載淳祐元年正月甲辰詔，表章朱熹，令與周敦頤、張載、二程列諸從祀，并製《道統十三贊》，宣示諸生。又《理宗本紀贊》稱：

> 升濂洛九儒，表章朱熹《四書》，丕變士習，視前朝奸黨之碑，僞學之禁，豈不大有徑庭之哉。身當季運，弗獲大效，後世有以理學復古帝王之治者，考論匡直，輔翼之功，實自帝始焉。廟號曰理，其殆庶乎！

知理學之提倡，及朱學之復興，理宗與有力焉。

明以前三教論之代表作品，若白居易之《三教論衡》（太和元年十月敕召入麟德殿内道場對御三教談論）。以孔門六義比佛經之有十二，四科比之六度（白氏《長慶集》卷五九）。元静齋學士劉謐撰《三教平心論》，意謂儒以正設教，道以尊設教，而佛以大設教。以迹異議之，未始不異，以理推之，而未始不同，大抵三教皆欲人之歸於善耳（高儒《百川書志》子部）。《三教平心論》向有《琳琅秘室叢書》本（又《叢書集成》本）。

三教同源之説，歷代帝王頗喜提倡，明太祖以後，清雍正十一年二月十五頒論，以平停昔人之説。略謂：“三教雖各具治心治身治世之道，然各有所專，其各有所長，各有不及處，亦顯而易見，實缺一不可者。”此與宋人《萬善同歸説》，固無二致，而三教之論，至此亦得一結穴矣。

二、由星洲林三教廟再論宋金時代之三教同源思想

星、馬閩人，不少崇拜三一教主林兆恩。兆恩著作等身，以《聖學統宗三教歸儒集》一書最有名，故號“林三教”。新加坡奉祀林三教之廟宇，不止一處。後港之天性祠，小坡之九鯉洞，皆建築巍峨，香火旺盛。九鯉洞内有兩碑：一爲《公建九鯉洞碑記》，民國三十七年置。一爲 1954 年大普度時所立之紀念碑。前者又題曰《瑶法教史碑》，述及福建莆田九鯉洞之形勝，及卓萬春真人與林兆恩之皈依三教等事。此碑不失爲華南宗教史重要文獻。曾録示傅吾康（W.Franke）教授，彼特爲文介紹（Some Remarks on Lin Chao-en, Three-in-one Doctrine and its Spread in Singapore & Malaysia），并於 1971 年 1 月在澳洲堪培拉舉行之第二十八屆東方學者大會中宣讀，頗引起國際人士之注意。

關於福建林兆恩之歷史，清初黄宗羲撰有《林三教傳》(《南雷文案》卷九）。近年中日學人頗有著論，林三教事迹，在星馬流行則有《林子本行實録》一書，凡 67 頁，前有民國二十年莆田蔡瑄序，此書乃閩人在南洋爲其教主刊印之專著。

林兆恩之思想，盛行於福建，而遠播及於南洋。考其淵源所自，當宋之世，山東及浙閩道流，已盛倡儒道釋三教會一之義。元時閩人林轅撰《谷神篇》，有圖論三教教義，甚爲新穎，兆恩必受其影響。兹將宋金時代之三教説，在道釋兩家如何交融之經過，略述如次，兼及元代，以見明時三教論形成之淵源。

先言金人統治下之全真教。全真教起於河北，始祖王喆，號重陽，教人先使讀《孝經》及《道德經》，參以禪理，蓋以三教垂訓。

終南山重陽宫有金源璹作《重陽子王真人碑》云:“夫三教各有至言妙理，釋教得佛之心者，達磨也，其教名之曰禪；儒教傳孔子之家學者，子思也，其書名之曰《中庸》；道教通五千言之至理，不言而傳，不行而到，居太上老子無爲真常之道者，重陽子王先生也，其教名之曰‘全真’，屏去妄幻，獨全真者，神仙也。”又記其於山東各地創立三教會:“於文登建‘三教七寶會’，至福山縣立‘三教三光會’，在登州建‘三教玉華會’，至萊州起‘三教平等會’。凡立會必以三教名之……先生者，蓋子思達磨之徒歟，足見其冲虚明妙，寂静圓融，不獨居一教也。”（碑見王昶《金石萃編》一五八）於此可見全真教雖爲道教，而摻雜儒釋，儒書則以《中庸》爲課本。金時學者李屏山著《鳴道集説》，奉老莊孔孟與佛爲五聖人，其書日本屢有翻刻，甚爲流行。《宋元學案》卷一百譏李爲王、蘇餘派，不知其雜糅三教，金時之學術風氣，固如是也。《道藏》中，全真教各祖師均有專集闡楊教義之作，多譜入詞調，以三教立論，玆摘録如次:

王喆:“潔己存心歸大善，常行惻隱之端。慈悲清静亦頻觀。希夷玄奥旨，三教共全完。”（《重陽全真集》一二《臨江仙·道友問修行》）

“稍能悟三教秘訣，也無生無滅。”（同上一三，《金花葉》）

其他卷一三《望蓬萊》二首，亦言及三教妙理，不録。

丘處機:“推窮三教，誘化群生，皆令上合天爲，慕道修真，行住坐卧歸依。”（《磻溪詞·神光燦》）

王處一:“遇太平真樂，道德洪因。更望參玄衆友，道三教，千古同欣。”（《雲光集》，《滿庭芳·住持天長觀作》）

譚處端:其《水雲集》中，《神光燦》《滿庭芳》《沁園春》《瑞鷓鴣》等處，均闡三教修行之理。

劉處玄:《仙藥集》如《感皇恩》云:“道釋與儒門，真通法海。易妙陰陽外。自然解。金剛至理，頓覺無争泯愛。五千玄言，奥夷明大。”其他如《蓦山溪》《玉堂春》《望蓬萊》均提及“三教”二字。

馬鈺：其《洞玄金玉集》卷八有《詠三教門人及勸僧道和同詞》。

王丹桂：其《草堂集》中《滿庭芳》，有《詠三教》一首云：“釋演空寂，道談清静，儒宗百行周全。三枝既立，遞互闡良緣。尼父名楊至聖，如來證、大覺金仙。吾門祖、老君睿號，今古自相傳。玄玄。同一體，誰高誰下，誰後誰先。共扶持邦國，普化人天。渾似滄溟大海，分異派，流泛諸川。然如是，周游去處，終久盡歸源。”

尹志平：其《葆光集》，《巫山一段雲》勸世云：“道顯清虚妙，釋明智慧深。仲尼仁義古通今。三聖一般心。”

自王喆以下門人輩所作倚聲，宣揚教義，無不如此，兹略舉之以概其餘。

郝大通，廣寧人，亦王喆七弟子之一。郝弟子范圓曦序其《太古集》云：

平居製作，若《三教入易論》一卷，《示教直言》一卷，《解心經》《救苦經》各一卷，《太古集》一十五卷，内《周易参同契簡要釋文》一卷。

按《周易參同契簡要釋文》自序，乃金大定十八年戊戌（1178）即南宋孝宗淳熙五年。大通卒於金季，其易學宗旨，此書可見一斑。至《三教入易論》，今不可見，以意揣之，必以易理融匯三教爲説也。

元至元二十二年，禁斷《道藏》僞經，内有金天長觀李大方撰

《三教根源圖》(見《佛祖通載》二二)，此亦金元道士論三教之佚籍。

宋時道教分南北二宗，全真教屬北宗，喜言三教，南宗亦然。南宗祖師如天台張紫陽(伯端)，五祖之一也，亦倚聲宣楊教義。《悟真篇注疏》卷七有《西江月》一十二首，涉鉛汞之方。其《悟真篇》自序云：

> 故老釋以性命學，開方便門。教人修種，以逃生死。
>
> 釋氏以空寂爲宗。
>
> 老氏以煉養爲宗。
>
> 其次《周易》有窮理盡性至命之辭。《魯語》有毋意必固我之説……
>
> 至於《莊子》推窮物累逍遥之性，《孟子》善養浩然之氣，皆切幾之矣。……
>
> 教雖分三，道乃歸一。奈何後世黄緇之流，各自專門，互相非是，致使三家宗要，迷没邪歧，不能混一而同歸矣。(《道藏》"歲"字號)

張伯端此序作於熙寧乙卯，以老釋與孔子莊孟并列。固李屏山之前導。南渡以還，浙、閩道流，頗闡此義。

夏元鼎著《三教歸一圖説》大旨如下：

儒	天生烝民	有物有則
釋	圓覺真如	與生俱生
道	有物混成	先天地生

雲峰曰："三教殊途同歸……自立人極。應世變言之則不侔，至於修真養性，與正心誠意之道，未易畛畦也。"(下文引禪宗語甚多)

元鼎字宗禹，號雲峰道人。此圖説見於所作《黄帝陰符經講義》，卷首有寶慶二年（1226）樓昉序，稱夏君宗禹自浙來閩，手一編示余，則所著講義也。夏君“少從永嘉諸大老游”云云，則宗禹乃浙人。《道藏》“吕”字號有夏宗禹著《紫陽真人悟真篇講義》，蓋演紫陽之説者也。

永嘉周無所住著《金丹直指》，中有或問若干則，論三教異同者五。大意謂三教皆可入道，如云：“若曉金剛、圓覺二經，則金丹之文自明。”（見《道藏》“夫”字號）《金丹直指》一書前有淳祐庚戌（十年，1250）永嘉周無所住序，知其作者即永嘉人。自言從赤城林自然得丹法，又取張紫陽《金丹序》、泥丸陳真人《翠虚吟》（按即陳楠，見《道藏》“婦”字號），亦襲張紫陽之説者。

《道藏》“暑”字號蕭應叟《元始無量度人上品妙經内義》，於“仙道難固，鬼道易邪，人道者心，諒不由他”句下云：

> 内義曰三教，皆由心地發明；儒曰存心，仙曰修心，佛曰順心，或曰正心説心，或曰虛心静心，或曰息心降心，無非令人淑此以復其善。

又引《大學》《尚書》（人心惟危句）、道釋及《圓覺經》，以作比較。

此書前題“寶慶二年（丙戌）上清大洞玄都三景法師蕭應叟上表”，與夏宗禹同時，應叟蓋名觀復云。彭致中《鳴鶴餘音》卷三載葛長庚（白玉蟾）《滿庭芳 · 修煉》一首亦言：“道釋儒門三教歸一。”長庚爲閩人，居武夷山。

至元時福建玄巢子林轅（神鳳）著《谷神篇》，其中有《含元抱樸》之圖，大意如下：

道
玄
命　　　　天
理　　性　　性　　理
牝　　　　牝
釋　　（合）　　儒
死　　共
生　　一

其説曰："先天後天，釋氏牟尼，無極太極，孔氏仲尼，大無不包，牟之與仲，細無不入，一以貫之。"又有《水調歌頭》六首，讀內經而證以道釋之學。書前有延祐乙卯臨川趙思玄（從善）叙，及成宗大德八年（1304）林轅自序，略云："余閩鄉林氏子也，初治儒術，復皈依釋氏之門而及於道。"是知明代閩林兆恩之提倡三教，非無憑藉，實由林轅開其先河也。

同時瑩蟾子李道純（元素）其《中和集》於大德十年（1306）授梓，集中論三教之義，更不一而足。道純爲白玉蟾再傳弟子。卷三《瓊蟾子程安道問三教一貫之道》云：

儒　先天《易》
釋　《般若經》
道　《靈寶經》

問先生云："三教一理，釋氏涅槃，道家脱胎，并無差别。佛之真空，儒曰無爲，道曰自然，皆抱本還元，與太虛同體。"

又卷四《煉虛歌》亦闡明混同三教："爲仙爲佛與爲儒，三教單傳一個虛，亙古亙今超越者，悉由虛裏做工夫。"

按李道純之《中和圖》取之《中庸》，《委順圖》取之莊，《照妄圖》取之釋。又卷六爲詞《沁園春》多首，有贈《丁縣尹三教一理》《滿江紅·贈密庵述三教》《滿庭芳》《水調歌頭》(其一示衆無分彼此)、《西江月》皆極重要。又教外名玄亦引佛書、道書、儒書，論其會通。

元時混然子王玠(道淵)之《還真集》(《道藏》"夫"字號)，前有洪武壬申天師張宇初序，内有《大道心易圖》，引邵子句："心易者，大道之源也。"性命混融論詞《沁園春》二十一首，有《三教一理》一首，文云：

道曰金丹，儒曰太極，釋曰玄珠。矧三教之道，本來同祖，心存至德，性悟真明。

又《百字令》三首，一儒宗，一釋宗，一道宗，皆重要文獻。中陽子衛琪《玉清無極總真文昌大洞真經》前，有至大四年翰林學士張仲壽序云：

衛君以三教聖人，有雜注於其間，旨意深遠，苟不能貫通三教之書，未易觀也。

凡此皆宋元之際南方道教徒三教會通之説，與全真教先後輝映，蓋成爲思想界之主流矣。而道流三教説，流行區域，盛於浙閩，天台張紫陽，武夷白玉蟾，皆其前驅也。

三教會一之説，北宋佛家亦侈言之，南宋以來，則盛行於道家。宋初建隆二年，吴越國王錢俶序永明延壽禪師之《宗鏡録》已云：

詳夫域中之教三：正君臣，親父子，厚人倫，儒、吾之師也。寂兮寥兮，視聽無得，自微妙升虛無，以止乎乘風馭景，君得之則善建不拔，人得之則延貺無窮，道、儒之師也。四諦、十二因緣，三明、八解脱，時習不忘，日修以得，一登果地，永達真常，釋、道之宗也。惟此三教，并自心修。

初爲此説，主三教并自心修。其後淳化元年，蘇易簡奉太宗旨編《三教聖賢事迹》。是時太一宫道士韓德純主道教，贊寧著《鷲嶺聖賢録》，王禹偁《小畜集》（卷十）有《寧公新拜首座詩》云：

著書新奏御，優詔及禪扉。（自注云："亦詔承旨蘇公、道士韓德純與公集三教聖賢事迹各五十卷，故有首座之命。"）

故贊寧序《僧史略》亦云："三教是一家之物，萬乘是一家之君，（中略）三教既和，故法得久住也。"蓋一時禪風如此。

初，永明延壽禪師撰《萬善同歸集》，有云："問老子亦演行門，仲尼大興善誘，云何偏贊佛教，而稱獨美乎？"答："以上二教并未逾俗柱，猶局塵籠，豈能洞法界之玄宗，運無邊之妙行乎？"仍站穩釋氏立場，視二教爲俗諦。

大中祥符九年，杭州孤山釋智圓序《閒居編》，自言"於講佛教外，好讀周、孔、楊、孟書，往往學爲古文以宗其道"。

行五常，正三綱，得人倫之大體，儒有焉；絶聖棄知，守雌保弱，道有焉；自因克果，反妄歸真，俾千變萬態，復乎心性，釋有焉。吾心其病乎，三教其藥乎？（《閒居編》卅四）

直以三教爲治世良方，智圓學古文，是則以釋而爲儒者也。

嘉祐初，釋契嵩撰《廣原教》二十五篇亦主儒佛一致，佛之五戒十善，與儒之五常仁義，異號而一體（卷一《廣教》）。又論：

儒之五常，與佛之慈悲、佈施、恭敬、無我、智慧、不妄言綺語，爲目雖不同，而其所以立誠修行善世教人則一。

又謂：

> 儒者欲人因教以正其生，佛者欲人由教以正其心。（卷八《寂子解》）

釋不輕儒正生之理，儒亦接受釋正心之道，兩相調協，遂有宋代理學。

釋氏喜讀《中庸》，智圓且自稱曰“中庸子”（著《中庸子傳》，見《閒居編》十九），《宋史》二七七《宋太初傳》稱：太初著有《簡譚》三十八篇，其自叙云：

> 廣平生纂文史老釋之學，嘗謂禮之中庸，伯陽之自然，釋氏之無爲共歸也。

此説又在智圓之前，以中庸立教正爲全真教教義所自出。《道藏》太玄部《碎金篇》引晁文公語云：

> 教豈有異哉！吾嘗謂三道爲一焉。夫儒家者流，以正身爲要，切勿求其功而功自成矣。竺乾氏以復性爲要，切勿求其證而證自知矣。吾始讀《南華》之書，因“齊物”之理而得一法，目之曰逍遥大同觀，而無一事可争。後讀西方之書因無我之理又得一法，目之曰平等大空觀，而無一物可齊，由是知其深淺矣。

北宋以後，道教融合儒釋，自是當日之共同趨向。注老之書，兼采儒佛者尤多不勝數，若蘇轍之《道德經解》，大旨主於佛教同源，又引《中庸》之説，以相比附（《四庫提要》語），是其顯例。

宋代君主對三教之事特別可記者，徽宗崇寧五年十月五日敕云：

> 舊僧居，多設三教像爲院額，及堂殿名，且以釋氏居中，老

君居左，孔子居右，非所以稱朝廷奉天神，興儒教之意，可迎老君及道教功德，并歸道觀，還宣聖赴隨處學舍，以正名分，以別教像。（《混元聖紀》）

徽宗崇道以儕儒，明抑釋氏，故別教像，以正名分。南渡以後，佛學復盛。孝宗乾道七年，詔靈隱惠遠禪師見選德殿，帝親製《原道論》，略云：

朕觀韓愈《原道》，因言佛老相混，三教之相絀，未有能辯之者。……釋氏專窮性命，棄外形骸，不著名相，而於世事自不相關。又曰興禮樂仁義，然尚立戒如此，於仲尼何遠乎？……至其（老氏）會道則互相遍舉，所貴者清凈寧一，而於孔聖，果背馳乎？……曰以佛修心，以老治身，以儒治世，斯可也。唯聖人爲能同之，不可不論也。（文見《佛祖通載》卷二十，《大正》本，692 頁）

孝宗且自注《圓覺經》，三教平停之説，至是已具端倪。南宋道士蕭應叟論三教，取《圓覺經》説，疑出孝宗之啓發也。昌黎《原道》辟佛，前此契嵩特著《非韓子》三十篇，凡三萬餘言（《鐔津文集》卷十四）。孝宗以九五之尊，亦親著論以辨其非。在位者之調和教義，以免衝突，其用心可以見矣。

由上所述，可見林三教以前，宋、金、元之際，朝野亦盛行三教會通之論。此類資料，散見道、釋兩藏中，十分偏僻，兹輯録之，可補哲學史之不及。宋室對佛教之態度，若孝宗竟反對韓愈辟佛之意見，自注《圓覺經》，平停三教。金人以異族統治中國，在野人士托身隱於道教者，亦會通儒釋以立教義，而南方道教祖師張紫陽、白玉蟾等，均主三教歸一。不少道徒，并製圖説，以顯其理，盛行於浙閩地區，流風所被，林兆恩即受其啓發。馬一浮云“三教同源之説，始於明季閩人林三教”。今觀上文考論，林三教之思想，實遠有所承，不得謂三教同源，乃林氏所創始也。

Marjorie Topley 在其《先天大道》(*The Great Way of Former Heaven*)一文中，見（*B.S.O.A.S.*, 1963）記新加坡之同善社，其教祖有馬端陽，號道一，及白懷讓，號白衣居士。馬端陽應即馬丹陽之訛，馬名鈺，丹陽其號，乃全真教祖王喆之大弟子，是同善社復遠奉全真教主爲其祖師矣。

附簡表

宋太祖建隆二年（961），錢俶序《宗鏡録》，言三教并自心修。

太宗淳化元年（990），編纂《三教聖賢事迹》；宋太初作《簡譚》，論三教歸一（太初卒於景德四年）。

真宗大中祥符九年（1016），釋智圓序《閒居編》，論三教爲良藥。

仁宗嘉祐元年（1056），釋契嵩撰《廣原教》，言儒之五常，與佛教爲異號同體。

神宗熙寧八年（1075），張伯端序《悟真篇》，言三教雖分三，道乃歸一。

徽宗崇寧五年（1106），敕分别僧居三教像。

政和二年（1112），全真教主王喆生。

孝宗乾道七年（1171），製《原道論》，主三教不異。

金大定十八年（淳熙五年）（1178），郝大通自序《周易參同契簡要釋義》。

大定二十年（淳熙七年）（1180），詔雪竇禪師論三教，師以老莊可比佛門中小乘（《佛祖統紀》）。

寧宗嘉泰四年（1204），李屏山撰《鳴道集説》。

理宗寶慶二年（1226），樓昉序夏宗禹書，夏撰《三教歸一圖説》。

蕭觀復上《元始無量度人上品妙經內義》，言三教皆由心地發明。

淳祐元年（1241），表楊朱熹，帝自撰《道統十三贊》，立石於杭州。

十年（1250），永嘉周無所住作《金丹直指》，內論三教異同五則。

元大德八年（1304），閩人林轅作《谷神篇》，有圖論三教一貫。

十年（1306），李道純《中和集》付梓，有《沁園春》《滿江紅》等詞，論三教一理。

三、三教調和論之歷史意義

（一）星馬之三教合一團體及教義

中國學術思想之演進，以儒道釋三教爲其基石，而三者間之接觸，衝突，調和，以至於混融，實爲中國文化上之特色。

星馬華人社會在宗教意識上表現之共同特徵，可說是儒道釋三教之調和。操福建語者或崇拜三一教主林兆恩，在星洲之廟宇有小坡九鯉洞及後港天性祠。操客家語者奉真空教，此教爲清同治元年廖帝聘在江西尋鄔始創，傳播南來，星洲漳宜律之天靈總會，是爲其總組織，星馬各邦有真空道堂之設者，幾佔三分之二年。操潮語者成立德教會，其教義號爲五教合一，其組織在星洲烏節路者曰紫新閣，建於 1952 年，星洲各埠多有會所，皆以閣爲名。此三種不同語系之華族，其在民間之宗教組織都是以三教合一爲其教團及教義。原皆從中國移植而來，有其極悠久之歷史淵源。

福建之林三教團體，以教主林兆恩所著爲經典，如《聖學統宗三教歸儒集》，是其要籍。真空教經典有四種，即《報空經寶卷》《無相寶卷》《報恩寶卷》及《三教寶卷》。德教會成立不久，未聞有何自己編成之經典。真空教以圖表示其教理，有《空中圖》及《三教圖》。《三教圖》自甲至癸，其“戊”表示儒釋道三教駢列，謂：“冶三教爲一爐，而以一空字了結之。”“由三教上至真人，由真人上至如來，由如來上至性光。”“其壬之圖，則表三心（謂嗜欲心，向道心，開覺心，顏色由黑而赤而白），五皈（謂皈依，皈中，皈正，皈一，皈空），四考（謂考真，考直，考願，考舍），教義之精者皆在焉。”廖祖自謂：“厭羅祖經之繁，而選龍經之精者，并儒道二教之經，而成四部五册。”（見星洲寫印本之《空道淵源記》）羅祖名清，居山東即墨牢山。當明正德間創無爲數，其經典爲寶卷體，即所謂《羅道五部六册》者書名曰《開心法要》，其别派以黄天道爲開祖者，號黄天教，經典名曰《龍華寶經》。真空教經即本羅祖之《羅道五部六册》及《龍華寶經》（簡稱《龍經》）加以删節，由五部六册訂爲四部五册。羅祖無爲教至明末清初勢力浸大，流衍亦廣，新興寶卷，若萬曆間刊行之《銷釋顯性寶卷》《銷釋大乘寶卷》，即模仿五部六册，康熙間江西饒州黄九祖之《皇極金丹九蓮正信歸真還鄉寶卷》，亦冒充無爲教。真空道之三教寶卷内有羅祖咒，其静坐法亦名“無爲静坐法”，所用經典悉爲寶卷體裁，皆受羅祖寶卷宗教之影響，此民間之寶卷文學，尚流傳於南洋，其來歷罕有道其詳者[1]，故本文首及之。

三教混合之現象，在當代中國已成爲歷史上之陳迹，惟仍保存於星馬之民間信仰，極值得研究，本文將爲檢討三教調和論在文化史上

[1] 真空教義可參星洲天靈總道堂印行有《道統變遷論·真空原理論》。又羅香林《流行於贛閩粵及馬來亞之真空教》(1962)，備録其三教經卷四種，惟對真空教與羅祖關係，語焉未詳。按可參澤田瑞穗《羅祖之無爲教》及酒井忠夫《開心法要上無爲教》《關於明末之無爲教》三文。外道羅清名見《憨山大師自序年譜》。龍華經名出自龍華會，《明實録》天啓三年記“大同妖人王普光聚黨爲龍華會，自稱沌元教主”。乾隆十八年，寧波鄞縣之羅教自稱龍華會（見《史料旬刊》第二十四期）。

之來龍去脉，或可作爲多元文化融合之一種參考。

（二）三教地位之升降與政治關係

古時所謂“三教”，原指夏殷周三朝文化，班固《白虎通德論》中有《三教篇》，此與今言“三教”爲儒道釋者，取義迥别。釋道二教，東漢以來始盛行，吴時康僧會之初來華，與張昱論儒釋之異趣，謂儒典格言，佛教明訓，周孔之言顯近，釋教之言幽遠（《高僧傳》），已主儒佛調和。同時支謙譯《瑞應本起經》言：“上作天帝，下爲聖主。或作儒林之宗，國師道士，在所現化，不可稱記。”後來遂有三聖化現之説，孔子顔回老聃皆爲佛弟子所化身。此釋氏爲適應儒家而捏造者也。[1]

南北朝以來，道釋對立之形勢，相持甚久，互相論難，積有年所，齊明帝泰始三年（467），顧歡爲夷夏之論以排佛，駁論者衆。而朱昭之獨區别儒釋道三教之異。而歸之下列數語，謂“智無不周者，則謂之正覺（佛），通無不順者，則謂之聖人（儒），開物成務，無不達也，則謂之爲道。（道）”進一步言：“然則聖不過覺，覺不出道。”終以道爲依歸，以祖護顧歡。張融《門律》則云：“道也與佛，逗極無二，寂然不動，致本則同，感而遂通，逢迹則異。”主道佛在本體爲一致，在迹象則殊異。其没也，右手執小品《法華》，左手執《孝經》《老子》，表示三教融合。梁武奉佛，著《神明成佛義》，諱言神滅之論。其述三教詩云“弱冠窮六經”“中復觀道書”“晚年開釋卷，猶如月映星”。喻釋氏如月。隋時李士謙言三教優劣，竟謂“佛日也，道月也，儒五星也”。此如吴越王錢俶序《宗鏡録》言：“儒，

[1] 北周道安之《二教論》云：“佛遣三弟子，振旦教化，儒童菩薩，彼稱孔丘，光净菩薩，彼稱顔淵，摩訶迦葉，彼稱老子。”

吾之師也，道，儒之師也，釋，道之師也。”崇佛而抑道儒，灼然如見。《北周書·武帝紀》：建德元年（572）集群臣及沙門道士等辨釋三教先後，以儒爲先，道教爲次，佛教最後，翌年遂廢佛教。

隋既統一北方，以釋爲主，取大乘融合精神，其宗教政策，亦三教并立。曇遷對隋文帝言三尊，以佛爲世尊，道爲天尊，帝爲至尊。文中子答程元問三教曰：“政惡多門久矣。又讀洪範讜議曰：三教於是乎可一矣（《問易篇》）。豈非三教會一之旨耶？”唐初，高祖武德七年（624）釋奠，會三教學士，仿周武之例，其次序爲老、孔、釋，以老爲同姓故列於前。既幸國學，引道士沙門博士相與駁難，下詔云：“三教雖異，善歸一揆。”先是道安撰《二教論》，已有“三教雖殊，勸善義一，塗迹誠異，理會則圓”之語。故唐時三教成鼎峙之局。中宗景龍二年（708）三教學士集弘文殿對論，武后時，敕撰《三教珠英》一千卷。玄宗開元十六年詔：“能言佛老孔子者，相答難於禁中。”（《新唐書·李泌傳》）又答張九齡賀論三教批（見《大唐詔令集》），代宗大曆六年，有三教道場文，三教先佛次道次宣聖，以佛居先，與唐初大異，是時復佞佛矣。唐時，三教講論成爲習尚[1]，自中唐代宗下至五代周世宗，疊有舉行，參與其議之儒者，德宗時徐岱，文宗時白居易，宣帝時李貽孫，皆會於麟德殿。武宗會昌元年，復廢佛。

宋初佛教仍盛，真宗即位，著《崇釋論》，又御製《法音》集學僧二十一人爲作箋注（《湘山野録》）。嗣始醉心道術。仁宗禪學亦湛深，有《御書》五十三卷，偈頌極多（《懶真子》二）。此後道教彌盛，徽宗時，以僧居之三教像，以釋氏居中，老君居左，孔子居右，崇寧五年下敕：“以别教像，以正名分。”南渡以後，孝宗自注《圓覺經》，又撰《原道論》，主“以佛修心，以老治身，以儒治世，惟

[1] 參羅香林《唐代三教講論考》（《唐代文化史》）。

聖人爲能同之”。三教平停，不復互相軒輊矣。理宗崇儒，自撰道統贊，表章朱子四書，朱學復興，元明崇儒，實種因於此。元時，以平等對待各宗教，三教以外，諸教且雜然并陳，兼容并包平行不悖。明太祖出身沙彌，即位親撰《三教論》又作《拔僧入仕論》，招致儒僧，僧徒可出仕，故後來姚廣孝出佐成祖，以成帝業。清雍正十一年二月十五日頒諭：謂“三教雖各具治心治身治世之道，實缺一不可者”。視宋孝宗之說，更爲持平。

中國歷代對於三教處理政策，各有不同，惟統治者大抵主調和之論，一方面可表示其對各種宗教兼容并蓄，以見其廣博精神與寬宏度量，另一方面可消弭人民信仰上之衝突，以避免争端。由於中國民族性喜中庸，道并行而不悖，故容許三教同時并存，幸而回教軍事力量，未侵入中原，否則必起極大之變化。

（三）歷代三教論名篇記要

自北周以來，闡論三教問題，著爲專篇者，代不乏人，兹不論存佚，述之如次：

北周　韋夐《三教序》，武帝時韋夐辨（三教）優劣。夐以三教雖殊，同歸於善……乃著《三教序》而奏之。（《周書·韋夐傳》）
衛元嵩《齊三教論》，見《新唐書·藝文志》，元嵩斥佛楊道。
王浮《三教論》，法琳《辯正論》六自注引王浮《三教論》。

唐　孫思邈《會三教論》，見《新唐書·藝文志》。
劉晏《三教不齊論》，敦煌所出斯坦因目五六四五有殘文。
言佛法與周孔政乖，主張僧人不必跪拜。
白居易《三教論衡》，以儒之四科比釋氏之六度。（《長慶集》卷五九〇）

姚謽《三教優劣不齊論》，列三教不同之項目共十有三。

宋　周樸《三教辨道論》，目見《宋史·藝文志》雜家類。

蘇易簡《三教聖賢事迹》，奉太宗旨編。

《三教萬善同歸論》，見《捫虱新語》。

鄭思肖《三教記》，記其早歲世儒，中年入仙，晚境游禪。

元　劉謐《三教平心論》，謂儒以正設教，道以尊而佛以大，皆欲人之歸於善。有《琳琅秘室叢書》本。

明　太祖《三教論》，見《御製文集》。

林兆恩《聖學統宗三教歸儒集》。

李贄《三教歸儒説》，見《續焚書》卷二。

袁宏道《三教圖引》,《袁中郎十集》,《狂言》卷一。

杜文焕《三教會宗》，見《太霞集選》卷三十七。

以上各篇，或以三教作比較而著其異，或取乎貫通以求其同，兹揭其目并注出處，以備研討。

在儒家立場，本斥道釋爲異端，明儒著儒釋辨者皆抱此種見解。亦有主調和説者，如王艮在爲陸與中作之《三教堂記》中，舉出“學老佛者苟能以復性爲宗，不淪於幻妄，是即道釋之儒”。又云：“吾儒之學明，二氏始有所證。”（《王龍溪全集》卷十七）是無異謂三教之理，互相闡發，可以相得益彰。

在道家立場，重内輕外，葛洪至謂“道爲儒之本，儒爲道之末”（《抱朴子·明本》第十）。又或謂“智者悟之能歸内道，救理外儒。緣末入本，引外還内，上學之功，於此乎在”（《道藏》“左”字號《洞真太上太霄琅書》卷九第五）。道徒着重内在修養，故自以爲道本，而目儒爲末。

在釋教立場，所重在内，亦復如此，是皆不免有所軒輊。其主平停之説，如宋孝宗者，稍前若王通介弟王績有言：“仲尼曰善人之道不踐迹，老子曰夫無爲者無不爲也。釋迦曰三灾彌綸，行業湛然。夫一氣常凝，事成吹萬，萬殊雖異，道通爲一。”（《答程道士書》）此唐初學人三教調和之著例。降及清代，雍正頒諭，謂三教各具治心治身治世之道，各有所長，缺一不可。此與宋人萬善同歸説，固無二致，而三教會通之論，至此亦得一結穴矣。

（四）三教思想之滲入文學與藝術

三教思想，唐宋而後，時時滲入文學作品，試舉例如次：

（1）詞　宋代道徒喜填詞以闡教理。紫陽真人《悟真篇》内有《西江月》十二首、元林轅《谷神篇》之《水調歌頭》六首，通儒釋之郵。混然子王玠《還真集》内《沁園春論三教一理》，皆其例證。金時全真教徒自祖師王喆以次，填詞極多，詠三教者尤夥。

（2）寶卷　如在寧夏與宋元刻西夏文藏經同時發見之《銷釋真空寶卷》抄本，内一段言“假安明，立三教，幾個知因。有釋教，并儒教，三教一體”。新加坡真空教經典之《三教寶卷》，内稱“三教原是一家人”。此間可見到之寶卷，尚是江西黄畲山道堂刻印者。

三教思想滲入藝術領域，其事更早，舉例論之：

（1）繪畫　《圖畫見聞志》有侯翼之《三教聖像》，宋理宗時馬遠畫《釋老侮孔子圖》，亦是三教合一。

（2）音韻　他如韻書亦借用三教名，清康熙間阿摩利諦著《三教經書文字根本》（内載《大藏字母九音等韻圖》。見《等韻源流》引），即其一例，可見三教觀念已浸入各種學藝之領域。

（五）三教論衡之列爲朝儀及逐漸戲劇化

“三教論衡”爲唐代宫廷討論學術之節目，嗣用以點綴昇平，成爲習俗。洪邁《容齋隨筆》題白居易《三教論衡》文後云：“觀其問答旨意，初非幽深微妙不可測，知唐帝歲以此爲誕日上儀。”故後來儒家退出，只存二教（《唐摭言》）。此事演爲戲劇，李可及竟以滑稽戲演出。謂三教聖人皆是婦人，引《金剛經》“敷坐而坐”，讀爲“夫”座，《論語》“吾待賈者也”，以賈爲“嫁”，解《道德經》“吾所以有大患，爲吾有身”爲有孕，令人捧腹（高彦休《唐闕史》下《李可及戲三教》條）。宋時雜劇有打三教、領三教等戲，金院本列“三教”一本，明寧獻王有《辨三教雜戲》一本，此三教活動表見於戲劇者，已屬揶揄性質，此可説是三教思想史上之一段插曲。

（六）三教論之貢獻及其評價

三教説雖爲雜糅不純之思想，然有數事值得提出討論者：

（1）揭出一標準之書作爲經典，在儒書舉出《中庸》或《大學》，在釋典或標出《心經》《金剛》《圓覺》等經，在道書則以《道德經》或《陰符經》。

（2）指出三教優越地方之共同點，歸到己身内在之修養，如蕭應叟論三教皆由心地發明，儒曰存心，仙曰修心，佛曰順心，語甚扼要。尤以實踐方面，對於心理衛生，提供不少新意見，中國過去學術精要，側重個人人格之完成（所謂“成德”），三教有其相同之處，實以“内聖”爲基礎。

對於宗教的看法，中西有許多不同之觀點：

湯恩比 (A.J.Toynbee) 在其《歷史研究》中《心靈的分裂》章

説及宗教的糅合，乃是一種“文明成長中的雜亂感”(sense of promiscuity)。因此，有人可認爲三教之合一，只是一種初步的混合，不是高度具有創造性之思想。自然，它既缺乏概括原理之抽象性思考，又缺少莊嚴而凝固之宗教信念，只趨向於道德心靈的陶冶，及輔助政治力量的和諧，此即其成就方面。不過，中國在多元民族多元文化之熏陶、熔鑄之下，已逾二千年，此一三教混融之歷史經驗，足爲人類文明成長之一種教訓與借鏡。其政治成就似乎高於宗教成就，最少在中國未受過狹隘性之宗教鬥争之摧殘，宗教之對立竟消融於無形之和諧并行不悖之狀態之中，民間各自爲教，各求其安心立命之地。在整個國家而言，自嫌過於散漫，不能形成一股力量，但在統治層則可毫不費力而得到無形的人心上的安頓，此三教合一所以有裨於政教者在此。但另一方面，三教合一思想至於明清後期，漸成爲一般秘密結社與地下活動之信仰依據，及其末流反成爲政治之反抗力，近歲中外學人之研究秘密宗教者日衆，如李世瑜，J.J.M.de Groot，Marjorie Topley，窪德忠等皆有詳細調查與研究，故兹不復贅云。[1]

1996年聖誕節日，余在厦門大學接受該校頒贈名譽教授典禮。翌日得游莆田縣，拜謁林兆恩祠宇，瞻仰祠後晋代古樹，輪囷磐礴；其地誕生異人，信非無故而然。顧憲成晚年讀其“三教會編”，益擯二氏。三教合一之學，風靡海外，胥出林氏之功。1997年10月，又記。

原載《選堂集林·史林》，香港，中華書局，1982年

[1] 李世瑜在其所著《現在華北秘密宗教》一書中，對黄天道、一貫道、歸一道、一心天道、龍華聖教會等有詳細記載。J.J.M.de Groot，*Sectarianism and Religious Persecution in China* 書中，所論尤詳。2 vol.Amsterdam 1905，窪德忠氏有《關於一貫道》(《東洋文化研究紀要》，1953年4月，東京)，Marjorie Topley 氏曾研究《新加坡之齋堂組織及社會作用》(倫敦大學博士論文，1958年)，其另一論文《先天大道》(The Great Way of Former Heaven. *B.S.O.A.S.*,1963) 亦重要參考文獻。

論道教創世記

《創世記》是以色列民族用口傳故事方式寫成的文學作品。在希伯來文原本，創世記寫作 bareshith（漢譯稱《伯里西特》），意思是開始，它和 As.barû、banu 有語源的關係。Bare 一字，腓尼基人用 bara。英文本來自希臘文 gene-sis，gene 可以指譜系，所以《創世記》除指出天地開闢、人類起源之外，還有亞伯拉罕的族系的記述。揆以華夏古史禮制，除了談天地開闢的神話之外，還有《周禮》所謂"奠世系"一類之事情。西亞的史詩名曰 E-nu-ma E-lis，七大泥版所記，先爲衆神之争，繼爲太陽神 Marduk 之勝利，與神廟之創建及瀝血造人等故事，長共一千行以上。與希伯來之創世記頗有懸殊，但却是人類最早有關創世的記録。又 Gilgamesh 史詩十二泥版，1872 年經 George Smith 公佈，其中洪水故事可與《聖經》參證。雖巴比倫史詩之中道德與倫理之活動均付闕如，但却對西亞的歷史背景之認識有極大的幫助。

道教經典本無所謂《創世記》的專著。對於人類的原始，道教徒所造的宇宙論，自來却非常關心。道教起於蜀中，漢人傳説第一位開天闢地的人物盤古氏，最先竟始出現於四川。東漢末獻帝興平元年（194），益州刺史張收刻繪於文翁石室的壁畫人物中，有盤古與李老并列，位次於列代君主之前。似乎即以盤古爲創世之主。我曾發表過《盤古圖考》一文，糾正了向來認爲盤古最早見於吴，徐整《三五曆記》的誤説。

與盤古同列的李老，應是李老君之省稱。《廣弘明集》卷十二引

《須彌圖經》云：“寶應聲菩薩化爲伏羲，吉祥菩薩化爲女媧，儒童應化作孔丘，迦葉化爲李老。”（釋明槩《决對傅奕》第八）以李老爲迦葉之化身。“李老”之名亦見於此。是“李老”即李老君之證。這裏李老地位與孔丘及伏羲、女媧并列，李老竟被視作迦葉的化身。

道教徒每每剽襲釋氏之書，自西晋王浮作《化胡經》以後，更爲變本加厲。上舉釋明槩之文第七云：“化胡經，王浮所製，或取盤古之傳，或取諸子之篇。”提及《盤古傳》一書，是即西晋王浮之所依據。今《化胡經》原書具在（此爲敦煌寫本，原物在法京國立圖書館，列P · 二二〇七卷一；P · 二二〇四卷十），特別是第十卷多言及荒古創世之事，可能即出自《盤古傳》。

《化胡經》第十一變詞云：

> 十一變之時，生在南方閻浮地，造作天地作有爲。化生萬物由〔猶〕嬰兒。陰陽相對共相隨。衆生享氣各自爲。番〔蕃〕息衆多滿地池。生活自衛田桑靡〔麻〕。劫數滅盡一時虧。洪水滔天到月支，選擢種民留伏羲。思之念之立僧祇，唯有大聖共相知。

文中言及“選擢種民”，正如希伯來之 Chosen People。這簡直是道教徒之創世記的縮影，以爲洪水過後，人類種民惟餘伏羲，如彼土之挪亞。伏羲、女媧的神話在四川出土的漢畫像磚表現得非常普遍，他倆是漢人心目中人類的開端。伏羲傳説流行於西北，故甘肅成紀被傳爲伏羲的誕生地，由於羌人的傳播，伏羲的行蹤又到了月支，月支亦有洪水的神話，真是奇迹。

自王浮而後，道教經典撰述花樣多端，層出不窮，逐漸有類似創世之説，間亦吸收盤古神話，如道書《元始上真衆仙記》引《真書》曰：

昔二儀未分，溟涬鴻蒙，未有成形，天地日月未具，狀如雞子，混沌玄黄，已有盤古真人，天地之精，自號元始天王，游乎其中。……

元始天王在天中心之上，名曰玉京山……仰吸天氣，俯飲地泉，復經二劫，忽生太元玉女，在石澗積血之中……號曰太元聖母，元始下游見之，乃與通氣結精，招還上宫。……

太元母生天皇，十三頭，治三萬六千歲，書爲扶桑大帝東王公，號曰元陽父；又生九光玄女，號曰太真西王母，是西漢夫人。……後生地皇，地皇十一頭，地皇生人皇，九頭，各治三萬六千歲。(《道藏》五，藝文影印本)

此書又題曰《葛洪枕中書》，文中有云“洪曰：此事玄遠，非凡學所知”。蓋假托洪之名，未知出誰氏之手。柳存仁先生很重視此書，認爲它可視爲道教的創世記，説詳見他的《道教前史二章》一文。書中稱盤古曰真人，又加號爲元始天王。考“元始天王”一名見《漢武内傳》云：“此元始天王在丹房中仍説微言。”“天王”在佛典及緯書《春秋緯説題辭》中均有之，出現可能自漢世，但未與盤古掛鈎。北周甄鸞《笑道論》言：“元始天王及太上道君諸天神人。”則列於太上道君之前，北周已然。《真書》復拉上東王公、西王母，各加以新號。最有趣的是三皇頭數爲十三、十一、九等等，類似無稽之談。然葛洪《抱朴子·遐覽》篇引用“道經《三皇内文》有天、地、人三卷”。書均失傳。三皇之爲天皇、地皇、人皇，似初見於《易緯坤靈圖》《春秋緯命曆序》諸書，漢代諒已面世。故王莽年號有地皇。《路史餘論》引《命曆序》稱“自開闢至獲麟三百二十七萬六千歲。司馬貞《三皇本紀》從之”。王莽有《三萬六千歲曆》之作；可惜所有資料，全已失傳。《御覽》卷七十八引《春秋緯命曆序》云：“人皇氏九頭，駕六羽，乘雲車，出谷口，分九州。”按《古微書》下尚有“各立城邑，凡一百五十世合四萬五千六百年”等句（見該書卷十三）。葛洪之世，此類書皆完整保存，道書之《三皇内文》必據之而作。

考吴、蜀之時，史家紛紛談三皇之事。《御覽》卷二《天部》引徐整《三五曆記》云：

> 天地渾沌如雞子，盤古生其中，萬八千歲。天地開闢，陽清爲天，陰濁爲地。盤古在其中，一日九變，神於天，聖於地。天日高一丈，地日厚一丈，盤古日長一丈，如此萬八千歲。天數極高，地數極深，盤古極長。後乃有三皇。

同書卷七十八《皇王部》引《三五曆記》共三條：

> 天皇——溟涬始牙，蒙鴻滋萌，歲起攝提，元氣肇啓，有神靈人十三（頭），號曰天皇。
>
> 地皇——有神聖人十二頭，號地皇。
>
> 人皇——有神聖人九頭，號人皇。

按宋均注《命曆序》云：“九頭，兄弟九人。”

三皇年歲之異説，見於吴項峻《始學篇》又有不同：

> 天皇十二頭，治萬八千歲。
>
> 地皇十二頭，治一萬八歲。
>
> 人皇九頭，兄弟各三分，人各百歲。（《御覽》卷七十八引）

項氏《始學篇》有注，見《御覽》卷三百八十八引。《隋書·經籍志》：“梁有《始學》十二卷，吴郎中項峻撰。”《吴志·薛綜傳》記華覈上疏云：

> 大皇帝末年，命太史令丁孚、郎中項峻始撰吴書，孚、峻俱非史才。

《唐志》亦著録項峻《始學篇》十二卷，《初學記》卷九、《類聚》卷十一俱引其書。

又韋昭著《洞紀》亦記三皇事，見《御覽》卷七十八引。《隋志》:《洞紀》四卷，韋昭撰，記庖犧以來至漢建安二十七年事。《吴志·昭傳》稱:“按傳記考合異同，采摭耳目所及，以作《洞紀》。”《洞紀》云:“古人質，以頭爲數，猶今數鳥獸，以頭計也。”是所謂天皇十二頭乃指十二人。

《洞冥紀》云:“天皇十二頭，一姓十二人也。”九頭，九人也。(《洞冥紀》,《唐書》稱郭憲撰，陳振孫《直齋解題》云:“東漢光禄大夫郭憲子横撰。”《日本國見在書目》:“漢武《洞冥紀》一卷，郭子横撰。”)

按訓頭爲人，出韋昭《洞紀》之説，然《水經·湘水注》:“衡山下有舜廟，南有祝融冢，楚靈王之世，山崩得《營丘九頭圖》。”亦見盛弘之《荆州記》。此營丘九頭，應如“雄虺九首”，作首字解，子彈庫帛書夏皋月人像繪三首牛蹄狀是也。故訓頭爲人，乃後起之義。

《三國志·蜀志》秦宓對廣漢太守夏侯纂云:“三皇乘祇車出谷口，今斜谷是也。”到了常璩著《華陽國志》，就説“蜀之先世，肇自人皇，與巴同囿”了。又引《洛書》云:“人皇始出，繼地皇之後兄弟九人，分理九州爲九囿。”所謂洛書，指緯書《洛書甄曜度》《洛書靈準聽》《雒書録運法》等等，俱見《古黴書》所輯佚文。蓋是三皇之説在三國之際十分盛行與讖緯之學有密切關係。葛洪《枕中書》所云:“天皇十三頭，地皇十一頭，人皇九頭，各治三萬六千歲”，實遠有所本，完全不是出於他的捏造。這部書本稱《元始上真衆仙記》，柳先生認爲可以彌補道教没有創世記的缺陷。他懷疑《真書》中言及“通氣結精”“二氣絪緼”之語。其實《易 · 系辭》已言“男女媾精”，四川東漢崖墓不少爲秘戲圖像，足證《想爾注》屢言房中術之有據。[1]

《真書》謂溟涬狀如雞黄，即西方創世史詩之 Watery Chaos 及 Cosmic egg，腓尼基、印度神話皆有之。其稱盤古爲真人，加號“元始天王”，這則是道教化的盤古，自屬匪夷所思！

在傜族神話中更滲入不少道教思想。其所傳《盤皇歌》一類，以及繪畫之屬，皆與開闢神話有密切關係，且與道教活動融合在一起。

J.Lemoine 教授曾引用馬伯樂老子化生之説以解釋之。據我所知，《靈寶度人經》卷四十三云：“眼爲日月，頭爲昆侖，眉爲華蓋，髮爲山林，腸胃江海，呼吸風雲，聲爲雷霆。”又同書卷三文字亦同。按《度人經》有南齊時嚴東作注，其年代大約可知，考北周甄鸞《笑道論》第一“造立天地”章云：

> 太上老君造立天地，初記稱……老子遂變形，左目爲日，右目爲月，頭爲昆侖山，髮爲星宿，骨爲龍，肉爲獸，腸爲蛇，腹爲海，指爲五岳，毛爲草木，心爲華蓋，乃至兩腎合爲真要父母。

下至晚出之《竈經》，亦有相同之説，余藏明刻本《太上老君説平安竈經》有云：

> 爾時太上老君……在玉境山中，説上界種火之母。玉頂大仙説：聖母元君分身下界，化爲世界。左眼化爲日，右眼化爲月，頭髮化爲山林樹木，血脉化爲清泉，手足化爲碓磨，舌頭化

[1] 見《道家文化研究》第七輯，329 頁。

爲籖箕，四肢化爲四時，三百六十骨節化爲三百六十日。（參見下附圖）

亦由上説所演衍而生，晚出益爲離奇。馬伯樂所引道教書即本之此類資料。

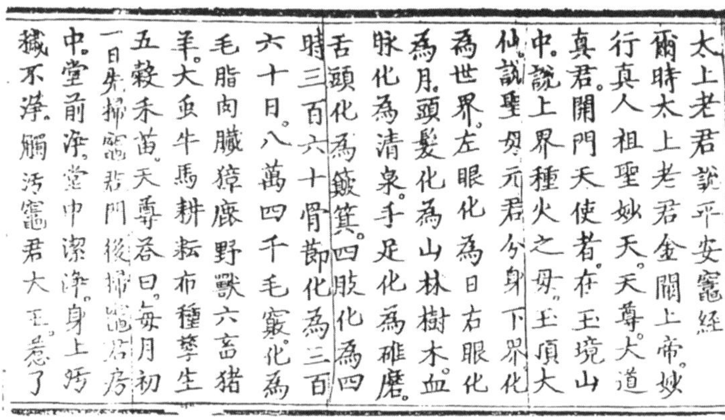
太上老君說平安竈經
爾時太上老君金闕上帝。妙
行真人祖聖妙天。天尊。大道
真君。開門天使者。在玉境山
中。說上界種火之母。玉皇大
仙。說聖母元君分身下界化
爲世界。左眼化爲日右眼化
爲月。頭髮化爲山林樹木。血
脉化爲清泉。手足化爲雄磨。
舌頭化爲籤箕。四肢化爲四
時三百六十骨節化爲三百
六十日。八萬四千毛竅。化爲
毛脂肉臟獐麂野獸六畜猪
羊。大豕牛馬耕耘布種孳生
五穀禾苗。天尊吾曰。每月初
一日先掃竈君門後掃竈君房
中。堂前淨。堂中潔淨。身上污
穢不淨。觸污竈君大王。惹了

明刻本《太上老君説平安竈經》書影

考佛典之《摩伽登經》卷上云：

若梵天生，皆應同等。……又汝〔按指婆羅門〕法中，自在天者，造於世界，頭以爲天，足成爲地，目爲日月，腹爲虚空，髮爲草木，流淚成河，衆骨爲山，大小便利，盡成於海。斯等皆是汝婆羅門妄爲此説。（《大正藏》卷二十一，402 頁）

如持此文與上引道教所説加以比較，其抄襲之迹，甚爲明顯。細讀是經此段文字，乃佛家指出圍陀（Veda）經典無有實義，故稱上述之事乃婆羅門之妄説。所言分明是指責圍陀之説。所稱之自在天即摩醯首羅（mahacvara），秦言自在天（見《翻譯名義大集》三一一八條），雲岡石窟第八洞即有摩醯首羅像。《魔伽登經》所述梵天，即印度教之 Siva，所言圍陀，即指 Rig-veda 第十篇九十之巨人篇（Puruṣa）。

在印度吠陀經中之 Puruṣa，略引數句如下：

Yat Pursṣam viādadhuh Katidhāvi akalpayan? mukham kim asya? Kau bāhū? Kā uῩu pādā ucyete? (11)	(When they divided Purusa into how many parts did they dispose him? What did his mouth become?what are his two arm?his two thighs, two feet called?)
Brāhmano'sya mukham āsīd, bāhū rājamieh krtān; ūrū tad asya yad vāisyah; padbhyām sūdro ajāyata(12)	(His mouth was the Brāhman.his two arms were made the warrier, his two thighs the vaisya; his two feet were Sūdra.)
Candramā manaso jātas; caksoh sūryo ajāyata; mukhād Indras ca Agnis ca. prānād vāyur ajāyata(13)	(The moon was born from his mind; from his eyes, the sun was born, from his mouth Indra and Agni, from his breath Vayu was born.)

上引《摩伽登經》乃出吴時竺律炎與支謙所譯，但在支謙以前，東漢安世高已有譯本。安世高以桓帝建和元年（147）至洛陽，後至會稽。安譯今無全本，然可斷言者，通過東漢時《摩伽登經》之翻譯，圍陀理論之巨神及佛所反對之大自在天神話是時已輸入華夏。後來道家遂竊取之。

故知道教之宇宙開闢説，實取自佛經（《摩伽登經》），佛經則引用圍陀而加以駁斥。其入華時間正在東漢末。

我人可得一結論如下：

圍陀

Puruṣa →佛典→道教經典（《元始上真衆仙記》）

⋮

（《三五曆記》）《笑道論》

《摩伽登經》　⋮

《竈經》

故知道教經典中之盤古創世記，與佛經可能出於一源，很值得考慮。

《山海經》燭陰之説，亦復相類。郭璞云："燭龍也，是燭九陰，因名。"燭陰爲鐘山之神，鐘山所在即昆侖山，可能亦是西來之説，《楚辭·天問》已言："燭龍何照？"燭龍是日神，其名先秦已有之，見於楚人之壁畫，燭龍如果亦與梵天有關，則當是任昉《述異記》中論盤古所謂"古説"或"先儒説"。可參《古小説鈎沉》玄中記條。

至於北宋真宗天禧時，張君房奉敕所修《大宋天宫寶藏》，今已失傳，從其中摘抄出來的有《太上老君開天經》，亦被人視作道教的創世記，中文大學宗教系有學生據此寫成碩士論文。是經引用《靈寶天地運變經》論地厄、天虧之事，述金天氏少昊之後的大陽九、大百六之數爲9900，小陽九、小百六之數爲3300，即取漢人所謂"陽九百六"的舊説。又言混沌生二子，大者胡臣，死爲山岳，小者胡靈，死爲水神。則出自巨靈胡傳説。《史記·封禪書》索隱引《括地志》"河神巨靈胡手擘脚蹋"；《水經·河水注》引《遁甲開山圖》"有巨靈胡者，得坤元之道，能造山川出江河"；楊雄《河東賦》謂"河靈矍踼"；張衡《西京賦》所謂"巨靈贔屭"是也。

又言元皇之後有尊婁，尊婁後有勾婁，勾婁後有赫胥。按《六韜》有尊盧氏（《御覽》卷七十六引），赫胥諸名則出自《莊子》；又言黄帝之後有少昊，少昊之時老君下，爲師號隨應子作《玄藏經》；又分高原、高陽、高辛爲三世，隨應子、高原諸名，似出杜撰，於史無徵。此書見於《雲笈七籤》卷二第八。謂老君口吐是經，更屬荒誕，今不具論。

1996年

慧能及《六祖壇經》的一些問題

主席、來賓、各位專家學者，今天這個有關六祖慧能的討論會是一次意義重大的盛會，聽説會議期間還將安排去肇慶新興考察，這是十分難得的機會。本人萬二分榮幸作爲本次會議的第一位發言者，本不敢當。據説是由於我的一篇文章（即《談六祖慧能出生地（新州）及其傳法偈》，見北京大學中古史研究中心編《紀念陳寅恪先生誕辰百年學術論文集》，北京，1989年），新興當地人説我是到六祖出生地新興考察的第一個華人教授，恐怕很難這樣講，不過居然能因此而促成這樣一個有衆多專家學者參加的盛會，實感榮幸。在此就慧能的有關問題談幾點想法。

一、歷史上到過新州的名人

我不敢認爲自己是近年來第一位到過新州的華人教授，但歷史上確曾有一些名人到過新州，值得注意，這裏我想舉一二個例子。

首先是南宋的胡寅，著名的史學家，《讀史管見》的作者，他與著名的理學家胡安國同宗，曾貶官謫居新州。在他的《斐然集》中有一篇關於早期傳燈録的序，這本傳燈録"乃景祐大臣王隨所撮楊憶傳燈録"，於有名的《景祐傳燈録》中有引用。序中提及胡寅自己於南宋紹興庚午年貶官新州，曾造訪過"城南二十五里龍山寺"（即今國恩寺），云及在龍山寺未看到什麼藏經，"獨有四大部與《玉英集》"（參見《斐然集》卷十九《傳燈玉英節録序》）。

另一個造訪過新興的人是檀萃，即《楚庭稗珠録》的作者，乾隆時人。他曾記其在新興看過《（法）寶壇經》，稱道其“直接爽快，平易近人”，意其接近白話，并批評屈翁山《廣東新語》謂新興是六祖生地，“目下草木不生”的言論爲對聖人不敬。至於屈大均是否到過新興，尚無法肯定。姜伯勤先生也引用過這條材料，不過胡寅的材料尚未見用過。

儘管新興在歷史上曾留下過名人的足迹，但比較近代的中國學人到過新興的不多，而新興的價值是不可否定的。我到新興，印象最好的是國恩寺，去後對六祖的看法完全改變了。

這裏順帶提一下“獦獠”這個詞（《壇經》中載六祖初謁弘忍時被譏諷之語），雖然至今仍有争議，實際很簡單。潘重規先生解釋在敦煌卷子中“獦獠”的“獦”通“獵”，可釋爲“獵獠”，但這種假借并非始於敦煌卷子，唐代前後均有這樣的例子，宋代黄山谷過青草湖詩云“蕉林追獦獠”。我個人整理過漢簡，香港中文大學所藏一東漢簡上，就有“獦君”的字樣，這裏的“獦”即通於“獵”。總的來看，“獦獠”“俚獠”都是對南方人的一種貶稱，較晚的唐、宋地理書中仍有用來稱呼西南一帶的少數民族的。

從我個人去新興的感受來説，慧能不應是如《壇經》等禪籍所描述的那樣目不識丁。國恩寺係慧能捨其故宅而建，面積很大。慧能是一個地方官的後代。一些文獻所記載的關於慧能的家世如其父盧行瑫被貶官至新州的事迹，絶對是實録，國恩寺的情況説明慧能是有産業的，雖然其父早死，但絶非淪落至無以爲生，慧能幼時母親猶在，盧氏作爲北方著姓，應有一定的家庭教育傳統，因而慧能肯定有相當的文化素養，否則如不識字，何以能聽懂《金剛經》《涅槃經》，這是不可想象的。六祖的偉大在於他是個非常韜晦的人，素來不願自我表現，因而後人的描述往往帶有很强的傳奇色彩。

二、慧能的弟子

《景德傳燈録》等燈史記載慧能弟子共四十三人，日本學者曾作過詳盡的研究，將有關偈贊彙集起來進行了細密的考證。實際上慧能弟子的數目恐不止於此。近日翻檢何喬遠《閩書》，其中有一條記載福建福清的黄檗山有慧能一弟子，名正幹，此人不在燈史所載四十三人之内。《閩書》云："唐貞元五年，沙門正幹從六祖學，既得其旨……。"後止於黄檗山，造般若台，貞元八年，又建福禪寺。這一條目後面緊接着是有名的黄檗宗希運（斷際）的事迹記載，由此來看，似不應輕視這條記載。但這條材料有幾個問題：第一，刻寫時將唐貞元誤爲宋；第二，正幹於"貞元五年"從六祖學，這一年代明顯有誤，因是時慧能已去世。似乎可以推測正幹可能是六祖學生之學生較爲合理。

從六祖學生的生年籍貫來看，各地都有，廣東籍的可能只有三個，這充分顯示慧能的影響力遠不限於嶺南。

三、《壇經》傳本問題

這裏主要想談一下敦煌本。

所謂敦煌本，又可分爲兩個系統。一爲敦煌藏經洞所出的《壇經》本子，其卷子分藏倫敦、北京等地，這是衆所周知的；其二爲敦博本，即向達先生最早介紹現藏敦煌市博物館的傳本，在此想着重談談這個本子。

潘重規先生根據敦博本所作的《敦煌壇經新書》，在校正某些訛字及字音方面有一定的成績。其局限在於它依據的是向達先生的照片，遠不能稱得上最好的底本。目前鄧文寬、榮新江也在做這一工作。至於敦博本的性質，周紹良先生認爲是《壇經》原本，我個人對此有很大保留。敦博本〇七七號是由五種經論合成的，即《菩提達摩南宗定是非論》《南陽和尚頓教解脱禪門直了性壇語》《南宗定邪正五更轉》和詩一首、《南宗頓教最上乘摩訶般若波羅蜜經六祖慧能大師於韶州大梵寺施法寶壇經》一卷、《凈覺注金剛般若波羅蜜多心經》等。過去在唐代提到《壇經》名稱各異，如日本圓仁大師所著《入唐新求聖教目録》中所載京都高山寺本《壇經》，其全稱爲《曹溪山第六祖慧能大師説見性頓教直了成佛决定無疑法寶記壇經一卷》，與敦博本相比有很大出入。紹良先生認爲敦博本的紙有些黴，非敦煌本地抄寫，但迄今尚無確證能確定這個本子的時代。紹良先生雖然舉出了敦博本中一些語詞及表述方式在宋代已很少見的例子，但這五種經論是在什麽時候合成爲一本的，尚無法明了，因而現在還很難對敦博本下定論。

四、宗密的承襲圖所展示的四川“禅系”

唐代的宗密作《中華傳心地師資承襲圖》，其中關於五、六、七祖傳法的譜系資料十分重要。如關於慧能的部分，有關於四川一系的情況，值得注意。

據《承襲圖》所反映的材料，當時的四川，有資州詵、資州處寂、益州金及保唐宗等禪宗支派的活動。現在看來，這些材料的意義尤不可忽略，考慮到近數十年來國際禪史研究的重要趨向，這一問題及背景更受到關注。

從 50 年代至今，四十年來國際敦煌學的推進，其中一個重大成就在於敦煌禪學資料研究的進步。世界上第一流的漢學家如意大利的杜齊、法國的戴密微先生以及日本的佛教史專家和中國、英國的學者，花費數十年的艱辛努力，將敦煌寫本與有關藏文材料進行對比，力圖揭示内地佛教對藏地佛教的影響。如戴密微先生於 50 年代發表的極具影響的《吐蕃僧諍記》，就深入研究了禪宗北宗代表摩訶衍與蓮華戒在吐蕃贊普座前的一場佛學論辯。

由數十年來國際敦煌學與禪學史研究的進步來看，四川禪系的重要性：資州詵、資州處寂、益州金的史實反映了禪宗在四川的發展與傳播，而六祖思想亦因神會的關係輸入四川，從藏文資料有關記載如頓、漸二字譯音的出現等來看，内地禪學亦通過四川禪系傳入了西藏，禪宗思想的傳播已不限於嶺南及中原，還傳入了西藏。

宗密的承襲圖過去包括胡適之等認爲是不可靠的，而實際上應是可信的。冉雲華先生在俄國找到了有關宗密資料，儘管是斷片，但由於我們知道宗密的時代與六祖的時間較爲接近，實際上冉氏的發現再次證明了承襲圖非常可靠。

順帶提一下禪宗研究上的一個著名人物胡適之先生，胡先生在研究中不僅否定了宗密的承襲圖，而且還在涉獵佛典時留下了許多批語，北大樓宇烈先生在《胡適研究叢刊》上發表了一些他整理的胡適之的批語，如胡先生於 1929 年開始其對禪史的研究，他在批《維摩經》時評其“只是一部很荒謬的小説”，十年後終承認自己以前的看法“大謬”。胡先生的例子告訴我們在佛學研究乃至學術研究中不要輕率對自己没弄懂的問題發表意見，如胡先生對宗密承襲圖的否定，由於他的身份、地位，遂造成很大的誤導，以致後來許多學者花費了許多精力來重新糾正。因之我們在研究中必須確立一個嚴謹的學術態度，對許多問題不要急於做結論。

這篇文章是作者在“慧能與嶺南文化”國際學術研討會上的發言，由中山大學歷史系向群博士記録整理。(1997 年)

從出土資料談古代養生與服食之道

養生之事，向來目爲神仙家言，而服食爲其主要項目。古代士大夫多留心於此道，追求長生。古詩云："服食求神仙，多爲藥所誤。"五石散之爲害，久已有人論之。[1]然大儒王充晚歲作養生之書凡十六篇，養氣自守，惜其書不傳。漢末牟融氏著《理惑論》，謂："衆道叢殘，凡有九十六種。"可見其書之夥。魏嵇康與向秀往復討論，大旨主張守之以一，養之以和，可致長生之域。晉渡江以後，王丞相導尚玄言，"養生"仍爲江左三理之一。[2]下至葛洪、陶弘景，發楊光大，遂形成道教内丹一系。近歲地不愛寶，馬王堆、張家山簡帛陸續問世，新資料層出不窮，對古代方仙道之由來提供重要實證。本文將從諸有關資料，與先秦道家及醫籍作一總括論述，共分二部分：

（一）資料

（1）張家山漢簡《脉書》與《引書》。《脉書》相當於《五十二病方》卷前之《脉經》。《引書》近於《導引圖》，"引"與"導"本爲二事。玄道子李頤云："導氣令和，引體令柔。"《引書》開端論彭祖四時之道，可與《靈樞》順氣分四時之説相參證。

（2）《陵陽子明經》言"食氣"，即所謂沆瀣、朝霞等。

（3）馬王堆《養生方》言治中、利中、益内利中、治力、輕身諸義。

（4）《十問》中天師食氣之法，與容成深息與避四咎；朝、暮、

[1] 見余嘉錫：《雜著》。

[2] 見《世説新語·文學》。

夜半之調息法。

（5）《雜療方》中之服餌與《列仙傳》及《醫心方》與《延年方》之互證。（附《列仙傳》服食表於後）

（6）陶弘景《登真隱訣》之服霧法、守玄白術、服日月光諸法之由來。

（二）申論

（1）長生久視之道——永命、延年思想之來源。

（2）不死觀念及其追求。

（3）玄府、玄門、玄牝之門與繆門。

（4）談“同氣相求”——論以人合天。

（5）生氣與濁氣之分。

（6）嬰兒與胎息。

（7）胎與大却。

（8）致柔、守一、醇與和、大順諸觀念。

（9）彭祖壽考之可期。

張家山漢簡《脉書》與《引書》，《脉書》相當於《五十二病方》卷前之《脉經》；《引書》則近於《導引圖》。“引”與“導”本爲二事，晋丞相參軍自稱玄道子的李頤云：“導氣令和，引體令柔。”[1]《引書》書名曰“引”，本論引體，即運動之事，雞伸、龍興、虎引、踱狼之類，後世華佗所謂五禽之戲，猶今之健身操。書中自“引内癉”以次，則爲以引術治病之方，若“引内癉”正坐、彎腰、俯極，徐縱而精呴之（細吐出熱氣），仰而立定，再作五次，左右兩方，再作十次而止。其他引喉、引鼽、引口痛、引肘痛、引耳痛，皆有一定方式，此類實與按摩同理。張家山《引書》與馬王堆帛書之《導引圖》名目大同小異。《引書》“八經之引”，《導引圖》謂之“坐引八維”，八經

[1] 《經典釋文》引。

八維，取義應同，一出江陵，一出長沙，故人以爲同源，皆楚學也。[1]

一、《引書》與彭祖

《引書》開端述養生基本理論，其言曰：

> 春産、夏長、秋收、冬臧，此彭祖之道也。

下面分述四季導引之術，可知是簡所論，乃承襲彭祖之説。

考馬王堆《十問》第六問爲王子巧（喬）父問彭祖曰：

> 人氣何是爲精乎？彭祖答曰：人氣莫如竣精，竣氣鬱閉，百病生矣；竣氣不成，不能繁生，故壽盡在竣。

證之《引書》云：

> 人生於清（精），不知愛其氣，故多病而易死。人之所以善蹶，蚤衰於險（陰），以其不能節氣也。故善節其氣而實其險，則利其身也。

此處所謂“愛其氣”，當指竣氣，實其險之“險”必指竣而言。竣者，男子外陰也。《老子》五十五章“未知牝牡之合而竣作”（河上本作峻）；《説文》：“竣，赤子陰也。”竣氣謂男陰之功能，老子此説應是取之彭祖。彭祖以保愛竣精爲攝生要訣。《御覽》卷七二〇方術部養

---

[1] 參閲李學勤：《二十世紀出土中國古醫書集成》導言，成都出版社，1992；彭浩：《張家山漢簡引書初探》，載《文物》，1990(10)；高大倫：《張家山漢簡引書研究》引言，巴蜀書社，1995。有關資料參看馬繼興：《馬王堆古醫書考釋》，湖南科學技術出版社，1992；李零：《中國方術概觀》之服食卷、導引行氣卷、房中卷。

生引《神仙傳》:

> 彭祖之養壽之道，但莫傷之而已矣。夫冬温夏凉，不失四時之和，所以適身也。

不違四時之和，故春生夏長秋收冬藏，順其自然而適應之，自不虞有疾病。易乾卦“元亨利貞”四德，春秋齊姜已加以利用，孔氏《易正義》以春生夏長四時解得四德，今據《引書》，知實亦取自彭祖之説。

二、《引書》與老子

《引書》云:

> 治身必與天地相求，猶橐籥也。虚而不屈，動而愈出。閉玄府，啓繆門，闔五臧，逢□九竅，利啓闔奏理，此利身之道也。

此引《老子》第三章:“天地之間，其猶橐籥，虚而不屈，動而愈出。”橐籥者，鼓風之物，内空虚而不屈曲，其運動愈快，鼓出之風亦愈多。利身之“利”，如馬王堆《養生方》之言益内利中之“利”。

《引書》云:“吸天地之精氣，實其陰，故能無病。”又云:“閉玄府，啓繆門，合五藏，透九竅，利啓闔腠理。”按《儀禮·鄉射禮》“進腠”鄭注“膚理也”。《史記·扁鵲傳》:“君有疾在腠理。”《素問·舉痛論》:“寒則腠理閉。”注謂津液湊泄之所。《淮南子·兵略訓》:“解必中揍。”高誘注:“理也，字作揍。”

玄府者，《素問·水熱穴論》:“所謂玄府者，汗空也。汗液色玄徒空而出，以汗聚於裏，故謂之玄府。”

繆門，一説爲命門，指下丹田。《家語 · 辨樂》：“繆然思焉。”注“深思貌”。繆門疑是玄門。馬王堆《合陰陽》：“入玄門，御交筋，上欱精神，乃能久視而與天地侔存。交筋者，玄門中交脉也。”《荀子 · 正名》楊倞注：“玄謂深隱也。”[1]

久視者，《老子》五十九章：“是謂深根固柢長生久視之道。”《靈樞經 · 本神》云：“故知者之養生也，必順四時而適寒暑，和喜怒而安居處，節陰陽而調剛柔，如是，則避邪不至，長生久視。”其義正同。久視一詞，《引書》蓋取自老氏。

作爲三玄之一之《周易》，其語句間亦與導引相關者，如“同氣相求”一語，《引書》兩言“相求”，一曰“以與相求”，一曰“治身必與天地相求”。再考馬王堆十六經《觀》云：“稽之男女……牝牡相求，合剛與柔。”所謂相求，本指吹呴之氣相爲呼應，蓋當時之慣語。

三、論行氣

呼吸吐納爲導引重要之術，《莊子 · 刻意》篇謂“吹呴、呼吸，吐故納新……養形之人，彭祖壽考者之所好也”。此吹、呴、呼、吸四者究爲何意，試加以分析。

吹　《説文》：“吹，嘘也，從口欠。”按“吹”與“嘘”二字互訓。《説文 · 欠部》復出云：“吹，出氣也。”《聲類》云：“出氣急曰吹，出氣緩曰嘘。”《引書》又作“炊”。

呴　《説文 · 欠部》云：“欨，吹也。”欨與呴同。《莊子》

[1] “玄”字意義參《抱朴子》内篇《暢玄》。

唐寫本呴作煦，益火旁。河上公注："呴，温也；吹，寒也。"以呴屬温氣，吹屬寒氣。故宋《集韻》云："呴，氣以温之也。"《引書》每誤寫作"昫"。

呼 《説文》："呼，外息也。"字又作"歑"。《説文》："歑，温吹也。"

吸 《説文》："吸，内息也。"

以上四者，屬於呼者凡三，即吹、呴、呼，而吸僅得其一而已。吹與呴不同，其説有二，一以急緩分，李登《聲類》是也；一以凉温分，河上公之説是也。

《老子》二十九章："天下神器不可爲。……故物或行或隨，或呴或吹。"馬王堆甲本作"或炅（熱）或〔吹〕"，乙本作"或熱或硾"（傅奕本作"剉"），不從氣之寒温言。

今觀《引書》言引"瘴病"云："當此之時，急治八經之引，急虖，急呴，引陰[1]。"又言腹張（脹）云：

夜日淡卧而精炊之三十，無益；精虖三十，無益；精昫三十，無益；復精炊之三十，無益；起，治八經之引。……

此處"吹"與"呴"更迭爲之，無效，乃治"八經之引"。八經之引，即帛書《導引圖》第三十七之"坐引八維"（作裸上體、無裳、赤足、雙膝微曲、雙手向前、後下方分開之狀）。東方朔《七諫·自悲》云："引八維以自道兮，含沆瀣以長生。""八經"似以作"八維"爲是。

《引書》言人之得病乃由於四時氣候之不和：

是以必治八經（維）之引，炊、昫、虖、吸天地之精氣。信

[1] 高大倫：《張家山漢簡引書研究》，119頁。

（伸）腹直要（腰），力信手足，軵踵曲指，去起寬亶（坦），偃治巨引，以與相求也，故能無病。偃卧炊、眗，引𨻰（陰）

春日再眗，壹虖、壹炊（吹）

夏日虖、壹呴壹炊

冬日再炊，壹呴壹虖。……

因四時之氣，吹呴與呼之調節有别：

春　呴（二次）　一虖一炊

夏　虖　一呴一炊

冬　吹（二次）　一呴一虖

《引書》又言：

燥則婁乎（呼）婁卧，温則婁炊（吹）毋卧；實𨻰，暑則精婁（屢）眗（呴），寒則勞身，此與燥温寒暑相應之道也。

按《素問·生氣通天論》云：“故阻氣者一日而主外，平旦人氣生，日中而陽氣隆，日西而陽氣已虚，氣門乃閉。”一日之間，氣之陰陽不同：

平旦——氣生

日中——陽氣最隆

日西——陽氣虚，是時氣門乃閉

此爲一日之間陰陽之變化。

若一年之間，則有寒暑、燥温之異，調息之法，乃隨氣候之轉變，以圖表之：

燥——宜呼而卧（吹出温氣）

温——宜吹毋卧（頻吐凉氣）

暑——宜呴（小口吐出熱氣）

寒——勞身

呼吸之輕重、調整，與氣候相呼應。

由《引書》所記，呼出氣三項，因四時而異，即《靈樞經》云“智者養生，必須時而適寒暑”是也。

王褒《聖主得賢臣頌》曰：“何必偃仰詘信如彭祖，呴嘘呼吸如僑、松？”顏師古注：“呴、嘘，皆開口出氣也。”以吹呴屬王喬、赤松，而偃仰屬彭祖，吹、呴、呼三者皆爲呼氣之外息。《淮南子·精神訓》語同。《莊子·刻意》：“真人所游，若吹呴呼吸，吐故納新。”又《齊俗訓》則作“吹嘔呼吸”，借“嘔”爲“呴”。

東方朔云：“食沆瀣以長生”，宜以馬王堆《却穀食氣》章釋之，其言曰：

> 食氣者爲呴、吹，則以始卧與始興。凡呴中息而吹，年二十者朝二十，暮二十，二日之暮二百；年三十者朝三十，暮三十，三日之暮三百，以此數推之。

食氣之人與食穀者異，須有嚴格規定，因年齡而異其次數，凡呴吹必在睡前與起身之時，將呴出温氣到一半之際吹氣（説者謂改爲閉口吹出應呼出的餘氣），而次數如下：

二十歲　暮二十　每隔二日改爲晚上二百次

三十歲　暮三十　每隔三日改爲晚上三百次

此種呴吹之食氣者，須配合四時，因有不同之場合及避忌，謂之“四咎”。馬王堆《十問》容成公答黄帝問云：

> 食氣有禁：春避濁陽，夏避湯風，秋避霜霧，冬避凌陰，必去四咎，乃深息以爲壽，朝息之治，其出也務合於天……則陳氣即盡，而新氣日盈。晝息之治，呼吸必微……
>
> 暮息之治，深息長徐，使耳無聞，且以安寢。……故能長生。
>
> 夜半之息也……徐徐去勢，六府皆發，以長爲極，將欲壽神，必以腠理息。

《楚辭·遠游》："餐六氣而飲沆瀣兮，漱正陽而含朝霞；保神明之清澄兮，精氣入而粗穢除。"王逸注引《陵陽子明經》云：

> 春食朝霞。朝霞者，日如欲出赤黄氣也。
>
> 秋食淪陰。淪陰者，日没以後赤黄氣也。
>
> 冬飲沆瀣。沆瀣者，北方夜半氣也。
>
> 夏食正陽。正陽者，南方日中氣也。
>
> 并天地玄、黄之氣，是爲六氣也。

《却穀》篇云：

> 春食　去濁陽，和以匡光、朝霞，昏清可。
>
> 夏食　去陽風，和以朝霞、沆瀣，昏清可。
>
> 秋食　去〔〕霜霧，和以輸陽〔淪陰〕、匡光，昏清可。
>
> 冬食　去凌陰，和以正陽、匡光、輸陽、輸陰，昏清可。

從《十問》之説，知容成氏亦加以吸收，故有"去四咎"之語。《陵陽子明經》亦襲用之，以説六氣。《十問》容成言："善治氣摶精者，以無微爲積；精神宗溢，吸甘露以爲積，飲瑶泉靈尊以爲經。"

實則老氏“專氣致柔”之理，亦復相同。[1]

後來陶弘景的《登真隱訣》談到服霧法、守玄白術、服日月諸光，即由《陵陽子明經》演衍而生者。[2]

> 噏氣之道，必致之末，精生而不厥，上下皆精，寒温安生。息必深而久，新氣易守，宿氣爲老，新氣爲壽。善治氣者，使宿氣夜散，新氣朝最。

此即《莊子·大宗師》“真人其息深深”之義，王叔之云：“起息於踵，遍體而深。”是也。

呼氣在先秦有吹、呴、呼三者，配以四時朝暮。後來呼氣增益爲六，最先出現於陶弘景之《養性延命録》，成爲吹、呼、唏、呵、嘘、呬之六字訣，以合五臟。其説曰：

> 凡人之息，一呼一吸，元有此數。欲爲長息吐氣之法，時寒可吹，時温可呼（即呴）。委曲治病，吹以去風，呼以去熱，唏以去煩，呵以下氣，嘘以散滯，呬以解極。凡人極者，則多嘘、呬。道家行氣，率不欲嘘呬。嘘呬者，長息之患也。

又曰：

> 凡病之來，不離於五臟。心臟病者，體有冷熱，呼吹二氣出之；肺臟病者，胸背脹滿，嘘氣出之；脾臟病者，體上游風習習，身癢痛悶，唏氣出之；肝臟病者，眼疼愁憂不樂，呵氣出之。

吐氣有六，而五臟只有五，故後來以多出之呬氣屬三焦。按《説

[1] 參拙作《容成遺説鈎沉——先老學初探》，見《北京大學學報》。
[2] 參拙作《論敦煌殘本登真隱訣》，載《敦煌學》第四輯，2732頁，台北，1979。

文》:“呬，東夷謂焦爲呬，出《太清調氣經》。”《方言》作東方齊曰呬。今《道藏》所傳祛病延年六字法，除上述二書外，尚有《太清導引養生法》《太上養生胎息氣經》《太上老君養生訣》等書。行氣療法，詳見《道藏》卷十八，多至二十種，皆踵事增華，不具述。

四、論服食

再談服食，玆據《列仙傳》，舉出服食之例如下表。

赤松子	服水玉
馬師	飲甘草湯
赤將子輿	啖百草華
偓佺	食松實
方回	練食雲母
關令尹	服苣勝實（《廣雅·釋草》：巨勝，胡麻也。）
涓子	好餌術
吕尚	服澤芝地（石髓）
師門	食桃李葩
務光	服蒲韭根（菖蒲）
仇生	食松脂
彭祖	食桂芝
邛疏	煮石髓服之（謂之石鐘乳）
陸通	食橐盧木實及蕪菁子
江妃二女	茹芝
范蠡	服桂飲水
寇先	種荔枝

桂父	服桂及葵，和以龜腦
修羊公	食黄精
崔文子	作黄散、赤丸
赤鬚子	食松實、天門冬、石脂
犢子	松子、茯苓
鹿皮公	食芝草
昌容	食蓬虆根
谿父	食桂、附子、芷實
山圖	服地黄、當歸、羌活、獨活、苦參散
毛女	食松葉
文賓	服菊花、地膚、桑寄生松子
商丘子胥	食朮、菖蒲根，飲水
陵陽子明	服五石脂

水玉即水精，見《山海經》郭璞注。按《抱朴子·仙藥》篇稱“玉亦仙藥”。引《玉經》云：“服玄真者，其命不極。玄真者，玉之别名也，令人身飛輕舉。”古代有《服玉方書》，見《隋書·經籍志》。《周禮·玉府》云：“玉齋則供食玉。”鄭玄注：“食之以禦水氣。”《正義》謂“玉屑研之乃爲食”，是古確有食玉之事。《文選》木華《海賦》：“群仙縹緲，餐玉清涯。”葛洪自言：“得于闐國白玉，大善。其次南陽徐善亭部界中玉，及日南盧容水中玉亦佳。赤松子以玄蟲血漬玉爲水服之，故能乘烟上下也。”[1] 彼能分辨各地玉質，又似親至交廣[2]，故能知盧容之玉。《水經·温水注》引《扶南傳》：“林邑至日南、盧容浦口，可二百餘里。”是其地。

《抱朴子·仙藥》篇引《孝經緯·援神契》：“椒薑禦温，菖蒲益

[1] 《抱朴子·仙藥》。
[2] 參馮漢鏞：《葛洪去印支考》，載《文史》，第39期。

聰，巨勝延年，威喜（即木芝）避兵。”《列仙傳》所記諸仙人服食之物，於是篇多可印證。菌芝爲漢人常服之品，《漢書·藝文志》有《黄帝雜子芝菌》十八卷，注：服餌芝菌之法也。今四川漢代畫像磚石，多見芝蓋及仙人持靈芝作狀[1]，具見茹芝之習慣，芝有五芝各百餘種，已詳葛氏之文。

馬王堆《養生方》記藥物，如《老不起》云：“以顛棘爲漿方。”顛棘，即天門冬，赤鬚子所服者。葛洪云：“天門冬，或名莚門冬，或名顛棘，或名管松，根長而味多苦。服之百日，皆丁壯倍駛於朮及黄精也。”《方》四《加》（補益方）云：“又治白松脂。”松脂即仇生所服。松脂除熱，久服輕身延年。《方》十一《益甘》云：“益甘，茯苓去滓，以汁肥豯。……乾薑、菌桂。”犢子所服。茯苓主胸脅逆氣，利小便，菌桂，味辛温，養神。葛洪《仙藥》：“桂可以葱涕合蒸作水，可以竹瀝合餌之。”關令尹服苣勝，師門食桃。葛氏云：“巨勝，一名胡麻，服之耐風濕，補衰老。”其佚文云：“胡麻好者，一夕蒸之如炊，細篩白蜜和丸，日二枚……五年，入火不燒；六年，走及奔馬。”[2]又言：“桃膠以桑灰汁漬，服之百病瘉，久服之，身輕有光明。”

又言：“雲母有五種服法，或以桂葱水玉化之爲水，或以蜜搜爲酪，或以秋露漬之百日，韋囊挻之爲粉，餌之，則百病除。”此方回之所服。

吕尚、邛疏服之地髓，或謂之石鐘乳。五石散以鐘乳爲主。[3]唐帝以賜大臣。《唐本草》云非其土地，不可輕服，多發淋渴。孫思邈已言其害。章鴻釗《石雅》第六卷《藥石》記之甚詳。

服食藥物有前後之宜，《仙藥》篇引《中黄子服食節度》言其大

[1] 參王仁湘：《漢靈芝草小識》，載《四川考古論文集》，1996。
[2] 見《御覽》卷九八九引。
[3] 見沈括《夢溪筆談》。

要，可參看。

五、《養生論》與莊學

嵇康《養生論》結語云："外物以累心不存，神氣以醇白獨著。曠然無憂患，寂然無思慮。又守之以'一'，養之以'和'，'和''理'日濟，同乎大順。然後蒸以靈芝，潤以醴泉，晞以朝陽，綏以五絃，無爲自得，體妙心玄，忘歡而後樂足，遺生而後身存。若此以往，恕可與羡門比壽，王喬争年，何爲其無有哉！"李善注云："文子曰：古之爲道者，養以和，持以適。"莊子曰："古之治道者，以恬養'知'，知生而無以'知'爲也，謂之以'知'養'恬'，'知'與'恬'交相養，而'知''理'出其性。"按善引莊子文原出於《繕性》篇。善注引"知生"句，"生"前有"知"字。下文又云："夫德，和也；道，理也。德無不容，仁也；道無不理，義也。"故和之與理，如德之與道，德近仁而道猶義。叔夜謂"和理相濟"，無異謂德與道相濟，其區别和與理爲二事，義本莊生。稽之莊書之言"和"，如《德充符》云：

> 游心乎德之和。何謂德不形？曰：平者，水停之盛也，内保之而外不蕩也。德者，成和之修也。

和之境界，是至德、上德，如水之平，内保而外界不能蕩之。

《天道》亦云："夫虚静恬漠，物之本也。""夫明白於天地之德者，此之謂大本大業，與天和者也，所以均調天下，與人和者也。"故有天和焉。天和者謂之天樂；有人和焉，人和謂之人樂。

《在宥》云：

> 廣成子曰：我守其一，以處其和，故或修身十二百歲矣。

叔夜言“守之以一，養之以和”，語亦本此；老氏曰“冲氣以爲和”，文子云“養以和”，其意悉同。

莊子所謂“以恬養知”者，《説文》：“恬，安也。”莊書之言“恬”者，《胠篋》云：

> 甚以夫好“知”之亂天下也，自三代以下者是已。……釋夫恬淡無爲，而悦夫啍啍之意，啍啍已亂天下矣。

“恬”與“淡”聯言，亦分言曰“淡”與“漠”。《應帝王》云：

> 無名之人曰：游心於淡，合氣於漠。

亦合言曰“淡漠”。《繕性》云：

> 古之人在混芒之中，與一世而得澹漠焉。……人雖有知，無所用之，此之謂“至一”。

此至一之説，惟去“知”而後可以達到。惟以恬養知，此得恬而安適之知，乃得道之知，游心於德之和之“知”，再以此得道之知與恬相養，則和與理皆出其性，此莊生《繕性》之性乃一恬淡合於天德之性。《刻意》篇描寫此一境界云：

> 夫恬淡寂漠，此天地之平而道德之質也。……平易則恬淡矣，平易恬淡則憂患不能入，邪氣不能襲，故其德全而神不虧。……去知與故，循天之理，故無天災無物累。……虚無恬淡，乃合天德。

《内經》却病可源於人心恬淡之說，即莊子學說之發揮，不待細論。[1]

《刻意》稱“不道引而壽”，譏吹呴呼吸乃彭祖壽考者之所好，其實真正能與天地合德者，不必慕乎壽考，不必循彭祖之所好，不緣乎道引，自可臻於壽域，“澹然無極而衆美從之”。莊子不主張導引，由此可見。養生之最高理想在“和”一字，導引只是手段，非其目的。叔夜引申莊學，在今日仍有高度意義，其說仍值得我人之仔細玩味。

上舉諸佚書之發現，令古代方術中采日月精英，還精補腦及《内經》《靈樞》之天道與人體相關諸說，取得確實根據和充分了解，知其思想之形成，遠在戰國時期已極度流行，對易、老、莊三玄中重要語句，提供合理與進一步的解釋。證明嵇康《養生論》言之綽有理據，對於現代人仍有極大裨益。

第五屆中國飲食文化學術研討會專題演講，香港，1997 年 11 月

[1] 參王卜雄、周世榮:《中國氣功養生學》第一分卷，長沙，湖南科學技術出版社。

殷代《易》卦及有關占卜諸問題

一、考古新資料證明殷代確有契數的卦象

自周原發見契數卜甲，引起許多討論。[1]張政烺先生最先指出，這些數字應與《易》卦有關，已爲一般所承認。由於所見遺物，其構成的數字，不是六個數字，便是三個數字，没有例外，這和三爻成卦與重卦爲六爻的情况完全符合，故可信這些數字必是《易》卦卦名。周原甲骨出於岐山鳳雛村西周初的宗廟房基，現所知有契數的龜甲共九片，這些可能是商之季世至西周初期的遺物。

至於四盤磨的卜骨，殷墟遺址所出的陶器，及山東宋家橋陶罐上面的契數，都宜屬於殷代末期。這類契數符號，張政烺起先搜集得

---

[1] 關於契數討論文章，揭之如下：

(一) 張政烺：《試釋周初青銅器文中的易卦》，載《考古學報》，1980 (4)。英譯本見 *Early China* 六，80~96 頁。

(二) 徐錫台：《西周卦畫探原》，見《中國考古學會第一屆年會論文集》，1979。

(三) 張亞初、劉雨：《從商周八卦數字符號談筮法的幾個問題》，載《考古》，1981 (2)，155~163 頁。

(四) 李學勤：《西周甲骨的幾點研究》，載《文物》，1981 (9)，7~12 頁。

(五) 丁驌：《説周原契數》，見《中國文字》，第 5 册，台北。

(六) 管燮初：《商周甲骨和青銅器上的卦爻辨識》，古文字第三届年會論文。

(七) 徐中舒：《數占法與周易的八卦》，古文字第三届年會論文。

(八) 陳全方：《周原新出卜甲研究》，古文字第三届年會論文。

(九) 饒宗頤：《上代之數字圖案及卦象以數字奇偶表示陰陽之習慣》，見《選堂集林・史林》，78~82 頁，香港，1982 年 1 月。我於 1980 年 5 月在京都東方學會演講“殷代《易》卦問題”，同年 7 月在北海道大學中國哲學會亦被邀講述同樣題目，只有講稿，未嘗印行。丁驌文引及拙稿，順便在此説明。

三十二事，張亞初、劉雨繼之，增至三十六事，燦然大備。張、劉新製之八卦符號登記表，修正此類契數限於西周的說法，重新區別資料，分屬商、周兩個時代，大抵可信。由於這些新材料，我們可以得到下列幾點重要的結論：

（一）筮法爲商人所固有，《世本》"巫咸作筮"之説并非無稽。

（二）有的契數下面帶有"曰"字，見於四盤磨及周原卜甲共三處，可確定"曰"字上面的契數應是卦名。

（三）可以證實重卦非始於文王，殷時六十四卦卦名已經存在。

茲將該表中見到之陶器、卜甲、彝器上可確定爲屬於商季之契數資料，列出於下，分爲二類：

(1) 三爻

 上甲六六六坤　　《殷墟文字外編》四四八甲

 父戊六六六坤　　《録遺》二五二

(2) 六爻

 一八八六二損　　山東平陰縣朱家橋陶罐

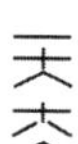 一七六七八六漸　　《鄴中片羽》二上四七

 五七六八七一中孚　　陶範（同上）

 七八六六七七損　　殷墟陶毀，載《考古》，1961（2），63 頁

 六六七六七一歸妹　　同上

 六六七六一八解　　同上

饒宗頤 著

選堂集林

史學卷

下册

山東畫報出版社

『十二五』國家重點圖書出版規劃項目

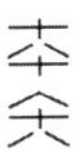
曰隗 七八七六七六未濟　　安陽四盤磨，載《中國考古學報》第五册

八六六五八七明夷　　同上

曰畏　七五七六六六否　　同上

上表無“九”的數字，以一、五、六、七、八最爲常見，而“六”數則幾乎每一卦卦爻皆用之，□爲三個陰爻之數，即是坤卦。舊説殷《易》首坤，未爲無因。在龜甲及彝器上先公名號兼記着坤卦卦名，用意尚未明。

筮必用蓍。唐李江《元包》注謂“殷用二十蓍”，其説不知何據。三代卜與筮并用，《禮記·曲禮》：“龜筴敝則埋之。”《史記·龜策傳》：“夏、殷欲卜者，乃取蓍龜，已則棄去之。”龜與策同埋，古有此制。而蓍草易朽，早與糞土同盡，故無遺物可徵。考卜辭有□字，當釋菥。《易·乾鑿度》云：“析菥以策，運蓍以數，王天下者也。”“聖人設卦以用蓍。”鄭玄注：“蓍者，菥，靈草，蕭蒿之類也。”《易·乾鑿度》又引《萬形經》云：“蓍生地於殷。”又引《軒轅本經》云：“紫蓍之下，五龍十朋伏隱，天生靈菥，聖人采之，而用四十九，運天地之數，萬源之由也。”菥字不見於《説文》而見於《易緯》，菥爲蓍之異形。卜辭□字唐蘭釋折，字凡四見，二爲地名；辭云“在□”（《京都》三一三一，《京津》一五六五）。在□即在菥，菥即蓍。《尚書大傳》：“文王出則克耆。”《周本紀》“明年敗耆國”，《正義》謂即“黎國”，當即其地。□如即耆國，則菥正爲蓍字。巫咸作筮，故甲文之菥字，非蓍莫屬。晉以來傳本，《歸藏》中有《本蓍》篇，其殘文云：“蓍二千歲而三百莖，其本以老故知吉凶。”卜辭中有↑?字（加拿大多倫多安大略博物館藏），從倒ψ從斤，金文祈字從斤，字亦作斳聲，可爲ψ?字釋菥即蓍之佐證。以上只是聯系甲骨文對《易緯》斳字作些訓釋，限於材料，聊備一説而已。

二、殷《歸藏》六十四卦與馬王堆本《易經》卦名比較

《儀禮》及《春秋》記載周人筮卦時，夏、商、周三《易》往往同時兼用。《周禮》稱太卜掌“三《易》之法，一曰《連山》，二曰《歸藏》，三曰《周易》，其經卦皆八，其别皆六十有四。”殷《易》之有六十四卦，從上節所引用陶器甲骨上的資料已出現未濟、明夷、否……卦名，可以充分證明。

漢時《連山》《歸藏》之書尚存，桓譚《新論》云：“《連山》八萬言，《歸藏》四千三百言。”又云：“《連山》藏於蘭台，《歸藏》藏於太卜。”[1]《禮記·禮運》孔子曰：“吾得坤乾焉。”鄭玄注：“得殷陰陽之書也，其書存者有《歸藏》。”梁元帝《金樓子·立言》篇引杜子春説：“今《歸藏》先坤後乾，則知是殷明矣。”據《隋書》，晋《中經》亦有《歸藏》。漢、晋時人所見的《歸藏》，歐陽修以爲不是古經，今不欲深論。但晋干寶，宋羅泌、羅蘋（羅泌子）、李過，清黄宗炎輩，都記述《歸藏》的卦名，朱彝尊《經義考》、馬國翰等輯佚書復轉載之。《歸藏》六十四卦名，大部分和周《易》很有出入，向來没有人敢相信。可是從馬王堆三號墓出土的漢初周《易》寫本，卦名與今本亦大不相同，比勘之下，有的反和《歸藏》卦名接近，令

[1] 《隋志》著録有《歸藏》十三卷，晋太尉參軍薛貞注。《日本見在書目》有此書四卷。宋時此書猶存，見《崇文總目》，書凡三卷，存《初經》、《齊母》、《本著》三篇，文多缺亂。薛貞注《歸藏·啓筮》，《玉燭寶典》引用之，見新美寬所輯佚書。劉歆與楊雄從取《方言》書云：“三代之書，藴藏於家。今有一周《易》而無《連山》、《歸藏》。”是劉向家無此二書。

人覺得後人傳述的《歸藏》各卦，必有它的來歷，并非完全没有根據。尚秉和在他的《周易尚氏學》中，對於《歸藏》卦名有一些解釋，甚有見地，可惜他無機會看到馬王堆本。馬王堆本《易經》現尚未正式公佈。兹據羅福頤《傻翁一得録》所記卦名和《歸藏》及周《易》比較其異名如下（見下頁）：

《路史·發揮》"論三《易》"云："初舆、初乾、初離、初犖（坎）、初兑、初艮、初釐（震）、初奭（巽），此《歸藏》之《易》也。"《經義考》三引此出干寶説。（《四部備要》本間有誤，如臾作奭是。）

坤作舆，按字見啓筮，《汗簡》及《碧落碑》坤并作𡿨，同此。

坎作犖，李過云："犖，勞也。以萬物勞於坎也。"《路史》作犖，字從北牢聲。

震作釐，按馬王堆本震作辰，説詳下。

宋李過《西溪易説》引《歸藏》（馬國翰輯本）有諸卦名，與周《易》名稱多異，今以馬王堆本周《易》校之，有少數相符，列舉如下：

臨　馬王堆本作林，《歸藏》作林禍。

咸　《歸藏》同馬王堆本俱作欽。尚秉和云："咸，感也，《歸藏》曰欽。《秦風》憂心欽欽，《傳》心中欽欽然。欽有感義。"

震　馬王堆本作辰，《歸藏》作釐，李過訓釐爲理。余謂辰宜讀爲脤，受釐即受脤。賈誼"受釐於宣室"，如淳云："釐，福也。"卜辭成語有"叙犮"。

故知宋人所傳《歸藏》卦名實有根據。羅蘋《路史》注："《歸藏·初經》卦皆六位，其卦有明夷、熒惑、耆老、大明之類。昔啓筮明夷；鯀治水，枚占大明；桀筮熒惑，武王伐商，枚占耆老是也。"熒惑即賁卦，馬王堆本作蘩；耆老應是大壯；大明，尚氏謂是中孚。《歸藏》卦名大體與周《易》同，只有少數差别，足見殷人"陰陽之

《周易》	乾	坤	屯	蒙	需	訟	師	比	小畜	履	泰	否	同人	大有	謙	豫	隨	蠱	臨	觀
馬王堆本	鍵	巛	屯	（蒙）	襦	訟	（師）	比	少蓺	禮	□	婦	同人	大有	兼	餘	隋	箇	林	觀
古《歸藏》	乾	臾	屯	蒙	溽	訟	師	比	小毒畜	履					兼	分	馬徒	蜀	林禍	觀
附説	馬王堆本借鍵爲健。																	《左傳·宣公八年》蠱疾，俞樾云蠱讀爲痼。《月令》十二月行春令則多固疾。字亦作錮。《説文》：痼，久病也。皆箇、固可借爲蠱之證。		

《周易》	噬嗑	賁（傅氏作斑）	剥	復	无妄	大妄	頤	大過	坎	離	咸	恒	遯	大壯	晋
馬王堆本	筮□	蘩	剥	復	无孟	泰蓄	頤	泰過	習贛	羅	欽	恒	掾	泰壯	溍
古《歸藏》		熒惑	僕	復	毋亡	大毒蓄	頤	大過	犖	離	欽	恒	邃	耆老	晋
附説		馬王堆本借蘩爲賁，如此“繁”又可作“絣”與“變”。宋本《御覽》引《歸藏》“桀筮熒惑”，説者謂即賁。								干寶引《歸藏》有初犖。顧炎武答李子德書言古讀離爲羅，引《小過》上六離與過爲韻證之。				武王代商，枚占耆老，見羅蘋《路史》注。按泰壯者，《老子》云“物壯則老”，故知耆老即大壯。	

《周易》	明夷	家人	睽	蹇	解	損	益	夬	姤	萃	升	困
馬王堆本	明夷	家人	乖	蹇	解	損	益	夬	〔狗〕	卒	登	困
古《歸藏》	明𡰥	散家人	瞿	蹇	荔	員	誠	規	夜		稱	困
附說					《干禄字書》離支俗作荔支，離即分離，與解義同。(《周易尚氏學》)		黄宗炎云："誠，和也。"		尚氏云："古娶必以夜，故曰昏。姤陰遇陽，即女遇男，亦婚姤也，是夜與姤義同。"狗則姤之借音字。			

《周易》	井	革	鼎	震	艮	漸	歸妹	豐	旅	巽	兌	渙	節	中孚	小過	既濟	未濟
馬王堆本	井	〔勒〕	〔鼎〕	辰	根	漸	歸妹	豐	旅	〔爽〕	奪	渙	節	中復	少過	既濟	未濟
古《歸藏》	井	革	鼎	釐	狠	漸	歸妹	豐	旅	巽	兌	奐	節	大明	小過	岑霽	未濟
附說					鄭云："艮之言狠也。"狠即很，《説文》："很，不敢從也。"馬王堆本作根，皆從艮聲。			夏竦《古文四聲韻》引古《周易》作豐。		《路史·發揮》"論三易"引初爽，注云爽即巽字，按當是算之形訛。馬王堆本借敚爲兌。故作奪。				傳説鯀治水，枚占大明。			

書”之坤乾，基本上已用六十四卦，周人損益之，改首坤爲首乾。《路史·發揮》云：“按《歸藏》之文有乾爲天爲君爲父爲大赤爲辟爲卿爲馬爲禾爲血卦之類，則知與今《易》通矣。”似羅泌曾見之，附記於此。

三、辛店期陶器之契數迹象

數字符號亦見辛店期陶器，如：甘肅永靖蓮花台瓦渣咀（載《考古》，1980（4），101頁，圖14）。

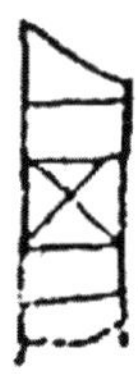

又如：甘肅東鄉崖頭陶器耳部（載《文物》，1981（4），17頁，圖5）。

據報告稱爲⧖形紋。按辛店期年代雖稍晚，其符號必有含義，如ꭗ很似“文”字，與金文“文”之作㐅（楚王酓章戈）相近。

洮河石器時代陶器上記數之例甚繁，有的很像宋人所謂的商卦象：☳蓋，䷚器（《嘯堂集古録》）。張、劉文中舉出山西翼城城關公社和陝西涇陽縣博物館采集的屬於商末周初的銅甗二器上面俱有下

列圖形：|¦|¦|（載《文物》，1963（3），45頁；又1963（4），51頁）。東周璽印又有☷形。這一類似乎和三《易》的卦象不很符合，應該另行處理，因爲基本結構只可以看出是數字的排列。它的來歷，還可追溯至新石器時代的彩陶。

有人把它看成《太玄》的卦畫，似乎言之過早。後世擬《易》有《太玄》、《潛虚》等等。其在秦以前，還有燕國五位的《易》，《七國考》十四《燕瑣徵》引應劭云："燕昭王作五位之卦，是曰燕《易》。"又引王應麟曰："燕三九之數書。"可見夏、殷、周三《易》以外，還有一套五位成卦的燕國的《易》。因此，推想昔人根據《易》數的原理，各自立卦，有許多花樣。殷以前的情况，如果有人能够搜集彩陶上記數之資料，也許可以整理出一點頭緒來。

四、論用九及古《易》異本之多

1979年9月，岐山南麓扶風縣齊家村出有牛肩胛巨骨，上有五組刻數符號，圖片刊於《文物》1981年第9期5頁，據稱是采集所得，爲周原地區九片有契數甲骨中最值得研究之一塊，重摹如下：

牛肩胛骨背面兩側有數卦四組：六九八、一八六、☵坎+☶艮=蹇；九一一、一六五、☰乾+☲離=同人；一八六、一五五、☶艮+☱兑=損；六八一、一一一、☳震+☰乾=大壯。正面自外向内刻數卦一組：一六一、六六八、☲離+☷坤=晋。這一片的卦象，可以看出是從蹇、損變爲同人、大壯，正是由凶而吉的卦象。這片所見數字祇用一、五、六、八、九，卦象上九字凡兩見，陽數爲一、五、九，陰數爲六、八，全不用七。周人用九，這一片正是西周卦象的極重要資料。

古《易》不祇一種，汲冢所出寫本已是如此。

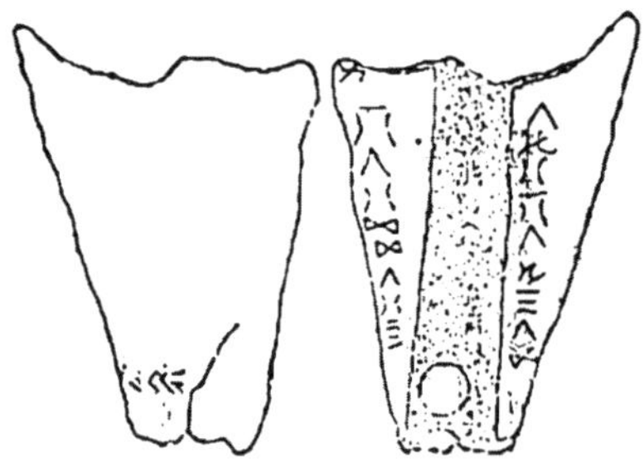

（一）《易繇陰陽卦》二篇

《晉書·束皙傳》："汲郡人不准盗發魏襄王墓，或言安厘王冢，得竹書數十車……其《易經》二篇，與周《易》上下經同。《易繇陰陽卦》二篇，與周《易》略同，繇辭則異。"

（二）《師春》書《易》象變卦

汲冢所出竹書有曰《師春》者，杜預曾見之。《春秋經傳集解後序》云："別有一卷純集疏《左氏傳》卜筮事，上下次第及其文義皆與《左傳》同，名曰《師春》。《師春》似是鈔集者人名也。"然據黄伯思《東觀餘論》上云："今觀中秘所藏《師春》，乃與杜説全異。預云純集卜筮事，而此乃記諸國世次，及十二公歲星所在，并律吕、謚法等，末乃書《易》象變卦，又非專載卜筮事。"是其書又兼載《易》之變卦。據唐劉貺云："別有《春秋》一卷，全録《左氏傳》卜筮，無一字之異。"（陸淳《春秋啖趙集傳纂例》引）足見《春秋》占筮事項，昔人曾輯録成爲專篇，唯宋人所傳之本後面又列變卦，惜其書不存。

從上舉兩種本子，可以得到一些認識：

（一）古《易》繇辭每有不同，今觀《左傳》徵引之繇辭，及《歸藏·啓筮》篇中之繇辭作四言者，皆不見於他書。雷學淇云：“三兆之頌，漢時亦存，故有‘大横庚庚’之兆。”（《介庵經說補》）

（二）馬王堆本《系辭》無“大衍之數五十”一段，又《系辭》下篇包括今本《說卦》之前三章，另有其他。（據周世榮《馬王堆出土帛書竹簡》）與汲冢本《下經》一篇似《說卦》而異，情形甚相近。

（三）《易》象變卦雖不可睹，但今所見若長安張家坡西周遺址所見契數卦象（載《文物》，1956（3））：

 即六八一　一六一＝豐卦

 即五一一　六八一＝无妄卦

此骨正面卜兆圓鑽作○○○形，最可注意是卦象上有□號，必是表示兩卦相關之處，正好說明所謂變卦之一例。

五、天星觀楚簡以—、へ表陽爻與陰爻

卦爻一般有--（陰）、—（陽）兩畫，宋人金石書著録之卦象卣，以--、—表陰陽，馬王堆三號墓出土帛書《易經》中各卦亦同。唯江陵天星觀出土楚簡則以へ表陰爻，兹舉二例如下：

（一）盤禽習之吕長葦，，盤禽占之。長吉宜室，无咎无挩（挩＝奪）。

（二）鄱遠吕㾜䜣爲君貞（貞）：既皆（平）雁（膺）疾，吕心瘁（悸），尚毋吕亓（亓？＝其）古（故），又（有）大咎。占之吉，宵中，又瘦（瘥），宵迄，分，又（有）列（閑＝間），壬午，

瘥、。

此二簡文字，皆爲卜疾病之事，嘗見曬藍影本，不揣固陋，試爲通讀。其言某某爲君貞，如鄦遏者即其時楚之貞人。文云“以長葦”，“以㫊䇘”，葦即茅葦。《離騷》：“索藑茅以筳篿兮，命靈氛爲余占之。”胡文瑛《屈騷指掌》：“楚中或折草、折竹、折木枝、折炷香，信手佈卦以占吉凶。檀默齋云：藑茅折草以卜，俗云搯茅卦是也。”㫊字未詳。䇘，《廣韻》引《正名》云“小豆”（二十七合）。此蓋用葦草或小豆來占卦。習之者，重卜曰習，已屢見於殷文字。《書·金滕》：“乃卜三龜，一習吉。”无祱即无挩。馬王堆《易經》寫本兑卦字作奪，與今本作兑者異。

第一簡所得之卦：+=噬嗑，+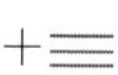=夬。

由噬嗑之夬，其一爻與四爻不變，其餘皆變，此類卦在《左傳》上稱之爲遇，此即遇噬嗑之夬，其占卜結果即取所得之卦象。夬之彖辭曰：“夬，决也，剛决柔也。健而説，决而和。”貞人盤畬所占爲吉，故云：“長吉宜室。”

另一簡之卦：+=姤，+=解。

此爲遇姤之解。解之彖辭曰：“雷雨作而百果草木皆甲坼，解之時大矣哉。”亦是吉卦，故其心悸之疾，至壬午而瘥。瘥讀爲差。《廣韻》十五卦：“差，病除也。楚懈切。”又作瘥，注云“同上”。（《爾雅》：“瘥，病也。”《廣韻》在九麻，此則一字具有相反之義。）

有間者，《方言》三：“差、間，愈也。南楚病癒者謂之間。”是差與間都爲南楚語，均見於楚簡。胥中者，胥爲月名。天星觀簡有云“屈栾之月”，秦簡《日書》作“屈夕”，栾爲楚之二月。胥即禁月，言二月中，病有差。

上二簡皆書所占得之卦名，其陰爻均作𠆢，乃因襲殷人習慣。

六、夏、殷占彖及“八”之取義

《易緯·坤鑿度》在談“以往六來八、往九來七爲世軌”之後，說：“七變而爲九，九者，氣變之究也，乃復變而爲一。”復云：“陽動而進，陰動而退，故陽以七，陰以八爲彖。《易》一陰一陽合而爲十五之謂道。陽變七之九，陰變八之六，亦合於十五，則彖變之數若之一也。”鄭玄注云：“陽動而進，變七之九，象其氣息也；陰動而退，變八之六，象其氣之消也。彖者，爻之不變動者。五象天數，奇也；十象地之數，偶也；合天地之數乃謂之道。陽動而進，變七之九，象其氣應也；陰動而退，變八之六，象其氣消也。九、六，爻之變動者。《系》曰：‘爻，效天下之動也。’然則《連山》《歸藏》占彖，本其質性也；周《易》占變者，效其流動也。彖者，斷也。”此據《永樂大典》度字號（卷一四七〇八）。鄭說十分清楚，他指出夏、殷之《易》占彖，周《易》占變，彖是爻之不變動者。陽數進而陰數退，故七進而爲九，八退而爲六，這是表示氣的長和消，占彖、占變之分，正是夏、殷《易》與周《易》占法上的區別。蕭吉《五行大義》云：“七、八者静爻，夏、殷尚質，以静爻占之。九、六者動爻，周備質、文，故兼用動爻。”賈公彦《周禮疏》：“夏、殷以不變爲占，周《易》以變爲占。”皆繼承此說（孔穎達《周易正義》亦同）。卦用九、六者占爻，故周《易》以陽爻爲九，陰爻爲六。殷以來之記卦名，乃以數字之奇偶表示陰陽，而甚少用“九”這一數字，僅於扶風齊家村一見之，這當然是周人對殷俗的損益，改首坤爲首乾，九爲陽數之極，故强調用九來表陽。自是以後，在周《易》中還有所謂用

九、用六，後人引申之有老陽、老陰之説。

《坤鑿度》言：“陽以七、陰以八爲彖。”故七、八占彖。經傳不見言“七”之例，唯《左傳》《國語》言占卦之八，只得三事：

（一）穆姜薨於東宫，始往而筮之，遇艮　之八。史曰：“是謂艮之隨。隨，其出也，君必速出。”姜曰：“亡！是於周《易》曰：‘隨，元亨利貞，无咎。’……今我婦人而與於亂。……有四德者隨而無咎，我皆無之，豈隨也哉？……必死於此，弗得出矣。”（《左傳·襄公九年》）

此指筮艮卦，只第二爻不變，餘五爻皆變，故成爲隨卦。《左傳》言“八”者僅此一見。杜注謂此是“用《連山易》或《歸藏易》”，毛奇齡《春秋占筮書》謂此“乃商《易》揲策，以八爲少陰不變，故指此不變之爻爲八，是艮之八，實艮之第二爻耳”。卦爻從下起算，之卦合 A、B 二卦對應[1]，B 卦之初爻爲七，第二爻則爲八也。

（二）（晋）公子（重耳）親筮之曰“尚有晋國”。得貞屯，悔豫，皆八也。筮史占之，皆曰不吉。閉而不通，爻無爲也。司空季子曰：“吉。是在周《易》，皆利建侯。……得國之務也，吉孰大焉。……故曰屯，其繇曰：元亨利貞，勿用有攸往，利建侯。……故曰豫。其繇曰：利建侯行師。”（《國語·晋語四》）

韋昭注：“内（卦）曰貞，外曰悔。震下坎上屯，坤下震上豫，得此兩卦，震在屯爲貞，在豫爲悔。八，謂震兩陰爻，在貞在悔皆不動，故曰皆八，謂爻無爲也。”按屯卦象䷂，坎上震下，内卦貞爲震，豫卦象䷏，震上坤下，其外卦之悔亦爲震。在周《易》的卦辭上，屯與豫皆有“利建侯”之語，故吉。所謂“八”，指震兩陰爻

[1] “之卦”所以名“之”者，《系辭》云：爻也者，各指其所之。之，往也，由此往彼也。虞翻專論“之正”，謂“之而得其正”。唯占家言卦變亦曰“之”，則不以一爻爲限。時人有説“之”爲虚字者，殊非古義。關於“之卦”，參故友王震著《易象數杭説訂》。

在貞、在悔皆不動者，謂第二爻無論在屯與在豫兩卦中都是⚋（陰爻），没有改變爲陽爻，故用卦辭爲斷。

（三）董因迎公於河，公問焉。曰："吾其濟乎？"對曰："……臣筮之，得泰（䷊）之八。曰是謂：'天地配亨，小往大來。'今及之矣，何不濟之有。"（同上）

韋昭注："乾下坤上，泰。遇泰無動爻無爲侯，泰三至五震爲侯。"韋氏云"泰三至五震"，此以"互卦"説之，未必符合原來恉意。今持與穆姜所占比較，彼曰"遇艮之八"，故以"之卦"説之變爲隨卦，只是第二爻不動，所謂"遇"也。此則云"得泰之八"，但以泰卦辭説之，所謂"得"也。故知"遇"與"得"取義不同。得者，取本卦，遇則可變而之他卦。

上三例用"八"占，但其解釋卦義，仍以周《易》説之。可見殷《易》不若周《易》之有卦爻辭，易於理解與運用。卜楚丘亦以周《易》解釋，是春秋人雖卜用三《易》，但解釋卦義則多用周《易》。

從上舉三例可得到一通則：凡占卦之"八"都以卦辭解釋，而不用爻辭。可見夏、殷《易》只論卦不論爻，但筮者解釋卦義必借重周《易》，用其卦辭來找尋解釋。司空季子舉屯及豫之繇辭，董因舉"天地配亨"，"小往大來"，即出泰卦辭"小往大來，吉亨"。及彖辭"泰，小往大來，吉亨"，則是"天地交而萬物通也"。可見有時櫽栝彖辭説之。由上可見，占卦之八者，雖用夏、殷不變以斷卦，但仍用周《易》之繇辭以解釋之。

其所以用"八"而不用"七"者，清惠棟《易例》下云："蓍圓而神，七也（七七四十九）；卦方以知，八也（八八六十四），六爻易以貢，九六也。……至其用以筮而遇卦之不變者，則不曰七而曰八。蓋蓍圓而神，神以知來；卦方以知，知以藏往。知來爲卦之未成者，藏往爲卦之已成者，故不曰七而曰八。《左傳·襄公九年》穆姜始往東宮而筮之，遇艮之八。《晋語》重耳歸國，董因筮之，得泰之八。八者卦之數，故《春秋》内外兩傳從無遇某卦之七者。以七者筮之數卦之未成者也（原注：揲蓍之時，七八九六皆卦之未成者，既成之後，則七八爲彖，九六爲變，及舉卦名，則止稱八不稱七，此古法也）。”惠氏之説很有參考價值。彼認爲“七”是蓍數，故其用四十有九，法長陽七七之數；“八”是卦數，因六十四卦，法長陰八八之數。考崔憬等早有此説，詳李鼎祚《周易集解》卷十四。如上説“八”字簡直是“卦”的代詞。清《周易折中》、馬其昶《周易費氏學》皆以“八”指卦體，即采是説。

貞、悔二名見於《尚書·洪範》，稱爲衍、忒，鄭玄注：“衍、忒記貞、悔也。”《左傳·僖公九年》記卜徒父筮之，其卦遇蠱䷑。曰：蠱之貞，風也；其悔，山也。一卦之構成，上下有别，内爲貞，而外爲悔。貞與悔二字均見於殷代契文。《唐六典》云：“凡内卦爲貞，朝占用之；外卦爲悔，暮占用之。”則似讀悔爲晦。

唐劉禹錫著《辯易九六論》一篇，采僧一行門徒畢中和之説，以揲蓍之法解之云：“九與六爲老，老爲變爻；七與八爲少，少爲定位。”又指出：“卦由老數而舉曰六：筮由蓍數，故斥曰八。”（《劉夢得文集》十三）

清成瓘著《古筮法占七八考》，謂：“遇卦之八，古無的解，惟《左傳疏》於‘艮之八’言艮卦第二爻不變是八，此語得之。”（《篛園日札》卷一）其他如雷學淇《介庵經説補》“夏、商二《易》卦爻占法説”則謂三《易》皆占變占不變，似不可據。黄式三《易釋》有《釋八》篇，謂“二陰爻不變”爲八，與成氏説同。

七、龜象、筮數與鬼神

龜甲上記若干卜，自第一卜至第五卜而止，通例大抵如此。何以龜卜以“五”爲極限，這是有它的道理的。

現在知道殷人確已使用筮，而且用數字記六十四卦卦名，這説明殷代的貞卜正是卜與筮二者兼行，可證《洪範》之説。《左傳·僖公五年》記晋獻公筮嫁伯姬於秦，遇歸妹之睽，史蘇占之。及惠公在秦，曰:“先君若從史蘇之占，吾不及此夫。”韓簡侍，曰:“龜，象也；筮，數也。物生而後有象，象而後有滋，滋而後有數。先君之敗德，及可數乎？史蘇是占，勿從何益！”

劉文淇《左傳疏證》:“《周禮·天府》‘以貞來歲之媺惡’下賈公彦疏云:‘《易·系辭》云精氣爲物，游魂爲變，注云:精氣謂七、八，游魂謂九、六。則筮之神，自有七、八、九、六成數之鬼神。《春秋左氏傳》云:龜象、筮數，則龜自有一、二、三、四、五生數之鬼神。’《禮》疏所引《易》注，不言出自何家。如彼疏説，則韓簡謂龜、筮皆有數，象即生數，筮即成數也。”（327頁）劉氏非湛於易學，故未知賈氏所引之注何所自來。

孫詒讓於《周禮正義》卷三十八引賈疏及此注而加以駁斥云:“案《易·系辭》蓍龜神物。《士冠禮》注云:‘筮不以廟堂者，嫌蓍之靈由廟神。’若然，蓍龜亦自有神，而云‘出卦兆者’，但所禮者，禮生成之鬼神；神之尊者，無妨蓍龜亦自有神也。（以上疏）案賈疏非也，《士冠禮》注意亦謂卜筮所問，别自有神，非由廟神，與此注義不異也。七、八、九、六等乃筮之數，不得爲神。此注云問於鬼神，亦非指七、八、九、六等而言，賈未達其恉。”孫氏提及此注，而批評賈疏，實在未够深入。余案此《易》注乃鄭玄之説也。李鼎祚《周易集解》卷十三:“是故知鬼神之情狀，與天地相似，故不違。”句下引鄭玄云:“精氣，謂七、八也。七、八，木、火之數也;九、六，金、水之數也。木、火用事而物生，故曰‘精氣爲物’;金、水用事而物變，故曰‘游魂爲變’。精氣爲之神，游魂爲之鬼，木、火生物，金、水終物，二物變化其情，與天地相似，故無所差違之也。”(《禮記·樂記》正義引之)《月令》正義引云:“精氣謂七、八，游魂謂九、六，則是七、八生物，九、六終物也。”(參王應麟輯《周易鄭注》卷七。余前嘗誤認出於《易緯·是類謀》，附正。)

依據此注，鄭玄乃參用五行來解釋七、八、九、六，把它分成二組，表之如下:

> 七、八——精氣，爲物，是神，所以生物，於五行屬木、火。
> 九、六——游魂，爲變，是鬼，所以終物，於五行屬金、水。

他并没有涉及生數，只概括地説成(筮)數而已，而分别精氣是神，游魂是鬼，神以生物而鬼以終物，即《系辭》所謂“原始、要終”。二者的運行、作用各異，一是物之生而一是物之變。物生是神，物變是鬼，和《系辭》所謂“變化而行鬼神”義正相應。賈疏用鄭氏注此説，進一步引《左傳》韓簡語來分説生數和成數，且指出生數和成數一樣都有它的鬼和神的不同作用，龜數是代表生數的鬼(終)和神(生)，筮數則是代表成數的鬼(終)和神(生)。换句話説，鬼、神即是終與始，是歸宿和生長。龜數象精氣，如物所由構成;筮數象游魂，如物所以變異。生數有它的終、始(鬼、神)，成數亦然。孫詒讓不知來歷，鄭氏明言“精氣謂七、八也，游魂謂九、六也”，精氣便是神，游魂即是鬼，何得云“七、八、九、六等乃筮之數，不得爲神”耶?

至以老、少、陰、陽分屬六(老陰)、九(老陽)、八(少陰)、七(少陽)，備見於崔憬的《周易新義》、孔穎達的《易·乾卦》正義、賈公彦的《周禮・太卜》疏。孔説多采自陳張機（即孔書所稱張氏），張説則源於鄭玄，不可不知。

卜與筮本來分爲二事，古代中國的數學理論，把龜屬於生數，筮屬之成數，春秋時人的説法非常清楚。生和成是代表事物發展的二個階段，生數到五爲止，一切數從之而生，故稱生數，七、八、九、六從生數發展而來，故稱爲成數。從甲骨了解到，龜卜一般止於五卜，可看出殷人已有“龜屬生數”的觀念。殷代分明有卜，又有筮，則成數的意思未必無之，觀契數爲卦通常以“六”數表陰爻，可以見之。由此看來，韓簡之説，正有他的根據。

《系辭傳》“精氣爲物”二句，極不可解。王弼《易注》以聚、散之理説之，當然講得通。孔穎達疏因襲王説，未采鄭説。本來《易》學有鄭、王二系，六朝以後，鄭學浸微，只流行於北方。唐人正義用王注，鄭義遂無人過問。現在以七、八來解説精氣，九、六來解説游魂，粗看之必大加詫怪，其實有很深邃的含義，我們不能用現代人之思想去理解古人，舊疏時時尚保存古義。談古代禮制，孫詒讓《周禮正義》自是一大寶藏，但對舊説不能理解者往往加以摒棄，上面所舉即其一例。所以我們不能不兼讀舊疏，其理由正在於此。

後記

本篇爲1982年9月在夏威夷舉行之國際殷文化討論會提出之論文，張政烺先生加以補充，又舉出上海馬家浜等處陶文亦見數字卦號。截至目前，所知已近百。鄭振香女士報告：在安陽苗圃附近出土康、武、文期石板，其上與側面刻着六個相同之符號：𠆢+𠆢。按此爲六六七、六六八，當即雷地之豫䷏卦。又楊錫璋先生見示在安陽采集得一龜甲，四足部各鍥數字卦號，計共四卦。而所用數字衹爲六、七、八、九，不用一至五之數，其一卦下面并記“貞吉”一語。這些資料尚待正式公佈。如是殷人分明用筮，且偶以《易》卦記於龜板之上，確是事實。由上述二事，略可推想殷人已能分别生數與成數，六、七、八、九均用之以寫卦。以前罕見之九數，非始於周人，殷已有之。

近承雷焕章神父函示：巴黎Guimet博物館藏甲，有一片背面摹本（如右圖）。此即拙著《巴黎所見甲骨録》之第二四片，往年漏收，謹爲補記，以志吾過。此板在弋字下鍥刻卦數六二六，當是坤卦。卜辭中此類資料，向皆忽視，故特著之。

辛店期彩陶鬲有𠆢的符號（見《中國陶瓷史》，89頁），分明是坤卦。又樂都柳灣出土馬廠期陶罐，上有二處∧的符號（見《青海彩陶》，115頁）。從此類疊用∧（六）數之例，和後來天星觀楚簡以∧爲陰爻，正可推求其蛛絲馬迹之關係。

本篇初稿，引用馬王堆本《易》卦卦名，承裘錫圭先生細閱一過，有所校正，謹此志謝。

原載《文史》第二十輯，北京，中華書局，1983年

略談甲骨文與龜卜

甲骨文是刻在烏龜甲殼和牛肩胛骨上的古文字，因此稱爲“甲骨文”，自清末發現甲骨文到現在，恰好是九十年了。起初刻有文字的龜甲和牛骨被農民從土裏翻出時，并没有人認識它的價值，因此胡亂稱爲“龍骨”，當作藥材出賣，每斤只值制錢六文。後來古董商發現這些“龍骨”上面鍥刻有文字，拿到北京出售，這才引起金石家的注意。

當時王懿榮對此大感興趣，出高價收購，頓時使之身價百倍。由1899年至1900年僅一年之間他就收集了一千五百多片甲骨。不久八國聯軍進入北京，當時被委爲“團練大臣”的王懿榮投井自盡。這批甲骨由他的後人轉讓給另一位學者和小説家劉鶚（《老殘游記》的作者）。1903年，劉鶚把藏品中精選出來的一千多片甲骨整理拓印而成《鐵雲藏龜》。在這書中他第一次指出，甲骨文是商代，即三千多年之前，用“刀筆”所刻出來的文字。

事實上，龜甲文無疑可算是我國最古老的文字。最近河南舞陽縣賈湖新石器時代遺址出土了完整的一塊龜甲和二件殘片，上面各刻有三個符號，一個已辨認出來是“目”字（圖一）。據碳十四方法測定，這些龜甲距今已有七八千年之久了。

在早期，已知的甲骨出土地點只有河南安陽縣的洹水地區。1928年中國第一個國立學術研究機構“中央研究院”成立之後，它轄下的“歷史語言研究所”就派出了一個由李濟、董作賓等學者率領的考古隊到小屯村，去進行大規模的發掘工作。從1928年到1937年的十年

圖一　武丁時期的甲骨文
（取自郭沫若主編《甲骨文合集》）

之間，他們一共發掘了 15 次（3 次没有甲骨），前後一共獲得 24918 片有文字的甲骨，收穫是非常之豐富的。這批甲骨目前都仍保存在台灣南港"中研院"的歷史語言研究所裏。1949 年後，政府對考古學是非常重視和支持的。在 1973 年，中國科學院考古研究所的安陽工作隊又在小屯村南地發現了第二批有字的甲骨，共 4589 片。在 1977 年至 1982 年間，陝西岐山鳳雛村發現了第三批甲骨，有字的，只有 303 片。這一批數量雖然較少，但有兩個特點與以前發掘者不同。第一，它大體是屬於西周的，和以前完全屬於殷商的時代不同。第二，它的刻字筆劃極其纖細，大小只有 0.1 毫米～ 0.5 毫米，和頭髮的粗細（一般是 0.09 毫米直徑）相差不遠，因此大部分不能用肉眼辨察，也不能傳拓，只能在放大鏡下臨摹出來。

我們自此才知道，甲骨文并不是殷人的專利，在殷墟以外，還有其他地方有人利用甲骨書寫記録，而且另有獨特辦法在堅硬的甲骨上刻鑿出細如毛髮的文字來。

西方學者第一個注意到甲骨文字的是美國長老會派駐山東濰縣的一個牧師，加拿大人明義士（James Mellon Menzies）。他 1914 年騎着老白馬往來於洹水南岸，搜求甲骨，1917 年首先用摹寫方法出版《殷虛卜辭》，這是第一部外國人的甲骨文專著。他搜集的甲骨材料，大部分保存在多倫多皇家安大略博物館（Royal Ontario Museum），現在經學者整理拓印，已完全公佈了。

近百年來，經過好幾輩學者的辛勤搜集、整理，對絶大部分出土的甲骨文有系統地加以結集。其中最具代表性的便是中國社會科學院歷史研究所所編的十三巨册《甲骨文合集》[1]，所收的甲骨文達 41956 片之多。關於現存甲骨文的總數，有人曾説有十萬片之多，是不是誇大之辭？我們把現有散存各處的材料點算一下，合起來不過五萬片左右，例如姚孝遂和肖丁兩位先生最近所出版的《殷墟甲骨刻辭摹釋總集》[2]，序文裏提到所收的甲骨文數字，除去重複者外，就只有 52486 片。這是最近總結的數目。有的著作説據統計已發現的甲骨有二十萬片。倘若這是指刻有文字的甲骨而言，那實在是毫無實據，不可相信的。

根據史書記載，商朝早期因爲河患，經常遷都，但後期的商王盤庚在公元前 14 世紀左右遷“殷”之後，直至紂王亡國爲止，前後 270 多年間，就没有再遷都了。其實，甲骨出土最多的安陽小屯村，

[1] 中華書局，1978 年至 1983 年間出版。
[2] 中華書局，1988 年。

正就是殷王都的遺址,《史記》上稱之爲“殷虛”。由於許多學者的小心考證、研究，我們現在知道小屯甲骨文是商代專門官吏爲王室占卜或舉行祭典或記載入貢後所留下的記録，而文中所刻商王和他們的先祖（所謂先公、先王）的名號和《史記·殷本紀》的記載逐一比較，絶大部分都是吻合的。由於甲骨文就是商朝的原始檔案，所以它不但爲商朝的歷史提供了最可靠的第一手資料，展開了上古史的一個新領域，而且同時是中國早期語言、文字最確切的記録。中國歷來自認爲有五千年文化，但周朝以前的歷史、文物，孔子在他的時代已經覺得太久遠，有文獻不足徵之嘆。自從有甲骨文的發現和研究，證實了傳世殷史是相當可靠的，同時也爲我們提供了大量殷社會、殷文化的素材。“甲骨學”這一門已經確立的專門學問，正式把中國文化向前古拓展了整整五六個世紀。

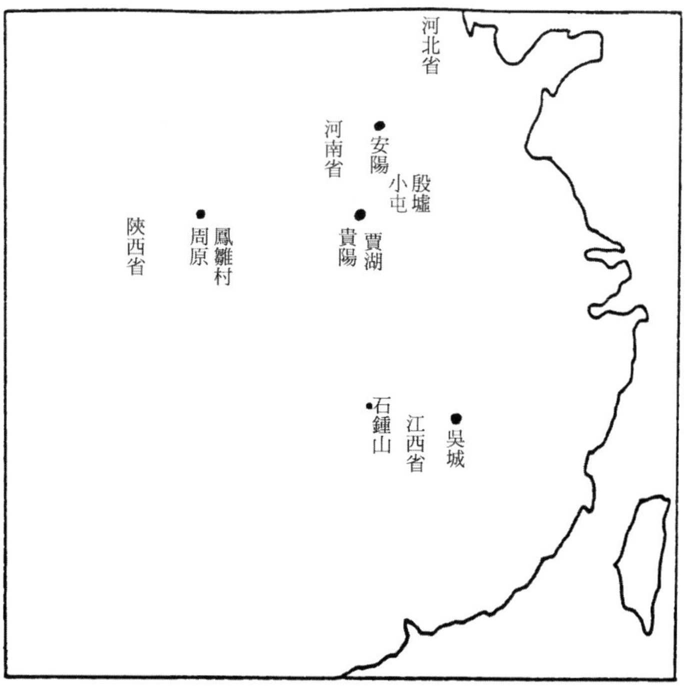

圖二　甲骨出土地點簡圖

前些時期，甲骨學者研究的結論，認爲“在龍山文化的時代裏，人們只用骨卜，不用龜卜。到了殷商時代，除了用大量獸骨來占卜以外，還用大量的龜甲”[1]。現在這一説法是應該加以修正了。目前考古的新材料告訴我們，遼寧紅山文化出土人骨雙手各握一玉龜，龜的使用與龜的信仰，應再推前。在七八千年前裴李崗文化的賈湖遺物已有契刻符號的整龜出土，另外，五千年前新石器時代文化的安徽含山縣凌家灘遺址又發見有玉龜，背甲與腹甲兩部分俱全，通體琢磨很細緻，有一件長方形的玉片夾在龜的腹、背甲之中間。玉片上面刻劃小點，四周有小圓圈穿孔看來像河圖、洛書數字排列的形狀，這種用玉琢製的龜甲來放置“河圖玉版”，説明五千年前的哲人們對於“數術”掌握的深度[2]，而玉龜且剖分成腹甲與背甲，證明殷人攻治龜甲的技術是遠有所受，和含山文化是相銜接的。

過去討論殷商文化的來源，一向注意到大汶口墓葬和江蘇邳縣的劉林、大墩子各地出土的龜甲，上面有塗朱、穿孔以及腹、背甲共出的現象。[3] 今觀賈湖的完整龜甲放在墓主的頭部，含山的玉龜置於死者的胸部，可能暗示着某種宗教意義。含山與大汶口文化一脉相承，令人吃驚的是“龜卜文化”[4] 在吾國的精神史上是多麽源遠而流長呢！

古代大龜是南方的貢品。《尚書・禹貢》説：“九江入錫大龜。”殷代貢龜最多的數目可至五百，《乙編》四五一九：“雀入五百。”從甲骨文資料可以看到殷人對於龜的知識，非常豐富。試舉出一些例子：

---

[1] 張秉權：《甲骨文的發現與骨卜習慣的考證》，見《中國上古史》第二本，43～98頁，台北，“中央研究院”歷史語言研究所。

[2] 安徽省文物考古研究所：《安徽含山凌家灘新石器時代墓地發掘簡報》，載《文物》，1989（4），1～9、30頁；又參看卷一拙作《未有文字以前表示“方位”與“數理關係”的玉版——含山出土玉版小論》。

[3] 張光直：《中國青銅時代》，42頁，香港，香港中文大學出版社，1982。

[4] 凌純聲：《中國古代龜祭文化》，載《“中央研究院”民族學研究所集刊》，第31期，1971。

獻龜　字寫作“鬲龜”。《逸周書》:“神龜爲獻。”(圖三)

習龜卜　習卜即是襲卜。指用不同方法去重複進行占卜。向來説“卜不習，吉”。

又有不少龜的不同名目，像:

罨(罨)

靇、龗　龗即是靈龜。司馬光《類篇》:“黄龗，龜名。”古時區别龜爲十類(《爾雅》)，其中一種叫做靈龜。龗即靈龜的合文，靇字從雨，或即是龗的簡體。

鼂(鼈)　或即鼈字(陳夢家説)，卜辭有一條很有趣的記載:

……允至。以龜:靇八，鼈五百十。四月。

來指入貢，此片記入貢的龜，靈龜(圖四)只有八隻，鼈竟有五百一十隻，可見龗是很受人珍視的。

卜辭又有地名曰鼀，人名伯爵的而(陑)伯鼅(圖五)。鼅字有時作爲祭祀對象與伊尹在一起稱爲鼅示(宗)，有人讀作舅宗。這些從龜的僻字，許多根本是不見於後來的字書的！龜甲用於占卜，要用火來燒灼，使其現出裂紋的兆，然後去辨别吉凶。龜卜和骨卜是二件事。有關骨卜的問題以後再談。龜甲主要使用背甲和腹甲，爲便於燒灼呈兆，必須先進行鑽、鑿。自從“中央研究院”於小屯村進行多次發掘，出土大量的完整背、腹甲，對於鑽鑿的穴數、形狀、長寬的式樣，與甲橋的狀況以至鏟削、鋸痕等都可作詳細的觀察和比較，劉淵臨曾把保存在台灣“中央研究院”歷史語言研究所的腹、背甲上攻治技術的痕迹有關資料製成圖表，真是極可靠的材料，他的結論是這樣的[1]:

[1]　劉淵臨:《卜用甲骨上攻治技術的痕迹之研究》，台北，“國立編譯館”中華叢書編審委員會，1984。

殷　　早期　材料：腹、背甲。

鑽、鑿并用。鑿深淺合用，作短小形。甲橋自然折斷，用刀削（圖六）。

晚期　材料同前。

有鑿無鑽。鑿深淺亦合用，但作長大形；有單鑿，作長肥形。

甲橋削製，鋸製。

西周　材料同，攻治用鐪削。

龜作方形鑿（圓孔極少）。

無鑽（圖七）。

周原龜甲最突出的是作方鑿，和殷後期的長鑿完全兩樣。從《周髀算經》我們可了解周人對方、圓觀念如何配合地與天，這樣的思想非常顯著。以圜示天，而方來表地。坤卦以“直方大”取義，他們是否以方鑿取象於地？可惜資料過少，尚待研究。

曾經有人利用鑽鑿形狀作爲斷代的依據，舉出五大類。其第一期是圓鑿大并包攝長鑿，如之狀，第三期是長鑿旁有半圓圓鑿，如，第五期只有長鑿。晚期有鑿無鑽，與劉説頗合。[1]鑽鑿的重要性成爲研究甲骨一個項目。

周開國之初，“爰始爰謀，爰契我龜”。對龜卜仍極重視。故《大誥》説：“寧王（文王）遺我大寶龜，紹天明。”結句亦説：“天命不僭，卜陳惟若兹。”這一篇當是説龜卜，周初期制度，仍是因於殷禮的。

1989 年

[1]　許進雄：《甲骨上鑽鑿形態的研究》。

附記

新石器時代卜龜文化，始於裴李崗墓葬。最早卜骨見於富河溝門遺址和甘肅武山傅家門的馬家窰文化，使用鹿或羊的肩胛骨。有關問題可看張忠培《窺探凌家灘墓墓地》一文，見《凌家灘玉器》編末，2000 年，北京。

四川亦有占卜龜甲出土，十二橋文化青羊宮均有之。成都金沙遺址出土十餘片。一件巨龜甲，長達 59 公分，鑽灼兼呈兆，爲目前所知最大卜甲。附記於此。

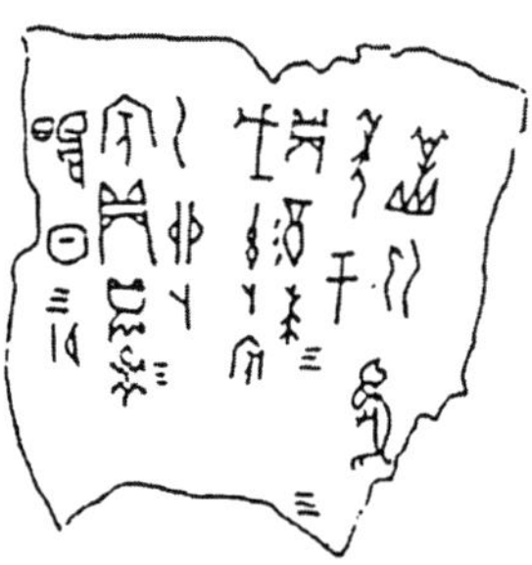

圖三 《合》一〇〇六七 《前》七 · 五 · 二

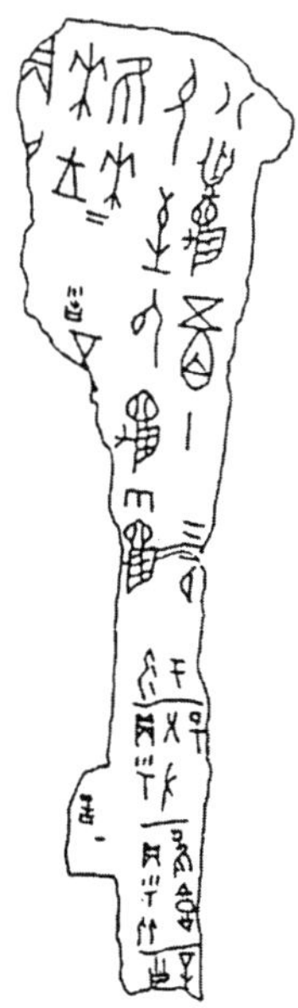

圖四 《合》八九九六

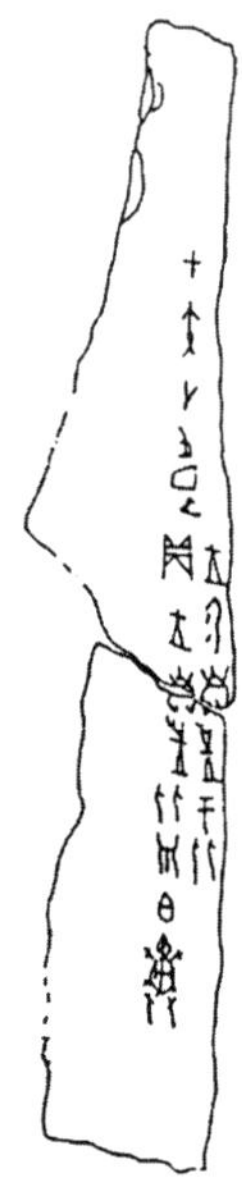

圖五 書道博物館藏甲骨文字（四）《合》三九九六五

圖三至圖五 據《甲骨文合集》

圖六　南關外上層卜甲

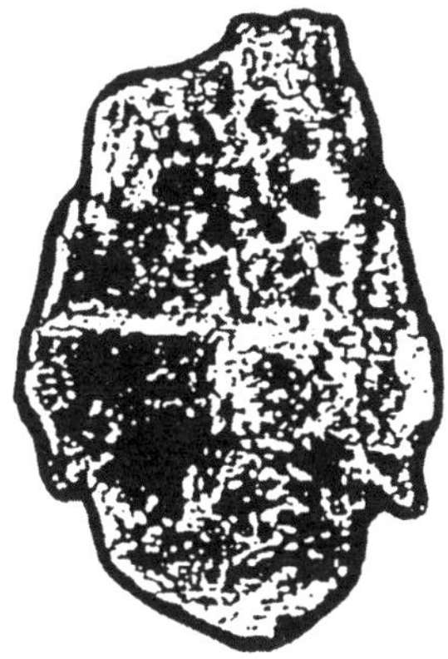

圖七　扶風縣齊家村出土西周甲骨

圖六、圖七　據劉淵臨:《卜用甲骨上攻治技術的痕迹之研究》,306、320頁

論殷代之職官、爵、姓

設官置職，肇自虞夏。《禮記 · 明堂位》：“有虞氏官五十，夏后氏官百，殷二百，周三百。”歷古相承，傳其約數而已。鄭玄注云：“夏后氏宜百二十，殷宜二百四十，不得如此記也。”（參賈公彦《周禮疏序》）亦屬推測之辭。《禮記 · 曲禮下》云：“天子建天官，先六大。”考之周官，首立天官冢宰，《國語 · 楚語》云：“南正重司天以屬神，北正黎司地以屬民。”以神與民分掌，各有所屬，如天地之劃分。下土之設官，上天亦如之，猶後代天文上之天官，分爲五區，天、人合應，然迹其所自始，殷代已然。

卜辭有“帝五臣”及“帝五臣正”“帝五玉臣”之文，録之於下：

（1）……皋侑於帝五臣，有大雨。

王有歲於帝五臣正，叀無雨。（《合》三〇三九一）

（2）庚午貞：秋，大集……於帝五丰（玉）臣，血，……在祖乙宗卜，兹用。（《合》三四一四八）

（3）貞：其寧秋於帝五丰（玉）臣，於日，告。……入商。左卜囼曰：弜入商。（《屯南》九三〇）

此條記大隻之事，證以他辭如：“〔壬〕戌貞：告秋隻於高祖夒六……”（《合》三三二二六、三三二二七）隻字亦作雟，卜辭屢言“隻衆”“弜隻”（《合》三一九九四、三一九九五）“雟衆人”（《南地》一一三二），知隻與雟爲同文，其作隻者乃雟之略形。雟衆義指聚集衆人。大隻者，應讀爲大雔，殆如《尚書 · 堯典》“旁逑孱功”之“旁逑”。《説文》“逑，斂聚也”，許氏引《虞書》此句。《詩 · 關雎》“君子好逑”字亦借雔、仇爲之。卜辭於秋收卜“大雔”（大聚斂），而祭於先公夔，又祭於天帝之五玉臣，天人協應之義也。

(4) 癸酉貞：帝五丯（玉）臣，其三百四十宰。

癸酉貞：於上甲。（《合》三四一四九）

帝五臣及帝五玉臣者，蓋天帝之臣屬。《虞書》：“修五禮五玉。”鄭玄注：“執之曰瑞，陳列曰玉，謂三圭二璧也。”玉臣者，美詞。《詩 · 文王》曰：“王之藎臣。”《逸周書 · 皇門》曰：“朕藎臣。”“玉臣”如藎臣之比。天帝之僚屬有五。殷人已重視五數，頻見“五族”“五鹿”一類之詞彙。此帝五臣與帝五臣正，帝五玉臣乃正式之天官，卜辭或省稱曰“帝臣”，如：“於帝臣，有雨。”（《合》三〇三〇九一）“惟帝臣命。”（《懷》八九一）其祭也與上甲并祀，至用三百四十宰，祀典之隆已極，寧秋、侑歲、祈年之禮亦祀之，且必先於祖乙宗廟中占卜者。《禮記》云：“建天官在先。”此殷時“帝五臣”“帝五臣正”“帝五玉臣”一事，正足爲其佐證。[1]

《曲禮》天官有六大，“大宰、大宗、大史、大祝、大士、大卜，

---

[1] 五官之説，自來紛紜難定，清金鶚《求古録 · 禮説》有《五官考》一文，謂五者設官所以代天工，故其制必法乎天。又謂六官始於周，自周以上皆五官。其《禮説》卷十三言：“月令，春帝太皞至冬帝顓頊，此天帝之名也，伏羲、神農、軒轅、金天、高陽五人，帝以五德迭興，故亦以五天帝爲號，若《月令》所言天帝也。”金氏强作區分，以二者一爲天帝，一爲人帝。高閬仙《文選義疏 · 西都賦》“事勤乎三五”句下引其説，謂金氏之説爲是。

章太炎有《駁金氏五官考》，則引《逸周書 · 大明武解》順天行五官，及《國語 · 楚語》：“古者有天、地、神、民、類物之官，謂之五官。”以爲五官者非《曲禮》所舉之五官甚明，若《大戴禮 · 千乘》篇云：“設其四佐列其五官。”則四佐者，卿也，五官者小卿也。遂謂：“《曲禮》所書本諸口説，由諸侯五小卿事展轉致誤。晉國軍中五官爲司馬、司空、輿師、侯正、亞旅，與五小卿又殊。”（詳見《章太炎文録續編》）蓋五官得名本有多端。今由卜辭之有帝五臣正各條觀之，殷之有五官，正是不易之事實。

典司六典。”鄭玄注：“典，法也。此蓋殷時制也。”陳澔謂：“六者所掌重於他職，故曰先。”蓋皆事鬼神司祭祀，因“殷人尊神，率民以事神”（《禮記·表記》）故也。今徵之卜辭，六大諸官名大致可考。惟冠以“大”字，則不常見。

（一）宰

(1) 壬辰卜，賓貞：立三事，六月。(《合》五五〇六)

(2) 乙未卜𡧊貞：我三史（事）使人。

貞：我三史（事）不其使人。(《合》八二二正)

(3) 辛亥卜争貞：登衆人，立大事於西奠，玟……月。(《合》二四)

(4) 乙未卜立事……右從𢦏，入左從𢦏。

……隹宰……從𢦏，不入右從輿。十二月。

貞：勿立事於南。

貞：不其西。

丙戌卜勿（勿）隹我，三㞢（右）不若。(《合》五五一二)

(5) 丙戌其若

貞隹我三㞢（右）不若。十一月。

貞隹我三於來乙巳酌。

貞……隹……易（賜）十二月。(《合》二六〇九一)

(6) 乙未……貞：立事……南，又（右）……中從……輿左……從峀（曾）。(《合》五五〇四)

按第（4）（6）二辭皆乙未同日所卜，查核原片契書字體風格不一，但互勘可知實係同類記事卜辭。[1]《逸周書·嘗麥解》記：“史導王於北階，王陟階在東序，乃命太史尚，大正（即司寇）即居於户西。南向，九州牧伯咸進，在中，西向。宰乃承王中升自客階，作筴執筴從中。宰坐，奠中於大正之前。”不稱大宰，觀其坐而置中於司寇之前，恐非大宰莫屬焉。其所奠之中爲盛算器，卜辭言“中從”，大正近廳，在中，中庭也（朱右曾《校釋》説）。

二十五祀小盂鼎：“三左三右，多君入服酉。各周廟，……乙酉，□三吏□□酒……賓祉邦賓隩，其旅服，東鄉。”

作册令彝：“周公子明僳，尹三吏四方，受卿事寮。……令舍三吏命罘卿事寮，罘者（諸）尹，罘里君，罘百工，罘者侯、甸、男，舍四方令。”

按小盂鼎、令彝之三吏即三事。《尚書·立政》曰：“王左右常伯，常任，准人。”又云：“立政任人，准夫牧作三事。”《詩·雨無正》：“三事大夫，莫肯夙夜。”[2]“三事”一詞可追溯至殷契，亦稱三大事。《立政》稱：“王左右常伯。”卜辭在宰菹事之後，分記右從、（中從）與左〔從〕，惜另同一辭字殘缺，然可見朝列之分左、中、右。小盂鼎言三左三右，郭沫若《周官質疑》謂即《曲禮》之六大，未確。唐蘭謂是《甘誓》之六卿，亦稱“六事之人”；又云：“左不攻於左，右不攻於右”，正是三左三右。殷代師旅分爲右、中、左，“王

[1] 第（4）辭爲牛胛骨，上端漶漫不明，説者多歧（見《類纂》，346頁“左”條下，《綜類》32頁“立事”條下）。此片爲明義士收藏（見《明》二三二四片）。“立事”與“宰”并舉對貞，從《合》二六〇九一片“貞隹我三㞢（右）不若。十一月”。辭例與《合》五五一二正“丙戌勿隹我三㞢（右）不若”，同出一辭，兩片文例、書法相吻合，疑屬同版相銜接，正好綴合。因牽涉本文考證，極爲重要，爲便於辨認，特將綴合摹本和原片摹本附文末，以供參考。

[2] 《詩·雨无正》“三事大夫”，《正義》引《春秋傳》曰：“王命委於三吏，謂三公也。”三吏應讀爲三事。兩漢皆以三事直指三公，韋玄成詩“於赫三事”，顔注：“三事，三公也。”《後漢書·徐稚傳》“若使擢登三事”，注“三事，三公也”。其例甚夥。今觀卜辭“立三事”“我三事”諸文，正以三事指三公，遠源可追溯至殷。

乍三自，右、中、左”（《合》三三〇〇六）。此武官之制，卜辭有：“辛酉卜左𠂤，弜將，在右立。”（《合》二七八八四）知文官亦分左右列，周制承襲之。是辭記宰之蒞事而領導左右，一辭稱我，乃宰之自稱，此宰前雖無大字，可能是大宰。安陽後岡出土有宰鼎。殷器又有宰椃角、宰甫卣。

他辭又有宰丰刻辭記：“王田於麥菉，錫宰丰宴小䭆祝，在五月，隹王六祀，肜日。”（《佚》五一八）王曰：“則大乙，叡於白䕌，肙（侑）宰封。”（《合》三五五〇一）是宰亦參與肜日及則大乙之祭儀，而但稱曰宰。

（二）宗

古代祝、宗聯稱。《墨子·明鬼下》記立下壇、菆社之後，必擇國之父兄慈孝貞良者，以爲祝宗。《樂記》：“宗祝辨乎宗廟之禮。”蓋爲掌禮之官，天子謂之宗伯，諸侯以下，亦曰宗老。（《國語》：“魯公父文伯之母饗其宗老。”）或通稱宗人（《儀禮·士冠禮》）。周禮有都宗人、家宗人。卜辭示（宗）字多見，其涉及官名者，有如下列：

（1）……卜賓貞：㝵克般工示（宗）。𢦏取，侑……（《合》一四九一一）

工宗或單稱亍，似即官名之宗。

衛宗：

（2）令郭以多射衛示，呼𠂤，六月。（《合》五七四六）

巫宗：

（3）辛……巫示……庚允。（《合》二〇三六五）

天宗：

(4) 貞天示牧禹，不用。(《屯南》六四三)

僅稱“宗”者：

(5) 辛酉卜……貞：叀示其𠕋(册)御，十二月。(《合》二五〇三二)

(6) 己巳貞：示先入於商。(《合》二八〇九九正)

(7) 癸亥，示先羌入。(《合》三二〇三九、三二〇三六，《懷》一六四四)

(8) 貞夕，至示。(《合》一一八五八)

(9) ……叀……祝用成。……歲祖乙牢　牛白豖。……示貞：三小牢，卯子祝歲。(《合》一九八四九)

各辭所見，是否官名，因僅一見，不易遽定。“示”原義爲宗廟，如“其乍亞宗”(《合》三〇二九五)，與“亞”對舉，卜辭有：

(1)……卜……丮辛在示。(《佚》四二五)

(2)……不丮辛在亞。(《甲》三〇五〇)

示字讀爲“宗”，則有長之義，如祝宗之比，則衛示，巫示，或指衛及巫之長。惟大宗之爲官名，確見於卜辭，文云：

(1) 王在兹，大示左。(《合》八一六反)

謂大宗在王之左。《逸周書·嘗麥解》記：“亞祝迎王降階，即假於大宗少宗少秘於社。……大祝以王命作筴告大宗。”大宗即大宗伯。周之大宗，有時得稱爲上宗，其例見《尚書·顧命》，記康王踐祚儀式云：“太保、太史、大宗皆麻冕彤裳，太保承介圭，上宗奉同瑁由阼階躋，太史秉書由賓階躋，御王册命。”鄭玄注云：“上宗猶大宗，變其文者，宗伯之長，大宗伯一人與小宗伯二人，凡三人。使其上二人也。一人奉同，一人奉瑁。”（孔氏《正義》引）“同，酒杯。”此上宗如鄭玄説，即周之大宗伯矣。惟卜辭屢見上示，與下示對言，蓋指宗廟之上下，而非官名。[1]

（三）史

卜辭史爲官名者，有下列諸號：王史、亞王史、𡩜史、御史等。言及大史有三條：

(1) 壬辰卜賓貞：立三大史，六月。（《合》五五〇六）
(2) 貞：叀大史夾令，七月。（《合》五六三四）
(3) 己卯卜貞：叀大史。
己卯卜貞：叀小史。（《屯南》二二六〇）

《屯南》一條大史與小史并見。他辭亦云“叀小史”（《合》三二八三五）。《周書·酒誥》：“矧大史友、内史友。”復有大史寮一名，卜辭言：“其叀大史寮令。”（《合》三六四二三）又一條：“大史其逹。”（《鄴》三，三九，二）

（四）祝

大祝，主祭祀讀贊辭者（《説文》），卜辭祝字甚多，用爲動詞，大祝一名則未見。周成王時有大祝禽方鼎。又長由盉銘云：“井（邢）白大祝射。”邢伯乃周穆王時大祝。殷卜辭祝每省作“兄”。其爲官名之祝，大略如下：

(1)……丁（宗）兄。（《合》一五二八一）

[1] 曹定云：《論殷墟卜辭中的上示與下示——兼論相關的集合廟主》，見《中國考古學論叢》。

《周語》單子引述《秩官》官名有“宗祝”，亦稱祝宗；《左傳·成公十七年》：“使其祝宗祈死。”又《左傳·襄公九年》：“祝宗用馬四墉，祀盤庚於西門之外。”祝宗與宗祝義同。

兄史：

(1) 丙申卜，母……犬，兄史……(《合》二一〇三七)

(2) 上甲，史其祝父丁必（閟）。(《合》三二三九〇)

(3) ……卜，大乙史……祝。(《合》二七一二七)

祝與史古每連用，《左傳·桓公六年》：“祝史正辭。”

册祝：

(1) 丙午貞：酚，尸，册祝。(《合》三二二八五)

(2) ……卜𠦪（拜）祝册……毓祖乙，叀牡。(《合》二四五九)

(3) 册祝。(《合》三〇六四八)

上述三辭祝字均從示作祝。《尚書·洛誥》：“王命作册逸祝册。”語同。卜辭亦作册祝、曹祝（《合》三〇六四九）。按《周禮》：“大祝，掌六祝之辭以事鬼神示。六曰筴祝。”鄭注：“筴祝，遠罪疾。”孫詒讓謂正字當作册，與卜辭合。書於簡册以告祖先，故曰册祝。

又有“兄（祝）亞”之名，云：

(1) 祝亞束彘。(《合》二二一三〇、二二一三七、二二一三九)

此慣語數見，祝之次位者曰祝亞。《逸周書·嘗麥解》：“王命大正（即司寇）正刑書；爽明，僕告既駕，少祝導王，亞祝迎王。”亞祝即卜辭之祝亞。其他言祝者，有如下列：

祝二人：

(2) 辛亥卜：祝於二父一人，王受祐。

祝二人，王受祐，三人，王受祐。(《合》二七〇三七)

祝在：

(3)……子卜，兄（祝）在必（閟）。(《合》三〇三六四)

(4)癸亥貞：乞酻……兄（祝）在……不用。

翌乙丑，其酻，兄（祝）……兹用。

……兄小乙、父丁。(《屯南》六〇三)

祝至：

(5)於父己，兄（祝）至。(《屯南》六一〇)

(6)壬辰卜，兄（祝）至……(《屯南》七〇)

(7)……兄（祝）至。(《屯南》二〇六九)

(8)卜狄……兄（祝）至中宗……(《懷》一三〇二)

祝降：

(9)允紳兄（祝）降。(《合》二〇四四〇)

祝往：

(10)……己卜……於……兄（祝）往。(《合》一九二九一)

祝于：

(11)己巳卜其啓宧西户，祝于……(《合》三〇二九四)

乎祝：

(12)弜乎祝。(《合》二七七九六)

(13)乙巳王貞：啓乎祝曰：盂方登人……(《合》三六五一八)

或言“祀祝”：

（14）於之若，弜巳（祀）祝。（《合》二七五五三）

（15）弜祝。（《合》三〇六七三）

以上爲官名之祝見於殷契者，惟“大祝”則無之。

（五）士

卜辭士與事通，“士”一官名則未見。《尚書·立政》官名有庶常吉士，金文嚊尊曰：“丁巳，王在新邑，初饛工，王易嚊士卿貝朋，用乍父戉尊彝……子黑。”唐蘭引《廣雅》：“鳴，名也。《月令》：‘聘名士。’子黑當是氏族名，此鳴士卿爲子族，稱父爲父而不稱考，疑是殷王士之一。”按此爲成王時器。記之以備考。

（六）卜

殷契所見卜爲官名，官有左卜、右卜、元卜，分别列舉如下：

左卜：

（1）貞：其寧秋於帝五丰（玉）臣，於日，告。……入商。左卜囚曰：弜入商。（《南地》九三〇）

右卜：

（2）辛：王其省喪。（《合》二八九七四正）

又（右）卜。（《合》二八九七四反）

（3）己酉卜，大貞：叀又（右）卜用。（《合》二五〇一九）

元卜：

（4）庚申卜，旅貞：叀元卜用，在二月。（《合》二三三九〇，即《續》一，三九，九）

以上各辭，或以“習卜”説之，然不同時期，何能共卜，已引起人之非議。[1] 春秋鄭大宰石㲋語楚子囊云：“先王卜徵五年，而歲習其祥，祥習則行。不習，則增修德而改卜。”習字亦作襲，如不吉，則修德而重新起卜（《左傳·襄公十三年》），此即習卜之事。此處當是卜官官名，分爲左右，與習卜無涉。元卜之職可能相當於大卜。王貴民謂總稱爲多卜（《合》二四一四四）。核原片似是多㞢，即多生，非多卜也。上舉（1）辭例入商之事，左卜固曰：弜入，與他辭頻見之“王弜曰”相敵，且載之簡書，當曰卜官亦分爲左右，地位之高，可以見之。

由上舉諸辭，宰、宗、史、祝、卜諸官均見於殷契，惟稱大者，僅有大宗、大史二例，因知六大之説如此齊整，殆出後人之擬議。

《禮記·曲禮》又言及五官，其説如下：“五官曰司徒、司馬、司空、司士、司寇，典司五衆。”鄭玄注：“典，法也，此蓋殷時制也。……衆謂群臣也，此亦殷時制也。”

考《史記·周本紀》載古公亶父作“五官有司”，古代年代正當殷世，古公避狄去邠、踰梁山，止於岐下，其國規模當不大，所立五官，必如後來春秋小卿之制。《左傳·隱公六年》：“翼九宗五正頃父之子嘉父。”翼爲晋地，乃有“五正”之官。《大戴禮·千乘》云：“千乘之國設其四佐，列其五官。”五官下於四佐，當爲小卿甚明。《曾子問》：“諸侯將出，命國家五官而後行。”鄭注：“五官，五大夫典事者。”古公亶父之五官，殆即此類。《左傳·定公四年》：“衛祝佗（子魚）言：武王克商，成王定之。……分唐叔以大路、密須之鼓、沽洗，懷姓九宗，職官五正，命以唐誥而封於夏墟。”其時封康叔於殷墟，分以殷民七族，而封唐叔於夏墟，分以隗姓九宗及五正之官，故知此五正乃爲侯國小型官制之五正。

[1] 郭振録：《試論甲骨刻辭中的卜及相關問題》，見《中國考古學論叢》。

殷代天上既有“帝五臣正”“帝五玉臣”，使人推想此五臣正自是殷時職官上五正之反映。惜五正之内涵，卜辭記載不詳。而五正是否如《楚語》所謂“天、地、神、民、類物之官謂之五官”，抑如《左傳》蔡墨所説五行之官，即指“木正茍芒，火正祝融，金正蓐收，水正言冥，土正後土”，則無從徵實。按句芒之爲神名，見於《墨子》，其字亦作“句㐬”，出馬王堆《五星占》；祝融則常見於楚帛書與包山簡；蓐收見《楚辭·遠游》，其名出現均較晚。後土見於包山簡亦作灰土。四神之名卜土則殷人崇祀至隆，名稱亦不一致，見於卜辭有云：

(1) 土巳（祀）。(《合》一四四〇三)

即土祀，亦稱有土：

(2) 甲寅卜㱿貞：尞於㞢土。(《合》一〇三四四正)

亦曰土方帝：

(3) 貞：尞土方帝。(《合》一四三〇五)
(4) 尞於土方帝。(《合》一四三〇六)
(5) 貞：尞於土宰，方帝，二告。(《合》一一〇一八正)

雖未見後土之名，而祀土則必爲事實。其加一㞢（有）字作爲指定詞冠於“土”之上，可知殷人尚地道而未尊天道，此必與其《易》卦首坤之義有關。其祀典重四方之祭必兼祀土，故合稱曰土方帝，此一名稱不止一見。可推知其所謂帝五臣正之五正，可能指四方與（中）土，合此而爲五官之神。殷之五正質樸如此，後代禮家及星占家乃爲排比五帝及佐諸名，恐事出後起。《禮記·曲禮下》云：“天子祭天地，祭四方……諸侯方祀。”鄭玄注：“祭四方謂祭五官之神於四郊也，句芒在東，祝融後土在南，蓐收在西，玄冥在北。"《詩》云："來方禋祀。" 方祀者各祭其方之官而已，五祀："户、竈、中霤、門、行也。此殷時制也"。鄭氏以爲殷時有五官之神及五祀之祭，今徵之卜辭五官之神，除土稱有土之外，句㐫等名均未之見。鄭玄注《禮記》屢屢言爲 "殷時制"，其説多出於懸揣。殷人既隆土之祀，五方觀念極强，對中央尤爲重視，其實卜辭已有 "中土" 之稱，向來未引起學界注意討論，例如：

（1）……於中（中）土尞。（《合》二一〇九〇）

（2）癸酉貞：方大出，立中（中）於北土。（《合》三三〇四九）

上舉（2）辭 "立中" 與 "北土" 對言，知 "立中" 即指 "中土"，"於中土尞"，後代 "中央土" 之爲天地核心一説，自是已植基於殷代，從可知矣。天上設官，必與地下相應，可於官制見之。

本書前論殷之隆祀，侑歲、寧秋於帝五臣正，用牲至三百四十宰，此爲天官，乃天帝之五臣正也。地下設官亦曰五正，天上與下民，建官分職，取得一致，正爲天人合一思想之來源。禮家言 "天子建天官先六大"，於此可明天官列在首先之義。本書引證《尚書》《禮經》，若三事左右之見於《立政》。"上宗" 之名同於《顧命》，"祝册" 之見於《洛誥》，筴（册）祝之同於《周禮》。卜之官職亦分左右，卜辭稱 "左卜曰" 與 "王固曰" 相比擬，具見卜官地位之高。又解釋殷時五正之内涵，僅指四方與土，稱曰土方帝，爲五帝説之萌芽，至於加入諸帝及佐諸名，則恐事出後起。殷人重視土祀，必與其《易》卦首坤有關，觀孔子言 "得之坤乾"，凡此皆前人之所未言者。

一

一般談殷商官制，必列舉内、外服，其說出於《尚書 · 酒誥》，文云：

> 越在外服：侯、甸、男、衛、邦伯。
> 越在内服：百僚庶尹，惟亞惟服，宗工越百姓里居。

《逸周書 · 商誓》："及百官里居獻民。"下文云："百姓獻民。"（李學勤謂上文："百官當作百姓。"[1] 按以《康誥》證之，百官即百工。）

《召誥》云：

> 命庶殷侯、甸、男、邦伯。

《康誥》云：

> 侯、甸、男、邦、采、衛，百工播民。

《康誥》多一"采"服。《周禮 · 職方》：九服乃有侯、甸、男、采、衛、五服之語。較後之史料，若：

《顧命》云：

> 王若曰："庶邦：侯、甸、男、衛。"

《康王之誥》云：

> 王若曰："庶邦：侯、甸、男、衛。"

---

[1] 李學勤：《商誓研究》，見《選堂文史論苑》，303 頁，上海，上海古籍出版社，1995。

只舉其四而不及采。卜辭有大采、小采乃爲天象；未見采字爲服名；而其外服四者：侯、甸、男、衛諸名，卜辭均見之。侯有：多侯、亞侯、侯甸、侯奠；甸有：多田、多田（甸）、多奠、亞甸諸異名；任有：多任、侯任、亞任。（《白虎通》男作任，與卜辭同，《書·立政》：有常任、任人。）衛有史衛、衛射亞等。

内服之庶尹、亞、宗工、百生，亦具載在卜辭：

三尹：（1）癸亥貞：三尹即（饗）於西。（《合》三二八九五）

多尹：（2）癸亥貞：王令多尹墾田於西，受禾。（《合》三三二〇九）

（3）貞：王其㞢（侑）曰：多尹若。（《合》五六一一）

（4）弜不饗。多尹饗。（《合》二七八九四）

白（百）弜事：（5）庚申卜；王叀餘令百紳事旅。（《合》二〇〇八八）

紳祝：（6）允紳，祝降。（《合》二〇四四〇）

尹工：（7）丁卯卜貞：令追奇，有尹工。（《合》五六二五）

小尹：（8）令小尹步。（《屯南》六〇一）

紳爲尹字繁體。《尚書·酒誥》：“越尹人祇辟。”見於《梓材》官名有：“尹旅、趣馬、小尹。”《逸周書·商誓》有“尹師”。上舉卜辭所稱“多尹”諸官名，正與文獻相吻合，可知西周官制，可追溯於殷代。（卜辭有“三白羌”（《合》二九三），此“白”爲“百”假借，非“伯”。）“百紳事”即畿百官之長也。《書·顧命》曰：“百尹御事。”卜辭云：“王勿御百紳事……”（《合》二〇〇九一）可爲佐證。“百紳”，《類纂》1233頁紳條下多釋爲“伯紳”，恐有未妥。

亞有：(1) 多亞：戊……貞：其多亞若。(《合》五六七八)

(2) 多田亞任：……以多田(甸)亞任。(《合》三二九九二)

(3) 𠱠亞：其參(三)亞，叀王豊用，吉。(《屯南》二三四六)

(4) 馬亞：貞：其令馬亞射麋。(《合》二六八九九)

(5) 亞矦：乙未貞：其令亞矦帚叀小……

宗工有：(1) 多工：甲寅……史貞：多工無尤。(《合》一九四三三)

(2) 尹工：丁亥卜，賓貞：令䲨啇侑尹工於舞。(《合》五六二三)

(3) 宗工：……戊卜……登衆……宗工。(《合》一九、二十)

(4) 北工：貞：令在北工登人。(《合》七二九四、七二九五)

(5) 百工：癸未卜：有禍百工。(《屯南》二五二五)

(6) 司工：壬辰卜貞：叀弖令司工。(《合》五六二八)

《尚書·虞書》:“允厘百工。”又《酒誥》:“越在内服，百僚庶尹，惟亞惟服宗工。”又:“越獻臣百宗工。”《逸周書·商誓》:“及百官、里居獻民。”百工、宗工諸名，俱於文獻有徵。

百姓：(1) 叀多生饗。(《合》二七六五〇)

(2) 辛卯卜即貞：叀多生射。(《合》二四一四〇)

多生即百姓，有時與里君聯言。史頌簋云:“里君百姓。”卜辭所見有“多君”(《合》二四一三四、二四一三五)，疑亦屬同類職官。《國語·周語》引《夏令》有“司里”，又引《周之秩令》有云:“司里授館。”司里一職，殆閭師之類。《尚書·畢命》：“康王命作册畢分居里成周郊。”孔傳云：“分别民之居里，居里所司之官員即爲里君。”

《禮記·曲禮》云：“五官之長曰伯。”《禮記·王制》曰：“千里之外設方伯。”卜辭言“伯”有下列諸名：

三封伯：（1）甲申貞其執三丯（封）伯於父丁。（《合》三二二八七）

多伯：（2）……丑，王卜貞：今禍……伯征盂方。……（《合》三六五一〇）

（3）癸亥，卜永，貞：𢀛克氏多伯，二月。（《合》英一九九）

方伯：（4）壬戌卜：王其二方伯。（《合》二八〇八六）

（5）甲……隹王來征方伯炎。……（《合》三六五〇九）

五官之長者，鄭玄注云：“謂爲三公者，《周禮·九命》作伯。”是方伯非三公不足以當之。卜辭有“三公父”，辭曰：“……己卜三公父，下歲，叀羊。”（《合》二七四七四）又多公（《合》二七四九五）之名，及大公（《合》二〇二四三）、公宫（《合》三六四五一）之號。殷時確有三公之職。《尚書·康王之誥》：“太保率西方諸侯……畢公率東方諸侯……”鄭玄注：“《顧命》曰畢公入爲司馬。”周原卜辭有公，説者謂即畢公。西周甲骨有大保之官（H11：50）；他辭有保老（《屯南》一〇六六、一〇八二）、右保（《合》二三六八三），周康王時作册大鼎云：“大楊皇天尹大保休。”大保之前加上皇天尹尊稱。周初召公爲大保，周公任大傅，姜太公爲大師。大保一職，明見於卜辭。

望與祈亦爲官名。卜辭有望人（《屯南》七五一），有斦工（《合》九五七五）均可作官名解。《左傳·昭公二十年》，梁丘據云：“海之鹽蜃，祈、望守之。”杜預注：“祈、望皆官名。”又《左傳·昭公二十六年》:“諸侯莫不并走其望，以祈王身。”望人蓋守山川之祀者也。卜辭所見，望乘、望潹、望𫸩皆主望祭之官，乃以職爲號。卜辭有斦字，文云：

癸酉卜，争貞：令多射衛。

庚寅卜，争貞：令登罝𢊁。斦工衛、㞢禽。(《合》九五七五)

以斦工衛與多射衛對舉，足證斦工應是官名。斦既爲官名，故稱曰斦工，可讀爲祈。《禮記·祭法》:“相近於坎壇，祭寒暑也。”則字作“近”。王念孫《廣雅疏證》釋云：“相近當爲禳祈，聲之誤也。禳猶却也，祈，求也，寒暑不時，則或禳之或祈之。”按近從斤聲，斦字亦然，卜辭所見斦字諸辭如下：

翌乙卯彭，子𣎆(束)。

斦賓。(《故宫新》七四一七七四)[1]

貞：斦祀，今秋。

叀印，斦牛於天。(《屯南》二二四一)

按子束人名下面斦字乃動詞，自可釋祈，又斦賓、斦祀，讀爲祈賓、祈祀亦合(不宜如胡厚宣説以爲人名)。又祭天祈牛，與他辭“叀𠬝犬於天”(《合》二二四五四)，文例正同。

卜辭有𡗕(黄)尹，黄可讀爲衡，《書·君奭》:“在太甲時則有若保衡。”《詩·商頌·長發》:“實惟阿衡，實左右商王。”阿衡，毛傳解爲伊尹。卜辭云：“癸未卜𡆥貞：黄尹保我史。”(《合》三四八一)“丁亥㭬黄尹，𡦹二豕、二羊、卯六牛，五月。”(《懷》八九九)黄尹自即衡尹，書言保衡，保當是太保，其名已見上。

[1] 胡厚宣:《記故宫博物院新收的兩片甲骨卜辭》，見《選堂文史論苑》，282頁。

官名以臣之號別多。小臣最常見，白川静已有文詳之。有一例稱爲鬲小臣，其文如下：

癸酉卜貞：多妣，鬲小臣卅，小母卅，十婦。（《合》六三〇）

……貞：今庚辰，角用鬲小臣卅，小妾卅於帚。九月。（《合》六二九）

以獻（鬲）小臣與小妾對言，則似用爲人牲。其例罕見。按令簋：“王姜賞令貝十朋，臣十家，鬲百人。”大盂鼎：“錫夷司王臣十又三伯。人鬲千又五百夫。”一以臣與鬲分言，一以王臣與人鬲分言。若卜辭之鬲小臣，則爲二者合稱，獻（鬲）小臣可用作人牲，其地位甚低。

《逸周書·商誓》：“里居獻民。”《周書·酒誥》：“殷獻臣侯甸男衛。”獻臣、獻民，與鬲小臣均指地位低賤之臣民。其他言及臣之官名，大抵如下：

元臣：𢀛㞢元臣。（《合》五八五六）

朕臣：丙子卜貞：朕臣商（賞）。（《屯南》二六七二）

多辟臣：……亥卜多辟臣其。（《合》二七八九六）

辟臣：叀辟臣斉。（《合》二七六〇四）

王臣：吴弗其𢀛王臣。（《合》五五六七）

衆人臣：貞：叀吴乎衆人臣。（《合》五五九七）

奠（甸）臣：叀登奠臣。（《合》六三五反，《英》一八〇六）

夵臣：……丁亥卜㱿貞：乎即比韋，取夵臣。（《合》六三四正）（按夵即夜，可讀爲掖，即掖臣。）

州臣：賓貞：州臣有往，自寛得。（《合》八四九正，又八五〇，多見。）

臣子：甲寅卜：臣子來罚。（《合》二二三七四）

幸臣：……幸臣。（《合》一四〇〇二反）

小丘臣：……小丘臣。（《合》五六〇二）

小藉臣：己亥卜貞：令吴小藉臣。（《合》五六〇三）

小⿰爿臣：貞：小⿰爿臣得。（《合》五六〇〇）

《書·立政》所記又有表臣一名，卜辭未見。

按⿰爿臣即臧，臧，獲也，指奴隸。《方言》三：“臧、甬、侮、獲、奴婢，賤稱也。荆淮海岱雜齊之間，駡奴曰臧。”

二

再談爵與姓。

爵字契文作，其辭云：

乎子商、爵，侑祖。（《合》九一四反）

貞爵示。貞勿爵示（丁丑卜賓）。（《合》六五八九正、反）

《王制》：“爵人於朝，與士共之。”賈疏：“爵人於朝，殷法也。”爵示可釋爲爵於宗人，是殷法有爵人之説可信。

卜辭屢見立人、立官之事，立讀爲莅事之莅，此即卜任用官員之事。[1] 其辭略舉如次：

立人：

（辛巳卜賓貞）：叀翌甲申立人。

辛巳卜賓貞：勿叀翌甲申立人。

[1] 鍾柏生：《論任官卜辭》，見《“中研院”第二届漢學會議論文集》，下册，895 頁。

賓貞：立人。

賓貞：勿立人。(《乙》六六九六)

立官：

壬辰卜賓貞：立三大史，六月。(《合》五五〇六)

乙亥卜貞：立三史㞢……𣎆舟……(《合》五五〇七)

令立於某地：

(辛) 未卜：王令……子尹立帛。

壬申卜：王令𠂔以疾立於狂。

壬申卜：王令𩱾以子尹立於帛。

壬申卜：王令壴以𠦪尹立於𩫖。(《屯南》三四一)

殷有公之爵號，公之見於卜辭計有三公父、多公、大公諸稱，已見上述。大公即太公望一名所自出。《小雅·天保》:"禴祠烝嘗，於公先王。"《中庸》:"上祀先公以天子之禮。" 諸公字均可視爲爵稱。

至於侯、伯、子諸爵，張秉權曾作統計：

侯	41
伯	40
子	122

今按除去異體之外，實則：

侯	45
伯	45
子	138

至於婦名，張氏統計得 74，第一期 52，四期 22，本書所得共

100名。卜辭所記，多帚或與多臣對貞，如：

> 丙午貞：多帚亡疾；丙午貞：多臣亡疾。（《合》二二二五八）

多帚似可指世婦，與多臣共爲通名。帚下一字必爲專名，其字有時加女旁，如帚媟、帚姘、帚娘、帚妌之類；有時不加，如帚周、帚壴、帚寶；或與子某相符者，如帚兒之與子兒，帚子之與帚帚。或與貞人名相應者，如帚喜、帚壴、帚帚、帚竈、帚吏等。過去學人考釋，多視帚下一字爲私名，今觀其多同於地名，則此説似未甚妥。今且以帚好爲列，好字爲子增益女旁，子於卜辭亦爲地名，如云"在子"（《乙》八六〇二），"子方"（《屯南》三七二三，《合》五六二二）又稱子白（伯）（《續》五，二〇，五），則子又爲伯爵。山西出土有子甗，安陽、舞陽出土均有子爵。[1]殷陶文有"子"字，劉一曼文中列七十四號[2]，具見子乃是方名、地名，似可解作以國爲氏，或以邑爲氏，較爲合理。[3]唐《括地志》稱："故子城在渭州華城東北。"賀次君《輯校》云："渭州無華城縣，應是蘭州金城縣。漢金城西魏改名子城縣。"即子方的地望。兹再舉一例，如帚女亦作帚汝，以證《書序》之女鳩、女方，是女必爲汝。與帚好之爲帚子，女與子俱是方國之稱，直可視爲氏姓矣。周時婦得稱爲婦氏。召伯虎簋云："余惠於君氏大章，報婦氏帛、束、璜。"則以婦氏與君氏對舉。

卜辭有三族（《合》六四三八、三二八一五），多子族（《合》五四五〇、六八一二）稱謂。殷代一族必爲一氏。《左傳·定公四年》謂分魯公以殷氏六族："條氏、徐氏、蕭氏、索氏、長勺氏、尾

[1] 見《考古學報》，1979（1）；《考古》，1984（5）。
[2] 劉一曼：《殷墟陶文研究》，見《慶祝蘇秉琦考古五十五年論文集》。
[3] 曹定云：《帚好乃子方之女》，見《慶祝蘇秉琦考古五十五年論文集》。

勺氏，使帥其宗氏，輯其分族。”徵之卜辭，攸或即條氏。[1] 梌或即徐氏之一支，又即索（《合》四〇〇六五有“自索”），即勺氏，尚待證。《左傳 · 定公十一年》謂宋公母弟辰等“入於蕭以叛”，蕭爲宋邑，今安徽蕭縣西北，或殷蕭氏之所在。《左傳 · 定公四年》又謂分康叔殷氏七族：“陶氏、施氏、繁氏、錡氏、樊氏、饑氏、終葵氏，封畛土略。自武父以南及圃田之北竟，取於有閻之土以共王職，取於相土之東都以會王之東蒐。”以上七族，或以陶工、旌旗之工、馬纓之工、釜工、籬笆工、錐工説之（楊伯峻注）。樊氏、饑氏或爲地名，尚不易定，然據此可見其遺民氏族之梗概。《周禮 · 小史》主次序先王之世，昭穆之繁，系世必先辨姓，太史亦掌氏姓，卜辭中史有王史、大史、小史諸官名，知當日已有史官專掌奠系世、辨氏姓之務，異時倘能就卜辭所見地名之兼爲氏姓者勿稽輯録，以存《殷世本》之舊觀，庶幾當日胙土、命氏之情況，可得其厓略，聊補古史之闕遺。

三

《國語 · 晉語》司空季子曰：“黄帝之子廿五人，其同姓者二人而已，唯青陽與夷鼓皆爲己姓。凡黄帝之子二十五宗，其得姓者十四人爲十二姓。姬、酉、祁、己、滕、箴、任、荀、僖、姞、儇，依是也。唯青陽與蒼林氏同於黄帝，故皆爲姬姓。”除姬姓之外，其餘十一姓與黄帝不同，是時子與父可以不同姓，知姓之由來，非緣於血統而別有所受，殆與胙土封地有關，試以黄帝之十二姓爲例，徵之出土資料，記之如下。卜辭云：

[1] 見《甲骨文通檢》，地名分册，167 頁。

姬　……王其……姬菉……其𠂤。（《合》二七五四七）

辛酉卜：隹姬壱雨。（《合》三三二九一、三四二一七）

其又𣪊於妣辛。（《合》二七五四七）

殷地名有姬麓，《國語》云："黄帝以姬水成。"又云："我氏出自天黿。"韋注謂天黿即分野之玄枵。姬原爲水名。周祖姜嫄以姬爲姓，其後姬姓有魯、衛、晋諸大國，不具記。

酉　卜辭無徵，銅器有酉族徽者二十餘器，酉爵出陜西耀縣，亞酉尊出安陽。羅泌《路史·國名紀》云："酉，即酉水，爲黔之彭水。"

祁　羅泌云："蘄也。"卜辭有靳靳侯（《戩》四四，一一；《簠室》六三）又"貞：尞於靳。"（《合》四八八反）祁，太原縣，藪有昭余祁，周昭王娶於房，房爲祁姓。晋有祁侯，辛貫爲祁大夫。

己　殷陶文有"己"字（劉文列二九）。山東益都銅刀上鑄"己"字。卜辭有"杞"（《合》三六七五一），常見爲杞侯炽。《國語·鄭語》："己姓有昆吾、蘇、顧、温、董。"又《晋語》曰："青陽與夷鼓爲己姓，青陽、方雷氏之甥，夷鼓、彤魚氏之甥。"《説文》："邔，南陽縣。"又紀侯國在山東。

滕　春秋滕爲小國，金文有滕侯盨、簋、戟、劍等。衛邑亦有滕。《左傳·閔公二年》云："益以共、滕之民爲五千人。"

箴　衛有鍼（見《左傳·成公六年》："師於鍼，衛人不保"），地在濮陽。魯大夫鍼巫氏（《左傳·莊公三十二年》），陳有鍼子（《左傳·隱公八年》），按楚官名鍼尹字亦作箴、或葴尹，故知箴即是鍼。

任　卜辭任字作"𠀉工"，如：

……丑……多任……（《合》一九〇三四）

甲辰……壬雀弗其只侯任，在方。（《懷》四三四）

乙卯卜祀矢……子任。（《合》二〇〇二〇）

貞：令蒋以文取大任亞。（《合》四八八九）

《路史 · 國名紀》："倉頡爲任大夫。"《詩經》："仲氏任只。"金文有任氏從鼎（《三代》六，三一，二），《世本》任姓爲謝、章、薛、吕、祝、終、泉、畢、任諸國。

荀　《詩 · 曹風 · 下泉》："郇伯勞之。"《逸周書 · 王會》作荀伯。《易林》亦作荀伯。《左傳》荀息，《潛夫論 · 志氏姓》作"郇息"。《左傳 · 僖公二十四年》富辰曰："郇，文之昭也。"《説文 · 邑部》："郇，周文王子所封國，在晋地。"《水經注 · 汾水》："汾水又西徑荀地，古荀國也。"陝西張家坡出荀侯盤（1961 年），山西聞喜縣上郭村出荀侯匜。

僖　卜辭有"侯喜"。如："余步從侯喜"（《合》三六四八二），"戊戌，帚喜示一屯，岳"（《合》三九〇臼），"喜入五"（《合》九〇〇反）。《路史 · 國名紀》："齊之厘城，周簡王十二年有厘虒。"其地待考。

儇　卜辭有□字，"辛丑卜争貞曰：𢀛方凡□於土……其敦□，允其敦，四月"（《合》六三五四）。其□字形構從爪從〇，疑爲環字，於此爲方國名，或讀爲人儇。

依　卜辭有"衣入五十"（《合》五八八四反）。鄭史伯十邑有依、疇、歷、華（見《國語 · 鄭語》）。

卜辭從女諸字，皆女子專名，或即其姓，金文有疊加女或母旁作繁形者，如 1963 年洛陽慶家溝出土鼓母方罍款識字作𡢁，從壴，增二攵二母，應是鼓字，殆即"韋、鼓（顧）既伐"之鼓，卜辭只作壴。

《鄭語》之祝融八姓，在《帝系》則爲陸終六子，略記如下：

樊——昆吾（己姓所出） 衛 《墨子·耕柱》："夏后開（啓）鑄金於昆吾。"《符子》作昆虞。己姓，有蘇、顧、温、董。金文作鈇（鈇甫人作滕匜），信陽平橋春秋墓出樊君樊大人器。

惠連——參胡 韓 禿姓，有舟人，《國語·鄭語》十邑有蔽、補、舟、依，卜辭云："舟入。"又有㴬菉，或與㴬地有關。

籛——彭祖 彭姓，有彭祖，豕韋，諸稽。卜辭言"彭入"，彭爲大國。

求（萊言）——鄶人 鄭 妘姓（金文字作嬶），有鄔、鄶、路、偪陽。晋襄公母偪姬，周之偪陽。即卜辭之"蔔"；鄶又作檜，《詩譜》云："居溱、洧之間。"

安——曹姓 邾 曹姓有邾（金文邾公釛鐘）。

季連——芈姓 楚 所謂"夔越、蠻芈"。金文芈作嬭，卜辭有芈。

李學勤有《談祝融八姓》一文，證八姓傳説，反映一定歷史事實，非出於揑造。[1]殷代人物，見於史書記載者，若《左傳·襄公九年》虞閼父爲周陶正，《史記·陳杞世家索隱》作"遏父"，《左傳·昭公元年》閼伯居商丘，閼、遏音近。《列仙傳》黄帝陶正有寧封子，卜辭方國有寧方。《左傳·昭公二十年》有逢伯陵君齊，《國語·周語》稱"皇妣太姜之姪伯陵之後"有逄公，殷之諸侯，契文作夆。殷之人名，大略見《漢書·古今人表》，本書《通檢》所録，依其氏姓，著其梗概，以備尋檢，或可苴補班氏之缺略。

[1] 《李學勤集》，74～81頁，黑龍江教育出版社。

《殷本紀集解》引張晏說："禹、湯皆字也。"《謚法》："除虐去殘曰湯。"按此讀湯爲蕩滌之蕩，殷卜辭則字作唐。張世南《游宦紀聞》論："殷人以諱事神，而後有字。……既諱其名，又諱其字，以其采地稱之。"按謚可以表德，而私名則有所諱忌，故殷人習慣每以地稱人，大抵舉地名以名其人，如貞人之名，實其采地之名，故與地名多數類同，余另有文論之。

人名與官名聯系之例，大抵有下列諸通例：人名之上+（加）爵名，如：

子某：子央（《合》三〇〇六、三〇〇七）
子漁（《合》二九九一、二九九二）
子商（《合》三七一、五三六）
子安（《合》四五四、九〇五）

人名之上+官名，如：

小臣某：小臣鬼（《合》五五七七）
小臣妥（《合》五五七八）
小臣墻（《合》五六〇〇）
小臣中（《合》五五七五、一六五五九反）
亞某：亞旋（《甲》三九一三、合二八〇一一）
亞旁（《甲》二四六四）
亞阜（《前》八，一三，二；《合》三一九八四）
㝲（寢）某：㝲敄（《録遺》一五一）
㝲小𩠞（《佚存》四二六、五一八）
巫某：巫咢（《合》二一一五、三三〇七七）
巫㚷（《合》二一八八〇）

巫先（《合》二一八八〇）

巫妥（《合》五六五〇）

戌：　　咸戌（《合》一〇九〇二、一三九〇七），殆即巫咸。

徐國器鎛鐘有曰尋楚𩛥（胡）者，其名乃用二至三個國名與氏聯結而成。夏后分封，以國爲姓，試舉有斟氏、尋氏爲例，其後嗣分化爲若干，氏名與地名之組合如下：

斟氏＋灌⟶斟灌　斟氏之在灌地者。

（姒姓）＋尋⟶斟尋　斟氏之在尋（山東）地者，河南亦有鄩，《昭公二十二年》云“郊鄩”，在河南鞏縣。

＋六⟶斟䢼　斟氏之在䢼者，名見徐器。

＋戈⟶斟戈　斟氏之在戈地者。

＋淇⟶斟淇　斟氏之在淇地者。（見《十鐘山房印舉》）

此蓋自夏商以來演化之概況，其通例亦約略可睹矣。[1]

結語

古書有篇名曰《秩官》者，見《國語·周語》單襄子引述云：“周之《秩官》有之。”其列舉官名有：“宗祝、候人、虞人、甸人、廩人、工人。”韋昭注：“《秩官》周常官篇名，惜其文久已亡佚。”殷代官制，前人討論者，有白川静《小臣考》、胡厚宣《論余一人》、沈之瑜《説史》、王貴民《説御史》諸篇，近時王君著《商周制度考信》，於商、周官制作一初步綜考，然尚非全面。

[1] 《古史地名學發》，見《中國地名考證文集》，105～111 頁。

張亞初、劉雨合著《西周金文官制研究》歸納出西周職官二百一十三事，而殷代職官研究至今尚付闕如。本書於官名人名，略著其名目，俾便尋檢，或不無涓埃之助。

本書條目大綱，初由沈之瑜先生厘定，及今刊成，去沈先生謝世，已四年矣。

本文原爲《甲骨文通檢》第四册前言

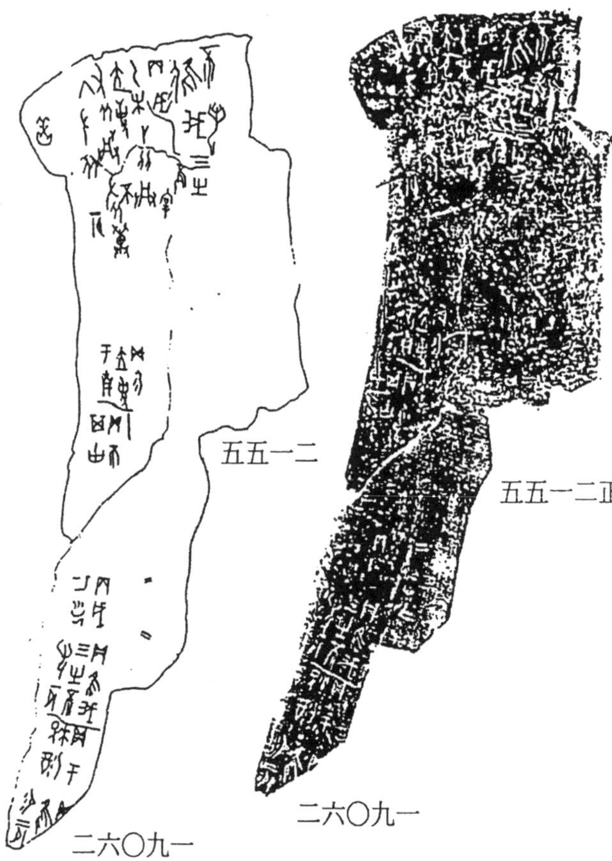

785 頁注釋 [1] 所述摹本

甲骨文斷想

今年正值于省吾先生誕辰一百周年，中國古文字研究會和吉林大學將在長春舉辦紀念于省吾教授百年誕辰暨中國古文字學研討會。海内外學者薈萃春城，緬懷于省吾先生的學術成就，各抒高見，暢談學問，這是件值得高興的事情。

爲紀念于省吾先生在甲骨學研究上的突出貢獻，在此想就甲骨文研究零散地談點想法，以此表達對于省吾先生的懷念之情。

再過三年，到 1999 年，我們將要迎接來臨的甲骨文發現一百周年，這更是一個值得紀念的日子。一個世紀以來，海内外學者在甲骨學研究的各個領域内刻苦鑽研，探賾索隱，積累了豐富的成功經驗，取得了豐碩的研究成果，使得甲骨學研究成爲當今國際漢學研究中的一門顯學，日益引起更多研究者的興趣和關注。這個局面的取得，其中自然包含有于省吾先生的功績。

于省吾先生在甲骨學研究上的貢獻衆所周知，從他的《殷契駢枝》到《甲骨文字釋林》以及一些單篇的論文，無不反映了他在甲骨學研究上的突出成就。他嚴謹的學風，認真的治學態度，爲古文字學界樹立了典範。他的無證不信，嚴格從字形出發，注意甲骨文與典籍訓釋的密切結合，注重考古資料和民族學資料的研究方法，使得甲骨學研究走上更爲科學規範的軌道，也爲後來的進一步深入研究打下了堅實的基礎。

于省吾先生在甲骨文字考釋上的成就很大，《甲骨文字釋林》就是其一生心血的結晶。他對許多字的考釋都非常精彩，早已廣被學術界所承認和接受。然而以往似乎偏於强調他在甲骨文字考釋上的成就，而有些忽視他對甲骨文字義的訓釋。其實以我看來，于先生在利用典籍訓釋甲骨文字字義上的貢獻一點也不比他在字形考釋上的貢獻小。而這一點也正是我們今天需要大力加以發楊的。于省吾先生之所以能在利用典籍訓釋甲骨文字字義上取得如此成就，原因在於他對古代典籍的諳熟和對清人考據成果的掌握。他對先秦典籍所作的諸多新證，正是這種能力的充分體現。這個事例充分説明研究甲骨文時對典籍熟悉掌握的重要性。衹有充分利用先秦典籍與甲骨文進行比較，不光是從歷史制度方面，同時要先從詞義訓釋上進行對比分析，才能對卜辭進行深入的理解。語言文字的發展是一脉相承的，既然甲骨文發展到後來的漢字從字形上是一貫而下的系統，那麽字義的延續也就應該是連續不斷的，甲骨文中的字義也就應該可以在後世的典籍中找到相近或對應的用例。所以用先秦典籍對照甲骨文來考索甲骨文字字義，是正確順暢通讀卜辭的必由之徑。

甲骨文字考釋是甲骨文研究中的一個最重要的部分，是一項基礎工作，不應輕視。因爲對甲骨文的一切認識都要從字形開始。而這也正是于省吾先生生前一貫提倡的。甲骨文中有許多字至今還不認識，還需要我們進行更爲深入的研究，找尋更多的字形演變的中間環節，總結甲骨文字的構形原則和演變規律。在甲骨文字考釋中，實踐證明必須密切注意三點：一是要多注意甲骨文這一文字系統本身的特點，即甲骨文字本身的一些特殊的書寫形式問題。有時斷代中的分組字形考察也會爲我們提供字形演變的綫索。一是要注意後世字形材料在甲骨文考釋上所起的作用。近些年不斷出土的大量的秦漢篆隸資料中，保存了一些文字的早期形構，經常有一些可以上溯至甲骨文，讓我們可以用逆推的辦法找尋到甲骨文中的形態。一是要進行更爲細緻精密的文例比較。事實證明甲骨中一字異體的現象十分嚴重，有時一個字異體間的差異很大，這就非常需要從文例的比較和同文的比勘上發現問題。

目前學術界在考釋甲骨文時存在着兩種傾向，一種是缺乏古文字考釋的基本功，對古文字没有總體上的字形演變的認識，在分析字形時缺乏對字形演變過程的交代，常常從象形會意角度去曲解字形，并在此錯誤考釋的基礎上引發侈談甲骨文所記載的歷史制度等問題。一種是脱離文義的純字形考釋，繁瑣的字形排隊和分類，無視字形的語義環境和卜辭上下文義，簡單地推定一個甲骨文字相當於後世的一個什麽字，而字形考定後放到文例中却扞格不通。這樣的考釋對理解文義、通讀卜辭於事無補，毫無用處。以上所提兩種傾向是應該引起注意并需要加以糾正的。

在考釋字形的同時，必須强調的是要把甲骨文字字義的訓釋放在重要的位置。在有的情况下字義比字形顯得更爲重要，因爲字義的訓釋有時會影響對字形的考釋。字形考釋只是第一步手段，最終解决字義才是目的。時常會因過於强調字形的分析而忽視了字義的理解和卜辭的通讀。一定要在字形確定後，結合先秦典籍中的訓詁材料和典籍經義對字形所記録的字義進行深入細緻的考求，這一點在甲骨文研究中極爲重要。在確定字義時，還必須妥善地運用通假的手段，在先秦典籍中找到與卜辭文義相密合的訓詁例證，這樣才能得出對卜辭文義的合理解釋。

對卜辭的斷代分組研究是目前學術界的一個熱點，不能否認這項工作的重要性，因爲一切細密的分類都要從斷代分組開始。目前我們已經從斷代分組中更深入地了解到了卜辭中以往不知道的一些内容，尤其是歷史演變中不同階段的變化，也包括字形在不同時期和組别中的差異和特點，這對於其他方面的研究都大有裨益。但是同時我們也要切記不要陷於無休止的繁瑣的分組討論中，一味地進行類似筆迹比較的瑣碎考證。因爲這樣既耗費了時日，同時也冲淡了最主要的工作，即對於卜辭文義的理解和分析。當前在分組討論中還存在一個問題，即對於一些基本原則的認識問題。没有統一的原則，也就没有討論的前提和基礎。當雙方對一些基本原則和概念都意見分歧時，只能各執一辭，互不相讓，使得問題變得更加混亂。

在利用後世典籍對照甲骨文進行研究時，還要提防另一種傾向，即利用後世較晚的典籍中的制度和甲骨文進行簡單的對號比附。這種做法是很危險的。我們必須先從甲骨文本身去歸納分析材料，然後從先秦典籍中找出與甲骨文所記載的内容有承接關係的例證去比照論證，這樣才能從中窺見殷商時期的歷史真相。這需要我們對甲骨文本身多下功夫，而不是單純地乞靈於典籍。

對甲骨文本身的研究，諸如占卜形式、同文對勘、殘辭互補、對貞格式、鑽鑿形態等的研究還需要進一步的深入。

古代文明的高度常常超出我們的想象，許多後世的思想和制度在甲骨文中都已顯露端倪。甲骨文本身是占卜記録，屬於古代的一種術數，許多記載都可在後世的方術中找到相同或類似的例證，而關於這方面的研究做得還很不够。

“禮”是貫徹中國歷史的大動脉，研究各個時期的歷史文化都應該把對“禮”和“禮制”的研究作爲一個重點。甲骨文既記載了殷禮，又揭示出後世禮制的一些源頭，應該引起更多的關注。

决定一切學問的關鍵有兩點：一是材料，一是方法。目前甲骨文材料的問題早已解决，著録已相當完備，學者可省去翻檢之勞，新材料雖有零星出土，但對整體學術走向已不會有太大影響。但是在方法上却面臨着一個更新的問題。我們常常會受一種習慣性思維的影響而互相效仿，習焉不察，跳不出舊日的圈子，這樣長此以往是没有前途的。必須打破一些舊框框，從新的角度去觀察思考問題。這其中新出土的考古資料有時會給我們以啓迪。例如三星堆文化的面世，就使得我們對於巴蜀文化不得不加以重新認識。將這一新的認識結合到甲骨文研究中，就會發現卜辭中舊時被誤認爲在北方的一些部族如今看來應該是在巴蜀秦隴地區，而舊以爲位於商朝中心的田獵區有一些很可能是在河渭流域。在對甲骨文的其他方面進行研究時，也要時時注意方法的更新和角度的變換，衹有這樣才能在前人研究的基礎上不斷進步。

甲骨文研究從孫詒讓、羅振玉開始，到王國維得到一大發展，後出的學者各有千秋，如唐蘭對文字形體的分析，于省吾對字義的訓釋，郭沫若利用甲骨文的歷史研究，董作賓的分期斷代，陳夢家的綜合論述，胡厚宣的資料整理等，共同促進了甲骨學研究的發展。當然，甲骨學研究中的許多舊課題還需進一步深入，許多新課題還等待着我們去拓展，而新資料的出土和考古資料的參照也會不斷加深我們的認識，因此，甲骨學研究者的任務還很艱巨。在此希望每個研究者都能再接再厲，不斷進取，共同把甲骨學研究推向新的高度。

饒宗頤口述，劉釗整理　1996 年

略論馬王堆《易經》寫本

一、寫本八宫卦序、“无咎”未脱及異文舉例

馬王堆三號墓所出帛書《易經》寫本在《文物》印出者只一紙，與周《易》舊本卦序不同，以☰爲首，而繼之以艮。考京氏《易》八宫卦序以乾、坎、艮、震、巽、離、坤、兑爲次。分宫之法，此寫本已略啓其端，唯卦列序次不同。由八卦重卦所成之卦序論之，第一組乾爲外卦。内卦卦序爲坤、艮、兑、坎、離、震、巽；因之，構成否、遁、履、訟、同人、无妄、姤等卦。其次爲艮宫，借印出者僅五卦。但知艮下次之以大畜、剥、損、蒙，蓋依前例。艮加乾、坤、艮、兑、坎……爲序；艮已列前，故剥之後即接以損。

馬王堆寫本只録卦爻辭，無彖、象。《漢書·儒林傳》云：費直“徒以彖、象《系辭》十篇文言解説上下經”。戴震謂鄭玄始合彖、象於經（參胡培翬撰《周易分傳附經考》）。馬王堆《易》爲漢初寫本，故不系彖、象之文。至卦名頗多假借，如以醴爲履、以孟爲妄、以根爲艮，否卦則字作埰，尤爲瑰異。

卦爻辭異文者，帛書“乾”卦九三作“君子終日鍵鍵”，一作“鍵鍵”，不作“乾乾”。以下部分頗爲黝黑，未易確辨。否卦卦辭作埰“（否）之非人，不利君子貞”。初六爻辭作“叒茀茹以亓（其）胃貞吉、亯（亨）”。王應麟《漢書藝文志疏證》曰：釋文引古文，如彙作胃，正與此同。六二又作“枸承小人”。遯卦爻辭初六作“椽尾厲勿用有攸往”；六二作“共之用黄牛之勒（革），莫之勝□”，最末

一字，結體複雜，未可辨認。履卦卦辭作“醴虎尾不虞人亨”。周壽昌嘗謂：“《易經》未有‘無’字。”今按此本損卦明有“㒒咎”語，則周説非，此古文固未脱“無咎”者也。《釋文》“无”字下云：“音無，《易》内外皆作此字。”今馬王堆本《易》无與㒒二字均見，則陸氏説亦非。訟卦卦辭，宋本作：“訟，有孚窒，中吉終凶，利見大人，不利涉大川。”帛書抄本作“俘洫，衷終凶，利見大人，不利涉大川”；又上九爻辭作“或賜之般帶終朝三佹（褫）之”。无妄卦辭作“无孟，元亨利貞，其正眚省□□有攸往”，比今本少兩三字，又六二爻辭今本句作“不菑畬”，帛書作“不菑餘”。損卦卦辭作“……元吉，䍙（无）咎，可貞。”亦有“无”字，借古文某之“䍙”爲无，“无咎”未脱。蒙卦卦辭，“初筮”（下缺）之後作“告再參犢，犢即不告，利貞”，借犢爲瀆。大致而言，帛書周《易》仍與今本距離不遠也。其異文兹略舉數例，餘待全書刊佈再細仇校。

《漢志》有古文《易經》，未知視今本如何。汲冢所出《易》書，有《易經》二篇，與周《易》上下經同；《易繇陰陽卦》二篇，與周《易》略同；繇辭則異。《卦下易經》一篇，似《説卦》而異，則汲郡古文已非一種。杜預《左氏集解後序》云：“别有陰陽説而無彖、象、文言、系辭。”長沙所出之《易》，僅有卦爻辭，大體與周《易》經文字相同。《易》古本多異，詳全祖望《周易别録》（《粤雅堂叢書》本）。

二、與漢“中古文本”比較

漢成帝時，劉向曾“以中古文《易》校施、孟、梁丘經，或脱去无咎、悔亡，惟費氏經與古文同。”此一事實，《漢書·藝文志》已言之。顔師古注曰：“中者，天子之書也。”中古文即指中秘所藏之《易經》寫本，在西漢時立於學官之施（仇）、孟（喜）、梁丘（賀）

三家流傳本子，有時无咎、悔亡等成語被抄失；今看馬王堆本无咎一詞常見之，是馬王堆本頗近於中古文本，并無脱去，證一。其否卦“拔茅茹以其蕒”一句，蕒，今本作彙，據《經典釋文》泰卦下云：

> 彙，音胃，類也。

傅氏注云：

> 彙，古偉字，美也。古文作蕒。

是作蕒乃出自古文。按《説文》：“彙，蟲似豪猪者，從希，胃省，蝟，或從蟲。”即刺蝟本字，古通作類，《易》泰卦初九，否卦初六爻辭：“以其彙。”荀（爽）、虞（翻）注云：“彙，類也。”古文從胃從草，即蝟之別構。《爾雅·釋獸》：“彙，毛刺。”《釋文》本又作蝟。張衡《西京賦》：“摣狒蝟。”又從犬作猬，故猬、蝟、蕒皆同一語源，作蕒者乃古文，是馬王堆本同於中古文，證二。

三、先漢易學家中之楚人

先漢及漢初傳《易》者，以籍貫區分，有如下列：

楚	江東	馯臂子弓	陸賈	
		橋疵子庸		
	淮南	九師		（淮南王安聘明《易》九人）
				《淮南道訓》二篇
魯		商瞿		
齊	東武	孫乘	田何	服光（《藝文志》注）二篇

王同　　有二篇

菑川　　　　　　　　楊何

燕　　　　　周豎（丑）、韓嬰有《易》二篇

梁　　　　　　　　　丁寬八篇

衛　　　　　　　　　蔡公二篇，事周王孫

《易》學傳授源流，《儒林傳》及《經典釋文·序録》可得知其大略。《儒林傳》稱：“自魯商瞿子木受《易》孔子，以授魯橋疵子庸，子庸授江東馯臂子弓。”《史記·仲尼弟子列傳》作“瞿傳楚人馯臂子弘，弘傳江東人矯子庸疵……”馯臂一以爲江東人，一以爲楚人。第三傳橋疵，《史記》作江東人。按江東亦屬楚。《史記·項羽本紀》，烏江亭長謂項王：“江東雖小，地方千里。”項王亦曰：“與江東子弟八千人渡江而西。”烏江在牛渚，《索隱》云“晋初屬臨淮”，所謂江東正在淮水流域。馯臂子弓與橋疵子庸都是江東人，可見楚人傳《易》，由來已久。

《楚辭》引《易》甚多，若《離騷》“余固知謇謇之爲患兮”，出《易》蹇卦“王臣蹇蹇，匪躬之故”。荀卿家楚之蘭陵，其書引《易》亦多。《非相》篇引“括囊，无咎无譽”，《大略》篇引“復自道，何其咎”，馯臂子弓當即《荀子·非十二子》篇中與仲尼并列之子弓也。陸賈亦楚人，其《新語》每引《易》。如《辨惑》篇：“《易》曰：‘二人同心，其義斷金。’”《思務》篇：“豐其屋，蔀其家，闚其户，闃其无人。”馬王堆所傳寫之周《易》是否爲楚江東馯臂子弓、橋疵子庸以來所傳之本子，無從證明。淮南王安聘明《易》者九人，號九師説。《藝文志》著録有《淮南道訓》二篇，今《淮南子》中引《易》多條。《人間訓》：“《易》曰：潛龍勿用者……夕惕若厲，以陰息也。”《繆稱訓》：“故《易》曰：亢龍有悔。”又：“含章可貞。”《齊俗訓》：“《易》曰：履霜，堅冰至。”馬王堆本不作“潛龍”，頗與《淮

南》異。

四、與《序卦》比較

今本周《易》卦序與《十翼》之《序卦》完全相同。《序卦》即解釋六十四卦安排先後之道理，從文明進化觀點來説明卦象所表示人事發展之歷程。《序卦》在劉安時已出現，《淮南子》曾引用之。《繆稱訓》引《易》“剥之不可遂盡也，故受之以復”一語，即出自《序卦》。馬王堆周《易》，就已發表之一葉審察之，其卦序如下：

> 乾、否、遯、履、訟、同人、无妄、姤、
> 艮、大畜、剥、損、蒙（以下未刊）

今本《序卦》則作：

> 乾、坤、屯、蒙、需、訟、師、比、小畜、
> 履、泰、否……

與馬王堆本完全不同。

《韓詩外傳》八：“孔子曰：《易》先同人，後大有，承之以謙……《易》曰：謙亨，君子有終吉。”

今本卦序，同人、大有、謙正相銜接，與韓嬰所見本同，馬王堆本則異是，可見亦非燕人傳本之《易》。

五、馬王堆本卦序之推究及卦名之異文

馬王堆本卦序之排列有其本身之邏輯，第一組始乾爲宫而構成之次序爲：

①乾②否③遯④禮（履）⑤訟⑥同人⑦无孟（妄）⑧姤

蓋外卦爲乾宫，内卦則循坤、艮、兑、坎、離、震、巽爲卦而組成，其所以如此排列者。

☰（乾）	☷（坤）	一正一反
☶（艮）	☱（兑）	一正一反
☵（坎）	☲（離）	一正一反
☳（震）	☴（巽）	一正一反

由是第一乾宫如下：

乾＋乾——乾

乾＋坤——否（掊）

乾＋艮——（遯）掾

乾＋兑——禮（履）

乾＋坎——訟

乾＋離——同人

乾＋震——无孟（妄）

乾＋巽——姤

次爲艮宫：

艮＋艮——艮

艮＋乾——大畜

艮＋坤——剥

艮＋兑——損

艮＋坎——蒙

艮＋離——賁

艮＋震——頤

艮＋巽——蠱

先乾宫次艮宫推之，又次爲坎宫、又次爲震宫、又次坤宫、又次兑宫、又次離宫、又次巽宫，其卦序列，如《僂翁一得録》所記。有如下表:（見下頁。下面所記自一至六十四即示帛書之卦序，此由下而上計算:〔 〕號内之卦名，爲帛書之異文。）始乾而終益。

以上爲馬王堆本應得之卦序，不首震而首乾宫，次以艮宫之艮，當終之以巽宫之益。此爲據理逆推而得之卦序，有待與原卷勘校。

李過《西溪易説》卦名與今本《易經》迥異，其中與馬王堆本相同者有如下列：欽之即咸、毋亡之即无孟、臨之作林（《西溪》作林禍）、狠之即根爲艮。

六、馬王堆寫本《易經》與賈誼爲長沙傅時代相近

賈誼《新書·胎教》篇引《易》曰：“正其本而萬物理，失之毫厘，差以千里。”爲今本所無。其《君道》引《易》:“鳴鶴在陰，其子和之。”言士民之報也。又《道德説》云：“《易》者，察人之精，德之理，而與弗循，而占其吉凶，故曰:《易》者，此之占也。”備論《易》之爲用，誼鄭重言之如此。誼於孝文帝二年爲長沙王傅，爲賦以吊屈原。五年，作《鵩鳥賦》(據汪中《述學·賈子年表》)。馬

8 ䷫ 姤〔狗〕	7 ䷘ 无妄〔無孟〕	6 ䷌ 同人	5 ䷅ 訟	4 ䷉ 履〔禮〕	3 ䷠ 遯〔掾〕	2 ䷋ 否〔婦〕〔掃〕	1 ䷀ 乾〔鍵〕
16 ䷑ 蠱〔箇〕	15 ䷚ 頤	14 ䷕ 賁〔蘩〕	13 ䷃ 蒙	12 ䷨ 損	11 ䷖ 剝〔剝〕	10 ䷙ 大畜〔泰蓄〕	9 ䷳ 艮〔根〕
24 ䷯ 井	23 ䷂ 屯	22 ䷾ 既濟〔既濟〕	21 ䷻ 節	20 ䷦ 蹇〔蹇〕	19 ䷇ 比	18 ䷄ 需〔襦〕	17 ䷜ 坎〔習贛〕
32 ䷟ 恒	31 ䷶ 豐〔豐〕	30 ䷧ 解〔解〕	29 ䷵ 歸妹	28 ䷽ 小過〔少過〕	27 ䷏ 豫〔餘〕	26 ䷡ 大壯〔泰壯〕	25 ䷲ 震〔辰〕
40 ䷭ 升〔登〕	39 ䷗ 復	38 ䷣ 明夷〔明夷〕	37 ䷆ 師	36 ䷒ 臨〔林〕	35 ䷎ 謙〔嗛〕	34 ䷊ 泰	33 ䷁ 坤〔巛〕
48 ䷛ 大過〔泰過〕	47 ䷐ 隨〔隋〕	46 ䷰ 革	45 ䷮ 困	44 ䷞ 咸〔欽〕	43 ䷬ 萃〔卒〕	42 ䷪ 夬	41 ䷹ 兌〔奪〕
56 ䷱ 鼎	55 ䷔ 噬嗑〔筮嗑〕	54 ䷿ 未濟	53 ䷥ 睽〔乖〕	52 ䷷ 旅	51 ䷢ 晉〔溍〕	50 ䷍ 大有	49 ䷝ 離〔羅〕
64 ䷩ 益	63 ䷤ 家人	62 ䷺ 渙	61 ䷼ 中孚〔中復〕	60 ䷴ 漸	59 ䷓ 觀	58 ䷈ 小畜〔少埶〕	57 ䷸ 巽〔筭〕

王堆三號墓所出記事木牘，載明下葬在漢文初元十二年（公元前 168 年），後於誼去長沙者七年，其墓中《易經》寫本適當賈誼時代，誼在長沙所見之《易經》及傳，當屬此類。其時《系辭》與《説卦》尚未厘析也。誼書《立容》篇論龍云："龍也者，人主之辟也，亢龍往而不返，故《易》曰有悔，悔者，凶也。潛龍入而不能出，故曰勿用，勿用者，不可也。龍之神也，其惟蜚龍乎。能與細細、能與巨巨、能與高高、能與下下，吾故曰龍變無常，能幽能章……"此當爲漢初人議《易》之文，如以之廁於《易傳》，亦無不可也。

去歲冬間於長沙市博物館，承高至喜館長好意，得見此帛書寫本之照片，匆匆瀏覽，未遑細讀，僅知乾至未濟六十四卦悉具，不分經上下。又有《系辭傳》，與今本大抵略同，其中包有《説卦》前三章，及不見於今本之文字，一題"昭力"，一題"要千六百卅八"。杜預言汲冢所出别有陰陽説，足見《易傳》舊本解説之多。全書整理尚需相當時間，盼能早日刊佈，嘉惠學林。謹就淺見所及，舉數事論之，以求教於當世方聞君子。

附 馬王堆帛書《易經》贊

馬王堆三號墓所出帛書《易經》，自乾訖未濟六十四卦悉具，不分上下經，無彖象而異文滋多，若卦名履之作禮，不能異舉。又《系辭傳》與今本大抵相同，其中包有《説卦》前三章，復有不見於今《易》之文字，一題曰"昭力"，一題曰"要千六百卅八"。杜預《左氏集解》後序云"汲冢所出别有陰陽説而彖象文言系辭"，意者與此頗近。余於湖南省博物館獲觀全帙景本，其刊佈猶有待也。謹記大凡，以識眼福。爰爲之頌曰：

《易》本卜筮，未遭秦殃。楚始子弓，傳自魯商（瞿）。王臣蹇蹇，正則佩纕。蘭陵非相，語述括囊。陸賈思務，豐蔀是詳。淮南九師，説也久亡。緊此帛書，髹奩内藏。界以朱絲，篆籀成行。《漢志》所載，《易》繇陰陽。汲冢古文，彖象則喪。與此差同，可以頡頏。復有昭力，研討未遑。系辭不分，挩其篇章。説卦後得，厥説可商。借犍爲健，未知孰長。以埒（垺）爲否，義待衡量。似中古文，"其菁"（彙）非常。无咎未脱，費氏所言。（《廣韻》："言，不知。"）太卜三《易》，筮亦多方。睹斯瑰奇，挹古芬芳。比物取象，昭冥愈狂。本隱之顯，潛德復光。三絶韋編，義須發皇。敢告來賢，誦之勿忘。

原載《古文字研究》，第7期
1982年

再談馬王堆帛書《周易》

湖南長沙馬王堆三號墓出土帛書，有一件是周《易》寫本。過去曾發表二次圖片，一在《文物》1974年第7期（圖版壹），祇刊出一張。另有印入《湖南省博物館》一書中（列139號），亦僅一頁。我於1979年冬月，在長沙市博物館看過原物，匆匆接觸，無從閱讀。後來初步寫過《略論馬王堆〈易經〉寫本》一篇，1980年在成都舉行古文字學會時，提出討論，推測全書卦序的排列次第，幸而言中。該文已收入《古文字研究》第七期。數年以來，希望該寫本能够早日公佈。最高興是1984年3月份《文物》已正式發表由馬王堆漢墓帛書整理小組署名的《馬王堆帛書六十四卦釋文》，張政烺先生且寫成跋文，提出許多嶄新而深入的解説。最近承張先生遠道寄示，要我提供意見，深感他的厚意，謹將個人看法寫出，請張先生指教。

一、論以某數爲紀説

張先生云："蓋古代中國東方人，數以八爲紀；而西方人，數以九爲紀。應是地方的風俗習慣如此，吕不韋采集到，也許是從古代文獻歸納得來的。"按張先生摘取《吕氏春秋·孟春紀》"其數八"，及同書《孟秋紀》"其數九"兩句，遂下這種論斷。細看《吕覽》十二紀，其文字同於《禮記·月令》，十二月所配之數，應如下列：

春（孟、仲、季）：八

夏（孟、仲、季）：七

秋（孟、仲、季）：九

冬（孟、仲、季）：六

全書有它的完整體系。似乎不可單獨截取孟春及孟秋二個月份只舉八與九兩個數字，而撇開其他不論。鄭玄以爲《月令》即抄自吕不韋書。在孟春“其數八”句下注云：

> 數者，五行，佐天地生物成物之次也。……五行自水始，火次之，木次之，金次之，土爲後。木：生數三，成數八。但言八者，舉其成數。

吕不韋時代，五行相勝説已極流行。秦簡《日書》中有許多例證，如云：“丙丁火，火勝金。戊己土，土勝火。”（九七四）“金勝木，火勝金，水勝火，土勝水，木勝土。東方木，南方火，西方金，北方水，中央土。”（八一三反～八〇四反）記載確鑿，可以不論。鄭説采取五行、合生數與成數立論，非常有理。我們看《吕覽》以春之數爲八，夏之數爲七，秋之數爲九，冬之數爲六，只用八、七、九、六的成數，而不用一至五的生數。安陽所出一龜甲，在四個足部上各鍥刻數字作爲卦名，其數字只用六、七、八、九。我嘗推想殷人已能够辨别生數和成數的差異。竊謂以成數的八、七、九、六配合四時，實在是根據十數之圖（即所謂《河圖》）。其圖以十包五居於中宫，其外則北六、南七、東八、西九，中外之交則北一、南二、東三、西四。鄭玄注《易·系辭·大衍》已有詳細解説（見《禮記·月令》孔疏引，不具論）。

	（水）六、一北冬	
（金）九、四西秋	十五（土）	春東三、八（木）
	夏南二、七（火）	

由前圖所示，春何以其數爲八，秋何以其數爲九，可以了然。春爲木，生數三而成數八，言八可以不必舉三，因爲三之數已包括在八之中。《吕覽》《月令》所配之數，是依據《河圖》的。“天以一生水”，一與六同居北方，以成數言之，故東爲八而西爲九。

秦漢之際，還有九數之圖（即所謂《洛書》），世所稱爲九宫者也。1977 年安徽阜陽出土的太乙九宫占漆盤，乃漢文帝前元十一年時物，以一、三、九、七爲四隅，二、四、六、八爲四方，招摇居中，盤上所刻文字與《靈樞經》的《九宫八風》篇完全符合。這即是“戴九履一”的九宫圖，亦即縱横合成十五的幻方，該圖所配的數字和四時分，至有如下圖：

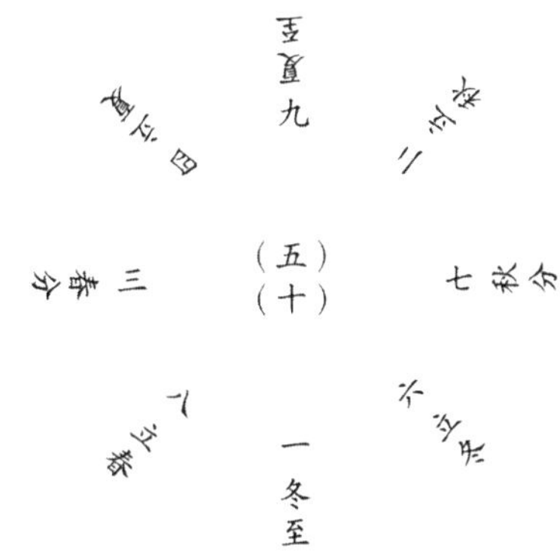

是圖南方在上方。它和《呂覽》《月令》完全不同，且兼用“生數”。四時方位不變，而數序大異。生數之三屬東方春，生數之四屬西方之秋。京氏《易傳》下云：“三者，東方之數；東方，日之所出也。……四者，西方之數；西方，日之所入。”正說明三、四所以指東、西的緣故。成數的八、九分屬東、西，理有同然。《月令》是以《河圖》爲依據的，如果依據《洛書》則大相徑庭矣。

由上所述，可見呂不韋時代前後，十數的《河圖》和九數的《洛書》，兩圖同時流行。（參看《篛園日札》中九數和十數之圖考兩篇。）《呂覽》、《月令》對於數的配合，只用成數，是依據《河圖》來定的。（宋沈作喆《寓簡》及清胡渭《易圖明辨》皆認爲《月令》四季之數出於成數。）

二、論陰陽爻的表示法有多種

今本《易》卦以⚊、⚋表示陽爻及陰爻。但近年各處出土資料所見《易》卦，則頗有異。湖北天星觀楚簡，以一爲陽爻，∧（六）爲陰爻，安徽阜陽簡亦相同。據《文物》1983 年第 2 期報告云：“僅見臨、離、大有三卦，其陰爻作∧形。如臨卦畫，今本作䷒，馬王堆本作[illegible]，阜陽簡作[illegible]。”

《文物》1984 年第 3 期，印出卦文書影的上半部分（該期圖版壹），是從隋（隨）卦開始，包括泰（大）過、羅（離）、大有、溍（晋）、旅、乖（睽）、未濟、〔噬嗑〕等卦。所有陰爻寫作八形。波磔甚顯，分明是八字。所以我認爲不如説馬王堆本是以“八”數來表示陰爻。

∧即是六字，不用討論。可是漢初卦畫就有一、∧和一、八，即一與六和一與八兩種不同寫法，可以并存。六和八都是偶數，故可同樣代表陰爻。

三、帛書卦序與京氏《易》

今本周《易》的卦序，已有《序卦》一篇，説明它何以開始於乾和終於未濟先後序次的道理。西漢施、孟、梁丘諸家的本子，今已不傳。漢石經周《易》，説者謂係梁丘本，但殘缺而非全貌。獨京氏《易傳》完整而條理縝密，是一部匠心獨運的著作。

京氏《易》分八宫，其卦序以乾：震、坎、艮；坤：巽、離、兑爲次。别具一套組織。這是六十四卦上卦（外卦）的次第。京《易》之序次是“取乾坤三索生生之義”（參故友王震著《京房易學纂要》）。至於下卦（内卦）卦序，則本卦之外，加以五世卦及游魂、歸魂二卦，以構成八宫卦序。兹演其圖如下（見下頁）：

京氏《易》卦卦序是以乾：震、坎、艮；坤：巽、離、兑作爲上卦，合以下頁圖方法組成六十四卦。

馬王堆帛書的卦序，亦以分宫爲主，其上卦次序則爲乾：艮、坎、震；坤：兑、離、巽。亦是把乾與坤分開成二組；屬於乾的爲艮卦、坎卦、震卦；屬於坤的爲兑卦、離卦、巽卦。正是同樣取乾坤三

八宮卦變圖

索生生之義。三索出自《説卦》傳，即所謂乾、坤父母産生六子的譬擬。據《説卦傳》：震是長男，巽是長女；艮是少男，兑是少女；坎是中男、離是中女。兹將京《易》與帛書卦序比較如下：

京《易》				帛書			
①乾	②震	③坎	④艮	①乾	④艮	③坎	②震
⑤坤	⑥巽	⑦離	⑧兑	⑤坤	⑧兑	⑦離	⑥巽

二者之間，乾、坤父母和中男、中女的坎、離一樣，只有長、少的先後不同。京氏《易》以長男之震、長女之巽居先，帛書則以少男之艮、少女之兑列前，其他基本是一致的。

至於下卦的次序，帛書依照乾、坤兩組，分陰分陽兩兩相對，作爲先後，遂成爲①乾②坤（父、母）③艮④兑⑤坎⑥離⑦震⑧巽的次序，與上卦原序配合以構成六十四卦。京氏《易》下卦的卦序，則自成機杼。後人多依仿之，如北周衛元嵩的《元包》即其一例。

後來所作的"八卦六十四卦圖"其乾、坤二卦所孳生諸卦，亦以五世及游魂、歸魂爲次，即沿京氏之法。參看《道藏》陽字號《周易圖》卷上第十八。

四、論帛書卦序與衛元嵩《元包》無關

張先生云："北周時衛元嵩的《元包》，其卷前的目録……八卦次序和帛書一樣。"

衛氏《元包》目録次序是這樣的：

太陰第一	坤	太陽第二	乾
少陰第三	兑	少陽第四	艮
仲陰第五	離	仲陽第六	坎
孟陰第七	巽	孟陽第八	震

在坤（太陰）、乾（太陽）二組的卦列，是由初爻積陽或積陰由

下而上，坤積五陽而成夬卦，乾則積五陰而成剥卦。五世之後即用游魂、歸魂。《元包》在下卦的卦序和京房完全相同。可見他是采用京房的辦法。

但有基本差異的地方：《元包》首坤，和一般的《易》首乾完全不同。衛元嵩在開頭自撰的傳上説："太陰太陽，潛相貞（正）也。少陰少陽，潛相成也。竆莫默，地之輿也；顛宀（綿）勹（包）盈，天之冒也。"在整個六十四卦的排比上，它是始於坤卦，而終於隨卦。宋代他的同鄉蜀臨邛張行成述《元包數總義》一書，稱："《元包》其法合於《火珠林》。《火珠林》以八卦爲主，四陰對四陽，所謂'天地定位，山澤通氣，雷風相薄，水火不相射。'其於《系辭》，則《説卦》之義也。……《火珠林》之用，祖於京房。"又言："《太玄》日始於寅，義祖《連山》；《元包》卦首於坤，義祖《歸藏》。"（紹興庚戌自序）觀上引在卦次的少陰項下注云：

> 《包》以坤爲首，陰也。……故《包》先少後長；《易》先長後少。

《元包》以坤卦列首，其卦次如下：

> 坤、乾、兑、艮、離、坎、巽、震

它把少女的兑列在最前面，緊接坤、乾，繼之以少男的艮；把長男的震排在最末，次於長女的巽之後。因爲它是以太陰的坤爲首，所以八卦都重作安排，但不離"先少後長"的原則。它和帛書不同之處除下卦的次序采用京房的世卦與游魂、歸魂基本上完全差異之外，上卦與帛書亦復有差别：在乾坤及坤乾之後。

> 帛書：以少男（艮）居先，長女（巽）居末；

《元包》：以少女（兌）居先，長男（震）殿末。

帛書首乾，以男爲主；《元包》首坤，以女爲主，此其大異處。但有相同者，即同以少列先，以長居後。

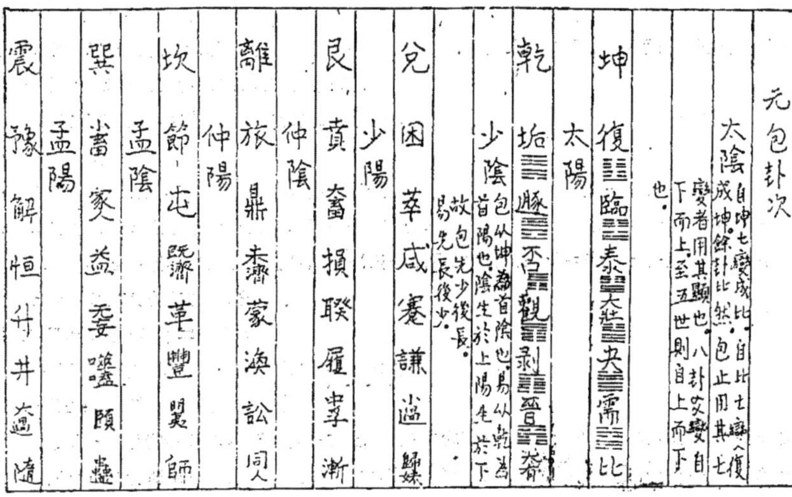
元包卦次
太陰 自坤七變成比，自比七變復成坤。餘卦比然。包止用其七變者，用其顯也。八卦爻變自下而上，至五世則自上而下也。
坤 復 臨 泰 大壯 夬 需 比
太陽
乾 姤 遯 否 觀 剝 晉 大有
少陰 包从坤爲首，陰也。易从乾爲首，陽也。陰生於上，陽生於下，故包先少後長，易先長後少。
兌 困 萃 咸 蹇 謙 小過 歸妹
少陽
艮 賁 大畜 損 睽 履 中孚 漸
仲陰
離 旅 鼎 未濟 蒙 渙 訟 同人
仲陽
坎 節 屯 既濟 革 豐 明夷 師
孟陰
巽 小畜 家人 益 无妄 噬嗑 頤 蠱
孟陽
震 豫 解 恒 升 井 大過 隨

《元包》是承襲京房用《説卦》的八卦兩兩相對的遺規。(《火珠林》云：“乾坤二體，各生三索，而爲六子，六子配合，而成八卦，八卦上下變通，遂成六十四卦。”《火珠林》舊傳爲麻衣道者撰，文字俚俗，作者年代尚難定。張行成謂：《元包》合於《火珠林》，然衛元嵩未必受其影響。)帛書亦有同然。《説卦》此段文字已見馬王堆帛書本(只少“水火不相射”句中一個“不”字)。知先秦早有此説，故漢初帛書周《易》的卦序，得依據之，作爲排列的次第。《説卦》這一段，孔穎達《正義》説是“就卦象以明重卦之意”。六十四卦的架構正由於相對而成章。關於《説卦》，《隋書·經籍志》言：“惟失《説卦》三篇，後河内女子得之。”《論衡·正説》篇言：“孝宣帝之時，河内女子發老屋得逸《易》《禮》《尚書》各一篇。”其實只有一篇，馬王堆《説卦》合於《系辭》之内，則其文自然是先秦的作品。

五、論宋人所見《歸藏·初經》與帛書《易卦》

佚名著《大易象數鈎隱圖》卷上：

> 在伏羲八卦圖，王豫傳於邵康節，而鄭夫（按應作夬）得之。《歸藏·初經》者，伏羲初畫八卦，因而重之者也。其經初乾、初奭（坤）、初艮、初兑、初犖（坎）、初離、初釐（震）、初巽，卦皆六畫，即此八卦也，八卦既重，爻在其中。（《道藏》陽字號四，藝文本第4册，第3167頁）

其次序爲乾、坤、艮、兑、坎、離、釐（震）、巽。朱彝尊《經義考》卷三《歸藏》下引干寶云："初乾、初奭（按應作奭）、初艮、初兑、初犖、初離、初釐、初巽，此《歸藏》之《易》也。"所言《歸藏·初經》卦序干寶與《象數鈎隱圖》相同。干寶書，宋時尚存。（胡一桂《周易啓蒙翼傳》云："干寶《周易簿》七卷，宣和四年，蔡攸上其書。"可證。）朱氏又引朱震云："《歸藏》之書，其《初經》者，庖犧氏之本旨也。卦有初乾、初奭（坤）、初艮、初兑、初犖（坎）、初離、初釐（震）、初巽，卦皆六畫。《周禮》三《易經》卦皆八。所謂經卦，則《初經》之卦也。"王應麟《玉海》三十五引，亦作"初乾、初奭、初艮、初兑、初犖、初離、初釐、初巽。"其卦序亦與干寶相同。故馬國翰輯本《歸藏·初經》，即照此定爲卦序。考干寶説出自其《周禮注》，朱震説出自《易叢説》。（與《漢上易傳》異。）兹引馬氏所輯《初經》如下：

> 《歸藏·初經》。朱震《漢上易》曰《歸藏》之《易》。其《初

經》者，庖犧氏之本旨也。

《初乾》干寶《周禮注》，朱震《易叢説》。

《初奭》干寶《周禮注》，朱震曰坤。

《初狠》干寶、朱震引并作艮。李過《西溪易説》，黄宗炎《周易象辭》皆引作狠。黄云：艮爲狠，取其剛狠之義與。

《初兊》干寶《周禮注》，朱震《易叢説》。

《初犖》干寶《周禮注》，朱震曰坎。李過曰：謂坎爲犖。犖者，勞也，以萬物勞乎坎也。黄宗炎曰："坎爲勞卦。故從勞諧聲而省。物莫勞於牛，故從牛。"

《初離》干寶《周禮注》，朱震《易叢説》。

《初厘》干寶《周禮注》。朱震曰震。李過曰：謂震爲厘。厘者，理也，以帝出乎震，萬物所始條理也。

《初巽》干寶《周禮注》，朱震《易叢説》。

卦皆六畫　　《易叢説》，王應麟《漢藝文志考》卷一。

按《初經》爲《歸藏》中之一篇，北宋《崇文總目》著録，但有"《初經》《齊世》《本蓍》。"《中興書目》："今但存《初經》《齊母》《本蓍》三篇，文多闕亂。"宋人所言之《歸藏·初經》即是此篇。然《路史發揮·論三〈易〉》稱："初臭（坤）、初乾、初離、初犖（坎）、初兊、初艮、初厘（震）、初奭（巽），此《歸藏》之《易》也。"羅蘋注："此《歸藏·初經》也。"則卦序又不同。《鈎隱圖》謂伏羲八卦，王豫傳於邵康節。豫字天悦。又云"鄭夫得之"。鄭夫乃鄭夬之誤。《夢溪筆談》元刊本更誤作"鄭史"，夫、史皆夬之訛。辨詳另文《鄭夬易書公案》。

上述干寶、朱震及《鈎隱圖》所記《歸藏·初經》之卦序，與帛書下卦的序次相同。帛書下卦排列之序正是：

鍵（乾），川（坤）；根（艮），奪（兑）；贛（坎），羅（離）；
辰（震），筭（巽）。兩兩相對。

如果干寶等所得資料爲可靠的話，則帛書的卦序和《歸藏·初經》所記的初卦卦序，正可互證。可是《歸藏》本身卦序，實以坤爲首。我嘗指出帛書卦名異文，有的同於宋人所記的《歸藏》，于豪亮亦有相同説法。可是宋人見到的《歸藏·初經》其卦序還是首乾而次坤，并不像《禮記·禮運》所説的“坤乾”。南宋末咸淳間，温州朱元昇（日華）著《三易備遺》十卷，内有二卷談《歸藏易》，侈論納音納甲。老實地説，《元包》一書方是正式以坤爲首，重新安排的一部冀圖可以代替殷《易》的《歸藏》。到底真的《歸藏》，它的卦序排列應該是怎樣？還待他日有新資料，才能具體證明。但馬王堆《易經》下卦却以少男少女的艮、兑居前，長男長女的震、巽殿後，和《歸藏·初經》完全一致，如果没有馬王堆寫本的出現，干寶、鄭夬得到的書，其卦序將是没法理解的。

馬王堆本早於京房近一百四十年左右（京房於漢元帝建昭二年（公元前 37 年）被殺，年四十一）。很可能京房亦看過這類的《易書》，他對上卦卦序略加改變，仍是把長男長女列前。他説：“隨卦起宫，乾、坤、震、巽、坎、離、艮、兑，八卦相蕩。”（京氏《易傳》上卷之下）相蕩是指乾與坤對，震與巽對，坎與離對，艮與兑對等等。此處相蕩，實際包括“火水的相射和雷風的相搏”。（《道藏·周易圖》中有八卦相蕩圖，訓蕩爲左右相推，與此義異。）兹表之如下：

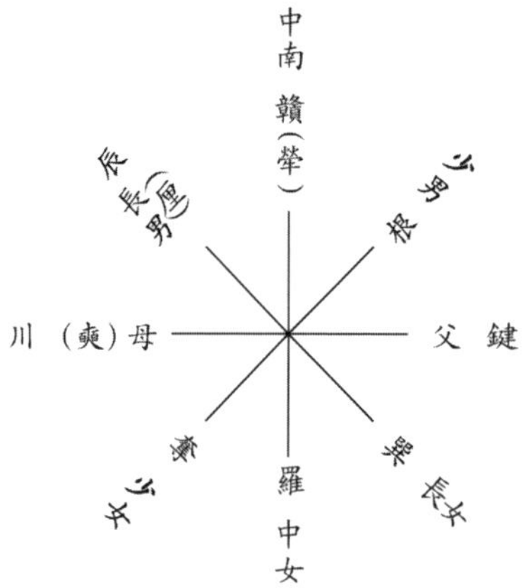

帛書（《歸藏 · 初經》）

京房卦宮

帛書從鍵開始，而根，而贛，以至巽。京《易》亦從乾始，但繼之以震，而坎，而艮，以至兌。京氏大概認爲以長男的震列前，較爲合理。但帛書中這種以少男的艮排在乾卦後面的卦序，必有它的道理。它是西漢初年南方楚地流行的一種《易經》本子。後來京氏《易》的卦宮由此脫胎，略作修改。無論如何，它是依據“先少後長”爲原則的。

原載《明報月刊》，1984 年 5 月號

從郭店簡追蹤古哲之“重言”

—— 儒、道學脉試論

中國文化自 19 世紀受到西方文化的衝擊，捲起洋務運動的熱潮，對自己舊文化的真義，完全失去了信心。20 世紀的新文化運動，提倡民主、科學兩個要素，於是有所謂本位文化與全盤西化不同主張的争論，影響至於今時尚未完全結束。近半世紀以來，由於考古學的發展，地下的寶物不斷出土，簡帛上先秦經典的早期寫本大量面世，使人們對古文獻記録的可信性大大增加。許多逸籍的出現，開拓古代學術史的新視野，使人們對古書形成的書寫及編纂的過程有新穎的認識。

20 世紀末期以來，出土文獻已知道的有湖北地區的楚簡、西北敦煌附近懸泉驛的漢簡和長沙的吴簡，這些寶貴的遺産，目前正在整理進行之中，預計要到 21 世紀初期，方能够完全公佈。所以我説 21 世紀應該是一個極重要的古籍經典整理的新世紀。歷史上只有西晋太康時期的汲冢遺書可相比擬，大量逸書的出現成爲史無前例的巨大收穫。這些出土文獻需要我們花長時間好好去整理、研究。我們很需要一支工作隊伍，才能像西漢劉向、劉歆父子參與中秘認真地去完成古書整理（校仇）的任務。

近期公佈的湖北荆門郭店的楚簡，引起世界學人的矚目。在北京甚至有人説道：“對國際漢學界而言，九八之夏，‘熱’的不是世界杯，而是郭店楚簡。”（《書品》，1998（4））北京中華書局出版的《郭店楚簡》所披露出土的經典新資料，有三項重要的内容：第一是最早屬於戰國時期的《老子》寫本；第二是《禮記》裏面的《緇衣》全文，以前被認爲是漢代作品，現在應該提前了；第三是一些後來全未見過的儒家逸書和零星片斷格言型的句子的記録，整理者給以標題曰《語叢》。證明墓主人是一位儒、道兼通的人物。

這些所謂《語叢》，還没有受到應有的重視。我個人認爲這是極有研究價值的嶄新經典文獻，這即《莊子·寓言》篇所稱“寓言十九，重言十七”的“重言”。莊子説明他立言的體例，有寓言、重言、卮言三類，十分之九是譬喻式的寓言，又有他自己發揮、漫衍其詞的卮言，尚有十分之七則是重言。什麽是重言呢？莊生説：

> 重言十七，所以已言也，是爲耆艾。年先矣，而無經緯本末以期年耆（來者）者，是非先也。

重言是爲人所（尊）重之言，是先前老輩（耆艾）所説的話，爲一般人所尊重而具有“經緯本末”作用的格言。雖然它的年代在前，但如果没有經緯本末的意義，可以期待來者去發楊的，便不足以爲“先”。這樣看來，重言是足爲後世師法、永遠爲人所尊重的名言（楊守敬據日本高山寺的《莊子》寫本“年耆”二字旁各有二點，認爲“年耆”二字是“來者”的誤抄）。因此，楚簡《語叢》所抄寫的東西，很可能就是墓主人隨手摘記的先代耆艾的重言。

馬王堆《易傳·繆和》亦出現“重言”一詞，云：“繆和問於先生曰：‘凡生於天下者，無愚知賢不宵（肖），莫不頤利達顯榮。今《周易》曰：困，亨貞，大人吉，无咎。又言〔不〕信。敢問大人，何言於此乎？’〔子曰〕此耶（聖）人之所重言也。”（《續修四庫全書》本）可見“重言”一詞，在秦漢之際，使用之廣泛。

先代的重言，大部分是莊子依據之來著論的。《莊子》外篇有《胠篋》（第十）。司馬遷説他“作《漁父》《盗跖》《胠篋》，以詆訿孔子之徒，以明老子之術”。江陵張家山136號墓（漢文帝時）中有《盗跖》竹簡，“跖”字寫作“䟡”。《盜跖》一向被認爲是贋品，但漢初已爲人所誦習。馬其昶《莊子故》引王安石説“此篇之贋，不攻自破”，可知其不然。司馬遷亦親見其書，言自可信。今郭店簡《語叢》中出現下列文字：

> 𢽴（竊）鉤者戠（誅），𢽴（竊）邦者爲者（諸）侯，者（諸）侯之門，義士之所廌（存）。（《語叢》四·九）

簡上文字，清晰可辨。《史記·游俠列傳》引此稱“竊鈎者誅，竊國者侯，侯之門，仁義存”。《莊子·胠篋》篇云“聖人不死，大盜不止”，有一段論盜跖“彼竊鈎者誅，竊國者爲諸侯，諸侯之門，而仁義存焉，是非竊仁義聖知邪？”由《語叢》所記，知此數句乃戰國以來楚人流行之重言，莊子作《胠篋》時借用之，并不是他自己所寫的東西。

《語叢》中有分明見於《論語》的，如：

> 志於衍（道），䖒（據）於悳（德），
> 厃（依）於㤈（仁），游於埶（藝）。（《語叢》三·五〇、五一）

以上諸句，見《論語·述而》上孔子曰。分明出於孔子。可是《語叢》没有指出它出自孔子之語。可能是戰國時視爲重言而引述之。另一條記着：

> 亡（毋）啻（意），亡（毋）古（固）。（《語叢》三·六四上）
> 亡（毋）義（我），亡／亡勿（物）不勿（物）。（《語叢》三·六四下）
> 膚（皆）至安（焉）。（《語叢》三·六五下）

《論語·子罕》：“子絶四：毋意，毋必，毋固，毋我。”與此數句相同，而序次則作意、固、我、必。借“義”字爲“我”。《説文》：“義，己之威儀也。”字從我從羊。又讀“古”爲“固”。增益兩句，“亡物不物”及“皆至焉”加以引申，亡物不物者，似是雜用《莊子》“物物而不物於物”之義，既采《論語》作爲重言，復取《莊子》解釋之，分明是儒、道兼用。

韓愈《論語筆解》説：“此非仲尼自言，乃弟子記師行事。”“子絶四”一句，自來注家有許多争論，有説孔子自無此四者，一説只有絶二而已。今看楚簡，并不言出自孔子，亦無“絶四”二字，只是視爲前人的重言。這亦可能原本是古先的重言，而儒家采用它。

《語叢》中又有略同於老子的，例如：

凡勿（物）繇（由）室（亡＝無）生。（《語叢》一·一）

這即老子所謂“天下之物生於有，有生於無”（馬王堆乙本《德經》第四一章）。

多抙（好）者，亡抙（好）者也。（《語叢》一·八九）

老子所云“善者不多，多者不善”（馬王堆乙本《德經》第六八章），“甚愛必大費”（馬王堆乙本《德經》第四四章），意思正相似，即“去甚去泰去奢”之旨。

限於篇幅，只舉出一些例子，説明先秦流行的先輩的重言爲儒、道諸子所承襲采用。

馮友蘭在《新理學》開頭就説：“本書是‘接着’宋明以來理學講底，而不是‘照着’講底。”其實先秦各家，“接着講”和“照着講”二者都有之，很不容易分别清楚。莊子自稱“重言十七”，他坦白承認許多是“照着講”的。《淮南子》説：“世俗之人多尊古。”（《修務訓》）故記古以自重。至於“接着講”，承“先代之流”，後浪推前浪，自然如此，是不用多説的。

重言的重要，吕不韋因之設《重言》一章來討論。葛洪《抱朴子》外篇亦著《重言》篇，指出“希聲而會大音，約説以俟識者”。重言每每用極簡括的語句，去表達深遠的含義，省其辭而約其旨，不管細事，以免多費唇舌。所謂“敬其辭令”，是古人立言的要訣。

從《語叢》發現的一大堆材料，對於分辨儒、道思想脉絡、源流有極大的幫助，這些古代重言，零璣碎璧，正待去好好利用，對古代思想脉絡尋求“一點”新的認識。

郭店楚簡中有一篇《性自命出》，精義紛披，很需要做深入研究。令人想起當年傅孟真著《性命古訓辨證》，欲用語言學方法，否定阮元之説，可惜此文尚未出土。傅説當否，已有楊向奎等的評論。這一新資料對我們的啓發是十分重要的。

我曾談到古典文獻的整理與研究，舊義的重新認識與估定，很可能引發一次文藝復興運動。以歐洲爲例，當日通過東方拜占庭帶動研究希臘、羅馬的古典風氣，引起人文主義的一股熱潮。從阿拉伯文巨册著作中拾取勾稽，加以重構，非常艱辛；何况擺在我們眼前就有大量的出土文獻，以簡牘而論，從先秦到兩漢吴晋，數字之巨，令人吃驚。可以依據它去仔細研究，這不是得“天”獨厚，而是得“地”獨厚，安可辜負它，不加以充分利用！湯因比曾説吾國唐代有儒家帶動的文藝復興，他似乎即指韓愈的古文運動，那只是文章體貌的改革，不能代表文化的意義。這批簡牘的整理刊佈，還需一段長時間，要到 21 世紀方能完成面世，所以我説 21 世紀將是古文獻整理的全盛時代，亦即古典文化重新評估、振興的時代；可能帶來的自家文藝復興運動，代替上一世紀的受西方衝擊下的新文化運動，這應算是一種進步的文獻學工程，更富有學術意義。

許多人喜歡别出心裁，重視創見，不肯去“接着講”。其實文化是一長流，没有間斷。洋務運動以後，提倡西化，無異要把它切斷。然而“抽刀斷水水更流”，時到今日，仍舊要接着去講，回歸到炎黄的文化。西來的東西，只是旁流的匯集，并没有把主流放棄掉。我的講法是下面的方式：

照着講
接着講
參着講

這樣發展下去，文化前途長遠而壯大的局面，相信是無可限量的。這一大堆新材料，如果我們不去努力，西方學人就會越俎代庖，代替我們工作的。

大家都知道，人文與科技，二者應該并重，不能偏廢。香港在倡導科技之餘，如能够同時亦參與這一項人文工作，以港地的人才之衆，經濟力量之雄厚，給予支持，成就必大有可觀。如能實現，那時的香港亦不難成爲文藝復興時期的佛羅倫薩了。

1998 年

郭店楚簡本《老子》新義舉例

中日合辦的東方學術研討會將在北京舉行，本人被邀參加，深愧老邁，未能遠役。上月在滬，與汪道涵先生相值，汪先生面諭之曰："人可不來，文章不能不來。"余謹受命，因整理此一短文，聊當芹獻。

湖北郭店楚簡《老子》寫本之出土，爲近年學術界一大事。東西學人多年渴望此一簡册能早日流通，以供研究，今終於在本年五月北京大學成立一百周年紀念會之國際漢學會議上印出，頒發面世。余荷國際儒學會惠賜一册，月來潛心研讀，深覺新義紛披，札記多至數萬言。兹摘其中二三事，綴次爲文，舉其一章，詳加討論，以求教於海内外的老學專家。

此本不是《老子》全書的完本，而是摘抄。序次亦大異於今本，可能是抄者本其個人看法而綴録之，書中安排先後，細心尋繹，似不無深意存焉，其間自有其倫脊條理。由此一本可認識到戰國初期《老子》一書的廬山真面目，既不分《道》《德》二經，亦無分章次第，更談不到像河上本的每章給予標題。與此本時代稍近的馬王堆甲、乙本，懸異亦多，顯然不是出於一源。

兹取其第十六章爲例，加以分析。本書第十六章文云：

至虛恒也，獸（守）中管（篤）也。

萬物方（旁）作，居以須（俟）復也。

天道員＝，各復其堇。

馬王堆甲本：

至（致）虛極也，守情（靜）表（篤）也，
萬物旁（并）作，吾以觀其復也。

乙本：

至（致）虛極也，守靜督也。
萬物旁作，吾以觀其復也。

王弼注本：

致虛極，守靜篤。萬物并作，吾以觀復。

與他本相較此章異文特別多，此章抄於“天地之間其猶囙（橐）篭（籥）與，虛而弗屈，動而愈出”三句之下，分明是承接着“虛而弗屈”句而來，具見二章先後銜接，有其關聯性。

馬王堆帛書本均作“至虛極也”。甲本“守情（靜）表（篤）也”，乙本“守靜督也”。以“督”字證之，知“表”字乃“裻”之形訛。楚簡本之管，應讀作督。督亦訓中。《莊子·養生主》：“緣督以爲經。”郭象注：“順中以爲常也。”李頤注：“緣，順也；督，中也。”是其證。“獸中管”即守中督，“中督”是“中”之重言重意，猶言守中。《老子》“虛而弗屈，動而愈出”下面原有“多言（馬王堆本作‘聞’）數窮，不如守中”二句，而此簡本無之。知中即是督，守中與《莊子》之緣督義同。他本守中之中，有作“𠁩”“忠”者（如法京敦煌本及遂州碑本），忠必是誤字（楚簡常見中字亦作𠁩，乃中的繁形）。又中字有以《周禮》訓簿書之中釋之，義不相應，殊不妥當，幸帛書乙本之作“守靜督也”，證知宜以《莊子》說之爲勝。“多言”《文子·道原》篇引作“多聞”，與帛書本合。《韓非子·喻老》

取王壽焚書故事來説《老子》第六十四章“學不學”之義，但《淮南子·道應訓》則引此故事來説“多言數窮”而作“多言”。多言與多聞義有不同，多聞謂博學，與學不學之學相應。高明謂《道應訓》引《老子》有誤，宜從馬王堆本作“多聞”，其説是。《文子》非僞書，亦作多聞，知其有據。

楚簡本虛恒，帛書本作虛極。恒訓常。《鶡冠子·泰鴻》云：“日月信死、信生，進退有常，數之稽也。”《禮記·曲禮》言龜、筮占卜習語曰：“假爾泰龜有常，假爾泰筮有常。”有常即有恒。《老子》本章下文云“知常曰明，不知常妄作凶”。知常即知恒矣。

此章虛極之作虛恒，乃同義互用，楚人有此慣例，馬王堆《周易·系辭》太極寫作大恒，有人必謂恒是極之誤字，今觀此本，虛極之作虛恒，亦可以釋然矣。朱謙之謂：“老子言虛共五見，似有虛無之義。《廣雅·釋詁》云虛，空也。然而，虛無之説，自是後人沿莊、列而誤，老子無此也。”必欲將虛無之義，歸之於莊、列，不知莊子多發揮老氏，有時正須以莊解老。上述守中之爲緣督，即其例證。“致虛極”亦然。《管子·心術》云：“虛其欲，神將入舍。”是爲心術之要，《莊子·人間世》曰：“虛也者，虛而待物者也；惟道集虛。虛者，心齋也。”虛即是心齋，至虛恒，即言“致虛之恒道”，至讀爲致。“惟道集虛”一句，正是“至虛恒”的確詁。

依是言之，此章以莊解老，方能暢順。

於此令人聯想到《莊子》另一向來諸多異論的句子，即“虛室生白，吉祥止止”。有人説“下止字或‘之’之誤”（王先謙説）。俞樾説：“止止連文，於義無取。《淮南子·俶真》作虛室生白，吉祥止也。疑此文下止字亦‘也’字之誤。唐盧重元注《列子·天瑞》篇曰虛室生白，吉祥止耳，亦可證‘止止’連文之誤。”王叔岷引《云笈七籤》六一，則吉祥止矣，謂“下止字本作矣，涉上止字而誤，《劉子·清神》篇吉祥至矣，止亦作矣。”究竟重止字之作止止，是否是《莊子》原文之誤？第二個止字，是否應作語助詞才對？這是非常有趣的問題。今按在郭店楚簡裏面，不少“止”字寫成歨，字作重止。試舉一例：

夫亦牆（將）智（知）＝歨＝所以不勹（殆）。

智、歨兩字有重文號“＝”，此處止字作重止，我因之恍然大悟，《莊子》的“虛室生白，吉祥止止”，可能原作吉祥歨，是止字作重形，歨本來是“止”的繁體。故被寫成止止，絶非連文之誤。楚簡寫本增加了我們一點古代語文的新認識！

再談下文“天道員＝，各復其堇”二句。

甲、乙本及王本均作“夫物雲雲（秐秐，芸芸）”，此本獨作“天道”。河上、王弼本作芸芸，異寫最多；又有作云云、貟＝等。《莊子·在宥》篇，鴻蒙與云將二人的對話説道：

大同乎涬溟，解心釋神，莫然無魂。萬物云云，各復其根。

成玄英疏：“云云，衆多也。”大家都認爲云即《説文》訓“物數紛貟亂也”之貟。今此簡本字作員，從火，員聲，借員爲貟。《集韻》二十文有熉字，訓黄貌，引詩“芸其黄矣”。熉與芸通，簡本書作員，實宜讀爲貟。

堇與根同韻，《集韻》二十一欣，從堇之字與從艮之垠圻墪同一部。《莊子》作“各復其根”，不同他本之作“各歸其根”，或“各復歸其根”。不作“歸”字，與楚簡本全同。最堪重視。簡本上文“居以須復也”，謂居以俟其復，不作觀復。下文接言“各復其堇（根）”，十分强調“復”字，復者，即六十四章“復衆之所逃，是以能輔萬物之自然而不敢爲”之“復”。復的觀念來源甚早，楚簡《殷易·歸藏》中有復卦。甲骨文中復字出現極多。馬王堆本《周易·復卦》在川（坤）宫之首，卦的構成震下坤上，自然現象有往必有復，故曰“復其見天地之心乎”。故《老子》書對復之概念亦反覆推闡其義。

此六十四章，楚簡本兩次出現“復”字：

首次

爲之者敗，執之者遠之，是以聖〔人〕亡爲故亡敗，亡執故亡失。臨事之紀誓（慎）冬（終）如始，此亡敗事矣。

聖〔人〕谷不谷（欲），不貴難得之貨，學不學，復衆之所𨑓，是故聖人能叀（輔）（在十五章之後），萬物之自然而弗能爲。

第二次

誓（慎）冬若始，則無敗事。喜！人之敗也，恒於其且成也敗之。是以〔聖〕人欲不欲，不貴難得之貨，學不學，復衆之所𨑓，是以能楠萬物之自然而弗敢爲。（最末一條）

六十四章末句，馬王堆甲本作“是以聖人欲不欲而不貴難得之𩃠（貨）；學不學，復衆人之所過，能輔萬物之自然而弗敢爲”。

郭店楚簡本重出再三提示，似有意强調復之概念。而“輔”字，二處異寫，一處作叀，一處作楠從木。更以《太一生水》篇證之，此篇多次出現“相輔”一詞，其字概從木作楠，楠蓋輔字之異寫。《韓非子·喻老》云：“隨自然則臧獲有餘，故曰恃萬物之自然而不敢爲也。”不作輔而作恃。《喻老》篇極重視此章，凡三處引事以證之，先援用子罕以不受玉爲寶，來證欲不欲而不貴難得之貨；次援用王壽接受徐馮之教而焚其書，謂知書不以言談（説）教，言不以藏書逞智，以證“學不學”之義。《韓非子》下云“復歸衆人之所過也”，今驗以郭店本，歸字實作輔不作恃，劉師培據此云，古本“復”下此歸字實作輔而不作恃，“歸”字亦無之。朱謙之、高明均以劉説爲非。以郭店本驗之，劉説誠不可取也。再看《太一生水》篇云：

反輔

水反輔大一以成天
天反輔大一以成地

相輔

天也相輔以成神明
神明復相輔以成陰陽
陰陽復相輔以成四時
四時復相輔以成濕燥
濕燥復相輔以成歲

可見相楠一詞之取義。此可稱爲自然相輔説，所謂“輔萬物之自然”，蓋謂天地萬物互相依存，相輔與反輔皆自然之道。必以是解之，方爲恰當。

郭店本所以重複抄録此第六十四章，又附以《太一生水》一篇，是在解釋“輔萬物之自然”一義。

《韓非·解老》《喻老》兩篇，絶不依《老子》原書先後。《解老》篇開首講第三十九章（《德經》之首章），凡引該章七八處；《喻老》則開頭先講第四十六章，凡引五句。比對之如下。

下面引證第四十六章：

天下有道却走馬以糞	戎馬生於郊
天下無道戎馬生於郊	罪莫大於可欲

禍莫大於可欲　　　　　　禍莫大於不知足
禍莫大於不知足　　　　　咎莫憯於欲得
咎莫憯於欲利　　　　　　知足之爲足矣

試以郭店本比較之：

辠莫㫗（厚）虐（乎）甚欲
咎莫僉虐谷（欲）得
化（禍）莫大虐不知足
知足之爲足，此亙（恒）足矣（甲簡第三條）

郭店本不抄“天下有道”兩句。甚欲，《韓非》兩引均作“可欲”，《韓詩外傳》九作“多欲”，河上本、敦煌本、碑本均作“罪莫大於可欲”，與馬王堆本同做“可”，而此作“甚”，較勝。王弼本漏去此句，非是。

郭店雖非足本，可以研究之地方甚多，作爲出土本之第一本《老子》，比馬王堆之漢文帝時還早。確屬戰國時期之物，去老子年代最近，迥非河上公、王弼諸本可比擬。價值之高，毋庸多贅。玆揭櫫數端，論其要旨，尚望方聞之士加以指正。

1998年8月

從郭店楚簡談古代樂教

郭店楚簡的問世，引起中外對古書重新討論的熱潮。楚簡裏有《緇衣》全文，現在所知，香港中文大學和上海博物館亦有《緇衣》零簡，證明《禮記》裏面有不少應該是先秦的書，并非漢人所作。在馬王堆漢初楚墓出土的《老子》後面的逸籍，有所謂《德行》的，是儒家的著述，已經有不少中外學人研究；現在郭店簡亦出現與此文字相同的簡册，在竹簡的開頭標記着“五行”二字，大家無異議地承認它正是子思的作品。荀卿在《非十二子》篇中說的“材劇志大，聞見雜博，案往舊造説，謂之五行”，可能即指是篇。

在郭店簡《性命》篇之中有一段談及人心喜慍的問題，和《禮記·檀弓》所引子游的談話，文句頗有雷同，茲比較如下：

《檀弓下》	楚簡
人喜則斯陶，陶斯詠，	喜斯慆，慆斯奮，奮斯羕，
詠斯猶，猶斯舞。	羕斯猷，猷斯迮（舞）。迮，喜之終也。
慍斯戚，戚斯嘆，	𥁰斯憂，憂斯戚，戚斯難，
嘆斯辟，辟斯踴矣。	難斯迏；迏斯通（踴）。通（踴），𥁰之終也。

上海竹書末無此一段。

《檀弓》此文，是有子和子游同在一起的對話。有子說：“予壹不知夫喪之踴也，予欲去之久矣。情在於斯。”有子意欲廢去喪禮之踴，子游以爲不可，說他“所刺於禮者，非禮之訾”。

楚簡這段話的關鍵詞是一“通”字，如果把這一字看作通，那就完全不通了。今按此字當釋“𧼮”，從走從辵從足同義。《說文》走部：“𧼮，喪擗𧼮。從走，甬聲。”又足部：“踴，跳也。”今《儀禮》《禮記》皆作“踴”。楚簡不作踴，而作通，即《說文》之。《儀禮·士喪禮》《禮記·雜記》及《喪大記》中，列出禮節，“成踴”、“不踴”，都有所規定。擗字亦作辟，《邶風·柏舟》：“寤辟有摽。”辟和摽都訓拊心。搥心爲擗，跳躍爲通。故云“辟斯踴”。𠅀字形從亡米，以義推之，當指擗。㐌，李零《校記》讀爲“作，喜之終也”。未安。按《說文》攴部：“㩿，撫也，讀與撫同。”又手部：“撫，古文𢓊。”與此簡形同，故當釋“撫”，而讀爲“舞”。甲骨文舞字異體作𡗗形（《合集》二一四一七），從大從二亡，由此可證楚簡以舞之作𢓊例之，簡文從亡之亡，讀爲無；故㐌字得讀作舞。𢧵字從心，業聲，增戈旁，可釋𢜶，《集韻·三十一業》：“𢜶，懼也。”戁者，《說文》：“戁，敬也。”《商頌·長發》：“不戁不竦，百祿是總。”戁亦訓恐。至於慍字，《說文》云：“怨也。”《檀弓》“詠斯猶”句，宋本《御覽》卷四六七引作“詠斯摇”。

我花了九牛二虎之力，把楚簡這段文字仔細推敲，終於弄清楚了。把它與《檀弓》仔細比勘，知其原本是子游的談話。他認爲人的情緒，可分爲喜、慍二大類，喜是歡愉快樂，慍是悲怨哀痛。楚簡行文較繁，可以看出他用意的要點。他説“㐌（舞），喜之終”；“通（踴），慍之終”。

𥁕字原字作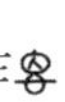，上從囚，下從心，定爲慍，正與《檀弓》符合。古代親喪，孝子必拊心跳躍，故以“擗”爲慍痛之極。舞則容易明白，所謂“不知手之舞之”是也。既知這段話出自子游，我們看《非十二子》篇談及《五行》之後，加上的評語説道：“子思唱之，孟軻和之，世俗之溝猶瞀儒，嚾嚾然不知其所非也，遂受而傳之，以爲仲尼、子游爲兹厚於後世，是則子思、孟軻之罪也。”郭店楚簡記録子游這段話，記録者當然即是荀子所諷的“瞀儒”，二千年後居然從墳墓跑出來，足以反證郭店本之所載録，不少應是出於子思的著作，《五行》只是一個明顯的例子。

《五行》篇中涉及古代樂教的文字有一件十分重要，涉及儒家思想的論題，即“集大成”這件事。

無人不知孔子是被稱爲“大成至聖”的人物，這句話出自《孟子·萬章》篇。大成二字富有特殊的音樂意義。

孟子稱贊孔子爲聖之時，能集大成而以“金聲”“玉振”四字表楊之。金聲是始條理，玉振是終條理。向來訓詁家都采取樂章之“成”來解説大成，是正確的。今證之郭店本《性自命出》章：

> 聞笑聲，則膻（鮮）如也斯喜。
> 聞歌謠，則舀（慆）如也斯奮。
> 聽琴瑟之聲，則誘（悸）如也斯難。
> 觀《賚》《武》，則齊如也斯作。
> 觀《卲（韶）》《頣（夏）》，則免（勉）如也斯僉（斂）……
> 鄭、衛之樂，則非其聲而從之也。
> 凡古樂龍（寵）心，益樂龍指，皆教人者也。

諸“聲”字原皆作“聖”，舀讀爲慆。《説文》：“慆，悦也。”是章又云：“《巠》《武》樂取，《佋》《頣》樂情。”《巠》應是指《周頌·賚》：“文王既勤止，我應受之。”《武》即《周頌·（大）武》：“於皇武王，无競維烈。”佋即韶；頣即夏字，指《肆夏》：“子聞韶樂，三月不知肉味，不圖爲樂之至於斯也。”益樂指繁聲，手“指”妙用之，古樂則有裨於心靈，其爲寵於人也不一，此古樂與益樂殊科。韶夏，古樂也；鄭樂之聲，益樂也。

下段文字疊用幾個形容詞的“如”字。試看《論語·八佾下》：

> 子語魯太師樂曰：樂其可知也。始作，翕如也；從之，純如也；皦如也，繹如也；以成。

《儀禮・大射儀》，納賓後乃奏《肆夏》，樂闋後升歌，故曰“從之”。繼以笙入，笙有聲無辭，可辨其聲，故曰“皦如”。繼以閒歌，笙奏不斷，故曰“繹如”，而樂以“成”。《尚書・益稷》：“簫《韶》九成。”鄭玄注：“成，猶終也，每曲一終，變更奏。”《禮記・樂記》云：“《武》始而北出，再成而滅商，三成而南，四成而南國是疆，五成而分〔陜〕，周公左，召公右，六成復綴以崇天子。夾振之而駟伐，盛威於中國也。”是《武》凡六成，視《韶》樂稍殺矣，成亦謂之終。《逸周書・世俘解》記：“奏庸，大享，一終，三終。進萬，獻《明明》三終，籥人奏《崇禹生開》，三終，王定。”三終即是三成。《詩・車攻》：“允矣君子，展也大成。”楚簡《緇衣》引作：“㞞也大成。”

《詩・齊風・猗嗟》：“儀既成兮。”鄭箋：“成，猶備也。”《周頌・有瞽》：“永觀厥成。”《儀禮・少牢饋食禮》：“祝告：利成。”鄭注：“畢也。”總觀上引有關文獻，“成”是樂備之義，不成問題。

最值得注意而應該深入研究的是《五行》篇中所述關於金聲玉振的解説，從精微差異的角度加以剖析，和《孟子》大有出入。茲録《五行》其文如下：

> 君子之爲善也，有與始，有與終也；君子爲德也，有與始，無與終也。金聲而玉振之，有德者也。金聲，善也；玉音，聖也。善，人道也；德，天道也，唯有德者然後能金聲而玉振之。（楚簡缺文依帛書本補訂。郭店簡缺“有與始，無與”五字。馬王堆帛書分明作“無與終也”。詳魏啓鵬：《校釋》，12 頁。李零改作“有與終”，未確。）

子思區分善與德爲二系，善爲人道，德爲天道。人道之善有與始，有與終；而天道之德則有與始而無與終，由有而反乎無。《五行》篇開頭即說："仁，形於内謂之德之行，不形於内謂之行。"於"義"亦然。他所標揭的五行，是仁、義、禮、樂、知。他說"四行和謂之善"。

表之如下：

人	金	善	仁、義、禮、樂 →	有與始
道	聲			有與終
天	玉	德	形於內爲德之行 →	有與始
道	振		不形於內只是一般的行	無與終

孟子之說較爲簡括，但謂爲"始條理""終條理"而没有突出"無與終"的"無"。馬王堆本《五行》說"有與始有與終，言與其體始，與其體終也"，"無與終者，言捨其體（體）而獨其心也"，無與終是捨其體，即不形於外。由有與終到無與終，推進一層次，由人而及於天，由有形到無形。他把玉振屬之於德，有如陸子靜之尊德性。我個人認爲子思的重"無"，《禮記》的《孔子閒居》，孔子對子夏大講"三無"的道理，即無體之禮、無聲之樂與無服之喪；無體之禮，豈非《五行》所說的"捨其體"乎。荀卿說子思"案往舊造說"安知非本之仲尼乎？後代嵇康《聲無哀樂論》主張"樂之爲體，以心爲主"，宣稱"無聲之樂，民之父母也"。魏晉之世，《子思子》原書尚存，對當時玄學家的樂論，自然有相當影響。"無與終"之爲天道，是高級的善，故稱之爲"德"。子思對"德"的界定，認爲形於内不形於外謂之德。韓愈《原道》稱"足乎己無待於外之謂德"，似有取於此。子思學說，富有形而上意義，孟子不能完全采用。荀子則譏其"僻遠而無類，幽隱而無說"。戰國末期，是議兵游說、實用觀點大行其道

的時代，子思的形上學見解不易爲人接受，自是理所當然的。

金聲玉振的道理，自從曾侯乙墓鐘磬出土以後，有具體的物證，可供借鑒，使人們增加許多真切的理解。古代樂懸的制度，天子四面名曰宮懸，舞八佾（行列）；諸侯去其南面，存三面，名軒懸，亦稱曲懸，舞行六佾；大夫又去其北面，名曰判懸，舞行四佾；士曰特懸，只一面，舞行二佾（見《禮記》及賈誼《審微》）。有鐘兼有磬，加之以舞，作爲樂的全套。金聲是擊編鐘，玉振指擊編磬。前者《孟子》謂之始條理，後者謂爲終條理。魏時，何晏著《樂懸》一卷，惜已亡佚。友人 Lother Von Falkenhausen 著 *Suspended Music*（《樂懸》）一書專談編鐘，有人要我爲他寫書評，因爲無暇執筆，我向他說，應該進一步，再寫編磬，目前出土有關磬的新資料甚多，正宜作綜合研究，否則只有始條理，而没有終條理，還不能算是“集大成”呢。

《呂氏春秋·仲夏紀》記堯命夔拊石擊石，以象上帝玉磬之音，以舞百獸，即取自《尚書》“夔典樂”之説。山西出土新石器時代東下馮的打製石磬，殷墟武官村出殷代虎紋大磬，測音均爲 #C。《爾雅》“大磬謂之馨”，郭璞注：“音囂，以玉飾之。”這正是拊石，玉振的物證。殷卜辭有大夔之名，見《合集》二四九六三：

壬戌，王卜喜……

……大夔

很可能殷時，夔亦列於祀典。殷代有濩樂，又盛行萬舞，在卜辭中都有具體的記載。出土的編鐘，只是三枚或四枚爲一肆，測音則鐘的正鼓與側之間一般爲大二度的音程，律制尚待研究。《禮記·郊特牲》記“殷人尚聲，臭味未成，滌蕩其聲，樂三闋，然後出迎牲。聲音之號，所以昭告於天地之間也”。故《商頌·那》云：“既和且平，依我磬聲，於赫湯孫，穆穆厥聲，庸鼓有斁，萬舞有奕。”由磬聲以致和平，可致神人以和的境界。殷人迎牲必先奏樂，卜辭之中萬舞及用鼓樂的記載，多不勝數。樂緯《樂葉圖徵》："鼓和樂於東郊，致魂靈下太一之神。"《初學記》卷十五《雅樂》引《樂葉圖徵》，秦漢間郊祭祀太一之神，用鼓，稱其樂曰和樂。

子思既提高德爲天道，故其《五行》中稱德曰"天德"。其言曰：

> 鐖而知之，天也。鐖也者，齋數也，唯有天德者，然後鐖而知之。上帝臨女，毋貳爾心。（馬王堆本）

鐖字，一説讀爲譏，察也；一説讀爲僟，精謹也。見《説文》人部。"深練於事曰僟"，意思是極深研幾。齋數是説能够把握變化之數，古代是指占筮者，乃能通其變。武王伐紂之前，進萬舞，奏《明明》三終。惠棟《逸周書》校本説《明明》即《詩》之《大明》。上舉《五行》引用詩句即出《詩·大雅·大明》："殷商之旅，其會如林，矢於牧野，維予侯興，上帝臨女，無貳爾心。"這詩句是牧野伐殷之役，詔示士旅皆宜一心戡敵，有上帝正在監視着你們。德之所以爲天德，是與神互爲感應的！《詩·小雅·伐木》："神之聽之，終和且平。"又《小明》："神之聽之，式穀以女。"神是愛好和平，和平之音，是從"磬聲"而來的。

《樂記》也許出自公孫尼子，篇中多處强調禮外樂内之旨，又指出"樂者通倫理者也"，又説："知誘於外，不能反躬，天理滅矣。"人化物也者，滅天理而窮人欲者也。故先王制禮樂，"禮節民心，樂和民聲"，不可以人來化物，使人欲作無限度的滋長。故以禮樂化之，"大樂與天地同和，大禮與天地同節"，"和故百物皆化"。和即所以化物，今人謂之"感化"。《樂記》在終結説在宇宙、閨門之内，君臣上下，父子兄弟同聽之，莫不和親，故"樂者，審一以定和"。

子思之言"獨其人心"其實亦即"審一以定和"的"審一"。"獨心”與“審一”，理正一致。楚簡《性》篇云：

> 凡學者求其心爲難，從其所爲，近得之矣，不如以樂之速也。
>
> 樂之動心也，浚深鬱舀（鬱陶），其剌（央）則流如也以悲，條（悠）然以思。

他認爲樂最容易使人感動。求諸於心，是不容易的，如假途於樂，無疑是一種方便手段，所以説“不如以樂之速”。

楚簡《語叢》又説：

> 樂，備德者之所樂也。得者樂，失者哀。

“樂”是興善進德的工具，儒家十分重視。所以特别提倡樂教，使人浸潤於天德化育之中。最高的層次是“集大成”，孔子所以爲至聖也以此。

2000 年

楚帛書新證

湖南長沙子彈庫出土之帛書，自1944年蔡季襄印行《晚周繒書考證》，遂有"楚繒書"之稱。余於1958年撰《戰國繒書新釋》，即沿用是名。蔡書初附摹本，訛脱殊多，蔣玄佁重摹蔡本，登載於《長沙》第2册，是爲行世之始。嗣余在日本獲見照片，試爲摹本，附於《新釋》之後，當時所據實爲美國Freer Gallery之影片，仍多模糊不明之處。帛書原物，於1966年歸美國沙可樂先生（A. M. Sackler）所有，寄藏於紐約大都會博物館，開始使用紅外綫拍攝，文字殘泐部分，自此大體始可籀讀。

1967年8月21日至25日，哥倫比亞大學美術史及考古學系主辦"楚帛書及古代中國美術與太平洋地區關係可能性"（Early Chinese Art and its Possible Influence in the Pacific Basin）的學術研討會，即由Sackler基金會贊助，在紐約舉行，余被邀參加，宣讀論文，并爲證明該帛書之真確性。

其後該會秘書Philip Mazzola先生以帛書放大12倍照片共110張航郵寄惠，意殊可感。帛書原文大都四字爲句，與《楚辭》之《橘頌》《天問》可相媲美，當時余特撰《楚繒書疏證》長文，承中研院史語所陳槃庵先生不棄，爲作跋尾，披露於該所《集刊》第四十册上[1]，列爲首篇，備受重視。

翌年，余又另製新摹本。近時李零君重加核對，謂拙摹新本乃爲

[1] 1～35頁。

諸摹本中之最佳者。1973 年，巴諾（N. Barnard）刊其《楚帛書譯注》（*The Chu Silk Manuscript*：*Translation and Commentary*）於澳洲。其對照表，專取余之初次舊摹，似失公允。至絹本之殘泐處，巴君堅執必有一行斷缺，余據放大本細審之，其實仍相銜接。故乙篇“天棓將作𣳾降於其方”句，“方”字上不宜有缺文；“喜＝”字雖因帛地斷爛而分開，實際原爲一字。凡此種種，近年經曾君憲通悉心再三仇校，完全無誤。只有數處小失，今謹作修正，故余之第二次摹本仍有價值，足供參考。

十餘年來，楚地出土文物，倍蓰於前，余亦屢次漫游荆楚，作實地考察，所見益廣。爰就多年積累、研討所得，取舊作《疏證》，删除繁蕪，益以新知，并參時賢近著，泐成此篇。自念矻矻窮年，鍥而不捨，復不惜多次訂補；帛書文字，希望自此可以通讀，非敢謂爲定本，後來居上，覽者或有取焉。

鑽研所至，偶有一得之愚，略勝於前者。如據《易緯》，知雹戲亦號大熊氏。據《地母經》，證女媧亦稱女皇。據《墨子》，知楚人所居之𨟭即睢（山）之繁文。據《中山王兆域圖》知𧇡逃即法兆。據秦簡《日書》，證土事必爲土功，論證皆比前較綿密。近時郭店各地楚簡出土，益多新知，可訂舊讀之誤，聊復舉似，再俟博雅之匡正云。

甲篇

〔第一行〕曰故巛（天）（大）能（熊）霝虘（雹戲），

以“曰”字作句首助詞，如商玉戈云：“曰𩟈王大乙，在林田，𧊒衮。”[1]曰與粵同。“曰故”，彝銘亦作“曰古”。西周微氏史墻盤銘云：“曰古文王，初盭龢於政。”又𤼈鐘：“曰古文王。”語例正同。曰故之下人名，應指其始祖。

𩵦字從能，上益大旁，蓋能字之繁形。史墻盤“廣能楚荆”作䏻。《廣韻》二十五德有𪕽字，奴勒切。《篇海》入聲作𦒉，奴勒切，與𪕽同，疑即由此訛，其字形遠有所本。《左傳·昭公七年》黄能，《釋文》作黄熊，能與熊通。王引之論舊本并作熊，後人逕改爲能，辨詳《經義述聞》十九。《説文》熊從能，炎省聲。《玉篇》作𪏭，合黄能爲一文，則六朝以來之俗字。《集韻》熊或作𤞘。熊字異體甚多，𩵦釋爲熊，可以論定。楚姓爲熊，此篇楚人所作，溯其先祖，故自稱大熊。

𩵦上一字有殘形𠆢，巴諾假定爲天，近是；天熊即大熊。《易緯·乾鑿度》黄帝曰：“太古百皇闢基，文籀據理微明，始有熊氏。”[2]鄭玄注：“有能氏庖犧氏，亦名蒼牙，與天同生。”又云：“蒼牙有熊氏庖犧得《易》源。”《易緯》以有能爲庖犧，亦稱曰庖氏，證之帛書此語“大能雹虘”與“有熊庖犧”完全吻合。虘即戲。漢韓勑碑：“皇戲統胥。”張揖《字詁》：“羲古，戲今字。”《風俗通·皇霸》篇引《尚書大傳》：“伏羲爲戲皇。”“伏羲以人事紀，故托戲皇於人。”金祥恒讀雹爲雹戲，即是包戲。按《漢書·律曆志下》作炮犧。《長短經·君德》篇載《漢書·郊祀志贊》作庖犧。雹與炮、庖皆增形之同音通借字。唯金氏誤爲黄熊。今依《易緯》，應讀大熊爲是。

《易緯》言作《易》以見天心。《乾鑿度》云：“始有熊氏，知生化，祇晤兹天心。”鄭注：“祇，大也，又本也。”《復卦·彖辭》：“反復其道，七日來復，天行也。利有攸往，剛長也；復其見天地之心

[1] 哈佛大學 Fogg 藝術館藏。
[2] 此據《永樂大典》一四七〇八，一作有能氏。

乎。”王弼注云：“復者反本之謂，天地以本爲心者也，而以至無是其本。”孔穎達疏依是説加以發揮，暢論以無爲心與以有爲心區别之義，則雜以玄學家言，不若《易緯》之直截了當也。此處有熊氏，本指伏羲。《易緯》之説，向來不爲人注意，以楚帛書證之，其説來源已昉自戰國，非出於漢人可見。大熊氏既可爲庖犧，楚姓之熊，即自此出。由於楚先世季連之子封於熊，其孫遂名穴熊，一作内熊。許多地區，中原如新鄭，向稱爲“有熊氏之墟”。其地名、山名帶有“熊”字甚多，見於《五帝紀》有“熊湘”，當與有熊氏有關。大熊指楚姓，謂其爲伏羲所出。伏羲者，生民之始祖，楚之先世亦然，戰國時已有此説。今苗、瑶洪水神話以伏羲爲祖先，可證也。

出自亓霆，伉於䰜亓

《楚世家》云：“楚先祖出自顓頊。”《風俗通·六國》篇：“楚之先，出自帝顓頊。”若以“出”字屬下讀則同此。近姜亮夫讀此句爲“出自耑霱”，謂即顓頊。[1] 按字從雨走聲，自可讀爲霱，唯上一字不明。考《御覽》皇王部引《帝王世紀》：“炎帝神農母曰任似，有蟜氏女。”少典娶於有蟜氏，生黄帝、炎帝。霆如即霱，殆即有蟜氏。《大戴禮·帝系》：“老童娶於竭水氏，竭水氏之子謂之高緺氏，産重黎及吴回。”郭注《山海經》引《世本》作：“老童娶於根水氏，謂之驕福，産重及黎，是爲楚先。”參雷學淇《介庵經説》二《帝系説》。然此句主詞承上文而來，“霆”讀爲霱，與蟜、驕通。《集韻》上聲三十小與蟜同音者有驕、鄗，“鄗，國名”，楚帛書下文言炎帝，其母爲有蟜氏女，故云出自□霆。當指大熊而非指雹戲。言楚姓熊氏，自□霆入處於脽。若讀爲“出自顓頊”，庖犧在顓頊之前，世次倒置，於理難通。

[1] 參見姜著：《離騷首八句解》，載《社會科學戰綫》，1979（3）。

凥即處字，曾憲通比勘《老子》各本“凥”“居”與“處”互作情況，重定凥字應讀爲“處”，甚是。

䧹字從脽，益受旁爲繁形。脽字金文異形頗多，諸減鐘“自作鷄鐘”，字從木鵩聲，鳥與隹無别。

帛書此字，從月從隹，正宜釋脽，後起字有作䳓[1]。《説文》：“脽，屍也，從肉隹聲。視隹切。”《廣韻》字在六脂，視隹切，此處䧹爲地名。下一字殘泐。余謂䧹者，《墨子·非攻下》：“昔者楚熊麗始封此睢山之間。”即其地也。

《左傳·哀公六年》：“江、漢、睢、漳，楚之望也。”《孔子家語》“睢、漳”作“沮、漳”，《淮南子·地形訓》：“睢出荆山。”《山海經·中次八經》：“荆山之首曰景山……睢水出焉。”睢山在沮、漳河岸。睢山亦作沮山，爲沮水所出。清迮鶴壽言：“睢山即沮山，在今襄陽南漳縣，其地當荆山東麓。”《左傳·昭公十二年》楚右尹子革謂熊繹辟在荆山，以處草莽。熊繹所居之荆山即睢山（參《蛾術篇》卷四五）。先楚遺物，近歲以來，沮、漳流域，多有發現，所謂季家湖文化，在季家湖以北之趙家湖，楚墓群有數千座之多。楚人起於荆山，然後沿沮、漳河兩岸向東發展。[2]熊繹僻處荆山，熊麗封於睢山，即在此地區。墨子之睢山，可證帛書“處於䧹”之地望。故䧹應是脽之繁形，脽即是睢，睢音千餘切。帛書地名之脽增加受旁爲繁形，亦如共工之作共攻，谷之作[illegible]。[3]

ス（厥）□□僬=，亾汖▨女（如）。

僬=重言。以虞之即吴例之，疑讀爲俁俁。《詩》“碩人俁俁”，

[1] 秦始皇陵所出刑徒簡瓦人名“居貲，不更䳓”之“䳓”字。

[2] 參見高應勤文，載《文物》，1982（4）。

[3] 《文物》，1980（10）。何琳儀讀爲從隹㬹聲，以㬹音近“雷”，因謂其地即雷澤。不知此首句主詞宜屬之大熊，以指楚姓，文理始愜。

《傳》:“容貌大也。”《集韻》俁或作偊。《孟子 · 萬章》“圉圉焉”，注:“圉圉，魚在水羸劣貌。”　魚殆偊之本字。女或音如，與魚協韻。

夢＝（夢）墨＝（墨），亡章彌＝（彌）。

《爾雅 · 釋訓》:“夢夢訰訰，亂也。”　孫炎云:“夢夢，昏昏之亂也。”　馬王堆本《道原》:“恒无之初，迵（洞）同大虛，虛同爲一，恒一而止。濕濕夢夢，未有明晦。”　夢夢、墨墨，指天地混沌之時。《天問》:“冥昭瞢暗。”《淮南子 · 精神訓》:“未有天地，窈窈冥冥。”　語意略同。[1]

《爾雅 · 釋詁》:“彌，重也。”《方言》十二:“彌，高也。”　與此義無涉。何琳儀讀彌彌爲“瞈瞈”，説頗迂曲。余按彌彌猶言朩朩。《説文》:“朩，草木盛，朩＝然，象形。讀若輩。”　一作八聲。孛星字從此。字通作茀。《天官書》“星茀於河”，古讀從弗聲之佛、拂如彌，作重唇音。彌彌謂草昧之際，草莽遍地朩朩然。“亡章”者，章訓形，《吕覽 · 古樂》云:“陰陽變化，一上一下，合而成章，渾渾沌沌。”　高誘注:“章猶形也。”“亡章”義正相反，蓋言宇宙初闢，尚未成形。

乎☐（每＝晦）（水）☐，

每即晦。《莊子 · 胠篋》:“每每大亂。”　李頤曰:“每每猶昏昏也。”

風雨是（於）。

風雨之風字作形，下文“風雨晨禕”亦同。與《説文》風字古文旁有一筆相同。於字與楚簡形近。《大荒北經》言燭龍“風雨是謁”，郭注:“言能請致風雨。”　句法相同，於讀爲謁。謁，於謁切，《廣韻》在入聲十月。《爾雅 · 釋詁》:“謁，告也。”　墨墨、彌彌、於

[1] 《詩 · 大雅 · 抑》:“視爾夢夢。”《小雅 · 正月》:“視天夢夢。”　夢夢，昏亂貌。

（謁），正協韻。以上叙楚開國之跋涉艱難。

乃取（娶）〔第二行〕虘（且）　遌之子曰女□（皇），是生子四。

女□即女皇氏。□字從皇，上增“出”形爲繁體。《侯馬盟書》，皇字一作皇[1]可證。虘爲語詞之且。《詩·載芟》毛傳：“且，此也。”作指示詞用。

女皇氏名見於《地母經》。《易緯·坤鑿度》引黄帝曰：“天地宜盡闔，地通距水澈。女媧斷空足，其隤一址，坤母運軸。”鄭玄注：“女媧氏，《地母經》云：‘女媧姓風，名媧。’又曰：‘女媧有神……補天門缺，號曰女皇氏，有靈通萬物，决積水巨海也。’”此與《淮南子》所記可相印證，知漢人已流行此説。《地母經》鄭玄注《易緯》引用之。故晉時皇甫謐著《帝王世紀》云：“女媧氏承庖犧制度，亦蛇身人首，一號女希，是爲女皇，未有諸侯，有共工氏。”帛書有女皇，當指女媧，下文又記共工，事正符合。《世本》稱堯娶散宜氏之女謂之女皇[2]，則後代亦以“女皇”作爲通名。□字上顯爲從出。何琳儀隸定此字爲皇，下從玉。以聲類求之，即《集韻》之瑝，而屈、骨、咼可通用，因逕認此字爲瑝。然細審之，此字下體不能定爲從玉，雖女媧在《世本·姓氏》字亦作“堝”，堝乃“媧”之借，但不能謂其本字即瑝。女媧之號女皇，見於《世本》《易緯》及漢人引《地母經》，與帛書吻合。

《國語·鄭語》“史伯對鄭桓公曰，‘荆子熊嚴生子四人’”云云，故知“生子四”一語，楚俗習用之，通常以指伯、仲、叔、季。

〔第二行〕旦☐（是）□（壤）而琖（踐）是各（洛）。

壤從土，於此爲動詞，讀作襄或攘。《爾雅·釋言》：“襄，除

[1] 318頁。
[2] 參見《御覽》引，見王謨輯本。

也。”除訓治。《謚法解》:“闢地有德曰襄。”

而字原作[illegible]，非天字，此改從李家浩釋，作虛字之“而”，句讀亦訂正，下文“咎（晷）而步達”句同。

戔者，即乙篇云:“卉木民人，以□四淺之尚（常）。”《大戴禮》:“履時以象天。”是“戔”猶踐土之義。

曑祡（化）⿰扌廌（法）逃（兆），

曑即參，曾侯乙墓漆器二十八宿，參正作曑，此處參作動詞用。祡從化從示甚明。逃字以《汗簡》虛字證之，正是從兆。此處逃讀爲兆。中山王兆域圖“逃乏”讀爲“兆法”，借逃爲兆[1]。帛書言“法兆”與“逃（兆）乏（法）”語有正言倒言之異。《春秋元命苞》:“顓頊并幹（按指十榦、十干也），上法月參。集威成紀，以理陰陽。”語意略近。《易·乾鑿度》:“大化，行天地也。”鄭注以“玄化”説之。《列子·天地》篇:“人自生至終，大化有四。”祡指大化、玄化。化從示者，如鬼字亦作䰡[2]之例。

爲禹爲萬，

萬不詳何人，有讀爲禼，於形不近。佐禹平水土者，《呂覽·求人》篇所記有五人，又有大費，見《秦本紀》。帛書萬字，明顯可辨，萬當即冥。冥爲玄冥。《山海經·海外北經》:“北有禺彊，人面鳥身。”郭璞注:“字玄冥，水神也。”江陵鳳凰山八號墓出土龜盾漆畫，其神正是人首鳥足，説者以玄冥當之。[3]大費之子曰大廉，實爲鳥俗氏。玄冥及大費均是人面鳥身，蓋鳥夷也。萬與冥皆明母，字可通。

[1] 參見《文物》，1979（1），44頁。
[2] 參見《説文》古文。
[3] 參見《文物》，1974（6）。

《國語·魯語》及《禮記·祭法》皆言：“商人郊冥而宗湯。”冥爲殷先神，故與禹駢列。古代傳説，以冥代表北方之神，爲顓頊佐。如《尚書大傳》：“北方之極，帝顓頊神玄冥司之。”《淮南子·時則》：“北方之神……顓頊、玄冥之所司者，萬二千里。”帛書以萬配禹，禹屬夏而萬（冥）指商，以冥當之，尚無不合。

以司堵（堵）義（壤），咎（晷）天步逾（達）。

《廣韻》十姥“堵”訓“垣堵”，司堵壤與平水土有關。由此句以司堵壤，則上句爲禹爲萬，當指人物，不得解作虺蛇。咎可讀爲晷。《釋名·釋天》：“晷，規也，如規畫也。”《尚書大傳·洪範五行傳》：“帝令大禹步於上帝。”鄭注：“步，推也。”此指推步，《五帝紀》所謂“數法日月星辰”也。馮時釋爲步數，謂以晷影考里數。李家浩引《老子》甲本“玄達”及《古文四聲韻》引古《老子》達字作逾，與此形近。釋爲步達。《爾雅·釋天》：“一達謂之道路，九達謂之逵。”步達言步天之九達（道），於義甚合。

〔第三行〕乃卡（上下）[illegible]（朕）遖（轉），山陵不𢦔（疏）。

陳邦懷讀“朕遖”爲騰傳。《洪範五行傳》：“天者轉於下，而運於上。”此意指上下運轉。《釋名·釋天》：“冬曰上天，其氣上騰。故《月令》曰：天氣上騰。”朕讀爲騰，是。

《鄂君舟車節》“襄陵”，陵一作陸。望山簡：“迺禱戠陸。”俱當釋陵。故此處讀爲山陵，甚當。

𢦔，余舊説釋“疏”。《説文》：“疏，通也。”山陵不通，故有導山浚川之舉。

乃命（名）山川四晦（海）。

命讀爲名。《書·呂刑》：“禹平水土，主名山川。”《爾雅》：“從

《釋地》已下至九河，皆禹所名也。”《史記 · 大宛傳》同。《周官 · 校人》：“凡將事於四海山川。”山川與四海聯言，同此。𣅾即晦，下從日甚明，四晦即四海，古訓海爲晦，《釋名 · 釋水》：“海，晦也，其色黑而晦也。”

☐寊（熏）燹（氣）（百）燹，𠃧爲亓（其）疏，以涉山陵。

燹即氣字，見《汗簡》。《古文四聲韻》引《碧落文》燹形同。熏字下不少學人讀爲炅，炅即熱。馬王堆《老子》本《德經》“靚勝炅”即“静勝熱”，又《道經》“或炅或吹”，乙本作熱，故炅乃熱字。但小篆熏字分明從中從黑，此字形作，故不能目爲炅字。熏氣者，《白虎通 · 禮樂》釋“壎”云：“壎之爲言熏也，陽氣於黄泉之下，熏然而萌。”是熏氣指陽氣。或讀爲“倉”，然帛書倉月自有“倉”字。曾憲通謂：“中山王譽器百字或作，此或百字異構。”今按百正借爲魄。《説文》：“魄，陰神也。”《淮南子》：“地氣爲魄。”謂陰氣也。《顔氏家訓 · 勉學》篇記游柏人城，見徐整碑“洦流東指”。“吾案《説文》，此（洦）字古魄字也。”今本《説文》有脱誤。洦爲古魄字。帛書之百氣即魄氣，可證顔説。漢高祖言：“柏人者，迫於人也。”《白虎通》云：“魄者，迫也，猶迫迫然著於人也。”知漢時有此語。柏人、洦水，皆從魄字生義。《淮南子 · 原道訓》：“泰古二皇。”即指陰陽二氣。帛書熏氣指陽，百（洦）氣指陰：二氣爲萬物之原。熏氣爲陽氣，指魂；百氣爲陰氣，指魄。合言即《老子》所謂營袙。此與滄熱之爲寒暑性質不同，不宜混爲一事。《西南彝志》宇宙論中之哎與哺正代表陰陽二氣[1]，爲萬物本。以帛書證之，西南彝此説有其遠源，可追溯至戰國楚人之學。

《周語》：“疏者川谷，以導其氣。”魄爲地氣，熏爲陽氣。山澤

---

[1] 即影與形，清與濁二氣。見《西南彝志選》。

之氣既通，則水流汩混，各就其所。

瀧汩凼（滔）漫（漫）。

《説文》:“瀧，雨瀧瀧也。”《方言》:“瀧涿謂之沾漬。”《廣雅·釋詁》:“瀧，漬也。（盧東切）。”汩從衆水曰聲，訓急流。[1]《九章·懷沙》:“分流汩兮。”凼從水從凵。凵者，《説文》:“凵，張口也。口犯切。”滔殆其後起字。《廣韻·五十八陷》:“滔，水没。”是其訓。漫即灖之省。《石鼓文》:“漫漫又（有）鯊。”鄭樵注:“漫即漫。”漫爲水廣大貌。[2] 此二句謂未有日月以前，雨水泛濫漫没之象。

未又（有）日月＝。四神　〔第四行〕　相戈（代），乃步以爲歲，是隹四寺（時）▭

戈、弋二字每通，殷契習見。弋即代之省。“相戈”猶言相代。代、歲叶韻。[3] 按《集韻·二十四職》:“伐，行也。”相戈（弋）亦即相伐。《列子·周穆王》:“播交四時。”殷敬順《釋文》:“顧野王讀作翻交四時。”《小爾雅·廣詁》:“交，易也、更也。”翻交猶言翻更、翻易，與相代義同。相弋亦可讀爲相易。吴天璽碑:“下步於日月。”“步以爲歲”者，《漢書·天文志》:“天文者，序二十八宿，步五星日月，以紀吉凶之象。”

此處隹字作，信陽編鐘作，可審其形變之迹。▭爲分段記號，下同。此段叙天地開闢，至四時之形成。上文言女皇生子四，疑即指四時。下文則稱爲四神。

[1] 參見《方言》郭注。
[2] 參見《集韻》。
[3] 參見朱德熙説。

倀（長）曰青□棹（榦），二曰朱四嘼（單）。三曰習黃（皇）難，四曰□（魂）墨棹（榦）。

四神之名，皆作三字，“青”下有斷裂，而且協韻。以顏色青、朱、習（白）、墨分别以配四時。考四時用顏色區分，文獻所載：

《爾雅 · 釋天》及《尸子》	《漢郊祀歌 · 鄒子》
春　青陽	春　青陽
夏　朱明	夏　朱明
秋　白藏	秋　白顥
冬　玄英	冬　玄冥

可與帛書比照。帛書四隅繪有四時之木，施以顏色。下文復云：“青木、赤木、黄木、白木、墨木之精。”唯黄木不見於圖繪。上辭青榦與墨榦俱有榦之號，則四者應即爲四木。《説文》：“榦，一曰本也。”《詩》多以翰爲榦。《毛傳》及《爾雅 · 釋詁》俱云：“翰，榦也。”榦、翰訓木之本，俱從倝聲。子禾子釜“築杆”，吴大澂謂是榦字，古鉨“千榦”作㫃，從倝省。青楠及墨楠二字皆從倝聲。故釋榦爲是。難字見於諸减鐘，乃是“然”字，疑讀爲橪。《説文》橪，訓酸小棗。《淮南子》：“代橪棗以爲矜。”《上林賦》：“琵琶橪柿。”《廣韻》二十八獮：“橪，棗木名。”是難爲棗木也。

嘼即單，可讀爲檀。[1]《管子 · 地員》篇兩言楢檀。此數者皆宜作木名解之，正以表示圖中四時異色之木。鄭司農引《騶子》云：“春取榆柳之火……秋取柞楢之火，冬取槐檀之火。”鄒衍言四時取火各異其木，其中有棗，有檀。

習字從羽，下形缺。疑是從萑。[2]翟殆是白部皠字之别體。“皠，鳥之白也。”何晏賦：“皠皠白鳥”，賈誼書作皓皓，即《説文》鳥白

[1] 如鄭櫟邑大夫單伯，通作檀。
[2] 《説文》讀若和，蒦字從此。

之罯。黄讀爲皇，大也。《爾雅》草木名，每附加大小及顔色，皇亦作王。翟皇難（然）可解爲白大樵，即《廣志》所謂“大白棗”。《爾雅·釋木》棗類云樆白棗者。

朱四單者，即朱榽橀。《爾雅·釋木》：“魄，榽橀。”郭注：“魄，大木細葉似檀，齊人諺曰：上山斫檀，榽橀先殫。”《廣韻》十二齊：“榽，蘇木名，似檀。”“橀，木名。”音呼雞切。又十五海：“橀，榽橀，木名，似檀。”呼改切。陸璣《詩疏》作“系迷”，《齊民要術》引《廣志》作“系彌”，稱其樹子赤。《唐本草》注：“莢迷子，色赤味甘。”榽橀、系迷、系彌、莢迷皆一音之轉，説詳郝疏。帛書之朱四單（檀），四字殆榽橀之合音急讀，是朱四單乃即榽橀檀。其子赤色，故云朱，可以《爾雅·釋木》證之。□字從水由，殆即溾字，《廣雅·釋詁三》：“溾，濁也。”

千又百歲，

《淮南子·天文訓》：“一千五百二十歲大終始，日月星辰復始。”是一千五百歲爲大終始之數，千又百歲但舉其成數耳。漢人多治“終始”之學，陰陽家書有《黄帝終始傳》。《法言》李軌注云：“當孝文之時，三千五百歲，天地一周也。”其説多歧。參陳槃跋拙作《楚繒書疏證跋》。

日月＝〔第五行〕夋生。

日月二字合文，夋字作□，應讀夋，即帝俊。

〔第五行〕九州不坪（平），山陵備□（矢）。

郭店楚簡《老子》丙“安坪大”，“坪”字作“□”乃從亐從土，字與此句“不□”形同。仍用余舊釋“坖”，而讀作坪，以坪爲平，從嚴、裘諸家説。備字從朱德熙釋。□字下文重出。云“非九天則大𡶶”，意謂若違反“九天”運行之規律，即傾側而失位。諸家讀𡶶爲夨，訓爲傾斜，可從。

四神□□，至於逡（復）天旁𨔵（動），攼斁之。

按卜辭有“往𡕥”[1]語，其字爲復無疑。此逡字從辵，復聲。亦見望山簡云：“逡集歲之䂤尸。”逡讀爲復。此則宜讀爲覆。天覆而地載。上辭云“逡天”，猶云“天之所覆”。四神指上文四木之精，亦即四時，其樹爲天所覆蔭。𨔵字見望山簡：“不可以𨔵思。”即動字異構。旁，溥也。《堯典》：“旁逑僝功。”旁動與旁逑文例正同。

攼斁爲複詞。毛公鼎：“吕乃族干吾王身。”猶《詩》言“公侯干城”，干吾與攼斁語例音義不殊。攼即扞。《説文》亦作“𢧀，止也。”止有禁禦之意。《周書》：“𢧀我於艱。”《文侯之命》作“扞”。吾即敔，與禦同。《一切經音義》：“禦，古文同敔。”《爾雅·釋言》：“禦、圉，禁也。”斁字所從之㚖聲，即金文臭字。鬲從盤：“臭尌從復𢀛小宫。”楊樹達讀臭爲畀[2]，中鼎銘“兄畀”即“貺畀”。《説文》丌部：“畀，相付與之，約在閣上也。”《禮記·祭統》：“夫祭有畀……畀之爲言與也。能以其餘畀其下者也。”斁即畀之繁形。攼斁應讀爲扞蔽。《爾雅·釋言》：“干，扞也。”郭注：“相扞衛。”孫炎注：“干楯，所以自蔽扞也。”《説文》云：“盾，瞂也；所以扞身蔽目。”扞蔽，即扞衛、干吾（禦），與攼斁俱爲古之連語。

青木、赤木、黄木、白木、墨木之精（精）。

信陽竹簡青字作𦵔，形同。精字從木，乃精之異構。武梁祠石刻云“伏羲蒼精”。五木之名見於《尸子》。《藝文類聚》引《尸子》：“燧人上觀星辰，下觀五木以爲火。”《抱朴子》亦言五木。《隋書·王劭

---

[1] 《前》五·一五·五。

[2] 參見《積微》，272 頁。

傳》:“先聖於五時取五木以變火。”此鄒衍之遺説也。

〔第六行〕　　炎帝乃命祝融

融字實作[illegible],《潛夫論·五德志》:“炎帝神農氏,代伏羲氏。”上文先言雹戲(即庖犧),故接言炎帝。楚人羋姓,出於祝融。《國語·鄭語》《史記·楚世家》備言之。戰國以來,言月令者并以祝融配炎帝以爲其佐。《呂覽·仲夏紀》《禮記·月令》《淮南子·天文訓》皆同。

以四神[illegible](降),奠三天,[illegible]思敄(保),奠四亟(極)。

三天者,《海内經》:“有山名三天子之都(一作鄣)。”《漢武内傳》:“乃三天大上所出。”[1]《宋書·律志》序:“三天之説,紛然莫辨。”指後來道教之説,原與楚人有關,另見細考。《禹貢》:“奠高山大川。”奠,定也。“奠三天”與下文“奠四極”爲對文。四神,即上四木四時之神。

隆字下從土,以《不隆矛》之隆例之,殆即降之異體。[2]《古文四聲韻》引《義云章》降作夅,省土。

何琳儀讀敄爲“保”是也。《説文》:“保,古文作俘。”保即神保。《詩·楚茨》:“神保降臨。”《書·召誥》言“格保”,《君奭》言“陳保”。思保者,《楚辭·九歌》:“思靈保兮賢姱。”(《東君》)是也。洪興祖云:“古人云:詔靈保,召方相。説者曰靈保,神巫也。”

四下一字殘泐,各家多從李棪補文釋亟,讀爲四極。四極名見《爾雅·釋地》及《淮南子·覽冥訓》“蒼天補,四極正”。

[1] 參見林巳奈夫説。
[2] 參見《金文詁林》,3908頁。

曰非（棐）九天☐則大峅，則毋敢蘉（薎）天霝（靈）。帝夋乃　〔第七行〕　　爲日月＝之行。□

九字僅存九形，商氏讀爲九天是也。九天一名見於《楚辭》，《離騷》云："指九天以爲正兮。"《九歌·少司命》："登九天兮撫彗星。"王逸注："九天，八方中央也。"《大戴禮·五帝德》："平九州，戴九天。"賈誼《新書·耳痺》篇："大夫種……割白馬而爲犧，指九天而爲證。"九天實楚人之慣語。銀雀山漢簡《孫子兵法》："動乎九天之上。"《史記·封禪書》："九天巫祠九天。"《索隱》："漢武帝立九天廟於甘泉。"《三輔故事》："胡巫事九天於神明台。"是匈奴亦有祀九天之俗。

則字與《汗簡》三體石經古文形同。

霝即靈。馬王堆本《老子·德經》："地毋已霝〔將〕恐歇。"楚人以霝爲靈。此處靈應訓令，即命也。馬王堆《十大經》："吾畏天，愛〔地〕，親民，立有命。"《廣雅·釋言》："霝，令也。"彝銘"霝冬"即令終。霝與行協韻。

非讀如字。

[古文]字商氏釋睿，於形不近，於義亦未安。細察字形，乃從苜加[古文]及攴旁，仍是苜之繁形。《説文》："苜，目不正也。從丫目，讀若末。"其孳乳字有蔑、蔑。《廣韻》在入聲十三末。後起字有"懱，輕懱也。"又䁾，訓目赤，俗作𥇛；又"擮揳，不正也"。[古文]於形當釋蘉，其意即懱。此句讀蔑天之霝（令）。言"毋敢蔑天命"，帝夋乃爲日月之行，得其正常之道矣。帝夋《山海經》作帝俊，指造物主。《大荒南經》："羲和者，帝俊之妻，生十日。"又《大荒西經》"帝俊妻常羲生月十有二"是也。

《書·洪範》："日月之行，有冬有夏。"馬王堆《經法》："數日磿（曆）月、計歲，以當日月之行。"語并同。

共攻（工）（夸）步，十日四寺（時）

共工作攻，爲繁形。《山海經·海内經》《禮記·祭法》皆作共工。馬王堆《經法·正亂》云：“其上帝未先而擅興兵，視之（蚩）尤、共工屈其脊，使甘其箭。”[1]《孫臏兵法》竹簡：“昔者神戎（農）戰斧（補）遂，黄帝伐蜀禄（涿鹿），堯伐共工。”此爲關於共工之新資料。古史共工，異説頗多。《山海經·海内經》：“祝融降處江水，生共工，共工生術器……共工生后土，后土生噎鳴，噎鳴生歲十有二。”是以共工爲祝融之子，亦炎帝支裔。故帛書亦見共工之名。《禮記·祭法》稱：“共工氏之霸九州也，其子曰后土，能平九州，故祀以爲社。”而《大荒北經》記：“夸父珥兩黄蛇，以追日景，至於禺谷。”“后土生信，信生夸父。”則夸父又共工之裔，今以《山經》，表其世次如下：

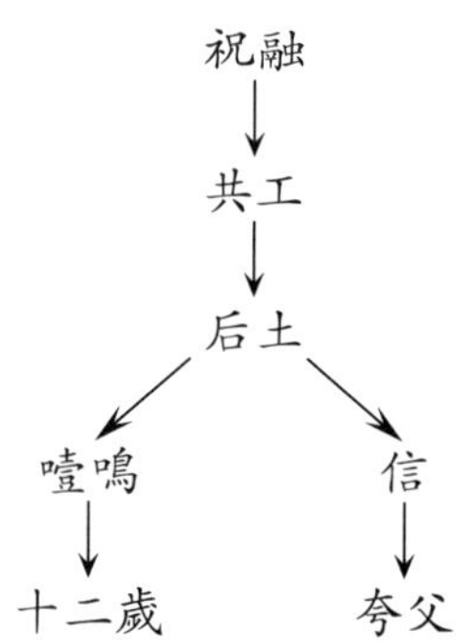

帛書共工字作攻，共字與《説文》古文及《古璽》形同，攻與工通假。共工生后土，后土之子生歲十二，故帛以十日、四時爲共工所出。其言共工夸步，字似從大從丂，可能爲夸字。《説文》：“夸，奢也，從大虧聲。”《廣雅·釋詁》：“夸，大也。”夸步釋爲大步，義亦通。

[1] 61頁。

十日，《招魂》云："十日并出。"[1] 莊子亦言十日。此處十日以指自甲至癸十干，較合。見《周禮》。

□□神則閏，四□毋𢍰（思）。百神風雨，晨禕亂作。

時思叶韻，宜於思字斷句。

"晨"字從晨加日旁，晨（辰）之繁文。晨禕猶言辰緯。何琳儀引《宋書》拓跋氏"精氣震辰緯"，即指星緯，説亦通。

乃逆（逆）日月＝，以遄（傳）相□思。

此句第二字殘形似逆字，可定爲逆，即迎也。《五帝紀》："曆日月而迎送之，明鬼神而敬事之。"又云："迎日推策。"遄字見《龍節銘》"王命遄賃一槍飼之"爲傳之別構。此言因日月之運轉而逆（迎）送之。思上有一殘形似"土"，但不能連上讀爲"相土"。

思爲句尾語助。

〔第八行〕　**又宵又朝，又晝又夕。□**

荀悦《申鑒》言天子有四時，朝以聽政，晝以訪問，夕以修令，夜以安身。此本公孫僑告叔向之説，以朝、夕、晝、夜分言之。帛書分宵、朝、晝、夕仍是此義。《淮南子·天文訓》："禹以爲朝、晝、昏、夜。……晝者陽之分，夜者陰之分。"以晝夜之分起於禹。扶風新出周厲王器㝬簋云："余亡康（荒）晝夜，巠雍先王。"晝夜二字連詞已見此。舊作夙夜。《左傳·成公九年》，鍾儀對："……朝於嬰齊（子重）而夕於側（子反）。"朝與夕對言之例，春秋時常見之。秦簡《日書》（一〇五二—一〇七四）詳記朝、晝、夕之卜，試舉子、卯、辰三例：子云："朝啓、夕閉。朝、兆不得；晝、夕得。"卯云："朝閉、夕啓。朝、兆得；晝、夕不得。"辰云："朝啓、夕閉。朝、兆

[1] 《淮南·本經訓》同。

不得；夕、晝得。”所卜之兆，朝、晝、夕得，因時辰而異，可爲此兩句幫助解説。

乙篇

〔第一行〕　**隹（惟）□□ ⦶，月則絰（絰）絀。**

李零采巴納説，假定“月”上一字爲“四”，疑原句或作“隹十又四月”，謂置閏後又多出一月。説可存參。

帛書絰字下從土。呈即呈也。絰絀即盈縮。《説文》：“縕，緩也”。縕或體從呈。呈與盈通，如春秋沈子逞，《穀梁》作盈。《釋文》：“本亦作逞。”《春秋·襄公二十一年》，欒盈，《史記·齊世家》作逞，是其證。盈與嬴通。敦煌本《尚書釋文》（伯三三一五號）嬴音盈。《荀子·非相》：“緩急嬴絀。”絀讀爲縮。故絰絀猶言嬴縮。《史記·蔡澤傳》：“進退盈縮。”班固《幽通賦》：“故遭罹而嬴縮。”嬴縮爲天文習慣用詞。《史記·天官書》云：

> 察日月之行，以揆歲星順逆。……歲星嬴縮，以其舍命所在，國不可伐，可以罰人。其趨舍而前曰嬴，退舍曰縮。嬴，其國有兵不復；縮，其國有憂將亡，國傾敗，其所在五星，皆從而聚於一舍，其下之國，可以義致天下。

《漢書·天文志》云：

> 凡五星早出爲嬴，嬴爲客；晚出爲縮，縮爲主人。五星嬴縮，必有天應見杓。

《易通卦驗》：

昬進爲嬴，昬退爲縮。

《越語》范蠡云：

嬴縮以爲常，四時以爲親。

天予不取，反爲之灾；嬴縮轉化，後將悔之。（諫句踐興師伐吴語）

范蠡，楚人也，其言“嬴縮以爲常”。帛書則云“絽絀不得其當”。語意無别。帛書所見十二月名，除《爾雅》外，其稱九月曰玄月，亦見於《越語》，故知越之學術與楚固息息相通。“月則嬴縮”者，《開元占經》卷十一有《月行盈縮》章。引石氏（申）云：“明王在上，月行依道；若主不明，臣執勢，則月行失道。”月爲陰，所以鄭重言之，示主之失德使然。

不㝵（得）亓（其）（當）。

𢍏從廾尚聲，可讀爲當。《禮記·樂記》及《史記·樂書》子夏曰：“古者天地順而四時當，民有德而五穀昌。疾疢不作而祆祥，此之謂大當。”鄭玄云：“當，謂不失其所也。”

旾、顕（夏）、昧、𠐭，又（有）尚＝（堂＝）

春夏秋冬他書有作春秋冬夏者，如《墨子》《管子》是。此處四時諸字皆從日。帛書荃司，即司冬。敦煌本《尚書釋文》“中冬”下注云：“古作㫜，古文作也。”冬字從日，與帛書合。《汗簡》日部，春作旾，冬作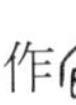，并出石經。“又☐尚＝”句，又（有）爲助字置於名詞之前。《詩》“有夷（之行）”“有休（其士）”“有秩（斯祜）”句例習見。尚＝者，《詩·小雅》：“裳＝者華。”傳：“裳＝，猶堂＝也。”《廣雅·釋訓》作“常＝，盛也”。裳＝、常＝皆即堂堂，《釋

名》:“堂猶堂堂，高顯貌也。”《春秋繁露·郊語》:“堂=如天。”堂=本亦作闣=，借音字亦作棠=、常=、裳=。義猶蕩=。四時運行正常，則堂=蕩=也。

日月=星辱（辰），㪊（亂）遊（失）亓（其）行。絽絀遊㠯（襄），卉木亡〔第二行〕　尚（常）。

日月爲合文，下著=號。辱字作繁形，下從日。

日月星辰四字成句，爲古陰陽家之慣語。舉例明之:《墨子·天志中》:“以磿爲日月星辰，以昭道之。制爲四時，春秋夏冬，以紀綱之。”《大戴禮·五帝德》:“曆離日月星辰。”《山海經·大荒西經》:“帝令重獻上天，令黎邛下地，下地是生噎，處於西極，以行日月星辰之行次。”《吕覽·孟春紀》:“太史守典，奉法司天日月星辰之行。”[1]陸賈《新語·明誠》篇:“聖人察物，無所遺失，上及日月星辰。”《淮南子·天文訓》:“四時者，天之吏也；日月者，天之使也；星辰者，天之期也。”上舉皆日月星辰四字合爲一語。《洪範》言五紀:“一曰歲，二曰月，三曰日，四曰星辰，五曰曆數。”則次序略異。《周禮·保章氏》掌天:“以志星辰日月之變動。”鄭注:“星謂五星；辰，日月之會。”

遊字帛書四見，舊釋逆或達皆誤。郭店楚簡《老子》“執者失之”共見兩次，失字皆作遊，又一作“迭之若槊”，遊與得爲對文，皆當釋“失”。“絽絀遊襄”句可讀盈絀失讓，《鄘閣頌》云“漢水迭讓”是也。

卉木，《吴都賦》:“卉木䖃蔓。”劉逵注:“卉，百草總名，楚人語也。”周原小字卜辭:“自三月至於三月，唯五月，由（思）亡尚。”[2]

[1] 又見蔡邕:《明堂月令論》及《月令問答》。
[2] 《古文字研究》第一輯，207 頁（二）一六·一。

亡尚即無常。尚爲常之省，卜辭已見之。（當）、尚（堂）、尚（常）三字異義而韻協。

□□□宎（妖）

古代德與祅常對言，《史記·殷本紀》引伊陟云："祅不勝德。"字上缺，即下文之，疑是芺，即祅也。《説文》："地反物爲祅。"下文屢見，即此字。[1]《尚書大傳·洪範五行》，妖有服妖、詩妖、草妖、脂夜之妖等。《釋名·釋天》："妖，殀也。妖害物也。"此處之妖似專指妖星，即下文之天棓。

《開元占經·彗星占》篇引《荆州占》云："歲星逆行過度宿者則生彗星。一曰天棓，二曰天槍，三曰天欃，四曰茀星。"是也。

天陸（地）乍羕（祥）

帛書陸字從土從陀，望山簡"宫地韓"，地字作[2]，亦從土，《侯馬盟書》地字作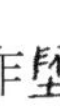，籀文地從隊作，形近。雲夢秦簡地作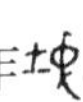。金文每借地爲施字。𤼈毁："墜於四方。"（字作）中山王壺："以陀及子孫。"秦嶧山刻石"陀及五帝"，則借陀爲施。"墜於""陀於"讀如《書·洛誥》"勤施於四方"之施。此處天與陀土聯言，即天、地也。

羕，讀爲祥，中山王壺："不羕莫大焉。"不羕即不祥。《馬王堆·天文氣象雜占》："天星出，赤傅月爲大兵、黄爲大羕、白爲大喪、青有年、黑大水。"[3]大羕即大祥，故知"作羕"應即"作祥"，羕、祥皆從羊爲聲符，例正同。《周語中》："富辰曰：祥，所以事神也。""是何祥焉。"

[1] 參見吴九龍説，載《出土文獻研究》第一輯。
[2] 307頁。
[3] 《中國文物》一。

天梪（棓）䣋（將）乍（作）瀌，

棓字實從豆，增口旁，豆即豆也（古匋豆作），此字隸定作梪，乃桓之繁形，與梪之從音異字。豆之作䇺，如巫之作䇺，紀之作絽，丙之作㔷，楚簡、帛書其例常見。故知天梪即天棓。音字《説文》或體作歆，從豆從欠，音舊讀有二音[1]。帛書天棓之作天梪，聲旁從豆口，正如音之或體亦作哣也。以此可定梪即爲棓字，與梪字不宜混淆。《吕氏春秋·明理》篇："其星有彗星、有天棓、有天欃。"天棓首見於此。《爾雅·釋天》只言"彗星爲欃槍。"《史記·天官書》："三月生天棓，長四尺……其出則天下兵争也。"《漢書·天文志》蘇林曰："棓音榔打之榔。"《開元占經》列天棓爲一百零五妖星之一。馬王堆帛書《天文氣象雜占》記彗星甚繁，大抵作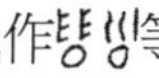等形[2]，如云："毚出、邦亡。"毚即欃槍。天棓即天欃、天槍，皆爲彗星。《九歌》："登九天兮撫彗星。"彗星，春秋以來屢見記載。《史記·天官書》太史公曰："春秋二百四十二年之間，彗星三見。"又《齊世家》："齊景公語晏子：茀星將出，彗星何懼乎？"楚帛書年代屬戰國中期，有彗星記録，自無疑問。《漢書·天文志》："石氏：槍、欃、棓，彗星狀，其殃一也，必有破國亂君。"《晉書·天文志》引《河圖》云："歲星之精爲天棓，至蒼彗凡七星。"英倫斯坦因敦煌卷，所見星圖（S·三三二六），最末爲天棓，圖之如下：

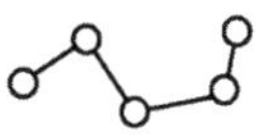

《石氏經》云："天棓去北辰二十八度。"

"乍瀌"即作瀌。《漢書·天文志》："四星若合，是謂大湯。其國兵喪并起，君子憂，小人流。"晉灼曰："湯，猶蕩滌也。""作瀌"

[1] 《玉篇》有妨走、他豆二切，《廣韻》在五十候，音下收歆，俗叫哣，又出歆字，注匹候切。

[2] 《文物》，1978（2）。

即大湯之義。

降於其方。

“其”字之下，必無缺文，細審絹本，便可知之。星家恒言，如甘氏《歲星法》：“日有亂民，將有兵作於其旁。”“其方”猶言“其旁”。

山陵兀（其）𤼷（發），又淵▨洄（汩）。是胃（謂）孛＝。

𤼷字從四止攴，如金文址亦作𡳿，爲繁形，字應釋𤼷。可讀爲發。《禮記·月令》：“時雨不降，山陵不收。”賈疏：“山陵不收，地灾也。”發即不收之義。

洄字，以水從𣅲，日下從𡿨。巜即水流澮之巜。《説文》訓昧前之䫀，“從頁㬈聲”，㬈乃從曰，非從日。《説文》巜字在川部，云：“㬈，水流也。從巡，曰聲，於筆切。”何琳儀謂：“從日與從曰每混。洄即㴉，從巜從川無別，汩與上下文發、歲、月均爲月部字協韻。”

孛字有重文號“＝”。

漢人觀察天象，分別彗星、孛星、長星爲三類。見劉熙《釋名》，其言曰：“彗星，星光梢似彗也；孛星，星旁氣孛孛然也。”文穎注《漢書·文帝紀》“長星”亦分孛、彗、長爲三星。謂：“其占略同，然其形象小異。孛星光芒短，其光四出，蓬蓬孛孛也；彗星光芒長，參參如埽彗。”此孛星與彗星之别也。楚帛書言孛星，不言彗星；言天棓，不言天㲋。馬王堆彗星圖自赤、白灌訖於翟星共十八名。有重出者，其稱某彗星共十種；稱天某者，僅有天箾——•一名，而天欃則作㲋出——◂，不見天棓。其中有八名見於《晋書·天文志》。向來解孛星者，皆重言曰孛孛。《御覽》七祅星引《天文録》：“孛星者，彗星之屬也。偏指曰彗，芒氣四出曰孛，孛謂孛孛然也。”與《開元占經》八十八引董仲舒説同。《漢書·五行志》：“孛者，惡氣之所生也。謂之孛者，言其孛孛有所防蔽，暗亂不明也。”是孛星乃指芒四出而光暗昧不明者，與彗星、長星有所分別。

（孛）歲⧄月，内（入）月　〔第三行〕 七日＝八⧄，又（有）電䨝。　　雨土，不尋亓（其）參職天雨。

孛字下有重文號。第二孛字可連下句讀。孛字或釋“李”，但將何以解“孛孛”之文，李李於義難通！

内字作與宊之作不同。

又第三行日字下有＝號表示乃“七日”之合文。“内月七日八⧄……”句，内讀爲入，秦簡《日書》如“入月一日二日，吉”（七五七），一類句式常見。䨝字從雨從亡，字書未見。䨝可讀爲“芒”，甘氏《歲星法》：“其狀作作有芒。”指閃電光芒。《釋名·釋天》：“電，殄也，言乍見即殄滅也。”或云“䨝”讀爲霜，引《白虎通·灾變》：“霜之言亡也。”[1] 此指震電與雨土諸咎徵。《御覽》八七六引《古今五行記》及《京氏易·五星占》，俱載雷震殺人事。《漢書·五行志》云：“隱公九年三月癸酉，大雨震電。”震、電連言，此作電䨝。又《御覽》八七七引京房《易傳》云：“内淫亂，百姓勞苦，則天雨土。”雨土指天降土如雨，示灾異也。《易飛候》亦書天雨土事。曾侯乙墓出漆蓋二十八宿之參字形同。參謂驗也。聀字從耳從戠甚明。《詩·唐風》：“職思其居。”毛傳：“職，主也。”此句謂不見其驗，主天降雨。雨與上句之土協韻。亡，與下句行韻。

〔第三行〕 喜（嘻）＝！是⧄遊月，閏之勿行。

喜字，一般摹本或析爲二字，非是。喜喜有重文號，可讀作嘻嘻。原絹裂開，喜字析爲兩處。《左傳·襄公三十年》：“或叫於宋大廟，如曰嘻嘻、出出；鳥鳴於亳社，如曰嘻嘻。甲午，宋大灾。”“嘻嘻”爲灾異出現驚嘆之詞。遊月即謂月失其序，是宜置閏。《史記·

[1] 李學勤説。

曆書》云：“其後三苗服九黎之德，故二官咸廢所職，而閏餘乖次，孟陬殄滅，攝提無紀，曆數失序。”如周襄王二十六年閏三月，《春秋》非之。敦煌卷伯三三〇六爲《月令節義》一卷，論正月之節日在虚之義云：“閏者是蔡殘餘分之日……大數三年一閏；細而言之，八年三閏，十九年九（應是七）閏，是足得蔡殘餘分之日，故爲閏月。”[1]《荆楚歲時記》云：“閏月不舉百事。”觀帛書云：“閏之勿行。”知閏月不宜舉事之習俗，自戰國至於六朝，行之弗替。

一月、二月、三月，是（胃）遊（失）冬（終）。亡 〔第四行〕 **奉。⧄⧄丌（其）邦。**

亡奉，《國語·晋語》韋注：“奉，行也。”

〔第四行〕 **四月、五月，是胃（謂）亂絽（紀）。亡厎（砅）。**

上列兩組詞，句法相同。終、奉協韻，與下文紀、厎協韻相類。句式皆作“是謂……亡……”。自一月至三月爲失之終，四、五月則亂之紀，失與亂對文。“亂紀”一詞，《漢書·天文志》：“太白經天，天下革，民更王，是爲亂紀，人民流亡。”亂紀乃星占家慣語。《大戴禮·用兵》：“鄒大無紀。”鄭注：“經紀謂天文進退度數。”“厎”即砅，爲濿别體，見《説文》。此讀爲癘或痢，亦即沴。《尚書大傳》：“凡六氣相傷謂之沴。”紀、濿協韻。

⧄ 二歲，西䁢（國）又吝。女（如）日月＝既亂，乃又（有）[illegible]（兄）[illegible]（祆）；東䁢又 〔第五行〕 **吝，⧄⧄乃兵，䖭（害）於丌（其）王。▭**

䖭字前讀爲侮，或釋虐，於形不近。李家浩隸定此字爲䖭，即雲

[1] 參見《潛揅堂文集》十四《答問》“論五歲再閏，與十九年七閏之率孰密”條。可見敦煌卷“九”字乃當作“七”字。

夢《日書》之蚉，其義爲“害”。“害於其王”語與甘氏正同。甘氏《歲星法》：“不利治兵，其國有誅，必害其王。”既字作，與《侯馬盟書》之毀[1]近。

西國、東國之名，星占家每用之。《天官書》云：“出西逆行，至東正西國，吉；出東至西正東國，吉。”是其例。《左傳·昭公四年》傳：“東國水。”《左傳·成公十六年》：“南國蹴。”亦周人之恒言。

字下半與金文兄之作全同。爲古文齒，上半從口，與從齒同義。父巳鬲之，𧻚鼎之，上從齒，郭沫若俱釋兄[2]。若然，則兄字亦有從齒而不從口者，與此字形之從齒正合。金文兄又有作（齊鎛），帛書祝融之兄字亦然，則字從古文（疾字，見《説文》竊字下注），皆兄之異構。又或益聲旁之㞷作。《釋名》：“兄，荒也。荒，大也。故青徐人謂兄爲荒也。”帛書字凡三見，皆釋兄而讀爲荒。此言“乃有兄（荒）夭”。《書·微子》：“天毒降灾荒殷邦。”下文言“是則兄（荒）至”。皆指灾荒。帛書《十六經·立命》：“吾愛民而民不亡（逃亡），吾愛地而地不兄。”兄讀爲荒，足證帛書字釋兄之確。

以上大抵用陽部韻。間用韻有發、孛（物部），土、雨（魚部），紀、㞙（之部）。

〔第五行〕 凡戢悳匿，女（如）曰丂（亥）隹邦所，五宎之行。

凡字作，從凡多一撇，與風之古文相同。

女曰讀爲如曰。《左傳·襄公三十年》：“或叫於宋大廟，如曰嘻嘻、出出；鳥鳴於亳社，如曰嘻嘻。”“如曰”一詞同此。

丂字，以下列諸字形證之：

---

[1] 319頁。

[2] 參見《安陽出土牛胛骨及刻辭》，載《考古》，1972。

（𢦏簋） （卯毁） （虢季子白盤）

當釋亥。“亥隹邦所”者，謂歲星所在居於娵訾之次，其所居之辰即爲亥也。

此“所”字讀如《國語·周語》“歲之所在，則我有周之分野也”之“所”。韋昭注：“歲星所在，利以伐人。”所謂“如曰亥惟邦所”者，猶言如果歲星所在，於我邦屬於星次之亥。甘氏《歲星法》：“攝提在亥，歲星在辰。……其失次見於婁，其名曰屏營，天下盡驚。”（《開元占經》二十三引）“亥惟邦所”即星次在亥之意。[1]

恧匿古書亦作側匿。《尚書大傳》云：“朔而月見東方謂之側匿，側匿則侯王其肅。”亦見《漢書·五行志》，劉歆以爲：“肅者，王侯縮朒不任事，臣下弛縱，故月行遲也。”又《漢書·孔光傳》：“時則有日月亂行，謂朓、側慝。”參《周禮·保章氏》注。《廣雅》：“側匿，縮也。”

恧匿亦稱曰慝。《左傳·昭公十七年》傳：“唯正月朔，慝未作，日有食之，於是乎有伐鼓用幣，禮也。”杜注：“慝，陰氣也。四月純陽用事，陰氣未動而侵陽，灾重，故有伐鼓用幣之禮也。”

五宊，劉信芳謂泛指妖星，引《河圖》説歲星之精，流爲天棓；熒惑之精，流爲祈旦；填星之精，流爲五殘；太白之精，流爲天柎；辰星之精，流爲枉矢。

卉木民人，㠯四淺（殘）之 〔第六行〕 尚（常）□

卉木即草木。《周書·時訓解》：“草木萌動。”王孫遺者鐘：“和溺民人。”淺讀爲殘。《逸周書·程典》：“固有四援，明其五候。”《左傳·昭公二十三年》傳：“觀其民人，明其五候。”賈侍中注：“五候，五方之候也。敬授民時，四方中央之候。”此文言民（人）必明五方

[1] 説詳《帛書内涵及性質試説》。

之候。劉讀四淺爲四殘，謂四時之賊氣。

〔第六行〕　**□□上（尚）实，三寺（時）是行。隹悳匿之歲，三寺（時）□□，䌛（系）之以〓（素）降（降）。是月己婁，曆爲之正。**

䜌似是二字。下一字從彡從日，或即𢒈之異構，未敢定。《廣韻》五十九鑒：“𢒈，相指物也。又利也，出《字譜》。”音所鑒切。

三時一詞，見《左傳·桓公六年》，季梁止隨侯追楚師，諫曰：“潔粱豐盛，謂其三時不害，而民和年豐也。……故務其三時，修其五教，親其九族，以致其禋祀。”杜注：“三時，春、夏、秋。”是三時不計冬季。帛書所言三時，可能指當攝提乖方，孟陬殄滅，正曆之舉，不得已或減去一季，祇得三時而已。當此之際，復值月朔行遲，則必系素以壓勝之。《山海經》言用五彩，而《荆楚歲時記》載五月以五彩絲系臂，名曰解兵，令人不病瘟。《玉燭寶典》五：“此彩絲系臂，謂之長命縷。”亦有名五色絲，赤青白黑以爲四方，黄居中央，名曰襞方。[1] 帛書言三時系素，殆如此例。

〓字與石經古文素作〓上半相同，而下體從巾[2]，從巾與從糸同義，故可定爲素字。《左傳·昭公十七年》傳：“日有食之，祝史請所用幣。”“唯正月朔，慝未作，日有食之，於是乎有伐鼓用幣。”系之以素，即用幣之事。

婁字余前疑讀爲遷，以《周禮·保章氏》觀天下之遷説之。李零辨認是“婁”字，而讀爲數，於義扞格，唯形則甚是，以三體石經婁之古文及信陽簡作〓證之，可信。此處“以婁”，指婁宿，乃合。[3]

曆字《説文》：“𣅀，盛貌，從孨從日，讀若薿薿，一曰若存。籀

[1] 參見守屋美都雄：《中國古歲時記之研究》，354 頁。

[2] 《説文》：“巿，韠也。從巾，象連帶之形。”巿爲韍之古文。

[3] 劉信芳讀婁爲膢。《説文》：“膢，楚俗以二月祭飲食也。”二月應作十一月，指儺逐鬼之俗。

文作晉，從二子。一曰晉即奇字簮（晉）。”帛書此字從曰不從日。金文𢼊妊毁[1]，《古璽》有晉字，同此。

曆字帛書兩見，一云“曆爲之正”，一云“曆以爲則”。曆既讀若䕺，則此可讀爲擬。《説文》：“擬，度也。”與揆同訓度。《天官書》：“以揆歲星順逆。”故“曆爲之正”猶言揆度以爲正。

隹（維）十又（有）〔第七行〕二▨（?）。隹孛〔悳〕匿，出自黄𣶒（淵），土身亡䮡（異）；出内（入）▨〔不〕同。乍亓（其）下凶。

劉信芳讀異爲翼，據郭店《老子》甲三、乙十三之身字與此形同，讀爲土“身”，指填星色黄，按乙八“又身”“亡身”，字同作□，釋“身”是也。

亡䮡即“無異”，謂土星出自黄泉，無咎徵之象。“隹十又二”句下一文殘，一説疑殘失“月”字。

日月＝𪰊（皆）亂，星辰不□（同）。日月＝既亂，歲季〔第八行〕乃▨。

中山方壺第三十行：“諸侯𪰊賀。”秦詔版殘辭“皆明壹之”。皆字作䁠（《金文續編》四·二），䁠與皆通用[2]。不□筆有殘泐，此字中一筆相連，知非“公”字，可釋爲“不同”。《吕覽·大樂》：“日月星辰，或疾或徐，日月不同，以盡其行。”高注：“不同，度有長短也。”同與上文凶協韻。

〔第八行〕寺（時）雨進退，亡又尚（常）𠀚（恒）。

甘氏《歲星法》：“視其進退左右，以占其妖祥。”“進退”亦星象家之恒言。恒之義，當如《洪範》咎徵：恒雨、恒暘、恒寒。下文

[1]《積古齋》六。
[2] 參見《文物》，1979（1），45頁。

云“三恒”是也。《周禮·瑞祝》，鄭司農曰：“逆時雨，寧風旱也。”

恭民（未）智（知），㬪以爲則。毋童（動）群民，以□三恒。

李、何皆讀恭爲恐，解爲恭敬，亦通。《魚匕》：“下民無智，參蠢（蚩）蚘（尤）命。”與“恭民未智”語同。智讀爲知。未字與甲篇“未有日月”之“未”字形相同。㬪即㫚，讀若薿。此讀爲擬。“㬪以爲則”，猶言“揆度以爲則”。説見上。

三恒即三常，《晋語》：“愛糞土以毁三常。”韋注：“三常，政之幹，禮之宗，國之常也。”（何琳儀説）但此處不甚妥。

癹（發）（四）（㕣），㠯□天尚（常）。

發爲動詞，讀如《詩》“長發其祥”之發及發斂之發。此字有缺形，舊釋興，非也。細審其字根，乃是㕣字，上半無横筆，絶不是𦥑，當爲㕣之繁形。㕣見《説文》㕣部云：“㕣，山間陷泥地……讀若沇州之沇，九州之渥地也。”又水部：“沇，從水，允聲。㕣，古文沇如此。”此㕣字增廾旁。或即從堪輿之“輿”省形會意。以口亦爲地也。㕣復借爲埏，《廣韻》二仙：“埏，際也，地有八極、八埏。”《爾雅》：“南至於濮鉛。”鉛即沿[1]，義指濮地。故四㕣即四沿或四埏，猶言四際。占書之恒言。甘氏《歲星法》有“四鄉”[2]，秦簡《日書》有“四旁”[3]、“四鄰”[4]，四㕣猶四際，亦其比。

爲兄字，讀作荒，説見上。此言發四際之荒，班固《答賓戲》“夷險發荒”，晋灼注：“發，開也。”荒指穅歉。《周禮·稻人》：“旱暵共其雩斂。”鄭司農云：“雩事所發斂。”所發斂者，謂雩祭之幣。

[1] 《禮記·三年問》“反巡”，《荀子》作“鉛”，假鉛爲“巡”。

[2] 文云：“禍及四鄉。”

[3] 即四方。九一五，云：“利以祭之四旁。”

[4] 九一五，云：“不可以行之四鄰，必見兵。”

發四際之荒，可能即荒歉時，雩祭發幣事。此處“兄”句起韻，與尚、羊諸字協，又足證其字必爲兄而讀作荒。

天尚即天常。《呂覽·古樂》：“葛天氏歌，其五曰‘敬天常’。”又《大樂》：“是謂天常。”高誘注：“天之常道。”郭店簡：“以順天常。”（《成之聞之》）

〔第九行〕 **群神五正，四（堯＝饒）羊（祥）。**

群神者，《左傳·襄公十一年》：“群神群祀，先公先王。”《楚語下》：“天子遍祀群神品物。”秦簡《日書》：“上下群神，鄉（饗）之乃盈志。”五正者，《管子·禁藏》：“發五正。”《左傳·隱公六年》：“翼九宗五正。”杜注：“五正，五官之長。”劉信芳從商承祚説讀爲四鬠，指四時之辰，即堯典之星鳥、星火、星虛、星昴。

李學勤注爲“堯”字，而無説明。今按此字上從土，與“士事”之土字形相同，故知必是從土。《説文》：“堯，高也。，古文堯。”即從兩兂。《古文四聲韻》引《汗簡》亦作，與古文同，殷契，從二土，兒。帛書只從一土。此處堯羊讀爲饒祥，言四處祥異滋多。高誘《呂覽》注：“祥，徵應也。”

建亙（恒）褭民，五正乃明，兀（其）神是亯。

建讀如《洪範》“皇建其有極”之建。馬王堆帛書《易傳》太極作大恒，建恒猶言建其有極。郭店、九店簡建字形同此。

褭字從衣從，即蜀，《古璽》多見。信陽簡即燭，即襡。《説文》：“襡，短衣也，或作襹。”《釋名》：“襡，屬也。”襡民讀爲“屬民”。《周禮·地官·黨正》：“屬民而讀邦法以糾戒之。”《楚語》：“火正黎司地以屬民。”韋注：“屬，會也。”襡民義即會民[1]。

[1] 用何琳儀説。

《淮南子·時則訓》:“其政不失，天隆（地）乃明。”“乃明”習語，同此。

《史記·曆書》:“民以物享，灾禍不生。”亯即享。

上辭兄（荒）、常、羊、明、亯等句協韻。

是謂悳匿，群神乃悳。

言能享祀群神，則當側匿之時，群神猶皆德之。匿、德爲韻。

帝曰：𢆶（繇），□之哉！

此𢆶字形略同録伯𣪘。𢆶爲嘆辭。《大誥》:“王若曰：猷。”馬融本作繇，《多士》、《多方》皆言“王曰猷”。《爾雅·釋詁》:“繇，於也。”

□殘存ᄊ形，似是敬字。“敬之哉”一詞，爲周人套語。《書·吕刑》:“王曰：嗚呼！敬之哉！”《逸周書·小開》凡兩見，《文儆》凡四見。儔兒鐘：“曰：於呼！敬哉！”文并同。

〔第十行〕 **毋弗或敬。隹天乍票（福），神則各（格）之。隹天乍实（祆），神則□（惠）之。□敬隹僃（備），天像是惻。戒（虔）隹天□，下民** 〔第十一行〕 **之𥘅（𥘅）。敬之毋戈（弋、忒）。□**

《禮記·曲禮》:“毋不敬。”《漢書·五行志》:“勤禮莫如致敬。”“敬在養神。”《書·盤庚》云：“作福作灾，余亦不敢動用非德。”作福、作灾語同此。

甘氏《歲星法》:“其國無德，甲兵惻惻。”又云：“國斯反覆，甲兵惻惻，其歲大水。”此則所謂“天象是惻”。惻字亦見望山簡及《汗簡》。

“□敬隹僃（備）”，僃字，李學勤、朱德熙均釋備，可從。中山王鼎備作僃。朱雲：“敬當讀爲儆戒之儆，與備文義相協。”《後漢書·

東平王蒼傳》李注：“儆，備也。”備與下句惻同爲之部字，兩句叶韻。”戚字與丙篇“不夾㝵不戚”之戚字形全同，從戊干聲，當釋戰。干與乾同音。《廣韻·二十五寒》引《字樣》云：“乾本音虔。”疑此“戚惟天☐”宜讀爲“虔惟天☐”。

下民一詞，見《吕刑》“皇帝清問下民”，《吕覽·應同》篇：“天必先見祥乎下民。”

祴（祓）字從示戈，字書未見。戈即弋，亦借作翼。《書·多士》：“敢弋殷命。”《釋文》馬本作“翼”。鄭玄訓翼爲敬，與弋同音字有廙，敬也[1]，以弋、廙、翼互通例之；祓殆即禩字，《説文》則以禩爲祀之或體。此處弋、惻等協韻，宜讀爲翼。

毋弋即毋忒，省心旁。蔡侯鎛：“不愆不忒。”忒又作貣。《侯馬盟書》忒字從戈。越王鐘：“夙莫不貣。”亦從貝作。《管子·内業》：“敬慎無忒。”徐幹《中論·曆法》：“寒暑順序，四時不忒。”毋弋（忒）言毋差忒也。

以上陽部、東部、之職部韻。

〔第十一行〕 **民勿用𨑩☐百神。山川澫浴（谷），不欽〔之〕行。民祀不㾐（莊），帝牺（將）繇（𧭢）以亂☐之行。**

馬王堆《老子·德經》“浴得一以盈”“上德如浴”均借浴爲谷，阜陽《詩》簡“出自幽谷”作“幼浴”，可證。“山川萬浴”即以浴爲谷。

牺讀爲將，《説文》爲牆之古文，此借用爲將。繇爲動詞，繇讀爲猷。猷，圖也。《説文》：“繇，隨從也。”亦借作由。許由，銀雀山簡亦作許囚。

曾侯乙墓漆器銘：“民祀隹坊（房）。”祀字作礿，“民祀”爲恒言。

神、行、㾐（莊）、行協韻，皆陽部字。

---

[1] 《廣韻》二十四職。

〔第十二行〕 民則又穀，亡又相蠹（擾）。不見陵西（西即夷），是則□（兄）至。

侯馬陶範見“有穀”語。《詩 · 有駜》：“君子有穀。”《甫田》：“以穀我士女。”《傳》：“穀，養也。”《傳》訓穀爲善。《説文》：“穀，乳也。”《左傳 · 宣公四年》傳楚人謂乳穀，唐石經作乳爲穀。

蠹字下從虫，爲繁形。當讀爲擾。《史記 · 曆書》：“九黎亂德，神民雜擾。”自九黎亂德以來，祭享失序，神民相擾雜。重黎乃序天地，使神居上而民在下，神民異業，敬而不瀆，故有“下民”之稱，所謂絶地天通。帛書於敬義再三致意，與《楚語》觀射父之語正可參證。陵下一字，曾君據放大照片作西即西字，西《説文》或體從木從妻作棲，陵西即陵棲，猶言陵遲、陵緈、陵夷。“不”於此爲發聲詞，如不迪、不顯之例。言一見陵夷，則灾荒至矣。[1]

民人弗智（知）歲，則無絠祭，祀則述（遂），民少又（有）⧄。

民人者，齊鎛：“與□（爰）之民人都啚。”王孫鐘：“龢涉民人。”爲春秋以來習語。亦作人民。齊侯壺：“其人民都邑。”

□字從糸從□（有），似以有爲聲符。絠，《廣韻 · 十五海》訓爲“解繩”，與“改”同音。此言民若無知於歲，則於祀事須勿改勿懈。絠可讀爲改或懈。李零讀絠爲攸。□曾憲通以爲述字，借爲遂，此句讀作“祀則遂”。按歲謂太歲，吉凶之事，以避太歲爲主。古代歲星有專書，《七録》稱：“甘公，楚人，戰國時作《天文星占》八卷。”[2]甘氏有《歲星經》，全文見《開元占經》二十三引，《漢志》曆譜家有《太歲諜》二十九卷。

上辭西、至、歲、祭、遂協韻。此文强調歲祭，可與甘德《歲星

---

[1] 《漢書》顔注：“陵夷，頽替也。”《御覽》卷八八〇咎徵部七，有地坼、地陷、地凶。陵夷即此類也。

[2] 《史記正義 · 天官書》引。

法》參看，後代之《荊州占》，亦其遺説。

土事　〔第十三行〕　勿從，凶。□

《吕覽·音律》："黄鍾之月，土事無作，慎無發益。"秦簡《日書》屢見土事。（八一八）土良日云："土良日，癸巳、乙巳、甲戌。凡有土事，必果。"（七六七反）"土忌日，戊、己及癸酉、癸未、庚申、丁未。凡有土事，弗果居。"（七六六反）又土忌云："十二月乙，不可爲土攻（功）。"（八三三）"春三月寅、夏巳、秋三月申，冬三月亥，不可興土攻（功），必死。五月、六月，不可興土攻，十一月、十二月不可興土攻，必或死。申，不可興土攻。"（八三五）《淮南子·時則》："仲冬之月，有司曰：土事無作。"此土事即所謂興土動工則凶。安徽阜陽簡《日書》："日、辰、星皆大凶，不可祭祀，作土事，起衆，益地。"[1] 睡虎地秦簡云："歲或弗食。凡有入毆（也），必以歲後，有出毆（也），必以歲前。"（九四四—九四六）《論衡·譋時》篇："世俗起土興功，歲月有所食，所食之地必有死者。假令太歲在子，歲食於酉，正月建寅，月食於巳。子寅地興功，則酉巳之家見食矣。"又云："且夫太歲在子，子宅直符，午宅爲破，不須興功起事，空居無爲，猶被其害。"《潛夫論·卜列》篇云："宅有直符之歲。"太歲在子，則子宅爲直符，其對冲爲午，午宅爲破。古之日者重土事如此。以恐犯歲月之所食也。遇歲破、直符，輒舉家移以避凶。《史記·吕不韋傳》："太后詐卜，當避時，徙宫居雍。"即其例。

《爾雅·釋言》："凶，咎也。"從、凶協韻。

[1] 《文物》，1983（2）。

丙篇

取於下（下）

曰取：乙（鳦）則至。不可以□[illegible]（殺）。王（壬）子，𡆥（丙）子，凶。㞢□北征，[illegible]（率）又咎。[illegible]□□亓（其）[illegible]。▭

取即孟陬之月。乙字與祀之從巳[1]不同，知乙即鳦字。《説文》：“乙，玄鳥也，齊、魯謂之乙，取其鳴自呼。象形。鳦或從鳥。”漢象牙七星盤十二神有大乙[2]，他書作太一，乃借乙（鳦）爲乙。此云“乙則至”者，《説文》孔字下云：“乙，請子之候鳥也，乙至而得子，嘉美之也；故古人名嘉字子孔。”又乳字下云：“乙者，乙鳥。《明堂月令》：乙鳥至之日，祠於高禖以請子，故乳從乙。請子必以乙至之日者，乙，春分來，秋分去，開生之候鳥，帝少昊司分之官也。”《禮記·月令》：“仲春之月，玄鳥至。”今帛書言陬（正月）而鳦至，相差一月，殆由古時所傳月令有異本。

[illegible]，李零釋殺。右旁與《説文》殺古文之[illegible]略近。何琳儀據三體石經僖公祟㲋作[illegible]，謂是一字。《顔氏家訓·風操》篇：“偏旁之書，死有歸殺。”殺俗作煞。唐吕才《百忌曆》有《喪煞損害法》。清人言北人逃煞，南人接煞。此處煞字上必爲動詞，惜殘泐不明。

“壬子，𡆥子，凶”一句，王字可釋壬，𡆥即丙繁形，從丙益口旁。鳦爲開生之候鳥，仲春至則宜於得子。《商頌·玄鳥》，説者俱引證湯先世高辛玄鳥遺卵之故事以釋之。今浙東之俗，海燕所遺卵殼，可治難産。[3]仍保存燕子與催生關係之傳説。《管子·幼官》篇：“十二始卯，合男女。”卯者《説文》云：“二月，萬物冒地而出，象開門

---

[1] 見“民祀不㟤”。

[2] 《雙劍誃古器物圖録》二，39頁。

[3] 參見沈瓞民：《讀吕紀隨筆》“鳥至”條。

之形，故二月爲天門。”仲春爲卯月，正值開生之時，玄鳥至則吉。《荆楚歲時記》：“荆楚之俗，燕始來，睇有入屋者，以雙箸擲之，令有子。”可見楚人以燕請子之習慣，至後來仍相沿不替。

“作□北征。率有咎”者，率讀爲帥。《説文》：“衛，將衛也。”《孫子兵法》簡，帥字作衛。正月出師不宜北方，此古兵陰陽家言。《荀子·儒效》篇楊倞注引《尸子》云：“武王伐紂，魚辛諫曰：‘歲在北方，不宜北征。’武王不從。”以太歲在北方，故不宜北征也。

《論衡·難歲》篇引《移徙法》云：“徙，徙抵太歲凶，負太歲亦凶。抵太歲名曰歲下；負太歲名曰歲破，故皆凶也。假令太歲在甲子，天下之人皆不得南北徙，起宅嫁娶，亦皆避之。”帛書於正月云：“取於下。”證以抵太歲謂之歲下，則“取於下”殆指陬月與太歲相抵。取即《離騷》“攝提貞於孟陬”之陬。“古之行師，不犯歲鎮。”[1]逆（迎）歲行軍，爲兵家深忌，故是月北征，不利主帥，以太歲當冲故也。

“武□□元（其）[illegible]”者，朱德熙云：此字亦見馬王堆篆書陰陽五行“[illegible]茅屋而[illegible]之，大凶”，《古璽》“[illegible]王”，羅振玉釋其字從曷。帛書“曷茅屋”曷讀爲蓋。此處有缺字，意義未詳。

女（如）[illegible]武

[illegible]字從匕聲。《廣韻》四紙：“庀，具也。”“訿，具也。”[illegible]似從戈匕聲，疑讀爲“庀”。謂如月可具武事。

曰女：可㠯出[illegible]（師），篙（築）邑。

不可㠯豪（嫁）女，取臣[illegible]（妾）。

不[illegible]（火），导不成。□

《左傳》梓慎言“鄭必不火”。《史記·天官書》云：“有主命不

[1] 《晋書·載記》沮渠蒙遜。

成。”“不火”“不成”，語皆同此。

秉司萅

秉即《爾雅》三月之寎，《釋文》或作窉。《廣韻·上聲》三十八梗，窉字次於秉之下，蓋同音。從丙聲之字，古每通秉。《史記·天官書》：“斗秉兼之。”《正義》：“北斗所建，秉十二辰。”錢大昕云：“秉即柄字。”三月名秉，或取義於斗秉。帛書於四隅書四時所主之月名，例曰某司某，與《漢書·魏相傳》相同，“東方之神太皞，秉震執規以司春”。而此云“秉司春”，句例正同。

〔曰秉〕……⿱⺕女（妻）畜（畜）生，分女□

秦簡《日書》稷辰：“正月、二月子秀。”“秀是胃重光。利野戰……利見人及畜畜生。可取婦家（嫁）女。”（七六一）文句與此略同。

餘取女

〔曰〕餘：不〔可〕以乍大事。少杲亓（其）□……司龍，亓（其）凡取（娶）女，爲邦芺（笑）。▭

杲字從日從木甚明，諸家均釋杲，是。少杲疑讀爲少昊。《漢書·律曆志》載劉歆《世經》引《考德》（《五帝德》）曰：“少昊曰清。”黄帝之子青陽也。《逸周書·嘗麥解》：“乃命少昊清司鳥師，以正五常之官，故名曰質。天用大成，至於今不亂。”帛書記四時，長曰青榦，又載群神五正，知少昊傳説亦流行於楚。《釋名·釋天》：“夏曰昊天，其氣佈散皓皓也。”皓皓即杲杲。《楚辭·遠游》：“陽杲杲其未光兮。”少昊意義當如此。餘月爲四月，其氣如初陽之杲杲未光，故於是月言及少昊之名，惜龍上一字殘缺莫明，或釋句龍，於字不近。龍，古指蒼龍，兼以代表太歲。《墨子·貴義》篇：“殺五色龍。”説者謂即移徙家之禁龍術。芺字朱、何皆釋芺，爲莽之省體，望山簡白犬字作（一一九號簡）形同。曾憲通引郭店楚簡“下士，昏（聞）道大笑之”，二“笑”字皆從草從犬。“爲邦笑”乃戰國恒言，見於諸子書不一而足，可證帛書。此處可讀作“娶女爲邦笑”。四月餘月，不宜於娶女。臧月則反是。

欱出晧（睹）

曰欱：（䲨）銜（帥）☐𢔶。㠯匿，不見。月在䫇……不可以亯祀。凶。取（娶）☐☐爲臣妾。☐

欱字從欠㕤聲，或釋故，細察之，字非從女，乃從，即欠字，故應釋欱。爲五月月名，《爾雅》作皋，《釋文》作高，而帛書作欱。從欱欠㕤聲，實即㕤字。《説文》口部：“㕤，高氣也，從口九聲，巨鳩切。”帛書增益欠旁，欠亦氣也。㕤與高、皋并音同通假。依《月令》，仲夏之月，其神祝融，則欱月所代表之神，應是祝融。《山海經·中山經》，苦山、少室、太室一系列之山，其神狀皆人面而三首。《大荒西經》：“有人焉，三面，是顓頊之子。”《周語》言：“夏之興也，融降於崇山。”融即祝融，其神話流傳區域，本在河南一帶；故降於崇山，與太室、少室正相邇。是知三首之神，即爲祝融。《鄭語》：“夫黎爲高辛氏火正，以淳耀惇火，天明地德，光昭四海，故命之曰祝融。”韋注：“祝，始也；融，明也。”今帛書言“欱出睹”，晧字從日從者，即睹字。《説文》：“睹，且明也。”[1] 睹即曙字，睹亦取昭明之義。《廣韻》十姥：“睹，詰朝欲明。”此段言以匿不見月，當指側匿，故不可以享祭祀。《釋名·釋天》：“慝，態也，有奸態也。”慝與眚、妖并列，正指天象之灾異。臣妾連言，猶《書·費誓》：“臣妾逋逃。”䲨帥，䲨字從鳥旁，采曾憲通説，可讀如“禍帥”。

[1] 從段注，各本作旦明。

虞司頣（夏）

曰：虞，不可以出帥。水，師不遉。其敔（昏）其遉。至于其下☐，不可以言。▭

上辭宜於水字斷句，謂逢水於師不利。水謂“行水”，秦簡有之。“不遉”語，帛書兩見。《天官書》云“有軍不復”是也。

=字下注重文號，以上下之作卡=例之，知爲“至于”二字之合書。

倉莫㝵

曰倉：不可㠯巛，☐。大不訢（訓）於邦。又（梟），（内）于卡=（上下）。▭

仺爲倉字，七月月名，《爾雅》作相。《說文》謂倉字從食省，口象倉，奇字倉作仺，與此形最相近。

巛即川，《說文》云：“貫穿通流水也。《虞書》曰：‘浚く巜距川。’言深く巜之水，會爲川也。”孳乳爲𧮑，見谷部。云：“深通川也。”古文作浚。“不可以川”，殆指不宜溝洫之事。訢字，林氏釋訢，訢古欣字，《說文》：“訢，喜也。”其字亦見《古璽》及楚簡。訓讀爲順，《廣雅·釋詁》：“訓，順也。”“不順於邦”者，下言有梟，可證。

字從木上從鳥（鳥）甚顯，見於蔡侯鐘銘之鳥旁，下半從木，省去右側一筆。至五月敓下一字則稍變其形。木下減筆而增戈旁，取梟斬之義。《說文》梟訓倒首，引賈侍中說。此斷首倒懸字，顧野王謂懸首於木上及竿頭。[1]

字從鳥戈會意，此爲梟首字無疑。《說文》另有梟字在木部，訓不孝鳥，故日至捕梟磔之。県、梟俱古堯切，二字互通。《廣韻》

[1] 參見慧琳引。

三蕭下引《漢書》具五刑有縣首。

帛書此二字當定爲梟。或釋須，非是。七月下云：“有梟内於上下。”謂梟妖也。内作，内，入也。言有惡鳥之梟，入於上下，故於邦國大不順和。楚人忌梟，以爲不祥鳥。宋《歲時廣記》卷二三《羹梟鳥》條云：“漢史曰：五月五日作梟羹……”《荆楚歲時記》云：“鴞大如鳩，惡聲，飛入人家，不祥，其肉堪爲炙。”羅願《爾雅翼》六《釋鳥梟》云：“土梟穴土以居，故曰土梟。而《荆楚歲時記》稱鵩鴞爲土梟。”《西京雜記》：“長沙俗以鵩鳥至人家，主人死，(賈)誼作《鵩鳥賦》，齊死生，等榮辱，以遣憂累焉。”具見楚人以梟爲不祥鳥，由來已久。《品物圖考》謂：“鴞，一名梟，又名鵩。”三者爲一鳥之異名，向來説者紛紜，今姑不論[1]，然皆惡鳥也。

𠻫⧄

曰〔𠻫〕：不可以簸（築）室，不可〔以出〕帀（師）。脨不逷（復）。其邦又大䜌（亂）。取（娶）女，凶。▭

𠻫從口戕聲，即“臧”字，見《古璽文字徵》(三、五)，此爲八月月名，《爾雅》作壯。

簸室者，簸即筥益支旁。《説文》：“筥，厚也；從亯，竹聲，讀若篤。”筥通竺。

《爾雅·釋詁》：“竺，厚也。”《釋文》竺作篤。《釋名》：“篤，築也。”

故簸可通築。簸室猶言築室。《淮南子·時則訓》：“仲秋之月，可以築城郭、建都邑。”語同此。

逷字從复辵。以卜辭復作复[2]例之，當釋復，逷即復字。

[1] 俱見王先謙：《漢書補注》。

[2] 參見《鐵》一四五，一。

脨字從月朿聲。三體石經《君奭》朿作朿，脨爲膌之異體。《公羊傳·莊公二十年》："大災者何？大瘠也。"何休注："瘠，病也，齊人語也。"《説文》肉部："膌，瘦也。古文膌從疒從朿，朿亦聲。"即帛書脨字。[1]

林氏讀末句爲："其邦有大亂，取女凶。"

𢆯（玄）司昧（秋）

曰〔𢆯〕：不可以筥……

可𠀤（同或合）□遲……

𢆯即玄，《越語》："至於玄月，王召范蠡而問焉。"韋注："《爾雅》曰：九月爲玄月。"玄月一名，僅見於此。遲字從辵匹尾甚明，或釋遂，待定。惜上下文殘泐，其義未詳。

昜（易）□義（義）

〔曰〕昜（易）：不□燬（燬）事，可（目）𣂔（折），敍敓不義（義）於四□。

《説文》："毀，缺也；從土，穀省聲。𣪍，古文毀，從壬。"帛書此字正從壬，同於古文。而益火旁，爲燬字無疑。燬事即毀事，《周禮·牧人》云："凡外祭毀事，用尨可也。"鄭注引杜子春："毀謂副辜侯禳，毀除殃咎之屬。"秦簡《日書》有毀事與作事爲對，可爲證。

𣂔即折，《説文》："折，籀文作𣂔。"形同此。齊侯壺云："折於大𤔲（司）命。"字作𣂔，而讀爲誓。此處讀爲誓，義訓告。《逸周書·世俘解》："用小牲羊犬豕於百神水土於誓社。"誓，告也。"敍敓不義於四□"句，敍即叙繁形。卜辭有叙字[2]，敍敓爲連詞，猶言除

[1] 朱德熙説。

[2] 參見《前》六、十、三。

去。去與毆通。《左傳·僖公十五年》："千乘三去。"《文選·東京賦》："成禮三毆。"即《易·比卦》之三驅。故"敘攷"猶云"除毆"，即毆除、驅除之倒言。[1]

羛，《説文》引墨翟書，義從弗。帛書所從之我，與姑□勾鑃我字作相近。"不義"一詞見《論語》。《離騷》："孰非義而可服。"《吕覽·音律》："夷則之月（七月）誅不義。"《尚書大傳》四："君子聖人謀義，不謀不義，故謀必成；卜義不卜不義，故卜必吉；以義擊不義，故戰必勝。"[2]

姑月亦云"𡟰不義"，在帛書中，十、十一月皆爲宜於擊不義之月份。

姑分長

曰姑：（利）戠（侵）伐，可以攻城，可以聚衆，會者（諸）侯，型（刑）首事，殍不義。▭

姑爲十一月名，《爾雅》作辜。

戠字從戈從帚，乃侵字。《説文》："侵，漸進也，從人又持帚，若埽之進；又，手也。"此字作從戈，侵伐之意益明。《易·謙卦》："利用侵伐，征不服也。"《左·莊公二十九年》傳："凡師無鐘鼓曰侵。"

聚字，帛書作，上從取，下爲從，宜釋"聚"。從與衆同義。《淮南子·時則訓》："季夏之月，不可以合諸侯、起土功；動罪興兵，必有天殃。"語略同。型首事，舊釋百事，商承祚釋爲首字是也。型與刑通。《詩》："儀刑文王。""刑於寡妻。"《毛傳》并云："刑，法也。"

---

[1] 《史記·秦始皇紀》："佐攻驅除。"《文選·西京賦》："毆除群厲。"

[2] 《御覽》四五〇引。

即殍，從歹，殍翏聲。殍爲戮俗字，戰國已見之。《說文》："戮，殺也。"《晋語》："戮其死者。"韋注："陳尸爲戮。"《淮南·時則訓》"以征不義"，語同。

荼司（冬）

〔曰〕敍：不可以攻……（）（城）……

敍爲十二月月名，《爾雅》作塗。古本《爾雅》作荼（《周禮·哲蔟氏》注云："從娵至荼。"）。阮氏《校勘記》引，一作除。帛書作荼，從土荼；敍乃荼之異寫，增攴旁。

帛書之哲學思想

西方學者以楚帛書之發現，與死海經卷（Scrolls of Dead Sea）具有同等價值。[1] 繒書於 1942 年 9 月在長沙子彈庫木槨墓出土，死海經卷於 1947 年春在 Jericho 發現（距死海南約七英里），後於帛書 5 年，死海經卷之年代，約當公元前 2 世紀至公元 68 年，而帛書年代，依長沙發掘經驗，凡有陶敦（簋）伴出之楚墓，年代較早，可能爲戰國中期，帛書墓葬出品，即屬此類，故比死海經卷爲早。死海經卷中言及光明黑暗之戰争，其神秘之傳説，所以申明神之真實，神之光榮及正直。帛書除述楚祖先與洪水開闢神話之外，對於日月星辰運行之變動及神民關係問題，言之再三，叮嚀周至。故帛書内容，對於古代宗教哲學思想，極爲重要，兹櫽栝數點，申論如下：

[1] 參見 *New York Times*，1967 年 8 月 25 日。

（一）四時不忒

《易·觀卦·彖辭》云："觀天之神道而四時不忒，聖人以神道設教而天下服矣。"在神道設教之時代，人之行動要順天而行，天行有常，則下民安泰。如日月星辰亂紀，則灾妖呈現。故帛書對於四時觀念，極爲重視。既於四隅明記秉司𡕒，虞司顕，玄司昧，荃司畬，指出四時之所司，又於甲篇大書四時神名。《淮南子·覽冥訓》記洪水既平之後，"背方州（地），抱圓天，和春、陽夏、殺秋、約冬。上際九天，下契黄壚。"又《本經訓》言："四時不失其叙，風雨不降其虐，日月淑清而楊光，五星循軌而不失其行。當此之時，玄元至碭而運照。"此即古人所謂盛德之世，四時風雨無不調順，由四時而産生時雨之觀念。帛書云："日月既亂，歲季乃▨。寺（時）雨進退，亡有常恒。"《淮南子·時則訓》："季春之月行夏令，則民多疾疫，時雨不降，山陵不登。行秋令則天多沉陰，淫雨早降，兵革并起。"此即時雨失其常恒之狀也。《齊語》云："今夫農群萃而州處，察其四時。……及耕，深耕而疾耰之，以待時雨。時雨既至，挾其槍刈耨鎛，以旦暮從事。"四時之被重視，實由古代農業社會依之進行生産，故謂之"時則"。是知"四時不忒"之思想，蓋有其實際生活之意義。

（二）神民異業

《潛夫論·卜列》篇："天地開闢有神民，民神異業，精氣通行。"此説來源甚遠，實出於楚之先代。帛書中屢屢言及神民關係，如云：

> 民勿用▨，▨彳□百神。山川澫（萬）浴（谷），不欽之行。民祀不𢼸（莊），帝𤕌（將）繇以亂▨之行。民則又穀，亡有相

擾。不見陵西，是則荒至。

楚祖先重和黎，世叙天地，分別負責上天之神及下地之民。使民神異業。《周書·吕刑》云：“乃命重黎，絶地天通。”《楚語》記觀射父答昭王問，有極明白解釋，試圖如下：

神	上　天 南正重
民	火（北）正黎 下　　地

可見神民分開，神屬天而民屬地，各司其職，使“司民與司神之官各異”。此種觀念原是楚國傳統思想，在帛書中，神和民一尊一卑，畛域分明。最堪注意者爲群神之外，加上一個“帝”，帝之地位在百神之上。帛書中所見之帝有“帝夋”“炎帝”。如云：“炎帝乃命祝融，以四神降，奠三天，紹思敄，奠四（亟）。”又云：“帝夋乃爲日月之行。”凡此所指，必爲最高主宰，其非人帝可知。帝是上天之主，可以驅使日月，可以亂天之行，此與殷代之帝及上帝無甚差異。漢代剛卯云：“靈殳四方，赤青白黄，四色是當。帝令祝融，以教（敺）夔龍。”“帝令祝融”一句，與帛書相同。帛書四方，亦有不同顔色之樹木，可見剛卯文字及其思想與楚人不無關係。

春秋以來，神與民之觀念，屢有變遷：

(1) 隨國季梁——“夫民，神之主也。”[1] 主張先成民而後致力於神，將民置於神之上，神放在第二位。此種進步主張，發生相當影響，其後宋公要用人祭祀，司馬子魚説：“民，神之主

[1] 《左傳·桓公六年》，公元前 707 年。

也，用人其誰饗之！”[1] 即采取季梁之言論。

(2) 虢國史嚚——“國將興，聽於民；將亡，聽於神。”[2]

(3) 魯孔子——“務民之義，敬鬼神而遠之，可謂知矣。”[3] 鄭注云：“遠鬼神近人，謂外宗廟内朝廷。”

以上主張，都是遠鬼神而近人，此爲周道，與夏道、殷道不同，試就《禮記·表記》所述孔子之説，舉其差異如下：

夏道　　尊命　　事鬼敬神而遠之。

殷道　　尊神　　率民而事神，先鬼而後禮。

周道　　尊禮　　尚施；事鬼敬神而遠之。

孔子從周，故尊禮而遠鬼神。若楚國則承殷制，還是率民事神也。

（三）“敬”之觀念

由於神民地位上下之懸殊，民之對神必持敬之態度，帛書云：

> 毋弗或敬。隹天作福，神則各之。惟天作夭（祅），神則惠之。▨敬隹備，天像是惻。成（虔）隹天▨，下民之衽。敬之毋衽（忒）。

《楚語》：“敬恭明神，以爲之祝。……天地……各司其序，不相亂也。民是以能有忠信，神是以能有明德。民神異業，敬而不瀆。”民之主敬，所以與神保持距離。至“遠乎鬼神”，而仍須持敬。若《論語》云：“務民之義，敬鬼神而遠之。”即其明證。帛書云：“毋弗或

[1] 《左傳·僖公十九年》。

[2] 《左傳·莊公三十二年》，公元前 663 年。

[3] 《論語·雍也》。

敬。”其告誡尤爲殷切。是知“敬”之觀念，與事神有莫大關係。敬從𢀸，金文作。西周大盂鼎：“若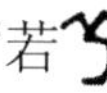乃止，勿灋（廢）朕命。”即“若正乃敬”。、苟、敬實一字之孳乳。[1] 古書言敬之資料，《大戴禮·武王踐阼》謂黄帝、顓頊之道，在於丹書，引《道書》之言云：“敬勝怠者吉，怠勝敬者滅；義勝欲者從，欲勝義者凶。”《尚書緯·帝命驗》云：“季秋之甲子，赤爵銜丹書入於豐，止於（姬）昌户。其書云‘敬勝怠者吉’云云。”又見《六韜·明傳》篇。可見“敬”一詞來源之遠。“敬”義至宋人發揮最備，皆自《易·文言》“敬以直内”加以引申。今觀楚帛書及武王戒書（《武王踐阼》末云：“惕若恐懼，退而爲戒書。”）之述敬，遠本丹書，由來已久矣。[2]

語法與文體

從語法論，帛書有若干處可注意者：

書寫例，以▭爲分章節之號。

信陽竹簡與武威漢簡於每段之末，用扁長方框之▭作句號，代表段落之終止。帛書相同。

重文、合文例，大抵書“＝”號以爲識。

重文如𩵋＝、夢＝、墨＝、弻＝（弼）、尚＝（堂＝）、孛＝、喜＝；合文如肙（日月）、卡（上下）、（至于）、十日（七日）。“至于”二字合文，同於令狐君壺“至于億萬年”。

同文異寫例

如四亦作。

[1] 苟、敬之本義及引申義，參日人笠原仲二文，載《橋本紀念東洋學論叢》。
[2] 《大戴禮·哀公問》孔子之論大敬，《保傅》篇之論“慎始敬終”，皆後起之義。

句法則有四字平列句

如“日月星曆”，“䇘、䪼、昧、耆”。

語詞

如發語詞之曰、隹（如“隹……月則絽絀”），語終詞如“思”（“以䢔相☐思”）。

加係詞之“胃”，則以胃爲謂

如“是胃孛＝”、“是胃亂絽”、“是胃德匿”。陳直云：“少虡劍銘及楚帛書皆用胃爲謂，武威《儀禮》漢簡與之相同（《武威》三十五、四十二兩簡皆用胃爲謂）。”[1]

連用語詞二字者

有“爲之”，如“曆爲之正”；有“如曰”，如“如曰亥惟邦所”。

以文體論，帛書此篇大都以四字爲句，間有疊句者，如：“有宵有朝，有晝有夕。”多數用韻，衡以《楚辭·九章·橘頌》爲四字句，唯每句必用兮字，帛書則無之。《天問》亦多四字句，但皆爲發問句式，與帛書不同。方孝岳謂《天問》體裁或近於《荀卿·成相》篇，與《逸周書》之《周祝解》相似。今取帛書比較，不盡相類。按戰國文體，每雜韻語，如《管子·四時》篇末段：

> 刑德不失（韻），四時如一（韻）。刑德離鄉（韻），時乃逆行（韻）。作事不成（韻），必有大殃（韻）。月有三政，王事必理（韻）；以爲必長，不中者死（韻），失理者亡（與上“長”字韻）。國有四時，固執王事（與“時”韻）。四守有所，三政執輔（“輔”與“所”韻）。

---

[1] 《考古》，1965（11）。

此段文字，句法及用韻例與帛書最接近，風格亦復相似，故知帛書爲戰國文字，絶無可疑。

此文初刊於 1968 年《史語所集刊》第四十本。陳槃先生跋，譽爲“勝義絡繹，深造有得，精思卓識，可謂難能”。然鑿險縋幽，間亦有未安者。玆全部改寫。三燻三沐，稍免愆尤。積三十年，方克折中群言，成此短篇。彌感考釋之業，非殫畢生之力，未易奏厥膚功；愧曩日之淺嘗，嘆精力之虛擲。方巴納君《楚帛書譯注》之刊行，美國亞洲學會主編貽書囑寫書評，久久無以應命，玆編或可塞責。他山之石，仍冀讀者再行攻錯，而有以匡予也。

作者又記，1984 年 2 月

近二年來，楚帛書在國内已掀起研究熱潮。陳夢家舊作在《考古學報》刊出之後，繼之有李零之專書，何琳儀之《通釋》，曹錦炎之考《月令篇》[1]，朱德熙有《考釋》五事，吴九龍論兲字，勝義紛披，皆有可取之處。今酌采其説，以修訂前作。他若高明之文，主張宜將八行之文定爲上篇，作爲全文開端。然後層次方合邏輯。又援引《天文志》，以明繒書之性質，與拙論“以帛書爲楚國天官書之逸篇”，完全吻合。可以糾正諸家以十三行爲首之誤解，玆特著其説於此。

1988 年春，又記，1990 年 1 月再訂
2002 年 8 月又訂

[1] 俱載《江漢考古》。

近時楚地簡帛出土日衆，若包山簡、郭店楚簡，文字可據以訂正者不少。帛書研究，久演進成爲一時之顯學，論著刊佈者，幾近百篇，今采其可存之説，再作修訂。其重要問題，另篇細論，以供研討。

2002 年 6 月又記

潮州歷代移民史

——民族志之一章

中原人民之南移，或以屯戍，或以避亂，或則遷謫而留住，或因勤王而播遷，要不出此數因。潮州古屬荒陬，瘴海連天，鰐魚野象，所在爲害。意其地一如今之南洋群島，人稀地曠，宜於殖民。

自宋迄明，南來者多，日臻繁盛。洎清初嚴禁通海，築界遷斥，沿海各地，悉爲廢墟，民始有内徙者。歷史上大量移民，自中原南來可考者，有如下數：

（一）秦 《史記·南越王尉佗傳》，秦時已略定楊越置桂林、南海、象郡，以謫徙民與越雜處。《漢書·高帝紀》，秦徙中縣之民，南方三郡，使與百粤雜處。考《史記》徐廣五十萬人守五嶺，揭陽嶺爲當日戍處。《方輿紀要》，揭陽山在縣西北百五十里，南北三支，直抵興寧海豐二縣界，亦曰揭陽嶺。始皇伐百越，命史禄轉餉，留家揭嶺，或以爲即此山。又有謂揭陽令史定即其後，顧無確證，然此即中原人士最早居潮州者也。

按：秦之開發嶺南，三十三年發逋亡贅婿賈人，略取陸梁地，以爲南海郡，以遣適戍。其先越叛，使尉屠睢南來，以監禄鑿渠通道，時發卒五十萬，分五路。一軍據鐔城（湖南黔陽），一軍守九疑（湖南寧遠），一軍處番禺（廣州），一軍守南野（江西南康西南贛江南岸），一軍守餘干（南昌東餘干縣）。而越人皆入叢薄中，秦師大敗，屠睢被殺。後始皇遣趙佗爲龍川令，擊越，謫徙五十萬戍五嶺，三郡遂獲控制。至三十四年築南越地。

據《尉佗傳》，任囂謂佗欲興兵絶新道。蘇林云，秦所通越道。考南康有揭陽，即五路軍所屯南野之塞，史禄所家，是否爲南康之揭陽，抑曾至今潮州境，年遠代湮，莫由詳悉矣。

（二）漢　武帝元鼎五年，余善請以卒八千從樓船擊吕嘉，兵至揭陽，以海風波爲解[1]，可見其時中原戍卒八千人來揭陽，蓋由閩遵海來潮者。[2]

（三）吴　揭陽曾夏率衆拒吴，所部數千人。[3]

按：漢末安成長揭陽吴碭，拒吴不敵，突走。大埔《温志》謂曾夏即碭還揭陽所號召以抗吴者。考碭據攸縣，在湖南中部，去潮之揭陽尚遠。吴時贛有揭陽，夏所籍之揭陽，是否南海之揭陽，尚難遽斷，然其部曲數千人，分佈區域，疑當遠及贛邊。查《宋書·州郡》義安户 1119，口 5522，使此數爲實，宋時潮地僅千户，則夏所領人數，非限於潮之揭陽明矣。

（四）晋　義熙九年以東官五營立全義招縣。《南越志》：義招縣，昔流人營，此五營之兵，皆當時流人也。

（五）唐　總章二年，陳政統嶺南行軍總管事，率府兵五千六百名，將士自副將許天正以下一百二十三員[4]，此爲福佬之祖。開元二十一年，唐循忠於潮虔福間檢避役百姓三千餘户，因奏置汀州。此三千餘户，爲中原人民徙入較遲者，當爲客家之祖。

唐末隨王潮自中州來者亦夥。中和元年八月，壽州屠者王緒聚衆

[1] 見《漢書·閩粤王傳》。

[2] 東漢移民人數無可稽考，然以永和與元始人口比較，南海郡增十五萬人左右，平均每縣可增二萬人，揭陽處荒陬，疑無此數也。

[3] 見裴注引《會稽典録》。

[4] 《饒平大巷陳氏族譜·陳政傳》，《漳州志》同。

五百，陷光州，固始縣佐王潮及弟審邽審知應之。光啓元年，緒悉舉光壽二州兵五千人渡江，轉掠江洪虔州，遂入閩，陷臨汀漳浦，有衆數萬。緒前鋒將擒緒，奉潮爲將軍。景福二年五月，陷福州，拾月，爲福建觀察使。是時光黄壽州之民，多充潮將，隨之入閩[1]，其時因避亂而南徙者尤衆，大率扶老携少以行。

（六）宋 《宋史·文天祥傳》，景炎元年，天祥出江西，收兵入汀州，十月，取寧都于都。劉洙、蕭明哲、陳子敬，皆自江西起兵來會。此贛人之入閩也。二年，天祥自興國兵敗，元軍破汀關。閩贛義兵，相率隨帝室播遷，輾轉入粤。當日巨姓南遷者，有吉水徐氏[2]、寧都謝氏[3]、潁川陳氏。[4]

中原人民之南徙，約如上述。清初，鄭氏稱雄海上，清廷於濱海各縣，遷界徙民，如澄海全縣畢裁。於是民多内遷。抗戰時間，潮汕陷落，有資産者多遷入自由區，或北徙興梅，遠則至貴陽、重慶、昆明，然爲數甚少。窮困者流轉道路，或盡鬻田産，徒步入閩贛，或至桂林。此近歲移民之大概也。[5]

[1] 《崇正同人系譜》云：沈氏五代時，其族有從王潮入居福建汀州，又吴氏云，散處中州，其後有隨王潮入閩，皆其例。

[2] 《和平徐氏譜》，載元年南下豫章，道隆起兵勤王死之，德隆隨宋帝度嶺南下，卜居龍川烏龍頭。

[3] 《崇正同人系譜》云：宋景炎間，江西寧都謝新隨文信國勤王，收復梅州，長子天祐家於梅之洪福鄉。

[4] 《崇正同人系譜》云：陳氏郡望潁川，宋末中原士族紛紛南隨帝室播遷，有陳魁者，率其族九十三人，移居福建汀州府之寧化上杭，其曾孫孟郎、二郎、三郎，由閩遷粤之程鄉，散佈於大埔、興寧、長樂、龍川等處。

[5] 據民国三十三年七月調查，潮民入閩，遷徙平和、詔安、雲霄、南靖、永安、上杭，難民數達十萬人，以朝安、澄海、揭陽爲多。其入贛者，據民国三十二年五月九日，粤贛當局合組贛省救濟粤東移民委員會登記，總數七萬餘人，其中以揭陽、普寧、豐順、潮陽爲多，大埔、海豐次之。其中分配，爲自動集資墾殖者僅萬餘人，自動謀工商業者二萬餘人。難民散佈於泰和北門華僑墾殖場、永昌南僑公司、沙村、白沙、冠朝、河東郭家祠。其挈家入桂橡者，有結茅住於穿山，爲人傭作，僅三數家耳。

本州境内移民，則以南山移墾一事最爲足述。當民國十七年，共產黨踞南山，二十一年国民黨獨立第二師大舉圍剿，暫着其地人民離境。至後成立南山移墾委員會，將昔日離境之人民移回，舉行登記，并發給移墾證。時分惠來、流沙、云落、兩英四處登記，自民二十二年七月起，至二十四年四月止，登記人數共 44728 人。於是南山因有管理局之設焉。

至於户口增減，與移民關係甚大，玆略論之。劉宋時户 1119，口 5522。是時義安郡領縣五：海陽、綏安、海寧、潮陽、義招，包括今閩之漳浦、漳州，粤之大埔、梅縣，及第五區全境，僅有千一百餘户，可見地曠人稀。惟考漢時南海郡，户 19613，口 94353，而蒼梧户 24379，口 146160，交趾户 92440，口 746237，九真户 35743，口 166013。交趾比南海多四倍弱，南海户數反在蒼梧、九真之下，知漢時粤西南部，與安南廣西接壤之處，人口最多。證以桂林監居翁諭告甌雒四十餘萬口，及東漢蒼梧廣信人物之盛，可審其故。至粤東南角，即潮州一帶人口，實爲最稀少也。平帝元始時，南海户 19613，口 94353。時南海縣六，平均每縣可 15726 人。經王莽之亂，至永和五年，南海户 71477，口 250282。較元始時户增 51864，口增 156029。時南海分七縣（番禺、揭陽、博羅、中宿、龍川、四會、增城），平均每縣可二萬二千三百餘人。潮之揭陽，户口絶不及廣府之盛，然較《宋志 · 州郡》所列之口數僅 5522，多三倍以上。疑當日多半流民，未經土斷，故户不滿二千也。

隋户 2606。此户數不知何時調查，如當大業初，則其時已省綏安入龍溪，海寧不久亦廢，併入海陽，州境較劉宋時爲縮，而户口增多，將及一倍。唐開元户 9327，元和户 1955，《新唐志》載户 4420，口 26745。開元户口，較隋增逾四倍。時潮境更縮，舊時綏安、海寧均分割，只餘海陽、潮陽、程鄉三縣十六鄉，而户口激增，疑有數因。自隋整理户籍，往時土斷未行之弊始革，强豪浮客，均獲著籍，此其一；唐武德初，潮屬俚帥楊世略來歸後，土著始爲編氓，此其二；陳元光所帶府兵來漳潮者，據《陳氏族譜》載，有五千六百名，時分四行台，其一自南詔抵揭陽，則增加之户數，一半爲陳氏戍卒，此其三。惟畲蠻負阻山谷，雖以陳元光亦不克平定，則當時必無編户。《長汀志》載唐昭宗乾寧元年，黃連洞蠻二萬圍汀州。此洞蠻即長汀東南與大埔程鄉交界處之畲民。即此一隅之畲民人數，已與《新唐志》全潮人數相埒，誠堪驚人。此可見唐時閩潮間土著爲畲民也。元和時，潮州人數，據《元和郡縣志》所載，僅 1955 户，較開元時減 79%。其故安在？考天寶十四年，全國 891 萬户，經安史之亂，至乾元三年，僅 193 萬户，五年之間，減少 78%。與潮州户開元元和間之比差相似。以全國論，固由於鋒鏑死亡，與離居蕩析。而潮州當日兵事，只有開元二十六年刺史陳思挺之叛，大曆十年哥舒晃與節度使伊慎戰於潮陽。時地方未經重大兵燹，不得爲户口鋭減原因。竊疑天寶以後，方鎮肆暴，嶺南與中樞脱節尤甚，私設簿籍，隱漏户口，而大姓蔭户，閭吏匿報，大亂之後，圖籍散佚，荒遠之地，鞭長莫及，莫之誰何。元和户數之鋭減，其故殆由於此。自宋以降，户口增減，已詳《户口志》中，兹不具論。

台海去潮一衣帶水。清初鄭氏踞台抗清，潮屬濱海各縣，多舉兵勤王。而名公巨卿從渡台者，若辜朝薦隨鄭經移台，其子文麟，即生於台，長始還潮。故台中潮人，向來爲數不多。至今全台操潮州語者，有 189900 人，佔全人口 3%。[1]

至潮人之移殖南洋群島者，爲移民史一大事。據統計，同治八年至十一年，汕頭出口共 101261 人，光緒三十年至民十二年，實際出口共 52069 人，就中以民六年 73000 人爲最多。蓋其時南洋橡椰有

[1] 據民國三十五年（1946）八月二十五日《僑聲報》鄭啓中調查。

價，墾殖利多，商場暢旺，故州人咸趨之也。民二十八年，因抗戰時期，人民及儒屬避地南徙故，實際出口又越 62233 人。三十三年，州境淪陷，交通梗阻，其經揭陽縣出口者僅二十人耳。復員後，出口人數雖略有缺乏，外移之數，亦大不如前矣。詳《户口》《僑況》二志。

原載《大光報 · 方志周刊》第三十七期，汕頭，1947

清初潮州遷界考

清初鄭氏踞台抗清，濱海各省，風鶴屢警。滿人苦於應付，爰發遷異之議，行堅壁清野之策。沿海一帶，廬舍爲墟，尤以潮州受禍爲最照。此事於清初史實關係綦重，而讀史者，多予忽視。中央大學教授謝國楨，始撰爲《清初東南沿海遷界考》，麥應榮繼之，有《廣州五縣遷海事略》之作，雖徵引晐博，惟於吾州遷界之事，則略焉弗詳。本館總纂饒君宗頤，有見及此。爰鈎稽往籍，輯爲斯篇。發當日之痛史，補舊志之闕文。用特公諸海內，世之治清史者，幸留意焉。《方志周刊》編者附識。

順治三年（魯王監國元年），鄭芝龍降清。先是芝龍曾居台灣，其子成功未忘明室，翌年，起兵鼓浪嶼，破同安，佔厦門、金門諸島，踞閩沿海之地，張煌言、張名振相繼歸附。順治七年（監國五年），成功入潮陽。八年入南澳（監國六年），魯王入厦門。翌年，魯自去國號。五月，永曆帝（時即位七年）封成功延平郡王。順治十二年，成功奉魯王居金門。順治十三年，成功將黄梧以海澄叛，清封海澄公。十四年三月，黄梧獻平海策，請發鄭氏墳墓，於江、浙、閩、粵沿海居民遷内地，設立邊界佈防[1]，始發遷界之議。或云其策爲方星焕所獻，王沄《粵游記略》云："倡爲遷海之説者誰歟？辛丑余從蔡襄公在淮南，執政遣尚書蘇納海等，分詣江、浙、粵、閩，遷瀕海之民於内地。蔡公曰：'此北平酒家子方星焕所獻之策也。'其兄

[1] 詳《台灣外記》。

星華，官至漳南太守，星焕從之官。海上兵至，漳城陷，兄弟皆被掠入海，旋縱之歸。其主因問海外情形，星焕乘間進曰：‘海舶所用釘鐵麻油，神器所用焰硝，以及柴帛之屬，島上所少，皆我濱海之居民闌出，貿易交通接濟。今若盡遷其民入内地，斥爲空壤，劃地爲界，乃厲其禁，犯者坐死，彼島上窮寇，内援既斷，來無所掠，如嬰兒絶乳，立可餓斃矣。’其主深然之。執政遂佈新令，其説得行也。”

順治十七年，福建總督李率泰奏遷同安之排頭，海澄之方田，沿海居民八十八堡入内地[1]，是爲遷界之始。時蘇納海同侍郎伊里布，奉命赴江南、浙江、福建會勘督遷。康熙元年壬寅，命吏部侍郎科爾坤、兵部侍郎介山，同平南王尚可喜、將軍王國光、提督楊遇明等，巡勘潮瀕海六縣，建敦台七十有三。三年甲辰，遣吏部尚書伊里布、兵部侍郎碩圖，偕藩院將軍提督復勘，令再徙内地五十里。海陽遷去龍溪、上莆、東莆、南桂四都，秋溪、江東、水南三都之半；潮陽遷去直浦、竹山、招收、沙浦、隆井五都，附郭、峽山、舉練三者之半；揭陽遷去地美一都，桃山半都；饒平遷去隆眼、宣大、信寧三都；惠來遷去大坭、隆井二都，惠來、酉頭、龍溪三都之半；澄海遷去上外、中外、下外、蓬洲、鰐浦、鮀江六都，僅存蘇灣一都。增築敦台八十有四，各設栅欄，以嚴出入。[2]康熙八年正月，以巡撫王來任、總督李率泰先後疏請，始稍展界，縱民采捕。[3]二十二年十月，遣吏部侍郎杜榛等，勘測閩粵沿海邊界，招民開墾，始開海禁。當日潮屬各縣遷斥復界情形，兹分述於下：

海陽：康熙三年，冢宰伊里布等，再巡勘海陽，遷去龍溪、上莆、東莆、南桂四都，秋溪、江東、水南三都之半。爾時與遷之民，流離瑣尾，少者轉徙他邦，老者死填溝壑。甚而摻摻女手，執鉢街

[1] 《台灣鄭氏始末》。
[2] 見阮《通志·海防》、周《府志·兵防》。
[3] 《海防總論擬稿》。

衢，青春子衿，混迹傭豎。一二壯悍者白日袖刃奮食。康熙七年，撫院王來任繪流民圖上流，蒙恩依議復界，督院周有德合力奉行，而哀鴻始集。[1] 自三年嚴海禁，遷民内地，南桂以下堤斥界外，遇洪水，冲决尤甚。上莆、南桂、龍溪都，田地盡遭淹没。八年展界，鄉老許重晦、生員盧繼尚、林振秀集數都民力，始行修築。[2]

澄海：三年再行巡勘，遷去上外、中外、下外、蓬洲、鰐浦、鮀江六都，存蘇灣一都。五年，遷去蘇灣，全縣畢裁。建敦台戍卒守之。康熙甲辰，奉詔沿海濱民斥入内地。幸都督許公乞爲轉奏，自南洋至南砂十餘里，緩斥三年。及丙午，有司迫遷，吾鄉圮毁，人神俱遷。時斥居於意溪，情慘難狀。[3] 縣城，嘉靖四十五年，張濬興砌。康熙二年，因濱海寇患，三次遷斥。七年展復，八年署縣通判閻奇英始依舊重建。[4]

潮陽：康熙元年正月，勘邊界，遷居民入内地，招收、沙浦、隆井、竹山、附郭等都共遷六十二鄉[5]，三年四月，再遷直浦、峽山、舉練等共一百二十四鄉。斥地後，民窮蹙，日嘯聚爲盜。自巡撫王來任、總督周有德先後奏准復地。惟達濠海島仍爲界外。[6]

揭陽：康熙七年，遣内大人狄堪等七員，會同總督周有德、提督楊過明、平藩尚可喜，帶兵馬一萬七千餘，由惠經揭之桃山巡勘，議撤排栅，改設各泛墩台。八年，民治復業。[7]

惠來：康熙元年四月，斥除沿海地三十里，移民入内地，遷去田地四十頃四十二畝。自潮陽交界和平寨起，至本縣浮埔、靖海所驛

---

[1] 海陽《張志》。
[2] 海陽《盧志·建置略》。
[3] 《南砂林氏家譜》。
[4] 澄海《李志》。
[5] 計466户、男婦2 679丁口。
[6] 潮陽《周志》。
[7] 揭陽《劉志》。

後止，建立，東北自潮陽交界坑起，至本縣南門外墩止，南自南門外起，至海豐交界吊旗山止。八年春，始展復舊界，開墾田地。[1]

南澳：康熙二年，廷議，徙民内地，俾寇無所掠，勢將自困，遂悉徙粤、閩、浙江、山東之在界外者。降者接踵，澳地遂墟。[2]（按：明洪武十二年，徙澳民於内地。永樂二年，撥澳民回籍耕種。七年，遷澳民於蘇灣，墟其地。至康熙三年，再行遺棄。徙民於南澳，爲第三次，時南澳屬饒平信寧都。）八年，詔展界。至二十三年，以界外棄地給民耕種，始復舊業。[3]

初，巡撫王來任巡界，具疏請展界，不許。逮康熙七年，還京，旋病且卒，遺疏極言其狀。同時御史楊擁廷，亦條奏利害，詔可之。至八年二月，詔復遷海居民舊業。

《香山縣志》云：“自元年以來，大臣歲來巡界，以台灣未平故也。是年前總督李率泰遺疏，請寬兩廣邊界。康熙七年，遷民結黨爲亂，巡撫王來任遺疏請展界。先是遷者委居捐産，流離失所，而周李餘黨，乘機剽掠。巡撫王來任，安插賑濟，存活甚衆，旋病且卒，遺疏極言其狀。及御史楊擁廷條奏，詔可之。遣都統時某、副都統魯某、户部侍郎雷某等，會同平藩尚可喜、總督周有德巡勘，議撤排栅，改設各汛墩台。”

麥學程《遥識篇》云：康熙七年正月十三日，王巡撫病危，遺疏請復村。北京自春徂夏大旱，五月初六日至初八日，太白晝見，但星微體暗，術雨亦在此時，命各衙門大放囚獄，十五日令准復村。八月，總督、藩、提同往惠潮展界。[4]

---

[1] 惠來《張志》。

[2] 《齊志》、《忠孝堂集》。

[3] 《齊志》。

[4] 見麥應榮文引。

按：康熙四年，閩浙總督李率泰在任病卒，遺疏請寬兩廣邊界。[1]至展界執行者，爲周有德（康熙六年兩廣總督），繼具奏者爲王來任，事見阮《通志·宦績》。

《粵游紀略》云："從惠州始由界外行至潮州，東抵分水關閩界而還。所至民皆扶老携幼，張樂焚香，歡聲動地。其還也如之，則有負耒而拜者矣。以予所觀界外所棄，若縣、若衛所城郭故址，斷垣遺礎，骷髏枯骨，隱現草間。粵俗鄉村曰墟，惟存瓦礫；鹽場曰漏，化爲沮洳。水絶橋梁，深厲淺涸，行者病之。其山皆叢莽黑菁，豺虎伏焉。田多膏腴，溝塍久廢，一望汚萊，良可措也。向所謂界者，掘地爲溝，廣不盈丈，插竹引繩以表之；或過山則繞山，址爲溝，曰此界外山也。亦有去城不里許爲界者，民間畏同陷井，側足不前，而愚懵無知，往往誤入其中。是時所司，尚有以出界坐辟、爰書請者，皆貧村豎，往拾蚌蛤之屬，爲吏所掩護者，命出之。所司持之曰：'此未開界之犯也。'公曰，今界已闢矣，立命出之，因嘆八年之間，冤獄殆不可勝數矣。"可見遷界之慘酷情狀。

兹就潮屬各縣順康之際户口表列於下：

縣别	年代	户口	年代	户口	年代	户口
海陽	順十七年	73839	康元年	30182	康十一年	42389
澄海	順十七年	60282	康元年	38055	康十一年	24104
潮陽	順十七年	32134	康元年	20509	康十一年	22349
饒平	順十七年	49088	康元年	27617	康十一年	37951
揭陽	順十七年	48577	康元年	27106	康十一年	34121
惠來	順十七年	31211	康元年	11841	康十一年	12742
普寧	順十七年	10486	康元年	51390	康十一年	91390
大埔	順十七年	15012	康元年	15017	康十一年	15012

[1] 李氏、王氏上疏俱見《欖屑》，兹不録，王氏兩次上疏。

觀上表除普寧、大埔外，海、澄、潮、揭、饒、惠六縣爲遷斥縣份。海陽於康熙元年比順治十七年少 43657 人，至十一年增多 12207 人。潮陽，康熙元年比順治十七年，少 11625 人，至十一年增 1840 人。揭陽，康熙元年比順治十七年少 21471 人，至十一年增 7015 人。惠來，康熙元年比順治十七年少 19370 人，至十一年增 901 人。澄海，康熙元年較順治十七年少 22227 人，至十一年續減 13951 人。(按:《澄海志》，順治十四年十一月，鄭成功陷鷗汀，屠居民六萬餘人。杭世駿《嶺南集》云：八堡避賊者七萬餘，同日被屠。然順治吴《府志》載十七年，全澄户口僅 60272 人。《古今圖書集成》38067，謂鷗汀鄰村八堡而有七萬人，乃溢辭耳。）普寧，康熙元年比順治十七年，增 40954 人。大埔無增減。普寧人口反有增於前，自順治十七年至康熙元年，相去僅一年，而户口之數懸殊若此，殆因遷斥之故，普寧則康熙元年比順治十七年增四萬餘人，蓋以其非遷斥區，而人相率遷住也。

考當日廣東遷界，東起饒平，西迄欽州[1]，以潮爲最甚。夫遷界爲堅壁清野之計，以防鄭氏，然鄭氏既得台海，按地開墾，自率自給，即竹邑一帶墾田數十甲，亦頗自足，故遷界於鄭氏，實無大損，徒害沿海生靈而已。

附年表

順治十八年　有旨遷界。

康熙元年　吏部侍郎科爾坤等巡勘海、潮、揭、饒、惠、澄六縣，令徙内地五十里（《海陽志·雜録》）。

四月　以王國光、沈永忠、楊遇明駐潮州等處，會同平南王尚可喜及督撫商榷具奏，軍務亦公同酌議（《東華録》）。

---

[1] 詳道光《欽州志·紀事》。

八月　以江南、浙江、廣東瀕海地方，時爲海寇侵犯，令移民内地，因諭户部連給遷民田地居屋，并着該督撫躬臨其事（《東華録》）。

二年十一月　侍郎科爾坤勘明潮州近洋六廳縣，所有蛋民（即疍民），悉徙内地，一切田園廬舍，概行拆毁，地方文武，嚴其出入，以杜海寇（《蛋族年表》）。

三年三月　再巡界，遣吏部尚書伊里布、兵部侍郎碩圖，偕藩院將軍提督，復勘令再徙内地五十里、增築墩台八十有四，各設栅欄，以嚴出入。[1]

八月　先是碣石蘇利抗遷沿海地方，其黨陳烟鴻據靖海，余煌據神泉，王國光督師由潮達惠來，至靖海圍剿，利敗死（《惠來志》）。

五年正月　裁澄海縣歸併海陽。時澄海僅存蘇灣一都乃歸併海陽（《澄海志》）。

七年七月　潮陽展界，知縣張宏美令民歸故土墾殖（《潮陽志》）。

八年三月　復設澄海縣。先是巡撫王來任疏請四事，請亟復遷民，及御史楊繼建條奏，奉旨遣大臣會同平南王尚可喜、總督周有德勘復（郝《通志》）。

詔展界，縱民得采捕近海，澳民乃復故土（《南澳志》）。

復潮陽地，廣東巡撫王來任，血疏墾請，周有德繼之，奉旨展復，惟達濠海島仍爲界外，爲丘輝所據（《潮陽志》）。

二十三年　開海禁（郝《通志》）。

命吏部杜榛，内閣學士石桂，巡視廣東福建界外棄地，給民耕種，澳民盡復故業（《南澳志》）。

---

[1] 阮《通志·海防略》。按，墩台詳周《府志·兵防》。

附　遷斥都名表

縣别	康熙三年遷斥範圍	備考
海陽	遷去龍溪、上莆、東莆、南桂四都，秋溪、江東、水南三都之半。	《海陽志·雜録》作遷龍溪、上莆、南桂三都，東莆、秋溪、江東、水南四都之半。
潮陽	遷去直浦、竹山、招收、沙浦、隆井五都，附郭、峽山、舉練三都之半。	先後共遷百八十六鄉。
揭陽	遷去地美一都、桃山半都。	
饒平	遷去龍眼、宣化、信寧三都。	南澳島信寧都全境盡棄。
惠來	遷去大坭、隆井二都，惠來、酉頭、龍溪三都之半。	共遷去田地四十□頃四十二畝。
澄海	遷去上外、中外、下外、蓬洲、鰐浦、鮀江六都。	僅存蘇灣一都，五年全縣畢裁。

編者按：順康之際户口表，所徵引數字，散見之廣東《金志》、潮州《吴志》、《周志》、海陽《吴志》、潮陽《周志》、揭陽《劉志》、饒平《劉志》、澄海《李志》、普寧《蕭志》、《古今圖書集成》中。但此户口數字，何其少邪？雖明清之際，干戈擾攘，亦不致如斯之尠。夷考當日，其所謂丁口者，係指成丁應役之男子，與食監課税之大口女子，實編而言，此吴《府志》所稱，除逃絶及老幼免編外之實編人丁者是也，蓋其時徭役頻繁，賦税重斂，人民多避役與税而短報耳，故其數字多不實，是以康熙末年，户口編審未見增加，因諭嗣後編審人丁，以康熙五十年徵糧丁册爲額，其新增之丁，永不加賦之令，故户口始稍見增。至乾隆間，始行保甲法，於是老弱男女，及奴隸賤民，咸均載册籍。户口數字，始稱完備。事見新修《潮州志·户口志》中，餘不具述。

原載《大光報·方志周刊》第三十一、三十二期，汕頭，1947

韓江流域史前遺址及其文化

本書略記 1941 年以來，韓江流域各地對於史前遺物采集經過及所得遺物，作初步報告。前後承英人 N.D.Fraser，T.W.Waddell，美人 W.E.Braisted，及潮安蘇悦真先生，澄海王浩真先生，普寧王道文先生，暨兩廣地質調查所周仁沾、張伯楫、劉毓初、陳君拔諸先生，各以所見或所得石器，惠借采録。中央研究院地質研究所研究員陳教授愷，爲鑒定石器質料。潮州修志館同人吴珏、林德侯、劉陶天、李明睿諸君，於器物之記録，圖片之繪製，諸多幫助。而本書初稿，曾荷東友台灣大學人類學教授金關丈夫閲過；付印前，又蒙葉恭綽先生及華西大學教授鄭德坤博士校閲一遍；而意大利神父 R.Maglioni 及台大史學系教授國分直一諸先生，於海豐及台灣所得史前遺物，惠允借觀。江西饒惠元先生亦以清江大姑山陶片拓本，遠道寄示，裨益良多，尤足心感，而潮州修志館於揭陽黄岐山從事田野考古工作，所有費用，概承方繼仁先生勷助。本書之付刊，復荷饒韜叔先生及述德堂、燕詒堂慨助印費，得以問世。諸先生熱心文化之誠，至可景佩，謹致謝意，以志不忘。

1950 年 5 月識於香港

一、發見史略

中國新石器時代石斧之采集，莫早於廣東雷州之雷斧，蓋遠在五六世紀時。劉恂《嶺表録異》已著其事，故雷州半島可謂中國石器最先發見地。[1] 光緒間，陳席儒曾於香山拾得石斧 [2]，未曾引起一般人注意。至 1932 年英籍神父 Daniel J.Finn. 始於香港舶寮州（Lamma Island）從事先史考古工作。1934 年秋，芬神父復於海豐發見史前遺址甚多。其後意籍神父 R.Mag Lioni 在海豐傳教，繼續工作，采集更夥，著有《海豐考古學的發見》(*Archaeological Finds in Hoifong*) [3] 一文。1935 年 W.Schofield 於香港大嶼山之石壁，發見與舶寮州文化相同之古物，中有石模、石玦等。[4] 1942 年春，中山大學教授楊成志等再至海豐探檢，爲期三十八日，經歷十六處遺址，所得石器陶片計萬件以上；繼尋得汕尾天主教堂麥神父所采集資料，挑取一部分運返坪石，迨坪石失陷，各物多遭遺失。[5] 目前廣東先史遺物之發見，除香港、海豐外，尚有韓江流域地區，其分佈之廣，尤值得考古者之注意。

1941 年夏，蘇悦真於潮安縣登塘墟路旁發見碎陶，散佈於花生園地面；幾經探檢，於山地拾得斷石箭鏃一件及石斧二件，此等遺物後贈與汕頭福音醫院醫生英人裴義禮（N.D.Fraser）。[6]

1942 年，揭陽真理醫院醫生美人卜瑞德（William E.Braisted）於揭陽經五經富富美崠采集得石鏃，又於崇光岩山上拾獲小石錛，後陸

[1] 見章鴻釗：《石雅》，參羅香林：《中夏系統中之百越》。
[2] 據羅原覺君口述。
[3] 載香港自然科學雜志（Vol.V，Ⅲ）。
[4] 其論文印行於新加坡。
[5] 顧鐵符：《廣東海豐先史遺址探檢記》上，載《文學》第一期，中山大學出版社。
[6] 據蘇君函告。

續得石鏃有孔石斧、石環等多件。

1943 年，英人衛戴良（T.W.Waddell）於揭陽南塘山山徑拾獲小錛三枚，陶片甚多。[1]

1946 年筆者在汕頭市主持潮州修志館事，曾晤裴義禮君。據云："揭陽西境河婆墟與五經富，及縣北黄岐山陰，并有繩紋網紋與雙 F 紋陶片發見。又距河婆八里許地方，因建學校曾掘出銅刀頭、矢鏃、陶碗等物。澄海城北山地，曾發見磨光石斧。"裴氏所藏之物，除少數寄藏倫敦，餘均於抗戰期間遺失。繼予聞卜瑞德君所采集者，尚保存完好。乃於 1948 年 2 月 22 日，先派志館編纂吴珏、林德侯二君前往揭陽，訪問卜君。25 日，二君赴黄岐山考察，於竺崗岩上山路及戰壕側拾獲多量陶片，惟尚未發見石器。4 月 5 日，余親偕林纛六（礦學家）、林越（揭陽真理中學校長）、吴珏三君，同往黄岐山，於山坳距表土二公尺處，發見石鏃。又於戰壕附近，采集石斧、石錛及陶片甚夥。時修志館爲調查潮屬各縣地質，得方繼仁先生慨助調查費用，并邀中央研究院地質研究所研究員陳愷君蒞汕工作。6 月 16 日，余復與陳愷、林德侯二君至崇光岩虎頭嶺考察，復於山頂拾得石器，并於山上戰壕處采集陶片甚多。此消息既發表，國内學術界大加注意，紛紛來函詢問。是時王浩真君於饒平黄崗福鼎金村農場掘得石器殘片，經余鑒定爲石錛。同年 11 月兩廣地質調查所派人至潮屬一帶考察地質，因告以沿途順便注意采集石器陶片。不久該所工作人員周仁沾、陳君拔，於普寧鐵山大棚山、苦腸腹一帶，采集得石斧、石錛、石鏃、石刀及陶器。同月 8 日，該所張伯楫、劉毓初二君，亦於豐順湯坑拾得石斧，又於 12 日在興寧水口墟采集石斧、石錛及陶片甚多。是爲潮屬各地發見史前遺物經過情形。

兹將各縣發見遺物時間地址表列於下：

[1] 據衛君口述。

縣別	地名	方向里程及高度	器物	發見及時間
潮安	登塘	縣西 12 公里	石斧　石鏃	1941（民國三十年）蘇悅真
揭陽	富美崠	縣西陂頭墟附近	石鏃	1942（三十一年）美人卜瑞德（William E.Braisted）
	崇光岩	縣北 6.5 公里虎頭嶺附近	有孔石斧　石鏃　石錛　石環	1943（三十二年）前人
	南塘山	縣西 1.5 公里，高 37.8 公尺	石錛	1943（三十二年）英人衛戴良（T.W.Waddell）
	黃岐山	縣東北 6 公里，高 276 公尺	石鏃　石斧　石錛	1948（三十七年）饒宗頤等
	虎頭嶺	縣北 6.5 公里，高 218.1 公尺	石鏃　石錛	1948（三十七年）前人
潮陽	澳頭		陶片	
普寧	洪山		石斧	1946（三十五年）王茂發
	鐵山	縣南 8.5 公里，高 462 公尺	石斧	1948（三十七年）兩廣地質調查所周仁沾、陳君拔
	大棚山	縣東 6 公里，高 371 公尺	石斧　石鏃　石刀	1948（三十七年）前人
	苦腸腹	大棚山西南附近	石斧　石鏃　石刀	1948（三十七年）前人
豐順	湯坑	縣南 20.5 公里	石斧	1948（三十七年）兩廣地質調查所張伯楫、劉毓初
饒平	黃崗（福鼎金）	縣東南 36.5 公里	石錛殘片	1948（三十七年）王浩真
興寧	水口墟	墟東南 3 公里高山	石斧　石錛	1948（三十七年）張伯楫、劉毓初
澄海	城北山地		石斧　陶器　錢幣形印紋陶片	據英人裴義理（N.D.Fraser）口述

二、遺址

韓江流域史前遺址的分佈，可以興寧、普寧、揭陽三縣山地爲中心。茲就此三縣所發見主要遺址，略記其地形地質與出土情況，其餘附帶及之。

（一）興寧

水口 位於興寧縣南，爲梅江與興寧河交叉點。水口墟即建於紅色砂岩所成之小岡。紅砂岩直接覆蓋於火山岩系及變質岩之上，依江流方向，形成一寬約三公里之狹帶狀。近代之河流冲積層，則沿江之兩岸及墟南小河谷間，爲狹長之分佈。小河循此河谷以南，偏東而行，約二千五百公尺，漸降而成山澗。史前遺址，即在此之東緣，距水口墟三公里，當藍田至大坑里之中間，高出河床約八十公尺之山巔上。其地海拔爲一百六十公尺。遺物所在，散見於一厚不及一公尺，寬廣各約廿公尺之山巔的褐色土層中。其北部山勢特陡，表土剥蝕最甚，故石器、陶片等物，皆呈露地面，山上陶片遺留極多，不勝拾檢。

（二）普寧

大壩後及鐵山 自普寧縣城南八公里，循省道西南行，至大壩墟後，登山即遺物出露之地。共有兩處：一在鐵山尖東邊韓信點兵山與斬關山間山地北坡，遺址高海拔三百公尺，石器及陶器出見於此（鐵山主峰海拔四百六十二公尺）。一在後嶺，當大壩墟和鐵山之間，海拔約一百公尺。鐵山上部爲變質岩，下爲花崗岩侵入體，而後嶺僅見花崗岩，石器、陶片散佈於花崗岩區中。其附近有泛積岩，東起捍塘之北，經鐵山到果隴之東，成西北向長條狀，其岩石多爲細砂岩及頁岩。故此間所發見石器之石質，亦以砂岩、頁岩爲多。

大棚山苦腸腹 遺址在普寧城東，大棚山之南，寶鏡園村東二公里，土名苦腸腹，海拔約一百八十公尺。所存遺物最豐，保存亦佳，地質爲花崗石，其巨大花崗岩塊，經風化後，遺留地表，石器陶片散佈其間。[1]

洪山 在普寧城北西四公里許，海拔二百公尺。洪山地方之山岡有陶片發見。1946 年，貢山鄉民王茂發，曾於洪山老坑，拾得石斧一件，係由山坑水冲出者。洪山頂海拔二百四十五公尺，其地層屬太古代花崗片麻岩，露頭自山頂循東南向下坡，而與花崗岩接觸。[2]

（三）揭陽

五經富 在揭陽縣西陂頭墟附近富美崠。有石鏃（板岩）發見。其地地質屬侏羅紀花崗岩，迤東及南部至灰寨一帶，則爲侏羅紀煤系，多爲黑色板狀頁岩，中有植物化石。

黄岐山（崇光岩） 虎頭嶺 黄岐山在揭陽縣城東北七公里，高二百七十八公尺。虎頭嶺在縣北五公里許，高二百一十八公尺。兩山相接成東西走向長嶺，嶺西端更西北向，接陳吊嶺。嶺之南爲揭陽城北平原，嶺之北爲寬谷。全嶺悉爲花崗岩構成，風化已深。黄岐山半竺崗岩上山路及戰壕側，陶片散見地表。在半山亭上山坳，距表土約二公尺，有石鏃發見。自黄岐山至虎頭嶺一帶，前此日軍挖掘戰壕，蜿蜒數里，於附近采集石器陶片甚夥，當即古文化層所在。1946

[1] 據劉毓初君調查及周仁沾君口頭報告。
[2] 詳拙纂《潮州志》中陳愷撰《地質志》。

年，鄉人開闢道路，曾翻動山頂之土層，深者且四至五公尺，故陶片出現地表，幾隨處皆有。

（四）豐順

湯坑　地處榕江平原之北角，東南去揭陽縣城三十公里。附近岩石以流紋岩爲主；惟東南約一千五百公尺處，則爲花崗岩。石器即發見於燒水田崠南麓之流紋岩與花崗岩接觸帶附近，離湯坑東偏一公里，高出現河床八十公尺之山地。

（五）潮安

登塘　登塘墟在潮安縣西十二公里東南，與有名產瓷之楓溪毗接，其地爲近代沖積層。西北之白水至飛鵝嶺，地質屬侏羅紀煤系，其西南部全爲花崗岩，石器陶片在距登塘西北半里之山園發見。

（六）饒平

黃崗　石器發見地址，在黃崗福鼎金廢村（屬饒平縣第三區區北鄉增多墩村）山坳柑橘研究院農場西南蜜柑園，入土深一公尺。黃崗地質本身爲近代沖積層，其東南東北則屬侏羅紀花崗岩。

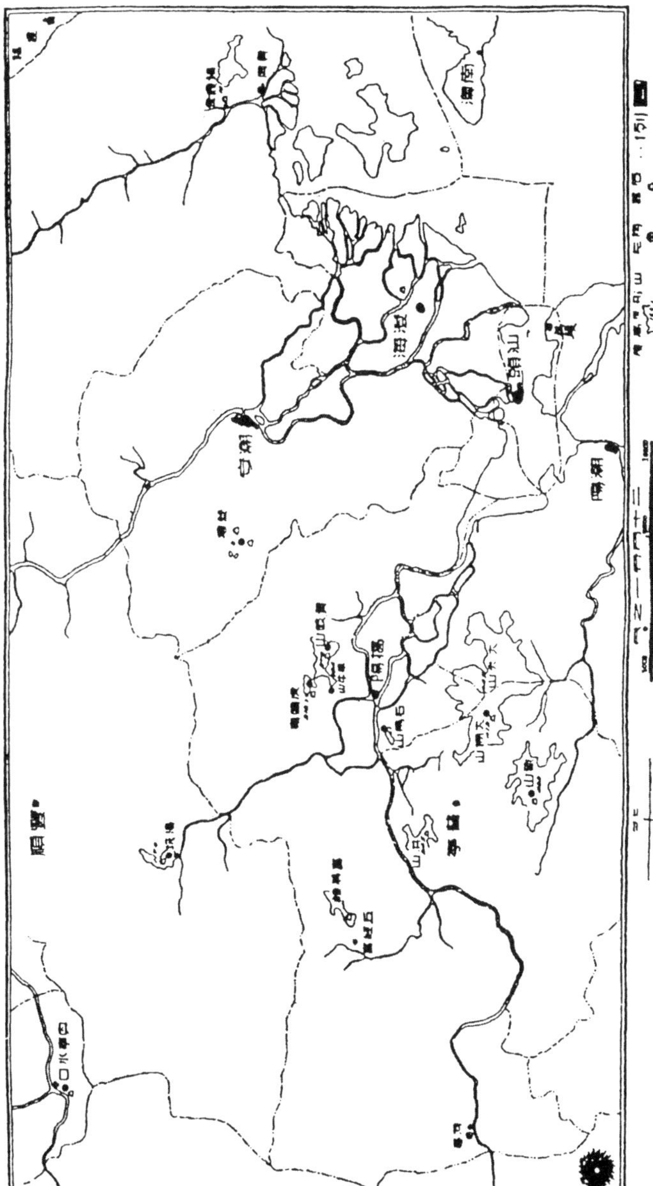

圖一　韓江流域史前遺址分佈圖

三、石器

（一）石器製作　石質　石器種類

韓江流域石器因由采集得來，未經正式發掘，所得數量較少，故未能把握其特徵，以定製作標準。試就其技術而論，包括打製、打磨、磨製三類。而普寧與揭陽兩地石器，似可分爲二個時期。

1. 普寧之鐵山及苦腸腹發見之圓柱形（cylindrical）石器，純爲打制，未經琢磨。海豐亦有此類，於麥神父處見過，蓋爲一種石槌（Hammer stone）。亦與湖州錢山漾之粗石器相似[1]，此類時代較揭陽爲早。

2. 揭陽崇光岩石器，多小型，經精細磨製，其中扁豆狀（Lentoid shape）者，或微凸或兩面凸（little coves，double-convex）之斧錛皆極精細。與海豐 Pat 區最接近，蓋已經過一長時期之進化。黄岐山之扁長式石斧，崇光岩之石錛、石環，普寧苦腸腹之有孔石斧、扁棱式石鏃，與海豐幾全無少異。

關於石質，揭陽所得石器有基性侵入岩（Basic intrusive）、輝緑岩（Dolerite）、結晶細密火成岩（Felsitic rock）、長英岩（Aplite）、板狀頁岩（紅棕色）（Slaty shale，Reddish brown）、板岩（Slate）、沙質板岩（Sandy slate）、泥板岩（Mudstone）、細沙岩（Sandy Stone）。内以輝緑岩基性侵入岩爲最多，板岩次之，結晶火成岩次之，細沙岩均各一片。以上各種岩石，皆揭陽坑内所有。輝緑岩質堅硬，可用作武器，板岩質鬆，可用作日常器具。興寧所得石器，石質有脉岩砂岩及基入岩。普寧鐵山所得爲砂頁砂岩。大棚山所得，多爲砂岩及板岩。此種岩石普寧境内均有之。

[1]　參《吴越文化論叢》慎微之文附圖版一、二。

其以結晶細密火成岩爲之者，如黄岐山所得磨製小錛及石鏃二件，呈赭色斑點，表面光亮。洪山之石斧爲輝緑岩，正面爲黄土染作黄褐色，有光澤，均極美觀。

石器種類，有石斧、石錛、石鑿、石刀、石鏃、石環等，兹分述之：

石斧　潮屬各地所得石斧，以扁長式較多。扁平式、厚扁式、短形式、狹長式，間有之。圓柱式最少。有孔者，僅崇光岩大棚山各一件。而普寧洪山所得扁長式梯形斧，長 25.5 公分，爲各器中最巨者。

潮安登塘所得石斧，僅二件：一爲鏟狀斧（Shovel-shaped），一爲橢圓形斧（Ellipsoidal），原先未見，故不附圖。

石錛　潮屬所得石器，錛類最多。錛與斧之分别，大致斧之刃對稱，錛則扁刃；斧用於劈，錛用於斫，故錛刃較利，形亦齊整。揭陽所得小錛，其細巧者，爲鏨爲鑿。大錛類則一面有刃，極銛，一面爲背，磨光，較斧類體短，而刃多傾側。其刃有作半弧形，如狀者，亦有作梯形，鋒下寬而上狹，如者。《集韻》：“錛，平木器也。”其以鐵爲之者，亦曰斵，曰鏍（俗作鉋），用於削平木上斧迹。[1]

石鑿　斧錛之小者，用於鑽削。《通俗文》：“石鑿曰鏨。”《説文》：“銑，一曰小鑿。”揭陽所得小錛，極細，考疑即此類（見石器圖版（二）黄岐山圖版及石器圖版（一）崇光岩圖版）。海豐有矩形小斧，據麥神父云：“有微矩及純矩二種。純矩者較少，除有幾枚短小之斧，或用以作貨幣者外，恐以之作細木工。各式細小石斧，皆適宜於木器之鉋工鑿工雕工。”[2] 揭陽所見精巧石鑿，如崇光岩圖，純爲矩形，其用途或如麥氏所言。

石刀　崇光岩所得者，爲粗刃式，普寧大棚所得殘片，則皆長方

[1] 見《廣韻》。
[2] 見原書，221 頁。

式，刃磨光作橢圓形。

石鏃 揭陽、普寧所得，大別有二類：一爲扁棱式（見石器圖版（一）富美崠圖版），一爲片狀式，以板岩爲之，質不甚堅，薄扁無棱（見石器圖版（一）虎頭嶺圖版）。

石環 崇光岩有三件，石質細密，黝潤如玉，蓋裝飾品。

古越族使用之石器，分佈於浙江、福建、台灣者，即東南亞細亞系，其特徵爲有肩式、有段式、靴形式。

有肩式 爲環繞太平洋地區所習見者。廣東如香港、海豐均有之，韓江流域所得石器不多，僅於水口見一件，爲鈍角形之肩斧。[1]或謂之曰“鉞”。[2]蓋用於切割。麥神父於海豐所得之 Shouldered lentoid，shouldered shovel-shaped 及 unguiform Series 之帶肩者，均屬此類。裴義禮語余：五經富曾得爪狀式（unguiform）斧，與麥神父所舉海豐石器第十五種型相類，其柄作半圓爪形（half-circular nail）蓋亦屬於肩斧一類。

有段式 沿海各地，如浙江、台灣均有之。福建武平最多，以北有一溝，或稱有溝石斧（如《良渚圖版》14，2a，2b）。亦南洋各島所盛行者，此類揭陽黄岐山拾得一件，背呈溝狀，惟不甚顯著。

靴形式（Haches piediformes） 杭州、台灣均習見，爲古越族文化特徵，國外分佈，遠及印度支那、爪哇等地。爲農耕除草之用。[3]揭陽黄岐山得一件，亦屬類似靴形斧。

韓江流域石器采集數量不多，故上述三項石器不多見，如再經發掘，相信必有陸續發見。至北方系之磨製有孔石鏃、石戈、半月形及有孔石刀均未見。

綜上論之，韓江流域石器，自屬於南方系文化，至北方系文化成

[1] 參日人國分直一《有肩石斧與有段石斧》一文。
[2] 見施昕更著《良渚圖版》15，16。
[3] 東友金關丈夫、國分直一有專文詳論。

分則不甚顯著。據麥神父分析海豐各地石器結果，認爲最初使用扁豆狀斧，繼替以有肩爪形斧，最後演進爲矩形斧。潮屬各地有肩爪形斧尚未多見，是否如麥氏所言，猶有待研究。

關於使用此種器物之人類入居廣東的年代，據裴義禮意見謂可能在公元前二千年至前一千年[1]，此種推測，此時尚難證實。又據裴氏云，曾發見鑄造空前銅斧之石模[2]，查香港大嶼山石壁所得石模亦不少，恐同一範型。又云曾發見構成 Fibula 型之石模，如瑞士湖上村 Lake Villages 所發見者，并記於此[3]，以未寓目，故缺不論。

（二）各地石器記録

揭陽

崇光岩石器

有孔石斧〔石器圖版（一）崇Ａ〕（Ａ）全長 11.5 公分，上部斷口闊 4.8 公分，下部尖端闊 2 公分，厚 1.3 公分，圓孔距頂端 3.4 公分。（Ｂ）淡灰褐色。（Ｃ）扁長式，磨製，當孔處已斷爲兩片，邊緣表面多剥蝕。（Ｄ）板岩。

石斧（A）長 3.8 公分，厚 0.5 公分，平面闊 2.5 公分，鋒口 0.5 公分。（B）緑色。（C）矩形式，磨製，腹微凸，上端殘蝕，帶一石脉。（D）輝緑岩。

石斧斷片（A）殘片全長 0.45 公分，上部斷口闊 3.5 公分，下端斷口處闊 2 公分，厚 0.5 公分。（B）淡灰褐色。（C）磨製，面平邊削，上部殘斷。（D）砂質板岩。

石鑿〔圖版（一）崇Ｈ〕（A）長 4.6 公分，厚 0.6 公分，闊 2.2

[1] 見裴著 *Archeology in Eastern Kwangtung*。
[2] 裴氏 *Stone Moulds For Casting Hollow Bronzc Adzcs*。
[3] 亦見上揭裴氏文。

公分。（B）淡灰綠色。（C）矩形式，細磨。（D）輝綠岩。

又一件（A）軸心長2.5公分，上端闊1.4公分，鋒口闊2公分，厚0.5公分。（B）淡灰褐色。（C）矩形式，近刃處稍寬，細磨光滑，似是小鑿。（D）板岩。

石錛〔圖版（一）崇C〕（A）軸心長6.7公分，腰厚1.5公分，上端闊3.2公分。鋒口闊4.1公分。（B）綠色。（C）扁方式，磨製。（D）輝綠岩。

又一件（A）軸心長6.7公分，腰厚1.5公分，闊4.8公分。（B）綠色。（C）矩形式，磨製，刃甚鋭，上端稍殘。正面下左端爲自然蝕，有溝。（D）輝綠岩。

又一件（A）長3.5公分，平面闊3.4公分，厚0.6公分，鋒口0.5公分。（B）綠色。（C）扁長式，磨製，正面下左端爲自然蝕，有溝。（D）輝綠岩。

又一件（A）長3.8公分，平面闊2.2公分，厚0.5公分，鋒口0.6公分。（B）淡灰白色。（C）扁長式，腹微凸，細磨。（D）輝綠岩。

又一件（A）全長4.5公分，平面闊2公分，厚0.6公分，鋒口0.6公分。（B）灰白色。（C）長方式，精製上端傾右稍殘，似鏩。（D）輝綠岩。

又一件（A）軸心長3.7公分，腰厚1公分，上端闊2.7公分，鋒口闊3.5公分。（B）灰白色。（C）刃作半弧形薄鋭，磨光，精製。（D）輝綠岩。

又一件（A）軸心長5.2公分，上端厚2公分，腰闊3.5公分，鋒口闊3公分。（B）綠色。（C）方柱式磨製，上端略厚，左正面綠有凹紋，極規則化，鋒口稍殘。（D）輝綠岩。

石刀〔圖版（一）崇B〕（A）軸心長8.5公分，平面闊3.6六公分，按柄處2公分，尖端鋭角1公分，上部厚10.7公分。（B）灰褐色。（C）粗刃式，鋒口及背均剥蝕。（D）砂質板岩。

石鏃〔圖版（一）崇F〕（A）平面闊 2.5 公分，軸心長 4.4 公分，最厚處 0.2 公分。（B）淡灰褐色。（C）扁平式無棱，磨光極薄。（D）板岩。

又一件〔圖版（一）崇G〕（A）軸心長 4.4 公分，上端闊 2.6 公分，厚 0.4 公分。（B）淺灰黄色。（C）扁平式，磨光無棱，尖端較鋭，按杆處殘缺。（D）板岩。

石環斷片〔圖版（一）崇D〕一、（A）直徑 3.2 公分，斷徑 3 公分。（B）灰色。（C）細磨，内面齒端圓滑無棱。（D）板岩。一、（A）長 3.5 公分，厚 0.5 公分，高 1.4 公分。（B）深灰藍色。（C）扁條狀，細磨極精，上内緣圓，外緣有棱。（D）泥板岩。一、（A）長 2.7 公分，厚 0.4 公分。（B）深灰色。（C）扁條狀，下面平，兩側磨光。（D）板岩。

石圓形器〔圖版（一）崇E〕（A）全器直徑 8 公分，厚 1 公分，斷爲兩片。（B）淡灰褐色。（C）磨製兩片異色，似原物斷折後埋土中，上下面倒置，故合成原狀時顔色恰相反。（D）砂質板岩。

上器藏美人卜瑞德先生處。

虎頭嶺石器

石斧殘片〔圖版（一）虎B〕（A）斷口最厚處 1.6 公分，鋒口闊 5.4 公分。（B）灰緑色。（C）似是厚扁式石斧殘片。（D）輝緑岩。

石鏃斷片〔圖版（一）虎A〕（A）軸心長 2.8 公分，厚口厚 0.6 公分，闊 2.6 公分。（B）深灰色。（C）片狀式。（D）板岩。

上器原藏潮州修志館。

富美崍石器

石鏃〔圖版（一）富〕（A）軸心長 3.5 公分，平面闊 1.5 公分，鋒口 2.2 公分。（B）灰緑色。（C）扁棱式。（D）板岩。

上器藏卜瑞德處。

黄岐山石器

石斧〔圖版（二）黄A〕（A）全長 9.7 公分，腹闊 4.6 公分，上端闊 4 公分，下端闊 4.7 公分，腹厚 2 公分。（B）灰緑色，正面低窪處，呈深褐色，帶石英脉。（C）扁長式，正面後面腹部均稍凸，左右兩緣斜櫥，正面上右巷端至左腹緣，有石英脉凸出石面 0.2 公分，侵入後面之脉長 8 公分，闊 0.3 公分。（D）基性侵入岩。

又一件〔圖版（二）黄C〕（A）全長 6.7 公分，上端闊 3 公分，下端闊 3.6 公分，上端厚 0.8 公分，腹厚 1.2 公分。（B）淺灰色，正面粗窪處呈赤褐色。（C）扁長式，左右緣斜櫥，腹處略凸。（D）細砂岩。

石鑿〔圖版（二）黄E〕（A）全長 4 公分，上端闊 2.2 公分，厚 0.7 公分，下端鋒口 2.5 公分，腹厚 1.1 公分。（B）灰緑色。（C）長方式，正面平，腹略凸，爲錛式小鑿。（D）基性侵入岩。

石錛〔圖版（二）黄I〕（A）正面長 4.3 公分，腹闊 3.2 公分，後面長 5.2 公分，腹闊 3.6 公分，鋒口高 1.3 公分，闊 3.9 公分，上端厚 0.9 公分，右緣腹厚 1 公分。（B）灰緑色。（C）扁長式磨製。（D）基性侵入岩。

又一件〔圖版（二）黄F〕（A）正面長 3 公分，後面長至鋒口 4 公分，上端闊 2.5 公分，鋒口闊 3.1 公分，腹厚 1 公分。（B）淺灰白色。（C）正面邊緣刓圓，左角窪蝕，口作弧形，極薄鋭，背面平整，細磨精製，土花斑斕，朱渥奪目。（D）結晶細密火成岩。

又一件〔圖版（二）黄D〕（A）正面長10.4公分，闊4.3公分，上端厚1.5公分，後面長11公分，闊5.8公分，腹端厚1.9公分，鋒口長1公分。（B）灰緑色。（C）短形式，腰稍凸，刃處殘缺，似未經細磨。（D）基性侵入岩。

小石錛〔圖版（二）黄H〕（A）全長2.9公分，上端闊1.9公分，下端2.1公分。（B）淺灰色。（C）薄方式，正面右端窪蝕，左端切直，鋒頗鈍。左右上三緣均平滑，殆銑鑿之類。（D）長英岩。

石鏃〔圖版（二）黄G〕（A）全長右緣3.3公分，左緣2.5公分，上端缺口處闊2公分，直徑0.5公分。（B）原淺灰色，經土侵蝕，呈赤赭色。（C）扁棱式，磨光，按杆處殘缺（此器在黄岐山半山亭至塔上路旁，距表土二公尺處發見）。（D）結晶細密火成岩。

有段石斧（A）全長8.1公分，闊5.3公分，厚2公分。（B）紅棕色。（C）矩形式，背面左及上下三緣均凸凹不平，半打半磨，只右緣及正面局部磨光，中間有窪凹，呈段狀。

石器斷片（A）正面長2.6公分，闊1.2公分，後面長1.9公分，闊1.2公分，上端厚1公分。（B）灰緑色。（C）圓柱形，腰微凸，上部左端削蝕，似是小鑿。（D）基性侵入岩。

靴形石斧〔圖版（二）黄B〕（A）軸心長9.2公分，下部闊4.2公分，下部背厚1.2公分，磨製，發見於黄岐山竺崗岩坑中。筆者曾持示日人金關丈夫教授，據謂係未成形靴形斧。（按:《良渚圖版》16，2 a形略近此類，據金關等著《台灣先史時代靴形石斧考》一文所定，應屬B型，參閲該文。）（B）輝緑岩帶沙質。

上器藏潮州修志館。

豐順

湯坑石器

石斧〔圖版（二）湯〕（A）全長10.4公分，腹1.7公分，腹闊2.7公分，上端闊1.8公分，刃闊2.7公分。（B）深褐色。（C）狹長式，中刃兩翼略對稱，頂端稍斜，作拗曲狀，兩側磨尖。（D）板岩。

上器藏兩廣地質調查所。

饒平

黄崗石器

石錛殘片〔見圖版（二）饒平黄崗〕（A）左邊長5.5公分，腰厚4.4公分，鋒口闊4.7公分，厚1.7公分。（B）灰色。（C）磨製，刃處完整。（D）輝緑岩。

上器藏潮州修志館。

普寧

洪山石器

石斧〔圖版（三）洪〕（A）軸心長25.5公分，腰闊2.9公分，上端厚2公分，上闊5.8公分，鋒口闊7.2公分。（B）原緑色，正面爲黄土染成黄褐色。（C）器極完整，上端右角自然蝕，兩面磨光，扁長式，似梯形，側面作圓凸勢，向刃處稍鋭。（D）輝緑岩。

上器由坑水冲出地面，藏王道文先生處。

鐵山石器

石斧〔圖版（三）鐵A〕（A）全長13公分，腹厚2.5公分，腹闊5公分，上端闊3公分，下端闊5公分。（B）正面深褐色，背灰黄色。（C）上狹下寬，近腰低陷，鋒處成圓狀，全體除刃處加工外，均未經琢磨，背面風化特甚。（D）砂頁岩。

又一件〔圖版（三）鐵B〕（A）全長11.5公分，腹厚2公分，腹闊4.5公分，上端闊3.5公分，下端闊4公分。（B）紫褐色雜鐵銹色。（C）矩形式，腹近刃處稍豐，刃處斜削，略加工，他處凹凸不平，均未經琢磨。（D）砂岩。

大棚山苦腸腹石器

石斧〔圖版（三）苦A〕（A）全長12.5公分，腹厚2.8公分，腹闊4.7公分，上端闊3.7公分，下端闊5公分。（B）深褐色。（C）圓柱式，腹特豐，脊凸而緣削，背面大體磨平，刃甚短促。（D）板岩。

又一件〔圖版（三）苦D〕（A）全長7.2公分，腹厚1.1公分，腹闊4.3公分，上端闊3.7公分，下端闊4公分。（B）緑色有紫褐土蝕斑點。（C）扁平式，磨製。（D）板岩。

又一件〔圖版（三）苦C〕（A）全長8.5公分，腹厚2.3公分，腹闊3.5公分，上端闊2.5公分，下端闊3.3公分。（B）鐵銹色。（C）方柱式，打磨，側刃土蝕頗深。（D）砂岩。

又一件〔圖版（三）苦B〕（A）全長6.8公分，腹厚1.2公分，腹闊3.8公分，上端闊3公分，下端闊4公分。（B）黛色。（C）扁平式，上殺下豐，刃甚鋭，經細磨，色光黝。表面呈半卵紋，似未出時周緣掩於土中，其暴露部分受風化作用後，稍爲低蝕；質堅處間現石紋數條。（D）板岩。

有孔石斧斷片〔圖版（三）苦F〕（A）長至孔口3.2公分，腹厚1.4公分，孔闊直徑1.2公分。（B）灰藍色，正面朱斑，璨爛可愛，磨光。（C）斧孔内外及折處鐵鋌甚利。（D）板岩。

石鏃〔圖版（三）苦E〕（A）全長5公分，中厚5公厘，闊

1.2 公分。（B）灰色。（C）扁棱式，與海豐出土者同。（D）板岩。

石刀斷片〔圖版（三）苦G〕（A）刃至背 3.5 公分，背厚 1.7 公分，腹厚 1.6 公分。（B）赤色，背現褐斑。（C）長方形，背厚鋒薄，前鋭後鈍，刃經磨光成橢圓形，近柄處崩缺。（D）砂岩。

一、〔圖版（三）苦I〕（A）刃至背長 5 公分，背厚 1 公分，腹厚 8 公分。（B）赤色背有黑斑。（C）長方形式，體平扁背厚鋒薄，刃處磨光成橢圓形，近柄處崩缺。（D）砂岩。

一、〔圖版（三）苦H〕（A）刃至背 5 公分，背厚 1 公分，腹厚 8 公分。（B）赭黄色，刃背現紫斑。（C）亦長方形式，體平扁背厚，鋒薄刃崩缺。（D）砂岩。

興寧

水口石器

石斧〔圖版（三）水A〕（A）全長 13 公分，上端闊 5 公分，刃闊 6 公分，腹厚 2.5 公分。（B）背赤褐色，腹黑褐色。（C）矩形式，打制全未磨，偏刃對稱。（D）脉岩。

又一件〔圖版（三）水C〕（A）全長 10 公分，上端闊 2.7 公分，刃闊 3.8 公分，厚 1.5 公分。（B）背深灰色，腹灰褐色。（C）狹長矩形式，對稱，未經細磨凸凹不平。（D）侵入岩。

石錛〔圖版（三）水B〕（A）全長 8.5 公分，上端闊 4.5 公分，刃闊 5.7 公分，腹厚 2.2 公分。（B）背灰緑色，腹灰色。（C）偏刃似錛，扁平式，兩面稍凸，打磨上端殘蝕。（D）砂岩。

有肩石斧〔圖版（三）水D〕（A）全長 8 公分，柄闊 2.2 公分，刃闊 5 公分，厚 1.5 公分。（B）淺灰色。（C）與良渚所得者同，上具柄，下刃作鈍角形，面經細磨。或謂爲鉞，此爲越族使用器物，韓江流域僅見此件。（D）砂岩。

圓形石斷片〔圖版（三）水F〕（A）直徑 4 公分，厚 1 公分。

（B）淺灰色。（C）邊緣呈螺旋紋，似經車製，用途未明。（D）變質岩。

石斷片〔圖版（三）水E〕（A）厚2公分。（B）淺灰色。（C）上下右三面均爲圓鈥孔，每孔直徑約7.3公分，其孔之邊緣均呈螺旋形紋亦似經輪製。（D）變質岩。

上自普寧鐵山以下至興寧水口各器，均藏兩廣地質調整所。

四、陶器及陶片

（一）陶器

本書所記潮屬各地出土陶器，惟普寧苦腸腹所得有完器一件，爲壺類。高6.5公分，口徑4公分，厚4公厘，腹凸直徑7.3公分，底徑6公分，灰赭色，細泥質，輪製，山字紋，腹帶凸飾一道〔見陶片圖版（五），1〕。與福建武平甚相似。[1]

殘罐一件，似簋，肩至底高6.5公分，腹徑10.2公分，底徑7.9公分，底厚2公厘，灰色，粗泥質，含砂，斜條紋，腹下呈凸飾一道〔陶片圖版（五），2〕。

殘罐形器，口直徑18公分，口邊唇闊4公分，厚6公厘，灰褐色，筐紋。

又小殘罐形器，口直徑7公分，厚極薄3毫米，口高2公分，本淺灰色爲黃土侵蝕，呈淺紅色，細泥質，繩紋。

[1] 見 *Third Congress of Prehistorians*，Singapore，1938.Plactc ⅫⅤ。

（二）陶片簡述

顏色　玆所采集陶片，以灰陶爲多。水口、湯坑，大部分爲深灰色；鐵山、洪山頂多半灰色、灰藍色，苦腸腹多灰色、灰褐色；黄岐山虎頭嶺則灰褐、灰藍、灰黑爲多。虎頭嶺有銀白色，塗薄釉，與灰青色敷藍色薄釉者。

黑色陶多灰黑，或與他色内外相關，其原質細膩表裏有光澤如蛋殼陶（egg shell pottery）者，絶無之。紅色陶，爲磚紅色，或呈紫褐色，間夾黄色，蓋受强力氧化所致。而未見有彩繪如仰韶期之製作者。

形制　五經富曾發見完整陶器，多爲鍋罐（pot），與海豐所見者同。苦腸腹所得亦爲壺類及罐形器。黄岐山虎頭嶺殘碎陶片口肩，有瓶碗罐形器及圈足類器。惟三足鬲及陶豆（如良渚所見者），尚未發現。製法則手製多而輪製較少。

質料　粗泥質、細泥質均有之。黑色陶紅色陶含砂極多。砂粒大者至四公厘。[1]

紋飾　韓江流域古陶片之紋飾，純爲拍印。其屬彩繪（painted）者絶無，刻劃（incised）者亦極鮮見。玆略記其花紋式樣如下：

方格紋——即網狀紋。可分粗方格、細方格、正方格、斜方格諸種。各地皆有，最爲普遍，與福建、海豐及南洋群島均相類。其精細方格者，可名麻布紋，蓋仿製麻布式樣。興寧水口、揭陽黄岐山崇光岩均有之〔崇光岩平底罐形器，麻布紋間敘方格紋，深藍色。見陶片圖版（三）崇光岩 1〕。其複式方格紋，即麥神父所謂雙網紋（double net），普寧大壩山及海豐均發見。

條紋——可分直條紋、横條紋、斜條紋、交叉條紋等。其特異

[1]　見黄岐山陶片概述。

者，有交錯條紋如柵狀者，虎頭嶺曾發見。尚有間條紋，即豎條紋而間以若干凸出横條紋籀飾者，鐵山有之〔見陶片圖版（五）之鐵山陶片〕，或間以横綫條，水口有之〔見陶片圖版（三）之水口陶片 5〕，鐵山有之（見同上鐵山陶片），此類非如齊家坪之爲凸出綫條，乃由折印而成者。

繩紋——可分爲豎繩紋、横繩紋、粗繩紋、細繩紋等。揭陽石馬山，又有波浪式繩紋〔見陶片圖版（三）石馬山陶片 2〕，似用粗繩或纖維質物扎於木頭，當陶泥未乾時重壓於其表面而成。

簟紋——此類紋式其綫條大抵作或形，如矖縠之笪紋。安特生曾用蓆印紋之名，或稱籃紋，或謂篋筐紋。今人每與繩紋混，玆定名曰簟紋，因簟亦竹蓆之義。北方系陶器有以竹編織物壓印而成者，與此類彷彿。惟此似先製成範，再加印於器物之上，有粗細及錯綜各式。錯綜簟紋，如苦腸腹圖〔陶片圖版（六）苦腸腹陶片 5、8〕，或搃斜綫條交錯，或間以横篋狀條飾（同上苦圖 9）。水口亦有之，式樣甚爲複雜。

山字紋（人字紋）——此類與簟紋略近，西人謂爲 chevron 花紋，往往交錯作形者。江南奄城金山常見之，福建武平亦習見，呈鋭角狀（Acute angles），林惠祥謂爲武平文化之代表型態。亦由拍印而成，可分無規則及有規則二種。前者綫條凌亂，後者較爲齊整。虎頭嶺所見灰黑色陶幾全屬此類，水口亦有〔見陶片圖版（三）水口陶片 3〕。

葉脉狀紋——如葉脉狀者，西人或謂之鯡骨狀紋（herringbone）、樹椏紋（branch），揭陽犀牛山〔陶片圖版（三）〕普寧鐵山有之〔陶片圖版（五）鐵山陶片 4〕，海豐及台灣均常見。

雷紋——此類初呈圜形，虎頭嶺鐵山苦腸腹〔陶片圖版（六）苦腸腹 4〕及水口均有之。細分可得數種：有若干複式圜狀排列相聯接者〔陶片圖版（三）虎頭嶺圖 34 與江西清江全同〕，有圜狀中間以繩紋者〔陶片圖版（五）鐵山圖 1〕，有兩圜狀紋相交對稱如 S 形者〔陶片圖版（六）苦圖 1〕，與銅器鈎連雷紋頗相似。有若干獨立圜狀紋之間，以方形綫條聯系成方格狀，而方格中又間以半弧形綫條者〔陶片圖版（三）水口圖 2〕。有圜狀似錢幣形者〔陶片圖版（五）鐵山圖 2〕。圓雷紋幾何化，遂成爲方角雷紋如回字，此類花紋浙江江西俱常見，苦腸腹及水口均有之。有綫條呈方形如織蓆狀者（見苦腸腹圖 4 及水口圖 1），或作複式圜狀而間以樹椏狀條紋者（如苦腸腹圖 2）。此種雷紋，形制與銅器所見紋飾多同。[1]

粒狀紋——崇光岩所得陶片，有呈凸起碎圓點類苦瓜皮者，黄灰藍色均有。西陰村陶片有具凸飾粒狀，與此略近（見《西陰村史前遺存圖版》4 第一版）。有一種帶菱形方格内具凸起圓點〔見陶片圖版（三）崇光岩 2〕。海豐亦有之，即麥神父所謂 diaper type 者，此類紋飾與銅器上雷乳紋無甚異。

V 字紋——揭陽黄岐山虎頭嶺俱有之。具凸起綫條刻劃相向斜紋。潮屬所見陶片，皆由拍印而成，只此類花紋出於刻成者〔見陶片圖版（四）黄岐山圖 12，陶片圖版（二）虎頭嶺圖 27〕。海豐有一種精緻刻紋，據麥神父觀察似用蜆殼刻劃而成者，此間未見。

韓江流域各地先史遺址有石器出土者，必見陶片。其中最值得注意者，爲揭陽黄岐山虎頭嶺一帶。玆就筆者檢拾所得，詳爲記録，以資參證。并附崇光岩與揭陽城西石馬山陶片。其餘但揭花紋之特異者，附圖於後，不遑詳細列舉。

[1] 《夢溪筆談》所謂云雷之象。

（三）黄岐山虎頭嶺陶片概述

黄岐山虎頭嶺兩處出土之陶器，尚無獲得完整者，其器物原形，殊難詳言。兹就筆者采集所得，依其顔色分爲灰陶、黑陶、紅陶三類。其花紋概爲拍印而成，稍加類列，再由殘片測度其形制，記其大要。灰陶所得最多，兹列爲首。

黄岐山陶片

（1）灰陶

①方格紋　皆作網形，其精細者，宛似麻布花紋。兹依其紋理分别述之：

（A）粗方格紋——灰褐色，方格較大，粗泥質，含砂。

（B）斜方格紋——形制有五件可推測者，多屬於罐形器直唇平肩者二件：（a）口缺連肩處有凹帶一道，高 4 毫米淺灰色，内有微凹箍一道。（b）灰色，口淺而平，高 1.2 公分，厚 4 公厘，與腹略成垂直，腹部較薄，約 2 公厘，又彎唇寬肩者三件：灰藍色、輪製、口内有輪紋一道，細泥質，口高如瓶形。

（C）細方格紋——顔色有淺灰、灰褐、灰藍、灰緑、赭等色。其形制可推測者四片，餘皆腹部片。

平底類二：底下有紋，粗泥質。

口部類二：（a）彎唇帶肩，瓶形，細泥質。（b）闊口鉢形器，口有凸起邊緣一道，粗泥質。

（D）正方格紋——顔色有灰藍、灰褐、淡灰、灰黑等色，形制可考者，腹部片最多，其一花紋如陶片圖版（四）黄岐山 1。

口部帶肩片三件。其一口至肩高 3.7 公分，口作瓶形，輪製，細泥質含砂。其一口與肩間有繩箍，粗沙質，口内有輪紋。

平肩片四件，分二種：（a）口邊緣凸起者。（b）口邊緣凹落者，紋理交錯，口高 1 公分（同上，黃岐山 2）。

肩部一片，灰色，粗泥質，肩有凸箍一道（同上，黃岐山 3）。

平肩一片，底下有紋，粗泥質，淺藍色。

另一種係細沙質，極堅硬，其中有一花紋，亦屬拍印而成，但於交錯處可窺見拍印時銜接情形，厚 3 公厘（同上，黃岐山 4）。

又有極薄者厚僅 2 毫米。

（E）麻布紋——有粗細二種：（a）粗紋，腹部片二件，灰白色與灰色各一，細泥質（同上，黃岐山 5）。（b）細紋一件，有口，外深藍色，内棕色，極精細，年代似較近，闊口鉢類，口高 2.2 公分（同上，黃岐山 6）。

②條紋

（A）直條紋——僅一件，肩部片，灰色，粗泥質（同上，黃岐山 7）。

（B）交叉和紋——二件，腹部片，灰藍色，一粗泥質，其一細泥質堅硬（同上，黃岐山 8）。

③繩紋　僅一件，腹部片，淡黃色，粗泥質，含砂甚多（同上，黃岐山 9）。

④簟紋　外邊灰黑色，内紅者三片，皆腹片，厚 7 公厘，肉爲紫褐色。其中一肩部片有凸箍，極薄，厚度僅 1 公厘至 2 公厘，細泥質（同上，黃岐山 10），與虎頭嶺之灰藍色帶凸箍之陶片，形制紋理相同。

⑤山字紋　灰綠色，與虎頭嶺相同，腹部片多，色近赤。中含砂粒，内外表皮係細泥質，間有塗上灰綠色薄釉一層，其中有具繩箍兩道者一片，最可注意（同上，黃岐山 11）。

⑥ V 字紋　一片口部連肩，口部邊緣有凹，厚 3 公厘，肩上刻相同斜紋，中作 V 字形，灰色，粗泥質（同上，黃岐山 12）。

（2）黑陶

殘片大都質薄，厚度最薄者 2 公厘，最厚者 8 公厘，含砂成分極多，砂粒大者至 4 公厘（與高井台子黑陶含砂情形相似，往往因沙脱落現出空隙。此種係用天然泥質，即田中黑土，非人工配和者。見吴金鼎:《高井台子三種陶業概論》）。

（A）顏色

（a）純黑：表裏全黑，僅二片，似經風化，綫條變銀灰，略見光亮。

（b）間黑：此色較多，有黑灰及赭黑，表裏均深黑，其他有外黑内灰，内黑外灰者。又有一片半體爲黑，半爲銀灰色，似風化使然。

（B）形制

（a）尖足式脚（是否陶鬲未由斷定）。含粗砂，外淺灰，内深黑，高 3 公分，底尖闊 2.5 公分，厚 5 公厘。

（b）口部一片（似是罐形器），高 5 公分，近肩處厚 1 公分，至口處愈薄，僅 1 公厘，含砂，外灰内黑。

（C）花紋——無花紋者多，或經風化過深，難以辨别，其可辨認者，有方格網形紋，或斜方格紋。

（3）紅陶：此類多屬殘片

（A）顏色

（a）磚紅色一片，細泥質，無雜砂，有繩紋。

（b）外淺黄内帶灰色者三片。

（c）餘片爲粉紅色，含有粗砂粒。

（B）形制——腹片居多，其中口部帶肩者四片，口部不帶肩者三片。其一寬肩斂口，細泥質輪製，黄色，有網紋。頸高 4.7 公分，近肩厚 1.2 公分，近口處厚 3 公厘。

又一片頸帶肩，輪製，網紋，内灰色，含細砂。

又一片頸帶肩，赤色，輪製，粗方格紋，含細砂，頸高 4 公厘，厚 1 公分。

又圈足類一件，喇叭口式，細泥質，含砂少許，黃色，輪製，頸厚 2 公分，口端厚 1 公分。

（C）花紋——有密網紋、斜方格紋、粗網紋、細方格紋及繩紋多種，無彩繪，與仰韶期之紅陶絶不類。

此外有陶片五片含砂粒甚夥。淺灰色，受風化極深，似是砂陶。

虎頭嶺陶片

（1）灰陶

（A）粗方格紋——灰藍色者一片，輪製，細泥質，含粗砂，砂粒厚度 4 公厘，近口處 3 公厘，彎唇侈口，口内有輪紋〔陶片圖版（一）1〕。

又一件極大，輪製，粗泥質，口内有陰輪文六道，折唇侈口，頸高 5 公分，内口直徑 1.5 公分，似爲甕形器，下有網紋（同上，圖 2）。

灰褐色者共五片，亦作菱形。腹片二，肩片三，其中有口帶肩一片，粗泥質，含砂，砂粒徑 3 公厘，片厚度 1 公分，彎唇侈口，輪製。

（B）細方格紋——有四片，灰藍色，網形，肩部片，粗泥質，含細砂。肩處厚 1 公分，腹厚 3 公厘。

①條紋

（A）直綫紋——較多，皆腹部片。

灰白色九片，其一具凸繩箍，細泥質，含細砂，厚度 2 公厘，堅硬，手製（同上，圖 3）。

灰緑色四片，皆腹片，輪製，細泥質，内有薄釉，含砂堅硬。

灰褐色三片，皆腹部片，粗泥質，厚度 5 公厘，内有薄釉，手製。

（B）斜條紋——灰綠色者多腹部片。灰褐色二片，口帶肩者一片，肩高 23 公分，内塗青灰色薄釉，細泥質含，細砂，輪製，似爲罐形器（同上，圖 4），灰黄色六片，其一肩帶口者，口高 2 公分，粗泥質，含細砂，輪製，屬罐形器。又肩三片，一具凸箍，一具凹箍，粗泥質。含砂（同上，圖 5、6）。又一碗形器足部尖高 1 公分，底無紋，粗泥質，手製，厚 5 公厘（同上，圖 7）。

（C）交叉條紋——共五十件，此類壽縣出土者，王湘云："製法似爲泥條捲成"。虎頭嶺所得者，細審之爲拍印成紋（同上，圖 8）。以顔色分之，得三類。

灰白色，内外帶薄釉者，厚僅 1.5 公厘，多腹部片，有二片帶繩箍，最薄處 1 公厘，手制，細泥質。

灰綠色，足部一片，高 1 公分，粗泥質，含砂，底有條紋。又一片有横交叉條紋，具手捏凸飾二處，細泥質，厚度 2 公厘（同上，圖 9）。

灰褐色，皆腹片，以灰白色爲多，灰綠色次之。

（D）交錯條紋——似栅形，拍印成紋，僅一片，細泥質，手製，灰色厚 3 公厘（同上，圖 10）。

②繩紋

（A）豎繩紋——共七件。灰藍色四片，細泥質，含細砂，灰白色三片，粗泥質含砂，帶凸箍者二片（同上，圖 11）。

（B）粗繩紋——共三十三片。灰白色十八片，灰青色八片，灰褐色七片，紋飾較異者一片，風化極深，繩紋縱横，粗泥質，拍印而成（同上，圖 12）。又帶凸箍如雞冠形者一片（同上，圖 13）。

（C）斜繩紋——共十七片，灰白色者十一片，灰褐色三片，深灰色三片，其中帶繩箍者一片（同上，圖 14）。又一片帶牙齒狀（同上，圖 15），與李濟西陰村遺存圖版 4 第 10 具凸飾牙齒狀，極相似，最足注意。就中屬肩者二片，餘皆腹片。細泥質者五片，外皆粗泥質。

（D）細斜繩紋——一片堅度爲各片之冠，深藍色，似加薄釉刷面，内赤，邊緣爲極細方格紋，似器蓋。有淺凸箍，闊 1 公分，粗泥質，厚 4 公厘（同上，圖 16）。

（E）細横繩紋——一片，灰藍色，極薄，腹部片，厚 1.5 公厘，細泥質，手製（同上，圖 17）。

③篳紋　有粗細紋二種，粗紋多而細紋少。細篳紋，拍印，僅見一肩部片，有凸紋二道，凸起處寬 5 公厘，手製，灰藍色，細砂質，含砂厚 3 公厘（同上，圖 18）。

就顔色論之，有灰白、灰藍、灰褐、灰黄、灰青等，灰白色僅一片，最值得注意，呈銀白色；表面有薄釉一層，白夾藍色，火候已過陶類限制。殷墟發見有似此者，或稱之曰帶釉陶片。細泥質，堅硬，手製，有凸煉一道，乃於印紋之後黏上者，内外磨光，厚度 1 公分〔陶片圖版（一）19〕。

灰藍色，共十八件，皆腹片。中有一爲肩部片，甚薄，厚度 1.5 公厘，帶磨平凸箍，手製，細泥質，含砂（同上，圖 20）。又屬於底部者一片，有脚高 1 公分，手製。底下有曲繩紋，甚薄，厚度 3 公厘，手製（同上，圖 22）。

灰褐色，十一片，多爲腹部片。其中一片帶凸箍一道，粗砂質。

灰青色二十三片，多爲腹部片，其中三片，爲肩部片，綴條形凸煉，手黏磨平，有藍色薄釉，細泥質，手製，含砂，厚度 1.8 公厘（同上，圖 21）。

④山字紋　細區分之，可爲二種：

（A）無規則者，花紋綫條淩亂，多腹片，手製。

灰白色，似加一重白色釉彩，有三十二片，帶肩者一片，厚2公厘，粗泥質。灰黄色二片，一具帶狀凸箍（同上，圖23），灰藍色二片，灰褐色六片，其中帶鋸齒形煉者二片，可銜接爲罐形器，肩部片。厚1公分，粗泥質（同上，圖24）。

（B）有規則者，綫條較整齊。

灰緑色，二十片，有凸箍者三片，厚4公厘，薄者1.5公厘，細泥質，内外塗淺灰色，手製（同上，圖25）。

灰白色，十六片，有一片中間凹飾（同上，圖26），細泥質，厚度4公厘，含砂粒，手製，有手模型。青色一片，極薄厚度1.5公厘，細泥質，印紋凹處甚深，約1公厘（同上，圖28）。

⑤V字紋僅一片，外灰褐色，内淺灰色，刻劃相向斜紋，成V字形，與黄岐山相同（同上，圖27）。粗泥質，含細砂，有縱凸起條紋，凹處距離3公厘，有横凸煉，厚者6毫米。

（2）黑陶：大小多屬殘片，顔色有①外黑内灰，②外黑内緑，③外黑内褐，④外褐内黑，⑤内外皆黑，質甚堅硬，粗泥質，含細砂，薄者2公厘，厚者1公分。

花紋以簟紋鯡骨狀紋爲最多，次爲繩紋，僅一片（同上，圖29），多屬粗泥質含砂粒，内外磨光，手製，厚者達4公厘。簟紋鯡骨狀紋（同上，圖30、31）者，奄城金山均習見。又有無紋罐形器腹片一件，另一件具有雙條凸飾二道，上下皆印簟紋（同上，圖32）。此類或呈深灰褐色，磨光，内外薄釉，中色赤，屬粗泥質者九片，皆腹部片〔陶片圖版（三）33〕，厚3公厘，其最薄者約1.3公厘，厚者1公分以上爲黑色陶，而龍山期之標準黑色有光而薄殼之陶器，則全未見。

（3）紅陶：殘片大小十三件，顔色有磚紅色，紫褐色，惟多黄色，最厚者5公厘，薄者3公厘。雷紋僅一片，粗泥質，厚4公厘，淺紅色，腹片（同上，圖 34），與江西清江大姑山所得陶片雷紋相同。

其他全屬粗泥質，含砂極多，腹部片，花紋有横條紋一片（同上，圖 35）。

斜條紋四片，細方格紋三片，人字紋一片（同上，圖 36），餘皆風化甚深，紋理難以辨認。

（四）與北方系陶器及安徽壽縣陶片之比較

有一事須論及者，即凸箍之紋飾。其手捏凸飾無紋理者，虎頭嶺所得，有呈鋸齒形、牙齒形或帶形者，則係捏上泥條後，加之雕刻而成。

其他最足注意者有二類：

1. 雞冠形凸箍，此雞冠形爲龍山期遺物特徵，或用爲耳把，或凸箍飾。安徽壽縣古城子有一陶片，凸箍雞冠耳（見王湘文圖十二之三），與虎頭嶺發見者〔陶片圖版（一）13〕極相似。

2. 繩形凸箍，此繩形凸飾，爲小屯期遺物特徵。（王湘曰："用此種繩形凸箍主要目的，似在使其堅固。因爲甗的腰部甚細，易於破碎，即有凸箍而仍多從此破碎。這種作繩形箍，很可能是模仿繩子捆着的樣子。在早期黑陶文化中的甗，多無此凸箍，似爲後來因甗常從此破碎，就用繩子來捆着。因爲繩子容易被燒壞，遂成作泥箍。"見《壽縣史前遺址報告》。）

黄岐山有一陶片，帶凸繩箍、駢列兩道〔見陶片圖版（四）11〕。虎頭嶺陶片凸繩箍，有粗細二種，粗者繩條交織較疏，細者極巧致〔陶片圖版（一）14〕。皆爲灰白色陶片，面塗薄釉，與小屯遺物更相近。

就揭陽所發見陶片而論。黄岐山以方格紋爲多，虎頭嶺則多爲條紋。此類花紋，與山東、豫東、安徽陶器紋飾多相似，均爲龍山文化紋飾之特徵。試取山東城子崖，與河南永城縣之造律台，及安徽壽縣之陶家祠、劉備城諸地陶片花紋比較，其中不無相似之處。

又揭陽所得灰白色陶片特夥，且有帶薄釉之白陶，又具有繩紋及繩紋凸箍之罐形器，此二事則均爲小屯期陶器之特徵。

（五）文化層及年代之推測

杭縣與台灣曾經正式發掘，其文化層現已大體明了，茲表列以供參考。

杭縣文化層			台灣文化層		
上文化層	中文化層	下文化層	上文化層	中文化層	下文化層
印紋陶片素陶與磚瓦相雜	少數晚期黑陶 精製琢磨石器及玉器	早期紅陶粗製石器及粗製琢磨玉器	印紋陶片	混砂無紋陶	紅陶（或彩陶）
上層到下層深達二公尺至三公尺			各層都有石器多打磨混合		

韓江流域遺物。未經發掘，詳情未由熟悉。以予親在黄岐山采集所得，石鏃距表土約二公尺深，硬度高之陶片，散見地表，其低火含砂質陶片，在戰壕拾得者，露頭往往在二至三公尺以下。海豐、香港出土之印紋陶片，與韓江流域爲同一典型。惟海豐、香港所見較精緻，如雙螺旋紋、雙F紋，黄岐山一帶不習見。海豐則甚多。可推知兩地文化應有先後。又韓江流域史前遺址，皆在山地，如興寧水口遺址，當海拔一百六十公尺，普寧鐵山後嶺遺址，約三百公尺，大棚山遺址，約一百八十六公尺，揭陽黄岐山，約二百七十公尺。大約在海拔一百五十公尺以上，三百公尺以下。而海豐所發見者，則大都在山

坡沙丘積沙，高出海面最高不過二十五公尺（如三角尾），最低只七至八公尺（如東坑北）。海豐文化之年代必較晚，可以斷定。

揭陽山洞，據志書所載，秦漢時已有居民，乾隆《潮州府志·古迹》云：“小有洞天在侶云庵左，僧寂升出之榛莽中，岩石青古，中有一隙，斜通上界，其下可坐數人。石罅處鐫‘小有天’三字，雨後乃現，晴明不能辨，相傳秦漢岩居也。”侶云庵在黃岐山腰，州志以小有天洞在其左，然今黃岐山岩洞，僅有一竺崗岩，規模極小。惟黃岐山附近，全爲花崗岩，風化既深，易於剥蝕，故堅硬大石塊，見於山坳山溝，其累疊特多者，每成岩洞。今存洞之大者，首推崇光岩。光緒《揭陽志》云：“松崗岩（即崇光岩）在黃岐山西，巨石嵯峨覆其頂，鋭而有棱，狀如獅子。寬廣可容數十人。岩之前，有石罅仄徑斜下，復有一岩，傍有屋數椽，可以偃息。石上有‘小有天’三字。山後最高處，有小石室曰‘蘭岩’，人迹罕至。”此小有天洞及蘭岩遺址，此次尚未查出，僅於洞内獲見明嘉靖間薛宗鐸（薛侃子，揭陽人）書“崇光岩”三字，及潛龍洞題字，爲舊志所未載。松崗岩前一洞門，爲後人封閉，所謂“小有天”者，不能辨認其處。又乾隆《潮志·古迹》云：“蘭岩在黃岐山後，康熙間，一跛足僧，見榛莽中巨石崚嶒，遂芟荆棘，得古人所藏鐵鎚鐵鏟，因闢勝概作石堂，高二丈餘。”觀志書所載，岩洞規模，遠較今所見者爲大。或因高山剥蝕率較大，致岩洞不能長存。以此推之，秦漢以前，岩洞當更多且深廣，可爲古人避身所也（參看下圖）。秦漢時揭陽有人岩居，則黃岐山史前文化，遠推至秦漢以前當有可能。

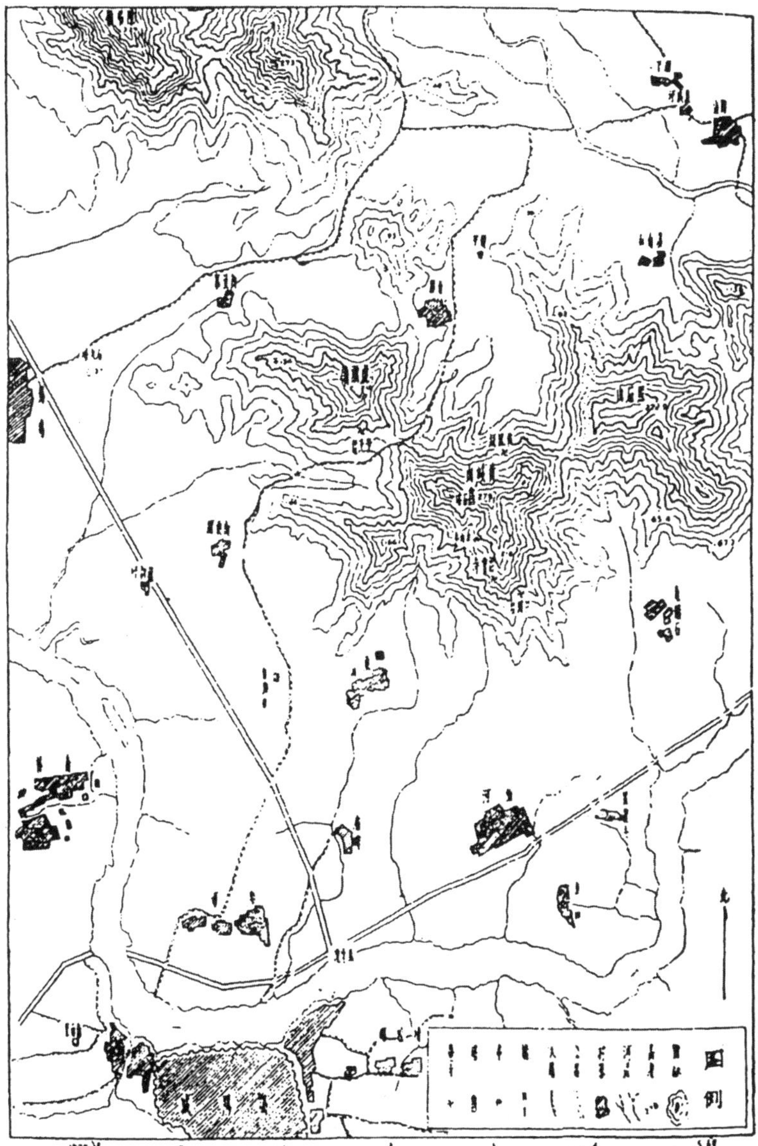

圖二　揭陽黄岐山及其附近村落圖

五、後記

韓江流域之古住民，據文獻上所載，即越系之僚族、俚族。

《舊唐書》一〇九《馮盎傳》：“仁壽初，潮、成等五州僚叛，盎馳至京，請討之。”（《新書》一一〇同。）《隋書》八十《譙國夫人傳》：“時番州總管趙訥貪虐，諸俚、僚多亡叛，夫人……宣諭上意，諭諸俚、僚，所至皆降。”

《通鑑》一九〇云：“武德五年，正月己酉，嶺南俚帥楊世略以潮、循二州來降。”可知隋末（約公元600年間）潮州地域之土著通稱爲俚及僚。

《漳州志·陳政元光父子傳》云：“唐高宗總章二年（669），泉潮間蠻僚嘯亂，陳政以嶺南行軍總管來鎮綏安。”

《丁氏古譜》云：“六朝以來，戍閩者，屯兵於龍溪，阻江爲界，西岸盡屬蠻僚。”

則唐初漳潮之間，亦僚人所居。考陳政子元光征討之蠻，據福建志乘所載，其酋曰雷萬興，而手刃元光有曰藍奉高者，從其姓爲藍與雷證之，即後來所謂畲民。是畲民在唐初亦名爲僚，蓋僚爲原有土著之通稱。其後中原士族相率南來，原有土著被迫入居山洞，宋以後概被目爲畲。僚爲越族，漢晋時曰里曰俚，乃粤東之初民。[1]《淮南子·人間訓》稱：“尉屠睢攻越，越人皆入叢薄中，與禽獸處，莫肯爲秦虜。”故隋唐間之蠻僚，當有不少古越民之孑遺。僚與俚爲一音之異稱，俚亦作黎，今潮屬畲民所居地尚保存黎之名，如潮安縣北溪尾村畲民聚落，有山黎（音Loi），舊時饒平弦歌都東洋堡有黎坑，大埔清遠都同仁社有黎家坪，古時必爲俚人居地。今揭陽棉湖西北有山黎潭，普寧鯉湖大南山有烏黎，其鄉村猶存黎稱。乾隆《潮州志》記：

[1] 見譚其驤文，載《禹貢》半月刊。

“明時林興祖奉母，遇僚賊，母被掠，後見之畲中。” 是明時猶呼畲爲僚。

古僚族以産幏布著稱。《説文》：“幏，枲裙，蠻夷賨布。”《風俗通》：“盤瓠之後，輸布一匹二丈，是爲賨布。”《玉篇》釋幏爲蠻布。後代黎人，有用五色吉貝織布者（見《南州異物志》《桂海虞衡志》等書）。韓江流域向産蕉布，唐宋以來，用爲貢品[1]，順治《潮州志·物産》云：“布帛之屬：爲葛布，以鳳葛爲上。爲苧布，爲麻布，潮揭出者皆佳，爲蕉布，爲絅絹，出海陽。爲蠶綢，出程鄉（今梅縣）者佳，爲竹布。” 潮屬各地出土陶片，其花紋多麻布紋，浙贛所得亦同。而北方系陶器，則甚少見，此點允爲南方系越族文化之主要特徵。從上列韓江流域古住民及文化特徵論之，可知出土之石器陶器，可能爲古代僚族遺物。

按廟屬考古工作，近三十年有極大之進展，潮安發見貝丘遺址[2]，潮陽新石器遺址亦多[3]，饒平尤爲重要，兹不縷述。揭陽、興寧所出巨大石戈石錛，現存北京歷史博物館。此文爲第一篇本地區之新石器考古記録，聊復存之，以供參考。

單行本初版於香港，1950
後收《選堂集林·史林》，香港，中華書局，1982

[1] 見《元和郡縣志》《新唐書·地理志》《元豐九域志》。今揭陽特産爲夏布，猶存古之遺風。

[2] 《考古》，1961（11）。

[3] 《考古通訊》，1956（4）。

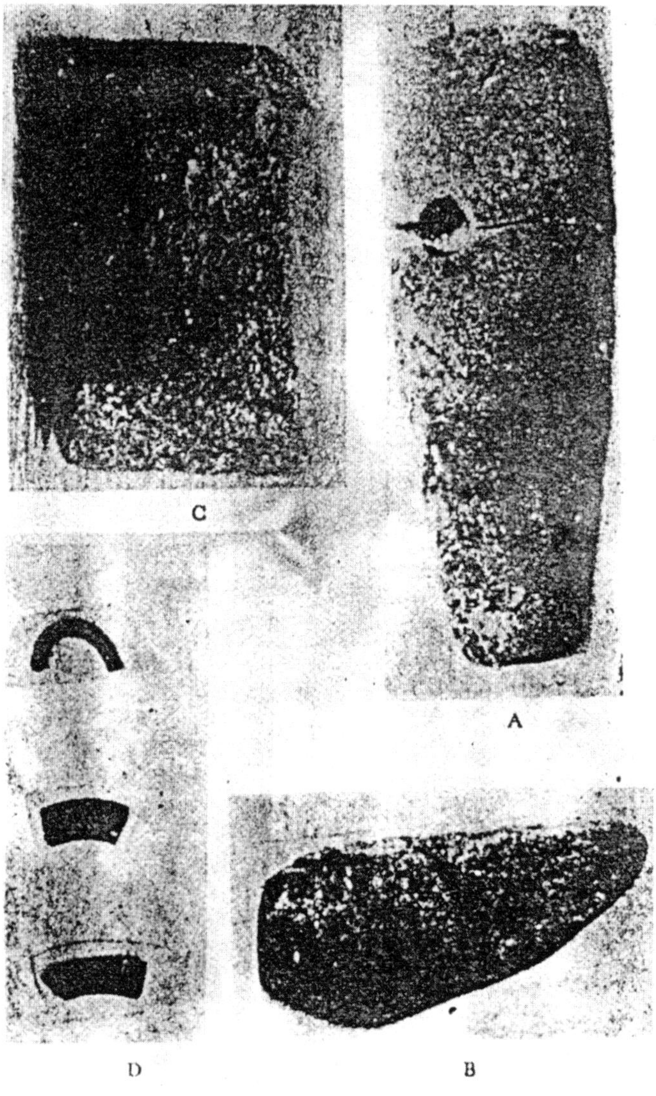

石器圖版（一） 揭陽崇光岩（A～D）

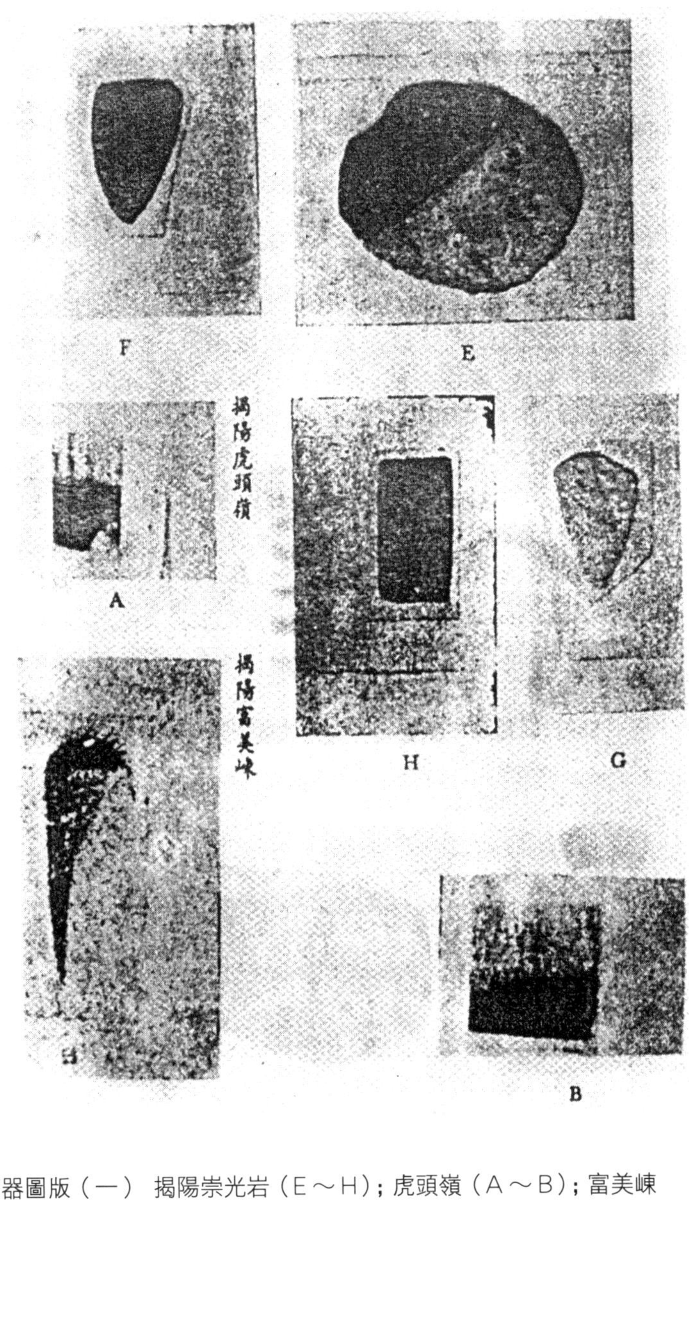

石器圖版（一） 揭陽崇光岩（E～H）；虎頭嶺（A～B）；富美峽

B

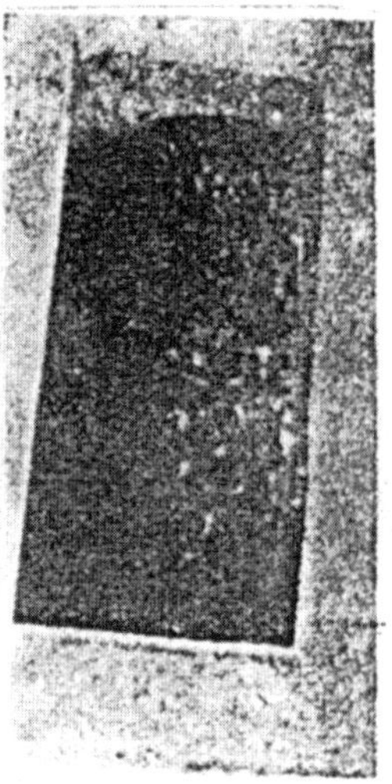

A

D

C

石器圖版（二） 揭陽黃岐山（A～D）

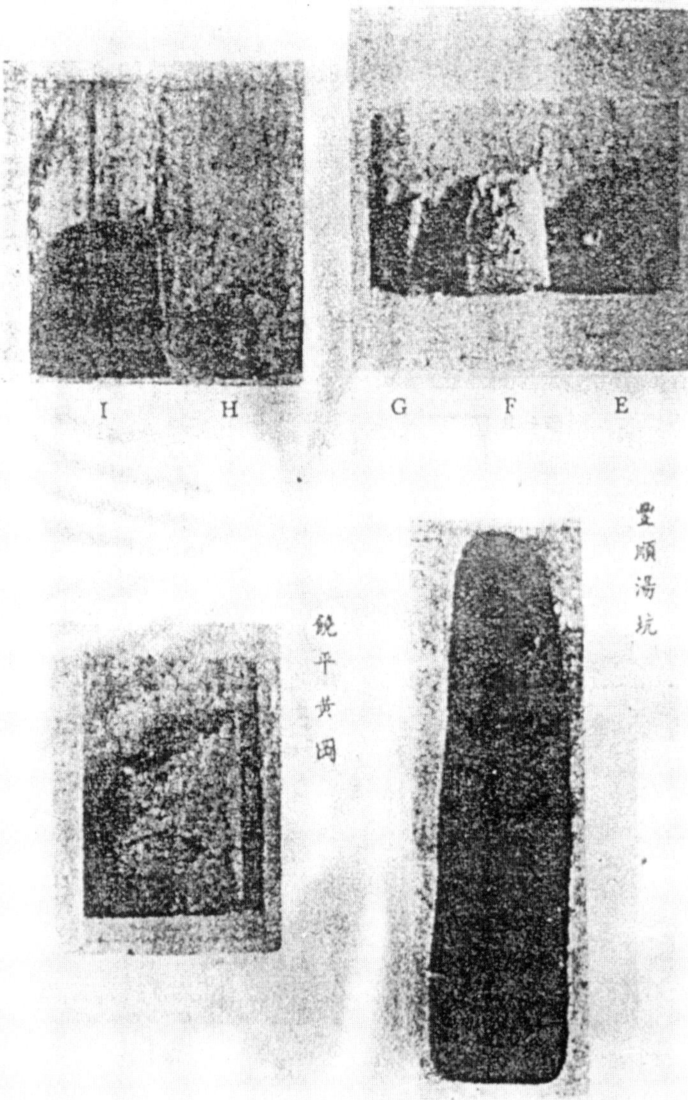

石器圖版（二） 揭陽黄岐山（E～I）；豐順湯坑；饒平黄崗

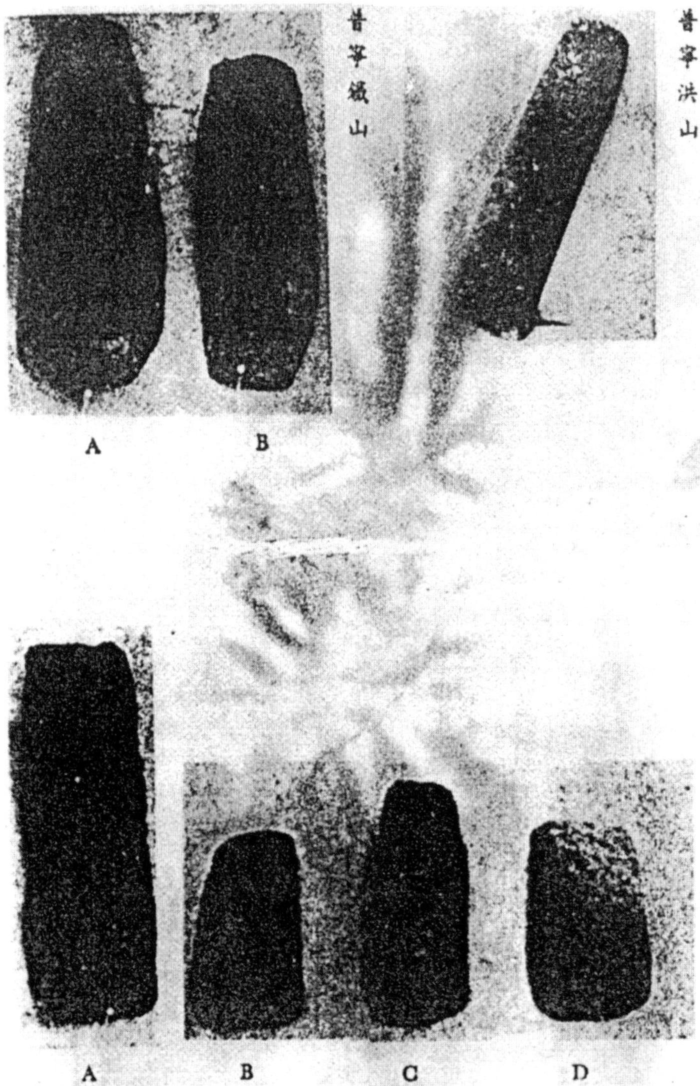

石器圖版（三） 普寧洪山；鐵山（A～B）；苦腸腹（A～D）

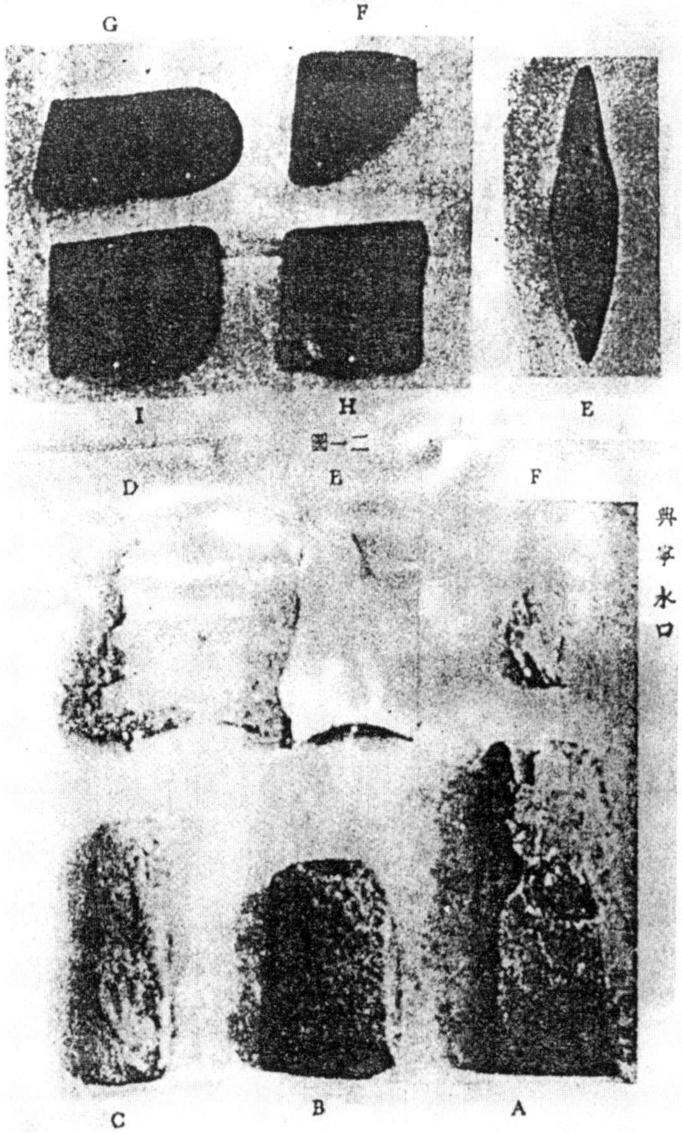

石器圖版（三） 普寧苦腸腹（E～I）；興寧水口（A～F）

陶片圖版（一）

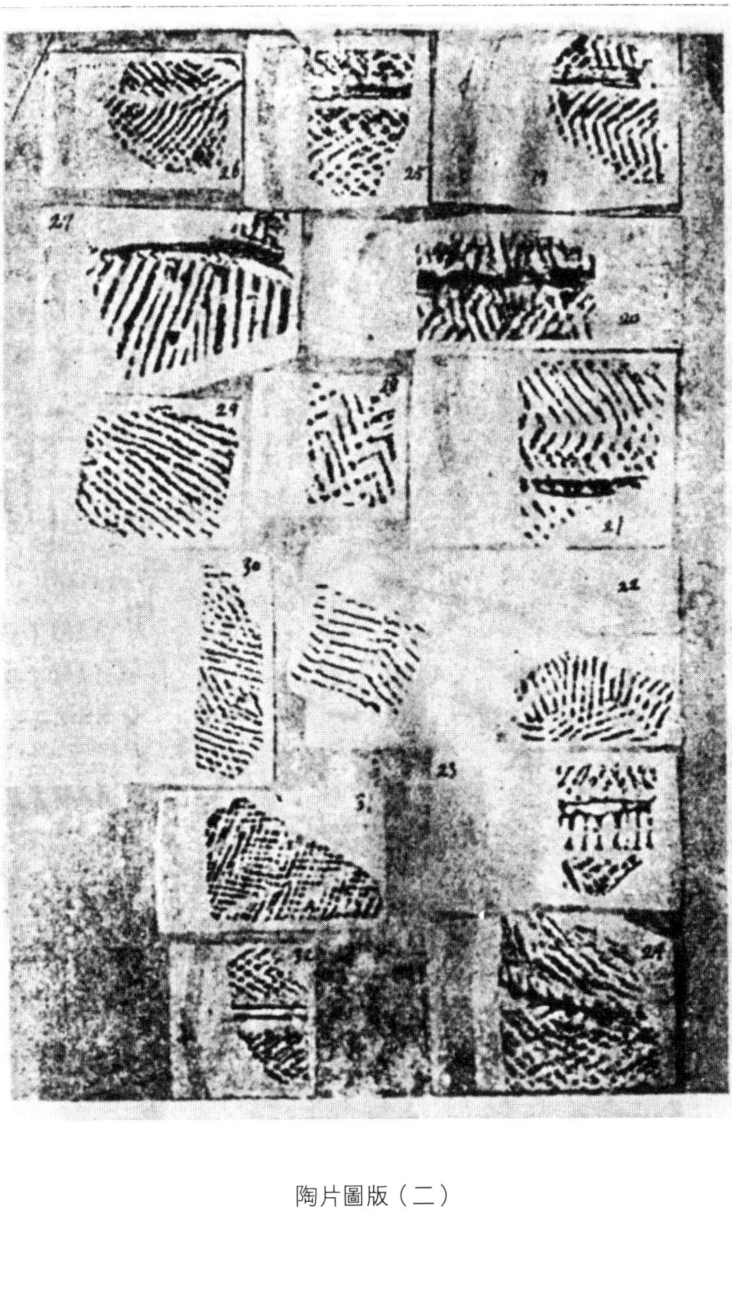

陶片圖版（二）

陶片圖版（三）

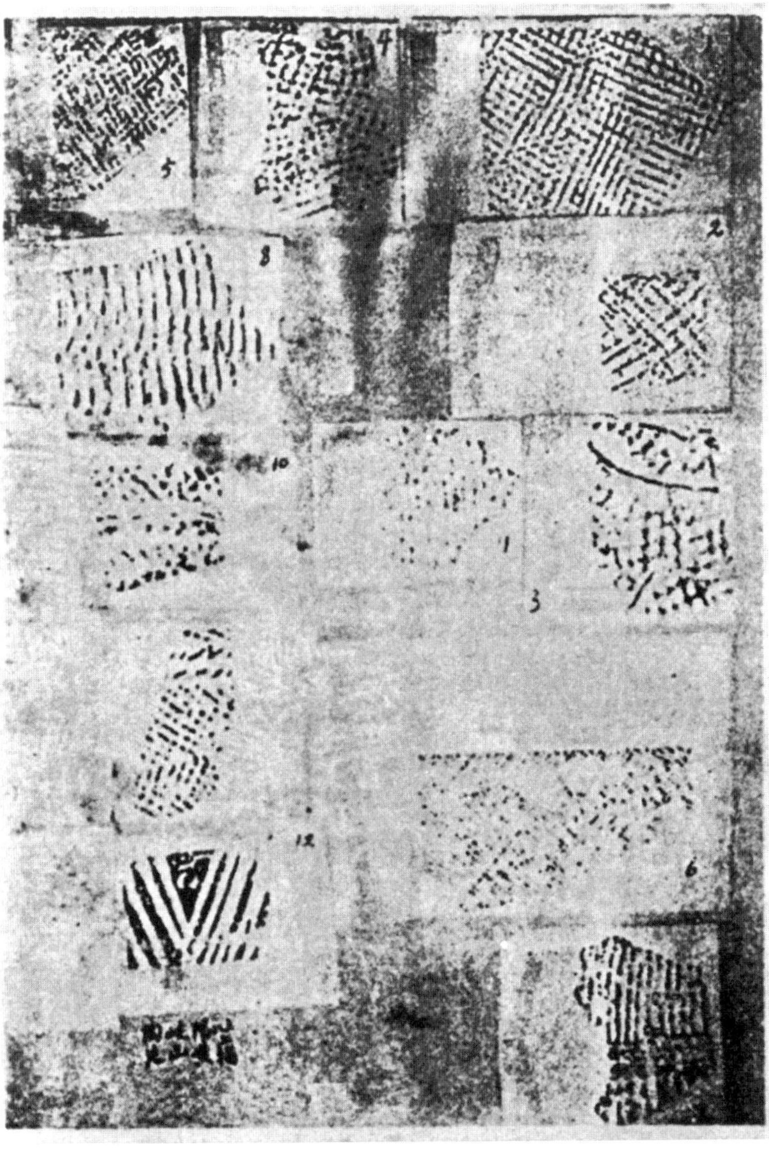

陶片圖版（四）

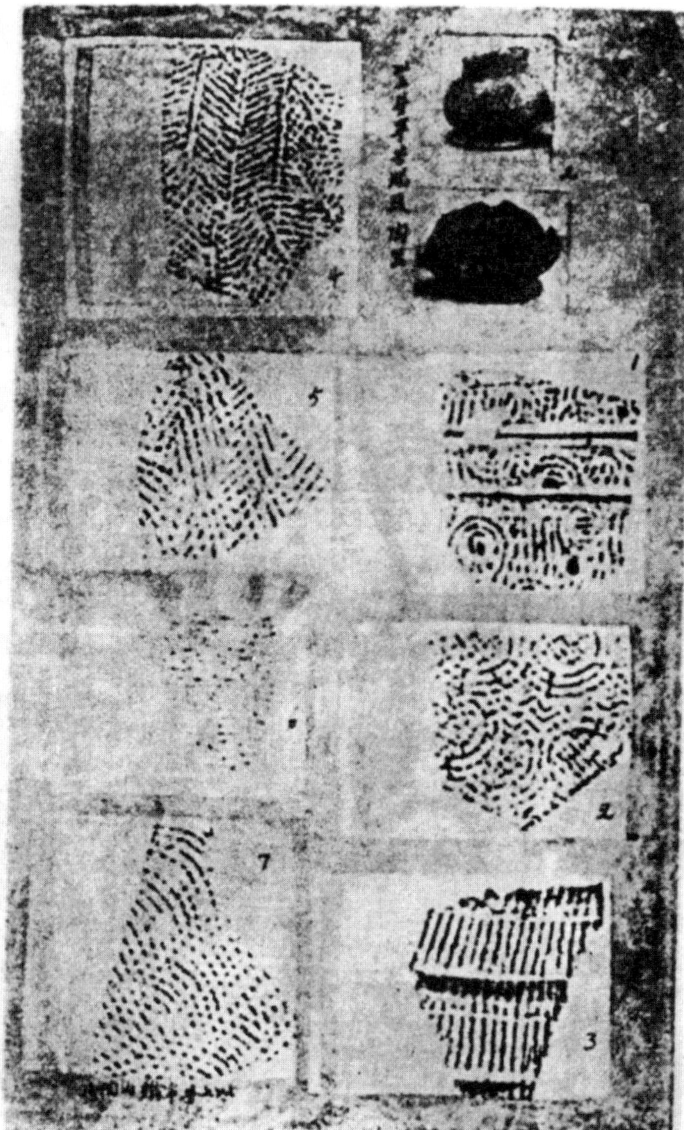

陶片圖版（五）

陶片圖版（六）

薛中離年譜

Preface

All students of the history of Far Eastern thought know that Wang Yang-ming's intuitive, dynamic, and purposive idealism exercised a tremendous influence in China for over one hundred and fifty years and inspired the new leadership of the 1868 Restoration in Japan. He has continued to inspire modern Chinese leaders such as Sun Yat-sen.

Wang's doctriner spread all over China in his own time. The one who was responsible for their spread in South China was his pupil, Hsüeh K'an (d. 1545). Hsüeh not only recorded part of Wang's conversations that make up the *Ch'uan-hsi lu* (Instructions for Practical Living), in which his most important doctrines are set forth; Hsüeh was also the first one to publish the work. Of far greater importance is the fact that he defended his Master in a bold and constructive way. Wang was vigorously attacked as a Buddhist in Confucian disguise. Instead of denying any Buddhist element in Wang's philosophy, as most of Wang's defenders did, Hsüeh frankly admitted the presence of the element of hsü (vacuity, emptincess) in Wang's philosophy but showed how it is truly Confucian in spirit and not Buddhistic or Taoistic, in that it does onto mean nihilism but the concrete, selfless observance of one's moral duties within society.

Hsüeh was a man of great integrity. He applied his Master's doctrine of the extension of the innate knowledge of the good throughout his life, leading a simple life and devoting many years to lecturing on his Master's doctrines.

Professor Jao's chronological biography of Hsüeh not only provides important information about this man. It also gives an excellent picture of Wang's influence in South China. This is the first and only chronological biography of his. Professor Jao's exhaustive coverage of original sources, his extensive research, and his scholarly and judicious use of the material have resulted in a biography of the highest standard. No serious student of the history of Chinese thought can afford to overlook this work.

Wing-tsit Chan（陳榮捷）,
Professor of Chinese Philosophy and Culture,
Dartmouth College, N.H.,U.S.A.

引言

先生諱侃，字尚謙，姓薛氏，曾號鈍子，又號常思子（《中離全書》，下簡稱《全書》）。《知非記》云：“有鈍子者，性僻而狂，窘於病，與物多忤，仍於思中得懲忿去欲之幾，題其齋曰‘思齋’。及往省於閩，歷常思嶺，復覺其思之不常，因號爲常思子。”師事陽明先生。

先生以其質虛，贈號中離。後結茅虎山講學，遂稱其山曰中離山。薛僑撰行狀曾鑿渠於東莆，人呼曰中離溪。《全書·開溪記》一世祖諱蘭，字文芳，閩之廉村人。宋淳熙末，始遷於潮，卜居揭陽龍溪之鳳隴。（《薛氏族譜》）按龍溪都，明初屬揭陽縣，爲揭邑十三都之一。至嘉靖三十四年（1555）析揭之鰐浦、鮀江、蓬州，置澄海縣；割龍溪一都隸海陽縣。故先生時爲揭陽人，歿後十年爲海陽人。龍溪今屬廣東潮安縣安龍鄉庵埠地。有子二：洪績、洪鼎。洪鼎字汝器，通《尚書》《三禮》。（《薛氏族譜》）宋寧宗嘉定四年辛未（1211）趙建大榜進士。（光緒《海陽志》十三《選舉表》）洪鼎遺迹，今存白云岩題字，在桑浦山，即梅林湖西之石牛頭山徑口，字大一尺五寸，署款寶慶三年（1227）三月日進士薛洪鼎書。洪鼎修白云岩，别號云岩山人。四世諱恬與恂者，伯仲俱志行高潔，子孫蕃衍。人因其姓，名其居里曰薛隴。（羅萬傑《薛氏遷鳳廓祠記》）按《全書》十一《薛靖軒傳》云：“居隴上，姓薛氏，人稱爲薛隴，亦曰鳳里。”（見先生《行狀》）先生高大父諱艮，字仕爲，號崑岡。曾大父諱田，字用業，號梅叟。大父諱志安，字本仁，號清易，代有隱德。父諱驥，字孔乘，號讓齋，以先生貴，贈文林郎行人司司正。繼以先生弟僑貴，加贈奉政大夫兵部郎中，母曾氏加贈太宜人。（《行狀》）先生昆季六人：長俊，字尚哲，一字尚節，號靖軒。弘治甲子（1504）亞魁，仕終國子監博士。以子宗鎧貴，贈刑科右給事中。次傑，字尚弼，恩授七品散官。次即先生。次僎，字尚勉，恩授將仕郎。次偉，字尚英，太學生，以詩名。又次僑，字尚遷，號竹居，嘉靖癸未（1523）進士，兵部郎中，改春坊司直，兼檢討。先生配黄氏，生子三：長宗鐸，字子化，號敬庵，國子生。次宗釜，字子薦，號筆山，治《尚書》，補邑庠生，與講一真，刊行父書，爲士林所重，娶楊驥女。季宗鋭，字子漸，號月松，庠生，娶翁萬達女弟。女一，適通判唐澤。《海陽縣志》選舉表：唐澤，正德五年（1510）庚午科舉人，與中離同科。澤字東湖。（見《行狀》）

薛氏譜系

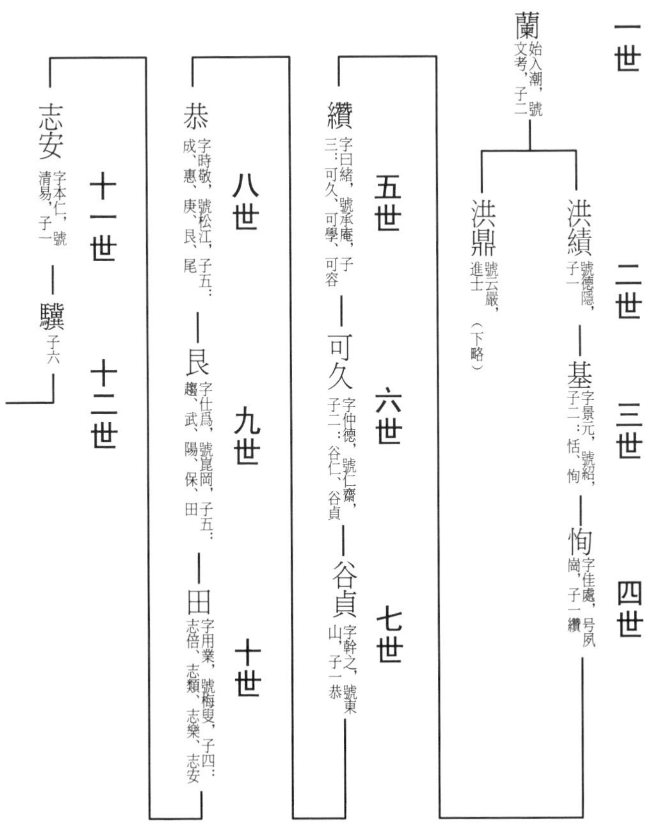

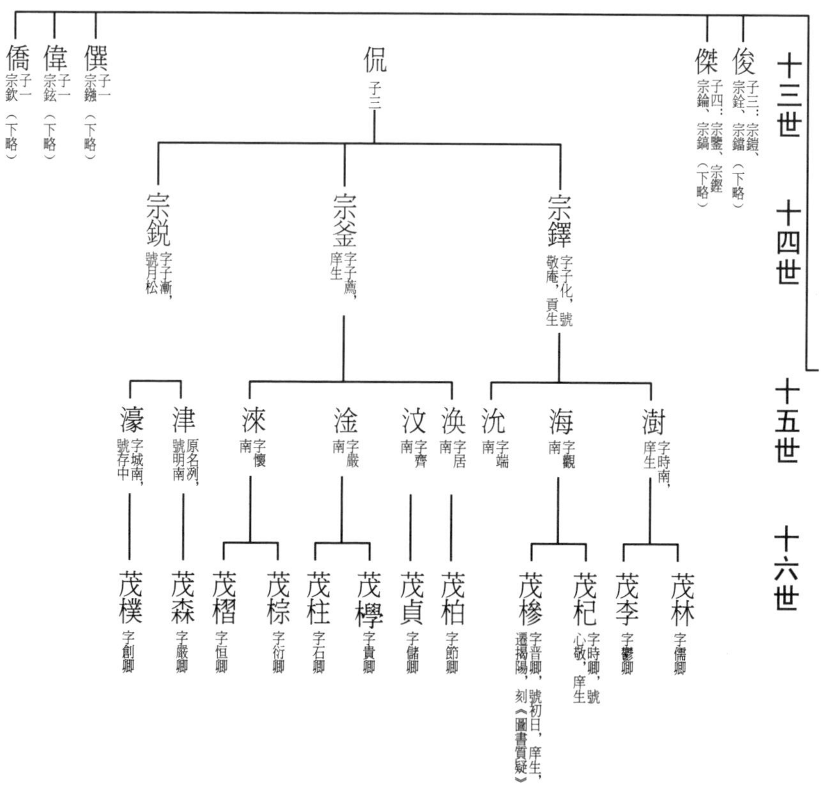

年譜

明憲宗成化二十二年丙午（1486）　一歲。

六月二十九日戌時先生生。（《行狀》）

按：先生長兄俊，生於成化十年甲午（1474）九月二十七日。二兄傑，生於成化十三年（1477）丁酉八月初五日。詳《薛氏族譜》。

孝宗弘治元年戊申（1488） 三歲。

弘治二年己酉（1489） 四歲。

八月十三日四弟僎生。（《薛氏族譜》）

八年乙卯（1495） 十歲。

十月十八日五弟偉生。（《薛氏族譜》）

十一年戊午（1498） 十三歲。

三月初一日姪宗鎧生。（《薛氏族譜》）

六月二十八日翁萬達生。（《稽愆集》卷首）

十三年庚申（1500） 十五歲。

先生自幼受學於兄俊，天資穎邁，（《行狀》）性僻而狂。年十五就學，始知天地間有大人君子一等事業，心竊慕之，得格言懿行，輒識於壁。（《全書》十一《知非記》）

按《薛氏族譜·讓齋公傳》云："鄉有陳琨者，博學善士。公遣子從游，文行使取則焉。而陳督六子皆成名。"則先生蒙父兄之教也深矣。

七月初十日六弟僑生。（《薛氏族譜》）

十四年辛酉（1501） 十六歲。

年十六，聞講《中庸》，心遂志聖賢之學。（鄭三極《研幾録序》）

十七年甲子（1504） 十九歲。

先生補郡弟子員。（《行狀》）

兄俊領是科鄉薦（《海陽吴志·選舉表》）中乙榜。（《全書》十一《薛靖軒傳》）

九月十二日父讓齋公卒。(《薛氏族譜》)讓齋公遘疾，先生嘗糞以驗，比棄禄養，哀毁盡禮。水漿不入口者數日。事母益謹。(《行狀》)

讓齋公生於景泰三年壬申（1452）九月二十二日申時。卒於弘治十七年（1504）甲子九月十日午時，享年五十三。（見《薛氏族譜》）

弘治十八年乙丑（1505）　二十歲。

友人鄭一初成進士。

一初字朝朔，揭陽人，讀書紫服山，因號紫坡。乙丑登進士，後告歸。率子姓宗族事耕讀。（《全書》一一《鄭紫坡傳》）

武宗正德二年丁卯（1507）　二十二歲。

十月二十六日長子宗鐸生。(《薛氏族譜》)

正德三年戊辰（1508）　二十三歲。

兄俊授連江訓導。(《薛譜家傳》)

正德五年庚午（1510）　二十五歲。

中亞魁。(《薛譜家傳》)《海陽縣志·選舉表》云：侃正德庚午科舉人。刻文以傳。主司争欲先生爲首選，及見先生曰：大才即宜北上。(《行狀》)

題齋曰“思齋”。(《知非記》)

八月，劉瑾伏誅。鄭一初起爲試御史。(《紫坡傳》)

六年辛未（1511）　二十六歲。

冬，陽明在銓司，鄭一初因陳世傑請受學(《傳習録》欄外語)，日與徐横山、顧箬溪問質究竟，始聞聖人之學。(《紫坡傳》)

《傳習録》上鄭朝朔問“至善”一條云：鄭朝朔問：“至善亦

須有從事物上求者？”先生曰：“至善只是此心純乎天理之極便是，更於事物上怎生求？且試説幾件看。”朝朔曰：“且如事親，如何而爲温凊之節，如何而爲奉養之宜，須求個是當，方是至善，所以有學問思辨之功。”先生曰：“若只是温凊之節，奉養之宜，可一日二日講之而盡，用得甚學問思辨？惟於温凊時，也只要此心純乎天理之極；奉養時，也只要此心純乎天理之極。此則非有學問思辨之功，將不免於毫厘千里之謬，所以雖在聖人，猶加‘精一’之訓。若只是那些儀節求得是當，便謂至善，即如今扮戲子，扮得許多温凊奉養的儀節是當，亦可謂之至善矣。”（《王陽明全書》一）

按《陽明年譜》引《同志考》：壬申，顧應祥、鄭一初、徐愛等同受業，潮人入王門者，當以一初爲首。考陽明祭一初文云：“辛未之冬，朝於京師，君爲御史，余留銓司，君因世傑，謬予是資，予辭不獲，抗顔以尸。”（《王陽明全集》三十三、三十五）是一初事陽明在辛未，不在壬申也。

八年癸酉（1513）　二十八歲。

上春官，過南畿，見河經自洛，泗水出於邳，秋風夜月，蓬斗清輝，瞿然而動，百度皆有自新之意，因作《知非記》。（文見《全書》十一）冬，先生友人楊驥創東津精舍，號曰玉林。

楊鸞《玉林尋樂記》云：“玉林，津頭之一林也，面黄田，帶韓江，背金山……爲畝二十有奇。……蓋聞白沙詩曰：‘海上花開萬玉林。’古詞有之：‘云是玉林人，人閒共此清。’斯地稱之，故因以爲名。”

九年甲戌（1514）　二十九歲。

五月，王陽明在南京，（《陽明年譜》）陽明於四月升南京鴻臚寺卿。先生往師之。

先生是歲赴南宫不第，聞陽明官南畿，講孔孟周程之學，遂就南監師事焉，服良知之教（《行狀》），是爲先生隸王門之始。時先生同門徐愛、黄宗明、馬明衡、陸澄、季本等皆來聚，日夕漬礪不懈。南畿論學，重教學者存天理去人欲，爲省察克治實功。（《陽明年譜》一）

七月壬戌朔，鄭一初道卒於杭，陽明爲文哭之。

文云："維正德九年，歲次甲戌七月壬戌朔，越十有六日丁丑，南京鴻臚寺卿王守仁，馳奠於監察御史亡友鄭朝朔之墓。嗚呼！道之將行，其命也與！道之將廢，其命也與！嗚呼朝朔，命實爲之，將何如哉！將何如哉！……君嘗問予，聖學可至？余曰然哉，克念則是。隱辭奥義，相與剖析，探本窮源，夜以繼日。君喜謂予：昔迷今悟，昔陷多歧，今由大路。嗚呼絶學！幾年於兹。孰沿就繹？君獨奮而。古稱豪傑，無文猶興。有如君者，無愧斯稱。當是之時，君疾已遘；忍痛扶孱，精微日究。人或勸君，盍亦休只？君曰何哉？夕死可矣。君遂疾告，我亦南行，君與世傑，訪予陽明。君疾亦篤，遂留杭城，天不與道，善類云傾。"（下略）（見《陽明全書》二十五）

紫坡性善飲，能多而不亂，後知戒而内傷已積，以疾告歸，淑後進以明正學。抵杭，疾遽不起。（《全書》十一《紫坡傳》）

先生有《祭鄭侍御文》。（《全書》十二）

十年乙亥（1515）　三十歲。

兄俊升玉山教諭。（《海陽縣志》列傳）

按：玉山亭在江西上饒縣東北，以境有懷玉山，故名。《薛譜家傳》作丙子升玉山教諭，則在翌年。

先生益篤於學。

按:《行狀》云:"三十守益定,舉業益精,累試監元,大司成汪公器重之。爰閣筆硯,惟篤志學問,若將終身焉。"

楊思元來學於陽明。

陽明有《書楊思元卷》云:"楊生思元,自廣來學,既而告歸。曰:夫子之教,思元既略聞之。懼不克任,請所以砭其疾者而書諸紳。予曰:子强明者也,警敏者也。强明者病於矜高,是故亢而不能下;警敏者病於淺陋,是故浮而不能實。砭子之疾,其謙默乎!謙則虚,虚則無不容,是故受而不溢,德斯聚矣;默則慎,慎則無不密,是故積而愈堅,誠斯立矣。彼少得而自盈者,不知謙者也;少見而自炫者,不知默者也。自盈者吾必惡之,自炫者吾必耻之。而人有不吾惡者乎?有不吾耻者乎?故君子之觀人而必自省也。其謙默乎!"(《陽明全書》)

按:思元楊琠子,琠龍溪人,與弟瑋俱師事陳白沙。正德戊辰(1508)進士,官監察御史,著有《庭訓録》,陽明爲之序。

十一年丙子(1516) 三十一歲。

兄俊初事陽明。九月,陽明巡撫南贛汀漳。(《陽明年譜》一)過玉山。(《揭陽縣志·賢能》俊傳)俊遂執弟子禮,問行己之要。陽明曰:"自尚謙與予游,知子篤行久矣,試自言之。"俊曰:"俊未知學,但凡事依理而行,不敢出範圍耳。"陽明曰:"依理而行是理與心猶二也。當求無私行之,則一矣。"自是所學日進。(《海陽縣志》俊傳)

秋,楊驥、楊鸞兄弟領鄉薦。(《海陽縣志·選舉表》)拜湛甘泉於荷塘(《全書·楊復齋傳》作"蓮塘"),有忘歸意。鸞先歸,理舊業於玉林。(楊鸞《玉林尋樂記》)驥則會試入京師,遇先生,聞陽明之教,遂赴贛州。

數月有省，馳簡示知友云："古人致知工夫，自是直截易簡，視後支離，茫無可入，大徑庭矣。"（見《全書》十一《毅齋傳》）又有《與弟士鳴書》云："近處泉石嘉趣，名師益友，此千載奇會。當知百年内，這等光陰不可多得，務盡去平日舊習，直從一念好善良心，真切發見處，卓然立起，不爲耳目玩好所摇奪，使日切一日，必期表裏透徹而後已。……來書謂無定性，甚中今日之病。凡人臨事不能静者，只務外爲人之心勝，能於此持醒此心，將名貨聲色諸病一齊攻下，無有悶心之意。當時瀟灑自在，《復齋號説》議論自胸流出，立志之堅，向道之勇，服膺不失，即不遠復，是亦顔子而已！來歸一事，非無是念，但以二十四年之舊習，一旦得聞先生至教，僅掇粃糠，未能脱然自立；遽捨而歸，必爲流俗舊染所汩，成無日矣。"

《傳習録》上有士德問格物一則："格物之説，如先生所教，明白簡易，人人見得。文公聰明絶世，於此反有未審，何也？"先生曰："文公精神氣魄大，是他早年合下便要繼往開來，故一向只就考索著述上用功。若先切己自修，自然不暇及此，到得德盛後，果憂道之不明。如孔子退修六籍，删繁就簡，開示來學，亦大段不費甚考索。文公早歲便著許多書，晚年方悔是倒做了。"士德曰："晚年之悔，如謂'向來定本之誤'，又謂'雖讀得書何益於吾事'，又謂'此與守書籍，泥言語，全無交涉'，是他到此方悔從前用功之錯，方去切己自修矣。"曰："然。此是公文不可及處，他力量大，一悔便轉，可惜不久即去世，平日許多錯處，皆不及改正。"（《陽明全書》一）

十二年丁丑（1517）　三十二歲。

先生登進士第。（《海陽縣志·選舉表》云："由揭陽學。"）

王陽明在贛州，有《與希顔、台仲、明德、尚謙、原静書》

云："聞諸友皆登第，喜不自勝。非爲諸友今日喜，爲野夫異日山中得良伴喜也。入仕之始，竟況未免摇動。如絮在風中，若非黏泥貼網，恐自主張未得。不知諸友却何如？想平時工夫之須有得力處耳。"（《陽明全書》四）

又有《與顧惟賢書》云："閩寇雖平，而虔南之寇，乃數倍於閩。善後之圖，尚未知所出。……"曰："仁近方告病，與二三友去畊雪上。雪上之謀，實始於陸澄氏。陸與潮人薛侃皆來南都從學，二子并佳士，今皆舉進士，未免又失却地主矣。"（《陽明全書》二十七）又《與黄誠甫書》云：希顔、尚謙、清伯登第，聞之喜而不寐。（《陽明全書》二十七）

旋告歸侍母於玉山。先生既登第，自諗曰：仕以行道，吾斯未信。乃告歸，過懷玉。時太宜人就養兄俊官邸。（《行狀》）

《全書》八有《書懷玉王翁本仁序》云："丁丑日南至，予就省懷玉官邸，庠友方子夔、李子珠、徐子佑徵言以壽。"先生將歸，陽明貽先生及楊驥書云："即日已抵龍南，明日入巢，四路兵皆已如期并進，賊有必破之勢。某向在横水，嘗寄書士德云：'破山中賊易，破心中賊難。'區區剪除鼠竊，何足爲異？若諸賢掃蕩心腹之寇，以收廓清平定之功，此誠大丈夫不世之偉績。數日來諒已得必勝之策，捷奏有期矣。何喜如之！日孚美質，誠可與共學。此時計已發舟，倘未行，出此同致意。廨中事以累尚謙，想不厭煩瑣。小兒正憲，猶望時賜督責。"（《陽明全書》四）

按：此文《陽明全書》云丁丑，而《年譜》系於戊寅正月征三浰時。考書中云"向在横水"，陽明平横水諸寇，在是年十月，則當是冬杪。作書時，先生歸省在玉山也。

楊鸞延陳明德講學玉林。

是年春，鸞及龔、謝二友延致海涯先生於玉林，講明正學。復得劉大章、廖朝肅、鄭大衷交相麗澤；又得邱、饒二友講學，王改齋輩亦往來，各遺珠玉。（《玉林尋樂記》）明德字思準，號海涯，海陽辟望（今隸澄海）人。聞白沙倡道東南，遂棄舉子業苦心礪行，迨中離歸自虔，始聞精一之旨。（《全書·陳海涯傳》）

十三年戊寅（1518）　三十三歲。

春，陽明在贛，征三浰諸寇，至四月班師。（《陽明年譜》）有與先生書三首。

其一云："沿途意思如何？得無亦有走作否？數年切磋，只得立志辯義利。若於此未有得力處，却是平日所講，盡成虚語，平日所見皆非實得，不可以不猛省也。經一蹶者長一智，今日之失，未必不爲後日之得。但已落第二義。須從第一義上着力，一真一切真。若這些子既是，更無討不是處矣。此間朋友聚集漸衆，比舊頗覺興起。尚謙既去，士德又往，歐陽崇一病歸，獨惟强留此，精神亦不足。諸友中未有倚靠得者，苦於接濟乏人耳。乞休本至今未回，未免坐待。尚謙更静養幾月，若進步欠力，更來火坑中乘凉如何？"

又一云："得書，知日孚停舟鬱孤，遲遲未發，此誠出於意望之外。日孚好學如此，豪傑之士必有聞風而起者矣。何喜如之！何喜如之！昨見太和報效人，知歐、王二生者至，不識曾與一言否？歐生有一書，可謂有志，中間述子晦語頗失真，恐亦子晦一時言之未瑩爾。大抵工夫須實落做去，始能有見，料想臆度，未有不自誤誤人者矣。此聞賊巢，乃與廣東山後諸賊相連，餘黨往往有從遁者，若非斬絶根株，意恐日後必相聯而起，重爲兩省之患。故須更遲遲旬日，與之翦除。兵難遥度，不可預料，大抵如此。小兒勞諸公勤勤開誨，多感多感！昔人謂教小兒有四益，驗之果何如耶？正之聞已到，何因復歸？區區久頓於外，徒勞諸友往返，念之極切懸懸。今後但有至者，須諸君爲我盡意吐露，縱彼不久留，亦無負其來可也。”

又一云：“日來因兵事紛擾，賤軀怯弱，以此益見得工夫有得力處。只是從前大段未曾實落用力，虚度虚説過了。自今當與諸君努力鞭策，誓死進步，庶亦收之桑榆耳。日孚停館鬱孤，恐風氣太高，數日之留則可，倘更稍久，終恐早晚寒暖欠適。區區初擬日下即回，因從前征剿，撤兵太速，致遺今日之患。故請示以久屯之形，正恐後之罪今，亦猶今之罪昔耳。但從征官屬已萌歸心，更相倡和，已有不必久屯之説。天下事不能盡人意，大抵皆坐此輩，可嘆可嘆！聞士德失調，意思何如？大抵心病瘉則身病亦自易去。縱血氣衰弱，未便即除，自亦不能爲心患也。小兒勞開教，駑駘之質，無復望其千里，但得帖然於皂櫪之間斯已矣。門户勤早晚，得無亦厭瑣屑否？不一。”（以上俱見《陽明全書》四）

先生偕兄俊、弟僑及姪宗鎧輩來贛。先生居玉山數月，承顔順志，孝養彌純。一日，太宜人曰：吾聞孝以養志爲至，兒能盡孝致居行道澤民，是吾志也。吾安汝兄養，亟再往虔，再侍陽明，以終汝所學。兄俊曰：是宜從命。乃催僑暨諸姪往，處於虔者年餘。（《行狀》）

陽明有《與陸元静書》云：“尚謙至，聞元静志堅信篤，喜慰莫逾！人在仕途，如馬行淖田中，縱復馳逸，足起足陷，其在駑下，坐見淪没耳。乃今得還故鄉，此亦譬之小歇田塍，若自此急尋平路，可以直去康莊，馳騁萬里。不知到家工夫，却如何也？”云云。系於戊寅，即作於先生再回贛時。（《陽明全書》四）

時陽明出入賊壘，未暇寧居。先生與同門歐陽德、梁焯、何廷仁、黄弘綱、楊驥、郭治、周仲、周冲、周魁、郭持平、劉道、袁夢麟、王舜鵬、王學益、余光、黄槐密、黄鎣、吴倫、陳稷劉、魯扶黻、吴鶴、歐陽昱，及兄俊、弟僑、姪宗鎧，相與講聚不散。（《陽明年譜》一）陽明提督軍務，忘其冗劇。先生與友驥、元亨、惟乾、郭淺齋、梁衆峰復日進請益發明，以迪初學。風聲鼓動，四方學者遠集，渢渢乎洙泗之遺，大有功於師門也。（《行狀》）四月丙戌，陽明爲先生母題遥祝圖。（《薛氏族譜》）

七月陽明刻古《大學》，復刊《朱子晚年定論》。（《陽明年譜》一）

按：《定論》卷末有正德戊寅（1518）六月雩都袁慶麟跋云："揭陽薛君尚謙舊録一本，同志見之，至有不及鈔寫，袖之而去。衆皆憚於翻録，乃謀而壽諸梓"云云。是陽明《朱子定論》，乃初爲先生手録也。錢德洪云："《定論》首刻於南贛。隆慶壬申（1572），虬峰謝君廷傑刻師《全書》，命刻《定論》附《語録》。"今《陽明全書》《朱子定論》附刊《傳習録》後，遠溯其源，蓋肇於此。

八月先生刻《傳習録》。

是年徐愛卒。先生得愛所遺《傳習録》一卷序二篇，與陸澄各録一卷，刻於虔。（《陽明年譜》）

按《陽明年譜》云：《傳習録》薛侃首刻於虔，凡三卷。至嘉靖三年（1524）十月，南大吉取先生論學書復增五卷，續刻於越。考《傳習録》明時前後凡數刻，計有：

薛本：即正德十三年（1518）中離先生刻於虔州者。凡三卷，第一卷徐愛録，第二卷陸澄録，第三卷爲先生録。編者徐愛，所録爲陽明中年語。

歐陽本：凡二卷、一百七十一面，歐陽德刻，見《明南雍經籍考》下，付刊年月未詳。

南本：嘉靖三年（1524）南大吉增刊，多陽明晚年語。〔日本佐藤一齊《傳習録》欄外書云：南元善兄弟校《傳習録》二册，嘉靖二十三年（1544）德安府重刊本，上册分爲四卷：第一徐曰仁録，第二陸原静録，第三薛尚謙録，第四爲答歐陽崇一書一首，答聶文蔚書三首。下書四卷。第一至第三爲書札，第四爲《示弟立志説》四則，《訓蒙大意》六則。上册討論書係門弟子舊録，下册四卷則出於元善兄弟所云續而刻之是也。〕此本嘉靖二十三年（1544）重刻於德安府。

錢本：錢緒山刻。以南本下卷采摭書移入文録，而别摘文録問答語補之。附以陳惟濬、黄省曾所述，彙爲續録，初刻於荆，名曰遺言，後芟汰繁蕪，刻於寧國。

此外福州及桂之南寧亦有刻本（見周弘祖《古今書刻》），要以先生所刻爲最早。《傳習録》舊有七卷（見《百川書志·經志》類）、四卷（見《絳云樓書目》《千頃堂書目》《明史·藝文志》），今通行本分上中下三卷。（《陽明全書》及日本松山堂本同）先生所録，概在上卷（當時先生所刻《傳習録》三卷本，即全在此上卷中）。據松山堂本標明，右尚謙所録者計三十五條。（《陽明全書》則不標明）其第一條侃問持志如心痛。據佐藤云：南本無之。分後侃問條以下爲上卷三，此條恐係緒山所補者。凡先生手述各條備載《傳習録》，兹但揭先生與陽明問答七條於下，以見當日師弟討論問題，餘則摒不采云。

一問："持志如心痛，一心在痛上，安有工夫説閒話，管閒事？"先生曰："初學工夫，如此用亦好。但要使知出入無時，莫知其鄉。心之神明，原是如此工夫方有着落。若只死死守着，恐於工夫上又發病。"

一問:“專涵養而不務講求,將認欲作理,則如之何?”先生曰:“人須是知學,講求亦只是涵養。不講求只是涵養之志不切。”曰:“何謂知學?”曰:“且道爲何而學?學個甚?”曰:“嘗聞先生教,學是學存天理。心之本體,即是天理,體認天理,只要自心地無私意。”曰:“如此則只須克去私意便是,又愁甚理欲不明?”曰:“正恐這些私意認不真。”曰:“總是志未切。志切,目視耳聽皆在此,安有認不真的道理?是非之心人皆有之,不假外求。講求亦只是體當自心所見不成,去心外別有個見。”

一問:去花間草。因曰:“天地間何善難培,惡難去?”先生曰:“未培未去耳。”少間,曰:“此等看善惡,皆從軀殼起念,便會錯。”侃未達。曰:“天地生意,花草一般,何曾有善惡之分?子欲觀花,則以花爲善,以草爲惡;如欲用草時,復以草爲善矣。此等善惡,皆由汝心好惡所生,故知是錯。”曰:“然則無善無惡乎?”曰:“無善無惡者理之靜,有善有惡者氣之動。不動於氣,即無善無惡,是謂至善。”曰:“佛氏亦無善無惡,何以異?”曰:“佛氏著在無善無惡上,便一切都不管,不可以治天下。聖人無善無惡,只是無有作好,無有作惡,不動於氣。然遵王之道,會其有極,便自一循天理,便有個裁成輔相。”曰:“草既非惡,即草不宜去矣。”曰:“如此却是佛老意見。草若有礙,何妨汝去?”曰:“如此又是作好作惡?”曰:“不作好惡,非是全無好惡,却是無知覺的人。謂之不作者,只是好惡一循於理,不去又着一分意思。如此即是不曾好惡一般。”曰:“去草如何是一循於理,不着意思?”曰:“草有妨礙,理亦宜去,去之而已。偶未即去,亦不累心。若着了一分意思,即心體便有貽累,便有許多動氣處。”曰:“然則善惡全不在物?”曰:“只在汝心循理便是善,動氣便是惡。”曰:“畢竟物無善惡。”曰:

"在心如此，在物亦然。世儒惟不知此，捨心逐物，將格物之學錯看了，終日馳求於外，只做得個義襲而取，終身行不着、習不察。"曰："'如好好色，如惡惡臭'，則如何？"曰："此正是一循於理，是天理合如此，本無私意作好作惡。"曰："如好好色，如惡惡臭，安得非意？"曰："却是誠意，不是私意。誠意只是循天理。雖是循天理，亦着不得一分意，故有所忿懥好樂，則不得其正，須是廓然大公，方是心之本體。知此即知未發之中。"先生曰："先生云'草有妨礙，理亦宜去'，緣何又是軀殼起念？"曰："此須汝心自體當。汝要去草，是什麽心？周茂叔窗前草不除，是什麽心？"

一問：多悔。先生曰："悔悟是去病之藥。然以改之爲貴，若留滯於中，則又因藥發病。"

一問：先儒以心之静爲體，心之動爲用，如何？先生曰："心不可以動静爲體用。動静時也，即體而言用在體，即用而言體在用，是謂體用一源。若説静可以見其體，動可以見其用，却不妨。"

一問：上智下愚如何不可移？先生曰："不是不可移，只是不肯移。"

一問："子夏門人問交"章，先生曰："子夏是言小子之交，子張是言成人之交，若善用之，亦俱是。"

此外先生所問見於陸元静所録者，又有一條云："問孟子之不動心與告子異？"先生曰："告子是硬把捉着此心要他不動。孟子却是集義到自然不動。"又曰："心之本體原自不動。心之本體即是性，性即是理。性元不動，理元不動，集義是復其心之本體。"（《陽明全書》一）

介鄉人余善及陽明之門。

善字崇一，號土齋，潮陽人，從白沙游，操履端確。正德戊寅（1518）應貢北上，遇先生於南監，因入見陽明。（《全書》十一《余土齋傳》）

十四年己卯（1519）　三十四歲。

夏，仍在玉山，楊驥來共論學。

初，驥偕先生歸自贛，發明合一之旨，鋭浣舊習，直培本根，以聖人爲必可師，萬物皆吾一體，一時士友翕然興起。己卯，復往卒業，值洪都之變，冗攘不復追侍，適先生省親懷玉，同處庠舍，砥礪日進。（《全書》十一《楊毅齋傳》）

按：宸濠之亂在六月，據傳則夏間先生尚在玉山也。

先生北歸。（《全書》十九《鄉約序》）

按：《行狀》云："先生親師取友，凡六年始歸。先生師事陽明，在甲戌之歲，至是恰六年。"

議行鄉約。

初，陽明於戊寅十月倡舉鄉約。（《陽明年譜》一）先生北歸，鄉族有久訟者，爲解息之，告以行約之意，約爲十事，呈府給照。（《全書》十九《鄉約序》）立齒德者數人爲約長約正，勸善懲惡，鄉閭化之。（《行狀》）

兄俊聘典雲南考官。（《薛譜家傳》）

十五年庚辰（1520）　三十五歲。

先生居鄉，與楊氏兄弟講學金山之麓。

按《全書·陳海涯傳》云："中離歸自虔，始聞精一之旨，毅齋邀處北山精舍，三年乃豁然。"薛雍《金山讀書記》云："潮廓有金山，玉華書院在焉。有精舍、有玉華堂、有北山書屋。”據楊鸞《玉林記》，楊氏有舊廬在金山下。而楊氏昆季三人，長鳳號北山（見薛侃《三賢墓志》），所謂北山書屋，其楊氏之居歟？光緒《海陽縣志·古迹》：玉華書院在金山，明天順中知府陳瑄建，延邑人陳明德講學於此。

結齋於梅林（即梅林湖）。

率群子姓而教之曰：德業進則舉業精。三年間，游其門者日益衆，大叩則大鳴，小叩則小鳴，淬滌瑕垢，而甄陶乎德業，津津如也。（《行狀》）

友人楊驥卒，是春驥以疾馳歸，病革猶講學弗輟，拱手正衾而逝。（《全書·楊毅齋傳》）年三十七。（《三賢墓志銘》）

陽明有《奠楊士德文》云：“嗚呼！士德之資，精一之志，篤信往勇，真足以任重致遠，亦既有聞矣。忽中道而奪之，天也，吾誰歸咎乎！士德素多病，得去冬懷玉書云：‘扶病還潮。’謂亦常耳。秋初，士鳴過贛，凶變適傳，且疑且愕，謂爲不信。既而尚謙報至，而果然矣。嗚乎痛哉！其之不幸，往歲曰仁之慟，吾已不忍其烈；今復慟吾士德，其何以堪之。昔尚謙爲吾言，潮有二鳳，蓋指士德昆季也。後皆相繼爲吾得，自以爲斯文之瑞，而今失其一矣，嗚呼傷哉！士鳴歸，聊附一奠，痛哉士德，今日已矣，復何言！復何言！（見《饒平縣志》二十藝文。原書誤作奠少默，《陽明全書》缺。）

驥弟鸞下第，見陽明，聞兄訃，遂南歸。（《全集·復齋傳》）

十六年辛巳（1521）　三十六歲。

先生還京（何維柏撰《傳》），授行人司行人。（《禮部議謚策》，《薛氏族譜》同）

按《明史》本傳云：“世宗立，授行人。”是年陽明有《與士鳴楊鸞書》云："差人來，知令兄已於去冬安厝，墓有宿草矣，無由一哭，傷哉！所委志銘，既病且冗，須朋友中相知深者一爲之，始能有發耳。喻及'日用講求功夫，只是各依自家良知所及，自去其障，擴充以盡其本體，不可遷就氣習以趨時好'。幸甚幸甚！果如是，方是致知格物，方是明善誠身。果如是，德安得而不日新！業安得而不富有！謂'每日自檢，未有終日罕成片段'者，亦只是致知工夫間斷。夫仁，亦在乎熟之而已。又云：'以此磨勘先輩文字同異，工夫不合，常生疑慮。'又何爲其然哉？區區所謂致知二字，乃是孔門正法眼藏，於此見得真的，直是建諸天地而不悖，質諸鬼神而無疑，考諸三王而不謬，百世以俟聖人而不惑！知此者，方謂之知道，得此者，方謂之有德。異此而學，即謂之異端；離此而説，即謂之邪説；迷此而行，即謂之冥行。雖千魔萬怪，眩瞀變幻於前，自當觸之而碎，迎之而解，如太陽一出，而鬼魅魍魎自無所逃其形矣。尚何疑慮之有，而何異同之足惑乎！所謂'此學如立在空中，四面無倚靠，萬事不容染著。色色信他本來，不容一毫增減。若涉些安排，着些意思，使不是合一功夫'。雖言苟時有未瑩，亦是士鳴見得處，足可喜矣。但須切實用力，始不落空。若只如此説，未免亦是議擬仿象，已後只做得一個弄精魄的漢，雖與近世格物者症候稍有不同，其爲病痛，一而已矣。詩文之習，儒者雖亦不廢，孔子所謂'有德者必有言'也。若着意安排組織，未有不起於勝心者，先輩號爲有志斯道，而亦復如是，亦只是習心未除耳。士鳴既知致知之説，此等處自當一勘而破，瞞他些子不得也。（《陽明全書》五）

冬，過越，聚同門於會稽書院，講學數月。（《行狀》）據《陽明年譜》陽明於是年八月至越。

世宗嘉靖元年壬午（1522）　三十七歲。

在京師。（王漸逵撰《墓志》）

弟僑以《尚書》登是科第六名。姪宗鎧亦於是年領鄉薦。（《薛氏族譜》）

兄俊聘典湖廣。（《薛譜家傳》）

二年癸未（1523）　三十八歲。

春，先生在越。時陽明丁外艱在越，先生與同門鄒守益、黃宗明、馬明衡、王艮等侍講，爲講"鄉愿"一章。（《陽明年譜》）

請問鄉愿狂者之辯。曰："鄉愿以忠信廉潔見取於君子，以同流合污無忤於小人，故非之無舉，刺之無刺。然究其心，乃知忠信廉潔所以媚君子也，同流合污所以媚小人也。其心已破壞矣，故不可與入堯舜之道。狂者志存古人，一切紛囂俗染，舉不足以累其心，真有鳳凰翔於千仞之意，一克念即聖人矣。惟不克念，故闊略事情，而行常不掩。惟其不掩，故心尚未壞而庶可舉裁。"曰："鄉愿何以斷其媚世？"曰："自其譏狂狷而知之，狂狷不與俗諧，而謂生斯世也，爲斯世也，善斯可矣，此鄉愿志也。故其所爲，皆色取不疑，所以謂之'似'。三代以下，士之取盛名於時者，不過得鄉愿之似而已。然究其忠信廉潔，或未免致疑於妻子也。雖欲純乎鄉愿亦未易得，而况聖人之道乎？"曰："狂狷孔子所思，然至於傳道，終不及琴張輩而傳曾子，豈曾子亦狷者之流乎？"先生曰："不然，琴張輩狂者之稟也，雖有所得，終止於狂。曾子中行之稟也，故能悟入聖人之道。"（《陽明全書》三十五）陽明又有《與黃宗賢書》曰："近與尚謙、子莘、宗明講《孟子》'鄉愿狂狷'一章，頗覺有所警發，相見時須更一論如何？四方朋友來去無定，中間不無切磋砥礪之益，但真有力量能擔荷得者，亦自少見。大抵近世學者無有必爲聖人之志。聞引接同志孜孜不怠，甚善！善善！但論議之際，必須謙

虚簡明爲佳，若自處過任而詞意重複，却恐無益有損。”(《陽明全書》五)

陽明又與先生書論輕傲及士鳴、海涯事云：“承喻‘自咎罪戾，只緣輕傲二字累倒’。只知用力懇切。但知得輕傲處，便是良知；致此良知，除却輕傲，便是格物。致知二字，是千古聖學之秘，向在虔時終日論此，同志中尚多有未徹。近於古本序中改數語，頗發此意，然見者往往亦不能察。今寄一紙，幸熟味！此是孔門正法眼藏，從前儒者多不曾悟到，故其説卒入於支離。士鳴過虔殆常與細説，不審間中曾論及否？諭及甘泉論士德處，殆一時竟有所向而云，抑亦未見其止之嘆耳。士德之學，未敢便以爲至，即其信道之篤，臨死不貳，眼前曾有幾人！所云‘心心相持，如髡如鉗’，正恐同輩中亦未見有能如此者也。書來，謂士鳴、海涯大進此學，近得數友皆有根力，處久當能發揮。幸甚！聞之喜而不寐也。海涯爲誰氏？便中寄知之。”(《陽明全書》五)

陽明又有《與楊鸞書》二通：“别後極想念，向得尚謙書，知士鳴工夫日有所進，殊慰所期。大抵吾黨既知學問頭腦，已不慮無下手處，只恐客氣爲患，不肯實致其良知耳。後進中如柯生輩，亦頗有力量可進，只是客氣爲害亦不小。行時嘗與痛説一番，不知近來頗能克去否？書至，來相見，出此共勉之。前輩之於後進，無不欲其入於善，則其規切砥礪之間，亦容有直情過當者，却恐後學未易承當得起。既不我德，反以我爲仇者，有矣。往往無益而損，故莫若且就其力量之所可及者，誘掖獎勸之。往時亦嘗與士鳴論及此，想能不忘也。”“前者是備録區區之語，或未盡區區之心，此册乃直述士鳴所得，反不失區區之見，可見學貴乎自得也。古人謂‘得意忘言’，學苟自得，何以言爲乎？若欲有所記札以爲日後印證之資，則直以己意之所得者書之而已，不必一一拘其言辭，反有所不達也。中間詞語，時有未瑩，

病中不暇細爲檢點。”（上俱見《陽明全書》五）

兄俊升國子監博士。（《薛氏族譜》、《全書·薛靖軒傳》）

弟僑及姪宗鎧聯登是科姚淶榜進士。（《潮州府志》《海陽縣志·選舉表》）

僑改國子監助教，繼升工部主事。宗鎧授貴溪令。（《薛氏族譜》）

三年甲申（1524）　三十九歲。

先生歸養。奉使湖廣，掌行遼恭王祀禮。事竣，便道入潮。（《薛譜家傳》及《行狀》）母曾太夫人卒。

七月二十二日，兄俊卒，年五十一。（《薛氏族譜》）俊病，聞母喪，葷漿不入口。奔走貴溪、宗鎧官邸而卒。（《全書·靖軒傳》）葬海陽東廂都九郎山。

陽明有《祭文》云：“嗚呼！良知之學不明於天下，幾百年矣。世之學者，蔽於見聞習染，莫知天理之在吾心，而無假於外也。皆捨近求遠，捨易求難，紛紜交騖，以私智相高，客氣相競，日陷於禽獸夷狄而不知。間有獨覺其非而略知反求其本源者，則又群相詬笑，斥爲異學。嗚呼，可哀也已！蓋自十餘年來，而海内同志之士稍知講求於此，則亦如晨星之落落，乍明乍滅，未見其能光大也。潮陽在南海之濱，聞其間亦有特然知向之士，而未及與見。間有來相見者，則又去來無常。自君之弟尚謙始從予於留都，朝夕相與者三年，歸以所聞於予者語君，君欣然樂聽不厭，至忘寢食，脱然棄其舊業如敝屣。君素篤學高行，爲鄉邦子弟所宗依，尚謙自幼受業焉。至是聞尚謙之言，遂不自知己之爲兄，尚謙之爲弟，己之嘗爲尚謙師，而尚謙之嘗師於己也。盡使其群子弟姪來學於予，而君亦躬枉辱焉，非天下之大勇，能自勝其有我之私而果於徙義者，孰能與於此哉！自是其邑之士，若楊氏兄弟與諸後進之來者，源源以十數。海内同志之盛，莫有先於潮陽者，則實君之昆弟之爲介也。其有功於斯道，豈小小哉！方將因籍毗賴，以共明此學，而君忽逝矣，其爲同志之痛，何可言哉！雖然，君於斯道亦既有聞，則夕死無憾矣，其又奚悲乎？吾之所爲長號涕洟而不能自已者，爲吾道之失助焉耳。天也，可如何哉！相望千里，靡由走哭，因風寄哀，言有盡而意無窮。嗚呼，哀哉！”(《陽明全書》二十五)

服闋，結茅中離山，以正學接引，潮士爲之一變。(《薛譜家傳》)

黄佐《中離山記》云：“中離山之名，古未有也。其得名於時，則自中離先生始。蓋天壤間物無常主，時焉而已矣，時至則名因主而始彰。是故濂溪之得名以周濂溪主之，象山之得名，以陸象山主之，倡時道學，照映今古。由今視昔，離山之得名，非以薛中離爲之主乎？故曰：天地間物無常主，時焉而已矣，時至則名因主而始彰。且中離之説，昉於誰乎？余嘗讀《易》至離卦，而知中離之義矣。夫中離一中虛而外實，體柔而用剛。故《易》於離卦曰：‘離，利貞亨。’《彖》曰：‘離，麗也，日月麗乎天，百穀草木麗乎土，重明以麗乎正，乃化成天下。’《象》曰：‘明兩作離，大人以繼明照乎四方。’而程傳以爲陰麗於上下之陽，取其中虛則爲明義。朱子《本義》曰：‘陰麗於陽，其象爲火，體陰而用陽也。’中離山之義，蓋本諸此。夫麗易至於不正，麗而正焉，則教澤之在離山，見於當時，垂於後世，與‘重明以麗乎正，乃化天下’、‘大人以繼明照乎四方’者何異哉？聚處四方生徒，講明正學於時，竹居子築東山之岩曰一真岩，東泓子築石門之麓曰大中岩，三山并聳，中通外直，有似於離，遂名曰‘中離山’。迹其形勝，登山則有迎仙橋、步云階之異，入門則有中離洞、會講堂之奇。以觀天文，雲中層、偃月窩可觀也；以察地理，觀海亭、望陸壇可賞也。至於酌清泉以自潔，則活水流觴之亭建焉；茂對時以育物，則蓮塘釣磯之台築焉。他如岩前岩後，奇峰聳秀，則有聯句十八景寓焉。此蓋離山之大觀也。余叨年誼，受中離先生教益不淺。今中離往矣，乃弟竹居命中離仲子宗釜來謁請記。余嘗思之，中離學有淵源，師靖軒，宗陽明，以忠信不欺爲主本，以良知良能爲實學，其有得於孔孟正傳之深者乎！蓋其學本至誠，未有誠而不動者。當時名宦若季彭山、劉晴川諸君，日詣離山，互相講論；鄉士大夫若黄子國卿、成子子學、郭子維藩、林子光祖、楊子日贊、楊子惟執，處士若陳明德、鄭萬化，罔不離山是游，景行行止。而士之以文學顯、以德行稱者，彬彬多出其門；中離子孫，亦皆心學相傳、科第流芳，方興而未艾也。雖然，方今道學大朗，人心復古，中離一倡群和，皆有志於聖賢之學，而獨能窮其秘。此所以擢巍科，擅芳譽，而名重於天下。回視濂溪，象山，至今耿耿不磨，殆異世而同符矣。余得離山形勢之奇，而又感於一時相與倡明道學之盛，故特詳爲之説，以傳不朽焉。”（《揭陽縣志》）

陽明去越，闢稽山書院。先生姪宗鎧及楊鸞、黄夢星皆來學。

《陽明年譜》云：“闢稽山書院，聚八邑彦士，身率講習以督之。於是……楊士鳴、薛宗鎧、黄夢星等來自廣東，王艮、孟源、周冲等來自直隸，何泰、黄弘綱等來自南贛，劉邦采、劉文敏等來自安福，魏良政、魏良器等來自新建，曾忭來自泰和，宫刹卑隘，至不能容，蓋環坐在聽者三百餘人。先生臨之，只發《大學》萬物同體之旨，使人各求本性，致極良知以止於至善。”（《陽明全書》三十四）

按《復齋傳》云：“庚辰下第見陽明先生，遂領大意，得毅齋訃南歸。……率徒百餘師事海涯於玉林，磨切汲引。……丙戌，上春官。”不載甲申從陽明於越事。

陽明《書黄夢星卷》云：“潮有處士黄翁保號坦夫者，其子夢星來越從予學。越去潮數千里，夢星居數月，輒一告歸省其父；去二三月輒復來。如是者屢屢。夢星質性温然，善人也，而甚孝。然稟氣弱，若不任於勞者。”（《陽明全書》八）

鄉人林文亦來從學陽明。

文字載道，號希齋，揭陽人。曾掌教西安，頗能以身率物。時陽明先生居越，往來侍講，學日益明。（《全書·林希齋傳》）

四年乙酉（1525）　四十歲。

講學中離山。日與士友講習不輟。四省同志聞風遠來，至不能容，各自架屋以居，會文考德，興發益多。（《行狀》）先生《離山書院鐘銘》云：“晨昏二十四敲鐘，聲徹前峰并後峰。試問岩前諸學士，已聞嘗與未聞同？”（順治《潮州府志》）

鄉士大夫黄國卿、成子學、郭維藩、林光祖、楊日贊、楊惟執，與陳明德、鄭國化皆時來講論。（詳上黄佐《中離山記》）

五年丙戌（1526）　四十一歲。

闢中離洞。今中離洞三大字猶存。署款“皇明嘉靖五年進士薛侃書”。洞位於梅林湖西石牛頭山對面之虎肚地。

山中有十八景之勝。季本有詩云：

覽遍離山好洞天，杖藜到處盡云烟。中離此日藏修地，應作人間勝迹傳。（藏修地）

九華三島客來頻，洞口云氈作主人。論藥談仫酬酢處，薜痕苔色共車巾。（迎仙橋）

上上云階步步平，云階百尺接壺天。登云且作栖云客，入洞

還爲出洞仙。（登云階）

二實中涵一太虛，乾坤萬古自如如。取將各洞緣天造，謂有真人向里居。（中離洞）

一石兩石聳云烟，千山萬山匝洞天。風月半簾懸太古，圖書滿榻對先賢。（石壁岩）

白雲堆裏一楹存，兩竇虚明日月奔。萬壑千峰渾脚底，考槃獨寤世稀倫。（雲中屋）

萬古乾坤此月明，人間何許夜迷人。窩中終日蟾光照，誰識窩中不夜春。（偃月窩）

滈渺連天自有津，日知多少往來人。在山亭子當潮立，直看滄溟欲變塵。（觀海亭）

中離洞裏中離老，仰離台上仰離人。瞻依已遂依歸願，携瑟應同舍瑟春。（仰離台）

泗水涓涓一脉流，向來寒閼幾經秋。如今浚出源頭活，任派乾坤萬古流。（活水亭）

一泓疑是古蟠溪，水色天光浸石磯。月作鈎兒蘿作綫，垂竿意不在夫魚。（釣魚磯）

龍卧離山睡欲吟，石床天巧跨松陰。他年若際風云會，起作蒼生四海霖。（龍睡岩）

石井峰頭八面飛，擎天石下見柴扉。書簽藥裹披霜磴，碧草瓊花映翠微。（後岩）

疊石東巒敞石砑，琴書一榻自仙家。鶴翻老乾窺晴曙，花放幽香簇曉霞。（東岩）

丹崖翠壁聳岩扉，荒草疏楓映夕暉。久住高人忘水石，相將鹿豕日同歸。（西岩）

白云飛我北伭天，中有談伭不世人。住久渾亡寒與暑，四時

風月四時春。（北伭岩）

一徑千峰透白云，往來都是卧云人。埜夫亦欲穿云去，一掬收回六合春。（連云徑）

三石分明品字函，上奇下偶自天緘。中開玉洞迎仙侶，此是離山第一岩。（疊石岩）

（上俱見《揭陽縣志》）

先生同門友季本，以御史摘揭陽主簿，時相過從。（《行狀》）

季本字明德，浙江會稽人。正德辛未（1511）進士，授建寧府推官，擢河南道監察御史。以言事謫揭陽主簿，官至長沙知府，學者稱彭山先生。（《揭陽縣志》五）

先生言於知府王袍，重修南陽。（《海陽縣志·建置略》）又越冬，先生撰《修堤記》。

《記》略云：潮治東南夾溪爲堤，一遇崩潰，巨浸百里。自侍御楊璵請以廣濟橋鹽課易石爲固，府主談公（倫）克襄其事。嘉靖丙戌（1526），府主王公歸自述職，鄉達鄭玉之暨予以告公曰："此予責也。"遂率民修之，益崇三尺，廣一丈。是年颶風發，水陵舊堤三尺，其不没者僅一尺耳。越冬，會節推李公重修，益石崇其險。（《耆舊集》五）

按：王袍字子章，浙江山陰人。南堤起潮城南門越角，至庵埠許隴涵澄海界止，計長八千四百五十一丈，袤七十餘里。

•

友人楊鸞上春官，卒於南雍（《全書·楊復齋傳》）甘泉之邸，年三十五。（《三賢墓志》）十二月十四日，營葬於雙溪山左。遷北山墓於上，毅齋前安浮山黄田埔，乃葬其衣冠於右。稱曰三賢之墓，先生爲之銘。（《全書·三賢墓志》）

陽明有《祭少默文》云："嗚呼士鳴！吾見其進也，而遽見其止耶！往年士德之歿，吾已謂天道之無知矣，今而士鳴又相繼以逝，吾安所歸咎乎？嗚呼痛哉！忠信明睿之資，一郡一邑之中不能一二見，而顧萃於一家之兄弟，又皆與聞斯道，以承千載之絶學，此豈出於偶然者！固宜使之得志大行，發聖學之光輝，翼斯文於悠遠。而乃栽培長養，則若彼其艱；而傾覆摧折，又如此其易！其果出於偶然，倏聚倏散，而天亦略無主宰於其間耶？嗚呼痛哉！潮郡在南海之涯，一郡耳。一郡之中，有薛氏之兄弟子姪，既足盛矣，而又有士鳴之昆季，其餘聰明特達毅然任道之器，後先頡頏而起者以數十，其山川靈秀之氣，殆不能若是其淑且厚，則亦宜有盈虚消息於其間矣乎？士鳴兄弟雖皆中道而逝，然今海内善類，孰不知南海之濱有楊士德、楊士鳴者爲成德之士，如祥麟瑞鳳，争一睹之爲快；因而向風興起者比比，則士鳴昆季之生，其潛啓默相以有績於斯道，豈其微哉？彼黄馘槁艷，與草木同腐者，又何可勝數！求如士鳴昆季一日之生以死，又安可得乎？嗚呼！道無生死，無去來，士鳴則既聞道矣，其生也奚以喜？其死也奚以悲？獨吾黨之失助而未及見斯道之大行也，則吾亦安能以無一慟乎！嗚呼痛哉！”（《陽明全書》二十五）

湛甘泉有《祭少默文》云：“於乎士鳴，而至於是耶！而止於是耶！孰主張是耶？今學者患無受道之器；有其器矣，患無必爲之志；有其器有其志矣，所貴遵道而不貳；有器有志而不貳矣，彼重任道遠者，必天假之遐齡，而遠乃可致；若夫不遵道而貳，致遠而泥，假之遐齡，彼蒼蒼者將何意耶？於乎！昔者子也與仲驥也，承命伯氏，千里而來，同負笈笥，及再見於荷塘之廬；聯舉秋試，慨然聖學之并詣，豈非後生可畏耶？士德北游，子居予樵之屺，講合一之學於勿忘勿助之際。士德乃來，予有砭劑。予顧謂子，爾轍勿異，是以有支離之説、易途之誡也。於乎！昔在夫子之門，稱好學者顔氏之子，終日而愚，獨以默識。故曰萬言萬中，不如一默。於乎！爾舊字少默，宜默不默，而乃以鳴易爾字耶？多言傷氣，氣以動志，行往以談以歌，徹夜不寐。不寐固勵志也，以能養其身，將指爲禍生之戒，夫然後知勿忘勿助者，絶無絲毫人力，乃爲學之至也。於乎！海内同志者無幾，得爾兄弟，又五六年相逐而逝，此夫子所以慟喪予之慨，豈天果無意於斯文也耶？豈天無意於斯文也耶？（《饒平縣志》）

友人翁萬達、陳思謙同登是科龔用卿榜進士。（《潮州府志·選舉表》）

六年丁亥（1527）　四十二歲。

秋告季本重建龍頭橋。（《全書》十一）

橋爲宣德壬子（1432）僧惠慶修，弘治間僅存其半。先生告主簿季本重修，并爲記云。計費三百二十有奇，肇功嘉靖六年（1527）秋，期年告成。（《全書·重建龍頭橋記》）

冬，開中離溪，有《記》。

《開溪記略》云："潮有二水，自西北來，東曰洲溪，西曰西溪，東南繞郡治之南。二水回流，相錯弗通僅十里，或爲渠爲池，旱乾水溢，農者弗便也；其地出橘柚諸果，販鬻以脚，商者弗便也；人家一瓦一木，動費資運，居者弗便也；舟楫轉海而後達，風濤寇賊，民之死者無虚歲，行者弗便也。嘉靖丁亥冬，予過其處，察其可浚而通也，以告府主王公子章。公命經衛凃子相之，具以事覆。公曰：'事則爾矣，地理若何？'曰：'其鄉之言云：浚之風水且有益。是故水上不産溪物，是歲則産焉，地氣兆矣。'曰：'地兆則事基矣。天時若何？'曰：'東南無經歲之旱，自秋徂春，溝渠皆涸，工易爲力，天時應矣。'曰：'天應則事協矣。人力若何？’曰：‘古之興事者必云從衆，然亦有寡而弗願者矣，今則異是，是故人力齊矣。’曰：‘人齊則事集矣。’遂依里甲分佈，東莆鑿田百四十丈，浚渠百丈，造橋四所；上莆鑿田百二十，浚渠二百五十丈，水派百八十丈；龍溪浚池百尺，修溪三百丈，修橋七所；桃山浚渠二百六十丈，修橋四所；地美鑿田四十丈，修溪百丈，橋一所；登云修溪四百丈，修橋三所。佈訖，赴功如歸市，梅岡以後至，輸工值弗受，以築修堤石亭。計鑿田一十餘畝，壓田二十餘畝，應償時金百兩；窪田受益者償之，計田二頃餘畝，畝出時金二錢；里之益尤者償之，東莆五十里，米千餘石，出時金四分。其新塞者弗償，浚渠衡不畝者弗償，出納有籍有稽。噫！是舉予與凃子洎林子孚中，焦思涉泥，肇功正月二十四日，越三月哉生魄工畢。放舟試之，是夕乃雨。民喜，呼其溪曰中離溪，呼其橋曰凃公橋。（《全書》十一）

按：桑浦山華岩前爲宗山書院，中離溪在其前。溪上有二石亭，一鎸《中離開溪記》，一鎸林熙春《續浚中離溪記》，兩碑今俱存。

是時又建通濟橋，并修砌橋路三十餘所。（《行狀》）

《薛氏族譜》載先生遺鄉功績十一事，兹列於下：

一、 浚海陽縣上莆等都溪三十餘里，上通潮城揭陽，下通鮀江鰐浦等都，商民舟楫，往來由裏河，免航海劫溺之患。

二、 造中離橋路大小共一十五所，鄉民往來與耕田，牛畜利便。

三、 設龍溪都里社祭壇引道三條，并石亭二柱，社廟一座，門樓一間。舍圍一十二畝，帶租銀二兩六錢，坐落蓬州都士名蜆港等處。

四、 舍園一十五畝，帶租銀三兩二錢，坐落海陽縣南桂都土名磨枋洲等處。

五、 架龍溪都鄉約所二處，與鄉都會約行約便利。

六、 造龍溪都通濟橋九明，上通潮城，下達蓬州所潮陽縣等處。

七、 造桃山都登崗橋五門，上通府城，下達潮陽惠來等縣。

八、 造地美都龍頭橋七門，上通揭陽縣，下達龍溪蓬州等都。

九、 修地美都雞籠山徑路一十餘里，與民便利。

十、 造龍溪都庵頭橋三門，并修石路至海陽縣上莆等都二十餘里，與民便利。

十一、 築許隴子堤，并砌磯頭三座，禦鹹潮育淡水，海、揭二縣溉田苗利便。

姪宗鎧起補將樂令，調建陽。(《薛譜家傳》)

陽明南征來粵。時受命三廣，征討蠻夷，過其鄉。先生起覆曰："志存天下，毋專美於一方也。"(《行狀》)

按：《陽明年譜》陽明十月至南昌，十一月至肇慶，不經潮州也。

七年戊子(1528)　四十三歲。

先生入京師(《薛氏族譜》及《行狀》)，起故官。(《明史》本傳)

初，季本推行鄉約，以先生所定十事酌爲三十四條，普行一邑。(《鄉約序》)并上呈陽明。陽明批委潮州府通判張繼芳，歷屬縣督令各縣勤習。(《陽明全書》十八《批揭陽縣主簿季本鄉約呈》)

按：潮有鄉約，始宣德間知府王源時曾舉行。府治明時西湖山猶有舊約全址。

先生有《慶彭山季子治成奬異序》。（見《全書》八）
弟僑典試順天，於落卷中拔馬一龍爲解元，卒成名臣。轉武選司郎中。
是歲陽明在梧州，六月，興南寧學校。

《陽明年譜》三云：“日與各學師生朝夕開講，已覺漸有奮發之志。又恐窮鄉僻邑，不能身至其地，委原任監察御史降合浦縣丞陳逅主教靈山諸縣，原任監察御史降揭陽縣主簿季本主教敷文書院。”按據此季本於是年六月已離揭陽任。

吴繼喬來梧州從學陽明。（順治《潮州府志》）

繼喬字世達，號之溪，揭陽梅岡人。嘉靖戊子（1528）舉人，聞陽明講蒼梧，往從之游。（《揭陽縣志》本傳）

陳明德見陽明先生於羊城。（《陳海涯傳》）

按《陽明年譜》三：七月，破斷藤峽。十月，祀增城先廟。十一月二十五日逾梅嶺。是其來羊城，應在十月十一月間。

冬十一月乙卯，陽明先生卒於南安。（《陽明年譜》三）先生聞陽明訃，爲於興隆寺，率僑與四方同志歐陽南野、魏水洲輩數十人朝夕哭焉。（《行狀》）

八年己丑（1529）　四十四歲。
二月庚午陽明喪至越。（《陽明年譜》）
秋，先生求使山東，趨王宅。時先生欲棄職奔迎。或曰：即選言官，且少俟。先生弗聽。方西樵（獻夫）時爲冢宰，勸曰：重望輿論攸屬，亦不聽。求使山東，公事暇，趨王氏家，事無大小，咸爲經理。（《行狀》）
有與諸同門輪年爲陽明撫孤題單。（《陽明全書》三十八）

《撫孤題單》云：“先師陽明先生同祖兄弟五人：伯父之子曰守義、守智，叔父之子曰守禮、守信、守恭。同父兄弟四人：

長爲先師，次守儉、守文、守章。先師年逾四十，未有嗣子，擇守信第五男正憲爲嗣，撫育婚娶。嘉靖丙戌，生子正聰，明年奉命之廣，身入瘴鄉，削平反亂，遂嬰奇疾，卒於江西之南安。凡百家務，維預處分，而家衆欺正聰年幼，不知遵守。吾儕自千里會葬，痛思先師平生憂君體國，拳拳與人爲善之心，今日之事，宜以保孤安寡爲先。區區田業，非其所重。若後人不體，見小失大，甚非所以承先志也。乃稟太夫人及宗族同門戚里，僉事汪克章、太守朱衮，酌之情禮，參以律令，恤遺孤以弘本，嚴内外以別嫌，分爨食以防微，一應所有，會衆分析，具有成議。日後倘復恩典承襲，亦有成法。正聰年幼，家事立親人管理，每年輪取同志二人，兼同扶助，諸叔姪不得參撓。爲兄者務以總家愛弟爲心，以副恩育付托之重；爲弟者務以嗣宗愛兄爲心，以盡繼志述事之美；爲旁親者亦願公心扶植孤寡，以爲家門之光。則先師在天之靈，庶乎其少慰矣。倘有疏虞，執此聞官。輪年之友，亦具報四方同門，咸爲轉達。明有憲典，幽有師靈，尚冀不爽。所有條宜，開是於後。”（《陽明全書》三十八）

九月登泰山。

《游泰山記》云：“是秋使魯，適叔謙張兄寓平原，乃申舊約。九月乙卯，偕楊生世禄十人自魯至，步謙偕馬生珪十人自平原至。……及登，雨雪濛濛尋丈。……”（《全書》十一）

又登嶧山。

有《記》示諸生云：“扶輿之秀，自昆侖而東爲岱，而南爲嶧，二山之間，一鐘爲吾夫子，再鐘爲顔、曾，再鐘爲思、孟，皆爲萬世師。故岱曰岱宗，嶧曰絡繹，已兆名山之始矣；然則二山者，吾聖賢根本之地，當時游衍授受之所也。今岱祀有典，嶧爲琳宫梵宇所據，使登臨之士，追懷景止之心亦微矣。余使魯來游，見斯岩通明中正，猶數楹之厦，命曰大通岩。謀諸守土，塑夫子小像於中，四子侍焉，俾游者禮其容，思履其道，是亦世教之一助也。謀既集，或疑而問曰：‘學無方，其以游與？’曰：‘游者，學之方也。子不聞與點之意乎？’曰：‘游無方，其以山與？’曰：‘山者，游之方也。子弗聞仁智之語乎？’未達，復諗之曰：‘天得以一清，地得一以寧，人得一以靈，物得一以生。故一者其本體也，無弗同也，學問之道，復其本體而已矣。然山水無私，而人物有情，有情者變，無私者存；是故登其山，本體形焉。清者感之曠其情，渾者感之滌其慮，鬱者感之散其懷，蔽者感之豁其意，忙者感之息而懌，閒者感之静而益幽。’或悟而起曰：‘有是哉！游之益也，然則亦有損乎？’曰：‘有。曠其情而無主，其失則忘；滌其慮而無主，其失則蕩；散其懷而無主，其失則逐；豁其意而無主，其失則流；息而懌而無主，其失則驕；静而以幽而無主，其失則僻。忘焉驕焉僻焉，離物者也；蕩焉逐焉流焉，着物者也。着物也者，俗之謂也；離物也者，禪之謂也。匪禪匪俗，其聖賢之道乎！其聖賢之學乎！傳曰：‘上下與天地同流。’又曰：‘充之便是堯舜氣象。’此之謂也。”（《全書》十一）

過兖州，謁孔孟家廟。會諸士於大通岩，刻杏檀講授之議於石，以記其盛。（《行狀》有《重修兖州儒學記》）

文略云：“兖州，吾夫子之鄉也。士生千載之下，猶思同堂共席，慰傾慕之懷，而况於其地者乎？仕於四方，雖遠在荒服，則亦俎豆周旋，凜乎如在，而况仕於其地者乎？然則生斯地者必求其道而學焉，斯無愧夫子之鄉人也；仕斯地者亦必求夫子之道而行之，以迪是邦之人，然後爲能以其出夫子者而反事夫子也。

永新劉君子正，自守是邦，刑清訟理，既樓其城，壯其郡治，公宇之外，焕然改觀。則曰：‘斯夫子之區域也，而政弗在是也。’乃輕其傜，平其賦，益和輯其民。既而曰：‘斯政也，而學弗在是也。’乃修殿廡，修明倫堂、尊經閣，新欞星門，新齋堂一十二楹，號舍三十楹，又闢地爲門爲射圃，黌宫之内，焕然改觀。則曰：‘斯學也，而夫子之道弗在是也。’方迪諸多士而進諸道，侃適有事於魯，從而質之曰：‘道有異於學乎？’曰：‘無必異也。而今之學則異乎道矣，居庠序者知訓詁則謂之學，能文章則謂之學，博聞强記則謂之學，外身心而騖聲利，得則盈焉，失則餒焉，夫子之道，寧若是耶？然則學有異於政乎？’曰：‘無以異也。而今之政則異乎學矣：法制以驅於民，簿書以成其務，責人之善不必其己勉，夫子之政，寧若是耶？是故道一而已，一則貫，貫則一。一者何？無欲也，無欲則静虚而動直。静虚則明，明則通，王道之本，學之體也。動直則公，公則溥，天德之發，學之用也。此精一之傳，聖門之宗要也。豈不易簡，豈爲難知？人病弗爲耳。世學不明，捨心而求之外，是故知、行二矣，人、己二矣！知、行二，宜其有外道以爲學者，入於記誦、辭章而弗反矣；人、己二，宜其有外學以從政者，流於刑名、功利、術數而弗知矣。間有知之，而弗反之者，則又非拘滯於儀容格式之粗，則泛濫於玄虚空寂之謬，是皆不知一即貫也，貫即一也。貫而弗一，其動雖直，是義襲也，是多學而識也，忘其體者也。一而弗貫，其静雖虚，是遺物也，是以己性爲有外也，廢其用者也。然則欲明夫子之道，亦惟一貫而已矣，欲爲一貫之學，亦惟無欲而已矣。’諸士聞之，亦幸生於夫子之鄉，而以獲修其道是慶。侃歸，訓道陳子煒輩，與合庠之士，德劉君之惠，徵言爲之記，予喜明夫子之道自吾夫子之鄉始，故不辭而爲之記。”（《全

書》十一）

十一月至越城，奠陽明先生。仲冬癸卯，陽明先生窆於越城南三十里高村，會葬者數千人，先生與弟僑、姪宗鎧及同鄉主事翁萬達，各就位哭奠。（《陽明全書》三十七）

有與翁萬達合《祭陽明先生文》云："嗚呼！世有一長一善，皆足以自章明。而吾夫子學繼往聖，功在生民，顧不能安於有位，以大其與人爲善之心；豈非淺近易知而精微難悟，劣己者容而勝己者難爲讓耶？且自精一之傳歧而爲二，學者淪無滯有，見小遺大，茫無所入。吾夫子發明良知之説，真切簡易，廣大悉備。漫汗者疑其約，而不知隨遇功成，無施不可，非枯寂也。拘曲者疑其泛，而不知方員無滯，動出規矩，非率略也。襲古者疑其背經，考之孔孟，質諸周程，蓋無一字一意之弗合。尚同者疑其立異，然即乎人情，通乎物理，未嘗有一事一言之或迂。是大有功於世教聖門之宗旨也。蓋其求之者也備嘗艱難，故其得之也，資之深若淵泉之莫測，應之妙若鬼神之不可知，教之有序，若時雨之施，弗先弗後；而言之易入，若春風煦物，一沾一長。其平居收斂，若山林之叟，了無聞識；其發大論，臨大難，斷大事，則沛然若河海之傾，確然若蓍龜之信而莫知其以也。世之議夫子者，非晏嬰之知，則彭更之疑；非互鄉之惑，則子路之不悦；非沮溺荷蕢之譏，則武淑、淳于髡之詆；用是紛紜，非夫子之不幸，世之不幸也已。侃也不肖，久立門墻而無聞。頃年以來，知切淬勵。夫子逝矣，慨依歸之無從，慮身世之弗立，鬱鬱如癡，奄奄在告，蓋一年於茲矣。方將矢證同志，期奉遺訓，尚賴在天之靈昭鑒啓牖，使斯道大明於天下，傳之來世，以永芘於無窮，是固夫子未盡之志也。靈輀將駕，薄奠一觴，衷懷耿耿，天高地長。於乎哀哉！"（《陽明全書》三十七）

《陽明全書》三十八載陳惟濬引先生語云："昔見有侍於先生者，自稱可與行師。先生問之，對曰：'某能不動心。'曰：'不動心可易言耶？'對曰：'某得制動之方。'先生笑曰：'此心當對敵時，且要制動，又誰與發謀出慮耶？'又問：'今人有不知學問者，盡能履險不懼，是亦可與行師否？'先生曰：'人之性氣剛者亦能履險不懼，但其心必待强持而後能。即强持便是本體之蔽，便不能宰割庶事。孟施捨之所謂'守氣'者也。若人真肯在良知上用功，時時精明，不蔽於時欲，自能臨事不動。不動真體，自能應變無言，此曾子之所謂守約，'自反而縮，雖千萬人吾往'者也。"（《陽明全書》三十六）

弟僑主試武闈。（《薛氏族譜》）

九年庚寅（1530）　四十五歲。

先生轉官行人司右司副。（《譜傳》《行狀》授司副，年月未詳，在使山東後。）

五月建精舍於天真山，祀陽明先生。（《陽明年譜》附録二）

天真距杭州城南十里，山多奇岩古洞，下瞰八卦田，左抱西湖，前臨胥海。師昔在越講學時，嘗愛擇地當湖海之交，目前常見浩蕩，圖卜築以居。將終老焉。起徵思田，洪、畿隨師渡江，偶登兹山，若有會意者。臨發以告，師喜曰："吾二十年前游此，久念不及，悔未一登而去。"至西安，遺以二詩，有'天真泉石秀，新有鹿門期'及'文明原有象，卜築豈無緣'之句。侃奔師喪，既終葬，患同門聚散無期，憶師遺志，遂築祠於山麓。同門董澐、劉侯、孫應奎、程尚寧、范引年、柴鳳等董其事，鄒守益、方獻夫、歐陽德等前後相役；齋廡庖湢具備，可居諸生百餘人。每年祭期，以春秋二仲月仲丁日，四方同志如期陳禮儀，

懸鐘磬，歌詩，侑食。祭畢，講會終月。（《陽明全書》三十五）

舍成，先生有勒石文，并告天真土神及豎柱二文。（《全書》十二）

《勒石文》云：“嘉靖庚寅（1530）秋，天真精舍成。中爲祠堂，後爲文明閣，爲載書室，又爲望海亭，左爲嘉會堂，左前爲游藝所、傳經樓，右爲明德堂，爲日新館，餘爲齋舍。周以石垣，界則東止净明，西界天龍，北暨天真，南抵龜田路。是舉也，成夫子遺意，四方同志，協而成之，勒之於石，俾世守者稽焉。”

《告天真土神文》云：“維年月日，侃等謹致告於天真山土地之神。伏以先師陽明夫子倡道千載之下，海内同志，得其歸依，黄鐘一宣，群夢咸覺，恩莫大焉。追維夫子，嘗圖卜築此山，以便講學，二詩可以識其志矣。將命南征，生還無日，誦其遺教，能不痛心！今以是日興事作室，朝夕講肄，承事夫子之靈，以免於離居，以終永圖。維神含德無疆，發祥有待，文明之象，實惟其時。尚賴潛扶默佑，永觀大成，俾夫子未盡之意，已明之學，日博以行，同於無疆，實惟神之所錫類也。敢告。……”（上俱見《全書》十二）

十月二十四日，上《正祀典以敦化理疏》，陳七事，請以象山、白沙從祀。（月日據《薛氏族譜》以下各疏同。）

疏文略云：

一、宋儒陸九淵，生而清明，學術純正。四歲侍父，遇事物必致問。一日，問天地何所窮際？父笑不能答。及長，讀書至上下四方曰宇，往古來今曰宙，忽大省曰：宇宙内事，即吾分内事，吾分内事，即宇宙内事。又曰：宇宙便是吾心，吾心即是宇宙，東海有聖人出，此心同、此理同也；南海、西海、北海有聖人出，此心同、此理同也；千百世之上、千百世之下有聖人出，此心同、此理同也。蓋實見人心之妙，而能以天地萬物爲一體也。自孟子没而心學晦，至宋周敦頤程顥追尋其緒，九淵繼之，心學復明。故所至從游云集，雖鄉曲老長，俯首聽誨。當時吕祖謙、張栻輩莫不敬服。今諸子皆已從祀，而九淵獨未從祀，蓋以蚤歲嘗與朱熹論説不合，故其徒遂擠之爲禪。臣考九淵赴荆門時，朱熹延入白虎洞講喻義喻利之旨，僚屬諸生，聽者爲之流涕。熹亦嘆服以爲不及，且請筆之書，又自爲之跋，以爲不迷於入德之方，則非禪明矣。夫禪空寂其心，遺人倫，棄物理，要之不可以治天下國家者也。使九淵之學而果若是，則誠禪矣。然其書具在可考。如曰："惟天上之至一，爲能處天下之至變。"曰："先立乎其大者。"曰："學莫先義利之辨。"則皆孔子、孟子之旨也，此豈空寂其心者？或曰："某何嘗不理會文字，但理會與人别耳。"曰："在人情事勢物理上用功。"曰："己德明，然後可推其明以及天下。"此豈遺棄倫理者哉？况荆門之政，可驗躬行之效，則見於賢相之稱；超然獨契乎本心，以俟聖人百世，則見於名儒之贊。而宋朝議謚文安，亦極尊美之詞。及先儒吴澄、許衡，國朝名臣程敏政、席書，皆有撰述，每稱其學之純。獨陷於記誦詞章而莫自覺者，乃以躬行實踐爲近禪，則世學之悮也。不然，則天下豈鮮文學之士，而爲臣未必皆忠，爲子未必皆孝，士習未必皆正，民風未必皆淳者，何哉？正以不求諸心，不能實踐之過也。仰惟皇上復古，正人心，變士習，如九淵者，乞賜贈從祀，風示四方，使學者反諸心以精義利之辨，篤於行以成淳厚之風，則善人多而天下治矣。謹將程敏政、席書所撰之書，隨本進覽，伏惟聖明裁擇。

二、人才國家之盛，而從祀廟庭，尤見人才之盛也。我朝造士百六十年，未嘗有從祀者。誠無其人，則作養無徵，國家之耻也；苟有其人，而莫之行，豈非尊崇好尚，未以是爲先乎？臣考當代文行名節，忠勤之士固多，而潛心理學者，數人而已。然究其所造，又皆未免以人性爲仁義，其於所謂“一以貫之”之旨，則時出時入，而未或自得也。惟翰林院檢討陳獻章，博而能約，不離人倫日用，而有鳶飛魚躍之機，雖無著述，觀其答人論學數書，已啓聖學之扃鑰矣。其言曰：“道以天爲至，言詣乎天曰至言，人詣乎天曰至人。”又曰：“夫道至無而動，至近而神，故藏而後發，形而斯存。”又曰：“此心通塞往來之機，生生化化之妙，非見聞所及，在人深思而自得也。”又曰：“捨繁求約，静坐久之，然後見吾心之體，隱然呈露，日用酬應，如馬之有銜勒也；體認物理，稽諸聖訓，各有頭緒來歷，如水之有源委也。”且能養俗藏修，默回士氣，又善淑人成物，則其造詣可知矣。數十年來，四方士子於文字功利之外，而知有所謂學。山林興恬退之風，仕宦勵廉節之志，良由我憲宗純皇帝，徵聘獻章，特綬館職，故風動若此。臣觀宋淳祐元年，即詔以周程張朱四子從祀，士習爲之丕變。仰惟皇上以道化天下，伏乞將獻章賜謚從祀，以彰我皇明之盛德，鼓舞人心，當有不疾而速者矣。伏惟聖明裁擇。（《全書》七）

按：《正祀典以敦化理疏》陳七事，今謹節摘二事。

十二月遷司正。（《族譜》載敕命在九年十二月十九日。）追贈先生父驥爲文林郎，行人司司正，如官。母曾氏爲太孺人。敕命月日同。

十年辛卯（1531）　四十六歲。

在司正任。

二月初二日，上《明正學以安聖躬疏》。

《疏》云：臣伏惟陛下勵精以來，聖躬日强，臣民胥慶。頃者愆和雖已平復，仰瞻天顏，猶爾清癯，意者積勞所致，非特感冒而然也。陛下奉先思孝，接下思恭，不邇聲色，不殖貨利，自朝至夕，不遑暇豫，惟以問學政事爲念，可謂有聖人之資，聖人之志矣；獨未臻聖人之治，是以聖心焦勞而致此也。臣謹因問安之誠，推明聖學，倘蒙采納，則聖地清定，聖躬安矣。古稱大有爲之君，必曰無爲而治，非有爲自有爲、無爲自無爲也，亦非有爲而後無爲也，蓋爲乎無爲，無爲而爲也。無爲者道也，有爲者人也。道者，天理也。天理者，吾心之本體也，即陛下所謂一者也。人者，自用功而言，用功者吾心之存，主應用者也，即陛下所謂敬者也。主一之謂敬，敬則一矣。有意爲公，非一也；先事而迎，後事而將，非一也；物而不化，行而有息，外內體用有間，非一也。故主一者，聖賢之學，主則一，一則貫矣；弗主則二，二則雜而昏矣。故曰："聰明睿智，皆由是出，以此事天饗帝。"是故用功非道，則愈求愈遠，勞而"無功"；用功合道，則雖勞弗勞，是謂深造自得，居安資深，是謂易簡而天下之理得，故曰"無爲"。或曰："如此何以能了天下之事，而成天下之治乎？"曰："學患其弗一，胡患乎弗貫？"夫天下之道，敬天也，勤民也，用人行政也，一而已矣。故曰："天得一以清，人得一以靈。"敬天者，非獨蒼蒼之表天也。由太虚有天之名，自中心之虚，以達前後左右，莫非虚也；莫非虚，則莫非天也。莫非天，則無適而非事天之地矣。故主一則無欲，無欲則静虚而動直，是故戒慎恐懼，不愧屋漏，所以事天也；出入起居，罔有弗欽，發號施令，罔有弗臧，所以事天也。以此事天，天、人一矣。人之所以爲人，以其有善也，非以其有生也，故治民者，於錢穀兵刑治生之務雖非可缺，然不過足食已矣，足兵已矣，富强已矣，非王道之重，孔門不得已而可去者也。故稱唐虞之治，必曰“百姓昭明，黎民敏德”；稱三代之治，必曰“人人君子，比屋可封”，曰“耕者讓畔，行者讓路”，而逸居飽暖不與焉。故惟主一則能以善養民，而民興於善，夫然後君、民一矣。人皆可能者，善也；有能有不能者，才也。以才用人，人求之外而不足；以善取人，人求諸内而有餘。是故魯欲使樂正子爲政，孟子聞之，喜而不寐。公孫丑問曰：“樂正子强乎？”曰：“否。”“有智慮乎？”曰：“否。”“多聞識乎？”曰：“否。”“然則奚爲喜而不寐？”曰：“其爲人也好善。”“好善足乎？”曰：“好善優於天下。”《秦誓》論大臣之道，亦曰“若有一個臣，斷斷兮無他技，其心休休焉其如有容”焉。蓋善者一也，休休者，亦一也，主一則上以是求之，下以是應之，而九德咸事矣。《書》曰：“誰敢不讓，敢不敬。”應如此，則君、臣一矣。爲政必有紀綱制度，然非有意而爲之也，因之革之，與時宜之。由周而來，虚文日繁，其弊未之有救也；爲今之治，莫若導民務實，返樸還淳，此復古急務也。如以紀綱制度已焉，則三皇之制，不如五帝之備也；五帝之制，不如三王之備也。然而論治，王不及帝，帝不及皇。何也？且禹嗣舜，典章由舊，九官十二牧由舊也。乃曰：“堯舜之人，以堯舜之心爲心，寡人爲君，百姓各自以其心爲心。”何也？蓋禹入聖域，未優精一之純異，故感孚之機殊，此禹所以泣也。由是言之，爲政之道，不在文爲之間明矣。故曰：“篤恭而天下平。”篤者，純而不已也；恭者，敬也，主一也。故君子不動而敬，不言而信；夫然後不賞而勸，不怒而威，愈純愈化，此聖帝明王之事也。動而後敬，言而後信，則亦必賞而後勸，怒而後威，英君誼辟之事。若夫動而不敬，言而不信，則雖賞弗勸，雖怒弗威，後世庸君之君也。陛下不由師傅默契敬一之旨，此天啓貞元之會，欲使斯民蒙至治之澤也。臣願陛下無假外求，無親細務，無事詞藻，惟純之又純，内外一，上下一，君民一，天人一，無爲而治矣。陛下時時主一，則自安静以養和平，聖慮不煩，精神凝固，聖躬安矣，聖躬安，則臣民安天下安矣。臣無任懇悃隕越之至。(《全書》七)

六月二十六日，上《復古制以新士習疏》。

閏六月初九日，上《仿古更化疏》。

同月二十六日，上《復舊典以光聖德疏》(《薛氏族譜》)，乞擇親藩賢者居京師，慎選正人輔導，以待他日皇嗣之生。帝方祈嗣，諱言之，震怒。立下先生獄廷鞫，究交通主使者。(《明史》本傳)

疏云："臣聞聖帝明王之道，必有遠猷。陛下踐祚以來，明大禮以事親，舉大禘以事祖，皆品節古人，以垂萬世。而惟舊典一事，係關宗社，未及舉行者。臣仰稽祖宗分封宗室，猶留最親殿下一人在京，原藩爲宗人令四字，俗呼爲守城王。有事或爲居守，或代行禮。其爲國家慮，至深遠也；列聖相承，莫之或改。正德三年，逆瑾懷異，遂并出封。瑾敗，廷臣但俟宗嗣繁衍，因循未之議復。今者陛下入繼，十年於兹矣，未有以爲陛下告者。臣知陛下之心，天下之至公也，於事未嘗有所諱避，惟其是而已。伏願查復舊典，於親藩中擇其親而賢者，迎取一人，入京爲守城王，掄選端人正士，爲之輔導，他日東宫生長，其爲輔王，亦非可缺焉者也。如有以次皇子，則仍出封大國，彼得以自郡王而爲親王，亦足以展其親矣。萬一不然，則係陛下躬親誨育，自於太后有恩，世廟有恩，其與倉卒之間，闊然無情不侔矣。陛下聰明，首出庶物，弗慮及此乎？帝王圖事，動出萬全，譬之弈棋，由前以俟，特一着耳。由今以處，是有二三着、四五着矣。多算者勝，少算者負，此防微慮遠之道，當如是也。矧此處人之所難處，行人之所難行，誠帝王之所盛節也，陛下何憚而弗爲乎？且陛下出而臨朝，有君臣之樂；入而在宫，有母子之樂，有夫婦之樂；獨自藩邸，及今未嘗有兄弟叔姪之樂也。聖衷淵曲，機事邃密，有臣下不得聞而可與議者，有宫闈不得預而可與言者，時節高會，優游德義，亦人間之至情，天倫之真樂也，陛下亦何憚而不爲乎？其視深居孤立，上無以系九廟之安，下無以慰四方之望，相去一何遠哉！臣備員下僚，區區憂愛，敢爲陛下陳者，知陛下有純孝之心，有忘我之仁，有天下無疆之圖也。伏惟陛下，深思遠顧，憫臣之愚，留臣之奏，特降手敕，下廷臣會議施行，天下幸甚，宗社幸甚。臣無任懇悃隕越之至。（《全書》七）

初，“南海彭澤爲吏部郎，無行。因議禮附張孚敬，遂與爲腹心。後京察被黜，孚敬奏留之，復引爲諭德，至太常卿”。先生以疏草示澤，澤與先生及少詹事夏言同年生，而言是時數忤孚敬，澤默計儲副事觸帝諱，必興大獄，誣言同謀，可禍也。紿先生稿示孚敬，因報先生曰：“張公甚稱善，此國家大事，當從中贊之。”與爲期，趣之上。敬孚乃先録先生稿以進，謂出於言，請勿先發以待疏至，帝許之。先生猶豫，澤頻趣之，乃上。（《明史》本傳）

自六月二十九日至七月初四日，連鞫八次，具得其實。初六日，諭革先生爲民，構陷者彭澤謫戍。

二十八日，先生被提，次日廷鞫。（《廷鞫實録》）拷掠備至，先生獨自承。累日獄不具，澤挑使引言。先生嗔目曰：“疏，我自具。趣我上者，爾也。爾謂張少傅許助之，言何豫？”給事中孫應奎、曹汴揖孚敬避，孚敬怒，應奎等疏聞。詔并下言應奎、汴詔獄，命郭勳、翟鑾及司禮中官會廷臣再鞫。具得其實。帝乃釋言等，出孚敬密疏二示廷臣，斥其忮罔，令致仕。先生爲民，澤戍大同。（《明史》本傳）先生免歸，翁萬達時爲地官郎，寄書乃父曰："薛爲彭愚，彭爲張愚，語直而心不動，兩京士夫咸壯之。千載而下，名照汗青，吾鄉爲有人矣。"（《行狀》）

至潞河，遇聖節，焚香叩祝甚謹。

先生至潞河，遇聖壽節，焚香叩祝其謹。或報參政項喬曰："小舟中有民服而祝聖者。"喬曰："必薛中離也。"迹之果然。（《明史》本傳）

復至越。（《行狀》）

按《行狀》云："先生歸至越，建天真精舍以萃同志，善類孚助，不月而成。"系於是年。《陽明年譜》作九年五月，異。

姪宗鎧召拜禮科給事中，遷户科。（《薛譜家傳》）

十一年壬辰（1532）　四十七歲。

先生還鄉，明農講學。（《行狀》）

築書院於宗山中，建祠祀陽明先生，旁爲精舍，延陳明德居之。（《全書·陳海涯傳》）

鄭守益《懷惠祠記》云："懷惠祠者何？潮士若民懷陽明先生之惠而祠之者也。……先是小靖石骨寨允蠢，行旅罹其害，先生征漳寇至杭，親臨境土，撫諭平定，害斯已。厥後總制四省，班師五羊，多士赴講，故政教沾被，士民思之。乃鄉耆洪瞻、生員王壚輩，請於大巡吴君麟，允建宗山書院，尸而祝之，……中爲祠堂，左爲講堂，右爲經樓、爲宴會廳，翼而環之以書舍，萃生儒肄業，可居百人，誠一方之勝也。然景僻烟遠，風高易圮，直冬闃寂，非二三人可守。中離薛子自出租五十，募人看守香燈。繼而貳守劉君魁置租九十，大巡洪君垣撥廢寺租二百石，續正祀典，徭編門役，令府縣佐貳官致祭。中離收回原租。頃因奉例鬻寺田，龔守湜取其寺租而鬻之民。竹居子克承厥事，入直於官，仍以百租歸宗山。歲延有學行一人主教，給租四十石。增募守看二十，差輸十有五，春秋遣官主祭，服從約二十人，……鄉紳及鄉耆生儒陪祭約百人，或五六十人，……官租九十。歲徵海陽縣給方里，按二祭授爲香燈募役修葺之費。（《海陽縣志·建置略》）

按：宗山書院在今潮安東蒲都塔下鄉南，在内桑浦山之中部，石坊猶存，面華岩山。坊正面題“宗山書院”，背書“仰止”二字。後改建於城北。

友人林大欽登是科一甲一名。

大欽字敬夫，世居東莆。“嘉靖辛卯（1531）就試，督學王公奇其文，爲薦於巡按御史吴公，更試《李綱十事》，考據詳核，詞旨凜烈，讀之覺奕奕有生氣。相與嘆賞曰：‘此蘇公筆墨、胡公封事也，必然大魁天下。’”明年上春官，連舉進士狀元及第，如二公言。（中離撰《林東莆太史傳》）

十二年癸巳（1533）　四十八歲。

先生鄉居。

十三年甲午（1534）　四十九歲。

先生鄉居。

十四年乙未（1535）　五十歲。

詔復冠帶。（《行狀》）

二月,《陽明文録》刻成於姑蘇。

《陽明年譜》云:“洪、畿奔師(陽明)之喪,過玉山,檢收遺書,越六年,洪教授姑蘇,過金陵,與黄綰、聞人銓等議刻《文録》,洪作《購遺文疏》,遣諸生走江、浙、閩、廣、直、隸搜獵逸稿,至是年二月,鳩工成刻。”

先生與王汝中萃陽明文詞之簡切者,集爲《陽明先生則言》二卷。

先生有《則言序》云:“先生之言,始鋟自贛曰《傳習録》,紀其答問語也。鋟於廣德曰《文録》,紀其文辭者也。鋟於姑蘇益之曰《别録》,記其政略者也。録既備,行者不易挾,遠者不易得,侃與汝中萃其簡切爲二帙曰《則言》。蓋先生之教,貴知本也。大本立而達道行,則天地以位,萬物以育,乃天則也。學者患無志焉爾;能志乎此,則戒慎恐懼而致其中和,自不容已矣。孰戒慎?孰恐懼?此良知也。孰云爲中?良知廓然而弗倚者也。孰云爲和?良知順應而無滯者也。是故天曰太虚,聖曰通明。虚、明者,良知之謂也。致也者,去其蔽全其本體之謂也,去其蔽者,非謂有减也;蔽去則知、行一,人、己一,本體復矣;本體復,非有增也,吾之性本無方,體無窮盡者也,能復其性則可以撫世,可以酬物矣。夫是之謂學。然胡爲而證其至也?考之書焉已矣。質諸聖焉已矣,資諸師友焉已矣,夫是之謂問學。問學之道無他?致其良知而已矣,此《則言》之意也。或曰:‘先生之學,不厭不倦,其道蕩蕩,其思淵淵,士羹墻而民尸祝矣,誦其遺言,皆可則也。譬之樹然,芽甲花實,皆生意也,子獨摘其實而遺餘焉,無乃不可乎?’曰:‘道之在我人也,孰彼此焉?而其見於言也,孰衆寡焉?惟其切於吾之用也,則一言一藥矣,而况於全乎?如其弗用也,則六籍亦粕燼耳,而况於一言乎?且夫樹之生也,居者玩焉,繪者象焉,有國有家者,梁焉楝焉。’今子之愛樹也，則將若是焉已乎？抑亦摘而藝之，俾復生生已乎？或質諸周子文規？’曰：‘然。’遂命鋟之。”（《全書》九）

按《内閣書目》五云：《陽明則言》二册，明王守仁語録，門人潮州薛侃等輯。《脉望館書目》載《則言》有二册，《學海類編》有王守仁《傳習則言》一卷，所采語録共二十條，見於《傳習録》者九條，其餘不知是否采自《則言》。考先生《與聞北江書》有云：《文録》《别録》之多，士友不易得，即采諸友雜記再刻一本。又摘《後録》中要言别爲二册，庶自便覽。所謂摘要二册，當即《則言》也，惟編集年月未詳。以其書采及《文録》觀之，當在《文録》刊行之後，姑附系於此。

構行屋於東津，高士陸竹溪時相往還。（《潮州耆舊集·陸竹溪傳》）

竹溪諱大策，字一士，海陽人，隱居東皋。郡守葉元玉聞其名，召見，辭以詩，有“野心甘老碧山云，簑笠如何可出村”之句。（《海陽縣吴志》）所居門首有石聯云：“白社重開三徑竹，紅塵隔斷一條溪。”（《韓江記》）翠竹清流，夐絶塵境。

按《竹溪傳》言：“暮歲中離養痾，構竹屋東津池上。”“竹溪臨終之歲，往宿離齋，旬月不忍去。”不明言係何年之事。考竹溪墓有盛端明題字，署嘉靖丙申（1536）季冬，則竹溪之歿，應在丙申之際，姑附其事於此。

七月二十七日，先生姪户科左給事中宗鎧上疏，劾吏部尚書汪鋐奸佞。（《薛氏族譜》）九月，斥宗鎧爲民，廷杖八十。越五日，賦詩見志而卒，年三十，時二十日戌時。甘泉撰《東泓墓志銘》。（《薛氏族譜》）

宗鎧字子修，號東泓，靖軒先生子也。（先生撰《薛東泓傳》）少有大志，長善文辭，歷治三邑，洞見民隱。（湛甘泉撰

《墓志銘》）及遷户科左給事中，汪鋐以私憾斥王臣等，宗鎧白其枉，事具《明史·戚賢傳》。其後鋐愈驕。會御史曾翀、戴銑劾南京尚書劉龍、聶賢等九人，鋐覆疏，具留之。帝召大學士李時，言鋐有私，留三人而斥其六。宗鎧與同官孫應奎復言鋐肆奸植黨，擅主威福，巧庇龍等，上格明詔，下負公論，且從二子爲奸利。鋐疏辨乞休不許。而給事御史翁溥、曹逵等更相繼劾。鋐又抗辨，且極詆宗鎧等挾私。翀復言："鋐一經論劾，輒肆中傷。諍臣杜口已三年。蔽塞言路，罪莫大，乞立正厥辟。"帝果罷鋐官，而責宗鎧言不早。又惡翀"諍臣杜口"語，執下鎮撫司鞫訊，詞連應奎、逵及御史方一桂，皆杖闕下，斥宗鎧、翀、一桂爲民，鐫應奎、浦、逵等級，調外。宗鎧、翀死杖下，時十四年九月朔也。隆慶初，復宗鎧官，贈太常少卿。（《明史·馮恩傳》）其見志詩云："大奸在位，毒流縉紳。爰及三年，憤積神人。乃披忠悃，乃籲帝宸。惟帝時嘉，俟時而行，惟彼奸讒，捏構誣繩。惟帝赫然，迸兹佞人，爰逮小臣，亦寘於刑。於皇明聖，實餘寡誠。大奸既去，遑恤我身。陽德方亨，永底乂寧。"（《薛東泓墓志銘》）

冬，潮州府同知劉魁爲刻《研幾録》。

薛僑跋云："是録也，山居諸友録其所嘗聞耳。録成，貳守劉晴川先生至，訪離山，乃命工鋟梓。僑適順歸自公，因謂諸友曰：'循是修之，可以入德，可以上達矣。'執此而謂先生之訓止是也，則諄諄懇懇，引而不發之意孤矣。"

鄭三極序云："人之生也，受天地之中，藴之曰性，由之曰道，動之微曰幾。性也，道也，人皆有之，人皆可能者也。喪其有而弗能，非他，慢於幾而已矣。故研幾者，率性之括，修道之樞要也。是故學聖也者，致中焉已矣；致中也者，惟精焉已矣；

惟精也者，精於幾也。精於幾則莫非道心之運，而人心無自萌矣。此理、欲之源，王、霸之分，聖、愚之判，毫厘千里，不可忽焉者也。《易》曰：‘惟幾也故能成天下之務。’《書》曰：‘敕天之命，惟時惟幾。’學者捨是無所用其力矣。是故克己非幾弗凈，圖事非幾弗遂，感物非幾弗通。聖人知幾，大賢庶幾，學者審幾。大哉幾乎！一真百真，一妄百妄，有即百有，無即百無，毫厘千里，不可忽焉者也。是故徵於色發於聲而後喻，非幾也；言而後信，動而後敬，非幾也。視於無形，聽於無聲，志常存，念常一，精神意思，常凝定而虛明，而後一有萌焉，必覺也，一有覺焉，必克其善去其不善，是之謂研幾。吾老師中離先生，年十六聞講《中庸》，邃志聖賢之學，然求之十餘年而不得其門。迨獲師承，修之二十餘年而未成厥志。一旦悟曰：吾慢於幾已乎？吾無貳其事而德弗崇，無弛其功而質弗變，吾慢於幾已乎？乃嚴乃憚，惟良知是則，惟萬感之微是慎焉，斯日新矣。三極等早侍而日見其精也，録其言曰《研幾録》，皆發明要約以貞夫一者也。謀諸同志梓而受之，用作於觀者。”（《研幾録》）劉魁字晴川，泰和人。《明儒學案》：正德中，登鄉薦，受業陽明之門，爲潮州同知。先生講學中離山，魁常盍簪取益。（《全書·陳海涯傳》）乾隆《潮州府志·職官》：魁於嘉靖十四年（1535）任同知，知到任在是年。

十二月，先生弟僑撰宗鎧行狀。（文載《薛氏族譜》）

十五年丙申（1536）　五十一歲。

先生游江浙，會羅念庵於青原書院。（《明儒學案》）

是歲，浙江諸友數出期一會，先生命駕往至吉安，爲鄒東廓羅念庵輩留處青原書院者旬月，四方同志聽講數百人。（《薛氏族譜》）

按：錢穆《羅念庵年譜》引《鵝溪彭君墓表》，甲午鄒東廓大會士友於青原，知青原之會起於甲午也。

往天真修陽明祠。（《薛氏族譜》）錢緒山、王龍溪、王漸逵皆來會。（王漸逵撰《墓銘》）

督學少湖徐公聞之，檄吉安臨江各郡之士赴講授，郡心翕然歸依。先生語諸同志曰："不可。"遂辭而避之，往天真修葺祠宇，訪陽明之孤，闡遺教以維同志。常曰：學須見萬物一體，乃是孔門正法眼藏。沾沾自足，不能成乎物，硜硜自是，不能通乎衆者，去道遠矣。（《薛氏族譜》）

二月二十三日，先生友人林大欽有《祭東泓（宗鎧）文》。（《東莆集》）
閏十二月，湛若水爲東泓撰《墓志銘》。
好友翁萬達有《祭薛給事文》。（《翁襄敏東涯集》）

十六年丁酉（1537）　五十二歲。
五月初六日，先生仲兄傑卒。（《薛氏族譜》）
友人翁萬達爲廣西副使，略定諸夷。（王錫爵撰《襄敏神道碑》）

萬達有與先生書云："赤壁行邊，經略諸務，會入交近地，龍、憑二州部酋，殺官相踵爲亂，交人伺變，境内震駭。某出萬死，擒韋應，械李寰，斃趙楷，皆巨魁也。又格殺其餘黨百十人，二州始帖帖屏息，交人亦悚服。"（《稽愆集》）

十七年戊戌（1538）　五十三歲。
春，先生與王汝中登天目山，憩金山，門人陸南卿與俱。（《全書·祭陸南卿文》）

湛甘泉《答王汝中書》云："前此聞與薛子諸賢爲天台雁蕩之游，此心飄然，若相與徜徉於兩山之巔。"（《甘泉文集》七）

弟僑分考春闈，尋遷東宫右春坊右司直，兼翰林院檢討。

僑分考在是歲。至遷東宫官年月無考，姑系於是年。後僑告歸，集潮士立一真會所，發明良知之學，先生五弟偉亦聚講一真會，塤篪唱和。（見《薛氏族譜》）湛若水有《代簡寄薛竹居》詩云："八十六年懷竹居，一真會後定何如？若知真處元無事，連此空名亦破除。"作於辛亥，即嘉靖三十年（1551），附載於此。

二十一年壬寅（1542）　五十七歲。

三月上巳，與林東莆（大欽）翁東涯（萬達）謝前山游桑浦之寶云岩。（《林東莆集》三）

《寶云岩記》：寶云"岩與老君、甘露二岩俱有名。……甘露岩洞虚敞，可千人坐，跨玉簡峰之勝；而寶云則由桑浦徑口南，入兩山夾道逶迤，紆曲曲折。……前有宋時，先四世祖秘書潛峰公，與郡人翁慶僎、紀善甫蔡渤講學於此。時知軍州事高壽卿題額曰'聚奎閣'。……歲壬寅，届修禊之辰，余偕同人薛中離、翁東涯、謝前山三君入山，作踏青游。……三君詢及往迹，……遂同質於郡侯郭以享明府，……命山僧以惠董其役，因遺址而架木集工，越十月工竣。"

按：郭以享名春震，江西萬安人。周《府志·職官》稱春震二十四年任知府，據此記二十一年春震已在任。

夏，游羅浮朱明洞。

是歲夏，先生入羅浮朱明洞，潮士三人從。題壁間曰："張弩非極力弗開，磨鏡非得藥弗明。定水非去渾，脚撓之必濁，燒坯非足火力，遇雨終碎。"蓋目擊時事，因以自箴。未幾，嵐瘴

損一人。(明本《廷鞫實録》附識葉萼《答楊復所詢先師寓惠事作郡志傳書》)

十二月過惠州，居半徑之尋樂堂。

季冬，遣襯還潮，過惠州。葉惠江、謝惕齋、劉古狂留先生居半徑之尋樂堂。(葉萼答書)按:《全書》十二《祭陸生南卿》文云:“予與藍生入羅浮，藍生遂故於山。”所謂損一人者，即藍生也。

二十二年癸卯(1543) 五十八歲。

春，遷豐山永福寺。

先生居尋樂堂三閱月，避濕遷豐山永福寺，從游數十人。林鵬舉、葉萼日侍講席，雍見川以河圖、洛書、太極圖來問，於是著《圖書質疑》梓之。惠初未聞陽明先生之學，士多見毒於魏莊渠，諱言學。然天真衣鉢來，孰無豔慕?既而鍾寇潭、林艾陵、盧康衢自東莞，翟極江、張白野、胡曙峰、車鶴岑自博羅，劉象龍自江右，陳舜夫、沈希周自閩，何古林、王青蘿、龐弼塘自五羊，魏立峰自蒲陽，周獅峰、周崦山行部聞之，道舊竟日談。四方之士，負笈接武至，公日與游衍西湖論學，作《西湖記》。惠人於是廣見聞，知法門自有真矣。矢不入城，刺不投縉紳，居常静坐，少觀書，時盼湖山，灑然物外，歌詠則左右二三子，因事點化。來謁教緣問，翩翩曲引，不作經傳見解，有時而不答。惟請托者接人嬉嬉，不見纖毫畛域，和冲蒸人，腹腸浮躁爲之奪魄。供具雖瓠葉二簋，與其徒或對客啖之亡厭。出口非世道則古今學脉，亡一剩語。見人寡言曰:此不見底，難入真境。人寡與曰:此路徑太窄，未知一體。人高談曰:此没頭腦，大肆迷妄。人執泥曰:小家相，未識其大善。於諷譬以竦動，其人雖閉塞之甚，一聞忽開；雖膠固之深，一聞遂活。嘗曰：人非萬物一體，便失孔門命脉，非學也。孳孳以無欲爲事，其爲言曰：吾學以無欲爲主，然無欲亦精之不盡也。目前見其無矣，精之不幾時，又見其無者未嘗無也，一生精神，若未希天知命不已也。此外更亡所事。(葉萼答書)

按：豐山一名慧豐，鎮麗湖邊，山左豐渚，山爲歸云洞。先生有《豐山步月和周獅峰韻》詩云："野寺湖中景，月上緑楊堤。矯矯鳴陽鳥，飛過倍參差。别去惠錦囊，落我白云居。呼童拈香讀，詞雄湖海姿。往事已陳迹，逢辰正憂危。行行凌霄漢，維屏壯猷爲。寂寂卧烟塢，虚庭花影移。元竅嗟久塞，探賾誰端倪。魯陽戈入手，寧訝夕陽時。悠哉無窮思，抱獨守其雌。"《惠州西湖志》：永福寺在豐山前，宋時爲無量壽院。入清先後爲萬壽宫，爲惠陽書院，爲豐湖書院。

又按：葉萼《延鞠實録序》云："先師居羅浮，遷西湖之永福寺，時嘉靖甲辰（1544）歲也。"與其答楊復所稱癸卯春略異。

二十三年甲辰（1544）　五十九歲。

東莞奇石人劉頤齋迎先生居玉壺洞。（王漸逵撰《墓志》）著《經傳論義》。（王漸逵《墓志》作《正義》）

是歲，龐弼塘以東莞善士劉頤齋迎居玉壺洞，同門日質經傳，著《經傳論義》，更請疏《二論全書》，謂論在不精不粗之間，易雜邪説，正學明，則支離之説自破，著《魯論真詮》，每書疏數十，令鵬萼侍坐，師同高聲誦，嘆賞則止。(葉萼答書)

王漸逵訪先生於奇石。

逵撰先生《墓志》云："及來奇石，余往訪焉。聯床數宵，始克合一。蓋公涵養日深，大本融逸，所見益明，沛然無所抵石礙。"（王漸逵《墓志》）

夏，刊《圖書質疑》、《惠生八問》。

先生自作《質疑小引》云："有氣斯有象，有象斯有數，皆理也。數以盡象，象以盡理，理以盡物者，圖書也。予少閲弗領，考觀衆説，只見蕪蔓，竟莫釋然。頃忽開悟，似甚昭晰，人皆可知可由，而非玄且遠也。蓋道本一不可二也，本完成不可拆也，本具足不可補也；二則雜，拆則離，補則贅。後儒動裂而二之，拆而補之，道喪其真，學失其樞紐矣。故圖書者，心性之源，文字之祖，政治之基本，一差則百差，不可以弗明者也。乃即數爲圖，即圖成卦，皆造化自然，無俟拆補訓釋，而天地易簡之理，聖人精一之義彰矣。諸生聞之，恍然有省，請次圖解，并録答問，用質諸君子。然與未然，必有以教我者。寓羅浮西湖，中離薛侃謹識。"（《圖書質疑》卷首）

林大欽有與先生書云："近蒙寄《惠聲（生）八問録》，雖辨問周明，莫非實事，然覺毀譽之心未忘，而精察之功少慢。若顧形迹聲色之末，非吾廓然無情之體，勢將治己約而望人周矣。夫人各有見，是非豈能同？君子尊德性，道問學，非必人人之信己也。同我者欣，異我者矜。或曰：'以善養人。伊尹以天下爲己任，一夫不獲，時予之辜。'古人至誠懇怛，以萬物爲一體如此。此乃生人之根。從此養習充達，方爲無上實際。故不見人非，不見己是，物我無間，廓然同春，此吾儕平昔講究之旨，造次顛沛必於是者也。夫匡章，孟氏與游，而通國以爲不孝。伊伯奇至順，而其父以爲不義。人心不同，至親尚隔，况人人乎？夫子温良和易，至爲無忤，而之陳之楚，每至不容，或謂德修謗興，名高毀來，此猶常談。夫子曰：‘丘也幸，苟有過，人必知之。’聖人之忘於内外如此。故樂天而無憂，聖人之事也；希聖而敦仁，學者之職也。今不孜孜於道之所當務，而徇衆人之所知見，則慢易鄙吝之心易生，而精微神化之體難入，此吾與丈之所共憂也，幸相與戮力勉之。”（見《東莆集》）據此則《惠生八問録》者，又曾别帙單行。

門人葉萼撰《廷鞫實録》。

萼《序》云：夏桂州居首相，修《實録》，索此入選，故備述之。

門人成子學、郭維藩同登是科秦鳴雷榜進士。（《潮州府志·選舉表》）

先生長子宗鐸闢崇光岩於揭陽。今石刻題字猶存。

二月，友人翁萬達擢右副都御史，巡撫陝西。（《明史·翁萬達傳》）

二十四年乙巳（1545）　六十歲。

秋七月返揭陽。（葉萼答書）

邑令王鳳輯《揭陽縣志》成，先生爲之序。

鳳，江西吉水人，舉人，創修《縣志》凡五卷。先生《序》云：“王公窮陬博采，委鄭君峻甫，再月而告成。”峻甫，湛甘泉門人，名大侖，號仙橋，揭陽官溪人。嘉靖壬午（1522）舉人，德清教諭。

八月十九日弟僎卒。（《薛氏族譜》）

十一月十九日配黄孺人卒。

孺人生於弘治戊申（1488）十一月二十一日，卒於是年十一月是日，年五十八，私謚敦濟。（《薛氏族譜》）

十二月二十四日酉時，先生卒（《行狀》），年六十。葬揭陽地美都之桃

源洞鳳鳴山。(《薛氏族譜》)

譜後

嘉靖二十五年丙午(1546)二月，廣東按察司僉事施雨致祭。

同月，揭陽縣知縣王鳳、縣丞蔡楠、主簿喻利、典史蔡伯實、儒學訓導黄元厚、梁世珊亦來祭。

四月，惠陽東莞劉常、葉時來奠。(祭文俱載《薛氏族譜》不備録，下同。)

同月，惠陽東莞門人姚淮、鄭一雅、姚瀾、陳沛、姚浤、劉文治、姚深、李佳、李鵬舉、葉萬達、胡世祥、陳守經、劉文岳、廖見曾、龔卿、張文道、石俊、劉以成、姚濂、任九河、葉蕚、劉彦珣、葉夢奎、李經、劉紹稷、鍾岳、楊彦璋、羅烈、羅延壽、歐應選、羅宗學、莫如齒、盧存禮同致奠。

祭文云："於乎！傷哉夫子！吾復何言矣。良知之教，猶在吾耳；樂易之容，猶在吾目；作聖之志，猶在吾心也。傷痛可如何哉！追思去歲洪石泉之來玉壺也，云離翁脉理，至八月戎疾當作，今欲奉迎東歸。淮等竊謂夫子之攝疾羅浮也，不邇聲色，不殖貨利，疾從安作？每致疑於石泉子之言。夫子亦不忍棄二三子而遽歸也，惟欲適觀二三子之學有所就，而經傳之訓直底於成也然後歸；二三子依依之志，亦不忍遽違夫子之側也。惟欲夫子久居於此，得以領教於無窮，其於石泉子之言若罔聞也。而子化諸兄，屢以四師叔之恙來報而後歸。二三子時各系於庠序，不能遐隨於離山之巔，臨别乃爲丁未武夷、白鹿之約，擬與龍溪諸君打歸一而後歸。於乎！相期之志，可謂遠且毅矣。詎知仲秋過旬之後，臍患重作，而春冬書來，則云瘡已漸瘉，是爲再世之人，當復無患矣。淮等又幸石泉子之言無徵也，而依歸之願，何慰如之！今春聞夫子奄逝，淮等且疑且駭，遍訪潮，言人人殊，然猶未敢以爲然也，不數日而訃音繼至。於乎！天乎！胡奪吾夫子之速乎！吾夫子之筮仕也，志未大行於天下，而與當世之士講求陽明夫子良知之學，其成己成物之志，亦可謂遠且大矣，而竟不獲以躋期頤之域。於乎傷哉！天之不相斯道也固如此矣，吾復何言哉！雖然，朝聞夕死，夫子固已無憾，而淮未有成。疑也，誰其解之？回也，誰其釋之？成章也，誰其化裁之？於乎！天胡奪我夫子之速，而俾淮等學問之無所成也。於乎痛哉！聞訃之下，未能即哭於潮，不勝傷悼，乃率二三子就夫子所游之館，制服懸像，對泣竟日而還。淮等不得親供殯殮，罪莫無極，所幸幼嗣皆能，必誠必信，當勿使有悔矣。淮等學未有成，而秋陽之思，奚啻曾子。夫子大知，其尚默相於冥冥之中，知也啓之，行也翼之，庶幾不至昏而且怠。而二三子者，質雖不敏，敢不互相鞭策，以承我夫子之教乎。試期漸邇，不能奔哀於潮，謹具菲儀，屬洽先往奠焉。惟夫子有靈，其尚來鑒之也。於乎傷哉！”（《薛氏族譜》）

是月，弟僑撰先生《行狀》。（文載《薛氏族譜》）

五月，同門聶豹、鄒守益、歐陽德、羅洪先、陳大綸致奠。

祭文云：“嗚呼！聖學湮晦，降自周程。天啓先師，以覺我人。兄聞風而崛起，昆委翩其蜚英。始鑽堅於南都，繼仰高於虔城。曰大道其不遠，惟寡欲以養心。察良知而燭炯，見天性之孔神。亶日乾而夕惕，若臨履於淵冰，剪康衢之榛穢，塞多歧之紛紜。慨任重而道遠，剛邁遠而遐徵。置毀譽於若一，何得喪之能嬰？既遭蹶以林卧，益鈎極於精深。謂困苦與鬱抑，殆天意之可諶。胡六十而温化，曾不假以遐齡？豹别兄八載，恍昨暮與今晨。讀《研幾》《質疑》之録，若面命而耳聆。得伏忱之琅函，惠進修之好音。矢盡滌其偏蔽，酬雅志於平生。此緘未啓，訃音先承。諒渺末之在念，取近譬以相箴。敬服膺而勿墮，敢忘垂絶之殷勤。知靈爽之不昧，聽斯語於冥冥。”（《薛氏族譜》）

九月乙卯，應天府通判龐嵩遣門人劉文岳致奠。

十二月，巡撫都御史張岳遣揭陽縣儒學訓導黄元厚來奠。

同月，門人徽州府同知楊日贊遥奠。

二十六年丁未（1547）正月，都察院都御史顧璘、潮州府知府郭春震俱致奠。

二月庚子，廣東布政使司左布政使朱紈，右布政使龔輝，左參政張鏊，右參政張烜，左參議顧中孚、朱憲章，右參議方民悦，廣東等處提刑按察使屠大山，副使陳愷、袁載、張寶、周宗鎬，僉事何元述、陳捷、施雨、陳崇慶來祭。

三月，門人成子學過天真精舍，謁陽明先生祠，見先生神位在左，亦爲文致奠。

九月，少師兼太子太師吏部尚書華蓋殿大學士夏言，緘詞束帛，托總督大中丞静峰遣官致祭。

吴鵬、柯喬、韓柱來祭。（月日未詳）

二十七年戊申（1548）正月，潮州知府郭春震、同知王貴、推官趙沚、海陽縣知縣褚宗録、潮州府儒學黄仲陽、訓導江用舶、陳伯容、吴全、王茂，海陽縣教諭宋楫、訓導楊樞、黄儀致祭。

七月，漳浦門人林成綱、林一新、林楚哭奠。

八月，朔，巡按廣東監察御史黄如桂，遣揭陽縣儒學教諭黄啓初致祭。

同月朔，廣東按察司按察使李遂來奠。

二十八年己酉（1549）二月，揭陽縣教諭黄啓初、訓導黄元厚請崇祀

典。奉巡撫張批，入祀府學鄉賢祠，提學蔡批，入祀縣學鄉賢祠。（《薛氏族譜》）

八月，潮州府通判黄懋允、凃渠、推官趙沚奉奠。

同月，揭陽縣知縣鄭用賓、縣丞蔡楠、主簿楊繼嘉、典史蔡伯實來奠。

九月，先生仲子宗釜，往謁少詹兼翰林院侍讀學士前南京國子監祭酒黄佐，爲撰《中離山記》。

又謁南海何維柏，乞爲先生傳。（文載《薛氏族譜》）

同月十九日，湛若水撰《宗山祠堂記》。（《薛氏族譜》）

文云："新建伯陽明王先生，其豪傑之必爲聖人者乎！中離子薛子，其陽明先生之入室弟子乎！陽明公道義在人心，勳業在朝廷，然而君子必以教言焉。中離子行義在鄉里，名節在朝野，然而君子必以學言焉。何居？重道教也。陽明子之教，良知之教也。正德丙寅，與甘泉子初定交於京師，兵曹清黄語人曰：吾從宦三十年，未見此人。其時共尊明道仁者渾然與天地萬物爲一體之學是矣。謫去龍場，歸而教人也，一變而爲正念頭之説亦是矣，再變而爲致良知之説亦是矣，皆是也。然而致良知者，陽明之定教，其説出於孟子，夫豈有差别哉？或曰：新建公於孟子良知良能章，獨舉良知爲教，何居？或者有深意存焉否也。欲人知知之貫乎行，知行爲不貳也乎否也？甘泉子亦嘗有言：學問思辨開其知也，篤行恒其知也，學至恒知焉盡之矣。天包乎地，知通乎行，通乎行而知者，聖學之始終也，其與陽明公舉良知之説，不約而同矣乎否也？雖然，學必會其全。問之曰：良知何知矣？則應之曰：無不知愛親，無不知敬兄可也。愛敬之真心，即天理也，是其同也。問之曰：良知能爲親親敬長，何以爲仁義矣。則應之曰：達之天下可也，擴愛敬之心以達之天下，通天下以爲知焉，伊尹之先知先覺乎，斯道可也亦是矣。或曰：如斯而已乎未也？曰：仁之實，事親是也；義之實，從兄是也；知之實，知斯二者弗去是也；禮之實，節文斯二者是也；樂之實，樂斯二者是也；樂則生矣，生則烏可已也；則不知手之舞之、足之蹈之。夫天下之道皆原於愛敬焉，發之，曰：如斯而已乎未也？曰：以其所不忍達之於其所忍，以其所不爲達之於其所爲，義也，此孟子之大全也。堯、舜、禹、湯、文、武、周、孔之藴而孟子發之也。或問曰：説良知者則曰常知，曰常覺，不曰愛敬，不曰達之天下，豈陽明公之意異於孟子固如是乎？甘泉子曰：吾爲懼，往往爲之明辨，以間陽明之道，豈得已哉！間陽明之道以間孔、孟、周公、文、武、禹、湯、堯、舜之大道，豈得已哉！中離子入室弟子，所著《研幾録》《圖書質疑》，皆以發明師之的指，無後來毫厘之差也；然則其所得必不可量矣，惜我與之離索之久，未得聞其詳耳。曰：然則薛子之忠義在朝野也云何？曰：行人尚謙，遭大獄於朝，明目張膽於天子之廷，義氣冲空，百折不撓，若有之死而不可回者，則其中之所存，與平素之所養，一念真切，浩然剛大之氣，無愧於天地，無愧於日月，無愧於鬼神，是宜其在潮感潮，在惠感惠，聞於諸司感諸司。諸司可其白，立祠宗山精舍，上祀陽明公，下以中離子配焉，凡若干楹，有田凡若干畝，以永住守焉。以其德之所感若此，可以知師傅之學哉！其弟竹居子尚遷能世其學，復置田貳百畝於祠，以贍學者，乃令中離次子來居學天關精舍，請予記。予老且病，烏能文哉？苟力疾捉筆述其始末之説，以剖學者之藩籬，以不貳於陽明中離授受之的指云。”（《薛氏族譜》）

二十九年庚戌（1550）六月，吏部稽勳司行取金谿、黄直來奠。

三十三年甲寅（1554）九月十一日，先生長子宗鐸卒。（《薛氏族譜》）

三十九年庚申（1560）十二月，門人饒平縣教諭漳浦林成綱、生員張時翀來祭。

四十三年甲子（1564）四月十五日，先生六弟僑卒，年六十有五。（《薛氏族譜》）

隆慶元年丁卯（1567）十二月，有詔贈先生承事郎河南道監察御史。（《明史》本傳、《薛氏族譜》）

二年戊辰（1568）冬，先生姪孫洪，集其父宗鎧前後奏疏并行狀墓志諸祭奠文，輯爲《光裕録》。南京通政使司右通政瓊山海瑞爲之序。（《薛氏族譜》）

萬曆十二年甲申（1584），大學士申時行請從祀陽明。（《明史·王陽明傳》）先是有從祀之議，澄海唐伯元獨排之，并譏及先生。疏下，爲南京給事中鍾宇醇所駁，伯元坐謫海州。（《明史·儒林傳》）

附唐氏《疏》云：正德嘉靖間，乃有新建伯王守仁者，始倡爲致良知之説，行於江南，而其旨頓異；彼其初意，非欲有異於熹也，但以識太敏，才太高，任道太勇，立言太易，當其談鋒溢出，前無古人，故往往不覺其抵牾於熹。而爲之徒者，推波助瀾，争高門户，益以疑天下之心，而遂爲敵國。往該浙江撫臣題請祠額，伏蒙皇上賜以勳賢之號。夫守仁以道學自名矣，不與儒者之稱，而只曰勳賢，天下之人，有以知我皇上厚恤勳臣之意，而惟恐其學之有戾於道或以駭見聞也。又近該台省諸臣，後先疏請從祀，經時累月而不遽定。乃者雖蒙俞允，然伏讀御批有曰：操修經濟，都是學問。夫祀典之所重可知已，必以經濟與操修并言者，天下之人，又有以知我皇上念守仁有殊功，則當有殊報，不必其學問之有異同也。大哉皇言，一以勸功，一以正學，所以立天下萬世臣民之極者至矣。但祀典既新，人情觀望，學術歧路，從此遂分。故祭酒張位拳拳以今准從祀布衣胡居仁爲言，而洗馬陳於陛、少詹事沈一貫又欲并祀祭酒蔡清，無非欲全朱熹以安守仁，皆委曲以明不得已之意。觀其言曰：恐學者過於信守仁而輕於詆朱子，則守仁豈能一日安於廟廡之間哉？又曰：恐學者謂朝廷尊寵王氏，此重彼輕，則今之進王，乃所以斥朱，而道術將從此裂；祖宗表章朱學，以爲制考之意亦從此壞。甚矣諸臣之憂深而慮遠也！不知我皇上以諸臣之見，是耶非耶？夫察之也未詳，則其慮之也不周，見之也未審，則其防之也不預。當此祀典初頒之時，正觀聽移易之始，如其慮之不周，防之不預，使諸臣之憂，驗於異時，是我皇上崇賢報功之殊典，適以違正學明道之盛心，豈惟諸臣之憂，亦皇上他日之所必悔也。何也？其察之也未詳，而見之者未審也。皇上深居九重，萬幾之暇，所稽者祖宗訓典，所對者聖賢詩書，所探討者古今帝王治亂興衰之迹。若欲考真儒，上自魯鄒，下逮濂洛關閩止矣，何暇詳於守仁之學，而辨其是與非？乃天下之疑守仁者，皇上亦從何而聞且見也？臣是以不避煩瑣，敬爲皇上陳之：世之訾守仁者有六，而守仁之可疑者不與焉。訾守仁者，一曰：道不行於閨門也。臣以爲守仁少負不羈，長多機譎，一旦去而學道，遽難見信於妻子，亦事之常。人見其妻朱氏抗顔而揖門生詬守仁也，遂執以蓋其生平，此未足爲守仁病也。一曰：鄉人不信也。臣以爲鄉曲之譽，必其人無子弟之過者，而守仁固不能也。夫老而無述，聖人羞稱，士能聞道，一日千里，況以守仁之才之識，而可量乎！人見其議論過高，而言動氣象，未見有異於常人，其一二爲之徒者，又多蒙不潔以冒天下之大不韙也，益以暴其短也。而臣以爲抑末也。一曰：宸濠之功狀疑似也。臣以爲宸濠之不能有爲也，不待守仁而辨也。説者謂其未發既無先事之防，既發又有張皇之狀，蹤迹詭秘，行止支吾；使非吉州忠義伍守方略，江藩之變，未可知也。

道路訛傳，至今不解，其徒又呶呶而爲之辨，故令聽者愈疑。夫朝廷之勸功也，但考其成，君子之論人也，貴成其美；如守仁之功，報之以伯爵誠當，即進而配享於功臣之廟，亦無不可。故曰：宸濠之功狀不必疑也。一曰守仁之學，禪學也。臣以爲守仁非禪也，夫禪者泊然一空寂於内，澹然絶慕嗜於其外，彼其道亦有可以治心養性者，使能不屏倫理而自爲一家，君子猶有取焉；若守仁者，機多而智巧，神勞而形疾，儻所謂禪者，亦呵佛罵祖之流，竊無修無證之糟粕者耳，而守仁非禪也。一曰：守仁之儒，霸儒也。臣以爲聖人之道，得王而信，得霸而尊。夫聖人未嘗不與霸也，一匡九合，春秋著之特詳。何者？彼固竊聖人形迹之似，而非敢曰我聖人也。若守仁之自處，則已斷然自爲聖人，其徒亦推崇之，躋之顔、曾、思、孟之上矣。是故守仁非霸也。一曰：守仁良知之旨，弄精神也。夫六經無心學之説，孔門無心學之教，凡言心學者，皆後儒之誤也。是故《大學》言誠意正心矣，而必以修身爲本，孟子言存心盡心矣，而歸於修身以俟君子，引而不發，但言工夫，不説本體。故曰：必有事焉而勿正心，此則臣平日之論也。雖然，弊也久矣，苟不至陸九淵“六經皆我注脚”之猖狂，皆有可恕者；此不宜又獨疵守仁，而守仁之可疑，亦不在於弄精神之失也。夫立於不禪不霸之間，而習爲多疑多似之行，功已成而議者不休，骨已朽而忿者愈熾，吁！可以觀守仁矣。臣未暇論其良知是否，且就其説之自相矛盾者論之。守仁之言曰：“心即性也，心即理也，心即道也，心之良知，是謂聖也，心之良知，即天理也，學者學此心也，求者求此心也。”靈丹一粒，點鐵成金，可謂自其言矣。然又曰：“致其良知，以精察此心之天理。”又曰：“精察此心之天理，以致其本然之良知。”然則良知與天理爲一乎？爲二乎？曰“佛氏本來面目，即聖門良知”，曰“良知即是道”，曰“至善者心之本體”，似夫知性矣；又曰：“無善無惡者心之體。”又曰：“無善無不善，性原是如此。”然則人之有性，果善耶？果惡耶？曰“良知生天生地，成鬼成帝”矣，曰“天地無良知不可以爲天地，草木瓦石無良知不可以爲草木瓦石”矣。然又曰：“良知本體，原來無有，人心本體，亦復如是。”然則良知之在人，果無果有耶？駁朱注曰：“‘格物者，窮至事物之理也’，功夫在窮，實落在理，若上截窮字，下截理學，但曰至事，則其説難通是矣。”彼其自爲解則曰：“致我心之良知於事事物物，則事事物物各得其理。”致良知者，致知也，事物得其理者，格物也。然則致知與格物，孰先乎？孰後乎？守仁之言後先矛盾而不顧，大率類此。又有間爲奇險之論以反經者，如謂曾孟非孔顏之傳，則是顔曾異學也；謂知即爲行，則是目足齊到也；謂明德在於親民，則是本末先後倒施也；謂冬可以爲春，則是陰陽晝夜易位也。又有故爲互混之論以遁藏者，如曰：“無善無惡心之體，有善有惡意之動。”不知心體本無，則善惡之名，從何生也？曰：“不睹不聞是本體，戒慎恐懼是工夫。”又曰：“戒慎恐懼是本體，不睹不聞是工夫。”不知本體工夫，從何别也？曰：“有心是實，無心是幻。”又曰：“無心是實，有心是幻。”不知實與幻、有與無，從何定也？蘇秦、張儀，縉紳之所不道也，守仁則曰：“秦儀窺得良知妙用，聖人之資也。”孔子之聖，生民之所未有也，守仁則曰：“聖人猶金，堯舜萬鎰，孔子九千鎰也。”又曰：“求之吾心而非，雖其言之出於孔子，不敢以爲是也。”大發千古所無之異論，欲爲千古所無之異人，彼謂不忍操戈而入朱熹之室，不知其操戈而入於孔氏之室也；彼謂朱熹之學爲洪水猛獸，不知其自陷於洪水猛獸也。當時尚書湛若水與守仁至契，亦嘗答吕懷曰：邇來横議，湯沸火燎，眼中已無堯、舜、禹、湯、文、武、周、孔矣。尚書張邦奇答唐順之曰：今之講學者，至於狎侮天地，秤停諸大聖人分兩輕重之類，開闢以來，未有無忌憚若此者。太常卿魏校答崔銑曰：自守仁説行，而楊簡逆天侮聖人之書出禍天下，其邪説甚於無父無君。提學林希元作《四書存疑》曰：天地間自來有此妖怪，如許行邪説，至爲無謂，猶有從之者，無怪良知之説惑人也。夫此四人者，皆世所謂賢人君子，且素重守仁者也，而力詆之若此，是必有大不得已者，奪其情也。且自國朝以來，真儒如薛瑄，已從祀無議矣，從祀之道自任者，莫如今准從祀檢討陳獻章，守仁之徒所推服亦莫如獻章，今獻章之書具存也，有無忌憚如此者乎？彼爲之徒者，往往推守仁於獻章，而不知其不類也。何以明其然也？彼駁朱熹窮物理之説曰：如求孝之理於親之身，如惻隱之理於孺子之身。不知熹無是教也。又曰：亭前竹子，窮物不通，七日成疾，以爲格物誤人。不知熹無是學也。以一心好酒，一心好色爲主一之功證，居敬之失，不知好酒好色不可以爲敬，亦未有敬而好酒好色者也。如此之類，欲以病朱熹而愚天下，至指之爲神奸所伏，考獻章之言有如此者乎？觀其詩曰："吾道有宗主，千秋朱紫陽。"又曰："一語不遺無極老，十年無倦考亭翁。"吁！何其尊之至也。守仁之獎藉其徒，人人聞道，處處顔曾。如哀主事徐愛之亡曰：汝與顔子同德，則是顔子在門也。别山人董澐之序曰進於化也無難，則是自處已化也。指王畿心意知物善惡俱無之見，爲明道顔子不敢當，則是王畿過於明道顔子也。臣之郡人楊氏兄弟僅及門，而一皆稱之爲聞道，此外又有薛氏兄弟子姪之盛，又有毅然任道數十人之多，則是鄒魯諸賢，不足以當臣一郡也。獎人以所無之善，誘人以僞成之名，枉其心之公，賊夫人之子，惑世誣民，莫此爲甚！考獻章之言，有如此者乎？觀其語李承箕曰：世卿以歐蘇人物自期，安能遠到？其倫張詡曰：廷實是禪矣，但其人氣高，且不可攻。吁！何其嚴之主也。夫朱注之行久，學士遵爲矩矱，而求其體驗於身心者實少。自獻章以静入誠養見大無欲之旨迪人，而學者始知反求諸内，可謂有啓佑之力；然其補偏救弊之言，亦不無時有稍過者。昔程顥有言：學者須先識仁。仁者，渾然與物同體，常時皆謂發前聖所未發，而朱熹獨謂其太廣而難入。獻章之言曰：“吾能握其機，何必窺陳編。”又曰：“此道苟能明，何必多讀書。”雖出於救末學之弊，而臣亦謂其語意尚須善會。又曰：“誰家繡出鴛鴦譜，不把金針度與人。”則極喜程顥與物同體之説。或者病之，又謂金針之語不當喻學，而臣則以程顥獻章各就己所至而言朱熹之意，則爲聖教而發，若乃所引禪語，詩家借用，似無嫌於同辭者。要之，聖人無是也。夫道中而已矣，教中道而立而已矣，卑之不可，高之不可。賢者立言，往往不能如聖人大中而無弊也，此聖賢之分也。雖然，不意守仁之好異一至於此也！考胡居仁與獻章同時，同受業於吴與弼者，然尚以獻章之學爲禪，使其生於守仁之日，將不知其指守仁爲何如人也？守仁之學，實從湛若水而興，若水獻章之徒也，所謂良知，豈能出獻章造悟之内？而生平論著滿車，曾不掛口獻章一語。嗚呼！彼固上薄孔子，下掩曾孟者，固宜其不屑爲獻章也。或者比而同之，過矣。推守仁之意，生不欲與獻章齊名，殁豈欲與獻章并祀。儻如守仁者，而欲議祀典，則必巍然獨當南面，而孔子爲之佐享，如顔曾思孟周程，猶得列之廊廡之間，彼程頤朱熹而下，當并棄之，不與同中國矣，豈能一日同堂而居也。嗚呼！此皆由守仁自任之太過，雖守仁或亦不自知其至於此也。臣少年讀其書竊喜，蓋嘗盡棄其學而學焉；臣之里人，亦有以臣將爲他日守仁者。賴天之靈，久而悔悟，始知其自奇智解者，乃工於獲短之謀也；其藉口一體者，乃巧於盗名之術也；終日招朋聚黨，好爲人師，而忘其身之可賤也；稍知廉耻之士所不肯爲，於是顔忸怩而心愧畏者累月，是以寧謝交息游，不敢學媒約之言以奬進人物，寧其中一無所有，不敢高闊其談以駭人驚世。何者？自顧其才非其才，其道不敢道也。昔馬援戒其子姪曰：杜季良憂人之憂，樂人之樂，吾愛之重之，不願爾曹效之，學而不成，所謂畫虎不成反類狗也。里婦效顰於西施，其姑見之曰，此吾婦也，胡然化而爲鬼也。故守仁之學，有守仁之才則可，無其才而效之，不爲狗成則從鬼化。夫人之所以異於禽獸别於鬼魅者，以其平正明實，守經守禮，雖愚夫愚婦，可望而知也。今若此則又何貴焉？然以臣昔日之誤，則天下之爲臣者，宜不少也，以臣之迷而後悔，則天下之迷於其説者，皆可原也。孔子曰："天下國家可均也，爵禄可辭也，白刃可踏也，中庸不可能也。"夫寧學中庸而未至，不欲以一善而成名，君子之所以戒慎恐懼也。負三者之行，索隱行怪以爲中庸，而欲以凌駕古今，小人之所以無忌憚。雖然，中庸之難能久矣！如獻章之與居仁，皆學中庸者也，敬求其至，即獻章之誠篤光輝，臣猶未敢輕許，况居仁乎？而又何責於守仁也？若捨中庸而論，則守仁者，亦一世之雄，而人中之豪傑也。乞宥言官一疏其氣節足尚，江西廣右之功，其勳名足尚。《傳習録》雖多謬戾，拔一塞源之論，亦不免藉一體以行其私，獨訓蒙大意一篇，能道先王之舊，而象山祠、文山祠二記，與客座諭俗數語，有可以警發人心，其文章足尚。三者有其一，已得祀於其鄉，合之以祀於孔廟，似亦不爲甚過。乃臣之所爲過慮者，亦竊比諸臣之憂耳，諸臣之憂，實天下之人之所同憂，不可不爲之防也。《書》："朕塈讒説殄行，震驚朕師。"又曰："何畏乎巧言令色孔壬。”孔子曰：“惡利口之覆邦家者。”其論爲邦曰：“遠佞人。”佞人殆是以共工之流。兩觀之誅，自後世觀之，皆若大遠於人情，而不知聖帝明王，皆急急以正人心爲第一義也。今守仁挾秦儀之術，薄孔孟之教，張皇告子佛氏楊簡之論，而自謂千古一人，舉世皆知其利口巧語，而擬於讒佞，是大舜孔子之所畏惡也。我皇上方隆唐虞之治，崇孔氏之學，而又以祀典寵守仁之功，事雖若可以并行，義不可以不明辨。（下略）（見《醉經樓集》）

三十七年己酉（1609），林熙春跋《研幾録》。

文略云：“余少從家大人受書，則有中離先生《研幾録》。曰：‘先生爲陽明首座，讀此有裨聖學。’時有事帖括，解者十七，所未解者十三。比杖斥家食，搜此書無有，始就先生裔孫諸生士彦茂樛得抄本讀之。見其精密恢擴，直發前人未發，聖人復起，不能易矣。近來姚江標柄，人間疑其支離。先生之學，有入門歸宿，而一生氣魄，百折不回，真爲姚江功臣。第此書闕，只存千百什，姑綴數語簡端。俟獲全書，當叙付剞劂，爲先生傳神。歲己酉，鄉人後學林熙春識。”（《研幾録》）

四十二年甲寅（1614），都察院准禮部諮請謚先生。（文載《圖書質疑》末）

四十四年丙辰（1616），先生文集刊行。（曾彭年撰《全書題記》）

按：此即先生孫德卿所梓，《千頃堂書目》著録四卷本。（詳《潮州藝文志》）

四十五年丁巳（1617），先生曾孫茂杞重刻《圖書質疑》及《研幾録》。（見《圖書質疑》卷末）

崇禎六年癸酉（1633）四月，揭陽縣知縣陳鼎新撰《中離集序》。（文載《薛氏族譜》）

十年丁丑（1637），邑人爲先生姪東泓建祠於金山。（《海陽縣志·建置略》）

十一年戊寅（1638），先生曾孫茂槮刻《廷鞫實録》。

十二月，張明弼撰先生文集序。（文載《薛氏族譜》，文又見張氏《榕城集》卷五。）

十三年庚辰（1640），張明弼撰《東泓祠堂記》。（文載《薛氏族譜》）

清順治十八年辛丑（1661），潮州府知府吴穎建理學名賢祠，祀先生。（《海陽縣志·建置略》）

記略云：郡之金山，有周濂溪先生祠，由來舊矣。廖槎溪以紫陽高弟判郡事，今從祀孔廟。王陽明撫虔，潮人士多從之游，爲建祠城西。獨紫陽先生曾游於揭，主同年鄭氏家，題詩石壁去，而缺焉無祠。後之宦游潮者，郡丞劉晴川、揭簿季彭山，位詘道伸，潮人以爲師。而此邦所稱聞道好學之人，如三薛立朝，不愧名節，二楊兄弟，自相琢磨，陳海涯篤實躬行，林龍湖陳員溪講學不倦，皆聖賢之徒也。嗚呼！濂溪祠改而貯火藥矣，陽明祠苐爲馬廐矣，興廢之故，可勝感矣。歲辛丑元旦，謁廟，見郡學側有舊屋三楹，故爲復禮祠，今鹽賈僦居，因議新之，以祀理學諸先生十有四人。首濂溪，次紫陽，又次槎溪，從乎濂閩之傳者也。於明則首陽明、晴川以下，或游宦，或授業，或私淑，皆衍王氏之學者也。發一堂之問學，化三古之異同，予竊於合祠有深幸焉。榜曰理學名賢合祠，并次第其事，以永之無窮。（《海陽縣志·建置略》）

道光二十四年甲辰（1844），惠潮嘉道諸城李璋煜，委教授順德馮奉初，刻《潮州耆舊集》（《耆舊集》馮奉初序），選先生文編爲《薛御史集》。（列於《耆舊集》第四卷。）

民國四年乙卯（1915），揭陽曾彭年編印《中離全書》。

題記云："先生書存者凡三種：曰《研幾録》，刊於嘉靖乙未（1535）；曰《圖書質疑》，有先生自序，不言付刊；曰《文集》，刊於萬曆丙辰。今乙未丙辰二板久無存，《文集》尚有舊家藏本，《研幾録》《圖書質疑》則皆輾轉傳抄本也。三書各爲卷數，懼其散而易佚也，用陸文安王文成二書例，合而刻之，另加編次，訂爲二十卷。先之以《研幾録》，《圖書質疑》次之，《文集》又次之，而附以先生姪東泓給諫《疏草》終焉。道光朝，馮氏奉初輯《耆舊文集》，於先生作，具見搜羅，恨非足本；當日校仇尚精，抄本訛脱，往往藉以是正，其校無可校者，則姑仍之，不敢輕易竄易，示慎也。又案楊文懿公起元《惠州寓賢記》，稱先生所著有《研幾録》《圖書質疑》《經傳正義》《中説》《西湖記》諸作，《魯論真詮》未成，稿藏李鵬舉家，又十餘年，葉萼得之其蔽笥中，追憶續成之。王氏漸逵《墓志》、何氏維柏《傳》，均稱所著有《研幾録》《圖書質疑》《經傳正義》，湛甘泉氏《宗山祠堂記》則僅稱所著有《研幾録》《圖書質疑》，以上四家所叙先生著述，互有不同，然考文懿所稱前三書與王氏何氏同，其《中説》寥寥短篇，已見《文集》中。《西湖記》無存，至《魯論真詮》，則明言葉氏續成，非盡出先生手著，且葉氏續書時，在先生既没十餘年之後，則爲家傳與志墓之文所不及見，亦自有説。惟《經傳正義》爲甘氏《祠堂記》所不載，則一疑案耳。馮刻《耆舊集》，亦不及《正義》《真詮》二書隻字，馮氏去今近百年，搜輯較易爲力，乃亦僅此，則此二書之亡，蓋亦久矣。附著於此，以諗後之讀先生書者。"（《全書》卷首）

跋

中離先生爲王門高弟，首鈔《朱子晚年定論》，刻《傳習録》，於師門宗旨，多所敷發。陽明居贛州，先生偕兄俊及群子弟往問業。由是楊驥、鸞兄弟，黄夢星、林文、余善、楊思元、陳明德、翁萬達、吴繼喬輩，聞風興起。王學盛行於嶺南，論者咸推功於先生焉。先生之學，有入門、有歸宿，一生氣魄，百折不回，其節概具見《明史》及府縣志本傳。而弟僑所撰《行狀》一文尤詳，載鈔本《薛氏族譜》。予曾録刊《方志旬刊》，僻在嶺東，流佈未廣。比者，廣東文獻館將刊行《廣東文物》特輯，葉玉虎、簡馭繁兩先生徵文於余，以中離思想事迹爲題，乃於鳳隴薛家假得《薛氏族譜》，參以先生《文集》，撰次爲譜，著其行事，系年紀要。至其學説，《全書》具在，故不詳及。附載王門潮籍諸君子，其誼兼師友者，有鄭一初，事陽明蓋在先生前，亦并列焉。先生廷鞫經過，向有葉萼《實録》，不復覼縷。至若先生《著述考》《學侣考》，以徵稿限迫，未及寫定，兹暫從闕。是稿以半月之力，倉促成篇，疏漏知所不免。容俟異日，再行苴正。

戊子冬十月朔日，饒宗頤附識

原載《選堂集林 · 史林》，香港，中華書局，1982

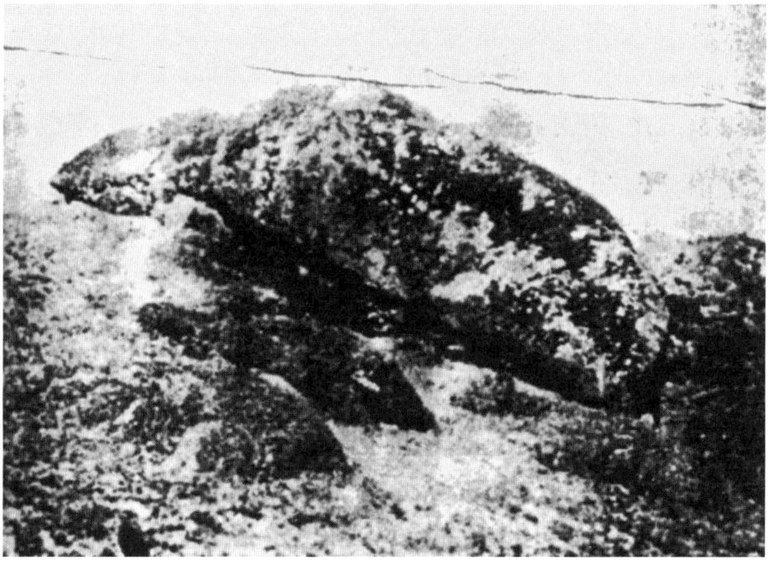

圖一　東岩（中離山十八景之一）薛僑所闢

圖二　中離洞（在今桑浦山，中離先生闢）

潮州宋瓷小記

談中國陶瓷史者，每稱及“廣窰”，大抵指陽江所製而言。陽江窰起於南宋，至明時徙南海縣石灣村。舊時所謂“廣窰”，無異以陽江爲代表，然廣東東部與江西、福建接壤之韓江流域，設窰燒瓷，爲時極早，惜乎言瓷史者多未之及。

惟程哲《窰器説》云:“廣東窰出潮州府，其器與饒器類。”[1] 寥寥數語，無關重要。程氏書蓋止論明瓷，於宋代潮窰產品，尚無所知。自1922年於潮安城西南羊鼻岡發現治平、熙寧時製水東瓷佛，上有埶書“潮州水東”及“匠人周明”姓名字樣，潮窰始爲人所樂稱道。水東佛像四尊，故友羅原覺著《談瓷別録》特記其形制，以彰其事，文載《嶺南學報》[2]。余以州人，且曾撰《韓山志》，韓山即水東窰所在地，故於潮窰原委，向略究心。薄有記録，1955年夏旅東京時，爲小山富士夫教授取去，由長谷部樂爾譯爲日文，載於陶瓷協會出版之《陶説》二四，該文屢見學人徵引。近二十餘年，考古工作之蓬勃，對潮瓷發掘益多，玆就所能記憶者，參以新知，以明潮窰之歷史背景，撰爲小記，藉供談宋瓷者之采覽焉。

[1] 《美術叢書》初集第三輯。

[2] 第五卷第一期。

一、窰址之發現

韓山去潮州城東一里，一名筆架山，以唐時潮州刺史韓愈曾登覽得名。韓山迤東北三四里一帶山地，産瓷土極豐，其地露出流紋岩層中，長石成分特富，伴生之石英，又每結集成簇；其岩石經風化後，石英易於析出，由長石變化之純潔磁土，采掘淘洗，極爲方便。故自唐、宋時，已有開采，如黄金塘、康厝山、白嶺、猴伯嶺，及飛天燕之磁土，皆有名於時，至今猶有人采掘，爲燒瓷之用。北宋窰址即在此一帶地區。故老相傳，自韓山前山仔壘村至山後，宋時有窰九十九，窰長二丈八尺五寸，夙有“百窰村”之目，潮州城廂附近，居民每於其地掘得碗罐之類。西人斐利（Malcolm F. Ferly），曾調查福建、廣東古窰址，親至筆架山采集磁片，所得甚夥，著有《中國古代窰址》（An Ancient Chinese Kiln-Site）一文[1]，稱其平生在中國所見之古代窰址，以筆架山窰址爲最大，殘片遍佈幾及一英里而外，河邊積土十餘尺均與陶片結合。1954 年 3 月，因韓山學校建築校舍，發現宋代窰址。經勘查結果，據稱“由筆架山東南山脚，至西北涸溪塔山脚，約四五公里均屬窰址，并在筆架山東約一公里多整窰址地區，發現磚砌窰口一個，寬約 1.50 公尺，磚被火燒，變成紅褐色，内部磚滿黏褐色釉。又在筆架山拾回各種瓷片。此古窰遺址之正式發現，在目前乃爲首次”[2]。

曩者，余於《韓山志》與《潮州志》二書中，嘗考查瓷土之産地及窰址所在之村落。瓷土除筆架山極爲佳良之外，大埔高陂一帶，距韓江之東岸約十里亦産磁土；其中以山坪、雷公坪之土質最良，故高陂製陶業異常發達。其他産地，尚有豐順之横居山陽坑墟、饒平之九

[1] 載《亞細亞雜志》，1940。
[2] 載《文物參考資料》，1954（4）。

村，而惠來梅林之陶土，向亦負盛名。潮州窰址之分佈甚廣，而鄉村之名稱亦冠以陶窰之文字者亦夥，例如：

潮安縣 百窰村（即水東窰）。
南窰村（現在竹蝫，離縣城六里，在意溪西南）。其他桑浦山間，昔時亦有瓷窰云。
饒平縣 砌窰村（宋代屬於海陽縣太平鄉，後爲宣化都大港之瓷窰村）。
澄海縣 陶峯村（縣北三十里處）。
豐順縣 峯前寨（距縣城七十里處）。
惠來縣 北溪窰山（縣志載稱：在縣西北六十里，山名員墩，臨一小澗，庵美角鄉人，搭茅屋水碓，舂泥陶碗，備鄉邑器用）。
大埔縣 窰子里（南接大麻）。
青碗窰（西連黄坑村，爲高陂、同仁兩區交通之要地）。
碗窰溪（區署南邊約十里）。
窰脊村（溪口附近）。
碗窰村（餘糧坑附近）。

近年發現之古窰址，大抵即在上述區域之潮安縣境。

二、窰名之考證

水東北宋瓷佛像座，四圍有銘文。治平四年（1067）像云：“潮州水東中窰甲，弟子劉扶，同妻陳氏十五娘，發心塑釋迦牟尼佛，永充供養，爲父劉用母李二十娘，闔家男女，乞保平安。治平四年丁未歲九月三十日造，匠人周明。”共六十三字。又熙寧三像文字略同。“水東中窰甲”一名，頗值得研究。“水東”即指韓山一帶之地。韓山在潮州城東，宋時人又名東山[1]，以靠韓江東岸，故名“水東”。余曾於韓山麓廢關帝廟内，發現清順治間潮鎮總兵郝尚久所立廟碑，題額曰：“溪東關帝廟碑記。”清初碑記稱“溪東”，與此北宋佛像稱“水東”，正相符合。“中窑甲”者，考韓山後臨韓江濱一帶村落，北宋時有“白瓷窑”之名。潮州城内開元寺有“潮州静樂禪院政和四年（1114）”銅鐘，其上款識捨錢人姓名，中有一行云：

> 白瓷窑住弟子劉滿、王長、慎德、鄭一娘各捨錢五貫文，各祈平安。

政和爲徽宗年號，後於治平。其地名曰“白瓷窑”，即因窑址所在而取名。《永樂大典》潮字號引元《三陽志》：“郡以東，其地曰白瓷窑，曰水南。”明黄佐《廣東通志》記莊典墓在韓山東白瓷窑，郭大鯤墓在郡城筆架山白瓷窑。莊典墓址在今韓山後，近黄金塘。合此三條，可知宋、明時所稱之“白瓷窑”，正當今窑址發見之處，以其擅製白瓷，故以此爲名；後人訛白爲百，遂有“百窑村”之稱。[2] 嘉靖郭春震修《潮州志》謂：“海陽縣東厢統五村：曰東津、水南、南窑、仙田、惡溪。”光緒《海陽縣志》有地名“南窑村”，謂“即今竹蠕，距城六里之涸溪西南處”。觀最近查勘宋代窑址，在筆架山至涸溪塔山麓四五里之地，竹蠕正近涸溪，舊稱“南窑村”，以證“中窑甲”之名，則宋時可能就窑區所在，以劃分中部及四方各村落，故有“中窑”、“南窑”之稱；至“白窑村”則爲其總稱也。於此可見宋代潮州窑址之廣，及瓷業發達之程度矣。

[1] 見王象之：《輿地紀勝》。

[2] 近日發見窑址共數十處，余以爲百窑村之“百”字，仍是約辭。

三、潮窰之衰落

潮窰盛於宋，周明所造佛像，技巧之精，即其明徵。惟入元以後頗衰弱，製作亦大不如前。最大原因，以予推測：宋時潮窰集中於筆架山，爲取磁土便利之故。筆架山地帶，當宋時，許氏、劉氏兩盛族住居於此，有“山前許、山後劉”之目。許氏之先，自泉州遷潮。有許申者，大中祥符初，舉賢良，仕至廣東轉運使。孫開義，官明州觀察使，廣南西路兵馬都監。曾孫珏，娶太宗曾孫女德安縣主，一門鼎盛。山後劉氏居桃坑及東津，至今尚爲巨族。劉氏之先，有曰崗者，自唐末偕清海軍節度使至廣州；子穎，移居於潮。其後有曰允者，登紹聖四年（1097）進士，歷知化州、桂州。允子昉、景。昉官荆湖南路轉運副使，直龍圖閣。景知台州、南雄二州。昉子四人，景子九人，皆顯仕。造佛像之劉扶，其父名劉用，其子名劉育，沥鐘之劉滿，皆住百窰村，當係其族人。許、劉二氏俱宋時潮州巨室，當元兵來潮，韓山前後，頗遭蹂躪，居民星散。[1] 水東瓷業，或因此而中落歟？

四、潮窰在瓷史上之地位

北宋瓷器有長文者不多，有備記窰名、製造年月、供奉人及塑像匠工姓名者尤少。如此治平、熙寧佛像，實爲僅見。[2] 瓷器銘文最長如餘姚唐大中四年瓷壺，有銘四十三字。

潮窰出品，有北宋英宗治平四年時物，後於江西景德鎮瓷僅六十

[1] 鈔本《韓山許氏族譜》載其事甚詳。
[2] 瓷器上刻畫年月文字及匠者姓名者，晋器有之。見《程史》“晋盆杅”條，惟不記窰名。

餘年（景德 1004—1007）。胎質瑩白，釉作卵青色，色制介於定窰與景德窰之間，已如是精緻，則其設窰可能更早。前潘氏抱殘室藏瓷杯，牙白色釉，杯身錐拱花卉，杯内有底款“宣和内府”四字篆字，據謂係潮州出品。[1] 如是，則潮窰在當時亦爲進御之物。1954 年，潮安北郊發現兩窰址，有青黄釉碗及蓮花紋圓瓦當，共三十二件，與西安大明宫所出圓瓦當相同，故可定爲唐代之物。[2] 又劉景墓經於 1958 年由廣東省博物館加以發掘，隨葬品有影青纏青花白胎青釉瓷碗，爲宋潮州窰之典型製作，又圓形蓋面作墨書“五穀龍”三字之陶盒，素面無花紋，胎色灰白而不釉，火候極高。[3] 小山富士夫引仁和寺本《唐本草》“白瓷屑……廣州良，餘皆不如”句，至欲改廣州爲“潮州”[4]，以潮州之白瓷，在北宋時已有其極高之成就故也。筆架山之瓷片，亦有雕刻蓮瓣之碎片，陳萬里親臨其地考察，加以仔細分析，認爲瓷片種類雖有青釉、黄釉等，但以白釉及影青二者爲主，水東窰之產品，大致如此。[5] 潮瓷最引起人之興趣者，爲近宋龍泉型之雙魚瓷碟，一般已目爲潮安產品。附圖乃香港中文大學文物館藏品，標明出自潮安，屈志仁君近日在中大舉辦之東南亞貿易瓷研討會中宣讀論文，亦提出龍泉與潮瓷有密切關係之見解。以予所知，此類雙魚青瓷碟，1956 年曾在長沙發現[6]，與此完全一樣。據稱在湘南桂陽於 1955 年曾出土有二十餘件，如是湖南此一批龍泉雙魚碟，可能來自潮州。[7] 惟查龍泉縣金村出土之南宋龍泉青瓷中亦有雙魚洗[8]，則此類瓷碟，自應屬於

[1] 有圖，見《廣東文物》第二輯。
[2] 《考古》，1964（4）。
[3] 圖見《考古》，1963（9）。
[4] 《中國陶瓷》上，36 頁。
[5] 《文物參考資料》，1957（3）。
[6] 圖見《文物參考資料》，1956（8）。
[7] 南宋初，潮州水東人劉昉官潭州安撫使，必帶有潮人來湘。
[8] 見朱伯謙等：《龍泉窰址發掘的主要收穫》，載《文物》，1963（1），圖十二。

南宋。潮安城南洪厝埠出有梅子青雙魚碗碎片，究在何代？其劃有皇祐及治平年號之壓錘，出土地點乃在城北郊竹竿山古窑址。洪厝埠則在城南，其地原爲南山寺，據嘉靖《潮州志》：“南山寺即廣法寺，在南廂一里，洪武間建。”[1]則洪厝埠之遺物，恐難及於北宋，潮之雙魚碟，與浙江龍泉，孰先孰後？仍待研究。潮州梅子青間有開片之冰紋，觀治平四年九月佛像，冰凍開片，微近哥窑，則此種開片技巧，北宋時水東窑工，已慣用之。

唐代青釉鳳頭壺殘片，據馮先銘云：近年於潮州韓山及廣州西村窑址，屢有發現，鳳頭壺爲吸收波斯作風之製作，泉州海上貿易，唐宋甚盛，故廣東潮州亦有發現。[2]此類鳳頭壺如果爲本地産品，合北郊發見之蓮花紋圓瓦當二事論之，唐代潮州瓷器與外地最少已有相當交往，瓷業發軔甚早，故北宋中期，水東窑製作遂有此種成就，非偶然也。

附　徐讓《陶瓷史上古潮州》（節録）

昔日曾爲“御賜品”

廣東陶瓷工藝，歷史悠久。晉代的廣東白瓷，就曾經作爲帝王的“御賜品”，賞給大臣諸葛恢。晉陶淵明《搜神後記》，也有關於廣東白瓷用作驅邪的記述。事雖屬於志怪，亦足説明廣東白瓷在晉時已很有名。去年（1954）粤東潮州地區所發現的古代陶瓷遺址——百窑村、洪厝埠、鳳憲埠、竹竿山四處，對於廣東的陶瓷史，提供了許多新的資料……

---

[1] 陳萬里謂南山寺建於宋紹興，未詳所本。

[2] 《文物參考資料》，1958（2）。

“龍泉窰”與“三王壩”

潮州南郊春社樓附近的洪厝埠，除了有“青釉帶黄”的六朝期瓷片出土之外，還有一系列釉色濃淡不一的器物，從這些器物的胎質、造型、釉色各方面，用類似式方法排列起來，它的發展是由“青釉帶黄”而到“杏黄”、“草緑”，最後是“梅子青”。這類“梅子青”器物，是和現代一般人認爲“龍泉”、“哥窰”之類的器物同屬一種類型的。市上的這類器物，過去没有人知道究竟是何處所燒，只從釉色和器物内底的“雙魚”來判斷是“龍泉”、“哥窰”器[1]，而洪厝埠出土的“梅子青”當中，就有一塊碎片，碗内底有殘存突出的魚，因爲破碎的關係，只有魚一條，原來該是“雙魚”的，這個發現，很耐人尋味，就是説：在廣東方面，市上所稱“龍泉”、“哥窰”，其實是潮州的産品。潮州“梅子青”和浙江“龍泉”器，細分起來，釉色和暗花雖然相同，但潮州較“龍泉”稍微閃黄；胎質則“龍泉”帶白，潮州帶灰；火候的堅實程度是相等的。又潮州“梅子青”間有開片（即冰凍紋），“哥窰”也有開片，“龍泉”則無開片，這也是互有異同的地方。市上的古董商，還有一種分别，是將這類古瓷中有鐵色護胎釉的才叫“龍泉”，没有的則稱“三王壩”，現在由洪厝埠古周的發現，説起來“三王壩”也其實是“宋潮州”。

潮州北郊兩古窰

潮州市北郊窰上阜的韓江大堤工地上，發現了兩個可能是北宋時代的古窰。形制是斜坡式的；在火口裏面，是一條斜坡的火棧；後爲拱頂的穹窿窰室，内有氣窗、烟筒。這種結構和現在廣東各地的瓷窰不同，是南方燒柴的古窰特點。離窰上阜一里多的竹竿山，有厚達一公尺的製陶瓷工具的壓錘、匣鉢、渣餅等堆積物，其中的兩個壓錘，

[1] 南宋浙江處州章氏兄弟同造窰，兄造者名“哥窰”，弟造者名“章窰”。

劃有“皇祐二年”（1050）、“治平丁未年”（1067）等字，可以證明竹山陶瓷遺址最低限度是北宋的古窰。如從出土瓷片來看，還可能上至唐代。又竹竿山和潮州西門外八里路的鳳憲埠，出土的匣鉢劃有吴、許、莫、蔡、張、余等陶工姓氏，這種情況，只有在福建宋代建州窰址才發現過，可能爲南方古窰的特徵。[1]

原載《選堂集林·史林》，香港，中華書局，1982

[1] 《大公報·新野》，1995。

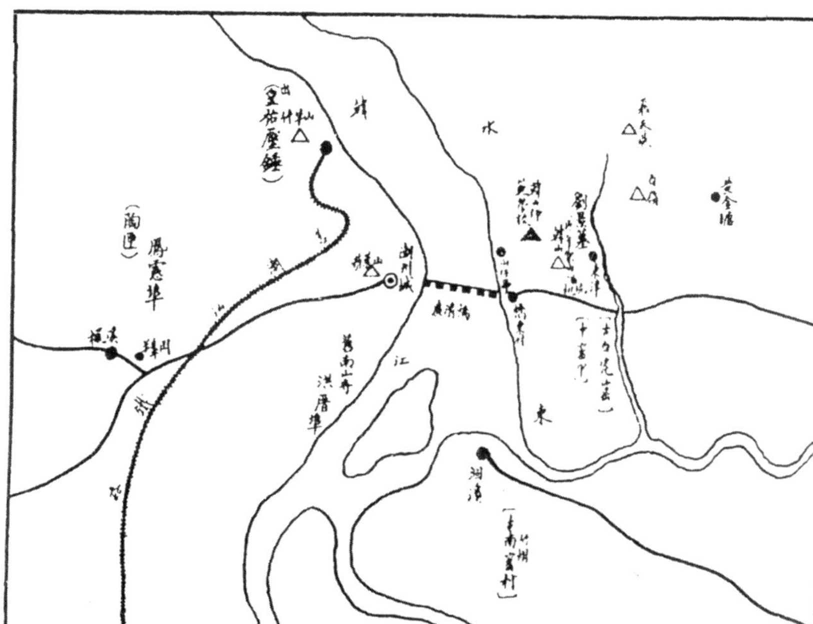

潮州水東窰址圖

説明：飛天燕、白領爲磁土産地。橋東村宋代許氏居此。桃坑、東津自宋以來劉姓所居。山仔壘附近舊稱拐窰村。韓山學校、胡蘆山、竹竿山與百窰村并有陶瓷窰址發現。羊鼻岡即治平熙寧佛像（周明造）發現之地。楓溪今爲潮州唯一瓷業中心。

治平四年九月像（背面）

治平四年九月像

北宋佛像伴出之蓮瓣香爐

熙寧元年五月像

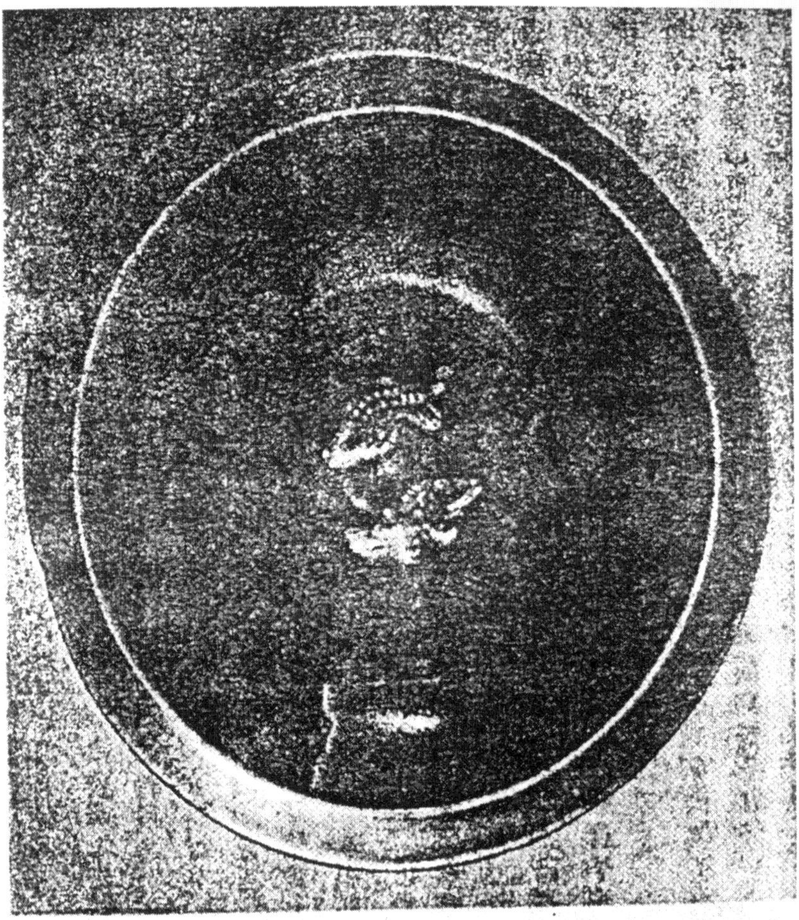

潮安雙魚龍泉瓷碟（中文大學文物館藏）

宋治平四年瓷佛四面㹏書文字

製陶瓷壓錘拓本　釋文：皇祐二年十一月十四日張世丑

The Shê Settlements in the Han River Basin, Kwangtung（韓江流域之畲民）

I. Introduction

The Shê 畲 are one of the many ethnic groups living in the mountainous regions of Kwangsi, Chekiang, Fukien, Kwangtung and Anbwei. According to recent investigations there are now about 230,000 Shê people.[1]

The Shê people are known under several different names in the Chinese historical records. In the Ming period they were called "Shê Yao" 畲傜 or "畲蠻", who claimed descent from P'an-hu 盤瓠. In the Han dynasty they were known as the "Wuling Man" of Ch'angsha 長沙武陵蠻; and in the T'ang dynasty as "Mo Yao" 莫傜 or simply "Yao" 傜.

We have reason to believe that they long ago migrated southwards, crossing the Nanling-shan into the southern provinces of Kwangtung and Kwangsi-and then separated into two branches. The eastern branch, which moved from Kwangtung into fukien and Chekiang, was known as "Shê", and the western branch which continued through Kwangsi to the borders of Yünan and Tongking have retained the name of "Man" 蠻 to this day. The

[1] *Wên-wu* 文物, 6 (1960: 78 with 5 plates) gives the results of a survey made by the Museum of Anthropological Studies, Amoy University.

tribes which remained in Hunan and Kiangsi still call themselves "Yao" .

According to the various genealogical records of the Shê in Chekiang they came from Kwangtung and in particular from Ch'aochou 潮州 and Chiehyang-hsien 揭陽縣 . This seems confirmed by the traditional "Song of the Dog King" , *Kou-huang ko* 狗皇歌, where it is said that the ancestors of the P'an, Lan (or Nan) and Lei families 盤藍雷三姓 [1] of Chekiang were originally natives of Fên ghuang-shan (Phoenix Hill) in Ch'aochou 潮州鳳凰山 . In Kwangsi, we find similar information in the historical records about the Ta-pan Man 大板蠻 .[2]

In 1939 I visited the Shê settlements in Jaop'ing-hsien, Kwangtung 廣東饒平縣 , where I gathered much data of value on them. As editor-in-chief of the *Ch'aochou Gazetteer* 潮州志 (1947), I am using part of my material in the still unpublished chapter of "Ethnographical records" 民族志 .The present paper is based on my field notes and data collected in 1939.

II. The Historical Records on the Shê

As said, the Shê people were early settlers in the Fukien and Kwangtung border lands, where in the T'ang and Sung dynasties they were often in contact and conflict with the Han Chinese migrating southwards. They were finally subdued in the Yung-lo period (A.D.1403-1424).

Here are some important references to the Shê in the dynastic records:

---

[1] *Lan* 藍 (Na in Ch'aochou dialect) is one of the three surnames of the Shê people; in the Ch'aochou area, unlike Chekiang and Fukien, it is popularly regarded as equivalent to *Lan* 籃， a basket.

[2] See MS HM.2235 of H.Maspero collection, Société Asiatique, Paris. Also see the essay on the Ta-pan Man by professor Yamamoto (1955).

1.During the reign of T'ang Kao-tsung 唐高宗 (A.D.650-683) various local gazetteers report that Shê Man 畲蠻 , led by Lei Wan-hsing 雷萬興 , ravaged Ch'aoyang in Kwangtung.

2.During the reign of T'ang Tê-tsung 唐德宗 (A.D.780-804) Ch'ên Mo, governor of Changchou 漳州 in Fukien defeated Lan (or Nan) Lao-ch'ih 藍老鴟 , military leader of the Shê at Chieh-yang, Kwangtung.

3.Towards the end of the Sung dynasty, Prime Ministers Wên T'ien-hsiang 文天祥 and Chang Shih-chieh 張世傑 fought P'u Shou-Kêng 蒲壽庚 .Who had the support of many Shê tribesmen.in Ch'üanchou 泉州 , Fukien.

4.When the Sung military officer Ch'ên Yi 陳懿 surrendered to the Yüan or Mongol army in Ch'aochou, among his troops were several thousand Shê tribesmen. The rest took refuge in the mountainous regions.

5.Towards the end of the Yüan dynasty (A.D.1260-1367) there were several uprising of the Shê under Ch'ên Man 陳滿 .

6.According to the Shun-chih 順治 Ch'aochou Gazetteer, Lei Wên-yung 雷文用 , leader of the Shê tribes at phoenix Hill, in the Yung-lo period (A.D.1403-1424) paid tribute to the local Chinese commander.

From the above six references, it is obvious that the Shê people originally lived in the mountainous regions, apart from the Han Chinese.By paying tribute in the early Ming period they eventually mingled with the Han Chinese and thus became sinicized.

III. The Shê People and the Three Families of P'an, Lan, and Lei

Ku Yen-wu 顧炎武 in his *T'ien-hsia chün-kuo li-ping shu* 天下郡國利病書 (A.D.1662) in a description of the Shê people, says:

In Ch'aochou county dwell a tribe of the Shê people, called the Shan Shê 山畲 or "Hill Shê", forming two groups, viz.the P'ing Tusng 平鬃 and the Ch'i Tsung 崎鬃 .Altogether there are three families: the P'an, Lei and Lan (or Nan).They occupy the mountains and are hunters.

In the above quotation *Tsung* 鬃 refers to the women's hair decorations. *Ch'i* 崎 (pronounced κia in Ch'achou dialect) means "high" as opposed to *p'ing* 平 "Level" or "plain" .The Shê people in former days were regarded as forming two different groups, according to the two different ways in which their women styled their hair.The *Yung-lo ta-tien* 永樂大典 , chüan 5343, under the entry 潮 , gives a description of the women's hair-style in the Sung period; it says they like to pile their hair into high tresses, which they call "Man style" [barbaric style] 蠻妝 .They seem to have retained this style as late as the Chia-ting 嘉定 period (A.D.1208-1224).But thereafter this style was fobidden by Tsang Ê. governor of Ch'aochou.

As to the three families P'an, Lan (or Nan) and Lei, they still survive today in the Han River Basin which I investigated in 1939.So far as I know the P'an family is only found today at Nanwut'ung 南武峒 , although extant genealogical records show that members of the family also lived in the northern part of Ch'aochou and Jaop'ing-hsien.

The Lan or Nan family, numbering about 110, in 1939 occupied the entire village of Wangyao-ts'un of Ch'aoan 潮安碗窑村. There were about ten or more Lan families, numbering about 30 persons, in Nanwutêung and the Lan (Nan) were in a majority in Shihku'ping 石鼓坪, a village of about 250 people in Jaop'ing-hsien.

The Lei family occupied the whole village of Shanli-ts'un 山黎村 of Ch'aoan-hsien, and scattered families were also found in Nanwut'ung and neighbouring villages.

The Shê people in Chekiang province sing a folk-song called *Kou-huang ko* 狗皇歌, or Song of the Dog King, which recounts how their ancestors came to be called P'an, Lan (or Nan), and Lei.

Long ago there lived an emperor called Kao-hsin 高辛 whose wife had an ear-ache for three years. When a cure was finally effected, out of her ear was taken a golden larva. The larva was put on a golden plate, and kept in a basket. It grew and, having grown, changed into a Dragon Dog 龍狗: Finally this in turn took on a human shape and became a man. The man begot three sons, who one day went to court to ask the Emperor to give each of them a suitable family name. The Emperor honoured them with the family names of P'an, Lan (or Nan) 藍 refers to the basket (籃) in which the plate was kept, and Lei 雷 is the rumble of thunder, which the Dragon rules. In the Ch'aoan dialect Lan is pronounced a (basket) and Lei pronounced Lui is the roll of thunder. In this strange and perhaps ridiculous story survives a Shê tradition connecting them with the three families P'an, Lan (Nan) and Lei, in this *Ch'a* ochou district, far south of Chekiang province.

IV. The Old Shê Settlement in the Han River Basin

Without going into detail about the various Shê settlements in this area today, may I simply recall the traditional records of their early settlements in the district.

From the various local gazetteers, *hsien-chih* 縣志 , we know that already by the early Ming period (15th century) the Shê had mingled with the Han Chinese and become sinicized. In this particular area they were probbly aborigines with a cultural background of hillmen, lagging far behind the Han Chinese, particularly the Hoklo and Hakka immigrants, who pushed them into cave and mountain retreats.Some nevertheless maintained their foothold in the plains（坪）, where today they retain some of their ethnic traits, particularly in the following three localities.

1.Taichao-shan of Shihkup'ing, Jaop'ing-hsien（石鼓坪待詔山）

2.Ch'iwei-ts'un of Ch'aoan-hsien（潮安縣溪尾村）

3.Fêngch'uichih of Fêngshun-hsien（豐順縣風吹磜）

V. Ancestral Portraits and Beliefs of the Shê

The most distinctive cultural feature of the Shê people is dog worship. Dr Ling shun-sheng 凌純聲 , the noted ethnologist, has pointed out that Shê women still retain in their hair-style the tradition of putting on what they call the "crown of the Dog King" .

In the course of the Shê ancestor-worship ceremonies on New Year's eve in the Ch'aochou area, the leading worshipper crawls on the “worshipping board”， kike a dog. These practices are common to the Shê people in the provinces of Fukine, Chekiang, and Kwangtung.

Most Shê families have ancestor-portraits painted on long strips of paper which are stored away rolled up. These portraits are done in series, usually recalling the traditional story of the life of their common ancestor P’an-hu. Several late Ch’ing reproductions were found in Chekiang by Professor Ho Line-k’uei 何聯奎 and Professor Ling Shun-sheng who have published reproductions of them.

In Ch’aochou I found several picture-scrolls, one of which I reproduce on Plates here.

The legend of P’an-hu among the Chinese people goes back to the Later Han dynasty. Different versions exist among the South China people, but there are two features which are unique in the Ch’aochou pictures, which I should like to call attention to.

1.Among the earliest portraits found, one is of the K’ang-hsin period (A.D.1662-1722) depicting Liang T’ine Shih 量天氏 (surveyor of celestial bodies) who holds some sort of measuring instrument. According to Ssŭ-ma Ch’ien, *Shih-chi* 史記 , in the Biographies of the Ch’u 楚 people, Emperor Kao-hsin had two officers, Chung 重 and Li 黎 , who were in charge of the Board governing Celestial Bodies and the Great Earth. Now these officers were both in fact manifestations of P’an-hu, the common ancestor of the Shê people, and particularly of the Wuling Man 武陵蠻 of Ch’u.

2.The pictures show Taoist associations. For instance in the notes to the pictures there is a reference to P’an-hu’s visit to the Mao Mountain 茅山 to be initiated in Taoist practices.Among the P’an-hu illustrations found in Chekiang and also in Ch’aochou, Kwangtung, there are two sets of pictures representing the Three Ancient Emperors: T'ien huang 天皇 (Heaven), Ti Huang 地皇 (Earth) and Jên Huang 人皇 (Mankind). In the pictures of the first set they are primitive people wearing clothes made of leaves; in the second they are in full imperial dress. In the Taoist compendium *Tao Tsang* 道藏 there is a reference to two sets of Ancient Emperors [1] that make an interesting parallel.

VI. Is Ch'aochou the Original Home of the Shê People?

Despite the traditional belief that Shê people of southern Chekiang and the Ta-pan Man 大板蠻 of Kwangsi came from Ch'aochou, I do not think this is necessarily the case. In the various local gazetteers I found six instances where the Shê people say they came from Loshui-hsien 洛水縣 or Ch'ihsien-tung 七賢洞 in Kueichi-shan 會稽山 , within the Ch'aochou area.I, who come from that county, find no such places there. Among others, Professor Ya-mamoto insists that Ch'ihisen-tung is in Ch'aochou, in the neighbourhood of Phoenix Hill. I have checked all the references and made local investigations but find nothing to convince me that it is so.

In my opinion Kueichi-shan is, as stated in most of the Chinese records, in Chekiang, and Ch'aochou in Kwangtung was not the original habitat of the Shê before they migrated.

[1] See Ku Chieh-kang 顧頡剛 and Yang Hsiang-k'uei 楊向奎 (1936). *San Huang K'ao* 三皇考 , Harvard Yenching Institute, Peiping.

VII. The Shê Songs and Folk Literature of Ch'aochou

As I have already remarked, the Shê have left cultural influences in Ch'aochou, as in the women's hair style. It is also reflected in their songs and folk literature.

The Ch'aochou people readily compose, when it strikes their fancy, folk-songs which they call *Tou Shê κo* 鬥畲歌 . *Tou* refers to singing in alternating parts, "challenging one another" in the manner of the Shê people. The words of the songs are often a bit vulgar, and yet the melodies have a grand and soothing effect well suited to their subject matter.

VIII. The Meaning of the character Shê 畲

According to the *Shuo-wên* 説文 , Shê 畲 means "digging the fields" , but is read yü.[1] In the *Kuang-yün* 廣韻 , Shê is read 式車切 , *shih ch' ê=shê*, and means "destroying the vegetation by fire and using sticks to dig the fields" . This would indicate that the Shê in their mountains and forests were users of the primitive "slash and burn" methods of agriculture, besides being hunters for food.

By living in the remote mountains the Shê people avoided taxes and military service. They thus came to be nicknamed the Mo Yao 莫徭 (no corvée people). The *Kuang-yün* added the radical dog 犬 to their name 獏猺 , a not infrequent practice among Chinese writers to imply contempt, just as they also use the radical 蟲 *Wei* (vermin) in the names of the Man

[1] Cf. Karlgren: Grammata Serica Recensa (Stockholm 1957): No.82f.

蠻 , the Min 閩 , etc.

Many scholars have studied the aborigines of South China, among whom Dr H.Stübel, Professors Yamamoto, Ling Shun-sheng, Ho Line-K'uei, Messrs Li Hua-min, Hsü I-t'ang 徐益棠 , but their writings are mostly on the Shê of Fukien and Chekiang; little has been written on the Shê in Kwangtung, particularly the Shê settlements in the Han River Basin. I therefore hope this paper will add something to our knowledge about the Shê people.

References

Works in Western Languages

FROTUNE, R.F., editor (1939).Yao society, a study of a group of pimitives in China, Lingnan Science Journal (Canton), 18(3-4). Introduction by R.F.F.: 343-356.Local history, social organization and warfare, by C.B.Lee 李智文 : 357-370. The Yao family in birth, marriage and death, by K.K.Lee 李季瓊 : 371-382. Yao religion and education, by W.C.Wang 宏永就 : 397-408. The economics of Yao life, by K.Y.Lin 林敬隅 : 409-423. Phonetics and phonology of the Yao language, by S.L.Wong 黄錫凌 : 425-455.

KOPPERS, W.(1930).Der Hund in der Mythologie der zircumpazifischen Völker, wiener Beiträge *zur Kulturgesch*.

u.Linguistik, 1: 359-399.Reviewed by paul pelliot in T'oung Pao, 28(1931): 463-470.

LING ZENG SENG [SHUN SHêNG] 凌純聲 (1929).Recherches ethnographiques sur les Yao de la Chine du sud.Paris.151 pages, map.

LIU CHUNGSHEE HSINE (1932).The dog ancestor story of the aboriginal tribes of southern China, Journal of the Royal Anthorpological Institute, 62: 361-368, illustrations.

LOI (1906).A visit to the yao-tze, the Far East, 1: 193-208.

PELLIOT, P.(1931).See under Koppers, above.

SAVINA, F.M.(1924). *Histoire des Miao* (Dog ancestor of the Hiai-ao of Hainan), 103-4.Hong Kong (2nd ed.1930).

SEIDENFADEN ERIK (1943).Un ancêtre de tribu le Chien.Institut Indo-chinois pour I'Etude de I'Homme (Hanoi), Bulletin et Travaux, 6: 367-368.

STüBEL, H.(1938).The Yao of the province of Kwangtung, Monumenta Serica, 3:345-384, 23 plates, map.

WIST, HANS (1938).Die Yao im Südchina nach berichten neuer chinesischer Feldforschungen.Berlin, 73 + 135 pp., ill.

In Japanese

YAMAMOTO TATSURö (1955). *Man-zoku no sankanbo-tokuni kodensetsu to ijū keiro ni tsuite*—マン族の山關簿——特に古傳説と移住經路に就いそ (“Charters of Man People” Shan-kuan-pu), Tökyö bunka kenkyū-jo kiyö 東洋文化研究所紀要 , 7:191-269.

Appendix

護王出身爲記

護王原東海蒼龍出世，生予（於）大耳婆左耳；請醫，醫出耳卵放予（於）殿角，百鳥具朝，取與醫生剖之，出一狗子，養八個月，身長八尺，高四尺，身有五色斑文毛，行至大路中心，超群拔異，號

（殘缺數字）（高）辛帝治天下，時有濱夷房奕（？）王作亂，殺死良民無數，官兵得（？）能收復，辛帝出榜，有能收服房突（？）王者，願將三公主任選爲妻。榜掛，無人收得，龍狗見之，遂收其榜。丞相郭子英帶狗見帝，帝大喜，問狗何能，犬對丞相，有陽戰之形，變化無窮，即辭帝過海，至濱夷之國，見番王，王大喜，賜狗酒肉，召諸軍會飲，不意酒醉，三更時，龍狗將番王頭咬斷，軍兵追趕，感龍王，差河伯水官六丁六甲護送過海，軍士等接，丞相帶見帝，帝大喜，又沼（詔）不是。時有鄉里老人，年九十歲，識房之面目，召而視之，果是真。帝封狗重職，狗不願，另要公主爲妻，帝思一言已出，駟馬難追，問狗能變身否？狗曰：能。遂許七日與之變，不料至五日，大王聞聽狗頭不能變，選日成親。二十年，生三子一女，帶見帝，賜姓盤、藍、雷、鍾，男女自相嫁娶，永世（？）各異，又分天地，狗王奏帝：虧（？）不要平洋田地芬（券）？

帝百姓耕納供國，分深山，離田三尺，離水三尺三分年粉鏘（季）子孫永遠耕種，不許軍民人等混争。如墳林，只留中二十八步，亦不許官員子弟争阻，如有此情，送官治罪，又奏不要京城大屋一居住，要深山空谷居住。帝准奏，差軍兵護送出城。後學法茅山，不意被山洋觸落於身中各樹，了歸御葬，後三子一婿，遂散處，各領“路引”於福建廣東四處，具炤旨施行，其後子孫予（於）漢、唐、宋、明累朝護國，不能勝記，謹記其身圖，以便覽云。

歲次道光辛丑二十一年秋月　日重修同（？）畫祖像吉旦遺後。

THE OPENING INSCRIPTION ON THE SCROLL

English translation by Mr P.K.Leug

(The following is a fairly free translation of a folktale poorly witten in the vernacular. Some of the words can be made out only with difficulty for the photostatic copy. Its writer had little education and it is not always easy to see what he originally meant to convey.)

THE STORY OF THE GREAT PROTECTOR, THE DOG KING

The Protector originally came into the world as the Azure Dragon of the Eastern Sea. He was born from the left ear of a large eared woman.A surgeon who been summoned immediately removed from the woman's ear some sort of larva. This he placed in a corner of the Great Hall; whereupon hundreds of birds flocked round, drawn by the next operation they knew was about to be performed. From the larva the surgeon brought forth a dog, which, after eight months of care and nourishment, grew to be eight feet long from nose to tail, and four feet tall, Its body was covered with a coat of variegated colours and markings. Even in the concourse of the market-place it was a dog that stood out as quite extraordinary.[1]...

All this took place in the reign of Emperor Kao-hsin. It happened that at that time King Fang-i of the Maritime Regions had raised a rebellion, during which many innocent people were killed. As the imperial army failed to suppress it, the Emperor in an edict announced that whosoever should subdue the rebellious King[2] might choose for wife one of the three imperial princesses. But even such an offer met with no response.

[1] A few characters are missing here. See p.106, Pelliot (1931:465).

[2] King Fang-t'u in the original text.

When the Dragon Dog, however saw the edict, he volunteered his services. Thereupon the prime minister, Kuo Tsŭ-ying, brought the Dog to the Emperor, who was vastly pleased. He asked in what ways the Dog was particularly gifted, and the Dog replied through the prime minister, that beside being brave in battle he could also assume an infinite number of forms. [permission being granted him to withdraw] the Dog departed, and crossed the seas to the Maritime Regions, where he sought and obtained an audience with King Fang (baharian king).

King Fang, greatly pleased by such an unusual visit, provided the Dog with meat and wine, and assembled his soldiers to join in the drinking. Forgetting all caution, the King became tipsy, and at the third watch the Dragon Dog snapped off his head. The soldiers immediately pursued the Dog, but the dragon King much stirred by the event, dispatched the River Duke to escort the Dog safely back across the sea.[1] The imperial troops were already watching for his return and the prime minster in person at once took him into the Emperor's presence.

However great was the Emperor's satisfaction on seeing the Dog and the head which had been brought back, it could not be complete until proof was obtained that the head was none other than that of King Fang-i himself. When, however, and old countryman of over ninety years who knew King Fang was brought forward, he recognized the head as truly that of the King. Thereupon the Emperor commanded the appointment of the Dog to a position of great eminence. This, however, the Dog declined insisting only on marrying the princess of his choice.

The Emperor, unwilling to withdraw a command once uttered, asked

[1] "Liu-ting liu-chia" 六丁六甲 is a Taoist term.

the Dog if he had the ability to change himself into a man. The Dog replied that he was indeed able to do so, and seven days were granted within which the transformation was to take place. On the fifth day the Emperor learnt that though a partial metamorphosis had taken place the head was still dog-like. Regardless of this bad new, a day was chosen for the marriage, which accordingly took place.

Twenty years thereafter couple had become the parents of three sons and a daughter. The Emperor himself bestowed on them the names of P'an, Lan, Lei and Chung[1] and commanded that henceforth they were married only amongst themselves.[2] He divided land among them, and the Dog, true to his nature, chose land in the mountains[3], where his descendants could plough and harvest and pay their taxes to the national treasury in grain. Disputes between civilians and the military were forbidden, and the retainers of government officials were not permitted to interfere in public affairs. Offenders against these rules were liable to arrest. The Dog declined to spend his life in the capital, and chose instead to live deep in the mountains.[4] With the Emperor's permission, the Dog departed from the capital, escorted by an imperial guard.

some time thereafter the Dog set out for Mao-shan, intending to follow the Tao.[5] On his way in the mountains, he suddenly slipped and fell to a tragic death in the valley below.

At the funeral the Dog received imperial honours. Thereafter, by

[1] The names in Ch'aochou dialect are pronounced Pũa, Nā, Lui and Chêng.

[2] The meaning here is rather vague, and a translation is not attempted.

[3] Their arable land was to be three feet from the field, and three feet and three-tenths from the water.

[4] Hilly country and uninhabited valleys.

[5] Mao Mountain.

imperial command, the families of his descendants dispersed, migrating to Fukien and Kwangtung. During the Han, T'ang, Sung and Ming dynasties they were granted the title of protector.Since not everything can be put down in words, herewith follows a series of illustrations of the Dog's story.

Autumn, in the twenty-first year of Tao-kuang of the Ch'ing dynasty [1841].

1966 年

説蜑
—— 早期蜑民史料之檢討

蜑民之調查與研究，近數十年學者致力已有極大之成果。何格恩氏撰《蜑族事迹年表》[1]，於史書記載一鱗一爪，搜集至勤，且按其資料先後，臚列甚悉，足供考證之用。作者慚非民族學者，惟瀏讀史籍，涉獵所及，别楮存記，間有時彦所未措意者，爰略加整比，綴爲短篇。

一、《晋書》中有關嶺南資料及後人之牽附蜑民

（一）《晋書》卷五十七《陶璜傳》述其上疏言："廣州南岸，周旋六千餘里，不賓服者乃五萬餘户；及桂林不羈之輩，復當萬户。至於服從官役，才五千餘家。"（據《晋書斠注》本）此晋時嶺南人口之約略數字，可以概見。顧炎武《天下郡國利病書》一〇四引璜此疏於"五萬餘户"一句下，增"皆蠻蜑雜處"五字（據《四部叢刊》三編影寫本），當是亭林引用陶疏後加以申説之辭，其非陶璜原文可知。論者或視爲陶疏中語，據以討論晋時廣州附近蜑民情形（如陳序經《蛋民研究》），未免失當。

（二）《晋書》卷一百《盧循傳》，記循爲劉裕所敗，"單舸而走，

[1] 何格恩君此文有油印本（馮平山圖書館藏），又刊於《嶺南學報》第六卷第四期。何君研究蜑族史事凡三十年，最後寫成《蜑族之研究》一文，刊於香港大學《東方文化》Vol. V，1959—1960。蜑民，又寫作蛋民。

收散卒得千餘人。還保廣州，裕先遣孫處從海道據番禺城，循攻之不下，…… 循乃襲合浦，克之”。因盧循之事，後人遂造爲盧亭之古迹，即所謂盧循城也。《方輿紀要》一〇一：盧循城在廣州府南十里，遺址隱然，往往有斷磚敗瓦。引（宋沈懷遠）《南越志》云：

> 河南之州，狀如方壺，乃循舊居。

《太平御覽》九四二引劉恂《嶺表録異》云：

> 盧亭（武英殿本下有“者”字），盧循背（殿本作昔）據廣州，既敗，餘黨奔於海島，野居，唯食蠔蠣，疊殼爲墻壁。

《元和郡縣圖志》三十四云：

> 盧循故城在南海縣南六里。……（參《晋書斠注》卷一百）

以上爲宋以前之記載，可見劉恂所言之盧亭，即指盧循故居。嗣演爲盧亭人乃盧循遺裔之説，蓋出於後人之踵事增華，不足憑信。而盧亭二字，宋人異寫滋多，茲列舉如次：

> 盧亭（《永樂大典》引《廣州府圖經志》）
> 盧停（《嶺外代答》）
> 户停（嘉靖鈔本《説郛》）、蘆淳（張宗祥本《説郛》）

原文具見下《龍户與蜑户》一章，茲不另記。

二、見於圖繪之建平蜑、天門蠻與隋唐之巴蜑及東晋之天門蜑

唐貞觀間，閻立德繪《王會圖》，畫蠻夷二十六國。開端部分殘缺，第二爲波斯國，其末諸圖據吴升《大觀録》十一所述云：

……高昌國、天門蠻、建平蜑、臨江蠻諸番客，則以次而繪而采録焉。

先是梁太清間，蕭繹鎮荆州，曾繪職貢圖（《藝文類聚》五十五載有序文），宋熙寧十年（1077）又有摹寫之本。此圖現殘存一部分〔圖片見《文物》，1970（7），日本《世界美術大系中國美術》第一册〕，中外學人，已屢有文討論[1]，以閻立德《王會圖》比勘之，内容多符合，圖中每繪一蠻夷即附一段説明，惜至"末國"以下殘缺，"建平蜑"一篇，適在殘缺之列，殊爲可惜，否則有圖可供省覽。建平者，《隋書·地理志·巴東郡巫山縣》下云："舊置建平郡。開皇初，郡廢。有巫山。"沈約《宋書·州郡志》"荆州"下云：

建平太守，吴孫休永安三年分宜都立。……晋又有建平都尉，領巫、北井、泰昌、建始四縣。晋武帝咸寧元年，改都尉爲郡，於是吴、晋各有建平郡。

梁時建平爲王國，《梁書》四十四《太宗十一王傳》：

建平王大球，字仁珽，大寶元年封建平郡王。

[1] 見金維諾：《職貢圖的時代與作者》，載《文物》，1960（7）；榎一雄：《梁職貢圖について》，載《東方學》二六輯。宋摹繪年代，《大觀録》蘇頌題記年號爲熙寧丁巳。金氏以爲向來誤題作閻立德繪，實即梁元帝作品。職貢與王會二圖，史繩祖《學齋佔畢》已討論之。

蕭繹《職貢圖》中之建平蜑，其建平即在今四川之巫山。隋開皇初廢建平郡，而巫山屬巴東郡，則隋唐所謂巴蜑，實則梁之建平蜑也。《隋書》四十八《楊素傳》云：

> 開皇四年拜御史大夫。…… 未幾，拜信州總管。…… 陳南康内史吕仲肅 …… 復據荆門之延州，素遣巴蜑千人乘五牙四艘，以柏檣碎賊十餘艦，遂大破之。俘甲士二千餘人，仲肅僅以身免。陳主遣其信州刺史顧覺鎮安蜀城，荆州刺史陳紀鎮公安，皆懼而退走，巴陵以東無敢守者。

信州，梁置，陳因之。北周亦設總管府，隋亦仍之，後爲巴東郡。楊素之前有王長述、叱李長義，相繼爲信州總管。（參岑仲勉《隋書求是》，187 頁）素總管於巴東，故發其土人佐戰，巴蜑即信州土著矣。

《周書》二十八《陸騰傳》：

> 天和初，信州蠻蜑據江硤反叛，連結二千餘里，自稱王侯。

《北史》九十五《蠻獠傳》亦記周武帝天和元年，開府陸騰大破蠻衆於水邏城。"積其骸骨爲京觀，蠻蜑望見輒大哭"。時蠻帥諸向攻陷信州，至是悉擒斬之。本傳云：

> 信州舊居白帝，騰更於劉備故宫城南八陳（八陣圖）之北，臨江岸築城，移置信州，又以巫縣、信陵、秭歸併築城置防，以爲衿帶焉。

是《傳》所言之蠻蜑，亦即指信州之巴蜑也。

武后時，將有事於雅州，討生羌。陳子昂上書稱其"欲發梁鳳巴蜒兵以狥之"（《舊唐書 · 文苑中 · 陳子昂傳》）。梁指梁州，鳳指鳳州（西魏置，隋改置河池郡，唐復爲鳳州，今陝西鳳縣）。南宋紹興本《舊唐書》字作“巴蜒”，當亦指建平蜑也。劉禹錫《竹枝序》云“余來建平”，即建平蜑舊地，故知所采之竹枝，亦如後來之蜑歌。

天門蠻晋時亦稱爲天門蜑，《晋書》九《孝武帝紀》云：

寧康二年十一月己酉，天門蜑賊攻郡，太守王匪死之，征西將軍桓豁遣師討平之。

晋天門郡即漢武陵郡，此爲荆州之蜑，見於史書最早之記載。

三、《華陽國志》之紀巴蜑及蜑名之來歷

晋常璩《華陽國志》卷一《巴志·總述》稱：“其屬有濮、賨、苴、共、奴、獽、夷、蜑之蠻。”其於所屬各郡分記有蜑民者如下：

巴東郡：

吴平巴東後，省羊渠置南浦。晋太康初，將巫、北井還建平。但（按此處疑有脱文）五縣，去洛二千五百里，東接建平，南接武陵巴蜑，北接房陵奴、獽、夷、蜑之蠻民。

涪陵郡：

巴之南鄙……舊屬縣五，去洛五千一百七十里，東接巴東，南接武陵，西接牂柯，北接巴郡。土地山險水灘，人多戇勇，多獽、蜑之民。

又於漢平縣、萬寧縣、漢發縣下云：

諸縣北有獽、蜑，又有蟾夷也。（錢叔寶鈔本）

是晉時巴蜑多聚居於巴東郡及涪陵郡。今考《南齊書·祥瑞志》:

> 建元元年十月,〔涪〕陵郡蜑民田健所住岩間,……獲古鐘一枚,又有一器名淳于,蜑人以爲神物奉祠之。

又同書《州郡志》巴州所領諸郡如次:

> 巴東郡　按所領縣有南浦、巴渠。
> 建平郡　按領巫、秭歸、北井、秦昌、沙渠、新鄉等縣。
> 巴　郡　按所領縣有枳、臨江。
> 涪陵郡　按領漢平、涪陵、漢玫三縣。

《志》云:"巴州三峽險隘,山蠻寇賊。"此地即蜑蠻出沒之地。閻立德《王會圖》中最末諸圖爲"天門蠻、建平蜑、臨江蠻"。天門郡亦屬荆州,《南齊書·州郡志》載:天門領零陽、澧陽、臨澧、漊中四縣。而臨江爲巴郡之一縣,《華陽國志》稱:"臨江、枳縣東西百里接朐肕。"此天門、建平、臨江三處之蠻,其所在地大致如此。建平爲蜑集中地帶,故特有建平蜑之目。《華陽國志》所記蜑民,載在《巴志》。《南齊書·州郡志》巴東、建平、涪陵諸郡,咸隸巴州,可知隋唐人所稱之巴蜑,自即常璩所言之蜑民也。(張説《馬府君碑》:"歸次葭萌,江溢毀道。……蜑人哀之,葺棧而濟。"(《文集》十九)利州葭萌有蜑人,亦在蜀地。)

《華陽國志·蜀志·廣都縣》下又云:

> 漢時縣民朱辰,字元燕,爲巴郡太守,甚著德惠。辰卒官,郡獽民北送及墓。獽蜑鼓刀辟踴,感動路人。

此條可注意者有三事:其一爲獽與蜑二名聯稱;一爲蜑民之居處於巴郡;一則朱辰爲漢時人。如常璩所言,是"蜑"一名,漢時可能有之，此則考證蜑名之來歷者，不可不注意及之也。

四、“蜑”字見於字書之始

論蜑民者，多以北宋徐鉉校定《説文》，收“蜑”字於“新附”之中，遂認爲“蜑”字收入字書，以此爲最早。然余所知，字書録“蜑”字，已見於梁阮孝緒之《文字集略》，唐何超《晋書音義》[1]云：

> 天門蜑，蠻屬，見《文字集略》。

《隋書·經籍志》:《文字集略》六卷，梁文貞處士阮孝緒撰。此書已佚，馬國翰《玉函山房輯佚書》、任大椿《小學鈎沉》有輯本。《晋書音義》引《文字集略》計三十五條，是“蜑”梁時字書已見之。閻立德仿蕭繹《職貢圖》中有天門蠻、建平蜑。梁時“蜑”名頗通行，故收入字書。其後徐鉉補入“新附”，陳彭年等又收入《廣韻》(上聲二十三旱)，乃晚出之事，不足以語其朔也。

向來論蜑之起源者有二誤：

(一)誤以《淮南子·説林訓》之“但”爲蜑。

按《淮南》原文云：使但吹竽，使氏厭竅，雖中節而不可聽。[2]

《文子·上德篇》作：

> 使倡吹竽，使工撚竅。

俞樾《諸子平議》據上引二文互勘，斷言“但”“氏”二字乃“倡”、“工”之誤。王念孫又據高誘注“但讀燕言鉏同”，謂其字當

[1] 何超《晋書音義》共三卷，清欽定二十四史本《晋書》附。
[2] 參劉叔雅：《淮南鴻烈集解》卷十七。

從且，不當從旦。《說文》："伹，拙也，從人，且聲。" 則以"伹"爲"但"之訛，古書轉寫沿訛滋多，如此"但"字即其一例，論者以"但"同音，說爲蜑字，實不可從。

（二）誤以《三國志·吴志》之亶州爲蜑。

清鈕樹玉《說文新附考》云："蜑疑亶之俗字。" 又引《吴志》云："黄龍二年，浮海求夷洲及亶洲。疑蜑名本此。" 今按鈕氏作此說者，諒因蜑與蜒本一字，蜿蜒亦作"夗蟺"[1]，故以蜑通用亶，然此地見於《後漢書·東夷傳》，亦作澶洲，文云：

> 會稽東冶縣人有入海行遭風流，移至澶洲者，所在絶遠，不可往來。

而韓愈《送鄭尚書序》云：

> 其海外雜國若躭浮羅、流求、毛人、夷亶之州；林邑、扶南、真臘、于陀利之屬。

足見夷州、亶州，地屬東夷，與蜑民無涉。鄭珍《說文新附考》，譏鈕說之不經是也。

宋史炤《通鑑釋文·隋紀》，巴蜑下注"徒旱切，南方夷也"。與徐鉉"新附"同。

五、六朝至五代"蠻蜑"之泛稱及其異名

南朝文士，喜以蠻、蜑二字聯稱，金石文字及史書恒見之。梁《始興忠武王（蕭憺）碑》云：

[1] 參《說文假借義證》，《說文詁林補遺》，910頁。

> 天監元年四月，封始興郡王，食邑二千户。江漢之紀，實惟南國。形勝之要，〔作〕鎮西楚。苞含蠻蜒，控接巴巫。（吴興貝義淵書）

此文載《金石萃編》卷二十六，嚴可均《全梁文》卷五十。原物今在南京，有碑亭，末題“侍中尚書右僕射宣惠將軍東海徐勉造”。勉字修仁，東海郯人。《梁書》二十五有傳。羅振玉謂由題名可證出徐勉之手。（見羅氏《面城精舍雜文》乙23頁及其《眼學偶得》）此一資料，向來治蜑民史者未曾援引。嚴鐵橋據碑拓本過録字作“蠻埏”，目審原文實從虫，從土者誤。二玄社印本釋文誤蜒爲蜓，應正。

蕭子顯《南齊書·州郡志》下《荆州總論》言“蠻蜑”者凡兩見，文云：

> （1）桓温平蜀，治江陵，以臨沮西界，水陸紆險，行逕裁通。南通巴巫，東南出州治。道帶蠻蜑，田土肥美，立爲汶陽郡，以處流民。
>
> （2）（州）境域之内，含帶蠻蜑，土地遼落，稱爲殷曠。江左大鎮，莫過荆、楊。（紹興江南重刊監本）

文中一云：“道帶蠻蜑。”又云：“含帶蠻蜑。”宋本字均作蜑，句法與蕭憺碑“苞含蠻蜑”完全相同。〔《萃編》作“蠻埏”，埏本訓竟（《方言》），又訓“八方之地”（《説文新附》），與“蜑”異義。〕蕭子顯於梁天監中奏上《齊書》（見《史通·正史篇》），與徐勉同時，故知“苞含蠻蜑”一類語句，乃梁人之恒言也。其言以“道帶蠻蜑”立爲汶陽郡，汶陽郡，據《南齊書·州郡志》，領僮陽、沮陽、高安三縣。郡治在湖北遠安縣。

《南齊書》二二《豫章王嶷傳》：

嶷以荆州鄰接蠻蜑。

又同書五四《高逸明僧紹傳》:

子惠照……建元元年爲巴州刺史，綏懷蠻蜑，上許爲益州，未遷卒。(紹興刊監本)

《梁書》十一《張齊傳》云:

(天監七年) 齊遷武旅將軍巴西太守……十年，郡人姚景和聚合蠻蜒，抄斷江路，攻破金井。齊討景和於平昌，破之。

《陳書》一三《徐世譜傳》:

巴東魚復人，世居荆州爲主帥。征伐蠻蜒，至世譜尤敢勇，有膂力，善水戰。

可見巴州巴西郡一帶向即蠻蜑聚集之地。《隋書·地理志·梁州總論》云:

又有獽狿蠻賨。

其居處、風俗、衣服、飲食，頗同於獠，而亦與蜀人相類。獽、狿聯稱，此語似本之《華陽國志》，而蜒字作"狿"。又《隋書·地理志·荆州總論》云:

長沙郡又雜有夷蜒，名曰莫徭。自云其先祖有功，常免徭役，故以爲名。(元饒州路學本)

《梁書·張瓚傳》有"荆州莫傜蠻"之記載，早於《隋書》。

《晉書·孝武紀》有天門郡。天門郡漢爲武陵郡，與長沙郡同屬荆州，此荆州之蜑民也。《隋書》記盤瓠故事之後，接記夷蜒，是盤瓠種人亦可有夷蜒之號。考《舊五代史》十七《雷滿傳》云：

> 雷滿，武陵洞蠻也。……嘗於府署浚一深潭，構大亭於其上。每鄰道使車經由，必召讌於中，且言此水府也，中有蛟龍，奇怪萬態，唯余能游焉。或酒酣對客，即取筵中寶器，亂擲於潭中，因自褫其衣，裸露其文身，遽躍入水底，遍取所擲寶器，戲弄於水面，久之方出，復整衣就座，其詭誕如此。及死，子彦恭繼之。蠻蜑狡獪，深有父風，燒墟落、榜舟楫，上下於南郡、武昌之間，殆無人矣。

雷滿之姓，正爲盤瓠族盤、藍、雷三姓之一，本爲武陵洞蠻，則其出身爲畲民，顯而易見。亦復被蠻蜑之目，可證《隋志》莫傜可號“夷蜒”之説。[1] 五代武陵之蠻蜑，蓋晋時天門蜑之後。《太平寰宇記》“黔川”條謂“五溪蠻古謂之蠻蜑”。足以爲證。此曰夷蜑，他處亦曰戎蜑。張説《贈吏部尚書蕭公神道碑》云：“歷佐之邦，心僻陋知方，戎蜑變俗。”（《文集》二十五）實屬泛稱。貞元以後，文人稱嶺南不賓服之民曰蠻蜑，何氏《蜑族年表》舉之已詳，兹不復贅。[2] 宋人又有稱爲“蜑獠”（薛季宣《浪語集》），元人或稱爲“猺蜑”（朱德潤《存復齋集》五，《送顧定之序》“湖廣地接猺蜑”）。關於“蠻蜑”一名之異文，表列如次：

蠻蜑（《蕭憺碑》）　　　　獽蜒（《隋志・梁州》）

[1] 何氏《蜑族之研究》注九，引《通典・邊防典序》“潭衡州蜑人取死者骨”一條，以證明湖南亦有蜑人。

[2] 蠻蜑爲南蠻别名，最重要者爲《蠻書》卷十“論蕃夷國名”條，自注“蜒即蠻之别名”。何文於此點，討論最爲詳盡，參看該文注一三、一四、一五、一六文條。（本文所舉若《蕭憺碑》《梁書・張齊傳》《舊五代史・雷滿傳》，俱爲何氏所未知之新材料。）

夷蜑（《隋志·荆州》） 夷蜑（《蠻書》） 蠻蜑（習見）
戎蜑（《張説集》） 蜑獠（《浪語集》）猺蜑（《存復齋集》）

此類并聯稱之例，柳宗元文有“胡夷蜑蠻”句（《嶺南節度使饗軍堂記》），則兼用四個夷蠻族號，更屬罕見。

向以蠻蜑、夷蜑之名，純爲泛稱，然究其實，六朝之蜑應分巴州及荆州二系，要不出《職貢圖》之建平蜑與天門蠻（蜑）兩種。

六、北宋南遷詩人之述蜑户

文人南來述及蜑人，最有名者無如東坡詩，屢見於徵引。蘇轍撰《子瞻墓志銘》言：

> 公以侍從齒嶺南編户，獨以少子過自隨，瘴癘所侵，蠻蜑所侮，胸中泊然無所蒂芥。（《四部叢刊》本《欒城後集》卷二十二）

其字仍作“蠻蜑”，頗沿唐人之舊。

東坡於宋哲宗紹聖元年（1094）謫惠州，其《追餞正輔表兄至博羅賦詩爲别》有“艤舟蜑户龍岡窟”句，龍岡蓋惠州江之處所也，説者以此爲蜑字入詩之始。[1] 唐庚以政和元年（1111）南遷惠州，後於東坡十七年，亦有詩詠蜑户云：

> 夜聞蜑户叩舷作長江礌，欣然樂之，殊覺有起予之興。
> 晚落夾州磨歲月，欲從諸蜑丐烟波；

[1] 何文謂《後山叢談》所以有“舟居謂之蜑人”之説，乃受蘇軾詩之影響，不知同時唐庚、秦觀俱有詩詠蜑户。

與君共作長江礌，况我能爲南海歌。（《眉山唐先生集》卷三）

《集韻》引《埤蒼》:“礌，推石自高而下也。”又訓擊也。當指蜑户扣舷爲歌。此詩前四首有壬辰九月年份，即政和二年，必爲同年所作。南方濱海漁民捕魚，有扣罛之法，以木板或竹筒敲擊作聲，魚物聞響暈愕，奔集一處，然後舉網而捕之。亦有用竹筏一隻，張網扣木傳聲，使魚入網，名曰扣青舷。（參看《潮州志·漁業》）所謂叩舡作長江礌，殆即扣青舷一類之法。

東坡自昌化軍移廉州，乘蜑船渡海，《與秦少游書》曾言及之。（《東坡續集》七）而少游謫雷州，其《海康書事》十首之一二:

合浦石珠池，一熟胎如山。試問池邊蜑，云今累年閒。
豈無明月珍，轉徙溟渤間。何關二千石，時至自當還。

即詠雷州之蜑民以采珠爲業也。范成大《桂海蟲魚志》云:“珠出合浦，海中有珠池，蜑户投水采蚌取之。”可作少游此詩注脚。清初吴歷寓居澳門，其《澳中雜詠》有句云:

黄沙白屋黑人居，楊柳當門秋不疏。
夜半蜑船來泊此，齋厨午飯有鮮魚。

晚隄收網樹頭腥，蠻蜑群沽酒滿瓶。（《三巴集》）

則詠澳門之蜑，附記於此。其言收網，指其捕魚既畢也。阮元《廣東通志》稱蜑户以舟楫爲家，捕魚爲業，其户以罾、箔、網、箞等爲别，凡十九名，最爲詳悉。

七、蜑户與龍户、盧亭

宋人每以龍户即蜑户。淳熙中曾三異撰《因話録》，言之至詳。此書見於《説郛》鈔引，兹據馮平山圖書館藏明嘉靖間沈瀚鈔本《説郛》第二十册所引，録之如次：

> 昌黎廣州詩：衙時龍户集，上日馬人來。馬人乃馬援所畜（張宗祥本作“留”）人種也。若龍户往往爲（張本爲上有“以”字）蜑户，而無明據（張本作“明文”）。近聞廣父（張本作“人”）云有一種“户停人”（商務張本作“盧淳人”，顯爲字誤），在海中（此字衍）岸石窟中居止，初無定處，三四口共一小舡（張本作“舟”），能没入水數丈，過半日乃浮出，形骸飲食衣着皆人也（張本作“衣服非人也”，二字誤）。能食生魚，取蜆蛤海物，從舶（張本作“舡”）易少米及舊衣以蔽風浪（張本作“蔽體，風浪作”），即挽舡置岸上而身居水中，無風浪則居舡中。只有三姓：曰杜、曰伍、曰陳，相爲婚姻，意此乃龍户之類。

沈本稱《因話録》僧三異撰，誤曾爲“僧”。《培林堂書目》題作《岡南因話録》，明鈔有作《司話録》者，張宗祥重編《説郛》本作《同話録》，列在卷十九，其異文附記如此。曾氏此文，考蜑族者亦未之采用，余覺頗爲重要，舉其要點如下：

（一）指出韓愈《送鄭尚書赴南海詩》“龍户”即“蜑户”。

（二）援引盧亭以説蜑户，同於周去非之説。

（三）盧亭一名諸多異文。

（四）蜑姓只有杜、伍、陳三姓。

此可代表南宋人之一種意見。蜑户之名，始見於《太平寰宇記》一五七《嶺南·廣州新會縣》下，蜑户與盧亭户分爲二項。其盧亭一則，似采自《嶺表録異》。考宋初贊寧《宋高僧傳》八《慧能傳》“厥考諱行瑫，略述家系，避盧亭島夷之不敏也”。盧氏規避島夷之盧亭，唐時已有此俗。至淳熙五年，周去非撰《嶺外代答》，於卷三“蜑蠻”條下云：

以舟爲室，視水如陸，浮生江海者，蜑也。……蜑舟泊岸，群兒聚戲沙中，冬夏身無一縷。……廣州有一種，名曰盧停，善水戰。(《知不足齋本》)

始以盧亭爲蜑族。曾三異，臨江人，爲淳熙中鄉貢，與周氏同時，而謂“近聞廣人云”，則南宋時廣人頗盛行此説。《永樂大典》一一九〇七廣字號引《廣州府圖經志》云：

蜑民以漁釣爲主，或居於（中缺），爲蓬屋以居，謂之水欄。盧亭舊傳盧循遺種。在州東南，……男女皆椎結於頂，婦女許婚及已嫁者，始結胸帶。

又同卷引《番禺續志》云：

□漁有二種，内海港汉千百漁者曰蜑，猶習衣冠。韓（愈）詩所謂馬人龍户也。海外浩渺無邊，漁者曰盧亭，椎髻犢鼻而已，相傳晋寇盧循之遺種也。

據《直齋書録解題》，《廣州圖經》二卷，教授王中行撰，《廣州府圖經志》疑即此書。是條張氏《中國古方志考》（597 頁）未及徵引，可補其缺。《番禺續志》疑即王象之《輿地紀勝》八十《廣州古迹·盧循城》下所引之《番禺新志》。此二種皆出宋人之記載。

桐鄉朱翌（政和進士，紹興中書舍人），謫居韶州，著《猗覺寮雜記》，卷上云：“退之送馬總南云：‘衙前龍户集，上日馬人來。’

馬人見佛書毗舍離國。…… 龍户即蜑户也。”(《知不足齋》本)又解馬人爲馬鳴 (Asvaghosa)，説甚荒謬；謂龍户即蜑户，則同於曾三異之説。此書前有慶元三年洪邁序(《知不足齋叢書》本)，成書年代諒在南宋初，或與曾氏相若，近人多謂以龍户爲蜑民，只見於明清人記載，不悟朱翌即爲宋人也。

至盧亭之名，劉恂《嶺表録異》凡三見。其一同於《御覽》九百四十二，已見上引，其餘二條録之如下：

> 瑇瑁…… 兼云解邪，廣南盧亭(原注："海島夷人也。")獲活瑇瑁龜一枚，以獻連帥…… 復遣盧亭，送於海畔。…… 蠔即牡蠣也。…… 海夷盧亭往往以斧楔取殼，燒以烈火，蠔即啓房，挑取其肉，貯以小竹筐，赴墟市以易酒。(原注："盧亭好酒，以蠔肉换酒也。")……(武英殿聚珍本)

斧楔即雷公斧，知唐時廣南海夷食蠔，仍使用石器。《録異》卷中於"莿竹筍"條云：

> 其筍叢生，轉復牢密，邕州舊以爲城，蠻蜑來侵，竟不能入。

劉恂於唐昭宗時出爲廣州司馬，居於南海，其作《嶺表録異》，多由目驗。其書明分蠻蜑與盧亭爲二事，《太平寰宇記》因之，此條所言之蠻蜑，又似指南詔，非海上之蜑户也。[1]

[1] 《太平寰宇記》一百五十七"新會"條謂蜑户似江東泉郎也，元稹《送嶺南崔侍御詩》："黄家賊用鑹刀利，白水郎行旱地稀。"(元氏《長慶集》，卷十七)白水郎一名見此。顧祖禹《方輿紀要》二百九十五謂"盧循黨入閩"，"泉州有户曰泉郎者，亦曰游艇子"。泉郎即白水郎之訛。王象之《輿地紀勝》，"梅州"下蜑字注："即江淮所謂魚蠻子。"《太平寰宇記》又稱："東海上有野人，名康定子…… 音訛亦謂之盧亭。"凡此種種有關材料，尚待作進一步之研究。

興化方信孺爲周必大、楊萬里所器重。以父嵩卿蔭，補番禺縣尉（《宋史》三百九十五有傳），作《南海百詠》（光緒八年學海堂重刊），内有《盧循河南故城詩序》。可見盧循古迹，在南宋時已極膾炙人口。

元初吴萊因東陽李生自海上回，爲言南越事，撰《南海山水人物古迹記》，中有一條云：

> 盧循故城，在番禺南城南小洲，狀如方壺，蓋循故居處。今盧亭夷人，男女椎髻，俗采魚蠣、藤竹。又有龍户，一曰蜑户。舊傳循字元龍，此恐循遺種。五月一日禁水，蜑户不設網罟。（元本《淵穎吴先生文集》卷九）

細審此文，盧循故處一段鈔自《南越志》，盧亭椎髻一段似取諸《番禺續志》。龍户一曰蜑户，則沿朱翌、曾三異説。至解釋龍種，用盧循之字，恐出附會。（按《晋書·盧循傳》，循字於先，小名元龍，非字也。）

《廣志》蜑人居住水欄之説，明代記載亦頗沿用之，兹舉二例。鄺露《赤雅》云（恬淡山堂本）：

> 蜑人神宫，書蛇以祭。自云龍種，浮家泛宅，或往（一本作住）水滸，或住水瀾（一本作欄）。捕魚而食，不事耕種，不與土人通婚。能辨水色，知龍所在，自稱龍神（一本有人字），籍稱龍户，莫登庸其産也。

蜑人除祀蛇外，而天妃更爲濱海所崇祀。故全祖望《鮚埼亭集》卅五《天妃廟記》云："天妃乃鮫人蜑户之遺。"查繼佐《罪惟録·傳》三十四《蠻苗列傳》：

> 兩廣蠻瑶傳……多瑶人、僮人、黎人、蛋人、馬人、山

子、野人之屬。

蛋人，以舟爲宅，或編蓬水滸，謂之水欄。辨水色、知龍居，故又曰龍人。善汆水，以繩引石縋人下，手一刀以拒鮫龍之觸，得珠螺，則以力掣繩疾起之。

馬人本稱爲蜑……以采藤捕蠣爲業。或曰盧循遺種也，故又曰盧亭云。[1]（《四部叢刊》三編影鈔本）

《赤雅》以蜑人與馬人分叙，依韓愈詩一爲龍户，一爲馬人，截然二事，《罪惟録》亦然。惟以盧亭屬之馬人，恐出混誤。[2] 而蜑字則作“蛋”，林大春隆慶本《潮陽縣志》亦刻作“蛋”，不作“蜑”，知明時“蜑民”寫作“蛋民”已甚通行。何格思謂柳宗元作“蛋”，然元本《柳先生集》卷二十六，原文云：“卉裳罽衣，胡夷蜑蠻，睢盱就列。”仍作“蜑”也。《新安縣志·山水略》：“南亭竹没山，在老萬山南，四周數十里，内有盧亭，俗傳盧循之後。”今未詳所在。

唐時南海有龍户，其族水居，自稱龍人。龍之傳説，在港九一帶頗盛行。新安有龍穴洲（《輿地紀勝》引《舊志》：“在新安縣西北四十里三門海中。”），南佛堂有石壁畫龍（《新安縣志古迹略》），摩崖鑱刻，雙鈎異獸，巨首似彎尾捲起，如古器之螭紋，可能即古時龍户水上土人之藝術品。（見拙作《九龍與宋季史料》插圖）

盧亭近賢或謂即馬來語之“Orang Laoetan”。按馬來語 Orang = people，Laoetan 乃 Lant（= sea）+ suffix 之 an 爲 Collective noun 之語尾，故 Lant-an 義爲 far-stretching sea i.e.ocean。（參 M.B.Lewis: *Malay*，205 頁）《罪惟録》以盧亭屬之馬人，原爲混誤。清人之説，

---

[1] 明清人筆記以蜑户爲龍户者，詳見何文注三十五所列舉。《罪惟録》一段則彼未引用。

[2] 韓愈詩龍户與馬人對句，明爲二事，説者混盧亭爲馬人。於是蜑民出於馬來人之説，實不可據。

更無足論，如以盧亭爲馬人，而牽涉馬來語，亦嫌證據不足。

“盧亭”一名見於《嶺外代答》者作“盧停”（《知不足齋叢書》本），《大典》作“盧亭”，曾三異《因話録》一本作“蘆渟”，一本作“户停”。“户”疑是“蘆”字之簡寫，如以盧停讀作“蘆停”，謂其人即居停於蘆葦之間者，説亦可通。此輩本只有杜、伍、陳三姓。查南丫島有村落名“蘆鬚城”，附近蘆荻灣。而近榕樹灣處有村，其中有祖祠，陳姓族人聚居，當地一老人謂其族居於島上有七百多年云。按其附近北角舊村及大灣新村，居民皆姓陳。環港九村落之稱“城”者，只有此處。其曰“蘆鬚城”，音與“盧循城”類相近。盧循傳説，在廣南極盛行，宋時咸謂水上之盧停人即盧循遺種，疑“蘆鬚城”之得名，或因盧循故事曾傳播及此，音訛爲蘆鬚，故居民取以爲號。陳姓居此有七百年，而曾三異所記三姓，其一正爲陳姓，此一問題，至感興味，在考察早期水上龍户之史事，或可提供一綫索，爲研究之資也。

八、蜑人舟居與廩君神話關係之推測

唐後之蜑，由通名變爲舟居蜑人之專稱，迹其遠因，似與巴蜑不無關係。《通鑑》一百七十七《隋紀》開皇九年，記楊素道巴蜑千人乘五牙四艘破吕忠肅事，胡三省注云：

> 蜑亦蠻也。居巴中者曰巴蜑，此水蜑之習於用舟者也。

考巴蠻一向有用舟之傳説，《後漢書·南蠻傳》，分南蠻爲盤瓠蠻、巴郡南郡蠻、板楯蠻三大系。其記巴郡南郡蠻、巴氏之子務相立爲君之傳説云：

巴郡南郡蠻本有五姓，巴氏、樊氏、瞫氏、相氏、鄭氏。……令各乘土船，約能浮者當以爲君。（《太平御覽》三十七引《世本》云“以土爲船，雕文畫之，而浮水中，其船浮，因立爲君”。）餘姓悉沉，惟務相獨浮，因共立之，是爲廩君。乃乘土船從夷水至鹽陽……廩君於是君乎夷城，四姓皆臣之。廩君死，魂魄世爲白虎，巴氏以龍飲人血，遂以人祠焉。

章懷注引《代本》（即《世本》）云：

廩君之先，故出巫誕也。

《寰宇記》卷一四七《長陽縣》引作“巫蜑”。廩君故事，雷學淇與茆泮林兩家所輯《世本》較爲完備。皆據章懷注作“巫誕”。《山海經·海内西經》神醫六巫，《大荒西經》靈山十巫，均不見巫誕。巫誕之“誕”，當是人名，與“蜑”族恐無何關涉。[1] 廩君，《御覽》三十一引《世本》作稟君，其事出於《世本》，先秦巴中均盛行其説，故巴人多謂爲廩君苗裔，若李特，巴西宕渠人，《晋書》卷百二十《載記》稱其先出於廩君，即其例也。

四川近歲（1954）在巴縣冬筍壩與廣元寶輪院發見數十座船棺葬，以楠木鑿成獨木舟狀，以爲葬具。此爲巴人特有之葬式。廩君能乘土船而浮，得立爲君，其民又習以舟爲棺，可見巴人與舟關係之深切。而船棺葬所發見之銅兵器，上有符號多不可識。其一習見者有形，似作水上浮舟之狀。其矛上鐫刻虎紋，當出自廩君神話，近世考古學者意見略同。[2]

[1] 桑田六郎《蜑族の源流に關する文獻的考察》（《南亞細亞學報》，第一號，1943年）以爲《世本》之“巫誕”，即蜑名之最初記載。

[2] 見馮漢冀等：《四川古代的船棺葬》〔《考古學報》，1958（2）〕；四川博物館《四川船棺發掘報告》（北京，文物出版社，1960）。

杜佑《通典》一百八十七《邊防·板循蠻》注："其在硤中巴梁間，則爲廩君之後。"巴蜑活動之地區與巴郡蠻、板循蠻相似，則其先世亦可能出於廩君。巴蜑習用水舟，又以舟爲葬具，後世以"蜑"名舟居之人，似非無因。唐時蠻蜑已成爲南蠻之另一種泛稱，武陵蠻、南詔蠻均可稱爲蠻蜑。其後變爲舟居人民之專稱，觀宋時對於蜑民之利用，皆以其擅操船之故。

若陳堯叟之令瓊州，遣蜑兵具舟取米（《宋史》二百八十四《堯叟傳》），《太平寰宇記》一百六十九，瓊州户有蕃、蜑二坊。蜑坊之人"以捕魚爲業，官司亦差爲水工駕船"。東坡《與秦少游書》論："泉人許九船即牢穩可恃，餘蜑舟多不堪。"（《續集》七）周去非《嶺外代答》"欽州五民"條亦稱："五曰蜑人，以舟爲生，浮海而生。"寶慶間趙適於《諸蕃志》記瓊州舶船分三等，其下等名蜑船。是知以"蜑"稱舟居之人，當由巴蜑之習於用舟，故借用其名。海上之蜑人與陸上之巴蜑，其種屬關係如何？向來未能質言。考《太平御覽》一六八《巴州》引《四夷縣道記》云：

> 李特孫壽時，有群獠十餘萬，從南入蜀漢間，散居山谷，因斯流佈在此地，後遂爲獠所據。

此條極爲重要。知中古時代，南與巴蜀間，有一次大量移民。巴蜑與越蜑之關係，由於民族遷徙，可得到合理之解釋。

九、韓江流域之蜑民

潮州濱海之地，其鄉村多存蜑名，如：

> 潮陽縣廓都　蜑家宫，縣北五里。　又貴山都　蜑家岐，縣

西北七十里。

澄海縣蓬州都　蜑家園，縣南十五里。

豐順縣　蜑家灣，石狗溪傍，去天東三十里。

揭陽縣官溪都　蜑家山（見吴穎《潮州府志》）

知其地舊爲蜑人所居，今已無蜑人，僅可推知其分佈厓略耳。《郡國利病書》云：“潮州蜑人，有姓麥、濮、吴、蘇。”（《圖書集成》同，《饒平志》作有五姓：麥、濮、吴、蘇、何。）俞蛟《潮嘉風月記》：“潮嘉曲部中，半皆蜑户女郎，而蜑户惟麥、濮、蘇、吴、何、顧、曾七姓，以舟爲家，互相配偶。”（《説蠻》、光緒《惠州志》所載蜑户姓同。）此潮州蜑民氏姓之可考者也。

《廣東通志》云，蜑人自唐以來計丁輸糧。明洪武初編户立里長，屬河泊所，歲收漁課，惠潮尤多。（《舊府志》所記載甚詳悉）吴穎《潮州府志》云：“蜑人，程鄉舊立一户。明初，置河泊所轄之，歲輸魚課米。洪武二十四年，籍其户爲南廂里，甲輸之外，惟供船差，不事他役。”此蜑户之編籍納賦也。張士璉《海陽志》：“衛所屯軍，概龍丁蜑户充當名數。”此蜑户之當兵也。劉忭《饒平志》云：“蜑人世世以舟爲居，無土著，不事耕織，惟捕魚裝載以供食，不通土人婚姻。嶺南河海，在在有之。本縣（饒平）舊立户。”考同志成化十八年有蜑户一，嘉靖五年蜑户一，四十二年蜑户三。《惠來志》萬曆三十一年蜑家一，《吴府志》程鄉縣，“蜑户小口，例不編差”。此明及清初潮州蜑户之數。迨康熙二年，科爾坤勘潮州近海六廳縣，悉徙沿海蜑户於内地。（見《南海百詠》“移民市”條。）劉業勤《揭陽志》云：“户悉隸潮陽，利揭無風濤之險，時來捕取。雍正八年，許蜑民村居編户。”則雍正時，揭陽尚有蜑户也。今潮已無蜑民，惠屬海豐猶有之，蓋廣州徙來者。按《揭陽志》言：“元泰定元年，罷蜑户爲民。”考《元史·泰定帝紀》，是年所罷爲廣州、福建等處采珠蜑户。

《廉州府志·紀事》亦言，秋月放廉雷等蜑户爲民，罷采珠，則所罷蜑户與潮州無關。以上爲潮屬蜑民户籍概况。

蜑人之生活，林大春隆慶修《潮陽縣志》八《風俗志》注云："其（指邑）西南江上又有曰'蛋'户者，岸無室廬，耕鑿不事。男婦皆以舟楫爲居，捕魚爲業，舊時生齒頗衆，課隸河泊，近或苦於誅求，逼於盜賊，輒稍稍散去，或有棄舟，入民間爲傭保者矣。"（馮平山圖書館藏明本）按明時潮之蜑人，已多散居各處。潮人呼水上動物有曰蜑家姨者，以其隨水漂蕩，如蜑家婦女之水上生活也。蜑户以舟楫爲家，捕魚爲業，朝夕惟跼蹐舟中，所得魚僅充一飽，男女衣不蓋膚。蛋家有男未聘，則置盆草於梢，婦未受聘，則置盆花於梢，以致媒妁，婚時以蠻歌相還。其女大曰魚姊，小曰蜆妹也。（見阮《通志》）胡曦《西河龍户録》云："乾隆以後，西河倡蜑家，俱無業漁者……六篷船屋皆置盆花盆草，則尚是龍户當日遺俗。"按清時韓江六篷船頗盛。林大川《韓江記》云："韓江一帶六篷船皆花林也，近年游艇花樣翻新，悉仿珠江格式。"《簷曝雜記》云："聞韓江之緑篷船較佳，女郎未及笄多扮作僮奴侍側，有狀元夫人者，尤爲絶出。"《粟香二筆》云："湘子橋下之六篷船，比於珠江之紫桐横樓也。所謂六篷船者，往來官商皆乘之，如錢塘江中之江山船，即九姓漁船，捨此無他船可乘。"俞蛟《潮嘉風月記》言之尤詳悉，此正如珠江蜑户之艇仔，蓋清中葉時，蜑人多集中韓江上游，殆遷海時北徙者，今亦絶遺迹矣。

何格恩文於韓江流域之蜑族，另附記資料，但采《圖書集成·職方典·潮州府》部雜録而已，兹補其缺略。若隆慶本《潮陽志》一條，向僅見於吴穎《潮州府志》轉引。兹據原刻本，其蜑字作"蛋"，尤有裨於考證。

十、結語

綜上所述，可得結論如次：

（一）見於記載之蜑，依常璩所記獽蜑感朱辰德惠之事，似漢時已有其名，《世本》廩君出於巫誕，誕與蜑尚難證明爲一事。《晋書》寧康二年之天門蜑，乃荆蜑見於正史之最早記載。字書所見，則以阮孝緒之《文字集略》爲最早。

（二）六朝時，蜑有二系：蕭繹《職貢圖》中有天門蠻、建平蜑，前者即荆州之蜑，後者即所謂巴蜑。蠻蜑，往往即指上列二地之蜑。其後演爲泛稱，以指南方不賓服之蠻人，若畬民之莫徭亦得稱爲“夷蜒”（如《隋書》），故武陵蠻雷滿亦可有“蠻蜒”之稱，蓋即梁時天門蜑之裔也。其蜑字每與其他夷蠻名聯稱者，晋爲獽蜑，梁有蠻蜑，唐有戎蜑，宋有蜑獠，元有瑶蜑，皆其著例。蜑字異文亦作“蜒”，《蕭儋碑》正從“虫”。

（三）海上居民之蜑，依宋朱翌、曾三異等之書，即唐韓愈詩之龍户，宋人已持此説。巴蜑習於用舟，有土舟神話及船棺風俗；故南海舟居之人，亦被以蜑名，謂即巴蜑、荆蜑之播遷，自有可能，《四夷縣道記》所述，可爲佐證。周去非始謂盧亭即蜑之一種。宋代粵方志（《大典》所引）則仍沿唐劉恂、北宋樂史之説，分蠻蜑與盧亭爲二事。以盧亭名海島夷人，始見於《嶺表録異》。盧循故城古迹，宋元人頗稱道之，故其地名亦傳播至海外。

向來從事蜑民之考證者，對於史料審訂之工夫似未臻細密，多從清代方志及筆記入手，不知此等多屬第二手資料，倘只作平面的整比，未知窮究其因襲之迹，貿然置信，極易受其貽誤。其次正史碑刻及文集涉及蠻蜑者，尚有不少新資料，如《梁書·張齊傳》、《五代史·雷滿傳》、蕭儋之碑、唐庚之詩等是。而《説郛》中曾三異《因話録》，尤可珍貴。

本文所論，限於早期資料之考釋及審訂，故題曰《説蜑》，其他時賢論之已詳，不擬多所牽涉。香港中文大學近方進行蜑民調查工作，偶與日本可兒弘明君談及[1]，因撰此文，藉供采擇。涓流細壤，冀得他山之助云。

1967 年 3 月，於香港大學中文系

原載《選堂集林 · 史林》，香港，中華書局，1982 年

[1] 本文成後，以初稿出示可兒弘明君，承以《南亞細亞學報》第一期桑田六郎氏之論文，及羽原又吉之《漂海民》（岩波書店本）一書假讀，特此志謝。

潮州學在中國文化史上的重要性

——何以要建立“潮州學”

潮州地區人文現象，有需要作爲獨立而深入探討之研究對象，應該和“客家研究”同樣受到學人的重視。因此，潮州學的成立，自然是順理成章不用多費脣舌來加以說明；更有一個充足理由，客家學以梅州地區爲核心，在清雍正十年（1732）嘉應直隸州設立以前，整個梅州原是潮州所屬的程鄉（後來分出鎮平、平遠），長期受到潮州的統轄。大埔、豐順二縣，亦屬潮州所管。北京的潮州八邑會館，只有說客家語的大埔沒加入，但大埔仍是潮屬的一邑，至近時方才割出獨立。所以研究雍正以前的潮州歷史，梅州、大埔都應該包括在內，這說明客家學根本是潮州學内涵的一部分，不容加以分割的。

中國文化史上，內地移民史和海外拓殖史，潮人在這二方面的活動的記録一向佔極重要的篇幅，這是大家所熟悉的。潮人若干年來在海外拓殖成果和豐厚的經濟高度發展的各種表現，在中國以外各個地區孕育出無數繁榮美麗的奇葩，爲中外經濟史寫下新頁，久已引起專家們的重視而且成爲近代史家嶄新的研究對象。因此，潮州地區人文現象的探討，更使多數人發生熱烈而廣泛的興趣。本人對這一件事，多年以來屢加以積極提倡，汕頭潮汕歷史文化中心的成立，正説明這一工作已經取得相當成就。此次在香港潮州商會鼎力資助下，香港中文大學首次舉辦爲期三日的潮州學研討會，這無疑是非常有意義的事。

潮州人文現象和整個國家的文化歷史當是分不開的。先以民族而論，潮州土著的畲族，從唐代以來，即著稱於史册。陳元光開闢漳州，篳路藍縷，以啓山林，即與畲民結不解緣。華南畲民分佈，據專家調查，皖、浙、贛、粵、閩五省，畲族保存了不少的祖圖和族譜，無不記載着他們始祖盤瓠的傳說和盤王祖墳的地點，均在饒平的鳳凰山。換句話説，鳳凰山是該族的祖先發源地。我曾引用宋晁補之集中《開梅山》一長詩，和泰國北部發現的《傜人文書》裏面《游梅山》的記述，來討論宋代畲、傜的關係。又引用元《三陽志》記載宋時水東有“不老”的土音來探索畲族什麽是他們自己稱呼的名號。這些問題，牽涉甚廣，還有待於進一步的深入研究。

近十餘年來潮汕地區的考古工作，成績斐然可觀。饒平浮濱類型的文化遺存之發現，震爍中外，但正式報告尚未有人着手編寫。我曾到饒平該地考察，深覺發掘及研究工作尚未認真展開，例如該地出土重要文物帶有“王”字符號的大口陶尊，長達 17.3 公分的銅戈，還有銅觶與鳥形壺，都是珍品。江西新幹商代遺址的奇異絢美的銅器，亦有鳥形文物，吴城亦出鳳鳥形握手青銅器蓋，它們彼此間之關係如何？均有待於考古學家的探索。其他各地出土文物林林總總，只有各縣《文物志》作一些簡單報道，我們正期待一本完美周詳圖文并茂的報告。

再談戲劇問題，在清代福建蔡奭的《官音彙解釋義》卷上的“戲耍音樂”條，記着：“做正音，唱官腔，做白字，唱泉腔，做大班，唱昆腔，做潮調，唱潮腔。”其時的潮調與官、泉、昆三腔并列。由於多年來我國民間戲劇調查研究的躍進，温州南戲、閩劇特别是莆田戲的深入鑽研，對研究潮劇的來龍去脉有一定幫助。中外人士已寫成一些專著，燦然可觀。出土新材料若宣德本《金釵記》、嘉靖本《琵琶記》已引起世界學人的注目，異國收藏如奥地利、日本都有舊本，這些珍異文物得到潮州商會的大力資助才印出《明本潮州戲文五（七）種》，風行一時，有口皆碑。其中《劉希必》寫本所附板拍，對南戲音樂研究開創了一新紀元。現經中日學人共同探索，温、潮原出一脉。永嘉鄭孟津君對宣德本點板的解讀認爲與《琵琶記》的明初矐仙本正是一脉相承，更屬創見。

潮州方言的研究久已展開，卓著成績，述作之富，毋庸贅述。惟潮州地區，澄海與潮陽、普、揭，各成語系，語音的差異如何進一步分析，及與古音的比較，還有待專家之探索。至於潮樂方面，器樂的專題研究，和活五音位律吕的研究，近時在國内成爲熱烈討論題目，甚至可與曾侯乙鐘律的四顧、四曾音位作出比較研究，其重要可知。

凡此種種，俱見潮州文化若干特殊現象，已不僅是地方性那樣簡單，事實上已是吾國文化史上的重要環節與項目。若失潮史新文獻的發掘，我在編纂《潮州志彙編》時，將《永樂大典》裏面的元《三陽志》殘本加以重印，已引起人們的重視和采用。近時我又將久已失傳的萬曆知府郭子章所著的《潮中雜紀》，從日本影回，即由潮州商會出版，訂於十二月在潮州學會議開幕時推出，以供大家參考。這更是香港潮州商會對潮州學的又一次貢獻。

潮州學的内涵，除潮人在經濟活動之成就與僑團在海外多年拓展的過程，爲當然主要研究對象，其與國史有關涉需要突出作專題討論，如潮瓷之出産及外銷、海疆之史事、潮州之南明史等論題，有潮汕已有不少文化機構着手從事編寫，十年以後，研究成果，必大有可觀，鈎沈致遠，深造自得，蔚爲國史之要删，謹拭目以俟之。

原載《潮學研究》（一），汕頭大學出版社，1993

朱子與潮州

1985年廣東省揭陽縣京崗發現一篇朱子逸文。陳榮捷先生對此曾提出討論，稱："揭陽京崗孫氏發現朱熹《恩相堂序》，言及其朋友梁克等，并推測其寫作年代，認爲朱子確曾到過揭陽。"（《朱子新探索》，學生書局印，673頁）陳書對於潮州與福建人物，未能深入研究，余以州人，比較熟諳潮州掌故，謹爲揭櫫若干事以補其缺略。潮州與建陽相去咫尺，南宋時潮州仕宦多出朱子之門，潮地亦久沐朱子之教化，朱子著述不少在潮刊行，不可不爲之表彰。爰以暇日，草此短文，以應本屆朱學研討會以供討論，尚望賢達有以教正之。

一、朱子與京崗孫氏

京崗《孫氏簡譜》中，保存有朱熹淳熙十一年甲辰撰之《隱相堂序》。揭陽，宋宣和三年置縣，漁湖都統和美、京崗二十七村。

陳榮捷書第100條，據《人民日報》1985年10月10日侯月祥報道，其中有二處錯誤：（一）把"隱"字誤寫作"恩"，（二）把梁克家名奪去一"家"字，"梁克"之名不見經傳，無由稽考，又不記此文撰寫年月，亥豕之訛，使陳先生無從措手。所謂"隱相堂"，實指丞相梁克家昔年嘗隱於京崗，與孫氏有朋舊之樂。序中言：

> 乃叔子梁先生當茂才時，由晋水而揭嶺……結廬數椽……

厥後梁先生亦回籍而選鄉貢……擢紹興庚辰狀元矣。

又言：

梁老先生當余在講官時，曾見囑於臨安矣。

考《宋史》卷三八四《克家傳》稱："字叔子，泉州晋江人。紹興三十年廷試第一。……淳熙九年九月拜右丞相。"《宋史·朱熹傳》言：

隆興九年，梁克家相，奏熹屢召不起，宜蒙裒録，主管台州崇道觀，再辭。

朱子與克家之交誼如此。序末題署年月爲甲辰，即淳熙十一年，又題銜稱"提舉浙東常平茶鹽"。考陳克齋（文蔚）於甲辰九月初訪晦庵於武夷，有七律一首（參束景南《朱子大傳》第十二、十三章）。朱子之武夷精舍，於淳熙十年四月落成，韓元吉爲之記。甲辰爲十一年，朱子已由浙東返武夷矣。此序稱"隱相堂"者，乃記京崗地方隱藏有一位由秀才而終於仕進至丞相之人物梁克家，其人與京崗孫氏極有淵源。孫家子弟沐梁氏之身教，出了四位大榮、大美、大有、大經，有登魁第舉孝廉之造就，實出自梁氏潛移默化陶冶之功。朱熹此序揄楊京崗孫氏，兼以識其與梁相之友誼。"隱"字被誤作"恩"。全篇文章，就不知所云了。吴穎《潮志》收有梁克家《榕邑書舍九月梅花》一律，足證克家曾寓居揭陽，不成問題。

二、朱子與吴復古

此序又言：“予嘗游麻田舊勝，訪吴子野夫子講學問道之場，眺望乎南溪之畔。”子野即吴復古，與東坡、穎濱兄弟交誼甚篤，二蘇集中來往文字頗多。東坡爲潮守王滌撰《韓文公廟碑》，附書言：“子野誠有過人，公能禮之甚善。”又與子野論及“嶺外瓦屋”。《輿地紀勝》“潮州人物”稱：“復古爲有道之士，見知於待制李師中，稱許之云‘白云在天，引領何及’。東坡名其居曰‘遠游’，且爲之銘。”吴穎順治《潮州志》之“吴處士傳”稱：“復古築遠游庵於潮之麻田山中，後卒於麻田，軾復爲文以祭之。其子芘仲能文章，有《歸鳳賦》，爲軾所稱。”此事見坡公《與吴秀才書》，坡公述其言而作《養生》篇。又《古迹·遠游庵》條云：“庵，宋吴子野栖隱處，在麻田山中，高山羅列，中多林岩泉石之勝。其上有來老庵，則宋僧來暹禪定之所，嘗創長生院於此。有亭在半山，翼然蒼翠之間，今庵與院俱廢。子野又有歲寒堂，子瞻爲之作《十二石記》。”此石十二株，乃從山東登州取來，東坡因有“取北海置南海”之快語。鄭俠亦作《歲寒堂記》，見《西塘集》卷三。謂“歲寒堂，子野先生所居也。堂之前古柏數株。兩序皆以本朝諸公與子野友者奇文新詩，與夫古之有其言於世切有補者，勒堅置諸壁。群書閣其上，先生休其中。堂南爲小沼，沼之南爲二石山，山之南爲遠游庵。”是子野所居有池沼之勝，具有相當吸引力。子野誠爲嶔奇之士，朱子想慕其人，蒞潮時亦從京崗往游云。歲寒堂原址，一説在潮州城内。《夷堅甲志》卷十《盗敬東坡》條，記“紹興（三）年海寇黎盛犯潮州，毁城堞，且縱火至吴子野故居”。《潮汕金石文徵》編者據此遂謂子野遠游庵不在麻田山之證。然朱子京崗此序，言之鑿鑿，可能子野又有别築在潮城，否則不當自號麻田居士也。京崗距麻田只七里之遥耳。

三、朱子與鄭國翰

陳堯佐倅潮時，稱道潮州，有“海濱鄒魯是潮陽”之句。洎乎南宋，科學浸盛，軍州學應試，以紹興庚午（公元1150年）科參試人數至盛，可二千人，紹定時增至六千人。朱子於高宗紹興十八年登進士，名列第五甲第九十人。是年同科進士潮籍者四人：

> 林大受揭陽人名列第四甲在朱子之前；
> 鄭國翰揭陽人陳式揭陽人石仲集潮陽人。（吴穎《潮志·科名部》）

上列諸人與朱子同榜，故朱子與鄭國翰交誼至篤。曾同偕入藍田飛泉嶺，朱子題“落漢鳴泉”四大字。

順治《潮志·流寓》云：

> 朱熹字元晦，婺源人。官秘閣修撰，嘗游揭陽，寓同榜進士鄭國翰家。偕入藍田飛泉嶺書莊，手書“落漢鳴泉”四大字揭諸亭中，後鎸嶺之危壁。今字迹尚存，而書莊不可問矣。傳聞成化間有樵者誤入，見修竹古木，鳥啼花間，不減武陵，歸語人人引觀之，已失所在。

據此，鄭氏書莊，明時尚存。嘉靖郭春震《潮志·地理》云：

> 飛泉嶺界長樂，壁立千仞。宋鄭進士建亭於上以覽勝。朱晦庵書“落漢鳴泉”四字揭諸亭中，有詩云：“梯云石磴羊腸繞，轉壑飛泉碧玉斜。一路風烟春淡泊，數聲雞犬野人家。”

此詩不見於《朱子大全集》。吴穎《潮志》有“飛泉嶺小記”，所志略同。

四、朱子門下在潮州之宦績

朱子門下士在潮州任要職者，有廖德明、陳圭、吴大圭等人。

廖德明

廖德明，《宋史·儒林》有傳（卷四三七），但記其知潯州事，謂其在南粤時，"立仰悟堂，刻朱熹《家禮》及程氏諸書"，未及潮州政績，今據《潮志》及石刻，爲之補述。

德明字槎溪，福建南劍州人，於慶元四年出任潮州通判，自號延平老人。潮州西湖山有其"慶元庚申（六年）葬女碑碣"，已毁。德明在潮，刻周敦頤《拙賦》。《永樂大典》潮字號《三陽志》公署云："拙窩，在文惠堂（祀陳堯佐）下，舊名'遥碧'，廖公德明更今名。朱文公書扁，并濂溪《拙賦》刻諸岩石間，左右多前賢摩崖。"翁方綱《粤東金石略》云："金山在潮州府城北面，廖槎溪通判潮州，刻周子《拙賦》於山崖，并以朱子所書'拙窩'名亭，今皆不可見矣。"

按周敦頤《拙賦》今不存。唯朱熹所書"拙窩"二字無恙（見本文後附圖一）。至所謂"前賢摩崖"，尚剩嘉定十年趙善漣清卿兩絶句，録其辭如下：

題拙窩

□生無奈拙謀何，更向金山住拙窩。
自謂從今可藏拙，不知添得拙還多。
右一
巧拙分明是兩岐，巧中有拙少人知。
如今用處從渠巧，用到窮時巧必危。
右二
嘉定丁丑重陽

日蒙巷趙清卿。(見本文後附圖二)

《潮汕金石文徵》謂此碑已全埋於土中，故據《海陽縣志 · 金石》補録其文。此碑現尚倖存完好，已由金山中學妥爲修繕，恢復舊觀（見本文後附圖三）。清卿名善漣，官郡丞。另有西湖山詩石刻。拙窩當日前賢摩崖，僅剩此片石耳。

朱子歿於慶元六年（1200）三月，其致仕被貶爲僞學在五年。爲廖德明書“拙窩”二字，正值黨禁之時，故以“拙”自守，與濂溪賦之“天下拙，刑政撤”陳義相應。説者因謂廖德明敢鎸朱子此題額於石，爲其在潮州之弟子視黨禁如無物之例證。

慶元五年，晋陵沈杞刺潮，翌歲創設潮州八賢堂，祀趙德以下林巽、許申、盧侗、劉允、吴復古、張夔、王大寶八人，教授王宗烈撰記謂“一方英氣，萃在八人”。廖德明亦作《八賢贊後序》以彰之，文載《三陽志》。

陳圭

陳圭，福建莆田人，字表夫，爲紹興八年進士，尚書右僕射俊卿（《宋史》三八三有傳）之孫。外祖即梁克家。父宓，字師復，號復齊，少登朱子之門，長從黄榦游，安溪知縣，著有《讀通鑑綱目》。伯父定、守，皆從學朱子。宓書朱子《仁説》。淳祐乙巳，陳圭以復齋之嫡嗣爲潮州守，捐金市朱子所著書，實諸韓山書院。復刊其父所書《仁説》於二壁。增塑周濂溪、廖德明兩像。兩先生之從祀，實出陳圭之力。潮州朱學之發楊，圭尤居其功。陳宓父子事迹詳《宋元學案》卷六十九。

吕大圭

大圭號樸卿，福建泉州人，淳祐七年進士，寶祐元年至二年任潮州州學教授。在潮重建文廟兩廡，修大成殿。大圭師事陳淳門人楊昭復，得朱子嫡傳。其著述在潮州刻版者，有《孟子説》《春秋集傳或問》《易集傳》《孝經本傳》《三陽講義》五種，見《三陽志》"學校"及"書籍"各條。

淳祐九年己酉，潮州知州周梅叟創建元公書院於郡庠之右，祀周濂溪，以二程、張及朱子從祀。梅叟爲敦頤之裔孫，提倡道學。其《元公祠堂記》，聞即出吕大圭之手，文已逸，詳《三陽志》載至元三十一年姚然撰《重建元公書院記》。

大圭後知漳州，蒲壽庚降元，命大圭署降表，變服逃入海，爲壽庚所殺。

五、朱子在潮州之門人

朱子在潮州之門人以潮陽鄭南升、揭陽郭叔云爲著名。《語類》有《訓南升四則》，《語類》癸丑有《南升所聞百餘》條，時值紹熙年間。《晦庵文集》卷四五《答廖子晦書》云："《韓文考異》袁子質、鄭文振欲寫本就彼刻板，恐其間頗有僞氣，引惹生事，然當一面録付之，但開板事，須更斟酌耳。"文振即鄭南升，是當日在潮州刻版，仍因僞學而存有戒心，然《韓文考異》終在潮州鏤版。《三陽志》記朱子書在潮刻版者有大字《韓文公集并考異》一千二百版。郭叔云，字子從，揭陽漁湖都塘口村人。嘉靖間郭春震纂《潮志》有傳云："叔云初見晦翁，問爲學格物之要，朱子教以爲學切須收斂端嚴，就自家身心上下工夫，自然有得。嘗質疑《禮經》二十餘條，俱載《晦庵集》。"郭子章《潮中雜記·藝文志上》著録其"《禮經疑問》《宗社宗義》二篇，晦翁、蒙谷二先生《宗法》二卷三種"。

叔云與漳州龍溪陳淳往還甚密，淳爲撰《宗會樓記》稱"吾友郭子從於頽俗廢禮之中，卓爲尊祖收族之舉。扁其樓曰‘宗會’，以爲歲時會合宗人之所。其意義甚嚴明正大。文作於嘉定庚辰。又爲撰《燕食堂記》，稱其扁曰‘燕食’，取《禮經》所謂族食、族燕之義，以爲祭後與宗人餕之地。將見人歌塘口郭氏家法，卓然爲三陽禮義之宗。子從又曾編《宗禮》《宗義》二篇，附以《立宗文約》《公狀》《家約》《家譜》於後，及晦庵、蒙谷（林夔孫，亦朱子門人，福州古田人，見《宋元學案》六九）二先生《宗法》各二篇，并藏諸堂中。”兩文載《北溪大全集》卷九。陳淳之《北溪字義》，宋時潮州梓行於郡齋，流傳甚廣。（余髫齡時，家中仍以此書課教子弟。）郭子從居於塘口，與京崗同屬漁湖都。朱子作《隱相堂序》，書孫家子弟事，自言曾“詳問里人郭子從”，子從即叔云字。

餘論

朱子晚年因僞學問題，恐門人引惹生事，觀上引其《答廖子晦書》可以見之。然潮州地區閩籍官吏多爲朱子門下及再傳人士，於道學提倡甚力，於僞學之禁，毫無戒懼之心，朱學嫡傳，不絶如縷。元《三陽志》記郡齋刊刻書籍大半與朱子及周濂溪有關。除上述大字、中字《韓集及考異》之外，又有朱文公《論孟或問》六百版，《中庸輯略》一百八十版，朱文公《家禮》一百七十版，《北溪字義》一百三十版，陳平湖《中庸》《大學》《太極通書》總共七百五十版，以上版留郡學。《濂溪大成集》四百版，吕氏大圭《孟子説》三百二十版，吕氏大圭《春秋集傳或問》六百版，以上版留濂溪書院。

自理宗以後，朱子之地位益隆，蒞潮宰官，率以道學及朱學設教，《拙賦》及“拙窩”朱子題字，在潮之受人尊重，其自來遠矣。

潮州自韓愈刺潮倡置鄉校，據徐師仁《創學記》：“學舍舊在西湖，陰陽皆以爲不利。宋元祐中王滌欲遷而未果。”南宋王大寶《遷學記》述潮學自慶曆以後遷徙事甚詳。元兵入潮，學宫悉付一炬，唯書閣巋然無恙。寧軒王使元恭爲總管，重新欞星門，其上即爲萬卷樓。故宋元之間潮學稱盛，與朱子關係至深，開拓明代理學之新局。陳書《新探索》於朱子曾否到揭陽之問題，仍未敢作論斷，兹略述其原委，用補其不及云。

附録　隱相堂序

〔宋〕朱熹 撰

丞相叔子梁老先生之故人，大司法、大司理、大州牧、孝廉四孫先生昆季書齋序。

予嘗游麻田舊勝，訪吴子野夫子講學問道之場。眺望乎南溪之畔，有厥里居，樹木陰翳，車馬繁盛。詢之父老，繄誰氏之族也？父老曰：京崗孫氏居焉。乃父宰揭令名進士諱乙者，由高郵而來，佔籍於兹，生四子，俱工舉子業。考厥由來，其令善下士，賚贈答，凡游學之英，咸敬禮焉。乃叔子梁先生當茂才時，由晋水而揭嶺，不遠千里而來，遂握手而訂莫逆交。始以詩書相契，繼以氣誼相投，異姓同體，如家人父子之親。結廬數椽，在水中央，六七年間讀書明理，飲酒賦詩於其上。令之長嗣諱大榮者，仕江陰縣司法；二之子諱大美者，仕隆興軍司理；三之子諱大有者，守領瓊州；四之子諱大經者，舉孝廉。厥後梁先生亦回籍而選鄉貢，再舉都魁，擢紹興庚辰狀元矣。其法曹、司理、州牧、孝廉之學，沐梁老先生教澤，能取魁第，故任判簿、入國學、官運僉、選評事而拔貢元，濟濟一堂，雅稱多士之慶。噫嘻！好學下賢之報，豈淺鮮歟？予曰：唯唯。但興賢之地，木茂水秀，未易多遘，豈令湮没不彰，使人與地俱無傳焉！因榜其額，曰：隱相堂。事之顛末，既經父老之言。梁老先生當余在講官時，曾見囑於臨安矣。厥後詳問里人郭子從，亦備述不爽。是爲序。

宋淳熙十一年，賜進士第提舉浙東常平茶鹽朱熹序於甲辰歲花月之吉。

——《孫氏簡譜》

《京崗志》《揭陽文物志附録》均取録此文，又見孫淑彦編《潮汕孫氏志略》，吉林文史出版社，2000 年 12 月。

此文初見 1985 年孫淑彦撰《朱熹在揭陽的一篇軼文》，刊於《廣東史志》；又見《羊城晚報》1985 年 8 月 19 日。

2002 年

圖一　朱子所書“拙窩”二字

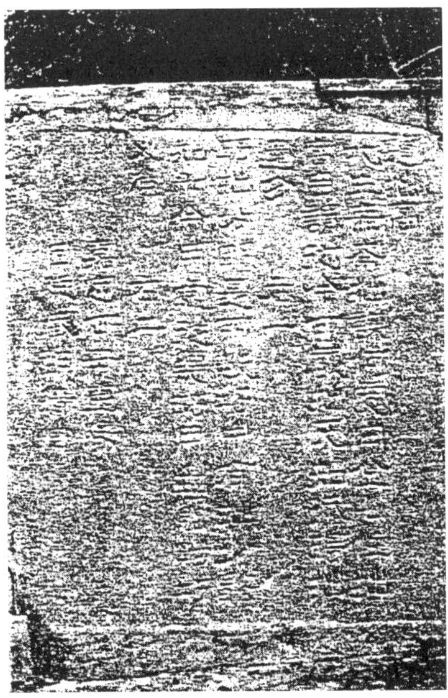

圖二　趙清卿題《拙窩詩》

圖三　拙窩石刻今貌

李鄭屋村古墓磚文考釋

九龍李鄭屋村古墓磚文，除龍形、魚形之圖紋外，其餘文字約有三類：

（一）記墓葬所在地縣名及吉祥語，“大吉番禺”“番禺大治曆”是。

（二）造磚者題名，“蒢師”，在拱門左側及左室，僅二見。

（三）墓磚記數，“六十五”在中室屋頂有一磚，側刻“六十五”三字，辤書，疑是造磚時偶記數字。

一、記墓葬所在地縣名及吉祥語

“大吉番禺”及“番禺大治曆”兩頭磚文，墓中屢見。廣州秦墓所出漆盒上書“蕃禺”二字，番字從草，而此則否。“大治曆”三字在“番禺”之下，中間以花紋；以“番禺大吉”爲例，“大治曆”三字亦是吉祥語也。古器古磚所見吉語，如“大治曆”三字語例者，略舉如次：

大富昌 （宜侯王）（漢撲滿文，見《金泥石屑》卷下，2 頁）

大吉利 （漢陶竈範）

大毋傷 （漢銅鏡）

（宜牛犢）大利吉（鈴，見《貞松堂集古遺文》卷十五，18 頁）

大富貴 （勺，見《奇觚室金文述》卷十一，16 頁）

大吉年　大吉羊（例多不舉）

可見“大治瞀”三字應與“大吉利”等相類，瞀字即曆之省體，《劉曜碑》云“曆三縣令”，曆義爲歷。又《蔡湛碑》“厤世卿尹”，則以厤爲歷。漢碑曆與厤并借作歷，三字通用。《説文》厂部：“厤，治也。”又秝部：“秝，稀疏適秝也，讀若歷。”厤本訓治，則治、瞀二字乃同義謰辭也。古“治”與“乂”“艾”亦通。《爾雅·釋詁》及《周書·謚法》：“乂，治也。”《封禪書》：“天下乂安”一作“艾安”。古成語有“艾歷”“裔歷”一詞：

艾歷　《爾雅·釋詁》一：“艾歷，覛胥，相也。”

裔歷　《方言》十三：“裔歷，相也。”

按相亦訓治，《小爾雅》：“相，治也。”艾亦訓歷，《爾雅·釋詁》：“艾，歷也。”是“艾歷”訓相，義亦即“治”。磚文之“治瞀”與“艾歷”、“裔歷”，可能是同語異文，俱古聯綿字，爲漢代之成語。由此言之，磚文言“番禺大治瞀”，即謂番禺一地大艾歷，“艾歷”，“相”也，“相”又訓“治”，則“番禺大艾歷”猶言“番禺大治”是矣。

《水經·泿水注》：“泿水東别逕番禺，《山海經》謂之賁禺者也。交州治中合浦。姚文式問云：何以名爲番禺？答曰：南海郡昔治在今州城中，與番禺縣連接。……聞此縣人，名之爲番山。縣名番禺，倘謂番山之禺也。”如姚説，番禺乃以番山得名。秦墓漆盒字作蕃，從草首。

至磚文上番禺一地名，亦大有研究價值。九龍原屬寶安，寶安置縣，蓋始於東晋咸和六年。在未置寶安之前，其地屬於何縣，向有屬南海縣（《太平寰宇記》引《南越志》）、屬博羅縣[1]、屬番禺縣。[2]《漢

[1]　《元和郡縣志》三十五，《嘉慶一統志》，《新安縣志》，道光《廣東通志·沿革》、《廣州志·古迹》皆同。

[2]　明代《東莞志》《明一統志·東莞縣》，《方輿紀要》一百一，洪齮孫《補梁疆域志》三説。

書·地理志》番禺有鹽官，三國吴時有司鹽都尉之設。故陳伯陶《東莞縣志·沿革》謂，漢時番禺鹽官即設於今之莞地，云“漢屬番禺”，亦自有據。自番禺鹽官論之，九龍一帶，漢時可屬番禺。今觀李鄭屋村古墓磚不稱寶安，不稱東官，而云“番禺大治曆”“大吉番禺”，可推知自晋以前，其地實屬番禺所轄，則三説之中，以屬番禺爲是。

二、造磚匠題名　薛師

墓磚見此兩字者，共二片，一在拱門左側，一在左室。第一字作蔯，與漢《平輿令薛君碑》“迺侯於蔯”形略近。《説文》辥篆作辥，從辛，𡴆聲。漢碑惟《薛劉二君斷碑》作薛，他多隸變作從卄從𠂤從辛。(《繁陽令陽君碑》陰薛字如此)《群經正字》云：“平輿令薛君碑從阝，故經典亦時有作此。”今李鄭屋村墓磚，亦從阝，形正相同，所異者惟辛字作耳。考漢隸及六朝碑從辛與從耒相同，舉例如下：

新 作 䣅(見《魯峻碑》陰)“南陽䣅野”

　　　新(見魏《皇甫驎墓志》)

薪 作 薪(見魏《温泉頌》)

辛 作 亲(見《吊比干文》)

故知此蔯字，右旁即從辛，特寫作“耒”。考地皇二年《新莽候鉦》，所見“新”字作“新”[1]，偏旁正合。綜上論之，此蔯字即“薛”，可以無誤。

第二字作師，即師字。漢《衡方碑》“處六師之□”，師作師，《武榮碑》“外□師旅”，字作師。孟郁《修堯廟碑》(桓帝永康元年)作師，《成陽靈台碑》(靈帝建寧五年)同。武梁祠畫像作師(據《漢隸字原》)。顧藹吉《隸辨》云：“碑變𠂤作阝，阝乃𠂤之異文。”此不

[1]　見《漢隸字原》。

從𠂤而從阝，與上舉諸漢碑同。

由兩字形體，可審爲漢隸，對古墓年代之確定，亦大有裨益。師之作師，習見於東漢碑刻，以此知李鄭屋村當爲東漢墓，可從墓磚字體，得一有力佐證。

薛、師二字當是造磚者題其姓及職名。廣州西村大刀山晋墓永嘉六年磚，左側每見“陳仁”篆書二字，孫詒讓《温州古甓記》載建元、永和、昇平磚，均有“陳氏”二字，皆識造磚工匠名氏。惟此磚稱薛師，師則爲職名，如漢代銅器，陽嘉三年扶侯鐘云“雷師作”[1]，又“都尉師”勾兵[2]并其例證。“薛師”即工師之薛姓者也。

李鄭屋村古墓發見至今多年，其拱門左室磚文，向爲人所忽略，而“薛師”兩字，尤爲字體斷代關鍵性之所在。此一問題，予曩於香港大會堂考古學會演講，曾發其端倪。1965年，在日本大阪大學史學會，亦曾作一專題演講，兹撮其要，草成是篇。

原載《選堂集林·史林》下，中華書局香港分局，1982

[1] 《小校經閣金文卷》卷十二，14頁。

[2] 《小校經閣》卷十四，6頁。

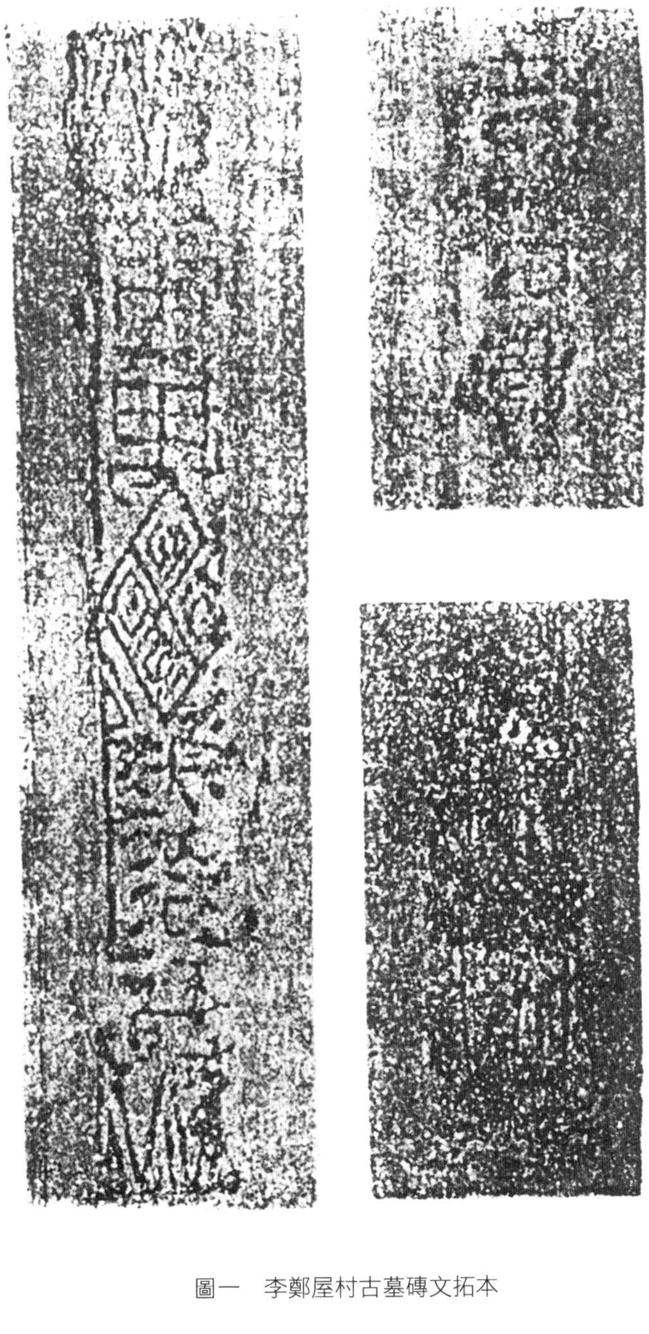

圖一　李鄭屋村古墓磚文拓本

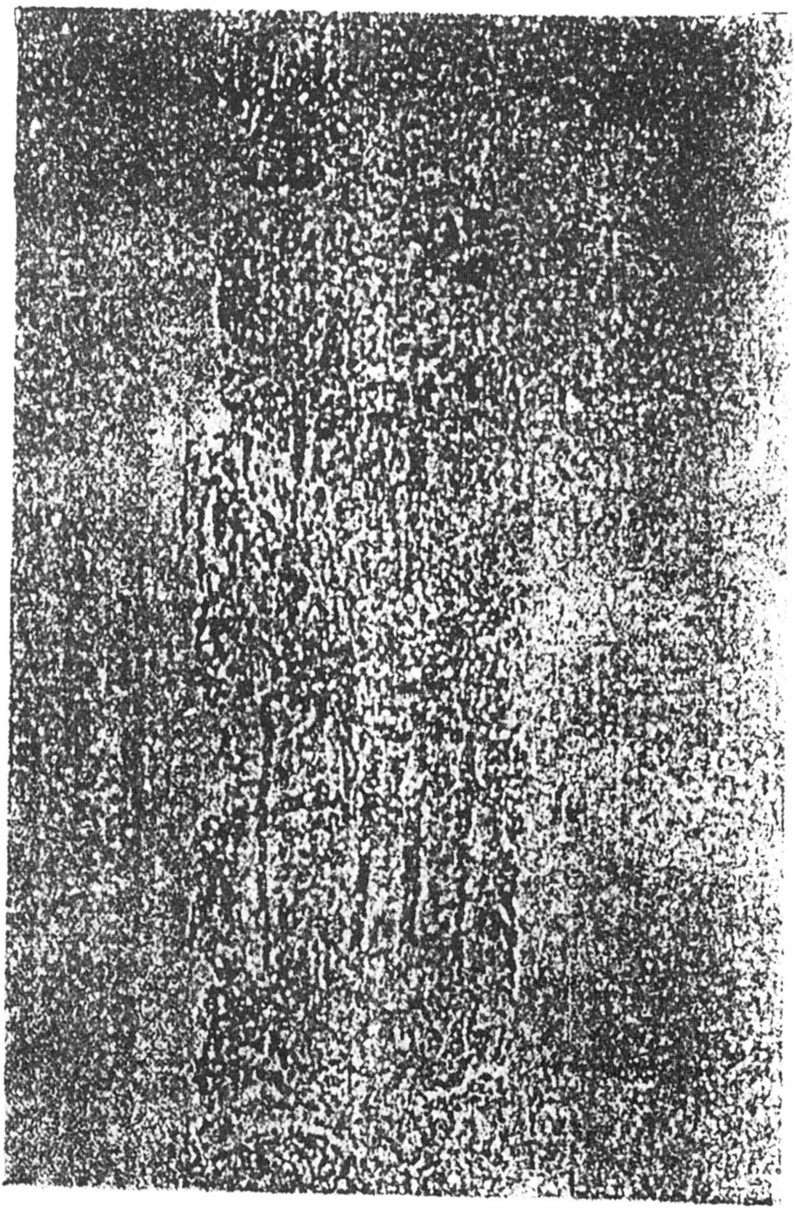

圖二　薛師拓本

香港考古話由來

香港回歸在即，再過三十幾天便重返祖國的懷抱。香港久已是中西文化的交叉點，多年以來受到現代化、國際化的洗煉，7 月 1 日以後香港成爲祖國門檻的衛星，將會展開一條更加壯闊、光輝的歷史道路。

香港在前代是香市貿易的港口，萬曆時郭棐著的《粤大記》書上海圖出現“香港”的名字。元代東莞的白木香價值和銀相等，莞香每年輸出的貿易額值銀錠數萬兩以上。白木香亦名香仔樹，種植可追溯到元代，所以香仔樹的由來也許不始於明。有人説香港原來只是一個漁村，是不符合事實的。

記得段成式的《酉陽雜俎》續集有一條記載，説道：“東官郡，漢順帝時屬南海，西接高凉郡，漢以其地爲司諫都尉，東有蕪地，西鄰大海，有長洲。”

這裏司諫可能是司監的音誤，而司監則又爲司鹽之形誤。“順帝時屬南海”一句乃是根據《南越志》的記載：漢時番禺有鹽官，三國吴因之有司鹽都尉之設。金兆豐《校補三國疆域志》云：“番禺下有寶安城，本東官鹽場，吴甘露二年置司鹽都尉於此。”《太平寰宇記》卷一五七之“東官故城”引《郡國志》“東官郡蕪城即吴時司鹽都尉壘”，這即是《酉陽雜俎》東官郡蕪城的來歷。港九在地理沿革上東晋時原隸東官郡（寶安縣），段成式這條記載和早期香港不無關係。近時長沙走馬樓出土大量吴時簡册，東官亦屬吴，希望其中在將來整理之後，能够發現一些有關的材料。

孫吴以前，港九可能受番禺管轄，李鄭屋村東漢墓出土磚又有“大吉番禺”的銘記可以爲證。吴司鹽都尉轄地必甚廣，後來官富鹽場即其一部分。北宋《元豐九域志》記東莞縣有静康、大寧、東莞三鹽場。《宋會要輯稿》，東莞場三萬一千二百四十八石，疊福場一萬五千石（5182 頁）。隆興二年，提舉廣東茶鹽司言及“官富場”之名且云：“官富場撥附疊福場。”今大鵬城附近猶保存有疊福地名。官富場即九龍地，宋端宗景炎元年南來，12 月在甲子門，翌年四月次官富場。（見《填海録》）稍前些時候，本港考古發現度宗十年咸淳甲戌，古汴嚴益彰充任官富場鹽官時，倡建之天妃大廟宇北佛堂門。今尚有摩崖石刻，班班可考。

港地最古老的石雕要算青山寺滴水岩南漢時的杯渡禪師石像。此爲南漢中宗乾和十二年，同知屯門鎮檢點防遏右靖海都巡簡陳延命工所刻。其後劉鋹大寶二年封屯門山爲瑞應山。屯門山自唐以來爲廣州航海所必經，又爲軍事要地。《唐書 · 兵志》云：“置嶺南節度兵守屯門鎮。”葡萄牙史家稱 TAMAO 即是屯門。明正德十一年，佛郎機（即葡萄牙）犯屯門，爲汪鋐所敗。屯門的歷史地位在中外交通史上至爲顯赫。

九龍的大埔墟元時名爲大步海（見《元史 · 張珪傳》），自來爲采珠勝地，南漢置媚川都於此。北宋王辟之《澠水燕談録》稱：“劉鋹據嶺南，置兵八千人專以采珠爲事。”故方信孺的《南海百詠》有“漭漭愁云吊媚川，蚌胎光彩夜連天”之句。元泰定元年，張惟寅上書言采珠不便，遂罷采珠之蛋户爲民。據《元史》所記：“廣州東莞大步海及惠州珠池，始自大德元年，分蛋户七百餘家，官給之糧，三年一采。”這是元代采珠的實況。

大灣牙璋的出土爲香港考古一大事。1992 年法國遠東學院重獲返河内舉辦九十周年學術會議。院長汪德邁君要我參加，作第一個學術報告，我趁機會談到香港出土牙璋和越南的牙璋應該有某種關係，由鄧聰提供實物圖片資料，由此取得越南考古界的合作，得於前年在香港舉行大型的有關全國牙璋的討論會，引出全面性研究，了解這一器物製作的廣泛分佈，遠及南中國海邊裔地區，打破以往在封閉狀況下視爲各自割據的獨立文化的誤解，意義非常重大。神木、三星堆的牙璋，發軔於夏殷之世，淵源殊遠，具見漢文化在周、秦以前與南海、交阯已有密切之交往爲不可否認的事實。

我以前在印度旅行，眼見有段、有肩石斧在印度東部 ASSAM 及 BENGAL 山區的廣泛分佈，而在 GUJARAT（胡茶辣）的 RANGPUR 地方出土陶文與吴城廣東華僑新村及百越地區的相同現象，至堪注意。漢籍所記之滇越，《大宛傳》稱之爲乘象國。其地亦作僄越，即《南中八郡志》京永昌郡的剽國。《華陽國志》記永昌郡有鳩僚、僄越、裸濮、身毒之民。知印度人久已入居雲南，而百越之民亦遠征及於緬甸、阿薩蜜各地。蜀布亦即越布與廣藤之竹杖自蜀邛地輸入大夏（任乃强説），知東印度亦古蜀賈人拓殖所至。此類陶文記號，我認爲即百越人民隨其肩斧、段斧遠道傳播至印，此一假説，仍有待雙方考古家進一步之證實。

香港是古代百越地區濱海一港口，英國人未來之前自有經濟價值，鹽業、采珠、香市、陶瓷業都有重要地位，明代窰址之發現，證明大量生産，具見詳細發掘報告。考古工作多年來在香港地區有不少收穫，衆所共悉。回歸以後，有許多問題需要合作探討，尤以滇越人種問題海外擴散和交流的實際情況亟待展開研究。朱啓新先生來書叮囑爲《中國文物報》慶祝回歸寫幾句話，爲破除過去的隔閡，促進今後的關係，不揣固陋，略陳所見，以待賢者的匡正。

1997 年 5 月於香港